Feiter · Steuerberatervergütungsverordnung Kommentar

Steuerberater-vergütungsverordnung

Kommentar

3., erweiterte und vollständig neubearbeitete Auflage

Bearbeitet von

Dr. Gregor Feiter
Rechtsanwalt
Geschäftsführer der
Steuerberaterkammer Düsseldorf

unter Mitarbeit von

Thomas Zenke
Dipl.-Finanzwirt (FH)

STOTAX
Stollfuß Medien

Zitierweise:
Feiter, StBVV Kommentar, 3. Aufl. 2020, Rz. ...

Bibliografische Information der Deutschen Nationalbibliothek
Die Deutsche Nationalbibliothek verzeichnet diese Publikation in der Deutschen Nationalbibliografie; detaillierte bibliografische Daten sind im Internet über http://dnb.d-nb.de abrufbar.

ISBN: 978-3-08-319402-6

Satz: mediaTEXT Jena GmbH, Jena
Druck und Verarbeitung: Bonner Universitäts-Buchdruckerei (bub)

Vorwort zur 3. Auflage

Seit der 2. Auflage im August 2016 sind einige bedeutende Änderungen im Vergütungsrecht eingetreten, zuletzt durch die Fünfte Verordnung zur Änderung steuerlicher Verordnungen vom 25.6.2020. Diese sieht mit Wirkung ab dem 1.7.2020 eine Erhöhung der vollen Gebühren in den Tabellen A bis D und eine Erhöhung von Obersätzen einzelner Gebührentatbestände vor. Der Verordnungsgeber will damit der wirtschaftlichen Entwicklung und den gestiegenen Kosten Rechnung tragen. Daneben finden sich bei einigen Auslagen- und Gebührentatbeständen (§§ 18 Abs. 2 und 3, 21 Abs. 2, 40 StBVV) Angleichungen und Verweise auf die Abrechnungsvorschriften des Rechtsanwaltsvergütungsgesetzes (RVG), die künftig zu mehr Gebührengerechtigkeit beitragen werden. Gleichzeitig stellen diese Änderungen aber auch eine neue Herausforderung für den Berufsstand dar. Denn die Abrechnungsvorschriften des RVG sind vielen Steuerberatern nicht bekannt. Deshalb werden diese Änderungen in dieser vollständig überarbeiteten Neuauflage ausführlich kommentiert und anhand von Berechnungsbeispielen verständlich dargestellt. Auch alle weiteren Änderungen, wie z.B. die lang ersehnte Neufassung des § 9 Abs. 1 StBVV mit konkreten Vorgaben an die Form der Rechnungsstellung sind umfassend kommentiert und mit Hinweisen für den Praktiker versehen. Ob die Vergütung noch nach altem oder schon nach neuem Recht zu berechnen ist, regelt die Übergangsvorschrift des § 47a StBVV, die anlässlich der Neuerungen und der sich stellenden Abgrenzungsfragen praxisnah kommentiert wird. Ausführlich kommentiert wird auch die zeitlich befristete Umsatzsteuer-Absenkung vom 1.7. bis 31.12.2020.
Nicht nur wegen dieser Änderungen, sondern auch wegen der in den letzten vier Jahren ergangenen Rechtsprechung zum Vergütungsrecht und neuen, zum Teil durch die Corona-Krise ausgelösten gebührenrechtlichen Fragestellungen war es deshalb wieder an der Zeit für eine Neuauflage.

Die äußere Aufmachung des Werkes wurde mit einem festen Einband deutlich aufgewertet, an dem ursprünglichen Ziel des Werkes hat sich aber nichts geändert.
Zunächst wird ein Gesamtüberblick zum Gebührenrecht sowie zu angelehnten Themenbereichen gewährt. In einer Einführung zum Gebührenrecht werden grundsätzliche Begriffsbestimmungen vorgenommen und zivilrechtliche Fragen erläutert (Steuerberatungsvertrag, Verjährungsfragen, Belehrungspflichten, Rückforderungs- und Schadensersatzansprüche, Maßnahmen zur Sicherung des Honoraranspruchs bei drohender Insolvenz etc.). Danach wird jede Vorschrift der Steuerberatervergütungsverordnung im Einzelnen und unter Berücksichtigung der seit der letzten Auflage ergangenen Rechtsprechung und der veröffentlichten Fachliteratur vollständig kommentiert. Die Kommentierungen enthalten vorangestellt den amtlichen Verordnungstext und sind absatzweise bzw. satzweise aufgebaut. Zahlreiche Beispiele und Hinweise ergänzen die Kommentierungen und stellen damit einen direkten Praxisbezug her.

Angelehnte Themenbereiche, wie z.B. vereinbare Tätigkeiten oder Erfolgshonorarvereinbarungen, werden anschließend erläutert. Daneben enthält das Werk zahlreiche Muster, z.B. einen Steuerberatungsvertrag, verschiedene Muster für Vergütungsvereinbarungen, jeweils mit Erläuterungen, und ein Streitwert-ABC der Finanzgerichtsbarkeit.

Am Ende des Werkes sind die amtlichen Gebührentabellen abgedruckt. Damit liegen Ihnen alle relevanten Grundlagen zur Gebührenberechnung in diesem Werk vor und Sie erhalten so eine umfangreiche Hilfe für Ihre tägliche Arbeit.

Das Werk dient vornehmlich Steuerberatern, Steuerbevollmächtigten und Steuerberatungsgesellschaften, aber auch allen sonstigen zur unbeschränkten Hilfeleistung in Steuersachen befugten Personen und Gesellschaften, wie z.B. Wirtschaftsprüfern oder vereidigten Buchprüfern, bei der Erstellung von Gebührenrechnungen. Angesprochen sind auch Rechtsanwälte, die ihre Mandanten in gebührenrechtlichen Angelegenheiten beraten und vertreten sowie Zivilgerichte aller Instanzen, die über gebührenrechtliche Streitigkeiten zu befinden haben. Genauso können steuerlich interessierte Privatpersonen anhand des Werkes ihre Steuerberaterrechnungen prüfen.

Düsseldorf, im August 2020 Dr. Gregor Feiter

Inhaltsverzeichnis

Literaturverzeichnis

Berners	Praxiskommentar Steuerberatervergütungsverordnung, Herne, 5. Aufl. 2016;
Berners/Warttinger	Kanzlei- und Honorarmanagement für Steuerberater, Herne, 2016;
Brummer	Gebührenverordnung für Steuerberater, Münsing, 10. Aufl. 2010;
Eckert	Steuerberatervergütungsverordnung, München, 6. Aufl. 2017 (zitiert: Bearbeiter in Eckert);
Eggesiecker	Honorar für Steuerberatung, Bonn/Berlin, 2. Aufl. 1998;
Feiter	360° StBVV eKommentar, Bonn;
Gerold/Schmidt	Rechtsanwaltsvergütungsgesetz, München, 24. Aufl. 2019 (zitiert: Bearbeiter in Gerold/Schmidt);
Hartmann/ Toussaint	Kostenrecht, München, 50. Aufl. 2020;
Hartung/Schons/ Enders	Rechtsanwaltsvergütungsgesetz, München, 3. Aufl. 2017;
Hinne/Klees/Müllerschön/Teubel/ Winkler	Vereinbarungen mit Mandanten, Baden-Baden, 4. Aufl. 2019 (zitiert: Bearbeiter in Hinne/Klees/Müllerschön/Teubel/Winkler);
Jost	Vergütungs- und Kostenrecht im FG- und BFH-Verfahren, Berlin, 6. Aufl. 2020;
Koslowski	Steuerberatungsgesetz, München, 7. Aufl. 2015;
Kuhls u.a.	Steuerberatungsgesetz, Herne/Berlin, 3. Aufl. 2011 (zitiert: Bearbeiter in Kuhls u.a.);
Meyer/Goez/ Schwamberger	Steuerberatervergütungsverordnung, Berlin, 9. Aufl. 2019 (zitiert: Bearbeiter in Meyer/Goez/Schwamberger);
Mittelsteiner/Scholz	Steuerberatergebührenverordnung, Heidelberg, 5. Aufl. 2007;
ohne Herausgeber	Bonner Handbuch der Steuerberatung, Loseblatt, Bonn;
Palandt	Bürgerliches Gesetzbuch, München, 79. Aufl. 2020 (zitiert: Palandt/Bearbeiter);
Schneider	Fälle und Lösungen zum RVG, Bonn, 5. Aufl. 2019;
Schneider/Wolf	AnwaltKommentar RVG, Bonn, 8. Aufl. 2017 (zitiert: Bearbeiter in Schneider/Wolf);
Warttinger/Zimmermann/Keller	Gebührenrecht für Steuerberater, Wiesbaden 2008.

Abkürzungsverzeichnis

a.A.	andere Ansicht
abl.	ablehnend
Abl.EG / Abl.EU	Amtsblatt der Europäischen Gemeinschaft/Union
Abs.	Absatz
Abschn.	Abschnitt
a.E.	am Ende
a.F.	alte Fassung
AG	Amtsgericht; Aktiengesellschaft
AGB	Allgemeine Geschäftsbedingungen
AktG	Aktiengesetz
AllGO	Allgemeine Gebührenordnung für die wirtschaftsprüfenden sowie wirtschafts- und steuerberatenden Berufe
Alt.	Alternative
ÄndVO	Änderungsverordnung
Anm.	Anmerkung
AnwBl	Anwaltsblatt (*Zeitschrift*)
AO	Abgabenordnung
Art.	Artikel
AUEV	Vertrag über die Arbeitsweise der Europäischen Union
Aufl.	Auflage
BB	Betriebs-Berater (*Zeitschrift*)
BerHG	Gesetz über Rechtsberatung und Vertretung für Bürger mit geringem Einkommen
BfA	Bundesversicherungsanstalt für Angestellte
BFH	Bundesfinanzhof
BFH/NV	Sammlung aller amtlich nicht veröffentlichten Entscheidungen des Bundesfinanzhofs
BGB	Bürgerliches Gesetzbuch
BGBl.	Bundesgesetzblatt
BGH	Bundesgerichtshof
BilMoG	Bilanzrechtsmodernisierungsgesetz
BMF	Bundesministerium der Finanzen
BMJV	Bundesministerium der Justiz und für Verbraucherschutz
BOStB	Berufsordnung der Bundessteuerberaterkammer
BPO	Betriebsprüfungsordnung (Steuer)
BRAGO	Bundesgebührenordnung für Rechtsanwälte
BRAK-Mitt.	Mitteilungsblatt der Bundesrechtsanwaltskammer (*Zeitschrift*)
BR-Drucks.	Bundesrats-Drucksache
BStBK	Bundessteuerberaterkammer
BStBl	Bundessteuerblatt
BT-Drucks.	Bundestags-Drucksache
Buchst.	Buchstabe
BVerfG	Bundesverfassungsgericht
BVerwG	Bundesverwaltungsgericht
bzw.	beziehungsweise
d.h.	das heißt
DB	Der Betrieb (*Zeitschrift*)
DL-InfoV	Dienstleistungs-Informationspflichten-Verordnung
DStR	Deutsches Steuerrecht (*Zeitschrift*)
DStRE	Deutsches Steuerrecht Entscheidungsdienst (*Zeitschrift*)
DSWR	Datenverarbeitung Steuer, Wirtschaft und Recht (*Zeitschrift*)

EDV	elektronische Datenverarbeitung
EFG	Entscheidungen der Finanzgerichte (*Zeitschrift*)
EGBGB	Einführungsgesetz zum Bürgerlichen Gesetzbuche
EGZPO	Gesetz betreffend die Einführung der Zivilprozeßordnung
EhrRiEG	Gesetzes über die Entschädigung der Ehrenamtlichen Richter
EHUG	Gesetz über elektronische Handelsregister und Genossenschaftsregister sowie Unternehmensregister
EStDV	Einkommensteuer-Durchführungsverordnung
EStG	Einkommensteuergesetz
etc.	et cetera
EuGH	Europäischer Gerichtshof
EuGVVO	Verordnung über die gerichtliche Zuständigkeit und die Anerkennung und Vollstreckung von Entscheidungen in Zivil- und Handelssachen
EuSCVO	Verordnung zur Einführung eines Europäischen Verfahrens für geringfügige Forderungen (Small Claims-Verordnung)
e.V.	eingetragener Verein
EWiR	Entscheidungen zum Wirtschaftsrecht (*Zeitschrift*)
FamFG	Gesetz über das Verfahren in Familiensachen und in den Angelegenheiten der freiwilligen Gerichtsbarkeit
f.	folgend
ff.	fortfolgende
FG	Finanzgericht
FGO	Finanzgerichtsordnung
FinVermV	Verordnung über die Finanzanlagenvermittlung
Fn.	Fußnote
gem.	gemäß
GewStDV	Gewerbesteuer-Durchführungsverordnung
GewO	Gewerbeordnung
GewStG	Gewerbesteuergesetz
GG	Grundgesetz für die Bundesrepublik Deutschland
ggf.	gegebenenfalls
GKG	Gerichtskostengesetz
GI	Gerling Informationen für wirtschaftsberatende, rechts- und steuerberatende Berufe (*Zeitschrift*)
GmbH	Gesellschaft mit beschränkter Haftung
GrEStG	Grunderwerbsteuergesetz
GrStG	Grundsteuergesetz
GVG	Gerichtsverfassungsgesetz
Halbs.	Halbsatz
HGB	Handelsgesetzbuch
h.M.	herrschende Meinung
HOAI	Honorarordnung für Architekten und Ingenieure
i.d.R.	in der Regel
i.E.	im Ergebnis
i.H.v.	in Höhe von
INF	Information über Steuer und Wirtschaft (*Zeitschrift*)
inkl.	inklusive
InsO	Insolvenzordnung
i.S.d.	im Sinne der/des
InsVV	Insolvenzrechtliche Vergütungsverordnung
i.V.m.	in Verbindung mit
JStG	Jahressteuergesetz
JVEG	Justizvergütungs- und -entschädigungsgesetz

KG	Kommanditgesellschaft; Kammergericht
krit.	kritisch
KostO	Gesetz über die Kosten in Angelegenheiten der freiwilligen Gerichtsbarkeit
KostREuroUG	Gesetz zur Umstellung des Kostenrechts und der Steuerberatergebührenverordnung auf Euro
KostRMoG	Kostenrechtsmodernisierungsgesetz
KP	Kanzleiführung Professionell (*Zeitschrift*)
KStG	Körperschaftsteuergesetz
KWG	Kreditwesengesetz
LG	Landgericht
LSG	Landessozialgericht
MaBV	Makler- und Bauträgerverordnung
MDR	Monatsschrift für Deutsches Recht (*Zeitschrift*)
m.E.	meines Erachtens
MicroBilG	Kleinstkapitalgesellschaften-Bilanzrechtsänderungsgesetz
Mio	Millionen
m.w.N.	mit weiteren Nachweisen
n.F.	neue Fassung
NJW	Neue Juristische Wochenschrift (*Zeitschrift*)
NJW-RR	Rechtsprechungsreport der Neuen Juristischen Wochenschrift (*Zeitschrift*)
Nr.	Nummer
NRW	Nordrhein-Westfalen
NWB	Neue Wirtschaftsbriefe (*Zeitschrift*)
n.v.	nicht veröffentlicht
o.g.	oben genannt
OHG	Offene Handelsgesellschaft
OLG	Oberlandesgericht
OLGR	Oberlandesgericht Report
OVG	Oberverwaltungsgericht
p.a.	per annum
PAngV	Preisangabenverordnung
PartG	Partnerschaftsgesellschaft
PKH	Prozesskostenhilfe
RBerG	Rechtsberatungsgesetz
RDGEG	Einführungsgesetz zum Rechtsdienstleistungsgesetz
RVG	Rechtsanwaltsvergütungsgesetz
Rz.	Randziffer
s.	siehe
SG	Sozialgericht
sog.	so genannt
StB	Steuerberater
StB	Der Steuerberater (*Zeitschrift*)
StBÄndG	Gesetz zur Änderung des Steuerberatungsgesetzes
StBerG	Steuerberatungsgesetz
Stbg	Die Steuerberatung (*Zeitschrift*)
StBGebV	Gebührenverordnung für Steuerberater, Steuerbevollmächtigte und Steuerberatungsgesellschaften
StBv	Steuerbevollmächtigter
StBVV	Vergütungsverordnung für Steuerberater, Steuerbevollmächtigte und Steuerberatungsgesellschaften
Std.	Stunden
StEd	Steuer-Eildienst (*Zeitschrift*)
StGB	Strafgesetzbuch

str.	streitig, strittig
TMG	Telemediengesetz
u.a.	unter anderem
UG (haftungsbeschränkt)	Unternehmergesellschaft (haftungsbeschränkt)
UStDV	Umsatzsteuer-Durchführungsverordnung
UStG	Umsatzsteuergesetz
usw.	und so weiter
u.U.	unter Umständen
UWG	Gesetz gegen unlauteren Wettbewerb
v.	von, vom
vBP	vereidigter Buchprüfer
VBVG	Gesetz über die Vergütung von Vormund und Betreuern
VersR	Versicherungsrecht (*Zeitschrift*)
VGH	Verwaltungsgerichtshof
vgl.	vergleiche
VO	Verordnung
VSBG	Verbraucherstreitbeilegungsgesetz
VV RVG	Vergütungsverzeichnis zum Rechtsanwaltsvergütungsgesetz
VwGO	Verwaltungsgerichtsordnung
WEG	Wohnungseigentumsgesetz
WP	Wirtschaftsprüfer
WPK-Magazin	Wirtschaftsprüferkammer-Magazin
www	world wide web
z.B.	zum Beispiel
Ziff.	Ziffer
ZIP	Zeitschrift für Wirtschaftsrecht und Insolvenzrecht
ZPO	Zivilprozessordnung
ZRP	Zeitschrift für Rechtspolitik
ZSEG	Gesetz über die Entschädigung von Zeugen- und Sachverständigen
ZVG	Gesetz über die Zwangsversteigerung und die Zwangsverwaltung
ZwVwV	Zwangsverwalterverordnung
ZwVerwVO	Zwangsverwalter-Vergütungsverordnung
zzgl.	zuzüglich

A. Grundlagen des Gebührenrechts

I. Bedeutung und zeitlicher Anwendungsbereich

Mit der am 1.4.1982 in Kraft getretenen Gebührenordnung für Steuerberater, Steuerbevollmächtigte und Steuerberatungsgesellschaften – Steuerberatergebührenverordnung[1] haben die Angehörigen der steuerberatenden Berufe erstmals die Möglichkeit erhalten, ihre Gebühren auf Grund einer gesetzlichen Gebührenregelung abzurechnen. Von Anfang an stieß das neue Gebührenrecht in der Praxis auf große Akzeptanz. Das gilt auch heute noch. Im Jahr 2018 rechneten die StB 74,5 % ihrer Arbeitszeit nach StBVV ab.[2] Am grundsätzlichen Aufbau der StBVV hat sich wenig geändert. Gleichwohl unterliegt das Gebührenrecht durch den Gesetz- und Verordnungsgeber sowie die Rechtsprechung einem ständigen Wandel. Beispielhaft sei auf die Einführung der Regelung über Erfolgshonorare[3] oder die in den letzten Jahren mehrfach geänderte Vorschrift über Vergütungsvereinbarungen[4] und die dazu ergangene Rechtsprechung verwiesen. Zu einer optimalen Honorargestaltung gehört deshalb eine solide Kenntnis der StBVV und der hierzu ergangenen Rechtsprechung. Daneben muss der StB, der in gerichtlichen Verfahren tätig wird, auch die Grundzüge des RVG beherrschen, da § 45 StBVV die sinngemäße Anwendung des RVG für die Vergütung des StB in Verfahren vor den Gerichten der Finanzgerichtsbarkeit, der Verwaltungsgerichtsbarkeit, der Sozialgerichtsbarkeit im Strafverfahren, berufsgerichtlichen Verfahren, Bußgeldverfahren und in Gnadensachen vorschreibt. 1

Eine besondere Bedeutung kommt auch der Regelung in § 2 StBVV zu: Existiert für eine bestimmte Angelegenheit kein Gebührentatbestand in der StBVV, so sind die Gebühren in sinngemäßer Anwendung der Vorschriften der StBVV zu bemessen. Dadurch soll erreicht werden, dass Lücken innerhalb der StBVV, die der Verordnungsgeber nicht bemerkt hat oder die sich nachträglich zeigen[5] ausgefüllt werden. 2

II. Begriffsbestimmungen

1. Vergütung

Die Vergütung des StB ist in § 1 Abs. 1 StBVV geregelt. Sie umfasst **Gebühren und Auslagen**. 3

Mit den Gebühren sind auch die **Allgemeinen Geschäftskosten** abgegolten.[6] Nach § 12 Abs. 1 StBVV entgelten die Gebühren grundsätzlich die gesamte Tätigkeit des StB vom Auftrag bis zur Erledigung der Angelegenheit. Die Abgeltung aller in einer Angelegenheit zusammengefassten Einzeltätigkeiten mit einer einheitlichen Gebühr ist ein wichtiger Grundsatz des Gebührenrechts. Soweit die StBVV keine gesonderten Regelungen enthält, sind deshalb auch **Vor-, Nach- und Übergabearbeiten** von der Gebühr mit abgegolten.[7] 4

Die **Auslagen** sind in den §§ 16–20 StBVV geregelt. Daneben kann der StB Auslagenersatz nach den §§ 675, 670 BGB für alle Aufwendungen geltend machen, die er den Umständen nach für erforderlich halten durfte. Dazu zählen auch **besondere** 5

1) StBGebV v. 17.12.1981, BGBl. I 1981, 1442.
2) Siehe Statistisches Berichtssystem für Steuerberater STAX 2018, veröffentlicht auf www.bstbk.de.
3) § 9a StBerG.
4) § 4 StBVV.
5) Z.B. durch neue oder geänderte Gesetze, Verordnungen und Richtlinien.
6) § 3 StBVV.
7) → § 12 StBVV Rz. 228 ff.

Geschäftskosten, die mandatsbezogen anfallen, wie insbesondere **Rechenzentrumskosten.**[1] Nicht erstattungsfähig sind allerdings allgemeine Geschäftskosten, die mit den Gebühren abgegolten sind.

6 **Schuldner** der Vergütung des StB ist grundsätzlich der Auftraggeber. Dieser muss die Vergütung allerdings erst dann bezahlen, wenn ihm zuvor eine nach § 9 StBVV ordnungsgemäß spezifizierte Rechnung erteilt worden ist.

7 Ist der StB im Rahmen der **Prozesskostenhilfe** beigeordnet, so richtet sich sein Vergütungsanspruch nach dem RVG, im Fall des Obsiegens gegen den Prozessgegner, ansonsten gegen die Staatskasse.[2] Soweit Prozesskostenhilfe bewilligt worden ist, kann der StB den Auftraggeber jedenfalls nicht unmittelbar in Anspruch nehmen. Im Falle der **Beratungshilfe** richtet sich der Vergütungsanspruch nach den Vorschriften des RVG, § 8 Abs. 1 BerHG.

8 Von dem Vergütungsanspruch zu unterscheiden ist der **Kostenerstattungsanspruch**, der im Fall eines teilweise gewonnenen Prozesses ausschließlich dem Mandanten zusteht.[3]

2. Auftrag/Vollmacht

9 Ein Steuerberatungsvertrag ist formfrei gültig. Ein schriftlicher Vertrag hat jedoch den Vorteil, dass der Auftragsumfang und damit die Reichweite der Honoraransprüche des StB dokumentiert sind. Von der Auftragserteilung abzugrenzen ist die Vollmacht, die der Auftraggeber dem StB zur Legitimation gegenüber Dritten, insbesondere Behörden und Gerichten erteilt. Hier ist zu beachten, dass sich aus dem Umfang einer Vollmacht nicht unbedingt Rückschlüsse auf den Umfang des Auftrags ableiten lassen.

Beispiel:

Der Mandant beauftragt den StB mündlich mit der Erstellung seiner Einkommensteuererklärung und erteilt ihm Empfangsvollmacht gegenüber dem Finanzamt. Der StB wird auftragsgemäß tätig. Den ihm zugesandten Steuerbescheid unterzieht er einer Prüfung, die er nach § 28 StBVV berechnet.

10 Ob die Prüfung des Steuerbescheids, den der StB auf Grund der Empfangsvollmacht erhalten hat, noch vom Auftrag, die Einkommensteuererklärung zu erstellen, gedeckt ist, wird von den Gerichten unterschiedlich gesehen.[4] Die Einlegung eines Einspruchs wäre ohne ausdrücklichen Auftrag jedenfalls nicht abrechnungsfähig.[5]

3. Angelegenheit

11 Der Begriff der Angelegenheit ist einer der zentralen Begriffe der StBVV, der jedoch an keiner Stelle definiert ist. Er ist nicht mit dem Auftrag, der regelmäßig mehrere Angelegenheiten umfasst, gleichzusetzen. Nach der Rechtsprechung des BGH ist die **Tätigkeit des StB, für die die Gebührenverordnung eine selbständige Gebühr ausweist**, grundsätzlich eine Angelegenheit.[6] In derselben Angelegenheit darf der StB die Gebühr nur einmal fordern.[7] Bei vorzeitiger Erledigung der Angelegenheit oder vorzeitiger Auftragsbeendigung bleiben die bereits entstandenen Gebühren bestehen.[8] Der StB kann deshalb einen seiner bisherigen Leistung entsprechenden

---

1) Feiter, DStR 2017, 1182; → § 3 StBVV Rz. 111.
2) → § 46 StBVV Rz. 783.
3) → § 45 StBVV Rz. 728 ff.
4) Siehe die Nachweise → § 28 StBVV Rz. 478.
5) AG Krefeld v. 7.4.2005, 78 C 386/02.
6) → § 10 StBVV Rz. 204 und 205.
7) § 12 Abs. 2 StBVV.
8) § 12 Abs. 4 StBVV.

Teil der Vergütung verlangen. Nur sofern dieser Teil für den Mandanten ohne Interesse ist, kann der StB nichts verlangen.[1]

4. Fälligkeit und Durchsetzbarkeit

Die Vergütung wird **fällig**, wenn der Auftrag erledigt oder die Angelegenheit beendet ist.[2] Mit Fälligkeit endet das Recht des StB auf die Geltendmachung eines Vorschusses.[3] Der Mandant hat dann Anspruch auf eine ordnungsgemäß spezifizierte Abrechnung nach § 9 StBVV. Dies gilt auch dann, wenn er bereits bezahlt hat. Erst dann, wenn der StB ordnungsgemäß spezifiziert abgerechnet hat, ist sein Vergütungsanspruch auch **durchsetzbar (klagbar).** Die ordnungsgemäße Abrechnung hat darüber hinaus auch weitergehende Auswirkungen, insbesondere wird der Auftraggeber erst durch eine ordnungsgemäße spezifizierte Rechnung in Verzug gesetzt und darf sich der StB erst nach ordnungsgemäß spezifizierter Rechnung auf sein gesetzliches Zurückbehaltungsrecht berufen.[4] 12

5. Gebührenarten

Die StBVV wird durch Rahmengebühren geprägt. Überwiegend finden sich **Wertgebühren**, für die ein bestimmter Gegenstandswert legal definiert ist. Ergibt sich der Gegenstandswert nicht unmittelbar aus der Verordnung, richtet er sich nach dem Wert des Interesses.[5] Nur für bestimmte Tätigkeiten sieht die StBVV eine **Zeitgebühr** vor, die 30 bis 75 € je angefangene halbe Stunde beträgt.[6] Wer darüber hinaus Leistungen nach Zeitaufwand abrechnen will, sollte mit dem Mandanten eine schriftliche Vergütungsvereinbarung nach § 4 Abs. 1 StBVV schließen. Für die Lohnbuchführung nach § 34 StBVV wird eine **Betragsrahmengebühr** durch Vorgabe eines Mindest- und eines Höchstbetrags festgesetzt.[7] 13

III. Anwendungsbereich

Der **persönliche Anwendungsbereich** der StBVV ergibt sich aus § 1 Abs. 1 Satz 1 und Abs. 2 StBVV. Danach gilt die StBVV unmittelbar nur für StB mit Sitz im Inland, während für StBv und Steuerberatungsgesellschaften eine entsprechende Anwendung der StBVV vorgesehen ist.[8] Für Rechtsanwälte verweist § 35 Abs. 1 RVG auf die §§ 23–39 i.V.m. §§ 10, 13 StBVV. 14

Praxistipp:

Im Fall einer Doppelqualifikation (StB und Rechtsanwalt) empfiehlt sich für die nicht von § 35 Abs. 1 RVG umfassten Gebührentatbestände eine ausdrückliche Vereinbarung mit dem Mandanten, ob nach dem RVG oder nach der StBVV abgerechnet werden soll.[9]

§ 1 StBVV erfasst nur die **selbständig ausgeübte Berufstätigkeit**. Die StBVV findet deshalb keine Anwendung auf angestellte StB nach § 58 StBerG und auf StB, die als freie Mitarbeiter für andere StB tätig werden.[10] 15

Der **sachliche Anwendungsbereich** der StBVV ist auf die Tätigkeiten nach § 33 StBerG beschränkt. Für vereinbare Tätigkeiten nach § 57 Abs. 3 StBerG gilt die StBVV nicht unmittelbar. Die Abrechnung vereinbarer Tätigkeiten kann nach spezi- 16

1) § 628 Abs. 1 Satz 2 BGB für den Dienstvertrag.
2) § 7 StBVV.
3) § 8 StBVV.
4) → § 9 StBVV Rz. 189.
5) § 10 Abs. 1 Satz 3 StBVV.
6) § 13 Satz 2 StBVV.
7) → § 10 StBVV Rz. 197.
8) → § 1 StBVV Rz. 86.
9) → § 1 StBVV Rz. 91.
10) → § 1 StBVV Rz. 96.

ellen Vorschriften erfolgen oder nach freier Vereinbarung. Gibt es weder spezielle Vorschriften, noch eine Vereinbarung, richtet sich das Honorar nach der Üblichkeit und Billigkeit.[1] Der **räumliche Anwendungsbereich** ist auf Tätigkeiten im **Inland** beschränkt.[2]

IV. Gebührentabellen

17 Die Wertgebühren richten sich nach den der Verordnung beigefügten fünf Tabellen, die seit Inkrafttreten der Verordnung wiederholt an die wirtschaftliche Entwicklung angepasst wurden.

- **Tabelle A – Beratungstabelle:** Sie entsprach bis zum 20.12.2012 und bis zu einem Gegenstandswert von 290 000 € der Tabelle zu § 13 Abs. 1 RVG und flachte ab einem Gegenstandswert von 350 000 € ab. Nachdem die Gebühren der Tabelle A mit Wirkung zum 20.12.2012 um ca. 5 % und die der Tabelle zu § 13 RVG mit Wirkung zum 1.8.2013 um ca. 11 % angehoben wurden, besteht kein identischer Verlauf mehr. Zuletzt wurden Gebühren der Tabelle A mit Wirkung zum 1.7.2020 um ca. 12 % angehoben.
- **Tabelle B – Abschlusstabelle:** Die Abschlusstabelle kommt insbesondere in den Fällen des § 25 StBVV[3] und des § 35 StBVV[4] zur Anwendung.
- **Tabelle C – Buchführungstabelle:** Die Buchführungstabelle deckt Tätigkeiten nach § 33 StBVV ab.
- **Tabelle D – Landwirtschaftliche Buchführung:** § 39 StBVV sieht für Buchführungs- und Abschlussarbeiten für land- und forstwirtschaftliche Betriebe die Anwendung einer gesonderten Tabelle D vor.
- **Tabelle E – Rechtsbehelfstabelle:** Die Rechtsbehelfstabelle war bis zum 20.12.2012 identisch mit der Tabelle zu § 13 Abs. 1 RVG. Nachdem die Gebühren der Tabelle E mit Wirkung zum 20.12.2012 um ca. 5 % und die der Tabelle zu § 13 RVG mit Wirkung zum 1.8.2013 um ca. 11 % angehoben wurden, bestand kein identischer Verlauf mehr.[5] Die Tabelle E wurde mit Wirkung zum 1.7.2020 aufgehoben[6] und ist nur noch für „Altfälle"[7] relevant. Für alle anderen Fälle richten sich die Gebühren nach der Tabelle zu § 13 RVG.[8]

18 Alle Tabellen sind **degressiv** gestaltet. Welche Tabelle anwendbar ist, regeln die einzelnen Gebührenvorschriften. Zuletzt wurden die Tabellen A bis D mit Wirkung zum 1.7.2020 um ca. 12 % angehoben.[9]

V. Steuerberatungsvertrag

19 Rechtsgrundlage für den Vergütungsanspruch des StB ist in aller Regel der Steuerberatungsvertrag. Ausnahmsweise kann sich ein Vergütungsanspruch aber auch aus Geschäftsführung ohne Auftrag[10] oder ungerechtfertigter Bereicherung[11] ergeben.

1) → §§ 612 Abs. 2, 632 Abs. 2 BGB.
2) § 1 Abs. 1 Satz 1 StBVV.
3) Ermittlung des Überschusses der Betriebseinnahmen über die Betriebsausgaben.
4) Abschlussarbeiten.
5) → § 40 StBVV a.F. Rz. 637 ff.
6) Fünfte Verordnung zur Änderung steuerlicher Verordnungen v. 25.6.2020, BGBl. I 2020, 1495, 1498 = BStBl I 2020, 555.
7) Auftragserteilung vor dem 1.7.2020.
8) → § 40 StBVV n.F. Rz. 668 ff.
9) Fünfte Verordnung zur Änderung steuerlicher Verordnungen v. 25.6.2020, BGBl. I 2020, 1495, 1498 = BStBl I 2020, 555; → § 10 StBVV Rz. 198.
10) §§ 677 ff. BGB; siehe AG Düsseldorf v. 23.5.2013, 39 C 4247/12, auch unter → § 40 StBVV n.F. Rz. 670.
11) §§ 812 ff. BGB.

1. Abgrenzung Individualvertrag – Allgemeine Auftragsbedingungen

Praxistipp: 20

Auch wenn ein Steuerberatungsvertrag formfrei geschlossen werden kann, empfiehlt sich ein schriftlicher Vertrag oder eine schriftliche Auftragsbestätigung, um den Umfang des Auftrags und damit die Rechtsgrundlage für den Vergütungsanspruch nachweisbar dokumentieren zu können.[1)]

Die Frage, ob es sich bei dem schriftlichen Vertrag um einen Individualvertrag oder um allgemeine Auftragsbedingungen handelt, ist nicht nur rein theoretischer Natur, sondern wirkt sich auf die Kündigungsmöglichkeiten und die daraus folgenden Vergütungs- und Entschädigungsregelungen aus. Ein **Individualvertrag** wird nur in seltenen Fällen vorliegen, nämlich dann, wenn die Vertragsbedingungen zwischen den Vertragsparteien im Einzelnen ausgehandelt wurden.[2)] **Allgemeine Geschäftsbedingungen** hingegen sind alle für eine Vielzahl von Verträgen vorformulierten Vertragsbedingungen, die eine Vertragspartei der anderen Vertragspartei bei Abschluss eines Vertrags stellt.[3)] Die von den einschlägigen Verlagen herausgegebenen Musterverträge unterfallen in jedem Fall den §§ 305 ff. BGB,[4)] die die Einbeziehung von AGB in Rechtsverhältnisse regeln, wenn sie unverändert übernommen oder nur vorgesehene **Leerräume**[5)] ausgefüllt werden. Handschriftliche Ergänzungen der Leerstellen ändern am Charakter der AGB nichts.[6)] Ist nur eine einzige Klausel[7)] ausgehandelt, liegt insoweit eine Individualvereinbarung vor. Die übrigen Vertragsbedingungen bleiben dann Allgemeine Geschäftsbedingungen. „**Aushandeln**" i.S.d. § 305 Abs. 1 Satz 3 BGB ist mehr als Verhandeln. Der Verwender muss den Klauselinhalt ernsthaft zur Disposition stellen und seinem Vertragspartner Gestaltungsfreiheit zur Wahrung eigener Rechte einräumen.[8)] Der BGH vertritt in dieser Frage eine harte Linie und verneint ein individuelles Aushandeln, wenn der Verwender der Klausel dem Interessenten die Klausel als eine von mehreren Alternativen angeboten hat. Die Wahl zwischen bestimmten, von der anderen Seite vorgegebenen **Formularalternativen** genüge nicht. Erforderlich sei vielmehr, dass der Vertragspartner in der Auswahl der in Betracht kommenden Vertragstexte frei ist und insbesondere Gelegenheit erhält, alternativ eigene Textvorschläge mit der effektiven Möglichkeit ihrer Durchsetzung in den Verhandlungen einzubringen.[9)] Beweispflichtig hierfür ist der StB. Deshalb empfiehlt sich eine schriftliche Zusatzvereinbarung zum Steuerberatungsvertrag, aus der sich die Situation des Aushandelns eindeutig ergibt, etwa indem dokumentiert wird, dass der StB für ein Zugeständnis des Mandanten eine Gegenleistung erbringt. AGB werden gem. § 305 Abs. 2 BGB nur dann Bestandteil eines Vertrags, wenn der Verwender (StB) die andere Vertragspartei bei Vertragsabschluss darauf hinweist, sowie ihr in zumutbarer Weise die Möglichkeit zur Kenntnisnahme verschafft und die andere Vertragspartei mit der Geltung einverstanden ist. Dies gilt unabhängig davon, ob der Vertrag mündlich, fernmündlich oder schriftlich geschlossen wird.

---

1) Der Pflichtenkreis des StB ist vom Auftrag abhängig, siehe LG Frankfurt v. 29.5.2012, 2–26 O 258/11, Stbg 2013, 281, zur Frage, ob der StB Erstattungsanträge nach dem Energiesteuergesetz stellen musste.
2) § 305 Abs. 1 Satz 3 BGB.
3) § 305 Abs. 1 Satz 1 BGB.
4) Hamminger, NWB 2016, 3622, 3624.
5) Name, Vertragsgegenstand, Vertragsdauer.
6) BGH v. 23.8.2016, VIII ZR 23/16, NJW-RR 2017, 137 (Mietvertrag); Niebling, MDR 2017, 684.
7) Z.B. über die Vertragslaufzeit.
8) Basedow in MünchKomm/BGB, 5. Aufl. 2007, § 305 BGB Rz. 34 m.w.N.; ausführlich Kessel, AnwBl 2012, 293 ff. und Kähler, BB 2015, 450 zur Möglichkeit eines Verhandlungsverzichts, wenn beide Parteien mit dem Inhalt der Klausel einverstanden sind.
9) BGH v. 15.2.2017, IV ZR 91/16 (KG), MDR 2017, 520 mit Anm. Sommerfeld, EWiR 2017, 401.

Formulierungsbeispiel:

Zusatzvereinbarung zum Steuerberatungsvertrag
mit Pauschalvergütungsvereinbarung vom ...

zwischen

StB ...

und

M (Mandant) ...

Das jederzeitige außerordentliche Kündigungsrecht nach § 627 BGB wird hiermit für beide Seiten ausgeschlossen. Unberührt bleibt das Kündigungsrecht aus wichtigem Grund (§ 626 BGB). Die vereinbarte Vertragslaufzeit soll beiden Vertragsparteien Planungssicherheit geben. M ist damit einverstanden, dass er im Fall einer vorzeitigen, vertragswidrigen Kündigung ohne wichtigen Grund das vereinbarte Honorar bis zum Ende der vereinbarten Vertragslaufzeit zahlen muss, auch wenn er die Leistungen von StB nicht mehr in Anspruch nimmt. Voraussetzung hierfür ist allerdings, dass er sich im Annahmeverzug befindet, der StB seine Leistungsbereitschaft also weiterhin anbietet. Im Gegenzug erklärt der StB sich damit einverstanden, von der ursprünglich vorgesehenen monatlichen Pauschale für die Finanz- und Lohnbuchhaltung ab ... einen Betrag von 50 € nachzulassen.

____

Datum, Unterschriften

Aus dieser Vereinbarung wird die Situation des Aushandelns eindeutig erkennbar, da der StB als Gegenleistung für den Ausschluss des Kündigungsrechts des Mandanten einen Preisnachlass gewährt.

Praxistipp:

Aus Beweissicherungsgründen sollte der StB sich von seinem Mandanten stets schriftlich bestätigen lassen, dass dieser mit der Geltung der AGB einverstanden ist. Darauf kann allerdings verzichtet werden, wenn die AGB bereits in den schriftlichen Steuerberatungsvertrag integriert sind (wie z.B. mit §§ 6 ff. der DWS-Verträge) und der Mandant den Steuerberatungsvertrag (und damit auch die AGB) unterschreibt.

Bei der Verwendung von AGB ist zwischen **Verbrauchern** einerseits und **Unternehmern**, juristischen Personen des öffentlichen Rechts und nicht rechtsfähigen öffentlich-rechtlichen Sondervermögen andererseits zu unterscheiden. Auf letztere finden § 305 Abs. 2 und 3 BGB (über die **Einbeziehung von AGB** in den Vertrag) und die §§ 308 und 309 BGB (über die **Inhaltskontrolle)** keine Anwendung, § 310 Abs. 1 Satz 1 BGB. Der Ausschluss der §§ 308 und 309 BGB befreit im unternehmerischen Geschäftsverkehr von z.T. starren Begrenzungen und bindet die Inhaltskontrolle, die allein am Maßstab des § 307 BGB erfolgt, an die Beachtung von Handelsgewohnheiten und Handelsgebräuchen, § 310 Abs. 1 Satz 2, 2. Halbsatz BGB. Allerdings sind die Anforderungen an die Transparenz von Vertragsbestimmungen im Geschäftsverkehr mit Unternehmern trotz deren Geschäftserfahrung nicht generell geringer als im Rechtsverkehr mit Verbrauchern. Das durch § 307 Abs. 1 BGB gewährleistete Schutzniveau ist deshalb nicht niedriger, als in den Fällen der §§ 308 und 309 BGB.[1]

2. Rechtsnatur des Steuerberaterberatungsvertrags

21 Es ist eine Frage des Einzelfalls, ob der Steuerberatungsvertrag als Geschäftsbesorgungsvertrag mit Dienstleistungscharakter[2] oder Werkvertragscharakter[3] anzuse-

1) → § 13 StBVV Rz. 252 zur 15-Minuten-Zeittaktklausel gegenüber Verbrauchern und Unternehmern; Ring/Klingelhöfer, AGB-Recht, § 6 Rz. 7.

2) §§ 611 ff. BGB.

3) §§ 631 ff. BGB.

hen ist. Auch diese Abgrenzungsfrage ist für die Kündigungsmöglichkeiten und daraus folgende Vergütungs- und Entschädigungsregelungen bedeutsam. Auch die Frage, ob dem StB ein Nachbesserungsrecht zusteht, richtet sich nach der Einordnung des Vertrags.

Von **Dienstvertragsrecht** ist auszugehen, wenn dem StB allgemein die Wahrnehmung aller steuerlichen Interessen des Mandanten übertragen wird. Es kommt nicht auf die Dauer eines Vertragsverhältnisses an; so können sich auch einzelne Werkverträge aneinander anschließen und insgesamt zu lang andauernden Vertragsbeziehungen führen. Entscheidend ist der Umfang der Beraterpflichten. Berät der StB einen Mandanten in (nahezu) allen bei diesem anfallenden steuerlichen Angelegenheiten, ist von Dienstvertragsrecht auszugehen. 22

Werkvertragsrecht bildet demgegenüber nach bisheriger Rechtsprechung die Ausnahme und ist dann anzunehmen, wenn der StB außerhalb einer fortlaufenden Mandatsbeziehung einen Einzelauftrag erhält, um etwa einen Vermögensstatus oder ein Gutachten zu erstellen. 23

Abgrenzungsprobleme können in besonders gelagerten Einzelfällen entstehen, wenn die vom StB geschuldeten Leistungen alle erfolgsorientiert sind und isoliert betrachtet werkvertraglichen Charakter haben. 24

Der **BGH** hat allerdings in mehreren Entscheidungen einen Dienstvertrag auch dann angenommen, wenn der StB lediglich mit der Buchführung, der Erstellung der Jahresabschlüsse sowie der Vorbereitung der Steuererklärungen beauftragt war, bei dem im Rechtsstreit freilich allein eine fehlerhafte Beratung bei Abgabe der Steuererklärungen in Rede stand.[1] Deshalb wird man von Dienstvertragsrecht nicht nur in den Fällen ausgehen können, in denen der StB auch eine (nicht erfolgsorientierte) Beratung schuldet, sondern auch bei Verträgen, die sich (nur) auf die Erstellung der Buchführung nebst Jahresabschluss und Steuererklärungen beziehen.[2] Dies hat der BGH mit Urteil v. 2.5.2019 klargestellt. Danach sind auch Tätigkeiten, die nicht zu den Vorbehaltsaufgaben eines StB gehören („Finanz- und Lohnbuchführung"), Bestandteil eines einheitlichen Dienstvertrages, wenn dieser auch die steuerliche Geschäftsbesorgung zum Gegenstand hat.[3] 25

3. Kündigungsmöglichkeiten und deren Auswirkungen auf den Honoraranspruch

Die Kündigung eines **Dienstvertrags** regeln die §§ 626, 627 BGB. Die außerordentliche Kündigung aus wichtigem Grund gem. § 626 BGB kann vertraglich nicht ausgeschlossen werden. Die jederzeit mögliche Kündigung bei Diensten höherer Art auf Grund einer Vertrauensstellung gem. § 627 BGB kann grundsätzlich nur durch individuelle und möglichst schriftliche Vereinbarung, nicht jedoch in AGB ausgeschlossen werden.[4] Ausnahmen sind nur dann denkbar, wenn in den AGB sehr kurze **Kündigungsfristen** vereinbart sind, z.B. eine monatliche oder zweimonatige[5] Kündigungsfrist zum Monatsende. Wo genau die Grenze verläuft, ist nicht entschieden. Maßgeblich ist, ob die vereinbarte Kündigungsfrist einen angemessenen Ausgleich der Interessen beider Vertragspartner enthält. 26

Praxistipp:

Am 24.1.2020 hat das BMJ einen Referentenentwurf mit dem Titel „Entwurf eines Gesetzes für faire Verbraucherverträge" veröffentlicht, der das Verbraucherschutzniveau spürbar anheben soll. Danach sollen AGB, die eine längere als eine einjährige (derzeit zwei-

1) Nachweise in BGH v. 7.3.2002, III ZR 12/01, NJW 2002, 1571.
2) Auch Mutschler, DStR 2007, 550, 554 m.w.N; Janetzko, DStR 2015, 2875.
3) BGH v. 2.5.2019, IX ZR 11/18, DB 2019, 1378.
4) Goez, KP 2016, 88.
5) BGH v. 7.6.2018, ZR 351/17, ZIP 2018, 1449 zu einem Kinderkrippenbetreuungsvertrag.

jährige) Bindung vorsehen, unwirksam sein, § 309 Nr. 9 a) BGB-E. Eine stillschweigende Vertragsverlängerung um mehr als drei Monate (derzeit ein Jahr) bei nicht rechtzeitiger Kündigung soll unwirksam sein, § 309 Nr. 9 b) BGB-E. Kündigungsfristen dürfen maximal einen Monat (derzeit drei Monate) betragen, § 309 Nr. 9 c) BGB-E. Sollten diese Regelungen in Kraft treten, wären sie als künftiger Maßstab im Rechtsverkehr mit Verbrauchern zu beachten. Wer auf der „sicheren Seite" sein will, sollte diese Vorgaben aber auch im Geschäftsverkehr mit Unternehmern beachten.[1)]

De lege lata steht lediglich fest, dass die Beschränkung auf nur eine Kündigungsmöglichkeit im Jahr mit wesentlichen Grundgedanken des § 627 Abs. 1 BGB unvereinbar und damit unwirksam ist.[2)] Gleiches gilt, wenn das Kündigungsrecht von Anfang an dadurch umgangen werden soll, dass eine unzulässig lange Vertragslaufzeit vereinbart wird, die dem Grundgedanken des § 627 BGB widerspricht. Die Anwendbarkeit des §§ 627 BGB ist bereits dann gegeben, wenn der StB Dienste höherer Art „zu leisten hat". Maßgeblich ist der Inhalt der Vereinbarung, nicht die bis zur Kündigung erbrachten Dienste.

Beispiel:

StB und Mandant vereinbaren in einem schriftlichen Steuerberatungsvertrag folgende Leistungen: *„Erstellung der Jahresabschlüsse einschließlich GuV, Jahressteuererklärungen, Buchführungsarbeiten sowie Beratung in allen steuerlichen Angelegenheiten einschließlich Rechtsbehelfe"*. Bis zur Kündigung des Mandats wird der StB nur im Rahmen der Finanz- und Lohnbuchführung tätig.

Obwohl der StB mit der Finanz- und Lohnbuchführung keine Dienste höherer Art erbracht hat, ist § 627 BGB anwendbar, weil er sich vertraglich zur Leistung höherer Dienste verpflichtet hat.[3)]

In schriftlichen Steuerberatungsverträgen mit Laufzeit von einem Jahr und mehr finden sich in jüngster Zeit wieder Regelungen zum **pauschalierten Schadensersatz** bei vorzeitiger Kündigung durch den Mandanten.

Beispiel:

„Wird der Auftrag aus Gründen, die der Auftraggeber zu vertreten hat, vorzeitig beendet, so hat der StB Anspruch auf 50 % der ihm für die Ausführung des gesamten Auftrages zustehenden Vergütung. Die Vertragsparteien haben die Möglichkeit, einen geringeren bzw. höheren Schaden nachzuweisen."

Eine solche Klausel ist mit dem Grundgedanken des § 627 BGB unvereinbar. Denn danach ist Folge einer außerordentlichen Kündigung lediglich die anteilige Vergütungspflicht für bereits erbrachte Leistungen, § 628 Abs. 1 Satz 1 BGB. Weitere Zahlungsverpflichtungen sieht das Gesetz nur unter den besonderen Umständen des § 628 Abs. 2 BGB vor (vertragswidriges Verhalten der anderen Vertragspartei). Schadensersatzansprüche für nicht erbrachte Dienste i.H.v. 50 % des vereinbarten Honorars in AGB erschweren deshalb die Ausübung des Kündigungsrechts in unzulässiger Weise.[4)] Gleiches gilt für eine AGB-Klausel, in der die (Weiter-)Zahlung der vereinbarten Pauschale bis zum Ablauf der vereinbarten Kündigungsfrist vorgesehen ist.[5)]

Praxistipp:

§ 627 BGB ist nicht anwendbar, wenn ein **dauerndes Dienstverhältnis mit festen Bezügen** vorliegt. Auch ein einjähriges Dienstverhältnis ist bereits ein „dauerndes Dienstver-

1) → Rz. 20 a.E.
2) BGH v. 11.2.2010, IX ZR 114/09, DB 2010, 555.
3) BGH v. 2.5.2019, IX ZR 11/18, DB 2019, 1378.
4) OLG Braunschweig v. 7.6.1999, 7 K 115/98, DStRE 2000, 278; OLG Koblenz v. 28.1.1993, 5 U 1254/92, BB 1993, 2183; Berners, NWB 2018, 890, 896; Hamminger, NWB 2016, 3622, 3625; vgl. auch § 307 Abs. 2 Nr. 1 und § 309 Nr. 5b BGB.
5) AG Kirchhain v. 4.3.2015, 5 C 207/14, DStR 2015, 1775 mit Anm. Raab.

hältnis". „Feste Bezüge" hat die Rechtsprechung bei der Vereinbarung eines bestimmten Mindestentgelts angenommen, z.B. bei einem jährlichen Pauschalbetrag oder bei festen monatlichen Pauschalen für die Buchführung und Lohnbuchführung bzw. die Wahrnehmung steuerlicher Interessen, nicht aber bei der Vereinbarung eines bestimmten Zehntelsatzes (z.B. 6/10 für Buchführung), da das Entgelt erst nachträglich festgestellt werden könnte, wenn der Gegenstandswert/Jahresumsatz bekannt ist.[1] Gleiches gilt für die Vereinbarung einer Zeitgebühr, da der Zeitaufwand vorher nicht feststeht. Werden aber in o.g. Sinne „feste Bezüge" vereinbart, ist der Mandant grundsätzlich an die vereinbarte Vertragslaufzeit gebunden und kann nur ordentlich, nicht aber gem. § 627 BGB außerordentlich kündigen.[2] Letztlich muss das Dienstverhältnis aber ein gewisses Maß an wirtschaftlicher Erheblichkeit und persönlicher Bindung für den StB mit sich bringen, um ein schützenswertes und gegenüber der Entschließungsfreiheit des Auftraggebers vorrangiges Vertrauen auf die Fortsetzung des Dienstverhältnisses begründen zu können.[3] Durch die gesetzliche Regelung soll das Vertrauen des Dienstverpflichteten geschützt werden, dass ihm auf längere Zeit bestimmte, von vornherein festgelegte Beträge in einem Umfang zufließen, welche (mit) die Grundlage seines wirtschaftlichen Daseins bilden können. Eine soziale oder wirtschaftliche Abhängigkeit muss nicht vorliegen.[4] Die **festen Bezüge** müssen sich als **Entgelt** auf die **Gesamtdienstleistung** beziehen. Ist in einem umfassenden Mandat[5] nur für die Finanz- und Lohnbuchführung eine feste Pauschale im Sinne fester Bezüge vereinbart, für die übrigen Leistungen aber eine Abrechnung nach StBVV vorgesehen, bleibt § 627 BGB anwendbar.[6] Um das Kündigungsrecht nach § 627 BGB auszuschließen, sollte deshalb entweder für **alle Dienstleistungen eine Pauschale** im o.g. Sinn vereinbart **oder** es sollten **getrennte Verträge** geschlossen werden. Auf diese Möglichkeit weist der BGH ausdrücklich hin.[7] Das Kündigungsrecht nach § 627 BGB kann ansonsten grundsätzlich nur durch eine Individualvereinbarung ausgeschlossen werden.

Ein Honoraranspruch des StB kann sich nach Dienstvertragsrecht aus dem Gesichtspunkt des **Annahmeverzugs** des Auftraggebers aus § 615 BGB ergeben. Allerdings ist die Anwendbarkeit des § 615 BGB eingeschränkt. Existiert nur ein **mündlicher Steuerberatungsvertrag**, kann der StB den Auftraggeber nicht in Annahmeverzug versetzen und Honorar für nicht mehr erbrachte Leistungen verlangen.

Beispiel:[8]

Gegenstand des Mandatsverhältnisses zwischen StB und Mandant war die Finanz- und Lohnbuchführung, die Anfertigung der Steuererklärungen, die Aufstellung des Jahresabschlusses und die steuerliche Beratung. Ein schriftlicher Vertrag existierte nicht. Für die Jahre 2011 und 2012 buchte der StB monatliche Vorauszahlungen für die o.g. Tätigkeiten i.H.v. insgesamt 17 850,00 € ab. Er erledigte in diesem Zeitraum aber nur noch die Lohnbuchführung, da der Mandant ihm trotz mehrfacher Aufforderungen die für die Finanzbuchführung erforderlichen Belege nicht mehr zur Verfügung gestellt hatte, weil er bereits einen anderen StB beauftragt hatte, ohne das Mandatsverhältnis zum Vorberater zu kündigen. Der StB war der Auffassung, dass er die vereinnahmten Vorschüsse behalten durfte, weil er den Mandanten in Annahmeverzug gesetzt habe und sich deshalb ein Honoraranspruch aus § 615 BGB ergebe.

Das OLG Düsseldorf bejahte nur einen geringfügigen Honoraranspruch für die Lohnbuchführung und verurteilte den StB im Übrigen zur Rückzahlung von 16 797,08 €. Die Anwendbarkeit des § 615 BGB sei durch die speziellen Vorschriften der StBVV im konkreten Fall ausgeschlossen. Nach § 12 Abs. 4 StBVV sei Voraussetzung für das Entstehen

1) BGH v. 19.11.1992, IX ZR 77/92, BB 1993, 531; OLG Saarbrücken v. 6.6.1989, 7 U 95/98, StB 1990, 162; LG Kleve v. 4.7.2008, 1 O 298/07, DStR 2009, 136.
2) Auch § 12 StBVV Rz. 13.
3) BGH v. 22.9.2011, III ZR 95/11, DB 2011, 2428 in einer WP-Sache.
4) BGH v. 18.2.2016, III ZR 126/15, NJW 2016, 1578 zu einem Kinderkrippenvertrag.
5) Jahresabschluss, Steuererklärungen, Finanz- und Lohnbuchführung, Rechtsbehelfsverfahren, Beratung.
6) BGH v. 2.5.2019, IX ZR 11/18, DB 2019, 1379 und v. 11.2.2010, IX ZR 114/09, DB 2010, 555.
7) BGH v. 2.5.2019, IX ZR 11/18, DB 2019, 1379.
8) OLG Düsseldorf v. 29.8.2017, I-23 U 153/16.

des Honoraranspruchs, dass der StB mit der Ausführung irgendeiner Tätigkeit **begonnen** habe. Dies sei hier nicht der Fall gewesen. Eine noch weitere Vorverlagerung des Honoraranspruchs auf den Zeitpunkt der Aufforderung zur Überlassung der Buchführungsbelege würde dazu führen, dass ein noch nicht entstandener Anspruch erst begründet würde. Dies sei aber nicht Zweck des § 615 BGB, der keinen eigenständigen Anspruch gewähre, sondern nur den ursprünglichen Erfüllungsanspruch aufrechterhalte.[1] Weiter heißt es, dass der StB vor Beginn seiner Tätigkeit auch nicht fest mit einer Vergütung rechnen könne, da der Mandant gem. § 627 BGB jederzeit fristlos kündigen könne.

Dieser Hinweis passt sicherlich im Fall eines mündlichen Steuerberatungsvertrages, über den das OLG Düsseldorf zu entscheiden hatte. Im Fall eines **schriftlichen Steuerberatungsvertrages** sind hingegen Fallkonstellationen möglich, in denen der Mandant nicht gem. § 627 BGB fristlos kündigen kann, weil ein **dauerndes Dienstverhältnis mit festen Bezügen** vorliegt (s.o.)oder das **Kündigungsrecht nach § 627 BGB wirksam ausgeschlossen** wurde.[2] Daneben kommt ein Honoraranspruch des StB unter dem Gesichtspunkt des **Annahmeverzugs** bei schriftlichen Verträgen auch dann in Betracht, wenn der Steuerberatungsvertrag nicht gekündigt wird, der Mandant aber seinen vertraglich vereinbarten **Mitwirkungspflichten nicht nachkommt**.

Beispiel:[3]

Der schriftliche Steuerberatungsvertrag sah vor, dass der Mandant zur Übergabe aller für die Ausführung des Auftrags notwendigen Unterlagen verpflichtet war. Nachdem er dem StB keine Unterlagen mehr übergeben hatte, wurde er hierzu mehrfach aufgefordert. Eine Reaktion des Mandanten erfolgte nicht. Auch kündigte dieser das Mandatsverhältnis nicht. Die fristlose Kündigung erfolgte vielmehr mehrere Monate später durch den StB, der dann die vereinbarte Vergütung bis zum Zeitpunkt der Kündigung verlangte.

Das OLG Koblenz bejahte den Honoraranspruch des StB unter dem Gesichtspunkt des Annahmeverzugs (§ 615 BGB). Der StB habe auch nicht rechtsmissbräuchlich gehandelt, weil er mit dem Ausspruch der Kündigung noch mehrere Monate wartete. Denn mangels ausdrücklicher Erklärung des Mandanten, dass dieser auf Dauer kein Interesse mehr an den vereinbarten Steuerberatungsleistungen hatte, war ein Abwarten im Hinblick auf eine mögliche Fortsetzung der Zusammenarbeit mit dem Mandanten nicht von vorneherein zwecklos. Der entscheidende Unterschied zwischen beiden Entscheidungen, ist der, dass im Fall des OLG Koblenz ein schriftlicher Steuerberatungsvertrag existierte, der vertragliche Mitwirkungspflichten des Mandanten vorsah. Anders als im Fall des OLG Düsseldorf konnte der StB allein auf Grund der schriftlichen Vereinbarungen fest mit einer Vergütung rechnen. Sein Vertrauen auf die Vertragsreue des Mandanten war deshalb schutzwürdiger, als im Fall des OLG Düsseldorf. Der Zweck des § 615, den Dienstverpflichteten davor zu schützen, seine Arbeitskraft anderweitig verwerten zu müssen, ist deshalb im Falle eines schriftlichen Steuerberatungsvertrages eher erfüllt, als im Falle eines nur mündlichen Steuerberatungsvertrages.

27 Das **Werkvertragsrecht** kennt grundsätzlich nur die Kündigungsmöglichkeit des Auftraggebers (§ 648 BGB). Sie ist jederzeit möglich. Diese Belastung des Auftragsnehmers wird dadurch ausgeglichen, dass er bei einer vorzeitigen Kündigung des Vertrags grundsätzlich die volle Vergütung abzüglich ersparter Aufwendungen erhält (§ 648 Satz 2 BGB). Diese Rechtsfolge kann m.E. aber nur im Fall eines **schriftlichen Steuerberatungsvertrages** eintreten, der von Seiten des Auftraggebers ohne Einhaltung der vereinbarten Kündigungsfrist vorzeitig und vertragswidrig gekündigt wird.[4] Bei einem **mündlich geschlossenen Steuerberatungsvertrag** kann der StB Honorar nur für bereits begonnene Arbeiten verlangen. Die speziellen Regelungen der StBVV[5] gehen den BGB-Vorschriften vor.[6] Der Auftragnehmer

1) So auch BAG v. 24.9.2014, 5 AZR 593/12.
2) S.o. und → Rz. 27.
3) OLG Koblenz v. 1.12.2005, 6 U 951/04, GI 2006, 119.
4) OLG Brandenburg v. 29.10.2003, 7 U 54/03.
5) Hier § 12 Abs. 4 StBVV.
6) So OLG Düsseldorf v. 29.8.2017, I-23 U 153/16 zu § 615 BGB; → Rz. 26.

selbst kann nur ausnahmsweise kündigen – bei mangelnder Mitwirkung des Auftraggebers und entsprechender Abmahnung (§§ 642, 643 BGB). Beide Seiten können jedoch auch wegen Unzumutbarkeit vergleichbar § 626 BGB kündigen. Dieses Recht wird aus § 242 BGB abgeleitet.

Fazit / Praxistipp: 28

Die ausdrückliche Kündigung des Vertrags durch den Auftraggeber oder seine Untätigkeit[1] wirken sich auf den **Vergütungsanspruch** des StB wie folgt aus:

- Bei Annahme eines **mündlichen Dienstvertrages** kann der StB nur den seinen bisherigen Leistungen entsprechenden Teil der Vergütung verlangen.[2] Gleiches gilt grds. auch im Falle eines **schriftlichen Dienstvertrages.**[3]
- Handelt es sich bei dem **schriftlichen Dienstvertrag** um einen **Individualvertrag** oder liegt ein **dauerndes Dienstverhältnis mit festen Bezügen** vor, kann der StB den vertragswidrig kündigenden Mandanten in Annahmeverzug versetzen und Schadensersatz für die nicht mehr erbrachten Leistungen bis zum Ende der vereinbarten Vertragslaufzeit verlangen.[4] Auch ohne ausdrückliche Kündigung des Mandanten kann er unter dem Gesichtspunkt des Annahmeverzugs das vereinbarte Honorar verlangen, wenn der Mandant seinen vertraglichen Mitwirkungspflichten nicht nachkommt.[5] Der StB muss sich lediglich ersparte Aufwendungen anrechnen lassen § 615 Satz 2 BGB). Als Kostenersparnis[6] legt die Rechtsprechung überwiegend 10–15 % der vereinbarten Vergütung zu Grunde.[7]
- Auch bei Annahme eines **mündlichen Werkvertrages** kann der StB Honorar nur für solche Arbeiten verlangen, mit denen er mindestens begonnen hat.[8]
- Im Falle eines **schriftlichen Werkvertrages** kann der StB demgegenüber die volle vereinbarte Vergütung abzüglich ersparter Aufwendungen verlangen (§ 648 BGB).[9]

4. Nachbesserungsrecht des Steuerberaters

Einen Anspruch auf „Nacherfüllung" kennt nur das Werksvertragsrecht.[10] Gleichwohl entsprach es lange Zeit einhelliger Rechtsprechung, dass der Mandant seinem (bisherigen) StB grundsätzlich Gelegenheit zur Nachbesserung geben muss, bevor er einen anderen StB mit der Beseitigung von Fehlern beauftragt, auch wenn der Vertrag als Dienstvertrag anzusehen ist.[11] Für das Dienstvertragsrecht hat der BGH das Nachbesserungsrecht des Vorberaters mit Urteil vom 11.5.2006[12] eingeschränkt und für den Fall verneint, dass der zwischen StB und Mandant geschlossene Vertrag ein Dienstvertrag ist, der Mandant das Mandat durch Kündigung bereits beendet hatte und der Fehler erst von dem neu beauftragten StB entdeckt worden ist. Der BGH begründet seine Entscheidung damit, dass die entsprechende Anwendung der werkvertraglichen Vorschriften über die Nacherfüllung im Widerspruch zur Vorschrift des § 627 BGB stünde, der bei einem Dienstvertrag mit einem StB dem Mandanten jederzeit die Kündigung des Mandatsverhältnisses ermöglicht. Sinn und Zweck dieser Vorschrift sei es, nur Personen des eigenen Vertrauens mit der steuerlichen Beratung zu befassen. Dieser Zweck würde aber nicht erreicht, wenn der Mandant gehalten wäre, dem wirksam gekündigten StB hinsichtlich bestimmter 29

1) Auftraggeber reicht keine Belege mehr ein ohne das Auftragsverhältnis zu kündigen.
2) § 628 Abs. 1 Satz 1 BGB; OLG Düsseldorf v. 29.8.2017, I-23 U 153/16; → Rz. 26.
3) OLG Düsseldorf v. 17.9.2019, I-24 U 211/18, DStR 2020, 135.
4) § 615 Satz 1 BGB; Goez, KP 2016, 88.
5) OLG Koblenz v. 1.12.2005, 6 U 951/04, GI 2006, 119; → Rz. 26.
6) Ersparte Sachmittel, Auslagenersatz nach § 16 StBVV (AG Herne v. 22.1.2013, 5 C 203/11, DATEV-Kosten.
7) LG Duisburg v. 1.3.2002, 10 O 36/95, Stbg 2001, 189 m.w.N.
8) → Rz. 27.
9) OLG Brandenburg v. 29.10.2003, 7 U 54/03.
10) §§ 634 Nr. 1 und 635 BGB.
11) → Rz. 82.
12) BGH v. 11.5.2006, IX ZR 63/05, DStR 2006, 957.

Teilleistungen noch Gelegenheit zur Nachbesserung zu geben. Im Übrigen wäre es umständlich, zeitaufwendig und für den Mandanten unnötig belastend, wenn dieser dem früheren StB trotz Kündigung die Möglichkeit einer Mängelbeseitigung einräumen müsste, da sich der neue Berater, der den Fehler entdeckt habe, bereits eingearbeitet habe. Ob der BGH anders entscheiden würde, wenn das Mandatsverhältnis noch nicht beendet ist und der Fehler des StB anderweitig entdeckt wird, bleibt offen. Für ein Nachbesserungsrecht spricht in diesem Fall allerdings, dass der Rechtsgedanke des § 627 BGB nicht greift, solange das Vertrauensverhältnis fortbesteht und es auch nicht zu Meinungsverschiedenheiten kommen kann, solange der Mandant keinen zweiten StB beauftragt hat.

30 Fraglich ist auch, ob das Nachbesserungsrecht **vertraglich vereinbart** werden kann. Im Rahmen einer Individualvereinbarung ist dies möglich, da § 627 BGB individuell abgedungen werden kann. In AGB hingegen ist ein Ausschluss des § 627 BGB nicht möglich. Dies spricht dafür, dass auch ein Nachbesserungsrecht in AGB nicht wirksam vereinbart werden kann, wenn das Mandatsverhältnis schon beendet ist und der Mangel im Nachhinein (z.B. durch den neuen StB) entdeckt wird.[1] Demgegenüber hält das LG Münster[2] eine Regelung zum Nachbesserungsrecht in AGB grundsätzlich für wirksam. Auch wenn diese Entscheidung im Widerspruch zur o.g. BGH-Rechtsprechung[3] stehen dürfte und die Wirksamkeit einer solchen Klausel deshalb zweifelhaft ist, kann sich eine solche Nachbesserungsklausel für den Vorberater als hilfreich erweisen, wenn er später mit Schadensersatzansprüchen konfrontiert wird.

Formulierungsvorschlag:

Der Auftraggeber hat gegen den Auftragnehmer einen Anspruch auf Beseitigung etwaiger Mängel. Er hat dem Auftragnehmer innerhalb einer angemessenen Frist Gelegenheit zur Nachbesserung zu geben.

VI. Vergütungsvereinbarungen

31 Die StBVV bzw. das StBerG kennen nur drei Arten von Vergütungsvereinbarungen, nämlich

- die Vereinbarung einer höheren Vergütung nach § 4 StBVV
- die Vereinbarung einer Pauschalvergütung nach § 14 StBVV und
- die Vereinbarung eines Erfolgshonorars nach § 9a StBerG.

In allen Fällen sind bestimmte Formerfordernisse zu beachten. Dies gilt auch für Vergütungsvereinbarungen für gerichtliche Verfahren. Hier finden über § 45 StBVV die Vorschriften des RVG Anwendung.[4]

32 Aus dem Grundsatz der **Vertragsfreiheit** folgt, dass daneben auch andere Formen von Vergütungsvereinbarungen zulässig sind, z.B. die Vereinbarung einer Zeitgebühr an Stelle einer gesetzlichen Wertgebühr.[5] Die Grenze sind unzulässige Gebührenunterschreitungen und unzulässige Gebührenüberhebungen.[6] An eine (mündliche) Honorarzusage ist der StB grundsätzlich gebunden. Eine davon abweichende Abrechnung nach StBVV ist nicht zulässig.[7] Nach der Rechtsprechung des BGH verstößt der StB nicht dadurch gegen die StBVV, dass ein völlig **anderer**

1) Janetzko, DStR 2015, 2875.
2) LG Münster v. 4.12.2013, 110 O 31/13.
3) BGH v. 11.5.2006, IX ZR 63/05, DB 2006, 202.
4) → § 4 StBVV Rz. 138.
5) → § 64 StBerG Rz. 901 ff.
6) → § 64 StBerG Rz. 904 ff.
7) LG Zweibrücken v. 12.1.2015, 1 O 218/14; Feiter, KP 2015, 79; → Rz. 64.

Abrechnungsmodus gewählt wird.[1] Im Anwaltsbereich hat das BVerfG die Versteigerung anwaltlicher Dienstleistungen gebührenrechtlich nicht beanstandet.[2] Die Vergütung des StB muss auch nicht zwingend in Geld erfolgen. Als Gegenleistung können auch **Sachleistungen oder Naturalleistungen** des Mandanten vereinbart werden, die selbstverständlich auch der Besteuerung unterliegen. In diesen Fällen stellt sich häufig die Problematik, dass die Äquivalenz von Leistung und Gegenleistung nur schwer zu beurteilen ist.[3] Hinzu kommt, dass die Bezahlung in Naturalien als Leistung an Erfüllungs statt im Insolvenzfall für den Insolvenzverwalter leichter anfechtbar ist.[4]

VII. Vergütungsanspruch: Sicherung und Durchsetzung

1. Schriftlicher Steuerberatungsvertrag und schriftliche Vergütungsvereinbarung

Der **Abschluss eines schriftlichen Steuerberatungsvertrags** als Grundlage des 33
Honoraranspruchs kann sich im Einzelfall als vorteilhaft erweisen, z.B. wenn es um die Frage geht, ob dem StB überhaupt ein Auftrag erteilt wurde und welchen Umfang ein unstreitig erteilter Auftrag hatte.

Beispiel:

Ein Existenzgründer beauftragt den StB mündlich mit der monatlichen Finanz- und Lohnbuchführung. Nach Abschluss des Wirtschaftsjahrs erstellt der StB den Jahresabschluss nebst dazugehöriger Steuererklärung ohne hierzu ausdrücklich beauftragt worden zu sein.

Die Erteilung eines Buchführungsauftrags rechtfertigt nicht ohne Weiteres den Schluss, dass auch ein Auftrag für die Erstellung des Jahresabschlusses und der Steuererklärungen besteht.[5] Letztlich lassen sich Streitigkeiten dieser Art durch einen schriftlichen Vertrag mit detaillierten Regelungen zum Mandatsumfang vermeiden. Insbesondere bei Neumandanten kommt es immer wieder vor, dass Mandanten die Auftragserteilung bestreiten. In diesen Fällen muss der beweispflichtige StB die Umstände vortragen, die für eine Beauftragung sprechen.[6] Wenn zu Beginn des Mandatsverhältnisses kein schriftlicher Steuerberatungsvertrag geschlossen wurde, besteht immer noch die Möglichkeit, sich den Umfang des Auftrags nachträglich bestätigen zu lassen.

Beispiel:

Nach Fertigstellung des Jahresabschlusses und der Steuererklärungen bittet der StB den Mandanten um Unterzeichnung der Vollständigkeitserklärung, der Vereinbarung über die Teilnahme am Verfahren der DATEV eG zur Einreichung von Jahresabschlussdaten beim Betreiber des Elektronischen Bundesanzeigers sowie der (nachträglich) erstellten Auftragsbestätigung. Gleichzeitig wird der Mandant darauf hingewiesen, dass erst nach Unterzeichnung aller Dokumente die elektronische Übermittlung erfolgt.

Als vorteilhaft kann sich neben einem schriftlichen Steuerberatungsvertrag auch 34
eine **schriftliche Vergütungsvereinbarung** erweisen, da dadurch von vornherein Streitigkeiten über die Angemessenheit der Gebühren vermieden werden. Wird eine höhere Vergütung nach § 4 Abs. 1 StBVV oder eine Pauschalvergütung nach § 14 StBVV vereinbart, ist unbedingt auf die Einhaltung der Formvorschriften zu

---

1) BGH v. 30.9.2004, I ZR 89/02, NJW 2005, 1268, zur Steuerberatungs-Hotline; § 21 StBVV Rz. 21.
2) BVerfG v. 19.1.2008, 1 BvR 1886/06, NJW 2008, 1298.
3) Onderka/N. Schneider in Schneider/Wolf, 8. Aufl. 2017, § 3a RVG Rz. 77 f.
4) Inkongruente Deckung; vgl. Haarmann/Huber/Schmittmann, Praxis der Insolvenzanfechtung, 4. Aufl. 2020, § 131 Rz. 15.
5) AG Oberhausen v. 27.11.2001, 35 C 379/01, DStRE 2002, 471.
6) OLG Stuttgart v. 25.6.2019, 12 U 25/18, WPK-Magazin 2019, 62.

achten. Im Falle einer **Praxisveräußerung** tritt der Käufer in die bestehenden Verträge ein. Es handelt sich um eine gesetzlich nicht geregelte Vertragsübernahme,[1] wenn die Mandanten durch Vollmachtserteilung ihr Einverständnis mit der Mandatsübernahme erteilt haben.

2. Belehrungspflichten des Steuerberaters

35 Grundsätzlich ist der StB seinem Auftraggeber gegenüber nicht verpflichtet, diesen auf die voraussichtliche Gebührenhöhe hinzuweisen, da er an eine gesetzlich geregelte Gebührenordnung gebunden ist. Der Auftraggeber muss bei der Beauftragung eines StB regelmäßig damit rechnen, dass er die gesetzliche Vergütung zahlen muss.[2] Das gilt auch dann, wenn bereits ein Mandat besteht und ein Folgemandat erteilt wird.[3] Allerdings wurde durch die Dritte Verordnung zur Änderung steuerlicher Verordnungen[4] in § 4 Abs. 4 StBVV eine Informationspflicht eingeführt, die den StB verpflichtet, jeden Mandanten in Textform darauf hinzuweisen, dass eine höhere oder niedrigere Vergütung als die gesetzliche Vergütung in Textform vereinbart werden kann. StB unterliegen auch dann einer gesetzlichen Hinweispflicht, wenn sie gegenüber Verbraucher-Mandanten unter Angabe von Preisen werben. § 1 PAngV[5] verlangt dann die Angabe des Endpreises (einschließlich Umsatzsteuer). Unzulässig wäre die Werbung mit einer bestimmten Preisangabe „zuzüglich 19 % USt".[6] Auch nach der Rechtsprechung des EuGH zu Art. 73, 78 der Mehrwertsteuersystemrichtlinie ist ein vereinbarter Preis ohne Regelung zur Mehrwertsteuer als Bruttopreis anzusehen.[7] Rechtsanwälte sind demgegenüber lediglich verpflichtet, vor Übernahme des Auftrags auf die zu erhebenden Gebühren hinzuweisen, wenn diese sich nach dem Gegenstandswert richten.[8]

36 Soweit § 5 TMG[9] u.a. auch StB mit einem eigenen Internet-Auftritt bestimmte Informationspflichten vorschreibt,[10] kann ein Verstoß gegen diese Informationspflichten[11] den Honoraranspruch des StB nicht gefährden. Gleiches gilt für Informationspflichten nach der DL-InfoV,[12] die in § 4 DL-InfoV auch Informationspflichten zu Preisen enthält und für sonstige Informationspflichten nach §§ 36, 37 VSBG, Art. 14 Abs. 1 ODR-Verordnung und § 4 Abs. 4 StBVV.[13] Verstöße gegen die diese Informationspflichten können allenfalls als Ordnungswidrigkeit und mit den Mitteln des Wettbewerbsrechts geahndet werden,[14] ggf. auch Schadensersatzansprüche auslösen.[15]

1) LG Duisburg v. 2.10.2015, 7 S 21/15; BGH v. 10.2.2011, IX ZR 45/08, BFH/NV 2011, 959 und § 4 StBVV Rz. 13; LG Düsseldorf v. 22.3.2019, 7 O 158/15, besprochen von Feiter, KANZLEI intern 06_2019, 2 und LG Wuppertal v. 25.5.2016, 3 O 299713 (rkr.), zur Übernahme einer bestehenden Unentgeltlichkeitsvereinbarung zwischen Verkäufer und Mandant durch den Käufer → Rz. 66.
2) BGH v. 2.7.1998, IX ZR 63/97, MDR 1998, 1313 f.; OLG München v. 5.6.2019, 15 U 318/18; OLG Köln v. 12.3.1997, XVII U 85/96, Stbg 1998, 568, zum Anwaltsrecht; LG Saarbrücken v. 8.1.2004, 2 S 304/01; LG Wuppertal v. 25.5.2016, 3 O 299/13 (rkr.).
3) BGH v. 14.12.2005, IX ZR 210/03, AnwBl 2006, 214 zu einer behaupteten Unentgeltlichkeitsvereinbarung.
4) Dritte Verordnung zur Änderung steuerlicher Verordnungen v. 18.7.2016, BGBl. I 2016, 1722 = BStBl I 2016, 725.
5) Preisangabenverordnung v. 18.10.2002, BGBl. I 2002, 4198.
6) OLG Naumburg v. 8.11.2007, 1 U 70/07, AnwBl 2008, 142.
7) EuGH v. 7.11.2013, C-249/12, C-250/12, HFR 2013, 1165 = DStRE 2014, 816.
8) § 49b Abs. 5 BRAO.
9) Telemediengesetz (TMG) v. 26.2.2007, BGBl. I 2007, 179.
10) U.a. auch die Angabe, welchen gesetzlichen Vorschriften der Berufsstand des StB unterliegt.
11) Namentlich ein unterlassener Hinweis auf die StBVV.
12) Verordnung v. 17.3.2010, BGBl. I 2010, 267.
13) Zu den Informationspflichten für Steuerberater siehe Ueberfeldt, DStR 2017, 900.
14) Zur DL-InfoV: OLG Hamm v. 28.2.2013, I – 4 U 159/12, DStR 2013, 2195: Kein Bagatellverstoß nach § 3 UWG; a.A. LG Dortmund v. 26.3.2013, 3 O 102/13, BRAK-Mitt. 2013, 168: Bagatellverstoß; ebenso LG Nürnberg-Fürth v. 25.3.2010, 3 HK O 9663/09, DStRE 2010, 1344 zu § 5 TMG.
15) Ueberfeldt, DStR 2017, 900, 904; Feiter/Tegethoff, KANZLEI intern 09/2016, 6 m.w.N.

Auf Verlangen des Auftraggebers gehört es zu den Beratungspflichten eines StB, die Höhe der voraussichtlichen Gebühren mitzuteilen und ggf. zu erläutern. Der gebotene Inhalt der Aufklärung hängt von den Umständen des einzelnen Falls ab, insbesondere von der für den StB erkennbaren Interessenlage des Auftraggebers. Besonderes Gewicht kommt der praktischen Brauchbarkeit der Belehrung zu. Die Rechtsprechung verlangt grundsätzlich einen Hinweis auf die **Art der Gebühren und deren Höhe**.[1] 37

Auch **ohne Aufforderung** des Mandanten kann sich aus besonderen Umständen gem. §§ 157, 242 BGB eine Rechtspflicht zur Aufklärung über die Höhe der voraussichtlichen Gebühren ergeben – etwa bei einem außerordentlich hohen **Gegenstandswert**[2] oder wenn die Tätigkeit des StB für den Auftraggeber unwirtschaftlich oder wirtschaftlich sinnlos[3] wäre. Auch dann, wenn der StB von einer **langjährigen Abrechnungspraxis** durch eine erhebliche Anhebung der Gebühren abweichen will, wird man einen vorherigen Hinweis erwarten dürfen.[4] Nach ständiger Rechtsprechung des BGH trägt derjenige, der eine Aufklärungs- oder Beratungspflichtverletzung behauptet, dafür die Beweislast. Die mit dem Nachweis einer negativen Tatsache verbundenen Schwierigkeiten werden dadurch ausgeglichen, dass der StB die behauptete Fehlberatung substantiiert bestreitet und darlegen muss, wie im Einzelnen beraten bzw. aufgeklärt worden sein soll.[5] Er muss den Verlauf des Aufklärungsgesprächs im Einzelnen schildern und Angaben darüber machen, was er dem Mandanten über die voraussichtliche Höhe seiner Vergütung gesagt hat.[6] 38

Praxistipp:

Der StB sollte deshalb ausreichend in den Handakten und darüber hinaus schriftlich gegenüber dem Auftraggeber dokumentieren, dass und wie er eine solche Belehrung erteilt hat. Zu den Rechtsfolgen einer pflichtwidrig unterlassenen Belehrung → Rz. 52.

Hat es der StB mit einem **Verbraucher**[7] zu tun, können sich Belehrungspflichten im Hinblick auf ein mögliches **Widerrufsrecht**[8] des Verbraucher-Mandanten ergeben. Zu denken ist insbesondere an die früheren **Haustürgeschäfte**,[9] die jetzt als **„außerhalb von Geschäftsräumen geschlossene Verträge"** bezeichnet sind.[10] Die Voraussetzungen dieser Vorschrift werden im Verhältnis StB/Mandant nur selten vorliegen, so dass die Vorschrift für StB weitgehend irrelevant ist. Eine ordnungsgemäße Belehrung über das 14-tägige Widerrufsrecht des § 355 Abs. 2 BGB ist wegen der Komplexität der gesetzlichen Regelungen nicht einfach. Es empfiehlt sich eine Orientierung an dem aktuellen Muster Widerrufsformular,[11] sei es das offizielle nach Anlage 2 zu Art. 246a § 1 Abs. 2 Satz 1 Nr. 1 EGBGB – das nur aus einer einfachen Widerrufsfloskel besteht und in das lediglich die Adressdaten der Parteien, Kaufgegenstand und -datum einzutragen sind – oder eine andere vergleichbar unmissverständliche Erklärung.[12] Ist eine Außergeschäftsraumsituation gegeben, weil der StB den Verbraucher-Mandanten in dessen Privatwohnung oder an dessen Arbeitsplatz 39

1) BGH v. 13.3.1980, III ZR 145/78, NJW 1980, 2128, 2130, für Rechtsanwälte; zur Darlegungs- und Beweislast bezüglich der erfolgten Belehrung OLG Köln v. 12.3.1997, 17 U 85/96, Stbg 1998, 568, ebenfalls zum Anwaltsrecht; → Rz. 51 ff.

2) BGH v. 14.12.2005, IX ZR 210/03, NJW-Spezial 2006, 190; v. 7.12.2000, IX ZR 423/99, BRAK-Mitt. 2001, 118, für Rechtsanwälte.

3) → Rz. 52.

4) Im Einzelnen zu den Fallgruppen → Rz. 51 ff.; zu Belehrungspflichten gegenüber nicht bilanzierungspflichtigen Mandanten → § 32 StBVV Rz. 517; LG Wuppertal v. 5.6.2019, 3 O 245/18.

5) BGH v. 11.10.2007, IX Z R 105/06, DB 2007, 2704, zum Anwaltsrecht.

6) OLG Köln v. 12.3.1997, 17 U 85/96, Stbg 1998, 568, zum Anwaltsrecht.

7) § 13 BGB.

8) §§ 312g, 355, 356 BGB.

9) § 312 BGB a.F.

10) § 312b BGB.

11) § 356 Abs. 1 Satz 1 BGB.

12) § 355 Abs. 1 Satz 3 BGB.

aufsucht, ist Vorsicht geboten. Wegen des Risikos des Widerrufs innerhalb von 14 Tagen dürfte der StB eigentlich erst nach Ablauf dieser Frist mit der Beratung beginnen. Da dies i.d.R. keine Option ist, sollte der StB von der Möglichkeit Gebrauch machen, eine Zustimmungserklärung des Mandanten einzuholen, § 356 Abs. 4 Satz 1 BGB.[1] Zu beachten ist auch, dass der BGH den Auftrag zur Erstellung eines Existenzgründungsberichts noch nicht dem Unternehmerhandeln zuordnet, solange der Gründungsentschluss noch nicht gefallen, dieser vielmehr vom Ergebnis des Berichts abhängig gemacht wird. Wird der StB in einer solchen Situation tätig, ohne über das Widerrufsrecht belehrt zu haben, kann der Verbraucher-Mandant sein Widerrufsrecht seit Juni 2014 ein Jahr und 14 Tage lang ausüben.[2] Eine Belehrungspflicht bei Nutzung von **Fernkommunikationsmitteln** (Brief, Telefon, Fax, E-Mail etc.) besteht grds. nicht. Denn nur der **gelegentliche** Vertragsschluss über Fernkommunikationsmittel ist noch keine organisierte Vertriebsform i.S.d. § 312c BGB (Fernabsatzvertrag), die dem Mandanten bei fehlender Belehrung ein Widerrufsrecht einräumen würde.[3] Anders ist dies z.B. bei einer „echten" Online-Beratung, wenn sich der StB in den Bereich eines **organisierten Fernabsatzvertriebssystems** begibt.[4] Die Informationspflichten gehen in diesen Fällen aber nicht so weit, dass der StB stets auch eine Telefonnummer anzugeben hätte.[5] Kein Vertragsschluss unter ausschließlicher Verwendung von Fernkommunikationsmitteln liegt vor, wenn es einen persönlichen Kontakt zwischen Verbraucher und StB während der Vertragsanbahnung gegeben hat.[6]

3. Gerichtliche Zuständigkeit

40 Für Streitigkeiten über Gebührenforderungen sind erstinstanzlich die Amtsgerichte oder Landgerichte – je nach Gebührenstreitwert – **sachlich zuständig**. Die Amtsgerichte sind bis zu einem Streitwert von 5 000 € zuständig.[7] In einigen Bundesländern, die von der Ermächtigung des § 15a EG ZPO Gebrauch gemacht haben, war eine Klage erst nach erfolgloser Durchführung eines obligatorischen **Güteverfahrens** zulässig, wenn der Vergütungsanspruch 750 €[8] bzw. 600 €[9] nicht überstieg.[10] Mittlerweile haben alle Länder – zuletzt mit Wirkung zum 1.1.2013 auch Baden-Württemberg – dieses obligatorische Verfahren in vermögensrechtlichen Streitigkeiten abgeschafft, so dass der Rechtsweg zu den Amtsgerichten wieder offen steht. Die Abschaffung erfolgte wegen der geringen Erfolgsquoten und wegen der Umgehungsmöglichkeit durch Mahnverfahren. Ab dem 1.1.2018 gibt es für Streitigkeiten über Honorarforderungen von Personen, für die eine besondere Honorar- oder Tariffordnung gilt, im Saarland eine zentrale Zuständigkeit des Amtsgerichts Lebach.[11] Die Berufung gegen ein Amtsgerichts-Urteil ist zulässig, bei einer Berufungssumme von mehr als 600 € oder wenn das Gericht die Berufung im Urteil zugelassen hat.[12]

1) Beyme, Stbg 2018, 76, 81 mit Muster.
2) Vgl. § 356 Abs. 3 Satz 2 BGB; zur früheren Rechtslage mit unbefristetem Widerrufsrecht siehe BGH v. 15.11.2007, III ZR 295/06, Stbg 2009, 464; Masuch, NJW 2008, 1700.
3) Grüneberg in Palandt, 78. Aufl. 2019, § 312c BGB Rz. 6.
4) BGH v. 23.11.2017, IX ZR 204/16, Stbg 2018, 182 mit Anm. Beyme; Beyme, Stbg 2018, 76 mit weiteren Rechtsprechungsnachweisen; El-Auwad, Stbg 2017, 971; Bräuer, AnwBl 2015, 970; Ernst, NJW 2014, 817.
5) EuGH v. 10.7.2019, C-649/17, NJW 2019, 3365 zu Art. 6 Abs. 1 Buchst. c; AEUV Art. 267 in dem Verfahren gegen Amazon.
6) BGH v. 27.2.2018, XI ZR 160/17, ZIP 2018, 774.
7) § 23 Nr. 1 GVG.
8) Baden-Württemberg, Bayern, Brandenburg, Hessen, Sachsen-Anhalt, Schleswig-Holstein.
9) Nordrhein-Westfalen, Saarland.
10) S. hierzu Henke, AnwBl 2005, 352.
11) Gerichtsstrukturreformgesetz v. 30.11.2016, ABl. Saarland I 2017, 79. Artikel 7 des Gesetzes sieht umfangreiche Übergangsbestimmungen für bereits anhängige Verfahren vor.
12) § 511 Abs. 2 ZPO.

41 Sehr umstritten war lange Zeit die Frage der **örtlichen Zuständigkeit**, insbesondere die Frage, ob Gebührenforderungen auch am Gericht des Kanzleisitzes geltend gemacht werden können.[1] In einer Anwaltssache hat der BGH in 2003 entschieden,[2] dass die Gebührenforderung eines Rechtsanwalts ohne Vorliegen besonderer Umstände wie sonstige Geldforderungen am Wohnsitz des Schuldners zu erfüllen und geltend zu machen sind. Die Entscheidung ist auf StB übertragbar, da ein Steuerberatungsvertrag und ein Anwaltsvertrag vergleichbare Schuldverhältnisse sind. Mittlerweile hat der BGH bestätigt, dass der Honoraranspruch eines StB aus einem inländischen Mandat am Wohnsitz bzw. Ort der Niederlassung des Mandanten geltend zu machen ist.[3] Für Fälle mit EU-Auslandsbezug gilt seit dem 1.3.2002,[4] dass das Honorar dort einzuklagen ist, wo der Schwerpunkt der Tätigkeit erbracht wurde, i.d.R. also am Sitz der Kanzlei.[5] Liegt der Streitwert ohne Kosten, Zinsen und Auslagen unter 2 000 €[6] und hat der Gegner seinen Wohn- oder Geschäftssitz im europäischen Ausland, ist seit dem 1.1.2009 der Anwendungsbereich der Small-Claims-Verordnung eröffnet. Urteile, die in diesem Verfahren ergangen sind, können unter erleichterten Voraussetzungen im europäischen Ausland vollstreckt werden. Daneben besteht auch die Möglichkeit eines Auslandsmahnverfahrens.[7] Seit dem 14.7.2017 hat sich der Streitwert auf 5 000 € erhöht.[8]

Praxistipp:

Die beste Möglichkeit, Honorarprozesse vor auswärtigen Gerichten zu vermeiden, ist die rechtzeitige Geltendmachung ausreichender Vorschüsse, weil der Mandant im Falle späterer Rückforderung am Kanzleisitz des StB klagen müsste. Darüber hinaus können Steuerberatungsgesellschaften mit ihren Auftraggebern, wenn es sich um Kaufleute handelt, eine Gerichtsstandvereinbarung treffen.[9]

4. Verjährung

42 Das am 1.1.2002 in Kraft getretene Gesetz zur Modernisierung des Schuldrechts – Schuldrechtsmodernisierungsgesetz[10] hat u.a. zu wesentlichen Änderungen bei den Verjährungsregelungen der §§ 194 ff. BGB geführt. Für alle ab dem 1.1.2002 fällig werdenden Vergütungsansprüche gilt eine **Verjährungsfrist von drei Jahren**, beginnend mit dem Ende des Jahres, in dem der Anspruch entstanden, also fällig geworden ist und in dem der Gläubiger von den anspruchsbegründeten Umständen und der Person des Schuldners Kenntnis erlangt oder grob fahrlässig nicht erlangt hat.[11] Die vorteilhafte Neuerung für den StB liegt in der Verlängerung der Verjährungsfrist von zwei auf drei Jahren.

43 Die dreijährige Verjährungsfrist gilt grundsätzlich auch für **Bereicherungsansprüche** von Mandanten gegenüber StB wegen Rückforderung von Honorar. Im Gegensatz zu der früheren Verjährungsfrist von 30 Jahren stellt dies eine erhebliche Verbesserung für den StB dar, nicht zuletzt, weil die neue kürzere Verjährungsfrist bereits für Bereicherungsansprüche galt, die vor dem 1.1.2002 entstanden waren.[12] Der Beginn der Verjährungsfrist von drei Jahren knüpft an die Kenntnis bzw. grob

1) S. hierzu z.B. Rönnig, KP 2001, 79.
2) BGH v. 11.11.2003, X ARZ 91/03, AnwBl 2004, 119.
3) BGH v. 16.11.2006, IX ZR 206/03, DStR 2007, 1099.
4) Art. 5 Nr. 1b EuGVVO.
5) BGH v. 2.3.2006, IX ZR 15/05, NJW 2006, 1806; und OLG Karlsruhe v. 24.8.2007, 14 U 72/06, NJW 2008, 85, zum Anwaltsrecht.
6) Art. 2 EuSCVO.
7) Strasser, SteuerConsultant 6/09, 30 m.w.N.
8) Rechtsänderung v. 16.12.2015, vgl. ABl.EU L 341 vom 24.12.2015.
9) §§ 29 Abs. 2, 38 Abs. 1 ZPO.
10) SchuldRModG v. 29.11.2001, BGBl. I 2001, 3219.
11) §§ 195, 199 Abs. 1 BGB.
12) Art. 229 § 6 Abs. 4 EGBGB.

fahrlässige Unkenntnis an. Dies gilt auch für den Anspruch auf Rückzahlung nicht verbrauchter Vorschüsse. Diese Kenntnis wird der Mandant oft erst nach einer ordnungsgemäßen Abrechnung erlangen, die den Anforderungen des § 9 StBVV entspricht.[1] Fehlt es an dem in → Rz. 42 erwähnten Kenntnismerkmal, verjähren Bereicherungsansprüche erst in zehn Jahren von ihrer Entstehung an.[2]

Beispiel:

M zahlt im Jahr 2015 das ihm von seinem Steuerberater S mit der Höchstgebühr ordnungsgemäß in Rechnung gestellte Buchführungshonorar. Im Jahr 2020 fordert er das die Mittelgebühr überschreitende Honorar unter Hinweis auf fehlende Kenntnis von der Höchstgebühr zurück.

Frage: Gilt hier die dreijährige oder die zehnjährige Verjährungsfrist?

Mit diesem Einwand dürfte M kein Gehör finden. Auf die zutreffende rechtliche Bewertung kommt es nicht an.[3] Da ihm in 2015 bereits eine prüfbare Rechnung vorlag und ihm deswegen die Einholung von Informationen über die Gebührenhöhe schon im Jahr 2015 möglich und zumutbar war, liegt grob fahrlässige Unkenntnis vor, mit der Folge, dass S sich auf die Einrede der Verjährung berufen kann.[4] Es gilt also die dreijährige Verjährungsfrist.

Ob eine **Verkürzung der gesetzlichen Verjährungsfrist** für Bereicherungsansprüche in AGB wirksam vereinbart werden kann, ist umstritten. M. E. kann die kenntnisunabhängige Frist von drei Jahren auf z.B. sechs Monate verkürzt werden, wenn für den Beginn des Laufs der verkürzten Frist die Kenntnis von der Anspruchsentstehung Voraussetzung ist. Eine Verkürzung der kenntnisunabhängigen Frist von zehn auf z.B. drei Jahre ist hingegen nicht möglich.[5]

44 Die meisten Rechtsverfolgungsmaßnahmen, die früher eine Unterbrechung der Verjährung bewirkt haben, führen seit der Schuldrechtsreform (1.1.2002) nur zu einer **Hemmung der Verjährung.**[6] Dadurch wird die Frist für die Dauer des betreffenden Umstandes, z.B. die Dauer eines Rechtsstreits im Falle einer Klageerhebung – sowie weitere sechs Monate[7] – angehalten. Mit der Schuldrechtsreform wurde auch die Regelung eingeführt, die eine Hemmung der Verjährung bei Vergleichsverhandlungen vorsieht.[8]

45 Auch dann, wenn der StB seinem Mandanten noch keine Rechnung erteilt hat oder die Rechnung formell fehlerhaft ist, wird die **Verjährung durch die Erhebung einer Klage oder die Zustellung eines Mahnbescheids im Mahnverfahren gehemmt**, da die fehlende Einforderbarkeit[9] keine Auswirkungen auf die Rechtshängigkeit[10] hat.[11] Keine Verjährungshemmung tritt ein, wenn die Geltendmachung des Anspruchs durch einen Nichtberechtigten erfolgt. Nichtberechtigter ist auch, wer

---

1) BGH v. 7.3.2019, IX ZR 143/18.
2) § 199 Abs. 4 BGB.
3) BGH v. 19.3.2008, III ZR 220/07, MDR 2008, 615 zu einem Rückforderungsanspruch gegen einen StB wegen Verstoßes gegen das RBerG; AG Mönchengladbach v. 30.5.2018, 36 C 20/18. Einschränkend allerdings BGH v. 11.10.2012, VII ZR 10/11, NJW 2012, 3569 zur Rückforderung von Architektenhonorar.
4) In diesem Sinne auch AG Mönchengladbach v. 30.5.2018, 36 C 20/18; Rohlfing, MDR 2006, 721, 723.
5) Feiter, KANZLEI_intern 8_2018, 7 m.w.N.
6) § 204 BGB; zur Verjährungshemmung nach altem und neuem Recht bei Nichtbetreiben des Verfahrens siehe LG Saarbrücken v. 16.11.2005, 90 53/03, INF 2006, 132.
7) Vgl. § 204 Abs. 2 BGB.
8) § 203 BGB.
9) Vgl. § 9 StBVV.
10) Vgl. § 261 ZPO.
11) BGH v. 2.7.1998, IX ZR 63/97, MDR 1998, 1313; LG Aschaffenburg v. 16.4.1998, 2 S 289/97, Stbg 2000, 474.

eine Honorarforderung auf Grund einer nichtigen Abtretung erworben hat.[1] Nichtberechtigter ist ferner der Partner einer PartG (oder Sozietät), wenn die Honorarforderung der PartG bzw. Sozietät und nicht dem einzelnen Partner zusteht.[2]

Eine **Unterbrechung der Verjährung**, d.h. einen Neubeginn der Verjährung, gibt es nur noch im Falle des Anerkenntnisses des Anspruchs durch Abschlagzahlung,[3] Zinszahlung, Sicherheitsleistung oder in sonstiger Weise und bei Vornahme oder Beantragung einer gerichtlichen oder behördlichen Vollstreckungsmaßnahme.[4] Als Anerkennungshandlung kommen z.B. in Betracht: Stundungsgesuch, Angebot anderweitiger Verrechnung. Es genügt für die Verjährungsunterbrechung, dass der Schuldner den Anspruch „dem Grunde nach" anerkennt.[5] 46

Nur in seltenen Ausnahmefällen wird der StB der **Verjährungseinrede** des Mandanten den **Einwand der unzulässigen Rechtsausübung** aus § 242 BGB entgegen halten können, i.d.R. wenn der Mandant ausdrücklich auf die Einrede der Verjährung verzichtet hat,[6] nicht aber schon dann, wenn er bittet, von Zwangsmaßnahmen gegen ihn abzusehen und ankündigt, unaufgefordert auf die Angelegenheit zurück zu kommen[7] oder wenn der Mandant sich erst in der Berufungsinstanz nach für ihn ungünstiger Beweisaufnahme auf Verjährung beruft.[8] Der Mandant, der die Einrede auch schon in der 1. Instanz hätte erheben können, muss jedoch damit rechnen, dass ihm in einem solchen Fall der „Flucht in die Verjährung" die Kosten des Berufungsverfahrens auferlegt werden.[9] 47

Zulässig sind auch Vereinbarungen über **Verjährungserschwerungen**, z.B. eine zwischen StB und Mandant vereinbarte Verlängerung der gesetzlichen Verjährungsfrist bis zu einer Höchstfrist von 30 Jahren.[10] 48

Praxistipp:

Steuerberater, die auch im finanzgerichtlichen Klageverfahren tätig werden, sollten beachten, dass für die Vertretung im **Einspruchs- und Klageverfahren** unterschiedliche **Fälligkeitszeitpunkte** gelten, da es sich gebührenrechtlich um gesonderte Angelegenheiten handelt.[11] Die Vergütung im gerichtlichen Verfahren wird nach Beendigung jedes einzelnen Rechtszugs gesondert fällig.[12]

Die Verjährung des Gebührenanspruchs für die Vertretung im Einspruchsverfahren nach § 40 StBVV beginnt mit der Beendigung dieses Verfahrens, i.d.R. dem Erlass des Einspruchsbescheides. Vertritt der StB den Mandanten im anschließenden Klageverfahren vor dem FG und ggf. weiter vor dem BFH, wird die Verjährung des Honoraranspruchs aus § 40 StBVV nicht gehemmt.[13] Droht der Anspruch zu verjähren, muss der StB ggf. noch vor Abschluss des Prozesses seine Tätigkeiten im Zusammenhang mit dem Einspruchsverfahren gesondert abrechnen. 49

1) → § 64 StBerG Rz. 911 ff.; OLG Düsseldorf v. 25.11.1993, 8 U 104/92, NJW 1994, 2423.
2) → § 1 StBVV Rz. 94; OLG Düsseldorf v. 15.12.2011, I-24 U 99/11, MDR 2012, 436; zur fehlenden Aktivlegitimation in diesem Fall: AG Düsseldorf v. 20.8.2015, 50 C 115/15; Feiter KANZLEI intern 10/2015, 3.
3) BGH v. 21.1.2015, VI ZR 87/14, NJW 2015, 1589.
4) § 212 Abs. 1 BGB.
5) → Rz. 70 und → Rz. 79, Nachweise zum „Deklaratorischen Schuldanerkenntnis".
6) OLG Düsseldorf v. 12.1.1995, 13 U 90/93, GI 1997, 45: Die Erklärung des Mandanten, er werde die Rückstände bezahlen, reichte dem Gericht aus.
7) LG Oldenburg v. 22.9.2000, 13 S 626/00, AnwBl 2001, 248.
8) OLG Düsseldorf v. 20.2.1992, 13 U 149/91, GI 1993, 201; OLG Frankfurt/M. v. 29.4.1980, 5 U 84/78, MDR 1981, 228.
9) § 97 Abs. 2 ZPO.
10) § 202 BGB.
11) → § 40 StBVV Rz. 643.
12) § 45 StBVV i.V.m. § 8 Abs. 1 Satz 2, 2. Alt. RVG; LG Essen v. 20.4.2019, 18 O 317/18, besprochen von Feiter, KANZLEI intern 5_2019, 2.
13) OLG Nürnberg v. 15.10.1999, 6 U 1383/99, Stbg 2001, 687 mit Anm. Späth; Meyer/Rönnig, KP 2002, 55; → § 40 StBVV Rz. 643.

Zur Verjährung von Buchführungsarbeiten → § 33 StBVV Rz. 545 m.w.N.

5. Treu und Glauben (§ 242 BGB)

50 Die Geltendmachung eines Honoraranspruchs kann sich im Einzelfall als treuwidrig i.S.v. § 242 BGB erweisen.[1]

a) Verletzung von Belehrungspflichten

51 Die ein Schuldverhältnis wie den Steuerberatungsvertrag kennzeichnenden Hauptleistungspflichten werden durch **Nebenpflichten** ergänzt, deren Grundlage v.a. § 242 BGB ist. Zu den vertraglichen – aber auch schon vorvertraglichen – Nebenpflichten des StB gehören unter anderem sog. **Belehrungspflichten**.[2] Bei schuldhafter Verletzung einer solchen Pflicht kann der Auftraggeber mit einem **Schadenersatzanspruch** aufrechnen, wenn er darlegt und ggf. beweist, dass er bei einem vorherigen Hinweis des Beraters eine für ihn günstigere Lösung gefunden hätte.[3]

aa) Belehrung über vermeidbare Kosten

52 Der StB muss ungefragt auf die voraussichtliche Höhe seiner Vergütung hinweisen, wenn die Höhe der vom Auftraggeber zu zahlenden Gebühren das von ihm verfolgte Ziel wirtschaftlich sinnlos macht.[4] Nach der älteren Rechtsprechung ist ein StB verpflichtet, einen **Kleingewerbetreibenden**, der nicht gesetzlich verpflichtet ist, Bücher zu führen und zu bilanzieren, darauf hinzuweisen, dass eine solche Pflicht nicht besteht, wenn der Mandant den Auftrag erteilt, die Buchführung zu übernehmen und die Bilanzen zu erstellen. Unterlässt der StB einen entsprechenden Hinweis und drängt dem Auftraggeber sozusagen seine diesbezügliche Tätigkeit auf, sei es unbillig, dem StB die dadurch erlangten Vermögensvorteile zu belassen.[5] Die Durchsetzung von Schadensersatzansprüchen scheitert in diesen Fällen allerdings häufig daran, dass der Auftraggeber einen angeblich entstandenen Schaden nicht substantiiert darlegt. Erforderlich ist eine **Differenzrechnung** mit einem **Gesamtvermögensvergleich**, der alle von dem haftungsbegründenden Ereignis betroffenen finanziellen Positionen umfasst.[6] Dazu muss der Auftraggeber zunächst darstellen, welche Steuerberatungskosten für die Anfertigung steuerlicher Aufzeichnungen und einer Einnahmenüberschussrechnung angefallen wären und darüber hinaus, wie sich die steuerliche Situation unter Berücksichtigung etwa einer Überleitungsrechnung dargestellt hätte, wie sich die geänderten Steuerberatungskosten, die gem. § 4 Abs. 4 EStG üblicherweise als Betriebsausgaben absetzbar sind, auf die Höhe der Besteuerungsgrundlagen und die Besteuerung selbst ausgewirkt hätten und wie hoch unter Berücksichtigung dessen insgesamt der Schaden gewesen wäre.[7] Einem substantiierten Schadensersatzanspruch kann der StB in diesen Fällen ggf. entgegenhalten, dass es gegen den Grundsatz von Treu und Glauben (§ 242 BGB) verstößt, wenn der Mandant Leistungen, die üblicherweise gegen Entgelt

---

1) Siehe hierzu Feiter, INF 1996, 566.

2) → Rz. 35 ff.

3) BGH v. 21.3.1996, IX ZR 240/95, NJW 1996, 1954, 1956; OLG Koblenz v. 17.6.1997, 14 W 340/97, AnwBl 1998, 543; OLG Köln v. 12.3.1997, XVII U 85/96, Stbg 1998, 568; OLG Düsseldorf v. 21.6.2011, I-24 U 155/10, MDR 2012, 316; LG Wuppertal v. 5.6.2019, 3 O 245/18; Best, DSWR 1997, 235.

4) OLG München v. 5.6.2019, 15 U 318/18, DStR 2019, 1711 mit Anm. Raab zum Anwaltsrecht.

5) OLG Dresden v. 29.1.2003, 12 U 0805/02, StB 2003, 149, 150; OLG Düsseldorf v. 24.8.2000, 13 U 214/99, DStRE 2002, 535 (auch zur Problematik des Vorteilsausgleichs); OLG Düsseldorf v. 28.6.1990, 18 U 68/90, GI 1991, 19; LG Krefeld v. 10.1.1997, I S 115/96, DStRE 1999, 999; AG Duisburg-Hamborn v. 30.9.1997, 7 C 698/96, Stbg 1998, 360 mit Anm. Feiter.

6) BGH v. 20.11.1997, IX ZR 286/96, WM 1998, 142; BGH v. 19.1.2006, IX ZR 232/01, DB 2006, 889.

7) LG Wuppertal v. 5.6.2019, 3 O 245/18; → § 32 StBVV Rz. 517.

erbracht werden, über Jahre hinweg in Anspruch nimmt, diese zur Erfüllung seiner steuerlichen Pflichten nutzt und das dafür gezahlte Honorar später zurückfordert, ohne eine Kompensation für die Leistungen des StB anzubieten.[1] Das OLG Frankfurt/M.[2] versagte einem StB den Honoraranspruch bei **unwirtschaftlichen Nachbilanzierungen** für einen Zeitraum von sechs Jahren und Nichtaufklärung über die Höhe der dafür entstehenden gesetzlichen Gebühren. Ein hoher Vergütungsanspruch von über 50 000 € brutto, dem eine Abrechnung nach Gegenstandswert zu Grunde liegt, löst ebenfalls einen Schadensersatzanspruch aus, wenn der Mandant auf Grund vorangegangener Gespräche mit einer Abrechnung nach Stundensätzen von 250 € rechnet. Er hat dann Anspruch auf Freistellung der unnötigerweise entstandenen Kosten, d.h. er ist so zu stellen, wie er bei einer Abrechnung auf Stundenbasis stehen würde.[3] Eine Aufklärungspflicht kann auch dann bestehen, wenn der Mandant eine Vergütungsvereinbarung abgeben soll, die zu einer Überschreitung der gesetzlichen Gebühren führt. Letztlich hängt der Umfang der Belehrung von der Interessenlage und der erkennbaren Aufklärungsbedürftigkeit ab.[4] Der Mandant muss in die Lage versetzt werden, durch die Hinweise des StB eine eigenverantwortliche, sachgerechte Entscheidung treffen zu können, ob er eine Vertretung durch den StB zu dessen Konditionen wünscht.[5] Eine Aufklärungspflicht besteht auch dann, wenn der zu erreichende wirtschaftliche Vorteil in einem krassen **Missverhältnis** zu den Gebühren steht.[6]

bb) Belehrung über Gebührenerhöhungen

Will der StB von einer langjährigen Abrechnungspraxis abweichen, ist es eine Frage 53
des Einzelfalls, ob wegen der besonderen Umstände eine Rechtspflicht zur vorherigen Aufklärung des Mandanten besteht. Will der Berater erstmals Leistungen abrechnen, die er in der Vergangenheit nie berechnet hat, wird man im Zweifel einen entsprechenden Hinweis erwarten dürfen.[7] Gleiches gilt, wenn der StB einseitig von einem vereinbarten Abrechnungsmodus abweichen will.[8] Bei einer Anhebung der bisherigen Gebühren,[9] wird man einen vorherigen Hinweis jedenfalls dann erwarten dürfen, wenn die Arbeiten nach Art, Umfang und Schwierigkeitsgrad keine ins Gewicht fallenden Änderungen erfahren haben, der Zehntelsatz im Vergleich zu den Vorjahren aber deutlich erhöht werden soll.[10]

cc) Belehrung über Formvorschriften

Die Vereinbarung einer höheren Vergütung, einer Pauschalvergütung oder eines 54
Erfolgshonorars bedürfen nach §§ 4, 14 StBVV, § 9a StBerG der Einhaltung

1) LG Wuppertal v. 5.6.2019, 3 O 245/18.
2) OLG Frankfurt/M. v. 10.4.2003, 2 U 91/02, DStR 2003, 1635.
3) OLG Hamm v. 16.6.2009, 28 U 1/09, GI aktuell 2000, 52 in einer RA-Sache.
4) OLG Düsseldorf v. 21.6.2011, I-24 U 155/10, MDR 2012, 316.
5) BGH v. 18.9.1997, IX ZR 49/97, NJW 1998, 136; LG Stuttgart v. 11.7.2016, 27 O 338/15, GI aktuell 2017, 28.
6) LG Stuttgart v. 11.7.2016, 27 O 338/15, GI aktuell 2017, 28, besprochen von Wollweber/Ruske, Stbg 2016, 402, 410: RA-Kosten für Selbstanzeige 34 031,62 € bei Steuernachzahlung von 5 629,79 €; LG Duisburg v. 12.10.2012, 7 S 51/12, NJW 2013, 1614: RA-Kosten 2 562,90 €, erreichbarer Vorteil max. 750 €.
7) So LG Detmold v. 23.10.1991, 2 S 175/90, erstmalige Abrechnung von Gebühren nach § 29 StBGebV durch die Praxisnachfolgerin. Der Praxisveräußerer hatte diese Gebühren zuvor nie berechnet.
8) Abrechnung der gesetzlichen Gebühr anstelle einer vereinbarten Pauschale; Schleswig-Holsteinisches OLG v. 11.1.2019, 17 U 21/18, Stbg 2019, 231 mit Anm. Pestke.
9) Z.B. Erhöhung der Zehntelsätze.
10) So AG Duisburg-Ruhrort v. 4.8.2000, 8 C 301/99, INF 2002, 96: Der Berater hatte seit 1994 für die Erstellung der Bilanzen jeweils einen Rahmensatz von 10/10 in Ansatz gebracht und erstmals für das Jahr 1997 ohne Begründung 30/10 angesetzt; Best, DSWR 1997, 235.

bestimmter Formalien, insbesondere der Einhaltung der Textform. Bei einem Verstoß gegen die Formerfordernisse ist der StB nicht schutzwürdig, da er die gesetzlichen Anforderungen kennen und auf ihrer Einhaltung bestehen muss.[1] Der Mandant kann deshalb auch nach jahrelanger Durchführung einer unwirksamen Honorarabrede Herabsetzung des Honorars verlangen, ohne dass er sich treuwidrig i.S.v. § 242 BGB verhält.[2] Nach der Rechtsprechung zum Anwaltsrecht darf der RA keine Früchte aus seiner eigenen Inkompetenz ziehen, wenn er selbst die fehlerhafte Vergütungsvereinbarung entworfen hat.[3] Zu den umstrittenen Rechtsfolgen einer unterlassenen Belehrung im Falle einer Pauschalvergütungsvereinbarung → § 14 StBVV Rz. 281; zu den Rechtsfolgen bei Verstößen gegen einzelne Bestimmungen des § 9a StBerG (Erfolgshonorar) → § 9a StBerG Rz. 830 ff.

dd) Belehrung über Interessenkollision

55 StB dürfen nicht tätig werden, wenn eine Interessenkollision gegeben ist. Erkennt der StB bei der Auftragserteilung, dass eine Interessenkollision vorliegt, ohne den Mandant darauf hinzuweisen und kündigt dieser nach späterer Kenntniserlangung den Auftrag, kann er dem Honoraranspruch des StB einen Schadensersatzanspruch in Höhe des Honorars wegen der Verletzung vorvertraglicher Offenbarungspflichten entgegenhalten.[4] Tritt die Interessenkollision erst im Laufe des Mandats ein, ohne dass der StB den Mandanten unterrichtet oder das Mandat beendet, wirkt sich dieser Umstand nicht rückwirkend auf den Honoraranspruch aus. Bis zum Verstoßzeitpunkt bereits verdiente Gebühren kann der StB in jedem Fall geltend machen.[5] Ein weitergehender Honoraranspruch kann allerdings an der Vorschrift des § 628 Abs. 1 Satz 2 BGB scheitern[6] oder daran, dass der Mandant mit einem Schadensersatzanspruch aufrechnet.

b) Unzulässige Rechtsausübung

56 Von der Vielzahl möglicher Anwendungen des Verbots unzulässiger Rechtsausübung sind im Gebührenrecht insbesondere die Fälle des Verbots widersprüchlichen Verhaltens und der Unverhältnismäßigkeit von Bedeutung.

aa) Widersprüchliches Verhalten durch Nachforderung von Honorar

57 Inwieweit der StB nicht oder zu niedrig geltend gemachte Gebühren und Auslagen[7] nachfordern darf, ist umstritten. Grundsätzlich unzulässig ist ein nachträgliches Abweichen von dem einmal ausgeübten Ermessen bei der Bestimmung des Gebührenrahmens. Deshalb darf der StB, der sein Ermessen[8] **endgültig und abschließend** ausgeübt hat, nicht im Nachhinein höhere Zehntelsätze für die Wertgebühren oder eine höhere Zeitgebühr berechnen.[9] Allerdings gilt dieser Grundsatz nicht uneingeschränkt. Der BGH konzediert dem Rechtsanwalt, dass er irrtümlich nicht geltend gemachte Gebühren und Auslagen grundsätzlich nachfordern kann.[10] Das OLG

1) Schleswig-Holsteinisches OLG v. 11.1.2019, 17 U 21/18, Stbg 2019, 631 mit Anm. Pestke.
2) BGH v. 8.6.2004, IX ZR 119/03, NJW 2004, 2818, 2820; OLG Düsseldorf v. 14.10.2003, I–24 U 79/03, GI 2005, 58, 62 jeweils zu § 3 Abs. 1 BRAGO.
3) Schons, AnwBl Online 2020, 372, 378 m.w.N.
4) §§ 311 Abs. 2, 280 BGB; LG Saarbrücken v. 23.2.2010, 9 S 15/09, nebst Hinweisbeschluss v. 18.1.2010; im Anwaltsrecht wird in diesen Fällen überwiegend die Nichtigkeit des Vertrages gem. § 134 BGB angenommen, vgl. LG Köln v. 21.11.2012, 9 S 69/12, AnwBl 2013, 552 m.w.N.
5) BGH v. 23.4.2009, IX ZR 167/07, DStR 2009, 2123, in einer Anwaltssache.
6) BGH v. 23.4.2009, IX ZR 167/07, DStR 2009, 2123; → § 12 StBVV Rz. 237.
7) Auch → § 16 StBVV Rz. 306.
8) Leistungsbestimmungsrecht i.S.d. § 11 StBVV, § 315 BGB.
9) Siehe → § 11 StBVV Rz. 210; BGH v. 4.12.1986, III ZR 51/85, NJW 1987, 3203 zum Anwaltsrecht.
10) BGH v. 4.12.1986, III ZR 51/85, NJW 1987, 3203.

Hamburg spricht sogar von einem „absolut unangemessenen Ergebnis", wenn der Rechtsanwalt, der versehentlich nach altem Gebührenrecht abgerechnet hat, nicht nachliquidieren könnte.[1] Demgegenüber scheint das OLG Düsseldorf strenger zu sein. Es lässt Ausnahmen nur zu, wenn **Nichtigkeits- oder Anfechtungsgründe** vorliegen.[2] In der Literatur finden sich ähnliche Stellungnahmen: Wenn der StB eine Gebührenposition vergessen oder übersehen habe, soll keine Bindung eintreten.[3] Bei der Bewertung des Einzelfalls geht es letztlich um die Frage, ob eine Nachliquidation treuwidrig i.S.d. § 242 BGB wäre oder nicht.[4]

An einem endgültigen und abschließend ausgeübten Leistungsverlangen fehlt es im Falle einer bloßen **Vorschuss**anforderung[5] oder wenn der StB sich eine Erhöhung ausdrücklich und erkennbar vorbehalten hat.[6] Ebenso wenig ist der StB an einen **Zehntelsatz** gebunden, den er im Vorjahr oder in der Vergangenheit abgerechnet hat.[7] Umstritten ist, ob die Bindung an eine einmal erteilte unspezifizierte Schlussrechnung so weit geht, dass der StB auch im Falle einer **nachträglichen Spezifizierung** den ursprünglichen Rechnungsbetrag nicht überschreiten darf.

Beispiel 1 (nachträgliche Spezifizierung):

Der StB hatte für diverse Schriftsätze und Einsprüche pauschal 660 DM, umgerechnet 337,45 € berechnet. Die nachträgliche Aufschlüsselung der Leistungen und die spezifizierte Abrechnung nach den Vorschriften der Steuerberatergebührenverordnung führen zu einem höheren Betrag.[8]

Höchstrichterliche Rechtsprechung gab es lange Zeit nur zum **Architektenhonorar**. 58
Danach ist der Architekt nach Treu und Glauben an eine einmal von ihm erstellte Schlussrechnung gebunden, wenn die Rechnungsstellung in Kenntnis der für die Berechnung maßgebenden Umstände erfolgte.[9] Allerdings hat der BGH diesen Grundsatz, der ein Abweichen von der Schlussrechnung nur bei wichtigem Grund vorsah, zunehmend aufgeweicht.[10] Danach tritt eine Bindung an die Schlussrechnung nur dann ein, wenn der Auftraggeber auf der abschließenden Berechnung des Honorars vertrauen durfte und er sich im berechtigten Vertrauen auf die Endgültigkeit der Schlussrechnung in schutzwürdiger Weise so eingerichtet hat, dass ihm eine Nachforderung nicht mehr zugemutet werden kann. Die Unzumutbarkeit der Nachforderung setzt voraus, dass die dadurch entstandene zusätzliche Belastung unter Berücksichtigung aller Umstände des Einzelfalls für den Auftraggeber eine **besondere Härte** bedeutet, weil er bei einer (schlagartigen) Geltendmachung der Nachforderung unzumutbar hart getroffen würde.[11] Auf Vertrauen wird sich der Auftraggeber jedenfalls dann nicht berufen können, wenn er selbst alsbald die Prüffähigkeit der Schlussrechnung rügt, da er in diesem Fall gerade kein Vertrauen in die Schlussrechnung setzt.[12] Einzelne Gerichte haben die Rechtsprechung des

1) OLG Hamburg v. 17.8.1978, 8 W 222/78, MDR 1979, 235.
2) OLG Düsseldorf v. 6.12.1990, 18 U 126/90, GI 1992, 91; OLG Düsseldorf v. 2.4.1998, 13 U 86/96, GI 1999, 39, 40.
3) So Leißing, KP 1999, 131; ebenso zum Anwaltsrecht Onderka in Schneider/Wolf, 8. Aufl. 2017, § 14 RVG Rz. 93 m.w.N.
4) → § 11 StBVV Rz. 210.
5) → § 8 StBVV Rz. 159.
6) → § 11 StBVV Rz. 210 und Onderka in Schneider/Wolf, 8. Aufl. 2017, § 14 RVG Rz. 93 m.w.N.
7) → § 8 StBVV Rz. 160; AG Duisburg-Ruhrort v. 21.6.2019, 8 C 253/17: Erhöhung der Buchführungsgebühr von 4/10 im Jahr 2016 auf 5/10 im Jahr 2017.
8) Sachverhalt nach LG Mannheim v. 20.12.1991, 9 O 332/91.
9) BGH v. 7.3.1974, VII ZR 35/73, BGHZ 62, 208; v. 1.3.1990, VII ZR 132/89, NJW RR 1990, 725.
10) BGH v. 5.11.1992, VII ZR 52/91, NJW 1993, 659; v. 23.10.2008, VII ZR 105/07, NJW 2009, 435.
11) BGH v. 27.10.2011, VII ZR 163/10, NJW 2012, 848, 850.
12) BGH v. 5.11.1992, VII ZR 52/91, NJW 1993, 659.

BGH zum Architektenrecht ausdrücklich auf StB übertragen.[1] Andere Gerichte[2] versagten die nachträgliche Rechnungskorrektur nach oben mit der vom StB endgültig und abschließend ausgeübten Leistungsbestimmung i.S.d. § 11 StBVV, § 315 BGB. Mittlerweile hat der BGH zur Parallelvorschrift des **§ 10 RVG** entschieden, dass die berichtigte **Berechnung eines Rechtsanwalts** nicht höher sein darf, als die ursprüngliche Berechnung.[3] Diese zum Anwaltsrecht ergangene Rechtsprechung ist wegen der Parallelität der §§ 10 RVG, 11 StBVV auf Steuerberater eher übertragbar, als die Rechtsprechung zum Architektenhonorar.

59 (einstweilen frei)

60 Umstritten ist darüber hinaus, ob die Bindung des StB auch dann besteht, wenn er eine **falsche Gebührenvorschrift** oder einen **falschen Gegenstandswert** zu Grunde gelegt hat.

Beispiel 2 (falsche Gebührenvorschrift):

Der StB hatte seine klageweise geltend gemachte Gebührenforderung zunächst auf § 23 Satz 1 Nr. 1 StBGebV gestützt. Nach einem Hinweis des Gerichts nahm er eine Berichtigung vor und machte Gebühren nach § 30 StBGebV geltend. Die Berichtigung führte in etwa zu einer Verdoppelung der ursprünglich geltend gemachten Gebühren.[4]

61 Das LG Duisburg vertrat unter Hinweis auf die zunächst unrichtige Berechnung[5] die Auffassung, dass der StB nachträglich von seinem ursprünglich ausgeübten Ermessen abweichen durfte. Dass der Irrtum über die Anwendbarkeit der richtigen Gebührenvorschrift ausschließlich in die Risikosphäre des StB fiel, da von ihm erwartet werden muss, dass er die maßgeblichen Gebührenvorschriften kennt, hat das Gericht nicht problematisiert. Mit dieser Begründung hätte dem StB eine nachträgliche Rechnungskorrektur und die Geltendmachung eines höheren Rechnungsbetrags auch versagt werden können.[6] Zwar unterliegt die Frage, welche Gebühr die richtige ist, nicht dem Ermessen des StB. Gleichwohl tritt m.E. eine Bindungswirkung ein, die einer Nachberechnung durch den StB entgegensteht. Denn der StB muss die richtigen Gebührenvorschriften kennen und darf aus seiner Unkenntnis keinen Vorteil ziehen.[7]

Beispiel 3 (falsche Gebührenvorschrift):

Der StB hat für die Finanzbuchführung des Jahres 2018 einen Gegenstandswert von 280 000 € und 12 Monatsgebühren von 6/10 nach § 33 Abs. 1 StBVV zu Grunde gelegt. Für das Sortieren umfangreicher und ungeordneter Belege hat er zusätzlich eine Zeitgebühr nach § 33 Abs. 7 StBVV berechnet, insgesamt 10 Stunden zu je 100 €. Der Netto-Gesamtbetrag beläuft sich auf 3 181,60 €. Der Mandant wendet ein, dass Sortierarbeiten nicht gesondert mit einer Zeitgebühr hätten abgerechnet werden dürfen. Der StB korrigiert daraufhin die Berechnung, indem er den Zehntelsatz nach § 33 Abs. 1 StBVV nachträglich auf 8/10 erhöht und die Zeitgebühr nicht mehr geltend macht. Der Netto-Gesamtbetrag beläuft sich nach der Korrektur auf 2 908,80 €.

1) OLG Hamm v. 23.1.1987, 25 U 262/86, GI 1987, 112; LG Mannheim v. 20.12.1991, 9 O 332/91; a.A. aber OLG Karlsruhe v. 2.9.1992, 1 U 42/92; ähnlich LG Düsseldorf v. 10.1.1986, 31 C 246/84, besprochen von Maxl, DStR 1991, 1100; und LG Mönchengladbach v. 15.11.1994, 6 O 71/89.
2) OLG Düsseldorf v. 2.4.1987, 13 U 86/96, GI 1999, 39; OLG Düsseldorf v. 8.2.1996, 13 U 255/94, Stbg 1997, 77; OLG Köln v. 22.4.1993, 1 U 63/92, NJW-RR 1993, 1073, 1074; AG Moers v. 25.1.2012, 561 C 462/10.
3) BGH v. 24.5.2007, IX ZR 89/06, NJW 2007, 2332; BGH v. 22.2.2018, IX ZR 115/17, NJW 2018, 1479; → § 9 StBVV Rz. 179, 187.
4) Sachverhalt nach LG Duisburg v. 19.9.2003, 7 S 238/02, Stbg 2004, 237 mit Anm. Feiter.
5) Und die gegenteilige Rechtsprechung des OLG Düsseldorf v. 2.4.1998, 13 U 86/98, GI 1999, 39.
6) So OLG Celle v. 14.11.2019, 3 Ws 323/19, NJW-Spezial 2020, 156 in einer Anwaltssache.
7) Siehe auch → Rz. 54 und → § 14 StBVV Rz. 281.

Die Rechtsprechung geht überwiegend davon aus, dass **Sortierarbeiten** nicht mit einer Zeitgebühr berechnet werden können.[1] Wenn der StB diesen Aufwand gleichwohl irrtümlich nicht bei der Höhe des Zehntelsatzes berücksichtigt, sondern mit einer gesonderten Zeitgebühr ansetzt, ist er – unter Berücksichtigung des Grundsatzes von Treu und Glauben[2] – nicht daran gehindert, den Zehntelsatz nachträglich zu erhöhen, solange er – wie in Beispiel 3 - den ursprünglichen Rechnungsbetrag nicht überschreitet.[3] Hinsichtlich des ursprünglich geltend gemachten Netto-Gesamtbetrages dürfte in jedem Fall eine Bindungswirkung eingetreten sein.[4] Würde man dem StB die Rechnungskorrektur versagen, käme man zu dem unangemessenen Ergebnis, dass der StB an der Geltendmachung der angemessenen (billigen) Gebühr gehindert wäre, während der Mandant ohne sachlichen Grund durch einen Abrechnungsfehler des StB begünstigt würde. So weit geht der Vertrauensschutz des Mandanten aber nicht. Er verdient nur Schutz vor einer unbilligen Gebührenbestimmung.

Beispiel 4 (falscher Gegenstandswert):

Ausgehend von den Umsätzen der Jahre 01 und 02 schätzte der StB den Jahresumsatz des Mandanten nach der Kündigung des Mandatsverhältnisses zum 31.8.2003 für das Jahr 03 und rechnete die Buchführung für die Monate 01–08 auf der Basis einer 3,5/10-Gebühr nach § 33 Abs. 1 StBGebV ab. Im Folgejahr stellte sich heraus, dass der tatsächliche Jahresumsatz 03 erheblich niedriger lag. Der Auftraggeber verlangt eine Rechnungskorrektur zu seinen Gunsten unter Berücksichtigung des niedrigeren Gegenstandswertes und der Gebühr von 3,5/10. Der StB ist der Auffassung, den Gebührenrahmen wegen des zu niedrig geschätzten Gegenstandswertes anheben zu dürfen, und zwar bis zur Höhe der ursprünglich geltend gemachten Forderung von 3 382, 80 €, was im konkreten Fall einer 4,37/10-Gebühr entsprach.[5]

Beispiel 5 (falscher Gegenstandswert):

Der StB hatte für die Erstellung einer Einnahmen-Überschussrechnung einen Gebührensatz von 10/10 nach § 25 Abs. 1 StBGebV nach einem Gegenstandswert von 400 000 €[6] angesetzt. Später korrigierte er die Rechnung dahingehend, dass er unter Zugrundelegung des richtigen Gegenstandswertes i.H.v. 200 000 € nunmehr einen Gebührensatz von 15/10 abrechnete.

Grundsätzlich ist eine nachträgliche **Korrektur des Gegenstandswertes** möglich, da der StB bei der Bestimmung des Gegenstandswertes kein Ermessen hat. Dieser unterliegt vielmehr der vollen gerichtlichen Kontrolle.[7] In den beiden Beispielsfällen 4 und 5 ist m.E. eine nachträgliche Berichtigung möglich.[8] Bei einem irrtümlich zu niedrig angesetzten Gegenstandswert kann der Zehntelsatz nachträglich erhöht werden, solange der ursprünglich abgerechnete Gesamtbetrag nicht überschritten wird.[9] Dies sieht auch das OLG Düsseldorf[10] so. Der Rechtsanwalt hatte zunächst eine falsche Gebührenvorschrift herangezogen und später auf Grund einer anderen Vorschrift einen niedrigen Gebührensatz bei höherem Gegenstandswert abgerechnet. Nach Auffassung des Gerichts war der Rechtsanwalt an den zunächst festgesetzten Gegenstandswert bzw. die zunächst herangezogene Gebührenvorschrift nicht gebunden. Allerdings dürfe die Neuberechnung die Ursprungsrechnung nicht übersteigen. Denn nur in den Fällen, in denen der ursprüngliche Rechnungsbetrag überschritten wird, ist der Mandant schutzwürdig. Das AG Neuss kommt in dem **62**

1) → § 33 StBVV Rz. 530.
2) § 242 BGB.
3) Feiter, KANZLEI intern 09/2015, 6.
4) OLG Hamm v. 22.6.1994, 25 U 125/933, GI 1995, 35, 36.
5) Sachverhalt nach AG Neuss v. 24.4.2002, 33 C 5252/01.
6) Und nicht – was richtig gewesen wäre – i.H.v. 400 000 DM.
7) Onderka in Schneider/Wolf, 8. Aufl. 2017, § 14 Rz. 94 m.w.N.
8) Ebenso Leißing, KP 1999, 131; a.A. Meyer, KP 2003, 8.
9) Grenze des § 242 BGB; → § 11 StBVV Rz. 210 und → Rz. 58 a.E.; 61.
10) OLG Düsseldorf v. 24.6.2008, I-24 U 204/07, AnwBl 2008, 718 m.w.N.

o.g. Beispielsfall allerdings zu einem anderen Ergebnis. Es versagte dem StB die nachträgliche Anpassung des Zehntelsatzes, weil er ohne sichere Kenntnis von dem zu erwartenden Umsatz sein Ermessen durch die Bestimmung der 3,5/10-Gebühr bereits ausgeübt habe. Die Empfehlung für vergleichbare Fälle kann daher nur lauten, die Bindungswirkung durch einen ausdrücklich vereinbarten **Nachforderungsvorbehalt** auszuschließen.[1] Dieser Vorbehalt muss jedoch erkennen lassen, aus welchem Rechtsgrund, für welche Leistungen und in welcher Höhe der StB eine zusätzliche Honorarforderung möglicherweise nachträglich verlangen wird.[2]

Formulierungsvorschlag für Beispiel 4 (vorläufige Festsetzung der Gebühr):

„Die Gebühr für die Finanzbuchführung des Jahres 01 wird wegen des noch nicht feststehenden Jahresumsatzes nur vorläufig festgesetzt. Bei Abweichungen des geschätzten Gegenstandswertes von mehr als ... € erfolgt auf der Basis des tatsächlichen Jahresumsatzes eine Neuberechnung, wobei eine Bindung an den vorläufig bestimmten Zehntelsatz nicht besteht."

63 Zu erwähnen sind in diesem Zusammenhang noch die Fälle, in denen der StB die **Kündigung des Mandatsverhältnisses** durch den Auftraggeber zum Anlass nimmt, **erstmals Tätigkeiten** zu **berechnen**, die in der Vergangenheit nicht berechnet wurden, z.B. die Prüfung von Bescheiden, betriebswirtschaftliche Beratung, Besprechung mit Finanzämtern, Banken etc. oder eine solche Kündigung zum Anlass nimmt, wesentlich höhere Gebühren als in den Vorjahren abzurechnen. In diesen Fällen genießt der Vertrauensschutz des Mandanten auf die Einhaltung der bisherigen Abrechnungspraxis Vorrang. Der Berater muss sich auf eine illoyale Verspätung seiner Rechtsausübung verweisen lassen.[3] Gleiches gilt, wenn der **StB einseitig von einer vereinbarten Pauschalvergütung** abweicht und die Kündigung des Mandatsverhältnisses zum Anlass nimmt, nach den gesetzlichen Gebühren abzurechnen.[4]

64 Auch an einen **Gebührenerlass („Persönlicher Nachlass")/Gebührenverzicht** ist der StB gebunden. Erklärt der StB sich in einem Honorargespräch mit den Mandanten bereit, auf die Geltendmachung der Gebühren für die Durchführung eines Rechtsbehelfsverfahrens zu verzichten, ist er an diese Erklärung gebunden und kann später nicht die gesetzlichen Gebühren nach § 40 StBVV berechnen.[5] Erklärt der StB, dass er entgegenkommenderweise auf die bisher abgerechneten 23/10 eine Gutschrift von 5,5/10 erteilt, so dass endgültig nur 17,5/10 abgerechnet werden, kann er später – wenn der Mandant nicht zahlt – nicht den ursprünglich geltend gemachten höheren Betrag einklagen.[6] Ausnahme auch hier: **Nachforderungsvorbehalt**.

Praxistipp:

Statt einer bindenden Gebührenermäßigung empfiehlt es sich, dem Mandanten einen **Skonto** einzuräumen. Das Verstreichenlassen der Frist zur Skontoinanspruchnahme durch den zahlungsunwilligen Mandanten hindert den StB nämlich nicht daran, den Rechnungsbetrag in voller Höhe zu fordern.

bb) Unverhältnismäßigkeit

65 Ein gesetzlich geregelter Spezialfall des § 242 BGB findet sich in § 66 Abs. 2 Satz 2 StBerG. Danach darf der StB sich wegen seiner Honorarforderungen gegenüber einem zahlungsunfähigen oder zahlungsunwilligen Mandanten nicht auf ein

1) So auch Onderka in Schneider/Wolf, 8. Aufl. 2017, § 14 RVG Rz. 93 m.w.N.
2) Siehe hierzu die Nachweise bei Pauly, MDR 1999, 649, 652; Lutje, KP 8/1997, 1, 2.
3) Vgl. LG Detmold v. 23.10.1991, 2 S 175/90; AG Düsseldorf v. 2.7.1996, 26 C 1020/96; Best, DSWR 1997, 235.
4) Schleswig-Holsteinisches OLG v. 11.1.2019, 17 U 21/18, Stbg 2019, 231 mit Anm. Pestke; siehe hierzu auch → § 14 StBVV Rz. 281.
5) LG Zweibrücken v. 12.1.2015, 1 O 218/14, besprochen von Feiter, KP 2015, 79.
6) AG Halle v. 18.8.2011, 2 C 167/10.

Zurückbehaltungsrecht an der Handakte berufen, „soweit die Vorenthaltung der Handakten und der einzelnen Schriftstücke nach den Umständen unangemessen ist." Gemeint ist der Fall einer verhältnismäßig geringfügigen Forderung.

c) Verwirkung

Auch das Rechtsinstitut der Verwirkung ist ein typischer Fall der unzulässigen Rechtsausübung wegen widersprüchlichen Verhaltens, das jedoch in Rechtsprechung und Literatur als eigenständige Fallgruppe behandelt wird. Ein Recht kann dadurch verwirkt werden, dass es der Berechtigte längere Zeit hindurch nicht geltend macht (Zeitmoment) und der Verpflichtete sich nach dem gesamten Verhalten des Berechtigten (Umstandsmoment) darauf einrichten durfte und auch eingerichtet hat, dass dieser das Recht auch in Zukunft nicht geltend machen werde. Auch hier liegt der Verstoß gegen Treu und Glauben in der illoyalen Verspätung der Rechtsausübung.[1] Bittet der Mandant wegen eines Liquiditätsengpasses den StB, die Berechnung der Buchführungstätigkeiten 2011 und 2012 aufzuschieben und rechnet der Steuerberater diese im Juli 2014 ab, liegt kein Fall der Verwirkung vor.[2] Die Nichtabrechnung von Honoraransprüchen über einen Zeitraum von 4,5 Jahren durch den StB begründet noch keine konkludente **Unentgeltlichkeitsvereinbarung**. Das Unterlassen von Abrechnungen kann verschiedene Gründe haben und begründet für sich genommen noch keine Willenserklärung dahin, dass die nicht abgerechneten, wenngleich abrechenbaren Leistungen (dauerhaft) unentgeltlich erbracht werden sollten.[3] Eine jahrelang praktizierte Abrede, dass Deklarationen, die die Einkommensteuerseite betreffen, nicht gesondert vergütet werden sollen (Unentgeltlichkeitsvereinbarung), muss der StB aber gegen sich gelten lassen. Eine solche Absprache ist auch nicht nach § 134 BGB oder § 138 Abs. 1 BGB nichtig, da die damit ermöglichte Steuerhinterziehung jedenfalls nicht der Hauptzweck der Absprache ist.[4] Daneben kann ein Vergütungsanspruch auch unter dem Gesichtspunkt der schwerwiegenden (Treue-)Pflichtverletzung verwirkt werden.[5] Der Rückforderungsanspruch des Mandanten unterliegt ebenfalls der kurzen regelmäßigen Verjährung von drei Jahren.[6] Eine weitere Abkürzung dieser Verjährungsfrist durch Verwirkung kann nur unter ganz besonderen Umständen angenommen werden. Die Einlassung des StB, er habe mit den eingegangenen Honorarzahlungen bereits in anderer Weise kalkuliert, reicht nicht aus.[7] 66

6. Aufrechnung

Seinen Honoraranspruch kann der StB grundsätzlich auch im Wege der Aufrechnung geltend machen, etwa dann, wenn der Mandant Schadensersatzansprüche wegen fehlerhafter Leistungen oder Bereicherungsansprüche wegen überzahlten Honorars stellt. Diese Möglichkeit scheidet jedoch dann aus, wenn es sich um zweckgebundene Gelder handelt oder dem StB Gelder treuhänderisch übergeben wurden. Auf Grund der Zweckbindung ist es ihm nach dem Grundsatz von Treu 67

1) Siehe hierzu die in Steuerberaterangelegenheiten ergangenen Entscheidungen OLG Köln v. 29.11.1989, 24 U 162/89; OLG Düsseldorf v. 12.3.1992, 13 U 200/91, GI 1992, 370, besprochen von Feiter, INF 1996, 566, 569; LG Essen v. 19.6.2015, 15 S 88/15 und v. 30.11.2000, 6 O 399/00, DStRE 2001, 615; LG Mönchengladbach v. 24.8.2005, 4 S 159/04, besprochen von Feiter, KP 2006, 46; AG Münster v. 22.11.2005, 3 C 3832/04, INF 2005, 932.

2) LG Essen v. 19.6.2015, 15 S 88/15.

3) LG Wuppertal v. 25.5.2016, 3 O 299/13 (rkr.); ebenso OLG Düsseldorf, Hinweisbeschluss v. 23.3.2017, I-23 U 73/16 in gleicher Sache → Rz. 34.

4) LG Düsseldorf v. 22.3.2019, 7 O 158/15, besprochen von Feiter, KANZLEI intern 6_2019, 2.

5) BGH v. 12.5.2011, III ZR 107/10, Stbg 2011, 521: Missbräuchliche eigennützige Verwendung einer Handlungsvollmacht mit negativen Auswirkungen auf die Liquidität des Mandanten.

6) → Rz. 43; §§ 195, 199 BGB.

7) BGH v. 23.1.2014, VII ZR 117/13, NJW 2014, 1230 zum Architektenhonorar.

und Glauben[1] verwehrt, die Aufrechnung mit eigenen Honoraransprüchen zu erklären, mit Ausnahme des Honorars für die Durchführung des Treuhandauftrags.[2] Ein Aufrechnungsverbot besteht nicht mehr, wenn der Treuhandauftrag erloschen und die Zweckbindung entfallen ist.[3] Auch ist die Aufrechnung mit einer verjährten Honorarforderung möglich, wenn die Forderung des StB bei Eintritt der Aufrechnungslage, also in dem Zeitpunkt, in dem sich die Forderungen erstmals aufrechenbar gegenüber standen, voll wirksam und fällig war.[4] Voraussetzung hierfür ist, dass die Forderung des StB vor Verjährungseintritt schon ordnungsgemäß nach § 9 StBVV spezifiziert war.[5]

7. Zeitnahe Abrechnung, Zuordnung von Zahlungen

68 Über Honorarvorschüsse ist nach Erledigung des Auftrags und der Beendigung der Angelegenheit unverzüglich abzurechnen.

Praxistipp:

Im Hinblick auf die Akzeptanz beim Mandanten sollte immer zeitnah abgerechnet werden. Bei zeitnaher Abrechnung hat der Mandant die vom StB erbrachten Leistungen noch gut vor Augen, so dass diese Vorgehensweise auch aus psychologischen und Marketinggesichtspunkten zu empfehlen ist. Für den StB ist das Risiko, dass Honoraransprüche verjähren könnten oder dass ein Honoraranspruch verwirkt wird, praktisch nicht gegeben. Kurze Zahlungsziele empfehlen sich nicht nur in den Fällen, in denen der Mandant insolvenzbedroht ist und jede Zahlung mit dem Risiko der späteren Insolvenzanfechtung behaftet ist,[6] sondern aus Gründen der Akzeptanz sowie wegen Liquiditäts- und Zinsvorteilen. Außerdem kann die nicht rechtzeitige Ausstellung einer Rechnung als Ordnungswidrigkeit verfolgt werden.[7]

Für viele StB stellt sich die Frage, wie Zahlungen von Mandanten auf mehrere offene Rechnungen zu behandeln sind. Nach § 366 Abs. 1 BGB wird diejenige Schuld getilgt, die der Schuldner bei seiner Leistung bestimmt. Die Bestimmung kann ausdrücklich erfolgen[8] oder konkludent.[9]

Trifft der Schuldner keine Bestimmung, ergibt sich die Tilgungsreihenfolge aus § 366 Abs. 2 BGB. Danach wird bei mehreren fälligen Forderungen grundsätzlich die älteste zuerst getilgt.[10]

Beispiel:

Bei einer schon verjährten Forderung aus 2016 über 1 500 € und einer noch nicht verjährten Forderung aus 2017 über ebenfalls 1 500 € wird die ältere (also die bereits verjährte) Forderung erfüllt, wenn der Schuldner keine Leistungsbestimmung trifft.

8. Gebührentransparenz

69 Eine transparente, für den Mandanten nachvollziehbare Gebührenrechnung fördert die Honorarakzeptanz.

1) § 242 BGB.
2) BGH v. 23.2.1995, IX ZR 29/94, NJW 1995, 1425; OLG Karlsruhe v. 11.5.2004, 17 U 157/01, AnwBl 2004, 658; OLG Düsseldorf v. 10.2.2000, 13 U 147/99, Stbg 2001, 467; OLG Düsseldorf v. 28.7.2005, I-24 U 45/05, AnwBl 2005, 787; OLG Düsseldorf v. 14.10.2008, I-24 U 146/07, GI 2009, 163.
3) OLG Düsseldorf v. 31.10.2011, I-24 U 87/11, DStR 2012, 1475.
4) § 215 BGB.
5) OLG Düsseldorf v. 12.6.1997, 13 U 92/96, GI 2000, 23; auch BGH v. 13.7.1984, III ZR 136/83, AnwBl 1985, 257.
6) → Rz. 71 f.
7) § 26a Abs. 1 Nr. 1 UStG.
8) Z.B. durch Angabe der Rechnungsnummer auf der Überweisung.
9) Z.B. durch Zahlung des exakten Betrages, der sich aus einer von mehreren Rechnungen ergibt.
10) LG München v. 29.11.2012, 4 O 25878/09, DStR 2013, 486.

Praxistipp:

Neben den gesetzlich geforderten Mindestangaben[1] sollten in der Gebührenrechnung auch weitere Angaben gemacht werden, die zum besseren Verständnis beitragen.[2] Mit einem gewissen Aufwand kann auch ein transparentes Leistungsverzeichnis bzw. eine kanzleiinterne Preisliste erstellt werden, die es dem Mandanten schon im Voraus ermöglicht, über die Inanspruchnahme des Leistungsumfangs und damit der Rechnungshöhe selbst zu bestimmen.[3] Einen weiteren Beitrag zur Honorarakzeptanz kann der StB dadurch leisten, dass er nicht jede Kleinigkeit, z.B. jedes Telefonat, gesondert nach Zeitaufwand abrechnet, es sei denn, die StBVV sieht für bestimmte Nebenleistungen ausdrücklich einen Gebührentatbestand vor oder es besteht eine wirksame Vergütungsvereinbarung. Unabhängig davon liegt der StBVV das Prinzip der Pauschgebühr zu Grunde.[4] Viele Einzeltätigkeiten sind deshalb ohnehin nicht separat abrechenbar und im Zweifel vor Gericht nicht durchsetzbar.

Deshalb empfiehlt es sich, im Zweifel die Hauptgebühr etwas großzügiger abzurechnen und hierbei ggf. zu erläutern, welche Nebenleistungen von dieser Gebühr mit umfasst werden.

Mit Augenmaß sollte auch bei der Inrechnungstellung von Auslagen vorgegangen werden. Zwar kann der StB für jede gebührenrechtliche Angelegenheit Auslagenersatz verlangen, wenn tatsächlich Auslagen entstanden sind.[5] Aus optischen Gründen sollte der Auslagenersatz für mehrere Angelegenheiten in einer Summe zusammengefasst werden.[6]

9. Schuldanerkenntnis

Die Honorarschuld des Mandanten lässt sich auch durch ein deklaratorisches Schuldanerkenntnis nach § 781 Abs. 1 BGB absichern.[7] Zu seiner Wirksamkeit bedarf es der Schriftform, es sei denn, es handelt sich um die Erklärung eines Kaufmanns. Folgende Punkte müssen geregelt werden: 70

- Bestätigung der Honorarschuld,
- Bestätigung der Höhe des Honorars,
- Ausschluss aller Einwendungen, die der Mandant kannte oder kennen musste,
- Ausschluss des Bereicherungsanspruchs bei Zahlung auf eine nicht oder nicht in der Höhe bestehende Honorarschuld,
- Neubeginn der Verjährung gem. § 212 Abs. 1 Nr. 1 BGB.

Musterformulierung:

„Hiermit erkennt Frau/Herr ... an, Herrn Steuerberater ... per 31.8.2019 einen Betrag i.H.v. insgesamt ... EUR aus den Gebührenrechnungen mit den Nummern ... zu schulden. Die Gebührenrechnungen werden dem Grunde und der Höhe nach anerkannt. Einwendungen oder Einreden, gleich aus welchem Rechtsgrund, stehen Herrn/Frau ... nicht zu. Auf die Einrede der Verjährung wird ausdrücklich verzichtet. Der Mandant wird auf diese Schuld monatlich, spätestens bis zum 3. Werktag eine Abschlagszahlung i.H.v. ... EUR leisten, und zwar ab ...

Hinsichtlich der Zinsen wird Folgendes vereinbart: ..."

Bleibt der Mandant die Vergütung schuldig und muss der StB das Honorar später einklagen, wäre es sogar unschädlich, wenn die dem Schuldanerkenntnis zu

1) § 9 StBVV bzw. § 10 RVG.
2) Angabe des Rahmensatzes und des in Rechnung gestellten Zehntelsatzes sowie die Gebührentabelle.
3) → § 14 StBVV Rz. 288.
4) → Rz. 4; § 12 Abs. 1 und 2 StBVV.
5) → § 16 StBVV Rz. 302.
6) § 9 Abs. 2 Satz 3 StBVV.
7) Zu den Anforderungen siehe OLG Hamm v. 26.11.2013, 25 U 5/13, DStR 2014, 2151; → Rz. 46.

Grunde liegenden Rechnungen fehlerhaft und nicht einforderbar[1] wären, wenn die Zahlungsklage ausschließlich auf das Schuldanerkenntnis gestützt wird.[2] Denkbar, wenn auch weitgehend unüblich, ist ein abstraktes bzw. konstitutives Schuldanerkenntnis.[3]

Eine noch weiter gehende Sicherung ist durch ein **notariell beurkundetes Schuldanerkenntnis** möglich, wenn sich der Mandant der sofortigen Zwangsvollstreckung unterwirft. Insbesondere im Insolvenzfall kann dies von Vorteil sein, da der Insolvenzverwalter titulierte Forderungen nicht bestreiten kann und diese Forderungen in einer Quote berücksichtigt werden können. Der entscheidende Vorteil des notariell beurkundeten Schuldanerkenntnisses ist der, dass daraus unmittelbar die **Zwangsvollstreckung** betrieben werden kann, ohne dass der Klageweg beschritten werden müsste.[4]

10. Sicherungsmaßnahmen bei drohender Insolvenz des Mandanten

71 Im Falle einer drohenden Insolvenz sollten StB ihre Honorarforderungen **rechtzeitig insolvenzfest machen**. Dem Insolvenzverwalter steht ein reiches Instrumentarium an Anfechtungstatbeständen zur Verfügung. Vereinnahmt der StB z.B. in Kenntnis der Krise des Mandanten in den letzten drei Monaten vor dem Insolvenzantrag Honorare für erbrachte Leistungen und liegt ein Fall der **kongruenten Deckung** vor, so ist diese Vereinnahmung durch den späteren Insolvenzverwalter gem. § 130 Abs. 1 Nr. 1 InsO grundsätzlich anfechtbar.[5] Im Fall einer **inkongruenten Deckung** kann sich der Anfechtungszeitraum auf einen Monat vor Stellung des Insolvenzantrags verkürzen, § 131 Abs. 1 Nr. 1 InsO. Zahlungen des Schuldners (Mandanten) an den Steuerberater, die den gesetzlichen Gebührenrahmen überschreiten, stellen eine teilweise inkongruente Deckung dar, wenn die getroffene Vergütungsvereinbarung unwirksam ist. Die teilweise Inkongruenz führt dazu, dass die gesamte Zahlung anfechtbar ist und nicht nur der Teil des Honorars, der über die gesetzliche Gebühr hinausgeht.[6] Inkongruente Deckungen sind auch Zahlungen vor Fälligkeit[7] oder auf eine nicht ordnungsgemäß spezifizierte[8] Forderung[9] sowie Leistungen an Erfüllungs Statt[10] oder Erfüllungshalber, z.B. in Naturalien.[11]

Praxistipps:

Grundsätzlich empfiehlt es sich, jede Form der Forderungsabsicherung, sei es durch Bürgschaft, Sicherungsabtretung, Vorschuss etc., in einem Zeitraum deutlich über drei Monate vor einem denkbaren Insolvenzgang zu ergreifen.

StB, die mit dem Eintritt eines Insolvenzfalls rechnen müssen, sollten eine stringente Gebührenpolitik verfolgen und sich durch **Vorschussanforderungen**[12] bzw. durch eine dokumentierte Zug-um-Zug-Herausgabe der erbrachten Leistungen gegen sofortige Bezahlung absichern. Wenn zwischen Leistung und Gegenleistung (z.B. Vorschusszahlung und Beratungsende) nicht mehr als 30 Tage[13] liegen, handelt es sich um ein insol-

1) § 9 StBVV.
2) LG Wuppertal v. 22.10.2010, 3 O 269/10; siehe Beispiel → § 9 StBVV Rz. 194.
3) Siehe hierzu BGH v. 14.1.2008, II ZR 245/06, DStR 2008, 627.
4) Wie beim deklaratorischen oder abstrakten Schuldanerkenntnis.
5) AG Viersen v. 5.2.2008, 32 C 233/07, Stbg 2008, 463; AG Hattingen v. 25.11.2005, 7 C 147/05, DStR 2006, 111; LG Essen v. 8.3.2006, 13 S 213/05, DStRE 2007, 935.
6) OLG Düsseldorf v. 11.5.2017, I-12 U 55716, ZIP 2017, 1486.
7) § 7 StBVV.
8) § 9 StBVV.
9) BGH v. 13.4.2006, X ZR 158/06, DB 2006, 1458.
10) → Rz. 32.
11) Der StB lässt sich von seinem zahlungsunfähigen Mandanten die Wohnung streichen.
12) Für noch zu erbringende Leistungen.
13) BGH v. 13.4.2006, IX ZR 158/05, DB 2006, 1485; OLG Düsseldorf v. 11.5.2017, I-12 U 55/16, ZIP 2017, 1486; Rogge/Leptien in Schmidt, Hamburger Kommentar, § 142 InsO Rz. 8 m.w.N.

venzrechtliches **Bargeschäft** i.S.d. § 142 InsO, das nur bei **vorsätzlicher Gläubigerbenachteiligung** (§ 133 InsO) anfechtbar ist. Das Bargeschäft eignet sich nicht, um Altrückstände zu realisieren. Es beschränkt sich auf Geschäfte, die in der Krise Zug um Zug abgewickelt werden, wobei es unschädlich ist, wenn die Auftragserteilung schon vor der Krise erfolgte. Der sogenannte „Bargeschäftseinwand" greift nach bisheriger BGH-Rechtsprechung allerdings **nur bei kongruenten Deckungsanfechtungen** nach § 130 InsO und nicht bei inkongruenten Deckungsanfechtungen nach § 131 InsO.[1]

Problematisch ist die Frage, wann eine **vorsätzliche Gläubigerbenachteiligung** nach § 133 InsO vorliegt, die selbst ein Bargeschäft anfechtbar macht. In zeitlicher Hinsicht ist danach zu unterscheiden, ob das Insolvenzverfahren vor der **Reform des Insolvenzanfechtungsrechts** am **5.4.2017** eröffnet wurde oder nicht. Am 4.4.2017 wurde das Gesetz zur Verbesserung der Rechtssicherheit bei Anfechtungen nach der Insolvenzordnung und dem Anfechtungsgesetz verkündet, das am darauf folgenden Tag in Kraft getreten ist.[2] Insolvenzverfahren, die vor dem 5.4.2017eröffnet wurden, richten sich noch nach altem Recht. 72

Deshalb erfolgt zunächst ein Überblick über die Rechtsprechung zur alten Rechtslage, die durch die neue Rechtslage z.T. überholt ist.

a) Alte Rechtslage

Die frühere Rechtsprechung ging davon aus, dass eine vorsätzliche Benachteiligung nicht vorliegt, wenn die Leistung erbracht wurde, um das Unternehmen des Schuldners aufrechtzuerhalten. Mit Urteil vom 13.4.2006 hat der BGH allerdings die nur **drohende Zahlungsunfähigkeit** als starkes Beweisanzeichen für Benachteiligungsvorsatz angenommen.[3] In diesen Fällen handelte der Schuldner nur dann nicht mit Benachteiligungsvorsatz, wenn er auf Grund konkreter Umstände – etwa der sicheren Aussicht, demnächst Kredit zu erhalten oder Forderungen realisieren zu können – mit einer baldigen Überwindung der Krise rechnen konnte.[4] Indizien für (drohende) Zahlungsunfähigkeit sind die Zahlungseinstellung, eine dauerhaft schleppende Zahlungsweise oder nicht eingehaltene Zahlungszusagen.[5] Hierzu zählen auch **Ratenzahlungs- und Stundungsbitten** des Mandanten,[6] es sei denn, sie entsprechen ausnahmsweise den Gepflogenheiten des Geschäftsverkehrs.[7] StB, die für ihre Mandanten einen Stundungsantrag stellen, haben damit gleichermaßen wie das Finanzamt Kenntnis von der (drohenden) Zahlungsunfähigkeit und müssen die Anfechtung des Beraterhonorars fürchten.[8] Weitere Beispiele aus der Rechtsprechung: Wenn Sozialversicherungsbeiträge mehrere Monate verspätet abgeführt werden, kann daraus auf eine Zahlungseinstellung des Schuldners und einen Benachteiligungsvorsatz geschlossen werden.[9] Kündigt der Schuldner dem Gläubiger einer in den Vormonaten deutlich angewachsenen Forderung an, im Falle des Zuflusses neuer Mittel die Verbindlichkeit nur durch eine Einmalzahlung und zwanzig folgende Monatsraten begleichen zu können, offenbart er dem Gläubiger damit seine Zahlungsunfähigkeit.[10] Setzt die Finanzbehörde die Vollziehung eines Steuer- 73

1) Vergleiche die Nachweise in Schmitt (Hrsg.), Hamburger Kommentar zum Insolvenzrecht, Ergänzungsband 6. Aufl., § 142 Rz. 5; a.A. OLG Düsseldorf v. 11.5.2017, I-12 U 55/16, ZIP 2017, 1486.
2) BGBl. I 2017, 654.
3) BGH v. 13.4.2006, IX ZR 158/05, DB 2006, 1485.
4) BGH v. 22.11.2012, IX ZR 62/10, DB 2013, 55; v. 5.12.2013, IX ZR 93/11, MDR 2014, 371; v. 22.5.2014, IX ZR 95/13, DB 2014, 1480; Gehrlein, DB 2013, 2843.
5) BGH v. 9.6.2016, IX ZR 174/15, ZIP 2016, 1348; BGH v. 17.11.2016, IX ZR 65/15, DB 2016, 2958.
6) BGH v. 6.12.2012, IX ZR 3/12, WM 2013, 174.
7) BGH v. 12.3.2013, XI ZR 227/12, NJW 2013, 3437.
8) Ausführlich hierzu Nickert, KANZLEI intern 08/2016, 3.
9) BGH v. 7.5.2015, IX ZR 95/14, DB 2015, 1463.
10) BGH v. 16.6.2016, IX ZR 23/15, DB 2016, 1629.

bescheides wegen ernstlicher Zweifel an dessen Rechtmäßigkeit aus, sind die Steuerverbindlichkeiten bei der Feststellung der Zahlungsunfähigkeit des Schuldners nicht zu berücksichtigen, da sie nicht fällig i.S.v. § 17 Abs. 2 InsO sind.[1] Liegen bei drohender Zahlungsunfähigkeit keine konkreten Umstände vor, die ein Abwenden der Krise nahelegen, laufen StB als intime Kenner der wirtschaftlichen Verhältnisse ihrer Mandanten stets Gefahr, dass jedwede Zahlung bzw. Sicherungsmaßnahme als vorsätzliche Gläubigerbenachteiligung angesehen wird. Dies ist deshalb fatal, weil die Anfechtungsfrist im Fall einer vorsätzlichen Gläubigerbenachteiligung nach § 133 InsO a.F. zehn Jahre beträgt. Problematisch sind insbesondere Situationen, in denen laufend neue Verbindlichkeiten entstehen und nach einmaliger Erfüllung aufgelaufener Rückstände die neu entstehenden Verbindlichkeiten jeweils erst nach Einleitung der Vollstreckung erfüllt werden. Hier liegt die Messlatte an die Vorsatzanfechtung nach der BGH-Rechtsprechung niedrig.[2] Gleichwohl gilt für den Normalfall, dass auch ein wiederholter Zahlungsverzug nicht schon die Kenntnis vom Benachteiligungsvorsatz begründet.[3] Auch bei einem Austausch von Leistungen in bargeschäftsähnlicher Weise (Vorkasse), weil zuvor mehrere Lastschriften zurückgegeben wurden, kann nicht zwangsläufig auf das Wissen des Gläubigers vom Benachteiligungsvorsatz des Schuldners geschlossen werden.[4] Ein den Gläubigerbenachteiligungsvorsatz des Schuldners ausschließender **Sanierungsversuch** kann auch dann vorliegen, wenn Regelungenmit einzelnen Gläubigern dem Schuldner neue Liquidität verschaffen sollen, mittels der er seine Gläubiger befriedigen kann.[5] Welche Anforderungen an ein Sanierungskonzept/einen Sanierungsplan zu stellen sind, hat der BGH in mehreren Entscheidungen näher ausgeführt.[6] Es muss sich um ein schlüssiges, von den tatsächlichen Gegebenheiten ausgehendes Konzept handeln, welches mindestens ansatzweise schon umgesetzt worden war und Aussicht auf Erfolg hatte. In Anfechtungsprozessen kann es sich für den Anfechtungsgegner (StB) lohnen, die Gründe vorzutragen, wieso er auf die Schlüssigkeit des Sanierungskonzepts vertrauen durfte. Eine Gläubigerbenachteiligung liegt auch dann nicht vor, wenn der Geschäftsführer der späteren Insolvenzschuldnerin oder sonstige Dritte deren Verbindlichkeit aus eigenen Mitteln begleicht.[7] Eine anfechtbare Rechtshandlung liegt grundsätzlich nicht vor, wenn der Gläubiger vollstreckt, z.B. ein Pfandrecht an einem Kontoguthaben erwirkt.[8] Allerdings können auch Zwangsvollstreckungsmaßnahmen unter bestimmten Voraussetzungen als selbstbestimmte Handlung des Schuldners mit der Folge der Anfechtbarkeit angesehen werden, z.B. wenn der Schuldner eine Überweisung von seinem Bankkonto veranlasst.[9] Vorsicht ist geboten, wenn der StB als **Zahlungsmittler** tätig wird und im Auftrag seines Mandanten Gelder an bestimmte Gläubiger (z.B. das Finanzamt) weiterleitet.[10] Zwar kann daraus i.d.R. nur dann die Kenntnis vom Gläubigerbenachteiligungsvorsatz abgeleitet werden, wenn der Zahlungsmittler aus Eigen- oder Fremdinteresse aktiv an einer Gläubigerbenachteiligung teilnimmt. Gleichwohl sollte der StB es vermeiden, an der gezielten Befriedigung einzelner Gläubiger mitzuwirken, wenn die Tätigkeit als Zahlungsmittler nicht in ein tragfähiges und von

1) BGH v. 22.5.2014, IX ZR 95/13, ZIP 2014, 989.
2) BGH v. 25.10.2012, IX ZR 117/11, BB 2012, 3157 mit Anm. Krüger/Riewe.
3) Gehrlein, DB 2013, 2843; zur Beweislast des Gläubigers s. BGH v. 17.11.2016, IX ZR 65/15, DB 2017, 178.
4) BGH v. 4.5.2017, IX ZR 285/16, ZIP 2017, 1232.
5) BGH v. 8.12.2011, IX ZR 156/09, DB 2012, 173.
6) BGH v. 12.5.2016, IX ZR 65/14, NJW-RR 2016, 1518; BGH v. 14.6.2018, IX ZR 22/15, NZI 2018, 840; BGH v. 28.3.2019, IX ZR 7/18, NJW-Spezial 2019, 407.
7) BGH v. 21.6.2012, IX ZR 59/11, ZIP 2012, 1468; v. 24.10.2013, IX ZR 104/13, ZIP 2013, 2262; Stapper/Schädlich, NWB 2013, 935, 942.
8) BGH v. 22.11.2013, IX ZR 142/11, DB 2012, 2927 mit Anm. Junghans, EWiR 2013, 155.
9) BGH v. 18.1.2018, IX ZR 144/16, DB 2018, 946; BGH v. 22.6.2017, IX ZR 111/14, ZIP 2017, 1772 m.w.N.; HambKomm-ErgB 2017/Rogge/Leptien, § 133 InsO Rz. 6.
10) BGH v. 14.9.2017, IX ZR 3/16, DB 2017, 2862, besprochen von d'Avoine, DB 2018, 752.

der Rechtsprechung anerkanntes Sanierungskonzept eingebunden ist. Beweisvorteile bestehen für den Insolvenzverwalter dann, wenn Zahlung an eine nahestehende Person erfolgt, § 133 Abs. 2 InsO a.F. bzw. § 133 Abs. 4 InsO n.F. Der StB ist jedoch nur ausnahmsweise nahestehende Person. Er muss – vergleichbar einem leitenden Angestellten des Unternehmens – aktuell einen typischen Wissensvorsprung über die wirtschaftliche Lage des Unternehmens haben.[1)]

b) Neue Rechtslage

Durch die o.g. **Reform des Insolvenzanfechtungsrechts** hat sich die Rechtslage für StB für solche Insolvenzverfahren, die ab dem 5.4.2017 eröffnet wurden, verbessert.[2)] Nachfolgend ein kurzer Überblick über die neue Rechtslage: **74**

Der **Anfechtungszeitraum** bei der Vorsatzanfechtung wurde von zehn auf **vier Jahre** verkürzt, wenn Sicherungen oder Befriedigungen gewährt oder ermöglicht wurden, § 133 Abs. 2 InsO. Diese Verkürzung bedeutet mehr Rechtssicherheit für Zahlungen von Mandanten an ihren StB. In § 133 Abs. 3 Satz 1 InsO wurde klargestellt, dass bei kongruenten Deckungshandlungen nicht mehr auf die **drohende Zahlungsunfähigkeit**, sondern auf die (eingetretene) **Zahlungsunfähigkeit** abzustellen ist. Die Rechtsprechung zur drohenden Zahlungsunfähigkeit[3)] ist damit für diese Fälle wohl überholt.[4)] Eine durchgängige Verbesserung der Position des StB ist dadurch vor dem Hintergrund der umfangreichen Indizienrechtsprechung des BGH nicht zu erwarten.[5)] Dreh- und Angelpunkt der Anfechtung von Honorarzahlungen ist die Frage nach der **Kenntnis** des StB von dem Vorsatz des Mandanten, seine Gläubiger durch die Zahlung benachteiligen zu wollen. Auch künftig wird es wohl weiterhin möglich sein, die Kenntnis der Zahlungsunfähigkeit mit der Kenntnis von Umständen zu begründen, die zwingend auf Zahlungsunfähigkeit, nur eben die eingetretene, schließen lassen. In § 133 Abs. 3 Satz 2 InsO wurde eine **Beweislastumkehr** eingeführt. Danach wird im Fall einer Zahlungsvereinbarung oder der Gewährung einer sonstigen Zahlungserleichterung vermutet, dass der Anfechtungsgegner (StB) zur Zeit der Handlung die Zahlungsunfähigkeit des Schuldners (Mandanten) nicht kannte. Der Gesetzgeber reagiert damit auf die Rechtsprechung des BGH und regelt auf gesetzlicher Basis, dass die **Bitte des Schuldners auf Abschluss einer Ratenzahlungsvereinbarung** noch kein Indiz für eine Zahlungseinstellung oder Zahlungsunfähigkeit ist, wenn sie sich im Rahmen der Gepflogenheiten des Geschäftsverkehrs hält. Es wird wohl weiterhin darauf ankommen, ob der Schuldner die Ratenzahlungsvereinbarung im Folgenden auch einhält.[6)] Bei einem „Platzen" der Vereinbarung, weil die Raten nicht vereinbarungsgemäß geleistet werden, kann nach diesseitiger Auffassung nicht vermutet werden, dass die Unkenntnisvermutung noch greift. In jedem Fall kann der StB jetzt dahingehend argumentieren, dass sein Mandant durch die Ratenzahlungsvereinbarung, gegebenenfalls auch mit anderen Gläubigern, seine Liquidität wiederherstellen konnte. Es sei denn, die Unternehmenskennzahlen widersprechen dieser Vermutung völlig. Auch die vom BGH entwickelten Anforderungen an ein **Sanierungskonzept** gelten unverändert fort.[7)] Durch die Novelle werden auch **Bargeschäfte privilegiert**. Diese sind nur noch anfechtbar, wenn einerseits die Voraussetzungen der Vorsatzanfechtung nach § 133 Abs.1–3 InsO vorliegen und der Gläubiger (StB) positiv **erkannt** hat, dass der

1) BGH v. 15.11.2012, IX ZR 205/11, ZIP 2012, 2449; Fuhst, DStR 2013, 782.
2) Schädlich, NWB 20/2017, 1521 ff.
3) → Rz. 73.
4) Auf die Kenntnis von der drohenden Zahlungsunfähigkeit kommt es nach wie vor nach § 133 Abs. 1 InsO an.
5) Siehe z.B. BGH v. 9.6.2016, X ZR 174/15; Gehrlein, DB 2018, 428 m.w.N.
6) BGH v. 3.4.2014, IX ZR 201/13; v. 10.7.2014, IX ZR 280/13; v. 16.4.2015, IX ZR 6/14.
7) BGH v. 12.5.2016, IX ZR 65/14, NJW RR 2016, 1518; v. 14.6.2018, IX ZR 22/15, NZI 2018, 840; v. 28.3.2019, IX ZR 7/18, NJW-Spezial 2019, 407.

Schuldner (Mandant) **unlauter** handelte, § 142 Abs. 1 InsO. Ausweislich der Gesetzesbegründung müssen hierzu „hinreichend gewichtige Umstände" vorliegen, „um in dem vollzogenen Austausch einen besonderen Unwert zu erkennen". Soweit der Schuldner Geschäfte führt, die allgemein zur Fortführung des Geschäftsbetriebs erforderlich sind, soll die Unlauterkeit nach der Gesetzesbegründung auch dann zu verneinen sein, wenn der Schuldner erkennt, dass eine Betriebsfortführung verlustträchtig ist. Unlauterkeit liegt insbesondere vor, wenn StB und Mandant kollusiv zu Lasten anderer Gläubiger zusammenwirken. In § 142 Abs. 2 InsO findet sich erstmals eine Normierung der Unmittelbarkeit beim Bargeschäft, die für StB aber wohl – im Vergleich zur alten Rechtslage – keine Veränderungen mit sich bringt. Die bisherige Höchstgrenze von 30 Tagen ist auch weiterhin zu beachten.[1] Der „Bargeschäftseinwand" greift allerdings nur bei kongruenten Deckungsanfechtungen.[2]

Praxistipp:

Das Gesetz zur vorübergehenden Aussetzung der Insolvenzantragspflicht und zur Begrenzung der Organhaftung bei einer durch die COVID-19-Pandemie bedingten Insolvenz vom 27.3.2020[3] enthält Beschränkungen der Insolvenzanfechtung von Rechtshandlungen im Zeitraum 1.3.2020 bis 30.9.2020 bzw. 30.9.2023.[4]

11. Verzugseintritt nach Rechnungszugang

75 Nach § 286 Abs. 3 Satz 1 BGB kommt der Mandant „automatisch" in Verzug, wenn er nicht innerhalb von 30 Tagen nach Fälligkeit und Rechnungszugang das Honorar bezahlt. Der fingierte Verzugseintritt gilt bei Verbraucher-Mandanten aber nur, wenn der Berater in der Rechnung auf diese Rechtsfolge hinweist. Fehlt ein solcher Hinweis, tritt ohne Mahnung kein Verzug ein.

76 Die Übersendung einer Rechnung mit der einseitigen Bestimmung eines Zahlungsziels durch den StB begründet ohne die erforderliche Belehrung des Verbraucher-Mandanten ebenfalls keinen Verzug.

Beispiel:

Der StB erstellt am 14.9.2019 eine Rechnung, die mit dem Hinweis schließt: „Den Rechnungsbetrag überweisen Sie bitte bis zum 5.10.2019 auf das rechts unten angegebene Konto".[5]

Zahlt der Verbraucher-Mandant darauf nicht, gerät er erst durch eine Mahnung in Verzug, weil die Rechnung keinen Hinweis darauf enthält, dass der Mandant bei nicht rechtzeitiger Zahlung in Verzug gerät. Zwar bedarf es einer Mahnung gem. § 286 Abs. 2 Nr. 1 BGB nicht, wenn für die Leistung eine Zeit nach dem Kalender bestimmt ist. Diese Bestimmung muss aber durch Rechtsgeschäft, durch Gesetz oder durch Urteil getroffen worden sein. Die einseitige Festlegung einer Leistungszeit durch den Gläubiger allein reicht für die Anwendung der Vorschrift nicht aus, so dass der Schuldner erst durch eine Mahnung in Verzug gerät. Der Verzugszins beträgt seit dem 29.7.2014 für alle danach neu entstandenen Schuldverhältnisse, an denen Verbraucher nicht beteiligt sind, 9 Prozentpunkte über dem Basiszinssatz.[6] Außerdem hat der Gläubiger Anspruch auf Ersatz von Beitreibungskosten i.H.v. 40 €.[7] Diese Neuregelungen gelten auch für bestehende Mandate, wenn die Leistung nach dem 30.6.2015 erbracht wurde. Die Verzugskostenpauschale nach § 288 Abs. 5 Satz 1 BGB kann neben den Anwaltskosten geltend gemacht werden. Ob die 40-Euro-Pauschale auf die außergerichtlichen Anwaltsgebühren anzurechnen ist, ist

1) Siehe die Nachweise in → Rz. 71.
2) Siehe die Nachweise in → Rz. 71.
3) COVInsAG.
4) Fritzsche/Rüppell, DB 2020, 1059.
5) Beispiel nach BGH v. 25.10.2007, III ZR 91/07, MDR 2008, 67.
6) § 288 Abs. 2 BGB.
7) § 288 Abs. 5 Satz 1 BGB.

umstritten. Der BGH geht von einer Anrechnung aus und hat dem EuGH die Frage der Unionsrechtskonformität der in § 288 Abs. 3 Satz 3 BGB vorgesehenen Anrechnung zur Entscheidung vorgelegt.[1)]

VIII. Rückforderungsansprüche

Die Fälle, in denen Mandanten bereits bezahlte Gebühren im Nachhinein – meist nach Beendigung des Mandatsverhältnisses – wegen angeblicher Überzahlung zurückfordern, häufen sich in der Praxis. Auch Insolvenzverwalter neigen dazu, die Rechnungen des StB des Gemeinschuldners auf ihre Angemessenheit zu prüfen und ggf. Rückforderungsansprüche geltend zu machen. Denkbar ist ein vertraglicher Schadensersatzanspruch wegen der Verletzung von Belehrungspflichten[2)] oder ein gesetzlicher Anspruch wegen ungerechtfertigter Bereicherung,[3)] z.B. wenn bei einer Geschäftsführung ohne Auftrag die Voraussetzungen des § 683 BGB nicht vorliegen[4)] oder der Steuerberatungsvertrag nichtig ist.[5)] Typischer Fall für einen Rückforderungsanspruch sind überhöhte Honorarrechnungen, auf die der Mandant gezahlt hat. **77**

Beispiel:

Der StB rechnet über mehrere Jahre (2012–2014) die Höchstgebühren für die Anfertigung der Einkommensteuererklärung (6/10) und die Ermittlung des Überschusses bei den Einkünften aus Kapitalvermögen (12/20) ab. Macht der Mandant später Rückforderungsansprüche geltend, muss der StB den Ansatz der Höchstgebühr rechtfertigen. Gelingt ihm dies nicht, ist der Rückforderungsanspruch begründet.[6)]

Ein Bereicherungsanspruch ist aber nicht schon deshalb begründet, weil der Mandant auf eine formell fehlerhafte Gebührenrechnung gezahlt hat, da formelle Fehler den Rechtsgrund der Leistung (den Steuerberatungsvertrag) nicht berühren.[7)] In einem solchen Fall ist der StB auf Aufforderung aber verpflichtet, die Berechnung nachzuholen.[8)]

Zwar ist es grundsätzlich Sache des Bereicherungsgläubigers (des Mandanten), die Voraussetzungen eines Bereicherungsanspruchs substantiiert **darzulegen und zu beweisen**. Um die Schwierigkeiten auszugleichen, den Negativbeweis des fehlenden Rechtsgrundes zu führen, treffen den StB hier aber **Mitwirkungspflichten**. Bei substantiiertem Sachvortrag des Mandanten muss er aus seiner Handakte heraus die tatsächlichen Umstände darlegen, die für einen Rechtsgrund sprechen. Er muss also konkret vortragen, wann er welche Arbeit erledigt und abgeliefert hat.[9)] **78**

Beispiel:

Die Behauptung des Mandanten, die Buchführung des StB sei unvollständig oder fehlerhaft, ist so allgemein, dass der StB darauf nicht erwidern muss. Behauptet der Mandant, der StB habe ab dem Jahr ... keine Jahresabschlüsse und Steuererklärungen mehr erstellt, muss der StB darauf konkret eingehen. Er darf sich nicht auf reines Bestreiten dieser Behauptung beschränken, da sie dann als unbestritten behandelt wird.

---

1) BGH v. 18.1.2018, III ZR 174/17, NJW 2018, 1324 mit abl. Anm. Stöber und m.w.N.
2) → Rz. 51 ff.
3) §§ 812 ff. BGB.
4) § 684 BGB.
5) So z.B. OLG Koblenz v. 27.10.1992, 3 U 1884/91, MDR 1993, 180 f.
6) AG Detmold v. 9.1.2017, 6 C 293/16; Wecker, KANZLEI intern 06/2017, 2. Im konkreten Fall musste der StB 3 565,50 € Honorar zurückzahlen.
7) Siehe § 9 StBVV Rz. 21 f.; OLG Düsseldorf v. 2.4.1998, 13 U 86/96, GI 1999, 39; LG Meiningen v. 16.9.2013, 4 S 226/12.
8) Zu den zeitlichen Schranken → § 9 StBVV Rz. 195.
9) Zu den Anforderungen, die sowohl an den Sachvortrag des Auftraggebers, als auch an den Sachvortrag des StB zu stellen sind, vgl. OLG Düsseldorf v. 9.10.1997, 13 U 153/96, GI 1999, 275; LG Meiningen v. 16.9.2013, 4 S 226/12.

79 Der StB kann einem Rückforderungsanspruch nicht von vornherein mit Erfolg entgegenhalten, dass der Mandant die Honorarforderung durch die **vorbehaltlose Bezahlung** anerkannt habe. Die obergerichtliche Rechtsprechung zum Anwaltsgebührenrecht geht davon aus, dass Bereicherungsansprüche selbst bei vorbehaltloser Bezahlung der Honorarrechnung nicht ausgeschlossen sind.[1] Zum Steuerberatergebührenrecht hat das OLG Düsseldorf[2] entschieden, dass ein Bereicherungsanspruch selbst dann nicht ausgeschlossen ist, wenn dem Mandanten die Rechnung zuvor inhaltlich erläutert wurde, da er lediglich eine vermeintliche Schuld habe erfüllen, nicht aber einen Anspruch des StB habe anerkennen wollen. Nur ganz vereinzelt haben Gerichte in der kommentarlosen Teilzahlung auf verschiedene offene Rechnungen[3] oder in der Zahlung des Rechnungsbetrages trotz behaupteter Zweifel an der Richtigkeit der Rechnung[4] ein **deklaratorisches Schuldanerkenntnis**[5] gesehen. Diese Entscheidungen können bei der **Abwehr möglicher Rückforderungsansprüche** im Einzelfall hilfreich sein. Jeder StB muss sich aber darüber im Klaren sein, dass die bloße Zahlung allein noch kein deklaratorisches Schuldanerkenntnis bedeutet.[6] Besondere Umstände und damit ein deklaratorisches Schuldanerkenntnis hat die obergerichtliche Rechtsprechung demgegenüber bejaht bei einem Gespräch zwischen StB und Mandant über die Höhe des geschuldeten Honorars, als dessen Ergebnis ein bestimmter Betrag festgestellt und konkrete Vereinbarungen über Zahlungsmodalitäten getroffen wurden.[7]

80 Nicht ausreichend ist die bloße Anzeige der Erfüllungsbereitschaft des Mandanten, indem er die Begleichung der Rechnungen ankündigt und um Ratenzahlung bittet oder die Tatsache, dass er in den Vorjahren keine Einwendungen gegen die Höhe der Gebühren erhoben hat.[8] Auch Bestätigungsvermerke auf Rechnungen oder Kontoauszügen, mit denen der Mandant sein Einverständnis mit dem Rechnungsbetrag zum Ausdruck bringt, sind noch kein deklaratorisches Schuldanerkenntnis, wenn der Mandant dadurch nur die Bereitschaft des StB zur Gewährung weiterer Zahlungsaufschübe fördern und seinen eigenen finanziellen Engpass überbrücken will.[9] Die Amtsgerichte entscheiden teilweise weniger streng. Als ausreichend wurden angesehen:

- schriftliche Mitteilung des Mandanten an den StB, dass er die Forderung zahlen werde,[10]
- Mitteilung des Mandanten an seinen StB, er sei nicht in der Lage, das geforderte Honorar auf einmal zu begleichen, aber bereit, dies in Raten zu zahlen, und die daraufhin erfolgte Zahlung der ersten Rate.[11]

81 Darüber hinaus kann sich ein Rückforderungsanspruch im Einzelfall als treuwidrig i.S.v. § 242 BGB erweisen. Zu denken ist insbesondere an die Fälle, in denen der Mandant das geltend gemachte **Honorar über viele Jahre vorbehaltlos gezahlt** hat

---

1) OLG Düsseldorf v. 21.2.2017, I-23 U 151/15; OLG Hamburg v. 16.7.1999, 14 U 272/96, MDR 2000, 115; OLG Koblenz v. 27.10.1992, 3 U 1884/91, MDR 1993, 180, 182.
2) OLG Düsseldorf v. 16.4.1992, 13 U 201/91, GI 1993, 149, 150; ferner OLG Düsseldorf v. 2.7.2002, 23 U 158/01, GI 2002, 250; zustimmend LG Hagen v. 28.8.2013, 10 S 1/13; AG Brandenburg v. 1.7.2003, 32 C 665/99, GI 2004, 27, 29.
3) OLG Köln v. 20.6.1997, 19 U 236/96, VersR 1998, 1388; LG Duisburg v. 22.3.2002, 8 C 591/99.
4) AG Saarbrücken v. 9.8.2000, 42 C 234/00; AG Saarbrücken v. 2.3.2000, 42 C 54/00.
5) → Rz. 70.
6) Siehe auch BGH v. 11.1.2007, VII ZR 165/05, MDR 2007, 712; allein die Zahlung des Werklohns auf eine geprüfte Rechnung rechtfertigt nicht die Annahme eines deklaratorischen Schuldanerkenntnisses.
7) OLG Düsseldorf v. 2.7.2002, 23 U 158/01, GI 2002, 250.
8) OLG Düsseldorf v. 14.9.2010, I 23 U 1/10.
9) OLG Hamm v. 26.11.2013, 25 U 5/13, DStR 2014, 2151.
10) AG Steinfurt v. 24.7.2008, 21 C 75/07.
11) AG Rheine v. 13.7.2001, 10 C 32/01, Stbg 2001, 621.

und erstmals nach Beendigung des Mandatsverhältnisses Rückforderungsansprüche geltend macht.[1] Eine Rückzahlungsverpflichtung besteht in aller Regel aber nur in Höhe der **Nettobeträge**, weil im Zweifel davon auszugehen ist, dass der Auftraggeber die vom StB in Rechnung gestellte Mehrwertsteuer als Vorsteuer abgesetzt hat.[2] Im Falle einer Praxisvertretung sind bereicherungsrechtliche Ansprüche nicht gegen den (eventuell zu hoch abrechnenden) Vertreter, sondern gegen den Vertretenen geltend zu machen. Nur dieser ist passivlegitimiert.[3]

IX. Schadensersatzansprüche (insbes. Kosten des Nachfolgeberaters)

Sind die Arbeiten des Vorberaters fehlerhaft, ist die an ihn gezahlte Vergütung **82**
gleichwohl kein zu ersetzender Vermögensnachteil.[4] Auch eine Minderung des Honorars des Vorberaters wegen vermeintlicher Mängel kommt im Falle eines Dienstvertrages nicht in Betracht, da das Dienstvertragsrecht keine Gewährleistung kennt.[5] Etwas anderes kann dann gelten, wenn die Leistung des StB unbrauchbar (sinnlos) ist.[6] Der Mandant kann dann mit einem eigenen Schadensersatzanspruch nach § 280 Abs. 1 BGB, der auf Befreiung von der Honorarverbindlichkeit gerichtet ist, aufrechnen. Oft stellt sich die Frage, ob der Auftraggeber, der einen anderen StB mit der Mängelbeseitigung, z.B. der Neuerstellung von Steuererklärung und Jahresabschluss beauftragt, die Kosten des Nachfolgeberaters **auf den Vorberater abwälzen** kann. Nach der bisherigen obergerichtlichen Rechtsprechung sollten die Kosten des Nachfolgeberaters grundsätzlich nur dann ersatzfähig sein, wenn der Vorberater zuvor erfolglos unter Fristsetzung zur Nachbesserung aufgefordert wurde.[7] Dies galt unabhängig davon, ob der Steuerberatungsvertrag im konkreten Fall als Werk- oder Dienstvertrag anzusehen war. Zwar regelt nur das Werkvertragsrecht einen Nacherfüllungsanspruch.[8] Die OLG-Rechtsprechung ging aber davon aus, dass dem Dienstverpflichteten auch bei einem Dienstvertrag ein Nacherfüllungsanspruch einzuräumen ist, wenn – wie bei Steuerberatungsverträgen – die geschuldeten Einzelleistungen isoliert betrachtet werkvertraglichen Charakter haben und nur durch die Übertragung aller steuerlichen Interessen des Mandanten ein Dienstverhältnis entsteht. Einer Fristsetzung bedurfte es ausnahmsweise dann nicht, wenn der Vorberater die Nacherfüllung gem. § 635 Abs. 3 BGB verweigert oder die Nacherfüllung fehlgeschlagen oder dem Besteller unzumutbar ist[9] sowie in den Fällen der §§ 281 Abs. 2 und 323 Abs. 2 BGB. Mit Urteil vom 11.5.2006[10] hat der BGH das Nachbesserungsrecht des Vorberaters entgegen der OLG-Rechtsprechung für den Fall verneint, dass der zwischen StB und Mandant geschlossene Vertrag ein Dienstvertrag ist, der Mandant das Mandat durch Kündigung bereits beendet hatte und der Fehler erst von dem neu beauftragten StB entdeckt worden ist.

1) S. hierzu BGH v. 8.6.2004, IX ZR 119/03, NJW 2004, 2818, → Rz. 47 und LG Wuppertal v. 5.6.2019, 3 O 245/19, → Rz. 52.
2) OLG Düsseldorf v. 23.3.2004, 23 U 66/03, GI 2004, 182, 185.
3) AG Mönchengladbach v. 30.5.2018, 36 C 20/18; Koslowski, StBerG, 7. Aufl. 2015, § 69 Rz. 16.
4) Gräfe/Lenzen/Schmeer, Rz. 578 ff.
5) BGH v. 4.2.2010, IX ZR 18/09, NJW 2010, 1364, 1369; OLG München v. 5.6.2019, 15 U 318/18, DStR 2019, 1711 mit Anm. Raab zum Anwaltsrecht; OLG Düsseldorf v. 18.10.2010, I-24 U 50/10, MDR 2011, 1327.
6) LG Bielefeld v. 29.3.2017, 3 O 44/12, besprochen von Wacker, KANZLEI intern 11_2017, 3; der StB hatte trotz Ablaufs der Festsetzungsfrist des § 169 AO aussichtslose Anträge gestellt und Einsprüche eingelegt.
7) OLG Koblenz v. 18.3.2003, 3 U 1027/02, DStRE 2003, 1070; OLG Düsseldorf v. 9.1.2001, 26 U 37/00, GI 2001, 72; OLG Frankfurt/M. v. 13.10.1993, 21 U 145/92, DStR 1994, 479; OLG Hamm v. 11.12.1998, 25 U 75/98, GI 2000, 225 f.; OLG Hamm v. 4.6.1986, 25 U 61/85, DStR 1987, 170; OLG Köln v. 23.12.1982, 1 U 26/82, ZIP 1983, 707.
8) §§ 634 Nr. 4, 636 BGB n.F. bzw. § 634 BGB a.F.
9) §§ 636, 637 Abs. 2 BGB.
10) BGH v. 11.5.2006, IX ZR 63/05, DB 2006, 1422.

Die entsprechende Anwendung der werkvertraglichen Vorschriften stünde nämlich im Widerspruch zur dienstvertraglichen Regelung des § 627 BGB, der dem Mandanten jederzeit die Kündigung des Mandatsverhältnisses ermöglicht. Dieser Zweck würde nicht erreicht, wenn der Mandant gehalten wäre, dem wirksam gekündigten StB noch Gelegenheit zur Nachbesserung geben zu müssen.

83 Bezweifelt der Auftraggeber – anders als der Vorberater – dass dessen Arbeiten ordnungsgemäß sind und ist er selbst nicht in der Lage, die Ordnungsmäßigkeit der Arbeiten des Vorberaters zu prüfen, können die Kosten eines mit der Prüfung und Berichtigung beauftragten weiteren StB grundsätzlich als Kosten der Rechtsverfolgung im Wege des Schadensersatzes auf den Vorberater abgewälzt werden,[1] wenn tatsächlich eine Schlechterfüllung des Vorberaters vorliegt. Diese muss der Auftraggeber darlegen und beweisen.[2] Der Schaden entsteht in aller Regel in dem Zeitpunkt, in dem die Korrekturkosten beim Auftraggeber anfallen, also z.B. bei Beauftragung des neuen StB. Oft wird dem eine Betriebsprüfung vorangegangen sein, bei der die Fehler des Vorberaters festgestellt wurden. Der Verjährungsbeginn für die Geltendmachung des Anspruchs setzt grundsätzlich einen „Akt des Finanzamtes"[3] voraus.[4]

Im Einzelfall kann die Beauftragung eines neuen StB gegen die **Schadensminderungspflicht** des Auftraggebers verstoßen. Hat z.B. der Vorberater die Herausgabe der in seinem Besitz befindlichen Buchführungsunterlagen gegen Sicherheitsleistung (Hinterlegung des streitigen Honorars) angeboten und beauftragt der Mandant gleichwohl einen anderen StB mit der Neuerstellung der Buchführung, kann ein Verstoß gegen die Schadensminderungspflicht vorliegen, mit der Folge, dass das Honorar des neuen Beraters nicht mit Erfolg vom Vorberater verlangt werden kann.[5] Das AG Bielefeld versagte dem anwaltlich vertretenen Mandanten die Ersatzfähigkeit der Kosten des von ihm zusätzlich beauftragten StB zur Berechnung des Steuerschadens, weil diese Berechnung auch der Rechtsanwalt hätte vornehmen können. Jedenfalls hätte der Mandant einen hierzu fähigen Rechtsanwalt beauftragen müssen.[6] Wenn die Weigerung des Vorberaters zur Herausgabe von Unterlagen oder Daten gegen den Grundsatz von Treu und Glauben[7] verstößt,[8] verletzt der Mandant nicht die Schadensminderungspflicht, wenn er einen anderen StB mit der Neuerstellung der Buchführung beauftragt. Der Vorberater muss dann das angemessene Honorar des neuen Beraters im Wege des Schadensersatzes zahlen.[9] Ersatzfähig sind grundsätzlich nur die (angemessenen) gesetzlichen Gebühren nach der StBVV, wenn diese ordnungsgemäß spezifiziert[10] berechnet wurden.[11] Zum

1) BGH v. 6.2.1985, IVa ZR 82/83, NJW 1985, 1964; v. 29.4.1993, IX ZR 109/92, NJW 1993, 2181; v. 14.4.2005, IX ZR 109/04; OLG Düsseldorf v. 18.11.2003, I-23 U 47/03, GI 2005, 53, 57; OLG Karlsruhe v. 11.6.2001, 13 W 41/01, NJW-RR 2002, 499; LG Krefeld v. 13.3.2019, 2 O 318/17; LG Kleve v. 22.4.2015, 1 O 89/11, KANZLEI intern 07/2015, 3 mit Anm. Feiter.

2) Schneidenbach, KANZLEI intern 06/2015, 3.

3) Z.B. Zugang des belastenden Steuerbescheides, Beanstandung im Rahmen einer Betriebsprüfung.

4) BGH v. 6.2.1985, IVa ZR 82/83, NJW 1985, 1964; Schneidenbach, KANZLEI intern 06/2015, 3.

5) LG Duisburg v. 5.11.2007, 2 O 46/05.

6) AG Bielefeld v. 23.2.2018, 417/24/15, besprochen von Wacker in KANZLEI intern 08_2019, 2.

7) § 242 BGB.

8) Z.B. weil seine Forderung bereits weitgehend bezahlt ist oder ihm kein Zurückbehaltungsrecht zusteht.

9) LG Bochum v. 29.5.2019, 4 O 32/15, besprochen von Gilgan, KP 2020, 115; LG Paderborn v. 17.2.2016, 3 O 174/13; OLG Düsseldorf v. 17.6.2008, I-23 U 163/07; OLG Düsseldorf v. 2.10.2012, I-23 U169/11, DStR 2013, 2243; OLG Köln v. 12.8.2010, 8 U 11/09, GI-aktuell 2013, 14, 21.

10) § 9 StBVV.

11) KG Berlin v. 2.12.2014, 7 U 23/14, AnwBl 2015, 627.

Teil wird auch eine Abrechnung nach Zeitaufwand akzeptiert.[1] Sind nur die vom Vorberater ermittelten Einkünfte aus Vermietung und Verpachtung fehlerhaft, rechtfertigt dies nicht die gesamte Neuanfertigung der Einkommensteuererklärung.[2] In besonders gelagerten Fällen kann ausnahmsweise auch ein höheres vereinbartes Honorar im Wege des Schadensersatzes vom Vorberater verlangt werden, soweit dies im konkreten Fall angemessen und erforderlich ist, z.B. wenn die Beauftragung eines Spezialisten nötig ist, der höhere Stundensätze verlangt.[3] In der höchstrichterlichen Rechtsprechung ist dies aber noch nicht anerkannt. Allerdings hat der BGH in einer Anwaltssache ausdrücklich offen gelassen, ob als erstattungsfähige „gesetzliche Gebühren und Auslagen" nach § 91 Abs. 2 Satz 1 ZPO lediglich die Regelsätze des RVG oder nicht doch auch ein höheres, vereinbartes Honorar in Betracht kommen kann.[4] Es bleibt also zu hoffen, dass sich auch vor dem BGH eine differenziertere Auffassung durchsetzen wird.[5] Der Vorberater kann den Schaden nicht auf seine Vermögensschaden-Haftpflichtversicherung abwälzen. Diese ist nicht eintrittspflichtig.[6]

Es kommt vor, dass Mandanten zu vereinbarten Besprechungsterminen in der Kanz- **84**
lei nicht erscheinen oder Termine kurzfristig absagen. Besonders ärgerlich ist dies, wenn der Steuerberater solche Termine als Exklusivtermine in den Abendstunden oder an Samstagen freihält und vergeblich auf den Mandanten wartet. Im Bereich der Ärzteschaft gibt es mittlerweile mehrere Gerichtsentscheidungen zu sog. **Ausfallhonoraren**. Dabei ist anerkannt, dass ein bloßer Aushang in der Praxis, in dem auf die Berechnung eines Ausfallhonorars bei kurzfristiger Terminabsage hingewiesen wird, nicht ausreicht, um Schadensersatzansprüche geltend machen zu können, weil es an einer wirksamen Vereinbarung fehlt. Auch die bloße Vereinbarung eines Termins dient lediglich der Organisation der Kanzleiabläufe und hat nicht den Charakter eines Fixgeschäfts oder eines rechtsverbindlichen Vertrags. Anders ist dies, wenn ein Ausfallhonorar wirksam vereinbart wird, z.B. im Rahmen eines schriftlichen Steuerberatungsvertrags. Mangels eines echten Bedürfnisses ist dies bei StB allerdings unüblich. Wer sich diese Möglichkeit gleichwohl offenhalten möchte, sollte möglichst genau regeln, unter welchen Voraussetzungen das Ausfallhonorar anfällt.[7] Letztlich geht es nicht darum, eine gerichtsfeste Vereinbarung zu treffen, da kein Steuerberater Interesse daran haben dürfte, ein Ausfallhonorar einzuklagen. Vielmehr geht es darum, die eigene Praxisorganisation zu optimieren und die Mandantschaft hinsichtlich der Einhaltung von Terminen zu sensibilisieren. Dazu reicht es i.d.R. aus, dem Mandanten eine Terminbestätigung zuzuschicken und einen Tag vor dem vereinbarten Termin per E-Mail oder SMS an den Termin zu erinnern.

---

1) LG Bochum v. 16.11.2012, 4 O 372/12: der Anspruch belief sich auf 11 308 €. Die abgerechneten Stundensätze von 140 € netto und 110,09 € netto für den StB/WP und die niedrigeren Stundensätze von 90 € und 72 € für Mitarbeiterstunden wurden nicht beanstandet.

2) LG Leipzig v. 4.5.2016, 3 O 1289/13, besprochen von Wacker, KANZLEI intern 10/2016, 2. Der Nachfolgeberater hatte für die Neuanfertigung der ESt-Erklärung 3 440,47 € berechnet. Aus Sicht des Gerichts war lediglich eine Gebühr in Höhe von 214,91 € angemessen.

3) OLG Koblenz v. 29.5.2008, 2 U 1620/06, NJW 2009, 1153: es ging um Pflichtverletzungen eines Testamentsvollstreckers und die dadurch ausgelöste Beauftragung eines spezialisierten RA; OLG München v. 21.7.2010, 7 U 1879/10, AnwBl 2010, 719 zur Beauftragung zweier auf Wirtschaftsrecht spezialisierter Kanzleien mit Stundensätzen von 260,00 € und 225,00 €; Mediger, MDR 2017, 245; Saenger/Uphoff, NJW 2014, 1412.

4) BGH v. 13.11.2014, VII ZB 46/12, NJW 2015, 633 m.w.N.

5) Mayer, NJW 2015, 1647.

6) Chab, AnwBl 2012, 922 f.

7) Bis wann und wie muss die Terminabsage erfolgen, in welcher Höhe fällt ein Ausfallhonorar an.

B. Kommentierung Steuerberatervergütungsverordnung

§ 1 Anwendungsbereich

(1) Die Vergütung (Gebühren und Auslagenersatz) des Steuerberaters mit Sitz im Inland für seine im Inland selbständig ausgeübte Berufstätigkeit (§ 33 des Gesetzes) bemisst sich nach dieser Verordnung. Dies gilt für die Höhe der Vergütung nur, soweit nicht etwas anderes vereinbart wird.

(2) Für die Vergütung der Steuerbevollmächtigen und der Steuerberatungsgesellschaften gelten die Vorschriften über die Vergütung der Steuerberater entsprechend.

Inhalt

Schrifttum

Berners, Die Honorierung für Rat, Auskunft und Erstberatung, NWB 2013, 619; **Feiter,** Abrechnungsfragen bei interdisziplinären Kanzleien, KANZLEI intern 06_2017, 7; **Feiter,** Vorsicht bei Vereinbarungen vertraglicher Haftungsbegrenzungen in den AGB, KP 2015, 134; **Feiter,** Die Erledigung von Rechtsangelegenheiten durch die steuerberatenden Berufe, NWB Fach 30, 1213; **Gemmer,** Die wichtigsten Neuregelungen des 7. Steuerberatungsänderungsgesetzes, KP 2000, 113; **Janetzko,** Vertragliche Vereinbarung eines Nachbesserungsrechts durch den Steuerberater, DStR 2015, 2875; **Jost,** Aktuelle Entwicklungen und Tendenzen im Gebührenrecht, INF 2003, 318; **Junck,** Haftungsrechtliche Probleme in der interprofessionellen Sozietät, AnwBl 2009, 865; **Küting/Eichenlaub,** Verabschiedung des MicroBilG – Der "vereinfachte" Jahresabschluss für Kleinstkapitalgesellschaften, DStR 2012, 2615; **Lahmann,** Gestaltung von Vergütungsvereinbarungen und Zweifelsfragen, DStR 2009, 2069; **Lux,** Haftung von berufsfremden Mitgliedern einer gemischten Sozietät, MDR 2009, 957; **Maxl/Feiter,** Vertragsfreiheit oder Bindung an die Steuerberatergebührenverordnung?, INF 1995, 438; **Neufang/Spanberger/ Zepezauer,** Die neue Steuerberatervergütungsverordnung (StBVV) und Tipps zur Abrechnungspraxis, StB 2013, 35; **Niebling,** AGB-Recht – Aktuelle Entwicklungen zu Einbeziehung, Inhaltskontrolle und Rechtsfolgen, MDR 2018, 633; **Reinhart/Schütze,** Die Haftungssummenbeschränkung in Ziffer 9.2 AAB der Wirtschaftsprüfer ist wirksam – wider den Mythos des „Redaktionsversehens", ZIP 2015, 1006; **Ruppert,** Partnerschaftsgesellschaft mit beschränkter Berufshaftung – Ende gut, alles gut?, DStR 2013, 1623; **Wilk/Beyer-Petz,** Änderungen der Steuerberatervergütungsverordnung, DStR 2016, 1885; **Wilk/Beyer-Petz,** Die neue Steuerberatervergütungsverordnung, DStR 2012, 2508.

A. Inhalt und Bedeutung

85 Die Vorschrift grenzt den Geltungsbereich der Verordnung, deren Rechtsgrundlage § 64 StBerG ist, persönlich, sachlich und räumlich ab und stellt durch eine Legaldefinition klar, dass der Vergütungsanspruch nicht nur die Zahlung der vorgesehenen **Gebühren**, sondern auch den Ersatz der durch die Ausführung des Auftrags verursachten **Auslagen** umfasst. Die StBVV wird in dem durch § 1 StBVV bestimmten Anwendungsbereich bei Abschluss des Beratungsvertrages zum Vertragsinhalt, ohne dass es noch einer besonderen Vereinbarung über die Höhe des Honorars bedarf.

B. Persönlicher Geltungsbereich (Abs. 1 und 2)

I. Vergütung

86 § 1 Abs. 1 Satz 1 StBVV stellt klar, dass sich der Anspruch auf eine Vergütung aus einem Anspruch auf Gebühren[1] und einem Anspruch auf Auslagenersatz zusammensetzt. Dem Anspruch auf Vergütung ist noch die Umsatzsteuer hinzuzurechnen, die in § 1 StBVV nicht genannt ist und deshalb formal nicht als „Auslagenersatz" anzusehen ist. Die entsprechende Rechtsgrundlage bildet § 3 Abs. 2 StBVV i.V.m. § 15 StBVV.

II. Steuerberater

87 Gemäß § 1 Abs. 1 Satz 1 StBVV gilt die StBVV unmittelbar nur für StB „mit Sitz im Inland". Sie gilt also nicht für StB mit beruflicher Niederlassung im Ausland und auch nicht für ausländische „Steuerberater". Die Beschränkung auf StB „mit Sitz im Inland" ist mit Wirkung zum 23.7.2016 durch die Dritte Verordnung zur Änderung steuerlicher Verordnungen eingefügt worden.[2] Gem. § 1 Abs. 2 StBVV ist für die Vergütung der **StBv** und der **Steuerberatungsgesellschaften** eine entsprechende Anwendung vorgesehen. Eine sachliche Differenzierung ergibt sich daraus nicht. Der Verordnungsgeber hat sich dadurch lediglich ersparen wollen, neben StB jeweils auch StBv und Steuerberatungsgesellschaften im Verordnungstext gesondert erwähnen zu müssen. In § 1 Abs. 2 StBVV hat der Verordnungsgeber im Rahmen der Dritten Verordnung zur Änderung steuerlicher Verordnungen[3] nicht ausdrücklich klargestellt, dass nur StBv und Steuerberatungsgesellschaften „mit Sitz im Inland" gemeint sind. Dieses kleine redaktionelle Versäumnis sollte allerdings nicht zum Anlass genommen werden, StBv und Steuerberatungsgesellschaften anders zu behandeln als StB. Auch StBv und Steuerberatungsgesellschaften sind nur dann an die StBVV gebunden, wenn sie ihren Sitz im Inland haben.

88 Die StBVV findet mit Ausnahme der Rechtsanwälte keine Anwendung auf den **Personenkreis, der nach § 3 Nr. 2–4 StBerG** ebenfalls zur unbeschränkten Hilfeleistung in Steuersachen befugt ist, nämlich niedergelassene europäische Rechtsanwälte, WP, Wirtschaftsprüfungsgesellschaften, vBP, Buchprüfungsgesellschaften, einfache Partnerschaftsgesellschaften[4] und Dienstleister aus dem EU-Ausland und der Schweiz, die unter **§ 3a StBerG** fallen. Für Letztere gilt – soweit vorhanden – die gebührenrechtliche/preisrechtliche Regelung des jeweiligen Niederlassungsstaates. Wilk/Beyer-Petz gehen hingegen – ohne Begründung – davon aus, dass Personen nach § 3a StBerG durch die Novellierung der Vorschrift[5] ebenfalls an die StBVV

---

1) → § 10 StBVV Rz. 197.
2) BGBl. I 2016, 1722 = BStBl I 2016, 725.
3) BGBl. I 2016, 1722 = BStBl I 2016, 725.
4) → § 1 StBVV Rz. 94.
5) → Rz. 87.

gebunden sind.[1] Vermutlich werden die Verfasser die Regelung des § 3a Abs. 1 Satz 2 StBerG im Blick gehabt haben. Danach unterliegen Personen nach § 3a StBerG bei ihrer Tätigkeit im Inland denselben Berufsregeln wie Personen nach § 3 StBerG. Aus dieser Vorschrift folgern Wilk/Beyer-Petz vermutlich, dass Personen nach § 3a StBerG die StBVV zu beachten haben. Dagegen sprechen jedoch folgende Überlegungen: Weder der neue Wortlaut des § 1 Abs. 1 Satz 1 StBVV, noch die Gesetzesbegründung unterscheiden zwischen zwei Arten von ausländischen Steuerberatern, nämlich solchen nach § 3a StBerG und sonstigen Steuerberatern. Der persönliche Anwendungsbereich wird eindeutig auf Steuerberater mit Sitz im Inland beschränkt. Damit fallen alle ausländischen StB aus dem persönlichen Anwendungsbereich heraus. § 1 Abs. 1 Satz 1 StBVV erweist sich insoweit als lex specialis zu § 3a Abs. 1 Satz 3 StBerG. Hinzu kommt, dass die Bindung nach § 3a Abs. 1 Satz 3 StBerG sich nicht auf alle Berufsregeln erstreckt. Nach der Rechtsprechung des EuGH bestehen insbesondere Bedenken, eine Bindung an fremde Honorarordnungen anzunehmen.[2] Diese Überlegungen gelten auch für **§ 3d StBerG**, der in Kürze den partiellen Berufszugang für ausländische Dienstleister regeln soll.

Auch der **Personenkreis**, der **nach § 4 StBerG** nur zur beschränkten Hilfeleistung in Steuersachen befugt ist, fällt nicht unter den Anwendungsbereich der StBVV. Gleiches gilt für **Rechtsbeistände** und **Kontierer**.[3] Jedoch bestehen keine Bedenken, dass diese Personen die Anwendung der materiell-rechtlichen Vorschriften der StBVV, also der Gebührenvorschriften, vereinbaren. Wird keine Vereinbarung getroffen, so ist bei dem Bestehen einer Taxe die taxmäßige Vergütung, in Ermangelung einer Taxe die übliche Vergütung als vereinbart anzusehen.[4] Als übliche Vergütung für zulässigerweise erbrachte Buchführungsarbeiten[5] kann in diesen Fällen § 33 StBVV herangezogen werden. Der Umstand, dass der Dienstleister nicht die gleiche fachliche Qualifikation wie ein StB hat, steht dem Vergütungsanspruch nicht entgegen, da es durchaus üblich ist, dass die Buchführung nicht von Steuerberatern selbst, sondern von Mitarbeitern erstellt wird.[6]

Für einen „**Nur-Rechtsanwalt**", der in steuerlichen Angelegenheiten tätig wird, galt früher die Bundesrechtsanwaltsgebührenordnung (BRAGO). Seit dem 1.7.2004 gelten die §§ 23 – 39 StBGebV i.V.m. §§ 10, 13 StBGebV (jetzt StBVV) auch für Rechtsanwälte.[7] Zwar können Rechtsanwälte in außergerichtlichen Angelegenheiten Pauschalvergütungen und Zeitvergütungen vereinbaren, die niedriger sind als die gesetzlichen Gebühren (§ 4 Abs. 1 RVG). Dies bedeutet aber nicht, dass Rechtsanwälte die in §§ 23 – 39 StBVV vorgesehenen Gebühren unterschreiten oder mit einer Gebührenunterschreitung werben **dürfen**. Denn bei § 35 StBVV handelt es sich um eine spezielle Verweisungsvorschrift.[8] Für § 4 RVG ist daneben kein Raum. **89**

Beispiel:

Die Werbung eines Rechtsanwalts mit der Aussage „Wir prüfen Ihren Steuerbescheid zum Festpreis von 45 € (incl. MwSt.)" soll nach Ansicht des OLG Nürnberg eine **wettbewerbswidrige (und berufswidrige)** Werbung mit einer Gebührenunterschreitung sein. Der beworbene Festpreis von 45 € liege zwar noch innerhalb des Gebührenrahmens der §§ 28, 13 Satz 1 Nr. 1, Satz 2 StBVV, beziehe sich jedoch auf eine unbestimmte Vielzahl von Fällen und berücksichtige deshalb nicht die Besonderheit des Einzelfalls.[9] Ob diese

1) Wilk/Beyer-Petz, DStR 2016, 1885, 1886.
2) EuGH v. 12.9.2013, Kostas Konstantinides, C-475/11, Stbg 2014, 43 mit. Anm. Pestke.
3) Eggesiecker, 2. Aufl. 1998, § 1 STEUGO Rz. 1.180.
4) §§ 612 Abs. 2, 632 Abs. 2 BGB.
5) Vgl. § 6 Nr. 4 StBerG.
6) OLG Koblenz v. 4.5.2015, 10 U 1352/14; → § 1 StBVV Rz. 95.
7) § 35 RVG.
8) OLG Nürnberg v. 21.10.2014, 3 U 954/14, DStR 2015, 783 m. Anm. Raab.
9) OLG Nürnberg v. 21.10.2014, 3 U 954/14, DStR 2015, 783 m. Anm. Raab.

wettbewerbsrechtliche Würdigung zutreffend ist, darf bezweifelt werden. **Zivilrechtlich** ist der Rechtsanwalt aber an das „Angebot" gebunden.[1]

Da § 35 RVG allerdings nicht auf § 21 StBVV (Rat und Auskunft) verweist, ist die Werbung eines Rechtsanwalts für den Pauschalbetrag von 20 € eine außergerichtliche Rechtsberatung zu erbringen, kein Verstoß gegen das Verbot der Unterschreitung gesetzlicher Gebühren, da es im RVG für die außergerichtliche Beratung seit dem 1.7.2006 keine gesetzliche Vergütung mehr gibt.[2] Gleiches gilt für Erstberatungen zu Preisen zwischen 10 € und 55 €.[3] In diesem Bereich können Rechtsanwälte sogar **kostenlose Beratungen** anbieten,[4] auch in Form von Coupons und Gutscheinen.[5] Denn das Verbot der Gebührenunterschreitung in § 49b Abs. 1 BRAO gilt nicht für die Erstberatung. Auf die Ausnahmevorschrift eines Gebührenerlasses in § 49b Abs. 1 Satz 2 BRAO kommt es deshalb nicht an. § 4 Abs. 1 RVG, der ein angemessenes Verhältnis zwischen vereinbarter Vergütung und Leistung, Verantwortung und Haftungsrisiko verlangt, gilt nicht im Rahmen der anwaltlichen Erstberatung nach § 34 RVG.[6] Diese Rechtsprechung ist auf Steuerberater nicht übertragbar, da die StBVV keine dem § 34 RVG vergleichbare Vorschrift kennt.

90 Für einen „**Nur-Wirtschaftsprüfer**", der Tätigkeiten erbringt, die sachlich von der StBVV erfasst werden, gibt es keine eigene Gebührenordnung. Wirtschaftsprüfer haben lediglich die Vorgaben der §§ 55, 55a WPO zu beachten. Obwohl die Rechtsprechung eine Bindung des „Nur-Wirtschaftsprüfers" an die StBVV verneint hat, ist bislang nicht höchstrichterlich geklärt, ob den Gebührentatbeständen der StBVV die Bedeutung einer Taxe i.S.d. § 612 Abs. 2 BGB beizumessen ist[7] oder ob der „Nur-WP" sein Honorar nach billigem Ermessen bestimmen darf, ohne an die StBVV gebunden zu sein.[8] Mangels eines tätigkeitsbezogenen Anknüpfungspunktes im Gesetz, dass die StBVV auch für Wirtschaftsprüfer gilt, sind „Nur-Wirtschaftsprüfer" nicht an die StBVV gebunden. Gleiches gilt für eine „Nur-Wirtschaftsprüfungsgesellschaft", selbst wenn der handelnde Geschäftsführer Steuerberater ist, da ausschließlich auf das Auftragsverhältnis zwischen Mandant und Gesellschaft abzustellen ist.[9]

91 **StB**, die **zugleich WP** sind und geschäftsmäßige Steuerrechtshilfe leisten, sind wiederum an die StBVV gebunden, da es keine konkurrierende Gebührenordnung gibt. Sie haben ihre Steuerberatungstätigkeiten deshalb nach der StBVV abzurechnen.[10] Anders sieht es bei **StB** aus, die **zugleich** als **Rechtsanwälte** zugelassen sind. Sie waren bis 30.6.2004 der BRAGO und damit einer konkurrierenden Gebührenordnung unterworfen. Seit Inkrafttreten des RVG müssen Rechtsanwälte Hilfeleistung in Steuersachen überwiegend nach der StBVV abrechnen,[11] nicht anwendbar

1) Zur Problematik der Gebührenunterschreitung unter zivil-, wettbewerbs- und berufsrechtlichen Aspekten siehe → § 64 StBerG Rz. 904.
2) Vgl. § 34 Abs. 1 Satz 1 und 2 RVG; OLG Stuttgart v. 28.12.2006, 2 U 134/06, AnwBl 2007, 229.
3) BGH v. 3.5.2007, I ZR 137/05, AnwBl 2007, 870; OLG Naumburg v. 8.11.2007, 1 U 70/07, AnwBl 2008, 142.
4) BGH v. 3.7.2017, AnwZ (Brfg) 42/16, AnwBl 2017, 894; AGH NRW v. 9.5.2014, 1 AGH 3/14, DStR 2014, 2043 m. Anm. Wacker; LG Essen v. 10.10.2013, 4 O 226/13, AnwBl 2014, 275; AnwGH Berlin v. 22.11.2006, II AGH 4/06, AnwBl 2007, 375; Kammer-Mitteilungen der RAK Düsseldorf 4/2013, 372.
5) AGH NRW v. 3.6.2016, 2 AGH 1/16, DStR 2016, 2423 m. Anm. Ring.
6) BGH v. 3.7.2017, AnwZ (Brfg) 42/16, AnwBl 2017, 894.
7) So KG Berlin v. 14.9.2009, 22 U 204/08, WPK-Magazin 2010, 35 unter Hinweis auf §§ 612 Abs. 2, 315, 316 BGB.
8) So OLG Düsseldorf v. 2.3.1989, 18 U 215/88, StB 1989, 236 f.; OLG Düsseldorf v. 13.10.1994, 13 U 211/93, GI 1996, 94 f.; Goltz 270, 275.
9) Goltz 274.
10) Brandenburgisches OLG v. 10.7.2001, 11 U 37/00, DB 2001, 2288 f.; OLG Bremen v. 31.5.1994, StO 5/93, Stbg 1994, 502.
11) § 35 Abs. 1 RVG.

sind aber die § 21 StBVV, § 22 StBVV und § 40 StBVV a.F.,[1] so dass sich insoweit immer noch die Konkurrenzfrage stellt. Diese ist durchaus von praktischer Relevanz. Denn die Abrechnung nach RVG kann in diesen Fällen günstiger sein.

Beispiel:

StB/Rechtsanwalt berät über die steuerlichen Möglichkeiten einer denkmalgeschützten Immobilie bei Vermietung und stellt dem Mandanten ein Argumentationspapier zur späteren Verwendung zur Verfügung.

Das RVG sieht in Nr. 2300 VV einen Gebührenrahmen von 0,5 – 2,5, die StBVV in § 21 Abs. 1 Satz 1 nur einen Gebührenrahmen von 1/10 – 10/10 vor.

Hinzu kommt, dass die Tabelle A zur StBVV Nachteile gegenüber der RVG-Tabelle aufweist.[2] Auch im Einspruchsverfahren gab es bis zum Inkrafttreten der Fünften Verordnung zur Änderung steuerlicher Verordnungen am 1.7.2020[3] erhebliche Unterschiede, die zu einer Schlechterstellung von StB gegenüber Rechtsanwälten führten und in „Altfällen" mit Beauftragung vor dem 1.7.2020 auch weiterhin führen.[4] Unter dem Geltungsbereich der BRAGO wurde dem StB/Rechtsanwalt überwiegend ein Wahlrecht eingeräumt, ob er nach der BRAGO oder nach der StBGebV abrechnet.[5] Auch heute wird dem StB/Rechtsanwalt – allerdings nur außerhalb der von § 35 RVG erfassten steuerberatenden Tätigkeiten – ein Wahlrecht eingeräumt.[6] Dies ist auch sachgerecht. Andernfalls stünde der Rechtsanwalt, der zusätzlich noch die Qualifikation als StB erworben hat, schlechter da als der Nur-Rechtsanwalt, der in den Fällen der §§ 21, 22, 40 StBVV a.F. nach den günstigeren Regelungen des RVG abrechnen kann. Eine Verpflichtung des StB/Rechtsanwalt, die für den Mandanten günstigere Regelung anzuwenden, ist deshalb zu verneinen.[7] 92

Übt der StB seinen Beruf im Rahmen einer **gemischten Sozietät (z.B. mit einem WP und Rechtsanwalt)** aus und wurde das steuerliche Mandat der Sozietät als BGB-Gesellschaft erteilt, steht der Honoraranspruch im Zweifel der Sozietät zu.[8] Fraglich ist, ob auch bei der Beauftragung einer gemischten Sozietät von StB und Rechtsanwalt in den Fällen, in denen § 35 RVG die Anwendung der StBVV nicht vorsieht, ein Gebührenwahlrecht besteht. Rechtsprechung gibt es hierzu nicht. In der Literatur wird die Auffassung vertreten, dass bei einem einheitlichen Beratungsauftrag mit rechtlichen und steuerrechtlichen Elementen (z.B. den Auftrag, ein rechtliches und steuerrechtliches Konzept zur Veräußerung einer Beteiligung zu entwickeln n) das RVG maßgeblich sei, da mangels Rechtdienstleistungsbefugnis des StB nur über das RVG eine vollständige Erfassung des Auftrags möglich ist.[9] Für diese spezielle Fallgruppe ist diese Betrachtung sachgerecht. Wird die Sozietät allerdings nur mit der Vertretung der steuerlichen – nicht auch der rechtlichen – Interessen beauftragt, dürfte die StBVV als das speziellere Gesetz vorrangig anwendbar sein. Ihr kommt 93

1) Auftragserteilung vor dem 1.7.2020; → Rz. 92.
2) → § 10 StBVV Rz. 199.
3) BGBl. I 2020, 1495, 1498 = BStBl I 2020, 555.
4) → § 40 StBVV a.F. Rz. 637.
5) Winkler in Eckert, 6. Aufl. 2017, § 1 StBVV Rz. 15; Maxl/Feiter, INF 1995, 438 f.; a.A. Mittelsteiner/Scholz, 4. Aufl. 1998, § 1 StBGebV Rz. 10. Nach OLG Düsseldorf v. 23.3.2004, 23 U 66/03, GI 2004, 182 und Jost, INF 2003, 318 f. sollte entscheidend sein, ob steuerliche oder anwaltliche Qualifikation im Vordergrund steht.
6) Mayer in Gerold/Schmidt, 24. Aufl. 2019, § 35 RVG Rz. 2 m.w.N. Berners, 5. Aufl. 2016, § 1 StBVV Rz. 13 ff. m.w.N.
7) A.A. wohl FG Saarland v. 29.7.1994, 2 S 69/94, EFG 1995, 396. Danach hat der Kostenbeamte im Kostenfestsetzungsverfahren eine Vergleichsrechnung vorzunehmen und zu prüfen, was für den Mandanten günstiger ist.
8) BGH v. 9.12.2010, IX ZR 44/10, NJW 2011, 2301; zur Unterschriftsberechtigung in diesen Fällen → § 9 StBVV Rz. 169 und Feiter, KANZLEI intern 06_2017, 7.
9) Lahmann, DStR 2009, 2069, 2074 unter Hinweis auf OLG Düsseldorf v. 30.10.2007, I-23 U 199/06, AnwBl 2008, 72.

insoweit die Bedeutung einer Taxe i.S.d. §§ 612 Abs. 2, 632 Abs. 2 BGB zu. Nur in besonders gelagerten Einzelfällen dürfte eine Abrechnung nach RVG möglich sein, z.B. wenn innerhalb einer solchen Sozietät der Rechtsanwalt den Auftrag entgegennimmt und auch bearbeitet und den Auftraggeber darauf hinweist, dass die Abrechnung nach RVG erfolgt.

94 Übernimmt der StB eine untypische Tätigkeit, kann es nahe liegen, dass dem StB ein Einzelmandat erteilt und nicht die Sozietät beauftragt wurde.[1] Diese Grundsätze gelten auch, wenn ein StB seinen Beruf im Rahmen einer einfachen[2] **PartG** ausübt. Durch das am 1.7.2000 in Kraft getretene 7. StBÄndG[3] hat der Gesetzgeber klargestellt, dass auch (einfache) PartG zur geschäftsmäßigen Hilfeleistung in Steuersachen befugt sind.[4] Er hat allerdings versäumt, die Vorschrift des § 1 StBVV um die PartG zu erweitern. Das Inkrafttreten des RVG[5] hat der Gesetzgeber zum Anlass genommen, diese Klarstellung für Rechtsanwälte vorzunehmen.[6] Dies zeigt, dass die PartG an die StBVV gebunden und in ihrer Abrechnungsweise nicht völlig frei ist.[7] Wird die PartG steuerberatend tätig, ist der StBVV zumindest die Bedeutung einer Taxe i.S.d. §§ 612 Abs. 2, 632 Abs. 2 BGB beizumessen mit der Folge, dass zwar von Gesetzes wegen keine Bindung an die StBVV besteht, diese aber bis zu einer Klarstellung durch den Verordnungsgeber gleichwohl zu beachten ist. Ist die PartG Partei des Steuerberatungsvertrags mit dem Mandanten, so steht die Honorarforderung nicht den einzelnen Partnern zu, sondern der PartG.[8] Erhebt nur einer der Partner Klage auf Zahlung der Vergütung, wird dadurch die Verjährung nicht gehemmt, da er nicht Inhaber der Forderung ist.[9]

95 Dem StB steht auch dann ein Vergütungsanspruch nach der StBVV zu, wenn er sich zur Erledigung des Auftrags seiner **Mitarbeiter** bedient. Zwar hat gem. § 613 BGB der Dienstverpflichtete die Dienste im Zweifel persönlich zu leisten. Soweit der Einsatz von Mitarbeitern allerdings verkehrsüblich ist, steht dem StB unbestritten seine volle Vergütung zu.[10] Dies gilt insbesondere für Arbeiten, die im Innenverhältnis von nicht berufsangehörigen Mitarbeitern erledigt werden.[11] Ein persönlicher Kontakt zwischen StB und Mandant ist für das Entstehen des Vergütungsanspruchs ebenfalls nicht erforderlich.[12] Tritt der nicht berufsangehörige Mitarbeiter auch nach außen[13] auf, richtet sich die Berufsüblichkeit nach der Qualifikation des Mitarbeiters und der effektiv von ihm ausgeübten Tätigkeit. Handelt es sich um eine schwierige steuerrechtliche oder steuerstrafrechtliche Beratung, für die nur ein Berufsangehöriger die erforderliche Vorbildung mitbringt, und wird gleichwohl ein nicht entsprechend qualifizierter Angestellter eingesetzt, entsteht kein vertraglicher Honoraranspruch, da der Berater seine Vertragspflichten dadurch nicht erfüllt.[14] Ein Honoraranspruch des StB kann sich in einem solchen Fall allenfalls aus Gesetz[15] ergeben. Tritt ein

1) BGH v. 5.7.2007, IX ZR 257/06, GI aktuell 2010, 46, zum Anwaltsrecht.
2) D.h. einer nicht als Steuerberatungsgesellschaft anerkannten PartG.
3) Gesetz zur Änderung von Vorschriften über die Tätigkeit der Steuerberater v. 24.6.2000, BGBl. I 2000, 874.
4) §§ 3 Nr. 2, 56 Abs. 2 StBerG.
5) BGBl. I 2004, 718.
6) § 1 Abs. 1 Satz 2 RVG.
7) So aber Gemmer, KP 2000, 113 f.
8) Zur Unterschriftsberechtigung in diesen Fällen → § 9 StBVV Rz. 169 und Feiter, KANZLEI intern 06_2017, 7.
9) OLG Düsseldorf v. 15.12.2011, I-24 U 99/11, MDR 2012, 436, zum Anwaltsrecht.
10) OLG Koblenz v. 4.5.2015, 10 U 1352/14.
11) Z.B. die Vorbereitung eines Jahresabschlusses oder einer Steuererklärung oder die monatliche Finanz- oder Lohnbuchführung.
12) AG Osnabrück v. 31.1.2013, 49 C 26/12 (32).
13) Also gegenüber Mandanten oder sonstigen Dritten, Behörden oder Gerichten.
14) LG Bochum v. 5.7.1985, 4 O 514/82, GI 1986, 139.
15) Geschäftsführung ohne Auftrag, §§ 677 ff. BGB, ungerechtfertigte Bereicherung, §§ 812 ff. BGB.

nicht berufsangehöriger Mitarbeiter nach außen mehr oder weniger selbständig in Erscheinung[1] empfiehlt es sich, mit dem Auftraggeber eine **Vereinbarung** über die Vergütung für den Einsatz des Mitarbeiters nach § 4 StBVV zu treffen. Zur Frage, ob die **Höhe der gesetzlichen Vergütung** von der Qualifikation des Mitarbeiters beeinflusst wird → § 13 StBVV Rz. 256.

III. Selbständig ausgeübte Berufstätigkeit

Nur die **„selbständig ausgeübte Berufstätigkeit"** der StB, StBv und Steuerberatungsgesellschaften wird von der StBVV erfasst. Gespräche über die Anbahnung eines Mandats stellen noch keine Berufstätigkeit in diesem Sinne dar und sind deshalb auch nicht berechnungsfähig.[2] **96**

Die selbständige Berufstätigkeit ist von der nur unselbständig ausgeübten Berufstätigkeit abzugrenzen. Die StBVV findet deshalb keine Anwendung auf **angestellte StB** nach § 58 StBerG und auf StB, die als „freie Mitarbeiter" für andere StB tätig sind.[3] **97**

C. Sachlicher Geltungsbereich (Abs. 1 Satz 1)

Der sachliche Anwendungsbereich der StBVV ist auf die Tätigkeiten nach § 33 StBerG beschränkt. Für vereinbare Tätigkeiten nach § 57 Abs. 3 StBerG gilt die StBVV nicht unmittelbar. Dies gilt auch für eine im Einzelfall rechtlich zulässige rechtsberatende Tätigkeit.[4] Die Vergütung in gerichtlichen und anderen Verfahren richtet sich seit dem 1.7.2004 nach dem RVG.[5] Gleiches gilt in den Fällen der §§ 21 Abs.2, 40, 44 StBVV, die ebenfalls auf die Vorschriften des RVG verweisen. **98**

D. Räumlicher Geltungsbereich (Abs. 1 Satz 1)

Zum räumlichen Geltungsbereich der StBVV fand sich bis zum Inkrafttreten der Dritten Verordnung zur Änderung steuerlicher Verordnungen[6] am 23.7.2016 keine ausdrückliche Regelung. Deshalb war fraglich, ob sie auch dann beachtet werden musste, wenn der StB im Ausland, z.B. über eine weitere Beratungsstelle tätig wird. § 21 BOStB regelt, dass das StBerG und die BOStB auch bei grenzüberschreitenden Tätigkeiten **grundsätzlich** zu beachten sind. Ein ausdrücklicher Hinweis, dass dies auch für die StBVV gilt, findet sich dort nicht. Gleichwohl konnte die Verbindlichkeit der StBVV im Ausland aus § 64 Abs. 1 Satz 1 StBerG abgeleitet werden, der eine Bindung an die Gebührenordnung vorsieht und der von § 21 Abs. 1 BOStB erfasst wird. Allerdings war schon in der Vergangenheit kein sachlicher Grund ersichtlich, deutsche StB im Ausland zu reglementieren, insbesondere dann nicht, wenn es in dem betreffenden Staat keine Gebührenordnung gibt und die ausländischen Berater, mit denen der StB konkurriert, hinsichtlich der Abrechnung frei sind. Da § 21 Abs. 1 BOStB vorsieht, dass das StBerG und die BOStB bei grenzüberschreitender Tätigkeit nur „grundsätzlich" zu beachten sind, und der StB bei seiner Tätigkeit im Ausland konkurrenzfähig sein muss, ließ sich schon immer gut vertreten, dass die StBVV in diesen Fällen nicht zu beachten ist. Durch die Dritte Verordnung **99**

1) Z.B. durch die Teilnahme an einer Betriebsprüfung, die Besprechung mit dem Finanzamt oder durch eine Geschäftsreise.
2) Winkler in Eckert, 6. Aufl. 2017, § 1 StBVV Rz. 17 ff.
3) Winkler in Eckert, 6. Aufl. 2017, § 1 StBVV Rz. 24; 25; Goez in Kuhls u.a., § 64 StBerG Rz. 9; a.A. für „echte freie Mitarbeit" Eggesiecker, 2. Aufl. 1998, § 1 STEUGO Rz. 1.430.
4) Feiter, NWB Fach 30, 1213, 1217 (noch mit Blick auf das RBerG), Beispiel für eine erlaubte Rechtsdienstleistung → § 40 StBVV a.F. Rz. 649 a.E.
5) → § 45 StBVV Rz. 701.
6) BGBl. I 2016, 1722 = BStBl I 2016, 725.

zur Änderung steuerlicher Verordnungen[1] wurde dies mit Wirkung zum 23.7.2016 ausdrücklich klargestellt.

Hintergrund dieser Klarstellung war das von der Europäischen Kommission am 18.6.2015 gegen die Bundesrepublik Deutschland eingeleitete Vertragsverletzungsverfahren auf Grund der „verbindlichen Mindestpreise" in der StBVV.[2] Der Anwendungsbereich der StBVV wurde auf Steuerberater mit Sitz im Inland und auf im Inland ausgeübte Tätigkeiten – nach dem Vorbild des § 1 HOAI – beschränkt, um den Bedenken im Hinblick auf die Dienstleistungsfreiheit[3] Rechnung zu tragen. Dadurch wurde zum einen klargestellt, dass die StBVV nicht (mehr) gilt, wenn der StB seinen Sitz im Ausland hat oder wenn er seine Berufstätigkeit (unabhängig von seinem Sitz) im Ausland ausübt. Zum anderen wurde klargestellt, dass ausländische Dienstleister ebenfalls nicht an die StBVV gebunden sind.

E. Subsidiarität der StBVV (Abs. 1 Satz 2)

100 Die Regelung wurde – zur Abwendung des von der Europäischen Kommission eingeleiteten Vertragsverletzungsverfahrens[4] durch die Dritte Verordnung zur Änderung steuerlicher Verordnungen[5] mit Wirkung zum 23.7.2016 eingefügt. Sie bestimmt, dass der StB mit seinen Mandanten eine von den Bestimmungen der StBVV abweichende Vergütung vereinbaren kann. Die StBVV findet hinsichtlich der Höhe der Vergütung deshalb nur Anwendung, wenn nichts anderes vereinbart ist. In der Begründung des Verordnungsgebers heißt es dazu, dass die Vereinbarung einer höheren als der gesetzlichen Vergütung bereits nach geltendem Recht möglich ist.[6] Nach dem neuen § 4 Abs. 3 und 4 StBVV sei künftig auch unter den dort genannten Voraussetzungen die Vereinbarung einer niedrigeren als der gesetzlichen Vergütung zulässig.[7] Tatsächlich handelt es sich lediglich um eine Klarstellung, da die Vereinbarung einer niedrigeren als der gesetzlichen Vergütung auch ohne ausdrückliche Regelung in der StBVV schon immer zulässig war.[8]

1) BGBl. I 2016, 1722 = BStBl I 2016, 725.
2) Siehe Pressemitteilung der Europäischen Kommission vom 18.6.2015.
3) Art. 16 DLR.
4) → Rz. 99.
5) BGBl. I 2016, 1722 = BStBl I 2016, 725.
6) § 4 Abs. 1 Satz 2 StBVV.
7) BR-Drucks. 201/16 v. 20.4.2016, 21.
8) → § 64 StBerG Rz. 901 ff.

§ 2
Sinngemäße Anwendung der Verordnung

Ist in dieser Verordnung über die Gebühren für eine Berufstätigkeit des Steuerberaters nichts bestimmt, so sind die Gebühren in sinngemäßer Anwendung der Vorschriften dieser Verordnung zu bemessen.

Inhalt

Schrifttum

Beyme, Praktische Hinweise und gebührenrechtliche Fragen im Zusammenhang mit dem MOSS-Verfahren, Stbg 2017, 259; **Beyme,** Abrechnung der vierteljährlichen Erklärungen nach § 18h Abs. 3 UStG, KANZLEI intern 07_2017, 2; **Beyme,** Abrechnung von Umsatzsteuer-Voranmeldungen in der EU, KANZLEI intern 08_2017, 6.

A. Inhalt und Bedeutung

Die Vorschrift entspricht dem bis zum 30.6.2004 geltenden § 2 BRAGO. Über § 2 StBVV soll erreicht werden, dass Lücken innerhalb der StBVV, die der Verordnungsgeber nicht bemerkt hat oder die sich nachträglich zeigen[1] ausgefüllt werden. 101

B. Anwendungsbereich

Die Vorschrift gilt nur für **Vorbehaltsaufgaben** des StB nach § 33 StBerG,[2] für **vereinbare Tätigkeiten** nach § 57 Abs. 3 StBerG sind die Vorschriften des BGB über die „übliche Vergütung" einschlägig, §§ 612 Abs. 2, 632 Abs. 2 BGB.[3] 102

Es muss eine **Lücke** in der Gebührenregelung der StBVV vorliegen, z.B. weil der Verordnungsgeber Änderungen in den Steuergesetzen gebührenrechtlich in der StBVV noch nicht nachvollzogen hat. Eine solche Lücke besteht, wenn der StB eine auf einen bestimmten Gebührentatbestand nicht passende, wohl aber der darin genannten Tätigkeit gleichgeartete Tätigkeit entwickelt, die jedoch aus Rechtsgründen die Begriffsmerkmale des gesetzlichen Gebührentatbestandes nicht erfüllt. 103

Beispiel:

Für die Abrechnung der vierteljährlichen Erklärungen im Mini-One-Stop-Shop-Verfahren (MOSS-Verfahren) bietet sich eine sinngemäße Anwendung des § 24 Abs. 1 Nr. 8 StBVV i.V.m. § 2 StBVV an. Im MOSS-Verfahren ist keine Jahreserklärung vorgesehen, die Steuererklärungen nach § 18h Abs. 3 UStG haben deshalb die Wirkung einer Umsatzsteuerjahreserklärung. Es handelt sich nicht um Steueranmeldungen, weil § 18h Abs. 6 UStG nicht auf die §§ 150 Abs. 1, 168 AO verweist. Deshalb kommt eine sinngemäße Anwendung des § 24 Abs. 1 Nr. 7 StBVV nicht in Betracht.[4]

Allerdings darf die **Entscheidung des Verordnungsgebers**, bestimmte Tätigkeiten gebührenmäßig nicht zu berücksichtigen, durch die Heranziehung des § 2 StBVV nicht umgangen werden. So besteht für Tätigkeiten eines inländischen StB im Ausland seit dem 23.7.2016 keine Lücke mehr, da der Verordnungsgeber den räumli-

1) Z.B. durch neue oder geänderte Gesetze, Verordnungen und Richtlinien oder sich wandelnder Rechtsprechung.
2) § 1 StBVV.
3) Winkler in Eckert, StBVV, 6. Aufl. 2017, § 1 StBVV Rz. 5; (s. Beispiele → Rz. 103).
4) Beyme, Stbg 2017, 259, 262; KANZLEI intern 7_2017, 2.

chen Anwendungsbereich der StBVV in § 1 Abs. 1 Satz 1 StBVV auf Tätigkeiten im Inland beschränkt hat.

Beispiel:

Ein inländischer StB erstellt für ein Reiseunternehmen, das u.a. Busreisen nach Dänemark veranstaltet, Umsatzsteuervoranmeldungen für Dänemark (Reporting of VAT bei der SKAT).

Eine sinngemäße Anwendung der Regelung über Umsatzsteuer-Voranmeldungen[1] über § 2 StBVV kommt vor dem Hintergrund der Entscheidung des Verordnungsgebers, den räumlichen Anwendungsbereich der StBVV auf Tätigkeiten im Inland einzuschränken, mangels Regelungslücke nicht in Betracht.[2] Hier bleibt nur die Abrechnung der üblichen Vergütung nach BGB, wobei hinsichtlich der Üblichkeit der Vergütung eine Orientierung an § 24 Abs. 1 Nr. 7 StBVV möglich ist.[3]

Beispiel:

Reporting of VAT bei der SKAT

§ 612 Abs. 2 BGB[4]	3,5/10	__,__ €

Es ist auch nicht Aufgabe des § 2 StBVV, aus Billigkeitsgründen eine nach den gesetzlichen Bestimmungen bemessene, aber als zu gering empfundene Vergütung auf den angemessenen Betrag zu erhöhen. Hier hilft nur eine Vereinbarung über die Vergütung.

104 § 2 StBVV bezieht sich auf gebührenrechtlich selbständige **Angelegenheiten,**[5] die keine Berücksichtigung in der Verordnung gefunden haben, nicht aber auf Einzeltätigkeiten innerhalb einer gebührenrechtlich selbständigen Angelegenheit, die bereits mit der für diese Angelegenheit vorgesehenen Gebühr abgegolten werden.

105 Der Wortlaut der Vorschrift stellt klar, dass § 2 StBVV nur auf Gebühren, **nicht auf Auslagenersatz anwendbar** ist. Soweit die Vorschriften über den Auslagenersatz innerhalb der StBVV nicht abschließend sind,[6] ist auf die Vorschriften des materiellen Rechts[7] auszuweichen.[8]

106 § 2 StBVV ordnet die **sinngemäße Anwendung** der einschlägigen Gebührentatbestände an, d.h. der Charakter der sinngemäß anzuwendenden Gebührenvorschrift darf nicht geändert werden. Dies gilt für die Gebührenart,[9] den Gegenstandswert bei Wertgebühren, den Gebührenrahmen und die Anwendung der Gebührentabelle.

Beispiel:

Für die schriftliche Anzeige nach § 30 ErbStG oder die Anmeldung einer gewerblichen oder freiberuflichen Tätigkeit nach § 138 AO gibt es keinen einschlägigen Gebührentatbestand in der StBVV. Für diese Fälle kann deshalb § 24 Abs. 4 Nr. 5 EStG i.V.m. § 2 StBVV herangezogen werden.

107 Bis zum 20.12.2012 kannte die StBGebV nur einen Auffangtatbestand für sonstige Anträge, die nicht in Steuererklärungen gestellt werden.[10] Durch die VO zum Erlass

1) § 24 Abs. 1 Nr. 7 StBVV.
2) Beyme, KANZLEI intern 08_2017, 6; a.A. Winkler in Eckert, StBVV, 6. Aufl. 2017, § 1 StBVV Rz. 5.
3) Beyme, KANZLEI intern 08_2017, 7.
4) Unter Berücksichtigung der Mittelgebühr von § 24 Abs. 1 Nr. 7 StBVV.
5) → § 10 StBVV Rz. 204.
6) §§ 16 ff. StBVV.
7) § 670 BGB.
8) → § 3 StBVV Rz. 111.
9) Wertgebühr, Betragsrahmengebühr, Zeitgebühr.
10) § 23 Satz 1 Nr. 10 StBGebV.

und zur Änderung steuerlicher Verordnungen[1] sind drei neue Auffangtatbestände hinzugekommen, die den Anwendungsbereich des § 2 StBVV einschränken und damit eine strukturelle Schwachstelle der StBGebV schließen. Es handelt sich um einen Tatbestand für alle Feststellungserklärungen des Bewertungsgesetzes und des Erbschaft- und Schenkungsteuergesetzes,[2] um einen Tatbestand für die Erstellung sonstiger Steuererklärungen[3] und einen Tatbestand für sonstige Anträge und Meldungen nach dem EStG.[4]

1) VO zum Erlass und zur Änderung steuerlicher Verordnungen v. 11.12.2012, BGBl. I 2012, 2637 = BStBl I 2013, 2.
2) § 24 Abs. 1 Nr. 11 StBVV.
3) § 24 Abs. 1 Nr. 26 StBVV.
4) § 24 Abs. 4 Nr. 5 StBVV.

§ 3
Auslagen

(1) Mit den Gebühren werden auch die allgemeinen Geschäftskosten entgolten.

(2) Der Anspruch auf Zahlung der auf die Vergütung entfallenden Umsatzsteuer und auf Ersatz für Post- und Telekommunikationsdienstleistungen zu zahlende Entgelte, der Dokumentenpauschale und der Reisekosten bestimmt sich nach den §§ 15 bis 20.

Inhalt

Schrifttum

Feiter, Vergütungsrecht: Gesonderte Abrechnung von EDV-Kosten, DStR 2017, 1182.

A. Inhalt und Bedeutung

108 § 3 Abs. 1 StBVV a.F. regelte die Mindestgebühr. Durch das KostREuroUG[1] wurde die Mindestgebühr des § 3 Abs. 1 StBGebV von 20 DM auf 10 € festgelegt. Die frühere Rundungsvorschrift in § 3 Abs. 1 Satz 2 StBGebV, wonach Pfennigbeträge auf 10 Deutsche Pfennig aufzurunden sind, wurde durch das KostREuroUG[2] gestrichen. Anpassungen an die jeweilige Mindestgebühr hatte es zuvor durch die 3. ÄndVO[3] auf 20 DM und durch die 1. ÄndVO[4] auf 15 DM gegeben. Der Mindestbetrag bei Inkrafttreten der StBGebV[5] am 1.4.1982 betrug 12 DM. Nachdem die Europäische Kommission am 18.6.2015 gegen die Bundesrepublik Deutschland ein Vertragsverletzungsverfahren auf Grund „verbindlicher Mindestpreise" in der StBVV eingeleitet hatte,[6] wurde den Bedenken der Kommission u.a. durch eine ersatzlose Streichung des § 3 Abs. 1 StBVV a.F. (Mindestgebühr) durch die Dritte Verordnung zur Änderung steuerlicher Verordnungen[7] Rechnung getragen.

109 Die praktische Bedeutung des § 3 Abs. 1 StBVV a.F. war gering. Sie beschränkt sich auf **Wert- und Betragsrahmengebühren,** da die Zeitgebühr gem. § 13 Satz 2 StBVV mindestens 30 € beträgt und schon von daher über dem in § 3 Abs. 1 StBVV a.F. vorgesehenen Betrag liegt. Bei Abrechnung einer Zeitgebühr im Minutentakt (z.B. im Rahmen einer Telefon-Hotline) wurde bei kurzen Gesprächen u.U. die Mindestgebühr von 10 € nicht erreicht. Darin lag jedoch kein Verstoß gegen die frühere Regelung oder das Verbot der berufswidrigen Gebührenunterschreitung, da § 3 Abs. 1 StBVV a.F. nur bei Anwendung der gesetzlichen Gebühren, nicht aber im Fall der Berechnung einer **vereinbarten** Vergütung zu beachten ist.[8]

110 Eine **Ausnahme** galt für die in **§ 34 StBVV** vorgesehenen Betragsrahmengebühren. Würde sich der Mindestbetrag des § 3 Abs. 1 StBVV a.F. auf jede einzelne Betrags-

1) KostREuroUG v. 27.4.2001, BGBl. I 2001, 751.
2) KostREuroUG v. 27.4.2001, BGBl. I 2001, 751, 760.
3) 3. ÄndVO v. 20.8.1998, BGBl. I 1998, 2369.
4) 1. ÄndVO v. 20.6.1988, BGBl. I 1998, 841 = BStBl I 1988, 217.
5) StBGebV v. 17.12.1981, BGBl. I 1981, 1442 = BStBl I 1982, 269.
6) S. Pressemitteilung der Europäischen Kommission v. 18.6.2015.
7) BGBl. I 2016, 1722 = BStBl I 2016, 725.
8) BGH v. 30.9.2004, I ZR 89/02, NJW 2005, 1268; → § 21 StBVV Rz. 351.

rahmengebühr beziehen, wären die in § 34 Abs. 3 und 4 StBVV vorgesehenen Rahmen gegenstandslos. Winkler[1] schlug deshalb vor, jeweils die mit der Summe der Arbeitnehmer eines Abrechnungszeitraumes vervielfachte Rahmengebühr als die maßgebliche „selbständige Gebühr" anzusehen. Lag diese unter der Mindestgebühr des § 3 Abs. 1 StBVV a.F., gelangte die Mindestgebühr von 10 € in Ansatz.

Beispiel:

Die Führung von Lohnkonten und die Anfertigung der Lohnabrechnung nach vom Auftraggeber erstellten Buchungsunterlagen[2] für 2 Arbeitnehmer bedingt einen Rahmenbetrag von 4,50 € je Arbeitnehmer. Die „selbständige Gebühr" beträgt damit 9 € und war auf 10 € anzuheben. Diese Anhebung erfolgt nach neuem Recht nicht mehr.

B. Abgeltung allgemeiner Geschäftskosten (Abs. 1)

Die amtliche Begründung zu § 3 StBGebV führt hierzu aus, dass zu den durch die Gebühren abgegoltenen **allgemeinen Geschäftskosten** insbesondere Personalkosten[3], Raumkosten[4], Kosten für die Beschaffung der Büroausstattung[5] sowie die zur Ausführung des Auftrages notwendigen Schreibaufwendungen[6] gehören. Damit sind die Aufwendungen gemeint, die für den allgemeinen Bürobetrieb, unabhängig von einem bestimmten Einzelauftrag, entstehen. **111**

Beispiele für allgemeine Geschäftskosten:

Kosten und Lizenzgebühren, die das Rechenzentrum dem StB für beraterbezogene Leistungen, wie Gebühren für IT-Service, Sicherheitspauschale, Branchenauswertungen, E-Steuern, Mehrwert-Angebote, asp, E-Mail-Verschlüsselung, etc. in Rechnung stellt.

Aufwendungen und Gebühren, die für die Bearbeitung eines konkreten Mandats anfallen und die in den (monatlichen) Abrechnungen des Rechenzentrums bestimmten Mandanten-Nummern zugeordnet sind, sind hingegen keine allgemeinen, sondern **besondere Geschäftskosten**[7] und fallen nicht unter § 3 Abs. 1 StBVV.[8]

Beispiele für besondere Geschäftskosten:

Gebühren für Belegverwaltung online, Abrechnungsgrundpreise und Druckkosten im Bereich Lohn und Gehalt, Fibu- und OPOS-Auswertungen, BWA, Übermittlungsgebühren für elektronische Übermittlungen im Bereich Buchführung[9], Lohn, Steuererklärungen, Steuerbescheide[10], Jahresabschlüsse[11], Abrufgebühren für die VaSt-Daten und Steuerkonto online etc.

Soweit für besondere Geschäftskosten in den §§ 15- 20 StBVV keine Sondervorschriften für eine Weiterberechnung bestehen, können diese nach §§ 675, 670 BGB 1:1 weiterberechnet werden.[12] Nach diesen Vorschriften ist der Mandant als Auftraggeber zum Ersatz solcher Aufwendungen verpflichtet, die der Beauftragte (der StB) für erforderlich halten durfte. Dazu gehören auch die im einzelnen Mandat anfallenden EDV-Kosten. Diese sind insbesondere von den Auslagen nach § 16 StBVV zu trennen. § 16 StBVV betrifft v.a. die Kosten, die dem StB durch seinen

1) Winkler in Eckert, 5. Aufl. 2013, § 3 StBVV Rz. 3.
2) § 34 Abs. 3 StBVV.
3) Z.B. Gehälter, Sozialleistungen.
4) Miete, Licht, Heizung.
5) Mobiliar, Hardware, Software.
6) Z.B. Büromaterial.
7) Müller-Rabe in Gerold/Schmidt, RVG, 22. Aufl. 2015, VV Vorbemerkung 7 Rz. 9; Hartmann, Kostengesetze, 47. Aufl. 2017, VV Vorbemerkung 7 Rz. 4.
8) Feiter, DStR 2017, 1182.
9) Z.B. ZM, USt-VA.
10) Rückübermittlung.
11) Z.B. E-Bilanz, EHUG.
12) Ausführlich Feiter, DStR 2017, 1182 ff.

Telekommunikationsdienstleister in Rechnung gestellt werden. Davon zu unterscheiden sind die Kosten, die dem StB von seinem **Rechenzentrum** in Rechnung gestellt werden.[1]

Praxistipp:

(Nur) aus Klarstellungs- bzw. Transparenzgründen ist zu empfehlen, die 1:1-Weiterberechnung der EDV-Kosten vorab zu dokumentieren, z.B. im Rahmen einer Vollmacht[2] oder im schriftlichen Steuerberatungsvertrag.

Aus Vereinfachungsgründen ist auch die Vereinbarung einer jährlichen **Pauschale** denkbar, die den tatsächlichen EDV-Kosten im konkreten Mandat in etwa entspricht.

Für die Weiterberechnung der o.g. EDV-Kosten besteht wegen der in den letzten Jahren gestiegenen EDV-Kosten ein praktisches und wirtschaftliches Bedürfnis. Die bislang „vernachlässigten" §§ 675, 670 BGB, die zumeist nur im Zusammenhang mit den wenig relevanten Kosten für die Beschaffung von Handelsregisterauszügen, Grundbuchauszügen und Urkunden, Übersetzungskosten, Kosten für die Einholung von Auskünften, für Vorschüsse[3], Privatgutachten, Gebühren für die Mikroverfilmung von Bankauszügen, Boten- und Expressgutgebühren oder Datenbank-Recherchekosten im Einzelfall außerhalb einer bestehenden Lizenz Erwähnung fanden, erlangen dadurch eine neue, praxisrelevante Bedeutung.

Fraglich ist, ob abweichend von § 3 Abs. 1 StBVV im Rahmen einer **Vergütungsvereinbarung** nach § 4 Abs. 1 StBVV vereinbart werden kann, dass der Mandant einen bestimmten Prozentsatz der Netto-Rechnungshonorarsumme oder eine bestimmte Pauschale für **allgemeine Geschäftskosten** zahlt. Rechtsprechung hierzu ist nicht bekannt. Bezüglich der rechtlichen Zulässigkeit und der Rechtsfolgen einer solchen Klausel wird auf die Ausführungen zur Vereinbarung eines höheren Auslagenersatzes verwiesen.[4]

C. Auslagenersatz und Umsatzsteuer (Abs. 2)

112 Die amtliche Begründung zu § 3 Abs. 3 StBGebV weist darauf hin, dass sich der Anspruch auf Umsatzsteuer und Auslagenersatz nach den §§ 15–20 StBGebV bestimmt. Rechtsgrundlage für den Anspruch auf Auslagenersatz sind die Vorschriften des BGB. Die §§ 16–20 StBVV sehen lediglich gewisse Modifizierungen in Bezug auf die Post- und Fernmeldegebühren, Dokumentenpauschalen und Reisekosten vor. Die Verordnungsbegründung verdeutlicht damit nochmals, dass es sich bei den §§ 16–18 StBVV nicht um abschließende Regelungen zum Auslagenersatz handelt und der StB sonstige Aufwendungen unter den o.g. Umständen nach §§ 675, 670 BGB gegenüber seinem Auftraggeber abrechnen kann (so auch die Vorbemerkung 7 Abs. 1 Satz 2 VV RVG).

1) → § 16 StBVV Rz. 298 und 304.
2) → § 4 StBVV Rz. 129; nicht im amtlichen Muster für Vollmachten im Besteuerungsverfahren.
3) Z.B. auf Gerichtskosten.
4) → § 16 StBVV Rz. 302.

§ 4
Vereinbarung der Vergütung

(1) Aus einer Vereinbarung kann der Steuerberater höhere als die gesetzliche Vergütung nur fordern, wenn die Erklärung des Auftraggebers in Textform abgegeben ist. Ist das Schriftstück nicht vom Auftraggeber verfasst, muss

1. das Schriftstück als Vergütungsvereinbarung oder in vergleichbarer Weise bezeichnet,

2. das Schriftstück von anderen Vereinbarungen mit Ausnahme der Auftragserteilung deutlich abgesetzt sein und darf nicht in der Vollmacht enthalten sein.

Art und Umfang des Auftrags nach Satz 2 sind zu bezeichnen. Hat der Auftraggeber freiwillig und ohne Vorbehalt geleistet, kann er das Geleistete nicht deshalb zurückfordern, weil seine Erklärung den Vorschriften der Sätze 1 bis 3 nicht entspricht.

(2) Ist eine vereinbarte Vergütung unter Berücksichtigung aller Umstände unangemessen hoch, so kann sie im Rechtsstreit auf den angemessenen Betrag bis zur Höhe der sich aus dieser Verordnung ergebenden Vergütung herabgesetzt werden.

(3) In außergerichtlichen Angelegenheiten kann eine niedrigere als die gesetzliche Vergütung unter den Formerfordernissen des Absatzes 1 vereinbart werden. Sie muss in einem angemessenen Verhältnis zu der Leistung, der Verantwortung und dem Haftungsrisiko des Steuerberaters stehen.

(4) Der Steuerberater hat den Auftraggeber in Textform darauf hinzuweisen, dass eine höhere oder niedrigere als die gesetzliche Vergütung in Textform vereinbart werden kann.

Inhalt

Schrifttum

Arconada, Vergütungsvereinbarung: Hat der Mandant die Wahl, was er zahlen möchte? Honorargestaltung für Steuerberater Mai 2020, 4; **Berners,** Aktuelles zur Steuerberatervergütungsverordnung, NWB 40/2015, 2960; **Berners,** Formerfordernisse der Vergütungsvereinbarung gelten auch für den Schuldbeitritt, NWB 48/2016, 3618; **Beyer-Petz,** Änderungen der StBVV, DStR 2016, 1885; **Christ,** Neue Informationspflichten der geänderten StBVV, Honorargestaltung für Steuerberater, Sep. 2016, 1; **Feiter,** Vergütungsvereinbarung: Zeittaktklausel und höhere Auslagenpauschale, KANZLEI intern 1_2018, 2; **Feiter,** Vereinbarung einer „Mindesthonorarklausel", KANZLEI intern, 11_2016, 2; **Feiter,** Vergütungsvereinbarung für „alle künftigen Aufträge" wirksam?, KANZLEI intern 07/2015, 2; **Feiter,** Anforderungen an eine wirksame Vergütungsvereinbarung, KP 2014, 149; **Fölsch,** Aktuelle Entwicklungen zur anwaltlichen Vergütungsvereinbarung, MDR 2016, 133; **Gemmer,** Wie konkret muß eine Gebühr innerhalb einer Honorarvereinbarung nach § 4 StBGebV sein?, KP 2001, 60; **Gilgan,** Vorsicht bei der Herabsetzung von Vorschüssen, KP 2018, 130; **Gilgan,** Die Reichweite der Informationspflicht nach § 4 Abs. 4 StBVV, KP 2016, 183; **Goez,** Die gültige Honorarvereinbarung außerhalb von § 4 oder § 14 StBVV, KP 2017, 193; **Hartung/Schons/Enders,** Rechtsanwaltsvergütungsgesetz, München 2011; **Heinze,** Zur Wirksamkeit von Vereinbarungen über Anwaltsvergütungen, NJW 2004, 3670; **Janal,** Die Errichtung und der Zugang einer Erklärung in Textform gem. § 126b BGB, MDR 2006, 368; **Jung,** Vorvertragliche Informationspflichten des Rechtsanwalts, AnwBl 2015, 724; **Klaeren,** Formverstöße bei Vergütungsvereinbarungen, KANZLEI intern 06_2019, 3; **Klaeren,** Hinweispflicht auf höhere bzw. niedrigere Vergütung, KANZLEI intern 11/ 2016, 6; **Kunze,** Anwälte in eigener Sache – wo liegen die Grenzen der Honorarmaximierung?, AnwBl 2017, 1073; **Lahmann,** Gestaltung von Vergütungsvereinbarungen und Zweifelsfragen, DStR 2009, 2069; **Lotz,** Die Vergütung von Steuerberatern – Praktische Hinweise zur Gestaltung von Vergütungsvereinbarungen, DStR 2009, 1716; **Niebling,** AGB-Recht – Aktuelle Entwicklungen zu Einbeziehung, Inhaltskontrolle und Rechtsfolgen, MDR 2018, 633; **Niebling,** AGB-Recht - Aktuelle Entwicklungen zu Einbeziehung, Inhaltskontrolle und Rechtsfolgen, MDR 2017, 684; **Ring/Klinghöfer,** AGB-Recht in der anwaltlichen Praxis, 4. Aufl. 2017; **Römermann,** Vereinbarung einer Vergütung nach § 4 RVG, MDR 2004, 421; **Schaade,** Zu den Voraussetzungen der Wahrung des Textformerfordernisses betreffend eine anwaltliche Vergütungsvereinbarung, DStR 2015, 383; **Schneider,** Aktuelle Rechtsprechung zur Vergütungsvereinbarung, AnwBl Online 2019, 199; **Schneider,** Abrechnung fehlerhafter Vergütungsvereinbarung, NJW-Spezial 2017, 283; **Schneider,** Die Vergütungsvereinbarung des Rechtsanwalts – was Anwälte wissen sollten, AnwBl 2016, 178; **Schons,** Vergütungsvereinbarung: Wer, wann, wie, warum – wer es nicht macht, ist dumm?, AnBl Online 2020, 372; **Schons,** Wenn Du zum Anwalt gehst, nimm einen Anwalt mit!, AnwBl 2017, 280; **Wacker,** Vertragstreue trotz Gesetzesänderung? KANZLEI intern 9_2018, 2; **Weitze-Scholl/Jendrzok,** Vergütungsvereinbarungen rechtssicher gestalten, DStR 2017, 65; **Ueberfeldt,** Informationspflichten für Steuerberater im Überblick, DStR 2017, 900;. **Willerscheid,** Vergütungsvereinbarungen rechtssicher gestalten – Stolpersteine erkennen, Honorargestaltung für Steuerberater Juli 2020, 3.

A. Inhalt und Bedeutung

113 § 4 Abs. 1 StBVV statuiert zum Schutz des Auftraggebers[1] ein komplexes System formaler Anforderungen an die Vereinbarung einer höheren Vergütung. Die Formerfordernisse gelten auch für einen Schuldbeitritt.[2] Erklärt im Rahmen einer Vergütungsvereinbarung ein Dritter den Schuldbeitritt, so kann dies in der Vergütungsvereinbarung enthalten sein. Einer gesonderten Vereinbarung, die von der Vergütungsvereinbarung abgesetzt ist, bedarf es nicht. Die Vorschrift wurde mit Wirkung zum 1.1.2007 § 4 Abs. 1 RVG a.F. nachgebildet. § 4 Abs. 2 StBVV entspricht in Teilen § 4 Abs. 4 RVG a.F., jetzt § 3a Abs. 2 RVG. Bei der Vereinbarung einer höheren Vergütung im finanzgerichtlichen Klageverfahren oder im Strafverfahren gilt § 4 StBVV nicht. Hier ist über § 45 StBVV **§ 3a RVG** anwendbar.[3] Gleiches gilt in den Fällen, in denen die StBVV auf das RVG verweist (§§ 21 Abs. 2, 40, 44 StBVV).

---

1) BGH v. 3.12.2015, IX ZR 40/15, MDR 2016, 182, 183; Fölsch, MDR 2016, 133, 134 m.w.N.
2) BGH v. 12.5.2016, IX ZR 208/15; Berners, NWB 48/2016, 3618.
3) → Rz. 138.

Nachdem die Europäische Kommission am 18.6.2015 unter anderem gegen die Bundesrepublik Deutschland ein Vertragsverletzungsverfahren wegen der „verbindlichen Mindestpreise" in der StBVV eingeleitet hatte,[1] war neben einer Änderung des § 1 StBVV[2] und des § 3 StBVV[3] auch eine Änderung des § 4 Abs. 1 StBVV vorgesehen. Gegen die seinerzeitigen Überlegungen bestanden erhebliche Bedenken. Mit der Dritten Verordnung zur Änderung steuerlicher Verordnungen[4] wurde § 4 Abs. 1 StBVV mit Wirkung zum 23.7.2016 weitgehend den Regelungen in § 3a RVG und § 9a Abs. 3 Satz 2 StBerG angepasst. Beide Regelungen sehen für den Abschluss einer Vergütungsvereinbarung das weniger strenge Formerfordernis der Textform vor. Es ist deshalb nur konsequent, die dort vorgesehenen geringeren Formerfordernisse auch in § 4 Abs. 1 StBVV zu übernehmen.[5] § 4 Abs. 2 StBVV bleibt unverändert. In einem neuen Absatz 3 wird geregelt, dass der StB in außergerichtlichen Angelegenheiten auch eine niedrigere als die gesetzliche Vergütung vereinbaren kann, wenn diese in einem angemessenen Verhältnis zu Leistung, Verantwortung und Haftungsrisiko des StB steht. In einem neuen Absatz 4 sind besondere Informationspflichten des StB vorgesehen. Danach hat der StB den Auftraggeber in Textform darauf hinzuweisen, dass eine höhere oder niedrigere als die gesetzliche Vergütung in Textform vereinbart werden kann.

Der Geltungsbereich ist auf die **originären Berufstätigkeiten** nach § 33 StBerG beschränkt.[6] Für **vereinbare Tätigkeiten**[7] gilt § 4 StBVV nicht.[8]

§ 4 StBVV verlangt nicht, dass die Vergütung in Geld erfolgt. Theoretisch kann sich der StB Sachleistungen versprechen oder sich Forderungen oder Geschäftsanteile abtreten lassen.

Gegenstand einer Vergütungsvereinbarung kann auch eine Pauschale sein. Allerdings müssen dann die Formerfordernisse des § 14 StBVV beachtet werden, die allerdings nicht weiter gehen, als die des § 4 StBVV.[9] **114**

Praxistipp:

1. Da die Pauschalvergütung angemessen sein muss[10] und insoweit eine gerichtliche Kontrolle erfolgt,[11] empfiehlt es sich, auch bei Pauschalen eine Vergütungsvereinbarung zu treffen, die den Anforderungen des § 4 StBVV genügt. Eine gerichtliche Kontrolle der Angemessenheit entfällt dann.[12]
2. Da Pauschalvergütungsvereinbarungen üblicherweise für einen mehrjährigen Zeitraum geschlossen werden, sollte auch der Zeitpunkt, zu dem jeweils eine Überprüfung bzw. eine Anpassung der Vergütung erfolgen soll, Aufnahme in die Vereinbarung finden, Wird dies versäumt, kann der StB die Vergütung nicht einseitig anpassen.[13]
3. Eine Unterschrift ist nicht mehr erforderlich. Sie empfiehlt sich gleichwohl zu Beweiszwecken.

Zur Abgrenzung Pauschale und Vorschuss → § 33 StBVV Rz. 542.

---

1) Siehe Pressemitteilung der Europäischen Kommission vom 18.6.2015.
2) → § 1 StBVV Rz. 99.
3) → § 3 StBVV Rz. 108.
4) BGBl. I 2016, 1722 = BStBl I 2016, 725.
5) Vgl. hierzu Art. 9 der Dritten Verordnung zur Änderung steuerlicher Verordnungen, BR-Drucks. 201/16 v. 20.4.2016.
6) § 1 StBVV.
7) § 57 Abs. 3 StBerG.
8) OLG Celle v. 8.7.1998, 3 U 206/97, GI 2001, 129.
9) Kommentierung zu → § 14 StBVV Rz. 271 ff.
10) § 14 Abs. 3 StBVV.
11) → Rz. 130.
12) Feiter, Kanzlei intern 5/2013, 3.
13) LG Düsseldorf v. 17.3.2000, 15 O 804/95, → Rz. 135.

B. Vereinbarung einer höheren Vergütung (Abs. 1)

I. Höhere Vergütung

1. Fallkonstellationen

115 Nicht jede Vereinbarung einer von den gesetzlichen Gebühren abweichenden Vergütung bedarf der Form des § 4 Abs. 1 StBVV. Die Formvorschrift bezieht sich nur auf die Vereinbarung einer höheren als der gesetzlichen Vergütung.

Unproblematisch sind die Fälle, in denen die StBVV eine **Zeitgebühr** vorsieht und die vereinbarte Zeitgebühr die Höchstgebühr nach § 13 Satz 2 StBVV übersteigt. Hier müssen die Voraussetzungen des § 4 Abs. 1 StBVV erfüllt sein. Auch da, wo die StBVV einen **Betragsrahmen** vorsieht[1] und die vereinbarte Vergütung die gesetzlich vorgesehene Höchstgebühr übersteigt, sind die Voraussetzungen des § 4 Abs. 1 StBVV zu beachten. Bei **Wertgebühren** sind die Voraussetzungen des § 4 Abs. 1 StBVV jedenfalls dann zu beachten, wenn die gesetzliche Höchstgebühr überschritten wird.[2] Allerdings ist zu beachten, dass der Mandant erkennen muss, dass er eine höhere als die gesetzliche Vergütung vereinbart. Der StB darf nicht den Eindruck erwecken, eine die Höchstgebühr überschreitende Gebühr liege noch innerhalb des Gebührenrahmens der StBVV.[3] In einem solchen Fall läge ein Verstoß gegen das Transparenzgebot[4] vor, der zur Unwirksamkeit der Klausel führt.[5]

Eine Vergütungsvereinbarung kann grundsätzlich jederzeit geschlossen werden, d.h. vor Auftragserteilung, während des bestehenden Auftrags oder auch danach.

116 Zweifelhaft ist, ob die Vereinbarung einer höheren Gebühr auch schon dann vorliegt, wenn die vereinbarte Gebühr über der angemessenen gesetzlichen Gebühr, aber noch **innerhalb des Gebührenrahmens** liegt[6] oder ob die theoretisch mögliche höchste Gebühr nach der StBVV überschritten werden muss.[7]

Beispiel:

StB und Mandant haben im schriftlichen Steuerberatungsvertrag eine monatliche Buchführungsgebühr nach § 33 Abs. 1 StBVV i.H.v. 10/10 vereinbart. Angemessen wäre eine 7/10-Gebühr. Eine Vergütungsvereinbarung nach § 4 StBVV wurde nicht geschlossen.

Nach der erstgenannten Auffassung könnte der Mandant sich im Prozess auf die Unwirksamkeit der Vereinbarung berufen, da die Formvorschrift des § 4 Abs. 1 StBVV nicht eingehalten wurde. Nach der zuletzt genannten Auffassung wäre die Vereinbarung im Steuerberatungsvertrag wirksam. Die Frage der Angemessenheit würde im Prozess nicht mehr geprüft. Für diese Auffassung spricht zum einen der Schutzzweck der Vorschrift, der dann nicht zum Tragen kommt, wenn sich die ver-

1) Z.B. § 34 Abs. 2 StBVV.
2) Z.B. Vereinbarung einer 15/10-Gebühr für die Buchführung nach § 33 Abs. 1 StBVV.
3) OLG Frankfurt/M. v. 26.6.2009, 19 W 36/09, MDR 2010, 176, in einer Anwaltssache; → Rz. 130, Praxistipps → Rz. 118 und → Rz. 130.
4) §§ 305 Abs. 2 Nr. 2, 307 Abs. 1 Satz 2 BGB; zum Transparenzgebot siehe auch → Rz. 119 und Niebling, MDR 2017, 684, 686 ff.
5) § 306 BGB.
6) So die früher h.M.: OLG Köln v. 2.5.2003, 8 U 90/01; Eggesiecker, 2. Aufl. 1998, § 4 STEUGO Rz. 4.320; Berners, 5. Aufl. 2016, § 4 StBVV Rz. 11; Volkmann in Meyer/Goez/Schwamberger, 7. Aufl. 2013, § 4 StBVV Rz. 1; Winkler in Eckert, 5. Aufl. 2013, § 4 StBVV Rz. 2 und aktuell Klaeren, KANZLEI intern 06_2019, 3.
7) So BGH v. 7.5.2013, IX ZA 1/13, HFR 2013,1160; wohl auch OLG Frankfurt v. 5.10.2018, 8 U 203/17, GI aktuell 2019, 11; 14 unter ausdrücklicher Bezugnahme auf diese Kommentierung; OLG Düsseldorf v. 21.2.2017, I-23 U 151/15 (→ Rz. 117), besprochen von Goez, KP 2017,193; Willerscheid, Honorargestaltung für Steuerberater Juli 2020, 3, 4; Lahmann, DStR 2009, 2069 f.; Hartmann, 47. Aufl. 2017, § 3a RVG Rz. 10; Volkmann in Meyer/Goez/Schwamberger, 9. Aufl. 2019, § 4 StBVV Rz. 1 und Winkler in Eckert, 6. Aufl. 2017, § 4 StBVV Rz. 8, unter Aufgabe seiner noch in der Vorauflage vertretenen Auffassung.

einbarte Vergütung noch innerhalb des Gebührenrahmens bewegt. Auch der Wortlaut des § 4 Abs. 1 Satz 1 StBVV („aus dieser Verordnung") kann als Argument für die letztgenannte Auffassung herangezogen werden. Bestätigt wird diese Auffassung durch einen Blick ins Anwaltsrecht. Dort wird der Begriff der Vergütungsvereinbarung nur dann verwendet, wenn eine höhere oder niedrigere als die gesetzlich festgelegte Vergütung vereinbart werden soll.[1] Gesetzlich festgelegt sind bei Rahmengebühren aber nur die Unter- und Obersätze, so dass nur eine Unterschreitung des gesetzlich vorgesehenen Untersatzes bzw. Überschreitung des gesetzlich vorgesehenen Obersatzes eine Vergütungsvereinbarung erfordert. Hinzu kommt, dass die Gegenauffassung die Praxis vor unlösbare Probleme stellen und zu einer erheblichen Rechtsunsicherheit beitragen würde. So ist die Gebührenbemessung von zahlreichen Faktoren abhängig, die im Ermessen des StB liegen.[2]

Der Meinungsstreit und die daraus resultierende Unsicherheit für die Praxis, wann denn nun die formellen Anforderungen des § 4 Abs. 1 StBVV vorliegen müssen, sollte durch den Beschluss des BGH v. 7.5.2013[3] geklärt sein. Unter Bezugnahme auf eine ältere Entscheidung[4] stellt der BGH klar, dass § 4 StBVV nur bei einer **Obersatzabweichung** anwendbar ist. In dem o.g. Beispielsfall wäre die Vereinbarung der 10/10-Gebühr danach also wirksam. Auch das OLG Düsseldorf verneinte den Anwendungsbereich des § 4 StBVV im Falle der Vereinbarung einer 3/10-Gebühr für die Finanzbuchführung, weil keine höhere als die gesetzliche Vergütung verlangt werde[5] und sieht den Anwendungsbereich des § 4 StBVV ebenfalls wohl erst bei einer Obersatzabweichung eröffnet. Auch das OLG Frankfurt sieht den Anwendungsbereich des § 4 StBVV in diesen Fällen wohl nicht eröffnet.[6] **117**

Praxistipp:

Obwohl der BGH mit der o.g. Entscheidung für klare Verhältnisse gesorgt hat, besteht ein Restrisiko, dass einzelne Instanzgerichte dem BGH nicht folgen[7] oder sie aus Unkenntnis nicht beachten. Deswegen empfiehlt es sich weiterhin, jedwede Vergütungsvereinbarung so zu gestalten, dass sie den Anforderungen des § 4 StBVV entspricht.[8]

Ob die vereinbarte Vergütung höher ist als die gesetzliche, bereitet insbesondere in den Fällen Schwierigkeiten, in denen **statt** der gesetzlichen **Wertgebühr** eine **Zeitgebühr vereinbart** wird.[9] Zu den formellen Anforderungen an eine Zeithonorarrechnung → § 9 StBVV Rz. 181. Aus dem Grundsatz der Vertragsfreiheit folgt, dass solche Vereinbarungen zivilrechtlich wirksam sind.[10] Vergleichsmaßstab ist die gesamte gebührenrechtliche Angelegenheit. Entscheidend ist also, ob der Mandant bei einer Abrechnung nach Zeitaufwand im Ergebnis einen höheren Betrag schulden würde als bei einer Abrechnung nach der gesetzlichen Vorschrift. Ein solcher Vergleich ist erst dann möglich, wenn sich die Höhe der gesetzlichen Vergütung ermitteln lässt, i.d.R. also erst nach dem Ende der Tätigkeit des StB. **118**

---

1) Mayer in Gerold/Schmidt, 24. Aufl. 2019, § 3a RVG Rz. 3.
2) § 11 StBVV.
3) BGH v. 7.5.2013, IX ZA 1/13, HFR 2013, 1160.
4) BGH v. 21.9.2000, IX ZR 477/99, WM 2000, 2435 = DStZ 2000, 912.
5) OLG Düsseldorf v. 21.2.2017, I-23 U 151/15.
6) OLG Frankfurt v. 5.10.2018, 8 U 201/17, GI aktuell 2019, 11 in einem obiter dictum zu einer mündlichen Stundensatzvereinbarung über 100 € für Quartalsbesprechungen und unter ausdrücklicher Bezugnahme auf diese Kommentierung.
7) So etwa LG Essen v. 28.11.2013, 18 O 130/13, mit kritischen Anm. Feiter, KP 2014, 149.
8) → Rz. 123 ff.
9) → § 13 StBVV Rz. 252.
10) BGH v. 21.9.2000, IX ZR 437/99, INF 2000, 767 f.; BGH v. 30.9.2004, I ZR 89/02, NJW 2005, 1268, zur Steuerberatungs-Hotline.

Beispiele:

1. StB und Mandant vereinbaren für die Tätigkeit des Beraters im Rahmen einer Selbstanzeige nach § 30 StBVV mündlich ein Stundenhonorar von 150 € **zuzüglich Umsatzsteuer**.
2. StB und Mandant vereinbaren mündlich ein Stundenhonorar von 45 € für Buchführungstätigkeiten.[1]

Praxistipp:

Ist der Mandant Verbraucher i.S.d. § 13 BGB, müssen die Stundensätze einschließlich der anteiligen Umsatzsteuer ausgewiesen werden.[2] Andernfalls ist von einer mehrdeutigen Klausel auszugehen, die zu Lasten des Verwenders auszulegen ist. Die Formulierung „150 € zuzüglich Umsatzsteuer" wird mithin gegenüber einem Verbraucher ausgelegt wie „150 € inklusive Umsatzsteuer".[3]

Dass mit dem in den o.g. Beispielen vereinbarten Stundenhonorar der Höchstsatz des § 13 Satz 2 StBVV überschritten wird, sagt noch nichts über die Formbedürftigkeit der Vereinbarung.

Praxistipp:

Die Formerfordernisse des § 4 Abs. 1 StBVV müssen nur dann erfüllt sein, wenn bei einer Abrechnung nach Zeitaufwand **im Ergebnis** ein höherer Betrag geschuldet würde als bei einer Abrechnung nach der gesetzlichen Wertgebühr.[4] Da dies im Zeitpunkt der Vereinbarung in aller Regel nicht bekannt ist, sollte der StB die Formerfordernisse des § 4 Abs. 1 StBVV in diesen Fällen immer beachten. Tut er dies nicht und stellt sich am Ende seiner Tätigkeit heraus, dass die vereinbarte Vergütung die gesetzliche Vergütung übersteigt, muss der Mandant nur das gesetzliche Honorar zahlen[5] und dies auch nur dann, wenn der StB die gesetzlichen Gebühren (hilfsweise) abgerechnet hat.

Ob die vereinbarte Vergütung höher ist, als die gesetzliche Vergütung, ist auch bei einer Vereinbarung über die **Abrechnung nach Buchungszeilen** im Zeitpunkt der Vereinbarung nicht feststellbar, da die gesetzliche Bemessungsgrundlage (der Jahresumsatz, § 33 Abs. 6 StBVV) noch nicht feststeht. Eine Abrechnung nach Buchungszeilen sollte bei neuen Mandanten immer dann in Betracht gezogen werden, wenn sich durch viele kleinteilige Umsätze ein hoher Aufwand für den StB abzeichnet und der Jahresumsatz als Bemessungsgrundlage für die Gebühr ungeeignet ist.[6]

Beispiel:

StB und Mandant vereinbaren, dass pro Buchungszeile ein Betrag von 0.90 € berechnet werden soll.

2. Vereinbarung einer konkreten Vergütung

119 Nur mit einer bestimmten **(konkreten),** zumindest aber bestimmbaren **Gebühr** wird den Anforderungen des § 4 Abs. 1 StBVV genügt. Die Anforderungen an die Bestimmtheit einer Honorarforderung dürfen nicht unnötig überspannt werden.[7] Eine Vereinbarung ist dann noch hinreichend konkret, wenn die Vergütung nach Abschluss der Vereinbarung berechnet werden kann. Zulässig ist z.B. die Vereinbarung, dass der doppelte Betrag der gesetzlichen Gebühren oder ein prozentualer

---

1) LG Dortmund v. 12.1.2018, 17 S 133/17, besprochen von Wacker, KANZLEI intern 9_2018, 2.
2) § 1 Abs. 3 PAngV; Köhler, in Köhler/Bornkamm, UWG, 34. Aufl. 2016, § 1 PAngV Rz. 27.
3) OLG München v. 13.1.1970, 5 U 2419/69, NJW 1970, 661; Schlosser, in Staudinger, BGB, Bearbeitung 2013, § 305c Rz. 115.
4) In Beispiel 1: § 30 StBVV bzw. in Beispiel 2: §§ 33, 34 StBVV.
5) BGH v. 21.9.2000, IX ZR 437/99, INF 2000, 767 f.
6) Z.B. im Bereich des E-Commerce, wo oftmals tausende Buchungen von Kleinbeträgen vorzunehmen sind.
7) BVerfG v. 12.8.2002, 1 BvR 328/02, AnwBl 2002, 612.

Zuschlag dazu zu zahlen sei. Dem StB darf aber **kein einseitiges Bestimmungsrecht** verbleiben.[1] Lediglich die Höhe der Auslagen bzw. Spesen darf unbestimmt bleiben.[2] Wird eine Zeitgebühr anstelle einer gesetzlichen Wertgebühr vereinbart, steht im Zeitpunkt der Vereinbarung noch nicht fest, ob die Abrechnung nach Zeitgebühr zu einer höheren Vergütung i.S.d § 4 Abs. 1 StBVV führt. In diesen Fällen sollte deshalb auf jeden Fall eine konkrete Gebühr vereinbart werden.

Beispiel (unbestimmte Vereinbarung):

„Die Gebühren für laufende steuerliche Beratung und für die steuerliche Beratung in Sonderprojekten wird der Auftragnehmer nach Zeitaufwand unter Zugrundelegung seiner üblichen Stundensätze abrechnen. Die derzeit gültigen Stundensätze belaufen sich für Partner auf 300 bis 350 €, für Prokuristen auf 200 bis 250 € und für Sachbearbeiter auf 150 bis 180 €."

Dem StB verbleibt bei den vorgesehenen Rahmengebühren noch ein einseitiges Bestimmungsrecht. Nach der o.g. Rechtsprechung führt dies zur Unwirksamkeit der Vereinbarung.

Fraglich ist, ob eine Vereinbarung mangels Bestimmtheit unwirksam ist, in der „**mindestens die Mittelgebühr** und höchstens die Höchstgebühr" vereinbart wird. Da in diesem Fall der Obersatz der gesetzlichen Gebühr noch nicht überschritten ist, sind die Anforderungen des § 4 StBVV in diesem Fall nicht zu beachten. Allerdings ist der StB für jedwedes Überschreiten der Mittelgebühr darlegungs- und beweispflichtig. Diese Art der Vereinbarung bietet ihm deshalb nur bei Abrechnung der Mittelgebühr Rechtssicherheit.

Die Zulässigkeit von **Mindesthonorarklauseln** ist umstritten. Unwirksam sind Mindesthonorarklauseln immer dann, wenn sie so ausgestaltet sind, dass sie den Mandanten unangemessen benachteiligen,[3] gegen das Transparenzgebot verstoßen oder sogar rechtsmissbräuchlich verwendet werden.

Beispiel:[4]

Im Erstberatungsgespräch mit Rechtsanwalt R teilte der Mandant M mit, dass er im Jahr 2004 ein Bankkonto in Liechtenstein eröffnet habe und dort insgesamt 65 000 € aus einer Erbschaft angelegt hat. Der Gesamtvermögenswert war zwischenzeitlich auf 82 000 € angestiegen. M beauftragte R mit der Erstellung einer steuerlichen Selbstanzeige. Die Parteien schlossen eine schriftliche Vergütungsvereinbarung, die einen Stundensatz von 250 € vorsah. Weiter wurde vereinbart, dass als Mindestgebühr die 30/10-Höchstgebühr des § 30 StBVV in doppelter Höhe geschuldet wird und der Gegenstandswert mindestens dem Doppelten des gesetzlichen Mindestgegenstandswertes von 8 000 € entspricht. R rechnete seine Tätigkeit später nicht nach Zeitaufwand ab (angefallen waren 31 Std.), sondern nach der vereinbarten Mindesthonorarklausel und machte eine Forderung von 51 076,23 € geltend.

Das LG Stuttgart versagte die geltend gemachte Vergütung, da der zwischen den Parteien geschlossene Vertrag gegen die guten Sitten[5] verstieß und damit nichtig war. Bei Zugrundelegung des vereinbarten Stundensatzes hätte R lediglich 9 683,63 € und bei einer Abrechnung nach der gesetzlichen Mittelgebühr 10 721,78 € geltend machen können. Das verlangte Honorar stehe dazu in einem

---

1) BGH v. 19.2.1998, III ZR 106/97, NJW 1998, 1786, zur Gebührenverordnung für Ärzte; BGH v. 25.2.1965, VII ZR 112/63, NJW 1965, 1023, zur BRAGO; Berners, 5. Aufl. 2016, § 4 StBVV Rz. 47; Gemmer, KP 2001, 60; siehe auch § 4 Abs. 3 Satz 2 RVG: danach darf die Höhe der Vergütung nicht in das Ermessen eines Vertragsteils gestellt werden; andernfalls gilt die gesetzliche Vergütung als vereinbart.

2) BVerfG v. 12.8.2002, 1 BvR 328/02, AnwBl 2002, 612.

3) BGH v. 13.2.2020, IX ZR 140/19; OLG München v. 5.6.2019, 15 U 318/18, DStR 2019 mit Anm. Raab.

4) LG Stuttgart v. 18.4.2016, 27 O 382/15.

5) § 138 Abs. 1 BGB.

auffälligen Missverhältnis. Hinzu kamen noch besondere Umstände, weil R die Unterlegenheit des M bewusst zu seinem Vorteil ausgenutzt hatte.

Praxistipp:

Mindesthonorarklauseln sollten von vorneherein nicht auf eine moralisch anstößige und unseriöse Honorarmaximierung angelegt sein, indem dort ein Mehrfaches der gesetzlichen Vergütung als Mindestvergütung vorgesehen ist. Als Höchstgrenze sollte maximal die gesetzliche Höchstgebühr, besser noch die gesetzliche Mittelgebühr vereinbart werden.

Deswegen ist eine Klausel, in der mindestens das Zweifache der gesetzlichen Gebühren vereinbart wird, problematisch, auch wenn das OLG München dies in einer Anwaltssache anders entschieden hat und diese Klausel weder als überraschend i.S.v. § 305c Abs. 1 BGB, noch als Verstoß gegen das Transparenzgebot[1] angesehen hat.[2] Es darf nicht verkannt werden, dass ein nicht vorgebildeter Durchschnittsmandant die Bedeutung einer solchen Klausel möglicherweise nicht erkennt oder auch nur erahnt. Bei einem geschäftsgewandten Mandanten mag dies anders zu beurteilen sein.

Praxistipp:

Da wegen des Transparenzgebotes einerseits die Verpflichtung besteht, den Klauselinhalt klar und verständlich zu formulieren,[3] andererseits die Gefahr besteht, dass der Klauselinhalt für den Mandanten nicht verständlich ist, sollte dieser über die Bedeutung der Mindesthonorarklausel aufgeklärt werden.[4] Ggf. sollte der Anwendungsbereich der Klausel auch beschränkt werden, z.B. auf den Fall, dass eine Abrechnung nach Zeitaufwand zu einer unangemessen niedrigen Vergütung führen würde (s. nachfolgendes Beispiel) sowie den Fall, dass der Mandant später den angefallenen und abgerechneten Zeitaufwand bestreitet.

Ob und unter welchen Voraussetzungen der StB von einer solchen Mindesthonorarklausel später Gebrauch macht, hängt vom Einzelfall ab. Keinesfalls sollte die Klausel dazu dienen, den Mandanten mit einer Abrechnung nach Zeitaufwand zu locken, um dann später nach einer noch attraktiveren Abrechnungsmethode abzurechnen. Sinnvoll und hilfreich ist eine solche Klausel immer dann, wenn eine Abrechnung nach Zeitaufwand zu einer unangemessen niedrigen Vergütung führen würde.[5]

Beispiel:

StB wird mit der Prüfung einer schwierigen umsatzsteuerlichen Frage beauftragt. Für die Lösung benötigt er eine halbe Stunde, da er dieselbe Rechtsfrage zuvor für einen anderen Mandanten aufwendig (16 Std.) geklärt hat.

Eine Abrechnung nach Zeitaufwand stünde in diesem Fall in keinem angemessenen Verhältnis zur Schwierigkeit der Tätigkeit und der Bedeutung der Angelegenheit für den Mandanten. Hier käme deshalb dank der Mindesthonorarklausel eine Abrechnung nach Wertgebühr[6] in Betracht.

Darüber hinaus erweist sich eine Mindesthonorarklausel in den Fällen als hilfreich, in denen der Mandant den in Rechnung gestellten Zeitaufwand bestreitet und der

1) § 307 Abs. 1 Satz 2 BGB.
2) OLG München v. 30.11.2016, 15 U 1298/16 Rae, AnwBl 2017, 209 mit kritischen Anm. Schons, AnwBl 2017, 280 und zustimmenden Anm. Kunze, AnwBl 2017, 1073; OLG München v. 5.6.2019, 15 U 319/18, DStR 2019, 1711 mit Anm. Raab zur Unwirksamkeit einer Mindesthonorarklausel, nach der die gesetzlichen Gebühren pauschal um das Dreifache angehoben werden; bestätigt durch BGH v. 13.2.2020, IX ZR 140/19.
3) BGH v. 8.10.2015, I ZR 132/14; LG Köln v. 24.1.2018, 26 O 453/16, BRAK-Mitt. 2018, 97; Niebling, MDR 2017, 684, 687.
4) Feiter, KANZLEI intern 11_2016, 2.
5) Feiter, KANZLEI intern 11_2016, 2.
6) § 21 Abs. 1 Satz 1 StBVV.

StB möglicherweise Beweisschwierigkeiten hat, den Zeitaufwand plausibel darzulegen und zu beweisen.

Umstritten ist die Zulässigkeit von vorsorglich getroffenen **Rahmenvergütungsvereinbarungen,** die für den Fall einer gesonderten neuen Beauftragung bereits eine konkrete Vergütungsregelung enthalten.[1] Hält man Rahmenvergütungsvereinbarungen grundsätzlich für zulässig, muss sie in jedem Fall **hinreichend bestimmt** sein.[2] Sie muss erkennen lassen, welche zukünftigen Aufträge davon erfasst sein sollen.[3] Welche Anforderungen an die ausreichende Bestimmtheit einer Rahmenvergütungsvereinbarung zu stellen sind, ist im Detail umstritten. Für die Gestaltung von Vergütungsvereinbarungen ist insbesondere die Frage interessant, ob eine **Vergütungsvereinbarung** auch **für „alle zukünftigen Aufträge"** geschlossen werden kann, die im Zeitpunkt der Vereinbarung noch nicht erteilt sind und bei denen nicht einmal feststeht, ob es zu einer Auftragserteilung kommt. Im Wesentlichen werden hierzu drei Auffassungen vertreten: 120

Nach der strengsten Auffassung reicht eine bewusst allgemein gehaltene Vergütungsvereinbarung, die auch mögliche weitere Aufträge im Vorhinein pauschal mit abdecken soll, mangels Bestimmtheit nicht aus.[4] Deshalb wird empfohlen, den Inhalt einer Vergütungsvereinbarung immer möglichst genau zu definieren.[5] Nach dieser Auffassung muss im Falle einer nachträglichen Auftragserweiterung also immer eine neue Vergütungsvereinbarung geschlossen werden.

Nach einer vermittelnden Auffassung sind Rahmenvergütungsvereinbarungen grundsätzlich zulässig, wenn sie ausreichend bestimmt sind und klar ist, für welche Tätigkeiten sie gelten sollen. Hieran seien keine zu strengen Anforderungen zu stellen.[6] Ausreichend sei eine grobe Umschreibung der künftigen Aufträge.[7] Auch nach dieser Auffassung dürfte die Bezeichnung „für alle zukünftigen Aufträge" nicht hinreichend bestimmt sein.

Nach der liberalsten Auffassung ist auch eine Rahmenvergütungsvereinbarung, die sich auf „alle zukünftigen Aufträge" erstreckt, hinreichend bestimmt und damit wirksam.[8]

Diese Auffassung verdient Zustimmung. Denn eine Vergütungsvereinbarung, die sich auf „alle zukünftigen Aufträge" bezieht, ist für einen durchschnittlichen Vertragspartner hinreichend verständlich. Sie ist auch ausreichend bestimmt, da sie eben für alle zukünftigen Aufträge gilt und es keine Auslegungsschwierigkeiten über Umfang der Vereinbarung geben kann. Der Auftraggeber wird deshalb durch eine solche Klausel nicht unangemessen benachteiligt.[9] Da auch die Schutz- und Warnfunktion des § 4 Abs. 1 Satz 1 und 2 StBVV keine Beschränkung auf bereits erteilte Aufträge verlangt,[10] ist eine entsprechende Regelung in der Vergütungsver-

1) Für die Zulässigkeit: Hinne/Klees/Müllerschön/Teubel/Winkler, 3. Aufl. 2015, Rz. 163; Lahmann, DStR 2009, 2069, 2072 f., mit Muster; a.A. LG Köln v. 24.1.2018, 26 O 453/16, BRAK-Mitt. 2018, 97 für den Fall einer vorsorglichen Beauftragung für eine gerichtliche Tätigkeit, wenn der Auftrag zunächst nur auf die außergerichtliche Tätigkeit ausgerichtet ist, → Rz. 139.
2) Vgl. auch § 4 Abs. 1 Satz 3 StBVV; → Rz. 126.
3) → Rz. 130; OLG Karlsruhe v. 28.8.2014, 2 U 2/14, NJW-Spezial 2015, 28 mit Anm. von Feiter, KANZLEI intern 07/2015, 2.
4) Schaade, DStR 2015, 384; Berners, NWB 40/2015, 2960, 2962.
5) Bei einem Klageverfahren sollten Steuerart und Steuerjahr genannt werden.
6) Lahmann, DStR 2009, 2069, 2072.
7) Z.B.: "Allgemeine steuerliche Beratung in laufenden Angelegenheiten einschließlich der Vertretung gegenüber Finanzbehörden".
8) OLG Düsseldorf v. 21.4.2009, I-24 U 27/08; Teubel, in Hinne/Klees/Müllerschön/Teubel/Winkler, Vereinbarungen mit Mandanten, 3. Aufl. 2015, Rz. 163.
9) § 307 Abs. 1 BGB.
10) Feiter, KANZLEI intern 07/2015, 2 m.w.N.

einbarung zu empfehlen.[1] Selbstverständlich ist der StB für die Erteilung eines jeden zünftigen Auftrags beweispflichtig.

Praxistipp:

Erteilt der Mandant dem StB im Anwendungsbereich der Rahmenvergütungsvereinbarung einen neuen Auftrag, ist die Vergütungsfrage durch die Rahmenvergütungsvereinbarung („alle zukünftigen Aufträge") geregelt. Der StB sollte allerdings die Auftragserteilung in irgendeiner Form dokumentieren, damit er später im Bestreitensfall nachweisen kann, dass seinem Tätigwerden ein Auftrag zu Grunde lag.

121 Die Zulässigkeit von 15-Minuten **Zeittaktklauseln** war in Rechtsprechung und Literatur lange umstritten. Sie ist durch den BGH für den Rechtsverkehr mit Verbrauchern aber nunmehr geklärt.[2]

122 Neben einer höheren Gebühr kann auch ein **höherer Auslagenersatz** nach §§ 16 ff. StBVV vereinbart werden. Auch eine Vereinbarung über die separate Inrechnungstellung von Kosten eines Rechenzentrums[3] oder eine Regelung, die dem StB ermöglicht für allgemeine Geschäftskoste einen bestimmten Prozentsatz der Rechnungssumme zu berechnen ist möglich.[4] Enthält die Vereinbarung keine Regelung zum Auslagenersatz und zur Umsatzsteuer, ist im Zweifel davon auszugehen, dass neben der vereinbarten Vergütung weder Auslagenersatz noch Umsatzsteuer geltend gemacht werden können.[5]

II. Formelle Voraussetzungen

1. Textform

123 Die Erklärung des Auftraggebers musste bis zum Inkrafttreten der Dritten Verordnung zur Änderung steuerlicher Verordnungen[6] schriftlich abgegeben werden.[7] Jetzt reicht die einfachste gesetzliche Form, nämlich **Textform** i.S.d. § 126b BGB aus. In der Gesetzesbegründung wird dies mit einer Angleichung an die Regelungen in § 3a RVG und § 9a Abs. 3 Satz 2 StBerG (Erfolgshonorarvereinbarung) begründet. Beide Regelungen sehen bereits das weniger strenge Formerfordernis der Textform vor. Mandanten von Rechtsanwälten und Steuerberatern (auch im Falle von Doppelbändern) sind hinsichtlich der Formerfordernisse aber nicht unterschiedlich schutzbedürftig. Gleiches gilt für Mandanten, mit denen der StB einerseits Erfolgshonorar,[8] andererseits eine Vergütungsvereinbarung[9] vereinbaren möchte. Die Anpassung ist deshalb konsequent und zu begrüßen. Wird die Textform nicht eingehalten und nur eine mündliche Vergütungsvereinbarung geschlossen, stellt dies lediglich eine sanktionsfreie Sorglosigkeit des StB in eigener Sache dar, ist aber noch **keine Berufspflichtverletzung**.[10] Dies folgt schon daraus, dass auch mündliche Vereinbarungen wirksam sind. Sie sind lediglich unverbindlich, soweit die gesetzliche Vergütung überschritten wird.

Ist durch Gesetz die **Textform** vorgeschrieben, so muss die Erklärung in einer Urkunde oder auf andere zur dauerhaften Wiedergabe in Schriftzeichen geeignete Weise abgegeben werden, die Person des Erklärenden genannt und der **Abschluss**

1) Vgl. das Muster → Rz. 940.
2) BGH v. 13.2.2020, IX ZR 140/19, ZIP 2020, 716; ausführlich dazu → § 13 StBVV Rz. 252 m.w.N.
3) → § 33 StBVV Rz. 527.
4) Z.B. 5% der Nettorechnungssumme → Rz. 940 Muster „Vergütungsvereinbarung".
5) → § 14 StBVV Rz. 275.
6) → Rz. 113.
7) „Einseitige Schriftlichkeit" durch den Auftraggeber reichte aus.
8) § 9a StBerG.
9) § 4 StBVV.
10) AnwG Hamm v. 11.5.2017, 52/16, BRAK-Mitt. 2017, 243 zu § 3a Abs. 1 Satz 1 und 2 RVG; Schneider, AnwBl Online 2019, 199, 200.

der Erklärung durch Nachbildung der Namensunterschrift oder anders erkennbar gemacht werden, § 126b BGB. Es bedarf also nicht einmal mehr einer Unterschrift des Auftraggebers. Es muss nur sichergestellt sein, dass die Person des Erklärenden deutlich wird und dass der Abschluss (das Ende) der Erklärung erkennbar ist. Der Namensnennung kommt keine Abschlussfunktion zu. Vielmehr kann die Person des Erklärenden auch im Kopfbogen oder innerhalb des Textes genannt werden. In einem solchen Fall ist der Abschluss der Erklärung anders zu kennzeichnen, etwa durch den Hinweis „dieses Schreiben wurde maschinell erstellt und trägt deshalb keine Unterschrift", durch eine Grußformel oder eine Datierung.[1]

Praxistipp:

Der Textform ist nicht genügt, wenn es infolge nachträglicher, schriftlicher Ergänzungen an einem räumlichen Abschluss der Vereinbarung fehlt. Deshalb führen unterhalb der Unterschrift angefügte Vertragsnachträge zur Formunwirksamkeit der Erklärung und sollten deshalb unbedingt vermieden werden.[2]

Die Erklärungen, für welche das Gesetz Textform voraussetzt, sind allesamt empfangsbedürftig. Neben der formgerechten Erstellung des Dokuments setzt dies auch den formgemäßen **Zugang** beim Empfänger voraus, der bei elektronischen Erklärungen nicht immer leicht zu führen ist.[3]

Praxistipp:

Es empfiehlt sich deshalb, auch weiterhin die Unterschrift des Auftraggebers einzuholen, um dokumentieren zu können, dass er die Vergütungsvereinbarung zur Kenntnis nehmen konnte[4]

Bei einer Mehrheit von Auftraggebern (Partnerschaftsgesellschaft, GbR) empfiehlt sich ebenfalls (wie nach altem Recht) aus Beweisgründen die Unterschrift aller oder eines vertretungsberechtigten Partners mit Vertretungszusatz „i.V." bzw. durch Hinzusetzen eines Firmenstempels einzuholen.[5]

Neben Urkunden sind auch elektronische Speichermedien geeignete Schriftträger **124**
i.S.d. § 126b BGB, sofern die gespeicherten Daten in Schriftzeichen lesbar sind und der Schriftträger geeignet ist, die Daten dauerhaft festzuhalten. Dazu genügt die Verkörperung der Erklärung auf einer Festplatte, einem USB-Stick oder einer CD/DVD. Eine Vergütungsvereinbarung kann somit – anders als bisher – wirksam per **Computerfax, Telefax, E-Mail oder SMS** abgeschlossen werden.[6] Es genügt, wenn Antrag und Annahme in Textform vorliegen, ohne dass beide körperlich oder elektronisch verbunden sind.[7]

Beispiel:

StB übermittelt dem Geschäftsführer einer inländischen GmbH, mit deren steuerlichen Angelegenheiten er beauftragt wurde, den Entwurf einer Vergütungsvereinbarung per E-Mail an dessen Wohnsitz nach London. Der Geschäftsführer erklärt ebenfalls per E-Mail sein Einverständnis.

Die Erklärung muss aus sich heraus allein verständlich sein. Ein **blanko** unterzeichnetes Papier reicht nicht.[8] **Gesprochene Mitteilungen**, die digitalisiert versandt und

1) Janal, MDR 2006, 368; Mayer in Gerold/Schmidt, 24. Aufl. 2019, § 3a RVG Rz. 7.
2) BGH v. 3.11.2011, X ZR 47/11, AnwBl 2012, 97 m.w.N.; Mayer in Gerold/Schmidt, 24. Aufl. 2019, § 3a RVG Rz. 7; auch → Rz. 133 und → Rz. 138.
3) Ausführlich Janal, MDR 2006, 368; → Rz. 124.
4) Schons, AnwBl Online 2020, 372, 378; Schons in Hartung/Schons/Enders, § 3a RVG Rz. 21 m.w.N.
5) → § 14 StBVV Rz. 280.
6) Mayer in Gerold/Schmidt, 24. Aufl. 2019, § 3a RVG Rz. 7 m.w.N.
7) Mayer in Gerold/Schmidt, 24. Aufl. 2019, § 3a RVG Rz. 7b.
8) OLG Düsseldorf v. 11.12.2001, 24 U 19/01, GI 2003, 70, 72, zu § 3 Abs. 1 BRAGO.

beim Empfänger von der akustischen zur optischen Wahrnehmbarkeit umgewandelt werden, entsprechen nicht der Textform.[1]

125 Im Falle einer **Praxisveräußerung** bedarf es für den wirksamen Übergang der Vergütungsvereinbarungen, die zwischen dem Veräußerer und den Mandanten bestehen, nicht erneut der Textform. Stimmen die Mandanten der Praxisübertragung zu den bisherigen Bedingungen zu, tritt der Erwerber in die laufenden Verträge ein. Er ist zumindest bis zu einer vertraglich vorgesehenen Anpassung der Honorare an die Abrechnungspraxis des Veräußerers gebunden.[2]

2. Deutlich abgesetzt von anderen Vereinbarungen

126 Das Schriftstück, gemeint ist die Vergütungsvereinbarung, muss von anderen Vereinbarungen **deutlich abgesetzt** sein. Dieses **Trennungsgebot** gilt seit Inkrafttreten der Dritten Verordnung zur Änderung steuerlicher Verordnungen[3] aber nur noch, wenn das Schriftstück nicht vom Auftraggeber verfasst wurde, sondern vom StB.[4] In der Vereinbarung enthalten sein dürfen seit Inkrafttreten der Dritten Verordnung zur Änderung steuerlicher Verordnungen[5] Regelungen zur Auftragserteilung.[6] Dies war nach der bisherigen Fassung des § 4 Abs. 1 StBVV nicht gestattet. Allerdings sah auch die bisherige Fassung schon vor, dass Art und Umfang des Auftrags zu bezeichnen waren.[7] Nicht zu den „anderen Vereinbarungen", von denen die Vergütungsvereinbarung deutlich abgesetzt sein muss, gehören alle Klauseln, die die Vergütung unmittelbar betreffen, wie z.B. Regelungen zur Fälligkeit, zum Vorschuss, zur Verjährung, zur Preisanpassung oder zum Gerichtsstand für die Vergütungsklage. Demgegenüber gehören zu den „anderen Vereinbarungen" Gerichtsstandvereinbarungen für Klagen aus dem Mandatsverhältnis, Haftungsbeschränkungsvereinbarungen oder Vereinbarungen über den Ausschluss des Kündigungsrechts.[8] Diese müssen deutlich abgesetzt von der Vergütungsvereinbarung sein, wenn alles in einem einheitlichen Vertrag geregelt ist. Deutlich abgesetzt bedeutet, dass sich die Vergütungsvereinbarung in ihrer Gesamtheit so deutlich vom übrigen Vertragstext abhebt, dass sie dem Vertragspartner die Rechtslage unübersehbar zur Kenntnis bringt, so dass der Auftraggeber sofort erkennen kann, dass es sich um eine gesonderte Vereinbarung handelt.[9] Eine Trennlinie reicht nicht aus, wenn auch der übrige Text bereits mit mehreren Trennlinien versehen ist.[10] Gleiches gilt, wenn der konkrete Vertrag als Mittel der räumlichen Trennung ausschließlich Absätze und durch Fettdruck hervorgehobene Überschriften enthält, da bei wiederholter und gleichmäßiger Verwendung der Gesamteindruck einer äußeren Homogenität erzeugt wird.[11]

1) Schons in Hartung/Schons/Enders, § 3a RVG Rz. 21.
2) BGH v. 10.2.2011, IX ZR 45/08, BFH/NV 2011, 959; Thüringer OLG v. 13.2.2008, 7 U 147/07, DStR 2011, 1147; LG Duisburg v. 2.10.2015, 7 S 21/15 zum Fortbestand einer Vereinbarung bei Kauf einer Steuerberatungskanzlei; BGH v. 16.12.1999, VII ZR 392/96, DB 2000, 1859, zum Fortbestand der Honorarvereinbarung bei Übernahme eines Architektenvertrags.
3) → Rz. 113.
4) § 4 Abs. 1 Satz 3 StBVV.
5) → Rz. 113.
6) § 4 Abs. 1 Satz 3 StBVV.
7) § 4 Abs. 1 Satz 2, 2. Halbsatz StBVV a.F. und § 4 Abs. 1 Satz 3 StBVV.
8) Schneider, AnwBl 2016, 178, 180; Mayer in Gerold/Schmidt, 24. Aufl. 2019, § 3a Rz. 10.
9) BGH v. 3.12.2015, IX ZR 40/15, MDR 2016, 182; OLG Karlsruhe v. 20.1.2015, 19 U 99/14, AnwBl 2015, 350 m.w.N.; AG Oldenburg v. 2.11.2015, 31 C 3/14; Römermann, MDR 2004, 421.
10) Schons in Hartung/Schons/Enders, § 3a RVG Rz. 31.
11) BGH v. 3.12.2015, IX ZR 40/15, MDR 2016, 182; OLG Karlsruhe v. 20.1.2015, 19 U 99/14, AnwBl 2015, 350; AG Oldenburg v. 2.11.2015, 31 C 3/14.

3. Bezeichnung von Art und Umfang des Auftrags

127 § 4 Abs. 1 Satz 3 StBVV sieht vor, dass **Art und Umfang des Auftrags** nach Satz 2 zu bezeichnen sind. Diese Regelung findet sich in § 3a Abs. 1 Satz 2 RVG nicht. Das zusätzliche Formerfordernis erklärt sich daraus, dass nur bei einer genauen Leistungsbeschreibung für den Auftraggeber erkennbar ist, auf welche Leistungen sich die Vergütungsvereinbarung bezieht. Da anders als beim Rechtsanwalt der dem StB erteilte Auftrag i.d.R. verschiedene Tätigkeiten umfasst, gebietet es der von der Vorschrift bezweckte Schutz des Auftraggebers, in der Vergütungsvereinbarung unmittelbar oder mittelbar (z.B. durch einen Verweis auf den schriftlichen Steuerberatungsvertrag) zu regeln, für welche Tätigkeiten eine höhere als die gesetzliche Vergütung vereinbart wird. Es handelt sich deshalb um eine spezielle Regelung zur Bestimmtheit des Auftrags.[1]

4. Bezeichnung als Vergütungsvereinbarung

128 Ist das Schriftstück, gemeint ist die Vergütungsvereinbarung, – wie im Regelfall – nicht vom Auftraggeber, sondern vom StB verfasst oder greift dieser auf einen einschlägigen Vordruck zurück, muss sie **als Vergütungsvereinbarung oder in vergleichbarer Weise** bezeichnet werden. Bis zum Inkrafttreten der Dritten Verordnung zur Änderung steuerlicher Verordnungen[2] musste die Vergütungsvereinbarung ausdrücklich als „Vergütungsvereinbarung" bezeichnet sein. Abweichende Bezeichnungen, wie z.B. „Honorarvereinbarung" wurden nach alter Rechtslage unterschiedlich bewertet.[3]

Zweckmäßig ist es, die Vereinbarung auch künftig ausdrücklich als „Vergütungsvereinbarung" zu bezeichnen. Der gleichlautende Begriff „Honorarvereinbarung" ist unschädlich. Die Bezeichnung „Gebührenvereinbarung" ist zumindest irreführend, wenn darin auch Regelungen zur Höhe der Auslagen enthalten sind.[4] Die bloße Bezeichnung „Vergütung" ist ebenfalls problematisch, da sie nicht hinreichend deutlich zum Ausdruck bringt, dass von der gesetzlichen Vergütung abgewichen werden soll.[5]

5. Nicht in der Vollmacht enthalten

129 Das Schriftstück, gemeint ist die Vergütungsvereinbarung, darf nicht in der Vollmacht enthalten sein, § 4 Abs. 1 Satz 2 Nr. 2 StBVV. Die StBVV unterscheidet also zwischen der **generell unzulässigen Verbindung** mit der Vollmacht und der unter der Voraussetzung des deutlichen Absetzens zulässigen Verbindung mit anderen Vereinbarungen.[6] Die Regelung dient dem Schutz des Auftraggebers, der in der Vollmacht keine von den gesetzlichen Vorgaben der StBVV abweichende **höhere** Vergütungsvereinbarung erwartet. § 4 Abs. 1 Satz 2 Nr. 2 StBVV verbietet es nach diesseitiger Auffassung allerdings nicht, in der Vollmacht eine Regelung über die Vergütung (Gebühren, Auslagen, EDV-Kosten) vorzusehen, wenn **keine höhere** als die gesetzliche Vergütung vereinbart wird.[7]

---

1) → Rz. 120.
2) → Rz. 113.
3) Zulässig: LG Köln v. 16.4.2015, 2 O 404/14, DStR 2016, 95 zu § 4 Abs. 1 StBVV a.F. und OLG München v. 10.12.2014, 15 U 5006/12 zu § 4 Abs. 2 Satz 1 RVG a.F.; unzulässig: LG Wiesbaden v. 27.11.2014, 9 O 199/13.
4) Schneider, AnwBl 2016, 178, 180; Schons in Hartung/Schons/Enders, § 3a RVG Rz. 26.
5) Schneider, AnwBl 2016, 178, 180.
6) → Rz. 126.
7) → Rz. 115 ff.

Beispiele:

1. In der Vollmacht vereinbaren StB und Mandant eine Gebühr i.H.v. 30/10 für die Anfertigung einer Selbstanzeige.
2. In der Vollmacht vereinbaren StB und Mandant, dass die DATEV-Kosten 1:1 weiterberechnet werden.

In beiden Beispielsfällen wird keine höhere als die gesetzliche Vergütung vereinbart. Der Gebührensatz von 30/10 in Beispiel 1 entspricht der gesetzlichen Höchstgebühr nach § 30 StBVV, liegt also innerhalb des gesetzlichen Gebührenrahmens. Die Weiterberechnung von EDV-Kosten in Beispiel 2 ohne Gewinnaufschlag ist nach §§ 670, 675 BGB möglich.[1] Beide Vereinbarungen verstoßen deshalb nicht gegen § 4 Abs. 1 Satz 2 Nr. 2 StBVV.

6. Aufklärungspflicht über höhere Vergütung

130 Darüber hinaus treffen den Berater wegen der Schutz- und Warnfunktion[2] des § 4 Abs. 1 Satz 1 StBVV **weitergehende Informationspflichten** dahingehend, dass die vereinbarten Gebühren höher als die gesetzlichen Gebühren sind. Diese Funktion kann die **Vergütungsvereinbarung** nur dann erfüllen, wenn sie **ausreichend bestimmt** ist. Es muss deshalb eindeutig feststehen, für welche Tätigkeiten der Auftraggeber eine höhere als die gesetzliche Vergütung zahlen soll.[3] Ist dies nicht der Fall, kann der StB nur die gesetzlichen Gebühren fordern.[4] Eine Vergütungsvereinbarung kann auch als **Wahlschuldverhältnis (§ 262 BGB) mit unterschiedlichen Vergütungsmodellen** für unterschiedliche Ziele/Aufträge ausgestaltet sein. Dies kollidiert nicht mit der Pflicht des StB, sein Gebührenbestimmungsrecht „selbst" auszuüben.[5] Das einschlägige Vergütungsmodell richtet sich in diesen Fällen nach dem vom Mandanten verfolgten Ziel.[6]

Beispiel:

Der Mandant beauftragt den StB die Erfolgsaussichten eines Rechtsmittels zu prüfen. Hinsichtlich der Vergütung treffen Mandant und StB bei Auftragserteilung folgende Vereinbarung in Textform:

„Für den Fall, dass der Mandant den StB nach Prüfung der Erfolgsaussichten nicht mit der Einlegung des Rechtsmittels beauftragt, soll der StB seinen Aufwand nach einem vereinbarten Stundensatz abrechnen. Für den Fall, dass der Mandant den StB nach Prüfung der Erfolgsaussichten mit der Rechtsmitteleinlegung und -führung beauftragt, soll der StB auf Basis eines vereinbarten Erfolgshonorars abrechnen."

Praxistipp:

Ein klarstellender Hinweis in der Vereinbarung, wonach *„abweichend von den gesetzlichen Gebühren* **möglicherweise** *höhere Gebühren vereinbart"* werden, ist wegen der Regelung des § 4 Abs. 1 Satz 4 StBVV anzuraten. Andernfalls besteht die Gefahr, dass der Auftraggeber mit dem Einwand, nicht „freiwillig" geleistet zu haben, durchdringt und die vereinbarte Vergütung zurückfordern kann.[7] Der formularmäßige Hinweis, dass die vereinbarte Vergütung **„u.U."** die gesetzlichen Gebühren übersteigt, ist nicht zu beanstanden, wenn bei Abschluss der Vereinbarung eine sichere Beurteilung nicht möglich ist, z.B. bei Vereinbarung einer Zeitgebühr anstelle einer Wertgebühr.[8] Anders liegt der Fall, wenn im Zeitpunkt der Vereinbarung feststeht, dass die vereinbarte Vergütung

1) → § 3 StBVV Rz. 111; → § 33 StBVV Rz. 527.
2) BGH v. 3.12.2015, IX ZR 40/15, MDR 2016, 182; LG Wiesbaden v. 27.11.2014, 9 O 199/13.
3) OLG Karlsruhe v. 28.8.2014, 2 U 2/14, DStR 2015, 383; siehe hierzu → Rz. 120; 14.
4) → Rz. 133.
5) → § 11 StBVV Rz. 210.
6) KG Berlin v. 7.5.2019, 13 U 28/18 zum Anwaltsrecht; Arconada, Honorargestaltung für Steuerberater Mai 2020, 4.
7) Kilian, NJW 2005, 3104, 3106 f; → Rz. 134.
8) OLG München v. 3.5.2012, 24 U 646/10, NJW-RR 2012, 1469.

die gesetzliche Vergütung eindeutig und immer überschreitet. Dann wäre die Einschränkung „u.U." unwirksam.[1]

Wird nach vereinbartem Zeithonorar abgerechnet, sollte die Vereinbarung eine Klausel (**fingierte Erklärung**) enthalten, wonach die in Rechnung gestellten Zeiten als anerkannt gelten, wenn der Auftraggeber nicht innerhalb einer großzügig bemessenen Frist widerspricht (**Anerkenntnisklausel**).[2]

Allerdings ist die Zulässigkeit solcher Klauseln umstritten. Das LG Köln hält sie für unzulässig, weil sie den Mandanten unangemessen benachteilige[3] und der Verwender (im konkreten Fall eine Anwaltskanzlei) kein berechtigtes Interesse an der Verwendung der Erklärungsfiktion habe,[4] was insbesondere bei organisatorischen Bedürfnissen im Rahmen des Massenverkehrs anzunehmen sei.[5]

Praxistipp:

Das Problem kann man dadurch entschärfen, dass man **periodische** – am besten monatliche – **Abrechnungen** vereinbart und dafür Sorge trägt, dass die Rechnungen zeitnah bezahlt werden. Mit der Zahlung gilt die Abrechnung zwar auch nicht als genehmigt, es dreht sich jedoch die Darlegungs- und Beweislast. Nicht der StB muss die abgerechneten Stunden beweisen, sondern der Mandant muss den Gegenbeweis führen.[6] Gleichwohl bleibt die Verwendung solcher Klauseln risikobehaftet. Nachfolgend eine kurze Darstellung der Problematik:

Bei der Stundensatzvereinbarung ist grundsätzlich der StB für den Umfang der von **131**
ihm geleisteten Tätigkeit beweispflichtig. Deshalb verstößt eine Klausel, die dem Mandanten die Beweislast gegen die Abrechnung des StB auferlegt, gegen § 309 Nr. 12a BGB.

Streitig ist, ob Klauseln, die dem Mandanten eine Art Verschweigungsfrist setzen, wonach die abgerechneten Stunden als anerkannt gelten, wenn er nicht innerhalb einer bestimmten Frist widerspricht, als (versteckte)unzulässige Beweislastumkehr i.S.d. § 309 Nr. 12 BGB anzusehen sind. Darüber hinaus kann eine solche Klausel auch gegen § 307 Abs. 2 Nr. 1 BGB verstoßen, da der Mandant gegenüber der gesetzlichen Regelung, die dem StB die Beweislast auferlegt und keine Erklärungspflicht des Mandanten vorsieht, unangemessen benachteiligt wird. Von daher ist die Verwendung derartiger Klauseln in der Praxis mit Risiken verbunden. Wer solche Klauseln verwendet, sollte in jedem Fall die Voraussetzungen des § 308 Nr. 5 BGB einhalten.[7] Nach der Entscheidung des LG Köln soll dies allerdings noch nicht ausreichen.[8]

§ 308 Nr. 5 BGB lautet: „In Allgemeinen Geschäftsbedingungen ist insbesondere unwirksam ... 5.(Fingierte Erklärungen) Eine Bestimmung, wonach eine Erklärung des Vertragspartners des Verwenders bei Vornahme oder Unterlassung einer bestimmten Handlung als von ihm abgegeben oder nicht abgegeben gilt, es sei denn, dass

a) dem Vertragspartner eine angemessene Frist zur Abgabe einer ausdrücklichen Erklärung eingeräumt ist und

b) der Verwender sich verpflichtet, den Vertragspartner bei Beginn der Frist auf die vorgesehene Bedeutung seines Verhaltens besonders hinzuweisen".

1) OLG Düsseldorf v. 19.7.2007, I-24 U 46/06, GI aktuell 2008, 52, auch → Rz. 115.
2) Vgl. das Muster → Rz. 940.
3) § 307 Abs. 2 Nr. 1 BGB.
4) § 307 Abs. 1 BGB.
5) LG Köln v. 24.1.2018, 26 O 453/16, BRAK-Mitt. 2018, 97, n.rkr.; zum bisherigen Meinungsstand: Mayer in Gerold/Schmidt, 22. Aufl. 2015, § 3a RVG Rz. 66 m.w.N.; Hinne/Klees/Müllerschön/Teubel/Winkler, 3. Aufl. 2015, Rz. 376 ff.
6) Schneider, AnwBl Online 2019, 199, 201.
7) Ring/Klinghöfer, Rz. 382 ff.; Mayer in Gerold/Schmidt, 24. Aufl. 2019, § 3a RVG Rz. 66.
8) LG Köln v. 24.1.2018, 26 O 453/16, n.rkr., BRAK-Mitt. 2018, 97.

Praxistipp:

Mit Rücksicht auf das Risiko der Verwendung solcher Klauseln sollte das Risiko der Verwendung einer solchen Klausel zusätzlich noch dadurch reduziert werden, dass nicht nur die **Vereinbarung** selbst eine entsprechende Regelung enthält. Zusätzlich sollte auch **jede einzelne Rechnung** unter Bezugnahme auf den Inhalt der Vergütungsvereinbarung nochmals einen Hinweis enthalten, wonach die abgerechneten Zeiten als anerkannt gelten, wenn der Mandant nicht innerhalb **eines Monats** nach Bekanntgabe der Rechnung widerspricht. Der Mandant weiß dann, was „auf ihn zukommt".[1]

7. Rechtsfolgen bei Verstößen

132 Streitig ist, ob ein Verstoß gegen die formalen Vorgaben des § 4 StBVV zur Nichtigkeit der Vereinbarung nach § 125 BGB führt. In der Literatur wird die Anwendbarkeit des § 125 BGB mit der Konsequenz verneint, dass eine „unvollkommene Verbindlichkeit" entstehe und der StB den über die gesetzlichen Gebühren hinausgehenden Betrag nicht fordern kann.[2] Der BGH hat hingegen in seinen Entscheidungen zu § 4 StBGebV und zu den Parallelvorschriften in BRAGO und RVG bis zum 5.6.2014 immer wieder auf § 125 BGB abgestellt.[3] Er hat seine diesbezügliche Rechtsprechung zum Anwaltsrecht allerdings mit Urteil vom 5.6.2014 aufgegeben.[4] Der BGH geht im Anwaltsrecht jetzt davon aus, dass eine Vergütungsvereinbarung, die gegen die Formvorschriften des § 3a Abs. 1 Satz 1 und 2 RVG oder § 4a Abs. 1 und 2 RVG verstößt, wirksam ist. Aus ihr kann die vereinbarte Vergütung nur bis zur Höhe der gesetzlichen Gebühr gefordert werden.

Praxistipp:

Da Grundlage des Vergütungsanspruchs die vereinbarte Vergütung bleibt, muss der RA streng genommen keine neue Rechnung erstellen. Gleichwohl ist er gut beraten, eine Hilfsberechnung nach der gesetzlichen Vergütung vorzuhalten, um im Fall der Unverbindlichkeit darlegen zu können, in welcher Höhe die vereinbarte Vergütung verbindlich ist.[5]

Der BGH begründet seine neue Auffassung mit der Vorschrift des § 4b RVG, der genau diese Rechtsfolge vorsieht. Weiter leitet der BGH aus dieser Vorschrift ab, dass nur die vereinbarte Gebühr gefordert werden kann, wenn die gesetzliche Gebühr höher ist, als die vereinbarte Gebühr. Eine dem § 4b RVG vergleichbare Regelung gibt es für StB bislang nur für fehlerhafte Erfolgshonorarvereinbarungen,[6] nicht aber für fehlerhafte Vergütungsvereinbarungen nach § 4 StBVV. Dies bedeutet, dass für fehlerhafte Vergütungsvereinbarungen nach wie vor die ältere BGH-Rechtsprechung mit der Nichtigkeitsfolge zu beachten ist. Die neue BGH-Rechtsprechung zum Anwaltsrecht kann nur auf formfehlerhafte Erfolgshonorarvereinbarungen übertragen werden. Von praktischer Relevanz ist die Differenzierung zwischen alter und neuer BGH-Rechtsprechung **im Ergebnis** allerdings nicht. Denn der BGH kam mit Rückgriff auf Billigkeitserwägungen[7] immer schon zu dem Ergebnis, zu dem er jetzt erstmals unter Heranziehung des § 4b RVG kommt. Der Auftraggeber schuldet im Falle einer fehlerhaften Vergütungsvereinbarung nur die gesetzliche Vergütung mit etwaiger Rechtsfolgenkorrektur über § 242 BGB.[8] Vorausset-

---

1) OLG Köln v. 19.12.2019, 12 U 87/18, ZIP 2020, 114 zur Anpassung von Banken-AGB durch Zustimmungsfiktion, n. rkr.
2) Kilian, NJW 2005, 3104.
3) BGH v. 19.10.1995, IX ZR 20/95, WPK-Mitt. 1996, 124; weitere Nachweise in BGH v. 5.6.2014, IX ZR 137/12, AnwBl 2014, 758.
4) BGH v. 5.6.2014, IX ZR 137/12, AnwBl 2014, 758.
5) Schneider, NJW-Spezial 2017, 283, 284.
6) § 9a Abs. 5 StBerG.
7) § 242 BGB.
8) Weitze-Scholl/Jendrzok, DStR 2017, 65, 70.

zung dafür ist allerdings, dass der StB die hilfsweise begehrte gesetzliche Vergütung auch ordnungsgemäß in Rechnung gestellt hat, und sei es im Prozess.[1]

Praxistipp:

Eine **Alternativberechnung** nach den gesetzlichen Gebühren hilft dem StB nur im Falle einer unwirksamen Vergütungsvereinbarung, nicht aber dann, wenn er im Falle eines vereinbarten Stundenhonorars die abgerechneten Stunden mangels sorgfältiger Zeiterfassung nicht nachweisen kann.[2]

Liegt der Zahlung des Mandanten an den StB eine unwirksame Vergütungsvereinbarung zu Grunde und überschreitet die Zahlung den gesetzlichen Gebührenrahmen, ist die Zahlung insgesamt als **inkongruente Deckung** unter den Voraussetzungen des § 131 Abs. 1 Nr. 1 InsO durch den Insolvenzverwalter **anfechtbar**.[3]

Beispiel:[4]

Der Mandant erteilt dem StB im April 2009 den Auftrag, die vom Vorberater erstellte Finanzbuchführung der Jahre 1999 – 2006 zu überprüfen. Vereinbart wird eine Zeitgebühr von 51 € je angefangene halbe Stunde. Am 18.6.2009, wenige Tage vor Eröffnung des Insolvenzverfahrens, rechnet der StB für die erbrachten Leistungen im Zeitraum April bis Juni 2009 20.002,71 € ab, wobei er einen Stundensatz von 102 € in Ansatz brachte. Der Mandant zahlte am darauffolgenden Tag 20.000 € in bar.

Das OLG Düsseldorf ging von einer anfechtbaren Zahlung aus, die in vollem Umfang zurück zu gewähren sei. Die Zahlung stelle eine inkongruente Deckung im letzten Monat vor dem Antrag auf Insolvenzeröffnung dar. Da der gesetzliche Gebührenrahmen des § 13 Satz 2 StBVV durch die vereinbarte Zeitgebühr überschritten war und die Vereinbarung weder als Vergütungsvereinbarung bezeichnet, noch deutlich von anderen Vereinbarungen abgesetzt war, war die Zahlung insoweit inkongruent, als die geforderte Vergütung über der gesetzlichen Vergütung lag. Die teilweise Inkongruenz hatte hier zur Folge, dass die Zahlung insgesamt als inkongruente Deckung anfechtbar ist. Das OLG Düsseldorf berief sich auf den Grundsatz, dass eine einheitliche Rechtshandlung nur insgesamt kongruent sein könne. Ist sie teilweise inkongruent, sei sie es in vollem Umfang. Da zwischen dem Beginn der Tätigkeit und der Zahlung mehr als 30 Tage lagen, schied die Annahme eines Bargeschäfts[5] aus, das der Anfechtung möglicherweise hätte entgegenstehen können.

(einstweilen frei) **133**

III. Heilungsmöglichkeiten

Ist die Vergütungsvereinbarung nach § 4 Abs. 1 StBVV wegen Nichtbeachtung der **134**
Form unwirksam, kann dieser Formmangel jederzeit – auch noch nach Beendigung des Auftrags – durch eine wirksame Vereinbarung geheilt werden. Dies setzt jedoch die im Streitfall nicht zu erwartende Zustimmung des Mandanten voraus. Eine weitere Heilungsmöglichkeit sieht § 4 Abs. 1 Satz 4 StBVV vor. Danach ist eine Rückforderung durch den Mandanten ausgeschlossen, wenn die höhere Vergütung **freiwillig und ohne Vorbehalt** geleistet worden ist. Bis zum 30.7.2008 existierte eine solche Regelung auch im **RVG**. Seitdem gibt es diese Heilungsmöglichkeit bei fehlerhaften Vergütungsvereinbarungen im RVG nicht mehr.[6] Für StB wird diese Abweichung

---

1) OLG Brandenburg v. 31.7.2019, 11 U 159/18; OLG Düsseldorf v. 11.11.2008, I-24 U 36/08, GI 2009, 8, 10, zu § 4 RVG a.F.; LG Wiesbaden v. 27.11.2014, 9 O 199/13; → § 9 StBVV Rz. 192.
2) LG Köln v. 16.4.2015, 2 O 404/14, DStR 2016, 95 mit Anm. Raab.
3) OLG Düsseldorf v. 11.5.2017, I-12 U 55/16, ZIP 2017, 1486 und DStR 2017, 2190 mit Anm. Draf.
4) OLG Düsseldorf v. 11.5.2017, I-12 U 55/16, ZIP 2017, 1486 und DStR 2017, 2190 mit Anm. Draf.
5) § 142 InsO.
6) Schons, AnwBl 2020, 372, 376.

dann relevant, wenn die StBVV auf die Vorschriften des RVG verweist, wie z.B. in § 45 StBVV.

Beispiel:

StB und Mandant schließen für ein Klageverfahren vor dem FG eine (fehlerhafte) Vergütungsvereinbarung. Zahlt der Mandant zunächst freiwillig und ohne Vorbehalt das vereinbarte Honorar und fordert dies später unter Hinweis auf die fehlerhafte Vergütungsvereinbarung ganz oder teilweise zurück, kann der StB sich nicht auf die freiwillige und vorbehaltlose Zahlung berufen, da das RVG dies nicht mehr vorsieht. Der StB ist in diesen Fällen nur durch § 814 BGB vor Rückforderungsansprüchen des Mandanten geschützt.

Welche Anforderungen an die „freiwillige Leistung" zu stellen sind, ist eine Frage des Einzelfalls. Grundsätzlich ist es allein Sache des StB, für eine formgerechte Vergütungsvereinbarung zu sorgen. Dazu gehört auch die Information des Mandanten, dass er eine höhere als die gesetzliche Vergütung zahlt. Hat der StB dem Mandanten eine entsprechende Information gegeben, kommt es bei der Frage der „Freiwilligkeit" nicht mehr darauf an, ob es sich bei dem Mandanten um einen geschäftsgewandten Auftraggeber oder einen ungewandten Auftraggeber handelt.[1] Nach OLG Düsseldorf[2] muss auch ein Mandant, der Volljurist ist, nicht wissen, dass eine mündlich geschlossene Vergütungsvereinbarung formunwirksam ist. An der „Freiwilligkeit" fehlt es immer dann, wenn der Mandant gar keine, also auch keine mündliche Erhöhungserklärung abgegeben hat, bzw. gar nicht weiß, dass die bezahlten Gebühren höher sind als die gesetzlichen Gebühren[3] oder wenn der Mandant sich in Rechtsnot befindet.[4] In diesen Fällen greift § 4 Abs. 1 Satz 3 StBVV nicht ein und dem Mandanten steht – mangels Freiwilligkeit der Leistung – ein Rückforderungsanspruch aus Bereicherungsrecht zu.[5] Einwände gegen den Bereicherungsanspruch sind dem StB grundsätzlich verwehrt.[6] Vorbehaltlosigkeit der Leistung liegt vor, wenn der Auftraggeber im Zusammenhang mit der Leistung keinen Zweifel an der Berechtigung der Forderung artikuliert.[7] Die Darlegungs- und Beweislast für die Kenntnis des Mandanten hat der StB.[8]

C. Unangemessen hohe Vergütung (Abs. 2)

135 Eine Gebührenüberhebung kann zivilrechtlich unwirksam sein, wenn die Voraussetzungen des § 138 Abs. 1 BGB (Sittenwidrigkeit) oder des § 138 Abs. 2 BGB (Wucher) vorliegen.[9] Die Nichtigkeit nach § 138 BGB hat zur Folge, dass die Vergütungsvereinbarung als solche nichtig ist. Ob der Steuerberatungsvertrag fortbesteht, mit der Folge, dass die gesetzlichen Gebühren geschuldet werden, ist streitig.[10] Darüber hinaus ist eine Gebührenüberhebung i.S.d. § 352 StGB auch berufswidrig.

---

1) So aber Kilian, NJW 2005, 3104, 3107.
2) OLG Düsseldorf v. 12.6.2018, 24 U 131/17.
3) BGH v. 8.6.2004, IX ZR 119/03, NJW 2004, 2818; OLG Düsseldorf v. 12.6.2018, 24 U 131/17; OLG Düsseldorf v. v. 11.11.2008, I-24 U 36/08, GI 2009, 8, 10, zu § 4 RVG a.F.; OLG Koblenz v. 22.9.2003, 5 U 763/03, MDR 2004, 55, zu § 3 Abs. 1 Satz 2 BRAGO; LG Duisburg v. 9.7.2020, 11 O 273/19; LG Essen v. 16.1.1992, 16 O 183/90.
4) BGH v. 4.2.2010, IX ZR 18/09, NJW 2010, 1364, 1370.
5) OLG Düsseldorf v. 12.6.2018, 24 U 131/17 zum Anwaltsrecht.
6) Siehe die Nachweise bei Kilian, NJW 2005, 3104, 3107.
7) Kilian, NJW 2005, 3104, 3107.
8) OLG Düsseldorf v. 12.6.2018, 24 U 131/17 zum Anwaltsrecht.
9) BGH v. 10.11.2016, IX ZR 119/14, DStR 2017, 517, 518; v. 24.7.2003, IX ZR 131/00, NJW 2003, 3486; LG Stuttgart v. 18.4.2016, 27 O 382/15.
10) Bejahend: BGH v. 10.11.2016, IX ZR 119/14, DStR 2017, 517; Römermann, EWiR 2017, 45, 56; Teubel in Hinne/Klees/Müllerschön/Teubel/Winkler, 3. Aufl. 2015, § 1 Rz. 293; verneinend: LG Stuttgart v. 18.4.2016, 27 O 382/15 unter Hinweis auf BGH v. 17.5.1988, VI ZR 233/87.

Zum Schutz des Auftraggebers sieht § 4 Abs. 2 StBVV vor, dass jede Vereinbarung einer höheren Vergütung ihre Grenze auch in der Unangemessenheit im weitesten Sinne findet. Die Vereinbarung einer unangemessen hohen Vergütung, die nicht nichtig i.S.v. § 138 BGB ist, bleibt aber zunächst rechtswirksam. Sie kann im Rechtsstreit durch das zuständige Gericht allerdings auf den angemessenen Betrag bis zur Höhe der sich aus dieser Verordnung ergebenden Vergütung herabgesetzt werden. Das Gericht kann die zuständige Steuerberaterkammer zur Abgabe eines Gutachtens über die Angemessenheit der Gebühren veranlassen.[1)]

Die Vorschrift hat kaum praktische Bedeutung. Nach der Rechtsprechung ist eine **136**
unangemessen hohe Vergütung dann gegeben, wenn sich ein Festhalten an der getroffenen Vereinbarung, unter Berücksichtigung der gesamten Umstände des Einzelfalls, als unzumutbar und als unerträgliches Ergebnis darstellt.[2)] Dabei ist das Gericht nicht befugt, die vertraglich ausbedungene Leistung durch die billige oder angemessene zu ersetzen. Für eine Herabsetzung ist nur dann Raum, wenn es unter Berücksichtigung aller Umstände unverträglich und mit den Grundsätzen des § 242 BGB unvereinbar wäre, den Mandanten an seinem Honorarversprechen festzuhalten. Es muss ein krasses, evidentes Missverhältnis zwischen der Leistung des StB und der Vergütung bestehen. Maßgeblicher Zeitpunkt für die Beurteilung ist der Zeitpunkt der Vertragsbeendigung.[3)] Die Unangemessenheit der vereinbarten Vergütung wird nach der Rechtsprechung des BGH bei einem mehr als **fünffachen Überschreiten der gesetzlichen Höchstgebühren** vermutet.[4)] Der StB kann diese Vermutung widerlegen. Er muss darlegen und beweisen, dass das vereinbarte Honorar im konkreten Fall unter Berücksichtigung der insbesondere in § 11 StBVV genannten Gebührenbestimmungsfaktoren angemessen ist.[5)]

Kritische Stellungnahme:

Die gesetzlichen Gebühren sind vielfach keine ausreichende Vergleichsgrundlage, weil sie nicht in allen Fällen die marktangemessene Vergütung für die Leistung des StB abbilden. Deshalb überzeugt die aus der Luft gegriffene Vermutung eines Missverhältnisses bei fünffachem Überschreiten der gesetzlichen Vergütung nicht.[6)]

Bei einer Abrechnung nach vereinbarten **Stundensätzen** ist nicht von einer Unangemessenheit auszugehen, wenn die zwischen den Parteien getroffene Vergütungsvereinbarung (insbesondere die Stundensätze) nach Sachlage angemessen ist, selbst wenn sie die gesetzlichen Gebühren um das 6-fache oder 8-fache überschreitet.[7)] Wenn der Stundensatz als solcher angemessen ist und das hohe Honorar v.a. auf den vielen angefallenen Tätigkeitsstunden beruht und keine Anhaltspunkte dafür vorliegen, dass der StB die Arbeitszeit unangemessen aufgebläht hat, ist auch ein Honorar, das 6-fach so hoch ist wie die gesetzliche Vergütung, nicht unangemessen oder sittenwidrig.[8)] Die nachgewiesenen Stunden müssen allerdings in einem angemessenen Verhältnis zu Umfang und Schwierigkeit der Sache stehen. Eine bin-

1) § 76 Abs. 2 Nr. 7 StBerG.
2) BGH v. 21.10.2010, IX ZR 37/10, NJW 2011, 63 f.; BGH v. 4.2.2010, IX ZR 18/09, NJW 2010, 1364; ebenso OLG München v. 21.7.1967, 9 U 2205/66, NJW 1967, 1571 f.; OLG Köln v. 30.9.1997, 17 U 31/97, NJW 1998, 1960 ff., zu § 3 Abs. 3 BRAGO.
3) Römermann, EWiR 2017, 45, 46.
4) BGH v. 21.10.2010, IX ZR 37/10, NJW 2011, 63, 65 f. in einer Strafsache und BGH v. 10.11.2016, IX ZR 119/14, DStR 2016, 517 in einer Zivilsache.
5) Kallenbach, AnwBl 2017, 208.
6) So auch Römermann, EWiR 2017, 45, 46.
7) So die Rechtsprechung zum Anwaltsrecht: BGH v. 13.2.2020, IX ZR 140/19, AnwBl 2020, 303 zu einem Stundensatz von 290 €; OLG Düsseldorf v. 8.1.2019, I-24 U 84/18, NJW 2019, 1956 zu einem Stundensatz von 250 €; OLG Karlsruhe v. 28.8.2014, 2 U 2/14, AnwBl 2015, 182 zu einem Stundensatz von 300 €; OLG Celle v. 18.11.2009, 3 U 115/09, MDR 2010, 116 zu einem Stundensatz von 150 €; Lahmann, DStR 2009, 2069, 2074 m.w.N.
8) OLG Düsseldorf v. 8.1.2019, I-24 U 84/18, NJW 2019, 1956, 1957 zu einem angemessenen Stundensatz von 250 €.

dende Bearbeitungszeit gibt es aber nicht. Da die Arbeitsweise von Steuerberatern individuell unterschiedlich gestaltet ist, sind Zeitdifferenzen bei der Bearbeitung grundsätzlich hinzunehmen.[1] Der BGH sah in dem vereinbarten Pauschalhonorar eines RA von 20 000 € in einer Kindschaftssache im Ergebnis keinen Verstoß gegen die guten Sitten[2] und verneinte die Unangemessenheit, obwohl die gesetzlichen Gebühren (3 733,03 €) um mehr als das Fünffache überschritten wurden. Für die Beurteilung der Angemessenheit eines Stundenhonorars ist es auch von Bedeutung, ob ein kaum bekannter, in dem Rechtsgebiet nicht hervorgetretener RA in einer Standardsache oder ein bundesweit renommierter RA mit dem Hintergrund einer Großkanzlei in einem besonders schwierigen Mandat tätig wird. Erklärt ein Mandant sein Einverständnis mit in Großkanzleien üblichen Stundensätzen, so kann er nicht nachträglich unter dem Gesichtspunkt der Unangemessenheit eine Reduzierung verlangen.[3] Ein gehobenes Einkommen, wie in Großkanzleien, erforderte im Jahr 2010 im Regelfall ein Zeithonorar von 250 € pro Stunde.[4] Bei einer Abrechnung nach vereinbarten Stundensätzen sind im Anwaltsrecht Beträge, die einen Bereich von 350 € bis 400 € nicht überschreiten unproblematisch.[5]

137 § 4 Abs. 2 StBVV greift auch dann ein, wenn der StB unmittelbar mit dem Gegner seines Mandanten eine unangemessen hohe Vergütung in der Weise vereinbart, dass er gegen den Gegner einen eigenen Zahlungsanspruch erhält.[6] Zur Begründung führt der BGH aus, dass die Regelung in § 3 Abs. 3 BRAGO a.F. nicht nur dem Schutz des Mandanten dient, sondern v.a. Auswüchse bei vertraglichen Vergütungsregelungen beschneiden soll, die mit der besonderen Stellung des Rechtsanwalts als einem Organ der Rechtspflege nicht vereinbar sind. Diese Ausführungen gelten entsprechend für StB als Organ der Steuerrechtspflege.[7]

D. Vereinbarung einer Vergütung für gerichtliche Verfahren

138 Wenn StB im Rahmen eines gerichtlichen Verfahrens, z.B. im Rahmen eines finanzgerichtlichen Klageverfahrens, tätig werden, gilt § 4 Abs. 1 StBVV nicht. Vielmehr ist über § 45 StBVV die Regelung des § 3a RVG anwendbar.[8] Eine **Gebührenunterschreitung** ist in gerichtlichen Verfahren **unzulässig**. Der StB darf deshalb mit seinem Mandanten weder eine geringere als die gesetzliche Vergütung vereinbaren, noch unterhalb der gesetzlichen Mindestgebühren abrechnen.[9]

Praxistipp:

Gerade wegen dieses Verbots der Gebührenunterschreitung ist es immer zweckmäßig, für die Tätigkeit in gerichtlichen Verfahren mindestens die gesetzliche Vergütung zu vereinbaren.[10]

Die Rechtsfolgen einer fehlerhaften Vergütungsvereinbarung nach § 3a Abs. 1 Satz 1 und 2 RVG richten sich nach § 4b RVG.[11] § 3a Abs. 1 Satz 3 RVG begründet

1) BGH v. 13.3.2020, IX ZR 140/19, AnwBl 2020, 3030 und BGH v. 21.10.2010, IX ZR 37/10, NJW 2011, 63 f.; v. 4.2.2010, IV ZR 18/09, NJW 2010, 1364, 1371 zum Anwaltsrecht.
2) § 138 Abs. 1 BGB.
3) BGH v. 21.10.2010, IX ZR 37/10, NJW 2011, 63 f. und v. 4.2.2010, IV ZR 18/09, NJW 2010, 1364.
4) BGH v. 21.10.2010, IX ZR 37/10, NJW 2011, 63 f. und v. 4.2.2010, IV ZR 18/09, NJW 2010, 1364.
5) Schons, AnwBl Online 2020, 372, 379.
6) BGH v. 15.5.1997, IX ZR 167/96, NJW 1997, 2388, zu § 3 Abs. 3 BRAGO.
7) § 1 Abs. 1 BOStB.
8) → § 45 StBVV Rz. 701.
9) Schneider, AnwBl Online 2019, 199, 201.
10) Muster Vergütungsvereinbarung Zeitgebühr (gerichtliche Tätigkeit) § 1 Abs. 4, → Rz. 941.
11) → Rz. 133.

zum Schutz der Rechtssuchenden eine Hinweispflicht des StB. Wenn eine höhere als die gesetzliche Vergütung vereinbart werden soll, muss die Vergütungsvereinbarung einen **Hinweis zur Kostenerstattung** enthalten, die regelmäßig nur die gesetzliche Vergütung umfasst. Dem Rechtssuchenden soll damit verdeutlich werden, dass er den die gesetzliche Vergütung übersteigenden Betrag selbst zahlen muss. Ein Verstoß gegen diese Hinweispflicht führt nicht zur Rechtsfolge des § 4b RVG, also nicht zur Begrenzung des Gebührenanspruchs auf die gesetzliche Gebühr.[1] Der Verstoß kann aber Schadensersatzansprüche nach § 280 BGB in Höhe des Differenzbetrags zwischen der gesetzlichen und der vereinbarten Vergütung auslösen.[2]

Obwohl die Erklärung nicht unterschrieben sein muss, ist die Textform nur gewahrt, wenn ein räumlicher Abschluss erkennbar ist, z.B. durch ein Faksimile, eine (eingescannte) Unterschrift oder einen Zusatz wie: „Diese Erklärung ist nicht unterschrieben." Handschriftliche Ergänzungen der Vereinbarung unterhalb des räumlich abgeschlossenen Textes führten nach der älteren BGH-Rechtsprechung zur Unwirksamkeit der Vereinbarung, es sei denn, es wird ein neuer räumlicher Abschluss geschaffen.[3] Entsprechende Formverstöße lösen nach der neuen BGH-Rechtsprechung die in § 4b RVG vorgesehen Rechtsfolge aus.[4] 139

Praxistipp:

Verwenden Sie getrennte Vergütungsvereinbarungen für außergerichtliche und gerichtliche Tätigkeiten. Eine allumfassende Beauftragung für außergerichtliche und (künftige) gerichtliche Tätigkeiten in einem einzigen Auftrag bzw. einer einzigen Vergütungsvereinbarung ist vor dem Hintergrund des § 307 Abs. 2 Nr. 1 BGB problematisch, da der Mandant dadurch möglicherweise in seiner Entscheidungsfreiheit eingeschränkt wird.[5]

E. Vereinbarung einer niedrigeren Vergütung (Abs. 3)

Die Regelung wurde durch die Dritte Verordnung zur Änderung steuerlicher Verordnungen eingefügt.[6] Sie gilt nur für die **außergerichtliche Tätigkeit** des StB. In gerichtlichen Verfahren ist eine Gebührenunterschreitung unzulässig.[7] Nach der Gesetzesbegründung soll dadurch die Möglichkeit geschaffen werden, dass ein StB und sein Mandant in außergerichtlichen Angelegenheiten auch eine niedrigere als die gesetzliche Vergütung (Gebühren und Auslagen) vereinbaren können. Die Beschränkung auf außergerichtliche Angelegenheiten entspricht der für Rechtsanwälte geltenden Rechtslage.[8] Sowohl § 4 Abs. 3 StBVV, als auch § 4 Abs. 1 RVG finden nur dort Anwendung, wo eine **gesetzliche Vergütung** auch tatsächlich existiert. Weiter heißt es in der Gesetzesbegründung, dass der Mandant hinsichtlich der Form der Vereinbarung gleichermaßen schutzbedürftig ist wie bei der Vereinbarung einer höheren als der gesetzlichen Vergütung und dass deshalb auch die Formerfordernisse des § 4 Abs. 1 Satz 1 StBVV gelten. 140

Kritische Stellungnahme:

Diese Begründung überzeugt nicht. Bezogen auf die Vereinbarung einer niedrigeren Vergütung bedarf es zum Schutz des Mandanten keiner bestimmten Form. Denn von

1) BGH v. 12.5.2016, IX ZR 208/15; OLG Karlsruhe v. 28.8.2014, 2 U 2/14, DStR 2015, 383, 384; → Rz. 133.
2) Schneider, AnwBl 2016, 178, 180, 181; Jung, AnwBl 2015, 724, 733; Schons in Hartung/Schons/Enders, § 3a RVG Rz. 38.
3) Z.B. durch eine zweite Unterschrift oder Paraphierung; BGH v. 3.11.2011, IX ZR 47/11, AnwBl 2012, 97.
4) → Rz. 133.
5) So jedenfalls LG Köln v. 24.1.2018, 26 O 453/16, n. rkr., BRAK-Mitt. 2018, 97.
6) → Rz. 113.
7) → Rz. 138.
8) § 4 Abs. 1 RVG; zum Verbot der Unterschreitung der gesetzlichen Vergütung in gerichtlichen Verfahren siehe auch § 49b BRAO; OLG München v. 10.12.2014, 5006/12 und Schneider, AnwBl Online 2019, 199, 201.

der Vereinbarung niedrigerer Gebühren oder Auslagen profitiert allein der Mandant. Er ist deshalb auch beweispflichtig für eine vereinbarte Unterschreitung der gesetzlichen Gebühren.[1] Die Regelung ist nur so zu erklären, dass es dem Verordnungsgeber in erster Linie um die Abwendung des Vertragsverletzungsverfahrens[2] und in zweiter Linie um eine möglichst weitreichende Angleichung an die für Rechtsanwälte geltenden Vorschriften ging.

Fraglich ist, wann eine niedrigere Vergütung im Sinne dieser Vorschrift vorliegt. Zwei Interpretationsmöglichkeiten sind denkbar. Zum einen könnte eine niedrigere Vergütung erst dann vorliegen, wenn die gesetzliche Mindestvergütung unterschritten werden soll (**Untersatzabweichung**). Zum anderen könnte eine niedrigere Vergütung aber auch schon dann vorliegen, wenn eine niedrigere als die angemessene gesetzliche Vergütung vereinbart werden soll. Das RVG, an das sich die Gesetzesbegründung des § 4 Abs. 3 StBVV anlehnt, verwendet den Begriff der „Vergütungsvereinbarung" dann, wenn eine höhere oder niedrigere als die gesetzlich festgelegte Vergütung vereinbart werden soll.[3] Bei Rahmengebühren sind nur die Unter- und Obersätze gesetzlich festgelegt. Liegt das vereinbarte Honorar innerhalb des Gebührenrahmens, ist § 4 Abs. 3 StBVV m.E. nicht anwendbar.[4] M.E. sollten deshalb nur die Fälle erfasst werden, in denen feststeht, dass eine Untersatzabweichung erfolgt

Beispiel:

StB vereinbart mit seinem Mandanten eine monatliche Buchführungsgebühr von 1/10 nach § 33 Abs. 1 StBVV.

sowie die Fälle, in denen eine solche Untersatzabweichung zumindest möglich ist, dies im Zeitpunkt der Vereinbarung aber noch nicht feststeht, etwa weil an Stelle der gesetzlichen Wertgebühr eine Zeitgebühr oder ein Stundensatz vereinbart wird (z.B. Stundensatz von 30 € für monatliche Buchführung). Insoweit kann auf die Ausführungen und Argumente zur Vereinbarung einer höheren Vergütung verwiesen werden.[5] Anders als dort, sind die Auswirkungen einer formfehlerhaften Vereinbarung einer niedrigeren Vergütung hier im Ergebnis für den StB aber nicht nachteilig. Denn bei Nichtbeachtung der Formerfordernisse des § 4 Abs. 1 Satz 1 StBVV gilt nach der Rechtsprechung des BGH in jedem Fall das Vereinbarte.[6]

Nach § 4 Abs. 3 Satz 2 StBVV muss die vereinbarte Vergütung in einem **angemessenen Verhältnis** zu Leistung, Verantwortung und Haftungsrisiko des StB stehen, nicht zuletzt, um den StB vor wirtschaftlich übermächtigen Auftraggebern zu schützen. Mit dem Angemessenheitsgebot wird der Gedanke des § 64 Abs. 1 StBerG und des § 11 StBVV aufgegriffen und der StB in die Pflicht genommen, die gesetzlich vorgesehenen (Mindest-) Gebühren (und Auslagen) nicht leichtfertig zu unterschreiten. Keinesfalls darf die Regelung aber dahingehend verstanden werden, dass Steuerberatern nunmehr generell auch Preisdumping bis hin zu einem **vollständigen Verzicht** auf die gesetzliche Vergütung erlaubt wäre.[7] Dies kann im Übrigen auch nicht aus § 6 RDG abgeleitet werden, der die Möglichkeit unentgeltlicher Rechtsdienstleistungen vorsieht. Denn die Vorschriften der StBVV sind die spezielleren und gehen § 6 RDG deshalb vor. Eine **Unterschreitung** der angemessenen Gebühr **kann** sowohl **berufsrechtliche**, als auch **wettbewerbsrechtliche Folgen** haben.[8] **Zivilrechtlich** dürfte eine unangemessen niedrige Vergütungsvereinba-

1) LG Duisburg v. 2.10.2015, 7 S 21/15 m.w.N.; → Rz. 133.
2) → Rz. 113.
3) Mayer in Gerold/Schmidt, 24. Aufl. 2019, § 3a RVG Rz. 3.
4) Ebenso OLG München v. 13.12.2017, 15 U 886/17; Gilgan KP 2018, 130.
5) → Rz. 115 ff.
6) → Rz. 133; Schons in Hartung/Schons/Enders, § 3a RVG Rz. 22.
7) Beyer-Petz, DStR 2016, 1885, 1887; Weitze-Scholl/Jendrzok DStR 2017, 65, 72; Kilian in Henssler/Prütting, 5. Aufl. 2019, § 49b BRAO Rz. 35.
8) Vgl. § 64 StBerG Rz. 904 ff.

rung gem. § 134 BGB nichtig sein.[1] Allerdings ist es dem StB wegen des Grundsatzes von Treu und Glauben (§ 242 BGB) untersagt, sich auf diese Unwirksamkeit zu berufen und die gesetzlichen Gebühren abzurechnen. Er bleibt im Ergebnis also an die (unwirksame) Vereinbarung gebunden. Zur Klarstellung sei darauf hingewiesen, dass der StB in Einzelfällen selbstverständlich auch **ohne Vereinbarung** von der gesetzlich vorgesehenen Mindestvergütung abweichen darf, wenn die in Rechnung gestellte Vergütung in einem angemessenen Verhältnis zu Leistung, Verantwortung und Haftungsrisiko des StB steht.[2] Auch die **gelegentliche unentgeltliche Erledigung** kleinerer Arbeiten für einen Mandanten ist nicht generell wettbewerbs- und berufswidrig. Es kommt auf die Umstände des Einzelfalls an.[3] Auch wenn besondere Umstände vorliegen, wie z.B. eine durch die **Corona-Krise** ausgelöste **wirtschaftliche Notlage des Mandanten**, und der StB deshalb auf Gebühren verzichtet, ist dies berufs- und wettbewerbsrechtlich nicht vorwerfbar.[4]

F. Informationspflichten (Abs. 4)

Die Regelung wurde durch die Dritte Verordnung zur Änderung steuerlicher Verordnungen eingefügt.[5] Die Gesetzesbegründung spricht von besonderen Informationspflichten des StB. Dieser muss den Auftraggeber in Textform[6] darauf hinweisen, dass eine höhere[7] oder niedrigere[8] als die gesetzliche Vergütung[9] in Textform vereinbart werden kann. Der StB muss zumindest einmal gegenüber jedem seiner Mandanten und nicht nur gegenüber solchen, mit denen eine Vergütungsvereinbarung besteht[10] diesen Hinweis geben.[11] Ein Verstoß gegen diese Informationspflicht hat keine Auswirkungen auf die Wirksamkeit der Vergütungsvereinbarung. Zwar könnte die Verortung der Informationspflicht in § 4 Abs. 4 StBVV die Annahme nahe legen, dass diese Pflicht tatsächlich nur dann zu beachten ist, wenn eine Vergütungsvereinbarung nach § 4 StBVV besteht. Diesem Verständnis widerspricht allerdings der Umstand, dass § 4 Abs. 4 StBVV zum Zwecke einer Verbesserung des Verbraucherschutzes eingefügt wurde. Sinn und Zweck der Vorschrift ist es, alle Mandanten über die Möglichkeit einer abweichenden Vereinbarung aufzuklären. Hinzu kommt, dass gerade die Mandanten, mit denen eine Vergütungsvereinbarung besteht, im Zweifel gar nicht aufklärungsbedürftig sind. Denn diese Mandanten wissen um die Möglichkeit einer abweichenden Vereinbarung, weil dem Abschluss der Vereinbarung in aller Regel Verhandlungen bzw. Gespräche über die abweichende Honorargestaltung vorausgegangen sind.[12] Eine Beschränkung der Informationspflicht auf Mandanten, mit denen eine Vergütungsvereinbarung geschlossen wird, würde den Anwendungsbereich deshalb zu sehr einschränken und liefe der Intention des Verordnungsgebers zuwider. Die Informationspflicht gilt seit Inkrafttreten der Regelung. Eine Übergangszeit gibt es ebenso wenig, wie eine Beschränkung auf neue Mandate, die ab dem Zeitpunkt des Inkrafttretens der Regelung begründet werden. Die Informationspflicht gilt deshalb auch für Mandate, 141

1) Kilian in Henssler/Prütting, 5. Aufl. 2019, § 49b BRAO Rz. 54a.
2) Vgl. § 64 StBerG Rz. 904 ff.
3) OLG München v. 24.10.2018, 20 U 2963/17, Rz. 140 der Entscheidungsgründe.
4) → § 45 Abs. 4 Satz 2 BOStB a.F; siehe hierzu § 64 StBerG Rz. 906.
5) → Rz. 113.
6) → Rz. 123.
7) → Rz. 115 ff.
8) → Rz. 140.
9) → Rz. 140.
10) So aber Gilgan, KP 2016, 183; Christ, Honorargestaltung für Steuerberater, Sep. 2016, 1.
11) Handlungsempfehlungen des DStV zur Einhaltung der neuen Hinweispflichten des Steuerberaters nach § 4 Abs. 4 StBVV, Stbg 2016, 484; Klaeren, KANZLEI intern 11/2016, 6; Ueberfeldt, DStR 2017, 900, 903; Raab, DStR 2017, 688; Volkmann in Meyer/Goez/Schwamberger, 9. Aufl. 2019, § 4 StBVV Rz. 18.
12) Ueberfeldt, DStR 2017, 900, 903.

die im Zeitpunkt des Inkrafttretens der Regelung schon bestanden haben. Diese neue Informationspflicht war nicht zu verhindern. Sie ist letztlich der Preis, der für die Beendigung des eingeleiteten Vertragsverletzungsverfahrens[1] gezahlt werden musste.

Am einfachsten können diejenigen StB, die schriftliche Steuerberatungsverträge oder AGB verwenden, dieser neuen Informationspflicht gerecht werden. Es genügt die Aufnahme einer entsprechenden Klausel in den Steuerberatungsvertrag oder in die AGB.

Formulierungsvorschlag:

„Der Auftraggeber wird darauf hingewiesen, dass eine höhere oder niedrigere als die gesetzliche Vergütung in Textform vereinbart werden kann[2]"

Eine entsprechende Information kann der StB auch in die Vollmacht aufnehmen oder dem Mandanten in Form eines gesonderten Informationsblattes oder per E-Mail oder SMS erteilen. Er kann diesen Hinweis auch mit oder in der Gebührenrechnung erteilen. Es genügt, dass jeder Mandant den Hinweis ein einziges Mal erhält.

Praxistipp:

Da die Frage der Informationspflicht u.U. erst viele Jahre später relevant wird, empfiehlt es sich, die Gebührenrechnung, mit der die Information erteilt wurde, so zu archivieren, dass sie bei einer Suche leicht wiedergefunden werden kann.

Es reicht nicht aus, dass der StB eine entsprechende Information auf seiner **Internet-Seite** bereitstellt. Denn die Erklärungen, für welche das Gesetz Textform vorschreibt, sind allesamt empfangsbedürftig und setzen deshalb Zugang beim Empfänger voraus. Bei digitalisierten Inhalten reicht das bloße Wahrnehmen im Internet oder die Möglichkeit der Wahrnehmung nicht aus. Überwiegend wird eine Speicherung oder ein Ausdruck des Dokuments durch den Empfänger verlangt.[3] Diesen Nachweis kann der StB nicht führen, so dass davon abzuraten ist, der Informationspflicht nach § 4 Abs. 4 StBVV nur durch einen Hinweis auf der Internet-Seite nachzukommen. Aus den gleichen Gründen ist davon abzuraten, den Hinweis im Empfangs- oder Wartebereich der Kanzlei auszuhängen, da auch bei dieser Vorgehensweise Zugangsprobleme nicht ausgeschlossen sind.

142 Ein Verstoß gegen die Informationspflichten nach § 4 Abs. 4 StBVV ist in erster Linie von zivilrechtlicher Relevanz, da der Mandant u.U. Schadensersatzansprüche[4] geltend machen kann.[5] Gerät der Mandant in Insolvenz, drohen u.U. Schadensersatzansprüche durch den Insolvenzverwalter. Der Anspruch ist auf das negative Interesse gerichtet. Dem Mandanten ist daher der Schaden zu ersetzen, der durch das Unterlassen des Hinweises kausal entstanden ist. Denkbar wäre beispielsweise, dass der Mandant vorträgt, er hätte einen Vertrag nur mit einer Vergütung, die unterhalb der gesetzlichen Vorgaben liegt abgeschlossen, wenn er von dieser Möglichkeit gewusst hätte. Beweispflichtig für die Anspruchsvoraussetzungen, insbesondere für die Kausalität und die Schadenshöhe ist der Mandant. Er muss konkret darlegen und notfalls beweisen, dass er einen anderen StB beauftragt hätte, der dieselbe Dienstleistung zu einer Vergütung unterhalb der gesetzlichen Vorgaben erbracht hätte. Dies allein reicht aber nicht aus. Solange der StB angemessene Gebühren abrechnet, wird der Mandant allein mit dem Hinweis darauf, er sei über die Möglichkeit der Gebührenunterschreitung nicht aufgeklärt worden, keinen Rückforderungsanspruch wegen zu viel gezahlter Gebühren durchsetzen können.

1) → Rz. 113.
2) § 4 Abs. 4 StBVV.
3) Janal, MDR 2006, 368; Mayer in Gerold/Schmidt, 24. Aufl. 2019, § 3a RVG Rz. 7 m.w.N.
4) Siehe BGH v. 24.5.2007, IX ZR 89/06 zur Hinweispflicht des RA nach § 49b Abs. 5 BRAO.
5) § 280 Abs. 1 i.V.m. §§ 241 Abs. 2, 311 Abs. 2 Nr. 1, 2 BGB.

Und zwar auch dann nicht, wenn er einen anderen StB präsentiert, der dieselbe Leistung angeblich zu einem niedrigeren Honorar erbracht hätte. Der ursprünglich beauftragte StB kann in einem solchen Fall nämlich einwenden, dass die Vereinbarung niedriger Gebühren nur dann zulässig ist, wenn die vereinbarte Gebühr „in einem angemessenen Verhältnis zur Leistung, der Verantwortung und dem Haftungsrisiko des Steuerberaters steht".[1] Wer also von vorneherein angemessene Gebühren abrechnet, ist vor etwaigen Schadensersatzansprüchen einigermaßen sicher.[2] In diesen Fällen wird der Mandant sich deshalb nicht auf die „deutlich überwiegende, auf gesicherter Grundlage beruhende Wahrscheinlichkeit", berufen können, dass ihm durch den nicht erfolgten Hinweis ein Schaden entstanden ist.[3] Weiterhin müsste der Mandant den Beweis für die Verletzung der Informationspflicht des StB führen.

Praxistipp:

Zur Vermeidung von Schadensersatzansprüche sollte der StB die neuen Informationspflichten gleichwohl ernst nehmen und seine Mandanten in der gebotenen Weise[4] aufklären.

Da es sich bei vertragsbezogenen Informationspflichten um Marktverhaltensregeln i.S.d. UWG handelt, liegt bei einer Verletzung der Informationspflichten auch eine unlautere Handlung i.S.d. UWG vor, die grundsätzlich wettbewerbsrechtliche Ansprüche von Mitbewerbern auslösen kann. Da der Nachweis eines kausalen Schadens oder einer spürbaren Interessenbeeinträchtigung der Verbraucher, Mitbewerber oder sonstigen Marktteilnehmer jedoch nur schwer zu führen sein wird, dürfte diesen Ansprüchen keine praktische Bedeutung zukommen.

Die Missachtung der gesetzlichen Informationspflichten könnte von der zuständigen Steuerberaterkammer ggf. (z.B. bei dauerhafter, konsequenter Missachtung) als Berufspflichtverletzung verfolgt werden, da die neue Informationspflicht die allgemeine Berufspflicht zur gewissenhaften Berufsausübung (§ 57 Abs. 1 StBerG) konkretisiert.

1) § 4 Abs. 3 StBVV.
2) Klaren, KANZLEI intern 11/2016, 6.
3) Jung, AnwBl 2015, 724, 730 m.w.N.
4) → Rz. 141.

§ 5
Mehrere Steuerberater

Ist die Angelegenheit mehreren Steuerberatern zur gemeinschaftlichen Erledigung übertragen, so erhält jeder Steuerberater für seine Tätigkeit die volle Vergütung.

Inhalt

A. Inhalt und Bedeutung

143 Nach der amtlichen Begründung zu § 5 StBGebV erhält jeder Berufsangehörige die volle Vergütung, wenn der Auftrag mehreren Berufsangehörigen nebeneinander zur Erledigung übertragen wird. Dies soll nicht gelten, wenn die Berufsangehörigen in einer Sozietät zusammengeschlossen sind.[1] § 5 StBVV stellt damit klar, dass die Vergütung nicht deshalb zu ermäßigen ist, weil das Maß der Arbeit im Falle einer gemeinschaftlichen Erledigung meist geringer ist als im Falle eines Einzelauftrags.

Die Vorschrift entspricht § 6 RVG,[2] der für StB dann Anwendung findet, wenn die StBVV auf die Vorschriften des RVG verweist.[3] Allerdings sind die Kosten der Beauftragung von zwei StB i.d.R. nicht erstattungsfähig, § 91 Abs. 2 Satz 2 ZPO.[4]

B. Anwendungsbereich

144 § 5 StBVV regelt nur den Fall der **gemeinschaftlichen Erledigung** einer Angelegenheit, d.h., es müssen mehrere Steuerberatungsverträge mit mehreren StB abgeschlossen sein, die die gleiche Tätigkeit zum Gegenstand haben. Die Aufträge müssen nicht zeitgleich erteilt worden sein. Sie können auch sukzessive erteilt werden. In der Praxis kommt eine „Nebeneinanderbeauftragung" gelegentlich in finanzgerichtlichen oder BFH-Verfahren, in Steuerstraf- oder Bußgeldverfahren vor. Hier gilt dann nicht § 5 StBVV, sondern über § 45 StBVV die Parallelvorschrift des § 6 RVG.

Beispiel:

In einem steuerstrafrechtlichen Ermittlungsverfahren beauftragt der Mandant neben seinem „Haus-StB" einen auf Steuerstrafrecht spezialisierten StB.

Ein arbeitsteiliges Vorgehen beider StB steht der Anwendung des § 6 RVG nicht entgegen.[5] Ebenso wenig steht der Anwendung des § 6 RVG entgegen, wenn die Tätigkeiten der beiden beauftragten StB zu unterschiedlichen Gebühren führen.

Beispiel:

In dem steuerstrafrechtlichen Ermittlungsverfahren erreicht der eine StB die Einstellung des Verfahrens; der andere StB hat daran nicht mitgewirkt. Beide StB erhalten die Grundgebühr und die Verfahrensgebühr nach § 45 StBVV i.V.m. Nrn. 4100, 4104 VV RVG. Die zusätzliche Gebühr nach § 45 StBVV i.V.m. Nr. 4141 VV RVG erhält nur der StB, der an der Einstellung mitgewirkt hat.[6]

---

1) → Rz. 145.
2) Bis 30.6.2004 § 5 BRAGO.
3) §§ 21 Abs. 2, 40, 44, 45 StBVV.
4) → § 45 StBVV Rz. 733.
5) N. Schneider in Schneider/Wolf, 8. Aufl. 2017, § 6 RVG Rz. 11.
6) N. Schneider in Schneider/Wolf, 8. Aufl. 2017, § 6 RVG Rz. 20.

Weitere Anwendungsfälle des § 5 StBVV bzw. des § 6 RVG[1] sind bei Außenprüfungen und Fahndungsprüfungen,[2] bei Tätigkeiten im Verfahren der Selbstanzeige,[3] im Einspruchsverfahren[4] oder bei der Prüfung der Erfolgsaussichten eines Rechtsmittels[5] denkbar, wenn es dem Mandanten darum geht, eine zweite Meinung einzuholen.

Die Verordnungsbegründung stellt bereits klar, dass die Vorschrift nicht anwendbar ist, wenn der Auftrag einer **Sozietät** erteilt wurde. Die Sozietät erhält die Vergütung also nur einmal, es sei denn, der Auftraggeber wünscht ausdrücklich, dass zwei oder mehrere Mitglieder einer Sozietät die Beratungsleistung gemeinschaftlich erbringen.[6] Dies gilt auch für die Erledigung durch eine (einfache) **Partnerschaftsgesellschaft** oder **eine Steuerberatungsgesellschaft**.[7] § 5 StBVV gilt ebenso wenig, wenn der StB einen anderen StB zur Unterstützung heranzieht und einen Unterauftrag erteilt, etwa zur Erstellung eines Gutachtens[8] und wenn mehrere StB die gleiche Tätigkeit nacheinander ausüben (z.B. im Falle eines Beraterwechsels).[9] 145

Anders als § 6 RVG bzw. § 5 BRAGO stellt § 5 StBVV nicht auf den „**Auftrag**", sondern die **„Angelegenheit"** ab. Die Verordnungsbegründung verwendet allerdings wieder den Oberbegriff „Auftrag". Im Zweifel ist der Verordnungstext maßgebend, so dass es auf die selbständig berechnungsfähige gebührenrechtliche Angelegenheit ankommt.[10] Da § 6 RVG in den o.g. Fällen[11] auch für StB gilt, ist die diesbezügliche Kommentierung ebenfalls von Interesse. Danach müssen die verschiedenen Aufträge die gleiche Tätigkeit zum Inhalt haben und denselben Gegenstrand betreffen.[12] An anderer Stelle heißt es, dass mehrere Rechtsanwälte in der gleichen Angelegenheit in der gleichen Art nebeneinander tätig werden.[13] Die Begriffe „Auftrag" und „Angelegenheit" werden bei der Kommentierung des § 6 RVG also ebenfalls nicht sauber abgegrenzt. Praktische Auswirkungen dürfte dies aber nicht haben, da § 5 StBVV und § 6 RVG ohnehin etwas Selbstverständliches regeln, nämlich, dass die Vergütungspflicht des Auftraggebers gegenüber einem jeden der von ihm beauftragten StB bzw. Rechtsanwälte gilt. Auftrag und Angelegenheit werden in diesen Fällen stets identisch sein. 146

1) → Rz. 143.
2) § 29 Nr. 1 StBVV.
3) § 30 StBVV.
4) § 40 StBVV.
5) § 21 Abs. 2 StBVV.
6) Eggesiecker, 2. Aufl. 1998, § 5 STEUGO Rz. 5.230; N. Schneider in Schneider/Wolf, 8. Aufl. 2017, § 6 RVG Rz. 47 ff.
7) Winkler in Eckert, 6. Aufl. 2017, § 5 StBVV Rz. 12.
8) Berners, 5. Aufl. 2016, § 5 StBVV Rz. 6.
9) Winkler in Eckert, 6. Aufl. 2017, § 5 StBVV Rz. 3.
10) Winkler in Eckert, 6. Aufl. 2017, § 5 StBVV Rz. 1. Zum Begriff der Angelegenheit → § 10 StBVV Rz. 204 f.
11) → Rz. 143.
12) N. Schneider in Schneider/Wolf, 8. Aufl. 2017, § 6 RVG Rz. 8.
13) Mayer in Gerold/Schmidt, 24. Aufl. 2019, § 6 RVG Rz. 2.

§ 6
Mehrere Auftraggeber

(1) Wird der Steuerberater in derselben Angelegenheit für mehrere Auftraggeber tätig, so erhält er die Gebühren nur einmal.

(2) [1]Jeder Auftraggeber schuldet dem Steuerberater die Gebühren und Auslagen, die er schulden würde, wenn der Steuerberater nur in seinem Auftrag tätig geworden wäre. [2]Der Steuerberater kann aber insgesamt nicht mehr als die Gebühr nach Absatz 1 fordern, die in den Fällen des § 40 Abs. 5 nach Maßgabe dieser Vorschrift zu berechnen ist; die Auslagen kann er nur einmal fordern.

Inhalt

Schrifttum

Beyme Gemeinsame Steuererklärung bei Auftreten nur eines Ehegatten, Honorargestaltung für Steuerberater, August 2019, 1; **Feiter** Ordnungsgemäße Abrechnung bei mehreren Auftraggebern, Honorarbrief für Steuerberater, 05/2013, 1; **Gilgan** Steuerberatungsvertrag – Kein Geschäft des täglichen Lebens, INF 2002, 471; **Schneider** Ordnungsgemäße Abrechnung bei mehreren Auftraggebern, AnwBl 2013, 213.

A. Inhalt und Bedeutung

147 Die Vorschrift entspricht im Wesentlichen § 7 Abs. 1 und 2 RVG.[1] § 6 Abs. 1 StBVV bestimmt, dass die Zahl der Auftraggeber grundsätzlich nicht zu einer Vermehrung der Gebühren führt. Eine Erhöhung der Geschäftsgebühr kann aber eintreten, wenn die StBVV auf die Vorschriften des RVG verweist und damit auch Nr. 1008 VV RVG anwendbar ist. Dies ist in den §§ 21 Abs. 2, 40, 44 und 45 StBVV der Fall. Nach § 40 Abs. 5 StBVV a.F. konnte im außergerichtlichen Rechtsbehelfsverfahren ebenfalls eine Erhöhung der Geschäftsgebühr bei mehreren Auftraggebern eintreten.

B. Tätigkeit für mehrere Auftraggeber (Abs. 1)

148 Der Berater muss gleichzeitig für **mehrere Auftraggeber** in **derselben Angelegenheit**[2] tätig sein. Dieselbe Angelegenheit liegt z.B. bei einer einheitlichen und gesonderten Feststellung vor. Ob der StB es mit einem oder mehreren Auftraggebern zu tun hat, hängt davon ab, wer den StB persönlich beauftragt hat. Erteilt eine Person für eine Personenmehrheit den Auftrag, sind die mehreren Personen Auftraggeber.[3] Bei den Auftraggebern muss es sich also zivilrechtlich um **Personenmehrheiten** handeln. Hierzu zählen z.B. **Eheleute** oder Miterben einer **Erbengemeinschaft**, wenn beide Eheleute bzw. mehrere Miterben den StB mit der Erstellung einer Einkommen- oder Erbschaftsteuererklärung beauftragt haben.[4] Verstirbt der Mandant

1) Bis 30.6.2004: § 6 Abs. 1 Satz 1 und Abs. 3 BRAGO.
2) → § 10 StBVV Rz. 204.
3) Volpert in Schneider/Wolf, 8. Aufl. 2017, § 7 RVG Rz. 8 m.w.N.
4) BGH v. 16.3.2004, VIII ZB 114/03, MDR 2004, 905; LG Karlsruhe v. 1.4.2019, 3 O 28/13, NJW-Spezial 2019, 445 und AG Viersen v. 18.9.2003, 31 C 239/01 (zur Erbengemeinschaft); Niedersächsisches FG v. 4.8.1983, VI 402/82 Ko, EFG 1984, 140; AG Neuss v. 21.8.1998, 39 C 232/96, StB 1999, 61 (zu Eheleuten).

während eines laufenden Verfahrens und führt der StB für die Erben das Verfahren fort, benötigt er hierfür keinen gesonderten Auftrag. Das Mandat setzt sich automatisch mit den Erben fort. Erblasser und Erben werden dabei als gesonderte Auftraggeber gezählt.[1] Fraglich ist, ob ein Vertrag mit beiden Eheleuten zustande kommt, wenn der Steuerberater nur von einem Ehegatten beauftragt wurde. Geht es um den Auftrag zur Erstellung einer Einkommensteuererklärung unter **Zusammenveranlagung**, wird dies bejaht, da ein sog. Geschäft zur Deckung des Lebensbedarfs der Familie vorliegt.[2] Allerdings gilt § 1357 BGB nicht bei **getrennt lebenden** Eheleuten.[3] In einer Erbangelegenheit soll hingegen kein Geschäft des täglichen Lebens vorliegen, da hier u.U. widerstreitende Interessen der Ehegatten vorliegen können.[4] Misslingt dem StB in einem solchen Fall im Gebührenprozess der Nachweis, dass ein Auftrag jeweils eines Ehepartners vorgelegen hat, trägt er die gerichtlichen und außergerichtlichen Kosten, die durch die unberechtigte Inanspruchnahme des weiteren Ehepartners entstanden sind.

Zwar führt die Tätigkeit für mehrere Auftraggeber außerhalb der o.g. Anwendungsfälle[5] nicht zu einer Vermehrung von Gebühren. Dieser Umstand ist aber bei der Bestimmung des **Rahmensatzes** der Gebühr angemessen zu berücksichtigen, weil die Tätigkeit für mehrere Auftraggeber regelmäßig mit zusätzlicher Arbeit, einer Erhöhung der allgemeinen Geschäftskosten, einer höheren Bedeutung der Angelegenheit sowie einer höheren Verantwortung und damit auch einem höheren Haftungsrisiko verbunden ist.[6] 149

C. Gesamtschuldnerische Haftung (Abs. 2)

§ 6 Abs. 2 StBVV stellt klar, dass die Auftraggeber in einem Gesamtschuldverhältnis[7] zueinander stehen, d.h., die Haftung des Einzelnen reduziert sich nicht deshalb, weil noch weitere Auftraggeber vorhanden sind. Der StB kann – muss aber nicht – die gesamte Vergütung von jedem einzelnen Auftraggeber verlangen. Der Ausgleich der Gesamtschuldner erfolgt dann im Innenverhältnis.[8] Hat der StB aber eine besondere Tätigkeit nur für einen Auftraggeber entfaltet, die gebührenrechtlich separat erfasst werden kann, und hat sich dadurch die Vergütung des StB erhöht, so haftet hierfür nur derjenige Auftraggeber, in dessen Interesse diese besondere Tätigkeit ausgeübt worden ist. Ein Schuldverhältnis zu den übrigen Auftraggebern wird insoweit nicht begründet. 150

Da jeder Auftraggeber nur die Gebühren und Auslagen schuldet, die er im Falle eines Einzelauftrags schulden würde, ist die **Gesamtschuldnerschaft** insoweit **begrenzt,** als der Mehraufwand, den der StB wegen der Tätigkeit für mehrere Auftraggeber gebührenerhöhend geltend macht,[9] nicht berücksichtigt wird. 151

Bei mehreren Auftraggebern genügt eine **Gesamtrechnung**, in der alle Auftraggeber aufgeführt sind oder die Auftrag gebende Gemeinschaft ist (z.B. eine Erbengemeinschaft) streng genommen nicht. Vielmehr muss sich aus der Berechnung ergeben, in welcher Höhe jeder Auftraggeber anteilsmäßig gem. § 6 Abs. 2 StBVV haf-

1) LG Karlsruhe v. 1.4.2019, 3 O 28/13, NJW-Spezial 2019, 445 m.w.N.
2) OLG Düsseldorf v. 26.11.2004, I-23 U 101/04, INF 2005, 93; a.A. AG Meinerzhagen v. 20.2.2019, 4 C 174/18, besprochen von Beyme, Honorargestaltung für Steuerberater, August 2019, 1; AG Leutkirch v. 2.4.2008, 2 C 21/08, DStR 2009, 876; AG Paderborn v. 5.9.2011, 54 C 216/11; AG Ludwigsburg v. 19.6.2002, 8 C 3161/01; Gilgan, INF 2002, 471 f.
3) Vgl. § 1357 Abs. 2 BGB.
4) OLG Düsseldorf v. 6.6.1991, 13 U 3/91, GI 1992, 167.
5) → Rz. 147.
6) Winkler in Eckert, 6. Aufl. 2017, § 6 StBVV Rz. 4.
7) §§ 421 ff. BGB.
8) § 426 BGB.
9) Z.B. nach § 40 Abs. 5 StBVV a.F. oder Nr. 1008 VV RVG.

tet. Andernfalls genügt die Rechnung nicht den formellen Anforderungen des § 9 StBVV und ist vor Gericht nicht durchsetzbar.[1)]

Praxistipp:

Im ersten Schritt empfiehlt sich gleichwohl eine Gesamtrechnung, da die Aufteilung des Rechnungsbetrages aufwendig und kompliziert ist. Erst dann, wenn einer oder mehrere Auftraggeber eine Aufteilung wünschen, muss der StB eine Aufteilung vornehmen, um keine Rechtsnachteile zu erleiden. Eine Gesamtrechnung an alle Auftraggeber kann auch dann ausreichend sein, wenn die Vergütung des StB aus einem gemeinsamen Vermögen beglichen wird, was etwa bei einer GbR, einer Erbengemeinschaft oder bei nicht zerstrittenen Eheleuten der Fall sein kann.[2)]

Insbesondere dann, wenn die Auftraggeber zerstritten sind oder über das Vermögen eines Ehepartners das Insolvenzverfahren eröffnet wurde und keine Zahlung auf die Gesamtrechnung erfolgt, weil jeder Auftraggeber nur bereit bzw. in der Lage ist, den auf ihn entfallenden Anteil an der Gesamtvergütung zu zahlen, stellt sich für den Steuerberater die Frage, wie dieser Anteil zu ermitteln ist. Hierzu nachfolgendes

Beispiel (Aufteilung des Gesamtrechnungsbetrages bei mehreren Auftraggebern):

Eheleute beauftragen den StB im Mai 2020 mit der Anfertigung der Einkommensteuererklärung 2019 nebst Anlagen N. Er rechnet seine diesbezüglichen Bemühungen gegenüber beiden Eheleuten wie folgt ab:

Einkommensteuererklärung, § 24 Abs. 1 Nr. 1 StBVV,

Gegenstandswert 103 982,00 € (92 379,00 €/11 603,00 €)

1/10, Tab. A	142,20 €
Anlage N Ehemann, § 27 Abs. 1 StBVV,	
Gegenstandswert 97 479,00 €, 2/20, Tab. A	134,10 €
Anlage N Ehefrau, § 27 Abs. 1 StBVV	
Gegenstandswert 12 603,00 €. 2/20, Tab. A	55,20 €
Auslagenersatz, § 16 StBVV	20,00 €
	351,50 €
19 % Umsatzsteuer	66,78 €
Gesamt	**418,28 €**

Die Eheleute sind zerstritten. Ein Rechnungsausgleich erfolgt nicht. Vielmehr verlangen beide eine Aufteilung des Rechnungsbetrages sowie getrennte Rechnungen.

Vorgehensweise:
Zunächst ist zu ermitteln, welchen Anteil jeder der Auftraggeber im Innenverhältnis zu tragen hat.

Anteil Ehemann:
Einkommensteuererklärung, § 24 Abs. 1 Nr. 1 StBVV,

Gegenstandswert 92 379,00 €, €, 1/10, Tab. A	142,20 €
Anlage N Ehemann, § 27 Abs. 1 StBVV,	
Gegenstandswert 97 479,00 €, 2/20, Tab. A	134,10 €
Auslagenersatz, § 16 StBVV	20,00 €
	296,30 €
19 % Umsatzsteuer	56,30 €
Gesamt	**352,60 €**

1) → § 9 StBVV Rz. 174; LG Mannheim v. 3.5.2012, 4 O 15/11, AnwBl 2013, 149; AG Kerpen v. 17.7.2014, 102 C 93/14, NJW-Spezial 2014, 509; Feiter, Honorarbrief für Steuerberater 5/2013, 1 und Schneider, AnwBl 2013, 113, jeweils mit Berechnungsbeispielen; Volpert in Schneider/Wolf, 8. Aufl. 2017, § 7 RVG Rz. 46.

2) Volpert in Schneider/Wolf, 8. Aufl.2017, § 7 RVG Rz. 47.

Anteil Ehefrau:

Einkommensteuererklärung, § 24 Abs. 1 Nr. 1 StBVV,	
Gegenstandswert 11.603,00 €, 1/10, Tab. A	55,20 €
Anlage N, § 27 Abs. 1 StBVV,	
Gegenstandswert 12.603,00 €, 2/10, Tab. A	55,20 €
Auslagenersatz, § 16 StBVV	20,00 €
	130,40 €
19 % Umsatzsteuer	24,77 €
Gesamt	**155,18 €**

Da die Eheleute nicht für die volle Vergütung als Gesamtschuldner haften[1] muss im nächsten Schritt ermittelt werden, für welchen Betrag beide als Gesamtschuldner haften. Dies geschieht wie folgt:

	Einzelhaftung Ehemann (netto)	296,30 €
+	Einzelhaftung Ehefrau (netto)	130,40 €
–	Gesamthaftung (netto)	351,50 €
	Gesamtschuld	**75,20 €**

Unter Berücksichtigung der Gegenstandswerte sollte die **Gesamtschuld** im Verhältnis 9/10 (Ehemann) zu 1/10 (Ehefrau) **aufgeteilt** werden. Dies entspricht einer gesamtschuldnerischen Haftung von 7,52 € für die Ehefrau und von 67,68 € für den Ehemann. Die gesamtschuldnerische Mithaftung des jeweils anderen ist von dem jeweiligen Netto-Betrag, für den die Eheleute einzeln haften, in Abzug zu bringen, so dass die jeweilige Haftung wie folgt aussieht:

Anteil Ehemann:		296,30 €
		– 7,52 €
		288,78 €
+	19 % Umsatzsteuer	54,87 €
		343,65 €
Anteil Ehefrau:		130,40 €
		– 67,68 €
		62,72 €
+	19 % Umsatzsteuer	11,92 €
		74,64 €

Addiert man beide Beträge, ergibt sich mit **418,28 €** exakt der Betrag, der in der Gesamtrechnung (Sachverhalt) an beide aufgeführt ist.

Im konkreten Fall muss der Steuerberater deshalb in der an die Ehefrau gerichteten Rechnung die gesamtschuldnerische Mithaftung des Ehemanns i.H.v. 67,68 € in Abzug bringen und umgekehrt in der an den Ehemann gerichteten Rechnung die gesamtschuldnerische Mithaftung der Ehefrau i.H.v. 7,52 € in Abzug bringen. Der Ehefrau ist dann eine Rechnung i.H.v. insgesamt 74,64 € und dem Ehemann eine Rechnung i.H.v. insgesamt 343,65 € zuzustellen.

Die Rechnungen sollten einen **Nachforderungsvorbehalt** vorsehen, der es dem Steuerberater ermöglicht, die den jeweiligen Auftraggebern zunächst gutgeschriebene Mithaftung des anderen Teils nachträglich zu verlangen, falls der andere Teil die Rechnung nicht bezahlt.

1) § 6 Abs. 2 StBVV.

Bliebe z.B. die Zahlung des Ehemannes aus, könnte gegenüber der Ehefrau noch folgender Betrag nachträglich in Rechnung gestellt werden:

Bereits gezahlter Betrag (netto)	62,72 €
zuzüglich gutgeschriebene gesamtschuldnerische Mithaftung des Ehemanns	67,68 €
	130,40 €
19 % Umsatzsteuer	24,77 €
Gesamt	**155,18 €**

Dieser Betrag von 155,18 € entspricht exakt dem Betrag, für den die Ehefrau nach § 6 Abs. 2 Satz 1 StBVV maximal haftet (s.o.). Den Differenzbetrag zu 418,28 € i.H.v. 263,10 € könnte der Steuerberater nur von dem Ehemann verlangen. Zahlt dieser nicht, müsste der Betrag notfalls eingeklagt werden.

152 § 6 Abs. 2 Satz 2 StBVV stellt klar, dass die Sonderbestimmung des § 40 Abs. 5 StBVV von der Begrenzung des § 6 Abs. 1 StBVV unberührt bleibt, d.h. dem StB wird im Rahmen des außergerichtlichen Rechtsbehelfsverfahrens eine günstigere Gebührenregelung zuteil. § 40 Abs. 5 StBVV betrifft nur noch Altfälle, in denen der Auftrag vor dem 1.7.2020 erteilt wurde.[1)] Es ist zu vermuten, dass der Verordnungsgeber es übersehen hat, den Hinweis auf § 40 Abs. 5 StBVV im Zuge der Novellierung des § 40 StBVV[2)] zu streichen. Der Hinweis ist allerdings unschädlich und für „Altfälle" mit Beauftragung vor dem 1.7.2020 nach wie vor passend. Bei späterer Auftragserteilung gilt über den Verweis in § 40 StBVV n.F. Nr. 1008 VV RVG. Gleiches gilt bei Anwendbarkeit der §§ 21 Abs. 2, 44 und 45 StBVV.[3)]

Gemäß § 6 Abs. 2 Satz 2 Halbsatz 2 StBVV gilt für **Auslagen** grundsätzlich dasselbe wie für Gebühren. Jeder Auftraggeber hat deshalb nur diejenigen Auslagen zu tragen, die entstanden wären, wenn der StB nur in seinem Auftrag tätig geworden wäre.

1) Vgl. → § 47a StBVV und→ § 40 StBVV n.F. Rz. 668 ff.
2) → § 40 StBVV n.F. Rz. 668 ff.
3) → Rz. 147.

§ 7
Fälligkeit

Die Vergütung des Steuerberaters wird fällig, wenn der Auftrag erledigt oder die Angelegenheit beendigt ist.

Inhalt

Schrifttum

Feiter/Mäkeler, Abrechnungsprobleme bei der Körperschaftsteuererklärung 2017 wegen verspäteter Bereitstellung der Schnittstellen, KANZLEI intern 05/2018, 3; **Gilgan,** Zur Bedeutung der Fälligkeit für den Honoraranspruch, INF 2003, 919; **Gilgan,** Grenzen der Vorleistungspflicht für Steuerberater und Zurückbehaltungsrecht, KP 2017, 22; **Goez,** Fälligkeit des Steuerberaterhonorars und abweichende Vereinbarungen, KP 2016, 28; **Heller** Zuordnung von Zahlungen bei mehreren offenen Honorarforderungen, KP 2014, 75; **Schroer,** Das Zurückbehaltungsrecht des Steuerberaters, INF 1995, 695.

A. Inhalt und Bedeutung

Die Regelung entspricht dem ab 1.7.2004 geltenden § 8 Abs. 1 Satz 1 RVG und ist § 16 Satz 1 BRAGO nachgebildet. In allen Fällen, in denen die StBVV auf die Vorschriften des RVG verweist,[1] findet auch für StB nicht § 7 StBVV, sondern § 8 Abs. 1 Satz 1 RVG Anwendung, ohne dass dies praktische Auswirkungen hätte. Besonders zu beachten ist § 8 Abs. 1 Satz 2 RVG, wonach die Vergütung in einem gerichtlichen Verfahren auch fällig wird, wenn eine Kostenentscheidung ergangen oder der **Rechtszug** beendigt ist oder wenn das Verfahren länger als 3 Monate ruht. Hinsichtlich der Fälligkeit und des Verjährungsbeginns[2] ist zwischen den Rechtszügen zu unterscheiden. Die Vergütung wird fällig, wenn der Rechtszug beendet ist. 153

Beispiel:[3]

Der StB hat ein finanzgerichtliches Verfahren und im Anschluss daran noch ein Verfahren vor dem BFH geführt. Das FG-Verfahren endete mit Urteil vom 1.7.2015. Das Verfahren vor dem BFH endete mit Beschluss über die Zurückweisung der Nichtzulassungsbeschwerde vom 8.3.2016. Für beide Verfahren gelten unterschiedliche Fälligkeitszeitpunkte. Der Vergütungsanspruch für das FG-Verfahren war am 1.7.2015 fällig. Verjährungsbeginn war der 31.12.2015. Der Vergütungsanspruch für das BFH-Verfahren war am 8.3.2016 fällig. Verjährungsbeginn war der 31.12.2016.[4]

Obwohl der Begriff der „Vergütung" nur die Gebühren und Auslagen umfasst, wird auch die Umsatzsteuer fällig, wenn der Auftrag erledigt oder die Angelegenheit beendigt ist.

Die Fälligkeit des Vergütungsanspruchs tritt mit der Erledigung des Auftrags oder der Beendigung der Angelegenheit ein, wobei die Begriffe „Erledigung" und „Beendigung" inhaltlich gleichzusetzen sind. Die Erledigung des (gesamten) Auftrages wird i.d.R. durch die Kündigung des Mandatsverhältnisses durch einen der 154

1) §§ 21 Abs. 2, 40, 44, 45 StBVV.
2) → Rz. 158.
3) LG Essen v. 24.4.2019, 18 O 317/18.
4) Zum Verjährungsbeginn siehe auch → Rz. 158.

Beteiligten ausgelöst. Wann die Angelegenheit beendigt ist, hängt von der Abgrenzung des Begriffs der Angelegenheit ab.[1]

155 Die Vorschrift des § 7 StBVV ist, da sie dem Schuldrecht angehört, **nachgiebigen Rechts**. Der StB kann daher mit dem Auftraggeber eine frühere oder spätere Fälligkeit formlos oder auch konkludent vereinbaren, z.B. durch Zeitvergütung und regelmäßige Zwischenabrechnungen.[2] Insbesondere bei Pauschalvergütungsvereinbarungen nach § 14 StBVV, die mehrere Angelegenheiten umfassen, bietet sich die Vereinbarung einer (monatlichen) Fälligkeit des Honorars an, weil eine Aufteilung des Honorars auf die einzelnen Angelegenheiten oft schwierig ist und die Fälligkeit des Honorars – ohne Vereinbarung – erst nach Erledigung des Gesamtauftrags eintreten würde. Gleiches gilt, wenn die Parteien eine Zeitvergütung, z.B. nach § 4 StBVV vereinbart haben.

Praxistipp:

Bei vereinbarten Zeithonoraren sollte vereinbart werden, dass die Vergütung nach bestimmten Zeitabständen – am besten monatlich – abgerechnet wird und dass hinsichtlich der abgerechneten Zeiten Fälligkeit eintritt.

Dies ermöglicht es dem StB, seine Berechnung zeitnah zu erstellen und einzufordern.[3]

B. Anwendungsbereich

I. Abgrenzung Entstehung, Fälligkeit, Durchsetzbarkeit

156 Die Entstehung der Gebühr ist von der Fälligkeit und der Durchsetzbarkeit bzw. Einforderbarkeit zu unterscheiden. Eine Gebühr ist entstanden, wenn der Berater auf Grund des Auftrages irgendeine Tätigkeit vorgenommen hat.[4] Unter Fälligkeit versteht man den Zeitpunkt, von dem ab der Gläubiger die Leistung verlangen kann. Einforderbarkeit tritt gem. § 9 StBVV dann ein, wenn dem Mandanten eine ordnungsgemäß spezifizierte Honorarrechnung zugegangen ist. Der Eintritt der Fälligkeit ist der Einforderbarkeit nach § 9 StBVV also zeitlich vorgelagert.

157 Streitig ist, ob der Eintritt der Fälligkeit des Vergütungsanspruchs voraussetzt, dass der StB dem Mandanten die **Arbeitsergebnisse zur Verfügung gestellt** hat. Unter Hinweis auf die im Dienst- und Werksvertragsrecht geregelte Vorleistungspflicht[5] des Verpflichteten wird teilweise vertreten, dass ein Auftrag erst dann erledigt oder eine Angelegenheit erst dann beendigt ist, wenn der StB seinem Auftraggeber die Arbeitsergebnisse verfügbar gemacht hat.[6] Nach a.A. beschränkt sich die Vorleistungspflicht des StB jedoch auf die „Leistung der versprochenen Dienste"[7]oder die „Herstellung des versprochenen Werkes",[8] nicht aber auf die Herausgabe der Arbeitsergebnisse und der vom Mandanten zur Verfügung gestellten Unterlagen.[9]

1) → § 10 StBVV Rz. 204.
2) BGH v. 19.9.2013, IX ZR 112/11, AGS 2013, 573 und v. 21.11.1996, IX ZR 159/96, NJW 1997, 516; Goez, KP 2016, 28.
3) → Rz. 940, Muster Abweichende Vergütungsvereinbarung.
4) → § 12 StBVV Rz. 228.
5) §§ 614, 641 Abs. 1 BGB.
6) OLG Frankfurt/M. v. 7.11.2001, 23 U 184/00, DStRE 2002, 1287; OLG Düsseldorf v. 22.11.2011, I-23 U 205/10 und v. 20.6.1996, 13 U 100/95, GI 1997, 150; Winkler in Eckert, 6. Aufl. 2017, § 7 StBVV Rz. 6; Mittelsteiner/Scholz, 4. Aufl. 1998, § 7 StBGebV Rz. 6, 12; Berners, 5. Aufl. 2016, § 7 StBVV Rz. 8.
7) § 611 Abs. 1 BGB.
8) § 631 Abs. 1 BGB.
9) OLG Düsseldorf v. 28.5.2002, 23 U 193/01, GI 2002, 219, 222; OLG Naumburg v. 23.7.2001, 1 U 124/99, BB 2001, 2292; Gilgan, KP 2017, 22, 23 und INF 2003, 919; Goez in Kuhls u.a., § 66 StBerG Rz. 30 m.w.N.; Schroer, INF 1995, 695 f.

Dieser Auffassung ist zuzustimmen, da die Frage der Vorleistungspflicht und die Frage der Herausgabe von „vorgeleisteten" Arbeitsergebnissen unterschiedlicher Natur sind. Wäre der Vergütungsanspruch des StB tatsächlich erst dann fällig, wenn dem Auftraggeber die Arbeitsergebnisse zur Verfügung gestellt wurden, würde das Leistungsverweigerungsrecht bzw. das Zurückbehaltungsrecht des StB ausgehöhlt. Außerdem sind keine schutzwürdigen Interessen des Auftraggebers ersichtlich, da dieser jederzeit Anspruch auf Einsichtnahme in die Handakte hat,[1] unter Vorbehalt zahlen kann oder das Zurückbehaltungsrecht durch Sicherheitsleistung abwenden und so in den Besitz der Unterlagen gelangen kann.

Die Gegenauffassung, die eine Vorleistungspflicht bejaht, kommt mit einer anderen Begründung teilweise zum gleichen Ergebnis. Nach OLG Düsseldorf[2] gilt die Vorleistungspflicht nicht uneingeschränkt. Die Grenzen ergeben sich aus § 321 BGB und § 242 BGB (Treu und Glauben). Danach entfällt ausnahmsweise die Vorleistungspflicht des StB, wenn der Mandant ernsthaft und unberechtigt erklärt, er könne oder wolle nicht zahlen. In dem vom OLG Düsseldorf entschiedenen Fall hatte sich der Mandant geweigert, die Finanzbuchführung für das Jahr 2007 zu bezahlen, die Bezahlung des Jahresabschlusses 2007 aber Zug um Zug gegen Herausgabe ausdrücklich angeboten. Nach Ansicht des OLG Düsseldorf war der StB nicht zur Herausgabe des Jahresabschlusses verpflichtet, weil er sich auf sein Zurückbehaltungsrecht aus § 273 BGB berufen konnte. Das Gericht bejahte die Konnexität zwischen den beiderseitigen Forderungen[3] unter Hinweis auf die ältere BGH-Rechtsprechung.[4]

Praxistipp:

Um sich auf das Zurückbehaltungsrecht berufen zu können, müssen dem Mandanten die Arbeitsergebnisse in jedem Fall angeboten werden, damit dieser die Möglichkeit hat, sie zu nutzen. Werden die Arbeitsergebnisse nicht angeboten und beauftragt der Mandant einen anderen StB, geht der Honoraranspruch des Vorberaters ins Leere.[5]

Daneben ist fraglich, ob die Fälligkeit des Vergütungsanspruchs erst durch die **elektronische Übermittlung der Steuererklärung an das Finanzamt** oder bereits mit Fertigstellung der Erklärung ausgelöst wird. Dies ist zunächst eine Frage des Auftrags. Im Normalfall wird der Mandant davon ausgehen und dies auch wünschen, dass der StB die Steuererklärung nicht nur anfertigt, sondern diese auch an das Finanzamt übermittelt. Problematisch wird es dann, wenn der StB die Steuererklärung erstellt hat, er diese aber mangels Bereitstellung der sog. Schnittstellen nicht elektronisch übermitteln kann. Die Bereitstellung dieser Schnittstellen erfolgt insbesondere bei der Körperschaftsteuererklärung seit Jahren verspätet. Üblicherweise lässt das BMF verlauten, dass der Stpfl. die Körperschaftsteuererklärung bis zu einem bestimmten Stichtag in Papierform abgeben kann. In diesem speziellen Fall tritt die Fälligkeit des Vergütungsanspruchs in jedem Fall mit Abgabe der Körperschaftsteuererklärung in Papierform ein.[6] Wie verhält es sich aber mit Steuererklärungen, die der StB erstellt, aber noch nicht elektronisch übermittelt hat. Kann er die Übermittlung unter Berufung auf sein Zurückbehaltungsrecht davon abhängig machen, dass der Mandant das Honorar für die Anfertigung der Steuererklärungen zuvor bezahlt? M.E. ja, denn der Auftrag zur Anfertigung der Steuererklärung und der Auftrag zur Übermittlung der Steuererklärung sind zwei unterschiedliche Angelegenheiten. Bereits aus dem Wortlaut des § 24 StBVV ergibt sich, dass der StB das Honorar für die „Anfertigung" der Steuererklärung verlangen kann. § 24 StBVV setzt nicht vor-

1) § 666 BGB.
2) OLG Düsseldorf v. 22.11.2011, I-23 U 205/10.
3) Des StB auf Bezahlung der Finanzbuchführung 2007 und des Mandanten auf Herausgabe des Jahresabschlusses 2007.
4) BGH v. 17.2.1988, Iva ZR 262/86, NJW 1988, 2607.
5) OLG Düsseldorf v. 20.6.1996, 13 U 100/95, GI 1997, 150; AG Neuss v. 6.1.2010, 80 C 4348/08.
6) Feiter/Mäkeler, KANZLEI intern 05/2018/3.

aus, dass die Steuererklärung auch übermittelt wird. Bereits mit Anfertigung der Steuererklärung wird der Honoraranspruch des StB also fällig.

II. Wirkungen der Fälligkeit

158 Die Fälligkeit bewirkt, dass

- die Vergütung einforderbar ist,[1]
- der StB bezogen auf die Angelegenheit keinen Vorschuss mehr verlangen kann,[2]
- ein Antrag auf selbständige Wertfestsetzung im gerichtlichen Verfahren zulässig ist,[3]
- ein Antrag auf Festsetzung der Vergütung zulässig ist.[4]

Für den Eintritt des **Verzugs** kommt es hingegen nicht auf den Zeitpunkt der Fälligkeit, sondern den der Einforderbarkeit an.[5]

Die Fälligkeit hat darüber hinaus besondere Bedeutung für den Zeitpunkt des Beginns der **Verjährung** des Vergütungsanspruchs, da die Verjährungsfrist mit dem Ende des Jahres beginnt, in dem der Anspruch entstanden, dieser also fällig geworden ist.[6]

Bei **Zahlungen** des Mandanten **auf mehrere offene Forderungen** wird diejenige Schuld getilgt, die der Mandant bei seiner Leistung ausdrücklich oder schlüssig bestimmt.[7] Trifft der Mandant keine Bestimmung, ergibt sich die Tilgungsreihenfolge aus § 366 Abs. 2 BGB. Das heißt, dass unter mehreren fälligen (sowie gleichermaßen gesicherten und lästigen) Forderungen die ältere Forderung zunächst getilgt wird.

Beispiel:

Der Mandant zahlt ohne nähere Bestimmung 1 500 €. Offen sind zwei Forderungen des StB aus 2016 (verjährt) und 2017 (nicht verjährt) über jeweils 1 500 €. Durch die Zahlung wird hier die ältere (verjährte) Forderung erfüllt.[8]

1) § 9 StBVV.
2) → § 8 StBVV Rz. 164.
3) § 45 StBVV, § 33 Abs. 2 Satz 2 RVG.
4) § 45 StBVV, § 11 Abs. 2 Satz 1 RVG.
5) → § 9 StBVV Rz. 188.
6) §§ 195, 199 Abs. 1 BGB; siehe Beispiel → Rz. 153 und § 33 StBVV Rz. 545 zum Verjährungsbeginn bei Buchführungsarbeiten.
7) § 366 Abs. 1 BGB.
8) Heller, KP 2014, 75.

§ 8
Vorschuß

Der Steuerberater kann von seinem Auftraggeber für die entstandenen und die voraussichtlich entstehenden Gebühren und Auslagen einen angemessenen Vorschuß fordern.

Inhalt

Schrifttum

Arconada, Vorschuss … und wie er abzurechnen ist, Honorargestaltung für Steuerberater August 2019, 3; **Feiter/Mertens,** Vorläufiges Leistungsverweigerungsrecht wegen der Covid-19-Pandemie bei „wesentlichen Dauerschuldverhältnissen" – auch Steuerberatungsverträge umfasst?, Stbg 2020, 233; **Feiter,** Verrechnung von Vorschüssen nach Mandatsbeendigung, KANZLEI intern 02_2019, 5; **Geismann,** Abrechnung von Vorschüssen, Honorargestaltung für Steuerberater, September 2017, 4; **Gemmer,** Anforderung eines Vorschusses: Ist eine abschließende Gebührenrechnung zusätzlich erforderlich?, KP 2001, 94; **Gilgan,** Vorsicht bei der Herabsetzung von Vorschüssen, KP 2018, 130; **Gilgan,** Anforderungen an eine Vorschussrechnung, KP 2015, 194; **Gilgan,** Der Vorschuss, StB 2004, 148; **Schneider,** Bindungswirkung einer Vorschussanforderung, NJW-Spezial 2018, 411.

A. Inhalt und Bedeutung

Die Vorschrift ist § 17 BRAGO nachgebildet und entspricht dem seit 1.7.2004 gelten- **159**
den § 9 RVG. Der Vorschuss soll den Anspruch des StB auf Zahlung seiner Vergütung sichern. Ist noch keine Fälligkeit nach § 7 StBVV eingetreten und auch keine vorzeitige Fälligkeit vereinbart, steht dem StB ein Recht auf Vorschuss zu. **Ausnahme**: Das Vorschussrecht ist durch eine **spezialgesetzliche Regelung** außer Kraft gesetzt.

Beispiel:

Das Gesetz zur Abmilderung der Folgen der Corona-Krise[1] räumt Verbrauchern und Kleinstunternehmern in Art. 240 § 1 EGBGB befristet das Recht ein, unter Berufung auf die Covid-19-Pandemie eine aus einem „wesentlichen Dauerschuldverhältnis" geschuldete vertragliche Leistung zu verweigern. Dieses Leistungsverweigerungsrecht würde leerlaufen, wenn man dem StB in dieser Situation ein Vorschussrecht zubilligen würde.[2]

Die Höhe des Vorschusses bestimmt sich nach der „Angemessenheit" die auch dann noch gegeben ist, wenn ein Vorschuss in Höhe der voraussichtlich entstehenden **Gebühren und Auslagen** gefordert wird.

Praxistipp:

Ein Vorschuss für Rahmengebühren darf nicht im Umfang der Höchstgebühr angefordert werden, wenn sich noch nicht absehen lässt, ob der tatsächliche Aufwand der Mandatserfüllung diese Höhe rechtfertigt.[3] Bei Auslagen ist danach zu fragen, in welcher Höhe Auslagen voraussichtlich anfallen werden.

Soweit sich erst im Laufe der Zeit weitere Gebühren oder Auslagen abzeichnen, mit denen der StB vorher nicht gerechnet hat, ist er nicht gehindert, weitere Vorschüsse zu verlangen. Berufsrechtlich ist § 8 Abs. 3 BOStB zu beachten. Danach dürfen StB

1) BGBl. I 2020, 569.
2) Feiter/Mertens, Stbg 2020, 233, 235.
3) BGH v. 11.12.2003, IX ZR 109/00, NJW 2004, 1043, 1047.

aus ihnen anvertrauten Vermögenswerten keine Vorschüsse entnehmen, soweit die Vermögenswerte zweckgebunden sind.

160 Bei der Abrechnung von Vorschüssen, insbesondere für Buchführungsarbeiten, kommt es häufig vor, dass der Vorschuss als solcher nicht kenntlich gemacht wird. Häufig wird der Vorschuss einfach als Lastschrift – ohne Rechnung und ohne ausdrückliche Deklaration als Vorschuss – vom Konto des Mandanten eingezogen, so dass dieser nicht erkennen kann, ob es sich um einen Vorschuss oder um eine Schlussrechnung handelt. Bei schriftlicher Anforderung des Vorschusses liegt eine Rechnung i.S.d. UStG vor. Die Anforderungen des § 14 Abs. 4 Satz 1 Nr. 6 UStG sind zu beachten.[1] Auch in diesen Fällen kommt es bei der Abrechnung von Buchführungsarbeiten häufig vor, dass der StB eigentlich einen Vorschuss verlangen will, diesen jedoch nicht als solchen deklariert.

Beispiel:

Der StB rechnet im Jahr 02 monatlich eine 7/10-Gebühr für die Erstellung der Buchführung auf Basis des Jahresumsatzes 01 ab ohne darauf hinzuweisen, dass es sich um einen Vorschuss handelt.

Mit der Erteilung der monatlichen Rechnung, selbst wenn sie vor Fälligkeit erstellt wird und eigentlich als Vorschuss gemeint war, hat der StB sein **Bestimmungsrecht hinsichtlich des Gebührensatzes** nach § 315 Abs. 1 BGB ausgeübt. Er bleibt dann an den abgerechneten Gebührensatz gebunden und kann im Rahmen einer Schlussrechnung (unter Berücksichtigung des tatsächlichen Jahresumsatzes aus 02) keinen höheren Gebührensatz abrechnen.[2]

Praxistipp:

Dem Problem der Bindungswirkung kann der StB ganz leicht dadurch entgehen, dass er in der Überschrift ausdrücklich darauf hinweist, dass es sich um einen Vorschuss handelt.[3] Da die StBVV Begriffe wie Abschlagszahlung, Akontozahlung, Teil- oder Zwischenrechnung nicht kennt, sollte der StB sich immer an diese gesetzliche Bezeichnung halten.[4]

Senkt der StB auf eine Bitte des Mandanten den Vorschuss, kann darin nicht nur eine Einigung über die **Herabsetzung des Vorschusses**, sondern sogar eine Vereinbarung über eine bestimmte Vergütung liegen.[5] Demgegenüber ist der StB an einen von ihm geschätzten **Gegenstandswert** grundsätzlich nicht gebunden. Denn die Höhe des Gegenstandswertes ist nicht Ergebnis der Ermessensausübung des StB nach § 11 StBVV.[6] Nur dann, wenn besondere Umstände dafür sprechen, dass der Vorschuss tatsächlich eine Pauschale ist, kann wiederum eine Bindungswirkung eintreten.[7]

161 Zahlt der Mandant den angeforderten Vorschuss nicht, kann der Berater bis zur Zahlung die weitere Tätigkeit einstellen, das Mandatsverhältnis kündigen oder – kaum zweckdienlich – den Vorschuss einklagen.

162 Eine **Verrechnung** des gezahlten Vorschusses hat in der Berechnung nach § 9 StBVV zu erfolgen.[8] Nur die tatsächlich gezahlten Vorschüsse sind zu berücksichtigen.[9] Vorschüsse dürfen nur mit den Gebühren desjenigen **Auftrags** verrechnet

1) Gilgan, StB 2004, 148 f.
2) OLG Köln v. 12.10.2009, I 5 U 59/09 BeckRS 2010, 2173 zum Anwaltsrecht; Schneider, NJW-Spezial 2018, 411; N. Schneider in Schneider/Wolf, 8. Aufl. 2017, § 9 RVG Rz. 81 m.w.N.
3) AG Duisburg-Ruhrort v. 21.6.2019, 8 C 253/17.
4) Schneider, NJW-Spezial 2018, 411.
5) OLG München v. 13.12.2017, 15 U 886/17, besprochen von Gilgan, KP 2018, 139.
6) LG Essen v. 19.6.2015, 15 S 88/15; Gilgan, KP 2015, 194.
7) Siehe hierzu auch → § 33 StBVV Rz. 542 f.
8) Vgl. § 9 Abs. 2 Satz 1 StBVV.
9) LG Duisburg v. 28.11.2013, 8 O 452/10; Feuersänger, 25.

werden, für die sie angefordert worden sind. Dies ergibt sich aus der Zweckbestimmung des Vorschusses, so dass sich eine „Querverrechnung" von Vorschüssen verbietet.[1]

Beispiel:

Der StB hat im Jahr 2016 Vorschüsse für Jahresabschluss und Steuererklärungen eines kleinen Betriebs i.H.v. 2 000 € erhalten. Das Mandat endet durch Kündigung des Mandanten am 31.12.2016 bevor der StB mit den Jahresabschlussarbeiten und den Steuererklärungen beginnt. Eine Verrechnung dieser Vorschüsse mit offenen Honorarforderungen aus einer erbschaftsteuerlichen Beratung des Betriebsinhabers persönlich wäre im Zweifel unzulässig, da es sich um ein anderes Auftragsverhältnis handelt.

Fraglich ist, ob eine Verrechnung von Vorschüssen bei unterschiedlichen Angelegenheiten innerhalb eines Auftragsverhältnisses zulässig ist.

Beispiel:

Der StB kündigt im März 2019 ein Mandat fristlos, weil sich der Mandant als unzuverlässig erwiesen hat. Für den Jahresabschluss 2018 hat der StB Vorschüsse vereinnahmt. Mit den Jahresabschlussarbeiten hat er noch nicht begonnen. Der StB hat offene Honorarforderungen aus Buchführungsarbeiten 2018, für die er keine Vorschüsse vereinnahmt hat. Die für den Jahresabschluss vereinnahmten Vorschüsse würde er gerne mit den offenen Honorarforderungen für die Buchführung verrechnen.

Jahresabschluss und Buchführung sind gebührenrechtlich unterschiedliche Angelegenheiten. Ob eine Verrechnung zulässig ist, hängt davon ab, wie eng die Zweckbestimmung des Vorschusses definiert wird. Soweit die Frage überhaupt problematisiert wird, wird in der Kommentarliteratur überwiegend auf das Auftragsverhältnis und nicht auf die gebührenrechtliche Angelegenheit abgestellt, so dass eine Verrechnung in dem o.g. Beispielsfall zulässig wäre.[2] M.E. sind Verrechnungen innerhalb eines Auftragsverhältnisses immer zulässig.

Praxistipp:

Das Problem kann der StB dadurch entschärfen, dass er Vorschüsse möglichst allgemein, z.B. „für künftige Leistungen" anfordert und nicht für bestimmte gebührenrechtliche Angelegenheiten, wie Jahresabschluss und Steuererklärungen.

Für die Verrechnung kommen zwei Möglichkeiten in Betracht. Entweder erfolgt die Verrechnung auf **Netto-Basis**. Dann werden die Nettobeträge der Vorschüsse von der Nettovergütung der Schlussrechnung abgezogen und erst dann die Umsatzsteuer ausgewiesen.

Beispiel:

Gesamt (netto)	2.248,00 €
./. Vorschüsse (netto)	1.969,00 €
	279,00 €
19 % Umsatzsteuer	53,01€
Rechnungsbetrag	332,01 €

Oder es werden die **Brutto-Vorschüsse** von der Brutto-Summe der Schlussrechnung abgezogen. Dann wäre in der Schlussrechnung aber insgesamt zu viel an Umsatzsteuer ausgewiesen. Deshalb muss der StB in der Schlussrechnung noch gesondert ausweisen, wieviel Umsatzsteuer bereits im Vorschuss enthalten war und wieviel

1) N. Schneider in Schneider/Wolf, 8. Aufl. 2017, § 9 RVG Rz. 91.
2) Mayer in Gerold/Schmidt, 24. Aufl. 2019, § 9 RVG Rz. 23; Feiter, KANZLEI intern 02_2019, 5; Arconada, Honorargestaltung für Steuerberater, August 2019, 3, 5; unklar N. Schneider in Schneider/Wolf, 8. Aufl. 2017, § 9 RVG Rz. 91, der von „Auftrag" oder „Angelegenheit" spricht.

Umsatzsteuer in dem Schlussbetrag noch enthalten ist.[1] Obwohl eine Verrechnung auf Netto-Basis eine weniger aufwändigere Darstellung erfordert, ist in der Praxis die Brutto-Verrechnung üblich, weil dem Mandanten der Brutto-Betrag geläufiger ist und auch die Vorschussrechnung einen Brutto-Betrag ausweist.

Beispiel:

Rechnungsbetrag insgesamt	1.500,00 €
zuzüglich Umsatzsteuer	285,00 €
Gesamt (brutto)	**1.785,00 €**
./. Vorschüsse	1.428,00 €
verbleibender Restbetrag	**357,00 €**
darin enthaltene Umsatzsteuer	57,00 €
In den Vorschusszahlungen enthaltene Umsatzsteuer	228,00 €

Rückzahlungsansprüche des Mandanten wegen zu viel gezahlter Vorschüsse richten sich nach §§ 675, 667 BGB[2] oder nach §§ 628 Abs. 1 Satz 3, 812 Abs. 1 Satz 1, 1. Alt BGB[3] oder auch nach § 826 BGB.[4]

Beispiel:[5]

Der StB hatte in 2011 und 2012 vom Konto eines langjährigen Mandanten (Zahnarzt) Vorschüsse für die Lohnbuchführung, die Finanzbuchführung, die Anfertigung der Steuererklärungen und die Aufstellung der Jahresabschlüsse i.H.v. 17 850,00 € abgebucht. Tatsächlich hatte er in 2011 und 2012 nur noch die Lohnbuchführung erstellt, weil der Mandant einen anderen StB mit den weiteren Arbeiten beauftragt hatte. Der frühere StB wurde zur Rückzahlung der Vorschüsse i.H.v. 16 797,08 € – abzüglich der Gebühren für die Lohnbuchführung – verurteilt. Das OLG zog als Anspruchsgrundlage den § 667 BGB heran.

Soweit Vorschüssen keine erbrachten Leistungen gegenüberstehen, kann der Mandant deren Rückzahlung i.d.R. allerdings nur in Höhe der **Nettobeträge** verlangen, weil im Zweifel davon auszugehen ist, dass er die vom StB in den Vorschussrechnungen berechnete Mehrwertsteuer als Vorsteuer abgesetzt hat.[6] Besteht ausnahmsweise auch ein Anspruch auf (Teil-) Rückzahlung der Umsatzsteuer, ist das Procedere nach § 14c UStG (Rechnungsberichtigung) einzuhalten.[7]

Eine gesetzliche Verpflichtung, den vereinnahmten Vorschuss vergleichbar einer Mietkaution[8] zu einem üblichen Zinssatz anzulegen, besteht nicht. Deshalb hat der Auftraggeber auch keinen Anspruch auf Rückzahlung des Vorschusses zuzüglich Zinsen. Der StB kann sich wegen des Anspruchs auf Abrechnung und Rückzahlung nicht verbrauchter Vorschüsse wegen des Grundsatzes von Treu und Glauben[9]

1) Berechnungsbeispiele bei N. Schneider in Schneider/Wolf, 7. Aufl. 2014, § 9 RVG Rz. 89 und § 10 RVG Rz. 50; Enders, in Hartung/Schons/Enders, 3. Aufl. 2017, § 9 RVG Rz. 32; Arconada, Honorargestaltung für Steuerberater, August 2019, 3, 5.

2) BGH v. 7.3.2019, IX ZR 143718, DStR 2019, 1773 mit Anm. Feiter; BGH v. 3.2.1988, IVa ZR 196/86, StB 1988, 312; OLG Düsseldorf v. 29.8.2017, I-23 U 153/16; OLG Düsseldorf v. 23.3.2004, 23 U 66/03, INF 2004, 452; OLG Düsseldorf v. 9.10.1997, 13 U 153/96, GI 1999, 275 f.; LG Mönchengladbach v. 17.12.2015, 10 O 271/14; AG Oldenburg v. 2.11.2015, 31 C 3/14, rkr.; Schneider, NJW-Spezial 2013, 347.

3) LG Duisburg v. 2.10.2015, 7 S 21/15 m.w.N.; Geismann, Honorargestaltung für Steuerberater, September 2017, 5.

4) LG Stuttgart v. 18.4.2016, 27 O 382/15 zu einer sittenwidrigen Vergütungsvereinbarung.

5) OLG Düsseldorf v. 29.8.2017, I-23 U 153/16.

6) OLG Düsseldorf v. 9.10.1997, 13 U 153/96, GI 1999, 275, 278 und v. 23.3.2004, 23 U 66/03, GI 2004, 182, 185.

7) Siehe auch EuGH v. 15.9.2016, C-518/14; → § 9 StBVV Rz. 185.

8) § 551 Abs. 3 Satz 1 BGB.

9) § 242 BGB.

nicht auf die Einrede der Verjährung berufen.[1] Die Darlegungs- und Beweislast dafür, dass ein Vorschuss bereits durch geleistete Arbeit verdient wurde, liegt beim StB.[2]

B. Anwendungsbereich

Die §§ 669, 675 BGB gewähren dem StB einen Anspruch auf Vorschuss wegen der Auslagen; § 8 StBVV erweitert diesen Anspruch auch auf Vorschüsse bezüglich der Gebühren. Trotz des entgegenstehenden Wortlauts ist unstreitig, dass der StB auch die anfallende Umsatzsteuer nach § 8 StBVV fordern kann.[3] Ein gesetzliches Recht auf Vorschuss besteht nur insoweit, als sich die **Vergütung nach der StBVV** richtet.[4] Im Bereich der **vereinbaren Tätigkeiten** kommt eine Vorschusspflicht nach spezialgesetzlichen Regeln oder nach Auftragsrecht[5] in Betracht.[6] Im Fall einer **Vergütungsvereinbarung** sollte das Vorschussrecht des StB in der Vereinbarung gesondert geregelt werden. 163

Beispiel:

„Die Vertragsparteien sind sich einig, dass der Auftragnehmer berechtigt ist, jederzeit einen angemessenen Vorschuss zu verlangen."

Auch eine abweichende Vereinbarung, wonach der StB ohne Vorschuss zur Dienstleistung verpflichtet ist, ist möglich, muss aber ebenfalls ausdrücklich vereinbart werden.[7] Da es für die Bemessung des Steuersatzes auf die Fälligkeit der Vergütung[8] ankommt, müssen Vorschüsse nachversteuert werden, wenn sich nach Zahlung des Vorschusses, aber vor Fälligkeit die Umsatzsteuer erhöht.[9]

Das Recht, einen Vorschuss zu fordern, erlischt mit Eintritt der **Fälligkeit** des Honorars gem. § 7 StBVV, da der Berater nunmehr die Möglichkeit der Berechnung nach § 9 StBVV hat[10] und hierzu auch berufsrechtlich nach § 57 Abs. 1 StBerG (gewissenhafte Berufsausübung) verpflichtet ist.[11] Die Abrechnungspflicht trifft den StB grundsätzlich auch dann, wenn sich die Höhe des Vorschusses mit dem tatsächlich entstandenen Honorar deckt.[12] Es reicht nicht aus, die Vorschussanforderung kurzerhand zur Berechnung nach § 9 StBVV zu erklären. Erforderlich ist vielmehr die Erteilung einer ordnungsgemäßen Schlussrechnung.[13] Aus der Pflicht zur „Abrechnung" folgt nach AGH NRW nicht die Pflicht zur unverzüglichen Auszahlung des festgestellten Saldos oder Überschusses, so dass eine verzögerte Auszahlung keine Berufspflichtverletzung ist.[14] Die 5. Satzungsversammlung der BRAK hat die Ent- 164

1) Str., siehe LG Karlsruhe v. 11.6.2012, 1 S 11/12 m.w.N.; Schneider, NJW-Spezial 2013, 347 m.w.N.; a.A. Gerold/Schmidt, 24. Aufl. 2019, § 9 RVG Rz. 23.
2) OLG Düsseldorf v. 9.10.1997, 13 U 153/96, GI 1999, 275 f. m.w.N. OLG Düsseldorf v. 23.3.2004, 23 U 66/03, INF 2004, 452; AG Oldenburg v. 2.11.2015, 31 C 3/14, rkr.
3) Winkler in Eckert, 6. Aufl. 2017, § 8 StBVV Rz. 5; Eggesiecker, 2. Aufl. 1998, § 7 STEUGO Rz. 8.300 ff.
4) Vgl. § 1 Abs. 1 Satz 1 StBVV; Arconada, Honorargestaltung für Steuerberater, August 2019, 3, 4; N. Schneider in Schneider/Wolf, 8. Aufl. 2017, § 9 RVG Rz. 11 zu § 1 Abs. 2 RVG.
5) §§ 670, 669 BGB.
6) N. Schneider, in Schneider/Wolf, 8. Aufl. 2017, § 9 RVG Rz. 11 m.w.N.
7) OLG Düsseldorf v. 22.2.1997, 13 U 8/96, GI 1998, 170.
8) § 7 StBVV.
9) → § 15 StBVV Rz. 297; N. Schneider in Schneider/Wolf, 8 Aufl. 2017, § 9 RVG Rz. 73 mit Berechnungsbeispiel.
10) OLG Düsseldorf v. 28.5.2002, 23 U 193/01, GI 2002, 219, 222 und OLG Düsseldorf v. 9.10.1997, 13 U 153/96, GI 1999, 275 f.; AG Schelm v. 16.11.2012, 23 C 208/12.
11) § 45 Abs. 3 BOStB a.F. sah eine Pflicht zur unverzüglichen Abrechnung vor.
12) Vgl. hierzu Gemmer, KP 2001, 94; LG Düsseldorf v. 27.10.2011, 9 O 157/11.
13) BGH v. 7.3.2019, IX ZR 143/18, NJW 2019, 1458; AG Berlin-Lichtenberg v. 1.3.2013, 114 C 138/11, NJW-Spezial 2013, 379.
14) AGH NRW v. 7.9.2012, 2 AGH 8/12 m. Anm. Weber, DStR 2013, 1307; a.A. AnwG Hamburg v. 23.4.2014, III 13/13 EV 80/12, AnwBl 2014, 1057.

scheidung des AGH NRW zum Anlass genommen, § 23 BORA dergestalt zu ergänzen, dass dort neben der Abrechnungspflicht auch eine Auszahlungspflicht vorgesehen ist. Diese Neufassung gilt seit dem 1.9.2014.

Praxistipp:

Auch wenn keine diesbezügliche ausdrückliche Regelung für StB besteht, sollten StB Vorschüsse nicht nur unverzüglich abrechnen, sondern etwaige Überschüsse auch unverzüglich auszahlen.

Eine fehlende Abrechnung als solche löst noch keinen **Rückforderungsanspruch** des Mandanten hinsichtlich der gezahlten Vorschüsse aus. Glaubt der Mandant, Rückforderungsansprüche zu haben, muss er diese notfalls gerichtlich geltend machen und seine Forderung genau beziffern. Ist ihm dies nicht möglich, weil er die Berechnung des StB nicht kennt, muss er im Wege der Stufenklage vorgehen und zunächst den ihm zustehenden Anspruch auf Auskunft und Rechnungslegung (§§ 675, 666 BGB) geltend machen.[1] Ein StB ist gem. §§ 675 Abs. 1, 666 BGB zur **Rechenschaft** über erhaltene Vorschüsse verpflichtet. Mit der Eröffnung des Insolvenzverfahrens über das Vermögen seines Mandanten geht das Recht, diesen Anspruch geltend zu machen, auf den Insolvenzverwalter über. Der StB kann die Rechenschaftslegung nicht unter Hinweis auf seine Verschwiegenheitspflicht verweigern.[2] Wenn der StB nach Mandatsbeendigung keine unverzügliche Abrechnung über den Gebührenvorschuss erteilt hat, stellt dies ein als Dauerdelikt zu wertendes Unterlassen dar. Wenn er wegen der nicht erfolgten Abrechnung berufsrechtlich verurteilt wurde, steht diese Verurteilung einer erneuten Verurteilung wegen desselben Unterlassens entgegen.[3]

165 Gemäß § 46 StBVV, § 47 RVG hat der im Wege der Prozesskostenhilfe beigeordnete StB einen Anspruch auf Vorschuss gegen die Staatskasse.[4]

---

1) §§ 675, 666 BGB. BGH v. 7.3.2019, IX ZR 143/18, NJW 2019, 1458 mit Anm. Offermann-Burckart.

2) BGH v. 18.6.2018, AnwZ (Brfg 61/17, BRAK-Mitt. 2018, 249 zum Anwaltsrecht.

3) Art. 103 Abs. 3 GG, ne bis in idem; AnwGH Celle v. 14.8.2018, AGH 2/18 (I 1), NJW-Spezial 2018, 671.

4) → § 46 StBVV Rz. 783.

§ 9
Berechnung

(1) [1]Der Steuerberater kann die Vergütung nur auf Grund einer dem Auftraggeber mitgeteilten Berechnung einfordern. [2]Die Berechnung ist von dem Steuerberater zu unterzeichnen oder vorbehaltlich der Zustimmung des Auftraggebers in Textform zu erstellen. [3]Die Zustimmung muss nicht für jede Berechnung einzeln erteilt werden. [4]Der Lauf der Verjährungsfrist ist von der Mitteilung der Berechnung nicht abhängig.

(2) [1]In der Berechnung sind die Beträge der einzelnen Gebühren und Auslagen, die Vorschüsse, eine kurze Bezeichnung des jeweiligen Gebührentatbestands, die Bezeichnung der Auslagen sowie die angewandten Vorschriften dieser Gebührenordnung und bei Wertgebühren auch der Gegenstandswert anzugeben. [2]Nach demselben Stundensatz berechnete Zeitgebühren können zusammengefasst werden. [3]Bei Entgelten für Post- und Telekommunikationsdienstleistungen genügt die Angabe des Gesamtbetrages.

(3) Hat der Auftraggeber die Vergütung gezahlt, ohne die Berechnung erhalten zu haben, so kann er die Mitteilung der Berechnung noch fordern, solange der Steuerberater zur Aufbewahrung der Handakten verpflichtet ist.

Inhalt

Schrifttum

Berners, Keine Rückzahlungspflicht trotz einer den gesetzlichen Vorgaben nicht genügenden Rechnung, NWB 2019, 1632; **Berners,** Rückforderung der Honorarzahlung wegen fehlender Unterschrift?, NWB 2018, 1630; **Berners,** Die vernachlässigte Unterschrift, NWB 2017, 3371; **Beyme,** Verbesserungen bei der StBVV ab 1.7.2020, Stbg 2020, 325; **Beyme,** Nachträgliche Anpassung des Gegenstandswertes, KANZLEI intern 08_2019, 7; **Beyme,** Zehntelsatz als Pflichtangabe in Abrechnungen nach § 9 StBVV?, KANZLEI intern 10_2018, 2; **Dißars,** Durchsetzung des Gebührenanspruchs des Steuerberaters, NWB, Fach 30, 1309; **Feiter,** Zeitnah abrechnen und Honoraransprüche nicht verjähren lassen, KANZLEI intern 05_2019, 2; **Feiter,** FAQ zu den Pflichten und Rechten des Steuerberaters bei Mandatsbeendigung und Mandatswechsel, KANZLEI intern 11_2018, 3; **Feiter,** Pflicht zur Abrechnung nach (alter) StBGebV bei Verwendung alter AAB?, KANZLEI intern 03_2019, 7; **Feiter,** Zahlung unter Vorbehalt der Rückforderung, KANZLEI intern 03_2019, 3; **Feiter,** Rechnungsadressat bei atypisch stiller Gesellschaft, KANZLEI intern 02_2019, 4; **Feiter,** Abrechnungsfragen bei interdisziplinären Kanzleien, KANZLEI intern 06_2017, 7; **Feiter,** Honorarprozess: Aktivlegitimation eines früheren Sozius und fehlende Unterschrift auf der Rechnung, KANZLEI intern 10/2015, 3; **Feiter,** Zitierpflicht bei Abrechnung nach RVG, KANZLEI intern 10/2015, 6; **Feiter,** Formerfordernisse bei Gebührenrechnungen, INF 1997, 118; **Feiter,** Aktuelle Rechtsprechung zum Gebührenrecht der Steuerberater, INF 2000, 214; **Feiter,** Mandant bestreitet Zugang der Gebührenrechnung: So sollten Sie als Steuerberater reagieren, KP 2001, 86; **Gilgan,** Keine Rückforderung von Honorar wegen fehlender Unterschrift, KP 2018, 134; **Gilgan,** Rückforderung bereits gezahlten Honorars, NWB 30/2016, 2290; **Gilgan,** Anforderungen an eine Vorschussrechnung, KP 2015, 194; **Gilgan,** Die formellen Anforderungen an eine Gebührenrechnung nach § 9 StBGebV, StB 2004, 221; **Goez,** Die Durchsetzung des Gebührenanspruchs des Steuerberaters, INF 1998, 86; **Hinne/Klees/Müllerschön/Teubel/Winkler,** Vereinbarungen mit Mandanten, Baden-Baden, 2. Aufl. 2008; **Hüttemann/Jacobs,** Zurückbehaltungsrecht bei unterlassener oder fehlerhafter Rechnungsausstellung, MDR 2007, 1229; **Lützen,** „Schriftlich" und „Schriftform" – der unbekannte Unterschied, NJW 2012, 1627; **Mäkeler,** Besteht eine Verpflichtung des Steuerberaters zur Erläuterung seiner Rechnung?, KANZLEI intern 5_2018, 5; **Meyer,** Zum Formerfordernis der eigenhändigen Unterschrift bei der Gebührenrechnung, KP 2004, 10; **Schneider,** Aktuelle Rechtsprechung zur Vergütungsvereinbarung, AnwBl Online 2019, 199; **Schneider,** Zug-um-Zug-Verurteilung bei Fehlen einer ordnungsgemäßen Rechnung?, NJW-Spezial 2016, 667; **Schneider,** Fälle und Lösungen zum RVG, Bonn 2005; **Schons,** Vergütungsvereinbarung: Wer, wann, wie, warum – wer es nicht macht, ist dumm?, AnwBl Online 2020, 372; **Schrick,** Buchführung: Gegenstandswert verhandelbar?, KANZLEI intern 05_2017, 2; **Ueberfeldt,** ZUGFeRD auch für Steuerberaterrechnungen?, KANZLEI intern 06_2017, 3; **Ueberfeldt/Keller,** Wer darf die Honorarrechnung des Steuerberaters unterzeichnen?, DStR 2010, 1644; **Wacker,** Gebührenbestimmung, „Toleranzgrenze" – Rechtsprechung und Probleme der Beauftragung, KANZLEI intern 01_2017, 3; **Weitze-Scholl/Jendrzok,** Vergütungsvereinbarungen rechtssicher gestalten, DStR 2017, 65; **Wimmer,** Probleme bei der Durchsetzung von Steuerberaterhonoraren vor den Zivilgerichten, DStR 1996, 440.

A. Inhalt und Bedeutung

166 Die Vorschrift entspricht im Wesentlichen § 10 RVG. Für die Prüfung der **Erfolgsaussicht eines Rechtsmittels,**[1] im **Verfahren vor den Verwaltungsbehörden,**[2]im **Verwaltungsvollstreckungsverfahren**[3] und im **gerichtlichen Verfahren**[4] gilt auch für StB § 10 RVG und nicht § 9 StBVV, da die §§ 21 Abs. 2, 40, 44 und 45 StBVV auf die Vorschriften des RVG verweisen. Dieser Verweis umfasst auch die allgemeinen Vorschriften des RVG und damit auch § 10 RVG.[5] Aus § 10 RVG ergibt sich insbesondere die Pflicht, bei einer Abrechnung nach RVG die angewandten Nummern des Vergütungsverzeichnisses zu zitieren. Aus § 9 StBVV kann dies nicht abgeleitet werden. Ein weiterer wesentlicher Unterschied besteht seit dem 1.7.2020[6] darin, dass der neu gefasste § 9 Abs. 1 StBVV nicht mehr zwingend ein Schriftform- und Unterschriftserfordernis vorsieht. Rechnungen sollen künftig auch elektronisch, ins-

1) § 21 Abs. 2 StBVV.
2) § 40 StBVV n.F.
3) § 44 StBVV.
4) § 45 StBVV.
5) Feiter, KANZLEI intern 10/2015, 6.
6) Fünfte Verordnung zur Änderung steuerlicher Verordnungen v. 25.6.2020, BGBl. I 2020, 1495, 1498 = BStBl I 2020, 555.

besondere per E-Mail an den Auftraggeber versandt werden können, wenn dieser damit einverstanden ist.[1]

§ 9 StBVV regelt, unter welchen Voraussetzungen das Honorar des StB einforderbar, d.h. **gerichtlich durchsetzbar (klagbar)** wird. Hiervon zu unterscheiden sind die Entstehung und die Fälligkeit der Gebühr. Eine Gebühr ist entstanden, wenn der StB auf Grund des Auftrags irgendeine Tätigkeit vorgenommen hat.[2] Fällig wird die Gebühr, wenn der Auftrag erledigt oder die Angelegenheit beendigt, d.h. abschließend bearbeitet ist.[3] Einforderbar wird die Gebühr erst auf Grund einer Berechnung i.S.d. § 9 StBVV. Im Fall einer **Vergütungsvereinbarung** müssen nicht alle Pflichtangaben des § 9 StBVV in der Berechnung angegeben werden. Die erforderlichen Angaben ergeben sich vielmehr aus der Vereinbarung.[4] Deshalb ist in der Berechnung auch nicht auf die StBVV, sondern auf die Vereinbarung Bezug zu nehmen.

Beispiel:

Unter Bezugnahme auf die Vergütungsvereinbarung vom ..... rechne ich wie folgt ab:

Insgesamt muss die Berechnung für den Mandanten überprüfbar sein. Die Angabe der gesetzlichen Vorschriften der StBVV dürfte i.d.R. entbehrlich sein, da ja gerade nicht nach diesen Vorschriften, sondern nach der davon abweichenden Vereinbarung abgerechnet wird. Ist eine Abrechnung nach Stunden oder anderen Zeiteinheiten vereinbart, muss die Berechnung den Stundensatz, die Anzahl der Stunden und ggf. auch die Leistungsnachweise[5] enthalten. In vielen Fällen reicht bereits eine vom StB unterschriebene Rechnung mit Bezugnahme auf die Vereinbarung, mit gesondertem Ausweis der Umsatzsteuer und ggf. der Verrechnung eventuell gezahlter Vorschüsse.[6]

Ob die formellen Voraussetzungen des § 9 Abs. 2 StBVV auch dann vorliegen müssen, wenn die StBVV nicht unmittelbar anwendbar ist, also außerhalb ihres persönlichen und sachlichen Anwendungsbereichs,[7] ist zweifelhaft. Das OLG Düsseldorf geht davon aus, dass der Mandant generell – auch außerhalb des unmittelbaren Anwendungsbereichs der StBGebV – zumindest die Möglichkeit haben muss, eine Berechnung daraufhin zu prüfen, ob die Tätigkeit erbracht und das geltend gemachte Honorar auch der Höhe nach zu Recht verlangt wird.[8] **167**

Praxistipp:

Aus Gründen äußerster Vorsicht empfiehlt sich deshalb zumindest eine für den Auftraggeber prüfbare Rechnung, auch wenn die Voraussetzungen des § 9 Abs. 2 StBVV nicht vorliegen müssen.

---

1) → Rz. 168 und → Rz. 194 zu den praktischen Auswirkungen dieser Änderung.
2) Amtliche Begründung zu § 12 Abs. 4 letzter Satz StBGebV.
3) § 7 StBVV.
4) Schneider in Schneider/Wolf, 8. Aufl. 2017, § 10 RVG, Rz. 65 ff; Burhoff in Gerold/Schmidt, 24. Aufl. 2019, § 10 RVG, Rz. 25 ff.
5) → § 9 StBVV Rz. 182.
6) Hinne/Klees/Müllerschön/Teubel/Winkler, 2. Aufl. 2008, 231.
7) § 1 StBVV.
8) OLG Düsseldorf v. 13.10.1994, 13 U 211/93, GI 1996, 94: Danach erfordert die Geltendmachung einer Zeitgebühr durch eine steuerberatend tätige Nur-Wirtschaftsprüfungsgesellschaft konkrete Angaben über die Art der erbrachten Leistungen und den jeweiligen Zeitaufwand; OLG Düsseldorf v. 10.2.2000, 13 U 147/99, Stbg 2001, 467, zur Treuhandtätigkeit eines StB; AG Remscheid v. 1.4.2015, 8 C 359/14, NJW-Spezial 2015, 315: Angabe der BGB-Vorschriften, z.B. §§ 675, 612 BGB.

B. Schriftform, Unterschrift, Textform und Mitteilung an den Auftraggeber (Abs. 1)

168 Nach § 9 Abs. 1 Satz 1 StBVV a.F. konnte der StB seine Vergütung nur auf Grund einer von ihm (selbst) unterzeichneten Berechnung einfordern. Damit war **Schriftform** i.S.d. § 126 Abs. 1 BGB gemeint.[1] Danach musste die Berechnung eigenhändig vom StB unterschrieben sein. Alternativ war die elektronische Übermittlung mittels qualifizierter elektronischer Signatur zulässig, § 126 Abs. 3 BGB i.V.m. § 126a Abs. 1 BGB. Nach der Rechtsprechung kann auch ein nicht lesbarer Namenszug als **Unterschrift** anerkannt werden.[2] Jedenfalls ist nach der höchstrichterlichen Rechtsprechung eine „gewisse Großzügigkeit" bei der Beurteilung von Unterschriften festzustellen.[3] Bei einer länger andauernden Geschäftsbeziehung darf der StB darauf vertrauen, dass seiner zuvor niemals beanstandeten Unterschrift in Form eines Namenskürzels nicht erst im Honorarrechtsstreit von seinem Mandanten die Anerkennung versagt wird.[4] Die **Schriftform** ist nicht eingehalten, wenn die Berechnung des StB lediglich per Telefax,[5] als Dateianhang einer **E-Mail**[6] oder mit **eingescannter Unterschrift**[7] übersendet wird.

Praxistipp:

Im Interesse einer Nachprüfbarkeit der Berechnung sollte dem Mandanten immer die Originalrechnung mitgeteilt werden.

Durch die Fünfte Verordnung zur Änderung steuerlicher Verordnungen[8] wurde § 9 Abs.1 StBVV mit Wirkung ab dem 1.7.2020 dergestalt geändert, dass die Berechnung vorbehaltlich der **Zustimmung** des Auftraggebers auch in **Textform** erstellt werden kann. Der StB kann danach Rechnungen auch elektronisch, insbesondere per E-Mail an den Auftraggeber versenden. Die Zustimmung muss nicht für jede Berechnung einzeln erteilt werden.[9] Ausweislich der Gesetzesbegründung zu § 9 Abs. 1 StBVV bedarf die Zustimmung keiner besonderen Form und ist ebenfalls – wie die Berechnung – in Textform zulässig.[10] Auch eine mündliche oder konkludente Zustimmung reicht aus,[11] wenngleich sich aus Beweisgründen immer eine Zustimmung in Textform oder Schriftform empfiehlt.[12] Die Zustimmung kann ausweislich der Gesetzesbegründung zu § 9 Abs. 1 StBVV auch nachträglich erklärt werden. Ohne die Zustimmung des Auftraggebers muss der StB auch künftig das Schriftformerfordernis beachten. Die Änderungen des § 9 Abs. 1 StBVV sollen der Weiterführung der Digitalisierung bei den steuerberatenden Berufen dienen und Einklang mit den bereits erfolgten Änderungen der §§ 4, 14 StBVV schaffen, da auch bei einer Vergütungsvereinbarung und einer Pauschalvereinbarung Textform ausreicht und keine eigenhändige Unterschrift mehr verlangt wird. Tatsächlich schaffen die Änderungen keine echte Verbesserung zum bisherigen Rechtsstand, da

1) Burhoff in Gerold/Schmidt, 24. Aufl. 2019, § 10 RVG Rz. 5.
2) BGH v. 3.3.2015, VI ZB 71/14, ZIP 2015, 1704.
3) BVerfG v. 29.7.1988, 1 BvR 1047/88; BGH v. 28.9.1998, II ZB 19/98.
4) OLG Saarbrücken v. 26.7.2006, 1 U 604/05, GI 2007, 96, 98 f.
5) BT-Drucks. 14/4987, 12; KG v. 29.9.2004, 1 W 254/02, MDR 2005, 540, zu § 154 Abs. 1 KostO Berechnung des Notars; BGH v. 30.7.1997, VIII ZR 244/96, NJW 1997, 3169, zu empfangsbedürftigen Willenserklärungen, die dem Schriftformerfordernis unterliegen; Lützen, NJW 2012, 1627 f.
6) AG Hamburg-Altona v. 3.5.2006, 319c C 337/05, DStR 2006, 1523.
7) OLG Köln v. 9.11.2006, 8 O 42/06.
8) Fünfte Verordnung zur Änderung steuerlicher Verordnungen v. 25.6.2020, BGBl. I 2020, 1495, 1498 = BStBl I 2020, 555.
9) § 9 Abs. 1 Satz 3 StBVV.
10) Siehe Muster → Rz. 194.
11) Ebenso Beyme, Stbg 2020, 325.
12) → Rz. 194.

das Schriftformerfordernis nach h.M. abbedungen werden konnte.[1] Die (vermeintlichen) Erleichterungen bei der Abrechnung entbinden den StB ausweislich der Gesetzesbegründung nicht davon, die **berufsrechtliche Verantwortung** für die Richtigkeit und Angemessenheit der Rechnung zu übernehmen. Dies ergibt sich aus der Pflicht zur eigenverantwortlichen Berufsausübung, § 57 Abs. 1 StBerG. Um dies sicherzustellen, bedarf es aber nicht zwingend einer eigenhändigen Unterschrift oder einer qualifizierten elektronischen Signatur. Die Eigenverantwortlichkeit bei der Prüfung und Freigabe der Rechnung kann auch anderweitig im kanzleieigenen Abrechnungssystem dokumentiert werden.

Fehlt es an der **eigenhändigen Unterzeichnung** und hat der Auftraggeber auch nicht auf das Unterschriftserfordernis verzichtet, kann der StB das Honorar nicht erfolgreich einklagen, so dass eine auf Zahlung gerichtete Klage abzuweisen ist. Keine einheitliche Meinung besteht allerdings in der Frage, ob die Klage als unzulässig,[2] als „derzeit" unbegründet[3] oder als unbegründet[4] abzuweisen ist.

Kritische Stellungnahme:

Gegen eine Klageabweisung als unzulässig spricht, dass die Erteilung einer ordnungsgemäßen Berechnung keine Frage der Zulässigkeit der Klage ist, da die ZPO eine solche Prozessvoraussetzung nicht kennt. Dass es sich bei dem Unterschriftserfordernis nicht um eine Prozessvoraussetzung handelt, zeigt sich bereits daran, dass die Parteien nicht erst seit der Neufassung des § 9 Abs. 1 StBVV auf das Unterschriftserfordernis verzichten können, was bei einer Prozessvoraussetzung nicht möglich ist.[5] Vergleichbar einer Klage, die auf eine noch nicht fällige Leistung gerichtet ist, müsste die Klage, die wegen der fehlenden Unterschrift auf eine noch nicht durchsetzbare/klagbare Leistung gerichtet ist, als „derzeit" unbegründet abgewiesen werden.

Die prozessualen Auswirkungen der unterschiedlichen Auffassungen lassen sich wie folgt zusammenfassen:

Bei einer unzulässigen Klage tritt in der Hauptsache keine Rechtskraft ein, so dass die zu Grunde liegende Vergütungsforderung erneut eingeklagt werden kann.

Wird die Klage im Tenor als „derzeit" unbegründet abgewiesen, kann der StB nach Erteilung einer neuen – ordnungsgemäßen – Rechnung auf Grund des neuen und noch nicht abgeurteilten Lebenssachverhalts erneut klagen, ohne dass der Einwand der Rechtskraft entgegensteht.

Bei einer Klageabweisung als unbegründet, besteht die Gefahr, dass einer erneuten Klage der Einwand der Rechtskraft entgegengesetzt werden kann. Dies gilt jedenfalls dann, wenn sich nicht einmal aus den Entscheidungsgründen ergibt, dass die Klage als „derzeit" unbegründet abgewiesen wird. Ergibt sich hingegen aus den Entscheidungsgründen, dass der Anspruch des StB nur wegen der fehlenden Unterschrift abgewiesen wurde, kann der StB erneut klagen, wenn er die Klage eine eigenhändig unterschriebene Rechnung stützt.[6]

Praxistipp:

Ist im Laufe des Prozesses Verjährung der Honorarforderung eingetreten, ist eine erneute klageweise Geltendmachung nicht mehr möglich. In diesem Fall bliebe nur die

1) Beyme, Stbg 2020, 325; → Rz. 194, auch zu den praktischen Auswirkungen, wenn § 10 RVG einschlägig ist.
2) So OLG Frankfurt/M. v. 7.11.2001, 23 U 118/00, Beihefter zu DStR 36/2002 Kammer-Report; LG Gera v. 28.1.2005, 1 S 174/04, MDR 2005, 480.
3) So Berners, 5. Aufl. 2016, § 9 StBVV Rz. 32; Schneider in Schneider/Wolf, 8. Aufl. 2017, § 10 RVG Rz. 91 ff.
4) So OLG Köln v. 25.2.2000, 19 W 1/00, MDR 2000, 910; AG Düsseldorf v. 20.8.2015, 50 C 115/15, KANZLEI intern 10/2015, 3.
5) → § 9 StBVV Rz. 194; ebenso Schneider in Schneider/Wolf, 7. Aufl. 2014, § 10 RVG Rz. 93.
6) Feiter, KANZLEI intern 10/2015, 3; Schneider in Schneider/Wolf, 8. Aufl. 2017, § 10 RVG Rz. 94.

Berufung gegen das Urteil erster Instanz, vorausgesetzt, die Berufungssumme von 600,00 € ist erreicht.

Nach der berufsgerichtlichen Rechtsprechung liegt eine **Berufspflichtverletzung** vor, wenn der StB das Unterschriftserfordernis missachtet.[1] Durch die Neufassung des § 9 Abs. 1 StBVV zum 1.7.2020 ist diese Rechtsprechung für die Fälle überholt, in denen der Mandant sich mit einer Rechnung in Textform einverstanden erklärt hat. Zur Frage, ob der Mandant schon vor dem 1.7.2020 und in den Fällen, in denen § 10 RVG einschlägig ist, auf das Schriftformerfordernis verzichten kann → Rz. 194.

169 **Ausnahmen** vom Erfordernis der **Unterschrift** des Praxisinhabers gelten für Praxisvertreter, -abwickler, -treuhänder,[2] vertretungsberechtigte Geschäftsführer einer Steuerberatungsgesellschaft,[3] andere Partner einer Sozietät oder Partnerschaftsgesellschaft, wenn es sich um Berufsangehörige handelt,[4] nicht aber angestellte StB und freie Mitarbeiter,[5] es sei denn, es handelt sich bei ihnen um sog. Scheinsozien.[6] Bei interdisziplinären Sozietäten/Partnerschaften dürfen Rechtsanwälte alle Rechnungen unterschreiben, in denen anwaltliche und steuerberatende Leistungen abgerechnet werden, da Rechtsanwälte auch zur unbeschränkten Hilfeleistung in Steuersachen befugt sind. Steuerberater hingegen dürfen Rechnungen, mit denen neben steuerberatenden auch anwaltliche Tätigkeiten abgerechnet werden, nicht alleine ohne Rechtsanwalt unterzeichnen.[7] Beim Leiter einer weiteren Beratungsstelle[8] wird man danach differenzieren müssen, ob der Leiter gleichzeitig Sozius/ Partner oder nur Angestellter oder freier Mitarbeiter ist.

170 Eine **Heilung** kann noch im Prozess erfolgen; die Unterzeichnung der Klageschrift durch einen bevollmächtigten Rechtsanwalt reicht allerdings ebenso wenig, wie ein vom StB unterschriebenes Mahnschreiben.[9]

171 Im **Verhinderungsfall** muss ein Dritter die Abrechnung erstellen und unterzeichnen, z.B. der (Prozess-)bevollmächtigte[10] oder der Rechtsnachfolger,[11] damit die Authentizität der Erklärung sichergestellt ist. Nach einem Urteil des BGH[12] ist ein ehemaliger Rechtsanwalt als Gläubiger seiner Vergütungsansprüche auch nach dem Ausscheiden aus der Anwaltschaft berechtigt und verpflichtet, Berechnungen zu unterzeichnen und den Auftraggebern mitzuteilen, wenn der bestellte Praxisabwickler insoweit nicht tätig geworden ist.

172 § 9 Abs. 1 Satz 1 und Abs. 2 Satz 1 StBVV sprechen von einer **„Berechnung"**. Diese Bezeichnung gehört aber nicht zu den Formerfordernissen. Dem Berater steht es

1) „Steuerkiste-Fall" LG Münster v. 11.5.2012, 19 StL 2/11, DStRE 2014, 573 m. Anm. Wacker; Honorarbrief für Steuerberater 18/2013, 1; LG Erfurt v. 28.11.2003, StV 2/02.
2) §§ 69–71 StBerG.
3) OLG Düsseldorf v. 20.11.2001, 23 U 26/01, GI 2002, 117 f.; Dißars, NWB, Fach 30, 1309; Ueberfeldt/Keller, DStR 2010, 1644, 1646. Da durch die Unterschrift keine vertragliche Verpflichtung begründet werden soll, reicht m.E. auch die Unterschrift eines Geschäftsführers ohne Einzelvertretungsbefugnis.
4) Eggesiecker, 2. Aufl. 1998, § 9 STEUGO Rz. 9.160 f.
5) Streitig, vgl. Meyer, KP 2004, 10; Goez, INF 1998, 86, 88; Winkler in Eckert, 6. Aufl. 2017, § 9 StBVV Rz. 32; a.A. AG Hannoversch Münden v. 12.12.2011, 3 C 274/10; Eggesiecker, 2. Aufl. 1998, § 9 STEUGO Rz. 9.180; Dißars, NWB, Fach 30, 1309 f.
6) So auch Ueberfeldt/Keller, DStR 2010, 1644, 1646.
7) Feiter, KANZLEI intern 06_2017, 7.
8) § 34 Abs. 2 StBerG, § 49 BOStB.
9) OLG Köln v. 25.2.2000, 19 W 1/00, MDR 2000, 910; OLG Düsseldorf v. 20.11.2001, 23 U 21/ 01, GI 2002, 93, 96; a.A. AG Dortmund v. 15.1.1999, 131 C 6383/98, Stbg 1999, 531; LG Traunstein v. 18.6.2009, 8 S 627/09.
10) OLG Schleswig v. 19.4.2012, 11 U 63/11; OLG Düsseldorf v. 9.11.1999, 24 U 104/98, GI 2001, 47 f.; offen gelassen von BGH v. 6.5.2004, IX ZR 85/03, BRAK-Mitt 2004, 238.
11) LG Düsseldorf v. 26.6.2001, 24 S 476/00: Eine Kopie der vom verstorbenen Praxisinhaber unterschriebenen Rechnung reichte dem Gericht nicht.
12) BGH v. 6.5.2004, IX ZR 85/03, BRAK-Mitt. 2004, 238.

frei, seine Berechnung auch als „Rechnung“, „Honorarrechnung“, „Liquidation“ etc. zu bezeichnen.

173 Die Berechnung muss dem Mandanten **„mitgeteilt“** werden. Dies setzt Zugang i.S.d. § 130 BGB voraus. Im Bestreitensfalle muss der StB den Zugang eines (unterzeichneten) Rechnungsexemplars oder einer Berechnung in Textform beweisen, notfalls im Prozess eine neue Rechnung vorlegen.[1] Eine mehrfache Mitteilung kann sich für den StB als Nebenpflicht aus dem Mandatsverhältnis ergeben, z.B. wenn der Mandant die Rechnung verloren oder versehentlich vernichtet hat.[2]

Praxistipp:

Ist der Berechnung eine Zusammenstellung der einzelnen Rechnungsposten (Spezifikation) auf einem gesonderten Blatt beigefügt, empfiehlt es sich, beides zu unterzeichnen.[3]

174 Der **Auftraggeber** muss in der Berechnung genau und **richtig bezeichnet** werden. Eine Falschbezeichnung ist unschädlich, wenn trotzdem deutlich wird, welche Rechtspersönlichkeit in Anspruch genommen wird.[4] Allein der Umstand, dass eine Gesellschaft das Gewerbe abgemeldet und eine Löschung aus der Handwerksrolle erfolgt ist, reicht nicht für die Annahme der Liquidation aus, so dass eine solche Gesellschaft richtiger Rechnungsadressat und richtige Beklagte ist.[5] Wird die Rechnung fälschlicherweise an den Ehegatten des Auftraggebers adressiert, ist die Gebührenforderung nicht klagbar.[6] Ist der Mandant verstorben, bleibt dieser zwar Rechnungsadressat. Verklagt werden muss im Falle der Nichtzahlung aber der Rechtsnachfolger.[7] Im Falle einer atypisch stillen Gesellschaft ist Rechnungsadressat[8] allein der Inhaber des Handelsgeschäfts.[9]

Praxistipp:

Bei einer Mehrheit von zerstrittenen Auftraggebern (z.B. zusammenveranlagte Eheleute) oder im Falle der Insolvenz eines Ehegatten kann sich die Notwendigkeit ergeben, für jeden Auftraggeber eine eigene Rechnung zu erstellen. Andernfalls ist die Vergütung im Zweifel nicht einforderbar i.S.d. § 9 StBVV. In einem Begleitschreiben sollte jeder Auftraggeber darauf hingewiesen werden, wie hoch sein Anteil an der Gesamtvergütung ist und dass jeder Auftraggeber für den Gesamtbetrag haftet.[10]

175 einstweilen frei

176 In § 9 Abs. 1 Satz 2 StBGebV wurde mit Wirkung zum 1.1.2007 klargestellt, dass der **Lauf der Verjährungsfrist** unabhängig von der Mitteilung der Berechnung ist. Die Verjährung beginnt ab Fälligkeit. Der Steuerberater kann somit die Verjährung seiner Ansprüche nicht dadurch hinausschieben, dass er die Aufstellung einer Berechnung unterlässt. Durch die Neufassung des § 9 Abs. 1 StBVV ab dem 1.7.2020 findet sich die unveränderte Regelung jetzt in Satz 4.

1) AG Kleve v. 24.5.2000, 30 C 134/99, INF 2001, 576; Feiter, KP 2001, 86; Gilgan, StB 2004, 221 f.
2) Hartmann, 43. Aufl. 2013, § 10 RVG Rz. 18.
3) Wimmer, DStR 1996, 440 m.w.N.
4) LG Kleve v. 8.6.2016, 1 O 41/15.
5) LG Kleve v. 8.6.2016, 1 O 41/15.
6) AG Delbrück v. 19.12.2008, 2 C 240/08.
7) LG Düsseldorf v. 11.7.2016, 5 O 518/11; Wacker, KANZLEI intern 01_2017, 3.
8) Z.B. für die Gewerbesteuererklärung, Feststellungserklärung oder E-Bilanz.
9) Feiter, KANZLEI intern 02_2019, 4.
10) § 6 Abs. 2 Satz 1 StBVV; LG Mannheim v. 3.5.2012, 4 O 15/11, AnwBl 2013, 149; AG Kerpen v. 17.7.2014, 102 C 93/14, NJW-Spezial 2014, 508; → § 6 StBVV Rz. 151 mit Berechnungsbeispiel.

C. Sonstige Formerfordernisse (Abs. 2)

I. Einzelne Angaben in der Gebührenrechnung

177 Neben der Angabe des Auftraggebers und der Bezifferung der Ansprüche sind folgende **Mindestpflichtangaben** erforderlich:

1. Kurze Bezeichnung des jeweiligen Gebührentatbestands

178 Seit Inkrafttreten der 3. ÄndVO[1] ist eine kurze Bezeichnung des Gebührentatbestands zwingend erforderlich. Damit soll eine mandantenfreundliche Transparenz der Rechnungen sichergestellt werden. Dies kann entweder dadurch geschehen, dass der Text des jeweiligen Gebührentatbestandes übernommen wird oder eine Kurzbezeichnung gewählt wird, die dem Auftraggeber eine Überprüfung der Berechnung ermöglicht (z.B. „Einkommensteuererklärung 2020"). Wichtig ist allerdings, dass die einzelnen Gebührentatbestände getrennt aufgeführt werden.

Beispiel:

Rechnet der StB pauschal 8 Std. für „steuerliche und wirtschaftliche Beratung" ab, ohne die einzelnen Tätigkeiten, auf die sich die Abrechnung bezieht, anzuführen, ist die Rechnung nicht prüfbar, da sie nicht die vorgesehenen Mindestangaben enthält.[2]

Gleiches gilt, wenn mit der Höchstgebühr für den Jahresabschluss auch umfangreiche wirtschaftsberatende Tätigkeiten erfasst und abgerechnet werden.[3]

2. Angewandte Vorschriften

179 Ausreichend, aber auch erforderlich ist eine **exakte Bezeichnung der maßgeblichen Vorschriften, des Absatzes, des Satzes und der Nummer**. § 9 StBVV selbst zählt nicht zu den zitierpflichtigen Vorschriften. Nach h.M. hat die Angabe einer unrichtigen Gebührenvorschrift keine Auswirkungen auf die Ordnungsgemäßheit der Rechnung i.S.v. § 9 StBVV. Die Rechnung ist danach lediglich fehlerhaft (inhaltlich falsch), ohne dass die Wirksamkeit der Rechnung bzw. der Vergütungsanspruch des StB davon berührt wird.[4] Der Mandant hat allerdings einen Anspruch auf eine Berechnung unter Angabe der zutreffenden Gebührenvorschriften und kann bis zum Erhalt einer fehlerfreien Rechnung sein Zurückbehaltungsrecht ausüben.[5] Wird eine unzutreffende Vorschrift zitiert, z.B. § 29 Nr. 1 StBVV für die Teilnahme an einer sozialversicherungsrechtlichen Prüfung, muss der StB damit rechnen, dass die Honorarforderung vor Gericht nicht durchsetzbar ist, wenn keine Berichtigung erfolgt.[6] Denn es nicht Aufgabe des Mandanten oder des Gerichts die in Wahrheit anwendbare Gebührenvorschriften zu ermitteln.[7] Schon eine falsche Zitierweise der Gebührenvorschriften, etwa weil Paragraphen, Absätze und Sätze nur durch Schrägstriche getrennt werden, kann zur Klageabweisung führen.[8] Nur in Einzelfällen haben die Gerichte Formfehler nicht beanstandet. So hat das OLG Düssel-

1) 3. ÄndVO v. 20.8.1998, BGBl. I 1998, 2369.
2) OLG Düsseldorf v. 14.9.2010, I-23 U 1/10.
3) Gilgan, NWB 2016, 2290, 2292 unter Hinweis auf LG Duisburg 8 O 238/12.
4) BGH v. 22.2.2018, IX ZR 115/17, NJW 2018, 1479 zum Anwaltsrecht.
5) OLG Düsseldorf v. 24.6.2008, I 24 U 204/07, AnwBl 2008, 718; Schneider, NJW-Spezial 2016, 667; ders. in Schneider/Wolf, 8. Aufl. 2017, § 10 RVG Rz. 103; Berners, 5. Aufl. 2016, § 9 StBVV Rz. 41.
6) → § 29 StBVV Rz. 482 und ausführlich zu den prozessualen Auswirkungen → Rz. 186 und 187 m.w.N.
7) Hartmann, Kostengesetze, 47. Aufl. 2017, Rz. 22.
8) OLG Düsseldorf v. 11.10.1990, 18 U 62/90, GI 1992, 101.

dorf[1] die fehlende Angabe des maßgeblichen Absatzes einer Gebührenvorschrift als unschädlich angesehen, weil die erledigte Angelegenheit auf Grund einer Erläuterung in der Rechnung klar erkennbar war. Zu einer vollständigen Zitierweise gehört auch ein Hinweis auf die **maßgebliche Verordnung**, die StBVV. Weist der StB in einem Eingangssatz der Berechnung darauf hin, dass nach der StBVV abgerechnet wird, ist ein Hinweis auf die Verordnung hinter den angegebenen Vorschriften nicht mehr erforderlich.

Praxistipp:

Werden in einer Rechnung auch sog. vereinbare Tätigkeiten abgerechnet, für die die StBVV nicht einschlägig ist, sollte der Eingangssatz nicht nur auf die StBVV Bezug nehmen, sondern besser allgemein gehalten sein.

Formulierungsbeispiel: *„.... rechne ich gem. den gesetzlichen Vorschriften ab: ....“*

Besteht eine **Vereinbarung** über das Honorar, muss der StB in der Rechnung lediglich auf die Vereinbarung Bezug nehmen. Die Zitierpflicht von gesetzlichen Vorschriften entfällt in diesem Fall. Liegen dem Auftragsverhältnis noch alte **AAB** aus der Zeit der **StBGebV** zu Grunde, in denen geregelt ist, dass der StB seine Leistungen nach der StBGebV abrechnet, bedeutet dies nicht, dass der StB auch nach Inkrafttreten der StBVV verpflichtet wäre, die geringeren Gebühren nach der StBGebV abzurechnen.[2] Die Angabe des Gebührensatzes und der einschlägigen Gebührentabelle gehört nicht zu den Mindestpflichtangaben. Bei einer Abrechnung nach **RVG** sind auch die angewandten **Nummern des Vergütungsverzeichnisses** anzugeben. Dies ergibt sich aus § 10 RVG, der in den Fällen der §§ 21 Abs. 2, 40, 44 und 45 StBVV unmittelbar anwendbar ist und an die Stelle des § 9 StBVV tritt.[3] In der Gebührenrechnung ist die Verweisnorm (z.B. § 45 StBVV) i.V.m. der einschlägigen Nummer des Vergütungsverzeichnisses zu zitieren. Eine darüberhinausgehende Zitierpflicht der allgemeinen Vorschriften der §§ 2, 13 RVG besteht nicht.[4] Im Falle vorzeitiger Mandatsbeendigung muss neben der eigentlichen Ermächtigungsgrundlage[5] nicht auch noch § 12 Abs. 4 StBVV zitiert werden.[6] Schädlich ist die Angabe des § 12 Abs. 4 StBVV allerdings nicht. Der Hinweis dient der Erläuterung und sorgt gegenüber dem Auftraggeber für Transparenz und Honorarakzeptanz.

3. Angabe des Gegenstandswertes (und des Gebührensatzes) bei Wertgebühren

Der **Gegenstandswert** ist **exakt zu bezeichnen**. Ob auch die Angabe des Gebühren- 180
satzes bei Satzrahmengebühren erforderlich ist, ist umstritten.[7] Eine Wertangabe „331“ im Zusammenhang mit der Finanzbuchführung ist unrichtig, wenn der Wert eigentlich das Tausendfache beträgt.[8] Nicht jeder Buchführungsmonat muss gesondert ausgewiesen werden, wenn die monatliche Gebühr identisch ist. Es genügt die Angabe des Zeitraums,[9] wobei aus Klarstellungsgründen der gewählte Zehntelsatz oder die monatliche Gebühr unbedingt aufgeführt werden sollte (12 × 7/10 oder 12 × 125 €), damit unzweifelhaft ist, wie sich der Gesamtbetrag der Gebühr zusammen-

1) OLG Düsseldorf v. 22.4.1993, 13 U 177/92, GI 1993, 398; ähnlich bereits OLG Hamm v. 26.6.1989, 25 W 14/89, GI 1990, 104, für den Fall eines offenkundigen Schreibfehlers. In der Rechnung war der falsche Absatz angegeben, anhand des erläuternden Textes konnte aber der richtige festgestellt werden.
2) Feiter, KANZLEI intern 03_2019, 7.
3) → § 9 StBVV Rz. 166.
4) Feiter, KANZLEI intern 05_2019, 2, 3 unter Hinweis auf LG Essen v. 24.4.2019, 18 O 317/18.
5) Z.B. § 25 StBVV.
6) Raab, DStR 2017, 2191; → § 12 StBVV Rz. 239; a.A. aber AG Remscheid v. 29.6.2016, 46 C 208/14.
7) → Rz. 186.
8) OLG Düsseldorf v. 11.10.1990, 18 U 62/90, GI 1992, 101.
9) Z.B. Januar bis Dezember 2012.

setzt. Die Angabe eines unrichtigen Gegenstandswertes macht die Rechnung fehlerhaft (inhaltlich falsch). Nach h.M. ist dieser Fehler aber nicht so gravierend, dass eine nicht ordnungsgemäße Rechnung vorliegen würde.[1] Dies bedeutet, dass der Honoraranspruch trotz fehlerhafter Rechnung besteht und grundsätzlich auch durchsetzbar i.S.d. § 9 StBVV ist. Allerdings steht dem Vergütungsanspruch des StB ein Zurückbehaltungsrecht des Mandanten gegenüber, der erst dann zur Zahlung verpflichtet ist, wenn ihm eine ordnungsgemäße Rechnung ausgehändigt wird.[2] Die Angabe eines falschen Gegenstandswertes kann bereits zur Klageabweisung führen.[3] Die Angabe eines halbwegs zutreffenden Gegenstandswertes aus der Gebührentabelle reicht nicht.

Beispiel:

Der StB gibt als Gegenstandswert für die Fibu 200 000 € in der Rechnung an. Der tatsächliche Jahresumsatz beträgt aber 158 000 €. Obwohl die Gebühr nach Tab. C bei einem Jahresumsatz von 150 000 € - 200 000 € identisch ist, ist die Angabe des Gegenstandswertes fehlerhaft.

Praxistipp:

Stellt der Sachverständige in einem Honorarrechtsstreit fest, dass die vom StB in Ansatz gebrachten Gegenstandswerte unzutreffend sind, sollte der StB unverzüglich berichtigte Honorarrechnungen mit den zutreffenden Gegenstandswerten vorlegen, um eine Abweisung der Klage zu vermeiden.

Wie unterschiedlich und nicht vorhersehbar die Gerichte im Fall eines unzutreffenden Gegenstandswertes entscheiden, zeigt eine Entscheidung des LG Düsseldorf.[4] Danach ist noch nicht von einem falschen Gegenstandswert auszugehen, wenn der tatsächliche Wert von dem in der Rechnung angesetzten Wert nur geringfügig abweicht und noch kein Gebührensprung nach der Gebührentabelle eintritt. Tritt ein Gebührensprung ein, kann der StB nach LG Düsseldorf nur die geringere Gebühr fordern. Auch das AG Mülheim a.d. Ruhr[5] beanstandete einen zu hoch angesetzten Gegenstandwert für die Finanzbuchführung nicht als Formfehler, sondern legte den tatsächlichen Gegenstandswert zu Grunde.

Praxistipp:

Der StB sollte sich keinesfalls darauf verlassen, dass die Gerichte stets so beraterfreundlich entscheiden und die zutreffende Gebühr anhand des zutreffenden Gegenstandswertes selbst ermitteln. Der StB sollte in diesen Fällen das Zurückbehaltungsrecht des Mandanten durch Vorlage einer fehlerfreien Rechnung abwenden.

Beruht der Gegenstandswert auf einer **Schätzung** oder wird anstelle des tatsächlichen Gegenstandswertes der Mindestgegenstandswert aufgeführt, sollte dies durch entsprechende Zusätze[6] kenntlich gemacht werden. Für die Richtigkeit des Gegenstandswertes ist der StB beweispflichtig.[7] Legt der StB im Einverständnis mit dem Mandanten bei der Abrechnung der monatlichen Buchführung **Vorjahresumsätze** zu Grunde, stellt sich die Frage, ob der Mandant dadurch auf eine Abrechnung nach dem tatsächlichen Gegenstandswert verzichtet hat. Zwar kann der Mandant auf alle Formerfordernisse des § 9 StBVV – und damit auch auf die Angabe des zutreffenden Gegenstandswertes – verzichten.[8] Der Verzicht auf die Angabe des

1) OLG Düsseldorf v. 24.6.2008, I 24 U 204/07, AnwBl 2008, 718; Schneider, NJW-Spezial 2016, 667; ders. in Schneider/Wolf, 8. Aufl. 2017, § 10 RVG Rz. 103; Winkler in Eckert, 6. Aufl. 2017, § 9 StBVV Rz. 41; Berners, 5. Aufl. 2016, § 9 StBVV Rz. 41.
2) Zu den prozessualen Auswirkungen → Rz. 186 und 187.
3) OLG Oldenburg v. 1.9.1998, 5 U 74/98, Stbg 1999, 427; AG Duisburg v. 20.2.2003, 33 C 2291/00.
4) LG Düsseldorf v. 9.9.2010, 8 O 233/08.
5) AG Mülheim a.d. Ruhr v. 21.6.2012, 27 C 298/10.
6) „Schätzung" oder „Mindestgegenstandswert".
7) Zu den Anforderungen an die Beweislast siehe LG Duisburg v. 28.11.2013, 8 O 452/10.
8) → Rz. 194.

zutreffenden Gegenstandswertes ist aber nicht gleichzusetzen mit einem Verzicht auf eine Abrechnung nach dem zutreffenden Gegenstandswert.

Praxistipp:

Da eine Abrechnung auf Basis des Vorjahresumsatzes zu einer höheren Vergütung führen kann, wenn der Vorjahresumsatz (deutlich) höher ist als der Umsatz des laufenden Jahres, sollte der StB sich nur im Falle einer Vergütungsvereinbarung nach § 4 Abs. 1 StBVV auf diesen Abrechnungsmodus einlassen.[1]

Eine nachträgliche Korrektur des Gegenstandswertes ist möglich. Der StB ist nicht an den von ihm zu Grunde gelegten Gegenstandswert gebunden, wenn dieser sich nachträglich als unrichtig erweist.[2]

Beispiel:

Der StB rechnet die FiBu für das Jahr 01 im Januar 02 ab (Gegenstandswert 2 Mio. €). Im März 02 legt der Mandant Rechnungen vor (200 000 €), die noch für das Jahr 01 zu berücksichtigen sind und zu einem Gebührensprung führen.

Der StB kann in diesem Fall auf Grundlage des tatsächlichen Jahresumsatzes mit einer korrigierten Rechnung reagieren.[3] Eine Bindung an einen falschen Gegenstandswert gibt es nicht. Sie kann auch nicht aus § 11 StBVV abgeleitet werden, da der Gegenstandswert – anders als der Zehntelsatz – nicht dem Ermessen des StB unterliegt, sondern eine objektive Größe ist. Die nachträgliche Korrektur des Gegenstandswertes ist auch in den Fällen möglich, in denen sich z.B. im Rahmen einer **Betriebsprüfung** herausstellt, dass der Mandant bestimmte Einnahmen nicht erfasst hat. Der StB kann in diesen Fällen berichtigte Rechnungen erstellen, und zwar rückwirkend für 10 Jahre ab Entstehung des Anspruchs.[4]

4. Zeitgebühren

Bei der Berechnung von Zeitgebühren muss der StB zum einen die für die erledigte 181
Angelegenheit **einschlägige Gebührenvorschrift**, z.B. §§ 28, 32, 33 Abs. 7, 34 Abs. 5 StBVV, zum anderen aber auch § 13 StBVV, und zwar die zutreffende Nummer des Satzes 1 sowie Satz 2, der die Höhe der Vergütung regelt, angeben.[5] Es reicht nicht aus, nur § 13 StBVV ohne die einschlägige Ziffer zu zitieren.[6]

Die Angabe des **Stundensatzes** oder der aufgewandten Zeit schreibt die StBVV nicht vor. Nach § 9 Abs. 2 Satz 2 StBVV können sogar nach demselben Stundensatz berechnete Zeitgebühren zusammengefasst werden, also z.B. einheitliche Zeitgebühren für die Prüfung von Steuerbescheiden und die Teilnahme an einer Betriebsprüfung.[7] Da aber bei fehlender Angabe des Stundensatzes oder des Zeitaufwandes für den Mandanten nicht nachprüfbar ist, wie sich der Gesamtrechnungsbetrag zusammensetzt, wird im Schrifttum durchweg die Auffassung vertreten, dass es näherer Angaben im Hinblick auf den Zeitaufwand oder den jeweiligen Stundensatz bedarf.[8]

---

1) Schrick, KANZLEI intern 05_2017, 2 mit Formulierungsvorschlag.
2) Beyme, KANZLEI intern 08_2019, 7.
3) LG Essen v. 19.6.2015, 15 S 88/15; Gilgan, KP 2015, 194, 195.
4) § 852 BGB.
5) OLG Düsseldorf in ständiger Rechtsprechung, z.B. v. 25.4.1996, 13 U 81/95, GI 1996, 269; LG Mainz v. 19.2.1997, 3 S 191/96, INF 1998, 671; LG Wuppertal v. 4.8.1998, 5 O 472/97, INF 1998, 768.
6) Siehe auch AG Essen v. 18.3.2013, 13 C 8/13.
7) §§ 28, 29 Nr. 1 StBVV.
8) Eggesiecker, 2. Aufl. 1998, § 9 STEUGO Rz 9.320; Volkmann in Meyer/Goez/Schwamberger, 9. Aufl. 2019, § 9 StBVV Rz. 15; Mittelsteiner/Scholz, 4. Aufl. 1998, § 9 StBGebV Rz. 14; Feiter, INF 1997, 118 f.

Praxistipp:

Obwohl bereits durch die Angabe des Zeitaufwandes oder des Stundensatzes die Möglichkeit der Kontrolle der Honorarberechnung besteht, verlangt das OLG Düsseldorf zur Einforderbarkeit von Zeitgebühren für jede einzelne Rechnungsposition sowohl die Angabe des Zeitaufwandes als auch die Angabe des Stundensatzes.[1] Deshalb empfiehlt sich eine kumulative Angabe von Zeitaufwand und Stundensatz in der Gebührenrechnung.

182 Das OLG Düsseldorf verlangt ferner bereits bei Rechnungsstellung eine **prüfbare Leistungsbeschreibung (time-sheet)**.[2] Die Entscheidung ist zwar zum Anwaltsrecht ergangen. Sie ist aber auch für StB aus zwei Gründen von besonderem Interesse. Zum einen knüpft das OLG Düsseldorf an die Rechtsprechung des BGH[3] an, der bei einer Abrechnung nach Zeitaufwand von einem Rechtsanwalt verlangt, dass dieser „stichwortartig, in einer auch im Nachhinein verständlichen Weise" niederlegt, welche konkrete Tätigkeit er innerhalb eines bestimmten Zeitraums verrichtet hat. Leerfloskeln, wie „Akteneinsicht, Rechtsprechungsrecherche, Diktat verschiedener Schreiben" erteilt der BGH eine deutliche Absage.[4] Zum anderen begründet das OLG Düsseldorf seine Rechtsauffassung mit einer analogen Anwendung des § 10 Abs. 2 Satz 1 RVG, der im Wesentlichen mit § 9 Abs. 2 Satz 1 StBVV identisch ist. Die analoge Anwendung sei im Hinblick auf Sinn und Zweck der gesetzlich vorgeschriebenen Abrechnung (Transparenzgebot) erforderlich. Ein vereinbartes Zeithonorar sei nur dann **einforderbar**, wenn folgende Anforderungen erfüllt seien:

- Bezeichnung der Angelegenheit; bei mehreren gleichzeitig abgerechneten Angelegenheiten Auftrennung der Abrechnung nach jeder einzelnen Angelegenheit,
- Vorlage eines Leistungsverzeichnisses (time sheet), das den jeweils abgerechneten Zeitaufwand einer bestimmten Tätigkeit zuordnet, die schlagwortartig zu bezeichnen ist,
- Berechnung des Zeithonorars (gesamter Zeitaufwand × Stundensatz = Zeithonorar),
- Berechnung der Auslagen (falls gesondert berechenbar unter Nennung der jeweils maßgeblichen Gebührenvorschrift),
- Berechnung der Mehrwertsteuer,
- Ausweis der abzuziehenden Vorschüsse (falls gezahlt).

Praxistipp:

Die Entscheidung ist zwar zu einem anwaltlich vereinbarten Zeithonorar ergangen. Sie sollte aber durchgehend auch vom StB beachtet werden, wenn Leistungen nach Zeit abgerechnet werden. Im Bestreitensfalle besteht ohnehin eine Nachweispflicht. Wird der Rechnung von vorneherein ein „time-sheet" beigelegt, kann der Mandant die fehlende Einforderbarkeit nicht erfolgreich geltend machen. Der StB läuft nicht Gefahr, Nachteile wegen eines Formverstoßes zu erleiden.[5]

Abrechenbar ist grundsätzlich nur die produktive Arbeitszeit, also alle typischen Tätigkeiten im Zusammenhang mit der Finanz- und Lohnbuchführung, der Anfertigung von Steuererklärungen oder der Aufstellung von Jahresabschlüssen, aber auch Vorarbeiten, Recherchen und Gespräche. Letztlich ist jeglicher Zeitaufwand abrechenbar, der mit der Bearbeitung des Mandats verbunden und vom Auftrag

1) OLG Düsseldorf v. 20.6.1996, 13 U 100/95, GI 1997, 150 f.; OLG Düsseldorf v. 13.10.1994, 13 U 211/93, GI 1996, 94.
2) OLG Düsseldorf v. 6.10.2011, I-24 U 47/11, AnwBl 2012, 372.
3) BGH v. 4.2.2010, IX ZR 18/09, NJW 2010, 1364, 1371, zum Anwaltsrecht.
4) Zuletzt bestätigt durch BGH v. 13.2.2020, IX ZR 140/19, AnwBl 2020, 303.
5) → Rz. 186 ff.

gedeckt ist.[1] **Nicht abrechenbar** sind die Zeiten, die der StB zur Dokumentation des Zeitaufwandes aufwendet,[2] unproduktive Zeiten, wie z.B. das Nachdenken über eine bestimmte Fragestellung bei Autofahrten, Zugfahrten, in der Freizeit[3] oder Zeiten der „Mandantenpflege". Gleichwohl sollten auch Zeiten der „Mandantenpflege" zur eigenen Kontrolle dokumentiert werden. Sind die Zeitaufzeichnungen nicht eindeutig (gerichtsfest), behelfen sich die Gerichte gelegentlich mit Sicherheitsabschlägen.[4]

5. Vorschüsse

In die Berechnung sind auch die tatsächlich gezahlten, nicht aber die nur buchhalte- 183
risch erfassten Vorschüsse aufzunehmen,[5] wobei es zulässig ist, die insgesamt erhaltenen Vorschüsse in einem Betrag aufzuführen. Die Verrechnung der Vorschüsse kann auf Netto-Basis oder auf Brutto-Basis erfolgen.[6]

Praxistipp:

Aus Gründen einer besseren Transparenz kann sich im Einzelfall (wegen der Zweckbestimmung der Vorschüsse) eine Aufschlüsselung der Vorschüsse auf die einzelnen Angelegenheiten empfehlen, z.B. bei einem umfangreichen Mandat oder bei mehreren Auftraggebern.

6. Auslagen

Die Auslagen sind gem. § 9 Abs. 2 Satz 1 StBVV im Einzelnen zu bezeichnen. Für 184
Auslagen nach § 16 StBVV sieht § 9 Abs. 2 Satz 3 StBVV vor, dass die Angabe des Gesamtbetrags genügt. Nach Auffassung von Eggesiecker[7] soll die Angabe des Gesamtbetrags auch dann ausreichen, wenn die geltend gemachten Auslagen mehreren gebührenrechtlichen Angelegenheiten zuzuordnen sind. Nach a.A.[8] soll mit der Regelung des § 9 Abs. 2 Satz 3 StBVV lediglich vermieden werden, dass jeder einzelne Posten nach § 16 StBVV getrennt aufgezeichnet werden muss. Bei mehreren selbständig zu berechnenden Angelegenheiten sei die Zusammensetzung der Summe der Pauschsätze aber zu verdeutlichen.[9]

Die übrigen Auslagen nach §§ 17 ff. StBVV sind unter Angabe der gesetzlichen Vorschrift im Einzelnen aufzuführen.

7. Umsatzsteuer

Die Umsatzsteuer ist **nicht Teil der Vergütung**[10] und deshalb in § 9 StBVV nicht 185
ausdrücklich genannt. Deshalb muss auf § 15 StBVV in der Berechnung nicht ausdrücklich hingewiesen werden. Auch wenn der StB auf Grund einschlägiger Vorschriften des UStG verpflichtet ist, eine Rechnung mit gesondertem Umsatzsteuerausweis zu erstellen, führt nicht berechnete Umsatzsteuer nicht dazu, dass die Gebührenforderung wegen Verstoßes gegen § 9 Abs. 2 StBVV nicht durchsetzbar

1) Schons, AnwBl Online 2020, 372, 380 m.w.N.
2) Schons, AnwBl Online 2020, 372, 380.
3) AnwBl 2017, 304.
4) LG Kleve v. 13.6.2003, 1 O 114/01: Abschlag von 25 % der dokumentierten Stunden.
5) LG Duisburg v. 28.11.2013, 8 O 452/10; → § 8 StBVV Rz. 162.
6) → § 8 StBVV Rz. 162.
7) Eggesiecker, 2. Aufl. 1998, § 9 STEUGO Rz. 9.375.
8) Mittelsteiner/Scholz, 4. Aufl. 1998, § 9 StBGebV Rz. 18; Steuerberaterkammer Nürnberg 02/2013, 29.
9) Die Bezeichnung der „Post- und Telekommunikationsdienstleistungen" als „Kostenpauschale gem. § 16 StBGebV" genügt den formalen Anforderungen des § 9 Abs. 2 StBGebV, AG Grevenbroich v. 1.4.2004, 19 C 296/01.
10) § 1 Abs. 1 StBVV.

wäre.[1] Auch Verstöße gegen § 14 Abs. 4 UStG sind nicht geeignet, die Durchsetzbarkeit der Honorarforderung zu gefährden. Allerdings kann der Mandant ein Zurückbehaltungsrecht nach § 273 BGB geltend machen, solange er mangels ordnungsgemäßer Rechnung, diese nicht steuerlich geltend machen kann.[2] Hüttemann/Jacobs beschränken dieses Recht nicht nur auf Unternehmer, die zum Vorsteuerabzug berechtigt sind, sondern räumen auch der „Privatperson" ein berechtigtes Interesse an der Rechnungserteilung ein, das die Geltendmachung eines Zurückbehaltungsrechts rechtfertigt.[3] Die Zusammenfassung der Umsatzsteuer für alle Teilbeträge derselben Rechnung ist zulässig. Zu beachten ist jedoch, dass von dem Gesamtbetrag der Umsatzsteuer die auf Vorschüsse entfallende Umsatzsteuer abzusetzen ist.

II. Auswirkungen von Formverstößen

186 Die Nichtbeachtung der Formvorschriften des § 9 StBVV kann sich in mehrfacher Hinsicht nachteilig für den StB auswirken.[4] Fraglich ist, ob einzelne Mängel der Berechnung insgesamt zu ihrer Unwirksamkeit führen. Dagegen spricht, dass Sinn und Zweck der gesetzlichen Regelung eine derart weitreichende Folge nicht erfordern. Deshalb ist davon auszugehen, dass bei mehreren Rechnungspositionen nur diejenigen nicht durchsetzbar sind, bei denen die Vorgaben des § 9 StBVV nicht erfüllt worden sind.[5] **Kein Formverstoß** liegt vor, wenn die Rechnung keinen Hinweis auf die **Gebührentabelle** oder den **Zehntelsatz** enthält, da § 9 Abs. 2 StBVV dies nicht verlangt. Deshalb ist es auch unschädlich, wenn der StB in der Rechnung statt der vorgesehenen Zehntel-Gebühr Zwanzigstel-Gebühren ausweist.[6] Nach einer Entscheidung des LG Freiburg zur Parallelvorschrift des § 10 RVG soll auch die Angabe des Gebührensatzes bei Satzrahmengebühren erforderlich sein. Andernfalls fehle es mangels Transparenz an der Einforderbarkeit. Der Mandant erhalte dann nicht die Informationen, die er benötige, um erkennen zu können, welche Leistung er bezahlen solle.[7]

Kritische Stellungnahme:

M.E. geht dies zu weit. Der Wortlaut des § 10 RVG und des § 9 StBVV geben dies nicht her. Auch Transparenzgründe können hier nicht angeführt werden, da bei Angabe des Gegenstandswertes und des Betrages sehr wohl ermittelt werden kann, welchen Satzrahmen der StB abgerechnet hat. Dies ist nur mit etwas Mehraufwand verbunden. Die Rechnung ist aber prüfbar und nachvollziehbar und deshalb auch einforderbar.[8]

Praxistipp:

Gleichwohl empfiehlt sich wegen der nicht eindeutigen Rechtsage auch die Angabe des Gebührensatzes in der Rechnung.

Der StB hat auch keine **Erläuterungspflicht**. Deshalb kann der Mandant die Bezahlung der Rechnung nicht davon abhängig machen, dass ihm die Rechnung erläutert

1) Vgl. dazu LG Düsseldorf v. 26.6.2001, 24 S 476/00.
2) BGH v. 26.6.2014, VII ZR 247/13, DStR 2013, 1887; Schneider, 2005, 90. Zur rückwirkenden Rechnungskorrektur BFH v. 28.5.2020, XI ZR 10/17; EuGH v. 15.7.2010, C-368/09 (Pannon Gep Centrum). Hinsichtlich der technischen Durchführung der Berichtigung hält es der EuGH für unschädlich, dass die erteilte Rechnung durch Gutschrift storniert und durch eine neue Rechnung ersetzt wird, wobei Stornogutschrift und neue Rechnung unterschiedliche Rechnungsnummern haben dürfen.
3) Hüttemann/Jacobs, MDR 2007, 1229, 1233.
4) → Rz. 187 ff.
5) Burhoff in Gerold/Schmidt, 22. Aufl. 2015, § 10 RVG Rz. 29 m.w.N.
6) LG Düsseldorf v. 9.9.2010, 8 O 233/08.
7) LG Freiburg v. 4.10.2010, 8 O 338/09; ebenso N. Schneider in Schneider/Wolf, 8. Aufl. 2017, § 10 RVG Rz. 25.
8) Ebenso Beyme, KANZLEI intern 10_2018, 2.

wird.[1] Unberührt bleibt auch die **verjährungshemmende Wirkung** einer auf eine formunwirksame Rechnung gestützten Klage, d.h. dem StB drohen grundsätzlich keine Rechtsnachteile, wenn er zum Zwecke der Verjährungshemmung Klage erhebt und ordnungsgemäße, spezifizierte Gebührenrechnungen erst im Laufe des Prozesses vorlegt.[2] Gleiches gilt für fehlende oder mangelhafte Rechnungsunterschriften.[3] Erhöht sich der Klagebetrag durch nachträgliche Spezifizierung der Gebührenrechnungen im Prozess, droht hinsichtlich des den Ursprungsbetrag übersteigenden Rechnungsbetrags keine Teilverjährung. Der Umfang der Verjährungshemmung wird nämlich durch den Streitgegenstand der erhobenen Klage bestimmt. Maßgebend ist zwar der tatsächlich gestellte Antrag unter Berücksichtigung seiner tatsächlichen Begründung. Eine Erhöhung des Anspruchs ist jedoch unschädlich und stellt keine Änderung des Klageantrags dar.[4]

1. Klageabweisung

Eine auf eine formunwirksame Gebührenrechnung gestützte Klage ist als (derzeit) unbegründet abzuweisen.[5] Im Falle einer **inhaltlich fehlerhaften Rechnung**[6] kann der Mandant sich auf sein Zurückbehaltungsrecht berufen. Er ist erst dann zur Zahlung verpflichtet, wenn ihm eine inhaltlich fehlerfreie Rechnung mitgeteilt wurde. Gelingt es dem StB in diesen Fällen nicht, berichtigte Gebührenrechnungen – ggf. noch im Honorarrechtsstreit – nachzureichen, muss er mit einer Klageabweisung rechnen.[7] Eine Verurteilung des Mandanten Zug um Zug gegen Erteilung einer inhaltlich fehlerfreien Rechnung[8] entspricht nicht der Spruchpraxis der Gerichte. Dies würde auch voraussetzen, dass die Gerichte die zutreffenden Gebührenvorschriften bzw. Gegenstandswerte selbst ermitteln und daraus die zutreffenden Gebühren ableiten, was aber nicht deren Aufgabe sein kann.[9] Besonders deutlich wird dies, wenn man sich vorstellt, dass der StB eine (falsche) Gebührenvorschrift zu Grunde gelegt hat, die eine Abrechnung nach Wertgebühr vorsieht, während das Gericht der Auffassung ist, dass eine Gebührenvorschrift einschlägig ist, die eine Abrechnung nach Zeitgebühr vorsieht. Das Gericht kann in einem solchen Fall das Gebührenbestimmungsrecht des StB nicht selbst ausüben. In diesen Fällen verbietet sich deshalb auch ein Anerkenntnis des Mandanten (in welchem Umfang soll er die geltend gemachte Forderung anerkennen?) Zug um Zug gegen Erteilung einer fehlerfreien Rechnung.[10] Im Falle der **Korrektur** einer inhaltlich falschen Rechnung (z.B. Angabe der falschen Gebührenvorschrift) kann der StB die tatsächlich entstandene Vergütung nur bis zur Höhe der zunächst (fehlerhaft) abgerechneten Leistung einfordern.[11] 187

2. Verzug

Durch eine **formunwirksame Gebührenrechnung** kann der Mandant nicht in Zahlungsverzug gesetzt werden, da Verzug eine fällige und durchsetzbare Forderung 188

1) Feiter, KANZLEI intern 5_2018, 5; N. Schneider in Schneider/Wolf, 8. Aufl. 2017, § 10 RVG Rz. 26.
2) BGH v. 2.7.1998, IX ZR 63/97, MDR 1998, 1313 f., in einer Anwaltssache; LG Aschaffenburg v. 16.4.1998, 2 S 289/97, DStRE 1999, 198; OLG Düsseldorf v. 21.4.1994, 13 U 101/93, GI 1994, 351.
3) OLG Saarbrücken v. 26.7.2006, 1 U 604/05, 209, GI 2007, 96, 98 f.
4) § 264 Nr. 2 ZPO; Baumbach/Lauterbach, 66. Aufl. 2008, § 264 ZPO Rz. 11.
5) → Rz. 168; zur Heilung in der Berufungsinstanz und zur Kostenfolge → Rz. 192.
6) Falsche Gebührenvorschrift, falscher Gegenstandswert.
7) Siehe die Nachweise aus der uneinheitlichen Rechtsprechung unter → Rz. 179 und 180.
8) So der Vorschlag von Schneider, NJW-Spezial 2016, 667.
9) Hartmann, Kostengesetze, 47. Aufl. 2017, § 10 RVG Rz. 22.
10) So aber die Empfehlung von Schneider, NJW-Spezial 2016, 667.
11) BGH v. 22.2.2018, IX ZR 115/17, NJW 2018, 1479; → Rz. 180 zur Gegenstandswertkorrektur.

voraussetzt.[1] Der StB, der nach erfolgloser Mahnung einen Rechtsanwalt mit der Durchsetzung seines Honoraranspruchs beauftragt, kann deshalb diese Kosten nicht als Verzugsschaden i.S.d. § 280 Abs. 1 und 2 i.V.m. § 286 BGB auf den Mandanten abwälzen. Gleiches gilt, wenn der StB einen Zinsschaden geltend macht, weil er einen Bankkredit in Anspruch nimmt.[2]

3. Zurückbehaltungsrecht

189 Der StB kann sich gegenüber seinem Mandanten nicht mit Erfolg auf ein Zurückbehaltungsrecht an Daten und Unterlagen berufen, solange er seine Forderungen nicht ordnungsgemäß spezifiziert und inhaltlich richtig in Rechnung gestellt hat. In einem solchen Fall steht vielmehr dem Mandanten ein Zurückbehaltungsrecht zu. Dieser kann die Bezahlung verweigern, bis er eine ordnungsgemäß spezifizierte fehlerfreie Rechnung erhalten hat. Die Geltendmachung eines Zurückbehaltungsrechts durch den StB setzt nicht nur eine fällige, sondern auch eine durchsetzbare Forderung voraus.[3] Daran fehlt es bei einer Stundungs- oder Ratenzahlungsvereinbarung, wenn die Raten pünktlich bedient werden.

Beispiel:

Nach Fertigstellung und Abrechnung des Jahresabschlusses und der Steuererklärungen 2019 bittet der Mandant den StB um Ratenzahlung. Der StB willigt ein, dass der Rechnungsbetrag in 12 Monatsraten, beginnend ab September 2020 gezahlt wird. Für den Fall des Rückstandes mit mehr als einer Monatsrate soll der gesamte Restbetrag fällig werden. Der Mandant zahlt entsprechend der Vereinbarung. Im Dezember 2020 kündigt der Mandant das Auftragsverhältnis und wechselt zu einem anderen StB. Gleichzeitig verlangt er Herausgabe aller Unterlagen und Übertragung aller Daten auf den neuen StB. Der Vorberater beruft sich auf sein Zurückbehaltungsrecht.

Solange der Mandant die Raten wie vereinbart zahlt, wird der StB „wegen seiner Gebühren und Auslagen“[4]befriedigt bzw. hat keinen „fälligen Anspruch“[5]und damit auch kein Zurückbehaltungsrecht. Die Fälligkeit wird vielmehr nach hinten verlegt.[6] Der StB muss deshalb die Unterlagen herausgeben und die Daten übertragen, obwohl er noch nicht sein gesamtes Honorar erhalten hat.

Praxistipp:

Die Stundungs- oder Ratenzahlungsvereinbarung sollte unter die auflösende Bedingung gestellt werden, dass sie hinfällig wird, wenn der Mandant einen anderen StB beauftragt.

Ist der Honoraranspruch verjährt, darf der StB sich nur dann auf ein Zurückbehaltungsrecht aus § 273 BGB berufen, wenn sich der Honoraranspruch und der Herausgabeanspruch des Mandanten in unverjährter Zeit vollgültig gegenübergestanden haben, § 215 BGB.[7] Das heißt, dem Mandanten muss bereits zu diesem Zeitpunkt eine ordnungsgemäß spezifizierte Rechnung vorgelegen haben. Beruft der StB sich zu Unrecht auf ein Zurückbehaltungsrecht, drohen Schadensersatzansprüche. Fraglich ist, ob der StB sich bereits vertragswidrig verhält, wenn er sein Zurückbehaltungsrecht mit (der Höhe nach) unberechtigten Honoraransprüchen rechtfertigt.

1) AGH Celle v. 24.6.2013, AGH 1/13 I, AnwBl 2014, 90; LG Düsseldorf v. 4.9.2013, 9 O 64/10; Palandt/Grüneberg, 79–4. Aufl. 2020, § 286 BGB Rz. 9; Burhoff in Gerold/Schmidt, 24. Aufl. 2017, § 10 RVG Rz. 4.
2) LG Duisburg v. 9.9.2014, 22 O 31/12; a.A. AG Bonn v. 28.10.2009, 11 C 292/08.
3) N. Schneider in Schneider/Wolf, 8. Aufl. 2017, § 10 RVG Rz. 99 m.w.N.; Feiter, KANZLEI intern 11_2018, 2, 4.
4) § 66 Abs. 2 StBerG.
5) § 273 Abs. 1 BGB.
6) LG Frankfurt a.M. v. 19.8.2011, 5/35-StL-9/11.
7) BGH v. 13.5.2006, V ZR 40/05, NJW 2006, 2773, zur Leistungsverweigerung wegen verjährter Gegenforderung; Palandt/Grüneberg, 79. Aufl. 2020, § 387 BGB Rz. 11 m.w.N.

Das LG Stuttgart hat diese Frage in einem Fall bejaht, in dem ein RA sich wegen eines erheblich überhöhten und sittenwidrigen Honorars auf sein Zurückbehaltungsrecht berufen hatte.[1] Würde man generell nur noch darauf abstellen, ob der StB seinen Honoraranspruch vollumfänglich durchsetzen konnte, wäre das Risiko für den StB sich auf sein Zurückbehaltungsrecht zu berufen, unkalkulierbar. Gleichzeitig würde dies zu einer Aushöhlung des Zurückbehaltungsrechts führen.[2] Deshalb sollte ein vertragswidriges Verhalten des StB erst dann angenommen werden, wenn die Geltendmachung des Zurückbehaltungsrechts offensichtlich rechtswidrig ist. Auf das Zurückbehaltungsrecht kann sich der StB auch dann nicht berufen, wenn der Mandant das geforderte Honorar unter Vorbehalt der Rückforderung gezahlt hat. Durch die Zahlung tritt Erfüllungswirkung[3] ein. Der Vorbehalt der Rückforderung steht dem nicht entgegen.[4]

4. Aufrechnung

Die in § 215 BGB vorgesehene Möglichkeit der Aufrechnung mit einer verjährten 190
Forderung ist dem StB dann verschlossen, wenn seine Gebührenrechnung im Zeitpunkt der Aufrechnungslage an einem Formfehler litt[5] oder die Gebührenrechnung dem Mandanten noch gar nicht mitgeteilt wurde.[6]

5. Bereicherungsansprüche und Verjährung

Eine nicht prüfbare Rechnung führt dazu, dass der Mandant Rückforderungsansprü- 191
che für bereits gezahltes Honorar zehn Jahre lang geltend machen kann.[7] Denn die dreijährige regelmäßige Verjährungsfrist gilt nur dann, wenn der Schuldner auch von den anspruchsbegründenden Umständen Kenntnis erlangt oder grob fahrlässig nicht erlangt hat.[8] In den Fällen, in denen der StB gar nicht abrechnet, weil ihm beispielsweise ein SEPA-Lastschriftmandat vorliegt oder in denen er völlig unspezifiziert (nicht prüfbar) abrechnet, gilt deshalb für mögliche Rückforderungsansprüche die zehnjährige Verjährungsfrist. Durch von vorneherein ordnungsgemäß spezifizierte Rechnungen wird diese Verjährungsfrist von zehn auf drei Jahre „verkürzt". Allerdings führt nicht schon der Formverstoß zu einem Bereicherungsanspruch. Der StB muss durch die fehlerhafte Abrechnung tatsächlich auch ungerechtfertigt bereichert sein. Eine nicht ordnungsgemäße Rechnung berührt den Rechtsgrund der Leistung nicht. Das ergibt sich bereits aus § 9 Abs. 3 StBVV. Danach besteht schon kein Anspruch auf bereicherungsrechtliche Rückabwicklung, wenn es an der Existenz einer Abrechnung fehlt. Der Mandant hat lediglich einen Anspruch auf eine nachträglich erstellte Rechnung. Er kann aus dem Versäumnis des StB aber keine weitergehenden Bereicherungsansprüche herleiten[9]

III. Heilung von Formmängeln

Eine fehlende Spezifizierung der Gebührenrechnung nach § 9 Abs. 2 StBVV kann 192
noch im Prozess dadurch geheilt werden, dass die notwendigen Angaben im Rah-

1) LG Stuttgart v. 18.4.2016, 27 O 382/15.
2) So auch Weitze-Scholl/Jendrzok, DStR 2017, 65, 71.
3) § 362 BGB.
4) LG Wuppertal v. 17.10.2018, 3 O 87/18; AG Oberhausen v. 7.12.2018, 30 C 337/18 und 30 C 339/18, besprochen von Feiter, KANZLEI intern 03_2019, 3.
5) LG München I v. 29.11.2012, 4 O 25878/09, nrkr., DStR 2013, 486 m. Anm. Wacker; OLG Düsseldorf v. 12.6.1997, 13 U 92/96, GI 2000, 23; Feiter, INF 2000, 214 f. m.w.N.; Palandt/Grüneberg, 79. Aufl. 2020, § 387 BGB Rz. 11 m.w.N.; a.A. LG Duisburg v. 9.9.2014, 22 O 31/12 unter Hinweis auf Schlüter in MüKo, 6. Aufl. 2012, § 387 BGB Rz. 38.
6) OLG Düsseldorf v. 11.2.2008, I-24 U 104/07, GI 2009, 54, 59.
7) § 199 Abs. 4 BGB.
8) §§ 195, 199 Abs. 1 BGB.
9) → Rz. 196 und 32.

men der (anwaltlichen Schriftsätze) nachgeholt werden.[1] Der StB kann die erforderliche Spezifizierung auch **noch in der Berufungsinstanz nachholen.**[2] Bei Nichtbeachtung der Prozessförderungspflichten, d.h. bei verspäteter Vorlage im Prozess besteht aber die Gefahr, dass das Gericht eine Verfahrensverzögerung annimmt und die korrigierten Gebührenrechnungen nicht mehr berücksichtigt.[3] Keine Heilung im Sinne einer Alternativberechnung nach den gesetzlichen Vorschriften ist möglich, wenn StB und Mandant eine Vergütungsvereinbarung nach Stundensätzen/ Zeitaufwand getroffen haben und der StB die abgerechneten Stunden/Zeiten nicht nachweisen kann.[4]

193 Obsiegt der StB in zweiter Instanz, trägt der Mandant entgegen dem Prinzip der Kostenhaftung des letztendlich Unterliegenden nicht die gesamten Kosten beider Instanzen, sondern nur die Kosten der ersten Instanz.[5] Die Kosten des Verfahrens trägt der StB auch dann, wenn er den Anspruch nach Vorlage einer ordnungsgemäßen Gebührenrechnung im Prozess sofort anerkennt, § 93 ZPO.[6]

IV. Verzicht auf Formerfordernisse

194 Der Mandant kann auf die Einhaltung der **Formerfordernisse des § 9 Abs. 2 StBVV** verzichten,[7] z.B. im Rahmen eines schriftlichen Steuerberatungsvertrages. Ein solcher Verzicht kann auch im Rahmen eines deklaratorischen Schuldanerkenntnisses erklärt werden. Bleibt der Mandant die Vergütung schuldig und muss der StB das Honorar einklagen, kommt es auf die Fehlerhaftigkeit der Berechnungen nicht mehr an, wenn er seine Vergütungsklage ausschließlich auf das deklaratorische Schuldanerkenntnis stützt.

Beispiel:[8]

Der StB hat – ohne dass eine diesbezügliche wirksame Vereinbarung mit dem Mandanten bestand – über mehrere Jahre alle Leistungen (Lohnbuchführung, Finanzbuchführung, Steuererklärungen, Jahresabschluss) unter Bezugnahme auf § 13 StBVV nach Zeitaufwand berechnet. Nachdem Honorarrückstände von ca. 50 000,00 € aufgelaufen sind, lässt sich der StB von dem Mandanten ein deklaratorisches Schuldanerkenntnis unterschreiben, in dem dieser erklärt, dass er die Honorarforderungen dem Grunde und der Höhe nach anerkennt und auf sämtliche Einwendungen und Einreden verzichtet. Der StB stützt seine Honorarklage später auf dieses Schuldanerkenntnis, so dass der Mandant mit dem Einwand, die Gebührenrechnungen genügen nicht den gesetzlichen Anforderungen, weil nach Zeitgebühr und nicht nach Wertgebühr abgerechnet wurde, kein Gehör findet.

---

1) BGH v. 21.10.2010, IX ZR 37/10, NJW 2011, 63, 66; BGH v. 4.7.2002, IX ZR 153/01, NJW 2002, 2774 f.; OLG Düsseldorf v. 19.11.2002, 23 U 258/01, GI 2003, 39, 41; OLG Düsseldorf v. 11.11.2008, I 24 U 36/08, GI 2009, 8, 10, zu § 4 RVG a.F.; OLG Frankfurt/M. v. 15.2.1993, 22 U 183/91, GI 1994, 123; a.A. LG Düsseldorf v. 18.12.2009, 22 S 336/08: Mandant muss Originalrechnungen erhalten.

2) OLG Düsseldorf v. 6.5.1993, 13 U 86/91, GI 1994, 16.

3) OLG Düsseldorf v. 25.4.1996, 13 U 81/95, GI 1996, 269 und OLG Düsseldorf v. 14.9.2010, I-23 U 1/10.

4) → § 4 StBVV Rz. 132; LG Köln v. 16.4.2015, 2 O 404/14, DStR 2016, 95.

5) § 97 Abs. 2 ZPO.

6) AG Wuppertal v. 13.10.1995, 96 C 361/94.

7) Feiter, KANZLEI intern 06/2014, 2; ebenso zu § 10 RVG: Schneider, RVGreport 2012, 322, 323; Burhoff in Gerold/Schmidt, 24. Aufl. 2020, § 10 RVG Rz. 23 m.w.N.

8) LG Wuppertal v. 22.12.2010, 3 O 269/10, rkr.

Streitig ist, ob der Mandant auf das **Schriftformerfordernis** einschließlich der **Unterschrift** des StB verzichten kann.[1] Dies ist insbesondere für die Fälle von praktischer Relevanz, in denen der Mandant eine elektronische Übersendung der Gebührenrechnung wünscht. Durch die Neufassung des § 9 Abs. 1 StBVV ab dem 1.7.2020[2] hat sich dieser Meinungsstreit für den **Anwendungsbereich des § 9 StBVV** erledigt. Die Frage bleibt aber für den **Anwendungsbereich des § 10 StBVV**[3] umstritten. M.E. kann der Auftraggeber auch in diesen Fällen auf die Unterschrift des StB verzichten. Dass das RVG insoweit nicht zur Disposition der Parteien steht, ist nicht ersichtlich. Ein Schutzbedürfnis des Mandanten ist nicht erkennbar und durch die Neufassung des § 9 Abs. 1 StBVV widerlegt.[4] Im Umsatzsteuerrecht berechtigen seit dem Steuervereinfachungsgesetz 2011[5] elektronische Rechnungen zum Vorsteuerabzug. Eine qualifizierte elektronische Signatur oder ein EDI-Verfahren sind nicht mehr erforderlich, wenn der Empfänger zustimmt. Dies entspricht den Bedürfnissen der Praxis, denen der Gesetzgeber mit der Novellierung des § 9 Abs. 1 StBVV[6] Rechnung getragen hat. Diese Weiterführung der Digitalisierung ist auch deshalb konsequent, da sie in Einklang mit den bereits erfolgten Änderungen der §§ 4, 14 StBVV steht, die ebenfalls keine eigenhändige Unterschrift mehr verlangen, sondern Textform ausreichen lassen. Auch das RVG lässt seit Längerem Textform ausreichen, wenn es um Vergütungsvereinbarungen geht, § 3a Abs. 1 Satz 1 RVG. Es wäre deshalb nur konsequent, auch im Anwendungsbereich des § 10 RVG Textform ausreichen zu lassen, wenn der Auftraggeber einverstanden ist. Im Übrigen sei daran erinnert, dass der BGH sog. Anwalts- und Steuerberatungs-Hotlines, bei denen die Abrechnung über eine kostenpflichtige Service-Nummer und ganz ohne (unterschriebene) Rechnung erfolgt, als zulässig ansieht.[7]

Damit eröffnet sich auch für StB die Möglichkeit, alle Rechnungen nach dem „ZUGFeRD"-Standard zu erstellen und zu versenden.

Praxistipp:

Allerdings sollte der StB vorher prüfen, ob der Mandant auch in der Lage ist, diese Rechnungen GoBD-konform zu archivieren. Gerade wenn der StB auch mit der Buchführung des Mandanten betraut ist, muss er sich sonst die Frage gefallen lassen, warum ausgerechnet er die Ordnungsmäßigkeit der Buchführung des Mandanten durch elektronische Rechnungen gefährdet.[8] Dies kann nicht nur zu einer Belastung des Mandatsverhältnisses führen, sondern auch haftungs- und berufsrechtliche Konsequenzen haben.

Formulierungsvorschlag Einverständniserklärung ZUGFeRD

„Vereinbarung zwischen

.... (nachfolgend „Steuerberater")

und

.... (nachfolgend „Mandant")

1) Feiter, KANZLEI intern 06/2014, 2; Ueberfeldt, KANZLEI intern 06_2017, 3; Volkmann in Meyer/Goez/Schwamberger, 9. Aufl. 2019, § 1 StBVV Rz. 9; ebenso zu § 10 RVG: Burhoff in Gerold/Schmidt, 24. Aufl. 2019, § 10 RVG Rz. 7 und 23; a.A. zu § 10 RVG: AG Berlin-Lichtenberg v. 1.3.2013, 114 C 138/11: keine Abdingbarkeit, schon gar nicht in AGB; Schneider, RVGreport 2012, 322, 325 m.w.N.
2) Fünfte Verordnung zur Änderung steuerlicher Verordnungen v. 25.6.2020, BGBl. I 2020, 1495, 1498 = BStBl I 2020, 555.
3) → Rz. 166.
4) → Rz. 166, 168.
5) Steuervereinfachungsgesetz v. 1.11.2011, BGBl. I 2011, 2131 = BStBl I 2011, 986.
6) → Rz. 166, 168.
7) → § 21 StBVV Rz. 351.
8) Ueberfeldt, KANZLEI intern 06_2017, 4.

Der Mandant erklärt sein Einverständnis, dass der Steuerberater Honorarrechnungen ab sofort nur noch als pdf-Anhang per E-Mail [ggf. alternativ: im neuen deutschen Standardformat für elektronische Rechnungen (ZUGFeRD)] an ihn verschickt. Der Mandant verzichtet auf das Schriftform- und Unterschriftserfordernis des § 9 Abs. 1 StBVV bzw. des § 10 Abs. 1 RVG und erklärt seine Zustimmung zu diesem Verfahren. *Der Steuerberater stellt sicher, dass er jede einzelne Honorarrechnung vor Versand geprüft und freigegeben hat und archiviert die Rechnungen in der elektronischen Handakte des Mandanten. Auf Wunsch übermittelt der Steuerberater dem Mandanten eine von ihm unterzeichnete Honorarrechnung in Papierform.*

Ort, Datum

Unterschrift	*Unterschrift"*

D. Zahlung der Vergütung ohne Gebührenrechnung (Abs. 3)

195 Nach § 9 Abs. 3 StBVV kann der Mandant, der die Vergütung ohne Berechnung gezahlt hat, die Mitteilung der Berechnung noch fordern, solange der StB zur Aufbewahrung der Handakten verpflichtet ist. Der Anspruch auf eine ordnungsgemäße Abrechnung ergibt sich bereits unmittelbar aus dem Steuerberatungsvertrag selbst (§§ 675, 666 BGB). Die StBVV gibt hierzu keine eigene Anspruchsgrundlage, sondern setzt diese als bestehend voraus. In § 9 Abs. 3 StBVV ist nur geregelt, wie lange der Mandant seinen Anspruch auf Abrechnung noch geltend machen kann, nämlich so lange, wie der StB zur Aufbewahrung der Handakte verpflichtet ist.[1] Die Länge der **Aufbewahrungspflicht** ergibt sich aus § 66 StBerG. Sie beträgt **grundsätzlich zehn Jahre.** Aber es gibt zwei **Ausnahmen.** Wenn der StB dem Auftraggeber die Handakte übergeben oder die Übergabe der Handakte angeboten hat, der Auftraggeber aber nicht innerhalb von 6 Monaten reagiert hat,[2] muss der StB keine Berechnung mehr aufstellen.[3] Eine entsprechende Pflicht kann in besonders gelagerten Einzelfällen nur noch aus § 242 BGB abgeleitet werden. Liegt keiner der Ausnahmefälle des § 66 Abs. 1 Satz 4 StBerG vor und greift die 10-Jahres-Frist, kann § 242 BGB ebenfalls einschlägig sein, allerdings mit umgekehrten Vorzeichen zu Gunsten des StB. Denn in einer jahrelangen Hinnahme von nicht ordnungsgemäßen Gebührenrechnungen durch den Mandanten kann beim StB ein Vertrauenstatbestand entstehen, der es als **treuwidrig** erscheinen lässt, wenn der Mandant erst nach Jahren, insbesondere nach Beendigung des Mandatsverhältnisses, auf einer ordnungsgemäßen Spezifizierung i.S.d. § 9 Abs. 3 StBVV besteht.[4]

196 Zahlt der Mandant auf Gebührenrechnungen, die den Anforderungen des § 9 Abs. 2 StBVV nicht genügen, führt dies allein noch nicht dazu, dass die Honorarzahlungen ohne **Rechtsgrund** erfolgt sind und dem Mandanten ein Bereicherungsanspruch gem. § 812 BGB zusteht. Er kann zunächst nur verlangen, dass die Gebührenrechnungen (soweit sie nicht verjährte Zeiträume betreffen) nachgebessert werden. Erweist sich dabei allerdings, dass die Rechnungssumme zu hoch war, kann er den zu viel gezahlten Betrag zurückverlangen.[5]

1) So auch N. Schneider in Schneider/Wolf, 8. Aufl. 2017, § 10 RVG Rz. 107.
2) § 66 Abs. 1 Satz 4 StBerG.
3) So auch Burhoff in Gerold/Schmidt, 24. Aufl. 2019, § 10 RVG Rz. 35 zu § 10 Abs. 3 RVG.
4) LG Meiningen v. 16.9.2013, 4 S 226/12; AG Ludwigshafen v. 6.9.1996, 2 C 293/95, Kammer-Report DStR 23/1998, 4; AG Viersen v. 29.9.1999, 2 C 136/96, StB 2000, 103 f.; ebenso Schneider, AnwBl Online 2019, 199, 200 unter Hinweis auf OLG München v. 25.10.2017, 15 U 889/17 Rae für den Fall einer unverbindlichen Vergütungsvereinbarung, die über einen längeren Zeitraum widerspruchslos praktiziert wurde.
5) → Rz. 191; zum Bereicherungsanspruch Grundlagen des Gebührenrechts → Rz. 75 ff.

§ 10
Wertgebühren

(1) [1]Die Wertgebühren bestimmen sich nach den dieser Verordnung als Anlage beigefügten Tabellen A bis D. [2]Sie werden nach dem Wert berechnet, den der Gegenstand der beruflichen Tätigkeit hat. [3]Maßgebend ist, soweit diese Verordnung nichts anderes bestimmt, der Wert des Interesses.

(2) In derselben Angelegenheit werden die Werte mehrerer Gegenstände zusammengerechnet; dies gilt nicht für die in den §§ 24 bis 27, 30, 35 und 37 bezeichneten Tätigkeiten.

Inhalt

A. Inhalt und Bedeutung

Die StBVV sieht überwiegend **Wertgebühren** vor. Danach ist für die Berechnung der Gebühren der Gegenstandswert maßgebend. In vielen Gebührentatbeständen hat der Verordnungsgeber den Gegenstandswert bereits selbst bestimmt. Hierzu zählen die in der Praxis wichtigsten Gebührentatbestände, wie z.B. §§ 24 Abs. 1–3, 25–27, 33 und 35 StBVV. Für einzelne Tätigkeiten, bei denen sich der Gegenstandswert nur schwer ermitteln lässt, ist die **Zeitgebühr** vorgesehen.[1] Daneben kennt die StBVV noch die **Betragsrahmengebühr**,[2] die jedoch von untergeordneter Bedeutung ist. Nur wenige Vorschriften enthalten keine Regelung zum Gegenstandswert.[3] Nicht immer ist hier eine eindeutige Bestimmung des Gegenstandswertes möglich. **197**

B. Tabellen A-D und Gegenstandswert (Abs. 1)

I. Tabellen A-D

Zur Berechnung der Wertgebühren sah die StBVV bis zum 30.6.2020 fünf Tabellen (A-E)vor, die seit Inkrafttreten der Verordnung wiederholt an die wirtschaftliche Entwicklung angepasst wurden. Mit der Fünften Verordnung zur Änderung steuerlicher Verordnungen[4] wurde die Tabelle E gestrichen. Sie findet nur noch auf „Altfälle“ nach §§ 21 Abs. 2 StBVV a.F. und § 40 StBVV a.F. mit Beauftragung vor dem 1.7.2020[5] Anwendung. Die §§ 21 Abs. 2, 40 StBVV n.F. verweisen seit dem 1.7.2020 auf die Vorschriften des RVG und damit auch auf die Gebührentabelle zu § 13 RVG **198**

1) Z.B. §§ 24 Abs. 4, 28, 29 Nr. 1, 32, 33 Abs. 7, 34 Abs. 5, 35 Abs. 3, 36 Abs. 1 StBVV.
2) § 34 Abs. 1–4 StBVV.
3) Z.B. §§ 21, 22, 23, 40 StBVV.
4) Fünfte Verordnung zur Änderung steuerlicher Verordnungen v. 25.6.2020, BGBl. I 2020, 1495, 1498 = BStBl I 2020, 555.
5) Vgl. § 47a StBVV.

(RVG-Tabelle). Ebenfalls durch die Fünfte Verordnung zur Änderung steuerlicher Verordnungen wurden die Gebühren der Tabellen A bis D um ca. 12% erhöht, um der wirtschaftlichen Entwicklung und den gestiegenen Kosten Rechnung zu tragen. Alle Tabellen sind degressiv gestaltet. Wann welche Tabelle anwendbar ist, ergibt sich aus den einzelnen Gebührenvorschriften.

- Tabelle A: Beratungstabelle.

Sie entsprach bis zu einem Gegenstandswert von 290 000 € der Tabelle zu § 13 Abs. 1 RVG und flachte ab einem Gegenstandswert von 350 000 € ab. Nach Inkrafttreten der VO zum Erlass und zur Änderung steuerlicher Verordnungen laufen die Tabellen seit dem 20.12.2012 auseinander. Da Rechtsanwälte die Hilfeleistung in Steuersachen aber weitgehend nach StBVV und damit nach den Tabellen zur StBVV abrechnen, ist ein Gleichlauf der Tabelle A und der Tabelle zu § 13 RVG aus Gründen der Gleichbehandlung nicht (mehr) erforderlich.[1]

- Tabelle B: Abschlusstabelle,
- Tabelle C: Buchführungstabelle,
- Tabelle D: Landwirtschaftliche Buchführung und
- Tabelle E: Rechtsbehelfstabelle.

Die Tabelle E und die Tabelle zu § 13 RVG[2] hatten stets einen identischen Verlauf, um gleiche Gebühren für gleiche Leistungen sicherzustellen. Mit Wirkung zum 20.12.2012[3] wurden die Gebühren der Tabelle E um ca. 5 % angehoben, nicht jedoch die der Tabelle zu § 13 RVG. Diese wurden aber durch das 2. KostRMoG mit Wirkung zum 1.8.2013 um ca. 11 % erhöht, wobei die Steigerungen je nach Wertstufe zwischen knapp 1 % und mehr als 66 % liegen.[4] Diese gebührenrechtliche Ungleichbehandlung[5] wurde durch die Fünfte Verordnung zur Änderung steuerlicher Verordnungen[6] durch einen Verweis auf das RVG beseitigt. Dadurch ist für Aufträge ab dem 1.7.2020 sichergestellt, dass StB im Verfahren vor den Verwaltungsbehörden und im Fall des § 21 Abs. 2 StBVV die gleiche Vergütung wie Rechtsanwälte erhalten.

199 *einstweilen frei*

II. Gegenstandswert

200 In der amtlichen Begründung zu § 10 StBGebV[7] heißt es, dass nach Abs. 1 Wertgebühren alle Gebühren sind, die in der Verordnung mit volle Gebühr oder mit Bruchteilen der vollen Gebühr bezeichnet sind. Sie werden nach dem Gegenstandswert **berechnet** und ergeben sich aus den Tabellen A-E, die einen Bestandteil dieser VO bilden. Gegenstandswert ist der Wert des Gegenstandes der beruflichen Tätigkeit.[8] Die Grundlage hierfür bildet der „**Wert des Interesses**".[9] Damit ist das „Interesse des Auftraggebers" gemeint, also der Betrag, um den gestritten wird.[10] So genannte

1) Vgl. § 35 RVG.
2) Bzw. früher § 11 BRAGO.
3) Verordnung zum Erlass und zur Änderung steuerlicher Verordnungen v. 11.12.2012, BGBl. I 2012, 2637 = BStBl I 2013, 2.
4) Zweites Gesetz zur Modernisierung des Kostenrechts v. 23.7.2013, BGBl. I 2013, 2586.
5) Kritisch hierzu Feiter, Stbg 2013, 466.
6) Fünfte Verordnung zur Änderung steuerlicher Verordnungen v. 25.6.2020, BGBl. I 2020, 1495, 1498 = BStBl I 2020, 555.
7) Abgedruckt in Eckert, 4. Aufl. 2003, zu § 10 StBGebV.
8) § 10 Abs. 1 Satz 2 StBVV.
9) § 10 Abs. 1 Satz 3 StBVV.
10) FG Nürnberg v. 12.3.2003, I 11/2003, EFG 2003, 1044; Boelsen in Eckert, 6. Aufl. 2017, § 10 StBVV Rz. 8 und 10; Mittelsteiner/Scholz, 4. Aufl. 1998, Einführung Rz. 72.

Folgewirkungen (Auswirkungen auf andere Steuern und Zuschläge) wurden bis zum Inkrafttreten des 2. KostRMoG am 1.8.2013 nicht berücksichtigt.[1] Mit dem 2. KostRMoG wurde in § 52 Abs. 3 Satz 2 GKG die Regelung eingeführt, dass „offensichtlich absehbare Auswirkungen auf künftige Geldleistungen oder auf noch zu erlassende, auf derartige Geldleistungen bezogene Verwaltungsakte" streitwerterhöhend zu berücksichtigen sind.[2] Damit sind insbesondere „Folgesteuern", wie Kirchensteuer, Solidaritätszuschlag und Zinsen gemeint.[3] Unklar ist allerdings, ob dies auch außerhalb eines gerichtlichen Verfahrens gilt, also z.B. bei der Bestimmung des Gegenstandswerts im außergerichtlichen Rechtsbehelfsverfahren.[4]

Beispiel:

Führt der StB einen Einspruch wegen der festgesetzten Einkommensteuer, ist derzeit unklar, ob Zinsen zur Einkommensteuer, Kirchensteuer und Solidaritätszuschlag, Verspätungs- und Säumniszuschläge bei der Bestimmung des Gegenstandswertes berücksichtigt werden dürfen.[5]

Speziell in den Fällen der §§ 21, 22 StBVV bestehen unterschiedliche Auffassungen in Rechtsprechung und Literatur, wie der „Wert des Interesses" bestimmt werden muss. Auf die entsprechenden Kommentierungen dieser Vorschriften wird verwiesen.

In den Fällen, in denen der Gegenstandswert nicht ermittelt werden kann, ist er zu schätzen.[6] Mehr als eine überschlägige **Schätzung** ist dem Berater nicht zuzumuten.[7] **201**

Liegen keine genügenden Anhaltspunkte für eine Schätzung des Gegenstandswertes vor, ist ein **Ausweichen** auf die Zeitgebühr zulässig, § 13 Satz 1 Nr. 2 StBVV. Dies gilt jedoch nicht für Tätigkeiten nach den §§ 23, 40, 44, 45 und 46 StBVV. Möglich ist allerdings die Vereinbarung einer Zeitgebühr nach § 4 Abs. 1 StBVV.[8] Bestehen überhaupt keine Anhaltspunkte für eine Schätzung des Gegenstandswerts, kann auf den Auffangstreitwert von 5.000 € nach § 23 Abs. 3 Satz 2 Halbsatz 2 RVG ausgewichen werden.[9] **202**

C. Zusammenrechnen mehrerer Gegenstandswerte (Abs. 2)

Nach § 10 Abs. 2 StBVV werden mehrere Gegenstände innerhalb einer einheitlichen Angelegenheit zusammengerechnet. Von dieser Zusammenrechnung werden allerdings die praktisch bedeutsamen Anwendungsfälle der §§ 24–27, 30, 35 und 37 StBVV ausgenommen. **203**

I. Begriff der „Angelegenheit"

Der Begriff der **Angelegenheit** ist für die Gebührenbemessung – aber auch für die Berechnung der Auslagen nach § 16 StBVV – von zentraler Bedeutung. Er ist nicht **204**

1) Mittelsteiner/Scholz, 4. Aufl. 1998, Einführung Rz. 75; Berners, 5. Aufl. 2016, § 10 StBVV Rz. 4.
2) Vgl. zur Bedeutung dieser Vorschrift → § 45 StBVV Rz. 733.
3) FG Baden-Württemberg v. 25.1.2016, 1 KO 2611/15, Stbg 2017, 90 mit Anm. Beyme; → § 40 StBVV n.F. Rz. 673.
4) → § 40 StBVV n.F. Rz. 673.
5) Dagegen, soweit sich Auswirkungen auf „Folgesteuern" desselben Streitjahrs ergeben: FG Hamburg v. 22.3.2017, 5 K 137/16, EFG 2017, 944 (→ § 45 StBVV Rz. 733) ferner (allerdings noch zur alten Rechtslage): FG Düsseldorf v. 9.11.2001, 5692, 11 K 6886/96 E; LG Düsseldorf v. 17.11.1999, 11 O 85/98; a.A. LG Duisburg v. 8.2.2001, 8 O 359/99; Beyme, Stbg 2017, 41.
6) Amtliche Begründung zu § 10 StBGebV.
7) Eggesiecker, 2. Aufl. 1998, § 10 STEUGO Rz. 10.820; Volkmann in Meyer/Goez/Schwamberger, 9. Aufl. 2019, § 10 StBVV Rz. 19; → § 33 StBVV Rz. 538.
8) → § 4 StBVV Rz. 116 ff. und → § 13 StBVV Rz. 252.
9) Z.B. → § 23 StBVV Rz. 377 und → § 45 StBVV Rz. 733.

mit dem Auftrag, der regelmäßig mehrere Angelegenheiten umfasst, und schon gar nicht mit der Gebührenrechnung gleichzusetzen. Der Begriff der Angelegenheit ist in der StBVV nicht definiert. Grundsätzlich ist die Tätigkeit eines StB, für welche die Gebührenverordnung eine selbständige Gebühr ausweist, eine Angelegenheit, die sich auf mehrere, gebührenrechtlich unbeachtliche Einzeltätigkeiten erstrecken kann. Der BGH[1] definiert die Angelegenheit im gebührenrechtlichen Sinne als den durch einen einheitlichen Lebenssachverhalt abgesteckten Rahmen, in dem der Berater für seinen Auftraggeber tätig werden soll. Eine Angelegenheit kann mehrere Gegenstände umfassen. Innerhalb einer gebührenrechtlichen Angelegenheit können auch mehrere Prüfungsaufgaben zu behandeln sein.[2] Ob mehrere Gegenstände nur eine Angelegenheit darstellen, hängt entscheidend davon ab, ob der StB diese Gegenstände auf Grund etwa der sachlichen und zeitlichen Verbundenheit mittels eines einheitlichen Vorgehens bearbeiten kann.[3] Die Rechtsprechung stellt dementsprechend auf folgende drei Kriterien ab:

- ein einheitlicher Auftrag,
- ein innerer Zusammenhang,
- ein **einheitlicher Tätigkeitsrahmen** im Hinblick auf Inhalt und Zielsetzung.[4]

205 Die Abgrenzung zwischen Angelegenheit und Gegenstand[5] ist insbesondere in den Fällen schwierig, in denen Einspruch gegen mehrere Steuerbescheide eingelegt wird.[6] Bei einem Tätigkeitsbündel stellt der BGH im Anwaltsgebührenrecht auf den Aufwand des Anwalts ab, nämlich darauf, ob der Anwalt **gleichförmig** vorgeht **oder** eine **gesonderte Auseinandersetzung** erfolgt. Wird der Rechtsanwalt beauftragt, mit den Gläubigern eines Unternehmens zum Zwecke der Sanierung Forderungsverzichte auszuhandeln, so entsteht für den Auftrag jedem Gläubiger gegenüber eine Gebührenangelegenheit, sobald der Anwalt sich mit diesem gesondert auseinandersetzen muss. Wird dagegen an bestimmte Gläubiger ohne weitere Tätigkeit ein einheitliches Rundschreiben versandt, handelt es sich dagegen i.d.R. nur um eine einzige Gebührenangelegenheit mit mehreren Gegenständen.[7] Nur eine Angelegenheit nimmt der BGH auch bei gleichlautenden Abmahnschreiben gegen mehrere Unternehmen an.[8] Im sozialrechtlichen Verwaltungsverfahren geht das BSG von derselben Angelegenheit aus, wenn mehrere Auftraggeber einer Bedarfsgemeinschaft gesonderte Vollmachten erteilt haben, es aber inhaltlich um einen einheitlichen Lebenssachverhalt geht.[9] Dieses Verständnis des Begriffs „Angelegenheit" wird man auch auf die StBVV übertragen können.[10] Eine einheitliche Angelegenheit kann trotz getrennter Vollmachten auch bei **unterschiedlichen Adressaten parallel erlassener Steuerbescheide** vorliegen, wenn die jeweilige Regelung auf einem einheitlichen Lebenssachverhalt beruht, eine inhaltlich identische Rechtsfrage zu klären ist und zwischen den Adressaten eine **Streitgenossenschaft** besteht.[11]

---

1) BGH v. 6.6.2019, I ZR 150/18, ZIP 2020, 242 m.w.N.; BGH v. 6.7.2000, IX ZR 210/99, DStRE 2000, 1061; BGH v. 21.11.1996, IX ZR 159/95, NJW 1997, 516.
2) BGH v. 5.10.2010, VI ZR 152/09, NJW 2011, 782, Rz. 14.
3) BGH v. 6.6.2019, I ZR 150/18, ZIP 2020, 242, 244.
4) BGH v. 6.6.2019, IX ZR 150/18, ZIP 2020, 242, 244 m.w.N.; Schleswig-Holsteinisches FG v. 27.11.2019, EFG 2020, 131 m.w.N.; OLG Düsseldorf v. 29.6.2010, I-24 U 212/09, GI aktuell 2011, 17, 18; FG Düsseldorf v. 14.10.2009, 3 KO 439/09 KF, EFG 2010, 161 → § 40 StBVV a.F. Rz. 646; FG Brandenburg v. 27.2.2001, 1 KO 3064/00, EFG 2001, 653.
5) → § 10 StBVV Rz. 206.
6) → § 40 StBVV a.F. Rz. 645 f.
7) BGH v. 3.5.2005, IX ZR 401/00, NJW 2005, 2927.
8) BGH v. 6.6.2019, I ZR 150/18, ZIP 2020, 242.
9) BSG v. 2.4.2014, B 4 AS 227/13.
10) So ausdrücklich Schleswig-Holsteinisches FG v. 27.11.2019, 1 K 149/16, EFG 2020, 131.
11) Schleswig-Holsteinisches FG v. 27.11.2019, 1 K 149/16, EFG 2020, 131; → § 40 StBVV a.F. Rz. 645 ff.

Weitere Beispiele:

Die Anfertigung jeder Steuererklärung nach § 24 Abs. 1 StBVV stellt eine eigene Angelegenheit dar. Die elektronische Übermittlung der jeweiligen Steuererklärung ist von § 24 Abs. 1 StBVV nicht umfasst.[1]

Die Anfertigung der Steuererklärung und die Prüfung des Steuerbescheids sind zwei Angelegenheiten.

Die Prüfung mehrerer Steuerbescheide sind mehrere Angelegenheiten.[2]

Im Rahmen der Gewinneinkünfte und der Überschusseinkünfte fällt für jede der dort genannten Einkunftsarten eine gesonderte Gebühr an.[3]

Bei monatlicher Finanzbuchführung ist jeder Buchführungsmonat eine eigene Angelegenheit.[4]

Bei der Lohnbuchführung kommt es auf den Zeitraum an (Woche, Monat), der Grundlage für die Lohnabrechnung aller Arbeitnehmer eines Abrechnungszeitraums ist.

Sonstige Hilfeleistungen nach §§ 33 Abs. 7, 34 Abs. 5 StBVV sind keine eigenen Angelegenheiten.[5]

Die gesamte Betriebsprüfung ist eine einheitliche Angelegenheit. Die Zeiten für die Teilnahme an einer Betriebsprüfung sind deshalb minutengenau und nicht als jeweils angefangene halbe Stunde abzurechnen.[6]

II. Begriff des „Gegenstandes"

Aus der amtlichen Begründung zu § 10 StBGebV[7] ergibt sich, dass bei mehreren Gegenständen die Gebühr aus der Summe der Gegenstandswerte zu ermitteln ist. Hieraus ergibt sich eine Gebührendämpfung, da die Zusammenrechnung eben nicht die Summe der für jeden einzelnen Gegenstand ermittelten Gebühren ausmacht. Gegenstand der steuerberatenden Tätigkeit ist das Rechtsverhältnis, auf das sich die Tätigkeit des StB bezieht. Bezugspunkt ist hier das jeweilige Quantum von Einzeltätigkeiten, wie sie der konkrete Gebührentatbestand beschreibt.[8] In der Praxis bereitet die Frage, ob mehrere Gegenstände eine Angelegenheit bilden oder mehrere Angelegenheiten vorliegen, insbesondere im Einspruchsverfahren Schwierigkeiten.[9] 206

III. Praktischer Anwendungsbereich des § 10 Abs. 2 StBVV

Der Anwendungsbereich des § 10 Abs. 2 StBVV ist schon deshalb gering, weil der zweite Halbsatz des Abs. 2 die Anwendung für die §§ 24–27, 30, 35 und 37 StBVV ausschließt und die StBVV für andere Vorschriften entweder die Zeitgebühr oder die Betragsrahmengebühr vorsieht. Denkbar ist eine Zusammenrechnung mehrerer Gegenstandswerte allerdings im außergerichtlichen Rechtsbehelfsverfahren für Aufträge vor dem 1.7.2020.[10] 207

---

1) → § 7 StBVV Rz. 157.
2) AG Mönchengladbach-Rheydt v. 20.9.2018, 11 C 382/16; → § 28 StBVV Rz. 477.
3) → § 25 StBVV Rz. 447 und → § 27 StBVV Rz. 459.
4) → § 33 StBVV Rz. 542 ff. auch zur Jahres- und Vierteljahresbuchführung. Ausnahme: § 39 Abs. 2 StBVV → § 39 StBVV Rz. 623.
5) Str.; bejahend OLG Düsseldorf v. 20.1.1994, 13 U 102/93, GI 1995, 11 f. zu § 33 Abs. 7 StBVV; verneinend OLG Düsseldorf v. 21.4.1994, 13 U 101/93, GI 1994, 351.
6) → § 29 StBVV Rz. 483.
7) Abgedruckt in Eckert, 4. Aufl. 2003, zu § 10 StBGebV.
8) Mittelsteiner/Scholz, 4. Aufl. 1998, Einführung Rz. 65.
9) → § 40 StBVV a.F. Rz. 645 f.
10) → Rz. 197; für Aufträge ab dem 1.7.2020 finden über § 40 StBVV n.F. die entsprechenden Bestimmungen des RVG Anwendung; gleiches gilt im Klageverfahren über § 45 StBVV.

Beispiel:

Der StB legt Einsprüche gegen die Gewinnfeststellungsbescheide für die Jahre 1978 bis 1982, die Gewinnfeststellungsbescheide für die Jahre 1983 bis 1986 und die Gewerbesteuer-Messbescheide für die Jahre 1978 bis 1985 ein. Über die Rechtsbehelfe, die in getrennten Verfahren geführt werden, wird durch getrennte Einspruchsbescheide entschieden.[1)]

Sieht man hier nicht schon in jedem einzelnen angefochtenen Bescheid eine eigenständige Angelegenheit,[2)] sondern nur drei gebührenrechtliche Angelegenheiten, hat zumindest eine Zusammenrechnung der Gegenstandswerte nach § 10 Abs. 2 StBVV zu erfolgen.

208 Eine Gegenstandswertaddition ist auch denkbar bei schriftlichen Einwendungen gegen einen Betriebsprüfungsbericht nach § 29 Nr. 2 StBVV. Die sich aus dem Bericht ergebenden Mehrsteuern sind zu addieren. Der Gesamtbetrag entspricht dem Wert des Interesses.[3)] § 10 Abs. 2 StBVV kann auch im Bereich des § 23 StBVV Bedeutung erlangen, z.B. bei einem Antrag auf Anpassung von Einkommensteuer-Vorauszahlungen für mehrere Jahre.[4)] Bei einer Selbstanzeige gem. § 30 StBVV, z.B. wegen Steuerhinterziehung über mehrere Jahre, erfolgt, wie in den Fällen der §§ 24–27, 35 und 37 StBVV keine Zusammenrechnung. Vielmehr ist eine Einzelberechnung vorzunehmen, d.h., es fallen Wertgebühren für jeden einzelnen Gegenstand der Selbstanzeige an. Bei laufend veranlagten Steuern ist daher jede Steuer für jeden Veranlagungszeitraum ein gesonderter Gegenstand.[5)]

1) FG Niedersachsen v. 9.1.2001, 4 K 1/99 Ko, EFG 2001, 528.
2) → § 40 StBVV a.F. Rz. 646.
3) Beispiel bei Eggesiecker, 2. Aufl. 1998, § 10 STEUGO Rz. 10.930.
4) → § 23 StBVV Rz. 367; Boelsen in Eckert, 6. Aufl. 2017, § 10 StBVV Rz. 25 ff.
5) → § 30 StBVV Rz. 493.

§ 11
Rahmengebühren

[1]Ist für die Gebühren ein Rahmen vorgesehen, so bestimmt der Steuerberater die Gebühr im Einzelfall unter Berücksichtigung aller Umstände, vor allem des Umfangs und der Schwierigkeit der beruflichen Tätigkeit, der Bedeutung der Angelegenheit sowie der Einkommens- und Vermögensverhältnisse des Auftraggebers nach billigem Ermessen. [2]Ein besonderes Haftungsrisiko des Steuerberaters kann bei der Bemessung herangezogen werden. [3]Bei Rahmengebühren, die sich nicht nach dem Gegenstandswert richten, ist das Haftungsrisiko zu berücksichtigen. [4]Ist die Gebühr von einem Dritten zu ersetzen, ist die von dem Steuerberater getroffene Bestimmung nicht verbindlich, wenn sie unbillig ist.

Inhalt

Schrifttum

Berners, Änderung der Steuerberatergebührenverordnung, NWB, Fach 30, Nr. 13 v. 26.3.2007, 1701; **Beyme,** Festlegung der Gebühr nach § 11 StBVV, KANZLEI intern 5_2018, 2; **Best,** Beraterwechsel, DSWR 1997, 235; **Feiter,** Keine Berücksichtigung von Wartezeiten bei der Höhe der Terminsgebühr, DStR 2015, 2686; **Feiter,** Rechnungskorrektur bei gesonderter Abrechnung von Sortierarbeiten, KANZLEI intern 09/2015, 6; **Feiter,** Bindung an mündliche Honorarzusage – keine Abrechnung nach StBVV möglich, KP 2015, 79; **Feiter,** Aktuelle Rechtsprechung zum Gebührenrecht der Steuerberater, INF 2003, 435; **Goez,** Steht dem Steuerberater bei der Gebührenbestimmung eine Toleranzspanne zu?, KP 2015, 119; **Gilgan,** Grundsätze der Gebührenbestimmung, StB 2004, 266; **Klaeren,** Mittelgebühr vs. Ermessensspielraum? KANZLEI intern 03_2019, 2; **Klaeren,** Steht dem Steuerberater bei der Gebührenbestimmung ein Toleranzbereich von 20% zu?, KANZLEI intern 09/2015, 2; **Lutje,** Bestimmung der angemessenen Gebühr nach § 11 StBGebV, KP 1997, 1; **Maxl,** Möglichkeiten eines Teilurteils im Steuerberatergebührenrecht, DStR 1991, 1100; **Maxl,** Zur sogenannten Mittelgebühr, Stbg 1989, 127; **Meyer,** § 11 StBVV: Änderung des einmal bestimmten Rahmensatzes nicht möglich, KP 2003, 8; **Pauly,** Bindung des Architekten an seine Honorarschlußrechnung?, MDR 1999, 649; **Wacker,** Was rechtfertigt den Ansatz der Höchstgebühr?, KANZLEI intern 06_2017, 2; **Wacker,** Gebührenbestimmung, „Toleranzgrenze" – Rechtsprechung und Probleme der Beauftragung, KANZLEI intern 01_2017, 3; **Zimmermann,** Vergütungsberechnung – Gebühren einzelfallbezogen abrechnen, NWB 17/2016, 1299.

A. Inhalt und Bedeutung

209 Nach § 64 StBerG, der Ermächtigungsnorm der StBVV, gilt für sämtliche Gebühren der **Grundsatz der Angemessenheit**. Die Höhe der Gebühren darf den Rahmen des Angemessenen nicht übersteigen und hat sich nach Zeitaufwand, Wert des Objekts und Art der Aufgabe zu richten. Damit ist klargestellt, dass die Gebühren stets nach den Umständen des Einzelfalles zu berechnen sind. Dem trägt § 11 StBVV Rechnung, der § 14 RVG nachgebildet ist[1] und für alle 3 Arten von Gebühren (Wertgebühr, Zeitgebühr und Betragsrahmengebühr) gilt. In den Fällen, in denen die StBVV auf die Vorschriften des **RVG** verweist,[2] findet § 11 StBVV keine Anwendung. Dann kann die Parallelvorschrift des § 14 RVG einschlägig sein. Diese ist für Tätigkeiten des StB im Verwaltungsvollstreckungsverfahren[3] und im finanzgerichtlichen Verfahren[4] aber unerheblich, da in diesen Verfahren feste Gebühren abzurechnen sind und der StB kein Ermessen bei der Gebührenbestimmung hat.

B. Ermessensausübung

210 Das Leistungsbestimmungsrecht nach § 11 StBVV gehört in seiner Ausübung zum Entstehungstatbestand des Vergütungsanspruchs. Es handelt sich um eine spezielle Ausprägung des Leistungsbestimmungsrechts nach § 315 BGB.[5] Bei der Bestimmung der Leistung nach billigem Ermessen i.S.d. § 315 Abs. 1 BGB ist immer auch § 242 BGB zu berücksichtigen. Die Vorschriften zusammen sind Grundlage der richterlichen Inhaltskontrolle.[6] Das Billigkeitsermessen muss der StB **selbst** ausüben. Er kann es nicht ohne Zustimmung des Mandanten auf einen Dritten, z.B. eine Verrechnungsstelle übertragen.[7] Hat der StB sein Gebührenbestimmungsrecht nach § 11 StBVV im Falle einer Wertgebühr durch die Wahl eines bestimmten Rahmensatzes ausgeübt, kann er im Nachhinein grundsätzlich keine Änderung mehr vornehmen.[8] Keine Bindung an einen bestimmten Zehntelsatz tritt ein, wenn der StB „**Abschlagszahlungen**" i.S.v. Vorschüssen in Höhe eines bestimmten Zehntelsatzes vereinnahmt und bei der späteren Schlussrechnung einen höheren Zehntelsatz abrechnet.[9] Eine Bindung an das ausgeübte Ermessen tritt gleichermaßen bei der Zeitgebühr ein. Eine nachträgliche Erhöhung der Zeitgebühr ist grundsätzlich nicht mehr möglich.[10]

Inwieweit der StB nicht oder zu niedrig geltend gemachte Gebühren und Auslagen[11] nachfordern darf, ist umstritten. Grundsätzlich unzulässig ist ein nachträgliches Abweichen von dem einmal ausgeübten Ermessen bei der Bestimmung des Gebührenrahmens. Deshalb darf der StB, der sein Ermessen[12] **endgültig und abschließend** ausgeübt hat, nicht im Nachhinein höhere Zehntelsätze für die Wertgebühren oder eine höhere Zeitgebühr berechnen.[13] Allerdings gilt dieser Grundsatz nicht uneingeschränkt. Der BGH konzediert dem Rechtsanwalt, dass er irrtümlich nicht geltend

1) JStG 2007 v. 13.12.2006, BGBl. I 2006, 2878 = BStBl I 2007, 28.
2) §§ 21 Abs. 2, 40, 44, 45 StBVV.
3) § 44 StBVV.
4) § 45 StBVV i.V.m. den Vorschriften des RVG.
5) OLG Hamm v. 22.6.1994, 25 U 125/933, GI 1995, 35.
6) Grüneberg in Palandt, 75. Aufl. 2016, § 315 BGB Rz. 2.
7) BGH v. 4.12.2008, IX ZR 219/07 und AG Berlin-Lichtenberg v. 1.3.2013, 114 C 138/11 zu § 14 RVG.
8) BGH v. 4.12.2008, IX ZR 219/07 und AG Berlin-Lichtenberg v. 1.3.2013, 114 C 138/11 zu § 14 RVG.
9) § 8 StBVV Rz. 2; AG Duisburg-Ruhrort v. 21.6.2019, 8 C 253/17.
10) OLG Hamm v. 22.6.1994, 25 U 125/933, GI 1995, 35; LG Kleve v. 13.6.2003, 1 O 114/01.
11) Auch → § 16 StBVV Rz. 306.
12) Leistungsbestimmungsrecht i.S.d. § 11 StBVV, § 315 BGB.
13) Siehe → Rz. 210; BGH v. 4.12.1986, III ZR 51/85, NJW 1987, 3203 zum Anwaltsrecht.

gemachte Gebühren und Auslagen grundsätzlich nachfordern kann.[1] Das OLG Hamburg spricht sogar von einem „absolut unangemessenen Ergebnis", wenn der Rechtsanwalt, der versehentlich nach altem Gebührenrecht abgerechnet hat, nicht nachliquidieren könnte.[2] Demgegenüber scheint das OLG Düsseldorf strenger zu sein. Es lässt Ausnahmen nur zu, wenn **Nichtigkeits- oder Anfechtungsgründe** vorliegen.[3] In der Literatur finden sich ähnliche Stellungnahmen: Wenn der StB eine Gebührenposition vergessen oder übersehen habe, soll keine Bindung eintreten.[4] Bei der Bewertung des Einzelfalls geht es letztlich um die Frage, ob eine Nachliquidation treuwidrig i.S.d. § 242 BGB wäre oder nicht.[5]

An einem endgültigen und abschließend ausgeübten Leistungsverlangen fehlt es im Falle einer bloßen **Vorschussanforderung**[6] oder wenn der StB sich eine **Erhöhung** ausdrücklich und erkennbar **vorbehalten** hat.[7] Umstritten ist, ob eine Bindung eintritt, wenn der StB zunächst eine **falsche Gebührenvorschrift** angewendet hat und durch die spätere Anwendung der richtigen Vorschrift eine höhere Gebühr anfällt[8] und ob die Bindung an eine einmal erteilte unspezifizierte Schlussrechnung so weit geht, dass der StB auch im Falle einer **nachträglichen Spezifizierung** den ursprünglichen Rechnungsbetrag nicht überschreiten darf.[9]

C. Gesetzliche Gebührenbestimmungsfaktoren

§ 11 StBVV nennt 5 Gebührenbestimmungsfaktoren, nämlich die Bedeutung der Angelegenheit, den Umfang und die Schwierigkeit der Tätigkeit, die Einkommens- und Vermögensverhältnisse des Auftraggebers sowie ein besonderes Haftungsrisiko. Der jeweilige Gebührenbestimmungsfaktor kann für Wert- oder Betragsrahmengebühren andere Bedeutung haben als für Zeitgebühren. So rechtfertigt ein erheblicher Zeitaufwand im Rahmen einer Betriebsprüfung für sich allein noch nicht eine über die mittlere Zeitgebühr hinausgehende Gebühr, weil – anders als bei Wert- oder Betragsrahmengebühren – der Zeitaufwand bereits durch die Vielzahl der Stunden vergutet wird.[10] **211**

I. Bedeutung der Angelegenheit

Mit der Bedeutung der Angelegenheit ist – wie bei dem Begriff „Wert des Interesses" in § 10 Abs. 1 Satz 3 StBVV – die Bedeutung der Angelegenheit **für den Auftraggeber** gemeint.[11] Ein Interesse, das der Praxisinhaber oder die Öffentlichkeit an der Angelegenheit haben könnten, ist nicht zu berücksichtigen, soweit sich dadurch nicht auch die Bedeutung der Angelegenheit für den Auftraggeber erhöht. Hat eine **212**

1) BGH v. 4.12.1986, III ZR 51/85, NJW 1987, 3203.
2) OLG Hamburg v. 17.8.1978, 8 W 222/78, MDR 1979, 235.
3) OLG Düsseldorf v. 6.12.1990, 18 U 126/90, GI 1992, 91; OLG Düsseldorf v. 2.4.1998, 13 U 86/96, GI 1999, 39, 40.
4) So Leißing, KP 1999, 131; ebenso zum Anwaltsrecht Onderka in Schneider/Wolf, 8. Aufl. 2017, § 14 RVG Rz. 93 m.w.N.
5) Übersicht über die denkbaren Fallkonstellationen: → Grundlagen des Gebührenrechts Rz. 50 ff.
6) → § 8 StBVV Rz. 159.
7) → Grundlagen des Gebührenrechts Rz. 62 und Onderka in Schneider/Wolf, 8. Aufl. 2017, § 14 RVG Rz. 93 m.w.N.
8) OLG Celle v. 14.11.2019, 3 Ws 323/19, NJW-Spezial 2020, 156; → Grundlagen des Gebührenrechts Rz. 60.
9) → Grundlagen des Gebührenrechts Rz. 56 ff.
10) OLG Düsseldorf v. 26.3.1998, 13 U 63/97, GI 1999, 196 f. Das OLG führte die von den Berufsangehörigen in Ansatz gebrachte Zeitgebühr von 150 DM für die Teilnahme an einer Betriebsprüfung, die sich über einem Zeitraum von einem ¾ Jahr erstreckte, mangels konkreten Sachvortrags auf die mittlere Zeitgebühr von 107,50 DM/Stunde zurück.
11) AG Düsseldorf v. 9.4.2001, 17803/00; → § 11 StBVV Rz. 226.

Angelegenheit über den Einzelfall hinaus Präjudizwirkung für Folgejahre, etwa bei einem Sachverhalt mit Dauerwirkung (z.B. einer Abschreibung oder Verfahrensdokumentation), wirkt sich dies gebührenerhöhend aus.[1] Gleiches gilt, wenn das Finanzamt dem Mandanten bei einer gewerblichen Tätigkeit Liebhaberei unterstellt.[2] Auch der von dem StB erzielte „Erfolg" z.B. bei einer Schlussbesprechung im Rahmen einer Außenprüfung, wird der „Bedeutung der Angelegenheit" zugeordnet,[3] ebenso die Vermeidung negativer steuerlicher Konsequenzen durch Aktivitäten des StB.[4] Die „nackte" Angabe eines hohen Gegenstandswertes rechtfertigt allein noch keine Schlussfolgerung auf eine bedeutsame Angelegenheit.[5]

II. Umfang der Tätigkeit

213 Der „Umfang der Tätigkeit" bringt die **zeitliche Komponente** zur Geltung. Fallen umfangreiche Randarbeiten (Vor-, Neben- und Nacharbeiten) an, für die die StBVV keinen gesonderten Gebührentatbestand vorsieht, wirkt sich dieser Umstand gebührenerhöhend aus. Auch ein erhöhter Informationsfluss und Kommunikationsaufwand, den der Mandant verursacht (z.B. durch zahlreiche telefonische Rückfragen oder umfangreichen E-Mail-Verkehr), wirkt sich gebührenerhöhend aus.[6] Ferner wirkt sich aus, wie gut der Mandant die Arbeit des StB vorbereitet hat. Ungeordnete oder fehlende Belege und Unterlagen bilden ebenso Arbeitserschwernisse für den StB wie Unterbrechungen der Arbeit, die der Auftraggeber zu vertreten hat. Sie beeinflussen damit zwangsläufig die Wahl des Rahmensatzes. Der Umfang der Tätigkeit allein rechtfertigt nur in besonders gelagerten Fällen den Ansatz der Höchstgebühr. Um die Höchstgebühr abrechnen zu können müssen i.d.R. weitere Umstände wie Schwierigkeit der Tätigkeit oder Bedeutung der Angelegenheit hinzukommen.[7] Erzielt der StB erhebliche Synergieeffekte durch **gleich gelagerte Einspruchsverfahren**, so ist die durch die Parallelität der Sachverhalte und rechtlichen Fragestellungen bedingte erhebliche Reduzierung des zeitlichen Aufwands nach der Rechtsprechung grundsätzlich gebührenmindernd zu berücksichtigen.[8]

Kritische Stellungnahme:

M.E. hat die Reduzierung des zeitlichen Umfangs keine Auswirkungen auf die Schwierigkeit der Tätigkeit, die für jede gebührenrechtliche Angelegenheit objektiv zu bestimmen ist.[9] Deshalb dürfte auch in Parallelfällen eine Gebührenreduzierung bis zur Mindestgebühr in keinem Fall gerechtfertigt sein. Wenn neben der Schwierigkeit der Tätigkeit noch weitere Gebührenbestimmungsfaktoren hinzukommen, ist dies bei der Wahl der Gebühr gebührenerhöhend zu berücksichtigen.[10]

Wartezeiten bei Gericht sind bei der Bemessung der Terminsgebühr zu berücksichtigen, wenn es sich bei der Terminsgebühr um eine Betragsrahmengebühr, wie in Strafsachen handelt.[11] Bereits Wartezeiten vor einem Termin zur mündlichen Verhandlung, die die in der Ladung mitgeteilte Uhrzeit um mehr als 15 Minuten über-

1) FG Baden-Württemberg v. 22.7.1986, IX Ko 2/86, EFG 1987, 207.
2) Zimmermann, NWB 17/2016, 1299, 1300.
3) Volkmann in Meyer/Goez/Schwamberger, 9. Aufl. 2019, § 11 StBVV Rz. 9; Lotz in Eckert, 6. Aufl. 2017, § 11 StBVV Rz. 20.
4) LG Hagen v. 28.8.2013, 10 S 1/13.
5) AG Schwelm v. 16.11.2012, 23 C 208/12.; AG Kassel v. 4.10.2012, 435 C 739/12 mit abl. Anm. Gilgan, KP 2013, 134.
6) Zu diesem Aspekt AG Düsseldorf v. 14.8.2018, 37 C 79/18.
7) AG Detmold v.9.1.2017, 6 C 293/16, besprochen von Wacker, KANZLEI intern 06_2017, 2; → Rz. 226.
8) BGH v. 26.2.2013, XI ZR 345/10 Rz. 60 ff.; FG Hamburg v. 25.1.2018, 4 K 85/17, EFG 2018, 686 m.w.N.
9) → Rz. 214.
10) → Rz. 214.
11) → § 45 StBVV Rz. 757 ff.

schreiten und die allein der Sphäre des Gerichts zuzurechnen sind, wirken sich bei der Bewertung des Umfangs der Tätigkeit gebührenerhöhend aus.[1] In sozialgerichtlichen Verfahren wirken sich Wartezeiten des StB bei Gericht hingegen nicht gebührenerhöhend aus, da die Vertretung des StB auf die Verfahren nach §§ 28 h und p SGB IV beschränkt ist und hier nach festen Wertgebühren abgerechnet werden muss.[2] Bei Tätigkeiten, die nach Zeitgebühr abgerechnet werden, z.B. die Teilnahme an einer Außenprüfung, ist der Umfang kein gebührenerhöhender Faktor, da er sich bereits in der Anzahl der Stunden ausdrückt.[3]

III. Schwierigkeit der Tätigkeit

Schwierig ist eine Tätigkeit, wenn der StB erheblich über dem Durchschnitt lie- 214
gende Probleme zu lösen hat. Mit der „Schwierigkeit der beruflichen Tätigkeit" sind sowohl **rechtliche als auch tatsächliche Schwierigkeiten** gemeint. Maßgeblich für das Kriterium der Schwierigkeit sind die Kenntnisse eines durchschnittlichen nicht spezialisierten StB.[4] Es kommt also auf einen **objektiv-generellen Beurteilungsmaßstab** an und nicht auf die individuellen Fähigkeiten und Kenntnisse des StB.[5] Zu berücksichtigen sind z.B. rechtliche Probleme, Tätigkeiten in Spezialgebieten,[6] die Auseinandersetzung mit umfangreicher oder schwer zugänglicher Judikatur, besonders tiefe Kenntnisse des Verfassungsrechts, die Befassung mit Gesetzgebungsmaterialien oder europarechtlichen Fragestellungen,[7] schwierige Verhandlungen mit Behörden, der Einsatz von Fremdsprachenkenntnissen, die Notwendigkeit der Hinzuziehung eines Dolmetschers oder Übersetzungsarbeiten[8] oder auch der Umgang mit Mandaten auf Grund dessen schwieriger Persönlichkeitsstruktur.[9]

Bestimmte Tätigkeiten, insbesondere Arbeiten im Rahmen des Lohnsteuerabzugs und der Lohnbuchführung stuft die Rechtsprechung durchweg als Leistungen mit geringem Schwierigkeitsgrad ein.

Beispiel:

Sozialversicherungsmeldungen für 10 Arbeitnehmer und das Ausfüllen von Arbeitsbescheinigungen gem. § 312 SGB III für 3 Arbeitnehmer können nach OLG Düsseldorf[10] von einer durchschnittlich qualifizierten Kraft jeweils im Bruchteil einer halben Stunde erledigt werden. Da es sich hierbei um Leistungen mit geringem Schwierigkeitsgrad handele, stehe dem StB i.R.d. §§ 34 Abs. 5, 13 StBGebV nicht mehr als der Mindestsatz der Zeitgebühr zu.[11]

Ist der StB in einem konkreten Mandat mit der Klärung einer schwierigen Rechtsfrage beauftragt, die sich auf mehrere Veranlagungszeiträume auswirkt, stellt sich die Frage, ob dies zu einer Minderung der Gebühr für die weiteren Jahre führt, weil der StB die schwierige Rechtsfrage bereits einmal geklärt hat und dadurch Synergieeffekte (durch eine Reduzierung des zeitlichen Aufwands) ür die weiteren Jahre eintreten.

---

1) SG Dresden v. 19.7.2017, S 20 AS 7587/13, NJW-Spezial 2017, 636.
2) Feiter, DStR 2015, 2686; → § 45 StBVV Rz. 762 m.w.N.
3) LG Duisburg v. 5.11.2007, 2 O 46/05.
4) FG München v. 1.2.2011, 4 E 1210/10, RVG Report 2011, 174.
5) So auch Onderka in Schneider/Wolf, 8. Aufl. 2017, § 14 RVG Rz. 34 m.w.N. zum Anwaltsrecht.
6) Unabhängig davon, ob der StB auf dem Gebiet spezialisiert ist, → Rz. 217.
7) FG Hamburg v. 25.1.2018, 4 K 85/17, EFG 2018, 686.
8) Mayer, in Gerold/Schmidt 24. Aufl. 2019, § 14 RVG Rz. 22 ff. m.w.N.; a.A. OLG Düsseldorf v. 29.7.1999, 1 Bs 629/99, AnwBl 1999, 704.
9) LG Karlsruhe v. 17.2.1987, III QS 177/86, AnwBl 1987, 338.
10) OLG Düsseldorf v. 10.2.2000, 13 U 147/99, Stbg 2001, 467.
11) Vgl. auch OLG Düsseldorf v. 21.4.1994, 13 U 101/93, GI 1994, 351.

Beispiel:

Das Finanzamt hat die Umsatzsteuer 2012 – 2016 für eine Rechtsanwaltssozietät unzutreffend festgesetzt. Der StB beantragt für alle Jahre Berichtigung der Umsatzsteuerfestsetzungen unter Hinweis auf § 174 AO (widerstreitende Steuerfestsetzungen) und rechnet unter Hinweis auf die Schwierigkeit der Angelegenheit für jedes Jahr die Höchstgebühr von 10/10 nach § 23 Satz 1 Nr. 1 StBVV ab.

Unterstellt man, dass in diesem Beispielsfall nicht nur eine, sondern fünf Angelegenheiten vorliegen, und dass die Höchstgebühr allein wegen der Schwierigkeit der Tätigkeit[1] gerechtfertigt ist, kann der StB für jedes Jahr eine Gebühr in gleicher Höhe geltend machen. Die Synergieeffekte durch die Reduzierung des Zeitaufwandes würden dann keine Rolle spielen. Bei **gleich gelagerten Einspruchsverfahren/ Parallelverfahren** geht die Rechtsprechung allerdings durchgehend davon aus, dass die (erhebliche) Reduzierung des zeitlichen Aufwands gebührenmindernd zu berücksichtigen ist. Wenn die einmal erarbeiteten Rechtskenntnisse ohne weiteres auf weitere Einspruchsverfahren übertragen werden können und der Bevollmächtigte ggf. sogar mit denselben standardisierten Schreiben vorgehen kann, müssten schon besondere Umstände vorgetragen werden, die gleichwohl eine höhere Gebühr rechtfertigen.[2]

IV. Einkommens- und Vermögensverhältnisse

215 Bei Berücksichtigung der Einkommens- und Vermögensverhältnisse ist von den Verhältnissen auszugehen, die dem Durchschnitt der Bevölkerung entsprechen. Der StB kann für die gleiche Leistung von einem wirtschaftlich gut gestellten Mandanten mehr verlangen, als von einem weniger bemittelten Mandanten. Für die Bestimmung, ob durchschnittliche Verhältnisse vorliegen, können die Statistiken des Statistischen Bundesamts herangezogen werden. Ein vollzeitbeschäftigter Arbeitnehmer verdiente in Deutschland im Jahr 2015 ohne Sonderzahlungen durchschnittlich 3 612 € brutto im Monat.[3] Die regionalen Unterschiede und die Unterschiede zwischen männlichen und weiblichen Arbeitnehmern weichen davon z.T. erheblich ab. Berücksichtigt man auch Personen mit Teilzeitbeschäftigungen und Minijobs sowie Personen ohne eigenes Einkommen, kann bereits ab 1 500 € von durchschnittlichen Einkommensverhältnissen gesprochen werden.[4] Bei der Beurteilung der Verhältnisse kommt es auf den Zeitpunkt der **Fälligkeit** der Gebühr[5] oder der Auftragserteilung an, je nachdem, welche Betrachtung für den StB günstiger ist.[6]

Praxistipp:

Es wird empfohlen, die wirtschaftlichen Verhältnisse bei Auftragserteilung zu erfragen und in der Handakte zu dokumentieren.

V. Haftungsrisiko

216 Ein ausdrücklich genannter Gebührenbestimmungsfaktor ist seit 1.1.2007 auch das Haftungsrisiko des StB. Nach Satz 2 „kann" ein „besonderes" Haftungsrisiko berücksichtigt werden, wenn es sich um eine Wertgebühr handelt. Ein „besonderes" Haftungsrisiko ist mehr als das „normale" Haftungsrisiko. Die **Kann-Bestimmung** erklärt sich daraus, dass das Haftungsrisiko schon durch den Gegenstands-

1) Ggf. auch wegen der Bedeutung der Angelegenheit für den Auftraggeber, wegen dessen Einkommens- und Vermögensverhältnissen, wegen des Haftungsrisikos und ggf. auch wegen weiterer, unbenannter Gebührenbestimmungsfaktoren.
2) BGH v. 26.2.2013, XI ZR 345/10; FG Hamburg v. 25.1.2018, 4 K 85/17, EFG 2018, 686 m.w.N.; → § 40 StBVV a.F. Rz. 645.
3) Statistisches Bundesamt, www.statistik-portal.de und www.destatis.de.
4) Mayer in Gerold/Schmidt, 24. Aufl. 2019, § 14 RVG Rz. 35 m.w.N.
5) → § 7 StBVV Rz. 156 ff.
6) Mayer in Gerold/Schmidt, 24. Aufl. 2019, § 14 RVG Rz. 36 m.w.N.

wert bestimmt wird. Es kann sich nur um Fälle handeln, in denen sich das erhöhte Haftungsrisiko des StB nicht im Gegenstandswert niederschlägt.[1] Entspricht dieser nicht dem Haftungsrisiko,[2] kann das besondere Haftungsrisiko gebührenerhöhend berücksichtigt werden. Ein erhöhtes Haftungsrisiko kann sich aus der Übernahme einer nicht vollständig korrekten Buchführung des Vorberaters ergeben. Auch wenn die Arbeitsleistung einfach ist, rechtfertigt dies bereits die Mittelgebühr.[3] Das Haftungsrisiko muss nach Satz 3 berücksichtigt werden bei Betragsrahmengebühren, die sich nicht nach dem Gegenstandswert richten[4] und bei Zeitgebühren, da es sich auch hierbei um eine Rahmengebühr handelt.[5] Fraglich ist, ob das Haftungsrisiko als Bemessungskriterium wegfällt, wenn der StB von der **Möglichkeit der** vertraglichen **Haftungsbeschränkung** gem. § 67a StBerG oder der gesetzlichen Haftungsbeschränkung durch Wahl der Rechtsform (z.B. PartG mbB) Gebrauch macht. Dagegen spricht, dass eine vertragliche Haftungsbegrenzung in aller Regel nur bei höheren Mindestversicherungssummen gem. § 67a Abs. 1 Nr. 2 StBerG greift, für die der StB höhere Versicherungsprämien zahlt. Gleiches gilt im Fall der PartG mbB. Ein Gebührenausgleich, der dieses Haftungsrisiko berücksichtigt, erscheint deshalb angemessen.

D. Sonstige Gebührenbestimmungsfaktoren

Da es sich bei den 5 in § 11 StBVV genannten Gebührenbestimmungsfaktoren nur um eine beispielhafte Aufzählung handelt („v.a."), und der StB die Gebühr im Einzelfall unter Berücksichtigung „aller Umstände" bestimmen muss, kommen auch andere Umstände in Betracht. **217**

Ob die Höhe des Gebührenrahmens dadurch beeinflusst wird, dass die Leistung durch einen Berufsangehörigen oder durch einen **Mitarbeiter oder Gehilfen** bzw. Auszubildenden erbracht wird, ist streitig.[6] Grundsätzlich kann die Angemessenheit einer Gebühr oberhalb der Mindestgebühr nicht damit begründet werden, dass die Tätigkeit vom **StB selbst** und nicht von einem Mitarbeiter erledigt wurde. Das gilt insbesondere für ein Überschreiten der Mittelgebühr. Ein betriebsüblicher **Stundenverrechnungssatz** rechtfertigt ebenfalls nicht schon eine bestimmte (höhere) Gebühr. Dieser ist für die Begründung einer bestimmten Gebühr nur insoweit von Relevanz, als er Aufschluss über die Anzahl der angefallenen Stunden gibt. Nur die Anzahl der Stunden ist als Kriterium des § 11 StBVV (Umfang der Tätigkeit) maßgeblich, nicht jedoch der Stundenverrechnungssatz[7] oder **Kostendeckungsüberlegungen**.[8]

Beispiel:

Der StB rechnet die monatliche Buchführung für einen Gastronomiebetrieb mit der Höchstgebühr von 517,20 € ab und begründet dies damit, dass bei der betriebsüblichen Kalkulation von 80,00 € für einen Steuerfachangestellten die Monatsgebühr sogar 640,00 € betragen würde.

In diesen Fällen hilft nur eine Vergütungsvereinbarung nach § 4 Abs. 1 StBVV.

---

1) OLG Celle v. 23.8.2012, 16 U 8/12.
2) Z.B. im Rechtsbehelfs- und Klageverfahren → § 40 StBVV a.F. Rz. 642 und → § 45 StBVV Rz. 718.
3) So AG Moers v. 25.1.2012, 561 C 462/10.
4) → § 10 StBVV Rz. 197.
5) § 13 Satz 2 StBVV.
6) → § 13 StBVV Rz. 256.
7) AG Detmold v. 9.1.2017, 6 C 293/16; der StB hatte den Ansatz der Höchstgebühren für die Anfertigung der Einkommensteuererklärung und für die Ermittlung des Überschusses bei den Einkünften aus Kapitalvermögen mit dem von ihm kalkulierten Stundensatz gerechtfertigt.
8) AG Essen-Steele v. 31.10.2007, 8 C 331/06 zu § 34 Abs. 2 StBVV.

Wenn der StB auf Wunsch des Auftraggebers kurzfristig an Samstagen, Sonntagen oder Feiertagen oder an normalen Arbeitstagen **außerhalb der üblichen Arbeitszeit** tätig wird, kann dieser Umstand gebührenerhöhend berücksichtigt werden.[1] Auch wenn der StB unverschuldet unter besonderem „**Zeitdruck**" arbeiten muss (z.B. Unterstützung des Mandanten in der Corona-Krise) oder auf Wunsch des Mandanten „**Hausbesuche**" macht bzw. Mitarbeiter in das Unternehmen des Mandanten entsendet, ist eine Gebührenerhöhung gerechtfertigt. Im Anwaltsrecht werden darüber hinaus auch die **Bedrohung** des RA durch den Gegner und **Fälle mit besonderem öffentlichen Interesse** als weitere gebührenerhöhende Umstände genannt.[2]

Besondere **Zusatzqualifikationen** des StB, z.B. als RA, WP, Fachberater oder **spezielle Branchenkenntnisse** können sich im Einzelfall – insbesondere wenn es im konkreten Mandat auf die Qualifikation ankommt – gebührenerhöhend auswirken.[3] Die Qualifikation des StB ist für das Merkmal „Schwierigkeit" unerheblich. Gerade der besonders qualifizierte StB kann den Auftrag jedoch routiniert und damit für den Mandanten effektiv erledigen. Diese besondere Effektivität ist deshalb bei Satzrahmengebühren als weiterer ungeschriebener Gebührenbestimmungsfaktor zu berücksichtigen.[4] Auch die **Stellung** bzw. eine besondere **Reputation** ist im Anwaltsrecht als gebührenerhöhender Umstand anerkannt.[5]

218 Dagegen wirken sich folgende Umstände **nicht** auf die Höhe des Gebührenrahmens aus:

- Erhöhung der allgemeinen Geschäftskosten,[6]
- niedriger Gegenstandswert,[7]
- Mandatskündigung.[8]

E. Angemessene Gebühr

219 Der StB muss **für jede einzelne Angelegenheit** die angemessene Gebühr bestimmen. Innerhalb des Gebührenrahmens darf der StB auch Zwischenwerte ansetzen (z.B. 3,8/10). Ein nachträglicher Ausgleich zwischen zu hoch bemessenen und zu niedrig angesetzten Gebühren findet nicht statt.

Praxistipp:

Von „Mischkalkulationen" ist abzuraten. Setzt ein StB z.B. ohne besonderen Grund die Gebühr nach §§ 33 oder 24 StBVV am unteren Rand, die Gebühr nach § 35 StBVV oder §§ 25, 27 StBVV aber am oberen Rand des Gebührenrahmens fest, würden im Honorarprozess die zu hoch gegriffenen Gebühren auf das angemessene Maß herabgesetzt. Die zu niedrig angesetzten Gebühren blieben aber bestehen, da der StB sich insoweit mit der Wahl des Rahmensatzes gebunden hätte.[9]

I. Mittelgebühr als „Regelgebühr"

220 Den Begriff „Mittelgebühr" hat das Anwaltsgebührenrecht hervorgebracht. Es handelt sich hierbei nicht um eine in der StBVV selbst angesprochene Gebühr. Die

1) Lutje, KP 1997, 1, 2; Lotz in Eckert, 6. Aufl. 2017, § 11 StBVV Rz. 22.
2) Mayer in Gerold/Schmidt, 24. Aufl. 2019, § 14 RVG Rz. 40.
3) Mayer in Gerold/Schmidt, 24. Aufl. 2019, § 14 RVG Rz. 40 m.w.N.
4) Lotz in Eckert, 6. Aufl. 2017, § 11 StBVV Rz. 26.
5) Schneider in Schneider/Wolf, 8. Aufl. 2017, § 14 RVG Rz. 55.
6) Str., Lotz in Eckert, 6. Aufl. 2017, § 11 StBVV Rz. 27; Mittelsteiner/Scholz, 4. Aufl. 1998, § 11 StBGebV Rz. 5; differenzierend: Eggesiecker, 2. Aufl. 1998, § 11 STEUGO Rz. 11.430 ff.; a.A. ohne Begründung Lutje, KP 1997, 1.
7) LG Kiel v. 22.6.1994, 12 O 131/94, Stbg 1998, 171, 175; AG Mönchengladbach v. 8.12.2000, 36 C 1229/98.
8) Eggesiecker, 2. Aufl. 1998, § 11 STEUGO Rz. 11.560; Best, DSWR 1997, 235.
9) Mittelsteiner/Scholz, 4. Aufl. 1998, § 11 StBGebV Rz. 12.

Bezeichnung „Mittelgebühr“ steht für den mittleren Gebührensatz im Rahmen der von der StBVV vorgegebenen Gebührenspanne. Sie errechnet sich durch Addition der Mindest- und Höchstgebühr dividiert durch 2:

$$\text{Mittelgebühr} = \frac{\text{Mindestgebühr} + \text{Höchstgebühr}}{2}$$

Beispiel:

Die Mittelgebühr für die Erstellung einer Einkommensteuererklärung nach § 24 Abs. 1 Nr. 1 StBVV beträgt 3,5/10.

Ob die Mittelgebühr im Einzelfall angemessen ist oder nicht, kann nicht generell festgestellt werden, sondern ist nach den Umständen des Einzelfalls zu beurteilen. Eine Vermutung, dass die Mittelgebühr die „angemessene“ Gebühr ist, stellt die StBVV nicht auf. Gleichwohl orientieren sich Teile der Rechtsprechung an der Mittelgebühr und geben ihr damit eine Bedeutung, die ihr nach den Vorstellungen des Verordnungsgebers eigentlich nicht zukommen sollte.[1] Dies hat zur Folge, dass sich die Gerichte vielfach damit begnügen, eine von dem StB geltend gemachte höhere Gebühr bis zur Höhe der Mittelgebühr zurückzuführen, ohne zu prüfen, ob nicht auch die Mittelgebühr unangemessen hoch ist.[2] In der obergerichtlichen Rechtsprechung vertrat zunächst nur das OLG Hamm[3] eine engere Auffassung. Danach ist der StB grundsätzlich schon für ein Überschreiten der Mindestgebühr darlegungspflichtig, da auch für die Ermessensausübung i.R.d. § 11 StBVV der allgemeine Grundsatz gelte, dass der StB als Bestimmungsberechtigter i.S.d. § 315 BGB die Beweislast für die Billigkeit der getroffenen Bestimmung trage. Dieser Rechtsprechung folgen jetzt auch das OLG Düsseldorf[4] und einzelne Land- und Amtsgerichte.[5] Das OLG Hamm hat seine frühere Rechtsprechung aufgegeben und stellt jetzt auf die Mittelgebühr ab, wenn keine Anhaltspunkte dafür ersichtlich sind, dass die in Rechnung gestellten Leistungen nur unterdurchschnittlich schwierig waren.[6]

Nach beiden Auffassungen ist danach die Mittelgebühr gerechtfertigt, wenn es sich um eine Angelegenheit von durchschnittlicher Bedeutung und durchschnittlichem Umfang/Schwierigkeitsgrad handelt.[7]

II. Gerichtlich nicht überprüfbarer Ermessensspielraum (sog. Toleranzgrenze)

Nach der zum Anwaltsgebührenrecht entwickelten Rechtsprechung steht dem 221
Rechtsanwalt ein Ermessensspielraum bei der Bestimmung der angemessenen

1) Vgl. OLG Frankfurt a.M. v. 5.10.2018, 8 U 203/17, Stbg 2018, 521 m. Anm. Beyme; OLG Hamm v. 26.11.2013, 25 U 5/13, DStR 2014, 2151 und insbesondere die ältere Rspr. des OLG Düsseldorf v. 9.5.1985, 18 U 257/84, GI 1985, 24; OLG Düsseldorf v. 14.12.1988, 13 U 241/88, besprochen von Maxl, Stbg 1989, 127; OLG Düsseldorf v. 31.10.1990, 18 U 113/90, StB 1991, 103; OLG Köln v. 19.9.1990, 2 U 31/90, StB 1990, 381; vgl. auch BGH v. 16.1.1969, VII ZR 66/66, NJW 1969, 932, 933, der es als unbedenklich angesehen hatte, dass der Tatrichter von der Mittelgebühr ausgegangen war; s. auch Gilgan, StB 2004, 266 f.

2) Z.B. OLG Düsseldorf v. 26.3.1998, 13 U 63/97, GI 1999, 196 f.

3) OLG Hamm v. 14.7.1989, 25 O 22/88, WPK-Mitt. 1989, 135; OLG Hamm v. 19.8.1998, 25 U 42/98, DStRE 1999, 895.

4) OLG Düsseldorf v. 8.4.2005, I-23 U 190/04, GI 2005, 125, 128 m.w.N.

5) LG Düsseldorf v. 11.8.2006, 20 S 32/06, Stbg 2007, 139; LG Duisburg v. 28.6.2007, 7 S 247/06, DStR 2007, 2035; AG Borbeck v. 8.10.2002, 6 C 353/00, GI 2003, 102; AG Brandenburg v. 1.7.2003, 32 C 665/99, GI 2004, 27, 30; AG Wuppertal v. 2.11.2005, 39 C 194/05; AG Geldern v. 16.9.2005, 14 C 100/04.

6) OLG Hamm v. 26.11.2013, 25 U 5/13, DStR 2014, 2151; ebenso OLG Frankfurt a.M. v. 5.10.2018, 8 U 203/17, Stbg 2018, 521 m. Anm. Beyme.

7) So auch BGH v. 6.7.2000, IX ZR 210/99, DStR 2000, 1785 f.

Gebühr zu, der gerichtlich nicht überprüfbar ist. Dieser Toleranzbereich bezieht sich nicht auf den Gebührenrahmen, sondern auf die vom Rechtsanwalt nach seinem Ermessen festgesetzte Gebühr.[1] Die so festgesetzte Gebühr ist nur dann nicht verbindlich, wenn sie „unbillig" ist, § 14 Abs. 1 Satz 4 RVG.[2] Daraus resultiert die „Toleranz-Rechtsprechung" für Rechtsanwälte.[3] Wird danach eine Gebühr, die sich innerhalb des Toleranzbereichs bewegt, zur gerichtlichen Prüfung gestellt, dürfen die Gerichte die Gebühr nicht so festsetzen, wie sie sie für absolut richtig halten. Da die Gebührenbemessung von zahlreichen Faktoren abhängt, die dem Ermessen des Festsetzenden unterliegen, lässt sich ohnehin nicht exakt feststellen, welche Höhe die absolut und einzig richtige ist. Das Gericht darf deshalb sein Ermessen so lange nicht an die Stelle des Berufsangehörigen setzen, wie dieser von seinem Gebührenbestimmungsrecht nicht unbillig Gebrauch gemacht hat. Eine Unbilligkeit der vom Rechtsanwalt festgesetzten Gebühr wird überwiegend erst dann angenommen, wenn die berechnete Gebühr die angemessene Gebühr um 20 % (Toleranzgrenze) und mehr übersteigt.[4] Wird diese Toleranzgrenze überschritten, so ist die anwaltliche Bestimmung unbillig und damit völlig unverbindlich. Das Gericht setzt die Gebühr dann nicht herab, sondern vollständig neu fest, wobei es seinen eigenen Maßstab anlegen darf und nicht etwa gezwungen ist, den höchsten gerade noch nicht unbilligen Betrag anzunehmen.[5]

Ausnahme: Bei der sog. **Schwellengebühr**, die die StBVV nur in § 40 Abs. 1 a.F. kennt, gibt es nach der BGH-Rechtsprechung **keinen Toleranzspielraum**.[6]

222 Die anfangs nur in Einzelfällen zu beobachtende Bereitschaft einzelner Amts- und Landgerichte, dem StB ebenfalls einen gerichtlich nicht überprüfbaren Ermessensspielraum von 20 % bei der Bestimmung der angemessenen Gebühr einzuräumen, setzte sich zunehmend durch und wird auch heute in der Rechtsprechung noch vertreten.[7] Die Gebührenbestimmung des StB muss sich an der Billigkeit ausrichten, § 315 Abs. 3 Satz 1 BGB. Aus diesem Grunde lässt sich die Toleranz-Rechtsprechung des BGH zum Anwaltsrecht ohne weiteres auch auf StB übertragen. Dabei wird z.T. ausdrücklich auf die jüngste BGH-Rechtsprechung zum Anwaltsrecht abgestellt, mit der Folge, dass im Falle eines Überschreitens der Toleranzgrenze von einer völlig unverbindlichen Gebührenbestimmung auszugehen ist, die das Gericht zu einer Neufestsetzung der Gebühr ohne Berücksichtigung einer Toleranzgrenze berechtigt.[8]

1) Onderka in Schneider/Wolf, 8. Aufl. 2017, § 14 RVG Rz. 79.
2) Vgl. auch § 11 Abs. 1 Satz 4 StBVV.
3) BGH v. 5.2.2013, VI ZR 195/12; Goez, KP 2015, 119.
4) BGH v. 5.2.2013, VI ZR 195/12 und v. 8.5.2012, VI ZR 273/11, BRAK-Mitt 2012, 190; weitere Nachweise bei Mayer in Gerold/Schmidt, 23. Aufl.2017, § 14 RVG Rz. 12.
5) Onderka in Schneider/Wolf, 8. Aufl. 2017, § 14 RVG Rz. 88.
6) → § 40 StBVV a.F. Rz. 650; Mayer in Gerold/Schmidt, 24. Aufl. 2019, § 14 RVG Rz. 12a.
7) OVG Bautzen v. 20.11.2018, 5 E 18/18, DStR 2019, 1431 mit Anm. Raab; LG Bielefeld v. 29.3.2017, 3 O 44/12; LG Düsseldorf v. 25.6.2015, 16 O 250/11; LG Bremen v. 27.5.1987, 1 O 545/86; LG Duisburg v. 11.8.1994, 9 O 492/91, Stbg 1996, 214; LG Duisburg v. 4.8.2000, 10 O 57/98, GI 2001, 254; LG Duisburg v. 8.2.2001, 8 O 359/99; LG Duisburg v. 5.11.2007, 2 O 46/05; AG Essen v. 28.9.1995, 17 C 58/95; AG Essen v. 17.5.2001, 131 C 140/99; AG Essen-Steele v. 31.10.2007, 8 C 331/06; AG Krefeld v. 1.7.1996, 7 C 1062/95; AG Krefeld v. 16.1.1997, 4 C 397/95; AG Frankfurt/M. v. 25.9.1998, 31 C 1375/97, StB 1999, 350; LG Kleve v. 8.3.2000, 2 O 463/98; LG Essen v. 5.1.2000, 44 O 156/98; AG Solingen v. 12.1.2000, 12 C 208/98; AG Neuss v. 13.3.2002, 40 C 2666/00; für eine Toleranzgrenze von bis zu 30 % sogar: LG Potsdam v. 6.12.2008, 24 Qs 113/08 zu § 14 RVG; a.A. OLG Frankfurt a.M. v. 5.10.2018, 8 U 203/17, Stbg 2018, 521 m. Anm. Beyme; OLG Hamm v. 26.11.2013, 25 U 5/13, DStR 2014, 2151; OLG Düsseldorf v. 11.2.2008, I-24 U 104/07, GI 2009, 54, 57.
8) OVG Bautzen v. 20.11.2018, 5 E 18/18, DStR 2019, 1431 mit Anm. Raab; OLG Frankfurt a.M. v. 3.1.2017, 4 U 117/16; LG Düsseldorf v. 25.6.2015, 16 O 250/11; LG Duisburg v.21.8.2015, 10 O 89/15; Klaeren, KANZLEI intern 09/2015, 2.

Beispiel:

Für die Buchführung nach § 33 Abs. 1 StBVV hat der StB monatlich die Höchstgebühr von 12/10 abgerechnet. Er macht seine Honorarforderung klageweise geltend, da der Mandant nicht zahlt. Nach Einholung eines Sachverständigengutachtens kommt das Gericht zu dem Ergebnis, dass lediglich die Mittelgebühr von 7/10 angemessen ist. Die Bestimmung des StB ist somit unbillig. Maßgebend ist die Mittelgebühr und nicht etwa eine um 20 % erhöhte Mittelgebühr.

Demgegenüber geht das LG Düsseldorf[1] von einem falschen Verständnis der Toleranzgrenze aus, wenn es dem StB statt der geltend gemachten Höchstgebühr von 20/10 nach § 25 Abs. 1 StBVV nicht nur die vom Sachverständigen für angemessen gehaltene Mittelgebühr von 12,5/10, sondern zusätzlich noch 20%, also 15/10 zubilligt.

Die Rechtsprechung zur **Toleranzgrenze** lässt sich auch auf die **Zeitgebühr** übertragen, da es sich hierbei ebenfalls um eine Rahmengebühr handelt. Da das Anwaltsrecht keine Zeitgebühr kennt, gibt es hierzu naturgemäß keine anwaltliche Rechtsprechung. In einer Steuerberatersache haben das LG Bielefeld[2] und das AG Düsseldorf[3] die Rechtsprechung zur Toleranzgrenze auf die Zeitgebühr nach § 28 StBVV angewendet.

Beispiel:[4]

Der StB hatte für die Prüfung eines Steuerbescheides unter Bezugnahme auf §§ 28, 13 Satz 1 Nr. 1 und 2 StBVV eine Gebühr i.H.v. 49,98 € abgerechnet und gemeinsam mit weiteren Positionen vor Gericht eingeklagt. Der vom Gericht beauftragte Sachverständige hielt eine Gebühr i.H.v. 47,01 € für angemessen. Da sich die vom StB abgerechnete Gebühr innerhalb der Toleranzgrenze von 20% hielt, sprach das AG Düsseldorf dem StB die Gebühr i.H.v. 49,98 € zu.

Andererseits gibt es auch immer wieder Gerichtsentscheidungen, in denen eine sol- 223
che Toleranzgrenze versagt wird.[5] Gleichwohl sollte der StB gegenüber dem Gericht im Rahmen eines Honorarprozesses vorsorglich auf den ihm zustehenden Ermessensspielraum hinweisen.

III. Darlegungs- und Beweislast

Orientiert man sich für den „Durchschnittsfall" auch weiterhin an der Mittelgebühr, 224
obliegt dem Auftraggeber die Darlegungslast, wenn er die Mittelgebühr für übersetzt hält. Andererseits muss der StB, wenn er eine höhere als die Mittelgebühr verlangt, im Bestreitensfalle erläutern, dass eine Überschreitung wegen der in § 11 StBVV benannten Gebührenbestimmungsfaktoren oder wegen unbenannter Gebührenbestimmungsfaktoren angemessen ist. An diese Darlegungslast stellt die Rechtsprechung strenge Anforderungen. Die Darlegung der konkreten Gebühr durch den StB darf sich nicht auf die Aussage beschränken, dass bei einer insgesamt durchschnittlichen Angelegenheit allein auf Grund des Toleranzbereichs eine um 20% über der Mittelgebühr liegende Gebühr verlangt werden könne. Dies wäre eine Überschreitung des dem StB eingeräumten Ermessensspielraums, da der Tole-

1) LG Düsseldorf v. 11.7.2016, 5 O 518/16 mit zustimmenden Anmerkungen Wacker, KANZLEI intern 01_2017, 3.
2) LG Bielefeld v. 29.3.2017, 3 O 44/12.
3) AG Düsseldorf v. 27.4.2017, 47 C 17868/14.
4) AG Düsseldorf v. 27.4.2017, 47 C 17868/14.
5) So beanstandete das OLG Düsseldorf mit Urteil v. 25.4.1996, 13 U 81/95, GI 1996, 269, dass der StB die Anhebung der Gebühr für die Erstellung der Einkommensteuererklärung von 3,5/10 auf 4/10 nicht begründet hatte; in diesem Sinne auch OLG Frankfurt a.M. v. 5.10.2018, 8 U 203/17, Stbg 2018, 521 m. Anm. Beyme; OLG Hamm v. 26.11.2013, 25 U 5/13, DStR 2014, 2151; LG Düsseldorf v. 19.8.2014, 1 O 497/11; AG Geldern v. 16.9.2005, 14 C 100/04; AG Neuss v. 23.6.2004, 80 C 6487/01; AG Wuppertal v. 2.11.2005, 39 C 194/05.

ranzbereich lediglich die Gebührenbestimmung schützt und nicht als gebührenerhöhendes Bewertungskriterium herangezogen werden darf.[1] Nach der neueren Rechtsprechung[2] trägt der StB sogar die uneingeschränkt die Darlegungs- und Beweislast für jede die Mindestgebühr übersteigende Gebührenforderung. Hierzu genügt es nicht, im Prozess die Beauftragung eines Sachverständigen zur Ermittlung der Angemessenheit der Gebühr anzubieten; dies liefe auf einen unzulässigen Ausforschungsbeweis hinaus. Der Berater muss vielmehr konkret (und nicht nur pauschal) vortragen, welche Tätigkeiten er entfaltet hat, die eine höhere Gebühr angemessen erscheinen lassen.[3] Fordert der StB vor Gericht mehr als die Mittelgebühr und bietet zu Beweiszwecken für die die Einholung eines Sachverständigengutachtens an, ohne den hierfür geforderten Kostenvorschuss zu zahlen, muss er damit rechnen, dass das Gericht in Ermangelung eigener Sachkunde nur die Mindestgebühr zubilligt[4] Gelegentlich kann es vorkommen, dass ein Gericht von der Einholung eines Sachverständigengutachtens zur Angemessenheit der Gebühr absieht und den Gebührensatz selbst nach Billigkeitsgesichtspunkten festlegt.[5]

Praxistipp:

Nicht nur der StB, der mehr als die Mittelgebühr fordert, sondern jeder StB, der keine Honorarvereinbarung getroffen hat und die Mindestgebühr überschreitet, sollte rechtzeitig dafür sorgen, dass sich ausreichendes Dokumentationsmaterial in seiner Handakte befindet, mit dem er in einem Gebührenprozess die Umstände darlegen und notfalls beweisen kann, die seine Gebührenbestimmung rechtfertigen. Da der StB beweispflichtig ist, muss er den Kostenvorschuss für die Einholung eines Sachverständigengutachtens bezahlen, wenn er nicht auf die Mindestgebühr verwiesen werden will.

An einen einmal gewählten Zehntelsatz ist der StB **nicht** für alle Zeit **gebunden**, da sich die Verhältnisse ändern können. Insbesondere gibt es keine Vermutung dafür, dass ein Abweichen von früheren Ansätzen zu unbilligen Ergebnissen führt.[6] Die Beweislast für die Angemessenheit der erhöhten Gebühr trifft den StB.

IV. Ersetzung der Gebühr durch einen Dritten (Satz 4)

225 Die Vorschrift entspricht § 14 Abs. 1 Satz 4 RVG und hat m.E. keinen eigenen Anwendungsbereich, da sie nur nach Durchführung eines gerichtlichen Verfahrens zum Tragen kommen kann und über § 45 StBVV dann die Regelung des § 14 Abs. 1 Satz 4 RVG einschlägig ist. Soweit ein Dritter die Gebühr ersetzen muss, ist die vom StB getroffene Bestimmung nicht verbindlich, wenn sie unbillig ist. Dritte sind Beteiligte, die auf Grund einer Kostenentscheidung einem anderen dessen Gebühren und Auslagen zu erstatten haben, z.B. das im Finanzgerichtsprozess unterlegene Finanzamt.[7] Im Rahmen des Kostenfestsetzungsverfahrens muss die Unbilligkeit einer Rahmengebühr nach der Rechtsprechung des BGH vom erstattungspflichtigen Dritten dargelegt und bewiesen werden.[8] Der BGH geht davon aus, dass die Billigkeit der Gebührenbestimmung in Erstattungsfällen kein anspruchsbegründendes

1) → Rz. 222; OLG Frankfurt v. 5.10.2018, 8 U 203/17, Stbg 2018, 521; Klaeren, KANZLEI intern 03_2019, 2; Onderka in Schneider/Wolf, 8. Aufl. 2017, § 14 RVG Rz. 87.
2) → § 11 StBVV Rz. 220.
3) OLG Frankfurt v. 5.10.2018, 8 U 203/17, Stbg 2018, 521; LG Duisburg v. 28.6.2007, 7 S 247/06, DStR 2007, 2035; LG Hagen v. 28.8.2013, 10 S 1/13; Raab, DStR 2019, 1432; Klaeren, KANZLEI intern 03_2019, 2.
4) So AG Detmold v. 14.10.2016, 7 C 108/15. Der StB hatte eine 10/10-Gebühr nach § 33 Abs. 1 StBVV gefordert. Zugesprochen wurde die Mindestgebühr von 2/10.
5) So AG Kassel v. 4.10.2012, 435 C 739/12, besprochen von Wacker, KANZLEI intern 5_2018, 2. In entsprechender Anwendung des § 315 Abs. 3 Satz 2 BGB legte das Gericht die Mittelgebühr von 12,5/10 im Fall des § 25 Abs. 1 StBVV zu Grunde.
6) LG Berlin v. 12.3.2013, 15 O 268/12.
7) § 139 FGO; → § 45 StBVV Rz. 728 ff.
8) BGH v. 20.1.2011, V ZB 216/10, ASR 2011, 211.

Merkmal ist, sondern der Dritte die Unbilligkeit der Rahmengebühr vortragen muss. Tut er dies nicht, muss der Rechtspfleger/Urkundsbeamte die beantragte Gebühr festsetzen. Er hat nach BGH kein eigenes Prüfungsrecht und kann deshalb auch eine beantragte Höchstgebühr nicht kürzen, wenn er diese für unbillig hält. Ob die Finanzgerichte dem BGH insoweit folgen werden, bleibt abzuwarten. Es entspricht bislang allgemeiner Auffassung, dass die Frage der Billigkeit einer Gebührenbestimmung nicht zur Disposition der Parteien des Kostenfestsetzungsverfahrens steht, sondern vom Rechtspfleger bzw. Urkundsbeamten zu entscheiden ist.[1] Die Frage ist für StB nur von geringer Relevanz. Speziell nach Durchführung eines finanzgerichtlichen Klageverfahrens kann sich die Frage der Billigkeit allenfalls bei der Festsetzung der Gebühren des Einspruchsverfahrens stellen, da nur dort eine Rahmengebühr vorgesehen ist.[2] Die Gebühren des finanzgerichtlichen Klageverfahrens sind hingegen feste Gebühren.

V. Rechtsprechung zur Gebührenhöhe

Nachstehend einige Entscheidungen zur Angemessenheit der Gebühr: 226

- Die Mittelgebühr bei Bilanzierungsarbeiten wurde von der Rechtsprechung in einem Fall für angemessen gehalten, in dem der StB die von einem anderen StB erstellte Bilanz „nur" zu überprüfen und ggf. Umbuchungen vorzunehmen hatte,[3] ferner auch in einem Fall, in dem der StB die Buchführung selbst gefertigt hatte.[4]
- Für das erstmalige Erstellen der Einkommensteuererklärung einschließlich der Anlage FW, als auch für die entsprechende Anfertigung in den Folgejahren sowie die Prüfung von Steuerbescheiden billigte das AG Neuss[5] dem Berater die Höchstgebühren zu.
- Für die Erstellung einer Vermögensteuererklärung bei einem steuerpflichtigen Einkommen zwischen 1,5 Mio. DM und 2,1 Mio. DM, also umgerechnet zwischen 766 937,82 € und 1 073 712,90 €, und einem Arbeitsaufwand von 5–6 Std. wurde die geforderte 4/20-Gebühr zugebilligt.[6]
- Für die Umstellung der Mandantenbuchführung auf ein neues System sah das OLG Saarbrücken[7] wegen schwieriger Abstimmungsprobleme einen Stundensatz von 140 DM, umgerechnet 71,58 €, als angemessen an.
- Die Aufstellung einer Eröffnungsbilanz, die Erstellung des Jahresabschlusses und das Fertigen der Körperschaftsteuer- und Gewerbesteuererklärung für eine GmbH sind erfahrungsgemäß stets mit zumindest durchschnittlichem Arbeitsumfang und Schwierigkeitsgrad verbunden, so dass Mittelgebühren in Ansatz gebracht werden dürfen.[8]
- Eine erheblich überdurchschnittliche Anzahl von Buchungen (ca. 600 monatlich) und der durch eine „Offene-Posten-Buchführung" entstehende zeitliche Mehraufwand rechtfertigt nach LG Osnabrück den Ansatz der Höchstgebühr nach § 33 Abs. 1 StBVV.[9]

1) Mayer in Gerold/Schmidt, 24. Aufl. 2019, § 14 RVG Rz. 7 f.
2) § 40 StBVV i.V.m. Nr. 2300 VV RVG.
3) OLG Düsseldorf v. 31.10.1990, 18 U 109/90, GI 1992, 89.
4) OLG Düsseldorf v. 7.1.1993, 13 U 83/92, GI 1993, 342.
5) AG Neuss v. 15.5.1998, 31 C 257/96, INF 1998, 544.
6) AG Düsseldorf v. 9.4.2001, 17803/00.
7) OLG Saarbrücken v. 23.4.1997, 1 U 759/96, INF 1998, 703.
8) LG Saarbrücken v. 8.1.2004, 2 S 304/01.
9) LG Osnabrück v. 6.2.2007, 4 O 113/05, DStR 2007, 739.

- Die Aufstellung einer Eröffnungsbilanz für eine Kapitalgesellschaft (Bargründung einer GmbH ohne jede Besonderheit) rechtfertigt den Ansatz der Mittelgebühr. Zusätzlich ist dem StB ein Ermessensspielraum von 20 % zuzubilligen.[1)]
- Für die Erstellung der EÜR eines hauptberuflich tätigen Arztes oder Rechtsanwalts kommt auf Grund der Schwierigkeit der Tätigkeit von vornherein nur der Ansatz einer Gebühr von 15/10 bis 20/10 gem. § 25 Abs. 1 StBVV in Betracht. Für die Erstellung der Umsatzsteuerjahreserklärung eines hauptberuflich tätigen Rechtsanwalts ist – trotz nur durchschnittlicher Bedeutung – bei einem überdurchschnittlichen inhaltlichen und zeitlichen Aufwand ein Gebührensatz von 5/10 nach § 24 Abs. 1 Nr. 8 StBVV angemessen.[2)]
- Ein einziger Umstand nach § 11 StBVV (hier der Umfang der Tätigkeit) reicht i.d.R. nicht, um den Ansatz der Höchstgebühr (hier für die Anfertigung der Einkommensteuererklärung und die Ermittlung des Überschusses bei den Einkünften aus Kapitalvermögen) zu begründen. Hat der Mandant in einem solchen Fall mehrere Jahre die Höchstgebühren bezahlt, steht ihm ein Rückforderungsanspruch zu.[3)]
- Wird der StB erstmals mit der Einspruchseinlegung gegen einen Haftungsbescheid beauftragt, kann dies die Höchstgebühr von 20/10 nach § 40 Abs. 1 StBVV rechtfertigen.[4)] Im konkreten Fall wurden ca. 16–19 Arbeitsstunden aufgewendet. Diese Stundenzahl war für das Gericht im Hinblick auf die Einarbeitung in den neuen Sachverhalt, die Besprechung der Angelegenheit, die Literatur- und Rechtsprechungsrecherche sowie einen Ortstermin ohne weiteres plausibel. Nach Ansicht des Gerichts handelte es sich nicht um ein Alltagsgeschäft, sondern um eine schwierige und anspruchsvolle Materie.
- Die vom StB abgerechnete Mittelgebühr von 9/20 nach § 24 Abs. 1 Nr. 11 StBVV für die Anfertigung einer Feststellungserklärung im Rahmen einer Erbschaftsteuererklärung wurde als angemessen angesehen.[5)] Die Grundstücksbewertung (vier Grundstücke und ein Miteigentumsanteil) hatte einen erheblichen Teil der Tätigkeit des StB ausgemacht. Hinzu kamen ein erhöhter Informationsfluss und Kommunikationsaufwand mit dem Mandanten.[6)]
- Das Kindergeldrecht stellt keine generell besonders schwierige Rechtsmaterie dar. Es handelt sich vielmehr um ein Massenverfahren mit im Regelfall überschaubaren Rechtsproblemen; deshalb ist im Regelfall keine höhere als die Mittelgebühr gerechtfertigt.[7)]

---

1) AG Düsseldorf v. 25.9.2007, 48 C 10774/03.
2) LG Detmold v. 20.4.2016, 10 S 44/15, DStRE 2017, 895.
3) AG Detmold v. 9.1.2017, 6 C 293/16, besprochen von Wacker, KANZLEI intern 06_2017, 2.
4) AG Dülmen v. 6.2.2018, 3 C 33/17.
5) AG Düsseldorf v. 14.8.2018, 37 C 79/18.
6) → § 24 StBVV Rz. 413.
7) FG Köln v. 20.12.2018, 2 Ko 2385/18.

§ 12
Abgeltungsbereich der Gebühren

(1) Die Gebühren entgelten, soweit diese Verordnung nichts anderes bestimmt, die gesamte Tätigkeit des Steuerberaters vom Auftrag bis zur Erledigung der Angelegenheit.

(2) Der Steuerberater kann die Gebühren in derselben Angelegenheit nur einmal fordern.

(3) Sind für Teile des Gegenstandes verschiedene Gebührensätze anzuwenden, so erhält der Steuerberater für die Teile gesondert berechnete Gebühren, jedoch nicht mehr als die aus dem Gesamtbetrag der Wertteile nach dem höchsten Gebührensatz berechneten Gebühr.

(4) Auf bereits entstandene Gebühren ist es, soweit diese Verordnung nichts anderes bestimmt, ohne Einfluss, wenn sich die Angelegenheit vorzeitig erledigt oder der Auftrag endigt, bevor die Angelegenheit erledigt ist.

(5) [1]Wird der Steuerberater, nachdem er in einer Angelegenheit tätig geworden war, beauftragt, in derselben Angelegenheit weiter tätig zu werden, so erhält er nicht mehr an Gebühren, als er erhalten würde, wenn er von vornherein hiermit beauftragt worden wäre. [2]Ist der frühere Auftrag seit mehr als zwei Kalenderjahren erledigt, gilt die weitere Tätigkeit als neue Angelegenheit.

(6) Ist der Steuerberater nur mit einzelnen Handlungen beauftragt, so erhält er nicht mehr an Gebühren, als der mit der gesamten Angelegenheit beauftragte Steuerberater für die gleiche Tätigkeit erhalten würde.

Inhalt

Schrifttum

Baumert, Anwaltlicher Vergütungsanspruch – Die verschuldensunabhängige Kündigung des Mandats bei Filterfunktion des Rechtsanwalts, MDR 2017, 1337; **Beyme,** Aufwand für Konvertierung von Daten abrechnen, Honorargestaltung für Steuerberater Juli 2020, 8; **Eckert,** Die erste Rechtsprechung zum Steuerberatungsgebührenrecht, DStR 1987, 408; **Feiter,** FAQ zu den Pflichten und Rechten des Steuerberaters bei Mandatsbeendigung und Mandatswechsel, KANZLEI intern 11_2018, 2; **Feiter,** Steuerberater muss Mandanten trotz Zurückbehaltungsrecht die Möglichkeit verschaffen, Kopien von Belegen zu fertigen, KANZLEI intern 01/2015, 4; **Feiter,** Kündigung schriftlicher Steuerberatungsverträge: Auf diese Rechtsfolgen muss der Steuerberater achten, KP 2000, 133; **Goez,** Vergütung oder Schadensersatz bei vertragswidrig beendetem Mandat? KP 2016, 88; **Goez** Vorsicht bei umfangreichen Berichtigungsarbeiten: Arbeitsaufwand angemessen honorieren lassen, KP 2014, 155; **Henssler,** Der (Teil-)Vergütungsanspruch des Rechtsanwalts im Falle vorzeitiger Mandatsbeendigung im Normgefüge des § 628 BGB, NJW 2005, 1; **Klaeren,** Abrechnung von Nacharbeiten, KANZLEI intern 04/2016, 6; **Lahmann,** Die Besprechungsgebühr nach § 31 StBGebV – die verkannte Gebühr?, DStR 2008, 2337; **Lutje,** Können Übergabearbeiten infolge Mandatswechsel gesondert abgerechnet werden?, KP 1998, 7; **Mayer,** Entwicklungen zur Rechtsanwaltsvergütung 2014, NJW 2015, 1647; **Meyer,** Beanstandungen und Rückfragen der Finanzverwaltung bei Jahresabschlüssen und Steuererklärungen, KP 2003, 148; **Schwamberger,** Rückfragen des Finanzamts zu Steuererklärungen: Wie kann dieser Aufwand berechnet werden?, KP 2015, 6.

A. Inhalt und Bedeutung

227 § 12 StBVV ist der Vorschrift des § 15 RVG (zuvor: § 13 BRAGO) nachgebildet und regelt im Wesentlichen den „Pauschcharakter" der Gebühr, d.h. die Abgeltung aller in einer „Angelegenheit" zusammengefassten Einzeltätigkeiten mit einer einheitlichen Gebühr. Dieser **Pauschcharakter,** der insbesondere in den Abs. 1, 2 und 4 der Vorschrift zum Ausdruck kommt, hat nichts mit einer „Pauschalvergütung" nach § 14 StBVV zu tun. Letztere bezeichnet die Zusammenfassung „mehrerer Angelegenheiten", für die ein pauschales Entgelt in Textform vereinbart werden kann.

Auch die Abs. 5 und 6 der Vorschrift dienen der Einmalhonorierung der jeweiligen Angelegenheit. Gleichzeitig haben sie – wie Abs. 3, der eine Ergänzung zu § 10 Abs. 2 StBVV darstellt – die Funktion einer Gebührendämpfung.

B. Abgeltungsbereich (Abs. 1)

228 Grundsätzlich entgelten die Gebühren die gesamte Tätigkeit vom Auftrag bis zur Erledigung der einzelnen Angelegenheit. Entgegen dem Wortlaut ist für die **Entstehung der Gebühr** aber nicht die Auftragserteilung als solche, sondern die Aufnahme der ersten Tätigkeit maßgeblich. Dies ergibt sich aus der amtlichen Begründung der Vorschrift, wo es heißt: „Eine Gebühr ist entstanden, sobald der StB auf Grund des Auftrages irgendeine Tätigkeit vorgenommen hat."[1] In aller Regel werden allerdings Auftragserteilung und erste Tätigkeit zeitlich zusammenfallen, etwa wenn der StB im Rahmen eines ersten Mandantengesprächs Informationen entgegennimmt oder ihm zur Prüfung vorgelegte Unterlagen sichtet. Entfaltet der StB also schon während des ersten Gesprächs beratende Tätigkeiten, löst dies regelmäßig auch eine Gebühr aus. Kommt es nicht zu der Erteilung eines Auftrags, sondern bleibt es bei einem **Anbahnungsgespräch,** ohne dass schon über konkrete Maßnahmen oder steuerliche Probleme gesprochen wurde, ist eine Gebühr noch nicht entstanden.[2]

229 Hinsichtlich des Begriffs der **Angelegenheit** wird auf die Ausführungen unter → § 10 StBVV Rz. 204 f. verwiesen. Der angelegenheitsbezogene Pauschcharakter der Gebühr bedeutet, dass für alle die der jeweiligen Angelegenheit zuzuordnenden Einzeltätigkeiten keine weiteren, zusätzlichen Gebühren gefordert werden können, unabhängig von der Schwierigkeit oder dem Aufwand für die konkreten Tätigkeiten. Diese Umstände spielen nur für die Bemessung des Rahmensatzes (§ 11 StBVV) eine Rolle. Deshalb ist ein Antrag auf **Akteneinsicht** ebenso wie die Akteneinsicht selbst nicht gesondert abrechenbar, da es sich jeweils um Vorbereitungstätigkeiten handelt, die mit der Gebühr abgegolten sind.[3] Wird der Antrag im Rahmen eines

1) Abgedruckt bei Eckert, 4. Aufl. 2003, zu § 12 StBGebV.

2) → § 21 StBVV Rz. 336.

3) Müller-Rabe in Gerold/Schmidt, 24. Aufl. 2019, § 19 RVG Rz. 19 f.

außergerichtlichen Rechtsbehelfsverfahrens gestellt, kann der Mehraufwand aber bei der Wahl des Gebührensatzes des § 40 StBVV i.V.m. Nr. 2300 VV RVG gebührenerhöhend berücksichtigt werden. Gleiches gilt für einen Antrag auf Akteneinsicht außerhalb eines Rechtsbehelfsverfahrens. Dem Antrag wird ein entsprechender Auftrag des Mandanten zu Grunde liegen. Der StB wird dem Mandanten nach erfolgter Akteneinsicht eine Auskunft oder einen Rat erteilen, so dass der Mehraufwand durch die Akteneinsicht bei der Bemessung der Gebühr nach § 21 Abs. 1 Satz 1 StBVV berücksichtigt werden kann. Nur dann, wenn die Akteneinsicht im Rahmen eines (finanzgerichtlichen) Klageverfahrens erfolgt, ist eine Gebührenerhöhung nicht möglich, da es sich bei den Gebühren im Klageverfahren um feste Gebühren handelt. Der Aufwand im Zusammenhang mit der Akteneinsicht ist deshalb von der Verfahrensgebühr nach Nr. 3200 VV RVG mit abgegolten.

Praxistipp:

Die Aktenversendungspauschale nach Nr. 9300 KV-GKG beträgt 12 €. Kostenschuldner der Aktenversendungspauschale ist der StB.[1] Die Kosten kann er als Auslagenersatz von seinem Mandanten erstattet bekommen, § 45 StBVV i.V.m. Vorbem. 7 Abs. 1 Satz 2 VV-RVG i.V.m. §§ 675, 670 BGB.[2]

Eine gesonderte Abrechnung von **Vorarbeiten** ist nur dann möglich, wenn die StBVV dies ausdrücklich vorsieht, wie z.B. in den §§ 25 Abs. 2, 27 Abs. 3, 35 Abs. 3 und 39 Abs. 3 StBVV. Wegen des Ausnahmecharakters dieser Vorschriften ist der Ansatz einer Zeitgebühr für Vorarbeiten in anderen Fällen – ohne wirksame Vereinbarung – nicht möglich.[3] 230

Beispiele:

Für Vorarbeiten („Sortieren, Abstimmen, Bankkonten, Korrespondenz") im Zusammenhang mit der Erstellung einer Einkommensteuererklärung steht dem StB keine Zeitgebühr zu.[4]

Wegen des Pauschcharakters der Gebühr sind grundsätzlich auch **Nacharbeiten** des StB nicht separat abrechenbar. Zu denken ist hier insbesondere an die Beantwortung von Rückfragen des Finanzamtes oder des Auftraggebers bzw. des Nachfolgeberaters nach Abgabe der Steuererklärungen oder die Überarbeitung eines Jahresabschlusses.[5] Liegt ein entsprechender Auftrag vor, kann der Berater zusätzlichen Aufwand durch eine Erhöhung des Rahmensatzes bei der späteren Berechnung berücksichtigen. Hat er seine Leistungen unmittelbar nach Abgabe der Erklärungen abgerechnet und ergibt sich erst später die Notwendigkeit, bestimmte Nacharbeiten vorzunehmen, kann er für die bisherige Rechnung eine Storno-Rechnung erteilen und die frühere Rechnung durch eine andere Rechnung ersetzen, die den zusätzlichen Aufwand durch die Wahl eines höheren Rahmensatzes berücksichtigt.[6] Denkbar ist auch eine nochmalige, sinngemäße[7] Anwendung der Vorschriften der StBVV[8] für umfangreiche Berichtigungsarbeiten, die der StB nicht zu vertreten hat. Ggf. kann auf die Zeitgebühr ausgewichen werden, wenn sich für die Nacharbeiten kein Gegenstandswert ermitteln lässt. Dann sollte wie folgt zitiert werden: Ermächtigungsgrundlage[9] i.V.m. § 13 Satz 1 Nr. 2 StBVV. Eine isolierte Abrechnung nach 231

1) § 28 Abs. 2 GKG.
2) LG Düsseldorf v. 3.4.2018, 1 AR 12/18, NJW-Spezial 2018, 413.
3) → § 24 StBVV Rz. 395; → § 25 StBVV Rz. 438 und → § 33 StBVV Rz. 524 a.E. und → § 33 StBVV Rz. 541.
4) AG Kempen v. 18.3.1999, 11 C 321/95, DStRE 2000, 948 f.
5) LG Mönchengladbach v. 26.5.2000, 2 S 43/00, n.v.; AG Kempen v. 18.3.1999, 11 C 321/95, DStRE 2000, 948, 950; → § 24 StBVV Rz. 390, → § 24 StBVV Rz. 395; → § 35 StBVV Rz. 569.
6) Raab, DStR 2019, 1232; Klaeren, KANZLEI intern 04/2016, 6; zur Rechnungsberichtigung siehe auch → Grundlagen des Gebührenrechts Rz. 54.
7) § 2 StBVV.
8) Z.B. §§ 24, 25, 27, 35.
9) Z.B.: § 35 Abs. 1 Nr. 1 StBVV.

§ 13 StBVV kommt nicht in Frage,[1] da es sich bei § 13 StBVV nicht um eine gebührenrechtliche Ermächtigungsgrundlage für einen Honoraranspruch handelt.[2] In bestimmten Fällen wird der StB auch eine Wertgebühr nach § 23 Satz 1 Nr. 1 StBVV für die Berichtigung einer Steuererklärung oder aber – speziell bei Nacharbeiten im Zusammenhang mit Steuererklärungen – eine Zeitgebühr nach § 24 Abs. 4 Nr. 5 StBVV ggf. i.V.m. § 2 StBVV abrechnen können.[3] Weil Nachberechnungen beim Mandanten nicht gut ankommen, wird in der Praxis vielfach so verfahren, dass nachträgliche Arbeiten bei der Leistungserfassung für das nächste Jahr berücksichtigt und erst im nächsten Jahr abgerechnet werden. Davon ist abzuraten, da es sich bei der Steuererklärung bzw. dem Jahresabschluss des Folgejahres um eine neue gebührenrechtliche Angelegenheit handelt, mit der die Nacharbeiten des Vorjahres nichts zu tun haben. Abgesehen davon besteht auch keine Gewissheit, dass der StB im Folgejahr erneut mit der Anfertigung der Steuererklärung bzw. der Aufstellung des Jahresabschlusses beauftragt wird.

Praxistipp:

Generell ist eine Abrechnung nach Zeitaufwand zu empfehlen. Dies ist für den StB am einfachsten und dem Mandanten leicht zu vermitteln. Da allerdings Zweifel bestehen, ob dies immer der formal korrekte Weg ist, sollte spätestens dann, wenn das Honorar eingeklagt werden muss geprüft werden, ob die Ursprungsrechnung storniert und durch eine neue Rechnung ersetzt werden sollte.[4]

Wenn Korrekturarbeiten erforderlich sind, die ausschließlich der Berater zu verantworten hat, kann er den zusätzlichen Aufwand nicht in Rechnung stellen. Der Berater muss den Fehler ohne zusätzliches Honorar beheben.[5]

232 Soweit teilweise die Auffassung vertreten wird, dass bei „erheblichen" Nacharbeiten gebührenrechtlich eine eigene Angelegenheit vorliege,[6] ist diese mit der Systematik der StBVV nicht vereinbar. Zudem ist unklar, wie „erhebliche" von „einfachen" Nacharbeiten abgegrenzt werden sollen. Da die o.g. Rechtsprechung eine solche Differenzierung ebenfalls nicht vornimmt und der StB durch die Möglichkeit der nachträglichen Rechnungskorrektur oder der nachträglichen Vereinbarung einer höheren Gebühr ausreichend gesichert ist, besteht letztendlich auch kein Bedürfnis für eine separate Abrechnung.

233 Teilweise wird auch vertreten, dass der StB analog § 31 StBVV den durch Beanstandungen und Rückfragen des Finanzamtes ausgelösten Mehraufwand berechnen darf.[7] Durch den mit Wirkung zum 1.1.2007 neu gefassten § 31 Abs. 2 Satz 2 StBVV ist dies aber nur unter bestimmten Voraussetzungen denkbar.[8]

Wird mit dem Mandanten eine Vergütungsvereinbarung nach § 4 Abs. 1 StBVV geschlossen, nach der nicht ohnehin alles nach Zeitaufwand abgerechnet wird, sollte dort auch eine Regelung zu Nacharbeiten enthalten sein.

---

1) So aber Schwamberger, KP 2015, 6, 8.
2) → § 13 StBVV Rz. 253.
3) Siehe → § 13 StBVV Rz. 253; AG Hannover v. 16.11.2012, 514 C 1281/12, besprochen von Goez, KP 2014, 155.
4) Klaeren, KANZLEI intern 04/2016, 6.
5) Schwamberger, KP 2015, 6; Eggesiecker, 2. Aufl. 1998, § 12 STEUGO Rz. 12.848; Feiter, 1998, 22.
6) Eggesiecker, 2. Aufl. 1998, § 12 STEUGO Rz. 12.860; Volkmann in Meyer/Goez/Schwamberger, 9. Aufl. 2019, § 12 StBVV Rz. 10.
7) Meyer, KP 2003, 148; Lahmann, DStR 2008, 2337, 2339.
8) → § 31 StBVV Rz. 503, → § 31 StBVV Rz. 512.

Formulierungsvorschlag Nachträgliche Arbeiten

„... Alle nachträglichen Tätigkeiten und Arbeiten des Beraters im Zusammenhang mit der Anfertigung der Steuererklärung werden nach Zeitgebühr berechnet. Zu den nachträglichen Arbeiten und Tätigkeiten gehören insbesondere:

- *Nacharbeiten, die nicht auf einem Fehler des Beraters beruhen,*
- *Beratertätigkeit auf Grund weiterer Ermittlungen der Finanzbehörde (Auskünfte, Besprechungen mit der Behörde usw.) bis zum Erlass des Steuerbescheids im Zusammenhang mit der jeweiligen Steuererklärung.*

Es werden folgende Zeitgebührensätze vereinbart:

...“

Ob der bisherige StB für sog. Übergabearbeiten (insbesondere das Zusammenstellen von Unterlagen, die Selektion und Aufbereitung von Daten und deren Herausgabe/Übermittlung) eine gesonderte Gebühr berechnen kann, ist nicht eindeutig geregelt. § 12 Abs. 1 StBVV hilft hier nicht weiter. Er stellt lediglich auf die Erledigung der Angelegenheit ab. Übergabearbeiten, z.B. die **Zusammenstellung und Herausgabe von Unterlagen bzw. Daten** an den Mandanten oder Nachfolgeberater treten i.d.R. erst nach Erledigung der Angelegenheit ein oder haben mit der Angelegenheit nichts zu tun. Eine spezialgesetzliche Regelung fehlt in der StBVV, so dass der Zeitaufwand und die Sachkosten (z.B. für eine Archiv-DVD) nur nach den auftragsrechtlichen Regelungen des BGB abgerechnet werden können.[1] Wenn der bisherige und der neue StB dieselbe Software nutzen, entstehen bei einem Mandatswechsel bzw. Datenexport/-import i.d.R. keine Probleme und kein abrechnungsfähiger Aufwand. Dies kann sich bei der Verwendung unterschiedlicher Systeme schon anders darstellen. Eine weitergehende Pflicht des Vorberaters, als dem neuen Berater die Daten in einem **ASCII-Format** zur Verfügung zu stellen, besteht aber nicht.[2] Hat der StB den Herausgabeanspruch des Mandanten an **Unterlagen** schon zu einem früheren Zeitpunkt erfüllt und verlangt dieser zu einem späteren Zeitpunkt Fotokopien aus der Akte des Beraters, ist der Vorberater nach dem Grundsatz von Treu und Glauben (§ 242 BGB) zur Anfertigung von Fotokopien verpflichtet.[3] Gleiches gilt, wenn der bisherige StB dem Mandanten auf dessen Wunsch sämtliche **Daten** im DATEV-Format auf einem USB-Stick gesichert übergeben hat und der Mandant später über seinen neuen StB diese Daten als ASCII-Dateien verlangt, um sie in sein EDV-System zu importieren. Weil bereits zu einem früheren Zeitpunkt ausgehändigte Unterlagen und Daten nicht mehr zur Handakte (§ 66 Abs.2 StBerG) des StB gehören, liegt ein neues Auftragsverhältnis mit einem eigenständigen **Vergütungsanspruch** vor. Geschuldet wird die „übliche Vergütung“,[4] die sich für den Zeitaufwand – analog § 13 Satz 2 StBVV – am unteren Rahmensatz der Zeitgebühr orientieren dürfte.[5] In Einzelfällen kann der Zeitaufwand auch erheblich sein, z.B. wenn der Vorberater mehrere Stunden für die **Konvertierung der Daten** benötigt.[6] **234**

1) § 612 Abs. 2 bzw. § 632 Abs. 2 BGB für den Zeitaufwand und §§ 670, 675 BGB für Sachkosten.

2) Feiter, KANZLEI intern 11_2018, 3.

3) BGH v. 30.11.1989, III ZR 112/88, NJW 1990, 510 m.w.N.

4) §§ 612 Abs. 2, 632 Abs. 2 BGB.

5) So auch LG Duisburg v. 1.3.2000, 10 O 362/95, Stbg 2001, 189, das die Zusammenstellung von Unterlagen anlässlich einer Mandatskündigung mit einem Stundensatz von 60 DM nicht beanstandet hatte, dabei aber übersehen hatte, dass § 13 StBGebV keine eigenständige Ermächtigungsgrundlage für einen Gebührenanspruch ist → § 13 StBVV Rz. 253; ähnlich LG Duisburg v. 24.3.2016, 4 O 88/13: die Aufforderung des Mandanten an den StB, Unterlagen zu übersenden, begründe einen Dienstvertrag über die Versendung von Unterlagen, für die die übliche Vergütung (§ 612 Abs. 2 BGB) abgerechnet werden kann. Im konkreten Fall waren Kosten von 54,74 € entstanden.

6) Beyme, Honorargestaltung für Steuerberater Juli 2020, 8; Lutje, KP 1998, 7 unter Hinweis auf AG München v. 7.5.1985, 2 C 18119/84 (4 Std. Zeitaufwand, der unbeanstandet nach der Mittelgebühr abgerechnet wurde).

Die Beantwortung von Anfragen des ehemaligen Auftraggebers, in denen es um die **Aufklärung von Widersprüchen** im Zusammenhang einer **Bilanz** geht, ist grundsätzlich nicht gesondert abrechenbar, weil es keine Rechtsgrundlage für einen entsprechenden Honoraranspruch gibt.[1]

Trotz bestehenden Zurückbehaltungsrechts muss der StB dem Mandanten nach Auffassung der Gerichte die Möglichkeit verschaffen selbst Einsicht in die Unterlagen zu nehmen und Kopien zu fertigen.[2] Für die vom (früheren) Mandanten selbst verursachten Kopierkosten kann der StB zumindest Auslagenersatz gem. §§ 675, 670 BGB in Höhe der tatsächlichen Kosten verlangen.[3] Fertigt der StB oder einer seiner Mitarbeiter die Kopien im Einverständnis mit dem (früheren) Mandanten, kommt ggf. eine Dokumentenpauschale nach § 17 Abs. 1 Nr. 1d StBVV, ansonsten auch Auslagenersatz in Höhe der tatsächlichen Kosten in Betracht. Weitere Kosten, etwa für die Bereitstellung einer Aufsichtsperson zur Überwachung des früheren Mandanten, können mangels Anspruchsgrundlage nicht verlangt werden.[4]

C. Gebühren in derselben Angelegenheit (Abs. 2)

235 § 12 Abs. 2 StBVV bringt einen an sich selbstverständlichen Gedanken zum Ausdruck, nämlich die Tatsache, dass der StB die **Gebühren in derselben Angelegenheit nur einmal fordern** kann.

Beispiel:

Kommt es in derselben Angelegenheit zu mehreren Besprechungen mit dem zuständigen Finanzamt, fällt die Gebühr nach § 31 StBVV nur einmal an. Der besondere Aufwand kann innerhalb des vorgesehenen Gebührenrahmens[5] berücksichtigt werden.

D. Anwendung verschiedener Gebührensätze (Abs. 3)

236 Die Bestimmung des § 12 Abs. 3 StBVV stellt eine Ergänzung zu § 10 Abs. 2 StBVV dar. Die praktische Bedeutung dieser Vorschrift ist – anders als bei Rechtsanwälten – gering, weil die Hauptanwendungsfälle für die Zusammenrechnung der Werte mehrerer Gegenstände[6] durch § 10 Abs. 2 StBVV ausdrücklich von der Zusammenrechnung ausgenommen sind. Ausweislich der amtlichen Begründung[7] hat die Vorschrift nur im außergerichtlichen Rechtsbehelfsverfahren und für die Raterteilung nach § 21 StBVV Bedeutung. Nach Inkrafttreten der Fünften Verordnung zur Änderung steuerlicher Verordnungen vom 25.6.2020[8] ist der Anwendungsfall für das außergerichtliche Rechtsbehelfsverfahren weggefallen, da § 40 StBVV auf die Vorschriften des RVG verweist und damit die Parallelvorschrift des § 15 Abs. 3 RVG einschlägig ist.

1) OLG Düsseldorf v. 10.2.2000, 13 U 147/99, GI 2001, 197; LG Mönchengladbach v. 26.5.2000, 2 S 43/00.
2) OLG Köln v. 5.1.2009, 8 W 127/08, DStR 2009, 1228 m. krit. Anm. Riemer; OLG Düsseldorf v. 29.11.2011, I-23 U 70/11; LG Düsseldorf v. 3.11.2014, 6 O 422/14; krit. dazu Feiter, KANZLEI intern 01/2015, 4.
3) Riemer, DStR 2009, 1228.
4) Riemer, DStR 2009, 1228; AG Düsseldorf v. 20.8.2012, 36 C 5193/12: dort hatte der StB von seinem Mandanten einen Vorschuss i.H.v. 238 € (eigene Rechtsanwaltskosten) für einen Einsichtstermin in den Kanzleiräumen verlangt, den das Gericht als „offenbar völlig willkürlich" und nicht von § 811 Abs. 2 BGB gedeckt ansah.
5) Umfang der Tätigkeit i.S.d. § 11 StBVV.
6) §§ 24 – 27, 30, 35 und 37 StBVV.
7) Abgedruckt bei Eckert, StBVV, 4. Aufl. 2003, § 10 Rz. 24 – 27.
8) BGBl. I 2020, 1495, 1498 = BStBl I 2020, 555.

E. Vorzeitige Erledigung der Angelegenheit oder Beendigung des Auftrags (Abs. 4)

§ 12 Abs. 4 StBVV bringt zum Ausdruck, dass der einmal entstandene Gebührenanspruch keine Beeinträchtigung dadurch erfahren soll, dass sich entweder die Angelegenheit vorzeitig erledigt oder der Auftrag vor der abschließenden Erledigung (z.B. durch Kündigung) endet. 237

I. Umfang des Honoraranspruchs

§ 12 Abs. 4 StBVV steht in Zusammenhang mit der dienstvertraglichen Regelung des § 628 Abs. 1 Satz 1 BGB, wonach der Gläubiger einen den bisherigen Leistungen entsprechenden Teil der Vergütung verlangen kann. Der Rechtsgrund für den werkvertraglichen Vergütungsanspruch ergibt sich aus § 648 BGB; die Vorschrift des § 12 Abs. 4 StBVV ist eine Sonderbestimmung für die Bemessung der Höhe des Vergütungsanspruchs, nicht aber für den Anspruchsgrund.[1] Deshalb muss die Vorschrift auch nicht in der Gebührenrechnung zitiert werden.[2] Unproblematisch ist der Anwendungsbereich dieser Vorschrift bei Angelegenheiten, die nach der Zeitgebühr honoriert werden, da die bereits aufgewandte Arbeitszeit unschwer berechnet werden kann. Bedeutung erlangt die Regelung deshalb nur bei Wertgebühren und Betragsrahmengebühren. Der StB, der auf Grund des Auftrags irgendeine Tätigkeit vorgenommen hat, hat die entsprechende Wert oder Betragsrahmengebühr **in voller Höhe** verdient. Dies entspricht dem Prinzip der gesetzlichen Verfahrenspauschgebühr.[3] Einem verminderten Zeitaufwand ist im Rahmen eines Dienstvertrags allerdings bei der Wahl des Rahmensatzes nach § 11 StBVV („Umfang der Tätigkeit") Rechnung zu tragen. 238

Beispiel:

In einem Fall, in dem sowohl die Gewinn- und Verlustrechnung als auch der Anhang bis auf abschließende Bewertungen fertig gestellt waren, der Auftrag aber durch Kündigung des StB vorzeitig endete, kam das LG Duisburg[4] nach durchgeführter Beweisaufnahme zu dem Ergebnis, dass die in Ansatz gebrachten Gebührensätze von 30/10 für die Gewinn- und Verlustrechnung und $^{10}/_{10}$ für den Anhang billigem Ermessen entsprachen.

Für den Beginn der Arbeiten und das Entstehen des Honoraranspruchs ist der StB beweispflichtig. Bei monatlich auszuführender Lohnbuchführung und Finanzbuchführung beginnt die Tätigkeit mit Ausführung der für den jeweiligen Monat anfallenden Arbeiten.[5] Hat der StB lediglich mit den Arbeiten zur Lohnbuchführung begonnen, stellt dies noch keinen Beginn der Finanzbuchführung dar.[6]

Einschränkungen des Vergütungsanspruchs können sich allerdings aus den dienstvertraglichen Vorschriften des BGB ergeben. Der Vergütungsanspruch des StB kann insbesondere unter den Voraussetzungen des § 628 Abs. 1 Satz 2 BGB nachträglich entfallen. Kündigt der Berater, ohne durch ein vertragswidriges Verhalten des Mandanten dazu veranlasst worden zu sein, z.B. weil der Mandant sich während eines laufenden gerichtlichen Verfahrens weigert, eine Vergütungsvereinbarung zu 239

1) BGH v. 16.10.1986, III ZR 67/85, NJW 1987, 315, zur bis 30.6.2004 geltenden Parallelvorschrift des § 13 Abs. 4 BRAGO (ab 1.7.2004 gilt wortgleich § 15 Abs. 4 RVG); LG Duisburg v. 4.8.2000, 10 O 57/98, GI 2001, 254, zu § 12 Abs. 4 StBGebV.
2) → § 9 StBVV Rz. 179; a.A. AG Remscheid v. 29.6.2016, 46 C 208/14, DStR 2017, 2191 mit krit. Anm. Raab.
3) OLG Düsseldorf v. 21.2.2017, I-23 U 151/15; OLG Düsseldorf v. 8.5.2002, 23 U 193/01, GI 2002, 219, 222.
4) LG Duisburg v. 4.8.2000, 10 O 57/98, GI 2001, 254.
5) OLG Düsseldorf v. 2.6.2009, I-23 U 119/08, DStR 2009, 2122.
6) OLG Düsseldorf v. 29.8.2017, I-23 U 153/16; → Rz. 242.

unterschreiben[1] oder veranlasst er seinerseits durch ein vertragswidriges Verhalten (z.B. fehlende Erreichbarkeit für den Mandanten über einen mehrwöchigen Zeitraum)[2] die Kündigung des Mandanten, so wird der Vergütungsanspruch hinfällig. Allerdings verliert der StB den Honoraranspruch nicht bei einem nur geringfügig eigenen vertragswidrigen Verhalten (z.B. einmaliges Nichtbeantworten einer Sachstandsanfrage). Außerdem muss der Mandant dem StB vor der Kündigung eine Frist zum Tätigwerden setzen.[3] Der BGH verlangt zudem einen kausalen Zusammenhang zwischen dem vertragswidrigen Verhalten des StB und der Kündigung durch den Mandanten. Die Kündigung des Mandanten muss also auf der Pflichtverletzung des StB beruhen.[4] Es reicht nicht aus, dass im Zeitpunkt der Kündigung ein vertragswidriges Verhalten des StB vorlag (z.B. eine schuldhaft erstellte unbrauchbare Buchführung), das dem Mandanten erst später bekannt wird.[5] Schuldhafte Fehlleistungen des StB, die für den Mandanten ohne Interesse und völlig unbrauchbar sind,[6] führen zu einem Schadensersatzanspruch des Mandanten nach § 280 BGB, der auf Befreiung von der Vergütungspflicht gerichtet ist.[7] Ein sog. Auflösungsverschulden des StB liegt nicht vor, wenn der Mandant beharrlich und wahrheitswidrig leugnet, eine Honorarvereinbarung unterzeichnet zu haben und der StB dies zum Anlass für die Kündigung nimmt.[8] Die Nichtbefolgung eines anwaltlichen Rats zur Rücknahme eines Rechtsmittels kann ein vertragswidriges Verhalten des Mandanten darstellen, mit der Folge, dass der Vergütungsanspruch trotz Mandatsniederlegung bestehen bleibt.[9] Im konkreten Fall hatte ein RA das Mandatsverhältnis gekündigt, weil die Mandantin auf der Durchführung einer objektiv nicht gewinnbaren Nichtzulassungsbeschwerde bestanden hatte.

Im Falle einer **sittenwidrigen Vergütungsvereinbarung** kann der StB grundsätzlich die gesetzlichen Gebühren als rechtsgrundlose Leistung nach § 812 Abs. 1 Satz 1 i.V.m. § 818 Abs. 2 BGB verlangen.[10] Voraussetzung dafür ist aber, dass der Mandant tatsächlich bereichert ist und die Leistungen für ihn nicht nutzlos sind. Letzteres ist der Fall, wenn der Mandant die Arbeitsergebnisse des StB nicht erhält, weil der StB sich rechtswidrig auf ein Zurückbehaltungsrecht beruft und der Mandant gezwungen ist, einen anderen StB zu beauftragen.[11]

240 § 12 Abs. 4 StBVV ist im Falle eines **vereinbarten Pauschalhonorars** nicht anwendbar.[12] Vereinbaren die Parteien z.B., dass der Mandant für die laufende Wahrnehmung aller in einem bestimmten Kalenderjahr anstehenden Steuerangelegenheiten (Prüfung des Jahresabschlusses und Erstellen des Prüfberichts, laufende Steuerberatung, Fertigung der jährlichen Steuererklärungen) eine Pauschale zuzüglich der gesetzlichen Mehrwertsteuer zu zahlen hat und endet der Auftrag vorzeitig, ist der vom StB entfaltete Arbeitsaufwand nur **anteilig** zu berücksichtigen. Entspricht der von dem StB entfaltete Arbeitsaufwand nur einem Anteil von etwa einem Drittel des insgesamt erforderlichen Arbeitsaufwands, ist die Pauschale auf einen entspre-

1) BGH v. 29.9.2011, IX ZR 170/10, DStR 2012, 482 m. Anm. Juretzek.
2) OLG Rostock v. 12.8.2008, 1 U 157/08, MDR 2009, 59.
3) OLG Düsseldorf v. 31.10.2011, I-24 U 87/11, DStR 2012, 1475 mit Anm. Juretzek.
4) BGH v. 7.3.2019, IX ZR 221/18, DStR 2019, 1375 mit Anm. Juretzek und Stbg 2020, 91 mit Anm. Beyme.
5) So aber die Vorinstanz KG Berlin v. 8.6.2018, 9 U 41/16, MDR 2018, 1109 unter Hinweis auf ältere BGH-Rechtsprechung zum Handelsvertreter.
6) § 628 Abs. 1 Satz 2, 2. Alt. BGB.
7) BGH v. 13.9.2018, III ZR 294/16, MDR 2018, 1373 zur Zahnarzthaftung.
8) OLG Düsseldorf v. 15.7.2008, I 24 U 224/07, AnwBl 1/2009, Internetbeilage.
9) BGH v. 16.2.2017, IX ZR 165/16, DB 2017, 1258.
10) BGH v. 30.5.2000, IX ZR 121/99.
11) Nach LG Stuttgart v. 18.4.2016, 27 O 382/15 ist der Rechtsgedanke aus § 628 Abs. 1 Satz 3 BGB auf die Frage der Bereicherung nach § 812 BGB übertragbar.
12) BGH v. 22.5.2014, IX ZR 147/12, DB 2014, 1485, 1486.

chenden Betrag zu reduzieren (vgl. § 628 Abs. 1 Satz 1 BGB).[1] Verlangt der StB einen seinen bisherigen Leistungen entsprechenden Teil der Vergütung, muss er hierzu im Honorarprozess substantiiert und nachvollziehbar vortragen. Der Bestimmung des erbrachten Teils der Gesamtleistung wohnt ein qualitatives und ein zeitliches Moment inne. Fehlt ein derartiger Vortrag im Prozess, kommt eine Vergütungsschätzung durch das Gericht in entsprechender Anwendung des § 287 ZPO nicht in Betracht.[2] § 12 Abs. 4 StBVV findet auch bei jeder anderen Form der Vergütungsvereinbarung keine Anwendung, z.B. bei § 4 Abs. 1 StBVV. Auch hier greift stattdessen § 628 Abs. 1 Satz 1 BGB.[3]

II. Honorar für nicht erbrachte Leistungen

Die Frage, ob der StB im Falle einer vertragswidrigen Kündigung durch den Auftraggeber oder durch bloße Untätigkeit des Auftraggebers,[4] weitergehende Honoraransprüche geltend machen kann, weil er auf die Vertragstreue des Mandanten vertrauen durfte, beantwortet § 12 Abs. 4 StBVV nicht. Hierzu wird verwiesen auf die Ausführungen in → Grundlagen des Gebührenrechts Rz. 26–28. **241**

einstweilen frei **242**

F. Weitere Tätigkeit in derselben Angelegenheit (Abs. 5)

Im Fall einer erneuten Beauftragung des StB in derselben Angelegenheit erhält der Berater nicht mehr an Gebühren, als er bei Erledigung der Angelegenheit in einem Zuge erhalten würde. Diese Regelung hat nur bei Wertgebühren und Betragsrahmengebühren, nicht aber bei Zeitgebühren praktische Bedeutung. Eine Ausnahme gilt gem. § 12 Abs. 5 Satz 2 StBVV nur in dem Fall, in dem der Auftrag seit mehr als zwei Kalenderjahren erledigt ist. Diese Regelung wurde durch die 3. ÄndVO[5] eingefügt. Ausweislich der amtlichen Begründung[6] sollen damit die Unbilligkeiten für den StB beseitigt werden, die dadurch entstehen, dass er sich vollkommen neu in eine Materie einarbeiten muss, mit der er zuletzt vor langer Zeit befasst war. Maßgebend für den Begriff der Erledigung ist der Zeitpunkt, der die Gebühren fällig werden lässt. Es wird auf Kalenderjahre – nicht Jahre – abgestellt, weil der Zeitpunkt der Erledigung des Auftrags nicht immer präzise bestimmt werden kann. Hierdurch sollen Auseinandersetzungen zwischen StB und Mandant weitgehend vermieden werden. § 12 Abs. 5 Satz 2 StBVV ist nur dann anwendbar, wenn einem StB nach Erledigung eines früheren Auftrags ein **weiterer Auftrag** erteilt worden ist. § 12 Abs. 5 Satz 2 StBVV regelt nicht den Fall, dass weder ein neuer Auftrag erteilt noch ein früherer Auftrag erledigt, aber die Angelegenheit mehr als zwei Kalenderjahre von dem StB nicht bearbeitet worden ist,[7] z.B. wegen einer Aussetzung oder einem Ruhen des Verfahrens. Dies sind keine Fälle der Erledigung.[8] Die **243**

1) BGH v. 16.10.1986, III ZR 67/85, NJW 1987, 315 f., zu einem vertraglich vereinbarten Pauschalhonorar eines Rechtsanwalts mit entsprechenden Beträgen in Deutsche Mark; ebenso BGH v. 22.5.2014, IX ZR 147/12, DB 2014, 1485; OLG Düsseldorf v. 16.6.1994, 13 U 77/93, GI 1995, 80 zu einem vertraglich vereinbarten Pauschalhonorar eines StB; Winkler in Eckert, 5. Aufl. 2013, Vor § 1 StBVV Anm. 1.3.5. a.E.; Henssler, NJW 2005, 1.
2) OLG Koblenz, Hinweisbeschluss v. 9.12.2013, 5 U 1190/13; Mayer, NJW 2015, 1647, 1648.
3) Berners, 5. Aufl. 2016, § 12 StBVV Rz. 22 f.
4) Siehe z.B. OLG Koblenz v. 1.12.2005, 6 U 951/04, GI 2006, 119.
5) 3. ÄndVO v. 20.8.1998, BGBl. I 1998, 2369.
6) Abgedruckt bei Eckert, 4. Aufl. 2003, zu § 12 StBGebV.
7) BGH v. 30.3.2006, VII ZB 69/05, MDR 2006, 1316, zu § 13 Abs. 5 Satz 2 BRAGO; VGH München v. 8.12.2014, 15 M 14.2529, NJW 2015, 648.
8) OVG Weimar v. 17.12.2018, 4 VO 812/18, DStR 2019, 1231 mit Anm. Raab zu einer Fortführung des Verfahrens nach einer „statistischen Erledigung"; FG Baden-Württemberg v. 23.8.2010, 13 Ko 1170/10, EFG 2011, 373; FG Saarland v. 11.3.2008, 2 Ko 1643/07, NJW-Spezial 2008, 637.

Gebühren für den neuen Auftrag richten sich nach dem Gebührenrecht im Zeitpunkt der neuen Auftragserteilung. Das ergibt sich aus § 47a Abs. 1 Satz 1 StBVV.[1)]

Praxistipp:

Wird der StB in einem gerichtlichen Verfahren tätig, ist § 15 Abs. 5 Satz 2 RVG zu beachten, der § 12 Abs. 5 Satz 2 StBVV entspricht und darüber hinaus einen Anrechnungsausschluss für die weitere Tätigkeit vorsieht, wenn der frühere Auftrag seit mehr als zwei Kalenderjahren erledigt ist.[2)] § 15 RVG gilt darüber hinaus in allen weiteren Fällen, in denen die StBVV auf das RVG verweist.[3)]

Die Zwei-Jahresfrist des § 15 Abs. 5 Satz 2 RVG hat ihren Hauptanwendungsbereich in der **Aufhebung und Zurückverweisung**, wenn das Rechtsmittelverfahren länger als zwei Kalenderjahre angedauert hat.[4)]

Beispiel:

An ein Ausgangsverfahren vor dem FG schließt sich ein Revisionsverfahren an, in dem die Sache nach mehr als zwei Kalenderjahren an das FG zurückverwiesen wird. Der Kläger wird in allen Verfahrensabschnitten von demselben StB vertreten.

Nach FG Köln[5)] ist die Verfahrensgebühr des ersten Rechtszugs trotz der zwei Jahre auf die Verfahrensgebühr des zweiten Rechtszugs anzurechnen, weil der StB den Kläger in allen Verfahrensabschnitten vertreten hat. Der Sinn und Zweck der Vorschrift des § 15 Abs. 5 Satz 2 RVG, wonach eine Anrechnung unterbleibt, wenn ein RA sich auf Grund Zeitablaufs letztlich erneut in eine Sache einarbeiten muss, gebiete es hier, auch den Aufwand für die Tätigkeit im Revisionsverfahren zu berücksichtigen. Letztlich sei der StB in allen Verfahrensabschnitten für den Mandanten tätig gewesen und habe sich zu keinem Zeitpunkt völlig neu in die Sache einarbeiten müssen. Bei dieser Sachlage sei ein Absehen von der grundsätzlich gesetzlich angeordneten Anrechnung[6)] nicht geboten.

Kritische Stellungnahme:

Die Ausführungen des FG Köln sind nachvollziehbar. Sie überzeugen aber nur in den Fällen, in denen der StB im Rahmen des Revisionsverfahrens auch Tätigkeiten entfaltet hat, die über eine reine Fristenkontrolle hinausgehen. Ansonsten greift der Gedanke der Ausnahmevorschrift des § 15 Abs. 5 Satz 2 RVG ein, dass nach einem Zeitraum von zwei Kalenderjahren erfahrungsgemäß eine neue Einarbeitung in das Mandat erfolgen muss.

Umstritten ist, wie die Berechnung der Zwei-Jahres-Frist im Falle der gerichtlichen Zurückverweisung vorzunehmen ist, ob es auf den Zeitpunkt der Verkündung des Rechtsmittelurteils oder auf den Zeitpunkt der Kenntnisnahme des StB von der Zurückverweisung ankommt.[7)]

G. Abrechnung einzelner Handlungen (Abs. 6)

244 Der praktische Anwendungsbereich dieser Vorschrift ist gering, da StB i.d.R. ein umfassendes Beratungsmandat erhalten und nicht nur für einzelne Tätigkeiten im Rahmen einer Angelegenheit beauftragt werden. Die Vorschrift ist dem § 15 Abs. 6 RVG nachgebildet, der sich an der prozessualen Tätigkeit eines Rechtsanwalts orientiert. Wird der StB in gerichtlichen Verfahren tätig, gilt auch für ihn § 15 Abs. 6

1) A.A. aber BGH v. 16.11.2017, V ZB 152/16, NJW-Spezial 2018, 156.
2) Zur Anrechnung siehe → § 45 StBVV Rz. 705 ff.
3) §§ 21 Abs. 2, 40, 44 StBVV.
4) OLG Hamburg v. 4.4.2014, 8 W 84/13, NJW-Spezial 2014, 412 m.w.N.; N. Schneider in Schneider/Wolf, 8. Aufl. 2018, § 15 RVG Rz. 298 mit Beispielen.
5) FG Köln v. 1.2.2019, 2 Ko 32/19, EFG 2019, 816 mit Anm. Hennigfeld und v. 7.8.2012, 10 Ko 783/11, EFG 2012, 2237.
6) Vorbem. 3 Abs. 6 VV RVG.
7) Siehe hierzu N. Schneider in Schneider/Wolf, 8. Aufl. 2017, § 15 RVG Rz. 299; Mayer in Gerold/Schmidt, 24. Aufl. 2019, § 15 RVG Rz. 135.

RVG. Nach § 12 Abs. 6 StBVV sollen die Gebühren für mehrere zusammenhängende Einzeltätigkeiten nicht höher sein als eine Gesamtgebühr für die ganze Angelegenheit.[1)]

1) Zu Beispielen siehe Eggesiecker, 2. Aufl. 1998, § 12 STEUGO Rz. 12.750; und Boelsen in Eckert, 6. Aufl. 2017, § 12 StBVV Rz.37 mit Beispielen.

§ 13
Zeitgebühr

[1]Die Zeitgebühr ist zu berechnen

1. **in den Fällen, in denen diese Verordnung dies vorsieht,**
2. **wenn keine genügenden Anhaltspunkte für eine Schätzung des Gegenstandswerts vorliegen; dies gilt nicht für Tätigkeiten nach § 23 sowie für die Vertretung im außergerichtlichen Rechtsbehelfsverfahren (§ 40), im Verwaltungsvollstreckungsverfahren (§ 44) und in gerichtlichen und anderen Verfahren (§§ 45, 46).**

[2]Sie beträgt 30 bis 75 Euro je angefangene halbe Stunde.

Inhalt

Schrifttum

Beyme, Ausweichen auf Zeitgebühr trotz Mindestgegenstandswert?, Honorargestaltung für Steuerberater, März 2019, 7; **Blattner,** 15-Minuten-Zeittakt: Das letzte Wort ist (nicht) gesprochen?!, AnwBl 2020, 344; **Feiter,** Typische Probleme bei der gerichtlichen Durchsetzung von vereinbarten Stundensätzen, KANZLEI intern 11/2014, 2; **Heinz,** Die Zeittaktklausel in einer anwaltlichen Honorarvereinbarung, AnwBl 2015, 672; **Lahmann,** Gestaltung von Vergütungsvereinbarungen und Zweifelsfragen, DStR 2009, 2069; **Meyer,** Höhe der Zeitgebühr bei Tätigkeit von Mitarbeitern, KP 2002, 145; **Neufang/ Spangberger/ Zepezauer,** Die neue Steuerberatervergütungsverordnung (StBVV) und Tipps zur Abrechnungspraxis, StB 2013, 35; **Ring/Klingelhöfer,** AGB-Recht in der anwaltlichen Praxis, 4. Aufl. 2017, Bonn; **Ritter,** Zeithonorarabrechnung und Lesegeschwindigkeit, NJW 2015, 1147; **Schall,** Die Zulässigkeit der Zeitgebühr nach der StBGebV, StB 1991, 81; **Schwamberger,** Wann und wie kann eine Zeitgebühr berechnet werden? Teil 1, KP 2016, 93; **Wacker,** Abrechnung nach Zeitgebühr – Inhalt einer Stundenaufstellung, KANZLEI intern 09_2017, 2; **Wacker,** (Begrenzte) Zulässigkeit mündlicher Honorarvereinbarungen, KANZLEI intern 12_2016, 2; **Wilk/ Beyer-Petz,** Die neue Steuerberatervergütungsverordnung, DStR 2012, 2508.

A. Inhalt und Bedeutung

I. Norminhalt und Zweck

245 Die StBVV sieht überwiegend Wertgebühren vor. Die Zeitgebühr ist deshalb von untergeordneter Bedeutung. Ausweislich der amtlichen Begründung zu § 13 StBVV wurde im Interesse einer besseren Transparenz der auf den Auftraggeber zukommenden Gebührenbelastung der Anwendungsbereich der Zeitgebühr auf die in § 13 Satz 1 StBVV geregelten Fälle beschränkt.

Der Gebührenrahmen ist nur im Fall der Abrechnung nach den gesetzlichen Vorschriften, nicht aber im Fall der Berechnung einer vereinbarten Vergütung zu beachten. Eine Unterschreitung der gesetzlichen Mindestzeitgebühr kann im Einzelfall durchaus zulässig sein.[1] **246**

Die Berechnung der Arbeitszeiten erfolgt angelegenheitsbezogen,[2] d.h. alle mit der konkreten Angelegenheit zusammenhängenden Tätigkeiten und Zeiten von der Entgegennahme der Erstinformation bis zur Ablage sind zu berücksichtigen. Zur berechnungsfähigen Zeit bei Leistungen, die nach Zeitgebühr abgerechnet werden, wird in der Kommentarliteratur überwiegend auch die **„Reisezeit"** gerechnet, wenn und soweit eine Reise der Ausführung eines zeithonorierten Auftrages, z.B. im Rahmen einer Außenprüfung, dient.[3] Weder der Wortlaut des § 13 StBVV noch die amtliche Begründung stützen diese Auffassung. Soweit in der zitierten Kommentarliteratur auf einen Erlass des ehemaligen Reichswirtschaftsministers vom 11.4.1939 zur Gebührenordnung für Pflichtprüfungen und auf die AllGO verwiesen wird, in denen ausdrücklich geregelt war, dass als Zeitaufwand auch die für den Weg benötigte Zeit galt, haben diese Regelungen jedenfalls keinen Eingang in die StBVV gefunden.[4] Ohne ausdrückliche Vereinbarung nach § 4 Abs. 1 StBVV ist die Reisezeit deshalb mit den in § 18 Abs. 3 StBVV vorgesehenen Beträgen abgegolten.[5] **247**

II. Zeitlicher Anwendungsbereich

Die Zeitgebühr betrug bei Inkrafttreten der StBGebV 20 bis 60 DM je angefangene halbe Stunde. Sie wurde durch die 1. ÄndVO mit Wirkung vom 1.7.1988 auf 25 bis 70 DM, durch die 2. ÄndVO mit Wirkung vom 30.6.1991 auf 30 bis 77,50 DM und durch die 3. ÄndVO mit Wirkung vom 28.8.1998 auf 37,50 bis 90 DM je angefangene halbe Stunde erhöht. Mit der Euroumstellung zum 1.1.2002 wurde die Zeitgebühr auf 19 bis 46 € geändert (1. ÄndVO v. 20.6.1988, BGBl. I 1988, 841 = BStBl I 1988, 217; 2. ÄndVO v. 21.6.1991, BGBl. I 1991, 1370 = BStBl I 1991, 697; 3. ÄndVO v. 20.8.1998, BGBl. I 1998, 2369; KostREuroUG v. 27.4.2001, BGBl. I 2001, 751). Eine deutliche Erhöhung der Zeitgebühr auf 30 bis 70 € je angefangene halbe Stunde erfolgte zum 20.12.2012.[6] Mit der Fünften Verordnung zur Änderung steuerlicher Verordnungen[7] wurde der Obersatz der Zeitgebühr um 5 € auf 75 € angehoben. **248**

B. Zeitgebühr (Satz 1)

I. Anwendungsfälle (Satz 1 Nr. 1)

Die in der VO geregelten Anwendungsfälle der Zeitgebühr sind §§ 24 Abs. 4, 25 Abs. 2, 27 Abs. 3, 28, 29 Nr. 1, 32, 33 Abs. 7, 34 Abs. 5, 35 Abs. 3, 36 Abs. 1 und 38 Abs. 2 StBVV. **249**

1) BGH v. 30.9.2004, I ZR 89/02, NJW 2005, 1268, zur Steuerberatungs-Hotline; → Rz. 252.
2) Vgl. § 12 Abs. 1 und 2 StBVV.
3) Lotz in Eckert, 6. Aufl. 2017, § 13 StBVV Rz. 17; Volkmann in Meyer/Goez/Schwamberger, 9. Aufl. 2019, § 13 StBVV Rz. 19; Mittelsteiner/Scholz, 4. Aufl. 1998, § 13 StBGebV Rz. 6; Eggesiecker, 2. Aufl. 1998, § 13 STEUGO Rz. 13.530; Brummer, 10. Aufl. 2010, § 13 StBGebV Anm. 7.
4) Anders z.B. der seit dem 1.7.2004 geltende § 8 Abs. 2 JVEG v. 5.5.2004, BGBl. I 2004, 718, 776, wo für die Vergütung von Sachverständigen, Dolmetschern und Übersetzern ausdrücklich geregelt ist, dass das nach Stundensätzen bemessene Honorar auch notwendige Reise- und Wartezeiten beinhaltet.
5) So auch Berners, 5. Aufl. 2016, § 13 StBVV Rz. 8.
6) Verordnung zum Erlass und zur Änderung steuerlicher Verordnungen v. 11.12.2012, BGBl. I 2012, 2637 = BStBl I 2013, 2.
7) Fünfte Verordnung zur Änderung steuerlicher Verordnungen v. 25.6.2020, BGBl. I 2020, 1495, 1498 = BStBl I 2020, 555.

II. Anwendungsfälle (Satz 1 Nr. 2)

250 Gemäß § 13 Satz 1 Nr. 2 StBVV ist eine Zeitgebühr auch anzusetzen, wenn keine genügenden Anhaltspunkte für eine Schätzung des Gegenstandswerts vorliegen. Dies gilt jedoch nicht für Tätigkeiten nach § 23 StBVV und §§ 40, 44–46 StBVV. In diesen Fällen kann aber eine höhere Zeitgebühr nach § 4 Abs. 1 StBVV bzw. bei Anwendbarkeit des RVG nach § 3a RVG vereinbart werden.[1] Ob genügend Anhaltspunkte für eine Schätzung des Gegenstandswerts vorliegen oder nicht, hängt davon ab, ob der StB in der Lage ist, den Wert des Interesses[2] ohne langwierige Zusatzermittlungen zu schätzen. § 13 Satz 1 Nr. 2 StBVV ist also dann nicht anwendbar, wenn eine Ermittlung oder Schätzung schwierig, aber doch möglich ist. Die Darlegungslast für das Fehlen einer Schätzgrundlage liegt beim StB.[3] Kann ein Gegenstandswert bestimmt oder plausibel geschätzt werden, darf der StB nicht auf die Zeitgebühr ausweichen.[4] Er riskiert sonst, mit seiner Honorarklage abgewiesen zu werden. Dies verkennt das OLG Frankfurt a.M..[5] Fraglich ist, ob ein Ausweichen auf die Zeitgebühr gestattet ist, wenn ein Gegenstandswert nicht ermittelt oder geschätzt werden kann, die StBVV aber einen **Mindestgegenstandswert** vorsieht, der bei der Abrechnung zu Grunde gelegt werden könnte.

Beispiel:

StB erhält den Auftrag eine Feststellungserklärung zu erstellen. Nachdem er mehrere Bauakten ausgewertet hat, wird das Mandat wegen Eigentümerwechsels gekündigt. Zur Feststellung des Wertes ist der StB nicht gekommen. Auch eine Schätzung ist wegen der unvollständigen Unterlagen nicht möglich. Der StB möchte nach Zeitaufwand abrechnen, obwohl § 24 Abs. 1 Nr. 11 StBVV einen Mindestgegenstandswert vorsieht.[6]

M.E. ist dies möglich. Der Wortlaut des § 13 Satz 1 Nr. 2 StBVV eröffnet die Abrechnung nach Zeitaufwand, wenn keine genügenden Anhaltspunkte für eine Schätzung des Gegenstandswerts vorliegen. Das ist hier der Fall. Wenn wie in dem Beispielsfall „zufällig" ein Mindestgegenstandswert existiert, hindert dies nicht die Anwendung des § 13 Satz 1 Nr. 2 StBVV.[7]

Ein Sonderfall ist die Beratung über eine Telefonhotline: Hierin sieht der BGH keine Gebührenunterschreitung, sondern eine zulässige Abweichung im Modus der Gebührenberechnung.[8]

III. Sonstige Anwendungsfälle

1. Sinngemäße Anwendung der Zeitgebühr

251 Die Zeitgebühr ist als Regelgebühr auch dann abrechenbar, wenn ein ausdrücklicher Gebührentatbestand fehlt, aus § 2 StBVV aber die sinngemäße Anwendung eines Gebührentatbestandes mit Zeitgebühr folgt.

Beispiele:

Der Wortlaut des § 28 StBVV erstreckt sich nur auf die Prüfung von Steuerbescheiden. Die Vorschrift ist aber nach § 2 StBVV „sinngemäß" auf alle Verwaltungsakte anzuwen-

---

1) → § 13 StBVV Rz. 252; → § 4 StBVV Rz. 121.
2) → § 10 StBVV Rz. 200.
3) AG Düsseldorf v. 11.11.2008, 31 C 255/07.
4) AG Düsseldorf v. 1.10.2008, 35 C 4829/08.
5) OLG Frankfurt a.M. v. 5.10.2018, 8 U 203/17, Stbg 2018, 521 mit kritischen Anm. Beyme; das OLG hatte es nicht beanstandet, dass die Steuerberatungsgesellschaft Buchführungsarbeiten nach Zeit abgerechnet hatte.
6) Beyme, Honorargestaltung für Steuerberater, März 2019, 7.
7) Ausführlich Beyme, Honorargestaltung für Steuerberater, März 2019, 7.
8) BGH v. 30.9.2004, I ZR 89/02, DStR 2005, 714 zur Steuerberatungs-Hotline; → § 21 StBVV Rz. 351.

den, die in „steuerbescheidähnlicher Form" ergehen.[1] § 24 Abs. 4 Nr. 5 StBVV gilt nach seinem Wortlaut nur für Anträge und Meldungen nach dem EStG. Er kann aber „sinngemäß" ür Meldungen außerhalb des EStG angewendet werden.[2]

2. Vereinbarung einer Zeitgebühr

Vereinbarungen über eine **höhere** Zeitgebühr sind gem. § 4 Abs. 1 StBVV möglich. 252
Streitig ist, ob eine Zeitgebühr auch für einen angefangenen **15-Minuten-Takt** formularmäßig wirksam vereinbart werden kann. Im Anwaltsrecht waren lange Zeit Vereinbarungen üblich, die den Anwalt berechtigen, für angefangene 15 Minuten jeweils ein Viertel des vereinbarten Stundensatzes zu berechnen. Allerdings sieht der BGH im Rechtsverkehr mit **Verbrauchern** darin eine unangemessene Benachteiligung gem. § 307 Abs. 1, 2 Nr. 1 BGB.[3] Verbraucher seien beim Abschluss anwaltlicher Vergütungsvereinbarungen typischerweise in besonderem Maße schutzwürdig. Zwar gebe es auch gute Gründe für eine Abrechnung nach Zeittakten. Denn zum einen koste es den Anwalt Zeit, wenn er sich nach einer Unterbrechung seiner Arbeit, etwa durch einen Anruf oder eine Rückfrage eines Angestellten, erneut seiner eigentlichen Arbeit zuwendet. Zum anderen bietet eine Zeittaktklausel dem Mandanten den Anreiz, Rückfragen und Bemerkungen möglichst geordnet und gesammelt zu übermitteln und den Anwalt nicht unnötig und durch wiederholte E-Mails oder Anrufe in seiner Arbeit zu unterbrechen. Nach Ansicht des BGH überwiegen aber die berechtigten Interessen des Mandanten, nur die Arbeitszeit zu bezahlen, die der Anwalt tatsächlich für ihn verwandt hat. **Welcher Zeittakt** angesichts dessen noch **vertretbar** wäre, lässt der BGH ausdrücklich offen. Jedenfalls ein Zeittakt von 15 Minuten, der auch durch die belanglosesten Tätigkeiten des Anwalts ausgelöst wird, und beliebig oft zur Anwendung gebracht werden kann, sei keinesfalls gerechtfertigt. Dadurch würde es dem Rechtsanwalt ermöglicht, die auch nur flüchtige Durchsicht des E-Mail-Eingangsfachs in jeder Angelegenheit, in der eine E-Mail eingegangen ist, mit einem Viertel des vereinbarten Stundensatzes abzurechnen. Der zu vergütende zeitliche Aufwand dürfe aber nicht außer Verhältnis zu Schwierigkeit, Umfang und Dauer der zu bearbeitenden Angelegenheit stehen. Damit ist die Zulässigkeit einer 15-Minuten-Zeittaktklausel im Rechtsverkehr mit Verbrauchern höchstrichterlich entschieden. Weiter offen ist, ob derartige Klauseln damit insgesamt der Vergangenheit angehören oder im Rechtsverkehr mit **Unternehmern** wirksam vereinbart werden können.[4] Teile der Rechtsprechung sehen in einer solchen Zeittaktklausel **generell**, also auch gegenüber Unternehmern, einen Verstoß gegen § 307 Abs. 1, 2 Nr. 1 BGB, weil sie strukturell geeignet sei, das Prinzip von Leistung und Gegenleistung (Äquivalenzprinzip) empfindlich zu verletzen und die Abrechnung aufzublähen.

Beispiel:

Bei einem vereinbarten Honorar von 230,00 € je Stunde würden vier kurze Telefonate von jeweils 1 Minute am Tag auf der Grundlage einer 15-Minuten-Zeittaktklausel ein Honorar von 230,00 € rechtfertigen statt eines tatsächlich nur verdienten 4-Minuten-Honorars von 15,33 €.

Deshalb müsse minutengenau abgerechnet werden. Die Erschwernis durch das Herausreißen aus dem Arbeitsrhythmus müsse durch die Höhe des Zeithonorars berücksichtigt werden.[5] Nach der Gegenauffassung kann ein solcher Zeittakt gegenüber Unternehmern hingegen wirksam vereinbart werden. Zur Begründung wird auf § 13 Satz 2 StBVV verwiesen, der einen dreißigminütigen Takt vorsieht. Zu

1) → § 28 StBVV Rz. 475.
2) → § 24 StBVV Rz. 433.
3) BGH v. 13.2.2020, IX ZR 140/19, ZIP 2020, 716, 719 f.
4) Für die Zulässigkeit gegenüber Unternehmern: Blattner, AnwBl 2020, 344, 346.
5) OLG Düsseldorf v. 29.6.2006, I-24 U 196/04; LG Köln v. 24.1.2018, 26 O 453/16, BRAK-Mitt. 2018, 102; LG Köln v. 18.10.2016, 11 S 302/15, AnwBl 2017, 560 mit Anm. N. Schneider.

überprüfen sei lediglich im Einzelfall, ob bei der Anwendung der Zeittaktklausel ein Missbrauch (sog. Ausübungskontrolle) vorliege.[1]

Kritische Stellungnahme:

M.E. überzeugt eine differenzierte Betrachtung zwischen Verbrauchern und Unternehmern bei Zeittaktklauseln nicht. Die vom BGH vorgebrachten Argumente lassen zum einen eine grundsätzlich ablehnende Haltung des BGH gegenüber einem 15-Minuten-Takt erahnen, zum anderen greifen sie auch bei Unternehmer-Mandanten. Hier ist das potentielle Missbrauchsrisiko auf Grund des Mandatsumfangs regelmäßig sogar größer. Zwar ist bei Unternehmern auf Grund ihrer Geschäftserfahrung und der nach § 310 Abs. 1 Satz 2 BGB zu berücksichtigenden Gewohnheiten und Gebräuche im Handelsverkehr von einer besseren Erkenntnis- und Verständnismöglichkeit als bei Verbrauchern auszugehen. Dies führt jedoch nicht zu einer generellen Absenkung des durch § 307 Abs.1 BGB gewährleisteten Schutzniveaus gegenüber einem Unternehmer.[2]

Da kurze Zeitintervalle zu erheblichen Rundungseffekten und damit zu einer Diskrepanz von tatsächlicher und berechneter Arbeitszeit führen, ist derjenige auf der sicheren Seite, der eine **minutengenaue Abrechnung** vereinbart.[3] Als „wohl akzeptabel" wird auch ein angefangener **6-Minuten-Takt** (1/10 Stunde) angesehen. Wer aus dem Arbeitsfluss gerissen werde (durch einen kurzen Anruf), dürfe dafür 6 Minuten abrechnen. Das Missbrauchsrisiko, dass viele kleine Minuten-Aufgaben sich zu vielen abrechenbaren Stunden summieren, erscheine gering.[4] Auch eine Klausel, die eine **einmalige Aufrundung** am Ende eines jeden Arbeitstages vorsieht, wurde bislang als zulässig angesehen.[5] Daran dürfte sich durch die BGH-Entscheidung nichts geändert haben.

Praxistipp:

Letztlich ist es für den StB nicht mit besonderen Risiken verbunden, eine Zeittaktklausel zu vereinbaren. Sollte ein Gericht die Klausel später als unwirksam einstufen, bliebe die Vergütungsvereinbarung im Übrigen wirksam, also auch die Vereinbarung über die Höhe des Stundensatzes, § 306 Abs. 1 BGB. Der StB könnte deshalb tatsächlich angefallenen Zeitaufwand minutengenau abrechnen.[6] Es ist deshalb eher eine Frage des Vertrauensverhältnisses und des seriösen Umgangs mit dem Mandanten, eine solche Klausel in eine Vergütungsvereinbarung aufzunehmen.

Der StB kann in den Fällen, in denen die StBVV eine Zeitgebühr vorsieht, von vorneherein eine **bestimmte** Zeitgebühr (z.B. die Mittelgebühr) vereinbaren. Dies folgt aus dem Grundsatz der Vertragsfreiheit. Nach der Rechtsprechung des BGH ist auch die **Vereinbarung einer Zeitgebühr an Stelle einer Wertgebühr** zulässig.[7] Zunächst hatte der BGH[8] in einem obiter dictum und ohne weitere Begründung die Vereinbarung eines „Pauschalhonorars" für den StB mit 35 DM (umgerechnet 17,90 €) pro Stunde für Buchführungsarbeiten unbeanstandet gelassen. In einem weiteren Urteil hat der BGH[9] die schriftliche Vereinbarung eines StB/Wirtschaftsprüfers mit seinem

1) OLG Schleswig v. 19.2.2009, 11 U 151/07, AnwBl 2009, 554; OLG München v. 11.8.2014, 15 U 2960/12, BeckRS 2014, 123857; LG München v. 21.9.2009, 4 O 10820/08; Lahmann, DStR 2009, 2069, 2073.
2) Ring/Klingelhöfer, AGB-Recht, § 6 Rz. 7.
3) Mayer in Gerold/Schmidt, 24. Aufl. 2019, § 3a RVG Rz. 65; Teubel in Hinne/Klees/Müllerschön/Teubel/Winkler, Vereinbarungen mit Mandanten, 3. Aufl. 2015, Rz. 379.
4) Blattner, AnwBl 2020, 344, 346; Anm. der AnwBl-Redaktion zu BGH v. 13.3.2020, IX ZR 140/19, AnwBl 2020, 303, 304 m.w.N.
5) OLG Düsseldorf v. 8.2.2011, I-24 U 112/09; so wohl auch LG Köln v. 18.10.2016, 11 S 302/15, AnwBl 2017, 560.
6) BGH v. 13.2.2020, IX ZR 140/19, ZIP 2020, 716, 721; OLG Düsseldorf v. 18.2.2010, 24 U 183/05; LG Köln v. 18.10.2016, 11 S 301/15, AnwBl Online 2017, 274, 278; Blattner, AnwBl 2020, 344, 346.
7) → § 4 StBVV Rz. 119.
8) BGH v. 21.3.1996, IX ZR 240/95, NJW 1996, 1954.
9) BGH v. 1.2.2000, X ZR 198/97, DStR 2000, 480.

Auftraggeber, die Prüfung eines Jahresabschlusses nach einer bestimmten Zeitgebühr abzurechnen, als wirksam angesehen. Dann hat der BGH[1] in einer weiteren Entscheidung unter Hinweis auf den Grundsatz der Vertragsfreiheit ausgeführt, dass auch die (mündliche) Vereinbarung eines Stundensatzes von 300 DM (umgerechnet 153,39 €) für die Tätigkeit einer Steuerberatungsgesellschaft im Rahmen einer Selbstanzeige zivilrechtlich wirksam ist. Zutreffend hat der BGH in dieser Entscheidung festgestellt, dass mit der Vereinbarung eines Stundensatzes von 300 DM (umgerechnet 153,39 €), der außerhalb des in § 13 Satz 2 StBVV vorgesehenen Gebührenrahmens liegt, nicht schon eine höhere Gebühr i.S.d. § 4 Abs. 1 StBVV vereinbart sei. Für die Frage, ob eine höhere Gebühr i.S.d. § 4 Abs. 1 StBVV vereinbart wurde, komme es entscheidend darauf an, ob der Mandant bei einer Abrechnung nach Zeitaufwand im Ergebnis einen höheren Betrag schulden würde, als bei einer Abrechnung nach der gesetzlichen Vorschrift, im konkreten Fall § 30 StBVV. Dass dies im Einzelfall erst nach der vom StB erteilten Abrechnung feststehe, weil erst dann eine Vergleichsrechnung angestellt werden könne, benachteilige den Mandanten nicht, da dieser höchstens das gesetzliche Honorar schulde, ggf. sogar nur die niedrigere vereinbarte Vergütung. Zuletzt hat der BGH[2] unter Hinweis auf die Begründung zur StBGebV nochmals betont, dass Abweichungen von den vorgesehenen Gebühren zivil- und preisrechtlich zulässig sind. Dies schließe ein, dass anstelle einer gesetzlichen Wertgebühr[3] eine Zeitgebühr vereinbart werden kann. In der Praxis werden häufig **mündliche Stundensatzvereinbarungen** getroffen.

Beispiel:

StB und Mandant vereinbaren mündlich einen Stundensatz von 45,00 € zuzügl. USt (insgesamt 53,55 €) für sämtliche Leistungen[4]

StB und Mandant vereinbaren mündlich einen Stundensatz von 65,00 € für die Lohnbuchführung.[5]

Wenn das mündlich vereinbarte Honorar höher ist, als die gesetzliche (Höchst-)Gebühr, ist die Vereinbarung unwirksam.[6] Der StB darf dann nur das gesetzliche Honorar in Rechnung stellen. Wenn das mündlich vereinbarte Honorar nicht höher ist, als die gesetzliche (Höchst-)Gebühr, ist der StB an die mündliche Vereinbarung gebunden. Dies gilt jedenfalls in den Fällen, in denen der Mandant das Vorliegen einer mündlichen Vereinbarung beweisen kann.[7] Bleibt der Mandant beweisfällig und bestreitet der StB das Zustandekommen einer mündlichen Vereinbarung, kann der StB nach den gesetzlichen Vorschriften abrechnen.

Praxistipp:

Die schwierige Frage, ob ein mündlich vereinbartes Stundensatzhonorar zu einer höheren Vergütung führt, als eine Abrechnung nach den gesetzlichen Wert- oder Betragsrahmengebühren, wird von den Gerichten vielfach nicht problematisiert (auch nicht in den beiden o.g. Beispielsfällen). Anstatt sich mit der Frage der Unwirksamkeit der Vereinbarung zu befassen, konzentrieren sich die Gerichte zumeist nur auf die Beweisfrage, ob eine mündliche Vereinbarung mit dem behaupteten Inhalt zustande gekommen ist. Wenn dann noch der Sachverständige den vereinbarten Stundensatz für angemessen hält, reicht dies in aller Regel bereits aus, um dem StB zu seinem Honorar zu verhelfen. Gleichwohl sollten Stundensatzvereinbarungen aus Gründen der Wirksamkeit der Vereinbarung und zu Beweiszwecken immer den Anforderungen des § 4 Abs.1 StBVV genügen.

1) BGH v. 21.9.2000, IX ZR 437/99, INF 2000, 767.
2) BGH v. 30.9.2004, I ZR 89/02, NJW 2005, 1268 zur Steuerberatungs-Hotline.
3) § 21 Abs. 1 Satz 1 StBVV.
4) AG Lünen v. 19.8.2016, 8 C 597/14.
5) AG Moers v. 11.5.2016, 561 C 448/13.
6) → § 4 StBVV Rz. 115 ff.; Wacker, KANZLEI intern 12_2016, 2.
7) Wacker, KANZLEI intern 12_2016, 2.

3. Zeitgebühr als Hilfsgebühr?

253 Nach dem Willen des Verordnungsgebers ist die Zeitgebühr keine Hilfsgebühr für anderweitig nicht geregelte Sachverhalte. Insbesondere der Umstand, dass umfangreiche Vor-, Neben- oder Nacharbeiten auszuführen sind, rechtfertigt keine zusätzliche Abrechnung einer Zeitgebühr unter Bezugnahme auf § 13 StBVV. Denn § 13 StBVV ist keine Ermächtigungsgrundlage für einen Honoraranspruch. Wird in einer Gebührenrechnung als Anspruchsgrundlage für eine bestimmte Tätigkeit lediglich § 13 StBVV zitiert, ist die Gebührenforderung des Beraters insoweit nicht durchsetzbar.[1] Erforderlich ist eine Ermächtigungsgrundlage, z.B. § 24 Abs. 4 Nr. 5, § 2 StBVV i.V.m. § 13 Satz 1 Nr. 2 und Satz 2 StBVV, wenn der Steuerberater nach Abgabe und Abrechnung der Einkommensteuererklärung auf Anforderung des Finanzamtes nachträgliche Aufstellungen anfertigt, die er nach Zeitaufwand abrechnen möchte. Fraglich ist, ob eine Zeitgebühr abgerechnet werden darf.

C. Bestimmung der Zeitgebühr (Satz 2)

I. Gebührenrahmen

254 Der Gebührenrahmen beträgt seit dem 1.7.2020 30 € bis 75 €.[2] Maßgeblich für die Bestimmung der konkreten Zeitgebühr sind in erster Linie die Gebührenbestimmungsfaktoren des § 11 StBVV mit Ausnahme des Zeitaufwandes, der durch die Anzahl der abzurechnenden Stunden bereits berücksichtigt wird.[3] Da es für die Bestimmung der konkreten Zeitgebühr also maßgeblich auf die Bedeutung der Angelegenheit und die Schwierigkeit der Tätigkeit ankommt und § 13 StBVV ausdrücklich auf die „angefangene halbe Stunde" abstellt, wirkt es sich nicht gebührenmindernd aus, wenn der StB keine volle halbe Stunde, sondern nur den Bruchteil einer halben Stunde für eine bestimmte Tätigkeit, z.B. die Prüfung eines Steuerbescheids benötigt. Eine **Toleranzgrenze**, also ein gerichtlich nicht überprüfbarer Ermessensspielraum von 20%[4] gilt auch bei der Abrechnung von Zeitgebühren, wenn es um die Höhe der abgerechneten Zeitgebühr geht.[5] Die Zeitgebühr bezieht sich auf die jeweilige **Angelegenheit**.[6]

Beispiele:

Prüft der StB drei Steuerbescheide mit einer Zeitdauer von jeweils 10 Minuten, kann er für jeden Bescheid eine angefangene halbe Stunde berechnen, da jeder Steuerbescheid eine gesonderte gebührenrechtliche Angelegenheit ist.

Prüft der StB einen Steuerbescheid jeweils 10 Minuten an zwei unterschiedlichen Tagen, kann er nur eine angefangene halbe Stunde abrechnen, da nur eine Angelegenheit vorliegt.

Im Falle einer Betriebsprüfung liegen zwar mehrere Einzeltätigkeiten vor. Gleichwohl ist nach h.M. die Betriebsprüfung die Angelegenheit,[7] so dass eine Addition der angefallenen tatsächlichen Zeiten erfolgt und nicht je angefangene halbe Stunde abgerechnet wird.

255 Das LG Düsseldorf[8] hatte darüber zu entscheiden, ob eine Gebühr von 130 € für eine Beratung zur Ansparabschreibung nach § 7g EStG angemessen war und dies bejaht.

1) → § 9 StBVV Rz. 181.
2) → Rz. 248.
3) → § 11 StBVV Rz. 213.
4) → § 11 StBVV Rz. 221; i.d.F. der Fünften Verordnung zur Änderung steuerlicher Verordnungen v. 25.6.2020, BGBl. I 2020, 1495 = BStBl I 2020, 555, mit Wirkung ab dem 1.7.2020 Satz 2 geändert.
5) AG Düsseldorf v. 27.4.2017, 47 C 17868/14.
6) Berners, 5. Aufl. 2016, § 13 StBVV Rz. 17.
7) → § 29 StBVV Rz. 483.
8) LG Düsseldorf v. 19.8.2014, 1 O 497/11.

Die Frage, ob die Höhe der Zeitgebühr dadurch beeinflusst wird, dass nicht der StB selbst, sondern einer seiner **Mitarbeiter,** z.B. ein Steuerfachangestellter, die betreffende Tätigkeit ausübt, ist umstritten. Während die AllGO in § 9 Abs. 2 noch eine Sonderregelung für den Einsatz von Mitarbeitern des StB enthielt, differenziert § 13 StBVV insoweit nicht. Allerdings findet sich in der amtlichen Begründung der Hinweis, dass die Bestimmung der Gebühr innerhalb des Rahmens auch davon abhängen kann, ob die betreffende Tätigkeit vom Berufsträger selbst oder von einem nicht berufsangehörigen Mitarbeiter ausgeführt wird. Dieser Hinweis hilft aber nicht wirklich weiter. Es ergibt sich bereits aus § 11 StBVV, dass einfache Aufgaben, die hauptsächlich von Mitarbeitern und Hilfskräften erledigt werden, schon wegen des geringeren Schwierigkeitsgrades mit einer niedrigeren Gebühr abzurechnen sind. Die entscheidende Frage ist die, ob Tätigkeiten mit gleichem Schwierigkeitsgrad unterschiedlich abzurechnen sind, je nachdem, ob der StB selbst oder ein Mitarbeiter tätig geworden ist. Dass dies nicht zwingend ist, ergibt sich schon aus dem persönlichen Anwendungsbereich der StBVV, der auf Berufsangehörige beschränkt ist.[1] Selbstverständlich kann der StB aber auch die Stunden seiner Mitarbeiter (in seiner Eigenschaft als StB) abrechnen.[2] Gegen eine Differenzierung nach der Qualifikation der Mitarbeiter spricht nicht nur der o.g. Vergleich mit der AllGO, sondern auch ein Vergleich mit anderen Vorschriften, z.B. mit § 6 HOAI[3] i.d.F. von 2002. Der Verordnungsgeber hatte dort nämlich eine dreigeteilte Staffelung der Zeitgebühren nach Qualifikation vorgesehen. Für den Auftragnehmer war ein Stundensatz von 38 bis 82 €, für qualifizierte Mitarbeiter ein Stundensatz von 36 bis 59 € und für weniger qualifizierte Mitarbeiter ein Stundensatz von 31 bis 43 € vorgesehen. Da eine solche Staffelung in § 13 StBVV unterblieben ist, obwohl die AllGO eine solche Differenzierung noch kannte, rechtfertigt dies den Schluss, dass es sich insoweit um eine bewusste Entscheidung des Verordnungsgebers gehandelt hat. Im Übrigen wäre es systemwidrig, nur bei der Zeitgebühr auf die Qualifikation abzustellen, nicht aber bei Wertgebühren oder Betragsrahmengebühren. Außerdem spricht gegen eine Differenzierung nach der Qualifikation der Mitarbeiter, dass stets der StB haftet, auch wenn er sich eines Erfüllungsgehilfen bedient.[4] Für eine Differenzierung nach dem Qualifikationsgrad oder dem beruflichen Status sprechen sich Eggesiecker,[5] Volkmann[6] und Mittelsteiner/Scholz[7] aus. Die Rechtsprechung bietet ein ähnlich uneinheitliches Bild.[8] **256**

Praxistipp:

Der aufgezeigte Meinungsstreit ist m.E. ein Scheingefecht. Da es sich bei der Zeitgebühr um eine Rahmengebühr handelt, sind ausnahmslos die Gebührenbestimmungsfaktoren des § 11 StBVV maßgeblich, wenn es um die Höhe der angemessenen Zeitgebühr geht. Die **Qualifikation** ist dort als Gebührenbestimmungsfaktor aber nicht genannt und im Rahmen des § 11 StBVV auch nicht als Kriterium anerkannt.[9] Sie kann deshalb **nur mittelbar** Auswirkungen auf die Höhe der Zeitgebühr haben, z.B. wenn die Tätigkeit schwierig ist (die Schwierigkeit der Tätigkeit ist in § 11 StBVV ausdrücklich genannt) und deshalb nur von einem hochqualifizierten StB mit dem entsprechenden Wissen wahrgenommen werden kann. Denn der StB wird nicht nur für die Zeit der Beratung,

---

1) § 1 StBVV.
2) → § 1 StBVV Rz. 95.
3) Honorarordnung für Architekten und Ingenieure.
4) Ebenso Lotz in Eckert, 6. Aufl. 2017, § 13 StBVV Rz. 8 f.; Schwamberger, KP 2016, 93, 94; Meyer, KP 2002, 145; Berners, 5. Aufl. 2016 § 13 StBVV Rz. 20; Wacker, DStR 2011, 2370 f.
5) Eggesiecker, 2. Aufl. 1998, § 13 STEUGO Rz. 13.640.
6) Volkmann in Meyer/Goez/Schwamberger, 9. Aufl. 2019, § 13 StBVV Rz. 16 f.
7) Mittelsteiner/Scholz, 4. Aufl. 1998, § 13 StBGebV Rz. 2.
8) Für eine Differenzierung: LG Duisburg v. 5.11.2007, 2 O 46/05; AG Düsseldorf v. 5.11.1997, 25 C 20800/95; LG Düsseldorf v. 23.12.1999, 22 S 678/98; dagegen: wohl LG Düsseldorf v. 4.9.2013, 9 O 64/10; AG Moers v. 7.3.2008, 563 C 478/05; AG Hildesheim v. 2.8.1984, 20 C 322/84, DStR 1987, 408; AG Wedding v. 12.7.1984, 5 C 25/84.
9) → § 11 StBVV Rz. 217.

sondern auch für die **Inanspruchnahme seines Wissens** vergütet (AG Leverkusen v. 27.5.2020, 27 C 135/19 zum Anwaltsrecht).

II. Zeitaufzeichnungen

257 Für die umfassende Abrechnung von Zeitaufwand ist ein elektronisches Zeiterfassungssystem, möglichst mit integriertem Kontrollzentrum, unverzichtbar.[1] Es dient der eigenen Kontrolle und zeigt, ob sich ein Auftrag rechnet. Ferner kann durch eine akkurate Zeiterfassung die bestmögliche Transparenz gegenüber den Mandanten hergestellt werden.

Praxistipp:

Auch die Kanzleichefs sollten ihre Zeiten erfassen und mit gutem Beispiel vorangehen. Gegenüber den Mitarbeitern sollten die Vorteile der Zeitaufschreibung erläutert werden. Bei manchen Mitarbeitern bestehen möglicherweise Vorbehalte wegen möglicher Leistungskontrollen. Darum geht jedoch nicht. Jeder Mitarbeiter muss lernen, wie ein Unternehmer zu denken. Dazu bedarf es eines sauberen Controllings und bestmöglicher Transparenz gegenüber dem Mandanten. Dies gilt es den Mitarbeitern zu vermitteln und in der Kanzlei konsequent umzusetzen. Welche Leistungen letztendlich abgerechnet werden, entscheidet die Kanzleileitung.

Ist kein Leistungserfassungssystem vorhanden, empfiehlt es sich, dem Mandanten zu Dokumentations- und Beweiszwecken eine schriftliche Bestätigung oder (monatliche) Rechnungen über die nach Zeitaufwand abgerechneten Leistungen zuzuleiten. Gerade bei Zeitgebühren ist es besonders wichtig, die erbrachte Leistung, Datum, Beginn und Ende der Tätigkeit, Anzahl der Stunden und mögliche Zeugen (Mitarbeiter) festzuhalten. Die erbrachten Leistungen müssen konkret und nachprüfbar dargelegt werden.[2] Aus den Aufzeichnungen (time sheet) muss sich auch die Art der Tätigkeit des StB ergeben. So müssen z.B. die vorgelegten Aufzeichnungen nach der Rechtsprechung des OLG Düsseldorf[3] und des OLG Köln[4] die Unterscheidung ermöglichen, ob der dargestellte Zeitaufwand sich auf Buchführungsarbeiten i.S.d. § 33 Abs. 1–5 StBVV oder auf sonstige Hilfeleistungen nach § 33 Abs. 7 StBVV bezieht. **Leerformeln**, wie „Aktenstudium", „Rechtsprechungsrecherche" oder „Jahresabschlussarbeiten" bzw. „JA" genügen nicht den Anforderungen an eine detaillierte Zeitaufstellung.[5] Ungeklärte Bearbeitungszeiten geben nur dann Anlass, den gesamten aufgezeichneten Zeitaufwand anzuzweifeln, wenn wegen der Häufung von Ungereimtheiten betrügerisches Handeln des StB anzunehmen ist.[6] Steht eine kostspielige Beweisaufnahme (z.B. durch Vernehmung mehrerer Mitarbeiter des StB als Zeugen) in keinem Verhältnis zur Bedeutung des streitigen Teils der Forderung, kann das Gericht von seiner Schätzungsbefugnis nach § 287 Abs. 2 ZPO Gebrauch machen. Eine Schätzung hat nur dann zu unterbleiben, wenn sie mangels konkreter Anhaltspunkte vollkommen „in der Luft hinge" und daher willkürlich wäre.[7] Nachfolgend einige Entscheidungen, in denen keine überzogenen **Anforderungen** an die Darlegungs- und Beweislast gestellt wurden:

258 So hat das OLG Hamburg[8] in einer Anwaltssache ausgeführt, dass dann, wenn der Rechtsanwalt in allen Einzelheiten festgehalten habe, wie viele Minuten er jeweils

1) Zum Nachweis von Zeitaufwand → § 9 StBVV Rz. 182 sowie zur Anerkennungsklausel → § 4 StBVV Rz. 130 ff.

2) BGH v. 13.2.2020, IX ZR 140/19, ZIP 2020, 716, 721; BGH v. 4.2.2010, IX ZR 18/09, NJW 2010, 1364, 1370 f.; OLG Frankfurt/M. v. 12.1.2011, 4 U 3/08, AnwBl 2011, 300 zum Anwaltsrecht; LG Wuppertal v. 21.5.2014, 8 S 67/13; Feiter, KANZLEI intern 11/2014, 2.

3) OLG Düsseldorf v. 20.1.1994, 13 U 102/93, GI 1995, 11.

4) OLG Köln v. 26.8.1994, 19 U 246/93, GI 1995, 78.

5) LG Köln v. 16.4.2015, 2 O 404/14, DStR 2016, 95; Schons in Hartung/Schons/Enders, 3. Aufl. 2017, § 3a RVG, Rz. 115 m.w.N.

6) Mayer in Gerold/Schmidt, 24. Aufl. 2019, § 3a RVG Rz. 65 a.E. m.w.N.

7) OLG Frankfurt v. 5.10.2018, 8 U 203/17, Stbg 2018, 521 mit. Anm. Beyme.

8) OLG Hamburg v. 16.7.1999, 14 U 272/96, MDR 2000, 115.

auf welche Angelegenheit verwandt habe, der dokumentierte Zeitaufwand grundsätzlich abzunehmen sei. Auch dann, wenn er zwar die Art der Tätigkeit in seiner Handakte notiert habe, aber keine zugehörige Zeitnotiz vorhanden sei, dürfe ihm nicht wegen des Fehlens dieser Zeitaufzeichnung jedweder Anspruch abgesprochen werden, wenn sich andererseits aus vorhandenen Unterlagen ergebe, dass er in der entsprechenden Angelegenheit tätig geworden sei. Wo dies nicht der Fall sei, könne das Gericht entsprechend § 287 Abs. 2 ZPO den erforderlichen Zeitaufwand im Wege der Schätzung bestimmen.

Das OLG Saarbrücken[1] sah ebenfalls – ohne detaillierte Zeiterfassungsunterlagen – ausreichende Anhaltspunkte für eine Schätzung nach § 287 Abs. 2 ZPO, nachdem ein Mitarbeiter des StB zeugenschaftlich vernommen worden war und darauf hingewiesen hatte, dass die in Rechnung gestellten Stunden nach den Notizen im Terminkalender zusammengestellt worden seien. **259**

Das LG Duisburg[2] war in einem Fall, in dem der Berater mit einem DATEV-Zeiterfassungssystem gearbeitet hatte, ebenfalls großzügig. Wörtlich heißt es in den Entscheidungsgründen: „Soweit der Sachverständige einräumt, dass die Notwendigkeit des Ausmaßes an Zeitaufwand nur schwer abschätzbar sei, stellt dies für die Stundenabrechnung ein immanentes Kostenrisiko dar. Der Sachverständige hat aber vorliegend keine Tätigkeiten entdecken können, die in einer unangemessen hohen Arbeitszeit erledigt wurden und aus diesem Grund eine Kürzung des Honorars rechtfertigen würden." **260**

In einem anderen Fall – es ging um den Nachweis von 105,5 Std. im Rahmen einer Außenprüfung – verlangte das LG Duisburg[3] keinen hundertprozentigen Nachweis des Zeitaufwands. Das Gericht gab sich mit den Aussagen der zeugenschaftlich vernommenen Mitarbeiter zufrieden, wonach die Zeiterfassung sehr gewissenhaft durchgeführt und unmittelbar nach Erledigung der Arbeiten aufgeschrieben werde. **261**

Das OLG Düsseldorf[4] folgte ebenfalls den Angaben des StB, weil diese detailliert begründet und nachvollziehbar waren. Das Gericht schätzte den Zeitaufwand für Tätigkeiten nach § 34 Abs. 5 StBGebV auf 19,5 Stunden. **262**

Das LG Kleve[5] nahm entsprechend der Empfehlung des Sachverständigen einen Abschlag i.H.v. 25% des dokumentierten Zeitaufwandes vor, weil auf Grund der allgemeinen Tätigkeitsbeschreibungen nicht eindeutig erkennbar war, ob alle erfassten Tätigkeiten auch gesondert abrechnungsfähig waren. **263**

Das LG Meiningen[6] wirft die Frage auf, ob dem StB noch eine Substantiierung der abgerechneten Stunden zumutbar ist, wenn der Mandant die Rechnungen über Jahre nicht beanstandet hat. Dies wird auf die Umstände des Einzelfalls, insbesondere die Dauer des Mandatsverhältnisses, ankommen, § 242 BGB. **264**

Das LG Wuppertal[7] hatte es mit einem Fall zu tun, in dem der Mandant die abgerechneten Stunden bestritten hatte. Bei der Beweiswürdigung differenzierte das LG danach, ob es dem Mandanten möglich war, zu den abgerechneten Zeiten konkrete Ausführungen zu machen oder nicht. Soweit der StB Telefonate mit Dritten und die Durchsicht von Unterlagen nach Zeitaufwand abgerechnet hatte, durfte der Mandant sich auf reines Bestreiten beschränken. Insoweit sei der StB voll beweispflichtig. Soweit der StB auch Gesprächstermine mit dem Mandanten nach Zeitaufwand abgerechnet hatte, durfte der Mandant sich hingegen nicht auf reines Bestreiten **265**

1) OLG Saarbrücken v. 23.4.1997, 1 U 759/96, INF 1998, 703 f.
2) LG Duisburg v. 1.3.2000, 10 O 362/95, Stbg 2001, 189.
3) LG Duisburg v. 5.11.2007, 2 O 46/05.
4) OLG Düsseldorf v. 19.11.2002, 23 U 258/01, GI 2003, 39, 41.
5) LG Kleve v. 13.6.2003, 1 O 114/01.
6) LG Meiningen v. 16.9.2013, 4 S 226/12.
7) LG Wuppertal v. 21.5.2014, 8 S 67/13, besprochen von Feiter, KANZLEI intern 11/2014, 2.

beschränken. Als unmittelbar beteiligter Gesprächspartner hätte er die aus seiner Sicht zutreffende Gesprächsdauer angeben müssen. Da er dies nicht getan hatte, wurde dem StB das Honorar insoweit zugesprochen.

266 Das LG Düsseldorf[1)] ging nach der Vernehmung eines Mitarbeiters des StB davon aus, dass die sich aus der Mandantenleistungskarte ergebenden Zeiten zutreffend erfasst waren. Wörtlich heißt es „Dafür, dass der Zeuge I zu Lasten der Beklagtenseite mehr Stunden erfasst haben sollte, als die Besprechungen tatsächlich gedauert haben, spricht nichts. Es kommt hinzu, dass der Zeuge glaubhaft bekundet hat, die Vorbereitungszeiten nicht einmal berechnet zu haben".

267 Das AG Hattingen[2)] hatte die Mitarbeiterin des StB als Zeugin zu den angefallenen Zeitgebühren im Rahmen der Lohnsteueraußenprüfung 2006 – 2009 befragt. Die Mitarbeiterin hatte bestätigt, dass sie die abgerechneten Zeiten systematisch erfasst hatte. Dies reichte dem Gericht, zumal die Aussage der Mitarbeiterin von der Gegenseite nicht weiter bestritten wurde.

III. Angemessener Zeitaufwand

268 Der (nachgewiesene) Zeitaufwand muss in einem angemessenen Verhältnis zu Umfang und Schwierigkeit der Sache stehen. Abrechenbar ist grundsätzlich nur der **produktive Arbeitsaufwand**, der sich in einem time-shee[3)] schlüssig darstellen lässt. Das Nachdenken über einen bestimmten Fall außerhalb der üblichen Arbeitszeiten, z.B. beim Autofahren, Zugfahren und während der Freizeit rechtfertigt m.E. kein Honorar. Wenn der StB immer wieder an einen Fall denken muss, der ihn sehr beschäftigt, kommt das dem Mandanten nicht zugute. Die Leistung ist im Zweifel nicht produktiv und deshalb nicht abrechenbar.[4)] Eine bindende Bearbeitungszeit gibt es nicht. Allerdings ist der StB zu einer effektiven und zeitschonenden Arbeitsweise verpflichtet. Diese vertragliche Treuepflicht folgt aus dem Grundsatz von Treu und Glauben, § 242 BGB.[5)] Zeitdifferenzen sind bei der Dauer der Bearbeitung grundsätzlich hinzunehmen, da sich die Arbeitsweise von StB und Rechtsanwälten – wie jeder Mandant weiß – individuell unterschiedlich gestaltet und es nicht darum geht, einem Rechtsanwalt oder StB bindend vorzugeben, in welchem Zeitraum ein Mandat zu bearbeiten ist. Trotzdem darf der zu vergütende zeitliche Aufwand nicht außer Verhältnis zu Schwierigkeit, Umfang und Dauer der zu bearbeitenden Angelegenheit stehen.[6)] Deswegen ist auch beim Lesen und Auswerten von Mandantenunterlagen oder bei der Literaturrecherche kein objektiver, sondern ein subjektiver Maßstab anzulegen. Die Leistungspflicht orientiert sich grundsätzlich an der individuellen Leistungsfähigkeit des StB. Der StB schuldet deshalb keine objektive Normallesegeschwindigkeit und erst Recht kein Speed-Reading, sondern grundsätzlich seine subjektive Lesegeschwindigkeit.[7)] Diese Rechtsprechung gilt allerdings nur für StB und nicht für die Mitarbeiter, bei denen Tempo und Arbeitsweise ebenfalls unterschiedlich sind. Hier muss der StB bei „langsamen" Mitarbeitern oder bei internen Umstrukturierungsmaßnahmen, die mit einem Mitarbeiterwechsel verbunden sind, ggf. Abschläge einkalkulieren und genau prüfen, wie viele der erfassten

1) LG Düsseldorf v. 9.9.2014, 22 O 31/12.
2) AG Hattingen v. 3.5.2013, 16 C 12/13.
3) → § 9 StBVV Rz. 182.
4) Anwälte fragen nach Ethik, Die Stundenabrechnung – was ist abrechenbar? AnwBl 2017, 304.
5) BGH v. 1.2.2000, X ZR 198/97, DStR 2000, 480 zu einem WP-Stundenhonorar für Prüfung eines Jahresabschlusses; Schons in Hartung/Enders/Schons, 3. Aufl. 2017, § 3a RVG Rz. 116 zu Rechtsanwälten.
6) BGH v. 13.2.2020, IX ZR 140/10, ZIP 2020, 716, 721; BGH v. v. 21.10.2010, IX ZR 37/10, NJW 2011, 63, 65 und BGH v. 4.2.2010, IX ZR 18/09, NJW 2010, 1364, 1371 zu Rechtsanwälten; LG Wuppertal v. 21.5.2014, 8 S 67/13 zu StB.
7) Ritter, DStR 2015, 1147.

Stunden tatsächlich abrechenbar sind. Problematisch wird es, wenn bei **Besprechungsterminen** mit dem Mandanten neben dem StB eine weitere Person teilnimmt und für die Teilnahme an den Besprechungsterminen die „doppelte" Stundenzahl abgerechnet wird. Grundsätzlich ist die Frage der Teilnahme von Mitarbeitern an Besprechungen eine Organisationsentscheidung des StB. Die Teilnahme eines Sachbearbeiters an einer Besprechung kann für den Mandanten von Vorteil sein, etwa weil Fragestellungen zügig beantwortet werden können, ohne dass der StB noch einmal Rücksprache mit dem Sachbearbeiter halten muss. Ob immer alle Stunden abrechenbar sind, ist eine Frage des Einzelfalls. Bei einem Erstgespräch dürfte die Teilnahme von zwei StB bzw. einem StB und einem Sachbearbeiter grundsätzlich nicht erforderlich sein. Das AG Borken hatte in einem solchen Fall eine Kürzung der Mitarbeiterstunden – nicht der des StB – um die Hälfte vorgenommen.[1] Bei **vereinbarten Stundensätzen** gilt: je höher der Stundensatz, umso effizienter und schneller muss die Bearbeitung sein.[2]

1) AG Borken v. 11.7.2017, 12 C 158/14, besprochen von Wacker, KANZLEI intern 09_2017, 2.
2) BGH v. 21.10.2010, IX ZR 37/10, NJW 2011, 63, 65 und BGH v. 4.2.2010, IX ZR 18/09, NJW 2010, 1364, 1371 zu Rechtsanwälten; Schons in Hartung/Schons/Enders, 3. Aufl. 2017, § 3a RVG Rz. 125.

§ 14
Pauschalvergütung

(1) [1]Für einzelne oder mehrere für denselben Auftraggeber laufend auszuführende Tätigkeiten kann der Steuerberater eine Pauschalvergütung vereinbaren. [2]Die Vereinbarung ist in Textform und für einen Zeitraum von mindestens einem Jahr zu treffen. [3]In der Vereinbarung sind die vom Steuerberater zu übernehmenden Tätigkeiten und die Zeiträume, für die sie geleistet werden, im einzelnen aufzuführen.

(2) Die Vereinbarung einer Pauschalvergütung ist ausgeschlossen für

1. die Anfertigung nicht mindestens jährlich wiederkehrender Steuererklärungen;

2. die Ausarbeitung von schriftlichen Gutachten (§ 22);

3. die in § 23 genannten Tätigkeiten;

4. die Teilnahme an Prüfungen (§ 29);

5. die Beratung und Vertretung im außergerichtlichen Rechtsbehelfsverfahren (§ 40), im Verwaltungsvollstreckungsverfahren (§ 44) und in gerichtlichen und anderen Verfahren (§ 45).

(3) Der Gebührenanteil der Pauschalvergütung muß in einem angemessenen Verhältnis zur Leistung des Steuerberaters stehen.

Inhalt

Schrifttum

Berners, Vereinbarung über Pauschalvergütung ab jetzt in Textform, NWB 35/2017, 2701; **Berners,** Die Pauschalhonorarvereinbarung des Steuerberaters, NWB 18/2013, 1426; **Feiter,** Pauschalvergütungsvereinbarungen – Unzulässige Einschränkung der Vertragsfreiheit durch den Ausschlusskatalog des § 14 Abs. 2 StBVV?, DStR 2019, 1887; **Feiter,** Ausschreibungsverfahren der öffentlichen Hand nach Vergabe- und Vertragsordnung für Leistungen (VOL) –berufsrechtliche Grenzen für Steuerberater, KANZLEI intern 08/2015, 6; **Feiter,** Festpreisvereinbarung für Fibu, KANZLEI intern 05/2013, 3; **Feiter/Ulrich,** Empfehlungen zum Umgang mit Pauschalvergütungsvereinbarungen, INF 2004, 34; **Hinne/Klees/Müllerschön/**

Teubel/Winkler, Vereinbarungen mit Mandanten, 2. Aufl., 2008; **Maxl/Feiter,** Vereinbarung einer Pauschalvergütung durch den Steuerberater, INF 1994, 756; **Pestke,** Anpassung einer Pauschalvergütung bei gestiegenem Bearbeitungsaufwand – Besprechung der Entscheidung des Schleswig-Holsteinischen OLG v. 11.1.2019, 17 U 21/18, Stbg 2019, 231; **Wolf/Lindacher/Pfeiffer,** AGB-Recht, München, 6. Aufl. 2013.

A. Inhalt und Bedeutung

Zur **Erleichterung des Abrechnungsverfahrens** für wiederkehrende Tätigkeiten lässt die StBVV in § 14 Pauschalhonorarvereinbarungen zu. Wenn der StB die i.d.R. sämtliche Gebühren und Auslagen abgeltende Pauschalvergütung wählt, muss die Höhe der Vergütung mindestens für ein Jahr im Voraus festgelegt werden. Gerade bei neuen Mandanten ist die sofortige Vereinbarung einer Pauschalvergütung deshalb mit Risiken verbunden, weil sich die Gegenstandswerte und der anfallende Zeitaufwand mitunter nur schwer schätzen lassen. Ein weiteres Risiko für den Berater besteht darin, dass unklare Vertragsregelungen regelmäßig zu seinen Lasten gehen.[1] 269

Anders als die Vereinbarung einer höheren Vergütung nach § 4 Abs. 1 StBVV darf die Vereinbarung einer Pauschalvergütung auch bei Verwendung eines Vordrucks weitere Erklärungen enthalten. Sie kann auch in einen schriftlichen Steuerberatungsvertrag integriert[2] oder mit der Vereinbarung einer höheren Vergütung nach § 4 Abs. 1 StBVV kombiniert werden. Eine solche „gemischte" Honorarvereinbarung setzt aber voraus, dass die Formvoraussetzungen beider Vorschriften erfüllt sind.[3] 270

Praxistipp:

1. Da die Pauschalvergütung angemessen sein muss[4] und insoweit eine gerichtliche Kontrolle erfolgt,[5] empfiehlt es sich, auch bei Pauschalen eine Vergütungsvereinbarung zu treffen, die den Anforderungen des § 4 StBVV genügt. Eine gerichtliche Kontrolle der Angemessenheit entfällt dann.[6] Denkbar sind auch zwei getrennte Vereinbarungen nach § 14 StBVV und nach § 4 StBVV. Formulierungsvorschlag von Berners[7]: „Vergütungsvereinbarung ... Sofern einzelne Gebühren oder alle Gebühren der als Anlage beigefügten Pauschalhonorarvereinbarungen vom ... wider Erwarten unangemessen hoch sein sollten, werden diese hiermit als höhere Gebühren i.S. des § 4 StBVV vereinbart...".
2. Da Pauschalvergütungsvereinbarungen für einen mehrjährigen Zeitraum geschlossen werden, sollte auch der Zeitpunkt, zu dem jeweils eine Überprüfung bzw. eine Anpassung der Vergütung erfolgen soll, Aufnahme in die Vereinbarung finden, Wird dies versäumt, kann der StB die Vergütung nicht einseitig anpassen.[8]

Zur Abgrenzung Pauschale und Vorschuss → § 33 StBVV Rz. 542.

B. Gegenstand der Pauschalvergütung (Abs. 1)

Nach dem Willen des Verordnungsgebers dürfen Pauschalen nur für laufend auszuführende Tätigkeiten vereinbart werden.[9] Diese Einschränkung ist mit höherrangi- 271

1) → Rz. 276 ff.
2) → siehe Muster Steuerberatungsvertrag mit Pauschalvergütungsvereinbarung, Rz. 943.
3) → siehe Muster Vergütungsvereinbarung (Pauschale für steuerliche Registrierung Fibu, Lohn und Stundensätze), Rz. 937; Feiter, Kanzlei intern 5/2013, 3.
4) § 14 Abs. 3 StBVV.
5) → Rz. 284.
6) Feiter, Kanzlei intern 5/2013, 3.
7) Berners, NWB 18/2013, 1432.
8) Schleswig-Holsteinisches OLG v. 11.1.2019, 17 U 21/18, Stbg 2019, 231; LG Düsseldorf v. 17.3.2000, 15 O 804/95, → Rz. 288.
9) § 14 Abs. 1 Satz 1 StBVV.

gem Recht unvereinbar, so dass Pauschalen auch für einmalige Tätigkeiten (z.B. die Anfertigung eines Gutachtens oder die Führung eines Einspruchsverfahrens) trotz des entgegenstehenden Wortlauts wirksam vereinbart werden können.[1] Teilweise wird vertreten, dass es sich um Tätigkeiten nach § 33 StBerG handeln muss.[2] Danach müsste für sog. **vereinbare Tätigkeiten** nach § 57 Abs. 3 StBerG eine gesonderte Pauschalvereinbarung getroffen werden. Diese Auffassung überzeugt nicht. Zwar ist der Anwendungsbereich der StBVV in § 1 Abs. 1 StBVV auf Tätigkeiten nach § 33 StBerG beschränkt. Aus dem allgemeinen Grundsatz der Vertragsfreiheit folgt aber, dass auch für vereinbare Tätigkeiten eine Pauschalvergütung vereinbart werden kann, soweit dies nicht ausdrücklich ausgeschlossen ist. Ein solcher Ausschluss ist in § 14 StBVV nicht vorgesehen. Da keine weiteren Formvorschriften zu beachten sind, bedarf es deshalb keiner gesonderten Vereinbarung.[3]

272 Die Formulierung „Pauschalvergütung" macht deutlich, dass nicht nur Gebühren, sondern auch **Auslagen** zusammengefasst als Vergütung pauschaliert werden können. Gleichwohl empfiehlt es sich, eine Aufteilung zwischen Gebühren und Auslagen vorzunehmen. Dies erleichtert eine spätere Überprüfung und Anpassung der vereinbarten Pauschalen.

273 Aus dem gleichen Grunde empfiehlt sich auch eine **Aufteilung** der auf die jeweiligen Tätigkeiten entfallenden Pauschalen, wenn zahlreiche Leistungen von der Pauschale umfasst sind. Wird in der Vereinbarung selbst keine Untergliederung vorgenommen, sollte die Zusammensetzung der Pauschalvergütung zumindest aus der Handakte des StB ersichtlich sein, damit der Berater die Voraussetzungen für eine Anpassung der Pauschalvergütung leichter darlegen kann.[4] Auch im Falle einer vorzeitigen Beendigung des Vertrages oder Rückforderungsansprüchen des Mandanten kann eine Aufschlüsselung wichtig werden. In aller Regel werden Pauschalvergütungsvereinbarungen nicht mit Verbrauchern, sondern mit Unternehmern abgeschlossen. Wird ausnahmsweise mit einem Verbraucher eine Pauschalvergütung vereinbart, muss die vereinbarte Pauschale nach der PAnGV bereits die Umsatzsteuer beinhalten.[5]

274 Gemäß § 14 Abs. 1 Satz 3 StBVV sind in der Vereinbarung die vom StB zu übernehmenden Tätigkeiten und die Zeiträume, für die sie geleistet werden, im Einzelnen aufzuführen.

I. Tätigkeiten

275 Da der Begriff „Pauschalvergütung" die **Auslagen** einschließt, sind diese grundsätzlich von der vereinbarten Pauschalvergütung mit umfasst, es sei denn, dass eine besondere Regelung über den Ansatz der Auslagen wie auch sonstiger Nebenkosten (z.B. des Rechenzentrums) und der jeweils gültigen gesetzlichen Umsatzsteuer getroffen wurde. Wird dies versäumt, liegt eine unklare Regelung vor, die zu Lasten des Beraters geht. Dann ist davon auszugehen, dass diese Kosten in der Pauschale enthalten sind.[6]

Praxistipp:

Der StB sollte in seinem eigenen Interesse besondere Sorgfalt auf die **exakte Definition** der von ihm geschuldeten **Leistungen** legen. Die Tätigkeiten sollten im Einzelnen aufgezählt und mit den entsprechenden Vorschriften der StBVV versehen werden. Zusätzlich empfiehlt sich der Vorbehalt, dass für sonstige, nicht laufend auszuführende Tätigkeiten

1) → Rz. 283.
2) Mittelsteiner/Scholz, 4. Aufl. 1998, § 14 StBGebV Rz. 11.
3) Lotz in Eckert, 6. Aufl. 2017, § 14 StBVV Rz. 8; Maxl/Feiter, INF 1994, 756.
4) Feiter/Ulrich, INF 2004, 34, 37 f.
5) → § 4 StBVV Rz. 117, Praxistipp.
6) Maxl/Feiter, INF 1994, 756 m.w.N.

eine Abrechnung nach Maßgabe der gesetzlichen Vorschriften der StBVV erfolgt. In der Praxis ist immer wieder zu beobachten, dass die vom Berater geschuldeten Tätigkeiten in der Vereinbarung nicht hinreichend konkret aufgeführt werden. Das hat zur Folge, dass der Berater **Zusatzarbeiten** mit teilweise erheblichem Umfang[1] nicht separat abrechnen darf.

Beispiele:

Sind monatliche Pauschalen für Buchführungsarbeiten vereinbart, können nicht zusätzlich zu dieser Pauschale Zusatzarbeiten für die Umstellung der Buchführung auf EDV[2] oder für Abstimmarbeiten berechnet werden.[3]

Eine Vereinbarung, in der sich der Berater verpflichtet, die Finanzbuchführung für eine monatliche Pauschale von 153,39 € (300 DM) zu erstellen ist so zu verstehen, dass mit der Zahlung des monatlichen Pauschalbetrages sämtliche für die Erstellung der Finanzbuchführung anfallenden Kosten nebst Aufwendungen abgegolten sind, d.h. auch Serviceleistungen wie dazu gehörende Beratungen und das Abholen und Verbringen von Unterlagen.[4]

Wurde für den Bereich der Lohnbuchführung eine pauschale Abrechnung von 15,34 € (30 DM) pro Mitarbeiter und Monat vereinbart, kommt darüber hinaus eine Abrechnung von sonstigen Tätigkeiten in entsprechender Anwendung des § 34 Abs. 5 StBVV nicht in Betracht.[5] Das Landgericht ging davon aus, dass die Vereinbarung nicht zwischen Lohnbuchführung im engeren Sinne und sonstigen Tätigkeiten unterschied, so dass sämtliche Tätigkeiten aus dem Bereich der Lohnbuchführung von der vereinbarten Vergütung abgegolten waren.

Praxistipp:

Wenn in einem Bestandmandat die Finanz- und/oder Lohnbuchführung auf DATEV Unternehmen online umgestellt wird, sollte der StB vorab prüfen, ob eine dauerhafte Anpassung der Pauschalvergütung erforderlich ist. Der einmalige Zeitaufwand für die Einrichtung von DATEV Unternehmen online ist m.E. eine Tätigkeit, die zusätzlich mit einer Zeitgebühr nach § 32 StBVV abgerechnet werden kann, wenn die Umstellung auf DATEV Unternehmen online im Zeitpunkt der Pauschalvergütungsvereinbarung nicht vorhersehbar und nicht vom Willen der Vertragsparteien erfasst war.

II. Zeiträume

Die Angabe der Zeiträume, für welche die pauschal zu übernehmenden Tätigkeiten erbracht werden, ist von großer praktischer Bedeutung. Abgrenzungsprobleme können insbesondere im Fall einer Kündigung entstehen, wenn die Vereinbarung nicht erkennen lässt, ob die Vergütung für das „Jahr der üblichen Erledigung" oder für das „Jahr der wirtschaftlichen Zugehörigkeit" gezahlt wurde. 276

Praxistipp:

Im Vertrag empfiehlt sich eine Regelung, wonach die Pauschalvergütung für das laufende Jahr (z.B. 2019) sich auf Jahresabschlussarbeiten und Steuererklärungen des abgelaufenen Jahres (z.B. 2018) oder sogar des vorletzten Jahres (z.B. 2017) erstreckt und bei vorzeitiger Vertragsbeendigung die gesonderte Abrechnung dieser Arbeiten nach Maßgabe der StBVV erfolgt.[6]

---

1) Z.B. Sortieren ungeordneter Belege, ihre Prüfung, Berichtigung oder Ergänzung, die Vornahme hierdurch veranlasster Umbuchungen sowie alle sonstigen die Verbuchung vorbereitenden Tätigkeiten.
2) OLG Celle v. 21.12.1984, 3 U 131/84, DStR 1985, 482.
3) OLG Düsseldorf v. 3.5.2002, 23 U 152/01, GI 2003, 7, 11; AG Remscheid v. 27.6.2001, 27 C 16/01.
4) LG Mönchengladbach v. 26.5.2000, 2 S 21/96.
5) LG Duisburg v. 1.3.2000, 10 O 362/95, Stbg 2001, 189.
6) Lotz in Eckert, 6. Aufl. 2017, § 14 StBVV Rz. 19 f. mit Formulierungsbeispielen.

III. Auftraggeber

277 Die Pauschalvergütung muss Tätigkeiten für denselben Auftraggeber betreffen, § 14 Abs. 1 Satz 1 StBVV. Auch auf die Bezeichnung der Vertragspartner ist besondere Sorgfalt zu legen. Dies zeigt ein Urteil des OLG Köln.[1] Dort hatte ein Berater jahrelang im Rahmen einer Pauschalvergütungsvereinbarung das Unternehmen eines Mandanten betreut und darüber hinaus den Mandanten und dessen Ehefrau persönlich beraten, ohne dies gesondert zu berechnen. Daraus, sowie aus einem Schreiben des StB, schloss das OLG, die Pauschalvergütungsvereinbarung umfasse die Gesamtberatung, ein zusätzliches Honorar für die Beratung des Ehepaares dürfe nicht berechnet werden. Ähnlich lag der Fall, über den das LG Düsseldorf[2] zu entscheiden hatte. Der StB hatte mit dem Ehemann der Beklagten mündlich ein monatliches Pauschalhonorar von 120 € für „Alles" vereinbart. Da das Kündigungsschreiben des StB an beide Eheleute gerichtet war, ging das Gericht davon aus, dass die Pauschale auch alle Leistungen im Verhältnis zur Ehefrau umfasste u.a. Lohnbuchführung, Finanzbuchführung, Einnahme-Überschussrechnung und Steuererklärungen.

IV. Vertragslaufzeit

278 Nach § 14 Abs. 1 Satz 2 StBVV ist die Pauschalvereinbarung für einen Zeitraum von mindestens einem Jahr zu treffen. Die Vereinbarung eines kürzeren Zeitraums führt allerdings nicht zur Nichtigkeit der Vereinbarung nach § 134 BGB, da die zeitliche Vorgabe in § 14 StBVV mit der verfassungsrechtlich geschützten Vertragsfreiheit unvereinbar ist.[3]

279 Eine Vereinbarung, die von vornherein nur für ein Jahr abgeschlossen wird, ist nach bisher h.M. unwirksam, da dann begrifflich nicht mehr von „laufend" auszuführenden Tätigkeiten gesprochen werden kann. Diese Einschränkung ist mit höherrangigem Recht allerdings unvereinbar, so dass Pauschalen auch für einmalige Tätigkeiten[4] trotz des entgegenstehenden Wortlauts wirksam vereinbart werden können.[5] Unproblematisch ist es, wenn der Vertrag zwar für ein Jahr geschlossen wird, er jedoch eine **Verlängerungsklausel** bei Fehlen einer rechtzeitigen Kündigung zum Ende des Jahres[6] oder eine sonstige **Anpassungsklausel** enthält.

Beispiel:[7]

„Mit Wirkung vom … berechnen wir für die laufenden Buchführungskosten … eine Buchführungs- und Lohnbuchführungspauschale in Höhe von …. €. Hierbei sind wir von 1.400 Buchungen im Monat und 19 Mitarbeitern ausgegangen und haben Gegenstandswerte zugrunde gelegt, wie sie sich aus dem uns mitgeteilten Geschäftsverlauf der beiden Vorjahre ergeben haben. Da der künftige Arbeitsumfang und der Geschäftsverlauf derzeit nicht absehbar sind, wird vereinbart, dass das Honorar im gegenseitigen Einvernehmen sachgerecht an den tatsächlichen Arbeitsaufwand unter Zugrundelegung der mittleren Gebühr nach der StBVV angepasst wird, sofern dies erforderlich ist".

V. Schriftform/Textform

280 § 14 Abs. 1 Satz 2 StBVV schrieb bis zum 19.7.2017 ausdrücklich Schriftlichkeit vor. Dieses Formerfordernis ist durch die Vierte Verordnung zur Änderung steuerlicher

1) OLG Köln v. 5.8.1996, 27 U 81/95, BB 1996, 2219.
2) LG Düsseldorf v. 19.12.2008, 22 S 394/07.
3) → Rz. 283.
4) Z.B. die Anfertigung eines Gutachtens oder die Führung eines Einspruchsverfahrens.
5) → Rz. 271, → Rz. 283.
6) Maxl/Feiter, INF 1994, 756, 757; Volkmann in Meyer/Goez/Schwamberger, 9. Aufl. 2019, § 14 StBVV Rz. 6.
7) Schleswig-Holsteinisches OLG v. 11.1.2019, 17 U 21/18, Stbg 2019, 231.

Verordnungen (4. StVOÄndVO) mit Wirkung zum 20.7.2017 durch ein Textformerfordernis ersetzt worden.[1] Begründet wird diese Änderung damit, dass das weniger strenge Textformerfordernis bereits für Erfolgshonorarvereinbarungen und Vergütungsvereinbarungen gilt[2] und kein Grund ersichtlich ist, für Pauschalvergütungsvereinbarungen höhere Anforderungen zu stellen. Mandanten von Steuerberatern seien hinsichtlich der Formerfordernisse insoweit nicht unterschiedlich schutzwürdig. Mit Inkrafttreten der 4. StVOÄndVO entfällt damit auch die Notwendigkeit, dass beide Vertragspartner die Pauschalvergütungsvereinbarung unterzeichnen. Jedenfalls sind fehlende Unterschriften jetzt kein Formmangel mehr. Aus Beweisgründen empfiehlt sich allerdings nach wie vor, zumindest die Unterschrift des Mandanten einzuholen. Für Pauschalvergütungsvereinbarungen, die vor Inkrafttreten der 4. StVOÄndVO geschlossen wurden, gilt auch weiterhin das Schriftformerfordernis. D.h. die Vereinbarung muss in ihrer Gesamtheit von beiden Parteien unterschrieben sein, wobei die Erklärungen in einer Urkunde enthalten sein müssen, §§ 126, 151 BGB. Bei einer GbR oder Partnerschaftsgesellschaft müssen alle Sozien/Partner unterschreiben. Unterschreibt nur einer der Sozien/Partner für die GbR/Partnerschaftsgesellschaft, muss er dies durch einen Vertretungszusatz[3] verdeutlichen, sonst liegt ein Verstoß gegen das Schriftformerfordernis vor.[4] Ein Verstoß gegen das Schriftformerfordernis führt grundsätzlich zur Nichtigkeit der Vereinbarung, § 125 BGB.[5] Eine rückwirkende Heilung mittels einer den Anforderungen des § 14 StBVV genügenden Vereinbarung ist möglich, setzt aber die zumindest im Streitfall nicht zu erwartende Zustimmung des Mandanten voraus. Der gesetzliche Formzwang gilt grundsätzlich auch für spätere Änderungen und Ergänzungen des Vertrags.[6] Zur elektronischen Form siehe § 126a BGB und → § 9 StBVV Rz. 175.

Liegt ein Verstoß gegen das Schrift- oder **Textformerfordernis** vor und ist die Vereinbarung über die Pauschalvergütung deshalb gem. § 125 Satz 1 BGB nichtig, **281**
bleibt der zwischen StB und Mandanten bestehende Geschäftsbesorgungsvertrag[7] davon nach § 139 BGB unberührt, d.h. der Auftraggeber schuldet die übliche Vergütung, die sich aus den Vorschriften der StBVV ergibt. Rechtsprechung hierzu gibt es nur zum Schriftformerfordernis. Diese Rechtsprechung lässt sich auch auf das weniger strenge Textformerfordernis[8] übertragen. Teile der Rechtsprechung[9] machen insofern eine Einschränkung, als der StB beim Vorliegen besonderer Umstände unter dem Gesichtspunkt des widersprüchlichen Verhaltens nach **§ 242 BGB** daran gehindert ist, die über der (form-)unwirksamen Pauschalvergütungsvereinbarung liegenden gesetzlichen Gebühren zu verlangen. Die überwiegende Rechtsprechung ist jedoch strenger. Sie geht davon aus, dass das Vertrauen des StB auf die Wirksamkeit einer nur mündlich vereinbarten Pauschalvergütung wegen seiner Kenntnis von der Formvorschrift des § 14 StBVV nicht schutzwürdig ist. Trotz Formverstoßes bejaht deshalb die überwiegende Rechtsprechung eine Bindung des

1) BGBl. I 2017, 2360, 2362 = BStBl I 2017, 892; zum Begriff der Textform siehe → § 4 StBVV Rz. 123; Berners, NWB 2017, 2701, 2703.
2) Siehe § 9a Abs. 3 Satz 1 StBerG und § 4 Abs. 1 Satz 1 StBVV.
3) Z.B. „i.V." oder durch Hinzusetzen eines Kanzlei- oder Firmenstempels.
4) BGH v. 23.1.2013, XII ZR 35/11, DStR 2013, 990 m. Anm. Weitze-Scholl/Konukiewitz zur Unterzeichnung eines Mietvertrages; einschränkend BGH v. 22.4.2015, XII ZR 55/14, DB 2015, 1404 zu einem mit einer Aktiengesellschaft abgeschlossenen Mietvertrag; Hessisches FG v. 12.9.2007, 5 K 1918/05, zur Wirksamkeit einer Abtretungsanzeige.
5) Schleswig-Holsteinisches OLG v. 11.1.2019, 17 U 21/18, Stbg 2019, 231; OLG Düsseldorf v. 6.11.2001, 23 U 27/01, GI 2002, 72; LG Duisburg v. 9.7.2020, 11 O 273/19; LG Essen v. 30.11.2000, 6 O 399/00, DStRE 2001, 615.
6) BGH v. 26.10.1973, V ZR 194/72, NJW 1974, 271, zu § 313 BGB; Maxl/Feiter, INF 1994, 756, 759, „Änderungskündigung".
7) § 675 BGB.
8) → Rz. 280.
9) OLG Stuttgart v. 4.8.1998, 12 U 65/98, MDR 1999, 120; OLG Düsseldorf v. 6.11.2001, 23 U 27/01, GI 2002, 72f.; LG Saarbrücken v. 8.1.2004, 2 S 304/01.

StB an die nichtige Abrede einer Pauschalvergütung.[1] Die Begründungen sind unterschiedlich. So hat das Schleswig-Holsteinische OLG[2] auf den Grundsatz von Treu und Glauben abgestellt, weil der StB entgegen einer mündlichen Pauschalabsprache und abweichend von dem bisherigen Abrechnungsmodus wegen des gestiegenen Arbeitsaufwands Rechnungen nach Gegenstandswert erstellt hatte. Das Schleswig-Holsteinische OLG sah darin einen treuwidrigen Widerspruch zum bisherigen eigenen Verhalten des StB. Das OLG Köln[3] hat darauf abgestellt, dass die auf die unwirksame Abrede abgestellte Abrechnung des StB als endgültig gemeintes Leistungsverlangen eine Gebührenbestimmung nach § 11 StBVV sei, die als Leistungsbestimmung i.S.d. § 315 BGB grundsätzlich unwiderruflich und für den Bestimmungsberechtigten bindend sei. Das OLG Celle[4] ging demgegenüber von einer haftungsbegründenden Pflichtverletzung des Beraters aus, weil dieser den Mandanten nicht auf die Formvorschrift hingewiesen habe. Dies habe zur Folge, dass der Mandant so zu stellen sei, als sei die Pauschalvergütungsabrede formwirksam zustande gekommen. Auch wenn der Mandant in Unkenntnis der Formvorschrift jahrelang vorgelegte Honorarrechnungen akzeptiert hat und sich erst im Rahmen einer gerichtlichen Auseinandersetzung auf die Formnichtigkeit beruft, verhält er sich nicht treuwidrig i.S.d. § 242 BGB.[5] Liegt der Fall so, dass auch der Mandant nicht schutzwürdig ist, weil auch ihm der Formverstoß bekannt war, ist der StB allerdings nicht gehindert, nach den gesetzlichen Vorschriften abzurechnen.[6] Lässt der Mandant ein Jahr verstreichen, ohne die sonst von ihm regelmäßig entrichtete Pauschale zu zahlen, spricht dies dafür, dass er selbst nicht mehr von der Vereinbarung einer Pauschale ausgeht. Der StB darf dann nach der StBVV abrechnen.[7]

282 Beruft der Mandant sich darauf, dass zwischen ihm und dem Berater eine mündliche Pauschalvergütung vereinbart war, ist er hierfür in vollem Umfang beweispflichtig. Misslingt der Nachweis, kann der Berater ebenfalls nach den Vorschriften der StBVV abrechnen.[8]

C. Ausschluss der Pauschalvergütung (Abs. 2)

283 Pauschalen dürfen sich nur für **laufend auszuführende Tätigkeiten** vereinbart werden, § 14 Abs. 1 Satz 1 StBVV. „Ausgeschlossen" ist eine Pauschalvergütung für solche Tätigkeiten, die im Negativkatalog des § 14 Abs. 2 StBVV aufgeführt sind. Diese Einschränkung ist problematisch. In der amtlichen Begründung wird sie wie folgt gerechtfertigt: „Einzelne, besonders bedeutsame, aber nicht regelmäßig mindestens jährlich wiederkehrende Tätigkeiten eignen sich nicht für eine Pauschalvereinbarung. Sie werden deshalb durch Absatz 2 ausdrücklich ausgeschlossen". Welche Rechtsfolge ein Verstoß gegen § 14 Abs. 2 StBVV hat, ergibt sich weder aus dem Wortlaut der Vorschrift, noch aus der amtlichen Begründung. In der Kommentarliteratur wird überwiegend die Meinung vertreten, dass ein Verstoß gegen § 14

1) Schleswig-Holsteinisches OLG v. 11.1.2019, 17 U 21/18, Stbg 2019, 231; OLG Köln v. 8.5.1996, 27 U 81/95, BB 1996, 2219; OLG Celle v. 9.2.1994, 3 U 83/93, DStR 1994, 630; OLG Düsseldorf v. 21.4.1994, 13 U 101/93, GI 1994, 351; OLG Düsseldorf v. 8.2.1996, 13 U 38/95, GI 1997, 23; OLG Hamm v. 1.10.1997, 25 U 137/95, StB 1998, 322; LG Duisburg v. 24.3.2016, 4 O 88/13; LG Duisburg v. 17.9.2012, 8 O 365/11.
2) Schleswig-Holsteinisches OLG v. 11.1.2019, 17 U 21/18, Stbg 2019, 231.
3) OLG Köln v. 8.5.1996, 27 U 81/95, BB 1996, 2219.
4) OLG Celle v. 9.2.1994, 3 U 83/93, DStR 1994, 630.
5) LG Düsseldorf v. 19.12.2008, 22 S 394/07; LG Duisburg v. 30.3.2006, 8 O 375/04, Stbg 2007, 247.
6) OLG Hamm v. 24.1.1996, 25 U 72/95, GI 1997, 223.
7) LG Düsseldorf v. 15.9.2009, 2b O 112/06.
8) OLG Hamm v. 1.1.1997, 25 U 137/95, StB 1998, 322.

Abs. 2 StBVV zur Nichtigkeit der Vereinbarung führt, weil der StB gegen ein gesetzliches Verbot i.S.d. § 134 BGB verstößt.[1)]

Beispiel 1:

Ein StB erstellt Gutachten, insbesondere zu Fragen des Umwandlungssteuerrechts. Bei Gutachten zu „Standardfällen" (z.B. Einbringung Einzelunternehmen in eine GmbH) bietet er seinen Mandanten einen Pauschalpreis an.

Beispiel 2:

Ein StB möchte sich auf die öffentliche Ausschreibung einer Universität bewerben und ein Honorarangebot abgeben. Auf dem Bewerberblatt „Steuerberatungsleistungen" wird ein Festpreisangebot für alle Steuerberatungsleistungen für einen Zeitraum von drei Jahren erbeten. Die Basisleistungen sind in einem Katalog aufgeführt. Sie umfassen die Erstellung der Jahresabschlüsse und Steuererklärungen, das Einlegen und Führen von Rechtsbehelfen, Fristverlängerungsanträge, Anträge auf Anpassung von Vorauszahlungen sowie die Bescheidprüfung.[2)]

In Beispiel 1 dürfte der StB keine Pauschalvergütung vereinbaren, da die Ausarbeitung von schriftlichen Gutachten nach § 14 Abs. 2 Nr. 3 StBVV ausgeschlossen ist. In Beispiel 2 dürfte er im Falle eines Zuschlags jedenfalls keine Pauschalvergütung zu den ausgeschriebenen Konditionen vereinbaren, da eine Pauschalvergütung für Fristverlängerungsanträge, Anträge auf Anpassung von Vorauszahlungen und Rechtsbehelfsverfahren nach § 14 Abs. 2 Nr. 3 und 5 StBVV ausgeschlossen ist. Gleichwohl führt eine Missachtung des § 14 Abs. 2 StBVV nicht zur Unwirksamkeit der Vereinbarung. Deshalb wären auch die Vereinbarungen in den beiden Beispielsfällen **zivilrechtlich wirksam und nicht nach § 134 BGB nichtig**. Denn Adressat des § 14 StBVV ist allein der Steuerberater und nicht der Mandant, da der persönliche Anwendungsbereich der StBVV auf Steuerberater, Steuerbevollmächtigte und Steuerberatungsgesellschaften beschränkt ist, § 1 Abs. 1 S. 1, Abs. 2 StBVV. Ein Verstoß gegen ein gesetzliches Verbot,[3)] das aber nur einen der Vertragsbeteiligten betrifft, führt grundsätzlich nicht zur Nichtigkeit des Rechtsgeschäfts im Sinne des § 134 BGB, wenn das gesetzliche Verbot nur die eine Seite der Beteiligten in ihren Handlungen beeinflussen und vom Abschluss eines Vertrages abhalten soll. Nur ausnahmsweise ist in diesen Fällen das gesamte Rechtsgeschäft nichtig, wenn es mit Sinn und Zweck des Verbotsgesetzes unvereinbar wäre, die durch das Rechtsgeschäft getroffene rechtliche Regelung hinzunehmen und bestehen zu lassen.[4)] Diese Unvereinbarkeit liegt aus mehreren Gründen nicht vor:

- **Einheit der Rechtsordnung**: Pauschalvergütungsvereinbarungen sind im Vergütungsrecht der Rechtsanwälte uneingeschränkt zulässig.[5)] Sie werden speziell für die Anfertigung schriftlicher Gutachten empfohlen.[6)] Einzige Grenze ist § 138 BGB (Sittenwidrigkeit, Wucher). Auch Wirtschaftsprüfer unterliegen insoweit mangels eigener Vergütungsordnung keinen Einschränkungen. Wenn Rechtsanwälten und Wirtschaftsprüfern Pauschalvergütungen uneingeschränkt gestattet sind, kann eine unter Verstoß gegen § 14 Abs. 2 StBVV zustande gekommene Pauschalvergütung eines Steuerberaters vor dem Hintergrund der Einheit der Rechtsordnung nicht nichtig sein. Da StB auf dem Gebiet der Steuerrechtshilfe mit Rechtsanwälten und Wirtschaftsprüfern konkurrieren, müssen im Interesse eines fairen und freien Wettbewerbs für alle Konkurrenten die gleichen Regelungen gelten. Damit verträgt es sich nicht, wenn in dem o.g.

1) Volkmann in Meyer/Goez/Schwamberger, 9. Aufl. 2019, § 14 StBVV Rz. 19; Berners, 5. Aufl. 2016, § 14 StBVV Rz. 25.
2) Siehe hierzu Feiter, KANZLEI intern 08/2015, 6.
3) Hier: § 14 Abs. 2 StBVV.
4) BGH v. 10.12.1975, VIII ZR 306/74; Ellenberger in Palandt, 78. Aufl. 2019, § 134 BGB Rz. 9.
5) Schons in Hartung/Schons/Enders, 3. Aufl. 2017, § 3a RVG Rz. 107.
6) Onderka/Thiel in Schneider/Wolf, 8. Aufl. 2017, § 34 RVG Rz. 62.

Beispiel 2 Rechtsanwälte und Wirtschaftsprüfer ein Angebot abgeben dürften, StB hingegen nicht. Eine unterschiedliche Behandlung von Rechtsanwälten und Wirtschaftsprüfern auf der einen und Steuerberatern auf der anderen Seite wäre auch vor dem Hintergrund der zahlreichen „Doppelbänder" (StB/RA und StB/WP) **inkohärent**.

- **Vertragsfreiheit**: Die Freiheit der Preisvereinbarung ist als wichtiger Bestandteil der Vertragsfreiheit anerkannt und genießt als Ausfluss der allgemeinen Handlungsfreiheit[1] Verfassungsrang.[2]
- **Mandantenschutz**: Ein schutzwürdiges Mandanteninteresse, von Pauschalvergütungen verschont zu bleiben, ist nicht erkennbar. Im Gegenteil: Eine Pauschalvergütung bietet dem Mandanten, aber auch dem Steuerberater Rechtssicherheit und verringert von vornherein Streitigkeiten über das Honorar. Dies dient dem Rechtsfrieden, der zum Kerngehalt des Rechtsstaatsprinzips[3] gehört und ebenfalls Verfassungsrang genießt.
- **Wille des Verordnungsgebers**: Die amtliche Begründung zu § 14 StBGebV, wonach sich bestimmte, nicht regelmäßig wiederkehrende Tätigkeiten nicht für eine Pauschalvereinbarung eignen, ist in dieser Allgemeinheit nicht haltbar. Dies zeigen bereits die beiden o.g. Beispielsfälle und ein Blick ins Vergütungsrecht der Rechtsanwälte und Wirtschaftsprüfer. Unabhängig davon entspricht das Verständnis des historischen Verordnungsgebers auch nicht mit dem aktuellen Willen des Verordnungsgebers und kann als überholt bezeichnet werden. Durch die Dritte Verordnung zur Änderung steuerlicher Verordnungen[4] hat der Verordnungsgeber bestimmt, dass StB mit Ihren Mandanten eine von den Bestimmungen der StBVV abweichende Vergütung vereinbaren können. Die StBVV hat hinsichtlich der Höhe der Vergütung nur noch subsidiäre Bedeutung, § 1 Abs. 1 Satz 2 StBVV. Mit Änderungen der §§ 1, 3 und 4 StBVV hat der Verordnungsgeber den Bedenken der Europäischen Kommission wegen angeblich „verbindlicher Mindestpreise" für StB Rechnung getragen und die Vertragsfreiheit im Interesse eines freien Wettbewerbs gestärkt.

Wenn ein **Verstoß gegen § 14 Abs. 2 StBVV** nicht zur Nichtigkeit der vereinbarten Pauschale nach § 134 BGB führt, bedeutet dies, dass er **lediglich von berufsrechtlicher** oder wettbewerbsrechtlicher **Bedeutung** sein kann. Dass ein Verstoß gegen § 14 Abs. 2 StBVV aber jemals als Verstoß gegen die Pflicht zur gewissenhaften Berufsausübung[5] berufsrechtlich oder wettbewerbsrechtlich geahnt wurde, ist nicht bekannt und darf bezweifelt werden. Entsprechende berufsrechtliche und wettbewerbsrechtliche Maßnahmen wären aus den oben aufgezeigten Gründen mit höherrangigem Recht auch unvereinbar.[6]

Kritische Stellungnahme:

§ 14 Abs. 2 StBVV sollte – ebenso wie die Einschränkung „laufend" in § 14 Abs. 1 Satz 1 StBVV – abgeschafft werden, da sie zu einer erheblichen Verunsicherung der Verkehrskreise beiträgt, die durch die Kommentarliteratur noch verstärkt wird. Allein durch die Existenz der Vorschrift wird die Vertragsfreiheit der Steuerberater und der freie Wettbewerb mit Rechtsanwälten und Wirtschaftsprüfern eingeschränkt, da diejenigen StB, die sich berufskonform verhalten wollen und den Ausschlusskatalog beachten, gegenüber anderen Mitbewerbern benachteiligt sind.[7]

1) Art. 2 Abs. 1 GG.
2) Nachweise bei Ellenberger in Palandt, 79. Aufl. 2020, § 134 BGB Rz. 26.
3) Art. 20 Abs. 3 GG.
4) BGBl. I 2016, 1722 = BStBl I 2016, 725.
5) § 57 Abs. 1 StBerG.
6) Feiter, DStR 2019, 1887.
7) Feiter, DStR 2019, 1887.

D. Angemessenheit der Vergütung (Abs. 3)

Gemäß § 14 Abs. 3 StBVV muss der Gebührenanteil der Pauschalvergütung in einem angemessenen Verhältnis zur Leistung des StB stehen. Ausweislich der amtlichen Begründung zu § 14 StBVV handelt es sich bei einer Pauschalvereinbarung „lediglich um eine Vereinfachungsregelung, nicht aber um eine Maßnahme zur Gewährung eines Gebührennachlasses".[1] Die Vorschrift verfolgt dieselbe Zielrichtung wie § 4 Abs. 3 StBVV, wonach bei der Vereinbarung einer niedrigeren als der gesetzlichen Vergütung ein angemessenes Verhältnis zur Leistung des StB, aber auch zur Verantwortung und dem Haftungsrisiko bestehen muss. Bei einer unangemessen niedrigen Pauschalvergütung, ist die Vereinbarung zivilrechtlich nichtig gem. § 134 BGB.[2] Dies führt aber nicht zur Nichtigkeit des gesamten Steuerberatungsvertrages, sondern nur zur Unzulässigkeit der vereinbarten Pauschale. Wegen des Grundsatzes von Treu und Glauben (§ 242 BGB) ist der StB gleichwohl an die niedrige Vereinbarung gebunden, wenn diese für den Mandanten günstiger ist, als eine Abrechnung nach den gesetzlichen Vorschriften.[3] Bei einer unangemessen hohen Pauschalvergütung ist zu prüfen, ob die Vereinbarung zusätzlich die Anforderungen des § 4 StBVV erfüllt. Dann wäre sie grundsätzlich wirksam. Unwirksam wäre sie in diesem Fall nur, wenn die Voraussetzungen des § 4 Abs. 2 StBVV (Sittenwidrigkeit, Wucher) vorlägen. Erfüllt die Pauschalvergütungsvereinbarung nicht zusätzlich auch die Voraussetzungen des § 4 StBVV, kann der Auftraggeber klagen und die Angemessenheit gerichtlich überprüfen lassen. Ist die Klage begründet, wird das Gericht unter Beachtung des Angemessenheitsgebots die Vergütung entsprechend niedriger festsetzen.[4] 284

Praxistipp:

Vor einer derartigen Angemessenheitskontrolle mit nachträglicher gerichtlicher Reduzierung der Pauschale kann sich der StB dadurch schützen, dass er eine Pauschalvergütungsvereinbarung trifft, die gleichzeitig auch den Anforderungen des § 4 StBVV (höhere Vergütung) entspricht.[5] Dann gilt lediglich die Grenze des § 4 Abs. 2 StBVV (Sittenwidrigkeit, Wucher).

Wurde dagegen die Pauschale zu niedrig festgesetzt, wird sich der Berater daran regelmäßig festhalten lassen müssen, da es als rechtsmissbräuchlich[6] angesehen wird, wenn er später eine höhere Gebühr fordert.[7]

Da die Höhe der Pauschalvergütung regelmäßig im Voraus festzulegen ist und diese Festlegung meist nicht ohne Schätzungen getroffen werden kann, **genügt eine summarische und typisierende Betrachtungsweise,** bei der die Summe der Einzelgebühren allenfalls als grobe Orientierung für die angemessene Pauschalvergütung dient.[8] 285

Praxistipp:

Zur Ermittlung der angemessenen Pauschalvergütung empfiehlt es sich, alle in die Pauschalvergütungsvereinbarung einzubeziehenden Leistungen mit den im Fall einer Einzelberechnung nach der StBVV zukommenden angemessenen Gebühren in Ansatz zu bringen. Der Auslagenersatz sollte separat berechnet und vereinbart werden. Zusätzlich

---

1) Abgedruckt bei Eckert, 4. Aufl. 2003, zu § 14 StBGebV.
2) Kilian in Henssler/Prütting, 5. Aufl. 2019, § 49b BRAO Rz. 54a zu § 49b Abs. 1 BRAO.
3) → Rz. 281.
4) Siehe z.B. AG Herne v. 22.1.2013, 5 C 203/11: das Gericht setzte das vereinbarte Honorar für Fibu und Lohn von 128 € netto auf 103,68 € netto herab.
5) → Rz. 270.
6) § 242 BGB.
7) → Rz. 281.
8) OVG Hamburg v. 25.7.1989, OVG Bf VI 64/86, StB 1990, 14, 18; Niedersächsisches OVG v. 27.9.1991, 8 L 3/89, StB 1992, 374; LG Frankfurt v. 30.1.1986, StL 14/85, StB 1986, 336; Maxl/Feiter, INF 1994, 756, 758f.

ist die Umsatzsteuer in Ansatz zu bringen. Die Ermittlung der Pauschalvergütung sollte nachprüfbar niedergelegt werden, um eine regelmäßige Überprüfung der Angemessenheit zu gewährleisten,[1] denn das Angemessenheitsgebot gilt nicht nur bei Abschluss der Vereinbarung, sondern auch für die Folgezeit. Der Vertrag sollte deshalb in jedem Fall eine Anpassungsklausel enthalten.[2]

E. Berechnung der Vergütung

286 Im Fall einer vereinbarten Pauschale müssen die Gebührenrechnungen den Anforderungen des § 9 Abs. 1 StBVV genügen und einen Hinweis auf die vereinbarte Pauschale enthalten.[3] Die sonstigen in § 9 Abs. 2 StBVV genannten Einzelheiten sind hier überflüssig. Möglich ist eine Dauerrechnung im Sinne des § 31 UStDV, wenn der Auftraggeber auf eine monatliche Berechnung verzichtet.

F. Vorzeitige Beendigung des Vertrages

287 Bei einer vorzeitigen Beendigung des Vertrages ist das vereinbarte Honorar nach § 628 Abs. 1 Satz 1 BGB auf einen den **erbrachten Leistungen** entsprechenden Teil herabzusetzen.[4] Im Einzelfall kann sich ein darüber hinaus gehender Vergütungsanspruch des StB aus § 615 Satz 1 BGB ergeben, d.h., der Berater kann die bis zum Ende der Vertragslaufzeit vereinbarte Vergütung verlangen. Er muss sich lediglich gem. § 615 Satz 2 BGB **ersparte Aufwendungen** anrechnen lassen.[5].

G. Änderungskündigung

288 Eine ausdrückliche Regelung, dass die vereinbarte Pauschale für die gesamte Vertragsdauer verbindlich bleibt, sollte unterbleiben, da eine solche Klausel wegen Nichtbeachtung des § 313 BGB in AGB unwirksam ist.[6] Andererseits werden Pauschalhonorarvereinbarungen regelmäßig für einen mehrjährigen Zeitraum getroffen. Deshalb erweisen sich Regelungen zur Anpassung der Pauschalvergütung an eingetretene Änderungen der Verhältnisse im Vertrag als sinnvoll. Die Anpassung kann in einem Abstand von einem Jahr oder auch einem längeren Zeitraum erfolgen oder von objektiven Umständen (Gegenstandswert etc.) abhängig gemacht werden.[7] Diese und jede andere Änderung des Vertrags bedürfen ihrerseits wieder der in § 14 Abs. 1 Satz 2 StBVV vorgesehenen Form.[8] Der gesetzliche Formzwang gilt grundsätzlich auch für spätere Änderungen und Ergänzungen des Vertrags.[9] Bei Nichtbeachtung auch dieses Formerfordernisses wäre das Rechtsgeschäft – die Ergänzung bzw. Änderung des Vertrags – nach § 125 Satz 1 BGB nichtig. Es würde nach wie vor die ursprüngliche Vereinbarung gelten.[10] Dies verkennt das OLG Düsseldorf,[11] das dem StB auf Grund einer vertraglich vereinbarten Klausel und **ohne** Kündigung der Pauschalvergütungsvereinbarung eine einseitige Anpassung der Pauschale und eine Abrechnung nach StBVV ermöglichte. Zulässig dürfte hingegen eine dynamische Anpassung der Pauschale sein, wenn dies in der Verein-

1) → Rz. 274.
2) → Rz. 288.
3) Maxl/Feiter, INF 1994, 756, 759.
4) → § 12 StBVV Rz. 240; BGH v. 16.10.1986, III ZR 67/85, NJW 1987, 315.
5) Vgl. Feiter/Ulrich, INF 2004, 34, 38; → Grundlagen des Gebührenrechts, Rz. 26 ff.
6) BGH v. 20.7.2017, VII ZR 259/16, ZIP 2017, 1861.
7) Berners, NWB 2017, 2701, 2705.
8) → Rz. 280.
9) BGH v. 26.10.1973, V ZR 194/72, NJW 1974, 271; Schleswig-Holsteinisches OLG v. 11.1.2019, 17 U 21/18, Stbg 2019, 231; Ellenberger in Palandt, 79. Aufl. 2020, § 125 BGB Rz. 10.
10) Schleswig-Holsteinisches OLG v. 11.1.2019, 17 U 21/18, Stbg 2019, 231.
11) OLG Düsseldorf v. 26.5.2009, I 21 U 121/08.

barung vorgesehen ist, z.B. eine jährliche Anpassung der Pauschale i.H.v. 2 % zum Zwecke des Inflationsausgleichs. Gleiches dürfte für eine Regelung gelten, die den StB berechtigt, die Pauschale anzupassen, wenn dies dem Auftraggeber in Textform[1] mitgeteilt wird und dieser der Anpassungsmitteilung trotz angemessener Frist (z.B. 3 Monate) nicht widerspricht. Anlass und Modus der Änderungen sollten möglichst transparent dargestellt werden.[2]

Praxistipp:

Eine Anpassung ist entbehrlich, wenn an Stelle einer festen Pauschale eigene Gebührentabellen, gestaffelt nach Jahresumsatz (z.B. für die Finanzbuchführung) und Anzahl der Mitarbeiter (z.B. für die Lohnbuchführung) in die Pauschalvergütungsvereinbarung integriert werden. Diese Vorgehensweise bietet sich an, wenn der StB bestimmte Branchen schwerpunktmäßig betreut und den voraussichtlichen Aufwand gut abschätzen kann.

1) → Rz. 280.
2) Teubel in Hinne/Klees/Müllerschön/Teubel/Winkler, 3. Aufl. 2015, Rz. 384; allgemein zu Preiserhöhungsklauseln vgl. Dammann in Wolf/Lindacher/Pfeiffer, AGB-Recht, 6. Aufl. 2013, § 309 Nr. 1 BGB Rz. 94 ff; EuGH v. 23.10.2014, in den verb. Rs. C-359/11, C-400/11 zur Information von Energiekunden über Preiserhöhungen; siehe hierzu auch die Formulierungsbeispiele in den Musterverträgen → Rz. 937 und 943.

§ 15
Umsatzsteuer

[1]Der Vergütung ist die Umsatzsteuer hinzuzurechnen, die nach § 12 des Umsatzsteuergesetzes auf die Tätigkeit entfällt. [2]Dies gilt nicht, wenn die Umsatzsteuer nach § 19 Abs. 1 des Umsatzsteuergesetzes unerhoben bleibt.

Inhalt

Schrifttum

Beyme, Verbesserungen bei der StBVV ab 1.7.2020, Stbg 2020, 325; **Henke,** Anwaltsgebührenrechnung und Mehrwertsteuererhöhung ab 1. April 1998, AnwBl 1998, 200; **Schneider,** Festsetzung der Umsatzsteuer, NJW-Spezial 2019, 475; **Schneider,** Die Vergütungsvereinbarung des Rechtsanwalts – was Anwälte wissen sollten, AnwBl 2016, 178.

A. Inhalt und Bedeutung

I. Steuerpflichtige Umsätze (Satz 1)

289 § 15 StBVV entspricht dem früheren § 25 Abs. 2 BRAGO. Das RVG regelt die Umsatzsteuer in Nr. 7008 VV RVG. Sie ist dort – anders als § 15 StBVV – Teil des Auslagenersatzes.[1] Für StB ist Nr. 7008 VV RVG und nicht § 15 StBVV anwendbar, wenn die StBVV hinsichtlich der Berechnung der Vergütung auf das RVG verweist (§§ 21 Abs. 2, 40, 44, 45 StBVV). Nach § 15 StBVV erhält der StB zusätzlich zur Gebühr und zum Auslagenersatz die hierauf entfallende Umsatzsteuer. § 15 Satz 1 StBVV verweist auf § 12 UStG. Der StB muss also prüfen, ob die von ihm erbrachten Leistungen steuerbar sind. Handelt es sich nicht um Inlandsumsätze, fällt u.U. keine Umsatzsteuer an.[2] Gleiches gilt, wenn der StB Kleinunternehmer ist[3] oder in eigener (beruflicher) Angelegenheit[4] tätig wird.

II. Vorbehaltsaufgaben

290 Umsatzsteuerpflichtig ist grundsätzlich die gesamte Vergütung des StB. Allerdings ist der Anwendungsbereich des § 15 StBVV sachlich auf die sog. **Vorbehaltsaufgaben** beschränkt, also auf Leistungen, die der StB unmittelbar nach der StBVV abrechnet.[5] Für bestimmte vereinbare Tätigkeiten finden sich spezialgesetzliche Regelungen zur Umsatzsteuer.[6] Gibt es keine spezialgesetzlichen Regelungen, ergibt sich der Anspruch auf die Umsatzsteuer aus § 612 Abs. 2 bzw. § 632 Abs. 2

1) N. Schneider in Schneider/Wolf, RVG, 8. Aufl. 2017, VV 7008 Rz. 82.
2) Schneider, NJW-Spezial 2019, 475.
3) → Rz. 296.
4) → Rz. 294.
5) § 1 Abs. 1 Satz 1 StBVV.
6) In § 23 ZwVwV.

BGB, da der Auftraggeber nach diesen Vorschriften die übliche Vergütung schuldet, wozu auch die Umsatzsteuer gehört.[1]

B. Anwendungsbereich

I. Honorarvereinbarungen

Schließt der StB mit dem Auftraggeber eine Honorarvereinbarung, etwa eine Pauschalvergütungsvereinbarung nach § 14 StBVV oder die Vereinbarung einer höheren Vergütung nach § 4 Abs. 1 StBVV, sollte die zusätzliche Inrechnungstellung der Umsatzsteuer ausdrücklich vereinbart werden. Wird lediglich vereinbart, dass zusätzlich Umsatzsteuer zu zahlen ist, so gilt damit nur der zum Zeitpunkt des Vertragsschlusses geltende Umsatzsteuersatz.[2] Problematisch kann auch die Vereinbarung eines bestimmten Umsatzsteuersatzes werden, wenn die Umsatzsteuer später gesenkt wird.[3] Deshalb sollte „die jeweils gültige gesetzliche Umsatzsteuer" vereinbart werden.[4] **291**

Praxistipp:

Eine nicht eindeutige Vereinbarung geht bei Verbraucher-Mandanten immer und bei Unternehmer-Mandanten möglicherweise zu Lasten des StB, d.h. die vertraglich vereinbarte Vergütung wird als Bruttovergütung inklusive Auslagen und Umsatzsteuer angesehen.[5]

Dies gilt im Ergebnis auch für Honorarvereinbarungen im Bereich der **vereinbaren Tätigkeiten** nach § 57 Abs. 3 StBerG. Zwar gilt § 15 StBVV ausweislich des § 1 StBVV nur für die selbstständig ausgeübte Berufstätigkeit nach § 33 StBerG. Gleichwohl wird der StB auch insoweit im Rahmen eines Geschäftsbesorgungsvertrages entweder mit Dienst- oder Werkvertragscharakter tätig. Zu der in einem solchen Fall geschuldeten üblichen Vergütung[6] gehört bei einem Freiberufler aber auch die Umsatzsteuer. Wird diese nicht ausdrücklich zusätzlich vereinbart, ist bei einem Verbraucher-Mandanten in jedem Fall davon auszugehen, dass alle anfallenden Nebenkosten inklusive Umsatzsteuer von dem vereinbarten Honorar abgegolten sind.[7] Bei Unternehmer-Mandanten ist die Rechtsprechung uneinheitlich, so dass auch hier der Praxistipp[8] beachtet werden sollte. **292**

II. Berechnung der Umsatzsteuer

Der StB muss die Umsatzsteuer in seiner Rechnung gesondert ausweisen. Da die Umsatzsteuer – anders als bei Rechtsanwälten[9] aber nicht Teil des Auslagenersatzes und damit nicht Teil der Vergütung[10] ist, besteht keine Pflicht des StB, § 15 StBVV in der Rechnung zu zitieren.[11] Anders ist dies, wenn der StB seine Leistungen nach RVG abrechnet (§§ 21 Abs. 2, 40, 44, 45 StBVV). **293**

Ist in den Auslagen (insbesondere Reisekosten), die der StB seinem Mandanten weiterberechnet, bereits Umsatzsteuer enthalten (z.B. bei Inlandsflügen 19% oder bei Bahnfahrten und Taxifahrten 7%), muss der vorsteuerabzugsberechtigte StB aus **294**

1) Lotz in Eckert, 6. Aufl. 2017, § 15 StBVV Rz. 6.
2) LG München I v. 21.9.2009, 4 O 10820/08, AGS 2010, 284 mit Anm. Schneider.
3) Vgl. → Rz. 297.
4) Schneider, AnwBl 2016, 178, 182 m.w.N.
5) Schneider, AnwBl 2016, 178, 182; → § 14 StBVV Rz. 275, → § 4 StBVV Rz. 122.
6) §§ 612 Abs. 2, 632 Abs. 2 BGB.
7) OLG Karlsruhe v. 17.11.1978, 15 U 111/77, DB 1979, 447 m.w.N.; Palandt/Ellenberger, 79. Aufl. 2020, § 157 BGB Rz. 13 m.w.N.
8) → Rz. 291.
9) → Rz. 289.
10) § 1 Abs. 1 Satz 1 StBVV.
11) → § 9 StBVV Rz. 185.

diesen Kosten die Umsatzsteuer herausrechnen und auf den Nettobetrag einheitlich Umsatzsteuer i.H.v. 19% erheben.[1] Seinem Mandanten kann er nur die Nettobeträge der Auslagen/Reisekosten in Rechnung stellen, da er die in diesen Kosten enthaltene Umsatzsteuer als Vorsteuer beim Finanzamt geltend machen kann.[2] Der Nettobetrag kann mit folgender Formel aus dem Bruttobetrag herausgerechnet werden: Bruttobetrag : 119 x 100 (bei einem Umsatzsteuersatz von 19%) bzw. Bruttobetrag : 107 x 100 (bei einem Umsatzsteuersatz von 7%). Für die so errechneten Auslagen/Reisekosten kann der StB dem Mandanten dann die Umsatzsteuer von 19% in Rechnung stellen.

Beispiel:

Der StB hat für eine Taxifahrt 30,00 € bezahlt. Nach Abzug von 7% Umsatzsteuer ergibt sich ein Nettobetrag von 28,03 €. Die Rechnung an den Mandanten sieht wie folgt aus:

Taxikosten (netto)	28,03 €
19% Umsatzsteuer	5,32 €
Gesamt	34,27 €

Nicht umsatzsteuerbare durchlaufende Posten i.S.d. § 10 Abs. 1 Satz 6 UStG[3] sind in der Vergütungsrechnung des StB im Anschluss an den ausgewiesenen Umsatzsteuerbetrag aufzuführen.[4]

III. Steuerberater in eigener Sache

295 Wird der StB für sich selbst in einer **betrieblichen Sache** tätig, liegt ein Eigengeschäft vor, bei dem keine Umsatzsteuer anfällt. Ein solcher Fall liegt vor, wenn der StB sein Honorar selbst einklagt oder sich gegen die Rückzahlung von Honorar oder gegen Schadensersatzansprüche selbst wehrt.[5] Wird der StB für sich selbst in einer **privaten Sache** tätig, also nicht betriebsbezogen, ist seine Tätigkeit umsatzsteuerpflichtig. Der erstattungspflichtige Gegner muss die Umsatzsteuer deshalb ersetzen. Ein solcher Fall liegt z.B. vor, wenn der StB sich selbst in einer Einkommensteuersache vertritt[6] oder ein Privatdarlehen einklagt.[7]

IV. Steuerberater als „Kleinunternehmer" (Satz 2)

296 Nach § 15 Satz 2 StBVV darf der StB die Umsatzsteuer nicht erheben, wenn diese nach § 19 Abs. 1 UStG unerhoben bleibt. Von dieser sog. „Kleinunternehmerregelung" profitieren ab dem 1.1.2020[8] alle im Inland ansässigen Unternehmer – auch StB –, deren Gesamtumsatz im vorangegangenen Jahr 22 000 € (zuvor 17 500 €) nicht überstiegen hat und im laufenden Jahr 50 000 € voraussichtlich nicht übersteigen wird.

Beispiel:

Der StB hat im Jahr 2019 die Umsatzgrenze von 22 000 € nicht erreicht und wird im Jahr 2020 die Umsatzgrenze von 50 000 € nicht übersteigen.

Der StB kann jedoch nach § 19 Abs. 2 UStG zur Umsatzsteuer optieren und dadurch auch als „Kleinunternehmer" die Berechtigung zur Umsatzsteuerinrechnungstellung herbeiführen.

1) LG Ellwangen v. 23.3.2018, 1 KLs 14 Js 11054/17, NJW-Spezial 2018, 573.
2) Müller-Rabe in Gerold/Schmidt, RVG, 24. Aufl. 2019, 7008 VV Rz. 56.
3) Z.B. verauslagte Gerichtskosten, Zustellgebühren oder Verwaltungsgebühren.
4) Lotz in Eckert, 6. Aufl. 2017, § 15 StBVV Rz. 4.
5) N. Schneider in Schneider/Wolf, RVG, 8. Aufl. 2017, VV 7008 Rz. 42 f, 95; Müller-Rabe in Gerold/Schmidt, RVG, 24. Aufl. 2019, 7008 VV Rz. 31 ff. jeweils m.w.N.
6) Zur Kostenerstattung → § 45 StBVV Rz. 724.
7) Müller-Rabe in Gerold/Schmidt, RVG, 24. Aufl. 2019, 7008 VV Rz. 33.
8) Drittes Bürokratieentlastungsgesetz v. 22.11.2019, BGBl. I 2019, 1746, BT-Drucks. 19/13959, S. 24 und BR-Drucks. 538/19.

V. Änderungen des Steuersatzes

Der Steuersatz betrug zum Zeitpunkt des Inkrafttretens der StBGebV 13 %. Durch das **Zweite Corona-Steuerhilfegesetz** v. 29.6.2020[1] hat die Bundesregierung zur Konjunkturbelebung beschlossen, die Mehrwertsteuer befristet vom 1.7.2020 bis zum 31.12.2020 zu senken. Beim Regelsteuersatz gelten für alle bis zum 30.6.2020 ausgeführten Umsätze weiter 19% USt. Für alle vom 1.7.2020 bis zum 31.12.2020 ausgeführten Leistungen beträgt der Regelsteuersatz 16% und ab dem 1.1.2021 soll wieder der alte Regelsteuersatz gelten. Kommt es zu einer Veränderung des Umsatzsteuersatzes, hat dies regelmäßig auch gebührenrechtliche Auswirkungen auf die Umsatzsteuerberechnung. Maßgeblich für die Umsatzsteuerberechnung ist allein der Zeitpunkt der **tatsächlichen Leistungserbringung**.[2] Das gilt auch für **Teilleistungen**.[3] Entscheidend ist nicht der Zeitpunkt der Erbringung der Gesamtleistung, sondern der Zeitpunkt der Ausführung der einzelnen Teilleistung. Anknüpfungspunkt für die Leistungsausführung ist der in § 7 StBVV genannte **Fälligkeitszeitpunkt**, also der im Zeitpunkt der Auftragserledigung oder der Beendigung der Angelegenheit geltende Steuersatz.[4] Es gilt der Grundsatz der **Einheitlichkeit der Leistung**[5] mit der Folge, dass hinsichtlich einer gebührenrechtlichen **Angelegenheit** die Höhe der **Umsatzsteuer** einheitlich zu beurteilen ist.[6] 297

Beispiel:

Im April 2020 erhebt der StB auftragsgemäß Klage beim Finanzgericht. Im November 2020 wird mündlich verhandelt und es ergeht ein Urteil.

Durch Klageerhebung ist im April 2020 eine 1,6-Verfahrensgebühr nach § 45 StBVV i.V.m. Nr. 3200 VV RVG entstanden.

Die 1,2-Terminsgebühr nach § 45 StBVV i.V.m. Nr. 3202 VV RVG ist im November entstanden.

Da es sich bei dem finanzgerichtlichen Klageverfahren um eine einheitliche gebührenrechtliche Angelegenheit handelt,[7] ist es unzulässig, die Verfahrensgebühr mit 19% USt und die Terminsgebühr mit 16% USt zu berechnen. Da die Angelegenheit mit Urteilsverkündung beendet und der Vergütungsanspruch dadurch fällig wird,[8] gilt einheitlich der Steuersatz von 16% USt.

Auch bei **Dauerleistungen** (z.B. laufende steuerliche Beratung, Teilnahme an einer Betriebsprüfung) ist auf das Ende des vereinbarten Leistungszeitraums abzustellen.[9] Während es bei Leistungen wie der Aufstellung des Jahresabschlusses, Anfertigung von Steuererklärungen, einmalige Beratung, Prüfung von Bescheiden und Einlegung von Einsprüchen einen eindeutig bestimmbaren Leistungszeitpunkt gibt, ist dieser Zeitpunkt bei **Finanzbuchführungsleistungen** differenziert zu betrachten. Richtet sich der Auftrag auf die fortlaufende Buchführung für das gesamte Kalenderjahr 2020 und werden für die Buchführungsarbeiten **monatliche Anzahlungen (Vorschüsse)** angefordert und bezahlt, spricht für die Annahme einer Teilleistung,

---

1) Zweites Gesetz zur Umsetzung steuerlicher Hilfsmaßnahmen zur Bewältigung der Corona-Krise (Zweites Corona-Steuerhilfegesetz) v. 29.6.2020, BGBl. I 2020, 1512 = BStBl I 2020, 563.
2) § 13 Abs. 1 Nr. 1a UStG.
3) § 13 Abs. 1 Nr. 1a Satz 2 UStG.
4) OVG Münster v. 23.10.2008, 19 E 504/07, NJW 2009, 933; Müller-Rabe in Gerold/Schmidt, RVG, 24. Aufl. 2019, VV 7008 Rz. 35; N. Schneider in Schneider/Wolf, RVG, 8. Aufl. 2017, VV 7008 Rz. 117 m.w.N.
5) Abschnitt 29 der UStR.
6) Müller-Rabe in Gerold/Schmidt, RVG, 24. Aufl. 2019, VV 7008 Rz. 36.
7) § 45 StBVV i.V.m. § 19 Abs. 1 Nr. 1 RVG; vgl auch 17 Nr. 1 RVG.
8) § 45 StBVV i.V.m. § 8 Abs. 1 Satz 2 RVG.
9) BMF-Schreiben v. 30.6.2020, III C 2-S 7030/20/100009:004, zur befristeten Absenkung des allgemeinen und ermäßigten Umsatzsteuersatzes zum 1. Juli 2020, Rz. 23; BStBK-Hinweise zur Steuerberatervergütung ab 1. Juli 2020, S. 5 mit Berechnungsbeispielen, veröffentlicht auf www.bstbk.de).

dass die monatliche Finanzbuchführung eine gesonderte gebührenrechtliche Angelegenheit ist.[1] Das Honorar wird mit Fertigstellung der Finanzbuchführung (i.d.R.) im Folgemonat fällig[2] und i.d.R. auch monatlich abgerechnet. In diesem Sinne kann auch das BMF-Schreiben vom 30.6.2020 zur befristeten Absenkung des allgemeinen und ermäßigten Umsatzsteuersatzes zum 1. Juli 2020[3] verstanden werden. Dort heißt es in Rz. 25: „Wird eine Dauerleistung nicht insgesamt für den vereinbarten Leistungszeitraum, sondern für kürzere Zeitabschnitte (z.B. Vierteljahr, Kalendermonat) abgerechnet, liegen insoweit Teilleistungen im Sinne des § 13 Abs. 1 Nr. 1 Buchstabe a Satz 3 UStG vor."[4] Unproblematisch ist der Fall, dass der StB mit dem Mandanten für die monatliche Buchführung individuell eine **Stundensatzvergütung** oder eine monatliche **Pauschale** vereinbart hat. Fälligkeit tritt hier unstreitig dann ein, sobald der jeweilige Monat „gebucht" ist, also i.d.R. im Folgemonat. Insoweit liegt eine Teilleistung vor. Umfasst die Pauschale mehrere unterschiedliche zu besteuernde Leistungen, ist die einheitliche Pauschale sachgerecht auf die einzelnen Leistungen aufzuteilen.[5] Wird für 2020 im Jahr 2021 eine **Jahresbuchführung** erstellt (z.B. für einen Kleinunternehmer oder einen Vermieter), sind insgesamt 19% USt abzurechnen.[6]

1) Vgl. → § 33 StBVV Rz. 544.
2) Str., vgl. → § 33 StBVV Rz. 545.
3) BMF-Schreiben v. 30.6.2020, III C 2-S 7030/20/100009:004.
4) Für Teilleistung auch BStBK-Hinweise zur Steuerberatervergütung ab 1. Juli 2020 S. 7 f. mit Berechnungsbeispielen und DStV-Hinweise „Befristete Absenkung der Umsatzsteuer – Das müssen Steuerberater bei der Rechnungserstellung ab 1. Juli beachten", veröffentlicht auf www.bstbk.de und www.dstv.de; ebenso Beyme, Stbg 2020, 325, 327.
5) BStBK-Hinweise zur Steuerberatervergütung ab 1. Juli 2020, S. 10, www.bstbk.de.
6) Vorausgesetzt, die USt wird zum 1.1.2021 wieder auf 19% angehoben; Beyme, Stbg 2020, 325, 327.

§ 16
Entgelte für Post- und Telekommunikationsdienstleistungen

[1]Der Steuerberater hat Anspruch auf Ersatz der bei der Ausführung des Auftrags für Post- und Telekommunikationsdienstleistungen zu zahlenden Entgelte. [2]Er kann nach seiner Wahl an Stelle der tatsächlich entstandenen Kosten einen Pauschsatz fordern, der 20 Prozent der sich nach dieser Verordnung ergebenden Gebühren beträgt, in derselben Angelegenheit jedoch höchstens 20 Euro.

Inhalt

Schrifttum

Feiter, Ist der Steuerberater verpflichtet, Auslagenersatz zu berechnen?, KANZLEI intern 6_ 2018, 2; **Franz/Dardat,** Die Post- und Telekommunikationspauschale nach dem RVG, NJW 2018, 11; **Gläser/Danner,** Steuerberatervergütung für Leistungen im Zusammenhang mit der E-Bilanz, DStR 2014, 2198; **Eckert,** Die erste Rechtsprechung zum Steuerberatungsgebührenrecht, DStR 1987, 407; **Schneider,** Aktuelle Rechtsprechung zur Vergütungsvereinbarung, AnwBl Online 2019, 199.

A. Inhalt und Bedeutung

Die Vorschrift stellt klar, dass die **Post- und Telekommunikationsdienstleistungen** nicht zu den allgemeinen Geschäftskosten i.S.d. § 3 Abs. 1 StBVV gehören und daher neben den Gebühren als Auslagen gefordert werden können. Inhaltlich entspricht sie der Regelung der Nr. 7002 VV RVG. Von diesen Kosten, insbesondere den **Kosten des Telekommunikationsdienstleisters**, sind sonstige **besondere Geschäftskosten**, die mandantenbezogen anfallen, z.B. **EDV-/(DATEV-)-Kosten** abzugrenzen. Wenn für diese Kosten keine besonderen Abrechnungsvorschriften in der StBVV existieren und sie auch nicht unter die §§ 16 ff. StBVV subsumiert werden können, kommt eine Abrechnung nach §§ 675, 670 BGB in Betracht.[1] **298**

§ 16 StBVV ist nicht anwendbar, wenn der StB vereinbare Tätigkeiten nach § 57 Abs. 3 StBerG wahrnimmt. Der Auslagenersatz richtet sich dann nach §§ 670, 675 BGB. Wenn die StBVV auf die Vorschriften des RVG verweist,[2] ist § 16 StBVV ebenfalls nicht anwendbar. Dann ist nach Nr. 7001 und 7002 VV RVG abzurechnen. **299**

Die 3. ÄndVO[3] hat den Begriff der Fernmeldegebühren durch den der Telekommunikationsdienstleistungen ersetzt. Die Änderung ist redaktioneller Art. Die letzte Änderung der Vorschrift mit Wirkung zum 1.1.2007 durch das JStG 2007[4] diente der Angleichung der Höhe des pauschalen Kostensatzes an die Werte des RVG. Bis dahin war in Satz 2 ein Pauschsatz von 15 % und für Strafsachen und Bußgeldverfahren eine Höchstgrenze von 15 € je Angelegenheit vorgesehen.[5] **300**

---

1) → Rz. 304.
2) §§ 21 Abs. 2, 40, 44, 45 StBVV.
3) 3. ÄndVO v. 20.8.1998, BGBl. I 1998, 2369.
4) JStG 2007 v. 13.12.2006, BGBl. I 2006, 2878 = BStBl I 2007, 28.
5) KostREuroUG v. 27.4.2001, BGBl. I 2001, 751.

B. Anwendungsbereich

301 Ob der StB einen Anspruch auf Ersatz von Auslagen hat, bestimmt sich nach §§ 675, 670 BGB. Die StBVV setzt einen solchen Anspruch voraus. In den §§ 16 ff. StBVV sind deshalb lediglich Regelungen für typische Auslagen getroffen worden. Neben den dort genannten Entgelten für Post- und Telekommunikationsdienstleistungen, Schreibauslagen (§ 17 StBVV) und Geschäftsreisen (§ 18 StBVV) sind weitere Auslagen denkbar, z.B. EDV-/(DATEV)-Kosten, Kosten für die Beschaffung von Handelsregisterauszügen, Grundbuchauszügen, Urkunden, Übersetzungskosten, Kosten für die Einholung von Auskünften, für Vorschüsse (z.B. auf Gerichtskosten), Privatgutachten, Boten- und Expressgutgebühren, Datenbank-Recherchekosten im Einzelfall außerhalb einer bestehenden Lizenz oder Kosten im Zusammenhang mit einer für den Mandanten vorgenommenen Zahlung an das Finanzamt. Soweit der StB diese Auslagen für erforderlich halten durfte, kann er sie als weitere besondere Aufwendungen nach §§ 675, 670 BGB gegenüber dem Mandanten abrechnen.[1]

302 Zu den Entgelten für Post- und Telekommunikationsdienstleistungen rechnen die Portokosten für Briefe, Päckchen, Pakete mit allen Sonderzuschlägen. Soweit es um die Nutzung moderner Kommunikationsmittel geht, sind die Grundgebühren sowie anteilige Kosten für die Anschaffung und Unterhaltung der entsprechenden Anlagen und Anschlüsse nicht als Auslagenersatz abrechenbar, da es sich um allgemeine Geschäftskosten handelt, § 3 Abs. 1 StBVV. Fraglich ist, ob im Falle eines **Flatrate-Vertrages** Auslagenersatz für Telefonate (auch über Smartphone), Telefaxe, Internetnutzung[2] anfällt.[3] Daneben können mandantenbezogene Kosten, z.B. EDV-/(DATEV)-Kosten als besondere Geschäftskosten gemäß §§ 675, 670 BGB weiterberechnet werden.[4]

Praxistipp:

Im Fall einer Vergütungsvereinbarung, etwa einer Pauschalvergütungsvereinbarung nach § 14 StBVV oder der Vereinbarung einer höheren Vergütung nach § 4 Abs. 1 StBVV, sollten die Parteien die zusätzliche Inrechnungstellung von Auslagenersatz ausdrücklich vereinbaren, andernfalls ist davon auszugehen, dass sämtliche Auslagen in dem vereinbarten Honorar enthalten sind.[5]

Fraglich ist, ob höherer Auslagenersatz oder eine **höhere Pauschale für Auslagenersatz** wirksam vereinbart werden kann.

Beispiel:

In einer Vergütungsvereinbarung nach § 4 Abs. 1 StBVV findet sich folgende Klausel: „Anstelle der gesetzlich vorgesehenen Pauschale für Post- und Telekommunikationsdienstleistungen nach § 16 StBVV tritt eine Pauschale i.H.v. 5% der berechneten Gebühren, mindestens aber 50 €".

Das LG Köln[6] hat in einer Anwaltssache eine solche Klausel wegen Verstoßes gegen § 307 Abs. 1 Satz 1, Abs. 2 Nr. 1 BGB für unwirksam gehalten, weil sie dem gesetzlichen Leitbild der Nr. 7002 VV RVG[7] widerspricht. Die gesetzlich vorgesehene Obergrenze von 20 € (je Angelegenheit) stelle einen **wesentlichen Grundgedanken der gesetzlichen Regelung** und der dort vorgesehenen Pauschale dar, während die Geltendmachung höherer Auslagen deren konkrete Angabe erfordert. Im Gegensatz dazu sehe die o.g. Klausel eine höhenmäßig nicht gedeckelte Mindestpauschale von 50 € vor.

---

1) → Rz. 298.
2) E-Mail-Versand, Internettelefonie, Voice over IP, Videotelefonie, Videokonferenzen etc.
3) Siehe dazu → Rz. 304.
4) → Rz. 298, → Rz. 304.
5) → § 15 StBVV Rz. 292 m.w.N.
6) LG Köln v. 18.10.2016, 11 S 302/15, AnwBl Online 2017, 274, 281.
7) Parallelvorschrift des § 16 StBVV.

Bereits im Jahr 1988 hat der BGH zu Banken-AGB entschieden, dass von den Vorgaben des § 670 BGB (Aufwendungsersatzanspruch) grundsätzlich nicht wesentlich abgewichen werden darf.[1] § 16 StBVV ist eine spezialgesetzliche Ausprägung des § 670 BGB, so dass die Ausführungen des BGH auf StB grundsätzlich übertragen werden können.

Die Frage, ob bzw. inwieweit durch Vereinbarung von der gesetzlichen Regelung des § 16 StBVV abgewichen werden kann, beantwortet m.E. § 4 Abs. 2 StBVV am besten. Danach kann eine vereinbarte Vergütung[2] auf den angemessenen Betrag bis zur Höhe der gesetzlichen Vergütung herabgesetzt werden, wenn die vereinbarte Vergütung unter Berücksichtigung aller Umstände **unangemessen hoch** ist. Davon ist auszugehen, wenn die vereinbarten Beträge sich nicht mehr im **Rahmen des Möglichen** halten, da dann in Wahrheit keine „Auslagen" vereinbart werden.[3] Bei der Würdigung der Angemessenheit ist auf den **Zeitpunkt der Auftragserledigung bzw. Mandatsbeendigung** abzustellen.[4] Es kommt also auf den Einzelfall an.

Kritische Stellungnahme:

Dies verkennt m.E. das LG Köln, wenn es die Klausel von vorneherein als unwirksam ansieht. Das LG Köln erwähnt auch mit keinem Wort, dass die Auslagenpauschale von 20 € nicht pro Rechnung, sondern pro Angelegenheit geltend gemacht werden kann. Die vereinbarte Mindestpauschale von 50 € liegt deshalb bei drei abgerechneten Angelegenheiten schon unterhalb der gesetzlichen Pauschale von 3x20 € = 60 €. Problematischer ist demgegenüber die Pauschale von 5% der berechneten Gebühren.

Praxistipp:

1. Klauseln wie im Fall des LG Köln sind in der Praxis weit verbreitet und von Mandantenseite akzeptiert. Zwingende Gründe, derartige Klauseln künftig nicht mehr zu verwenden, ergeben sich aus dem Urteil des LG Köln nicht. Sollte ein weiteres Gericht eine solche Klausel als unwirksam ansehen, bliebe die Vergütungsvereinbarung im Übrigen wirksam. Der StB wäre nur gezwungen, den Auslagenersatz nicht nach Vereinbarung, sondern nach den gesetzlichen Vorschriften abzurechnen. Ein überschaubares Risiko. Aus Akzeptanzgründen sollte dem Mandanten eine derartige Klausel im Vorfeld mit Vereinfachungsgründen bei der Abrechnung erläutert werden.
2. Um Diskussionen über die Zulässigkeit einer solchen Klausel gänzlich auszuschließen, kann die 5-prozentige Auslagenpauschale alternativ in den vereinbarten Stundensatz oder die vereinbarte Pauschale eingepreist werden. Diese Einpreisung schafft zum einen Transparenz im Verhältnis zum Mandanten, zum anderen erspart sie jedwede Rechtsfertigung von Auslagenersatz.[5]

I. Wahlrecht

Der StB kann nach seiner Wahl entweder die im Einzelfall tatsächlich entstandenen **303**
Entgelte für Post- und Telekommunikationsdienstleistungen oder einen Pauschsatz berechnen, der 20 % der Gebühr nach der StBVV, jedoch höchstens 20 € für jede **Angelegenheit**[6] beträgt. Auch innerhalb einer Gebührenrechnung kann der Berater nach seinem Ermessen für jede Angelegenheit eine Pauschale oder die tatsächlichen Kosten geltend machen.

1) BGH v. 10.11.1988, III ZR 215/87, NJW 1989, 1284, 1285.
2) Dazu gehört auch Auslagenersatz, vgl. § 1 Abs. 1 Satz 1 StBVV.
3) Hartmann, Kostengesetze, 47. Aufl. 2017, § 3a RVG Rz. 25, Stichwort „Auslagen".
4) Onderka/N. Schneider in Schneider/Wolf, 8. Aufl. 2017, § 3a RVG Rz. 109 m.w.N.
5) Schneider, AnwBl Online 2019, 199, 203.
6) → § 10 StBVV Rz. 204.

304 Ein Wahlrecht zwischen einer Einzelberechnung und einer Pauschalierung besteht nach h.M. aber nur dann, wenn überhaupt Auslagen angefallen sind.[1]

Praxistipp:

Vorsicht ist geboten, wenn der StB seinem Mandanten bereits die EDV-/DATEV-Kosten weiterberechnet. Fallen neben den entsprechenden Übermittlungs- und Speichergebühren sowie den sonstigen Gebühren des Rechenzentrums keine weiteren Kosten an, weil der StB mit seinem Mandanten weder telefoniert, noch per E-Mail oder Post korrespondiert hat, kann er keinen zusätzlichen Auslagenersatz abrechnen.

Entgegen der bisherigen Rechtsauffassung[2] scheint sich in der Rechtsprechung zum Anwaltsrecht zunehmend die Auffassung durchzusetzen, dass die Auslagenpauschale durch jedwede Nutzung der modernen Kommunikationsmittel ausgelöst wird, und es unschädlich ist, wenn ein Einzelnachweis bzw. eine Aufschlüsselung einzelner Kosten wegen eines **Flatrate-Vertrages** gar nicht möglich ist. Danach reicht bereits der Versand einer einzigen E-Mail an den Mandanten aus, um die Auslagenpauschale geltend machen zu können.[3] Die gegenteilige ältere Rechtsprechung sei nicht mehr zeitgemäß, da sie aus Zeiten stamme, als es noch keine Flatrates gab und für jeden einzelnen Telefonanruf genaue Entgelte berechnet wurden. Sie würde auch dem Sinn und Zweck der Pauschalisierung entgegenlaufen, das Kostenrecht transparenter und einfacher zu gestalten. Daher werde die Pauschale mit jeder vom Anwalt verwendeten Nutzung der modernen Kommunikationsmedien[4] ausgelöst. Zuvor schon hat das AG Winsen/Luhe[5] ebenfalls in einer Anwaltssache entschieden, dass die Pauschale auch dann in Ansatz gebracht werden darf, wenn im Einzelfall keinerlei Einzelkosten angefallen sind. Es sei gerade Sinn und Zweck einer Pauschale, dem Berechtigten jeglichen Aufwand zu ersparen, der mit der Führung eines Einzelnachweises verbunden ist.[6] Das AG Winsen/Luhe verweist zur Begründung auf das Ziel des Gesetzgebers, das Vergütungsrecht der Rechtsanwälte mit der Einführung des RVG „transparenter und einfacher" zu gestalten. Dieses Ziel verfolgte der Verordnungsgeber auch mit der Einführung der StBVV,[7] so dass die vom OLG Frankfurt a.M. und vom AG Winsen/Luhe vorgebrachten Argumente zu der Parallelvorschrift der Nr. 7002 VV RVG auf § 16 StBVV übertragbar sind. Da die Argumente überzeugen, ist davon auszugehen, dass sich diese Rechtsprechung im Anwaltsrecht weiter festigen und auch auf StB Anwendung finden wird.

Auslagen im Sinne des § 16 StBVV fallen dann an, wenn der StB im Vorfeld der Übermittlung elektronischer Steuererklärungen oder der E-Bilanz oder im Anschluss daran schriftlich oder in Textform mit dem Mandanten korrespondiert.[8] Verschickt der StB mehrere Steuererklärungen nebst der dazugehörigen Anlagen in einer Postsendung an den Mandanten, kann er die Pauschale nach § 16 StBVV mehrfach - für jede Angelegenheit[9] - in Ansatz bringen.[10] Sind Portokosten ausschließlich für die Versendung der Vergütungsrechnung angefallen, rechtfertigt dies

1) OLG Stuttgart v. 10.6.1986, 10 U 208/85, besprochen von Eckert, DStR 1987, 407; OLG Frankfurt a.M. v. 3.5.2017, 18 W 195/16, NJW-Spezial 2017, 477; Lotz in Eckert, StBVV, 6. Aufl. 2017, § 16 Rz. 8; ebenso zum Anwaltsrecht: Müller-Rabe in Gerold/Schmidt, RVG, 24. Aufl. 2019, VV 7001, 7002 Rz. 20 m.w.N.; a.A.: Franz/Dardat, NJW 2018, 11: danach soll die Geltendmachung der Pauschale losgelöst von tatsächlich angefallenen Auslagen möglich sein.
2) Siehe nur Schneider in Schneider/Wolf, RVG, 8. Aufl. 2017, VV 7001–7002 Rz. 7.
3) So OLG Frankfurt a.M. v. 3.5.2017, 18 W 195/16, NJW-Spezial 2017, 477.
4) Z.B. E-Mail, Skype, Videotelefonie, Mobiltelefonie etc.
5) AG Winsen/Luhe v. 27.12.2015, 18 II 531/11, NJW-Spezial 2016, 220.
6) In diesem Sinne auch Franz/Dardat, NJW 2018, 11; Ueberfeldt, DStR 2017, 2143.
7) BR-Drucks. 603/12 v. 10.10.2012, S. 43.
8) Gläser/Dauer, DStR 2014, 2198.
9) → § 10 StBVV Rz. 205 ff.
10) Lotz in Eckert, 6. Aufl. 2017, § 16 StBVV Rz. 5.

noch keinen Auslagenersatz nach § 16 StBVV.[1] Für die Abrechnung nach RVG[2] ist dies durch die Anmerkung zu Nr. 7001 VV RVG geklärt. Dort heißt es: „Für die durch die Geltendmachung der Vergütung entstehenden Entgelte kann kein Ersatz verlangt werden". Dass auch im Rahmen einer bloßen Beratung in der Kanzlei Auslagen anfallen können, z.B. durch das Anfordern von Akten oder durch schriftliche Korrespondenz mit dem Mandanten, ist in der Rechtsprechung zwischenzeitlich anerkannt.[3] Der StB ist **nicht verpflichtet**, Auslagenersatz geltend zu machen, wenn Auslagen entstanden sind.[4] Eine Berechnungspflicht ergibt sich weder aus § 16 StBVV, noch aus § 9 StBVV. Ein Verstoß gegen eine vermeintliche Berechnungspflicht hätte im Übrigen nur berufsrechtliche, aber keine zivilrechtlichen Konsequenzen. D.h. der StB könnte ggf. berufsrechtlich belangt werden, auf die Durchsetzbarkeit seiner Honorarforderung hätte der Auslagenverzicht aber keine Konsequenzen.[5] Unstreitig ist, dass der StB bei besonderen Umständen, etwa der Bedürftigkeit eines Auftraggebers, Auslagenersatz ermäßigen oder streichen darf.[6]

Die Pauschale kann der Berater auch dann fordern, wenn die **Höhe der tatsächlich entstandenen Auslagen weit unter dem Pauschalbetrag** liegt oder wenn die Höhe der tatsächlichen Auslagen gar nicht feststellbar ist, weil der StB einen Flatrate-Vertrag hat.[7] 305

Kritische Stellungnahme:

Durch die heute üblichen Flatrates und die zunehmende Korrespondenz per E-Mail wird es für StB immer schwieriger, die Auslagenpauschale gegenüber den Mandanten plausibel zu machen, auch wenn deren Geltendmachung nach der neueren Rechtsprechung durchaus zulässig ist.[8] Wünschenswert wären zeitgerechte Regelungen im Bereich der §§ 16 ff. StBVV, die der zunehmenden Digitalisierung Rechnung tragen. Bis dahin empfiehlt es sich, § 16 StBVV mit Augenmaß anzuwenden. Im Falle einer Vergütungsvereinbarung sollten auch die „Nebenkosten" geregelt werden,[9] damit es keine Diskussionen mit dem Mandanten gibt.

Eine Nachweispflicht über die Höhe der entstandenen Auslagen besteht nur dann, wenn nicht der Pauschsatz in Anspruch genommen wird, sondern die tatsächlich entstandenen niedrigeren oder höheren Beträge geltend gemacht werden. Hier ist der StB in vollem Umfang darlegungs- und beweispflichtig.[10] Ein weiterer Nachteil einer konkreten Abrechnung ist die Pflicht zum gesonderten Umsatzsteuerausweis. Enthalten die gezahlten Entgelte ihrerseits Umsatzsteuer, darf der StB gegenüber einem zum Vorsteuerabzug berechtigten Mandanten zunächst nur die Nettobeträge ansetzen und dann die Umsatzsteuer hinzurechnen. Nur so kann der Mandant den Vorsteuerabzug geltend machen.[11]

II. Nachforderung von Auslagenersatz

Stellt der Berater, der zunächst eine Auslagenpauschale berechnet hatte, im Nachhinein fest, dass die tatsächlich entstandenen Auslagen den Pauschalbetrag wesent- 306

1) Lotz in Eckert, 6. Aufl. 2017, § 16 StBVV Rz. 8.
2) → § 16 StBVV Rz. 299.
3) AG Königs-Wusterhausen v. 15.2.2012, 2 d II UR 70/11, NJW-Spezial 2012, 220; AG Riesa v. 16.8.2017, 2 UR II 345/16, NJW-Spezial 2018, 29.
4) Feiter, KANZLEI intern 6_2018, 2; Berners, 5. Aufl. 2017, § 16 StBVV Rz. 2.
5) Ausführlich Feiter, KANZLEI intern 6_2018, 2.
6) § 45 Abs. 4 Satz 2 BOStB a.F.
7) → Rz. 304.
8) → Rz. 304.
9) → Rz. 302.
10) Zur Glaubhaftmachung der tatsächlich entstandenen Auslagen im finanzgerichtlichen Verfahren → § 45 StBVV Rz. 723.
11) BGH v. 17.4.2012, VI ZB 46/11, AnwBl 2012, 664; N. Schneider in Schneider/Wolf, RVG, 8. Aufl. 2017, VV 7001 – 7002 Rz. 17; → § 15 StBVV Rz. 295.

lich übersteigen, kann er grundsätzlich im Rahmen einer Rechnungskorrektur eine Nachberechnung vornehmen.[1] Nur wenn besondere Umstände hinzutreten, die das Verlangen des Beraters als treuwidrig erscheinen lassen (§ 242 BGB), wird man ausnahmsweise eine Bindung des Beraters an die zunächst berechnete Pauschale annehmen können.

---

1) OLG Stuttgart v. 23.9.1969, 8 W 143/69, NJW 1970, 287 f.; OLG Hamm v. 22.6.1994, 25 U 125/93, GI 1995, 35; Mittelsteiner/Scholz, 4. Aufl. 1998, § 16 StBGebV Rz. 6; a.A. OLG Düsseldorf v. 20.1.1994, 13 U 102/93, GI 1995, 11; Lotz in Eckert, 6. Aufl. 2017, § 16 StBVV Rz. 11, 12.

§ 17
Dokumentenpauschale

(1) [1]Der Steuerberater erhält eine Dokumentenpauschale

1. für Ablichtungen

a) aus Behörden- und Gerichtsakten, soweit deren Herstellung zur sachgerechten Bearbeitung der Angelegenheit geboten war,

b) zur Mitteilung an Gegner oder Beteiligte und Verfahrensbevollmächtigte auf Grund einer Rechtsvorschrift oder nach Aufforderung durch das Gericht, die Behörde oder die sonst das Verfahren führende Stelle, soweit hierfür mehr als 100 Ablichtungen zu fertigen waren,

c) zur notwendigen Unterrichtung des Auftraggebers, soweit hierfür mehr als 100 Ablichtungen zu fertigen waren,

d) in sonstigen Fällen nur, wenn sie im Einverständnis mit dem Auftraggeber zusätzlich, auch zur Unterrichtung Dritter, angefertigt worden sind und

2. für die Überlassung elektronischer Dokumente an Stelle der in Nummer 1 Buchstabe d genannten Ablichtungen.

[2]Eine Übermittlung durch den Steuerberater per Telefax steht der Herstellung einer Ablichtung gleich.

(2) [1]Die Höhe der Dokumentenpauschale bemisst sich nach den für die Dokumentenpauschale im Vergütungsverzeichnis zum Rechtsanwaltsvergütungsgesetz bestimmten Beträgen. [2]Die Höhe der Dokumentenpauschale nach Absatz 1 Nr. 1 ist in derselben Angelegenheit und in gerichtlichen Verfahren in demselben Rechtszug einheitlich zu berechnen.

Inhalt

Schrifttum

Gläser/Danner, Steuerberatervergütung für Leistungen im Zusammenhang mit der E-Bilanz, DStR 2014, 2198.

A. Inhalt und Bedeutung

Durch das JStG 2007[1)] wurde § 17 StBGebV weitgehend an Nr. 7000 VV RVG angepasst.[2)] Nr. 7000 VV RVG seinerseits wurde zum 1.8.2013 durch das 2. KostRMoG[3)] **307**

1) JStG 2007 v. 13.12.2006, BGBl. I 2006, 2878 = BStBl I 2007, 28.
2) → § 45 StBVV Rz. 722.
3) 2. KostRMoG v. 23.7.2013, BGBl. I 2013, 2586.

erneut geändert. Diese Änderungen sind in § 17 StBVV noch nicht nachvollzogen, obwohl durch die Fünfte Verordnung zur Änderung steuerlicher Verordnungen v. 25.6.2020[1] Gelegenheit dazu bestanden hätte. Für StB existieren deshalb unterschiedliche Regelungen für die Dokumentenpauschale, je nachdem, ob diese nach § 17 StBVV oder nach Nr. 7000 VV RVG[2] abzurechnen ist. Bei § 17 StBVV handelt es sich um eine restriktive Vorschrift, die Ersatz für Ablichtungen (Abs. 1 Nr.1) und elektronisch gespeicherte Daten (Abs. 1 Nr. 2) nur unter den in Abs. 1 Satz 1 Nr. 1 Buchst. a)-d) und Abs. 1 Satz 1 Nr. 2 genannten Voraussetzungen zulässt. In allen anderen Fällen erhält der StB keine gesonderte Vergütung. Seine Kosten gelten dann vielmehr als allgemeine Geschäftskosten nach § 3 Abs. 1 StBVV.

Wie bei § 16 StBVV handelt es sich um eine „Mussvorschrift", d.h. die Pauschale für die Herstellung von Dokumenten muss nach § 17 StBVV geltend gemacht werden, wenn tatsächlich entsprechende Auslagen entstanden sind.[3] Die Übermittlung der E-Bilanz kann unter keinen der Tatbestände des § 17 StBVV subsumiert werden. Die Aufnahme eines eigenen Tatbestandes in die StBVV[4] ist nicht zu erwarten. § 17 StBVV gilt nicht, wenn der StB vereinbare Tätigkeiten nach § 57 Abs. 3 StBerG ausübt. Der Auslagenersatz richtet sich dann nach den §§ 670, 675 BGB. Ebenso wenig gilt § 17 StBVV, wenn der StB seine Leistungen nach RVG abrechnet.[5] Dann ist Nr. 7000 VV RVG einschlägig.

Die Dokumentenpauschale entsteht im Fall des § 17 StBVV für **Ablichtungen** und im Fall der Nr. 7000 VV RVG für **Kopien** und **Ausdrucke**. Nach beiden Vorschriften erhält der StB für sog. **Urschriften** keine gesonderte Vergütung.[6] Von der Entstehung der Dokumentenpauschale (Anspruch gegen den Auftraggeber) ist deren Erstattbarkeit (Anspruch gegen den unterlegenen Gegner im gerichtlichen Verfahren) zu unterscheiden.[7] § 17 Abs. 2 Satz 1 StBVV verweist hinsichtlich der Höhe des Entgelts nicht mehr auf das GKG, sondern auf die entsprechende Regelung zur Dokumentenpauschale in Nr. 7000 VV RVG. Diese Vorschrift wurde zuletzt durch das 2. KostRMoG mit Wirkung zum 1.8.2013 geändert. Danach sind für die ersten 50 Seiten Schwarz-Weiß-Kopien 0,50 € und für jede weitere Schwarz-Weiß-Kopie pro Seite 0,15 € und für die ersten 50 Seiten Farbkopien 1,00 € und für jede weitere Farbkopie 0,30 € vorgesehen.[8]

Beispiel:

Der StB fertigt in derselben gebührenrechtlichen Angelegenheit 60 Schwarz-Weiß-Kopien und 60 Farbkopien aus einer Behördenakte.

Er kann für die ersten 50 Schwarz-Weiß-Seiten 0,50 € und für die ersten 50 Seiten Farbkopien 1,00 € abrechnen. Dass er insgesamt mehr als 50 Kopien gefertigt hat, ändert daran nichts.

Der Wortlaut unterscheidet nicht zwischen unterschiedlichen Seitenformaten. Zwar kann das **DIN A4-Format** als „Normseite" angesehen werden, kleinere oder größere Formate rechtfertigen aber keine Ab- oder Zuschläge auf die gesetzlich vorgesehenen Beträge. Bei **doppelseitigen Ablichtungen** kommt es nicht auf die Zahl der hergestellten Papierseiten, sondern auf die Zahl der auf einem Blatt hergestellten Ablichtungen an.[9]

1) BGBl. I 2020, 1495, 1498 = BStBl I 2020, 555.
2) In den Fällen der §§ 21 Abs. 2, 40, 44, 45 StBVV.
3) Str. → § 16 StBVV Rz. 304.
4) Vgl. Gläser/Danner, DStR 2014, 2198, 2199; → § 35 StBVV Rz. 572.
5) §§ 21 Abs.2, 40, 44, 45 StBVV.
6) Volpert in Schneider/Wolf, 8. Aufl. 2017, VV 7000 Rz. 3.
7) → § 45 StBVV Rz. 723.
8) Vgl. Nr. 7000 VV RVG.
9) Volpert in Schneider/Wolf, 8. Aufl. 2017, VV 7000 Rz. 198.

Zur Pauschalierungsfähigkeit und zur Vereinbarung höherer Auslagen → § 14 StBVV Rz. 275 und → § 4 StBVV Rz. 122.

B. Umfang der erstattungsfähigen Auslagen (Abs. 1)

I. Ablichtungen aus Behörden- und Gerichtsakten (Satz 1 Nr. 1 Buchst. a)

Die Vorschrift ist für StB nur von geringer praktischer Relevanz, da das Anfertigen von Kopien aus Behördenakten in außergerichtlichen Angelegenheiten nicht zum Tagesgeschäft eines StB gehört. In Betracht kommen etwa Ablichtungen aus gemeindlichen Bauakten im Zusammenhang mit der Einheitsbewertung des Grundbesitzes oder Abschriften aus Behördenakten im Zusammenhang mit einem Einspruchsverfahren. Für den Empfang und den erstmaligen Ausdruck eines als Computerfax eingegangenen Telefaxschreibens fällt keine Dokumentenpauschale an.[1] **308**

In gerichtlichen Verfahren gilt über § 45 StBVV die Nr. 7000 VV RVG. Nach überwiegender Auffassung in der **Zivil- und öffentlich-rechtlichen Gerichtsbarkeit**[2] kann der Prozessbevollmächtigte nur für solche Abschriften eine Dokumentenpauschale fordern, die zur sachgemäßen Bearbeitung der Rechtssache geboten sind. Begründet wird dies mit dem im Kostenerstattungsrecht herrschenden Prinzip der Sparsamkeit. Diese Grundsätze gelten auch für das finanzgerichtliche Verfahren. Auch der StB muss deshalb das ihm eingeräumte Ermessen ausüben. Ein „engherziger Maßstab" ist nicht anzulegen, da dem StB wegen des ihn treffenden Haftungsrisikos ein eigener Beurteilungsspielraum einzuräumen ist, welche Schriftstücke abzulichten sind. Auch ist es weder dem Prozessbevollmächtigten noch dem Urkundsbeamten zuzumuten, jedes Blatt einer Akte umfassend auf seine Verfahrensrelevanz zu überprüfen. Das Kopieren einer kompletten Akte wird in der Regel allerdings nicht gebilligt. Von einer Kostenerstattung auszunehmen sind insbesondere Aktenbestandteile, die auf den ersten Blick irrelevant sind sowie eigene Schriftsätze des StB und Beschlüsse des Gerichts, die er schon erhalten hat.[3] Auch Kopien von Gerichtsentscheidungen, die für die übrigen Verfahrensbeteiligten hergestellt werden, sind nicht zu erstatten, wenn es sich um veröffentlichte und allgemein zugängliche Entscheidungen handelt.[4] Lediglich in **Strafsachen** wird die Notwendigkeit von Kopien aus Behörden- und Gerichtsakten großzügiger beurteilt. Auf eine kleinteilige Differenzierung nach verschiedenen Aktenbestandteilen sei zu verzichten. Welche Bedeutung der Aktenbestand für die sachgemäße Bearbeitung habe, erweise sich regelmäßig erst im Nachhinein. Ein Verteidiger dürfe deshalb den gesamten Akteninhalt (einschließlich Beiakten, Aktendeckel und lose einliegender Blätter) kopieren.[5] Nach überwiegender Auffassung gilt dies aber nicht, wenn dem Verteidiger eine digitalisierte Akte (**eAkte**), z.B. in Form einer CD-Rom, dauerhaft zur Verfügung gestellt wird. Dann ist es ihm grundsätzlich zuzumuten, sich mit Hilfe der e-Akte in den Sachverhalt einzuarbeiten und erst auf dieser Grundlage zu entscheiden, welche (zentralen) Aktenbestandteile für die weitere Vertretung des Mandanten auch in Papierform benötigt werden.[6] Nach anderer

---

1) → Rz. 313; VG Dresden v. 21.8.2019, 12 K 2345/16.A, NJW-Spezial 2019, 637.
2) Nachweise bei Thüringer FG v. 14.10.2014, 4 Ko 557/13, EFG 2015, 72, 76 ff.
3) Thüringer FG v. 14.10.2014, 4 Ko 557/13, EFG 2015, 72, 76 ff. mit zahlreichen weiteren Nachweisen; VG Gelsenkirchen v. 12.3.2013, 1 K 4489/11; VG Würzburg v. 4.5.2012, W 6 M 12.300.24; VG Lüneburg v. 2.12.2004, 1 B 53/04, NJW 2005, 697, in einer Anwaltssache m.w.N.; Lotz in Eckert, 6. Aufl. 2017, § 17 StBVV Rz. 8.
4) OLG Hamburg v. 7.3.2017, 8 W 23/17, MDR 2017, 972.
5) AG Essen v. 21.11.2011, 50 Ls – Js 778/09.
6) OLG Düsseldorf v. 22.9.2014, III-1 Ws 307/14, III-1 Ws 312/14: dort ging es um ein umfangreiches Strafverfahren. Der beigeordnete Pflichtverteidiger hatte dort für 376.702 Ausdrucke aus den ihm überlassenen elektronischen Datenträgern eine vorschussweise Dokumentenpauschale von 56.522,80 € netto beantragt.

Ansicht kann auch in diesen Fällen ein Ausdruck der Akte zur sachgerechten Bearbeitung der Rechtssache geboten sein. Geboten sei ein Ausdruck bereits dann, wenn dem Prozessbevollmächtigten während der Hauptverhandlung kein Laptop zur Verfügung steht und er deshalb keinen Zugriff auf die eAkte hätte. Eine gesetzliche Verpflichtung zur Verwendung einer elektronischen Akte in Strafsachen samt Anschaffung der technischen Ausstattung bestehe derzeit noch nicht.[1)]

Praxistipp:

Ab dem 1.1.2018 wird **Akteneinsicht in elektronisch geführte Prozessakten** beim Finanzgericht grundsätzlich durch Bereitstellung des Inhalts der Akten zum Abruf (Downloadmöglichkeit) über ein bundesweit einheitliches Akteneinsichtsportal gewährt, § 78 Abs. 2 Satz 1 FGO. Auf besonderen Antrag wird Akteneinsicht aber auch durch Einsichtnahme in Diensträumen gewährt, § 78 Abs. 2 Satz 2 FGO. Da in finanzgerichtlichen Verfahren immer auch die Verwaltungsvorgänge der beklagten Finanzbehörde beigezogen werden müssen, die für den Steuerpflichtigen bzw. seinen Prozessbevollmächtigten von besonderem Interesse sind, wird wohl noch auf lange Sicht Einsicht in die elektronische Gerichtsakte in den Diensträumen beantragt werden. Raum für die Erstattung von Ablichtungen/Kopien dürfte jeweils nur in besonderen Fallkonstellationen bestehen.

Wird ein Dokument **eingescannt** und im Computer oder auf einem externen Datenträger gespeichert, ist zu differenzieren: Im außergerichtlichen Verfahren können die in § 17 StBVV vorgesehenen Beträge berechnet werden, während im gerichtlichen Verfahren seit der Neufassung der Nr. 7000 VV RVG durch das 2.KostRMoG zum 1.8.2013 keine Vergütung mehr anfällt. Durch das 2.KostRMoG wurde in Nr. 7000 Nr. 1 VV RVG der Begriff „Ablichtung" durch den Begriff „Kopie" ersetzt. Damit wollte der Gesetzgeber klarstellen, dass ein eingescanntes Dokument entgegen der früher h.M. keine „Ablichtung" ist und es sich auch nicht um eine Kopie i.S.d. Nr. 7000 Nr. 1 VV RVG handelt.[2)] Da diese Änderung des VV RVG in § 17 Abs. 1 Satz 1 Nr. 1 StBVV noch nicht umgesetzt wurde und dort nach wie vor von „Ablichtungen" die Rede ist, gilt hier unverändert die alte Rechtslage zu Nr. 7000 Nr. 1 VV RVG. Danach werden auch beim Einscannen Ablichtungen hergestellt, weil es sich um ein Gerät zur optischen Datenerfassung handelt.[3)]

II. Unterrichtung von Gegnern oder Beteiligten (Satz 1 Nr. 1 Buchst. b)

309 Die Vorschrift ist außerhalb eines gerichtlichen Verfahrens[4)] kaum von Bedeutung, da relevante Rechtsvorschriften nur für Gerichtsverfahren gelten[5)] und Behördenaufforderungen selten sind. Sie betrifft Ablichtungen für andere als den Auftraggeber, nicht jedoch für das Gericht. Umfasst werden sowohl Ablichtungen der eigenen Schriftsätze, als auch der Anlagen. Allerdings löst nur die Anfertigung von mehr als 100 Ablichtungen die Ersatzpflicht aus. Die ersten 100 Ablichtungen werden nach h.M. noch als allgemeine Geschäftskosten durch die jeweiligen Gebühren abgegolten und lösen keine Dokumentenpauschale aus.[6)]

Beispiel zu Nr. 7000 Nr. 1 b) VV RVG:

Der StB legt von seinen Schriftsätzen Abschriften für den Gegner (100 Blatt) und 2 × 60 Kopien von Anlagen (für Gericht und Gegner) vor. Der StB hat Vergütungsanspruch für 50 Ablichtungen zu je 0,50 € und für 10 Ablichtungen à 0,15 €. Die 100 Kopien für den Gegner und die 60 Kopien für das Gericht werden nicht berücksichtigt.

1) OLG Nürnberg v. 30.5.2017, 2 Ws 98/17, AnwBl 2017, 1235.
2) Volpert in Schneider/Wolf, 8. Aufl. 2017, VV 7000 Rz. 23 ff.
3) So auch Lotz in Eckert, 6. Aufl. 2017, § 17 StBVV Rz. 5.
4) In gerichtlichen Verfahren gilt über § 45 StBVV die Nr. 7000 Nr. 1b) VV RVG.
5) Vgl. § 77 Abs. 1 FGO.
6) Lotz in Eckert, 6. Aufl. 2017, § 17 StBVV Rz. 11; Volpert in Schneider/Wolf, 8. Aufl. 2017, VV 7000 Rz. 112 und 177 m.w.N.; a.A.: LG Hamburg v. 7.8.2006, 8 W 130/06, MDR 2007, 244 m.w.N.

Zu beachten ist, dass bei den Tatbeständen des § 17 Abs. 1 Satz 1 Nr. 1 b) und c) StBVV und der Nr. 7000 Nr. 1 b) und c) VV RVG immer gesondert geprüft werden muss, ob einer der Tatbestände allein erfüllt ist. Eine Addition der nach einem der beiden Tatbestände gefertigten Ablichtungen mit denen des anderen Tatbestandes ist nicht zulässig, um über die Schwelle von 100 Ablichtungen zu gelangen.[1)]

Beispiel:

Der StB fertigt 90 Ablichtungen zur Zustellung an weitere Beteiligte[2)] und 110 Seiten Ablichtungen zur Unterrichtung des Auftraggebers.[3)]

Der StB muss getrennt abrechen und darf keinesfalls die Ablichtungen addieren. Da nach § 17 Abs. 1 Satz 1 Nr. 1 b) StBVV und nach § 17 Abs. 1 Satz 1 Nr. 1c) StBVV jeweils die ersten 100 Ablichtungen vergütungsfrei sind, kann er lediglich 10 Ablichtungen x 0,50 € gem. § 17 Abs. 1 Satz 1 Nr. 1 c) StBVV abrechnen.

Eine Besonderheit ist sowohl in außergerichtlichen, als auch in gerichtlichen Verfahren zu beachten. § 17 Abs. 2 Satz 2 StBVV und Anm. Abs. 1 Satz 1 zu Nr. 7000 VV RVG sehen jeweils vor, dass die Höhe der **Dokumentenpauschale** in derselben Angelegenheit und in gerichtlichen Verfahren in demselben Rechtszug **einheitlich zu berechnen** ist. Fallen nach verschiedenen Buchstaben mehr als 50 abzurechnende Seiten an, wird die Dokumentenpauschale von 0,50 € nur bis 50 Seiten insgesamt geschuldet, nicht aber für je 50 Seiten je Buchstabe.

Beispiel:

Der StB fertigt 130 Schwarz-Weiß-Kopien nach Nr. 7000 Nr. 1 b) VV RVG und 140 Schwarz-Weiß-Kopien nach Nr. 7000 Nr. 1c) VV RVG.

Der StB muss zunächst getrennt abrechnen. Nach Nr. 7000 Nr. 1b) VV RVG sind 30 Kopien und nach Nr. 7000 Nr. 1c) VV RVG 40 Kopien zu vergüten. Wegen der Anm. Abs. 1 Satz 1 zu Nr. 7000 VV RVG muss er die Kopien addieren. Für die ersten 50 Kopien erhält er 0,50 €, für die weiteren 20 Kopien erhält er 0,15 €.

III. Unterrichtung des Auftraggebers (Satz 1 Nr. 1 Buchst. c)

Die Regelung betrifft Ablichtungen zur Unterrichtung des Auftraggebers. In gerichtlichen Verfahren gilt über § 45 StBVV die Nr. 7000 Nr. 1c) VV RVG. Der Vergütungsanspruch entsteht, soweit mehr als 100 Ablichtungen angefertigt werden. Für die ersten 100 Ablichtungen erhält der StB keine Vergütung.[4)] Der Anspruch entsteht unabhängig davon, für wie viele Auftraggeber die Ablichtungen bestimmt sind. Innerhalb **derselben Angelegenheit** sind zur Berechnung der Dokumentenpauschale alle für die **mehreren Auftraggeber** erstellten Ablichtungen zusammenzurechnen.[5)] Die Berechnung der ersten 50 auslagepflichtigen Seiten erfolgt nicht für jeden Auftraggeber gesondert, sondern für alle Auftraggeber einheitlich. Denn in derselben Angelegenheit ist es unerheblich, ob Ablichtungen für einen oder mehrere Auftraggeber gefertigt werden. 310

Beispiel:

Der StB hat in einem Einspruchsverfahren seiner Auftraggeber (Eheleute) 90 Schwarz-Weiß-Ablichtungen zur Unterrichtung des Ehemannes und 90 Schwarz-Weiß-Ablichtungen zur Unterrichtung der Ehefrau gefertigt, insgesamt also 180 Ablichtungen. Die ersten 100 Ablichtungen werden nicht vergütet. Für die ersten 50 auslagenpflichtigen

1) Lotz in Eckert, 6. Aufl. 2017, § 17 StBVV Rz. 11; Volpert in Schneider/Wolf, 8. Aufl. 2017, VV 7000 Rz. 179.
2) § 17 Abs. 1 Satz 1 Nr. 1b) StBVV.
3) § 17 Abs. 1 Satz 1 Nr. 1c) StBVV.
4) OLG Hamburg v. 5.5.2011, 4 W 101/11, MDR 2011, 1014 m.w.N.; Volpert in Schneider/Wolf, 8. Aufl. 2017, VV 7000 Rz. 125.
5) Lotz in Eckert, 6. Aufl. 2017, § 17 StBVV Rz. 15; Volpert in Schneider/Wolf, 8. Aufl. 2017, VV 7000 Rz. 187.

Seiten erhält der StB von den Auftraggebern 0,50 € je Seite und für die weiteren 30 Seiten 0,15 € je Seite.

Anders liegt der Fall, wenn für jeden Auftraggeber von einer **gesonderten Angelegenheit** auszugehen ist. Dann sind die Ablichtungen für jeden gesondert zu berechnen, weil verschiedene Angelegenheiten betroffen sind.

Die **Notwendigkeit der Unterrichtung** ist gegeben, wenn es erforderlich ist, dem Mandanten gerade die übersandten Ablichtungen bekannt zu geben. Dazu gehören insbesondere Ablichtungen der eigenen Schriftsätze und der gegnerischen Schriftsätze mit Anlagen. Denn der Mandant muss über den Schriftverkehr in seiner eigenen Angelegenheit vollumfänglich informiert sein.

IV. Sonstige Ablichtungen (Satz 1 Nr. 1 Buchst. d)

311 Die Vorschrift greift ein, wenn der StB auf Wunsch oder im Einverständnis seines Mandanten weitere Ablichtungen fertigt, z.B. Ablichtungen einer Einspruchsverfahrensakte an einen anderen StB des Mandanten übersendet. In gerichtlichen Verfahren gilt über § 45 StBVV die Nr. 7000 Nr. 1d) VV RVG. Diese Vorschrift ist z.B. anwendbar, wenn ein weiterer StB oder Rechtsanwalt als gerichtlicher Terminsvertreter eingeschaltet ist und der StB diesem auf Wunsch seines Mandanten Abschriften seiner Schriftsätze nebst Anlagen zusendet.[1] Durch das Wort „zusätzlich" wird deutlich, dass Erstausfertigungen von Schreiben (Urdokumente) grundsätzlich den allgemeinen Geschäftskosten zuzuordnen sind und keine Dokumentenpauschale rechtfertigen. Der StB erhält deshalb für das Anfertigen seiner Schreiben an Behörden und Mandanten, für das Fertigen von Steuererklärungen und das Ausfüllen von Formularen und die von ihm hergestellten Bilanzmappen keine Dokumentenpauschale nach § 17 StBVV.[2] § 17 Abs. 1 Satz 1 Nr. 1d) StBVV entspricht weitgehend dem früheren § 17 Abs. 1 Nr. 3 StBGebV und gilt in den Fällen, in denen § 17 Abs. 1 Satz 1 Nr. 1 Buchst. a)–c) nicht einschlägig sind. Er ist jedoch **kein Auffangtatbestand** und greift deshalb nicht bei einer Unterrichtung von Gegnern i.S.d. Nr. 1 Buchst. b), wenn weniger als 101 Ablichtungen zu fertigen sind.

Das **Einverständnis** des Auftraggebers kann unterstellt werden, wenn die Anfertigung von Ablichtungen zu einer sachgerechten Bearbeitung des dem StB erteilten Auftrags notwendig war. Es ist ein großzügiger Maßstab anzulegen.[3] M.E. ist § 17 Abs. 1 Satz 1 Nr. 1d) StBVV auch anwendbar, wenn Rechnungen, die auf **Thermopapier** gedruckt sind, kopiert werden, um die Lesbarkeit der Rechnungen während des gesetzlichen Aufbewahrungszeitraums sicherzustellen. Zur Vermeidung von Streit empfiehlt es sich, den Auftraggeber frühzeitig zu fragen, ob er mit der Fertigung zusätzlicher Ablichtungen einverstanden ist.

V. Überlassung elektronischer Dokumente (Satz 1 Nr. 2)

312 Die Regelung in § 17 Abs. 1 Satz 1 Nr. 2 StBVV ist Nr. 7000 Ziffer 2 VV RVG nachgebildet und berücksichtigt, dass Dokumente zunehmend in elektronischer Form, insbesondere per E-Mail übermittelt werden. Gemäß § 17 Abs. 2 Satz. 1 StBVV i.V.m. Nr. 7000 Ziffer 2 VV RVG erhält der StB seit Inkrafttreten des 2. KostRMoG am 1.8.2013 je Datei nur noch 1,50 € (vorher 2,50 €) und für die in einem Arbeitsgang (per E-Mail oder auf Datenträger) überlassenen, (zum Download) bereitgestellten oder in einem Arbeitsgang auf denselben Datenträger übertragenen Dokumente höchstens 5,00 €.[4] Unter einer elektronisch gespeicherten Datei ist eine Einheit zu verstehen, die unter einem Namen elektronisch abgespeichert ist. In einer **ZIP-Datei**

1) Weitere Anwendungsfälle bei Volpert in Schneider/Wolf, 8. Aufl. 2017, VV 7000 Rz. 143.
2) → Rz. 307; Lotz in Eckert, 6. Aufl. 2017, § 17 StBVV Rz. 2.
3) Volpert in Schneider/Wolf, 8. Aufl. 2017, VV 7000 Rz. 149.
4) Volpert in Schneider/Wolf, 8. Aufl. 2017, VV 7000 Rz. 155.

sind mehrere komprimierte Dateien enthalten, die erst dann bearbeitet werden können, wenn sie entpackt bzw. extrahiert worden sind. Nach h.M. ist für die Berechnung der Dokumentenpauschale auf die in der ZIP-Datei enthaltenen komprimierten Dateien abzustellen.[1] Schickt der StB mehrere Dateien zusammen per E-Mail, erhält er die Pauschale – bis zur Höchstgrenze von 5,00 € – mehrfach.[2] Die Vorschrift gilt „anstelle" des Satzes 1 Nr.1d) StBVV und ist nur dann anwendbar, wenn die in dieser Ziffer genannten Schreibwerke elektronisch überlassen werden.[3] Die Vorschrift gilt also nicht bei Erstausfertigungen bzw. Urdokumenten[4] und nicht bei einer elektronischen Übermittlung von Schriftsätzen an die eigene Partei oder den Gegner. In **gerichtlichen Verfahren** gilt eine wegen der Anm. Abs. 2 zu Nr. 7000 VV RVG eine **Besonderheit**, die in § 17 StBVV nicht vorgesehen ist. Danach erhält der StB in gerichtlichen Verfahren die volle Dokumentenpauschale nach Nr. 7000 Nr. 1 VV RVG, wenn er Dokumente im Einverständnis mit dem Auftraggeber von der Papierform in die elektronische Form bringt und dann überträgt.

Beispiel:

Der Mandant bittet den StB, 50 Seiten Kopien aus einer Gerichtsakte nicht als Kopien, sondern in elektronischer Form zu übersenden. Der StB scannt die ihm nur in Papierform vorliegenden Dokumente ein und übersendet eine pdf-Datei per E-Mail an den Mandanten. Hierfür berechnet er nicht nur 1,50 € für die Überlassung der Datei, sondern die Dokumentenpauschale nach Nr. 7000 Nr. 1d) VV RVG in Höhe von 50 x 0,50 € (25,00 €).

Die Überlassung einer **Archiv-DVD** löst grundsätzlich keine Dokumentenpauschale aus. Es handelt sich hierbei um ein Urdokument. Die vom Rechenzentrum für die Erstellung der DVD berechneten Kosten können aber im Wege des Auslagenersatzes nach §§ 670, 675 BGB weiterberechnet werden.[5]

VI. Übermittlung per Telefax (Satz 2)

Satz 2 stellt die Übermittlung per Telefax einer Ablichtung gleich. Fertigt der StB eine Ablichtung mit dem Telefaxgerät, in dem das Faxgerät als Kopierer verwendet wird, so ist dies eine Ablichtung. Faxt der StB einem anderen ein Dokument, so stellt er ebenfalls eine Ablichtung her.[6] Die unterschiedliche Behandlung zwischen einem sendenden und einem empfangenden StB ist zwar nicht nachvollziehbar, weil bei dem empfangenden StB für den Ausdruck des Telefaxes höhere Kosten entstehen. Gleichwohl ist nur die Absendung eines Telefaxes der Herstellung einer Ablichtung gleichgestellt. Bei dem empfangenden StB kann eine Dokumentenpauschale anfallen, wenn er von dem Telefax eine Ablichtung erstellt. Scannt er das in Papierform eingehende Telefax ein, kann für die Überlassung als Datei eine Dokumentenpauschale anfallen. Keine Dokumentenpauschale entsteht für den Ausdruck eines per Computer-Fax eingegangenen Schreibens.[7] In gerichtlichen Verfahren gilt die Parallelvorschrift der Anm. Abs. 1 Satz 2 Nr. 7000 VV RVG. 313

C. Höhe der Dokumentenpauschale (Abs. 2)

Die Höhe der Dokumentenpauschale richtet sich nicht mehr nach den Vorschriften des GKG, sondern nach den in Nr. 7000 Nr. 1 VV RVG bestimmten Beträgen.[8] Die Berechnung erfolgt einheitlich je Angelegenheit.[9] 314

1) Volpert in Schneider/Wolf, 8. Aufl. 2017, VV 7000 Rz. 165 m.w.N.
2) Lotz in Eckert, 6. Aufl. 2017, § 17 StBVV Rz. 25.
3) Hartmann, KostG, 47 Aufl. 2017, 7000 VV Rz. 37; Müller-Rabe in Gerold/Schmidt, 24. Aufl. 2019, VV 7000 Rz. 175.
4) → Rz. 307, 311.
5) → § 3 StBVV Rz. 111 und § 33 StBVV Rz. 527.
6) Müller-Rabe in Gerold/Schmidt, 22. Aufl. 2015, Nr. 7000 VV RVG Rz. 19.
7) VG Dresden v. 21.8.2019, 12 K 2345/16.A, NJW-Spezial 2020, 637.
8) → Rz. 307.
9) → Rz. 309.

§ 18
Geschäftsreisen

(1) [1]Für Geschäftsreisen sind dem Steuerberater als Reisekosten die Fahrtkosten und die Übernachtungskosten zu erstatten; ferner erhält er ein Tage- und Abwesenheitsgeld. [2]Eine Geschäftsreise liegt vor, wenn das Reiseziel außerhalb der Gemeinde liegt, in der sich die Kanzlei oder die Wohnung des Steuerberaters befindet.

(2) Als Fahrtkosten sind zu erstatten:

1. bei Benutzung eines eigenen Kraftfahrzeugs zur Abgeltung der Anschaffungs-, Unterhaltungs- und Betriebskosten sowie der Abnutzung des Kraftfahrzeugs 0,42 Euro für jeden gefahrenen Kilometer zuzüglich der durch die Benutzung des Kraftfahrzeugs aus Anlaß der Geschäftsreise regelmäßig anfallenden baren Auslagen, insbesondere der Parkgebühren,

2. bei Benutzung anderer Verkehrsmittel die tatsächlichen Aufwendungen, soweit sie angemessen sind.

(3) [1]Als Tage- und Abwesenheitsgeld erhält der Steuerberater bei einer Geschäftsreise von nicht mehr als 4 Stunden 25 Euro, von mehr als 4 bis 8 Stunden 40 Euro und von mehr als 8 Stunden 70 Euro; bei Auslandsreisen kann zu diesen Beträgen ein Zuschlag von 50 Prozent berechnet werden. [2]Die Übernachtungskosten sind in Höhe der tatsächlichen Aufwendungen zu erstatten, soweit sie angemessen sind.

Inhalt

Schrifttum

Beyme, Verbesserungen bei der StBVV ab 1.7.2020, Stbg 2020, 325.

A. Inhalt und Bedeutung

315 § 18 StBVV ist dem früheren § 28 BRAGO nachgebildet. Die entsprechenden Auslagentatbestände für Rechtsanwälte finden sich seit dem 1.7.2004 in Vorbemerkung 7 Abs. 2 und Nr. 7003–7006 VV RVG.[1)] Durch das KostREuroUG[2)] wurden die DM-Beträge durch Euro-Beträge ersetzt. Der in § 18 StBVV vorgesehene Auslagenersatz bei Geschäftsreisen wurde insgesamt 4 mal an die für Rechtsanwälte geltenden Sätze angepasst,[3)] zuletzt durch die Fünfte Verordnung zur Änderung steuerlicher Verordnungen v. 25.6.2020.[4)]

1) → § 45 StBVV Rz. 717.
2) KostREuroUG v. 27.4.2001, BGBl. I 2001, 751.
3) 1. ÄndVO v. 20.6.1988, BGBl. I 1988, 841, 3. ÄndVO v. 20.8.1998, BGBl. I 1998, 2369 und JStG 2007 v. 13.12.2006, BGBl. I 2006, 2878 = BStBl I 2007, 28.
4) BGBl. I 2020, 1495, 1498.

Wie bei §§ 16, 17 StBVV handelt es sich bei § 18 StBVV um eine „Muss-Vorschrift", d.h. Fahrtkosten, Tage- und Abwesenheitsgeld sowie Übernachtungskosten sind geltend zu machen, wenn sie tatsächlich entstanden sind.[1) **316**

§ 18 StBVV ist nur dann anwendbar, wenn der StB originäre Tätigkeiten nach § 33 StBerG erbringt und diese Tätigkeiten nach StBVV abgerechnet werden. Bei einer Abrechnung nach RVG[2) sind die Nr. 7003 bis 7005 VV RVG einschlägig. Bei vereinbaren Tätigkeiten nach § 57 Abs. 3 StBerG sind die Reisekosten nach §§ 670, 675 BGB zu vergüten.

Zur Pauschalierungsfähigkeit der Reisekosten und zur Möglichkeit der Vereinbarung höherer Reisekosten → § 14 StBVV Rz. 275 und → § 4 StBVV Rz. 122.

B. Geschäftsreisen (Abs. 1)

Durch die 3. ÄndVO[3) wurde die bis dahin in Rechtsprechung und Literatur umstrittene Frage, wann eine **Geschäftsreise** vorliegt, eindeutig geregelt. Nach der Neufassung liegt eine Geschäftsreise vor, wenn das **Reiseziel außerhalb der Gemeinde** liegt, in der sich die Kanzlei oder die Wohnung des StB befindet. Für Geschäfte am Ort der Kanzlei oder am Wohnort des Beraters können auch dann keine Reisekosten mehr berechnet werden, wenn – z.B. wie in größeren Städten – ein nicht unerheblicher Weg zurückzulegen ist. Gerade in großen Städten kann dies zu unangemessenen Ergebnissen führen. **317**

Beispiel[4)**:**

Für die Fahrt von Berlin-Wannsee nach Potsdam (9 km) ist eine Erstattung vorgesehen, für eine Fahrt von Berlin-Wannsee nach Berlin-Marzahn (43 km) hingegen nicht.

Gleichwohl können Fahrtkosten in diesen Fällen nur geltend gemacht werden, wenn mit dem Auftraggeber eine Vereinbarung nach § 4 Abs. 1 StBVV getroffen wurde.[5) Sachgerecht wäre ein Verzicht auf das „Außer-Gemeinde-Erfordernis".[6)

Die Geschäftsreise muss erforderlich gewesen sein. Andernfalls braucht der Mandant die Geschäftsreise nicht zu vergüten, es sei denn, er hat der Reise zugestimmt oder sie sogar gewünscht. Die Frage, ob die Geschäftsreise erforderlich war, ist zu trennen von der Frage, ob die Kosten notwendig waren. Diese Frage stellt sich erst im Kostenerstattungsverfahren. Bei der Frage der Erforderlichkeit geht es nur darum, in welcher Höhe der Mandant die Kosten zu übernehmen hat. Reisekosten fallen üblicherweise an, wenn der StB einen auswärtigen Gerichtstermin wahrnimmt. Einschlägig sind dann über § 45 StBVV die Nrn. 7003 ff. VV RVG. Nicht selten werden Termine durch das Gericht kurzfristig abgesagt. Damit muss der StB rechnen und Vorsorge treffen, dass ihn eine solche Absage rechtzeitig erreicht. Andernfalls kann er seine Reisekosten nicht liquidieren.[7) Für den Fall einer **überörtlichen Sozietät/PartG** ist geklärt, dass die Reisekosten des auswärtigen Rechtsanwalts für die Teilnahme an einem Verhandlungstermin grundsätzlich auch dann erstattungsfähig sind, wenn die Sozietät/PartG am Gerichtsort einen weiteren Standort unterhält. Denn dem persönlichen Kontakt und dem Vertrauensverhältnis **318**

---

1) Str., → § 16 StBVV Rz. 304.
2) Vgl. §§ 21 Abs. 2, 40, 44, 45 StBVV.
3) 3. ÄndVO v. 20.8.1998, BGBl. I 1998, 2369.
4) Beyme, Stbg 2020, 325.
5) Boelsen in Eckert, 6. Aufl. 2017, §§ 18–20 StBVV Rz. 9; a.A. Eggesiecker, 2. Aufl. 1998, § 18 STEUGO Rz. 18.040, danach soll der StB Reisekosten nach den §§ 670, 675 BGB geltend machen können.
6) Beyme, Stbg 2020, 325.
7) N. Schneider in Schneider/Wolf, 8. Aufl. 2017, VV 7003–7006 Rz. 10.

zwischen Mandant und Rechtsanwalt muss regelmäßig Rechnung getragen werden.[1] Diese Rechtsprechung kann auch auf Steuerberater übertragen werden.[2]

319 Unstreitig ist, dass Reisekosten für berufsangehörige **Mitarbeiter** nach § 18 StBVV, also in voller Höhe, abgerechnet werden können. Dies gilt aber auch für andere Mitarbeiter, wenn sie stellvertretend für den StB tätig werden.[3]

Die **Reisezeit** selbst ist – außer im Fall einer Vereinbarung nach § 4 StBVV – auch bei Ansatz der Zeitgebühr nicht berechnungsfähig.[4]

C. Fahrtkosten (Abs. 2)

I. Benutzung des eigenen Kraftfahrzeugs (Nr. 1)

320 Die Kosten für die Benutzung des eigenen Kraftfahrzeugs sind stets zu erstatten, auch wenn ein anderes Transportmittel vielleicht günstiger gewesen wäre. Benutzt der StB bei Geschäftsreisen ein eigenes Kraftfahrzeug, erhält er zur Abgeltung der Anschaffungs-, Unterhaltungs- und Betriebskosten sowie der Abnutzung des Kraftfahrzeugs für jeden gefahrenen Kilometer 0,42 €. Durch die Fünfte Verordnung zur Änderung steuerlicher Verordnungen[5] wurde die Kilometerpauschale von 0,30 € um 0,12 € erhöht. Zur Begründung wird auf „die Erhöhung der Kilometerpauschale für die Rechtsanwältinnen und Rechtsanwälte" verwiesen, die auch den Steuerberaterinnen und Steuerberatern zu Gute kommen soll.[6] Zur Vermeidung von Missverständnissen muss an dieser Stelle erwähnt werden, dass die Kilometerpauschale nach Nr. 7003 VV RVG für Rechtsanwälte unverändert 0,30 € beträgt. Durch das KostRÄG 2021 ist allerdings eine Erhöhung auf 0,42 € (voraussichtlich zum 1.1.2021) vorgesehen. Maßgebend für die abzurechnenden Kilometer ist die tatsächlich zurückgelegte Fahrstrecke (Hin- und Rückweg). Grundsätzlich muss der StB den kürzesten Weg nehmen. Zweckmäßige Umwege, z.B. über eine Autobahn, sind zulässig, wenn dadurch ein Zeitgewinn eintritt. Als Kraftfahrzeuge gelten auch Motorräder und Mofas, nicht aber Fahrräder. Für die Benutzung eines Fahrrades kommt allenfalls eine Entschädigung nach § 18 Abs. 2 Nr. 2 StBVV bzw. im gerichtlichen Verfahren nach § 45 StBVV i.V.m. Nr. 7004 VV RVG in Betracht. Als „eigenes Kraftfahrzeug" gelten auch langfristig gemietete oder geleaste Fahrzeuge.[7] Zur eingeschränkten Erstattungsfähigkeit bei Hinzuziehung eines auswärtigen StB → Rz. 324.

Durch die 3. ÄndVO[8] wurde darüber hinaus klargestellt, dass auch **bare Auslagen**, also bestimmte Nebenkosten, die aus Anlass der Geschäftsreise anfallen, zusätzlich zu vergüten sind. Als Beispiel nennt die VO **Parkgebühren**. Diese sind allerdings nicht zu erstatten, wenn das Reiseziel innerhalb der Gemeinde liegt, da dann keine Geschäftsreise vorliegt.[9] Die Parkgebühren sind dann wie Fahrtkosten allgemeine Geschäftskosten i.S.d § 3 Abs. 1 StBVV. Dies gilt auch für Parkgebühren, die anlässlich der Wahrnehmung mehrerer gerichtlicher Termine innerhalb der Gemeinde

---

1) BVerwG v. 4.7.2017, 9 KSt 4.17, AnwBl 2017, 1006; BGH v. 16.4.2008, XII ZB 214/04, NJW 2008, 2122 Rz. 13 f.

2) Zur Einschränkung der Erstattungsfähigkeit von Reisekosten bei Hinzuziehung eines auswärtigen StB → Rz. 324.

3) Berners, 5. Aufl. 2016, § 18 StBVV Rz. 4; Brummer, 10. Aufl. 2010, § 18 Anm. 9; Boelsen in Eckert, 6. Aufl. 2017, §§ 18–20 StBVV, Rz. 6.

4) Str., → § 13 StBVV Rz. 247.

5) Fünfte Verordnung zur Änderung steuerlicher Verordnungen v. 25.6.2020, BGBl. I 2020, 1495, 1498 = BStBl I 2020, 555.

6) BR-Drucks. 193/20 v. 5.6.2020, S. 38.

7) Boelsen in Eckert. 6. Aufl. 2017, §§ 18–20 StBVV Rz. 19; a.A. N. Schneider in Schneider/Wolf, 8. Aufl. 2017, VV 7003–7006 Rz. 15.

8) 3. ÄndVO v. 20.8.1998, BGBl. I 1998, 2369.

9) → Rz. 317.

anfallen.[1] Denkbar sind neben der Erstattung von Parkgebühren außerhalb der Gemeinde auch Kosten für die Benutzung einer Fähre, Mautgebühren oder Kosten für eine Vignette.

II. Andere Verkehrsmittel (Nr. 2)

Benutzt der StB andere Verkehrsmittel (z.B. Bus, Bahn, Flugzeug, Taxi oder Mietwagen), sind die tatsächlichen Aufwendungen nur zu erstatten, soweit sie angemessen sind. Es findet also eine Wirtschaftlichkeitsprüfung statt. Die Angemessenheitserwägungen beziehen sich sowohl auf die Wahl des anderen Verkehrsmittels als auch auf die gewählte Klasse. Grundsätzlich ist der Reiseweg so zu wählen, dass er unter Berücksichtigung der Tage- und Abwesenheitsgelder[2] die geringsten Kosten verursacht. Möglichkeiten zur Erlangung von Fahrpreisermäßigungen sind auszunutzen, aber nicht um jeden Preis.[3] Es besteht auch keine Pflicht durch **Frühbuchungen** die Bahnkosten niedriger zu halten.[4] Die Aufwendungen für eine **Bahn-Card** sind nach h.M. als allgemeine Geschäftskosten i.S.d. § 3 Abs. 1 StBVV nicht erstattungsfähig, auch nicht anteilig.[5] 321

Praxistipp:

Grundsätzlich empfiehlt sich eine Vergütungsvereinbarung über die Reisekosten. Denn die in § 18 Abs. 2 und 3 StBVV vorgesehenen Erstattungsbeträge sind äußerst gering oder werden nur anteilig erstattet.[6] Im Rahmen einer solchen Vereinbarung könnte dann auch eine anteilige Umlage der Bahn-Card-Kosten oder ein höherer Kilometersatz als 0,30 € vereinbart werden. Auch Vergütungsvereinbarungen, die sich ausschließlich auf die Höhe der Reisekosten beziehen, sind zulässig.

Fahrten mit dem Bus sind immer erstattungsfähig. Bei Fahrten mit der **Bahn** sind die Aufwendungen für die **erste Klasse** zum vollen Tarif erstattungsfähig.[7] Der StB ist nicht verpflichtet, bei einer Bahnfahrt **Sparpreise** in Anspruch zu nehmen, bei denen eine Zugbindung besteht. Dies gilt sowohl für die An- als auch für die Abreise zu einem Termin.[8] Bei Inanspruchnahme eines Spar-Angebots (Super-Sparpreis oder Sparpreis) bestehen keine oder nur eingeschränkte Möglichkeiten der Stornierung oder des Umbuchens, so dass sich diese Variante für die erstattungspflichtige Partei als die ungünstigere erweist, wenn ein Termin abgesagt oder aus anderen Gründen nicht wahrgenommen werden kann. Der StB darf deshalb zum **Flexpreis**-Tarif buchen. Die Benutzung eines **Taxis**[9] ist angemessen. Von einem StB kann nicht erwartet werden, dass er grundsätzlich nur mit dem Bus, der Straßenbahn oder der U-Bahn fährt. Bei der Benutzung eines **Flugzeugs** sind die Umstände des Einzelfalls sorgfältig zu prüfen. Wenn es um die Frage der Erstattungsfähigkeit der Flugreisekosten geht, stellt sich zunächst die Frage, ob die Beauftragung eines StB, der nicht am Prozessgericht niedergelassen ist und dort auch nicht wohnt überhaupt zur zweckentsprechenden Rechtsverfolgung notwendig war.[10] Wann die 322

1) Vgl. Vorbem. 7 Abs. 1 Satz 1 VV RVG und OLG Düsseldorf v. 29.10.2018, 2 Ws 531/18: dort waren Parkgebühren in Höhe von 262,80 € entstanden.
2) § 18 Abs. 3 StBVV.
3) Siehe → Rz. 322: flexible Tarife mit Umbuchungs- bzw. Stornierungsmöglichkeit sind erlaubt.
4) Müller-Rabe in Gerold/Schmidt, RVG, 24. Aufl. 2019, VV 7003 – 7006 Rz. 45.
5) → § 45 StBVV Rz. 722; Müller-Rabe in Gerold/Schmidt, RVG, 24. Aufl. 2019, VV 7003 – 7006 Rz. 46; N. Schneider in Schneider/Wolf, 8. Aufl. 2017, VV 7003–7006 Rz. 25 m.w.N. auch zur teilweise abweichenden Rechtsprechung.
6) → Rz. 324.
7) BVerwG v. 27.6.2019, 2 KSt 1.19, NJW-Spezial 2020, 59; N. Schneider in Schneider/Wolf, 8. Aufl. 2017, VV 7003–7006 Rz. 23; Müller-Rabe in Gerold/Schmidt, RVG, 24. Aufl. 2019, VV 7003–7006 Rz. 43.
8) BVerwG v. 27.6.2019, 2 KSt 1.19, NJW-Spezial 2020, 59.
9) Z.B. für die Anfahrt zum Bahnhof oder Flughafen und die entsprechende Rückfahrt.
10) § 139 Abs. 1 FGO, § 91 Abs. 2 Satz 1, 2. Halbsatz ZPO; → § 45 StBVV Rz. 736 ff.

Benutzung eines Flugzeugs im innerdeutschen Verkehr angemessen ist, hängt von der Dringlichkeit der Reise, der Entfernung des Reiseortes und des zu erwartenden Zeitgewinns im Vergleich zu anderen Verkehrsmitteln ab.[1] Da nur die notwendigen Reisekosten erstattungsfähig sind, ist der Grundsatz der Kostengeringhaltung zu beachten. Überwiegend werden deshalb bei innerdeutschen Kurzstreckenflügen nur die Kosten der „Economy Class" als erstattungsfähig angesehen.[2] Ein Flugpreistarif in dieser Klasse mit kurzfristiger **Umbuchungsmöglichkeit** ist ebenfalls erstattungsfähig.[3] Die Ausführungen des BVerwG zur Erstattungsfähigkeit von Flexpreis-Tickets der Deutschen Bahn können auch für Flugreisen herangezogen werden.[4] Da die Kosten für Inlandsflüge in den letzten Jahren deutlich gesunken sind, wird man die Benutzung eines Flugzeugs wegen der Zeitersparnis in aller Regel nicht beanstanden können. Allerdings rechtfertigt allein eine gewisse Zeitersparnis nicht immer die Erstattungsfähigkeit der Mehrkosten einer Flugreise gegenüber einer Bahnfahrt. Teilweise berücksichtigen die Gerichte auch das Verhältnis der Mehrkosten zu den fiktiven Kosten einer Bahnreise sowie die Angemessenheit der Kosten in Relation zur Bedeutung des Rechtsstreits.

Beispiel:

Nach einer vom FG Baden-Württemberg, Außensenate Freiburg,[5] entwickelten Faustformel, stehen die Mehrkosten einer Flugreise auch bei einer damit verbundenen Zeitersparnis von vier Stunden nicht mehr in einem angemessenen Verhältnis zu den Kosten einer Bahnreise, wenn sie bei einem Verfahren mit einem Streitwert unter 10 000 € um mehr als 100 v. H. über den (fiktiven) Kosten einer Bahnreise liegen und überdies bereits die Flugkosten schon mehr als 20 v. H. des Streitwertes betragen.

Praxistipp:

Wegen der Pflicht zur Geringhaltung der Kosten, muss der StB im Rahmen eines Kostenerstattungsverfahrens immer mit derart engherzigen Prüfungen durch die Kostenbeamten rechnen. Grundsätzlich sollte der StB deshalb seinen Mandanten auf die möglicherweise nicht vollständige Erstattung seiner Reisekosten im Fall des Obsiegens hinweisen. Im Erstattungsinteresse seines Mandanten sollte er darauf achten, dass sich seine Flugreisekosten nicht zu weit von denjenigen einer Bahnreise entfernen. Auch die Frage der Notwendigkeit der Einschaltung eines auswärtigen Bevollmächtigten sollte mit dem Mandanten erörtert werden, wenn sich die Reisekosten des auswärtigen StB zu weit von denen eines örtlichen StB entfernen. Generell empfiehlt sich in diesen Fällen, eine Vergütungsvereinbarung mit dem Mandanten über die Höhe der Reisekosten zu treffen.

D. Tage- und Abwesenheitsgeld sowie Übernachtungskosten (Abs. 3)

I. Tage- und Abwesenheitsgeld (Satz 1)

323 § 18 Abs. 3 StBVV dient dazu, die Mehrkosten, die durch die Geschäftsreise verursacht werden, auszugleichen. Durch die Fünfte Verordnung zur Änderung steuerlicher Verordnungen[6] wurden die Tage- und Abwesenheitsgelder an die (höheren) Tage- und Abwesenheitsgelder der Nr. 7005 VV RVG angeglichen. Bei einer Abwesenheit von nicht mehr als 4 Stunden beträgt der Pauschsatz seit dem 1.7.2020 25 € (zuvor: 20 €), bei einer Abwesenheit von mehr als 4 – 8 Stunden 40 € (zuvor: 35 €)

1) Vgl. hierzu BGH v. 6.11.2014, I ZB 38/14, AnwBl 2015, 529; FG Baden-Württemberg, Außensenate Freiburg, v. 18.1.2016, 11 KO 840/15, EFG 2016, 600 m. Anm. Stolz und die Nachweise bei Müller-Rabe in Gerold/Schmidt, RVG, 24. Aufl. 2019, VV 7003–7006 Rz. 49 ff.
2) OLG Stuttgart v. 10.3.2010, 8 W 121/10, MDR 2010, 898.
3) Müller-Rabe in Gerold/Schmidt, RVG, 24. Aufl. 2019, VV 7003 – 7006 Rz. 55 m.w.N.
4) → Rz. 322; BVerwG v. 27.6.2019, 2 KSt 1.19.
5) FG Baden-Württemberg v. 18.1.2016, 11 KO 840/15, EFG 2016, 600 m. Anm. Stolz.
6) Fünfte Verordnung zur Änderung steuerlicher Verordnungen v. 25.6.2020, BGBl. I 2020, 1495, 1498 = BStBl I 2020, 555.

und bei einer Abwesenheit von mehr als 8 Stunden 70 € (zuvor: 60 €). Das KostRÄG 2021 sieht (voraussichtlich zum 1.1.2021) eine Anhebung der Tage- und Abwesenheitsgelder in Nr. 7005 VV RVG vor, von der auch StB profitieren, wenn sie nach RVG abrechnen.

Maßgebend ist die tatsächliche Reisezeit vom Verlassen der Geschäftsräume bzw. Wohnräume bis zu deren Wiederbetreten. Für Samstage, Sonntage und Feiertage gelten keine Besonderheiten. Bei der Berechnung des Abwesenheitsgeldes darf nicht allein auf die Zeitschätzung durch einen sog. Routenplaner abgestellt werden. Vielmehr ist auch zu berücksichtigen, dass der StB für die Reise einen „**Zeitpuffer**" einplanen muss. Dieser beinhaltet die Wege von der Kanzlei zum Pkw und vom Zielparkplatz zum Zielort sowie unerwartete Verzögerungen durch Staus, Umleitungen und Verkehrsunfälle.[1] Bei einer mehrtägigen Reise hat der StB Anspruch auf das Tage- und Abwesenheitsgeld auch – getrennt – für den Tag der Abreise und den der Rückreise. Zwar sollen die in Abs. 3 vorgesehenen Sätze auch eine Entschädigung für die wegen der Reise nicht mögliche Ausübung sonstiger Geschäfte sein. Da es sich gleichwohl nicht um angemessene Beträge handelt, empfiehlt sich im Einzelfall eine Vereinbarung nach § 4 Abs. 1 StBVV. Was die **Erstattungsfähigkeit** des Abwesenheitsgeldes betrifft, ist § 91 Abs. 2 Satz 1, 2. Halbsatz ZPO über §§ 139 Abs. 3, 155 FGO zu beachten. Bei **Hinzuziehung eines auswärtigen StB** sind die Reisekosten (Fahrtkosten, Abwesenheitsgeld) nur bis zur höchstmöglichen Entfernung innerhalb des Gerichtsbezirks erstattungsfähig, wenn die Beauftragung des **auswärtigen StB nicht notwendig** i.S.d. § 91 Abs. 2 Satz 1 ZPO war.[2] 324

Beispiel:

Für ein Verfahren vor dem FG Hannover wird ein StB aus Düsseldorf beauftragt. War dessen Beauftragung nicht notwendig, weil sich der Kläger genauso gut durch einen ortsansässigen StB hätte vertreten lassen können, sind nicht die vollen Fahrkosten von Düsseldorf nach Hannover und auch nicht die tatsächliche Zeit der Abwesenheit erstattungsfähig, sondern nur die Fahrtkosten und das Abwesenheitsgeld vom am weitesten entfernten Ort im FG-Bezirk Hannover.

II. Übernachtungskosten (Satz 2)

Erstattet werden die tatsächlichen Aufwendungen, soweit sie angemessen sind, einschließlich der üblichen Trinkgelder, aber ohne Kosten für das Frühstück, die aus dem Tage- und Abwesenheitsgeld zu bestreiten sind. Bei „Inklusivpreisen" müssen die angemessenen Kosten des Frühstücks herausgerechnet werden. Übernachtungskosten werden erstattet, wenn dem StB eine An- und Rückreise am selben Tag nicht möglich oder nicht zumutbar ist. Als unzumutbar gilt ein Reiseantritt zur **Unzeit** vor 6 Uhr morgens und eine Reiserückkehr nach 22 Uhr abends,[3] AnwBl 2016, 934; LG Hamburg v. 11.6.2019, 625 Qs 19/19, NJW-Spezial 2019, 573: keine Anreise zur **Nachtzeit**[4] in der Zeit von 21Uhr bis 6 Uhr). Bei der Zumutbarkeitsprüfung ist auch das Alter des StB zu berücksichtigen. Ferner kommt es darauf an, ob der StB größere Strecken zurücklegen muss. Dann ist die Übermüdungsgefahr zu 325

1) OVG Weimar v. 28.3.2018, 2 VO 581/15, NJW-Spezial 2018, 509; → Rz. 325.
2) BGH v. 9.5.2018, I ZB 62/17, NJW 2018, 2572 zur Fallkonstellation einer ebenfalls außerhalb des Gerichtsbezirks ansässigen Partei mit. Anm. Schons in BRAK-Mitt. 2018, 263 und Schneider, NJW-Spezial 2018, 507; BGH v. 4.12.2018, VIII ZB 37/18, AnwBl 2019,109 zur Fallkonstellation einer im Gerichtsbezirk ansässigen Partei; LG München I v. 12.8.2019, 30 O 5993/17, NJW-Spezial 2019, 669; FG Köln v. 20.12.2018, 2 Ko 2385/18, EFG 2019, 555 mit Anm. Hennigfeld: keine Erstattungsfähigkeit der Reisekosten eines behinderten StB und seines Begleiters aus Brandenburg nach Köln in einer Kindergeldsache.
3) N. Schneider in Schneider/Wolf, 8. Aufl. 2017, VV 7003–7006 Rz. 37 m.w.N.; a.A. Boelsen in Eckert, 6. Aufl. 2017, §§ 18–20 StBVV Rz. 31: Anreise nicht vor 7 Uhr morgens und Rückreise bis spätestens 20 Uhr abends; a.A. auch OLG Naumburg v. 8.6.2016, 12 W 36/16 (KfB.
4) Vgl. § 758a Abs. 4 ZPO.

berücksichtigen.[1] Auf die reine – von einem Routenplaner ermittelte – Fahrzeit ist ein **ausreichender zeitlicher Puffer** wegen unvorhergesehener Verzögerungen wie Staus etc. und bei längeren Strecken auch Fahrpausen vorzusehen. Deshalb kann eine Anreise am Vorabend zu einem Termin um 10 Uhr am Folgetag bei einer reinen Fahrzeit von 3 Stunden und 6 Minuten gerechtfertigt sein.[2] Insbesondere Gerichte legen auf rechtzeitiges Erscheinen wert und müssen dann auch im Kostenfestsetzungsverfahren den damit verbundenen Kostenaufwand (Hotelkosten) akzeptieren. Die Übernachtungskosten müssen sich im Rahmen des Angemessenen halten. Die Kosten für die Übernachtung in einem Luxushotel sind im Zweifel nicht erstattungsfähig, wohl aber die Übernachtungskosten in einem Vier-Sterne-Hotel.[3] Bei einer Übernachtung im Schlafwagen sind die Kosten bereits durch die Fahrtkosten ersetzt. Auch bei einer kostenfreien Übernachtung des StB bei Freunden oder Verwandten können keine Übernachtungskosten angesetzt werden.

1) Müller-Rabe in Gerold/Schmidt, 22. Aufl. 2015, VV RVG 7003–7006 Rz. 74, 75.
2) OLG Naumburg v. 8.6.2016, 12 W 36/16 (KfB), AnwBl 2016, 934; → Rz. 324.
3) So auch Boelsen in Eckert, 6. Aufl. 2017, §§ 18–20 StBVV Rz. 31.

§ 19
Reisen zur Ausführung mehrerer Geschäfte

Dient eine Reise der Ausführung mehrerer Geschäfte, so sind die entstandenen Reisekosten und Abwesenheitsgelder nach dem Verhältnis der Kosten zu verteilen, die bei gesonderter Ausführung der einzelnen Geschäfte entstanden wären.

Inhalt

A. Inhalt und Bedeutung

§ 19 StBVV stimmt mit dem früheren § 29 BRAGO[1] überein. Er sieht eine Teilschuldnerschaft für den Fall vor, dass der StB bei einer Reise mehrere Geschäfte verbinden kann. Die dadurch ersparten Aufwendungen (nicht die anfallenden Gebühren) sollen den Auftraggebern anteilig zugute kommen. **326**

B. Anwendungsbereich

I. Aufteilungsmaßstab

Die von § 19 StBVV vorgeschriebene Verteilung der Kosten erfolgt nach dem Verhältnis der Kosten, die bei gesonderter Ausführung der einzelnen Geschäfte entstanden wären. **327**

Beispiel:

Der StB besucht auf einer Reise den Mandanten A und den Mandanten B. Zunachst sind die (fiktiven) Kosten zu ermitteln, die bei 2 separaten Reisen entstanden wären. Die Reise zu A hätte 30 €, die Reise zu B 50 € Reisekostenaufwand verursacht. Die tatsächlich angefallenen Reisekosten belaufen sich auf 60 €. Diese tatsächlich angefallenen Kosten werden nun auf A und B nach der Formel:

Fiktive Kosten Einzelreise x tatsächliche Reisekosten Gesamtreise : Summe aller fiktiven Reisekosten

auf A und B verteilt. Danach ergibt sich folgende Aufteilung:

Reise zu A: 30 × 60 : 80 = 22,50 €.

Reise zu B: 50 × 60 : 80 = 37,50 €.

Hat der StB mit einem Auftraggeber eine **Vereinbarung** über die Höhe der Reisekosten getroffen, so ist die Aufteilung nach § 19 StBVV gleichwohl vorzunehmen. Der Auftraggeber mit der Vereinbarung haftet nach der Vereinbarung, andere Auftraggeber nur nach Maßgabe des § 19 StBVV.[2] Bei Streitigkeiten mit einzelnen Auftraggebern über die richtige Aufteilung darf der StB wegen seiner Pflicht zur Verschwiegenheit grundsätzlich nur mit Zustimmung der anderen Auftraggeber deren Namen aufdecken.[3] **328**

1) Ab 1.7.2004 Vorbemerkung 7 Abs. 3 Satz 1 VV RVG.
2) Berners, 5. Aufl. 2017 § 19 StBVV Rz. 2.
3) Eggesiecker, 2. Aufl. 1998, § 19 STEUGO Rz. 19.300.

II. Gerichtliches Verfahren

329 Im Rahmen eines (finanz-)gerichtlichen Klageverfahrens gelten dieselben Aufteilungsmaßstäbe gem. § 45 StBVV i.V.m. Vorbemerkung 7 Abs. 3 Satz 1 VV RVG. „Mehrere Geschäfte", die zu einer Aufteilung der Kosten führen, liegen auch dann vor, wenn verschiedene Streitjahre betroffen sind, z.B. Klage gegen die ESt-Bescheide 2015 und 2016 erhoben wird. Die Anrechnungsvorschrift wird dann relevant, wenn der Kläger nur in einem Verfahren obsiegt.

Beispiel:

Das Gericht terminiert und verhandelt zwei Verfahren[1] in einem Termin. Die Klage wegen ESt 2015 wird nach einem Hinweis des Gerichts abgetrennt und sofort zurückgenommen. Die Klage wegen ESt 2016 hat Erfolg.

In diesem Fall muss das wegen ESt 2016 unterlegene Finanzamt nur die Hälfte der Reisekosten und Abwesenheitsgelder erstatten.[2]

Der Anwendungsbereich der Vorschrift ist auch eröffnet, wenn der StB mehrere Geschäfte an ein und demselben Ort erledigt.

Beispiel:

Der StB fährt mit dem eigenen Pkw von Berlin nach München und nimmt an einem Tag für vier verschiedene Mandanten an vier mündlichen Verhandlungen vor dem BFH teil. Im Rahmen der Kostenerstattung macht er in einem der Verfahren für die Klägerin die vollen Fahrt- und Übernachtungskosten sowie das volle Tagegeld geltend. Die Beklagte wendet ein, dass diese Kosten zu gleichen Teilen auf die vier Verfahren aufzuteilen sind.

Fahrtkosten, Tagegeld und Übernachtungskosten sind hier zu gleichen Teilen auf die vier verhandelten Verfahren aufzuteilen.[3] Zur Aufteilung sind die tatsächlichen Auslagen zunächst insgesamt für sämtliche Geschäfte zu berechnen. Dann ist für jedes Geschäft isoliert zu ermitteln, welche Auslagen ersatzfähig sind und in welcher Höhe sie angefallen wären, wenn ausschließlich diese Angelegenheit angefallen wäre. Anschließend sind diese (fiktiven) Einzelkosten zu addieren, so dass sich fiktive Gesamtkosten ergeben. Die tatsächlich angefallenen Auslagen nach Nrn. 7003 – 7006 VV RVG sind dann nach dem Verhältnis der fiktiven Einzelkosten zu den fiktiven Gesamtkosten auf das einzelne Verfahren aufzuteilen. In dem vom BFH entschiedenen Fall, der dem o.g. Beispiel zugrunde liegt, entfällt daher jeweils ein Viertel der streitigen Auslagen auf jedes der verhandelten Verfahren.[4]

1) ESt 2015 und ESt 2016.
2) FG Düsseldorf v. 21.11.2011, 11 Ko 3342/11 KF.
3) BFH v. 6.7.2015, X K 5/13, AnwBl 2016, 438.
4) Zur Berechnung siehe auch → Rz. 328.

§ 20
Verlegung der beruflichen Niederlassung

Ein Steuerberater, der seine berufliche Niederlassung nach einem anderen Ort verlegt, kann bei Fortführung eines ihm vorher erteilten Auftrags Reisekosten und Abwesenheitsgelder nur insoweit verlangen, als sie auch von seiner bisherigen beruflichen Niederlassung aus entstanden wären.

§ 20 StBVV entspricht dem bis zum 30.6.2004 geltenden § 30 BRAGO[1] und ergänzt **330** die §§ 18 und 19 StBVV, ist aber kaum von praktischer Bedeutung. Die Vorschrift soll gewährleisten, dass der Auftraggeber im Fall einer Verlegung der beruflichen Niederlassung des StB keinen reisekostenmäßigen Nachteil erleidet. Durch die Verlegung der beruflichen Niederlassung dürfen die Reisekosten zwar niedriger, aber niemals höher werden.

1) Ab 1.7.2004 Vorbemerkung 7 Abs. 3 Satz 2 VV RVG.

§ 21
Rat, Auskunft, Erstberatung

(1) [1]Für einen mündlichen oder schriftlichen Rat oder eine Auskunft, die nicht mit einer anderen gebührenpflichtigen Tätigkeit zusammenhängt, erhält der Steuerberater eine Gebühr in Höhe von 1 Zehntel bis 10 Zehntel der vollen Gebühr nach Tabelle A (Anlage 1). [2]Beschränkt sich die Tätigkeit nach Satz 1 auf ein erstes Beratungsgespräch und ist der Auftraggeber Verbraucher, so kann der Steuerberater, der erstmals von diesem Ratsuchenden in Anspruch genommen wird, keine höhere Gebühr als 190 Euro fordern. [3]Die Gebühr ist auf eine Gebühr anzurechnen, die der Steuerberater für eine sonstige Tätigkeit erhält, die mit der Raterteilung oder Auskunft zusammenhängt.

(2) [1]Wird ein Steuerberater, der mit der Angelegenheit noch nicht befasst gewesen ist, mit der Prüfung der Erfolgsaussicht eines Rechtsmittels beauftragt, ist für die Vergütung das Rechtsanwaltsvergütungsgesetz sinngemäß anzuwenden. [2]Die Gebühren bestimmen sich nach Teil 2 Abschnitt 1 des Vergütungsverzeichnisses zum Rechtsanwaltsvergütungsgesetz.

Inhalt

Schrifttum

Berners Die Honorierung für Rat, Auskunft und Erstberatung, NWB 2013, 619; **Feiter,** Gebühr für schenkungsteuerliche Beratung, KANZLEI intern 10_2017, 6; **Feiter,** Die Erstberatungsgebühr: Taktische Hinweise zur Vermeidung von Honorarausfällen, KP 2003, 52; **Fleischer,** Die Datenschutzerklärung, KANZLEI intern 05/2015, 2; **Grunewald,** Rechtsberatung durch Telefon-Hotlines, ZIP 2000, 2005; **Jahn,** Zuschuss des Bundes für Freiberufler, Selbständige und Kleinunternehmen, NWB 2020, 1342; **Madert,** Die Erstberatungsgebühr, AnwBl 1996, 246; **Maxl,** Urteilsanmerkung zu LG Düsseldorf, DStR 1991, 1100; **Meyer,** Die Abrechnung von Beratungsleistungen bei der Gründung einer GmbH, KP 2004, 30; **Neufang/ Spangberger/ Zepezauer,** Die neue Steuerberatervergütungsverordnung (StBVV) und Tipps zur Abrechnungspraxis, StB 2013, 35; **Römermann/Funke,** Anwalts-Hotlines – Ein Überblick über System und Rechtsprechung, MDR 2001, 1; **Schneider,** Anwaltsvergütung – Gebühren für Abraten einer Berufungs- oder Revisionseinlegung, MDR 2001, 1032; **Singer,**

Steuerliche Beratung via telefonischer 0190-Hotlines?, DStR 2001, 594; **Schwamberger,** Wann und wie kann eine Zeitgebühr berechnet werden? – Teil 2, KP 2016, 114; **Schwamberger,** Was darf eine Auskunft eigentlich kosten? KP 2014, 201; **Tönnies,** Abrechnung von Beratungsleistungen, Stbg 1995, 458, 509; **Tönnies,** StBGebV in der Praxis: Mehr Gewinn durch „Nebengebühren", Stbg 1995, 299; **Wilk/ Beyer-Petz,** Die neue Steuerberatervergütungsverordnung, DStR 2012, 2508; **Will-Brinkmann,** Mehr Gewinn durch Nebengebühren, Stbg 1995, 461.

A. Inhalt und Bedeutung

I. Norminhalt und Zweck

331 § 21 StBVV ist dem früheren § 20 BRAGO nachgebildet, der ab 1.7.2004 den Nr. 2100 – 2102 VV RVG entsprach. Seit dem 1.7.2006 gilt § 34 RVG. Der Anwendungsbereich des § 21 Abs. 2 StBVV wurde durch die Fünfte Verordnung zur Änderung steuerlicher Verordnungen[1] mit Wirkung ab dem 1.7.2020 erweitert.[2] § 21 StBVV ist nur dann unmittelbar anwendbar, wenn der Rat oder die Auskunft einen **steuerlichen Zweck** haben.[3] Eine wirtschaftsberatende Tätigkeit, z.B. eine Fördermittelberatung (Baukindergeld, Soforthilfe, Überbrückungshilfe etc. → Rz. 352) oder eine Existenzgründungsberatung, können nicht unmittelbar nach § 21 StBVV liquidiert werden.[4] Haben die Parteien in einem solchen Fall keine Honorarvereinbarung getroffen, wird das übliche BGB-Honorar[5] geschuldet.[6] Als übliches Honorar kommt auch eine **analoge Anwendung** des § 21 StBVV in Betracht. In **Mischfällen,** die auch steuerberatende Tätigkeit enthalten, müssen die sog. vereinbaren Tätigkeiten separat aufgeführt und abgerechnet werden. Dies muss notfalls im Wege einer Schätzung des Gegenstandswerts oder einer Aufschlüsselung und Zuordnung des Zeitaufwands auf die unterschiedlichen Tätigkeiten erfolgen. Ist der StB auch als Rechtsanwalt zugelassen, kann er nach den günstigeren Vorschriften des RVG abrechnen.[7]

332 Die Gebühr nach § 21 Abs. 1 Satz 1 StBVV ist – auch wenn es sich nicht um „laufend auszuführende Tätigkeiten" handelt – pauschalierungsfähig. Dies gilt entgegen § 14 Abs. 2 Nr. 5 StBVV auch für die Gebühr nach § 21 Abs. 2 StBVV.[8]

II. Zeitlicher Anwendungsbereich

333 § 21 StBVV wurde wiederholt geändert. Durch die 1. ÄndVO[9] wurden die erhöhten Rahmenbeträge der BRAGO für nicht nach dem Gegenstandswert abzurechnende Beratung und Auskunftserteilung übernommen. Durch die 3. ÄndVO[10] erfolgte eine weitere Anpassung an den zuvor geänderten § 20 BRAGO: In § 21 Abs. 1 Satz 2 StBGebV wurde eine Begrenzung der Gebühr des StB bei erstmaliger Beratung (Erstberatungsgebühr) eingeführt. Der Betragsrahmen des § 21 Abs. 1 Satz 3 StBGebV wurde an die BRAGO angepasst. Schließlich wurde die Vorschrift durch

1) Fünfte Verordnung zur Änderung steuerlicher Verordnungen v. 25.6.2020, BGBl. I 2020, 1495, 1498 = BStBl I 2020, 555.
2) → Rz. 350.
3) § 1 Abs. 1 StBVV.
4) Das AG Düsseldorf v. 26.4.2001, 42 C 18777/00, bemängelte die Abrechnung nach Gegenstandswert unter Bezugnahme auf § 21 StBGebV bei einer Finanzierungsberatung und wies die Honorarklage des StB aus formellen Gründen ab.
5) §§ 612 Abs. 2, 632 Abs. 2 BGB.
6) OLG Celle v. 8.7.1998, 3 U 206/97, GI 2001, 129; AG Mülheim/R. v. 4.4.2000, 19 C 133/99, INF 2000, 383: Planrechnung durch einen StB für ein zu eröffnendes Sonnenstudio mit einem Zeitaufwand von 10,75 Std. und einem Stundensatz von 200 DM angemessen.
7) → § 1 StBVV Rz. 91.
8) → § 14 StBVV Rz. 283.
9) 1. ÄndVO v. 20.6.1988, BGBl. I 1988, 841.
10) 3. ÄndVO v. 20.8.1998, BGBl. I 1998, 2369.

das KostREuroUG[1] in § 21 Abs. 1 Satz 2 und 3 StBGebV geändert, in dem die bisherigen DM-Beträge auf Euro-Beträge umgestellt wurden. Durch das JStG 2007[2] wurde die Erstberatungsgebühr auf ein Erstberatungsgespräch mit einem Verbraucher beschränkt. Mit VO zum Erlass und zur Änderung steuerlicher Verordnungen wurde die Erstberatungsgebühr von 180 € auf 190 € angehoben und die Sonderregelung des § 21 Abs. 1 Satz 3 StBGebV[3] gestrichen.[4] Mit der Dritten Verordnung zur Änderung steuerlicher Verordnungen[5] wurde § 21 Abs. 2 Satz 2 StBVV gestrichen. Dies war bei der letzten StBGebV-Novelle versehentlich unterblieben. Es handelt sich um eine redaktionelle Änderung.[6] Eine weitere Anpassung des § 21 Abs. 2 StBVV erfolgte durch die Fünfte Verordnung zur Änderung steuerlicher Verordnungen, vgl. → Rz. 350.

B. Rat- bzw. Auskunftgebühr (Abs. 1 Satz 1)

I. Abgrenzung

334 Nach § 21 Abs. 1 Satz 1 StBVV erhält der StB für einen steuerlichen Rat oder eine steuerliche Auskunft eine Gebühr. Ein „**Rat**" ist eine Empfehlung, wie sich der Mandant in einer bestimmten Lage verhalten soll. Mit einer **„Auskunft"** soll der Mandant dagegen lediglich über eine bestimmte Angelegenheit informiert werden. Die Auskunft beschränkt sich auf die Beantwortung allgemeiner Fragen, z.B. welche steuerlichen Vorschriften bei der Beurteilung eines bestimmten Sachverhalts zu beachten sind. Rat und Auskunft liegen jeweils nur dann vor, wenn der StB auftragsgemäß im **Innenverhältnis** zum Mandanten berät oder informiert. Im Falle einer Vertretung gelten die speziellen Vorschriften.[7] Im Anwaltsrecht stellt der BGH darauf ab, ob eine „nach außen gerichtete Tätigkeit" vorliegt oder ob es sich um eine reine Tätigkeit im Innenverhältnis zwischen RA und Mandant handelt. Letzteres sei der Fall, wenn die Tätigkeit des RA auf den Entwurf eines Testaments gerichtet sei.[8] Die vom BGH zum anwaltlichen Vergütungsrecht herangezogenen Abgrenzungskriterien können auch auf § 21 Abs.1 StBVV übertragen werden.

335 Was die **Form** der Äußerung betrifft, unterscheidet die Vorschrift zwischen einem mündlichen und einem schriftlichen Rat oder einer Auskunft. Auch ein fernmündlicher Rat[9] oder eine Online-Beratung lösen im Falle einer steuerlichen Beratung eine Gebühr nach § 21 Abs. 1 Satz 1 StBVV aus.

Praxistipp:

Von einer telefonischen Erstberatung ist grundsätzlich abzuraten. Stattdessen sollte der Ratsuchende auf die Möglichkeit einer kostenpflichtigen Beratung in der Kanzlei, möglichst verbunden mit einer Vorschusszahlung, hingewiesen werden. Dadurch werden Mandanten, die es nur auf einen schnellen und möglichst kostengünstigen Rat abgesehen haben, von vorneherein ferngehalten.

Praxistipp:

Steuerberater, die auf ihrer Homepage ein Kontaktformular vorhalten, das potentielle Mandanten zum Zwecke der elektronischen Kontaktaufnahme nutzen können, müssen den Nutzer zu Beginn des Nutzungsvorgangs über Art, Umfang und Zweck der Erhe-

1) KostREuroUG v. 27.1.2004, BGBl. I 2001, 751.
2) JStG 2007 v. 13.12.2006, BGBl. I 2006, 2878 = BStBl I 2007, 28.
3) Rat und Auskunft in steuerstraf- und bußgeldrechtlichen Angelegenheiten.
4) VO zum Erlass und zur Änderung steuerlicher Verordnungen v. 11.12.2012, BGBl. I 2012, 2637 = BStBl I 2013, 2.
5) VO v. 22.7.2016, BGBl. I 2016, 1722 = BStBl I 2016, 725.
6) Vgl. BR-Drucks. 201/16 v. 20.4.2016, 22.
7) §§ 23 ff. StBVV.
8) BGH v. 22.2.2018, IX ZR 115/17, NJW 2018, 1479.
9) → § 21 StBVV Rz. 351.

bung und Verwendung personenbezogener Daten in allgemein verständlicher Form unterrichten, § 13 Abs. 1 TMG.[1] Das Muster für eine Datenschutzerklärung ist auf der Homepage der Bitkom (http://www.bitkom.org) und in KANZLEI intern 05/2015 veröffentlicht. Seit dem 9.1.2016 gelten auf Grund der sog. ODR-Verordnung[2] neue Informationspflichten für Anbieter von Online-Dienstleistungsverträgen. Werden Verbrauchern Dienstleistungen über eine Steuerberater-Webseite oder auf anderem elektronischen Weg (z.B. per E-Mail) angeboten, muss der Anbieter auf seiner Homepage mit der Online-Streitbeilegungs-Plattform („OS-Plattform") verlinken.[3] Ab dem 25.5.2018 sind zusätzlich die Informationspflichten nach Art. 13 DSGVO zu beachten.

Eine schriftliche Rat- oder Auskunftserteilung rechtfertigt i.d.R. den Ansatz einer höheren Gebühr. Bei der Wahl des Rahmensatzes sind ferner Vorbereitungsarbeiten, z.B. Literaturstudium, die Inanspruchnahme einer Steuerrechtsdatenbank und Aktendurchsicht zu berücksichtigen.

Das **Mandatsanbahnungsgespräch** als solches löst noch keine Gebühren nach § 21 StBVV aus.[4] Beweisbelastet dafür, dass im Rahmen des Erstgesprächs schon eine Beratung erfolgt ist, ist der StB.[5] 336

Praxistipp:

Damit der (Verbraucher-)Mandant später nicht mit dem Einwand durchdringt, die zweite Beratung sei noch die (auf 190,00 €) begrenzte Erstberatung, empfiehlt es sich, beim ersten Besuch des Mandanten in der Kanzlei zu dokumentieren, dass eine Erstberatung erfolgt ist. Zu Identifikationszwecken sollte dem Mandanten ein Mandantenaufnahmebogen ausgehändigt und dort auch der Grund des Besuchs erfragt werden. Erfahrungsgemäß tragen Mandanten dort selbst Stichworte wie „Steuerliche Beratung" o.ä. ein.

Adressat des Ratschlags oder der Auskunft ist grundsätzlich der Mandant. § 21 StBVV ist aber auch dann anwendbar, wenn der StB im Auftrag des Mandanten Dritten – z.B. der Finanzbehörde – Auskünfte erteilt.[6] 337

An die **Auftragserteilung** sind keine überzogenen Anforderungen zu stellen. Auch konkludentes Verhalten reicht aus, z.B. die kommentarlose Übersendung eines Vertragsentwurfs, nachdem zuvor ein Gespräch zwischen StB und Mandant über eine geplante Geschäftsaufgabe geführt wurde.[7] 338

II. Wertgebühr

§ 21 Abs. 1 Satz 1 StBVV sieht für den Regelfall eine Wertgebühr vor. Nach der amtlichen Begründung zu § 21 StBGebV kann der StB aber anstelle der Wertgebühr die **Zeitgebühr** berechnen, wenn sich ein Gegenstandswert nicht bestimmen – oder schätzen – lässt.[8] 339

Die Bestimmung des **Gegenstandswertes** i.R.d. § 21 Abs. 1 Satz 1 StBVV, der dem Wert des Interesses nach § 10 Abs. 1 Satz 3 StBVV entspricht, bereitet in der Praxis erhebliche Schwierigkeiten. In einem Beratungsgespräch werden oftmals mehrere Steuerarten und Sachverhalte[9] zusammengefasst. Hier stellt sich die Frage, welche Einzeltätigkeiten bzw. Beratungskomplexe als eigenständige **„Angelegenheiten"** 340

1) Fleischer, KANZLEI intern 05/2015.
2) EU-Verordnung 524/2013.
3) Art. 14 Abs. 1 ODR-Verordnung; http://ec.europa.eu/consumers/odr/.
4) → § 12 StBVV Rz. 228; OLG Düsseldorf v. 28.5.2002, 23 U 193/01, GI 2002, 219, 225; AGH NRW v. 4.5.2012, 2 AGH 32/11.
5) OLG München v. 19.9.1998, 14 U 879/97, AnwBl 1999, 228; AG Neuss v. 2.2.2005, 85 C 501/04 →Rz. 345 a.E.
6) Eggesiecker, 2. Aufl. 1998, § 21 STEUGO Rz. 2.255.
7) AG Langen/Niedersachsen v. 20.6.2002, 2 C 337/01.
8) Abgedruckt bei Eckert, 4. Aufl. 2003, zu § 21 StBGebV (→ § 13 StBVV Rz. 250).
9) Z.B. im Fall der Gründung einer Gesellschaft oder im Falle einer schenkungsteuerlichen Beratung Feiter, KANZLEI intern 10_2017, 6.

angesehen werden können, die jeweils eine eigene Gebühr nach § 21 StBVV auslösen.[1] Im Rahmen eines einheitlichen Auftrags mit einem einheitlichen Tätigkeitsrahmen und einem inneren Zusammenhang stellt die Prüfung mehrerer steuerrechtlicher Fragestellungen i.d.R. nur eine einzige gebührenrechtliche Angelegenheit dar.[2] Eine schenkungsteuerliche Beratung hat i.d.R. verschiedene Beratungsinhalte zum Gegenstand, gleichwohl rechtfertigt dies nicht die Abrechnung mehrerer Gebühren.[3] Ein weiteres Problem ergibt sich durch die uneinheitliche **Rechtsprechung** zur Bestimmung des Gegenstandswertes. Teilweise stellt die Rechtsprechung auf die Interessen des Mandanten, also die steuerlichen Auswirkungen ab. Danach soll es bei einer Beratung über Abschreibungsmöglichkeiten auf die vorgestellte Steuerersparnis ankommen[4] und bei einer Beratung zum Thema Spekulationssteuer und Vorfälligkeitsentschädigung beim Weiterverkauf einer Immobilie auf die steuerlichen Auswirkungen und nicht auf den Veräußerungspreis.[5] Diesen Entscheidungen kommt auch ein Urteil des LG Magdeburg[6] nahe, das im Falle einer Unternehmensübertragung nicht auf den geschätzten Gesamterlös, sondern auf den vom Berater prognostizierten Rohgewinn abstellte. Im Fall einer (betriebswirtschaftlichen) Beratung bei der Gründung einschließlich der Mitarbeit am Grundkonzept eines GmbH-Vertrages hat das LG Osnabrück[7] die Höhe des Stammkapitals zu Grunde gelegt. Die überwiegende Rechtsprechung hat bisher auf die wirtschaftliche Bemessungsgrundlage (Bruttoprinzip) abgestellt.[8]

Beispiele:

Bei einer steuerlichen Beratung zur Durchführung eines Bauherrenmodells sowie für die Überprüfung des Prospekts hat das LG Düsseldorf[9] den Gesamtbruttoausgangswert von 2 242 000 DM[10] zu Grunde gelegt, mit der Begründung, es habe sich um eine Konzeptberatung gehandelt und nicht nur um eine Beratung zu Steuersparmöglichkeiten.

Das LG Mannheim[11] ließ die Schätzung eines Gegenstandswertes von 2 Mio. DM[12] ebenfalls für eine Beratung zu einem Bauherrenmodell unbeanstandet. Das LG ging von einer Wohnfläche von mindestens 500 qm zu einem Preis zwischen 3 500 DM und 6 000 DM[13] aus.

Das LG Düsseldorf[14] legte den Bruttowert von 1 014 000 DM[15] in einem Fall zu Grunde, in dem der StB beauftragt war, steuerrechtlich optimal zu prüfen und darzustellen, inwieweit die Bebauung des seinen Auftraggebern zu gleichen Teilen gehörenden Baugrundstücks mit 4 Eigentumswohnungen unter Berücksichtigung weiterer Umstände zu bewerkstelligen sei.

Bei einer steuerlichen Beratung im Zusammenhang mit einer Anteilsveräußerung legte das LG Düsseldorf[16] den Kaufpreis der Anteile i.H.v. 305 000 € zu Grunde. Die Steuerersparnis stelle keine gerechte Größe dar und berücksichtige nicht die größeren steuerli-

---

1) Vgl. hierzu Feiter, KANZLEI intern 10_2017, 6; Schwamberger, KP 2016, 114, 116; Tönnies, Stbg 1995, 458, 509; Meyer, KP 2004, 30.
2) Mayer in Gerold/Schmidt, 24. Aufl. 2019, § 15 RVG Rz. 10.
3) Feiter, KANZLEI intern 10_2017, 6.
4) OLG Düsseldorf v. 3.7.1986, 18 U 61/86.
5) LG Wuppertal v. 25.5.2016, 3 O 299/13.
6) LG Magdeburg v. 23.10.1996, 8 O 1601/96, besprochen von Boelsen in Eckert, 6. Aufl. 2017, § 22 StBVV Rz. 15.
7) LG Osnabrück v. 27.10.1988, 4 O 305/88.
8) Ebenso Berners, 5. Aufl. 2016, § 21 StBVV Rz. 18 f.
9) LG Düsseldorf, 31 C 246/84, besprochen von Maxl, DStR 1991, 1100.
10) Umgerechnet 1 146 316,30 €.
11) LG Mannheim v. 23.5.1985, 10 S 4/85.
12) Umgerechnet 1 022 583,70 €.
13) Umgerechnet also zwischen 1 789,52 € und 3 067,75 €.
14) LG Düsseldorf v. 17.11.1994, 3 O 62/93.
15) Umgerechnet 518 449,96 €.
16) LG Düsseldorf v. 3.12.2010, 15 O 295/08.

chen Risiken, die bei einem Geschäft mit einem Volumen von z.B. mehreren Millionen Euro bestünden.

Im Falle einer steuerlichen Beratung im Zusammenhang mit einer Erbschaftsangelegenheit ließ das LG Duisburg[1] den vom Berater angesetzten Gegenstandswert in Höhe des gesamten Erbes unbeanstandet. Das LG stellte darauf ab, dass der Berater die gesamte Erbschaftsangelegenheit prüfen musste, um ein etwaige Mehrsteuer eines Erbschaftsverkaufs zu errechnen.

Wird ein StB mit der Beratung und Erstellung eines Gründungskonzepts beauftragt, bestimmt sich der Gegenstandswert nicht nach dem vertraglich angesetzten Stammkapital, sondern nach dem insgesamt zur Unternehmensgründung erforderlichen Kapital.[2]

Praxistipp:

Bei der Bestimmung der Gebühr ist der Grundsatz der Angemessenheit zu beachten.[3] Führt die Anwendung des Bruttoprinzips zu unangemessen hohen Gebühren, die auch nicht durch die Wahl eines niedrigeren Rahmensatzes ausgeglichen werden können, empfiehlt sich als Gegenstandswert auf die steuerlichen Auswirkungen abzustellen.[4] Lässt sich ein Gegenstandswert nicht ermitteln oder schätzen, darf auf die Zeitgebühr ausgewichen werden. Möglich ist auch eine Vergütungsvereinbarung, die aber im Falle der Vereinbarung einer höheren Gebühr den Anforderungen des § 4 Abs. 1 StBVV entsprechen müssen.

Kritische Stellungnahme:

Die Bestimmung des Gegenstandswertes in § 21 Abs. 1 Satz 1 StBVV ist wegen der uneinheitlichen Rechtsprechung für den StB immer mit gebührenrechtlichen Unsicherheiten verbunden. Legt der StB den Bruttowert zu Grunde und rechnet nur einen geringen Zehntelsatz ab, besteht das Risiko, dass ein Gericht den Gegenstandswert beanstandet und nur auf die steuerlichen Auswirkungen abstellt. Dies würde zu einer im Einzelfall erheblichen Reduzierung der Gebühr führen, da dem StB eine nachträgliche Anhebung des Zehntelsatzes – quasi als Kompensation – nicht gestattet ist.[5] Hier kann nur der Verordnungsgeber Abhilfe schaffen, indem er auch in § 21 Abs. 1 StBVV eine Definition des Gegenstandswertes vornimmt und möglichst auch einen Mindestgegenstandswert vorgibt.

III. Zusammenhang mit anderen gebührenpflichtigen Tätigkeiten

Rat und Auskunft rechtfertigen nur dann eine eigenständige Gebühr, wenn sie nicht **341**
mit einer anderen gebührenpflichtigen Tätigkeit zusammenhängen. Eine Vielzahl von steuerlichen Fragestellungen taucht im Zusammenhang mit der Finanz- und Lohnbuchführung oder bei Anfertigung der Steuererklärungen bzw. der Aufstellung des Jahresabschlusses auf. Wenn der StB hierfür bereits mandatiert ist, ist die Beantwortung derartiger Fragen des Mandanten grundsätzlich von der Gebühr für diese Tätigkeit abgegolten und kann nicht gesondert nach § 21 Abs. 1 Satz 1 StBVV berechnet werden.[6]

Beispiel:

Der StB ist mit der Finanzbuchführung beauftragt. Der Mandant bittet um Auskunft zur Einordnung eines umsatzsteuerlichen Sachverhalts vor dem Hintergrund des Vorsteuerabzugs.[7]

1) LG Duisburg v. 8.5.1996, 21 (1) S 123/95.
2) AG Brake v. 3.7.2012, 3 C 279/11.
3) § 64 Abs. 1 Satz 3 StBerG.
4) Feiter, KANZLEI intern 10_2017, 6.
5) → § 11 StBVV Rz. 210.
6) Schwamberger, KP 2014, 202.
7) → § 33 StBVV Rz. 530.

Beispiel:

Der StB ist mit der Aufstellung des Jahresabschlusses beauftragt. Der Mandant bittet um eine Beratung zum Investitionsabzugsbetrag nach § 7g EStG.[1]

Auskunft und Rat können in den beiden Beispielsfällen allerdings gebührenerhöhend bei der Gebühr für die Finanzbuchführung und den Jahresabschluss berücksichtigt werden. Eine gesonderte Abrechnung **von Auskunft und Rat** wäre nur möglich, wenn dies im Rahmen einer Vergütungsvereinbarung nach § 4 Abs. 1 StBVV vereinbart wäre.

Praxistipp:

Wer entsprechende Beratungsleistungen gesondert abrechnen möchte, sollte mit dem Mandanten eine Vergütungsvereinbarung treffen und dort u.a. regeln, dass bestimmte Leistungen nach Zeitaufwand abgerechnet werden. Formulierungsvorschlag:

Vergütungsvereinbarung

Abweichend von der Steuerberatungsvergütungsverordnung (StBVV) wird gem. § 4 Abs. 1 StBVV zwischen

.... (Auftraggeber)

und

.... (Auftragnehmer)

für folgende Angelegenheiten eine Abrechnung nach Zeitaufwand vereinbart:

- „Allgemeine steuerliche Beratung und Auskunftserteilung in steuerlichen Angelegenheiten auf Grund von Einzelfragen (auch im Zusammenhang mit der Finanz- und Lohnbuchführung, der Jahresabschlusserstellung, der Anfertigung von Steuererklärungen und im Rechtsbehelfsverfahren)",
- (...)

(→ siehe Muster Kombinierte Vergütungsvereinbarung, Rz. 938)

342 Umstritten ist, ob die vom StB vorgenommene **Berechnung der Steuererstattung oder -nachzahlung** des Mandanten bei gleichzeitigem Auftrag zur Erstellung der Einkommensteuererklärung eine eigene Gebühr nach § 21 StBVV auslöst.[2] Zwar mag der Begriff des Zusammenhangs im Einzelfall zu Abgrenzungsschwierigkeiten führen. Es dürfte jedoch zu weit gehen, Nebenarbeiten im Zusammenhang mit der Erstellung der Einkommensteuererklärung aus dem Leistungsinhalt des § 24 Abs. 1 Nr. 1 StBVV herauszunehmen. Zwar ist die Berechnung der Nachzahlung/Erstattung streng genommen nicht Leistungsgegenstand des § 24 Abs. 1 Nr. 1 StBVV. Angesichts der Tatsache, dass die Höhe der Steuer/Erstattung durch die EDV automatisch ermittelt wird, wird diese Ermittlung aber ganz überwiegend (sowohl von StB, als auch von Mandanten) als kostenlose Serviceleitung verstanden. Auf diese Leistung sollte aus Gründen der Transparenz in der Gebührenrechnung ausdrücklich hingewiesen werden.

Beispiel:

„Anfertigung der Einkommensteuererklärung 2019 inklusive Ermittlung der Steuererstattung"

Wer die Ermittlung gesondert berechnen will, sollte dies im Vorfeld gegenüber dem Mandanten kommunizieren und am besten eine schriftliche Regelung treffen.

343 Für Nebenarbeiten bei der Aufstellung eines Jahresabschlusses gilt nichts anderes. Eine Beratung zum Investitionsabzugsbetrag **nach § 7g EStG,** die im Zusammen-

1) → § 21 StBVV Rz. 343.

2) Bejahend: Tönnies, Stbg 1995, 299 f.; Boelsen in Eckert, 6. Aufl. 2017, § 24 Abs. 1 Nr. 1 StBVV Rz. 3; Berners, 5. Aufl. 2016, § 24 StBVV Rz. 18; verneinend: Mittelsteiner/Scholz, 4. Aufl. 1998, § 21 StBGebV Rz. 3; Eggesiecker, 2. Aufl. 1998, § 21 STEUGO Rz. 21.350; Will-Brinkmann, Stbg 1995, 461; Brummer, 10. Aufl. 2010, § 24 StBGebV Anm. 1.

hang mit Tätigkeiten zur Erstellung eines Jahresabschlusses steht, ist mit der Gebühr nach § 35 Abs. 1 Nr. 1 StBVV abgegolten. Etwas anderes kann nur im Falle einer isolierten Beratung nach § 7g EStG gelten. Eine solche Beratung wäre dann über § 21 Abs. 1 Satz 1 StBVV abzurechnen. Ein Ansatz von 130,00 €/Std. ist hierfür nicht überhöht.[1]

C. Erstberatungsgebühr (Abs. 1 Satz 2)

In Angleichung an das RVG[2] gilt die Begrenzung auf einen Höchstbetrag von 190 € **344**
nur noch für ein erstes Beratungsgespräch mit einem **Verbraucher** i.S.d § 13 BGB. Sie gilt nicht mehr für ein erstes Beratungsgespräch mit einem Unternehmer i.S.d. § 14 BGB. Bereits durch das JStG 2007[3] wurde der Begriff „Gegenstand einer ersten Beratung" durch die Bezeichnung „**Erstberatungsgespräch**" ersetzt. Für den StB bedeutet dies eine erfreuliche Klarstellung, da dem Mandanten dadurch in vielen Fällen der Einwand genommen wird, eine Zweitberatung sei noch Erstberatung.

Beispiel:

Der StB nimmt anlässlich eines ersten persönlichen Kontakts in der Kanzlei Unterlagen des Mandanten entgegen. Er soll prüfen, ob hinsichtlich der Verkaufsabsichten mehrerer Grundstücke gewerblicher Grundstückshandel vorliegen könnte. Macht sich der StB im Anschluss an das Erstgespräch sachkundig und erteilt dem Mandanten zu einem späteren Zeitpunkt – ggf. nach umfangreichen Vorarbeiten und in einem mehrseitigen Schreiben – die gewünschte Auskunft, bestand immer die Gefahr, dass der Mandant behauptete, das erste **Informationsgespräch** in der Kanzlei sei begrifflich **noch keine Erstberatung** gewesen. Erst die spätere (schriftliche) Auskunft sei die Erstberatung, so dass der Mandant lediglich die Erstberatungsgebühr zahlen müsse.[4]

Nach dem durch das JStG 2007 geänderten und eindeutigen Wortlaut liegt eine Erstberatung i.S.d. Abs. 1 Satz 2 nur vor, wenn der StB mit dem Mandanten ein **Gespräch** führt. Dies kann auch ein Telefonat sein. Im Gegensatz zur Altregelung stellt eine **schriftliche Beratungstätigkeit** keine Erstberatung im Rechtssinne dar.[5] Es muss sich um ein erstes Beratungsgespräch handeln. Wird das erste Beratungsgespräch unterbrochen und später fortgesetzt, weil der StB sich sachkundig machen will oder weil der Mandant weitere Zusatzfragen hat, ist der Bereich der Erstberatungsgebühr verlassen. Der Begriff der Erstberatung ist eng auszulegen und auf eine pauschale, überschlägige Einstiegsberatung beschränkt. Die Kappungsgrenze soll lediglich das „Gebührenrisiko" des Mandanten für ein erstes Beratungsgespräch begrenzen.[6] Für den StB bedeutet diese Gebühr keine neue Einnahmequelle, da, wenn das Mandat weitergeht, die Erstberatungsgebühr nach § 21 Abs. 1 Satz 3 StBVV auf die dann entstehende weitere Gebühr anzurechnen ist.

Praxistipp: **345**

Erkennt der StB vor oder während der Beratung des Verbraucher-Mandanten, dass die Erstberatungsgebühr wegen des Arbeitsaufwands oder Haftungsrisikos keine angemessene Gebühr ist, so kann er dem Ratsuchenden eine Vergütungsvereinbarung nach § 4 Abs. 1 StBVV vorschlagen. Verweigert dieser die Unterschrift und endet die Beratung, schuldet der Ratsuchende maximal die Erstberatungsgebühr. Im Rahmen einer Vergütungsvereinbarung sollte ausdrücklich klargestellt werden, dass der StB nicht an die Erstberatungsgebühr des § 21 Abs. 1 Satz 2 StBVV gebunden ist.

1) LG Düsseldorf v. 19.8.2014, 1 O 497/11.
2) → Rz. 332.
3) → Rz. 332.
4) So OLG München v. 17.9.1998, 14 U 879/97, AnwBl 1999, 228 in einer Anwaltssache.
5) AG Dresden v. 16.3.2017, 110 C 3790/16; Boelsen in Eckert, 6. Aufl. 2017, § 21 StBVV Rz. 27; Onderka/Thiel in Schneider/Wolf, 8. Aufl. 2017, § 34 RVG Rz. 124 m.w.N. zur anwaltlichen Parallelvorschrift.
6) AG Dresden v. 16.3.2017, 110 C 3790/16; Onderka/Thiel in Schneider/Wolf, 8. Aufl. 2017, § 34 RVG Rz. 124 m.w.N.

Im Falle einer ersten **telefonischen Beratung** empfiehlt es sich, den Gesprächsinhalt aktenkundig zu machen (Aktenvermerk, Bestätigungsschreiben), da der StB bei Abrechnung des zweiten Beratungsgesprächs u.U. in Beweisnot geraten kann, wenn der Mandant eine Erstberatung behauptet.

Allerdings ist von telefonischen Erstberatungen grundsätzlich abzuraten, da der StB seinen **Identifizierungspflichten** nach § 10 f. GwG und nach § 87d Abs. 2 AO in diesen Fällen nicht nachkommen kann.

346 In der bis zum 31.12.2006 geltenden Fassung enthielt § 21 Abs. 1 Satz 2 StBGebV die klarstellende Einschränkung „der erstmals von diesem Ratsuchenden in Anspruch genommen wird". Daraus folgte, dass die Beratung eines (langjährigen) Mandanten nie eine Erstberatung sein konnte. Durch die Neufassung der Vorschrift ist diese klarstellende Einschränkung weggefallen, ohne dass sich in der Sache etwas geändert hätte.

347 Das Erstberatungslimit gilt auch bei einem Auftrag durch mehrere Auftraggeber. Erhöhungen darf der StB wegen § 6 Abs. 1 StBVV nicht fordern.

D. Rat und Auskunft in steuerstraf- und bußgeldrechtlichen Angelegenheiten (Abs. 1 Satz 3 a.F. StBGebV)

348 Die Sonderregelung in § 21 Abs. 1 Satz 3 StBGebV a.F. für Rat und Auskunft in steuerstrafrechtlichen, bußgeldrechtlichen oder sonstigen Angelegenheiten, in denen die Gebühren nicht nach dem Gegenstandswert berechnet werden, wurde durch die VO zum Erlass und zur Änderung steuerlicher Verordnungen ersatzlos aufgehoben.[1] Dem StB stand bis dahin nur ein Gebührenrahmen von 19 € – 180 € zur Verfügung. Jetzt richtet sich die Gebühr nach § 21 Abs. 1 Satz 1 StBVV. Danach sind Rat oder Auskunft nach Gegenstandswert abzurechnen. Offen ist, welchen Gegenstandswert die Gerichte bei einer Beratung in steuerstraf- und bußgeldrechtlichen Angelegenheiten zu Grunde legen werden, da diese bislang nicht nach Gegenstandswert abgerechnet wurden. Fraglich ist, ob es überhaupt einen „Wert des Interesses" i.S.v. § 10 Abs. 1 Satz 3 StBVV gibt. Das RVG hilft hier nicht weiter. Nach der Parallelvorschrift des § 34 Abs. 1 RVG ist der Rechtsanwalt bei Rat- und Auskunftsfällen gehalten, auf eine Gebührenvereinbarung hinzuwirken. Wird keine Vereinbarung getroffen, erhält der Rechtsanwalt Gebühren nach den Vorschriften des BGB. Da das RVG in Teil 4 (Strafsachen) und Teil 5 (Bußgeldsachen) des Vergütungsverzeichnisses für Tätigkeiten in Straf- und Bußgeldsachen generell keine Wertgebühren vorsieht, dürfte es gut vertretbar sein, einen „Wert des Interesses" zu verneinen und auf die Zeitgebühr nach § 13 StBVV auszuweichen. Nachdem die Zeitgebühr deutlich erhöht wurde, dürften viele Fälle mit den gesetzlichen Gebühren bereits angemessen honoriert sein. Höhere Zeitgebühren/Stundensätze wären nur dann durchsetzbar, wenn eine Vergütungsvereinbarung nach § 4 Abs. 1 StBVV getroffen würde, was in steuerstraf- und bußgeldrechtlichen Angelegenheiten durchaus üblich ist.

Praxistipp:

Rat und Auskunft in Steuerstrafsachen sollten immer mit der Zeitgebühr berechnet werden, wenn keine Vergütungsvereinbarung getroffen wurde.

1) VO zum Erlass und zur Änderung steuerlicher Verordnungen v. 11.12.2012, BGBl. I 2012, 2637 = BStBl I 2013, 2.

E. Anrechnung der Gebühr auf andere Gebühren (Abs. 1 Satz 3)

Die Anrechnungsvorschrift des § 21 Abs. 1 Satz 3 StBVV betrifft alle Ratgebühren nach § 21 Abs. 1 StBVV. Der Unterschied zu § 21 Abs. 1 Satz 1 StBVV besteht darin, dass nach Satz 1 der Vorschrift eine Ratgebühr gar nicht erst entsteht, wenn ein Zusammenhang mit einer anderen gebührenpflichtigen Tätigkeit vorliegt.[1] § 21 Abs. 1 Satz 3 StBVV regelt den Fall, dass ein solcher Zusammenhang nicht schon von vornherein bestanden hat. 349

Beispiele:

StB berät den Mandanten zu den steuerlichen Vorteilen eines Immobilienerwerbs. Später erstellt er die Einkommensteuererklärung, die auch die Einkünfte aus Vermietung und Verpachtung dieser Immobilie enthält. Weitere Beispiele: → § 23 StBVV Rz. 381, → § 30 StBVV Rz. 497 und → § 40 StBVV Rz. 639.

StB berät den Mandanten zur Bewertung des Immobilienvermögens nach Erbschaft. Später erstellt er die Feststellungserklärung.[2]

Materielle Unterschiede können sich nur dann ergeben, wenn die bereits abgerechnete Ratgebühr die Gebühr für die Haupttätigkeit überschreitet. Dies kann vorkommen, wenn für den steuerlichen Rat eine (hohe) Wertgebühr angefallen ist, die spätere Haupttätigkeit aber nach Zeitaufwand abzurechnen ist und der Zeitaufwand gering ist.[3]

Beispiel:

Der StB berät den Mandanten hinsichtlich einer in Frankreich angefallenen Erbschaft und deren Auswirkung auf den deutschen Erben.[4] Anschließend unterstützt und begleitet der StB den Mandanten bei der Anzeige der Erbschaft beim zuständigen Finanzamt.[5]

Praxistipp:

Wann ein Zusammenhang vorliegt, ist oft unklar. Wer mit seinem Mandanten eine Vergütungsvereinbarung nach § 4 Abs. 1 StBVV trifft, kann dort auch eine Klausel einbauen, nach der die Anrechnung für die Beratung ausgeschlossen wird, so dass eine gesonderte Abrechnung möglich bleibt.

Formulierungsvorschlag Keine Anrechnung der Beratungsgebühr

„Die Beratungsgebühr im Hinblick auf den Erwerb der Immobilie ... wird entgegen § 21 Abs. 1 Satz 3 StBVV nicht auf die Gebühr für die Erstellung der Einkommensteuererklärung angerechnet."

Bsp. nach Berners, NWB 9/2013, 622.

Viele Mandanten schätzen es, wenn sie von ihrem StB an **Steuervorauszahlungs- oder andere Zahlungstermine** erinnert werden. Der StB schuldet diese Leistung aber nur, wenn sie Gegenstand des Auftrags ist. Zweckmäßig ist es, für diese Leistung eine **Pauschale** zu vereinbaren. Ist nichts vereinbart, bietet sich zur Abrechnung dieser Erinnerungen § 21 Abs. 1 Satz 1 StBVV an. Denn der StB erteilt dem Mandanten eine steuerliche Auskunft. Als Gegenstandswert kann die Höhe der Steuervorauszahlung zu Grunde gelegt werden. Gleiches gilt, wenn zusätzlich zu den Zahlungserinnerungen auch eine Überprüfung der Vorauszahlungen durch den StB Gegenstand des Auftrags ist.[6] Eine Abrechnung nach Wertgebühr birgt aller-

1) → Rz. 342 f.
2) § 24 Abs. 1 Nr. 11 StBVV.
3) → § 24 StBVV Rz. 413.
4) Wertgebühr nach § 21 Abs. 1 Satz 1 StBVV.
5) Zeitgebühr analog § 24 Abs. 4 Nr. 5 StBVV.
6) Nach LG Duisburg v. 5.11.2007, 2 O 46/05 soll die fortlaufende Überprüfung von Vorauszahlungen mit einer Zeitgebühr abgerechnet werden können.

dings das Risiko, dass für eine vergleichsweise unbedeutende Tätigkeit unangemessen hohe Gebühren anfallen können. Dies spricht für die Vereinbarung einer Pauschale. Stellt der StB im Anschluss an die Überprüfung von Vorauszahlungen einen Antrag auf Anpassung der Vorauszahlungen, ist die Gebühr nach § 21 Abs. 1 Satz 1 StBVV auf die Gebühr nach § 23 Satz 1 Nr. 3 StBVV anzurechnen. Nur dann, wenn die Überprüfung ergibt, dass kein Antrag auf Anpassung der Vorauszahlungen zu stellen ist, kann der StB die Überprüfung gesondert nach § 21 Abs. 1 Satz 1 StBVV berechnen.

F. Prüfung der Erfolgsaussicht eines Rechtsmittels (Abs. 2)

350 Der Anwendungsbereich des § 21 Abs. 2 StBVV wurde durch die Fünfte Verordnung zur Änderung steuerlicher Verordnungen[1] ab dem 1.7.2020 erweitert. Die Vorschrift ist lex specialis zu § 21 Abs. 1 Satz 1 StBVV. Bis zum 1.7.2020 war in § 21 Abs. 2 StBVV nur der Fall geregelt, dass ein noch nicht mit der Angelegenheit befasster StB mit der Prüfung der Erfolgsaussichten eines bestimmten Rechtsmittels (Berufung oder Revision) beauftragt wurde, dem Auftraggeber von der Einlegung dieses Rechtsmittels abgeraten wurde und eine Berufung oder Revision durch den StB nicht eingelegt wurde. Für die Prüfung erhielt er eine 13/20-Gebühr nach Tabelle E. Es kam nicht darauf an, ob der Mandant dem Rat des StB folgte oder ob er entgegen dem Rat dennoch von einem anderen StB das Rechtsmittel einlegen ließ. Nicht anwendbar war § 21 Abs. 2 StBVV a.F., wenn der StB von einer Nichtzulassungsbeschwerde abriet. Hierfür konnten allerdings Gebühren nach § 21 Abs. 1 Satz 1 StBVV entstehen. Da der Anwendungsbereich der Vorschrift auf die Prüfung der Erfolgsaussichten einer **Berufung** oder **Revision** beschränkt war, konnte die **Abrategebühr** im Wesentlichen nur bei Verfahren zum BFH, zum BVerwG oder einem Oberverwaltungsgericht bzw. Verwaltungsgerichtshof anfallen. Wegen der nur eingeschränkten Bedeutung der Vorgängervorschrift wird hinsichtlich einzelner Abgrenzungsfragen auf die einschlägige Fachliteratur verwiesen.[2]

Durch die **Neufassung** der Vorschrift werden **alle gerichtlichen Rechtsmittel** erfasst. Ob der StB von der Einlegung des Rechtsmittels abrät oder nicht, ist für das Entstehen des Honoraranspruchs nicht mehr erheblich. Hinsichtlich der Gebühren wird in § 21 Abs. 2 Satz 2 StBVV auf Teil 2 Abschnitt 1 des **VV RVG** verwiesen. Bei diesem Verweis handelt es sich um eine Folgeänderung zur Aufhebung der Tabelle E. Dem StB steht jetzt für die Prüfung der Erfolgsaussicht eines Rechtsmittels eine Gebühr mit einem Rahmensatz von 0,5 – 1,0 nach der Tabelle zu § 13 RVG zu, Nr. 2100 VV RVG. Die Mittelgebühr beträgt 0,75.[3] Obgleich der Gebührentatbestand der Nr. 2100 VV RVG nicht als Geschäfts- oder Betriebsgebühr bezeichnet ist, besteht Einigkeit, dass die Tätigkeit für **mehrere Auftraggeber** eine Erhöhung der Gebühr über Nr. 1008 VV RVG auslöst.[4] Prüft der StB hinsichtlich desselben Gegenstands für **mehrere Auftraggeber** gemeinschaftlich, erhöht sich der Satzrahmen gem. Nr. 1008 VV RVG um 0,3 je weiteren Auftraggeber. Bei zwei Auftraggebern beträgt der Gebührenrahmen somit 0,8 bis 1,3. Die Mittelgebühr ergibt dann 1,05.[5] Ist die

1) VO v. 25.6.2020, BGBl. I 2020, 1495, 1498.
2) Siehe insbesondere Schneider, MDR 2001, 1032 ff.
3) Die Angleichung an das RVG wurde leider nur unvollständig vollzogen, da der Anwendungsbereich des § 21 Abs. 2 StBVV nach wie vor beschränkt ist auf StB, die mit der Angelegenheit noch nicht befasst waren. Ein Grund dafür ist nicht ersichtlich, so dass von einem Versehen des Verordnungsgebers auszugehen ist, das bei nächster Gelegenheit korrigiert werden sollte.
4) Schons in Hartung/Schons/Enders, RVG, 3. Aufl. 2017, Nr. 2100 VV Rz. 21 m.w.N.; N. Schneider in Schneider/Wolf, RVG, 8. Aufl. 2017, VV 2100 Rz. 36.
5) Mayer in Gerold/Schmidt, RVG, 24. Aufl. 2019, VV 2100–2103 Rz. 2 mit Übersicht der Gebühren bei mehreren Auftraggebern.

Prüfung der Erfolgsaussicht eines Rechtsmittels mit der Ausarbeitung eines schriftlichen Gutachtens verbunden, beträgt die Gebühr gem. Nr. 2101 VV RVG 1,3.

Nach der Anmerkung zu Nr. 2100 VV RVG ist die Gebühr für die Prüfung der Erfolgsaussicht eines Rechtsmittels auf die **Verfahrensgebühr** für das Rechtsmittelverfahren **anzurechnen**. Obwohl Nr. 2101 VV RVG eine solche Anrechnungsvorschrift für den Fall der Ausarbeitung eines schriftlichen Gutachtens nicht enthält, ist auch die feste Gebühr von 1,3 auf die Verfahrensgebühr des Rechtsmittelverfahrens anzurechnen, da Nr. 2101 VV RVG auf Nr. 2100 VV RVG verweist.[1] Eine Anrechnung auf andere Gebühren, wie z.B. die Terminsgebühr verbietet sich, da dies dem allgemeinen Anrechnungssystem widersprechen würde.[2]

Beispiel:

Gegen ihre gesamtschuldnerische Verurteilung i.H.v. 20 000 € durch das FG wollen die beiden Kläger Nichtzulassungsbeschwerde einlegen und lassen sich im Juli 2020 beraten, ob diese Aussicht auf Erfolg hat. Der beauftragte StB prüft dies und bejaht die Erfolgsaussichten. Anschließend legt er auftragsgemäß Nichtzulassungsbeschwerde ein.

Prüfung Erfolgsaussicht

1,05 Prüfungsgebühr, § 21 Abs. 2 StBVV i.V.m. Nr.2100, 1008 VV RVG (Wert: 20 000 €)	779,10 €
Postentgeltpauschale, § 21 Abs. 2 StBVV i.V.m. Nr. 7002 VV RVG	20,00 €
Zwischensumme	799,10 €
16% Umsatzsteuer	127,85 €
Gesamt	926,95 €

Rechtsmittelverfahren

1,9-Verfahrensgebühr, § 45 StBVV i.V.m. Nr. 3506, 1008 VV RVG (Wert. 20 000 €)	1 409,80 €
Gem. Anm. zu Nr. 2100 VV RVG anzurechnen: 1,05 aus 20 000 €	- 779,10 €
Postentgeltpauschale, § 45 StBVV i.V.m. Nr. 7002 VV RVG	20,00 €
Zwischensumme:	650,70 €
16% Umsatzsteuer	104,11 €
Gesamt	754,81 €

Da die Gebühr nach Nr. 2100 VV RVG **in voller Höhe** auf die (höhere) Verfahrensgebühr der nächsten Instanz angerechnet wird, spielt der Gebührentatbestand der Nr. 2100 VV RVG praktisch keine Rolle, wenn dem StB ohnehin der Verfahrensauftrag für die nächste Instanz erteilt wird.

Praxistipp:

Es empfiehlt sich deshalb, auch bei der Prüfung der Erfolgsaussicht eines Rechtsmittels von der Möglichkeit einer Vergütungsvereinbarung nach § 21 Abs. 2 StBVV i.V.m. § 3a RVG Gebrauch zu machen, damit diese Prüfungstätigkeit i.E. auch honoriert wird. Denkbar ist z.B., die gesetzlich vorgeschriebene Anrechnung durch Vereinbarung auszuschließen.[3]

Ist der StB nach Prüfung der Erfolgsaussicht eines Rechtsmittels lediglich **teilweise** mit dem Rechtsmittel beauftragt, so findet analog Vorbem. 3 Abs. 4 Satz 3 VV RVG nur nach dem geringeren Wert des Rechtsmittelverfahrens eine Anrechnung statt.[4]

1) Mayer in Gerold/Schmidt, RVG, 24. Aufl. 2019, VV 2100 -2103 Rz. 12.
2) N. Schneider in Schneider/Wolf, RVG, 8. Aufl. 2017, VV 2100 Rz. 40.
3) Formulierungsbeispiele → § 40 StBVV n.F. Rz. 684.
4) N. Schneider in Schneider/Wolf, RVG, 8. Aufl. 2017, VV 2100 Rz. 44.

Beispiel:

Rät der StB in dem o.g. Beispielsfall lediglich zu einer Nichtzulassungsbeschwerde i.H.v. 10 000 €, für die er dann den Auftrag erhält und Nichtzulassungsbeschwerde einlegt, erhält er zwar eine 1,05-Gebühr nach Nr. 2100 VV RVG nach einem Wert von 20 000 €. Gemäß Anm. zu Nr. 2100 VV RVG wird diese Gebühr aber nur nach einem Wert von **10 000 €** auf die Verfahrensgebühr angerechnet.

Eine Begrenzung der Gebührenhöhe nach Nr. 2102 VV RVG a.F., § 21 Abs. 1 Satz 2 StBVV bzw. § 34 Abs. 1 Satz 3 RVG für den Falle der **Erstberatung** ist nicht vorgesehen. **Erledigt** sich der **Auftrag vorzeitig**, bevor der StB die Erfolgsaussichten geprüft hat, findet mangels ausdrücklicher Regelung keine Reduzierung des Gebührenrahmens statt. Die vorzeitige Beendigung ist lediglich bei der Bemessung der Gebühr nach § 14 RVG zu berücksichtigen. Es ist dann eine Gebühr im unteren Bereich anzusetzen. Die Gebühr beträgt 1,3, wenn die Prüfung der Erfolgsaussicht eines Rechtsmittels mit der Ausarbeitung eines schriftlichen Gutachtens verbunden ist, Nr. 2101 VV RVG.

In 2102 VV RVG findet sich eine Regelung, die für StB nur eingeschränkte Bedeutung hat: Danach entsteht eine Gebühr von 30 € – 320 € für die Prüfung der Erfolgsaussicht eines Rechtsmittels in sozialrechtlichen Angelegenheiten, in denen im gerichtlichen Verfahren Betragsrahmengebühren entstehen,[1] und in Angelegenheiten für die nach den Teilen 4 – 6 Betragsrahmengebühren entstehen. In **sozialgerichtlichen Verfahren**, in denen StB vertretungsbefugt sind, entstehen nie Betragsrahmengebühren, so dass Nr. 2102 VV RVG insoweit für StB nicht einschlägig ist.[2] Einschlägig ist deshalb nur die 2. Alternative der Vorschrift mit dem Verweis auf die Teile 4 – 6 VV RVG. In Teil 4 finden sich Regelungen zum Strafverfahren, in Teil 5 Regelungen zum Bußgeldverfahren und in Teil 6 Regelungen zu sonstigen Verfahren. In **Straf- und Bußgeldverfahren** sind StB vertretungsbefugt und es fallen auch jeweils Betragsrahmengebühren an.[3] Bei den in Teil 6 geregelten Verfahren sind StB z.T. vertretungsbefugt, nämlich in **berufsgerichtlichen Verfahren** wegen der Verletzung einer Berufspflicht.[4] In allen diesen Verfahren kann deshalb auch eine Gebühr nach Nr. 2102 VV RVG entstehen. Auch diese Gebühr ist auf eine Gebühr für das Rechtsmittelverfahren **anzurechnen**. Die Gebühr nach Nr. 2102 VV RVG erhöht sich auf eine Rahmengebühr von 50 € - 550 €, wenn die Prüfung mit der Ausarbeitung eines schriftlichen Gutachtens verbunden ist.

Nicht anwendbar ist § 21 Abs. 2 StBVV, wenn der StB von der **Einlegung eines Einspruchs oder einer Klage**, insbesondere beim FG, abrät, weil es sich nicht um Rechtsmittel handelt. Hier können allerdings Gebühren nach § 21 Abs. 1 Satz 1 StBVV entstehen.[5]

G. Steuerberatungs-Hotlines

351 Nachdem 1998 verschiedene Agenturen bundesweit ein Angebot zur Erbringung telefonischen Rechtsrats durch sog. Rechtsberatungs-Hotlines unter 0190-Telefonnummern eingeführt hatten, entbrannte in der Rechtsprechung und in der Literatur ein heftiger Streit um die Zulässigkeit solcher Hotlines.[6] Der BGH hat zunächst die Frage der Zulässigkeit von **Rechtsberatungs-Hotlines** höchstrichterlich geklärt.

1) § 3 RVG.
2) → § 45 StBVV Rz. 762.
3) → § 45 StBVV Rz. 757 ff; 761.
4) Vgl. § 45 StBVV; Teil 6, Abschnitt 2 VV RVG.
5) Insbesondere zur früheren Parallelvorschrift des § 20 BRAGO: Schneider, MDR 2001, 1032, 1034 m.w.N.
6) Siehe hierzu z.B. Römermann/Funke, MDR 2001, 1; Grunewald, ZIP 2000, 2005; jeweils m.w.N.

Weder das Rechtsberatungsgesetz noch das anwaltliche Berufs- und Gebührenrecht stehen der Erbringung telefonischer Rechtsberatung über Hotlines entgegen.[1]

Das LG Berlin[2] und ihm folgend des KG Berlin,[3] hatten dem Betreiber einer **Steuerberatungs-Hotline** untersagt, Steuerberatung zu einem Minutenpreis von 3,63 DM[4] für den Anrufer anzubieten. Nach Auffassung des BGH[5] verstößt eine steuerliche Beratung über eine Telefon-Hotline jedoch nicht gegen die preisrechtlichen Bestimmungen des StBerG und der StBVV. Gleichwohl haben sich diese Hotlines, die sich ohnehin nur für leichtere Fälle anbieten, nicht etabliert.[6]

H. Subventionen für Beratung

Beratungsleistungen durch StB werden im Bereich der **Unternehmensberatung**, z.B. als **Existenzgründungs- und Existenzaufbauberatung,** neuerdings auch im Bereich der **Umstrukturierungs- und Sanierungsberatung,** nicht aber im Bereich der originären Tätigkeiten nach § 33 StBerG mit öffentlichen Mitteln gefördert. Die Förderung besteht in der Gewährung eines Zuschusses zu den Beratungskosten. Die Höhe variiert, je nach Förderprogramm.[7] Zum 1.1.2016 ist eine neue Richtlinie zur Förderung unternehmerischen Know-hows in Kraft getreten. Antrags- und Bewilligungsbehörde für die Förderung ist das Bundesamt für Wirtschaft und Ausfuhrkontrolle (BAFA). Die Bewilligung wird davon abhängig gemacht, dass der Berater ein **Qualitätssicherungssystem (QM-Nachweis)** eingerichtet hat. Weitere Informationen dazu finden sich im Internetangebot der BAFA (www.bafa.de). Durch die **Corona-Krise** wurde diese Richtlinie am 3.4.2020 modifiziert. Danach sind Anträge für betriebswirtschaftliche Beratungen bis zu einem Beratungswert von 4.000 € für kleine und mittlere Unternehmen (KMU) einschließlich Freiberufler ohne Eigenanteil förderfähig. Die Fördermittel wurden in Abweichung vom üblichen Vorgehen direkt an den Berater ausgezahlt.[8] Anträge sollten ursprünglich bis zum 31.12.2020 gestellt werden können. Allerdings waren die vorgesehenen Mittel auf Grund der großen Nachfrage bereits im Mai ausgeschöpft. Zu „Corona-Soforthilfen für Kleinunternehmen und Soloselbständige" siehe Jahn, NWB 2020, 1342 mit Vollzugshinweisen der Länder für die Soforthilfen des Bundes. Auch die die Kosten für StB und WP, die im Rahmen der vom BMWi aufgelegten **Corona-Überbrückungshilfe** anfallen, sind zu fördernde Fixkosten. Der Anteil der Erstattung entspricht dem Erstattungssatz der Corona-Überbrückungshilfe im ersten Fördermonat. Der Antragsteller hat in Vorleistung zu treten. Die Beratung des StB kann wie eine betriebswirtschaftliche Beratung mit der üblichen Vergütung, im Zweifel den kanzleiüblichen (Stunden-)sätzen abgerechnet werden. 352

Praxistipp:

Da wo Beratung gefördert wird, empfiehlt sich grundsätzlich eine Honorarvereinbarung. Dem Mandanten sollte die Bereitschaft zu einer Honorarvereinbarung dadurch schmackhaft gemacht werden, dass auf die Förderfähigkeit der Beratung und die (mindestens teilweise) Erstattung des Honorars hingewiesen wird. Da die Beratung eine vereinbare Tätigkeit ist, sind die Formvorschriften der §§ 4, 14 StBVV, 9a StBerG nicht zu beachten.

---

1) BGH v. 26.9.2002, I ZR 44/00, NJW 2003, 819 und I ZR 102/00, MDR 2003, 357 f.
2) LG Berlin v. 14.2.2000, 97 O 188/99, DStRE 2000, 613 mit Anm. Singer, DStR 2001, 594.
3) KG Berlin v. 9.10.2001, 5 U 3550/00, DStRE 2002, 316.
4) Umgerechnet 1,86 €.
5) BGH v. 30.9.2004, I ZR 89/02, NJW 2005, 1268 zur Steuerberatungs-Hotline.
6) Siehe Steuerberater-Magazin Ausgabe 1 und 2/2014, 44 zu www.deutsche-steuerberatungshotline.de.
7) Weitergehende Informationen finden sich z.B. auf der Homepage der Leitstelle für Gewerbefördermittel des Bundes (www.leitstelle.org) oder auf den Seiten der KfW, www.kfw-foerderboerse.de.
8) BAnz AT 2.4.2020 B 5; FAQ-Katalog der BStBK zur Corona-Krise, Frage 14, Stand: 7.4.2020.

§ 22
Gutachten

Für die Ausarbeitung eines schriftlichen Gutachtens mit eingehender Begründung erhält der Steuerberater eine Gebühr von 10 Zehnteln bis 30 Zehntel der vollen Gebühr nach Tabelle A (Anlage 1).

Inhalt

Schrifttum

Beyme, Vergütung bei vorzeitiger Beendigung eines Gutachtenauftrags, Honorargestaltung für Steuerberater, Januar 2020, 7; **Küffner,** Das steuerliche Gutachten des Steuerberaters, DStR 1983, 486; **Meyer,** Hilfeleistungen bei der Umwandlung/Einbringung eines Unternehmens: Wie berechnet man das Honorar?, KP 2001, 21; **Warttinger,** Gutachtenerstellung durch Steuerberater als Sachverständige, Honorarbrief für Steuerberater, Februar 2016, 1.

A. Inhalt und Bedeutung

353 Der frühere § 22 StBGebV ist der alten Vorschrift des § 21 BRAGO nachgebildet, wich allerdings hinsichtlich der Qualifikation des Gutachtens und der Gebührenregelung von der alten BRAGO-Regelung ab. Die Vergleichbarkeit beider Regelungen ist heute nicht mehr gegeben. Nach der Nachfolgeregelung des § 34 Abs. 1 Satz 1 RVG soll der Rechtsanwalt für die Ausarbeitung eines schriftlichen Gutachtens auf eine Gebührenvereinbarung hinwirken. Ist der Auftraggeber Verbraucher, beträgt die Gebühr für die Ausarbeitung eines schriftlichen Gutachtens höchstens 250 €.

Der unmittelbare Anwendungsbereich des § 22 StBVV beschränkt sich auf steuerliche Gutachten, § 1 StBVV. Für die Erstellung **nicht steuerlicher Gutachten** (z.B. Gutachten betriebswirtschaftlicher Art), die mit dem Beruf des StB gleichwohl vereinbar sind,[1] ist die übliche Vergütung nach § 632 Abs. 2 BGB zu berechnen, da der Auftrag zur Ausarbeitung eines Gutachtens rechtlich als Werkvertrag zu klassifizieren ist.[2] Gegen eine entsprechende Anwendung des § 22 StBVV bestehen keine Bedenken,[3] das die Berechnung eines Existenzgründungsgutachtens unmittelbar nach § 22 StBGebV nicht beanstandet hat).

354 Das Gutachten nach § 22 StBVV ist als Gutachten für den Auftraggeber ein **Privat- oder Parteigutachten** und es ist abzugrenzen von einem Gerichtsgutachten. Erstellt der StB als Sachverständiger auf gerichtliche Anforderung ein solches Gerichtsgutachten, erfolgt die Entschädigung nach dem JVEG.

B. Anwendungsbereich

I. Gutachten

355 Bei § 22 StBVV handelt es sich um eine Spezialregelung zu § 21 StBVV. Das kommt zum einen in der Ausschließlichkeit der Schriftform („schriftliches Gutachten") und

1) § 57 Abs. 3 Nr. 3 StBerG.
2) Warttinger, Honorarbrief für Steuerberater, Februar 2016, 1; Küffner, DStR 1983, 486 f.
3) Vgl. hierzu Meyer, KP 2001, 21 ff.; Küffner, DStR 1983, 486 ff.; unzutreffend LG Magdeburg v. 23.10.1996, 8 O 1601/96, → Rz. 359.

dem Zusatz der eingehenden Begründung zum Ausdruck, zum anderen beginnt der Gebührenrahmen des § 22 StBVV dort, wo der des § 21 StBVV endet. Die Abgrenzung zwischen beiden Vorschriften ist im Einzelfall, insbesondere bei einem großen Beratungskomplex, fließend.

Praxistipp:

Wegen des sehr unterschiedlichen Gebührenrahmens empfiehlt es sich deshalb, frühzeitig klarzustellen, ob Gegenstand des Auftrags die Ausarbeitung eines schriftlichen Gutachtens oder eine Rat- bzw. eine Auskunftserteilung ist. Die Erhebung einer Gebühr für eine Rat- oder Auskunftserteilung und für ein Gutachten in derselben Angelegenheit ist nicht möglich, § 21 Abs. 1 Satz 1 StBVV. Handelt es sich um ein **Gutachten mit Ratserteilung**, ist der mit der Ratserteilung verbundene Mehraufwand bei der Gebührenhöhe des § 22 StBVV zu berücksichtigen.

Die **Abgrenzung** zwischen Gutachten einerseits und **Rat und Auskunft** andererseits 356
wird wesentlich durch die Form, aber auch durch die Intensität der Ausarbeitung bestimmt. Außerdem ist das Gutachten zwingend schriftlich zu erstatten. Wesentliche Bestandteile eines **Gutachtens** sind nach der Rechtsprechung und Kommentarliteratur eine

- Darstellung des Sachverhalts und jener Rechtsfragen, die den Gegenstand des Auftrages bilden,
- Darstellung der Rechtsprechung und des Schrifttums zu dem Gegenstand des Gutachtens,
- kritische Auseinandersetzung mit der Rechtsprechung und dem Schrifttum,
- abschließende Stellungnahme des Gutachters mit Begründung seiner Auffassung.

Fehlt eine eigene Stellungnahme, liegt kein Gutachten, sondern nur eine Auskunft vor. Eventuell verbleibende Zweifel in rechtlicher oder tatsächlicher Hinsicht sind ebenfalls darzustellen. Aus § 22 StBVV ergibt sich, dass das Gutachten eine eingehende Begründung enthalten muss. Hierbei muss es sich nicht um eine juristische oder wissenschaftlich fundierte Begründung handeln. Auch auf den Umfang der Darstellung kommt es nicht an. Allerdings ist das Gutachten so abzufassen, dass es dem Auftraggeber möglich ist, dieses in tatsächlicher und rechtlicher Hinsicht nachzuvollziehen. Der Auftraggeber muss erkennen können, mit welchen Überlegungen der StB zu einem bestimmten Ergebnis gekommen ist. Dabei darf er sich nicht von reinen Zweckmäßigkeitserwägungen leiten lassen.[1] Hat der StB mit der Ausarbeitung des Gutachtens **begonnen**, es aber nicht fertiggestellt, kann er eine angemessene Gebühr unter Berücksichtigung seiner bisherigen Arbeitsleistung verlangen. Kündigt der Auftraggeber, bevor der StB das Gutachten erstellt hat, richtet sich der Vergütungsanspruch nach § 648 BGB, weil der Auftrag zur Erstellung eines Gutachtens werkvertraglichen Charakter hat.[2] Der StB kann in diesem Fall die volle Vergütung abzüglich ersparter Aufwendungen verlangen.[3] Als Kostenersparnis kommen 10–15% der vereinbarten Vergütung in Frage.[4] Grundsätzlich empfiehlt sich eine Vereinbarung über die Bezahlung bei vorzeitiger Kündigung.

Beispiel:[5]

„Sofern Sie den Auftrag vor Fertigstellung des Gutachtens kündigen, wird die vereinbarte Vergütung fällig, abzüglich der uns infolge der Beendigung des Vertrags ersparten

1) Boelsen in Eckert, 6. Aufl. 2017, § 22 StBVV Rz. 6; Hartung in Hartung/Schons/Enders, 3. Aufl. 2017, § 34 RVG Rz. 479; Mayer in Gerold/Schmidt, 24. Aufl. 2019, § 34 RVG Rz. 25.
2) Mayer in Gerold/Schmidt, 24. Aufl. 2019, § 34 RVG Rz. 31.
3) § 648 Satz 2 BGB.
4) → Grundlagen des Gebührenrechts Rz. 27 f.; Beyme, Honorargestaltung für Steuerberater, Januar 2020, 7 m.w.N.
5) Beyme, Honorargestaltung für Steuerberater, Januar 2020, 8.

Aufwendungen. Die ersparten Aufwendungen werden mit 25% der vereinbarten Vergütung festgelegt. Ein Nachweis geringerer oder höherer ersparter Aufwendungen ist nicht ausgeschlossen"

Berufsrechtlich sollte der StB bei der Ausarbeitung des Gutachtens die von ihm geforderte Unabhängigkeit wahren. Ein reines **Gefälligkeitsgutachten**, dessen Inhalt allen rechtlichen Erkenntnissen widerspricht und nur darauf angelegt ist, zu einem für den Mandanten günstigen Ergebnis zu kommen, ist mit der Unabhängigkeit des StB und seiner Stellung als unabhängiges Organ der Steuerrechtspflege unvereinbar.[1)]

II. Gegenstandswert

357 Da ein Gegenstandswert nicht definiert ist, bestimmt dieser sich nach dem **Wert des Interesses,** § 10 Abs. 1 Satz 3 StBVV. Nach einem Urteil des BGH[2)] ist der Wert zu Grunde zu legen, „auf den sich das Gutachten bezieht" und nicht ein Wert, der sich an dem Unternehmen selbst („Aktivseite der Bilanz" oder „Rohvermögen") orientiert. In der Literatur wird der Wert des Interesses demgemäß mit dem begehrten Steuerbetrag, dem steuerlichen Risiko oder den steuerlichen Auswirkungen gleichgesetzt.[3)] Dass die Instanzgerichte zum Teil großzügiger sind und von höheren Gegenstandswerten ausgehen, wird aus den Rechtsprechungsbeispielen zu § 21 StBVV deutlich.[4)] Für den Fall, dass sich ein Gegenstandswert weder bestimmen noch schätzen lässt, kann auf die Zeitgebühr ausgewichen werden.[5)]

III. Angemessene Gebühr

358 Bei der **Wahl des Rahmensatzes** kommt es zunächst auf die in § 11 StBVV genannten Kriterien an. Insbesondere der Umfang von Vorarbeiten, die Notwendigkeit von Spezialwissen und die Möglichkeit der mehrfachen Verwendung des Gutachtens für den Auftraggeber sind Kriterien, die sich bei der Wahl des angemessenen Gebührensatzes auswirken.[6)]

In der Literatur[7)] wird folgendes Raster **zur** ersten **Orientierung** empfohlen:

Einfache und kurze Gutachten:	10/10
Gutachten mit gehobenem Schwierigkeitsgrad:	15/10
Gutachten mit höherem Schwierigkeitsgrad:	20/10
Schwierige und sehr umfangreiche Gutachten:	30/10

359 Diese Stufeneinteilung kann allenfalls eine erste Orientierung geben, da sie die Besonderheiten des Einzelfalls zwangsläufig nicht berücksichtigen kann und die Einordnung eines Falles in die eine oder andere Stufe von subjektiven Momenten abhängt. Es soll allerdings nicht unerwähnt bleiben, dass das LG Magdeburg[8)] ebenfalls von einer vergleichbaren Einteilung ausging. Das Gericht nahm einen gehobenen Schwierigkeitsgrad an und hielt die von dem Berater in Ansatz gebrachte 15/10 Gebühr für angemessen. Der BGH[9)] gibt einen weiteren Anhalts-

1) Hartung in Hartung/Schons/Enders, 3. Aufl. 2017, § 34 RVG Rz. 25 zum Anwaltsrecht.
2) BGH v. 29.11.1965, VII ZR 265/63, NJW 1966, 539.
3) Schwamberger in Meyer/Goez/Schwamberger, 9. Aufl. 2019, § 22 StBVV Rz. 5; Küffner, DStR 1983, 486, 488; Eggesiecker, 2. Aufl. 1998, § 22 STEUGO Rz. 22.350.
4) → § 21 StBVV Rz. 340.
5) § 13 Satz 1 Nr. 2 StBVV.
6) Boelsen in Eckert, 6. Aufl. 2017, § 22 StBVV Rz. 4; Eggesiecker, 2. Aufl. 1998, § 22 STEUGO Rz. 22.420.
7) Vgl. etwa Küffner, DStR 1983, 486, 489; Eggesiecker, 2. Aufl. 1998, § 22 STEUGO Rz. 22.440.
8) LG Magdeburg v. 23.10.1996, 8 O 1601/96; → § 21 StBVV Rz. 340.
9) → Rz. 357.

punkt, indem er darauf hinweist, dass die Höhe der Honorare, die andere Sachverständige für ein Gutachten verlangen, nicht ganz außer Betracht zu lassen sei. Dadurch sei ersichtlich, welche Gegenleistung nach Meinung der Fachwelt der „Billigkeit" entspreche. Reicht der Gebührenrahmen des § 22 StBVV nicht aus, ermöglicht § 4 Abs. 1 StBVV die Vereinbarung einer höheren Vergütung. Entgegen § 14 Abs. 2 Nr. 2 StBVV kann für die Anfertigung eines Gutachtens auch eine Pauschalvergütung wirksam vereinbart werden.[1)]

1) Ausführlich → § 14 StBVV Rz. 283.

§ 23
Sonstige Einzeltätigkeiten

[1]Die Gebühr beträgt für

1.	**die Berichtigung einer Erklärung**	**2/10 bis 10/10**
2.	**einen Antrag auf Stundung**	**2/10 bis 8/10**
3.	**einen Antrag auf Anpassung der Vorauszahlungen**	**2/10 bis 8/10**
4.	**einen Antrag auf abweichende Steuerfestsetzung aus Billigkeitsgründen**	**2/10 bis 8/10**
5.	**einen Antrag auf Erlaß von Ansprüchen aus dem Steuerschuldverhältnis oder aus zollrechtlichen Bestimmungen**	**2/10 bis 8/10**
6.	**einen Antrag auf Erstattung (§ 37 Abs. 2 der Abgabenordnung)**	**2/10 bis 8/10**
7.	**einen Antrag auf Aufhebung oder Änderung eines Steuerbescheides oder einer Steueranmeldung**	**2/10 bis 10/10**
8.	**einen Antrag auf volle oder teilweise Rücknahme oder auf vollen oder teilweisen Widerruf eines Verwaltungsaktes**	**4/10 bis 10/10**
9.	**einen Antrag auf Wiedereinsetzung in den vorigen Stand außerhalb eines Rechtsbehelfsverfahrens**	**4/10 bis 10/10**
10.	**sonstige Anträge, soweit sie nicht in Steuererklärungen gestellt werden**	**2/10 bis 10/10**

einer vollen Gebühr nach Tabelle A (Anlage 1). [2]Soweit Tätigkeiten nach den Nummern 1 bis 10 denselben Gegenstand betreffen, ist nur eine Tätigkeit maßgebend, und zwar die mit dem höchsten oberen Gebührenrahmen.

Inhalt

Schrifttum

Arconada, Antrag auf Befreiung von der Belegausgabepflicht, Honorargestaltung für Steuerberater, Februar 2020, 1; **Arconada,** Was kostet eine verbindliche Auskunft?, Honorargestaltung für Steuerberater, Juni 2019, 1; **Arconada,** Berichtigung von Erklärungen profitabel abrechnen, Honorargestaltung für Steuerberater, April 2019, 1; **Beyme,** Abrechnung von Berichtigungen nach § 15a UStG, KANZLEI intern 11_2018, 6; **Beyme,** Praktische Hinweise und gebührenrechtliche Fragen im Zusammenhang mit dem MOSS-Verfahren, Stbg 2017, 25); **Beyme,** Abrechnung der steuerberatenden Tätigkeiten im Zusammenhang mit dem MOSS-Verfahren, KANZLEI intern 07_2017, 2; **Brummer,** Der Gegenstandswert nach der

Steuerberatergebührenverordnung, BB 1984, 2136; **Feiter,** Abrechnung von Anträgen auf Anpassung von Vorauszahlungen, KANZLEI intern 03/2015, 7; **DStV,** Das Ende der mehrfachen Gebühr bei mehreren Antragstellern?, DStV-Nachrichten, Stbg 2017, 54; **Hechtner,** Verlängerung der Frist zur Lohnsteuer-Anmeldung infolge Corona-Krise, NWB 2020, 1406; **Meyer,** Dauerfristverlängerung für die USt-Voranmeldung, KP 1999, 68; **Meyer,** So rechnen Sie einen Antrag auf verbindliche Auskunft nach § 89 AO richtig ab, KP 2007, 165; **Nickert,** Insolvenzanfechtung: Anforderungen an Stundungsanträge für Mandanten, KANZLEI intern 08_2016, 3; **Schall,** Der Gegenstandswert bei den sonstigen Einzeltätigkeiten i.S. von § 23 der StBGebV, StB 1989, 258; **Skok,** Antrag auf Dauerfristverlängerung in der Umsatzsteuer: Auch diese Honorarquelle sollten Sie nutzen, KP 2000, 70; **Westphal,** Die neue Abzugsteuer im Baugewerbe: Ein Tätigkeitsfeld mit Honorarpotenzial, KP 2002, 17.

A. Inhalt und Bedeutung

§ 23 StBVV setzt für bestimmte Einzeltätigkeiten Rahmengebühren fest. Es handelt sich hierbei ganz überwiegend um Anträge, die das Besteuerungsverfahren nach der AO betreffen und die nicht zu einer Steuererklärung gehören. Begrifflich ist ein **Antrag** eine Bitte oder Aufforderung an eine Finanzbehörde, in bestimmter Weise zu verfahren.[1] Schriftform ist nicht zwingend. Auch im Rahmen des § 23 StBVV gilt, dass ein Honoraranspruch nur dann entsteht, wenn ein **Auftrag** des Mandanten vorliegt, einen bestimmten Antrag zu stellen. Ähnlich wie bei der Vorschrift des § 28 StBVV kann der Berater hier schnell in Beweisnot geraten.[2] **360**

Da in § 23 StBVV keine **Gegenstandswerte** genannt sind, ist nach § 10 Abs. 1 Satz 3 StBVV der „Wert des Interesses" maßgeblich. Bei einer Änderung, Einschränkung oder Erweiterung des Antrags im Laufe des Verfahrens ist Gegenstandswert der am weitesten gehende Antrag. Für den Fall, dass sich ein Gegenstandswert weder bestimmen noch schätzen lässt, ist ein Ausweichen auf die Zeitgebühr nicht zulässig.[3] Im Zweifel empfiehlt sich ein Blick in den Streitwertkatalog der Finanzgerichtsbarkeit, teilweise mit ergänzenden Hinweisen des jeweiligen Finanzgerichts veröffentlicht.[4] Möglich ist die **Vereinbarung** einer höheren Gebühr (auch einer Zeitgebühr anstelle der gesetzlichen Wertgebühr) nach § 4 Abs. 1 StBVV.[5] Die Gebühren nach § 23 Satz 1 StBVV sind entgegen § 14 Abs. 2 Nr. 3 StBVV pauschalierungsfähig.[6] **361**

B. Die einzelnen Gebührentatbestände (Satz 1)

I. Berichtigung von Erklärungen (Nr. 1)

Durch das Jahressteuergesetz 2007[7] wurde der Klammerzusatz „§ 153 der Abgabenordnung" gestrichen. Damit ist klargestellt, dass die Vorschrift auch die Berichtigung von Erklärungen nach den entsprechenden gemeinschaftsrechtlichen Bestimmungen erfasst. Erklärungen sind sowohl Steuererklärungen, als auch Steueranmeldungen.[8] Deshalb fallen auch Vorsteuerberichtigungen nach § 15a UStG unter den Anwendungsbereich der Vorschrift, da diese letztlich zu geänderten Umsatzsteuer-Voranmeldungen führen. **362**

Beispiel:[9]

StB nimmt für einen Mandanten, der ein großes Vermietungsobjekt besitzt, aufgrund veränderter Nutzungsgegebenheiten umfangreiche Vorsteuerberichtigungen (Zeitauf-

1) Mittelsteiner/Scholz, 4. Aufl. 1998, § 23 StBGebV Rz. 2.
2) → § 28 StBVV Rz. 478.
3) § 13 Satz 1 Nr. 2 StBVV.
4) Z.B. www.fg-duesseldorf.nrw.de.
5) → § 4 StBVV Rz. 121 und → § 13 StBVV Rz. 252.
6) → § 14 StBVV Rz. 283.
7) JStG 2007 v. 13.12.2006, BGBl. I 2006 2878 = BStBl I 2007, 28.
8) § 150 Abs. 1 Satz 3 AO.
9) Beyme, KANZLEI intern 11_2018, 6.

wand 40 Std.) vor. Für das Führen der Aufzeichnungen rechnet StB regelmäßig Gebühren nach § 33 Abs. 1 StBVV ab.

Eine Abrechnung nach § 24 Abs. 1 Nr. 7 StBVV ist wegen § 33 Abs. 8 StBVV nicht möglich. Eine Abrechnung nach Zeitaufwand gemäß § 33 Abs. 7 StBVV dürfte ebenfalls ausscheiden, da die Zusatzarbeiten wohl nur beim Satzrahmen des § 33 Abs. 1 StBVV berücksichtigt werden dürfen. Deshalb bleibt als gesonderte Abrechnungsmöglichkeit nur die Gebühr nach § 23 Satz 1 Nr. 1 StBVV.[1)]

363 Erkennt ein Stpfl. nachträglich, dass eine Erklärung unrichtig oder unvollständig ist und dadurch Steuerverkürzungen eintreten können oder eingetreten sind oder dass eine durch Verwendung von Steuerzeichen oder Steuerstemplern zu entrichtende Steuer nicht in der richtigen Höhe entrichtet worden ist, ist er nach § 153 Abs. 1 AO verpflichtet, dies unverzüglich anzuzeigen und die erforderliche Richtigstellung vorzunehmen. Wenn der Berater bei der Anzeige und der Berichtigung der Erklärung mitwirkt, entsteht die Gebühr nach § 23 Satz 1 Nr. 1 StBVV. Erkannte der Stpfl. die Unrichtigkeit der Erklärung schon bei Abgabe und handelte er mit Hinterziehungsvorsatz oder leichtfertig, fällt eine Richtigstellung nicht unter § 153 AO, sondern stellt eine Selbstanzeige dar. Erstattet der StB für den Stpfl. in einem solchen Fall Selbstanzeige, fällt eine Gebühr nach § 30 StBVV an. Demgegenüber ist § 23 Satz 1 Nr. 1 StBVV sinngemäß über § 2 StBVV anzuwenden, wenn der Stpfl. die Unrichtigkeit der Erklärung bei Abgabe kannte, aber ohne Hinterziehungsvorsatz handelte.[2)] Bei der nachträglichen Ermittlung von Kapitaleinkünften stellt sich zusätzlich die Konkurrenzfrage zu § 27 Abs. 1 StBVV. Beide Vorschriften sind vom Wortlaut her einschlägig. § 23 Satz 1 Nr.1 StBVV sieht einen Gebührenrahmen von 2/10 bis 10/10 einer vollen Gebühr nach Tabelle A vor. § 27 Abs. 1 StBVV sieht demgegenüber einen Gebührenrahmen von 1/20 bis 12/20 einer vollen Gebühr nach Tabelle A vor. Trotz des niedrigeren Gebührenrahmens kann die Abrechnung nach dieser Vorschrift für den StB vorteilhafter sein, da hier – anders als bei § 23 Abs. 1 Nr. 1 StBVV – ein Mindestgegenstandswert von 8 000 € vorgesehen ist. Auch kann für Vorarbeiten, die über das übliche Maß erheblich hinausgehen, eine Zeitgebühr berechnet werden, § 27 Abs. 3 StBVV. Aus diesen beiden Gründen wird sich eine Abrechnung nach § 27 Abs. 1 StBVV im Vergleich zu § 23 Abs. 1 Nr. 1 StBVV oftmals als vorteilhafter erweisen. Meines Erachtens hat der StB hier ein Wahlrecht, nach welcher Vorschrift er abrechnet. Zwar ließe sich argumentieren, dass § 23 Satz 1 Nr. 1 StBVV bei nachträglicher Erklärung von Kapitaleinkünften die speziellere Vorschrift ist und § 27 Abs. 1 StBVV deshalb verdrängt wird. Dies ergibt sich aber weder aus der Gesetzesbegründung, noch aus dem Wortlaut der Vorschriften. Genauso gut lässt sich argumentieren, dass § 27 Abs. 1 StBVV die sachnähere Vorschrift ist, da es keinen Unterschied machen darf, ob die Kapitaleinkünfte von vorneherein vollständig erklärt wurden, oder erst nachträglich.

364 Streitig ist, welcher **Gegenstandswert** der Berichtigung einer Erklärung nach § 153 AO zu Grunde zu legen ist. Überwiegend wird vertreten, dass auch bei der Berichtigung einer Steuererklärung die Gegenstandswerte des § 24 Abs. 1 StBVV, also „Bruttobeträge" (z.B. Summe der positiven Einkünfte, Rohwert einer Schenkung) abzustellen sei.[3)] Nach a.A. ist der Wert des Interesses mit der durch die Berichtigung ausgelösten Steuerdifferenz gleichzusetzen, auch wenn sich diese mitunter nur schlecht ermitteln lässt.[4)] Die Vertreter des „Bruttoprinzips" argumentieren

1) So auch Beyme, KANZLEI intern 11_2018, 6.

2) AG Langen v. 9.1.2009, 56 C 100/08.

3) AG Langen v. 9.1.2009, 56 C 100/08; Arconada, Honorargestaltung für Steuerberater, April 2019, 1, 3; Boelsen in Eckert, 6. Aufl. 2017, § 23 StBVV Rz. 5; Berners, 5. Aufl. 2016, § 23 StBVV Rz. 12; Brummer, BB 1984, 2136, 2137; Schwamberger in Meyer/Goez/Schwamberger, 8. Aufl. 2016, § 23 StBVV Rz. 4; wohl auch Mittelsteiner/Scholz, 4. Aufl. 1998, Einführung Rz. 72.

4) Schall, StB 1989, 258, 259; Eggesiecker, 2. Aufl. 1998, § 23 STEUGO Rz. 23.280 ff.

damit, dass es sich der Berichtigung nach § 153 AO um eine „Erklärung" handelt, die wie die Erklärung i.S.d. § 24 StBVV zu behandeln sei. Aus diesem Grunde sei es gerechtfertigt, die Gegenstandswerte zu Grunde zu legen, die auch der ursprünglichen Fertigung der früheren Erklärung zu Grunde lagen. Dagegen lässt sich jedoch einwenden, dass die Berichtigung nach § 153 AO in einem eigenen Gebührentatbestand mit eigenem Gegenstandswert und einem von § 24 Abs. 1 StBVV nach oben abweichenden Gebührenrahmen geregelt ist. Wenn für die Fertigung einer Einkommensteuererklärung ein Gebührenrahmen zwischen 1/10 und 6/10 nach Tabelle A vorgesehen ist, würde die Anwendung des „Bruttoprinzips" i.R.d. § 23 StBVV zu unstimmigen Ergebnissen bzw. überhöhten Gebühren führen. Dies spricht letztlich für die Annahme, dass der wesentlich höhere Rahmen des § 23 Satz 1 Nr. 1 StBVV auf die regelmäßig niedrigeren Gegenstandswerte abgestimmt ist. Unstreitig ist, dass die Gebühr für jede Steuerart und jedes **Veranlagungsjahr** gesondert abgerechnet werden kann.[1)]

II. Antrag auf Stundung (Nr. 2)

Die Vorschrift erfasst nach ihrem Wortlaut ausschließlich die Fälle des § 222 AO. 365
Sie ist daher auf andere Vorschriften, in denen Zahlungsaufschub unter ähnlichen Bedingungen wie in § 222 AO gewährt wird, nicht anwendbar. Hier greift vielmehr der Auffangtatbestand des § 23 Satz 1 Nr. 10 StBVV ein.[2)]

Aufgrund der **Corona-Krise** haben viele Betroffene über ihren StB von der Möglichkeit der Beantragung einer – im Regelfall zinsfreien – Stundung von Einkommen-, Körperschaft- und Umsatzsteuer Gebrauch gemacht. Dadurch ist der sonst häufig vernachlässigte Gebührentatbestand des § 23 Satz 1 Nr. 2 StBVV wieder ins Bewusstsein der StB gerückt. Die Landesfinanzbehörden haben speziell für Steuerpflichtige, die von der Corona-Krise betroffen sind, vereinfachte Vordrucke zur Beschleunigung der Antragstellung bereitgestellt. Diese Anträge im „Massengeschäft" rechtfertigen im Regelfall nur eine Gebühr im untersten Bereich des vorgesehenen Gebührenrahmens.

Problematisch ist, dass der StB, der einen Stundungsantrag für seinen Mandanten stellt, weil dieser Steuerforderungen nicht bedienen kann, damit möglicherweise seine Kenntnis von der eingetretenen Zahlungsunfähigkeit des Mandanten dokumentiert und deswegen die Anfechtbarkeit seines Beraterhonorars befürchten muss.

Praxistipp:

Es empfiehlt sich, den Stundungsantrag unter Darstellung der wirtschaftlichen Lage des Mandanten zu stellen. Dem Antrag sollte eine nach betriebswirtschaftlichen Kriterien erstellte Liquiditätsplanung (in Fällen einer tieferen Krise auch ein Sanierungsgutachten) beigefügt werden, um aufzuzeigen, dass mit einer Ratenzahlungsvereinbarung die Zahlungsunfähigkeit beseitigt ist und dass keine Gefährdung des Steueranspruchs besteht.[3)]

In Anlehnung an die Rechtsprechung des BFH zum Streitwert im finanzgerichtli- 366
chen Verfahren wird als Gegenstandswert heute ganz überwiegend ein Wert von 10 % des zu stundenden Steuerbetrags angenommen.[4)] Die von Mittelsteiner/Scholz[5)] befürwortete genaue Ermittlung des Zinsvorteils im konkreten Einzelfall setzt u.U. zeitaufwendige nähere Ermittlungen über das jeweilige Zinsniveau voraus und stößt deshalb insbesondere bei einem längeren Stundungszeitraum auf

---

1) Arconada, Honorargestaltung für Steuerberater, April 2019, 1, 3.
2) Eggesiecker, 2. Aufl. 1998, § 23 STEUGO Rz. 23.360; a.A. Mittelsteiner/Scholz, 4. Aufl. 1998, § 23 StBGebV Rz. 10.
3) Nickert, KANZLEI intern 08_2016, 5.
4) Vgl. statt vieler Boelsen in Eckert, 6. Aufl. 2017, § 23 StBVV Rz.10; Schwamberger in Meyer/Goez/Schwamberger, 9. Aufl. 2019, § 23 StBVV Rz. 4 m.w.N.
5) Mittelsteiner/Scholz, 4. Aufl. 1998, § 23 StBGebV Rz. 11.

praktische Schwierigkeiten. Da in diesen Fällen ein Ausweichen auf die Zeitgebühr wegen § 13 Satz 1 Nr. 2 StBVV nicht möglich ist, sollte von vorneherein auf den o.g. Gegenstandswert abgestellt werden.

III. Anpassung von Vorauszahlungen (Nr. 3)

367 Eine eindeutige Rechtsgrundlage für einen Antrag auf Anpassung der Vorauszahlungen findet sich weder in der AO, noch in den Einzelsteuergesetzen. Die AO erwähnt die Vorauszahlung in § 164 Abs. 1 Satz 2 AO. Danach ist die Festsetzung einer Vorauszahlung stets eine Steuerfestsetzung unter Vorbehalt der Nachprüfung. Regelungen zur Einkommensteuervorauszahlung enthält § 37 EStG. Diese Vorschrift gilt auch für Körperschaftsteuervorauszahlungen, § 31 Abs. 1 Satz 1 KStG. Demgegenüber enthält das Gewerbesteuergesetz eigene Reglungen zu Vorauszahlungen in § 19 GewStG.

Nach einhelliger Auffassung aller Kommentatoren sind Anträge auf Anpassung der Vorauszahlungen nach § 23 Satz 1 Nr. 3 StBVV abzurechnen. Nur die Ermittlung des Gegenstandswertes ist umstritten. Nach einer Auffassung ist die Summe der Vorauszahlungen, die antragsgemäß angepasst werden sollen (ggf. auch für mehrere Jahre) maßgeblich.[1] Wird der Antrag für mehrere Jahre gestellt, erfolgt eine Addition der Gegenstandswerte für den gesamten Zeitraum,[2] mit der Folge, dass die Gebühr auch in diesen Fällen nur einmal entsteht. Dies gilt jedenfalls dann, wenn dem Tätigwerden ein einheitlicher Auftrag zugrunde lag, ein innerer Zusammenhang besteht und der Antrag für beide Jahre identisch begründet wurde, so dass von derselben "Angelegenheit" gesprochen werden kann.[3]

Beispiel:

StB beantragt im April 2016 die Anpassung der Vorauszahlungen an Einkommensteuer bis zum Ende des Jahres 2017 mit einer einheitlichen Begründung. Hier bilden die Unterschiedsbeträge zwischen der bisherigen Festsetzung und der beantragten Festsetzung für insgesamt 7 Vorauszahlungsraten (10.6.2015, 10.9.2015, 10.12.2015, 10.3.2016, 10.6.2016, 10.9.2016, und 10.12.2016) den Gegenstandswert für eine einzige Gebühr nach § 23 Satz 1 Nr. 3 StBVV.

Nach anderer Auffassung ist beim Gegenstandswert an das Jahressoll bzw. den Steuer-Jahresbetrag anzuknüpfen, um den sich die Vorauszahlungen ermäßigen oder erhöhen sollen.[4] Nach dieser Auffassung wären in dem o.g. Beispiel also zwei Gebühren nach § 23 Satz 1 Nr. 3 StBVV abzurechnen, wobei der Gegenstandswert jeweils der vollen Differenz zwischen dem bisher festgesetzten Betrag und dem Betrag, der antragsgemäß festgesetzt werden soll, entspricht.

Praxistipp:

Aus gebührenrechtlicher Sicht empfiehlt es sich, derartige Anträge nur für ein Jahr zu stellen, so dass sich die Streitfrage, ob eine oder mehrere Gebühren berechnet werden können, gar nicht erst stellt.

Praxistipp:

Geht es darum, pflichtwidrig festgesetzte Vorauszahlungen (Stichwort: Amtshaftung) anzugreifen, sollte immer Einspruch und kein Antrag auf Anpassung der Vorauszahlungen gestellt werden, da die Gebühren des Einspruchsverfahrens in aller Regel höher sind, als die Gebühren nach § 23 Satz 1 Nr. 3 StBVV.[5]

---

1) AG Kempen v. 18.3.1999, 11 C 321/95, DStRE 2000, 948, 950; Boelsen in Eckert, 6. Aufl. 2017, § 23 StBVV Rz. 11; Berners, 5. Aufl. 2016, § 23 StBVV Rz. 22; Schall, StB 1989, 258, 260.

2) § 10 Abs. 2 StBVV.

3) → § 10 StBVV Rz. 205; § 40 StBVV a.F. Rz. 645; Feiter, KANZLEI intern 03/2015, 7; → § 28 StBVV Rz. 477.

4) Schwamberger in Meyer/Goez/Schwamberger, 9. Aufl. 2019, § 23 StBVV Rz. 4; Brummer, 10. Aufl. 2010, § 23 StBGebV Anm. 5; Feiter, KANZLEI intern 03/2015, 7.

5) → § 40 StBVV a.F. Rz. 649 m.w.N.

Die Anwendbarkeit des § 23 Satz 1 Nr. 3 StBVV für alle Anträge auf Anpassung von Vorauszahlungen ist in der Literatur bislang nicht in Zweifel gezogen worden; Zweifel sind aber wegen der Regelung des § 24 Abs. 4 Nr. 5 StBVV berechtigt. Danach erhält der StB für sonstige Anträge nach dem EStG die Zeitgebühr. Diese Vorschrift erweist sich für Anträge nach dem EStG als die speziellere Vorschrift im Verhältnis zu § 23 Satz 1 Nr. 3 StBVV. Fraglich ist nur, ob die Voraussetzungen dieser Vorschrift erfüllt sind. Denn das EStG sieht – wie eingangs erwähnt – in § 37 EStG keine ausdrückliche Regelung für einen Antrag auf Anpassung der Vorauszahlungen vor. Gleichwohl ergeben sich die Voraussetzungen für Anträge auf Anpassung von Einkommensteuer- und der Körperschaftsteuer-Vorauszahlungen aus dieser Vorschrift. Deshalb dürfte es zumindest vertretbar sein, in diesen Fällen eine Zeitgebühr nach § 24 Abs. 4 Nr. 5 StBVV zu berechnen.

Aufgrund der **Corona-Krise** hat auch dieser Gebührentatbestand an Bedeutung gewonnen. Wenn absehbar ist, dass aufgrund sinkender Umsätze in dem Unternehmen des Mandanten die Gewinne durch die Corona-Krise deutlich geringer ausfallen als bisher angenommen, kann ein Antrag auf Herabsetzung von Vorauszahlungen der Einkommen- und Körperschaftsteuer (inkl. Solidaritätszuschlag und Kirchensteuer) sowie Herabsetzung des Gewerbesteuermessbetrags (für Zwecke der Gewerbesteuer-Vorauszahlung) gestellt werden. Hierfür können die von den Finanzverwaltungen der Länder bereitgestellten Vordrucke genutzt werden. Das durch die vereinfachten Vordrucke beschleunigte Verfahren, das keine hohen Anforderungen an die Begründung des Antrags stellt, rechtfertigt im Regelfall eine Gebühr im unteren Bereich des Gebührenrahmens.

IV. Abweichende Steuerfestsetzung aus Billigkeitsgründen (Nr. 4)

Diese Vorschrift betrifft Anträge nach § 163 AO, wonach Steuern niedriger festgesetzt werden und einzelne Besteuerungsgrundlagen unberücksichtigt bleiben können, wenn die Steuererhebung nach Lage des einzelnen Falles unbillig wird. 368

Gegenstandswert ist der Betrag, um den die Steuer antragsgemäß niedriger festgesetzt werden soll.[1] Soll durch den Antrag die Steuer nicht unmittelbar verändert werden, sondern ihre Bemessungsgrundlage, ist Gegenstandswert der geschätzte Steuer-Minderungsbetrag.[2] 369

V. Erlassantrag (Nr. 5)

Rechtsgrundlage für einen Antrag auf Erlass von Ansprüchen aus dem Steuerschuldverhältnis ist § 227 AO. Der Gegenstandswert ist identisch mit dem Betrag, dessen Erlass aus Billigkeitsgründen beantragt wird.[3] Durch das JStG 2007[4] wurden die Worte „oder aus zollrechtlichen Bestimmungen" eingefügt. Damit ist klargestellt, dass die Vorschrift auch Ansprüche aus zollrechtlichen Bestimmungen erfasst. 370

Das BMF-Schreiben vom 19.3.2020 enthält keine Sonderregeln für den Erlass von Steuern aufgrund der **Corona-Krise**. Erlassanträge sind deshalb weiterhin nach den allgemeinen Grundsätzen zu behandeln.

VI. Antrag auf Erstattung (Nr. 6)

Die Vorschrift bezieht sich ausdrücklich auf Erstattungsanträge nach § 37 Abs. 2 AO. Voraussetzung dafür ist, dass eine Steuer, eine Steuervergütung, ein Haftungs- 371

1) Eggesiecker, 2. Aufl. 1998, § 23 STEUGO Rz. 23.530; Boelsen in Eckert, 6. Aufl. 2017, § 23 StBVV Rz. 12; Schall, StB 1989, 258, 260.
2) Eggesiecker, 2. Aufl. 1998, § 23 STEUGO Rz. 23.530; Schwamberger in Meyer/Goez/Schwamberger, 9. Aufl. 2019, § 23 StBVV Rz. 4.
3) Schall, StB 1989, 258, 261; Berners, 5. Aufl. 2016, § 23 StBVV Rz. 29.
4) JStG 2007 v. 13.12.2006, BGBl. I 2006, 2878 = BStBl I 2007, 28.

betrag oder eine steuerliche Nebenleistung ohne rechtlichen Grund gezahlt oder zurückgezahlt wurde.

Beispiel:

StB stellt anlässlich der Corona-Krise für Mandanten Anträge auf Erstattung der Umsatzsteuer-Sondervorauszahlung für Dauerfristverlängerungen bei der Umsatzsteuer.

Auch Anträge auf Erstattung des Steuerabzugsbetrages bei **Bauleistungen**[1] können nach dieser Vorschrift abgerechnet werden.[2]

372 Der Gegenstandswert wird durch den Betrag bestimmt, dessen Erstattung beantragt wird.[3]

VII. Änderung eines Steuerbescheides (Nr. 7)

373 Die Vorschrift betrifft Anträge, die auf die Aufhebung oder Änderung von Steuerbescheiden[4] oder von Steueranmeldungen[5] gerichtet sind. Die Vorschrift wurde durch die VO zum Erlass und zur Änderung steuerlicher Verordnungen zuletzt geändert. Es wurde klargestellt, dass die Vorschrift auch für Anträge auf Änderung einer Steuermeldung gilt.[6] Anträge auf Berichtigung einer offenbaren Unrichtigkeit nach § 129 AO sind ebenfalls nach dieser Vorschrift abzurechnen.[7] Als Änderungsvorschriften kommen insbesondere die §§ 129, 164, 165, 172, 173, 174 und 175 AO, § 35b GewStG, §§ 22 und 24 BewG und § 20 GrStG in Betracht. Nicht unter diese Vorschrift fallen Änderungs- und Aufhebungsanträge, die im Rechtsbehelfsverfahren gestellt werden. Für sie gilt § 40 StBVV.[8]

374 Gegenstandswert ist der durch die beantragte Aufhebung oder Änderung erstrebte Betrag der Steuerminderung.[9]

VIII. Rücknahme und Widerruf (Nr. 8)

375 Die Vorschrift erfasst die Rücknahme- und Widerrufsfälle der §§ 130, 131 AO und damit Fälle, in denen es um Rücknahme oder Widerruf von Verwaltungsakten geht, die **nicht Steuerbescheide** sind. Nach allgemeiner Meinung erfasst diese Vorschrift auch die Fälle des § 207 AO (Anträge auf Änderung verbindlicher Zusagen).[10]

376 Geht es um einen konkreten Betrag, ist Gegenstandswert der Betrag, der dem Stpfl. zu Gute käme, wenn der Antrag Erfolg hätte.[11] Das AG Kempen[12] hat im Falle eines Antrags auf Rücknahme einer Pfändungsverfügung als Gegenstandswert den Wert zu Grunde gelegt, zu dessen Beitreibung die Pfändung ausgebracht worden ist und der sich aus der Kontopfändungsverfügung des Finanzamtes ergab.

377 Da Anträge nach § 23 Satz 1 Nr. 8 StBVV weder Steuerbescheide noch Steueranmeldungen betreffen, lässt sich ein Gegenstandswert oft nicht feststellen. Da ein Ausweichen auf die Zeitgebühr nach § 13 Satz 1 Nr. 2 StBVV nicht zulässig ist,

1) § 48c Abs. 2 EStG.
2) A.A. Westphal, KP 2002, 17 f., der § 24 Abs. 1 Nr. 22 StBGebV analog anwenden will.
3) Schall, StB 1989, 258, 261; Eggesiecker, 2. Aufl. 1998, § 23 STEUGO Rz. 23.600.
4) § 155 AO.
5) § 167 AO.
6) VO zum Erlass und zur Änderung steuerlicher Verordnungen v. 11.12.2012, BGBl. I 2012, 2637 = BStBl I 2013, 2.
7) Boelsen in Eckert, 6. Aufl. 2017, § 23 StBVV Rz. 15.
8) Zur Abgrenzung vgl. Eggesiecker, 2. Aufl. 1998, § 23 STEUGO Rz. 23.680 ff. m.w.N.
9) Schall, StB 1989, 258, 261; Schwamberger in Meyer/Goez/Schwamberger, 9. Aufl. 2019, § 23 StBVV Rz. 4.
10) Schall, StB 1989, 258, 261; Mittelsteiner/Scholz, 4. Aufl. 1998, § 23 StBGebV Rz. 16.
11) Schall, StB 1989, 258, 261; Berners, 4. Aufl. 2013, § 23 StBVV Rz. 35.
12) AG Kempen v. 18.3.1999, 11 C 321/95, DStRE 2000, 948, 950.

empfiehlt sich in den Fällen, in denen überhaupt keine Anhaltspunkte für einen Gegenstandswert bestehen, in analoger Anwendung des § 23 Abs. 3 Satz 2 Halbsatz 2 RVG den Auffangstreitwert von 5 000 €[1] zu Grunde zu legen.

IX. Wiedereinsetzung in den vorigen Stand (Nr. 9)

Der Wortlaut der Vorschrift macht bereits deutlich, dass es sich um einen Wiederein- 378
setzungsantrag **außerhalb eines Rechtsbehelfsverfahrens** handeln muss. Im Rahmen eines außergerichtlichen Rechtsbehelfsverfahrens wird ein Wiedereinsetzungsantrag durch die Geschäftsgebühr nach § 40 StBVV, innerhalb eines finanzgerichtlichen Verfahrens durch die Verfahrensgebühr nach Nr. 3200 VV RVG[2] abgegolten. Maßgeblich für den in der Praxis selten vorkommenden Antrag auf Wiedereinsetzung in den vorigen Stand ist die Vorschrift des § 110 AO i.V.m. Sonderregelungen in den Einzelsteuergesetzen.

Gegenstandswert ist der Steuermehrbetrag, der vom Stpfl. zu entrichten wäre, wenn 379
der gestellte Antrag abschlägig beschieden würde, mit anderen Worten der Betrag, der ohne den Wiedereinsetzungsantrag auf jeden Fall verloren wäre bzw. der angestrebte betragsmäßige Erfolg.[3]

X. Sonstige Anträge (Nr. 10)

§ 23 Satz 1 Nr. 10 StBVV ist eine **Auffangvorschrift** für alle übrigen Anträge, die in 380
Nr. 1–9 nicht genannt sind. Die Vorschrift ist nur dann anwendbar, wenn es sich um Anträge außerhalb von Steuererklärungen handelt. Anträge, die im Rahmen einer Steuererklärung gestellt werden, z.B. Anträge auf Berücksichtigung außergewöhnlicher Belastungen (§ 33 EStG), Anträge, die als Anlage zur Erbschaftsteuererklärung gestellt werden[4] sind mit der Gebühr für die Erstellung der Steuererklärung abgegolten. Auch Anträge auf **Akteneinsicht** sind nicht gesondert abrechenbar.[5] Gleiches gilt für Anträge im außergerichtlichen oder gerichtlichen Rechtsbehelfs- oder Vollstreckungsverfahren, z.B. einen Antrag auf Aufteilung einer Gesamtschuld. **Anträge nach dem EStG** sind nach der spezielleren Vorschrift des **§ 24 Abs. 4 Nr. 5 StBVV** abzurechnen.[6]

Anwendungsfälle des § 23 Satz 1 Nr. 10 StBVV sind z.B. Anträge auf Bescheinigung über die Erfassung als Steuerpflichtiger (Unternehmer) i.S.d. § 22f Abs. 1 Satz 2 UStG,[7] Anträge auf verbindliche Zusagen nach § 204 AO, Anträge auf Buchführungserleichterungen gem. § 148 AO, Anträge auf Grunderwerbsteuerbefreiungen nach § 3 GrStG[8] oder Anträge auf Änderung des Wirtschaftsjahres oder Anträge auf Optionsverschonung des Betriebsvermögens gem. § 13a Abs. 8 EStG.[9] Auch die Anzeige der Teilnahme am **Mini-One-Stop-Shop (MOSS)-Verfahren** gegenüber dem BZSt kann gem. §§ 23 Satz 1 Nr. 10, 2 StBVV abgerechnet werden. Die Anzeige der Teilnahme am MOSS-Verfahren nach § 18h Abs. 1 UStG hat die Wirkung eines Antrags, da erst durch die Anzeige die Teilnahme am MOSS-Verfahren möglich wird.

---

1) → § 10 StBVV Rz. 202.
2) → § 45 StBVV Rz. 702 f.
3) Boelsen in Eckert, 6. Aufl. 2017, § 23 StBVV Rz. 17; Eggesiecker, 2. Aufl. 1998, § 23 STEUGO Rz. 23.840.
4) Z.B. Anlage Steuerbefreiung Familienheim, Anlage Steuerbefreiung für zu Wohnzwecken vermietete Grundstücke.
5) → § 12 StBVV Rz. 229.
6) → § 24 StBVV Rz. 431.
7) Vordruck USt 1 TJ für Online-Händler.
8) Siehe hierzu Schall, StB 1989, 258, 262; Boelsen in Eckert, 6. Aufl. 2017, § 23 StBVV Rz. 18.
9) Wacker, Honorarbrief für Steuerberater 10/2013, 7.

Praxistipp:

Problematisch ist die Bestimmung des Gegenstandswertes. Da ein Ausweichen auf die Zeitgebühr nicht zulässig ist,[1] sollte der Auffangstreitwert in Höhe von 5 000 € analog § 23 Abs. 3 Satz 2 RVG herangezogen werden.[2]

381 Ein Antrag auf Erteilung einer **verbindlichen Auskunft** gem. § 89 Abs. 2 – 5 AO ist ebenfalls nach § 23 Satz 1 Nr. 10 StBVV abzurechnen. Wird die Auskunft zu einem bestimmten Sachverhalt für mehrere Steuerpflichtige, z.B. Feststellungsbeteiligte, beantragt, erhält der StB die Gebühr nur einmal, da es sich um eine Angelegenheit handelt, § 6 Abs. 1 StBVV. Dies deckt sich nicht mit der Sichtweise der Finanzverwaltung, die für die Bearbeitung eines solchen Antrags andere Kriterien anwendet. Nach dem AEAO zu § 89 Nr. 4.1.3 orientiert sich die Anzahl der Gebühren an der Anzahl der Antragsteller, die in den Genuss der Bindungswirkung gelangen und an der Anzahl der Sachverhalte i.S.d. § 89 Abs. 2 AO, die verbindlich gewürdigt werden.[3] Der Gegenstandswert richtet sich nach dem gestellten Antrag und den sich daraus ergebenden steuerlichen Auswirkungen. Er ist identisch mit dem Gegenstandswert für die Gebührenbemessung durch die Finanzbehörde.[4] Maßgeblich ist die Differenz zwischen dem Steuerbetrag, der aufgrund der von dem Antragsteller vorgetragenen Rechtsauffassung entstehen würde, und dem Steuerbetrag, der sich bei einer von der Finanzbehörde vertretenen entgegengesetzten Rechtsauffassung ergeben würde (Steuerdifferenzberechnung). Steuerliche Auswirkungen, die sich mittelbar ergeben können, die jedoch nicht selbst zum Gegenstand des Antrags auf verbindliche Auskunft gemacht worden sind, werden bei der Bemessung der Auskunftsgebühr nicht berücksichtigt.[5] Je ausführlicher der Antrag begründet wird, desto höher ist die Gebühr, die der StB abrechnen kann. Geht dem Antrag eine Beratung voraus, fällt eine weitere Gebühr nach § 21 Abs. 1 Satz 1 StBVV an, die aber ggf. anzurechnen ist, § 21 Abs. 1 Satz 3 StBVV. Ist der Sachverhalt sehr kompliziert oder umfangreich, kann sich die Erstellung eines Gutachtens empfehlen, das dem Antrag beigefügt wird. Eine Gebühr nach § 22 StBVV kann aber nur dann abgerechnet werden, wenn der Mandant ein solches Gutachten auch in Auftrag gegeben hat. Es reicht nicht aus, dass die Finanzverwaltung um eine gutachterliche Darstellung bittet und der StB ohne Beauftragung durch den Mandanten tätig wird.[6] Grundsätzlich ist eine Vergütungsvereinbarung nach § 4 StBVV zu empfehlen.[7]

382 Anträge auf **Aussetzung der Vollziehung** nach § 361 AO stellten gem. § 40 Abs. 7 StBVV a.F. mit dem zugehörigen Rechtsbehelf eine einzige Angelegenheit dar. Wenn ein solcher Antrag außerhalb eines Rechtsbehelfsverfahrens gestellt wird, hat der StB Anspruch auf eine Gebühr nach § 23 Satz 1 Nr. 10 StBVV. Der Gegenstandswert kann in Anlehnung die finanzgerichtliche Rechtsprechung mit mindestens 10 % des Streitwerts der Hauptsache angesetzt werden.[8] Durch die Neufassung des § 40 StBVV ab dem 1.7.2020[9] können Anträge auf Aussetzung nunmehr auch im

1) § 13 Satz 1 Nr. 2 StBVV.
2) Beyme, KANZLEI intern 07_2017, 2 und Stbg 2017, 259, 262.
3) FG München v. 5.4.2017, 4 K 2058/14, EFG 2017, 967 mit Anm. Kronawitter; vgl. auch DStV-Nachrichten, Stbg 2017, 54.
4) § 89 Abs. 4 Satz 1 AO; siehe dazu Arconada, Honorargestaltung für Steuerberater, Juni 2019, 1, 2.
5) BFH v. 22.4.2015, IV R 13/12, BFHE 2015, 195.
6) Meyer, KP 2007, 165.
7) Arconada, Honorargestaltung für Steuerberater, Juni 2019, 1, 3.
8) Eggesiecker, 2. Aufl. 1998, § 23 STEUGO Rz. 23.891; Nachweise zur finanzgerichtlichen Rechtsprechung → § 45 StBVV Rz. 727.
9) Fünfte Verordnung zur Änderung steuerlicher Verordnungen v. 25.6.2020, BGBl. I 2020, 1495, 1498 = BStBl I 2020, 555.

Rahmen eines außergerichtlichen Rechtsbehelfsverfahrens mit einer gesonderten Geschäftsgebühr nach Nr. 2300 VV RVG abgerechnet werden.[1)]

§ 23 Satz 1 Nr. 10 StBVV gilt auch für einen **Antrag auf Anwendung der Kleinunternehmerregelung** nach § 19 Abs. 1 UStG. Gegenstandswert ist der steuerfreie Umsatz, mindestens 8 000 €, entsprechend § 24 Abs. 1 Nr. 8 StBVV. **383**

Unter § 23 Satz 1 Nr. 10 StBVV fallen auch Anträge auf **Fristverlängerung**, wenn der Mandant die Fristverlängerung zu verantworten hat.[2)] Anträge auf Fristverlängerung aufgrund des **Coronavirus**, z.B. für die Jahresabschlüsse und die Steuererklärungen 2018 oder für die vierteljährliche und monatliche Lohnsteuer-Anmeldung,[3)] können ebenfalls gesondert abgerechnet werden. Soweit die Finanzverwaltungen der Länder das Antragsverfahren durch vereinfachte Vordrucke erleichtert haben und an die Begründung des Antrags nur minimale Anforderungen stellen, dürfte nur eine Gebühr im unteren Rahmenbereich gerechtfertigt sein. **384**

Beispiel:

Der StB stellt für seinen Mandanten beim Finanzamt Erkelenz (NRW) auf dem von der Finanzverwaltung NRW bereitgestellten Vordruck „Antrag auf Fristverlängerung aufgrund der Auswirkungen des Coronavirus" einen Antrag auf Fristverlängerung bis zum 31.5.2020 für die Abgabe der Einkommensteuer-Erklärung 2018, der Umsatzsteuerjahres-Erklärung 2018, der Gewerbesteuererklärung 2018 und der Einnahmeüberschussrechnung 2018.

Wenn der StB den Grund für die beantragte Verlängerung der Abgabefrist ausschließlich selbst zu vertreten hat, z.B. wegen Arbeitsüberlastung oder Krankheit, fällt keine Gebühr nach § 23 Satz 1 Nr. 10 StBVV an. Als Gegenstandswert kann die Höhe eines ggf. festzusetzenden Verspätungszuschlags angesetzt werden.[4)]

Ob auch der Antrag auf **Dauerfristverlängerung** für die Abgabe der Umsatzsteuervoranmeldungen[5)] und der Antrag auf Sondervorauszahlungen[6)] nach § 23 Satz 1 Nr. 10 StBVV abrechenbar sind, wurde in der Literatur unterschiedlich beurteilt. Nach der Neufassung des § 24 Abs. 1 Nr. 7 StBVV sind diese Anträge mit einer gesonderten Gebühr nach dieser Vorschrift abzurechnen.[7)] Der frühere Meinungsstreit hat sich damit erledigt. Anträge auf Erteilung einer **Umsatzsteueridentifikationsnummer** gem. § 27a UStG sind nach § 23 Satz 1 Nr. 10 StBVV abzurechnen. Da es sich im Wesentlichen um schematische Arbeiten mit einfachem Schwierigkeitsgrad handelt, hat das LG Kleve[8)] lediglich eine Gebühr von 4/10 für angemessen gehalten. **385**

§ 146a Abs. 2 AO sieht die verpflichtende Belegausgabe in denjenigen Fällen vor, in denen aufzeichnungspflichtige Geschäftsvorfälle i.S.d. § 146a Abs. 1 Satz 1 AO mithilfe eines elektronischen Aufzeichnungssystems erfasst werden („Belegausgabepflicht"). Aus Gründen der Zumutbarkeit und Praktikabilität sieht das Gesetz die Möglichkeit einer Befreiung von der Belegausgabepflicht vor, § 146a Abs. 2 Satz 2 AO i.V.m. § 148 AO. Ein solcher Antrag kann nach § 23 Satz 1 Nr. 10 StBVV abgerechnet werden. Problematisch ist auch hier die Bestimmung des Gegenstandswertes. Deshalb bietet sich eine analoge Anwendung des Auffangstreitwertes von **386**

---

1) → § 40 StBVV n.F. Rz. 668.
2) OLG Düsseldorf v. 2.10.1998, 13 U 241/97, GI 1999, 295; a.A. OLG Düsseldorf v. 28.5.2002, 23 U 193/01, GI 2002, 219, 226, danach sollen Fristverlängerungsanträge von der jeweiligen Gebühr abgegolten sein.
3) BMF-Schreiben v. 23.4.2020; Hechtner, NWB 2020, 1406.
4) Berners, 5. Aufl. 2016, § 23 StBVV Rz. 39.
5) § 46 UStDV.
6) § 47, 48 UStDV.
7) → § 24 StBVV Rz. 406.
8) LG Kleve v. 13.6.2003, 1 O 114/01.

5 000 € gemäß § 23 Abs. 3 Satz 2 RVG an.[1] Die Höhe der Gebühr richtet sich im Wesentlichen nach dem Begründungsaufwand des Antrags.[2]

C. Zusammentreffen mehrerer Tätigkeiten (Satz 2)

387 Soweit Tätigkeiten nach § 23 Satz 1 Nr. 1–10 StBVV denselben Gegenstand betreffen, ist nur die Tätigkeit mit dem höchsten oberen Gebührenrahmen maßgebend.[3] Schließt sich an einen Antrag nach § 23 Satz 1 StBVV ein **Rechtsbehelfsverfahren** an, ist für Aufträge bis zum 30.6.2020 § 40 Abs. 4 StBVV a.F. zu beachten. Für Aufträge ab dem 1.7.2020 verweist § 40 StBVV n.F. auf die Vorschriften des RVG.[4] Nach § 35 Abs. 2 RVG i.V.m. Vorbem. 2.3 Abs. 4 VV RVG ist eine Gebühr nach § 23 StBVV auf die Geschäftsgebühr des Rechtsbehelfsverfahrens anzurechnen.

1) Beyme, KANZLEI intern 07/2017, 2; Arconada, Honorargestaltung für Steuerberater, Februar 2020, 3.
2) Siehe hierzu das Muster von Arconada, Honorargestaltung für Steuerberater, Februar 2020, 2.
3) Kritisch hierzu Boelsen in Eckert, 6. Aufl. 2017, § 23 StBVV Rz. 23.
4) Fünfte Verordnung zur Änderung steuerlicher Verordnungen v. 25.6.2020, BGBl. I 2020, 1495, 1498 = BStBl I 2020, 555.

§ 24 Steuererklärungen

(1) Der Steuerberater erhält für die Anfertigung

1.	**der Einkommensteuererklärung ohne Ermittlung der einzelnen Einkünfte** **einer vollen Gebühr nach Tabelle A (Anlage 1); Gegenstandswert ist die Summe der positiven Einkünfte, jedoch mindestens 8 000 Euro;**	**1/10 bis 6/10**
2.	**der Erklärung zur gesonderten Feststellung der Einkünfte ohne Ermittlung der Einkünfte** **einer vollen Gebühr nach Tabelle A (Anlage 1); Gegenstandswert ist die Summe der positiven Einkünfte, jedoch mindestens 8 000 Euro;**	**1/10 bis 5/10**
3.	**der Körperschaftsteuererklärung** **einer vollen Gebühr nach Tabelle A (Anlage 1); Gegenstandswert ist das Einkommen vor Berücksichtigung eines Verlustabzugs, jedoch mindestens 16 000 Euro; bei der Anfertigung einer Körperschaftsteuererklärung für eine Organgesellschaft ist das Einkommen der Organgesellschaft vor Zurechnung maßgebend; das entsprechende Einkommen ist bei der Gegenstandswertberechnung des Organträgers zu kürzen;**	**2/10 bis 8/10**
4.	**weggefallen**	
5.	**der Erklärung zur Gewerbesteuer** **einer vollen Gebühr nach Tabelle A (Anlage 1); Gegenstandswert ist der Gewerbeertrag vor Berücksichtigung des Freibetrages und eines Gewerbeverlustes, jedoch mindestens 8 000 Euro;**	**1/10 bis 6/10**
6.	**der Gewerbesteuerzerlegungserklärung** **einer vollen Gebühr nach Tabelle A (Anlage 1); Gegenstandswert sind 10 Prozent der als Zerlegungsmaßstab erklärten Arbeitslöhne, jedoch mindestens 4 000 Euro;**	**1/10 bis 6/10**
7.	**der Umsatzsteuer-Voranmeldung sowie hierzu ergänzender Anträge und Meldungen** **einer vollen Gebühr nach Tabelle A (Anlage 1); Gegenstandswert sind 10 Prozent der Summe aus dem Gesamtbetrag der Entgelte und der Entgelte, für die der Leistungsempfänger Steuerschuldner ist, jedoch mindestens 650 Euro;**	**1/10 bis 6/10**
8.	**der Umsatzsteuererklärung für das Kalenderjahr einschließlich ergänzender Anträge und Meldungen** **einer vollen Gebühr nach Tabelle A (Anlage 1); Gegenstandswert sind 10 Prozent der Summe aus dem Gesamtbetrag der Entgelte und der Entgelte, für die der Leistungsempfänger Steuerschuldner ist, jedoch mindestens 8 000 Euro;**	**1/10 bis 8/10**
9.	**weggefallen**	
10.	**der Vermögensteuererklärung oder der Erklärung zur gesonderten Feststellung des Vermögens von Gemeinschaften** **einer vollen Gebühr nach Tabelle A (Anlage 1); Gegenstandswert ist das Rohvermögen, jedoch bei natürlichen Personen mindestens 12 500 Euro und bei Körperschaften, Personenvereinigungen und Vermögensmassen mindestens 25 000 Euro;**	**1/20 bis 18/20**

11.	**der Erklärung zur Feststellung nach dem Bewertungsgesetz oder dem Erbschaftsteuer- und Schenkungsteuergesetz** **einer vollen Gebühr nach Tabelle A (Anlage 1); Gegenstandswert ist der erklärte Wert, jedoch mindestens 25 000 Euro;**	**1/20 bis 18/20**
12.	**der Erbschaftsteuererklärung ohne Ermittlung der Zugewinnausgleichsforderung nach § 5 des Erbschaftsteuer- und Schenkungsteuergesetzes** **einer vollen Gebühr nach Tabelle A (Anlage 1); Gegenstandswert ist der Wert des Erwerbs von Todes wegen vor Abzug der Schulden und Lasten, jedoch mindestens 16 000 Euro;**	**2/10 bis 10/10**
13.	**der Schenkungsteuererklärung** **einer vollen Gebühr nach Tabelle A (Anlage 1); Gegenstandswert ist der Rohwert der Schenkung, jedoch mindestens 16 000 Euro;**	**2/10 bis 10/10**
14.	**der Kapitalertragsteueranmeldung sowie für jede weitere Erklärung in Zusammenhang mit Kapitalerträgen** **einer vollen Gebühr nach Tabelle A (Anlage 1); Gegenstandswert ist die Summe der kapitalertragsteuerpflichtigen Kapitalerträge, jedoch mindestens 4 000 Euro;**	**1/20 bis 6/20**
15.	**der Lohnsteuer-Anmeldung** **einer vollen Gebühr nach Tabelle A (Anlage 1); Gegenstandswert sind 20 Prozent der Arbeitslöhne einschließlich sonstiger Bezüge, jedoch mindestens 1 000 Euro;**	**1/20 bis 6/20**
16.	**von Steuererklärungen auf dem Gebiet der Einfuhr- und Ausfuhrabgaben und der Verbrauchsteuern, die als Einfuhrabgaben erhoben werden,** **einer vollen Gebühr nach Tabelle A (Anlage 1); Gegenstandswert ist der Betrag, der sich bei Anwendung der höchsten in Betracht kommenden Abgabensätze auf die den Gegenstand der Erklärung bildenden Waren ergibt, jedoch mindestens 1 000 Euro;**	**1/10 bis 3/10**
17.	**von Anmeldungen oder Erklärungen auf dem Gebiete der Verbrauchsteuern, die nicht als Einfuhrabgaben geschuldet werden,** **einer vollen Gebühr nach Tabelle A (Anlage 1); Gegenstandswert ist für eine Steueranmeldung der angemeldete Betrag und für eine Steuererklärung der festgesetzte Betrag, jedoch mindestens 1 000 Euro;**	**1/10 bis 3/10**
18.	**von Anträgen auf Gewährung einer Verbrauchsteuervergütung oder einer einzelgesetzlich geregelten Verbrauchsteuererstattung, sofern letztere nicht in der monatlichen Steuererklärung oder Steueranmeldung geltend zu machen ist,** **einer vollen Gebühr nach Tabelle A (Anlage 1); Gegenstandswert ist die beantragte Vergütung oder Erstattung, jedoch mindestens 1 000 Euro;**	**1/10 bis 3/10**
19.	**von Anträgen auf Gewährung einer Investitionszulage** **einer vollen Gebühr nach Tabelle A (Anlage 1); Gegenstandswert ist die Bemessungsgrundlage;**	**1/10 bis 6/10**
20.	**von Anträgen auf Steuervergütung nach § 4a des Umsatzsteuergesetzes** **einer vollen Gebühr nach Tabelle A (Anlage 1); Gegenstandswert ist die beantragte Vergütung;**	**1/10 bis 6/10**

21.	von Anträgen auf Vergütung der abziehbaren Vorsteuerbeträge einer vollen Gebühr nach Tabelle A (Anlage 1); Gegenstandswert ist die beantragte Vergütung, jedoch mindestens 1 300 Euro;	1/10 bis 6/10
22.	von Anträgen auf Erstattung von Kapitalertragsteuer und Vergütung der anrechenbaren Körperschaftsteuer einer vollen Gebühr nach Tabelle A (Anlage 1); Gegenstandswert ist die beantragte Erstattung, jedoch mindestens 1 000 Euro;	1/10 bis 6/10
23.	von Anträgen nach Abschnitt X des Einkommensteuergesetzes einer vollen Gebühr nach Tabelle A (Anlage 1); Gegenstandswert ist das beantragte Jahreskindergeld;	2/10 bis 10/10
24.	weggefallen	
25.	der Anmeldung über den Steuerabzug von Bauleistungen einer vollen Gebühr nach Tabelle A (Anlage 1); Gegenstandswert ist der angemeldete Steuerabzugsbetrag (§§ 48 ff. des Einkommensteuergesetzes), jedoch mindestens 1 000 Euro;	1/10 bis 6/10
26.	sonstiger Steuererklärungen einer vollen Gebühr nach Tabelle A (Anlage 1); Gegenstandswert ist die jeweilige Bemessungsgrundlage, jedoch mindestens 8 000 Euro.	1/10 bis 6/10

(2) Für die Ermittlung der Zugewinnausgleichsforderung nach § 5 des Erbschaftsteuer- und Schenkungsteuergesetzes erhält der Steuerberater 5 Zehntel bis 15 Zehntel einer vollen Gebühr nach Tabelle A (Anlage 1); Gegenstandswert ist der ermittelte Betrag, jedoch mindestens 12 500 Euro.

(3) Für einen Antrag auf Lohnsteuer-Ermäßigung (Antrag auf Eintragung von Freibeträgen) erhält der Steuerberater 1/20 bis 4/20 einer vollen Gebühr nach Tabelle A (Anlage 1); Gegenstandswert ist der voraussichtliche Jahresarbeitslohn; er beträgt mindestens 4 500 Euro.

(4) Der Steuerberater erhält die Zeitgebühr

1. weggefallen
2. für Arbeiten zur Feststellung des verrechenbaren Verlustes gemäß § 15a des Einkommensteuergesetzes;
3. für die Anfertigung einer Meldung über die Beteiligung an ausländischen Körperschaften, Vermögensmassen und Personenvereinigungen und an ausländischen Personengesellschaften;
4. weggefallen
5. für sonstige Anträge und Meldungen nach dem Einkommensteuergesetz;
6. weggefallen
7. weggefallen
8. weggefallen
9. weggefallen
10. weggefallen
11. weggefallen
12. weggefallen

13. für die Überwachung und Meldung der Lohnsumme sowie der Behaltensfrist im Sinne von § 13a Absatz 1 in Verbindung mit Absatz 6 Satz 1, Absatz 5 in Verbindung mit Absatz 6 Satz 2 des Erbschaftsteuer- und Schenkungsteuergesetzes;

14. für die Berechnung des Begünstigungsgewinnes im Sinne von § 34a Absatz 1 Satz 1 des Einkommensteuergesetzes (Begünstigung der nicht entnommenen Gewinne).

Inhalt

Schrifttum

Berners, Dauerfristverlängerung und Zusammenfassende Meldung abrechnen, Honorargestaltung für Steuerberater, Mai 2019, 7; **Berners,** Konsolidieren einer Organschaft abrechenbar?, Honorargestaltung für Steuerberater, November 2018, 7; **Beyer,** Strafbarkeitsschwellen für Steuerberater bei berufstypischem Handeln, NWB 2018, 1625; **Beyer,** Strafrechtliche Risiken durch falsch geschätzte USt-Voranmeldungen, NWB 2018, 585; **Beyme,** Arbeiten im Zusammenhang mit Kontrollmitteilungen abrechnen?, Honorargestaltung für Steuerberater Juni 2020, 8; **Beyme,** Anträge auf Tarifermäßigung nach § 32c EStG abrechnen, Honorargestaltung für Steuerberater Juni 2020, 1; **Beyme,** Spielen §§ 10f und 10g EStG beim Gegenstandswert eine Rolle?, Honorargestaltung für Steuerberater April 2020, 7; **Beyme,** Gewerbesteuererklärung bei Verlusten, KANZLEI intern 08_2019, 6; **Beyme,** Besondere Vollmacht für Vertretung bei Zweitwohnungsteuer?, KANZLEI intern 02_2019, 5; **Beyme,** Erklärung zum Fremdenverkehrsbeitrag – Abrechnung und Vertretung, KANZLEI intern 02_2019, 4; **Beyme,** Abrechnung der steuerberatenden Tätigkeiten im Zusammenhang mit dem MOSS-Verfahren, KANZLEI intern 07/2017, 2; **Beyme,** Praktische Hinweise und gebührenrechtliche Fragen im Zusammenhang mit dem MOSS-Verfahren, Stbg 2017, 259; **Beyme,** Abrechnung von Umsatzsteuer-Voranmeldungen in der EU, KANZLEI intern 08_2017, 6; **Beyme,** Abrechnung von Anträgen auf Dauerfristverlängerung und Anmeldung der Sondervorauszahlung, Stbg 2016, 273; **Feiter,** Private Steuererklärungen als Serviceleistung, KANZLEI intern 06_2019, 2; **Feiter/Mäkeler,** Abrechnungsprobleme bei der Körperschaftsteuererklärung 2017 wegen verspäteter Bereitstellung der Schnittstellen, KANZLEI intern 5_2018, 3; **Feiter,** Zur Auftragserteilung und zum Honoraranspruch bei Anfertigung einer Feststellungserklärung, KANZLEI intern 10_2018, 2; **Feiter,** Gesonderte Abrechnung von EDV-Kosten, DStR 2017, 1182; **Feiter,** Neuerungen auf Grund der 3. Änderungsverordnung zur Steuerberatergebührenverordnung, INF 1998, 467; **Feiter,** Welche Gebühr kann für das Ausfüllen des Fragebogens zur steuerlichen Erfassung geltend gemacht werden?, KANZLEI intern 03/2015, 5; **Feiter,** Schenkungsteuererklärungen nach Selbstanzeige, KANZLEI intern 04/2015, 7; **Feiter/Eiling,** Beratungsbefugnis und Abrechnungsmöglichkeit bei örtlichen Verbrauch- und Aufwandsteuern, Honorarbrief für Steuerberater 12/2013,2; **Gemmer,** Wie sind steuerfreie Einnahmen bei der Ermittlung des Gegenstandswertes zu berücksichtigen?, KP 2000, 175; **Hartmann,** Abrechnung Anlage N-AUS, KANZLEI intern 07/2014, 7; **Klingmann,** Die Gebührenrechnung in Organschaftsfällen, StB 1982, 283; **Meyer,** Erbschafts- und Schenkungsfälle in der Beratungspraxis: Welche Gebühren darf der Steuerberater verlangen?, KP 2001, 152; **Meyer,** Der Gegenstandswert für Umsatzsteuererklärungen bei der Differenzbesteuerung nach § 25a UStG, KP 2002, 120; **Neufang/ Spangberger/ Zepezauer,** Die neue Steuerberatervergutungsverordnung (StBVV) und Tipps zur Abrechnungspraxis, StB 2013, 35; **Schwamberger,** Wann und wie kann eine Zeitgebühr berechnet werden? – Teil 1, KP 2016, 93; **Schwamberger,** Wann und wie kann die Zeitgebühr berechnet werden? – Teil 2, KP 2016, 114; **Schwamberger,** Rückfragen des Finanzamts zu Steuererklärungen: Wie kann dieser Aufwand berechnet werden? KP 2015, 6; **Skok,** Gesonderte Gebühr für Rückfragen des Finanzamtes im Rahmen der Bearbeitung der Steuererklärung?, KP 2001, 140; **Starz,** Gegenstandswert der Körperschaftsteuererklärung, KANZLEI intern 12/2017, 7; **Starz,** Rechnungsstellung bei getrennter Veranlagung von Ehegatten, KANZLEI intern 04/2015, 7; **Starz,** Tätigkeiten zur Feststellung des verrechenbaren Verlusts nach § 15a EStG, KANZLEI intern 03/2015, 6; **Wacker,** Abrechnung von KiStAM-Abfragen, KANZLEI intern 04_2017, 7; **Wacker,** Die elektronische Steuererklärung als Haftungs- und Gebührenfalle für den Steuerberater, DStR 2013, 2025; **Wacker,** Gebührensatz beim 4/3-Rechner; KANZLEI intern 06_ 2016,3; **Westphal,** Die neue Abzugsteuer im Baugewerbe: Ein Tätigkeitsfeld mit Honorarpotenzial, KP 2002, 17; **Wilk/ Beyer-Petz,** Die neue Steuerberatervergütungsverordnung, DStR 2012, 2508.

A. Inhalt und Bedeutung

Die Vorschrift enthält – mit Ausnahme des Abs. 4 – die Rahmensätze und die Gegenstandswerte für die wichtigsten Steuererklärungen, Anmeldungen und Anträge. Jeder Gebührentatbestand enthält eine Anweisung zur Berechnung des Gegenstandswertes. Darüber hinaus sind überwiegend[1] **Mindestgegenstandswerte** vorgesehen. Die Ergänzung durch Mindestgegenstandswerte war ausweislich der amtlichen Begründung zu § 24 StBGebV insbesondere für die Fälle erforderlich, in denen z.B. **negative Einkünfte** vorliegen oder sich durch das Zusammentreffen von positiven und negativen Teilbeträgen ein unangemessener Gesamtwert ergeben würde. 388

1) Ausnahme: § 24 Abs. 1 Nr. 19 und Nr. 23 StBVV.

Auf die durch die 1. ÄndVO und die 3. ÄndVO[1] eingetretenen Änderungen einzelner Nummern innerhalb des § 24 StBGebV wird in der nachfolgenden Kommentierung gesondert hingewiesen. Mit Wirkung zum 1.1.2002 wurden die DM-Beträge durch Euro-Beträge ersetzt.[2] Eine Reihe von Änderungen, bei denen es sich überwiegend um Anpassungen an Änderungen des materiellen Steuerrechts handelt, erfolgte durch das JStG 2007[3] und die VO zum Erlass und zur Änderung steuerlicher Verordnungen.[4] Gleichzeitig wurden mit dieser Verordnung die Mindestgegenstandswerte in § 24 Abs. 1 Nr. 1, 2, 3, 5, 7, 8, 12, 13, 14 und 21 durchschnittlich um ca. 33 % angehoben. Seit Inkrafttreten der StBGebV am 1.4.1982 waren die Mindestgegenstandswerte – mit Ausnahme der Euroumstellung – noch nie angepasst worden. Weitere redaktionelle Änderungen erfolgten durch die Dritte Verordnung zur Änderung steuerlicher Verordnungen.[5]

389 § 24 StBVV enthält keinen **abschließenden Katalog** von Steuererklärungen und Anträgen. Auffangtatbestände für sonstige Steuererklärungen und Anträge sind in § 24 Abs. 1 Nr. 26 und Abs. 4 Nr. 5 StBVV vorgesehen.

390 Aus § 12 Abs. 1 StBVV ergibt sich, dass für eine gesonderte **Abrechnung von Vor-, Neben- und Nacharbeiten** im Zusammenhang mit der Erklärungstätigkeit grundsätzlich kein Raum ist. Der Mehraufwand, den der StB bei der Anfertigung einer Steuererklärung hat, kann nur durch einen höheren Gebührensatz berücksichtigt werden.

Beispiel:

Der StB hat die Steuererklärung fertiggestellt. Der Mandant hat zuvor versichert, dass die von ihm vorgelegten Unterlagen und Belege vollständig sind. Anschließend legt der Mandant in erheblichem Umfang weitere Belege vor, die noch berücksichtigt werden sollen.

Hat der StB die Steuererklärung auftragsgemäß an das Finanzamt übermittelt und kommt es dann zu Beanstandungen oder Rückfragen des Finanzamtes (z.B. durch nachträgliches Anfordern von Belegen, Aufstellungen, Nachweisen etc.), kann der StB diesen Aufwand ebenfalls bei der Wahl des Gebührensatzes berücksichtigen. Hat er seine Leistungen schon abgerechnet, besteht die Möglichkeit, diese nachträglichen Arbeiten gesondert mit einer Zeitgebühr nach § 24 Abs. 4 Nr. 5 StBVV i.V.m. § 2 StBVV zu berechnen.[6] Im Einzelfall können auch die Gebührentatbestände des § 31 StBVV oder des § 23 StBVV erfüllt sein, z.B. im Falle der Berichtigung einer Erklärung oder eines Antrags auf Fristverlängerung.[7] Der Mehraufwand, der durch die **Verpflichtung zur elektronischen Übertragung zahlreicher Steuererklärungen** bei der E-Deklaration entsteht, löst keine gesonderte Gebühr aus, sondern kann nur durch einen höheren Zehntelsatz berücksichtigt werden.[8] Allerdings kann der StB die **Gebühren**, die ihm sein **Rechenzentrum** für die **elektronische Übermittlung der Steuererklärungen** in einem konkreten Mandat in Rechnung stellt, im Wege des Auslagenersatzes nach §§ 675, 670 BGB an seinen Mandanten weiterberechnen.[9]

Praxistipp:

Im schriftlichen Steuerberatungsvertrag, ggf. auch in der Gebührenrechnung sollte ein Hinweis auf die elektronische Übermittlung der Steuererklärungen erfolgen, um den

1) 1. ÄndVO v. 20.6.1988, BGBl. I 1988, 841; 3. ÄndVO v. 20.8.1998, BGBl. I 1998, 2369.
2) KostREuroUG v. 27.4.2001, BGBl. I 2001, 751.
3) JStG 2007 v. 13.12.2006, BGBl. I 2006, 2878 = BStBl I 2007, 28.
4) VO zum Erlass und zur Änderung steuerlicher Verordnungen v. 11.12.2012, BGBl. I 2012, 2637 = BStBl I 2013, 2.
5) BGBl. I 2016, 1722 = BStBl I 2016, 725; BR-Drucks. 201/16 v. 20.4.2016, 8, 22 f.
6) → § 13 StBVV Rz. 253; → § 12 StBVV Rz. 231; Schwamberger, KP 2015, 6.
7) → § 23 StBVV Rz. 363 und → § 23 StBVV Rz. 384.
8) Wacker, DStR 2013, 2028 m.w.N.
9) Feiter, DStR 2017, 1182; → § 3 StBVV Rz. 111.

Zusatzaufwand und ggf. die höhere Gebühr ggü. dem Mandanten nachvollziehbar zu machen.

Nimmt der StB nach vorheriger Bevollmächtigung seitens des Mandanten am ELSTER-Verfahren oder am Verfahren der **Vollmachtsdatenbank** teil (Stichwort: vorausgefüllte Steuererklärung), ist er verpflichtet, die von der Finanzverwaltung bereit gestellten Daten auf mögliche Abweichungen zu den ihm vom Stpfl. übermittelten Daten zu prüfen.[1] Stimmen die Daten nicht überein, muss er versuchen, die richtigen Daten zu ermitteln. Üblicherweise schließt sich Korrespondenz mit dem Finanzamt, dem Mandanten und ggf. auch dem Bescheinigungsgeber an. Dieser Mehraufwand kann im Einzelfall eine Gebührenerhöhung rechtfertigen.

Praxistipp:

Im Rahmen eines schriftlichen Steuerberatungsvertrages, ggf. auch in der Gebührenrechnung sollte ausdrücklich darauf hingewiesen werden, dass eine Prüfung der Daten erfolgt ist, um dem Mandanten diese Zusatzleistung vor Augen zu führen.

Unabhängig davon kann der StB die **Abrufgebühren für die VaSt-Daten und Steuerkonto online** gem. §§ 675, 670 BGB an seinen Mandanten weiterberechnen.[2]

An den Nachweis der **Auftragserteilung** sind keine überzogenen Anforderungen zu stellen.[3] Wird dem StB die Aufforderung eines Finanzamtes zur Abgabe einer (Vermögen-)Steuererklärung übergeben, ist in dieser Übergabe die konkludente Beauftragung zu sehen, die angeforderte Erklärung anzufertigen.[4] Problematisch ist der Fall, dass zwischen StB und Mandant ein (eingeschränkter) schriftlicher Auftrag besteht, z.B. nur für die Aufstellung des Jahresabschlusses. Der StB kann hier schnell in Beweisnot dafür geraten, dass er auch mit der Anfertigung der Steuererklärungen beauftragt war, wenn dies nicht ebenfalls schriftlich fixiert wurde.[5] 391

Der Honoraranspruch des StB wird **fällig** mit der Anfertigung der Steuererklärung. Die Übergabe der Erklärung an den Mandanten oder die elektronische Übermittlung der Steuererklärung an das Finanzamt sind für den Eintritt der Fälligkeit unerheblich.[6] 392

Wird der StB lediglich mit der **Überprüfung** der vom Mandanten selbst erstellten Steuererklärung beauftragt, soll auch für diese Tätigkeit die jeweilige Vorschrift des § 24 StBVV Anwendung finden, allerdings mit reduziertem Rahmensatz.[7] Demgegenüber weist Eggesiecker[8] zu Recht darauf hin, dass bei einem reinen Prüfungsauftrag kein Raum für eine Erklärungsgebühr i.S.d. § 24 StBVV ist. Zutreffender Gebührentatbestand ist deshalb § 21 StBVV. Nur dann, wenn der Berater auch bei festgestellten Fehlern Korrekturen vornehmen soll, ist Raum für eine Erklärungsgebühr nach § 24 StBVV. 393

1) Feiter, KANZLEI intern 2/2014, 2 m.w.N.
2) Feiter, DStR 2017, 1182; → § 3 StBVV Rz. 111.
3) So z.B. AG Krefeld v. 7.4.2005, 78 C 386/02, die Übergabe der Unterlagen reichte dem Gericht aus; a.A. aber AG Essen v. 28.5.2001, 13 C 172/01, StB 2002, 66, die Übergabe der Lohnsteuerkarte allein reichte dem Gericht nicht aus, um auf einen Auftrag zur Erstellung der Einkommensteuererklärung schließen zu können.
4) → § 33 StBVV Rz. 541 und → § 35 StBVV Rz. 568; OLG Düsseldorf v. 1.7.1999, 13 U 161/98, GI 2001, 25.
5) So geschehen im Fall des OLG Düsseldorf v. 22.11.2011, I-23 U 205/10.
6) Ausführlich → § 7 StBVV Rz. 157.
7) Mittelsteiner/Scholz, 4. Aufl. 1998, § 24 StBGebV Rz. 13; Schwamberger in Meyer/Goez/Schwamberger, 9. Aufl. 2019, § 24 StBVV Rz. 6.
8) Eggesiecker, 2. Aufl. 1998, § 24 STEUGO Rz. 24.085 f.

B. Einzelne Steuererklärungen (Abs. 1)

I. Einkommensteuererklärung (Nr. 1)

394 Mit dem Gesetz zum Einstieg in ein steuerliches Sofortprogramm v. 22.5.2005[1)] wurde u.a. § 10 Abs. 1 Nr. 6 EStG aufgehoben. Steuerberatungskosten können seit dem 1.1.2006 nur noch abgezogen werden, wenn sie Betriebsausgaben oder Werbungskosten sind. Diese Änderung wirkt sich insbesondere auf den Gebührentatbestand des § 24 Abs. 1 Nr. 1 StBVV aus, da die **Gebühren für die Anfertigung einer Einkommensteuererklärung nicht mehr abzugsfähig** sind.[2)] Dies rechtfertigt jedoch keinesfalls, die Gebühr nach § 24 Abs. 1 Nr. 1 StBVV gar nicht mehr abzurechnen oder bei der Abrechnung nur den Mindestgegenstandswert von 8 000 € zu Grunde zu legen, obwohl der tatsächliche Gegenstandswert höher ist.[3)] Dass entsprechende Verstöße in der Vergangenheit zu berufs- oder sogar strafrechtlichen Konsequenzen geführt haben, ist nicht dokumentiert. Da aber nicht auszuschließen ist, dass insbesondere in gravierenden Fällen oder in Wiederholungsfällen mit Sanktionen zu rechnen ist, kann nur empfohlen werden, die Gebühr zumindest mit dem untersten (1/10) oder einem noch geringeren Gebührensatz (z.B. 1/20) unter Berücksichtigung des zutreffenden Gegenstandswertes abzurechnen. Eine **Unentgeltlichkeitsvereinbarung** zwischen StB und Mandant, nach der die jährlichen Einkommensteuererklärungen als Serviceleistung neben den weiteren Gebühren für Jahresabschluss, betriebliche Steuererklärungen etc. nicht berechnet werden, ist zivilrechtlich wirksam und verstößt nicht gegen §§ 134, 138 Abs. 1 BGB, wenn eine damit ermöglichte Steuerhinterziehung jedenfalls nicht alleiniger Zeck oder Hauptzweck der Absprache ist.[4)]

Gegenstandswert ist die **Summe der positiven Einkünfte**, nicht der positiven „steuerpflichtigen" Einkünfte. Eine derartige Einschränkung auf „steuerpflichtige" Einkünfte ist dem Wortlaut nicht zu entnehmen. Teilweise wird der Begriff der „**Einkünfte**" i.S.d. § 2 Abs. 3 EStG zu Grunde gelegt und auf die positiven Einkünfte der einzelnen Einkunftsarten abgestellt.[5)] Danach bleiben solche Einkunftsarten bei der Bestimmung des Gegenstandswertes unberücksichtigt, die zu negativen Einkünften führen. Im Falle der Zusammenveranlagung von Ehegatten sind danach für jeden Ehegatten einzeln die von ihm bezogenen positiven Einkünfte aus den sieben Einkunftsarten nach § 2 Abs. 1 EStG zu ermitteln und dann zu addieren. Nach a.A.[6)] sollen positive und negative Einkünfte innerhalb derselben Einkunftsart saldiert werden (horizontaler Verlustausgleich). Eine dritte Meinung interpretiert demgegenüber die positiven Einkünfte nicht i.S.d. Einkunftsarten nach § 2 Abs. 3 EStG, sondern unterteilt die Einkunftsarten noch einmal in verschiedene Einkunftsquellen[7)] und berücksichtigt lediglich die positiven Teilergebnisse.[8)] Die unterschiedlichen Auffassungen werden sowohl für den Fall der Einzelveranlagung als auch für den Fall der Zusammenveranlagung von **Ehegatten** vertreten. Die zuletzt genannte Auffassung ist abzulehnen, da sie mit dem Wortlaut des § 24 Abs. 1 Nr. 1 StBVV nur schwer zu vereinbaren ist, der von der Summe der (positiven) Einkünfte und nicht von Einkunftsquellen spricht. Gerade der Wortlaut spricht für die zuerst genannte

1) BGBl. I 2005, 3682.
2) Zu den Auswirkungen dieses Gesetzes auf andere Gebührentatbestände: Schwamberger in Meyer/Goez/Schwamberger, 9. Aufl. 2019, § 24 StBVV Rz. 1a.
3) Zivilrechtlich wäre dies allerdings für den StB bindend.
4) LG Düsseldorf v. 22.3.2019, 7 O 158/15, unter Hinweis auf BGH-Rechtsprechung; besprochen von Feiter, KANZLEI intern 06_2019, 2.
5) Boelsen in Eckert, 6. Aufl. 2017, § 24 Abs. 1 Nr. 1 StBVV Rz. 11 ff.; Berners, 5. Aufl. 2016, § 24 StBVV Rz. 20 f.; Brummer, 10. Aufl. 2010, § 24 StBGebV Anm. 2.
6) Starz, KANZLEI intern 8/2013, 5; Schwamberger in Meyer/Goez/Schwamberger, 9. Aufl. 2019, § 24 StBVV Rz. 12; Mittelsteiner/Scholz, 4. Aufl. 1998, § 24 StBGebV Rz. 19.
7) Z.B. Haus 1–3 bei Einkünften aus Vermietung.
8) Eggesiecker, 2. Aufl. 1998, § 24 STEUGO Rz. 24.220 ff. und 24.256.

Auffassung, da mit Einkünften am ehesten die Summe der Einkünfte aus den Einkunftsarten (§ 2 Abs. 3 EStG) und nicht die durch Addition oder Subtraktion gebildete Summe zu verstehen ist.[1] **Denkmalausgaben**, die nach § 10f EStG und § 10g EStG wie Sonderausgaben abgezogen werden, dürfen beim Gegenstandswert deshalb nicht berücksichtigt werden.[2] Im Fall einer Zusammenveranlagung erhält der StB die Gebühr nach § 24 Abs. 1 Nr. 1 StBVV – anders als im Falle einer getrennten Veranlagung – nur einmal. Die Frage, wie bei der steuerlichen Einkünfteermittlung die **Kinderbetreuungskosten** im Rahmen des Betriebsausgaben- bzw. des Werbungskostenabzugs nach §§ 4, 9 Abs. 5 EStG oder im Rahmen des Betriebsausgabenabzugs nach §§ 10 Abs. 1 Nr. 5 oder 10 Abs. 1 Nr. 8 EStG erfasst werden können, ist dahingehend zu beantworten, dass die Kinderbetreuungskosten in die Ermittlung der Summe der Betriebsausgaben bzw. der Werbungskosten für §§ 25, 27 StBVV mit einbezogen werden können.

Steuerfreie Einnahmen (z.B. nach § 3 EStG) sind bei der Ermittlung des Gegenstandswertes zu berücksichtigen, wenn sie dem **Progressionsvorbehalt** nach § 32b EStG unterliegen. Auch sie erhöhen den Gegenstandswert und wirken sich nicht nur gebührenerhöhend auf den Gebührensatz aus.[3] Dies betrifft z.B. **Entgeltersatzleistungen** wie Arbeitslosengeld, Kurzarbeitergeld, Krankengeld, Mutterschaftsgeld oder Elterngeld. Aber auch Einkünfte, die nach **Doppelbesteuerungsabkommen** steuerfrei sind bzw. die in der **Anlage N-AUS** anzugebenden ausländischen Einkünfte aus nichtselbständiger Arbeit. Geht man davon aus, dass sich die Summe der positiven Einkünfte nicht nur auf inländische Einkünfte bezieht – denn auch dafür gibt der Wortlaut nichts her – gehört die Ermittlung **ausländischer Einkünfte** und Steuern zum Leistungsbereich des § 24 Abs. 1 Nr. 1 StBVV. Der Mehraufwand für das Ausfüllen der Anlage N-AUS wirkt sich deshalb nicht nur bei der Wahl des Zehntelsatzes aus. Die steuerfreien ausländischen Einkünfte führen vielmehr auch zu einem höheren Gegenstandswert.[4] Ansonsten gehören **steuerfreie Einnahmen** nach § 3 EStG nur zu den Einkünften, wenn sie über den steuerfreien Betrag hinausgehen.[5]

Freibeträge, wie z.B. der Altersentlastungsbetrag gem. § 24a EStG wirken sich auf den Gegenstandswert nicht aus,[6] wohl aber Beträge, die vor der Feststellung der Summe der Einkünfte zu berücksichtigen sind, wie z.B. der Werbungskostenpauschbetrag,[7] der Versorgungsfreibetrag[8] oder Freibeträge für Veräußerungsgewinne.[9] Sie mindern die Summe der positiven Einkünfte und damit den Gegenstandswert.

Wählen Ehegatten die getrennte Veranlagung, sind für jeden Ehegatten separate **395**
Einkommensteuererklärungen abzugeben. Es entstehen dann zwei Gebühren.

Praxistipp:

Ergibt sich bei getrennter Veranlagung in der Summe eine niedrigere Steuer, die allerdings durch die zweite Gebühr nach § 24 Abs. 1 Nr. 1 StBVV kompensiert oder über-

1) Boelsen in Eckert, 6. Aufl. 2017, § 24 Abs. 1 Nr. 1 StBVV Rz. 11 ff.; Berners, 5. Aufl. 2016, § 24 StBVV Rz. 22.
2) Beyme, Honorargestaltung für Steuerberater, April 2020, 7.
3) Eggesiecker, 2. Aufl. 1998, § 24 STEUGO, Rz. 24.231; Gemmer, KP 2000, 175; Boelsen in Eckert, 6. Aufl. 2017, § 24 Abs. 1 Nr. 1 StBVV Rz. 7.
4) Hartmann, KANZLEI intern 07/2014, 7; Boelsen in Eckert, 6. Aufl. 2017, § 24 Abs. 1 Nr. 1 StBVV Rz. 7.
5) Z.B. im Fall des § 3 Nr. 9 oder des § 3 Nr. 26 EStG; Eggesiecker, 2. Aufl. 1998, § 24 STEUGO Rz. 24.229.
6) Boelsen in Eckert, 6. Aufl. 2017, § 24 Abs. 1 Nr. 1 StBVV, Rz. 15, 16; Berners, 5. Aufl. 2016, § 24 StBVV Rz. 28; Brummer, 10. Aufl. 2010, § 24 StBGebV Anm. 2.
7) § 9a EStG.
8) § 19 Abs. 2 EStG.
9) §§ 14, 14a, 16, 17, 18 Abs. 3 EStG.

kompensiert wird, sollten Sie die Ehegatten darauf hinweisen, damit diese entscheiden können, ob sie trotzdem die getrennte Veranlagung wünschen und das höhere Honorar bezahlen möchten. Andernfalls machen Sie sich schadensersatzpflichtig.[1]

Hinsichtlich des **Abgeltungsbereichs** des Gebührentatbestands ist zu beachten, dass Vor-, Neben- und Nacharbeiten im Zusammenhang mit der Erstellung einer Einkommensteuererklärung grundsätzlich nur bei der Wahl des Rahmensatzes zu berücksichtigen sind.[2] Mit der Gebühr nach § 24 Abs. 1 Nr. 1 StBVV ist das Ausfüllen des Mantelbogens und bestimmter Anlagen, insbesondere Kind, AUS, N-AUS[3] und FW abgegolten.[4] Für die Ermittlung der einzelnen Einkünfte[5] ergeben sich zusätzliche Gebühren nach den §§ 25–27 StBVV. Dies ergibt sich unmittelbar aus dem Wortlaut des § 24 Abs. 1 Nr. 1 StBVV (ohne Ermittlung der Einkünfte). Nach h.M. ist auch die **Berechnung der Steuererstattung bzw. -nachzahlung** mit der Erklärungsgebühr abgegolten.[6]

II. Erklärung zur gesonderten Feststellung der Einkünfte (Nr. 2)

396 Die Vorschrift erfasst die Fälle der gesonderten Feststellung von Besteuerungsgrundlagen nach § 180 Abs. 1 Satz 1 Nr. 2, Abs. 2 AO. Hinsichtlich der Grundsätze für die Ermittlung des **Gegenstandswerts** kann auf die Ausführungen zu § 24 Abs. 1 Nr. 1 StBVV[7] verwiesen werden.

Beispiel:

Eine Personengesellschaft erzielt Einkünfte aus zwei Gewerbebetrieben und der Verpachtung zweier Grundstücke in folgender Höhe:

Gewerbebetrieb A	200 000 €
Gewerbebetrieb B	– 50 000 €
Einkünfte aus Gewerbebetrieb	200 000 €[8]
V+V Grundstück A	30 000 €
V+V Grundstück B	– 40 000 €
Einkünfte aus V+V	30 000 €
Summe der positiven Einkünfte	230 000 €.

Für die Ermittlung der Einkünfte selbst fallen gesonderte Gebühren nach §§ 25, 26, 27, 35 39 StBVV an, z.B. Gebühren nach § 25 StBVV für die Ermittlung des Veräußerungsgewinns von Anteilen an einer Kapitalgesellschaft.[9] Dies ergibt sich direkt aus dem Wortlaut.[10] Beim Ansatz von Beteiligungseinkünften ist im Regelfall keine zusätzliche Gebühr nach § 25 StBVV gerechtfertigt.[11]

Die Wahl der angemessenen Gebühr wird u.a. von der Zahl der an der Gesellschaft bzw. Gemeinschaft beteiligten Personen und dem Umfang der aufzuteilenden Werte[12] abhängen. Bei der Berechnung der sog. **„Tonnagesteuererklärung" (§ 5a EStG)** ist die Erklärung der Einkünfte einschließlich der Verteilung auf die Anteilseigner gem. § 24 Abs. 1 Nr. 2 StBVV abzurechnen. Gegenstandswert ist der Hinzu-

1) Starz, KANZLEI intern 04/2014, 7.
2) → § 24 StBVV Rz. 390; → § 12 StBVV Rz. 229 ff.
3) → Rz. 394.
4) Hartmann, KANZLEI intern 07/2014, 7.
5) Anlagen L, G, S, N, KAP, V, SO.
6) → § 21 StBVV Rz. 342.
7) → § 24 StBVV Rz. 394.
8) Nach der hier vertretenen Ansicht erfolgt keine Saldierung, → § 24 StBVV Rz. 394.
9) → § 25 StBVV Rz. 450.
10) „ohne Ermittlung der Einkünfte".
11) → § 25 StBVV Rz. 442.
12) Ausländische Einkünfte, Kapitalerträge, Kapitalertragsteuer, Körperschaftsteuer, Freibeträge, Spenden etc.

rechnungsbetrag. Auch die Erstellung der Erklärung zur gesonderten und einheitlichen Feststellung nach § 18 AStG ist nach dieser Vorschrift abzurechnen.[1)]

III. Körperschaftsteuererklärung (Nr. 3)

Gemäß § 31 Abs. 1a Satz 1 KStG ist die Körperschaftsteuererklärung nach amtlich vorgeschriebenem Datensatz durch Fernübertragung an das Finanzamt zu übermitteln. Zur Übermittlung werden sog. **Schnittstellen** benötigt (§ 87b Abs. 2 AO), deren Bereitstellung durch die Finanzverwaltung seit Jahren verspätet erfolgt. Üblicherweise folgt eine Verlautbarung des BMF, dass die Körperschaftsteuererklärung bis zu einem bestimmten Termin (z.B. 31.8.) in Papierform abgegeben werden kann. Für StB, die die Körperschaftsteuererklärung vor Bereitstellung der Schnittstelle fertig gestellt haben, stellt sich die Frage, ob sie die Gebühr nach § 24 Abs. 1 Nr. 3 StBVV erst dann abrechnen können, wenn die elektronische Übermittlung erfolgt ist oder auch schon zu einem früheren Zeitpunkt. Dies ist eine Frage der Fälligkeit der Vergütung (§ 7 StBVV). Im Ergebnis ist der Honoraranspruch jedenfalls dann fällig, wenn der StB die Körperschaftsteuererklärung in Papierform übermittelt.[2)] Geht man davon aus, dass die Anfertigung der Steuererklärung und deren Übermittlung unterschiedliche Angelegenheiten sind und die Gebühr nach § 24 StBVV bereits mit der Anfertigung der Steuererklärung ausgelöst wird, ist die Abgabe der Körperschaftsteuererklärung in Papierform als Fälligkeitsvoraussetzung nicht einmal erforderlich.[3)] Dem Schwierigkeitsgrad einer Körperschaftsteuererklärung entsprechend beträgt der **Mindestgegenstandswert**, der auch bei einem sehr hohen negativen Einkommen anzusetzen ist, 16 000 €.[4)] Vertretbar ist es allerdings auch, die gesamten negativen Einkünfte zu Grunde zu legen, wenn diese höher sind als der Mindestgegenstandswert von 16.000 €. Denn § 24 Abs. 1 Nr. 3 StBVV spricht anders als § 24 Abs. 1 Nr. 1 StBVV nicht von „positiven" Einkünften, sondern vom Einkommen.[5)] Auch würde eine solche Betrachtung dem Haftungsrisiko des StB eher gerecht. Gegenstandswert ist das „Einkommen" gem. § 8 Abs. 1 KStG,[6)] vermindert um die Sonderausgaben und die außergewöhnlichen Belastungen, aber ohne dass ein Verlustabzug vorgenommen wird. Verdeckte Gewinnausschüttungen, sonstige Ausschüttungen[7)] und Einkünfte von Organgesellschaften[8)] gehören zum Einkommen. Die frühere Fassung für die Bestimmung des Gegenstandswerts[9)] hatte in **Organschaftsfällen** zu Unklarheiten geführt, die durch das JStG 2007[10)] beseitigt wurden. Jetzt ist klargestellt, dass als Gegenstandswert bei der Organgesellschaft deren Einkommen vor Zurechnung zu Grunde zu legen ist und dass der Gegenstandswert für den Organträger entsprechend zu kürzen ist, d.h. das Einkommen der Organgesellschaft wird bei der Erstellung der Körperschaftsteuererklärung für den Organträger nicht berücksichtigt. Wenn im Falle einer Organschaft der Organträger eine **konsolidierte Umsatzsteuer-Voranmeldung** abgibt, indem der StB die Finanzbuchführung der Organgesellschaft in die Finanzbuchführung des Organträgers unter dessen Mandantennummer einspielt, gelten die Ausführungen zu → Rz. 404 entsprechend. Unklar ist, ob bei der Ermittlung des Gegenstandswerts die durch Doppelbesteuerungsabkommen steuerfrei gestellten Auslandseinkünfte, die in der **Anlage AE** zur Körperschaftsteuererklärung anzugeben sind, einzubeziehen **397**

1) Boelsen in Eckert, 6. Aufl. 2017, § 24 Abs. 1 Nr. 2 StBVV Rz. 1.
2) Feiter, KANZLEI intern 05_2018, 3.
3) → § 7 StBVV Rz. 157.
4) Mittelsteiner/Scholz, 4. Aufl. 1998, § 24 StBGebV Rz. 27.
5) Boelsen in Eckert, 6. Aufl. 2017, § 24 Abs.1 Nr. 3 StBVV Rz. 3.
6) Nicht das zu versteuernde Einkommen nach § 7 Abs. 2 KStG.
7) Z.B. der Tochter an die Mutter, die bei der Mutter steuerfrei sind.
8) Klingmann, StB 1982, 283.
9) „das Einkommen vor Berücksichtigung eines Verlustabzugs".
10) Gesetz v. 13.12.2006, BGBl. I 2006, 2878 = BStBl I 2007, 28.

sind[1] oder ob diese sich nur gebührenerhöhend auswirken.[2] Hier empfiehlt sich deshalb eine Vereinbarung nach § 4 Abs. 1 StBVV. **Erklärungen zur Überprüfung von Körperschaften, die gemeinnützigen, mildtätigen oder kirchlichen Zwecken dienen**, sind Körperschaftsteuererklärungen und nach § 24 Abs. 1 Nr. 3 StBVV abzurechnen.[3] Für die Erstellung einer Erklärung zur Körperschaftsteuer und Gewerbesteuer von Körperschaften, die gemeinnützigen, mildtätigen oder kirchlichen Zwecken dienen (Formular Gem 1) können zwei Gebühren abgerechnet werden.[4] Unerheblich ist, dass beide Erklärungen in einem Formular zusammengefasst sind. Entscheidend ist, dass es sich um zwei verschiedene Angelegenheiten handelt.[5] Die im Rahmen dieser Erklärung einzureichende Vermögensaufstellung ist analog § 37 Satz 1 Nr. 1 StBVV abzurechnen. Für nicht buchführungspflichtige Körperschaften, bei denen eine gesonderte Gebühr nach § 35 StBVV nicht anfallen kann, wird man in entsprechender Anwendung der §§ 25 und 27 StBVV eine besondere Gebühr für die Ermittlung der Einkünfte berechnen können. Zwar fehlt in § 24 Abs. 1 Nr. 3 StBVV – anders als in Nr. 1 – ein Hinweis darauf, dass die Gebühr für die Körperschaftsteuererklärung nicht die Ermittlung der Einkünfte umfasst. Andererseits beinhalten die §§ 25 und 27 StBVV keine Beschränkung auf die Einkommensteuererklärung.[6] Der **Investitionsabzugsbetrag (§ 7g EStG)**hat Auswirkungen auf den Gegenstandswert. Er mindert im Jahr seiner Bildung zwar nicht den Gewinn, aber sehr wohl das Einkommen und dieses ist maßgeblicher Gegenstandswert bei der Körperschaftsteuererklärung. Wenn der Gewinn eines Jahrs komplett als Investitionsabzugsbetrag geltend gemacht wird, kann dies dazu führen, dass der Mindestgegenstandswert anzusetzen ist.[7] Die Gebühr umfasst den Mantelbogen der Körperschaftsteuererklärung und die Anlagen (SP, A, AE, GR, ORG, WA). Hierfür kann keine gesonderte Gebühr, sondern nur ein höherer Zehntelsatz berechnet werden.

398 Durch die Systemumstellung der Körperschaftsteuer vom Vollanrechnungs- auf das sog. Halbeinkünfteverfahren wurde eine Änderung des § 24 Abs. 1 Nr. 4 StBGebV a.F. erforderlich. Die durch das JStG 2007[8] neu gefasste Vorschrift ermöglichte eine eindeutige Gegenstandswertermittlung. Durch die VO zum Erlass und zur Änderung steuerlicher Verordnungen[9] wurden in Nr. 3 die Wörter „**ohne die Erklärung zur gesonderten Feststellung** gem. §§ 27, 28, 37 und 38 des Körperschaftsteuergesetzes" gestrichen. Die Nr. 4 wurde aufgehoben. Begründung des Gesetzgebers: Die Änderungen resultieren aus den zwischenzeitlich erfolgten Änderungen der §§ 27, 28, 37 und 38 KStG. Die Regelungen zu den Feststellungsbescheiden nach §§ 27, 28, 37 und 38 KStG a.F. sind nach § 34 Abs. 12 Satz 1 KStG und Art. 4 des Gesetzes v. 14.7.2000[10] nur bis zum 31.12.2006 anwendbar gewesen. Die nicht mehr erforderlichen Regelungen dieser Feststellungsbescheide wurden deshalb gestrichen. **Problem:** Für die Erklärung zur gesonderten Feststellung des steuerlichen Einlagenkontos (§ 27 Abs. 2 KStG) und des durch Umwandlung von Rücklagen entstandenen Nennkapitals (28 Abs. 1 Satz 3 KStG) gibt es auch künftig dauerhaft einen Anwendungsbereich.[11] Hinsichtlich des **Gegenstandswertes** kann auf die Definition des

1) Bejahend Boelsen in Eckert, 6. Aufl. 2017, § 24 Abs. 1 Nr. 3 StBVV Rz. 3; verneinend Berners, 5. Aufl. 2016, § 24 StBVV Rz. 50.
2) → Rz. 394.
3) Schwamberger in Meyer/Goez/Schwamberger, 9. Aufl. 2019, § 24 StBVV Rz. 14 a.E; vertretbar ist auch eine Abrechnung nach § 24 Abs. 1 Nr. 26 EStG.
4) § 24 Abs. 1 Nr. 3 und Nr. 5 StBVV.
5) Zum Begriff der Angelegenheit → § 10 StBVV Rz. 204.
6) Boelsen in Eckert, 5. Aufl. 2013, § 24 Abs. 1 Nr. 3 StBVV Rz. 1.
7) → § 25 StBVV Rz. 437 und § 35 StBVV Rz. 581.
8) Gesetz v. 13.12.2006, BGBl. I 2006, 2878 = BStBl I 2007, 28.
9) VO zum Erlass und zur Änderung steuerlicher Verordnungen v. 11.12.2012, BGBl. I 2012, 2637 = BStBl I 2013, 2.
10) BGBl. I 2000, 1034.
11) Boelsen in Eckert, 5. Aufl. 2013, § 24 Abs. 1 Nr. 4 StBVV Rz.1.

früheren § 24 Abs. 1 Nr. 4 StBGebV zurückgegriffen werden. Danach ist Gegenstandswert die Summe des steuerlichen Einlagenkontos (§ 27 Abs. 2 Satz 1 KStG) bzw. des durch Umwandlung von Rücklagen entstandenen Nennkapitals (§ 28 Abs. 1 Satz 3 KStG).

Die Streichung hätte unterbleiben sollen. §§ 37, 38 KStG wurden zu früh gestrichen, da der Verweis auf diese Normen noch so lange benötigt wird, bis der VZ 2017 abschließend bearbeitet ist. Da § 24 Abs. 1 Nr. 4 StBGebV aber ersatzlos gestrichen wurde, kommt eine analoge Anwendung dieser Vorschrift nicht in Betracht. Feststellungserklärungen nach den genannten Vorschriften können aber nach § 24 Abs. 1 Nr. 26 StBVV abgerechnet werden,[1] Nach der Kammermitteilung der BStBK 001/2017 v. 23.1.2017 sollte die Anwendbarkeit des § 24 Abs. 1 Nr. 26 StBVV aber letztmalig für den VZ 2015 möglich sein. Ab dem **VZ 2016** scheide – so die BStBK – diese Möglichkeit aus, da in den bundeseinheitlichen Mustern der Körperschaftsteuervordrucke für den VZ 2016 wesentliche Änderungen vorgenommen wurden. Um für bestimmte Fälle eine reibungslose elektronische Abgabemöglichkeit bereitzustellen, hat die Finanzverwaltung die Struktur der bisherigen Papiererklärungen verändert. Die **Vordrucke KSt 1 F, KSt 1 Fa und KSt 1 F – 38** sind keine eigenständigen Erklärungsvordrucke mehr, sondern **Anlagen zur Körperschaftsteuererklärung (KSt 1 A, KSt 1 B)**. Da die genannten Vordrucke keine eigenständigen Erklärungen darstellen, sei eine Gebührenabrechnung nach § 24 Abs.1 Nr. 26 StBVV nicht mehr möglich. Der entstehende Aufwand – so die BStBK – könne nur noch durch eine Zehntelsatzerhöhung im Rahmen der Abrechnung der Körperschaftsteuererklärung berücksichtigt werden.

Kritische Stellungnahme:

Die Pflicht zur Abgabe einer Erklärung zur gesonderten Feststellung ergibt sich aus § 27 Abs. 2 Satz 4 KStG. Eine Gesetzesänderung hat nicht stattgefunden. Die formularmäßige Änderung führt ebenfalls nicht zu einer Aufhebung der Erklärungspflicht. Zwar werden die vorher auf KSt 1 F gemachten Angaben nun auf einer Anlage abgegeben. Dennoch wird eine Feststellungserklärung auf einem Mantelbogen abgegeben, da auf der ersten Seite von KSt 1 A oben anzugeben ist, welche verschiedenen Erklärungen mit dem Formular KSt 1 A eingereicht werden. Dies sind insbesondere die Körperschaftsteuererklärung (erstes Kästchen) und die Erklärung zur gesonderten Feststellung des steuerlichen Einlagekontos gem. § 27 Abs. 2 KStG (drittes Kästchen). Durch die Formularänderung ist deshalb kein anderer rechtlicher Zustand eingetreten. Eine Abrechnung nach § 24 Abs. 1 Nr. 26 StBVV ist deshalb auch für Veranlagungszeiträume nach 2015 möglich.[2] Mit Kammermitteilung 004/2018 vom 29.1.2018 hat die BStBK ihre frühere Rechtsauffassung ausdrücklich aufgegeben und empfiehlt ebenfalls eine Abrechnung als eigenständige Erklärungen nach § 24 Abs. 1 Nr. 26 StBVV.

IV. Gewerbesteuererklärung (Nr. 5)

399 Entsprechend den Regelungen des § 6 GewStG, der bis zum 31.12.1997 als Besteuerungsgrundlagen den Gewerbeertrag und das Gewerbekapital benannte, waren in der StBGebV für die Gebührenberechnung der Gewerbesteuererklärung zwei verschiedene Gebührentatbestände vorgesehen. Durch das JStG 2007[3] wurde die Nr. 5 Buchst. b gestrichen, weil es keine Erklärung zur Gewerbesteuer nach Gewerbekapital mehr gibt.

400 Der **Gegenstandswert** ist legal definiert. Ausgangspunkt für seine Ermittlung ist der in der Gewerbesteuererklärung eingesetzte Betrag des Gewerbeertrags. Zum **Gewerbeertrag** werden der nach § 10a GewStG abgezogene Gewerbeverlust des

1) A.A. Boelsen in Eckert, 6. Aufl. 2017, § 24 Abs. 1 Nr. 4 StBVV, Rz. 2; § 24 Abs. 1 Nr. 4 StBGebV a.F. analog; Starz hält beide Abrechnungsvarianten für vertretbar, KANZLEI intern 12/2017, 7; ebenso AG Berlin Mitte v. 10.7.2018, 5 C 406/17.
2) So auch Starz, KANZLEI intern 12/2017, 7.
3) Gesetz v. 13.12.2006, BGBl. I 2006, 2878 = BStBl I 2007, 28.

Vorjahrs und der sich aus § 11 Abs. 1 GewStG ergebende Freibetrag sowie die Abrundung auf volle 100 € hinzugerechnet. Unklar ist, inwieweit **ausländische Gewerbeertragsanteile** und ausländisches Betriebsvermögen in den Gegenstandswert einbezogen werden können. Hier empfiehlt sich deshalb eine Vereinbarung nach § 4 Abs. 1 StBVV. Fraglich ist, welcher Gegenstandswert bei einer Erklärung zur Gewerbesteuer bei einer Organgesellschaft anzusetzen ist. Anders als in § 24 Abs. 1 Nr. 3 StBVV ist dieser Fall in § 24 Abs. 1 Nr. 5 StBVV nicht geregelt. Wünschenswert wäre eine gesetzliche Klarstellung. Bis dahin kann für die Ermittlung des Gegenstandswertes die Regelung des § 24 Abs. 1 Nr. 3 StBVV herangezogen werden.[1] Zur Abrechnung einer Erklärung zur Körperschaftsteuer und Gewerbesteuer von Körperschaften, die über einen wirtschaftlichen Geschäftsbetrieb verfügen und gemeinnützigen, mildtätigen oder kirchlichen Zwecken dienen (Formular Gem 1), → § 24 StBVV Rz. 397. Der Mindestgegenstandswert wurde durch die VO zum Erlass und zur Änderung steuerlicher Verordnungen[2] von 6 000 € auf 8 000 € angehoben.

401 Maßgebend für die **Wahl des Rahmensatzes** ist der Aufwand, der bei der Ermittlung der Hinzurechnungen und Kürzungen entsteht. Gewerbesteuererklärungen, die keine Zu- und Abrechnungen enthalten, sind mit einem unteren Rahmensatz angemessen honoriert.[3]

402 Wann eine **Pflicht zur Abgabe einer Gewerbesteuererklärung** besteht, regelt § 25 GewStDV.[4] Nicht abgabepflichtig ist, wer von der Gewerbesteuer befreit ist, § 3 GewStG. Die Zusendung von Gewerbesteuererklärungsvordrucken durch das Finanzamt und deren Bearbeitung durch den StB löst noch keine Gebühr nach § 24 Abs. 1 Nr. 5 StBVV aus, wenn keiner der in § 25 Abs. 1 GewStDV genannten Tatbestände erfüllt ist.[5] Eine Verpflichtung zur unaufgeforderten Abgabe einer Gewerbesteuererklärung besteht nicht für Betreiber kleiner Photovoltaik- bzw. Solaranlagen (§ 3 Nr. 32 GewStG), bei denen der Freibetrag von 24 500 € nach § 11 Abs. 1 Nr. 1 GewStG greift. Der in der Gesetzesbegründung genannte § 149 Abs. 1 Satz 2 AO[6] gilt in diesen Fällen nur, wenn die Finanzbehörde zur Abgabe einer Erklärung auffordert. Für die Auftragserteilung ist der Stpfl. darlegungs- und beweispflichtig. Aus der Auftragserteilung für die Gewinnermittlung kann nicht ohne weiteres auf einen Auftrag für die Anfertigung der Gewerbesteuererklärung geschlossen werden.[7] Erstellt der StB für einen neuen Mandanten nachträglich Gewerbesteuererklärungen für zwei Jahre, die jeweils einen Verlust ausweisen und liegt (noch) keiner der in § 25 GewStDV genannten Fälle vor, ist es gleichwohl gerechtfertigt, hierfür Gebühren zu berechnen. Sollte der Mandant die Auftragserteilung bestreiten, käme zumindest ein gesetzlicher Honoraranspruch aus Geschäftsführung ohne Auftrag (GoA) gem. §§ 677 BGB in Betracht. Denn die Anfertigung der Steuererklärungen war im Interesse des Mandanten, da er ohne Gewerbesteuererklärungen zu keiner Verlustfeststellung gem. § 10 Satz 6 GewSt und keinem entsprechenden Verlustvortrag kommen kann.[8]

V. Gewerbesteuerzerlegungserklärung (Nr. 6)

403 Für die Anfertigung einer Gewerbesteuerzerlegungserklärung nach §§ 28 ff. GewStG erhält der StB eine gesonderte Gebühr. Die Bezugsgrößen „Arbeitslöhne"

1) → § 24 StBVV Rz. 397.
2) VO zum Erlass und zur Änderung steuerlicher Verordnungen v. 11.12.2012, BGBl. I 2012, 2637 = BStBl I 2013, 2.
3) OLG Düsseldorf v. 20.6.1996, 13 U 100/95, GI 1997, 150 f.
4) Verordnung v. 15.10.2002, BGBl. I 2002, 4180.
5) Schwamberger in Meyer/Goez/Schwamberger, 9. Aufl. 2019, § 24 StBVV Rz. 16; Boelsen in Eckert, 6. Aufl. 2017, § 24 Abs. 1 Nr. 5 StBVV Rz. 7.
6) BR-Drucks. 356/19, S. 151 und BR-Drucks. 356/1/19, S. 63.
7) AG Remscheid v. 29.6.2016, 46 C 208/14.
8) Beyme, KANZLEI intern 08_2019, 6.

und „Betriebseinnahmen“ im **Gegenstandswert** traten durch die 1. ÄndVO[1] an die Stelle des einheitlichen Steuermessbetrags, der als Bemessungsgrundlage zu einer unzureichenden Honorierung der Leistung des StB geführt hatte. Der Gegenstandswert für die Gewerbesteuerzerlegungserklärung wurde durch die VO zum Erlass und zur Änderung steuerlicher Verordnungen[2] neu definiert. Er orientiert sich jetzt nur noch an den erklärten Arbeitslöhnen. Diese Anpassung war erforderlich, da bei einer Zerlegung der Gewerbesteuer eine Erklärung von Betriebseinnahmen nicht mehr erfolgt (§ 29 GewStG). Die bisherige Fassung war deshalb nicht mehr gesetzeskonform. Da die Betriebseinnahmen nicht mehr berücksichtigt werden, erfolgt faktisch eine Verringerung des Gegenstandswertes.

VI. Umsatzsteuer-Voranmeldung (Nr. 7) und Umsatzsteuererklärung für das Kalenderjahr (Nr. 8)

Gegenstandswert für die Abgabe der Umsatzsteuer-Voranmeldungen und Umsatzsteuererklärungen für das Kalenderjahr sind 10 % der Summe aus dem Gesamtbetrag der Entgelte und der Entgelte, für die der Leistungsempfänger Steuerschuldner ist. Der Mindestgegenstandswert in Nr. 7 wurde durch die VO zum Erlass und zur Änderung steuerlicher Verordnungen[3] von 500 € auf 650 € und in Nr. 8 von 6 000 € auf 8 000 € angehoben. Der Mindestgegenstandswert von 650 € gilt je Voranmeldung. Vierteljährliche Voranmeldungen führen nicht zu einer Verdreifachung des Mindestgegenstandswertes. Die Neudefinition des Gegenstandswerts durch das JStG 2007[4] berücksichtigt die zwischenzeitlich erfolgten Änderungen im UStG.[5] Es wird klargestellt, dass auch solche Umsätze, für die nach § 13b Abs. 2 UStG der Leistungsempfänger Steuerschuldner ist, bei der Berechnung des Gegenstandswerts zu berücksichtigen sind. Berücksichtigt wird nur die Summe der **steuerbaren Umsätze.** Nicht steuerbare Umsätze sowie Umsätze nach § 1 Abs. 1 Nr. 4 UStG (Einfuhrumsatzsteuer) sind nicht in den Gesamtbetrag der Entgelte einzubeziehen. Ist eine umfangreiche Prüfung erforderlich, ob steuerbare oder nicht steuerbare Umsätze vorliegen, wirkt sich dieser Umstand gebührenerhöhend aus. Bei der Differenzbesteuerung (§ 25a Abs. 3 UStG) entspricht der Umsatz – abweichend von der üblichen Regelung – dem um die Einkaufspreise verminderten Erlösbetrag.[6] Zur Bemessungsgrundlage des Gegenstandswerts gehört auch das Entgelt für den **innergemeinschaftlichen Erwerb**. Dies wird aus dem Text des ursprünglichen Referentenentwurfs zur 3. ÄndVO vom 5.8.1997[7] deutlich. Dieser sah folgende Erläuterung des Begriffs „Entgelte“ vor: „einschließlich der Entgelte für Lieferungen, sonstige Leistungen und den innergemeinschaftlichen Erwerb“. Die 3. ÄndVO[8] enthält diese Klarstellung nicht mehr. Es besteht jedoch Einvernehmen in der Frage, dass der innergemeinschaftliche Erwerb die Gegenstandswerte bereits seit dem 1.1.1993 erhöht. Der Begriff der „Entgelte“ umfasst auch die **steuerfreien Umsätze**. Maßgeblich sind die vereinbarten Entgelte. Keine Bedenken bestehen, wenn bei der „Ist-Versteuerung“ aus Vereinfachungsgründen die vereinnahmten Entgelte zu Grunde gelegt werden.[9] Auch Anzahlungen gehören zum Gesamtbetrag der Entgelte.[10] **404**

1) Verordnung v. 20.6.1988, BGBl. I 1988, 841.
2) VO zum Erlass und zur Änderung steuerlicher Verordnungen v. 11.12.2012, BGBl. I 2012, 2637 = BStBl I 2013, 2.
3) VO zum Erlass und zur Änderung steuerlicher Verordnungen v. 11.12.2012, BGBl. I 2012, 2637 = BStBl I 2013, 2.
4) Gesetz 2007 v. 13.12.2006, BGBl. I 2006, 2878 = BStBl I 2007, 28.
5) Einführung des Reverse-Charge-Verfahrens, § 13b UStG.
6) Meyer, KP 2002, 120; Boelsen in Eckert, 6. Aufl. 2017, § 24 Abs. 1 Nr. 8 StBVV Rz. 6.
7) BMF v. 5.8.1997, IV A 3-S 0804 – 6/97.
8) 3. ÄndVO v. 20.8.1998, BGBl. I 1998, 2369.
9) Boelsen in Eckert, 6. Aufl. 2017, § 24 Abs. 1 Nr. 8 StBVV Rz. 3; Mittelsteiner/Scholz, 4. Aufl. 1998, § 24 StBGebV Rz. 34.
10) Vgl. § 13 Abs. 1 Nr. 1a Satz 4 UStG; Berners, 5. Aufl. 2016, § 24 StBVV Rz. 62; Schwamberger in Meyer/Goez/Schwamberger, 9. Aufl. 2019, § 24 StBVV Rz. 18.

Die Abrechnung der vierteljährlichen Erklärungen nach § 18h Abs. 3 UStG im Wege des seit dem 1.1.2015 geltenden **Mini-One-Stop-Verfahrens** können analog § 24 Abs. 1 Nr. 8 StBVV i.V.m. § 2 StBVV abgerechnet werden.[1] Ein Antrag auf Teilnahme am Verfahren ist nach § 23 Satz 1 Nr. 10 StBVV abrechenbar.[2] Erstellt der StB für einen Unternehmer (natürliche Person) mehrere Gewinnermittlungen für mehrere Betriebe, ist gleichwohl nur eine Umsatzsteuervoranmeldung bzw. eine Umsatzsteuererklärung abzugeben (**konsolidierte USt-Voranmeldung bzw. USt-Erklärung**). Das ergibt sich aus § 2 Abs. 1 Satz 2 UStG. Danach umfasst das Unternehmen die gesamte gewerbliche oder berufliche Tätigkeit des Unternehmers. Der StB kann deshalb auch nur eine Gebühr nach § 24 Abs. 1 Nr. 7 oder 8 StBVV berechnen. Bei mehreren Betrieben kann ein höherer Zehntelsatz berechnet werden. Rechnungsadressat ist der Unternehmer. Rein technisch wird die Umsatzsteuer bei getrennten Buchführungen durch das Buchführungsprogramm konsolidiert und den unterschiedlichen Betrieben zugeordnet. Die Vergütungsrechnung des StB muss wegen der steuerlichen Abzugsfähigkeit anteilig auf die verschiedenen Betriebe aufgeteilt werden. Ist die Gebühr für die USt-Voranmeldung nicht gesondert abrechenbar, weil der StB mit der Buchführung für mehrere Betriebe beauftragt ist,[3] ist der Aufwand im Zusammenhang mit dem Konsolidieren der Finanzbuchführung bei der Bemessung der Buchführungsgebühr zu berücksichtigen.[4]

405 Eine Gebühr für die Erstellung einer Umsatzsteuererklärung für das Kalenderjahr kann auch dann entstehen, wenn der **Auftraggeber von der Umsatzsteuer befreit** ist, aber von der Finanzbehörde zur Abgabe einer Steuererklärung aufgefordert wurde[5] und der StB im Einverständnis mit dem Auftraggeber entsprechend tätig geworden ist. Grundsätzlich ist der Stpfl. für die Auftragserteilung darlegungs- und beweispflichtig. Aus der Auftragserteilung für Gewinnermittlung kann nicht ohne weiteres auch auf die Auftragserteilung für die Anfertigung der Umsatzsteuererklärung geschlossen werde.[6] Die Übermittlung einer „Nullerklärung" nach Eingabe der vom Auftraggeber zur Verfügung gestellten Daten in die eigene EDV des StB ist bereits eine steuergestaltende Tätigkeit, die einen Honoraranspruch auslöst.[7]

406 Durch die 3. ÄndVO wurde der **Gebührenrahmen** für die Umsatzsteuererklärung von 6/10 auf 8/10 angehoben. Die Erhöhung des Rahmensatzes soll die erhöhten Anforderungen die das Umsatzsteuer-Binnenmarktgesetz an den StB stellt, berücksichtigen. Auf die Einführung neuer, spezieller Gebührenvorschriften für Einzeltätigkeiten, die durch das Umsatzsteuer-Binnenmarktgesetz veranlasst sind, wurde im Interesse der Klarheit der Gebührennorm verzichtet. Mit dieser Gebühr waren auch diejenigen Tätigkeiten für Meldungen, die während des Kalenderjahres abzugeben sind, abgegolten, z.B. für die „Zusammenfassende Meldung". Gleiches galt für die monatlich abzugebenden statistischen Meldungen an das Statistische Bundesamt. Durch die VO zum Erlass und zur Änderung steuerlicher Verordnungen[8] wurden in Nr. 7 die Wörter „sowie hierzu ergänzender Anträge und Meldungen" eingefügt. Die Neufassung sieht also eine zusätzliche Gebühr für ergänzende Anträge und Meldungen vor. Dazu zählt auch die **Zusammenfassende Meldung (ZM)** nach § 18a UStG, die neben der Umsatzsteuer-Voranmeldung und den Jahressteuererklärun-

1) Beyme, KANZLEI intern 07/2017, 2; a.A. Boelsen in Eckert, 6. Aufl. 2017, § 24 Abs. 1 Nr. 8 StBVV Rz. 10: sinngemäße Anwendung des § 24 Abs. 1 Nr. 7 StBVV.
2) Beyme, KANZLEI intern 07/2017, 2.
3) § 33 Abs. 8 StBVV.
4) Berners, Honorargestaltung für Steuerberater, November 2018, 7.
5) § 18 Abs. 3 UStG, § 149 Abs. 1 Satz 2 AO.
6) AG Remscheid v.29.6.2016, 46 C 208/14.
7) LG Frankfurt a.M. v. 8.11.2013, 2–06 O 323/13.
8) VO zum Erlass und zur Änderung steuerlicher Verordnungen v. 11.12.2012, BGBl. I 2012, 2637 = BStBl I 2013, 2.

gen abzugeben ist.[1] Ferner lösen **Dauerfristverlängerungsanträge** nach § 46 UStDV und die jährlich wiederkehrende **Anmeldung der Umsatzsteuer-Sondervorauszahlung** nach §§ 47, 48 UStDV jeweils eine Gebühr nach § 24 Abs. 1 Nr. 7 StBVV aus. Es handelt sich um zwei gesonderte Angelegenheiten, auch wenn für den Antrag auf Dauerfristverlängerung und die Anmeldung der Umsatzsteuer-Sondervorauszahlung dasselbe Formular verwendet wird.[2] Die **Beantragung einer Umsatzsteuer-Identifikationsnummer** wird demgegenüber nach § 23 Satz 1 Nr. 10 StBVV berechnet.[3] Dadurch, dass der Verordnungsgeber sich in Nr. 7 des Wortes „sowie" anstelle des Wortes „ausschließlich"[4]bedient, wird die separate Abrechenbarkeit dieser Anträge und Meldungen deutlich, die sich darüber hinaus auch eindeutig aus der Verordnungsbegründung ergibt.[5] Dies gilt auch dann, wenn der StB die Buchführung erstellt. Denn nach § 33 Abs. 8 StBVV sind mit der Gebühr nach § 33 Abs. 1, 3 und 4 StBVV nur die Gebühren für die Umsatzsteuervoranmeldung, nicht aber für hierzu ergänzende Anträge und Meldungen abgegolten. Der Antrag auf **Dauerfristverlängerung** ist nicht jährlich zu wiederholen,[6] da die Dauerfristverlängerung so lange als gewährt gilt, bis der Unternehmer den Antrag zurück nimmt oder das Finanzamt die Fristverlängerung widerruft. Deshalb entsteht die Gebühr für die Stellung eines solchen Antrags grds. nur einmal und nicht jährlich neu.[7] Gegenstandswert sind beim erstmaligen Antrag 10 % der Summe der steuerbaren Umsätze.[8] Gegenstandswert bei der jährlich wiederkehrenden Anmeldung der Umsatzsteuer-Sondervorauszahlung ist nicht die errechnete Vorauszahlung, sondern 10 % der Summe aus dem Gesamtbetrag der Entgelte, jedoch mindestens 650 €.[9]

Bei einem Bruttoumsatz von über 51 000 € ist nicht mehr von einfachen Verhältnissen auszugehen. Das AG Hagen[10] beanstandete es deshalb nicht, dass der StB eine 2/10-Gebühr und nicht die Mindestgebühr abgerechnet hatte. Bei der Heranziehung des Mindestgegenstandswertes von 650 € und eines Gebührensatzes von 4/10 ergab sich eine Gebühr von 27,20 €. Angesichts der Verantwortung und des Arbeitsaufwandes des StB[11] ist diese Gebühr nach Auffassung des AG Wennigsen gerade kostendeckend.[12]

Die Rechtsprechung zur **Gebührenhöhe** ist übersichtlich. Ein erhöhter Schwierigkeitsgrad, der eine 4/10-Gebühr für die Umsatzsteuerjahreserklärung rechtfertigt, liegt vor, wenn der StB umsatzsteuerliche Verteilungsmaßstäbe i.V.m. abzugsfähigen Vorsteuern bezüglich angefallener Herstellungskosten zu anderen Aufwendungen festsetzen und in die Daten des Jahresabschlusses transformieren muss, um die vereinnahmten umsatzsteuerlichen Entgelte zu ermitteln.[13] Das LG Detmold hielt eine Gebühr von 6/10 für die Umsatzsteuererklärung eines hauptberuflich tätigen Rechtsanwalts wegen des überdurchschnittlichen inhaltlichen und zeitlichen Auf-

1) Berners, Honorargestaltung für Steuerberater, Mai 2019, 8; a.A.: Boelsen in Eckert, 6. Aufl. 2019, § 24 Abs. 1 Nr. 8 StBVV Rz. 9: ZM mit der Gebühr nach § 24 Abs. 1 Nr. 8 StBVV abgegolten.
2) Beyme, Stbg 2016, 273; a.A. Berners, Honorargestaltung für Steuerberatung, Mai 2019, 8: eine Angelegenheit.
3) → § 23 StBVV Rz. 385.
4) Siehe § 24 Abs. 1 Nr. 8 StBVV.
5) BR-Drucks. 603/12, 46.
6) Ziffer 18.4 Abs. 3 Satz 1 des USt-Anwendungserlasses.
7) LG Hagen v. 28.8.2013, 10 S 1/13; AG Schwelm v. 16.11.2012, 23 C 208/12.
8) Beyme, Stbg 2016, 273.
9) Beyme, Stbg 2016, 273.
10) AG Hagen v. 17.3.2008, 17 C 224/06.
11) Buchung und rechtliche Beurteilung der Geschäftsvorfälle, Übermittlung an das Finanzamt, Anschreiben an Mandanten.
12) AG Wennigsen v. 28.12.2016, 3 C 1/15.
13) AG Geldern v. 7.9.2011, 4 C 187/06.

wands für angemessen.[1] Zwar könnten – so das LG Detmold – nach gewissenhafter Erstellung der Einnahme-Überschuss-Rechnung die Daten in die Umsatzsteuererklärung per Knopfdruck übernommen werden. Dies setze jedoch voraus, dass bereits bei Eingabe der Daten für die Einnahme-Überschuss-Rechnung alle Daten auch in Bezug auf die Umsatzsteuererklärung korrekt gebucht seien. Im Rahmen der Buchung für die Einnahme-Überschuss-Rechnung falle daher ein höherer Aufwand an, wenn anschließend auch die Umsatzsteuererklärung erstellt wird. Aus diesem Grunde erweisen sich die 19 Std., die der StB insgesamt für die Einnahme-Überschuss-Rechnung, die Vorarbeiten und die Umsatzsteuererklärung aufgewendet hat, auch bei der Gebühr für die Umsatzsteuererklärung als gebührenerhöhender (inhaltlicher und zeitlicher) Faktor.

Praxistipp:

Bei der Abrechnung der Gebühr sollten aus Gründen der Transparenz zusätzliche Leistungen (z.B. eine Anlage mit Erläuterungen zu Vorsteuerbeträgen nach unterschiedlichen Durchschnittssätzen und die elektronische Übermittlung an das Finanzamt) gesondert erwähnt werden.

Beispiel:

„Berichtigte Umsatzsteuererklärung nebst Erläuterungen und elektronischer Übermittlung."

407 Eine eigene Gebühr für die Erstellung der **Umsatzsteuervoranmeldungen** sieht § 33 Abs. 8 StBVV nur vor, wenn kein Zusammenhang mit einem Buchführungsauftrag besteht. Zu den strafrechtlichen Risken des StB bei Abgabe geschätzter Umsatzsteuervoranmeldungen vgl. Beyer, NWB 2018, 585 und NWB 2018, 1629.

VII. Vermögensteuererklärung (Nr. 10)

408 Nachdem die Vermögensteuer wegen Verfassungswidrigkeit ab dem 1.1.1997 nicht mehr erhoben wird, ist dieser Tatbestand nur noch für „Altfälle" von Bedeutung.

Der Gebührentatbestand gilt für folgende **3 Arten von Vermögensteuererklärungen:**

- Vermögensteuererklärungen für natürliche Personen, Vereine, Stiftungen,
- Vermögensteuererklärungen für nicht natürliche Personen und Gewerbebetriebe von juristischen Personen des öffentlichen Rechts,
- Erklärungen zur gesonderten Feststellung des Vermögens, an denen mehrere beteiligt sind (Gemeinschaften), die nicht Personengesellschaften i.S.d. § 97 Abs. 1 Nr. 5 BewG sind.[2]

409 **Gegenstandswert** ist das Rohvermögen. Die Ermittlung des Rohvermögens folgt dem Berechnungsschema, wie es den Vermögensteuererklärungen zu Grunde liegt und in der „Anleitung Vermögensteuererklärung" mit angegeben ist.

410 Für die Wahl des **Gebührenrahmensatzes** ist von besonderer Bedeutung, in welchem Umfang bei der Vermögensteuererklärung vorhandene Werte (z.B. Einheitswerte) übernommen oder erst besonders ermittelt bzw. entwickelt werden müssen. Für die Erstellung von Vermögensteuererklärungen zum 1.1.1993, 1.1.1994 und 1.1.1995 hat das AG Düsseldorf[3] bei einem steuerpflichtigen Vermögen zwischen 1,5 und 2,1 Mio. DM[4] die geforderten Gebühren i.H.v. 4/20 nicht beanstandet.

1) LG Detmold v. 20.4.2016, 10 S 44/15, DStRE 2017, 895 besprochen von Wacker, KANZLEI intern 06_2016, 3.
2) Zur Abgrenzung von Vermögensaufstellungen für bestimmte Stpfl. und für Einheitswerte von Grundbesitz → § 24 StBVV Rz. 411.
3) AG Düsseldorf v. 9.4.2001, 43 C 17803/00.
4) Umgerechnet also zwischen 766 937,82 und 1 073 712,90 €.

Neben der Höhe des Vermögens wirkte es sich nach Ansicht des Gerichts auf die Schwierigkeit der Angelegenheit aus, dass die Bearbeitung im Anschluss an eine Beratung im Zusammenhang mit einer beabsichtigten Selbstanzeige erfolgt ist.

Zur **Pauschalierungsfähigkeit** → § 14 StBVV Rz. 272.

VIII. Feststellungserklärungen (Nr. 11)

Die Regelung betreffend die Anfertigung der Vermögensaufstellung zur Ermittlung 411 des Einheitswertes des Betriebsvermögens in § 24 Abs. 1 Nr. 9 StBGebV wurde gestrichen. Grund hierfür ist die geänderte Rechtslage durch die Neuregelung des Bewertungsrechts mit Wirkung vom 1.1.2009.[1] § 24 Abs. 1 Nr. 11 StBVV[2] wurde durch die VO zum Erlass und zur Änderung steuerlicher Verordnungen[3] neu gefasst. Er sieht für alle Feststellungserklärungen des Bewertungsgesetzes (§ 151 BewG) oder des Erbschaft- und Schenkungsteuergesetzes, z.B. im Ertragswert-, Sachwert- oder Vergleichswertverfahren, eine Generalklausel vor. Gegenstandswert ist der **erklärte Wert**. Ist eine Erbschaftsteuererklärung mit umfangreichem Grundbesitz anzufertigen, ist bei der Feststellungserklärung der Wert der Grundstücke maßgeblich.[4] Sind mehrere Feststellungserklärungen anzufertigen, fällt die Gebühr nach § 24 Abs. 1 Nr. 11 StBVV mehrfach an.

Beispiel:

Der StB wird mit der Erstellung einer Schenkungsteuererklärung und der erforderlichen Feststellungserklärungen beauftragt. Gegenstand der Schenkung sind Anteile an einer Kommanditgesellschaft (4%, um den Freibetrag nicht zu überschreiten). Im Betriebsvermögen der KG sind zwei wertvolle Betriebsgrundstücke und eine wertvolle GmbH-Beteiligung erhalten. Für die Ermittlung des Wertes der Schenkung der KG-Anteile fertigt der StB vier Feststellungserklärungen an (für die KG, die beiden Grundstücke und die GmbH-Beteiligung), für die er neben der Gebühr für die Schenkungsteuererklärung vier Gebühren nach § 24 Abs. 1 Nr. 11 StBVV abrechnen kann.

Bei mehreren Beteiligten ist auf den Gesamtwert und nicht nur den Anteil eines Beteiligten abzustellen,[5] in dem o.g. Beispiel also auf den Gesamtwert der Grundstücke und der GmbH-Beteiligung. Hierfür sprechen insbesondere die Regelungen in § 180 Abs. 1 Nr. 3 AO und § 181 Abs. 2 Satz 1 Nr. 3 und Satz 3 AO. Danach kommt es in Fällen der gesonderten Feststellung von Besteuerungsgrundlagen auf den Wert der vermögensteuerpflichtigen Wirtschaftsgüter etc. an. Jeder Feststellungsberechtigte, dem ein Anteil an den Wirtschaftsgütern etc. zuzurechnen ist, kann eine Erklärung zur gesonderten Feststellung abgeben. Die anderen Beteiligten sind insoweit von der Erklärungspflicht befreit. Diese Sichtweise entspricht auch dem Bruttoprinzip, das sich in den Gebührentatbeständen des § 24 Abs. 1 StBVV wiederfindet. Der Mindestgegenstandswert beträgt 25 000 €. Geht es um Beteiligungen an geschlossenen Immobilienfonds, z.B. anlässlich des Todes eines Beteiligten, kann gerade in bei mehrstöckigen Strukturen (GbR ist an einer vermögensverwaltenden GmbH & Co KG beteiligt), einer großen Anzahl von Gesellschaftern, für die i.d.R. mehrere Konten geführt werden,[6] bei der Bewertung der unterschiedlichen Vermö-

1) BGBl. I 2008, 3018.
2) Erklärung zur gesonderten Feststellung des gemeinen Wertes nicht notierter Anteile an Kapitalgesellschaften.
3) VO zum Erlass und zur Änderung steuerlicher Verordnungen v. 11.12.2012, BGBl. I 2012, 2637 = BStBl I 2013, 2.
4) § 151 Abs. 1 Nr. 1 i.V.m. § 138 BewG; AG Düsseldorf v. 14.8.2018, C 79/18, besprochen von Feiter, KANZLEI intern 10_2018, 2.
5) Schwamberger in Meyer/Goez/Schwamberger, 9. Aufl. 2019, § 24 StBVV Rz. 20a.
6) Z.B. Einlagekonto, Gewinngutschriftskonto, Entnahmekonto, Darlehenskonto.

gen ein erheblicher Arbeitsaufwand entstehen.[1] Andererseits handelt es sich oftmals um Objekte im Wert von mehreren Millionen Euro, so dass auch schnell hohe Gebühren anfallen können und sich in Einzelfällen auch die Frage nach der Unterschreitung der Mindestgebühr stellen kann.

412 In dieser Vorschrift geht auch der frühere § 24 Abs. 4 Nr. 1 StBGebV auf, der für die Anfertigung einer Erklärung zur Hauptfeststellung, Fortschreibung oder Nachfeststellung der Einheitswerte für Grundbesitz oder einer Feststellungserklärung nach § 138 des Bewertungsgesetzes eine Zeitgebühr vorsah. Diese Tätigkeiten sind jetzt mit einer Wertgebühr nach § 24 Abs. 1 Nr. 11 StBVV abzurechnen.[2] Die gegenteilige Ansicht, dass für das Ausfüllen eines Fragebogens zur Ermittlung des Einheitswerts eines Mietwohngrundstücks eine Zeitgebühr analog § 24 Abs. 1 Nr. 11 StBVV i.V.m. § 2 StBVV berechnet werden kann, überzeugt nicht.[3] Mangels Regelungslücke besteht keine rechtliche Möglichkeit eine Zeitgebühr abzurechnen. Häufig wird eine Feststellungserklärung im Zusammenhang mit einer Erbschaftsteuererklärung angefertigt, z.B. wenn zum Erbe auch Grundbesitz gehört. In diesen Fällen liegt in dem Auftrag zur Anfertigung der Erbschaftsteuererklärung nicht schon der konkludente Auftrag, auch die Feststellungserklärung anzufertigen.[4]

Praxistipp:

Der StB sollte sich deshalb ausdrücklich auch mit der Anfertigung der Feststellungserklärung beauftragen lassen.

Fehlt es an einer ausdrücklichen Auftragserteilung, kann der StB, der gleichwohl die Feststellungserklärung vorbereitet, eine Gebühr analog § 24 Abs. 1 Nr. 11 StBVV berechnen.[5]

IX. Erbschaftsteuererklärung (Nr. 12)

413 Das Finanzamt kann von jedem an einem Erbfall oder einer Schenkung Beteiligten ohne Rücksicht auf dessen Steuerpflicht die Abgabe einer entsprechenden Steuererklärung verlangen, § 31 ErbStG. Dazu muss es von der Erbschaft Kenntnis erlangt haben und die Möglichkeit sehen, dass überhaupt eine Steuer anfällt. Liegen diese Voraussetzungen nicht vor und fertigt der StB gleichwohl eine entsprechende Erklärung ohne ausdrückliche Beauftragung des Erben bzw. Beschenkten an, wird er seinen diesbezüglichen Honoraranspruch kaum durchsetzen können. Daran ändern auch die Hinweise in der „Anleitung zur Erbschaftsteuererklärung" nichts, wonach die Erklärung auch dann abzugeben ist, wenn der Stpfl. der Auffassung ist, dass eine Erbschaftsteuer nicht zu erheben ist. Der StB sollte seinen Mandanten aber auf die **Anzeigepflicht nach § 30 ErbStG** hinweisen und bei entsprechender Beauftragung diese Anzeige mit einer Zeitgebühr analog § 24 Abs. 4 Nr. 5 StBVV abrechnen. Der Anzeige wird oft eine Beratung zur Erbschaftsteuer vorausgehen. In diesen Fällen stellt sich die Frage, ob die Ratgebühr nach § 21 Abs. 1 Satz1 oder Satz 3 StBVV auf die Gebühr nach § 24 Abs. 4 Nr. 5 StBVV anzurechnen ist.[6] Da die Ratgebühr eine Wertgebühr ist und der Gegenstandswert in erbschaftsteuerlichen Fällen oft hoch ist, wird die Ratgebühr nach § 21 Abs. 1 Satz 1 StBVV die Zeitgebühr nach § 24 Abs. 4 Nr. 5 StBVV oft überschreiten, so dass in diesen Fällen eine Anrechnung

1) KG: Immobilienvermögen der KG, sonstiges Vermögen der KG, Anteile der GbR am Vermögen der KG, wenn noch andere Kommanditisten vorhanden sind, GbR: sonstiges Vermögen der GbR, Anteil des Verstorbenen am Immobilienwert und sonstigem Vermögen der GbR.
2) AG Düsseldorf v. 14.8.2018, 37 C 79/18.
3) So Schwamberger, KP 2016, 114, 115.
4) Ausführlich dazu AG Düsseldorf v. 14.8.2018, C 79/18, besprochen von Feiter, KANZLEI intern 10_2018, 2.
5) Ausführlich dazu AG Düsseldorf v. 14.8.2019, C 79/18, besprochen von Feiter, KANZLEI intern 10_2018, 2.
6) → § 21 StBVV Rz. 341 und 349.

für den StB unwirtschaftlich wäre. Am Besten geht man diesem Problem durch eine Vergütungsvereinbarung nach § 4 Abs. 1 StBVV aus dem Weg.[1]

Als **Gegenstandswert** für die Erbschaftsteuererklärung gilt der Erwerb von Todes wegen vor Abzug der Schulden und Lasten. Dies ist der „Wert des gesamten Vermögensanfalls" nach § 10 Abs. 1 ErbStG. Der Gegenstandswert kann leicht dem Erbschaftsformular entnommen werden, da dort der Gesamtwert aller Nachlassgegenstände zu summieren ist. Nachlassverbindlichkeiten, die Zugewinnausgleichsforderung nach § 5 ErbStG, steuerfreie Erwerbe nach § 13 ErbStG sowie Freibeträge nach den §§ 16 – 18 ErbStG werden nicht gekürzt. Besonderheiten ergeben sich aus § 13a ErbStG. Vermindert sich der Ansatz von Betriebsvermögen, land- und forstwirtschaftlichem Vermögen oder Anteilen an Kapitalgesellschaften, ist nur der verminderte Wert maßgeblich.[2] Durch die VO zum Erlass und zur Änderung steuerlicher Verordnungen[3] wurde der Mindestgegenstandswert von 12 500 € auf 16 000 € erhöht. Ab dem 1.1.1996 gilt für Grundbesitz die sog. **Bedarfsbewertung**.[4] Fallen im Rahmen einer Erbschaftsteuererklärung umfangreiche und zeitraubende Bedarfsbewertungen für mehrere Grundstücke an, empfiehlt sich eine Vereinbarung nach § 4 Abs. 1 StBVV. Die frühere Möglichkeit, für diese Arbeiten nach § 24 Abs. 4 Nr. 1 StBGebV eine Zeitgebühr zu berechnen, ist durch die VO zum Erlass und zur Änderung steuerlicher Verordnungen[5] entfallen, da § 24 Abs. 4 Satz 1 StBGebV zu Gunsten der Regelung des § 24 Abs. 1 Nr. 11 StBVV gestrichen wurde. Die (Wert-)Gebühr nach § 24 Abs. 1 Nr. 11 StBVV kann neben der Gebühr nach § 24 Abs. 1 Nr. 12 StBVV anfallen. Eine Zeitgebühr für die Ermittlung des Werts von Gebäuden für Zwecke der Bedarfsbewertung nach dem ErbStG analog § 24 Abs. 1 Nr. 12 StBVV i.V.m. § 13 Satz 1 Nr. 2 StBVV und § 2 StBVV kommt jedoch nicht in Betracht.[6] Wenn das Finanzamt gem. § 138 BewG zur Abgabe einer Feststellungserklärung auffordert, kann dieser Zusatzaufwand über § 24 Abs. 1 Nr. 11 StBVV abgerechnet werden. Diese Vorschrift sollte darüber hinaus in allen Fällen herangezogen werden, in denen Arbeiten zur Bedarfsbewertung, z.B. von Grundstücken oder Eigentumswohnungen anfallen.[7] Die Ermittlung des Bedarfswerts ist jedenfalls nach § 24 Abs. 1 Nr. 11 StBVV gesondert neben der Gebühr für die Erbschaftsteuererklärung abrechenbar. Ein Antrag auf **Optionsverschonung des Betriebsvermögens** gem. § 13a Abs. 8 ErbStG ist nach § 23 Satz 1 Nr. 10 StBVV abzurechnen.[8] Fällt nach Anfertigung und Abrechnung der Erbschaftsteuererklärung noch nennenswerter Aufwand im Zusammenhang mit sog. Nachlassregelungskosten an,[9] sollte hierfür eine Zeitgebühr nach § 24 Abs. 4 Nr. 5 StBVV i.V.m. § 2 StBVV berechnet werden.

Da für die Erbschaftsteuer die **Verhältnisse am Todestag maßgeblich** sind, kann es **414**
erforderlich werden, auf den Todestag Nachlassverzeichnisse, Zwischenabschlüsse und Vermögensaufstellungen zu fertigen sowie gemeine Werte zu ermitteln. Diese Tätigkeiten sind nicht durch die Erbschaftsteuererklärungsgebühr abgegolten. Für die Erstellung eines **Nachlassverzeichnisses** ist § 24 Abs. 1 Nr. 12 StBVV nicht anwendbar. Es handelt sich um eine sog. vereinbare Tätigkeit, für die die StBVV nicht gilt. Für die weiteren Tätigkeiten können Gebühren nach §§ 35 Abs. 1 Nr. 2,

1) Siehe hierzu Formulierungsbeispiele → § 40 StBVV n.F. Rz. 684.
2) Meyer, KP 2001, 152 ff.
3) VO zum Erlass und zur Änderung steuerlicher Verordnungen v. 11.12.2012, BGBl. I 2012, 2637 = BStBl I 2013, 2.
4) Vgl. § 12 Abs. 3 ErbStG.
5) VO zum Erlass und zur Änderung steuerlicher Verordnungen v. 11.12.2012, BGBl. I 2012, 2637 = BStBl I 2013, 2.
6) A.A. Schwamberger, KP 2016, 114, 115.
7) So auch Schwamberger in Meyer/Goez/Schwamberger, 9. Aufl. 2019, § 24 StBVV Rz. 21.
8) → § 23 StBVV Rz. 380.
9) Z.B. Gerichtsgebühren für Erbscheinerteilung und Testamentseröffnung, Kosten für Nachlassverwalter, Anwalts- und Notarkosten etc.

24 Abs. 1 Nr. 11 StBVV anfallen. Auch die **Ermittlung des Zugewinnausgleichs** nach § 5 ErbStG ist nicht in den Gebührentatbestand mit einbezogen. Für die entsprechende Tätigkeit gilt § 24 Abs. 2 StBVV.[1] Anträge, die im Rahmen einer Erbschaftsteuererklärung gestellt werden[2] können nicht gesondert abgerechnet werden. Dies ergibt sich unmittelbar aus § 23 Satz 1 Nr. 10 StBVV. Eine fehlerhaft erstellte Erbschaftsteuererklärung (z.B. falsche Grundstückswerte) wirkt sich auf den Honoraranspruch nicht aus, solange die Erklärung nicht völlig unbrauchbar ist.[3] Eine Erbschaftsteuererklärung für mehrere Erben kann sich gebührenerhöhend auswirken.[4]

X. Schenkungsteuererklärung (Nr. 13)

415 **Gegenstandswert** der Schenkungsteuererklärung ist der Rohwert der Schenkung. Dies ist der Gesamtwert der zugewendeten Gegenstände vor Abzug des Gesamtwerts der übernommenen Verbindlichkeiten und sonstigen Gegenleistungen. Für den Sonderfall der gemischten Schenkung ist deshalb die schenkungsrechtliche Bereicherung maßgeblich. Bei der Berechnung des Gegenstandswerts sind deshalb die im Rahmen der Schenkung übernommenen Verbindlichkeiten und Gegenleistungen in Abzug zu bringen. Der Gegenstandswert kann der Schenkungsteuererklärung entnommen werden, da dort der Gesamtwert der zugewendeten Gegenstände ausgewiesen wird. Im Übrigen wird auf die Kommentierung zur Erbschaftsteuererklärung verwiesen.[5] Durch die VO zum Erlass und zur Änderung steuerlicher Verordnungen[6] wurde der Mindestgegenstandswert von 12 000 € auf 16 000 € erhöht.

Wenn Schenkungsteuererklärungen im Rahmen einer Selbstanzeige abgegeben werden, fallen neben den Gebühren nach § 30 StBVV weitere Gebühren nach § 24 Abs. 1 Nr. 13 StBVV für jede einzelne Erklärung an. Problematisch ist der Fall, wenn im Rahmen der Selbstanzeige eine Verständigung der Verfahrensbeteiligten dahingehend erfolgt, dass trotz zahlreicher Vorschenkungen nur eine Schenkungsteuererklärung abgegeben wird, in der alle Vorschenkungen berücksichtigt sind. Rein formal gesehen, fertigt der StB in einem solchen Fall nur eine Schenkungsteuererklärung an, für die er auch nur eine Gebühr nach § 24 Abs. 1 Nr. 13 StBVV berechnen kann. Der Aufwand im Zusammenhang mit der Aufbereitung der Vorschenkungen kann aber sowohl beim Gegenstandswert (es sollte der Rohwert aller Schenkungen zu Grunde gelegt werden), als auch beim Zehntelsatz berücksichtigt werden. Demgegenüber wäre es problematisch, von mehreren Angelegenheiten auszugehen und mehrere Gebühren nach § 24 Abs. 1 Nr. 13 StBVV zu berechnen.[7]

XI. Kapitalertragsteueranmeldung (Nr. 14)

416 Die Kapitalertragsteueranmeldung[8] beinhaltet die Berechnung der Steuer als zusätzliche Leistung zur eigentlichen Erklärungsfertigung. Was als Kapitalertrag anzusehen ist, ergibt sich aus § 43 EStG. Die Summe der kapitalertragsteuerpflichtigen Kapitalerträge kann unmittelbar aus der Anmeldung entnommen werden. Die bisherige Regelung zur Kapitalertragsteuererklärung wurde durch die VO zum

1) Ausführlich hierzu Meyer, KP 2001, 152 ff.
2) Z.B. Anlage Steuerbefreiung Familienheim oder Anlage Steuerbefreiung für zu Wohnzwecken vermietete Grundstücke.
3) AG Viersen v. 18.9.2003, 31 C 239/01.
4) → § 6 StBVV Rz. 149.
5) → § 24 StBVV Rz. 413 f.
6) VO zum Erlass und zur Änderung steuerlicher Verordnungen v. 11.12.2012, BGBl. I 2012, 2637 = BStBl I 2013, 2.
7) Feiter, KANZLEI intern 04/2015, 7.
8) § 45a Abs. 1 EStG und § 7 InvStG.

Erlass und zur Änderung steuerlicher Verordnungen[1] – ähnlich wie § 24 Abs. 1 Nr. 7 StBVV – um folgende Wörter ergänzt: „sowie für jede weitere Erklärung im Zusammenhang mit Kapitalerträgen". Damit soll der neuen Rechtslage der §§ 43 ff. EStG und den damit verbundenen Erklärungen Rechnung getragen werden. Gerade durch die Einführung der Abgeltungsteuer sind zusätzliche neue Berichtspflichten entstanden. Führt der StB für die steuerpflichtige Kapitalgesellschaft die jährliche **KiStAM-Abfrage** durch und gibt er für die Kapitalgesellschaft die Kapitalertragsteueranmeldung ab, rechtfertigt die KiStAM-Abfrage einen höheren Zehntelsatz nach § 24 Abs. 1 Nr. 14, 1 Halbsatz StBVV.[2] Gibt der StB keine Kapialertragsteueranmeldung ab, kann die KiStAM-Abfrage analog § 24 Abs. 1 Nr. 14 StBVV i.V.m. §§ 2, 13 StBVV mit einer Zeitgebühr berechnet werden.[3]

Bundessteuerberaterkammer und Deutscher Steuerberaterverband hatten für die sog. **Günstigerprüfung** nach § 32d Abs. 6 EStG einen gesonderten Gebührentatbestand in § 24 Abs. 4 StBVV gefordert. Danach sollte für die Durchführung der Prüfung über die Ausübung von Wahlrechten bei Tätigkeiten im Zusammenhang mit Steuererklärungen eine Zeitgebühr entstehen. Dieser Vorschlag fand im Gesetzgebungsverfahren keine Zustimmung. Im Hinblick auf die gesonderte Abrechnung der sog. Günstigerprüfung ändert sich m.E. nichts im Vergleich zur bisherigen Rechtslage. Für die Prüfung kann wie bisher eine Gebühr nach § 27 Abs. 1 StBVV geltend gemacht werden.[4] **417**

Gegenstandswert ist die Summe der steuerpflichtigen Kapitalerträge, mindestens jedoch 4 000 €.

XII. Lohnsteuer-Anmeldung (Nr. 15)

Fertigt der StB für den Arbeitgeber die Lohnsteuer-Anmeldung (§ 41a EStG), erhält er hierfür eine Gebühr nach § 24 Abs. 1 Nr. 15 StBVV, wenn er nicht auch mit der Führung der Lohnkonten beauftragt ist (§ 34 Abs. 6 StBVV). Zur Ermittlung des **Gegenstandswerts** muss der Berater die Summe der Arbeitslöhne gesondert feststellen, denn der Lohnsteuer-Anmeldung kann die Summe der Arbeitslöhne nicht entnommen werden. Maßgeblich ist die Summe der Bruttobezüge des Anmeldezeitraums (Monat, Quartal, Kalenderjahr). **418**

XIII. Steuererklärungen auf dem Gebiet der Einfuhr- und Ausfuhrabgaben und Verbrauchsteuern (Nr. 16–18)

§ 24 Abs. 1 Nr. 16–18 StBVV enthält die Gebührenvorschriften für die Anfertigung von Steuererklärungen auf dem Gebiet der Einfuhr- und Ausfuhrabgaben und Verbrauchsteuern. Die 3. ÄndVO[5] hat aus redaktionellen Gründen das Wort „Eingangsabgaben" durch „Einfuhrabgaben" ersetzt. Durch das JStG 2007[6] wurde der Begriff „Zölle" durch „Einfuhr- und Ausfuhrabgaben" ersetzt. Durch die VO zum Erlass und zur Änderung steuerlicher Verordnungen[7] erfolgte eine redaktionelle Änderung. Das Wort „erhoben" wurde durch „geschuldet" ersetzt. Fraglich ist, ob auch **örtliche Aufwandsteuern**, wie z.B. Vergnügungsteuern (z.B. Spielautomatensteuern) und die Kulturförderabgabe (auch Bettensteuer, City-Tax, Beherbergungs- **419**

1) VO zum Erlass und zur Änderung steuerlicher Verordnungen v. 11.12.2012, BGBl. I 2012, 2637 = BStBl I 2013, 2.
2) Wacker, KANZLEI intern 04_2017, 8.
3) Wacker, unter Hinweis auf die entsprechende Empfehlung der BStBK, KANZLEI intern 04_ 2017, 8; zur Gebühr für Erstregistrierung zum Kirchensteuerabzugsverfahren → Rz. 431.
4) → § 27 StBVV Rz. 465.
5) 3. ÄndVO v. 20.8.1998, BGBl. I 1998, 2369.
6) JStG 2007 v. 13.12.2006, BGBl. I 2006, 2878 = BStBl I 2007, 28.
7) VO zum Erlass und zur Änderung steuerlicher Verordnungen v. 11.12.2012, BGBl. I 2012, 2637 = BStBl I 2013, 2.

abgabe bzw. -steuer) nach § 24 Abs. 1 Nr. 17 StBVV abzurechnen sind. In der rechtswissenschaftlichen Diskussion und in der Finanzwissenschaft werden Aufwand- und Verbrauchsteuern als nah verwandte, eigenständige Steuerarten angesehen, was für eine gebührenrechtliche Gleichbehandlung sprechen könnte. Gleichwohl ist der Wortlaut des § 24 Abs. 1 Nr. 17 StBVV eindeutig auf Verbrauchsteuern beschränkt. Eine Analogie verbietet sich aber nicht nur wegen des Wortlauts, sondern insbesondere aus methodischen Gründen, weil mit § 24 Abs. 1 Nr. 26 StBVV ein Gebührentatbestand zur Verfügung steht, der unmittelbar anwendbar ist. Aus diesem Grunde sollten Steuererklärungen auf dem Gebiet der kommunalen Aufwandsteuern nach § 24 Abs. 1 Nr. 26 StBVV abgerechnet werden.[1)]

XIV. Anträge auf Gewährung einer Investitionszulage (Nr. 19)

420 Die Gebührenvorschrift bezieht sich auf Tätigkeiten, die sich aus dem Investitionszulagengesetz (InvZulG) ergeben. **Gegenstandswert** ist die Bemessungsgrundlage für die Investitionszulagen, also der Betrag, von welchem die Zulage berechnet wird. Bei Anträgen auf Investitionszulage hat der Verordnungsgeber auf die Festlegung eines Mindestgegenstandswerts verzichtet.

XV. Anträge auf Steuervergütung (Nr. 20)

421 Durch das JStG 2007[2)] wurde § 24 Abs. 1 Nr. 20 StBGebV neu eingefügt. Die Vorschrift dient der Erfassung von Anträgen nach dem 1999 neu eingefügten § 4a UStG. Gegenstandswert ist die beantragte Vergütung.

XVI. Anträge auf Vergütung der abziehbaren Vorsteuerbeträge (Nr. 21)

422 Rechtsgrundlage der entsprechenden Anträge ist § 18 Abs. 9 UStG. Die 3. ÄndVO[3)] hat in § 24 Abs. 1 Nr. 21 StBGebV a.F. aus redaktionellen Gründen die Worte „nicht im Erhebungsgebiet" durch die Worte „im Ausland" ersetzt. Diese Vorschrift sah bis zum Inkrafttreten der VO zum Erlass und zur Änderung steuerlicher Verordnungen[4)] für die Anfertigung von Anträgen auf Vergütung der abziehbaren Vorsteuerbeträge an im Ausland ansässige Unternehmer eine Gebühr von 1/10 bis 6/10 einer vollen Gebühr nach Tabelle A vor. Anträge auf Vergütung ausländischer abziehbarer Vorsteuerbeträge an einen im Inland ansässigen Unternehmer[5)] konnten bis dahin nicht nach dieser Vorschrift abgerechnet werden. Durch die Neufassung wurde der Anwendungsbereich der Vorschrift auch für Vorsteuervergütungsanträge, die ein inländischer Unternehmer stellt, geöffnet. Der Verordnungsgeber hat die Wörter „an im Ausland ansässige Unternehmen" gestrichen und dies mit der geänderten Rechtslage durch das JStG 2009[6)] begründet. Der Mindestgegenstandswert wurde von 1 000 € auf 1 300 € angehoben.

XVII. Anträge auf Erstattung von Kapitalertragsteuer und Vergütung der anrechenbaren Körperschaftsteuer (Nr. 22)

423 Die Bestimmung umfasst alle Arten von Einzel- und Sammelanträgen auf Erstattung der Kapitalertragsteuer bzw. Vergütung der anrechenbaren Körperschaftsteuer nach den einschlägigen Vorschriften des EStG.[7)]

---

1) Feiter/Eiling, Honorarbrief für Steuerberater 12/2013, 2.
2) JStG 2007 v. 13.12.2006, BGBl. I 2006, 2878 = BStBl I 2007, 28.
3) 3. ÄndVO v. 20.8.1998, BGBl. I 1998, 2369.
4) VO zum Erlass und zur Änderung steuerlicher Verordnungen v. 11.12.2012, BGBl. I 2012, 2637 = BStBl I 2013, 2.
5) Also der umgekehrte Fall des § 24 Abs. 1 Nr. 21 StBGebV a.F.
6) BGBl. I 2008, 2794.
7) §§ 44 Abs. 1 - 4, 44c, 36b, 36c, 36d EStG.

XVIII. Anträge auf Zahlung von Kindergeld (Nr. 23)

Durch das JStG 1996 wurde die Bearbeitung von Kindergeld den Finanzämtern übertragen. Die Kindergeldbestimmungen wurden in das EStG integriert (§§ 62 – 78 EStG). Damit sind Kindergeldangelegenheiten zu Steuerangelegenheiten geworden mit der Folge, dass seit dem 1.1.1996 eine Vertretung durch StB möglich ist. Für Anträge nach Abschn. X EStG sieht der durch die 3. ÄndVO[1] eingefügte § 24 Abs. 1 Nr. 23 StBVV deshalb eine separate Gebühr vor. **Gegenstandswert** ist das beantragte Jahreskindergeld. 424

Legt der StB Einspruch gegen die Festsetzung des Kindergelds ein, richtet sich sein Gebührenanspruch nach § 40 StBVV. Gemäß § 77 EStG gilt die Besonderheit, dass die Kosten des Beraters im isolierten Einspruchsverfahren ausnahmsweise, d.h. wenn dem Einspruch stattgegeben wurde, erstattungsfähig sind.[2]

XIX. Anmeldung über den Steuerabzug bei Bauleistungen (Nr. 25)

Durch das JStG 2007[3] wurde ein Gebührentatbestand für die 2001/2002 neu eingeführte Anmeldung über den Steuerabzug bei Bauleistungen eingeführt (§ 24 Abs. 1 Nr. 25 StBGebV). 425

XX. Erstellung sonstiger Steuererklärungen (Nr. 26)

Der durch die VO zum Erhalt und zur Änderung steuerlicher Verordnungen[4] neu eingefügte § 24 Abs. 1 Nr. 26 StBVV sieht für die Erstellung sonstiger Steuererklärungen, die nicht in § 24 Abs. 1 StBVV aufgeführt sind – vergleichbar § 23 Satz 1 Nr. 10 StBVV – einen Auffangtatbestand vor. Der Gebührenrahmen beträgt 1/10 bis 6/10 einer vollen Gebühr nach Tabelle A. 426

Als Gegenstandswert ist die jeweilige Bemessungsgrundlage, jedoch mindestens 8 000 € vorgesehen. Unter diese Vorschrift können künftig Steuererklärungen und Steueranmeldungen (§ 150 Abs. 1 Satz 3 AO) subsumiert werden, für die es keinen gesonderten Gebührentatbestand gibt.

Beispiele:

- Feststellungserklärungen nach dem KStG,[5]
- Erklärung zur Überprüfung von rechtsfähigen Pensions-, Sterbe-, Kranken- und Unterstützungskassen,[6]
- Anmeldung von Abzugsteuern nach §§ 50, 50a EStG i.V.m. § 73e Satz 2 EStDV,
- Energiesteueranmeldung,[7]
- Luftverkehrsteueranmeldung,[8]
- Feuerschutzsteueranmeldung,[9]
- Anmeldung von Lotterien und Sportwetten,[10]
- Anzeige zur Grunderwerbsteuer,[11]

1) 3. ÄndVO v. 20.8.1998, BGBl. I 1998, 2369.
2) → § 40 StBVV a.F. Rz. 648.
3) JStG 2007 v. 13.12.2006, BGBl. I 2006, 2878 = BStBl I 2007, 28.
4) VO zum Erlass und zur Änderung steuerlicher Verordnungen v. 11.12.2012, BGBl. I 2012, 2637 = BStBl I 2013, 2.
5) → Rz. 398.
6) § 5 Abs. 1 Nr. 3 KStG.
7) § 33 EnergieStG.
8) § 12 Abs. 1 LuftVStG.
9) § 8 Abs. 1 FeuerschStG.
10) § 31 RennwLottGABest.
11) § 19 Abs. 5 GrEStG.

- Anzeige zur Kraftfahrzeugsteuer,[1]
- Erklärungen zu örtlichen Aufwandsteuern, wie Vergnügungsteuern und die Kulturförderabgabe[2] oder Zweitwohnungsteuererklärungen.

Bis zur Einfügung des § 24 Abs. 1 Nr. 26 StBVV musste der StB bezüglich dieser Steuererklärungen und Steueranmeldungen auf § 2 StBGebV ausweichen und einen einschlägigen Gebührentatbestand in § 24 Abs. 1 StBGebV finden. Durch den neuen Gebührentatbestand wird diese strukturelle Schwachstelle der früheren StBGebV geschlossen. Wird der StB beauftragt, eine Erklärung zum **Fremdenverkehrsbeitrag** abzugeben, ist die StBVV nicht unmittelbar anwendbar, da es sich nicht um eine Vorbehaltsaufgabe nach § 33 StBerG handelt (vgl. § 1 Abs. 1 StBVV). In Betracht kommt jedoch eine analoge Anwendung der Vorschrift.[3] Zu beachten ist, dass das amtliche Muster für Vollmachten im Besteuerungsverfahren[4] nur eine Vertretung in allen steuerlichen und sonstigen Angelegenheiten i.S.d. § 1 StBerG umfasst. Dazu gehören z.B. alle kommunalen Aufwandsteuern,[5] nicht jedoch die Vertretung in Beitragsangelegen, wie den Fremdenverkehrsbeitrag. Hierzu bedarf es einer gesonderten Vollmacht.[6]

C. Ermittlung der Zugewinnausgleichsforderung nach § 5 ErbStG (Abs. 2)

427 Die Regelung trägt dem Umstand Rechnung, dass die Ermittlung der Zugewinnausgleichsforderung nach § 5 ErbStG nicht mit der Gebühr für die Erbschaftsteuererklärung abgegolten ist. **Gegenstandswert** ist der ermittelte Betrag der Ausgleichsforderung. Erfolgt die Ermittlung für nicht steuerliche Zwecke, z.B. für ein familiengerichtliches Verfahren, richtet sich die Vergütung nach § 612 Abs. 2 BGB bzw. § 632 Abs. 2 BGB.[7]

D. Antrag auf Lohnsteuer-Ermäßigung (Abs. 3)

428 Die Regelung entsprach bis zum Inkrafttreten der 3. ÄndVO[8] der Nr. 2 des § 24 Abs. 3 StBGebV. Sie wurde inhaltlich nicht verändert. § 24 Abs. 3 StBGebV wurde allerdings neu gefasst, weil die bisherige Regelung des Lohnsteuerjahresausgleichs in § 24 Abs. 3 Nr. 1 StBGebV durch die 3. ÄndVO weggefallen ist. Die Fälle, in denen ein Antrag auf Lohnsteuer-Ermäßigung in Betracht kommt, ergeben sich aus § 39a Abs. 1 EStG. Ob nur einer oder mehrere Ermäßigungstatbestände erfüllt sind, ist für den Gebührenanspruch dem Grunde nach unerheblich. Dies kann aber Auswirkungen auf die Höhe der Gebühr haben. Gegenstandwert ist der Bruttobetrag des voraussichtlichen Jahresarbeitslohns.

E. Besondere Zeitgebühren (Abs. 4)

I. Verlustfeststellung (Nr. 2)

429 Gemäß § 24 Abs. 4 Nr. 2 StBVV erhält der StB neben der für die einheitliche Feststellung nach § 24 Abs. 1 Nr. 2 StBVV zu zahlenden Vergütung eine zusätzliche

1) §§ 3, 7 Abs. 1 KraftStDV.
2) → Rz. 419.
3) Beyme, KANZLEI intern 02_2019, 4.
4) BMF-Schreiben v. 1.8.2016, IV A 3 - S 0202/15/10001, BStBl I 2016, 662, „Vollmachtsdatenbank".
5) Zweitwohnungsteuer, Übernachtungsteuer, Vergnügungsteuer, Hundesteuer, Pferdesteuer etc.
6) Beyme, KANZLEI intern 02_2019, 4 und 5.
7) Eggesiecker, 2. Aufl. 1998, § 24 STEUGO Rz. 24.846.
8) Verordnung v. 20.8.1998, BGBl. I 1998, 2369.

Gebühr für die nach § 15a Abs. 4 EStG vorzunehmende „gesonderte Feststellung des verrechenbaren Verlustes". Hierbei handelt es sich um die Feststellungen für Kommanditisten, die in einer Anlage zur ESt-Erklärung zu machen sind. Die Gebühr fällt deshalb nicht bei der Gesellschaft, sondern im Zusammenhang mit der Einkommensteuererklärung des/der Kommanditisten an. Die Erledigung dieser Tätigkeit erfordert ein hohes Maß an Kenntnissen der Vorschriften und der dazu ergangenen Rechtsprechung. Insbesondere hat die Tätigkeit auch Langzeitwirkung für den Mandanten. Angemessen wird deshalb i.d.R. eine Gebühr zwischen Mittel- und Höchstgebühr sein.[1] In den Fällen, in denen das EStG § 15a EStG für sinngemäß anwendbar erklärt, kann über § 2 StBVV auch eine Gebühr nach § 24 Abs. 4 Nr. 2 StBVV abgerechnet werden.[2] Bei der Berechnung der sog. Tonnagesteuererklärung ist die Aufteilung des Unterschiedsbetrags gem. § 5a EStG in Analogie zu § 24 Abs. 4 Nr. 2 StBVV zu berechnen.

II. Meldungen zur steuerlichen Erfassung von Auslandsbeteiligungen (Nr. 3)

Hintergrund des durch die 3. ÄndVO[3] neu eingefügten § 24 Abs. 4 Nr. 3 StBGebV 430
ist, dass im Zuge der grenzüberschreitenden Betätigungen die Beteiligung an ausländischen Körperschaften, Vermögensmassen und Personenvereinigungen und an ausländischen Personengesellschaften zunimmt. Die Finanzämter fordern die entsprechenden Meldungen zur steuerlichen Erfassung dieser Auslandsbeteiligungen an. Die Tätigkeiten zur Ermittlung der entsprechenden Sachverhalte sind gebührenpflichtig. Wegen der Häufigkeit dieser Tätigkeiten sah der Verordnungsgeber die Notwendigkeit einer Konkretisierung in der StBVV. Die entsprechenden Tätigkeiten erfordern umfangreiche Erfahrungen mit Auslandsbeziehungen, damit die Darstellung und Erläuterung für das Finanzamt ordnungsgemäß erfolgen kann. Angemessen dürfte i.d.R. eine Gebühr zwischen Mittel- und Höchstgebühr sein.[4]

III. Sonstige Anträge und Meldungen nach dem EStG (Nr. 5)

Durch die VO zum Erlass und zur Änderung steuerlicher Verordnungen[5] wurden 431
die bisherigen Nr. 4 sowie 6 – 12 aufgehoben. Stattdessen ist in § 24 Abs. 4 Nr. 5 StBVV ein Auffangtatbestand für sonstige Anträge und Meldungen nach dem EStG geschaffen worden. Nach dieser neuen Vorschrift können künftig die Tätigkeiten nach § 24 Abs. 4 Nr. 4, 6 – 12 StBGebV a.F. abgerechnet werden. Durch die Dritte Verordnung zur Änderung steuerlicher Verordnungen[6] wurden ferner die Nr. 11[7] und die Nr. 12[8] i.d.F. der Bekanntmachung vom 8.4.2008[9] aufgehoben. Mit dieser Aufhebung wird der durch die Verordnung zum Erlass und zur Änderung steuerlicher Verordnungen geänderten Rechtslage Rechnung getragen, da die entspre-

1) Starz, KANZLEI intern 03/2015, 6; Schwamberger, KP 2016, 93, 95; Berners, 5. Aufl. 2016, § 24 StBVV Rz. 136.
2) Vgl. hierzu Boelsen in Eckert, 6. Aufl. 2019, § 24 Abs. 4 StBVV Rz. 2.
3) Verordnung v. 20.8.1998, BGBl. I 1998, 2369.
4) Schwamberger, KP 2016, 93, 95.
5) VO zum Erlass und zur Änderung steuerlicher Verordnungen v. 11.12.2012, BGBl. I 2012, 2637 = BStBl I 2013, 2.
6) BGBl. I 2016, 1722 = BStBl I 2016, 725.
7) Antrag auf Stundung nach § 95 Abs. 2 EStG.
8) Antrag auf Gewährung der Zulage nach Neubegründung der unbeschränkten Steuerpflicht nach § 95 Abs.3 EStG.
9) BGBl. I 2008, 666.

chenden Tätigkeiten ebenfalls vom Auffangtatbestand des § 24 Abs. 4 Nr. 5 StBVV erfasst werden.[1] Es handelt sich dabei um folgende Tätigkeiten:

- Anfertigung eines Erstattungsantrags,[2]
- Anfertigung einer Anmeldung nach § 50a Abs. 5 EStG, § 73e EStDV,
- Anfertigung eines Antrags auf Erteilung einer Freistellungsbescheinigung nach § 48b EStG,
- Anfertigung eines Antrags auf Altersvorsorgezulage,[3]
- Anfertigung eines Antrags auf Festsetzung der Zulage nach § 90 Abs. 4 EStG,
- Anfertigung eines Antrags auf Verwendung für eine eigenen Wohnzwecken dienende Wohnung im eigenen Haus,[4]
- Anfertigung eines Antrags auf Festsetzung des Rückzahlungsbetrags,[5]
- Anfertigung eines Antrags auf Stundung[6] und
- Anfertigung eines Antrags auf Gewährung der Zulage nach Neubegründung der unbeschränkten Steuerpflicht.[7]

Seit Mitte 2015 besteht die Möglichkeit, dass der Kirchensteuerabzugsverpflichtete seinen StB mit der **Erstregistrierung** beim BZSt beauftragt.[8] Anträge auf Zuteilung einer Zulassungsnummer für das **Kirchensteuerabzugsverfahren** gem. § 51a Abs. 2c EStG können seitdem nach § 24 Abs. 4 Nr. 5 StBVV mit einer Zeitgebühr abgerechnet werden.[9] Die jährlich durchzuführende **KiStAM-Abfrage** kann demgegenüber durch einen höheren Zehntelsatz berücksichtigt werden, wenn der StB für den Stpfl. die Kapitalertragsteueranmeldung abgibt, § 24 Abs. 1 Nr. 14, 1. Halbsatz StBVV.[10] Geschieht dies nicht, kann analog § 24 Abs. 1 Nr. 14 StBVV i.V.m. §§ 2, 13 StBVV eine Zeitgebühr berechnet werden.[11]

Abgrenzungsfragen werden sich immer dann stellen, wenn neben § 24 Abs. 4 Nr. 5 StBVV auch andere Vorschriften der StBVV anwendbar sind.

Beispiel:

Ein Antrag auf Ausstellung einer **Nichtveranlagungs- (NV-)Bescheinigung**[12] kann sowohl mit einer Wertgebühr nach § 24 Abs. 1 Nr. 1 StBVV abgerechnet werden, als auch mit einer Zeitgebühr nach § 24 Abs. 4 Nr. 5 StBVV. Keine der beiden Vorschriften erweist sich als die speziellere. § 24 Abs. 1 Nr. 1 StBVV ist unmittelbar einschlägig, weil in dem Antragsformular Angaben zum voraussichtlich zu versteuernden Einkommen zu machen sind. Als Gegenstandswert sollte der Mindestgegenstandswert zu Grunde gelegt werden. Aber auch § 24 Abs. 4 Nr. 5 StBVV ist unmittelbar einschlägig, da es sich um einen Antrag nach dem EStG handelt. Deshalb besteht in diesem Fall für den StB ein Gebührenwahlrecht.

Abgrenzungsfragen stellen sich insbesondere im Verhältnis zu § 23 Satz 1 Nr. 10 StBVV, der für sonstige Anträge, soweit sie nicht in Steuererklärungen gestellt wer-

1) BR-Drucks. 201/16 v. 20.4.2016, 23.
2) § 50 Abs. 5 Satz 2 Nr. 3 EStG a.F.
3) § 89 EStG.
4) §§ 92a, 92b Abs. 1 EStG.
5) § 94 Abs. 2 EStG.
6) § 95 Abs. 2 EStG.
7) § 95 Abs. 3 EStG.
8) Vgl. Internetauftritt des BZSt, Rubrik „Kirchensteuer auf Abgeltungsteuer", „Informationen für Abzugsverpflichtete"/"Zugang zum Verfahren"; dort: Möglichkeit 2; eingeschränkter Verfahrenszugang.
9) Wacker, KANZLEI intern 04_2017, 8.
10) Wacker, KANZLEI intern 04_2017, 8.
11) Wacker unter Hinweis auf die entsprechende Empfehlung der BStBK, KANZLEI intern 04_2017, 8.
12) § 44a Abs. 2 Satz 1 Nr. 2 EStG.

den, eine Wertgebühr vorsieht. Diese Konkurrenzfrage lässt sich durch die Anwendung der spezielleren Vorschrift lösen. Für Anträge nach dem EStG ist dies § 24 Abs. 4 Nr. 5 StBVV.

Beispiel:

Anträge auf **Pauschalierung der Lohnsteuer**[1] oder auf Anwendung der pauschalen Gewinnermittlung nach der **Tonnagesteuer**[2] konnten nach bisheriger Auffassung nach § 23 Satz 1 Nr. 10 StBGebV[3] mit einer Wertgebühr abgerechnet werden. Für Anträge nach dem EStG erweist sich § 24 Abs. 4 Nr. 5 StBVV jetzt aber als die speziellere Regelung, so dass diese Anträge künftig nach der neuen Vorschrift mit einer Zeitgebühr abgerechnet werden sollten. Dies gilt z.B. auch für einen **Antrag auf Begünstigung des nicht entnommenen Gewinns**.[4]

432 Der Anwendungsbereich des § 24 Abs. 4 Nr. 5 StBVV ist beschränkt auf Anträge und Meldungen nach dem EStG, z.B. einen Antrag auf Kindergeld nach § 67 EStG oder einen Antrag auf Tarifermäßigung bei Einkünften aus LuF gem. § 32c EStG.[5] **Anträge** nach anderen Gesetzen sind nach § 23 Satz 1 Nr. 10 StBVV abzurechnen. Eine sinngemäße Anwendung des § 24 Abs. 4 Nr. 5 StBVV über § 2 StBVV kommt für Anträge, die ihre Rechtsgrundlage nicht im EStG haben, nicht in Betracht. Denn mit § 23 Satz 1 Nr. 10 StBVV besteht eine Regelung, nach der abgerechnet werden kann. Mangels Regelungslücke besteht deshalb kein Raum für die Heranziehung des § 2 StBVV. Vielmehr sind diese Anträge nach § 23 Satz 1 Nr. 10 StBVV abzurechnen.

Beispiel:

Antrag auf Optionsverschonung des Betriebsvermögens,[6] Antrag auf verbindliche Auskunft[7] oder Zusage,[8] Antrag auf Aufteilung der Steuerschuld,[9] Antrag auf Buchführungserleichterungen,[10] Antrag auf Grunderwerbsteuerbefreiung.[11]

433 § 24 Abs. 4 Nr. 5 StBVV gilt unmittelbar für Meldungen nach dem EStG, soweit es keine speziellere Vorschrift gibt.

Beispiel:

Die Meldung der Steueridentifikationsnummer an die Familienkasse beruht auf den Regelungen der §§ 62, 63 EStG und führt zur unmittelbaren Anwendung des § 24 Abs. 4 Nr. 5 StBVV.

Anders ist dies bei sonstigen **Meldungen**, die nicht im EStG, sondern in anderen Gesetzen und Verordnungen ihre Grundlage haben. Für derartige Meldungen gibt es keine einschlägige Vorschrift in der StBVV, so dass § 24 Abs. 4 Nr. 5 StBVV sinngemäß[12] herangezogen werden kann.[13]

Praxistipp:

Für Meldungen, die ihre Rechtsgrundlage in anderen Gesetzen als dem EStG haben, bietet sich eine entsprechende Anwendung[14] des § 24 Abs. 4 Nr. 5 StBVV an.

1) § 40 EStG.
2) § 5a Abs. 1 Satz 1 EStG.
3) Sonstige Anträge, die nicht in Steuererklärungen gestellt werden.
4) § 34a EStG.
5) Siehe hierzu Beyme, Honorargestaltung für Steuerberater, Juni 2020, 1.
6) § 13a Abs. 8 ErbStG.
7) § 89 AO.
8) § 204 AO.
9) § 268 AO.
10) § 148 AO.
11) § 3 GrStG.
12) § 2 StBVV.
13) So auch Schwamberger, KP 2016, 93, 96.
14) § 2 StBVV.

Beispiele:

- Schriftliche Anzeige nach § 30 ErbStG,[1]
- Nachweise der korrekten Versteuerung/Erfassung von Betriebseinnahmen auf Grund erhaltener Kontrollmitteilungen,[2]
- Meldung bei der innergemeinschaftlichen Lieferung neuer Fahrzeuge nach § 18c i.V.m. § 2a UStG,
- Erstellen von Anträgen und Angaben bei der Ermittlung von Bedarfswerten für die Erbschaftsteuer,
- Ausfertigung von Formularen für die Ermittlung des Einheitswerts für Grundvermögen,[3]
- Anmeldung einer gewerblichen/freiberuflichen Tätigkeit/Fragebogen zur steuerlichen Erfassung nach § 138 AO,
- Meldepflichten gegenüber dem Hauptzollamt nach der EnSTransV.
- Meldepflicht für das Aufzeichnungssystem und die Sicherheitseinrichtung gem. § 146a Abs. 4 AO (ab 2020),
- Anzeigepflichten bei grenzüberschreitenden Steuergestaltungen (DAC 6) in Sonderfällen.[4]

Geht der Meldung eine steuerliche Beratung voraus, ist die Ratgebühr nach § 21 Abs. 1 Satz 1 StBVV regelmäßig auf die Gebühr nach § 24 Abs. 4 Nr. 5 StBVV **anzurechnen**.[5] Dies kann insbesondere bei hohen Ratgebühren unwirtschaftlich sein, so dass es im Einzelfall klüger ist, auf die Abrechnung der Zeitgebühr zu verzichten. Alternativ kann die Anrechnung durch eine Vergütungsvereinbarung nach § 4 Abs. 1 StBVV ausgeschlossen werden.[6]

Für das Ausfüllen von Fragebögen, z.B. zur steuerlichen Erfassung hat die Rechtsprechung zur **StBGebV** eine **mittlere Zeitgebühr** i.H.v. 65,00 €/Std. für angemessen angesehen.[7] Das AG Düsseldorf hielt allerdings den vom StB angesetzten Zeitaufwand von 1,5 Std. für überzogen und billigte nur einen Zeitaufwand von 1 Std. zu. Es bleibt abzuwarten, ob die Gerichte künftig auch eine mittlere Zeitgebühr nach StBVV i.H.v. 100 € als angemessen ansehen werden. Das AG Lemgo[8] hatte den vom StB angesetzten Zeitaufwand von 3,75 Std. für das Ausfüllen des Fragebogens und die vom StB angesetzte Gebühr von 55,00€/Std. nicht beanstandet, nachdem der Mandant diesen Ansätzen nicht entgegengetreten war. Da der StB in diesem Verfahren keinen höheren Stundensatz geltend gemacht hatte, konnte das Gericht ihm auch keinen höheren Satz zusprechen.[9] Seit dem 15.5.2017 besteht für Einzelunternehmer die Möglichkeit den Fragebogen zur steuerlichen Erfassung im ELSTEROnline-Portal elektronisch auszufüllen und authentifiziert an das zuständige Finanzamt zu übermitteln. Dadurch fallen zwar Porto und Postlaufzeit weg, auch lassen sich bei der Eingabe grundlegende Plausibilitäten prüfen, was im Einzelfall zu weniger Nachfragen des Finanzamtes führen kann. Der Zeitaufwand für das Ausfüllen des Fragebogens verringert sich dadurch aber grundsätzlich nicht, so dass das elektronische Verfahren nicht zwangsläufig weniger Gebühren für den StB bedeutet. Eine **analoge Anwendung** der Vorschrift kommt bei **vereinbaren Tätigkeiten** in Betracht, z.B. für die elektronische Beantragung einer sog. **A1-Bescheini-**

---

1) → Rz. 413.
2) Siehe hierzu Beyme, Honorargestaltung für Steuerberater, Juni 2020, 8.
3) Schwamberger, KP 2016, 93, 96.
4) § 138d Abs. 6 und § 138g Abs. 1 Satz 1 AO.
5) → § 21 StBVV Rz. 349; → § 24 StBVV Rz. 413.
6) Siehe Formulierungsbeispiele → § 40 StBVV n.F. Rz. 684.
7) LG Düsseldorf v. 4.9.2013, 9 O 64/10; AG Herne v. 22.1.2013, 5 C 203/11; AG Düsseldorf v. 25.9.2007, 48 C 10744/03.
8) AG Lemgo v. 17.12.2014, 20 C 343/14.
9) Feiter, KANZLEI intern 03/2015, 5.

gung, mit der die Anwendung des Sozialversicherungsrechts des Heimatlandes bestätigt wird. Diese Tätigkeit kann auch nach BGB abgerechnet werden.[1] Vertretbar ist auch eine Abrechnung nach § 34 Abs. 5 StBVV.

IV. Überwachung und Meldung der Lohnsumme sowie der Behaltensfrist (Nr. 13)

Durch die VO zum Erlass und zur Änderung steuerlicher Verordnungen[2] wurde ein neuer Gebührentatbestand geschaffen für die Überwachung und Meldung der Lohnsumme sowie der Behaltensfrist i.S.v. § 13a Abs. 1 i.V.m. Abs. 6 Satz 1, Abs. 5 i.V.m. Abs. 6 Satz 2 ErbStG. Vorgesehen ist eine Zeitgebühr. Im Rahmen der Novellierung der Erbschaftssteuer[3] wurde eine Einhaltung der Lohnsumme (Lohnsummenfrist) über sieben Jahre nach § 13a Abs. 1 i.V.m. Abs. 6 Satz 1 ErbStG sowie eine Behaltensfrist nach § 14a Abs. 5 i.V.m. Abs. 6 Satz 2 ErbStG eingeführt. Die Überwachung und Meldung der Lohnsumme sowie der Behaltensfrist kann je nach Schwierigkeit des Falles arbeitsintensiv sein. Da jeder Fall anders gelagert ist, ist eine Abrechnung mit der Zeitgebühr angemessen. Durch die Dritte Verordnung zur Änderung steuerlicher Verordnungen wurde die bisherige Nr. 11 zu Nr. 13.[4] **434**

V. Berechnung des Begünstigungsgewinnes (Nr. 14)

Durch die VO zum Erlass und zur Änderung steuerlicher Verordnungen[5] wurde ein neuer Gebührentatbestand für die Berechnung des Begünstigungsgewinnes i.S.v. § 34a Abs. 1 Satz 1 EStG (Thesaurierungsrücklage) geschaffen. Durch das Unternehmensteuerreformgesetz[6] wurde ab dem Veranlagungszeitraum 2008 die sog. Thesaurierungsrücklage eingeführt. Die Berechnung der Begünstigungsgewinne i.S.v. § 34a Abs. 1 Satz 1 EStG konnte bisher nicht gesondert berechnet werden. Hierfür ist jetzt die Zeitgebühr vorgesehen. Durch die Dritte Verordnung zur Änderung steuerlicher Verordnungen wurde die bisherige Nr. 12 zu Nr. 14.[7] **435**

1) §§ 612 Abs. 2, 632 Abs. 2 BGB.
2) VO zum Erlass und zur Änderung steuerlicher Verordnungen v. 11.12.2012, BGBl. I 2012, 2637 = BStBl I 2013, 2.
3) Erbschaftsteuerreformgesetz v. 24.12.2008, BGBl. I 2008, 3018 = BStBl I 2009, 40.
4) BGBl. I 2016, 1722 = BStBl I 2016, 725; BR-Drucks. 201/16 v. 20.4.2016, 23.
5) VO zum Erlass und zur Änderung steuerlicher Verordnungen v. 11.12.2012, BGBl. I 2012, 2637 = BStBl I 2013, 2.
6) Gesetz v. 14.8.2007, BGBl. I 2007, 1912 = BStBl I 2007, 630.
7) BGBl. I 2016, 1722 = BStBl I 2016, 725; BR-Drucks. 201/16 v. 20.4.2016, 23.

§ 25
Ermittlung des Überschusses der Betriebseinnahmen über die Betriebsausgaben

(1) [1]Die Gebühr für die Ermittlung des Überschusses der Betriebseinnahmen über die Betriebsausgaben bei den Einkünften aus Land- und Forstwirtschaft, Gewerbebetrieb oder selbständiger Arbeit beträgt 5 bis 30 Zehntel einer vollen Gebühr nach Tabelle B (Anlage 2). [2]Gegenstandswert ist der jeweils höhere Betrag, der sich aus der Summe der Betriebseinnahmen oder der Summe der Betriebsausgaben ergibt, jedoch mindestens 17 500 Euro.

(2) Für Vorarbeiten, die über das übliche Maß erheblich hinausgehen, erhält der Steuerberater die Zeitgebühr.

(3) Sind bei mehreren Einkünften aus derselben Einkunftsart die Überschüsse getrennt zu ermitteln, so erhält der Steuerberater die Gebühr nach Absatz 1 für jede Überschussrechnung.

(4) [1]Für die Aufstellung eines schriftlichen Erläuterungsberichts zur Ermittlung des Überschusses der Betriebseinnahmen über die Betriebsausgaben erhält der Steuerberater 2/10 bis 12/10 einer vollen Gebühr nach Tabelle B (Anlage 2). [2]Der Gegenstandswert bemisst sich nach Absatz 1 Satz 2.

Inhalt

Schrifttum

Beyme, Abrechnung bei Gewinnermittlung nach § 51 EStDV, AgrB 3/2019, 153 (Langfassung) und KANZLEI intern 04_2019, 7 (Kurzfassung); **Feiter,** Abrechnung der Anlage EÜR bei eigener Gewinnermittlung durch Mandanten, KANZLEI intern 01/2015, 8; **Geismann,** Wechsel der Gewinnermittlungsart, Honorarbrief für Steuerberater April 2016, 2; **Klaeren,** Abgeltungsbereich von Gebühren, KANZLEI intern 11_2016, 6; **Meyer,** Gebühren für Einnahme-Überschuss-Rechnungen, KP 1999, 92; **Meyer,** Gebühren für die Beratung beim Schuldzinsenabzug richtig abrechnen, KP 2000, 129; **Meyer,** Wechsel der Gewinnermittlungsart und Betriebsaufgabe: Welche Gebühren kann der Steuerberater abrechnen?, KP 2002, 93; **Meyer,** Änderung der StBGebV ab 2007 – Teil 2, KP 2006, 182; **Meyer/Rönnig,** Beratung beim Schuldzinsenabzug nicht nur gebührenrechtlich problematisch!, KP 2001, 17; **Schwamberger,** Erstellung des Jahresabschlusses: Diese Leistungen sind als Zeitgebühr abrechenbar, KP 2017, 143; **Wacker,** Gebührenbestimmung, „Toleranzgrenze" – Rechtsprechung und Probleme der Beauftragung, KANZLEI intern 01_2017, 3; **Wacker,** Aufklärungserfordernis über Honorierung für das Führen steuerlicher Aufzeichnungen bei einem 4/3-

Rechner, KANZLEI intern 08_2016, 2; **Wacker,** Gebührenansatz beim 4/3-Rechner, KANZLEI intern 06_2016, 3; **Warttinger,** Erstellung der Anlage EÜR richtig abrechnen, Honorarbrief für Steuerberater 8/2013, 8; **Weiler,** Abrechnung der Einnahme-Überschussrechnung, DStR 2006, 2229.

A. Inhalt und Bedeutung

§ 25 StBVV gilt für die sog. Gewinneinkünfte nach § 2 Abs. 1 Nr. 1–3 EStG, wenn die Ermittlung des Gewinns nach § 4 Abs. 3 EStG erfolgt. Für die Ermittlung von Einkünften aus Land- und Forstwirtschaft,[1] Gewerbebetrieb[2] und selbstständiger Arbeit[3] erhält der StB daher einen zusätzlichen Gebührenanspruch neben § 24 Abs. 1 Nr. 1 StBVV. § 25 Abs. 1 StBVV ist auch auf die Erstellung der Einnahmen-Ausgaben-Rechnung eines **Vereins** anzuwenden.[4] Die Vorschrift wurde zuletzt durch die Fünfte Verordnung zur Änderung steuerlicher Verordnungen geändert.[5] Der Mindestgegenstandswert und der Obersatz der Rahmengebühr wurden erhöht.[6] **436**

B. Überschussermittlung (Abs. 1 und Abs. 3)

I. Gegenstandswert

Durch die Fünfte Verordnung zur Änderung steuerlicher Verordnungen v. 25.6.2020 wurde der **Mindestgegenstandswert** um 5 000 € auf 17 500 € erhöht.[7] Der Mindestgegenstandswert wurde seit dem Jahr 1982 nicht verändert, wenn man die Euroumstellung im Jahr 2011 außer Betracht lässt. Durch die Anhebung soll der erhöhte Aufwand bei der Erstellung der Einnahmenüberschussrechnung berücksichtigt werden. Der **Gegenstandswert** bestimmt sich nach der **Summe der Betriebseinnahmen oder der Betriebsausgaben,** wenn diese höher sind. Typisches Beispiel für höhere Betriebsausgaben: Eine ärztliche Kostengemeinschaft, die Kosten für Praxisräume, medizinische Einrichtungen, Apparate und Personal übernimmt. Erstellt der StB für die Kostengemeinschaft eine EÜR, bemisst sich der Gegenstandswert nach der Summe der Betriebsausgaben und nicht (nur) nach dem Mindestgegenstandswert. Maßgeblich für die Bestimmung der Betriebseinnahmen oder -ausgaben ist die Definition in § 4 Abs. 3 EStG. Bei den Betriebseinnahmen werden auch steuerfreie Einnahmen, Eigenverbrauch, Leistungen an Arbeitnehmer, Sonderbetriebseinnahmen bei Personengesellschaften sowie Umsatzsteuer erfasst, nicht aber Einnahmen aus Betriebsveräußerungen. Zu den Betriebsausgaben gehören auch nichtabzugsfähige Betriebsausgaben,[8] die AfA, Sonderbetriebsausgaben bei Personengesellschaften sowie die Vorsteuer. Durchlaufende Posten zählen hingegen nicht zu den Betriebseinnahmen oder – ausgaben.[9] Der für ein Wirtschaftsgut in Anspruch genommene Investitionsabzugsbetrag ist im Jahr der Bildung in Höhe von 40 Prozent Betriebsausgabe, im Jahr der Auflösung steuerliche Einnahme.[10] Im Fall einer Ergänzungsschätzung bei vom StB nicht zu vertretenden mangelhaften Aufzeichnungen kommt § 25 StBVV ebenso zur Anwendung, wie im Fall einer Gewinnschätzung nach § 4 Abs. 1 oder **437**

1) §§ 13–14a EStG.
2) §§ 15–17 EStG.
3) § 18 EStG.
4) Zur Ermittlung des Gegenstandswertes → Rz. 437.
5) VO v. 25.6.2020, BGBl. I 2020, 1495, 1498 = BStBl I 2020, 555.
6) → Rz. 437 und 438.
7) BGBl. I 2020, 1495, 1498 = BStBl I 2020, 555.
8) § 4 Abs. 5 und 6 EStG.
9) § 4 Abs. 3 Satz 2 EStG.
10) § 7g Abs. 2 Satz 1 EStG.

§ 5 EStG.[1] In beiden Fällen kann § 25 StBVV „sinngemäß"[2]angewendet werden. Bei der Ermittlung des Gegenstandswerts eines **Vereins** sind die „vier Säulen des Vereins"[3] zu berücksichtigen. Nach § 25 Abs. 3 StBVV können die Überschussrechnungen für die Einkünfte aus den unterschiedlichen Säulen getrennt ermittelt werden. Deshalb können auch die Gegenstandswerte gesondert ermittelt werden.[4]

II. Angemessenheit der Gebühr

438 Durch die Fünfte Verordnung zur Änderung steuerlicher Verordnungen v. 25.6.2020[5] wurde der Oberwert der **Rahmengebühr von 20/10 auf 30/10 erhöht**. Die Erhöhung wird zum einen mit dem Mehraufwand bei der Erstellung der Einnahmenüberschussrechnung auf einem amtlich vorgeschriebenen Vordruck und zum anderen mit dem Mehraufwand aufgrund neuer Vordrucke (Anlagen) und durch umfangreiche Abstimmungsarbeiten begründet.[6] Ferner wird in der Gesetzesbegründung auf die durch das Bürokratieentlastungsgesetz vom 28.7.2015 erhöhten Grenzwertbeträge der Buchführungspflicht nach § 141 Abs. 1 AO mit Umsätzen von mehr als 600 000 € und Gewinn von mehr als 60 000 € hingewiesen.

Hat der **Berater** die **Buchführung**[7] auftragsgemäß **selbst gefertigt** und gem. § 33 StBVV abgerechnet, können Vorarbeiten (z.B. Sortierarbeiten) i.R.d. § 25 Abs. 1 StBVV nicht gebührenerhöhend berücksichtigt werden, da dieser zusätzliche Aufwand bereits durch die Gebühr nach § 33 StBVV abgegolten ist. Auch eine Abrechnung nach § 25 Abs. 2 StBVV scheidet aus.[8]

439 Hat der **Mandant** die **Buchführung selbst erstellt**[9] und ist diese für den StB unbrauchbar und in wesentlichem Umfang zu korrigieren, kann sich dieser Umstand gebührenerhöhend i.R.d. § 25 Abs. 1 StBVV auswirken. Im Einzelfall kann auch eine zusätzliche Zeitgebühr nach § 25 Abs. 2 StBVV anfallen. Im Falle einer Neuerstellung der Buchführung kommt eine Gebühr nach § 33 StBVV in Betracht.[10]

Praxistipp:

Der StB muss den Auftraggeber aber auf den mangelhaften Zustand der Buchführung bzw. der steuerlichen Aufzeichnungen (z.B. einer unbrauchbaren Excel-Tabelle) hinweisen, da er eines zusätzlichen (zumindest konkludenten) Auftrags bedarf, um die Buchführung bzw. die steuerlichen Aufzeichnungen in einen ordnungsgemäßen Zustand zu bringen.[11]

Praxistipp:

In den Fällen, in denen dem Berater zur Erstellung der Einnahmen-Überschussrechnung keine Buchführung vorliegt, ist zu differenzieren: Reicht der Mandant dem Berater zahlreiche Belege ein, empfiehlt es sich, den Mandanten auf die nachträgliche Erstellung

---

1) Boelsen in Eckert, 6. Aufl. 2017, § 25 StBVV Rz. 18.
2) § 2 StBVV.
3) Ideeller Bereich, Vermögensverwaltung, Zweckbetrieb und wirtschaftlicher Geschäftsbetrieb.
4) → § 35 StBVV Rz. 573 zu bilanzierenden Vereinen.
5) BGBl. I 2020, 1495, 1498 = BStBl I 2020, 555.
6) → Rz. 442; BR-Drucks. 193/1/20 v. 20.5.2020, 35.
7) Mit Buchführung sind auch steuerliche Aufzeichnungen gemeint → § 32 StBVV Rz. 517.
8) AG Mönchengladbach v. 8.12.2000, 36 C 1229/98, n.v.; AG Neuss v. 9.7.2004, 85/40 C 2606/02, n.v.; Meyer, KP 1999, 92; Berners, 5. Aufl. 2016, § 25 StBVV Rz. 19.
9) Mit Buchführung sind auch steuerliche Aufzeichnungen i.S.d. § 22 UStG gemeint, da sie in § 33 StBVV gleichgestellt sind.
10) Berners, 5. Aufl. 2016, § 25 StBVV Rz. 20.
11) AG Dülmen v. 26.4.2016, 3 C 340/13; zur eigenmächtigen Auftragserweiterung durch den StB → § 33 StBVV Rz. 524, → § 33 StBVV Rz. 541; Brandenburgisches OLG v. 13.10.1999, 1 U 10/99, DStRE 2000, 499; AG Kempen v. 18.3.1999, 11 C 321/95, DStRE 2000, 948 f.

einer (Jahres-)Buchführung hinzuweisen, dessen (zumindest konkludentes) Einverständnis einzuholen und den Aufwand nach § 33 StBVV zu liquidieren.[1] Sind nur einige wenige Belege auszuwerten und erweist sich eine Buchführung nicht als notwendig, kann sich der zusätzliche Aufwand gebührenerhöhend i.R.d. § 25 Abs. 1 StBVV auswirken.[2]

Das AG Hagen[3] hatte einem StB eine 15/10-Gebühr nach § 25 Abs. 1 StBGebV zugebilligt, der für eine Berufsbetreuerin wegen eines vollkommen ungeordneten Belegwesens eine „Quasi-Buchführung" im Zusammenhang mit der Einnahmen-Überschussrechnung erstellt hatte. Das Gericht wies darauf hin, dass der StB den dafür aufgewendeten Zeitaufwand alternativ auch mit einer Zeitgebühr nach § 25 Abs. 2 StBVV hätte berechnen können (bei einem reduzierten Zehntelsatz nach Abs. 1).

Das LG Detmold[4] hält bei einem hauptberuflich tätigen Rechtsanwalt (oder auch Arzt) eine Gebühr von mindestens 15/10 für angemessen und billigte dem StB im konkreten Fall die Höchstgebühr von 20/10 zu, weil die Tätigkeit schwierig und der zeitliche Aufwand (19 Std.) sehr hoch war. Außerdem billigte das Gericht dem StB zusätzlich 13 Std. a 75 € für Vorarbeiten nach § 25 Abs. 2 StBVV zu, die ein qualifizierter Mitarbeiter erbracht hatte.

Das LG Düsseldorf[5] billigte einer StB'in, die für eine Zahnärztin eine EÜR erstellt hatte, nicht die abgerechnete Höchstgebühr von 20/10, sondern lediglich die Mittelgebühr von 12,5/10 zuzüglich 20% Toleranzgrenze, also 15/10.

Ermittelt bzw. überprüft der StB die vom Mandanten selbst berechneten abzugsfähigen/nicht abzugsfähigen **Schuldzinsen** nach § 4 Abs. 4a EStG, rechtfertigt dies in jedem Fall den Ansatz eines höheren Zehntelsatzes nach § 25 Abs. 1 StBVV. **440**

Praxistipp:

Reicht der Gebührenrahmen nicht aus, empfiehlt sich die Vereinbarung einer höheren Gebühr nach § 4 Abs. 1 StBVV.

Teilweise wird vertreten, dass die zusätzlichen Aufzeichnungspflichten nach § 4 Abs. 4a EStG als „Vorarbeiten" anzusehen sind, die gem. § 25 Abs. 2 StBVV mit einer Zeitgebühr abgerechnet werden können.[6] Ob man die in der Berechnung der nicht als Betriebsausgaben abziehbaren Schuldzinsen liegende Arbeitsmehrbelastung aber begrifflich als „Vorarbeiten" ansehen kann, ist zweifelhaft. Rechtsprechung hierzu gibt es bislang nicht. Der sichere Weg dürfte daher eine Erhöhung des Zehntelsatzes oder die Vereinbarung einer höheren Gebühr nach § 4 Abs. 1 StBVV sein. **441**

III. Ermittlung

Nach herkömmlichem Verständnis löst nicht das Ausfüllen des Formulars die Gebühr aus, sondern die Durchführung der Gewinnermittlung. Danach kann noch nicht von einer Gewinnermittlung gesprochen werden, wenn der StB Zahlen lediglich übernimmt, z.B. Beteiligungseinkünfte nach § 179 AO.[7] Die Gerichte sehen dies teilweise großzügiger und bewilligen eine Gebühr auch bei bloßer Übernahme von Zahlen mit unterschiedlicher Begründung.[8] **442**

1) Wacker, KANZLEI intern 08_2016, 2 unter Hinweis auf AG Dülmen v. 26.4.2016, 3 C 340/13.
2) Meyer, KP 1999, 92 f.
3) AG Hagen v. 17.3.2008, 17 C 224/06, besprochen von Wacker in Honorarbrief für Steuerberater Nr. 12/2011.
4) LG Detmold v. 20.4.2016, 10 S 44/15, besprochen von Wacker, KANZLEI intern 06_2016, 3.
5) LG Düsseldorf v. 11.7.2016, 5 O 518/11, besprochen von Wacker, KANZLEI intern 01_2017, 3.
6) Meyer/Rönnig, KP 2001, 17, 19; Meyer, KP 2000, 129 f.
7) → Rz. 449; Eggesiecker, 2. Aufl. 1998, § 24 STEUGO Rz. 24.10; Weiler, DStR 2006, 2229; Boelsen, in Eckert, 6. Aufl. 2017, § 25 StBVV Rz. 15.
8) → Rz. 442 a.E. und → § 27 StBVV Rz. 462 ff.

Gewerbetreibende, selbständig Tätige, Land- und Forstwirte sowie Körperschaften, Personenvereinigungen und Vermögensmassen mussten **erstmals für** das Kalenderjahr/Wirtschaftsjahr **2005** den Vordruck „Einnahmenüberschussrechnung – **Anlage EÜR**" abgeben. Vorgeschrieben ist eine Übermittlung der standardisierten Anlage EÜR nach amtlich vorgeschriebenem Datensatz durch Datenfernübertragung. Eine Ausnahme galt für Kleinunternehmen mit Betriebseinnahmen unter 17 500 € und für steuerbegünstigte Körperschaften, wenn die Einnahmen einschließlich Umsatzsteuer die Besteuerungsgrenze nicht übersteigen. Für Veranlagungszeiträume ab dem 1.1.2017 müssen allerdings auch Kleinunternehmen – abgesehen von Härtefällen - die Anlage EÜR ausfüllen und elektronisch übermitteln. Die steuerliche Gewinnermittlung umfasst das gesetzlich vorgeschriebene Ausfüllen des Formulars. Der mit dem Ausfüllen des Formulars verbundene Mehraufwand rechtfertigt allenfalls die Wahl eines höheren Zehntelsatzes, keinesfalls aber eine weitere Gebühr nach § 25 Abs. 1 StBVV oder eine zusätzliche Zeitgebühr nach § 25 Abs. 2 StBVV.[1)] Spätestens durch die Anhebung des Oberwertes der Rahmengebühr von 20/10 auf 30/10 und die dazu gegebene Begründung des Gesetzgebers kann daran kein Zweifel mehr bestehen.[2)] Wenn der Mandant selbst eine formlose Gewinnermittlung vornimmt und den StB „lediglich" damit beauftragt, die von ihm ermittelten Zahlen in die Anlage EÜR einzutragen und diese an das Finanzamt zu übermitteln, fällt gleichwohl eine Gebühr nach § 25 StBVV an, wobei die Vorarbeiten des Mandanten ggf. gebührenmindernd zu berücksichtigen sind.[3)] Begründen lässt sich das Entstehen einer Gebühr in diesen Fällen auf zweierlei Weise:

1. Bereits die Eingabe von Daten in die EDV, die der Auftraggeber dem StB zu diesem Zwecke übergibt und insbesondere die standardisierte Zuordnung der Betriebseinnahmen und –ausgaben zu den Positionen der Anlage EÜR, ist eine steuergestaltende Tätigkeit, die einen Honoraranspruch auslöst.[4)]
2. Die Überprüfung der übergebenen Zahlen mit einem zumindest als durchschnittlich zu bemessenden Aufwand ist bereits eine „Ermittlung" i.S.d. § 25 Abs.1 StBVV.[5)]

Praxistipp:

In den Fällen, in denen dem StB nur eine formlose Gewinnermittlung vorliegt, sollte er sich beauftragen lassen, nachträglich eine (den Erfordernissen der Anlage EÜR) angepasste) Buchführung zu erstellen, da dies den Aufwand für das Ausfüllen der Anlage EÜR reduziert.[6)] Der StB kann dann auch eine Gebühr nach § 33 StBVV berechnen.

Ab dem VZ 2015 sind bei der Anlage EÜR drei neue **Formulare für Personengesellschaften** zu beachten: die Anlage ER,[7)] die Anlage SE[8)] und die Anlage AVSE.[9)] Diese müssen von Personengesellschaften abgegeben werden, die zur Verteilung des Gewinns auf ihre einzelnen Gesellschafter eine „Erklärung zur gesonderten und einheitlichen Feststellung von Besteuerungsgrundlagen" ausfüllen müssen. Eine Anlage ER ist nur zu übermitteln, wenn tatsächlich Wertkorrekturen vorzunehmen sind. Eine Anlage SE ist nur zu übermitteln, wenn Sonderbetriebseinnahmen und/oder Sonderbetriebsausgaben angefallen sind. Die Anlage AVSE ist nur zu übermitteln, wenn tatsächlich Sonderbetriebsvermögen vorliegt. Der zusätzliche Arbeitsaufwand rechtfertigt in jedem Fall eine Erhöhung des Zehntelsatzes. Durch

1) Boelsen in Eckert, 6. Aufl. 2017, § 25 StBVV Rz. 13; Weiler, DStR 2006, 2229; Warttinger, Honorarbrief für Steuerberater 8/2013, 8; Meyer, KP 2006, 184.
2) → Rz. 438.
3) Feiter, KANZLEI intern 01/2015, 8.
4) So LG Frankfurt a.M. v. 8.11.2013, 2–06 O 323/13 zur Abgabe einer „Nullerklärung".
5) So zu § 27 StBGebV: AG Wuppertal v. 16.7.1996, 91 C 78/94, → § 27 StBVV Rz. 465.
6) → Rz. 439.
7) Ergänzungsrechnung.
8) Sonderberechnung.
9) Anlageverzeichnis zur Anlage SE.

die Anhebung des Oberwertes der Rahmengebühr von 20/10 auf 30/10 wurde diesem Mehraufwand zwischenzeitlich Rechnung getragen.[1] Bei der Ermittlung von Sonderbetriebseinnahmen und/oder –ausgaben ist ggf. eine zusätzliche Gebühr nach § 25 StBVV gerechtfertigt.[2]

Die Angaben in der Anlage EÜR, insbesondere zu Ziffer 52 (Übrige unbeschränkt anziehbare Betriebsausgaben) führen gelegentlich zu **Rückfragen** seitens des Finanzamtes. Der dadurch nachträglich anfallende Mehraufwand sollte mit einer Zeitgebühr berechnet werden. Gleiches gilt für alle sonstigen **nachträglichen Arbeiten**, die dadurch entstehen, dass das Finanzamt weitere Belege und Nachweise anfordert.[3]

Im Rahmen des DiFin-Prozesses[4] können sowohl Handelsbilanzen als auch Einnahmen-Überschussrechnungen übertragen werden. Die elektronische Abschlussdatenübermittlung an eine teilnehmende Bank ist eine vereinbare Tätigkeit, für die die übliche Vergütung nach §§ 612 Abs. 2, 632 Abs. 2 BGB berechnet werden kann. Wie beim elektronischen Bundesanzeiger dürften sich auch hier Pauschalen zwischen 80 € und 250 € als üblich erweisen.

Praxistipp:

Vereinbaren Sie mit Ihrem Mandanten die elektronische Abschlussdatenübermittlung einschließlich Honorar über eine entsprechende Teilnahmeerklärung und versenden Sie künftig die von der Bank angeforderten Jahresabschlüsse oder EÜR als Digitalen Finanzbericht.

IV. Wechsel der Gewinnermittlungsart

Die besonderen Arbeiten, die beim **Wechsel** der Gewinnermittlungsart **von der Einnahmen-Überschussrechnung zur Bilanzierung** anfallen, sind nach § 25 StBVV (Rest-Überschussrechnung)und § 35 Abs. 1 Nr. 4 StBVV (Eröffnungsbilanz) (Übrige abzurechnen. Die Ermittlung des Übergangsgewinns, die zum Übergangszeitpunkt durchzuführen ist, rechtfertigt nach h.M. eine zusätzliche Gebühr nach § 25 Abs. 1 StBVV.[5] Im Hinblick auf die Gewinnkorrektur in Form von Zu- und Abrechnungen kann die berichtigte Bilanzsumme beim ersten Bestandsvergleich um die jeweils höhere Summe der Hinzurechnungen oder Abrechnungen erhöht werden. **443**

Im umgekehrten Fall des **Übergangs vom Bestandsvergleich zur Einnahmen-Überschussrechnung** ergibt sich zunächst eine Gebühr nach § 35 Abs. 1 Nr. 1 Buchst. a StBVV. Ab Neubeginn der Einnahmen-Überschussrechnung entstehen für die Gewinnermittlung Gebühren nach § 25 StBVV. Beim Gegenstandswert erhöhen im ersten Jahr nach dem Übergang Hinzurechnungen die Einnahmen und Abrechnungen die Betriebsausgaben. Zusätzlich sind die Mehrarbeiten durch einen höheren Rahmensatz angemessen zu berücksichtigen.[6] Umstritten ist, ob über § 2 StBVV eine zusätzliche Gebühr nach § 25 Abs. 1 StBVV für die Berichtigung mit den Hinzu- und Abrechnungen anfällt.[7] **444**

1) → Rz. 438.
2) → Rz. 449; Boelsen in Eckert, 6. Aufl. 2017, § 25 StBVV Rz. 22.
3) Klaeren, KANZLEI intern 11_2016, 6; ausführlich dazu → § 12 StBVV Rz. 231.
4) Digitaler Finanzbericht.
5) Berners, 5. Aufl. 2016, § 25 StBVV Rz. 26; Brummer, 10. Aufl. 2010, § 25 StBGebV Anm. 9; Schwamberger in Meyer/Goez/Schwamberger, 9. Aufl. 2019, § 25 StBVV Rz. 7; a.A. Geismann, Honorarbrief für Steuerberater April 2016, 2.
6) Boelsen in Eckert, 6. Aufl. 2017, § 25 StBVV Rz. 19.
7) Bejahend: Brummer, 10. Aufl. 2010, § 25 StBGebV Anm. 9; Schwamberger in Meyer/Goez/Schwamberger, 9. Aufl. 2019, § 25 StBVV Rz. 8; verneinend: Berners, 5. Aufl. 2016, § 25 StBVV Rz. 29 ff.; Boelsen in Eckert, 6. Aufl. 2017, § 25 StBVV Rz. 19.

445 Ein Wechsel der Gewinnermittlungsart gegenüber dem Vorjahr darf nur nach vorher eingeholtem Einverständnis des Mandanten erfolgen.[1]

V. Veräußerung und Aufgabe des Betriebs

446 Bei Veräußerung von Betrieben mit Überschussrechnung fingiert die Rechtsprechung einen Übergang zum Bestandsvergleich. Die Ermittlung des Veräußerungsgewinns oder -verlustes rechtfertigt neben der „normalen" Rest-Einnahme-Überschussrechnung eine weitere Gebühr nach § 25 StBVV. Hinzu kommt die Gebühr nach § 35 Abs. 1 Nr. 4 StBVV i.V.m. § 2 StBVV für die Aufstellung einer Eröffnungsbilanz.[2] Gleichermaßen kann bei der Ermittlung des Aufgabegewinns oder -verlustes verfahren werden.

VI. Mehrere Überschussrechnungen

447 Erfolgt die Überschussermittlung getrennt für mehrere Einkunftsarten,[3] fällt für jede Einnahmen-Überschussrechnung eine gesonderte Gebühr an, auch wenn die StBVV in § 25 Abs. 3 StBVV nur den Fall erwähnt, dass mehrere Ermittlungen „aus derselben Einkunftsart" eine gesonderte Gebühr rechtfertigen.[4] Gleiches gilt, wenn mehrere Überschussrechnungen bei einer Einkunftsart anfallen, z.B. bei mehreren Gewerbebetrieben.

Praxistipp:

Handelt es sich um mehrere Kleingewerbe mit ähnlichem Unternehmensgegenstand,[5] sollte der StB sich die Bestätigung seines Mandanten einholen, dass es sich um zwei selbständige Betriebe handelt, für die er zwei getrennte Überschussrechnungen zu erstellen hat. Im Streitfall muss andernfalls auf andere Kriterien zurückgegriffen werden.[6]

VII. Einkünfte aus Land- und Forstwirtschaft

448 § 25 StBVV erfasst lediglich die Überschussrechnung nach § 4 Abs. 3 EStG. Hiervon erfasst ist auch die vereinfachte Gewinnermittlung für kleine forstwirtschaftliche Betriebe nach § 51 EStDV, sofern der Mandant nur forstwirtschaftlich genutzte Flächen bis 50 ha hat.[7]

Beispiel:

Der Mandant hat ein 8 ha großes Waldgrundstück gekauft und beauftragt den StB mit der Erstellung der Gewinnermittlung für die Holznutzung.

Hat der Mandant neben den forstwirtschaftlich genutzten Flächen, für die die Gewinnermittlung nach § 51 EStDV genutzt wird, auch landwirtschaftliche Flächen, für die der Gewinn nach § 4 Abs. 3 EStG ermittelt wird, so kann eine einheitliche Abrechnung nach § 25 Abs. 1 StBVV erfolgen. Der Gegenstandswert besteht dann aus der Summe der Betriebseinnahmen oder der Betriebsausgaben aus dem landwirtschaftlichen und dem forstwirtschaftlichen Betriebsteil.[8] Was die Berücksichti-

1) LG Duisburg v. 4.8.2000, 10 O 57/98, GI 2001, 254.
2) Schwamberger in Meyer/Goez/Schwamberger, 9. Aufl. 2019, § 25 StBVV Rz. 8; Boelsen in Eckert, 6. Aufl. 2017, § 25 StBVV Rz. 20; Berners, 5. Aufl. 2016, § 25 StBVV Rz. 35.
3) Z.B. Gewerbebetrieb, selbständige Arbeit, land- und forstwirtschaftlicher Betrieb.
4) Berners, 5. Aufl. 2016, § 25 StBVV Rz. 22; Mittelsteiner/Scholz, 4. Aufl. 1998, § 25 StBGebV Rz. 7; siehe auch → Rz. 448.
5) Z.B. Betrieb eines Fitnessstudios und Unternehmensberatung, Coaching und Marketingmaßnahmen.
6) Anmeldung eines weiteren Gewerbes, Fragebogen zur steuerlichen Erfassung, Stellungnahme des zuständigen Finanzamtes etc.
7) Beyme, AgrB 3/2019, 153 und KNAZLEI intern 04_2019, 7.
8) Beyme, AgrB 3/2019, 153.

gung von „Sonderbetriebseinnahmen" und „Sonderbetriebsausgaben"[1]betrifft, gelten die Ausführungen zu → Rz. 449 entsprechend. Bei einer Gewinnermittlung nach Durchschnittssätzen[2] ist § 26 StBVV einschlägig, bei einer Gewinnermittlung durch Vermögensvergleich nach § 4 Abs. 1 EStG greift § 39 StBVV ein. Für Arbeiten zur Feststellung eines verrechenbaren Verlustes gem. § 15a EStG i.V.m. § 13 EStG erhält der StB eine Zeitgebühr nach § 24 Abs. 4 Nr. 2 StBVV.

VIII. Einkünfte aus Gewerbebetrieb

§ 25 StBVV ist nur dann anwendbar, wenn keine Verpflichtung zur Jahresabschlusserstellung besteht und auch nicht freiwillig Bilanzen erstellt werden. **449**

Der Ansatz von Beteiligungseinkünften nach § 179 AO rechtfertigt nach überwiegender Auffassung keine Gebühr nach § 25 Abs. 1 StBVV, da begrifflich noch nicht von einer „Ermittlung" des Überschusses der Betriebseinnahmen über die Betriebsausgaben gesprochen werden kann.[3] Die Erklärung dieser Einkünfte ist grundsätzlich mit der Gebühr nach § 24 Abs. 1 Nr. 1 und 2 StBVV abgegolten.

Beispiel:

Der an eine Zwei-Personen-GbR gerichtete Grundlagenbescheid für 2016 über die gesonderte und einheitliche Feststellung von Besteuerungsgrundlagen enthält eine Aufteilung der Besteuerungsgrundlagen nach Bruchteilen für die beiden Gesellschafter. Die jeweiligen Einkünfte aus Gewerbebetrieb sind in dem Bescheid unter Angabe der Verteilungsquote und des zuständigen Finanzamtes für jeden Gesellschafter gesondert ausgewiesen. Die Übernahme dieser Einkünfte in die persönliche Steuererklärung des/der Gesellschafter/s ist mit der Erklärungsgebühr abgegolten und rechtfertigt keine (weitere) Gebühr nach § 25 StBVV.

Wenn ausnahmsweise die gesondert (einheitlich) festgestellten Einkünfte noch einer Ergänzung bedürfen, etwa durch den Ansatz von noch nicht berücksichtigten „Sonderbetriebseinnahmen" oder „Sonderbetriebsausgaben",[4] liegt eine „kleine Überschussrechnung für Teileinkünfte aus Gewerbebetrieb" vor, die eine zusätzliche Gebühr nach § 25 StBVV über § 2 StBVV rechtfertigt.[5] Man kann insoweit von „Zubringerleistungen" des einen StB zu den Abschlussarbeiten eines anderen StB sprechen.[6] Einkünfte aus Gewerbebetrieb sind auch solche nach § 16 EStG[7] und § 17 EStG.[8] Hierfür fällt eine zusätzliche Gebühr nach § 25 Abs. 1 StBVV an.[9]

IX. Einkünfte aus selbstständiger Arbeit

Werden für Einkünfte aus selbstständiger Arbeit Überschussrechnungen nach § 4 Abs. 3 EStG erstellt, greift § 25 StBVV ein. Was die Berücksichtigung von „Sonderbetriebseinnahmen" und Sonderbetriebsausgaben"[10] betrifft, gelten die Ausführun- **450**

1) Anlage FE 1 zur Erklärung zur gesonderten und einheitlichen Feststellung von Grundlagen für die Einkommensbesteuerung.
2) § 13a Abs. 3 ff. EStG.
3) → Rz. 442; Boelsen in Eckert, 6. Aufl. 2017, § 25 StBVV Rz. 15.
4) Anlage FE 1 zur Erklärung zur gesonderten und einheitlichen Feststellung von Grundlagen für die Einkommensbesteuerung.
5) Boelsen in Eckert, 6. Aufl. 2017, § 25 StBVV Rz. 16; Berners, 5. Aufl. 2016, § 25 StBVV Rz.13; Mittelsteiner/Scholz, 4. Aufl. 1998, § 25 StBGebV Rz. 4; Eggesiecker, 2. Aufl. 1998, § 25 STEUGO Rz. 25.600; a.A. Schwamberger in Meyer/Goez/Schwamberger, 9. Aufl. 2019, § 25 StBVV Rz. 5, der über § 2 StBVV eine Zeitgebühr nach § 35 Abs. 3 StBVV ansetzen will.
6) Boelsen in Eckert, 6. Aufl. 2017, § 25 StBVV Rz. 16; zur Frage des Auftraggebers → § 35 StBVV Rz. 571.
7) Veräußerung eines Betriebs oder Teilbetriebs; → Rz. 446.
8) Gewinn oder Verlust aus der Veräußerung von Anteilen an einer Kapitalgesellschaft.
9) So ausdrücklich zu § 17 EStG: LG Wuppertal v. 25.5.2016, 3 O 299/13; → Rz. 446.
10) Anlage FE 1 zur Erklärung zur gesonderten und einheitlichen Feststellung von Grundlagen für die Einkommensbesteuerung.

gen zu → Rz. 449 entsprechend. Wird der Gewinn aus selbstständiger Arbeit hingegen nach § 4 Abs. 1 EStG ermittelt, ist § 35 StBVV einschlägig.

C. Vorarbeiten (Abs. 2)

451 Nach § 25 Abs. 2 StBVV sind Vorarbeiten, die **über das übliche Maß erheblich hinausgehen,** mit einer Zeitgebühr gesondert zu vergüten. Die Praktikabilität dieser Vorschrift wird dadurch erheblich eingeschränkt, dass die Vorarbeiten, die „üblich" sind, noch von der Gebühr nach § 25 Abs. 1 StBVV abgegolten sind und § 25 Abs. 2 StBVV nur die Vorarbeiten erfasst, die das übliche Maß „erheblich" überschreiten. Anwendbar ist die Vorschrift z.B. bei erheblicher zusätzlicher Arbeit durch Sortieren ungeordneter Belege, umfangreicher Fehlersuche oder zeitraubender Abgleichung der Einnahmen und Ausgaben bei den Geldkonten. Was die Abgrenzung zu § 25 Abs. 1 StBVV betrifft, führt das LG Detmold[1] aus, dass die Tätigkeit nach § 25 Abs. 1 StBVV erst dann beginnt, wenn ordnungsgemäße steuerliche Aufzeichnungen vorliegen. Wenn der Mandant die Buchführung oder Aufzeichnungen selbst erstellt, seien häufig Anpassungen und Korrekturen erforderlich, um die Buchführung in die für die Bearbeitung nach § 25 Abs. 1 StBVV erforderliche Form zu bringen. Im konkreten Fall[2] hielt das Gericht die vom StB in Ansatz gebrachten 13 Stunden a 75 € für einen qualifizierten Mitarbeiter für angemessen.

Beispiele:

Hat der StB die laufende Buchführung nicht selbst erstellt, können Vorarbeiten zu den Gewinnermittlungen mit einem Zeitaufwand von 23 Stunden zusätzlich mit einer Zeitgebühr nach § 25 Abs. 2 StBVV abgerechnet werden.[3]

§ 25 Abs. 2 StBVV ist nicht anwendbar, wenn der StB die Buchführung selbst erstellt hat.[4]

Hat der Auftraggeber die Buchführung selbst erstellt, ist diese aber für den StB unbrauchbar und bringt er die Buchführung in einen ordnungsgemäßen Zustand, rechtfertigt dies eine Zeitgebühr nach § 25 Abs. 2 StBVV nur dann, wenn ein entsprechender Zusatzauftrag des Auftraggebers vorliegt.[5]

Bestreitet der Auftraggeber, dass die vom StB in Ansatz gebrachten Vorarbeiten nach § 25 Abs. 2 StBVV erforderlich waren, muss der StB konkret darlegen und notfalls beweisen, welche Arbeiten tatsächlich erforderlich waren.[6]

Zur Aufteilung der Schuldzinsen in einen abziehbaren und einen nicht abziehbaren Teil nach § 4 Abs. 4a EStG → § 25 StBVV Rz. 440.

Vorarbeiten betriebswirtschaftlicher Art, z.B. die Ermittlung betriebswirtschaftlicher Kennzahlen, die Ermittlung personenbezogener Umsätze oder Kosten oder die Ermittlung von Kapitalkonten für Beteiligte von Personengesellschaften sind als vereinbare Tätigkeiten mit der üblichen Gebühr[7] abrechenbar. Üblich dürfte eine Abrechnung nach Zeitaufwand sein.[8]

1) LG Detmold v. 20.4.2016, 10 S 44/15, besprochen von Wacker, KANZLEI intern 06_2016, 3.
2) → Rz. 439.
3) → § 25 StBVV Rz. 439; LG Aschaffenburg v. 7.5.1998, 2 S 289/97, Stbg 2000, 474 f.
4) Weiler, DStR 2006, 2229, 2230, → § 25 StBVV Rz. 438.
5) → § 25 StBVV Rz. 439.
6) OLG Düsseldorf v. 10.12.1998, 13 U 241/97, GI 1999, 295, 299; AG Mönchengladbach v. 8.12.2000, 36 C 1229/98.
7) §§ 612 Abs. 2, 632 Abs. 2 BGB.
8) Schwamberger, KP 2017, 143, 147.

D. Aufstellung eines schriftlichen Erläuterungsberichts (Abs. 4)

Durch das Jahressteuergesetz 2007[1] wurde für die Aufstellung eines schriftlichen Erläuterungsberichts zur Ermittlung des Überschusses der Betriebseinnahmen über die Betriebsausgaben ein neuer Gebührentatbestand geschaffen, der aus § 35 Abs. 1 Nr. 6 StBVV abgeleitet wurde. Auch der Gebührenrahmen wurde übernommen. Entgegen der von Meyer[2] geäußerten Auffassung fällt die Darstellung des Überschusses mittels Anlage EÜR nicht unter den neuen § 25 Abs. 4 StBVV.[3] Gleiches gilt für die Beifügung von Kontennachweisen. Erforderlich sind vielmehr schriftliche Erläuterungen zu einzelnen Posten der Gewinnermittlung vergleichbar einem Erläuterungsbericht zum Jahresabschluss. Erforderlich ist auch hier ein entsprechender Auftrag durch den Mandanten.[4] 452

1) JStG 2007 v. 13.12.2006, BGBl. I 2006, 2878 = BStBl I 2007, 28.
2) Meyer, KP 2006, 184.
3) → § 25 StBVV Rz. 442.
4) Weiler, DStR 2006, 2229, 2230.

§ 26
Ermittlung des Gewinns aus Land- und Forstwirtschaft nach Durchschnittsätzen

(1) [1]Die Gebühr für die Ermittlung des Gewinns nach Durchschnittsätzen beträgt 5 Zehntel bis 20 Zehntel einer vollen Gebühr nach Tabelle B (Anlage 2). [2]Gegenstandswert ist der Durchschnittssatzgewinn nach § 13a Abs. 3 Satz 1 des Einkommensteuergesetzes.

(2) Sind für mehrere land- und forstwirtschaftliche Betriebe desselben Auftraggebers die Gewinne nach Durchschnittsätzen getrennt zu ermitteln, so erhält der Steuerberater die Gebühr nach Absatz 1 für jede Gewinnermittlung.

Inhalt

Schrifttum

Beyme, Abrechnung bei Gewinnermittlung nach § 51 EStDV, AgrB 2019, 153; **Beyme,** Abrechnung des „neuen" § 13a EStG nach der StBVV, AgrB 2017, 175.

A. Inhalt und Bedeutung

453 § 26 StBVV regelt die Ermittlung des Gewinns aus Land- und Forstwirtschaft nach Durchschnittsätzen.[1] Hierbei handelt es sich um die häufigste Gewinnermittlungsart bei land- und forstwirtschaftlichen Betrieben. Nach Schätzungen ermitteln etwa 65 % der land- und forstwirtschaftlichen Betriebe ihren Gewinn nach Durchschnittsätzen.[2] Auf die Ermittlung des Gewinns aus Land- und Forstwirtschaft durch Vermögensvergleich findet § 39 StBVV Anwendung, für die Gewinnermittlung durch Gegenüberstellung der Betriebseinnahmen und der Betriebsausgaben gilt § 25 StBVV.[3]

454 Sind für **mehrere** land- und forstwirtschaftliche **Betriebe** Gewinnermittlungen nach Durchschnittsätzen vorzunehmen, so erhält der StB für jede dieser Ermittlungen eine gesonderte Gebühr.[4]

455 Durch die Neufassung des § 13a EStG mit Wirkung ab dem 1.1.2015[5] wurde die Ermittlung der Sondergewinne[6] ausgeweitet. Dies erfordert u.a. die Erfassung der historischen Anschaffungs- und Herstellungskosten von Gewinnen aus der Veräußerung oder Entnahme von Wirtschaftsgütern des Anlagevermögens und von Tieren, soweit der Veräußerungs- oder Entnahmepreis mehr als 15 000 € beträgt.[7] Ob diese und weitere für § 13a EStG erforderliche Vorarbeiten gesondert abgerechnet werden können, ist umstritten. Anders als § 25 StBVV sieht § 26 StBVV keine separate Berechnung von Vorarbeiten vor. Gleichwohl wird z.T. vertreten, dass derartige Vorarbeiten analog § 25 Abs. 2 StBVV abgerechnet werden können.[8] Diese Auffassung

1) § 13a EStG.
2) Amtliche Begründung zur 3. ÄndVO v. 20.8.1998, BGBl. I 1998, 2369, abgedruckt in Eckert, 4. Aufl. 2003, zu § 26 StBGebV.
3) → § 25 StBVV Rz. 448.
4) § 26 Abs. 2 StBVV.
5) Zollkodex-Anpassungsgesetz v. 22.12.2014, BGBl. I 2014, 2417 = BStBl I 2015, 58.
6) § 13a Abs. 7 EStG.
7) Beyme, AgrB 2017, 175, 176.
8) Berners, 5. Aufl. 2016, § 26 StBVV Rz. 6; Schwamberger in Meyer/Goez/Schwamberger, 9. Aufl. 2019, § 26 StBVV Rz. 8.

überzeugt nicht, da § 26 StBVV – anders als z.B. §§ 25 Abs. 2, 27 Abs. 3, 35 Abs. 3 StBVV – keine separate Berechnung von Vorarbeiten vorsieht. Wenn der Verordnungsgeber eine gesonderte Berechnung von Vorarbeiten nach Zeitaufwand gewollt hätte, hätte er eine entsprechende Regelung von Anfang an vorgesehen oder zu einem späteren Zeitpunkt eingefügt.[1] § 26 StBVV regelt die Vergütung des StB für die Gewinnermittlung nach Durchschnittssätzen, inklusive der Ermittlung der Sondergewinne deshalb abschließend.[2] Der weite Gebührenrahmen von 5/10 bis 20/10 gibt i.d.R. genügend Spielraum, um auch aufwändige Vorarbeiten hinreichend zu berücksichtigen.

Beispiel:

Der Mandant besitzt ein 8 ha großes Waldgrundstück, für das die pauschale Ermittlung der Gewinne aus Holznutzung nach § 51 EStDV erfolgt. Daneben besitzt er 8 ha landwirtschaftlich genutzte Flächen, für die er den Gewinn nach § 13a EStG ermittelt. Die zusätzliche Gewinnermittlung für den forstwirtschaftlichen Teil kann hier nicht gesondert nach § 25 StBVV abgerechnet werden[3] (Anlage 2). Dieser Aufwand kann nur bei der Wahl des Rahmensatzes des § 26 StBVV berücksichtigt werden.[4]

Beyme weist darauf hin, dass dies zu gebührenrechtlich unbefriedigenden Ergebnissen führen kann, da es in § 26 StBVV – anders als in § 25 StBVV – keinen Mindestgegenstandswert gibt. So liegt der Gegenstandswert nach § 26 StBVV für einen land- und forstwirtschaftlichen Betrieb, der neben 8 ha forstwirtschaftlichen Flächen auch 8 ha landwirtschaftliche Flächen nutzt und keine Sondergewinne hat, weit unter dem Mindestgegenstandswert des § 25 StBVV i.H.v. 12 500 €, der im Falle einer reinen forstwirtschaftlichen Nutzung angesetzt werden könnte.[5] Sollte der weite Gebührenrahmen nicht ausreichen, kann in besonders gelagerten Fällen eine Vergütungsvereinbarung nach § 4 Abs. 1 StBVV geschlossen werden.[6]

Die Ermittlung der Besteuerungsgrundlagen für die Erklärungen nach der **Tonnagesteuer** ist nach §§ 2, 26 Abs. 1 StBVV zu berechnen. **Gegenstandswert** ist die ermittelte Bemessungsgrundlage für die Tonnagesteuer. 456

B. Anwendungsbereich

Bis zur 3. ÄndVO[7] war als Gegenstandswert nur der „Ausgangswert" nach § 13a Abs. 4 EStG a.F. anzusetzen. Nach der durch die 3. ÄndVO erfolgten Änderung des § 26 Abs. 1 Satz 2 StBGebV, war der Ausgangswert nach § 13a Abs. 4 EStG einschließlich der Summe der Sondergewinne nach § 13a Abs. 8 EStG Gegenstandswert. Ausweislich der amtlichen Begründung zur 3. ÄndVO kam den Sondergewinnen wegen verschiedener agrarpolitischer Maßnahmen, wie z.B. Zahlungen von direkten und indirekten Einkommensbeihilfen, eine besondere ertragsteuerliche Bedeutung zu, was die Einbeziehung der Summe der Sondergewinne nach § 13a Abs. 8 EStG in den Gegenstandswert rechtfertigte. 457

Auf Grund einer gesetzlichen Änderung des § 13a EStG durch das Steuerentlastungsgesetz 1999/2000/2002[8] **existierte** der in § 13a Abs. 4 EStG a.F. genannte **Ausgangswert** ab dem Veranlagungszeitraum 1999 **nicht mehr**. Nach einem Vorschlag

1) Wie z.B. im Fall des § 27 Abs. 3 StBVV, der erst mit Wirkung zum 20.12.2012 nachträglich eingefügt wurde.
2) So auch Beyme, AgrB 2019, 153 und AgrB 2017, 175, 176; Boelsen in Eckert, 6. Aufl. 2017, § 26 StBVV Rz. 5.
3) → § 25 StBVV Rz. 448.
4) Beyme, AgrB 2019, 153.
5) Beyme, AgrB 2019, 153; siehe auch § 25 StBVV Rz. 13.
6) → § 4 StBVV Rz. 115 ff.
7) 3. ÄndVO v. 20.8.1998, BGBl. I 1998, 2369.
8) StEntlG 1999/2000/2002 v. 24.3.1999, BGBl. I 1999, 402 = BStBl I 1999, 304.

des Hauptverbandes der Landwirtschaftlichen Buchstellen und Sachverständigen e.V.[1] und der Bundessteuerberaterkammer[2] sollte bis zu einer Änderung der Verordnung wie folgt verfahren werden: An die Stelle des Ausgangswerts tritt der nach § 13a Abs. 4 EStG nunmehr festzustellende Grundbetrag. An die Stelle der früher in § 13a Abs. 8 EStG a.F. geregelten Summe der Sondergewinne tritt nunmehr die Summe der in § 13a Abs. 6 EStG aufgeführten Sondergewinne sowie die Summe der Zuschläge für Sondernutzungen gem. § 13a Abs. 5 EStG und die Summe der festzustellenden vereinnahmten Miet- und Pachtzinsen gem. 13a Abs. 3 Nr. 4 EStG. Durch das JStG 2007[3] wurde § 26 Abs. 1 Satz 2 StBGebV an den geänderten § 13a EStG angepasst. Die bisherigen Schwierigkeiten bei der Bestimmung des Gegenstandswertes wurden beseitigt. Durch den Verweis auf § 13a Abs. 3 Satz 1 EStG ist klargestellt, dass der Gegenstandswert wie folgt veranlagt wird:

Festzustellender Grundbetrag nach § 13a Abs. 4 EStG

+ Summe der Zuschläge für Sondernutzung nach § 13a Abs. 5 EStG,
+ Summe der Sondergewinne nach § 13a Abs. 6 EStG,
+ Summe der festzustellenden vereinnahmten Miet- und Pachtzinsen nach § 13a Abs. 3 Nr. 4 EStG,
+ Summe der vereinnahmten Kapitalerträge, die sich aus Kapitalanlagen und Veräußerungserlösen i.S.d. § 13a Abs. 6 Satz 1 Nr. 2 EStG ergeben.

Durch das Zollkodex-Anpassungsgesetz[4] wurde § 13a EStG mit Wirkung ab dem 1.1.2015 geändert. Die erstmalige Anwendung erfolgte im Wirtschaftsjahr 2015/2016. Im Gegensatz zu § 13a EStG blieb § 26 StBVV unverändert, ohne dass diesmal ein gebührenrechtlicher Schwebezustand eingetreten ist.[5] Der Verweis in § 26 Abs. 1 Satz 2 StBVV auf § 13a Abs. 3 Satz 1 EStG passt nach wie vor. Denn die seit der Neufassung des § 13a EStG nicht mehr abziehbaren verausgabten Pachtzinsen, Schuldzinsen und dauernde Lasten, die Betriebsausgaben sind, waren bei der Bestimmung des Gegenstandswertes schon bisher nicht zu berücksichtigen. Beyme weist darauf hin, dass sich durch die **Neuregelung des § 13a EStG der Gegenstandswert** für § 26 StBVV **erhöht**.[6] Gewinnerhöhend nach § 13a EStG und damit gegenstandswerterhöhend wirken sich Zuschläge für die Tierhaltung ab mehr als 25 Vieheinheiten aus,[7] der von 512 € auf 1 000 € gestiegene Zuschlag pro Sondernutzung,[8] der Wegfall des Freibetrags von 1 534 € für Sondergewinne[9] und insbesondere die grundsätzliche Erfassung von Veräußerungs- oder Entnahmegewinnen beweglicher Wirtschaftsgüter des Anlagevermögens, soweit diese mehr als 15 000 € betragen.[10] Gerade durch diese Neuregelung kann es zu starken Schwankungen beim Durchschnittssatzgewinn i.S.v. § 13a Abs. 3 Satz 1 EStG und damit beim Gegenstandswert nach § 26 Abs. 1 StBVV kommen. Die Erhöhung des Gegenstandswertes ist wegen der gestiegenen Komplexität des neuen § 13a EStG gerechtfertigt.[11]

1) Siehe www.hlbs.de.
2) Kammerreport, Beihefter zu DStR 1–2/2001, 3.
3) JStG 2007 v. 13.12.2006, BGBl. I 2006, 2878 = BStBl I 2007, 28.
4) Gesetz v. 22.12.2014, BGBl. I 2014, 2417 = BStBl I 2015, 58.
5) Beyme, AgrB 2017, 175.
6) Beyme, AgrB 2017, 175 mit Berechnungsbeispiel.
7) § 13a Abs. 4 EStG i.V.m. Anlage 1a zu § 13a EStG.
8) § 13a Abs. 6 EStG.
9) § 13a Abs. 6 EStG a.F.
10) § 13a Abs. 7 Nr. 1b EStG.
11) Beyme, AgrB 2017, 175, 176.

§ 27
Ermittlung des Überschusses der Einnahmen über die Werbungskosten

(1) [1]Die Gebühr für die Ermittlung des Überschusses der Einnahmen über die Werbungskosten bei den Einkünften aus nichtselbständiger Arbeit, Kapitalvermögen, Vermietung und Verpachtung oder sonstigen Einkünften beträgt 1 Zwanzigstel bis 12 Zwanzigstel einer vollen Gebühr nach Tabelle A (Anlage 1). [2]Gegenstandswert ist der jeweils höhere Betrag, der sich aus der Summe der Einnahmen oder der Summe der Werbungskosten ergibt, jedoch mindestens 8 000 Euro.

(2) Beziehen sich die Einkünfte aus Vermietung und Verpachtung auf mehrere Grundstücke oder sonstige Wirtschaftsgüter und ist der Überschuss der Einnahmen über die Werbungskosten jeweils getrennt zu ermitteln, so erhält der Steuerberater die Gebühr nach Absatz 1 für jede Überschußrechnung.

(3) Für Vorarbeiten, die über das übliche Maß erheblich hinausgehen, erhält der Steuerberater die Zeitgebühr.

Inhalt

Schrifttum

Beyme, Abrechnungsmöglichkeiten bei VuV, KANZLEI intern 7_2018, 5; **Gemmer,** Wie sind steuerfreie Einnahmen bei der Ermittlung des Gegenstandswertes zu berücksichtigen?, KP 2000, 175; **Hartmann,** Abrechnung der Anlage N-AUS. KANZLEI intern 07/2014, 7; **Kuppe,** Einkünfte aus Kapitalvermögen – (K)Ein Beratungsfeld für Steuerberater?, NWB 19/2016, 1451; **Meyer,** Tätigkeiten des Steuerberaters bei Spekulationsgeschäften: Welche Gebühren können angesetzt werden?, KP 2002, 10; **Neufang/Spangberg Zepezauer,** Die neue Steuerberatervergütungsverordnung (StBVV) und Tipps zur Abrechnungspraxis, StB 2013, 35; **Tönnies,** StBGebV in der Praxis: Mehr Gewinn durch Nebengebühren, Stbg 1995, 299; **Wilk/Beyer-Petz,** Die neue Steuerberatervergütungsverordnung, DStR 2012, 2508.

A. Inhalt und Bedeutung

Die Vorschrift ist eine Parallelvorschrift zu § 25 StBVV für die 4 Einkunftsarten des § 2 Abs. 1 Nr. 4–7, §§ 19–23 EStG (sog. „Überschusseinkünfte"). Die Gebühren nach § 27 StBVV fallen zusätzlich zur Erklärungsgebühr nach § 24 Abs. 1 Nr. 1 und 2 StBVV an.[1) **458**

Gegenstandswert ist die Summe der Einnahmen oder die Summe der Werbungskosten, wenn diese höher ist. Steuerfreie Einnahmen sind ebenfalls Einnahmen.[2)]

1) OLG Düsseldorf v. 15.5.1997, 13 U 8/96, GI 1998, 147.

2) Eggesiecker, 2. Aufl. 1998, § 27 STEUGO, Rz. 27.330; Gemmer, KP 2000, 175; Boelsen in Eckert, 6. Aufl. 2017, § 27 StBVV Rz. 4 i.V.m. § 25 StBVV Rz. 6; Schwamberger in Meyer/Goez/Schwamberger, 9. Aufl. 2019, § 27 StBVV Rz. 2.

Sie sind deshalb bei der Ermittlung des Gegenstandswertes zu berücksichtigen. Einnahmerückzahlungen mindern den Gegenstandswert. Ergibt sich der Gegenstandswert aus den Werbungskosten, sind auch nicht abzugsfähige Werbungskosten zu berücksichtigen, ebenso Abschreibungen nach §§ 7 ff.EStG und §§ 82a, b, g, i EStDV. Maßgebend sind die Einnahmen und Werbungskosten i.S.d. Einkommensteuerrechts, zu denen im Optionsfall auch die Umsatzsteuer gehört. Eine Kürzung von Freibeträgen oder Pauschalen entfällt.[1)]

Der Mindestgegenstandswert von 6 000 € wurde durch die VO zum Erlass und zur Änderung steuerlicher Verordnungen auf 8 000 € angehoben.[2)]

459 Die **Gebühr** nach § 27 StBVV kann **mehrfach** anfallen, nämlich dann, wenn der Steuerpflichtige über mehrere Einkunftsarten nebeneinander verfügt, z.B. Einkünfte aus nicht selbstständiger Arbeit, Einkünfte aus Kapitalvermögen, sonstige Einkünfte. Bei der Zusammenveranlagung von **Ehegatten** ist § 27 StBVV auf die Einkünfte jedes Ehegatten gesondert anzuwenden, so dass jede Überschussrechnung, unabhängig davon, für welchen Ehegatten sie erstellt wurde, eine gesondert honorierungsfähige Angelegenheit ist. Neben der **Sonderregelung** des **§ 27 Abs. 2 StBVV** können auch bei den **sonstigen Einkünften**[3)] mehrere Gebühren nach § 27 StBVV entstehen, wenn der Steuerpflichtige über mehrere Einkunftsquellen (z.B. Renten, private Veräußerungsgeschäfte) verfügt und der StB jeweils separate Überschussrechnungen erstellt.[4)]

460 Nach der amtlichen Begründung zu § 27 StBGebV war die Berechnung einer zusätzlichen Vergütung für über das übliche Maß hinausgehende **Vorarbeiten** im Gegensatz zu Überschussrechnung für Gewinneinkünfte nach § 25 StBGebV nicht vorgesehen. Mit der VO zum Erlass und zur Änderung steuerlicher Verordnungen wurde dies mit Wirkung zum 20.12.2012 geändert und in Abs. 3 eine Zeitgebühr eingeführt.[5)] Bis dahin konnten Vorarbeiten nur bei der Wahl des Rahmensatzes angemessen berücksichtigt werden. Denkbar ist, dass **steuerliche Aufzeichnungen** oder eine Buchführung im Bereich der Vermietung und Verpachtung erforderlich sind, die mit einer Gebühr nach § 33 Abs. 1 StBVV abgerechnet werden können.[6)] Voraussetzung hierfür ist, dass die Aufzeichnungen bzw. die Buchführung steuerlichen Zwecken dienen und ein entsprechender (zumindest konkludenter) Auftrag vorliegt.

461 Erstellt der StB auftragsgemäß einen **„schriftlichen Erläuterungsbericht"** zu einer Überschussermittlung, empfiehlt sich eine Vergütungsvereinbarung nach § 4 StBVV. Eine „sinngemäße" Anwendung des § 25 Abs. 2 StBVV oder des § 37 Satz 1 Nr. 3 StBVV gem. § 2 StBVV kommt nicht in Betracht, nachdem der Verordnungsgeber einen solchen Gebührentatbestand nicht in § 27 StBVV vorgesehen hat.

B. Ermittlung des Überschusses der Einnahmen über die Werbungskosten (Abs. 1 und Abs. 2)

I. Ermittlung

462 Die Gebühr entsteht für die Ermittlung des Überschusses. Dies setzt grundsätzlich eine Berechnung voraus.[7)] Der **Ansatz eines Pauschbetrages** rechtfertigt eine

1) Boelsen in Eckert, 6. Aufl. 2017, § 27 StBVV Rz. 4.
2) VO zum Erlass und zur Änderung steuerlicher Verordnungen v. 11.12.2012, BGBl. I 2012, 2637 = BStBl I 2013, 2.
3) § 2 Abs. 1 Satz 1 Nr. 7, §§ 22 ff. EStG.
4) Eggesiecker, 2. Aufl. 1998, § 27 STEUGO Rz. 27.237; Schwamberger in Meyer/Goez/Schwamberger, 9. Aufl. 2019, § 27 StBVV Rz. 8; Boelsen in Eckert, 6. Aufl. 2017, § 27 StBVV Rz. 9.
5) → Rz. 472; VO zum Erlass und zur Änderung steuerlicher Verordnungen v. 11.12.2012, BGBl. I 2012, 2637 = BStBl I 2013, 2.
6) → Rz. 469; zum Begriff der „Buchführung" → § 32 StBVV Rz. 517.
7) → § 25 StBVV Rz. 442.

Gebühr nach § 27 StBVV, wenn zuvor detaillierte Ermittlungen dahingehend angestellt werden mussten, ob die tatsächlichen Aufwendungen den Pauschbetrag übersteigen.[1] Keine Ermittlung der Einkünfte ist gegeben, wenn lediglich fertige Endzahlen in die Erklärungsvordrucke übernommen werden.

Beispiel:

Der Mandant hat Einkünfte aus Kapitalvermögen, die bei einer Bank im Girosammeldepot liegen. Die Bank liefert die fertigen Zahlen, die der StB in die Anlage KAP überträgt.[2]

Müssen die Ergebnisse mehrerer Bankbestätigen zusammengefasst werden, liegt wieder eine Überschussermittlung vor.[3] Wenn der StB damit beauftragt wird, Erträgnisaufstellungen ausländischer Banken auszuwerten, kann zusätzlich eine Zeitgebühr nach § 27 Abs. 3 StBVV anfallen.

Praxistipp:

Es empfiehlt sich, im Honorarprozess die Anlage(n) zur Steuererklärung vorzulegen, um die Gebühr nach § 27 StBVV zu rechtfertigen. Dies reicht den Gerichten zum Teil als Nachweis für das Entstehen der Gebühr aus.[4]

In den Fällen, in denen StB keine Ermittlung vorgenommen hat, finden sich in Gebührenrechnungen gelegentlich Hinweise wie „**Anlage N nicht berechnet**" oder die Gebührenposition „Ermittlung des Überschusses der Einnahmen über die Werbungskosten bei Einkünften aus..." wird mit einem **Satz von „0,00/20"** und einem Betrag von 0,00 € abgerechnet. Dies wird in der Praxis soweit ersichtlich von Gerichten und Steuerberaterkammern nicht beanstandet, obwohl diese Form der Abrechnung täuschungsgeeignet sein kann. Denn der Mandant könnte glauben, der StB habe eine Ermittlung vorgenommen, diese entgegenkommender weise aber nicht berechnet. Deshalb sollten derartige Hinweise in Gebührenrechnungen besser unterbleiben.

II. Einkünfte aus nicht selbständiger Arbeit

Gegenstandswert ist regelmäßig die Summe der „Bruttoeinnahmen" vor Kürzung von Freibeträgen. Überzahlte Arbeitslöhne mindern den Gegenstandswert. Mehrere Arbeitsverhältnisse sind zu einer Überschussrechnung zusammenzufassen. Die Bruttoarbeitslöhne aus allen Arbeitsverhältnissen bilden die Bemessungsgrundlage für den Gegenstandswert. Dies gilt nicht im Fall der Zusammenveranlagung von Ehegatten, wenn beide Ehegatten Einkünfte aus nicht selbstständiger Arbeit erzielen. Der Überschuss ist für jeden Ehegatten getrennt zu ermitteln.[5] Entgeltersatzleistungen, wie z.B. Arbeitslosengeld oder Mutterschaftsgeld sind bei der Bemessung des Gegenstandswertes zu berücksichtigen, da § 27 StBVV nicht weiter zwischen steuerpflichtigen Einnahmen, steuerfreien Einnahmen oder Einnahmen, die dem Progressionsvorbehalt unterliegen, differenziert.[6] Auch steuerfreier Arbeitslohn, der dem Progressionsvorbehalt unterliegt, z.B. ausländische Einkünfte, die in die Anlage N-AUS einzutragen sind, erhöhen den Gegenstandswert.[7] 463

Der Ansatz einer Gebühr nach § 27 StBVV kann auch dann gerechtfertigt sein, wenn die **Ermittlung** der Einnahmen einfach ist und Werbungskosten nur mit dem

1) Brummer, 10. Aufl. 2010, § 27 StBGebV Anm. 1; Berners, 5. Aufl. 2016, § 27 StBVV Rz. 14; Boelsen in Eckert, 6. Aufl. 2017, § 27 StBVV Rz. 6 und 7.
2) Siehe hierzu auch die teilweise abweichenden Nachweise unter → Rz. 465.
3) Brummer, 10. Aufl. 2010, § 27 StBGebV Anm. 1.
4) Siehe LG Wuppertal v. 25.5.2016, 3 O 299/13.
5) → Rz. 458.
6) → Rz. 458.
7) A.A. Hartmann, KANZLEI intern 07_2014, 7, der nur „Bruttoeinnahmen" nach § 19 EStG berücksichtigen will.

Pauschbetrag nach § 9a EStG in Ansatz gelangen.[1] Begrifflich ist jedenfalls dann von einer „Ermittlung" auszugehen, wenn der StB die ihm übergebenen Zahlen oder die Rechtfertigung des Ansatzes des Pauschbetrages zuvor überprüft hat.[2] Daran dürfte es fehlen, wenn der StB in der Anlage N nur Angaben zum Arbeitslohn (Bruttoarbeitslohn, Lohnsteuer, Solidaritätszuschlag), aber keinerlei Angaben zu den Werbungskosten macht.

III. Einkünfte aus Kapitalvermögen

464 Maßgeblich sind die Bruttoeinnahmen aus Kapitalvermögen, § 20 EStG. Der Sparer-Pauschbetrag des § 20 Abs. 9 EStG führt nicht zu einer Minderung des Gegenstandswertes. Haben beide Ehegatten im Falle der Zusammenveranlagung Einkünfte aus Kapitalvermögen, fallen zwei Gebühren nach § 27 StBVV an.[3] „Negative Einnahmen" führen nicht zu einer Minderung des Gegenstandswerts, sondern bilden den Gegenstandswert, wenn sie höher sind als die Bruttoeinnahmen, da sie jedenfalls den Charakter von Werbungskosten haben und auch der Aufwand gegen eine Saldierung spricht.

465 Problematisch ist, welche Anforderungen an eine „Ermittlung" i.S.d. § 27 Abs. 1 StBVV zu stellen sind,[4] ob es insbesondere ausreicht, wenn der StB in die Anlage KAP lediglich die vom Mandanten bzw. der Bank mitgeteilten Kapitalerträge und den Sparer-Freibetrag einträgt.

Beispiele aus der Rechtsprechung:

Trägt der StB nach Aufforderung des Finanzamtes den vom Auftraggeber angegebenen Betrag von 600 DM in die Anlage KSO ein und reicht diese beim Finanzamt ein, rechtfertigt dies keine Gebühr nach § 27 StBGebV.[5]

Übernimmt der StB die ihm vom Auftraggeber übermittelten Zahlen, ist eine Gebühr nach § 27 StBGebV zumindest dann gerechtfertigt, wenn diese Zahlen vom StB mit einem zumindest als durchschnittlich zu bemessenden Aufwand überprüft wurden.[6]

Eine Gebühr nach § 27 StBGebV entsteht nicht, wenn der StB in der Anlage KSO durch Ankreuzen des Formulars zum Ausdruck bringt, dass der Auftraggeber keine Einkünfte aus Kapitalvermögen erzielt hat.[7]

Ist der Ermittlungsaufwand besonders hoch, weil z.B. Erträgnisaufstellungen ausländischer Banken ausgewertet werden müssen, kann zusätzlich eine Zeitgebühr nach § 27 Abs. 3 StBVV anfallen. Seit dem VZ 2018 ist die **Anlage KAP-INV** Bestandteil der Steuererklärungsvordrucke. Diese Anlage ist für die Erklärung von Investmenterträgen vorgesehen, die nicht dem inländischen Steuerabzug unterlegen haben, z.B. im Ausland verwahrte Investmentanteile. Nach der Überarbeitung der Anlage für den VZ 2019 und die Erweiterung um eine Anleitung wird die Anlage KAP-INV als nicht praxistauglich und nicht händelbar kritisiert. Die Finanzämter bevorzugen inoffiziell die Aufnahme der Summe der Investmenterträge in die Anlage AUS, da die Anlage KAP-INV zu viele Prüfhinweise enthalte, die für die Finanzverwaltung nicht abzuarbeiten seien. In jedem Fall rechtfertigt der zusätzliche Aufwand einen höheren Gebührensatz.

---

1) → Rz. 462; Boelsen in Eckert, 6. Aufl. 2017, § 27 StBVV Rz. 6; Eggesiecker, 2. Aufl. 1998, § 27 STEUGO Rz. 27.610; Mittelsteiner/Scholz, 4. Aufl. 1998, § 27 StBGebV Rz. 1 und 3; a. A. Schwamberger in Meyer/Goez/Schwamberger, 9. Aufl. 2019, § 12 StBVV Rz. 9 und § 27 StBVV Rz. 3: keine Gebühr nach § 27 StBVV.
2) Brummer, 10. Aufl. 2010, § 27 StBGebV Anm. 1; → Rz. 462 und 465.
3) → Rz. 458.
4) → Rz. 462.
5) AG Eisleben v. 9.12.1998, 21 C 203/96, DStRE 2000, 951.
6) AG Wuppertal v. 16.7.1996, 91 C 78/94.
7) LG Düsseldorf v. 22.5.1996, 23 S 362/95.

Für eine Ermittlung reicht es nicht aus, ausländische Einkünfte in Euro umzurechnen.[1] Zwar können auch einfache Arbeiten und der Ansatz des Pauschbetrages den Ansatz einer Gebühr nach § 27 StBVV rechtfertigen,[2] das Ankreuzen in einem Formular allein löst nach der o.g. Rechtsprechung aber noch keinen Gebührenanspruch aus. Maßgeblich ist, ob der StB eine Tätigkeit zur Ermittlung des Überschusses der Einnahmen über die Werbungskosten entfaltet hat, wobei eine Prüfungstätigkeit bereits ausreichen kann.[3] Deshalb kann der StB nach Einführung der Abgeltungsteuer für Veranlagungszeiträume ab 2009 die Gebühr nach § 27 Abs. 1 StBVV auch dann abrechnen, wenn sich nach Durchführung der **Günstigerprüfung** gem. § 32d Abs. 6 EStG ergibt, dass die Abgeltungsteuer günstiger ist (und eine Anlage KAP nicht abgegeben werden muss). Denn der Aufwand für die Prüfung wird in vielen Fällen identisch sein mit dem Fall, dass die Einbeziehung sämtlicher Kapitaleinkünfte in die Veranlagung günstiger ist, weil der Grenzsteuersatz des Mandanten unter 25 % liegt. In beiden Fällen ist vom Grundsatz her die Ermittlung und Zusammenstellung der gesamten Kapitaleinkünfte erforderlich.[4] **466**

Praxistipp:

Aus Gründen der Transparenz empfiehlt es sich, in der Gebührenrechnung ausdrücklich auf die Günstigerprüfung hinzuweisen.

Formulierungsbeispiel:

„Ermittlung des Überschusses der Einnahmen über die Werbungskosten aus Kapitalvermögen einschließlich der Günstigerprüfung gem. § 32d Abs. 6 EStG"

Raum für die Abrechnung einer Günstigerprüfung dürfte allerdings dann nicht bestehen, wenn offensichtlich ist, dass sich die Ausübung des Veranlagungswahlrechts wegen der Höhe des zu versteuernden Einkommens nicht lohnt[5] und keine sonstigen Gründe vorliegen, Kapitaleinkünfte in der Anlage KAP gesondert zu erklären (z.B. Einkünfte aus ausländischen Konten und Wertpapierdepots). Machen Gesellschafter einer Kapitalgesellschaft von der Möglichkeit des § 32d Abs. 2 Nr. 3 EStG (Teileinkünfteverfahren) Gebrauch, kann als Gegenstandswert entweder die Bruttodividende[6] oder 100 % der Werbungskosten vor Anwendung des § 3c Abs. 2 EStG zu Grunde gelegt werden.

IV. Einkünfte aus Vermietung und Verpachtung

§ 21 EStG bestimmt die Einkünfte aus Vermietung und Verpachtung. Gemäß § 27 Abs. 2 StBVV fällt für jedes Grundstück,[7] für das der Überschuss der Einnahmen über die Werbungskosten getrennt ermittelt wird, eine gesonderte Gebühr an. **467**

Zu den Einnahmen zählt im Falle der Option auch vereinnahmte Umsatzsteuer. Zu erstattende Vorsteuer ist bei den Werbungskosten zu berücksichtigen.[8] Einnahmerückzahlungen führen auch hier zu einer Minderung des Gegenstandswertes. Regelmäßig ist der Gegenstandswert direkt aus der Anlage ablesbar. Die Übernahme von **Beteiligungseinkünften an Grundstücksgemeinschaften** und sonstigen Vermietungs- und Verpachtungsgemeinschaften stellt begrifflich keine „Ermittlung" i.S.d. § 27 Abs. 1 StBVV dar und rechtfertigt daher auch keine gesonderte **468**

1) Brummer, 10. Aufl. 2010, § 27 StBGebV Anm. 1.
2) → Rz. 462.
3) Ebenso Boelsen in Eckert, 6. Aufl. 2017, § 27 StBVV Rz. 9.
4) Ebenso Boelsen in Eckert, 6. Aufl. 2017, § 27 StBVV Rz. 9; Schwamberger in Meyer/Goez/Schwamberger, 9. Aufl. 2019, § 27 StBVV Rz. 4.
5) Kuppe, NWB 19/2016, 1451, 1458.
6) Unter Einbeziehung des steuerfreien Teils nach § 3 Nr. 40d EStG.
7) Oder sonstiges Wirtschaftsgut i.S.d. § 21 Abs. 1 Nr. 1 EStG, z.B. Schiffe, Erbbaurechte, Mineralgewinnungsrechte.
8) Boelsen in Eckert, 6. Aufl. 2017, § 27 StBVV Rz. 11; Eggesiecker, 2. Aufl. 1998, § 27 STEUGO Rz. 27.325.

Gebühr nach § 27 StBVV. Entsprechende Tätigkeiten sind mit den Gebühren nach § 24 Abs. 1 Nr. 1 und 2 StBVV abgegolten.[1] Dies gilt allerdings nicht für die Ermittlung von **Sonderbetriebseinnahmen** und **Sonderwerbungskosten** im Rahmen einer Beteiligung, z.B. an einer Praxis- oder Grundstücksgemeinschaft.[2] Entsprechende Tätigkeiten stellen eine eigene Angelegenheit i.S.d. § 27 StBVV dar und sind gesondert abrechnungsfähig.[3]

Praxistipp:

Für die Ermittlung der Einkünfte aus Vermietung und Verpachtung von **Bauherrengemeinschaften** mit vielen Beteiligten wird wegen der Kompliziertheit der Materie und des Umfangs der notwendigen Arbeiten (insbesondere in den ersten Jahren) die Vereinbarung einer höheren Vergütung nach § 4 Abs. 1 StBVV empfohlen.

469 Insbesondere bei größeren Vermietungsobjekten bedarf es zur Überwachung der Mieteinnahmen, der -ausgaben, der Bedienung eventueller Finanzierungen etc. regelmäßig umfangreicher Aufzeichnungen. Vermietet der Mandant z.B. mehrere Wohnungen, kann die vom StB vorgenommene monatliche Erfassung der Mieteinnahmen etc. als „Führen steuerlicher Aufzeichnungen" angesehen werden und eine Gebühr nach § 33 StBVV auslösen.[4] Denn „Buchführungsleistungen" und das „Führen steuerlicher Aufzeichnungen" sind unabhängig von der Einkunftsart abrechenbar, sofern sie steuerlichen Zwecken dienen. Auch ein (privater) Vermieter ist Unternehmer i.S.v. § 2 UStG und insofern gemäß § 22 Abs. 1 UStG aufzeichnungspflichtig. Als Gegenstandswert kann die Summe der Mieteinnahmen oder der höheren -ausgaben zugrunde gelegt werden. Die Möglichkeit, derartige Buchführungen nach § 33 StBVV abzurechnen, ergibt sich bereits aus der amtlichen Begründung der 3. ÄndVO zu § 33 Abs. 6 StBGebV.[5] Ein Streitpunkt kann allerdings die Frage der Auftragserteilung werden.

Praxistipp:

Deshalb empfiehlt sich, gegenüber dem Mandanten deutlich zu machen, dass die Notwendigkeit besteht, steuerliche Aufzeichnungen zu führen und dass diese auch gesondert abgerechnet werden. In der Gebührenrechnung sollte sich – zur Vermeidung von Diskussionen – nicht die Bezeichnung „Buchführung", sondern die Bezeichnung „Führen steuerlicher Aufzeichnungen" unter Hinweis auf § 33 StBVV finden. Wenn ein erheblicher Aufwand über die Gebühr nach § 33 StBVV abgerechnet wird, sind die Gebühren nach §§ 24 Abs. 1 Nr. 1, 27 Abs. 1 StBVV niedriger anzusetzen.

Werden steuerliche Aufzeichnungen geführt, fällt im Falle einer Beauftragung zusätzlich eine Gebühr für die Anfertigung der Umsatzsteuer(jahres)erklärung gem. § 24 Abs. 1 Nr. 8 StBVV an. § 18 Abs. 3 UStG sieht für alle Unternehmer die Abgabe bzw. Übermittlung einer Umsatzsteuererklärung vor. Dies gilt auch für Unternehmer, die – wie der Vermieter – ausschließlich umsatzsteuerfreie Umsätze ausführen. Aufgrund des bei einer umsatzsteuerfreien Vermietung geringen Aufwands wird

---

1) → § 25 StBVV Rz. 450; Schwamberger in Meyer/Goez/Schwamberger, 9. Aufl. 2019, § 27 StBVV Rz. 10; Mittelsteiner/Scholz, 4. Aufl. 1998, § 27 StBGebV Rz. 5; Boelsen in Eckert, 6. Aufl. 2017, § 27 StBVV Rz. 13; Brummer, 10. Aufl. 2010, § 27 StBGebV Anm. 1; Berners, 5. Aufl. 2013, § 27 StBVV Rz. 15; Eggesiecker, 2. Aufl. 1998, § 27 STEUGO Rz. 27.340 und 27.720.

2) Anlage FE 1 zur Erklärung zur gesonderten und einheitlichen Feststellung von Grundlagen für die Einkommensbesteuerung.

3) → § 25 StBVV Rz. 450; AG Kempen v. 18.3.1999, 11 C 321/95, DStRE 2000, 948 f.; Boelsen in Eckert, 6. Aufl. 2017, § 27 StBVV Rz. 14; a.A. Eggesiecker, 2. Aufl. 1998, § 27 STEUGO Rz. 27.340.

4) → Rz. 460; Beyme, KANZLEI intern 7_2018, 5; Schwamberger in Meyer/Goez/Schwamberger, 9. Aufl. 2019, § 27 StBVV Rz. 5; Eggesiecker, 2. Aufl. 1998, § 27 STEUGO Rz. 27.750.

5) → § 32 StBVV Rz. 517.

häufig nur die Mindestgebühr angemessen sein.[1] Raum für die gesonderte Abrechenbarkeit von Vorarbeiten besteht in diesen Fällen nicht.[2]

V. Sonstige Einkünfte

Bei den sonstigen Einkünften i.S.d. §§ 22–23 EStG sind mehrere Überschussermittlungen denkbar, die jeweils eine separate Gebühr nach § 27 StBVV rechtfertigen.[3] Von den sonstigen Einkünften sind in der Praxis vor allem Einnahmen aus Unterhalt, Renten und dauernde Lasten sowie private Veräußerungsgeschäfte von Bedeutung. Die einmalige Auszahlung einer Direktversicherung[4] wirkt sich in voller Höhe auf den Gegenstandswert aus, da es nicht darauf ankommt, ob die Einnahmen steuerpflichtig sind. **470**

Bei **„Leibrenten"** sind die „Einnahmen" zu Grunde zu legen und nicht die „Ertragsanteile", da § 27 Abs. 1 Satz 2 StBVV von der „Summe der Einnahmen" spricht.[5] **471**

Bei den **privaten Veräußerungsgeschäften** (früher Spekulationsgeschäfte) entspricht die Summe der Einnahmen der Summe der Verkaufserlöse, bei einem Verlustgeschäft der Summe der Anschaffungskosten.[6] Für das Entstehen der Gebühr ist es unerheblich, ob ein „Veräußerungsgeschäft" wegen Überschreitens der früheren Spekulationsfristen nicht steuerpflichtig ist oder der „Spekulationsgewinn" unter 600 € liegt und damit steuerfrei nach § 23 Abs. 3 EStG bleibt.[7] Nach Meyer[8] soll der StB für die Prüfung von Unterlagen[9] eine Zeitgebühr gem. § 36 Abs. 1 StBVV i.V.m. § 2 StBVV verlangen können. Diese Auffassung dürfte durch den neu eingefügten Absatz 3 überholt sein.[10] **472**

C. Vorarbeiten (Abs. 3)

Für Vorarbeiten, die über das übliche Maß erheblich hinausgehen, ist durch die VO zum Erlass und zur Änderung steuerlicher Verordnungen[11] nach dem Vorbild des § 25 Abs. 2 StBGebV in § 27 StBVV ein neuer Abs. 3 eingefügt worden. Für derartige Vorarbeiten kann jetzt eine gesonderte Zeitgebühr berechnet werden. Hierzu zählen ein hohes Belegaufkommen oder umfangreiche Sortierarbeiten. Soweit der StB eine gesonderte Buchhaltung erstellt oder steuerliche Aufzeichnungen führt und diese nach § 33 StBVV gesondert abrechnet,[12] ist grundsätzlich kein Raum mehr für § 27 Abs. 3 StBVV.[13] Anwendbar ist die Vorschrift aber auf Vorarbeiten bei der Ermittlung von Herstellungskosten eines Gebäudes im Bereich der Vermietung und Verpachtung,[14] bei der Ermittlung des Gewinns aus privaten Veräußerungsgeschäf- **473**

1) Beyme, KANZLEI intern 7_2018, 5.
2) → Rz. 473.
3) → Rz. 458.
4) § 22 Nr. 5 EStG.
5) Boelsen in Eckert, 6. Aufl. 2017, § 27 StBVV Rz. 18; Berners, 5. Aufl. 2016, § 27 StBVV Rz. 28; Brummer, 10. Aufl. 2010, § 27 StBGebV Anm. 8; a.A. Eggesiecker, 2. Aufl. 1998, § 27 STEUGO Rz. 27.850.
6) Meyer, KP 2002, 10.
7) Boelsen in Eckert, 6. Aufl. 2017, § 27 StBVV Rz. 18.
8) Meyer, KP 2002, 10 f.
9) Anschaffungs- und Verkaufsdaten von Grundstücks- und Wertpapiergeschäften hinsichtlich der „Sperrfristen".
10) → Rz. 472.
11) VO zum Erlass und zur Änderung steuerlicher Verordnungen v. 11.12.2012, BGBl. I 2012, 2637 = BStBl I 2013, 2.
12) → Rz. 469.
13) Boelsen in Eckert, 6. Aufl. 2017, § 27 StBVV Rz. 5.
14) Ebenso Schwamberger in Meyer/Goez/Schwamberger, 9. Aufl. 2019, § 27 StBVV Rz. 9; Berners, 5. Aufl. 2016, § 27 StBVV Rz. 24; Neufang/Spangberg/Zepezauer, StB 2013, 35, 39; Wilk/Beyer-Petz, DStR 2012, 2508, 2511; Boelsen in Eckert, 6. Aufl. 2017, § 27 StBVV Rz. 8.

ten oder für die Auswertung von Erträgnisaufstellungen ausländischer Banken. Die Praktikabilität des neuen Abs. 3 wird – wie die des § 25 Abs. 2 StBVV – dadurch eingeschränkt, dass die Vorarbeiten, die „üblich sind" mit der Gebühr nach § 27 Abs. 1 StBVV abgegolten sind. Außerdem müssen die Vorarbeiten i.S.d. Abs. 3 über das übliche Maß „erheblich" hinausgehen. Was „üblich" und was „erheblich" ist, lässt sich nicht immer eindeutig feststellen.

Praxistipp:

Eine gesonderte Zeitgebühr sollte nur dann in Ansatz gebracht werden, wenn der zeitliche Ermittlungsaufwand sich von dem sog. „Durchschnittsfall" deutlich abhebt. In allen anderen Fällen empfiehlt es sich, einen höheren Zwanzigstelsatz nach § 27 Abs. 1 StBVV anzusetzen.

§ 28
Prüfung von Steuerbescheiden

Für die Prüfung eines Steuerbescheids erhält der Steuerberater die Zeitgebühr.

Inhalt

Schrifttum

Haak, „Elster": Verkürzte Bearbeitungszeiten durch papierlose Steuererklärungen, KP 2002, 97; **Klaeren,** Umgang mit elektronischen Bescheiddaten, KANZLEI intern 12_2018, 6; **Schwamberger,** Berechnen Sie etwa auch keine Gebühren für die Bescheidprüfung?, KP 2019, 224; **Schwamberger,** Vergütung für die Prüfung von Steuerbescheiden, KP 2014, 11; **Schäfer/Eckard,** Elektronischer Bescheidabruf und -abgleich, PROFILE (StBV Westfalen-Lippe) Dezember 2014, 27; **van Meegen,** Einzelfragen zur Geschäftsgebühr nach § 41 StBGebV, Stbg 1990, 68.

A. Inhalt und Bedeutung

Ausweislich der amtlichen Begründung zu § 28 StBVV erhält der StB für die Prüfung **474**
von Steuerbescheiden die Zeitgebühr auch dann, wenn er die dem Steuerbescheid zu Grunde liegende Steuererklärung selbst angefertigt hat. Schließt sich an die Prüfung des Steuerbescheides ein Rechtsbehelfsverfahren an, führt dies zu einer Ermäßigung der Geschäftsgebühr für das Rechtsbehelfsverfahren, wenn der Auftrag vor dem 30.6.2020 erteilt wurde.[1] Bei Auftragserteilung ab dem 1.7.2020 gilt § 40 StBVV n.F., der auf das RVG verweist. Dort ist für bestimmte Fälle der Vorbefassung[2] eine Anrechnung auf die Geschäftsgebühr des Rechtsbehelfsverfahrens vorgesehen, nicht jedoch für § 28 StBVV.[3]

B. Anwendungsbereich

I. Prüfung

Die Anfertigung der Steuererklärung durch den StB ist für das Entstehen der Prü- **475**
fungsgebühr unschädlich. Eine „Mitabgeltung" wäre auch wegen des nicht vorhersehbaren Inhalts des Bescheides nicht gerechtfertigt. Die Prüfung des Steuerbescheides ist in der Regel mehr als ein reiner Zahlenvergleich der erklärten Beträge und der im Steuerbescheid festgesetzten Beträge. Vielmehr müssen daneben weitere Prüfungen vorgenommen werden, z.B. Kassenabrechnung, festgesetzte Steuervorauszahlungen, Vorläufigkeitsvermerke, Vorbehalt der Nachprüfung, Verluste und deren Auswirkungen, ggf. Wechselwirkungen zwischen mehreren Bescheiden.[4] Fällt die Prüfung weniger umfangreich aus, entsteht gleichwohl die Gebühr, allerdings in geringerer Höhe. Von einem grundsätzlich falschen Verständnis des

1) § 40 Abs. 2 StBVV a.F.
2) §§ 23, 24, 31 StBVV.
3) § 35 Abs. 2 Satz 1 StBVV.
4) Schwamberger, KP 2019, 224, 227 und 2014, 11; → Rz. 475.

Willens des Verordnungsgebers geht hingegen das OLG Dresden[1] aus, das den bloßen Zahlenvergleich von Beträgen festgestellter Einkünfte als nicht ausreichend ansieht, um eine Gebühr nach § 28 StBGebV entstehen zu lassen. Ein solcher Zahlenvergleich sei noch keine „inhaltliche Prüfung" des Bescheides. Hiergegen ist einzuwenden, dass der Umfang der Prüfung für das Entstehen der Gebühr unerheblich ist, da die Gebühr bereits durch die auftragsgemäße Vornahme irgendeiner Tätigkeit entsteht.[2] Der Umfang der Prüfung kann sich allenfalls auf die Höhe der Gebühr auswirken.

476 Durch die Möglichkeit des elektronischen Bescheidabrufs sowie den nachfolgenden elektronischen Bescheidabgleich hat sich die Bearbeitung der Steuerbescheide, die elektronisch übertragen werden können,[3] in den Kanzleien verbessert. Aufgrund des elektronischen Bescheidabgleichs mit Gegenüberstellung der Daten aus der Steuererklärung und dem Steuerbescheid sind Übereinstimmungen oder Abweichungen direkt erkennbar und können gezielt weiterbearbeitet werden. Auch ein **vollelektronischer Datenabgleich** im Fall der Rückübertragung einer elektronisch übermittelten Steuererklärung löst die Gebühr nach § 28 StBVV aus,[4] wenn ein entsprechender Auftrag[5] vorliegt. Allerdings dürfte die Gebühr nach § 28 StBVV auf wenig Akzeptanz stoßen, wenn keine Abweichungen vorliegen und die Bekanntgabe des Steuerbescheides (mangels Empfangsvollmachtvollmacht) gegenüber dem Mandanten erfolgt. Jedenfalls dann, wenn der Mandant dem StB den Steuerbescheid in Papierform nicht mehr zur Prüfung, sondern mangels Abweichungen lediglich zur Kenntnis und Vervollständigung der Handakte vorlegt, sollte die Gebühr nach § 28 StBVV nicht abgerechnet werden. Stellt der StB hingegen beim elektronischen Datenabgleich Abweichungen fest, wird er den Mandanten im eigenen Interesse zur Vermeidung eines Haftungsfalles[6] über dieses Ergebnis unterrichten und um Vorlage des Steuerbescheides in Papierform bitten. In diesen Fällen sind hinsichtlich der Gebühr nach § 28 StBVV keine Akzeptanzprobleme zu erwarten. Gleiches gilt in den Fällen, in denen der Steuerbescheid elektronisch an den StB übermittelt wird.[7]

Hat der Mandant dem StB Empfangsvollmacht erteilt, liegt darin in aller Regel der Auftrag zur Prüfung des Steuerbescheides.[8] Die Abrechnung der Gebühr nach § 28 StBVV ist in diesen Fällen schon deshalb gerechtfertigt, weil der StB den Inhalt der Erläuterungen auf dem elektronisch übermittelten und später auf dem Steuerbescheid in Papierform prüfen und den Mandanten über das Ergebnis der Prüfung unterrichten muss. Diese Prüfung und der Aufwand, der in der Kanzlei durch die Weiterleitung des Steuerbescheides an den Mandanten und die Archivierung im EDV-System entsteht, soll mit der Gebühr abgegolten werden.

II. Steuerbescheide

477 § 28 StBVV gilt seinem Wortlaut nach für alle Steuerbescheide nach Maßgabe der AO.[9] Die Vorschrift gilt aber auch für andere Verwaltungsakte gem. § 118 AO, wie etwa Bescheide über die Festsetzung von Verspätungszuschlägen[10], Haftungs- und

1) OLG Dresden v. 29.1.2003, 12 U 0805/02, StB 2003, 149 f.
2) → § 12 StBVV Rz. 228.
3) Siehe hierzu Schäfer/Eckard, PROFILE Dezember 2014, 27.
4) Schäfer/Eckard, PROFILE Dezember 2014, 27; Haak, KP 2002, 97 f.
5) → Rz. 478.
6) Klaren, KANZLEI intern 12_2018, 6.
7) §§ 122, 122a AO.
8) → Rz. 478.
9) §§ 155 ff. AO.
10) § 152 AO; FG Düsseldorf v. 4.1.2013, 4 Ko 3125/12 KF, EFG 2013, 399 m.w.N.

Duldungsbescheide[1], „verbindliche Zusagen"[2] oder Zinsbescheide[3], nicht jedoch Bescheide über die Auferlegung von Vollstreckungskosten oder sonstige im Rahmen des Vollstreckungsverfahrens erlassene Verfügungen oder Anordnungen von Prüfungsmaßnahmen.[4] Auch bei der Prüfung der Kassenabrechnung handelt es sich nicht um die Prüfung eines Steuerbescheids. Diese Prüfung gehört inhaltlich zur Prüfung des Grundbescheides.[5]

Werden **mehrere Steuerbescheide** in unmittelbarem zeitlichen Zusammenhang geprüft, so erhält der StB für die Prüfung jedes einzelnen Bescheids eine gesonderte Gebühr nach § 28 StBVV, da jeder Bescheid eine eigene Angelegenheit ist.[6] Dies gilt auch für Grundlagen- **und Folgebescheide**, die „rechtlich zusammengehören", wie etwa Gewerbesteuermessbescheid und Zerlegungsbescheid oder Gewerbesteuermessbescheid und Gewerbesteuerbescheid oder Zerlegungsbescheid und Gewerbesteuerbescheid.[7]

Beispiel:

Nach einer Betriebsprüfung für die Jahre 2011–2013 beauftragt der Mandant den StB mit der Prüfung von drei geänderten ESt-Bescheiden, drei geänderten USt-Bescheiden, drei geänderten Gewerbesteuermessbescheiden und drei geänderten Gewerbesteuerbescheiden.

Der StB kann insgesamt 12 Gebühren nach § 28 StBVV berechnen. Die Prüfung eines jeden Bescheids ist eine gesonderte Angelegenheit, die nicht mehr Teil der Betriebsprüfung ist und deshalb nicht von der Gebühr nach § 29 StBVV umfasst wird.

Eine Ausnahme gilt für **formularmäßig zusammengefasste Bescheide**, wie z.B. den Einkommensteuerbescheid, der im Regelfall auch den Bescheid über den Solidaritätszuschlag, die Kirchensteuer, die Zinsen oder den Verspätungszuschlag enthält.[8] Die Gebühr nach § 28 StBVV entsteht nur einmal. Gleiches gilt, wenn der StB **einen Steuerbescheid** jeweils 10 Minuten an zwei unterschiedlichen Tagen prüft, da dann nur eine Angelegenheit vorliegt.[9]

Damit gleichzusetzen ist der Fall, dass in einem **Vorauszahlungsbescheid** für zwei Veranlagungszeiträume jeweils dieselbe Vorauszahlung festgesetzt wird und der Festsetzung keine differenzierten Erwägungen zugrunde liegen.[10] Auch dann entsteht die Gebühr nach § 28 StBVV nur einmal.

III. Auftragserteilung

Zu der Frage, welche Anforderungen an den **Nachweis eines Auftrags** zur Prüfung eines Steuerbescheids gestellt werden müssen, liegen unterschiedliche Entschei- **478**

1) § 191 AO.
2) § 204 AO.
3) § 239 AO; FG Nürnberg v. 14.10.1986, VI 159/86, EFG 1987, 43; Boelsen in Eckert, 6. Aufl. 2017, § 28 StBVV Rz. 2; Eggesiecker, 2. Aufl. 1998, § 28 STEUGO Rz. 28.100 ff.; Mittelsteiner/Scholz, 4. Aufl. 1998, § 28 StBGebV Rz. 1; a.A. van Meegen, Stbg 1990, 68, 70.
4) Z.B. § 196 AO; FG Berlin-Brandenburg v. 20.5.2008, 9 KO 3/07, EFG 2008, 1490 = DStR 2008, 1943 m. Anm. Wolf; Schwamberger, KP 2014, 11, 14.
5) Boelsen in Eckert, 6. Aufl. 2017, § 28 StBVV Rz. 3.
6) AG Mönchengladbach-Rheydt v. 20.9.2018, 11 C 382/16.
7) Schwamberger, KP 2014, 11, 12; Eggesiecker, 2. Aufl. 1998, § 28 STEUGO Rz. 28.360; a.A. Brummer, 10. Aufl. 2010, § 28 StBGebV Anm. 4.
8) OLG Düsseldorf v. 10.11.2010, I-18 U 56/10; a.A. Boelsen in Eckert, 6. Aufl. 2017, § 28 StBVV Rz. 3; Schwamberger, KP 2019, 224, 226, Berners, 5. Aufl. 2016, § 28 StBVV Rz. 6, der § 28 StBVV analog anwenden will.
9) → § 13 StBVV Rz. 254.
10) OLG Düsseldorf v. 10.11.2010, I-18 U 56/10; zum Begriff der Angelegenheit bei Anträgen auf Anpassung von Vorauszahlungen → § 23 StBVV Rz. 367.

dungen vor. Die Beauftragung des StB zur Erstellung der Einkommensteuererklärung und die dem StB erteilte Empfangsvollmacht zur Entgegennahme des Steuerbescheides reichten dem AG Eisleben[1] nicht aus, um auch auf den Auftrag zur Erteilung der Prüfung des Steuerbescheids schließen zu können. Dagegen hatten andere Amtsgerichte[2] in vergleichbaren Fällen oder bei Übergabe eines Steuerbescheides keine Bedenken, dem StB jeweils die in Rechnung gestellten Gebühren für die Prüfung von Steuerbescheiden zuzubilligen. Die den StB erteilte Vollmacht mache deutlich, dass diese die Interessen der Auftraggeber gegenüber den Finanzbehörden umfassend wahrnehmen sollten. Dazu gehöre aber auch die Prüfung der Steuerbescheide auf ihre inhaltliche Richtigkeit. In der kommentarlosen Übermittlung von Steuerbescheiden kann bereits der Auftrag zur Prüfung der Bescheide und ggf. der Einspruchseinlegung gesehen werden.[3] Nach LG Düsseldorf[4] hat der Mandant die Nichtbeauftragung darzulegen, wenn der StB ein Schreiben betreffend die Prüfung des Umsatzsteuerbescheides mit den entsprechenden „Abhakungen" vorlegt.

Praxistipp:

Auch wenn die Gerichte regelmäßig keine überzogenen Anforderungen an den Nachweis der Erteilung eines Auftrags stellen, kann ein mögliches Prozessrisiko letztlich nur durch einen schriftlichen Vertrag, aus dem sich der genaue Auftragsumfang ergibt, ausgeschlossen werden. Lässt sich der StB keine **Empfangsvollmacht** erteilen, ist dies nur ein Indiz dafür, dass er vertraglich nicht zur Prüfung des/der Steuerbescheide/s verpflichtet ist. Gleichwohl kann sich bei Abweichungen des elektronisch übermittelten Steuerbescheides eine Hinweispflicht ergeben.[5]

IV. Gebührenrahmen

479 Die Wahl des Rahmensatzes bestimmt sich nach den Kriterien des § 11 StBVV. Hat der StB die Steuererklärung selbst gefertigt und ergibt sich daraus ein verringerter Prüfungsaufwand, muss dies bei der Wahl der Gebühr berücksichtigt werden. Grundsätzlich handelt es sich bei der Prüfung von Steuerbescheiden um eine qualifizierte Tätigkeit, die haftungsgeneigt ist, da Fehler bei der Überprüfung schnell zu Regressen und sogar zum Verlust des Mandats führen können. Schwamberger hält deshalb eine Gebühr im Bereich von 50,00 bis 60,00 € je angefangene halbe Stunde für angemessen.[6] Das LG Mainz[7] hatte dem StB die von ihm in Rechnung gestellte Mittelgebühr zubilligt, weil die Prüfung von Steuerbescheiden eine „wichtige und verantwortungsvolle Tätigkeit" sei, die eine ähnliche Sorgfalt und geistige Leistung erfordere wie die ursprüngliche Erarbeitung der entsprechenden Steuererklärungen. Das AG Neuss[8] hatte sogar die von dem Berater in Ansatz gebrachte Höchstgebühr nicht beanstandet. Letztlich ist es wie immer eine **Frage des Einzelfalls**, welche Gebühr angemessen ist. Wenn Steuerbescheide unter dem Vorbehalt der Nachprüfung ergehen oder aus den unterschiedlichsten Gründen für vorläufig nach § 165 AO erklärt werden, rechtfertigt auch dies eine höhere Zeitgebühr, da der Prüfungsaufwand höher ist.[9] Allerdings muss der StB den höheren Prüfungsaufwand konkret und substantiiert darlegen. Die pauschale Behauptung oder die pauschale Bezugnahme auf andere Gerichtsentscheidungen reicht nicht aus.[10] Diskussionen

1) AG Eisleben v. 9.12.1998, 21 C 203/96, DStRE 2000, 951.
2) AG Düsseldorf v. 27.4.2017, 47 C 17868/14; AG Krefeld v. 7.4.2005, 78 C 386/02; AG Mönchengladbach-Rheydt v. 16.4.1999, 10 C 221/97; i.E. auch van Meegen, Stbg 1990, 68f.
3) AG Iserlohn v. 9.12.2009, 42 C 496/06; Schwamberger, KP 2014, 11.
4) LG Düsseldorf v. 19.8.2014, 1 O 497/11.
5) → Rz. 476.
6) Schwamberger, KP 2019, 224, 228 und 2014, 11, 13.
7) LG Mainz v. 29.5.1984, 1 O 269/83.
8) AG Neuss v. 15.5.1998, 31 C 257/96, INF 1998, 544.
9) Berners, 5. Aufl. 2016, § 28 StBVV Rz. 3.
10) AG Mönchengladbach-Rheydt v. 20.9.2018, 11 C 382/16.

um die angemessene Gebühr können durch eine Vergütungsvereinbarung vermieden werden. Neben einer vereinbarten Zeitgebühr sind in der Praxis auch Pauschalen/Festpreise üblich.

V. Durchsetzbarkeit

Durchsetzungsprobleme entstehen dann, wenn der StB **Gebühren** nach § 28 StBVV **jahrelang nicht in Ansatz gebracht** hat und erst im Zuge der Beendigung des Mandatsverhältnisses – insbesondere im Falle einer Kündigung des Mandats durch den Mandanten – die Prüfungsgebühren für die zurückliegenden Jahre erstmals in Ansatz bringt. Eine Nachberechnung würde sich hier als eine illoyale Verspätung der Rechtsausübung (§ 242 BGB) erweisen, die der Durchsetzbarkeit eines solchen Honoraranspruchs entgegensteht.[1] **480**

1) AG Düsseldorf v. 2.7.1996, 26 C 1020/96; LG Detmold v. 23.10.1991, 2 S 175/90 (zu § 29 StBGebV).

§ 29
Teilnahme an Prüfungen und Nachschauen

Der Steuerberater erhält

1. **für die Teilnahme an einer Prüfung, insbesondere an einer Außenprüfung, einer Zollprüfung oder einer Nachschau einschließlich der Schlussbesprechung und der Prüfung des Prüfungsberichts, für die Teilnahme an einer Ermittlung der Besteuerungsgrundlagen (§ 208 der Abgabenordnung) oder für die Teilnahme an einer Maßnahme der Steueraufsicht (§§ 209 bis 217 der Abgabenordnung) die Zeitgebühr;**
2. **für schriftliche Einwendungen gegen den Prüfungsbericht 5 Zehntel bis 10 Zehntel einer vollen Gebühr nach Tabelle A (Anlage 1).**

Inhalt

Schrifttum

Beyme, Auslegung von (mündlichen)Honorarvereinbarungen nach dem Empfängerhorizont, KP 2018, 2014; **Meyer,** Die Mitwirkung des Steuerberaters bei Betriebsprüfungen durch Sozialversicherungsträger, KP 2001, 167; **Spatschek/Talaska,** RVG oder StBGebV im steuerstrafrechtlichen Mandat?, PStR 2007, 183; **Speck,** Erlebnisbericht zur Kassennachschau, Kammermitteilungen Sachsen-Anhalt 3/2018, 14; **Wacker,** Abrechnung nach Zeitgebühr – Inhalt einer Stundenaufstellung, KANZLEI intern 09_2017, 2.

A. Inhalt und Bedeutung

481 Gegenstand dieser Vorschrift sind die Tätigkeiten im Rahmen einer Außen- oder Zollprüfung,[1] einer Prüfung zur Ermittlung der Besteuerungsgrundlagen,[2] einer Maßnahme der Steueraufsicht[3] und Nachschauen.[4] Der Anwendungsbereich umfasst nicht nur die Zeit der Anwesenheit bei der Prüfung, sondern auch den Zeitaufwand für die Vorbereitung auf die Prüfungsteilnahme und für sonstige **Mitwirkungshandlungen** des Berufsangehörigen oder seiner Mitarbeiter.[5] Zur Vorbereitung der Prüfung zählt etwa das Ausfüllen von Fragebögen der Finanzverwaltung zum vorgelagerten EDV-System/Kassensystem oder zum Buchführungs-/ERP-System. Die Steuerpflichtigen selbst sind mit dem Ausfüllen dieser Fragebögen regelmäßig überfordert, so dass diese in aller Regel an den StB weitergeleitet werden. Keine abrechnungsfähige Mitwirkung liegt vor, wenn der StB dem Prüfer lediglich einen Raum zur Verfügung stellt, in dem der Prüfer tätig werden kann. Die Zeiten, die der Prüfer dort (allein) verbringt, rechtfertigen noch keine Gebühr. Erforderlich

1) § 193 AO.
2) § 208 AO.
3) §§ 209–217 AO.
4) → Rz. 482.
5) Amtliche Begründung zu § 29 StBGebV.

sind Mitwirkungshandlungen des StB oder seiner Mitarbeiter im Sinne eines produktiven Arbeitsaufwandes.[1] Nehmen außer dem StB zusätzlich **Mitarbeiter** an der **Schlussbesprechung** teil, ist streitig, ob die Zeitgebühr nur für eine Person abgerechnet werden kann oder sowohl für den StB, als auch für den Mitarbeiter.[2] Grundsätzlich ist die Frage der Teilnahme von Mitarbeitern an Besprechungsterminen mit dem Mandanten eine **Organisationsentscheidung des StB**. Wenn die Teilnahme eines Sachbearbeiters an einer Besprechung für den Mandanten von Vorteil sein kann, weil so Fragestellungen des Mandanten zügig beantwortet werden können, ohne dass der StB noch einmal Rücksprache halten muss, sind auch die Mitarbeiterstunden abrechenbar. Ob immer alle Stunden abrechenbar sind, ist eine Frage des Einzelfalls. Das AG Borken[3] hatte im konkreten Fall eine Kürzung der Mitarbeiterstunden um die Hälfte vorgenommen. Im Zweifel empfiehlt sich eine Vereinbarung mit dem Mandanten. Dann kann es keinen Streit über die Möglichkeit der „doppelten" Abrechnung geben.[4]

§ 29 StBVV ist nur auf **steuerliche Prüfungen** anzuwenden. Prüfungen, bei denen es sich um eine mit dem Beruf **vereinbare Tätigkeit** nach § 57 Abs. 3 StBerG handelt, fallen nicht unter § 29 StBVV. Für sie gelten die §§ 612 Abs. 2 und 632 Abs. 2 BGB. Wegen der Vergleichbarkeit der Tätigkeiten kann § 29 Nr. 1 StBVV i.V.m. § 13 Satz 2 StBVV auch analog angewendet werden. Dies gilt z.B. für **Prüfungen durch die Sozialversicherungsträger**.[5] **482**

Praxistipp:

Rechnen Sie die Teilnahme an einer sozialversicherungsrechtlichen Prüfung nicht unter Hinweis auf § 29 Nr. 1 StBVV, sondern unter Hinweis auf § 612 Abs. 2 BGB bzw. § 632 Abs. 2 BGB oder aber analog § 29 Nr. 1 StBVV ab. Andernfalls ist die Honorarforderung – auch vor Gericht – nicht durchsetzbar.[6]

Nachschauen, wie die Kassen-Nachschau nach § 146b AO und die Umsatzsteuer-Nachschau nach § 27b Abs. 3 UStG sind keine Außenprüfung i.S.d. § 193 AO, sondern ein eigenständiges Verfahren zur zeitnahen Aufklärung steuererheblicher Sachverhalte u.a.im Zusammenhang mit der ordnungsgemäßen Erfassung von Geschäftsvorfällen mittels elektronischer Aufzeichnungssysteme bzw. zur Sicherstellung einer gleichmäßigen Festsetzung und Erhebung der Umsatzsteuer. Gleichwohl handelt es sich auch hierbei um Prüfungen i.S.d. § 29 StBVV. Dies hat der Verordnungsgeber durch die Fünfte Verordnung zur Änderung steuerlicher Verordnungen v. 25.6.2020[7] durch eine Ergänzung der Überschrift und des Wortlauts des § 29 Nr. 1 StBVV klargestellt. Für alle Vorbereitungs-, Unterstützungs- und sonstigen Leistungen des StB im Rahmen von Nachschauen[8] kann der StB deshalb eine Zeitgebühr nach § 29 Nr. 1 StBVV abrechnen. Nachschauen, wie Kassen-Nachschau und Umsatzsteuer-Nachschau können in eine Außenprüfung oder Maßnahmen der Steuerfahndung übergehen, §§ 27b Abs. 3 UStG, 146b Abs. 3 AO. Dann ist § 29 Nr. 1 StBVV ebenfalls unmittelbar anwendbar.

---

1) → § 13 StBVV Rz. 268.
2) Für nur eine Zeitgebühr: Schwamberger in Meyer/Goez/Schwamberger, 9. Aufl. 2019, § 29 StBVV Rz. 7; Mittelsteiner/Scholz, 4. Aufl. 1998, § 29 StBGebV Rz. 2; a.A.: AG Borken v. 11.7.2017, 12 C 158/14, besprochen von Wacker, KANZLEI intern 09_2017, 2; Berners, 5. Aufl. 2016, § 29 StBVV Rz. 12.
3) AG Borken v. 11.7.2017, 12 C 158/14, besprochen von Wacker, KANZLEI intern 09_2017, 2.
4) → § 1 StBVV Rz. 95.
5) OLG Düsseldorf v. 10.2.2000, 13 U 147/99, teilweise veröffentlicht in GI 2000, 248; LG Düsseldorf v. 19.8.2014, 1 O 497/11; Meyer, KP 2001, 167, 168; Mittelsteiner/Scholz, 4. Aufl. 1998, § 1 StBGebV Rz. 6; a.A. Eggesiecker, 2. Aufl. 1998, § 29 STEUGO Rz. 29.630.
6) So geschehen im Fall des LG Düsseldorf v. 19.8.2014, 1 O 497/11.
7) BGBl. I 2020, 1495, 1498 = BStBl I 2020, 555.
8) Siehe hierzu Speck, Kammermitteilungen 3/2018 Sachsen-Anhalt, 14.

483 Problematisch ist der Begriff der **„Angelegenheit“**[1] i.R.d. § 29 Nr. 1 StBVV. Nach einem Urteil des OLG Düsseldorf[2] erfasst der Auftrag „Beistandsleistung bei einer Betriebsprüfung“ mehrere selbstständige Angelegenheiten, z.B. die Teilnahme an der Schlussbesprechung, die Prüfung des Betriebsprüfungsberichts und Einwendungen gegen den Betriebsprüfungsbericht. Danach würde also mit der Erledigung jeder einzelnen „Angelegenheit“ Fälligkeit (§ 7 StBVV) des auf sie entfallenden Honoraranspruchs eintreten. Lägen zwischen den einzelnen Angelegenheiten erhebliche Zeitabstände, könnte dies nachteilige Auswirkungen auf die Verjährung haben, da mit der Beendigung jeder einzelnen Angelegenheit die Verjährungsfrist zu laufen beginnt.[3] Nach diesseitiger Auffassung sollte insoweit nicht von selbstständigen Angelegenheiten, sondern von unselbstständigen Einzeltätigkeiten im Rahmen einer einzigen Angelegenheit (Betriebsprüfung) ausgegangen werden, so dass die Fälligkeit nicht schon mit der Erledigung jeder Einzeltätigkeit, sondern für alle Einzeltätigkeiten erst mit Erledigung der letzten Einzeltätigkeit im Rahmen der Betriebsprüfung eintritt.[4] Die Prüfung der Änderungsbescheide im Anschluss an eine Außenprüfung ist gebührenrechtlich eine neue Angelegenheit, die mit einer Zeitgebühr nach § 28 StBVV abgerechnet werden muss. Der entsprechende Zeitaufwand ist deshalb nicht bei der Angelegenheit „Betriebsprüfung“ zu erfassen und nicht nach § 29 Nr. 1 StBVV abzurechnen.

Praxistipp:

Eine Betriebsprüfung kann sich über Monate, ggf. auch Jahre hinziehen. In diesen Fällen empfiehlt es sich, mit der Rechnung nicht so lange zu warten, bis der Prüfungsbericht vorliegt, sondern abschnittsweise Vorschussrechnungen für die bereits erbrachten Leistungen in Rechnung zu stellen. Diese Möglichkeit eröffnet § 8 StBVV. Danach kann der StB von seinem Auftraggeber auch für die bereits **entstandenen** Gebühren und Auslagen einen angemessenen Vorschuss fordern.

B. Anwendungsbereich

I. Teilnahme an einer Prüfung, Ermittlung der Besteuerungsgrundlage oder Maßnahme der Steueraufsicht (Nr. 1)

484 Der StB erhält die Zeitgebühr für die Teilnahme an einer allgemeinen Außenprüfung nach § 1 Abs. 1 BPO und für die Teilnahme an besonderen Außenprüfungen nach § 1 Abs. 2 BPO.[5] Auch für die Teilnahme an ähnlichen Prüfungen außerhalb eines Rechtsbehelfsverfahrens, die nicht in der AO erwähnt sind, ist § 29 Nr. 1 StBVV einschlägig. Dazu gehören z.B. Liquiditätsprüfungen, Augenscheineinnahmen bei der Einheitsbewertung eines Grundstücks und betriebsnahe Veranlagungen (abgekürzte Außenprüfungen).[6] Durch das JStG 2007[7] wurde unter Hinweis auf Art. 78 Zollkodex, der die Rechtsgrundlage für die Mehrzahl der Prüfungen durch die Zollverwaltung darstellt, klargestellt, dass ebenso eine Zollprüfung unter den Anwendungsbereich dieser Vorschrift fällt.

485 Die Vorschrift erfasst sämtliche Tätigkeiten, die das Prüfungsgeschäft fördern, angefangen mit der Vorbereitung, Besprechung mit dem Finanzamt über die Durchfüh-

1) → § 10 StBVV Rz. 204.
2) OLG Düsseldorf v. 31.10.1991, 13 U 100/91, GI 1992, 44.
3) → § 7 StBVV Rz. 154.
4) In diesem Sinne auch LG Duisburg v. 24.3.2016, 4 O 88/13: Verjährungsbeginn nicht vor Bekanntgabe des Prüfungsberichts.
5) Z.B. Lohnsteuer-Außenprüfung, Kapitalertragsteuerprüfung, Umsatzsteuer-Sonderprüfung, Außenprüfung für Zölle und Verbrauchsteuern.
6) Eggesiecker, 2. Aufl. 1998, § 29 STEUGO Rz. 29.140; Schwamberger in Meyer/Goez/Schwamberger, 9. Aufl. 2019, § 29 StBVV Rz. 1; a.A. für betriebsnahe Veranlagungen: Mittelsteiner/Scholz, 4. Aufl. 1998, § 29 StBGebV Rz. 2.
7) JStG 2007 v. 13.12.2006, BGBl. I 2006, 2878 = BStBl I 2007, 28.

rung und Terminierung der Prüfung, Prüfung der Prüfungsanordnung, Antrag auf Verlegung der Prüfung, Teilnahme an Zwischenbesprechungen und der Schlussbesprechung, Entgegennahme von Hinweisen zur straf- und bußgeldrechtlichen Würdigung, Prüfung des Prüfungsberichts und mündliche Stellungnahmen zur Prüfung und zum Prüfungsbericht.[1] Auch die Beratung des Mandanten über die Auswirkungen der Prüfung fällt noch unter den Anwendungsbereich der Vorschrift, nicht aber deren Umsetzung (z.B. Berechnung nachzuzahlender Sozialversicherungsbeiträge im Anschluss an eine Lohnsteueraußenprüfung).[2] Nicht anwendbar ist die Vorschrift aber in den Fällen, in denen nur abstrakt die Gefahr einer Außenprüfung besteht. Deshalb eignet sich die Vorschrift nicht, um umfangreiche Berichtigungsarbeiten an fehlerhaften Steuererklärungen mit der Zeitgebühr und unter Hinweis auf eine zu erwartende Außenprüfung zu berechnen. Entsprechende Berichtigungsarbeiten können nur nach § 23 Satz 1 Nr. 1 StBVV oder nach einer zuvor vereinbarten (Zeit-)Gebühr berechnet werden.[3] Die Berechnung einer Besprechungsgebühr nach § 31 StBVV scheidet aus, solange die Prüfung noch nicht abgeschlossen ist. Ergehen aufgrund einer Außenprüfung geänderte Steuerbescheide, ist deren Prüfung eine gesonderte Angelegenheit, die mit einer Zeitgebühr nach § 28 StBVV abzurechnen ist.[4]

Praxistipp:

Häufig werden diese Prüfungen in der Zeiterfassung für die Angelegenheit „Betriebsprüfung" aufgelistet und später mit der Zeitgebühr nach § 29 Nr. 1 StBVV abgerechnet. Auch wenn es im Ergebnis keinen Unterschied macht, ob für die Prüfung der Bescheide eine Zeitgebühr nach § 28 StBVV oder nach § 29 Nr. 1 StBVV berechnet wird, könnte diese Vorgehensweise im Rahmen eines Honorarprozesses als formeller Fehler beanstandet werden. Deshalb sollten die Zeiten für die Prüfung der geänderten Bescheide gesondert erfasst und nach § 28 StBVV abgerechnet werden.

Nach diesseitiger Auffassung ist die **Reisezeit** für die An- und Rückfahrt zur Prüfung jedoch nicht gesondert vergütungsfähig, so dass der Berater vorbehaltlich einer anderweitigen Vereinbarung mit dem Mandanten lediglich Reisekosten nach § 18 StBVV berechnen kann.[5] Die Bereitstellung einer angeforderten CD oder DVD gegenüber dem Betriebsprüfer kann nach Zeitaufwand abgerechnet werden. Zur Mitwirkung des StB bei der Ermittlung der Besteuerungsgrundlagen.[6]

II. Schriftliche Einwendungen gegen den Prüfungsbericht (Nr. 2)

Erhebt der Berater im Anschluss an eine Außenprüfung schriftliche Einwendungen **486** gegen den Prüfungsbericht, erhält er hierfür eine Wertgebühr. Gegenstandswert ist der Wert des Interesses i.S.d. § 10 Abs. 1 Satz 3 StBVV, der strittige Steuerbetrag. Nach § 10 Abs. 2 StBVV erfolgt eine Gegenstandswertaddition, wenn sich aus dem Betriebsprüfungsbericht unterschiedliche Mehrsteuern ergeben, z.B. Umsatzsteuer, Einkommensteuer und Gewerbesteuer. Hier entspricht der Gesamtbetrag der jeweiligen Mehrsteuern dem Wert des Interesses.[7]

§ 29 Nr. 2 StBVV betrifft nur Einwendungen gegen den Prüfungsbericht. Wird der **487** Bericht zusammen mit dem Bescheid zugestellt und werden Einwendungen im Verfahren gegen den Bescheid, also im außergerichtlichen Rechtsbehelfsverfahren geltend gemacht, ist nur § 40 StBVV einschlägig.

1) Für schriftliche Einwendungen gegen den Prüfungsbericht greift § 29 Nr. 2 StBVV.
2) Nach OLG Düsseldorf v. 9.11.2002, 23 U 258/01, GI 2003, 39, kann hierfür eine Zeitgebühr nach § 34 Abs. 5 StBGebV berechnet werden.
3) AG Hannover v. 16.11.2012, 514 C 1281/12 mit Anm. Goez, KP 2013, 155.
4) Boelsen in Eckert, 6. Aufl. 2017, § 29 StBVV Rz. 7.
5) → § 13 StBVV Rz. 247.
6) → Rz. 490.
7) Eggesiecker, 2. Aufl. 1998, § 10 STEUGO Rz. 10.930.

488 Ein Antrag des StB auf eine **verbindliche Zusage** nach §§ 204 ff. AO ist nach § 23 Satz 1 Nr. 10 StBVV abzurechnen.[1]

C. Angemessenheit der Gebühr

489 Die Interessenwahrnehmung des Mandanten bei einer Außenprüfung oder im Rahmen der Steuerfahndung[2] wird durchgehend als eine der für das Mandatsverhältnis bedeutsamsten Tätigkeiten des StB angesehen. Gerade die Teilnahme des StB an einer Außenprüfung kann wegen der Bedeutung der Angelegenheit und der Schwierigkeit der beruflichen Tätigkeit (§ 11 StBVV) den Ansatz der Höchstgebühr rechtfertigen. Es kommt aber immer auf die Umstände des Einzelfalls an. Der Umfang der Tätigkeit wirkt sich bei der Zeitgebühr nur auf die Anzahl der Stunden aus, ist aber grundsätzlich kein gebührenerhöhender Faktor. Bei umfangreichen Tätigkeiten empfiehlt sich eine Vergütungsvereinbarung nach § 4 Abs. 1 StBVV.

Beispiele:

Das LG Düsseldorf[3] hielt wegen des gehobenen Schwierigkeitsgrads einen Stundensatz von 78 € bei einer achtstündigen Teilnahme an einer Außenprüfung für angemessen.

Das LG Duisburg[4] hatte einem StB für die Teilnahme an einer Umsatzsteuersonderprüfung die Höchstgebühr von damals 140 DM (umgerechnet 71,58 €) pro Stunde zugebilligt nachdem der Sachverständige festgestellt hatte, dass die Leistungen vom StB selbst und nicht von Mitarbeitern erbracht wurden und die Tätigkeiten besonders umfangreich waren. Es habe häufig Rückfragen gegeben, auch haben die Unterlagen mehrfach überarbeitet werden müssen.

In einem anderen Fall ging das LG Duisburg[5] von einem angemessenen Stundensatz i.H.v. 80 € für den StB und von 65 € für die Mitarbeiter aus. Es handelte sich um eine Prüfung mit erhöhtem Schwierigkeitsgrad. Insgesamt hatte der Kläger 105,5 Std. abgerechnet.[6]

Das AG Duisburg[7] hatte einem StB den Höchstsatz von 92 € und den Mitarbeitern einen Stundensatz von 60 € zugesprochen.

Als schwierige Betriebsprüfung, die den Höchstsatz von 92 € rechtfertigte, sah das LG Bielefeld[8] die Klärung von Gehaltsfragen des geschäftsführenden GmbH-Gesellschafters und Fragen der verdeckten Gewinnausschüttung A an und das AG Iserlohn[9] steuerliche Gestaltungsfragen.[10]

Das LG Traunstein[11] hatte einem StB ebenfalls für die Teilnahme an einer Außenprüfung die damals geltende Höchstgebühr von 120 DM (umgerechnet 61,36 €) pro Stunde zugebilligt, weil es bei der Prüfung Probleme wegen beträchtlicher Nachforderungen gegeben habe, bei denen eine Reihe von schwierigen Fragen aufgetaucht seien.

Praxistipp:

Wird im Rahmen eines Honorarprozesses die Anzahl der abgerechneten Stunden für die Teilnahme an der Betriebsprüfung oder die Angemessenheit des Stundensatzes bestritten, kann es hilfreich sein, den Betriebsprüfer als neutralen Zeugen für Umfang und

---

1) → § 23 StBVV Rz. 380; ebenso Eggesiecker, 2. Aufl. 1998, § 29 STEUGO Rz. 29.430; Schwamberger in Meyer/Goez/Schwamberger, 9. Aufl. 2019, § 29 StBVV Rz. 1; Boelsen in Eckert, 6. Aufl. 2017, § 29 StBVV Rz. 5.
2) § 208 Abs. 1 Satz 1 Nr. 2 AO.
3) LG Düsseldorf v. 19.12.2008, 22 S 394/07.
4) LG Duisburg v. 8.2.2001, 8 O 359/99.
5) LG Duisburg v. 5.11.2007, 2 O 46/05.
6) → § 13 StBVV Rz. 257.
7) AG Duisburg v. 14.1.2010, 2 C 5245/08.
8) LG Bielefeld v. 23.12.2009, 2 O 289/06.
9) AG Iserlohn v. 9.12.2009, 42 C 496/06.
10) Einbringung von Betriebsvermögen in eine neu zu gründende GbR.
11) LG Traunstein v. 23.6.1986, 3 O 1163/85.

Schwierigkeit der Tätigkeit zu benennen. Zur Beweislast bei der Geltendmachung von Zeitgebühren → § 13 StBVV Rz. 257 ff.

D. Abgrenzung zum Steuerstraf- und -ordnungswidrigkeitenverfahren; Besprechungsgebühr

Auf Grund einer Außen-, Zollprüfung, auf Grund einer Steuer- oder Zollfahndung oder durch Nachschauen können Steuerstraf- und -ordnungswidrigkeiten aufgedeckt werden. Kommt es daraufhin zu einem Steuerstraf- bzw. -ordnungswidrigkeitenverfahren, sind über § 45 StBVV die entsprechenden Vorschriften des RVG einschlägig.[1] Der StB sollte durch sorgfältige Aufzeichnungen sicherstellen, dass auch später noch eindeutig festgestellt werden kann, welche konkreten Tätigkeiten entfaltet wurden und ob diese gemäß § 29 Nr. 1 StBVV mit einer Zeitgebühr abgerechnet werden dürfen oder ob es sich schon um Tätigkeiten handelt, die der Abwehr strafrechtlicher Vorwürfe dienen und nach RVG abzurechnen sind.[2] **490**

Beispiel:

Geht der Vorwurf der Steuerfahndung dahin, dass beide Eheleute gemeinschaftlich gehandelt haben und führt der Steuerberater in einer Stellungnahme aus, dass kein gemeinschaftliches Handeln vorlag, ist dies eine Vertretung im Steuerstrafverfahren, weil es um die Abwehr strafrechtlicher Vorwürfe geht.

Die Aufgabe der Steuerfahndung umfasst auch die Ermittlung der Besteuerungsgrundlagen, wenn es um die Erforschung von Steuerstraftaten und Steuerordnungswidrigkeiten geht, § 208 Abs. 1 Nr. 2 AO. Der StB, der im Auftrag seines Mandanten an der **Ermittlung der Besteuerungsgrundlagen** durch die Steuerfahndung mitwirkt, erhält hierfür gem. § 29 Nr. 1 StBVV die Zeitgebühr. Es wird häufig übersehen, dass die StBVV für diese Tätigkeit eine gesonderte Zeitgebühr vorsieht. Besteht keine schriftliche, sondern nur eine mündliche **Honorarvereinbarung** und ist unklar, für welche Tätigkeiten diese Vereinbarung gelten soll, ist auf den Empfängerhorizont, also die Sicht des Mandanten abzustellen.

Beispiel:

Ein StB wurde u.a. 9 Std. in einem Steuerstrafverfahren tätig. Hierfür rechnete er einen Stundensatz von 140 € netto gem. § 29 Nr. 1 StBVV i.V.m. § 13 Satz 2 StBVV ab, der auch unstreitig angemessen war. Allerdings bestand eine ältere (mündliche) Honorarvereinbarung mit einem Stundensatz von 45 € netto, der grds. für alle Tätigkeiten gelten sollte, die nicht nach Gegenstandswert abgerechnet werden. Über die Teilnahme an Betriebsprüfungen und Steuerfahndungsprüfungen war nichts Ausdrückliches vereinbart. Die mündliche Vereinbarung war aus Mandantensicht so auszulegen, dass für die Tätigkeit nach § 29 Nr. 1 StBVV ebenfalls nur der Stundensatz von 45 € abgerechnet werden durfte.[3]

Fraglich ist, ob der StB neben der Gebühr nach § 29 StBVV auch eine **Besprechungsgebühr nach § 31 StBVV** abrechnen kann. Dies wird in der Literatur vereinzelt bejaht,[4] verbietet sich aber nach diesseitiger Auffassung aus den unter → § 31 StBVV Rz. 510 aufgeführten Gründen. Neben der Zeitgebühr für die Teilnahme an einer Betriebsprüfung kann der StB keine zusätzliche Besprechungsgebühr für Gespräche mit dem Prüfer berechnen. Die Teilnahme an der Prüfung deckt alle unmittelbar damit zusammenhängenden Tätigkeiten ab.[5] Es handelt sich gebüh-

1) → § 45 StBVV Rz. 757 ff.; OLG Düsseldorf v. 15.11.1990, 18 U 100/90: Zitiert der StB gleichwohl in seiner Gebührenrechnung § 29 Nr. 1 StBVV, ist sein Gebührenanspruch nicht durchsetzbar.
2) OLG Düsseldorf v. 10.6.2003, 23 U 68/02, DStRE 2003, 1419.
3) LG Dortmund v. 12.1.2018, 17 S 133/17; Beyme, KP 2018, 204.
4) Spatscheck/Talaska, PStR 2007, 183.
5) Berners, 5. Aufl. 2016, § 29 StBVV Rz. 16.

renrechtlich um eine und nicht um zwei Angelegenheiten. Anders mag der Fall zu beurteilen sein, wenn der mit der Teilnahme an der Betriebsprüfung beauftragte StB auf Wunsch des Mandanten den Vorberater hinzuzieht und diese Besprechungen i.S.d. § 31 StBVV mit dem Prüfer führt. In einem solchen Fall wäre eine Abrechnung nach § 31 StBVV durch den Vorberater m.E. vertretbar.

§ 30
Selbstanzeige

(1) Für die Tätigkeit im Verfahren der Selbstanzeige (§§ 371 und 378 Abs. 3 der Abgabenordnung) einschließlich der Ermittlungen zur Berichtigung, Ergänzung oder Nachholung der Angaben erhält der Steuerberater 10/10 bis 30/10 einer vollen Gebühr nach Tabelle A (Anlage 1).

(2) Der Gegenstandswert bestimmt sich nach der Summe der berichtigten, ergänzten und nachgeholten Angabe, er beträgt jedoch mindestens 8 000 Euro.

Inhalt

Schrifttum

Berners, Bildet eine Einkunftsart jeweils einen Gegenstandswert nach § 30 StBVV?, NWB 2017, 3669; **Berners,** Die Abrechnung der Selbstanzeige, NWB 27/2014, 2035; **Bilsdorfer,** Beratungsempfehlungen für Steuerberater zur Selbstanzeige des Mandanten (Teil I), INF 1998, 330; (Teil II) INF 1998, 362; **Brodski,** Steuerberaterhaftung: Pflichten des Steuerberaters im Selbstanzeigemandat, DB 2017, 2793; **Dikmen/Wollweber,** Selbstanzeige und Honorar – Die gesetzlichen Gebühren nicht nur als Notlösung, Stbg 2011, 29; **Feiter,** Selbstanzeige trotz strafrechtlicher Verjährung?, KANZLEI intern 05/2014, 5; **Feiter,** Selbstanzeigeberatung: So rechnen Sie Ihre Tätigkeiten richtig ab, GBStB 2014, 98; **Gemmer,** Zweifelsfragen bei Abrechnung einer Selbstanzeige, KP 2001, 44; **Göpfert,** Die strafbefreiende Selbstanzeige (§ 371 AO) – ein Auslaufmodell?, KammerMitteilungen RAK Düsseldorf 4/2014, 353; **Guntermann,** Beraterhaftung für verhängte Geld- und Freiheitsstrafen bei verunglückter Selbstanzeige, Stbg 2013, 420; **Maxl/Feiter,** Die Steuerberatergebührenverordnung, NWB Fach 30, 1169; **Meyer,** Selbstanzeige richtig abrechnen, KP 1999, 94; **Meyer,** Der „richtige" Gegenstandswert bei der Gebührenabrechnung für eine Selbstanzeige, KP 2001, 185; **Meyer,** Gebührenabrechnung für Tätigkeiten des Steuerberaters im Rahmen der „Steueramnestie", KP 2004, 73; **Neufang/Spangberger/Zepezauer,** Die neue Steuerberatervergütungsverordnung (StBVV) und Tipps zur Abrechnungspraxis, StB 2013, 35; **Schwamberger,** Vergütungen bei Selbstanzeige, KP 2014, 26; **Schepers,** Abrechenbarkeit der Selbstanzeige bei Ehegatten, KANZLEI intern 05/2015, 8; **Schrick,** Wie rechne ich eine Selbstanzeige richtig ab?, KANZLEI intern 05_2017, 7; **Simon/Vogelberg,** Steuerstrafrecht, Stuttgart 2000; **Ueberfeldt/Keller,** Honorar des Steuerberaters bei Selbstanzeige, DStR 2011, 92; **Wilk/ Beyer-Petz** Die neue Steuerberatervergütungsverordnung, DStR 2012, 2508; **Wollweber/Ruske** Honorarstreit in Selbstanzeigemandaten: Ist Ihre Vergütung gerichtsfest?, Stbg 2016, 402.

A. Inhalt und Bedeutung

Auf Grund der intensiven und gezielten Fahndungsmaßnahmen der Finanzverwaltung war dieser Gebührentatbestand bis zum 31.12.2014 von erheblicher praktischer Relevanz. Mit Inkrafttreten des Gesetzes zur Änderung der Abgabenordnung und des Einführungsgesetzes zur Abgabenordnung[1], das mit Wirkung zum 1.1.2015 zu erheblichen Verschärfungen bei der Selbstanzeige geführt hat, ist ein Rückgang von Selbstanzeigen festzustellen. Problematisch ist insbesondere die Ausdehnung **491**

1) Gesetz zur Änderung der Abgabenordnung und des Einführungsgesetzes zur Abgabenordnung v. 22.12.2014, BGBl. I 2014, 2415 = BStBl I 2015, 55.

des Berichtigungszeitraums auf 10 Jahre[1], durch die eine vollständige Nacherklärung auf praktische Grenzen stößt.

Praxistipp:

Je nach Ermittlungsaufwand empfiehlt sich die Vereinbarung einer höheren Vergütung nach § 4 Abs. 1 StBVV, verbunden mit einer Mindesthonorarklausel für den Fall, dass die gesetzliche Vergütung nach § 30 StBVV höher ist, als die vereinbarte Vergütung.[2]

B. Anwendungsbereich (Abs. 1)

492 § 30 StBVV bezieht sich auf die strafbefreiende Selbstanzeige nach § 371 AO für Tatbestände der Steuerhinterziehung nach § 370 AO und auf die bußgeldbefreiende Selbstanzeige nach § 378 Abs. 3 AO für Tatbestände leichtfertiger Steuerverkürzung nach § 378 Abs. 1 AO. Berichtigungen nach § 153 AO fallen nicht unter diese Vorschrift. Für diese gilt § 23 Satz 1 Nr. 1 StBVV.[3]

493 Aus **§ 10 Abs. 2 Halbsatz 2 StBVV** folgt, dass bei der Gebührenrechnung eine **Einzelberechnung** vorzunehmen ist. Bei laufend veranlagten Steuern ist daher jede Steuer **für jeden Veranlagungszeitraum** ein gesonderter Gegenstand. Dies ist deshalb gerechtfertigt, weil der StB für jedes Kalenderjahr und für jede **Steuerart** (z.B. Ertragsteuer, Umsatzsteuer, Erbschaftsteuer) gesondert ermitteln muss, welche Besteuerungsgrundlagen zu ergänzen und zu berichtigen sind und wie hoch die sich ergebende Mehrsteuer ist. Nach h.M. fällt die Gebühr für jede Steuerart, nicht aber auch für jede Einkunftsart im Sinne von § 2 Abs. 1 Satz 1 EStG (z.B. Einkünfte aus Vermietung, aus selbständiger Arbeit und aus Kapitalvermögen) gesondert an.[4]

Beispiel:

Der Steuerpflichtige S war Eigentümer einer vermieteten Wohnung in Florida/USA und Inhaber eines Bankkontos in den USA. Die daraus erzielten Miet- und Kapitaleinkünfte hatte er von 2003 bis 2013 in seinen Steuererklärungen nicht angegeben. S beauftragt den StB mit der Abgabe einer Selbstanzeige.

Nach h.M. kann die Gebühr nach § 30 StBVV für jedes Veranlagungsjahr nur einmal und nicht zweimal (für zwei Einkunftsarten) in Rechnung gestellt werden.

Praxistipp:

Wer für jede Einkunftsart (hier Miet- und Kapitaleinkünfte) eine Gebühr nach § 30 StBVV abrechnen möchte, sollte sicherheitshalber eine Vergütungsvereinbarung nach § 4 Abs. 1 StBVV schließen.

Dass eine Abrechnung nach Steuerart und nicht nach Einkunftsart erfolgen muss, wird mit dem Begriff der Angelegenheit im gebührenrechtlichen Sinne begründet.[5] Der Begriff der Angelegenheit ist von einem einheitlichen Lebenssachverhalt geprägt. Wird der StB mit der Erstellung einer steuerlichen Selbstanzeige beauftragt, bildet die begangene Straftat den maßgeblichen Lebenssachverhalt. Jede Tathandlung, für die die Selbstanzeige gefertigt wird, stellt mithin einen einheitlichen Lebenssachverhalt dar. Nach der Rechtsprechung des BGH betrifft die Tathandlung einer Steuerhinterziehung jeweils verschiedene Steuerarten und Besteuerungszeiträume, nicht aber einzelne Einkunftsarten.[6] Das LG Stuttgart[7] weist in diesem

1) § 371 Abs. 1 Satz 2 AO.
2) Siehe hierzu das Muster Vergütungsvereinbarung Zeitgebühr (außergerichtliche Tätigkeit) in → Rz. 940.
3) → § 23 StBVV Rz. 363.
4) LG Stuttgart v. 11.7.2016, 27 O 338/15; Wollweber/Ruske, Stbg 2016, 402, 410; Schwamberger, KP 2014, 26, 29; Boelsen in Eckert, 6. Aufl. 2017, § 30 StBVV Rz. 6; a.A. noch Feiter, GBStB 2014, 98; Berners, NWB 2017, 3669; ders. noch zweifelnd in NWB 2014, 2035, 2036.
5) § 12 Abs. 2 StBVV.
6) BGH v. 28.10.2004, 5 StR 276/04.
7) LG Stuttgart v. 11.7.2016, 27 O 338/15.

Zusammenhang auf folgendes hin: Der Steuerpflichtige muss bei der Abgabe der Selbstanzeige wegen Hinterziehung von Einkommensteuer alle Einkunftsarten berücksichtigen, damit die Selbstanzeige eine strafbefreiende Wirkung erzielt. Eine Nichtberücksichtigung einzelner Einkunftsarten würde dem Zweck des Auftrags, die strafbefreiende Wirkung zu erzielen, zuwiderlaufen. Dieser vom Gegenstand des Mandats abgesteckte Rahmen führe zwingend zu der Betrachtung, dass die verschiedenen Einkunftsarten der Einkommensteuer gebührenrechtlich nicht als jeweils eigene Angelegenheiten angesehen werden können. Die gegenteilige Auffassung von Berners[1] überzeugt demgegenüber nicht. Er findet es systemwidrig, dass bei der Anfertigung der Steuererklärungen die Einkunftsarten nach § 27 StBVV gesondert abgerechnet werden können, bei der Selbstanzeige aber nicht. Da es bei der Bestimmung der Anzahl der Gebühren aber maßgeblich auf den Begriff der „Angelegenheit" ankommt, den die Rechtsprechung bei der Selbstanzeige im o.g. Sinne zutreffend beschrieben hat, überzeugt dieses Argument nicht. Gebührenrechtlich besteht wegen des hohen Gebührenrahmens von 10/10 bis 30/10 auch keine Notwendigkeit, jede Einkunftsart im Rahmen des § 30 StBVV gesondert abzurechnen. Im Gegenteil: diese Form der Abrechnung würde in vielen Fällen dazu führen, dass die Gebühren des StB deutlich höher wären, als die nacherklärten Einkünfte. Dies kann – je nach Fallkonstellation – Hinweispflichten des StB unter dem Gesichtspunkt von Treu und Glauben[2] auslösen. Belehrt er den Mandanten pflichtwidrig nicht über die voraussichtliche Höhe der Gebühren, kann dies zu Schadensersatzansprüchen des Mandanten und zum Verlust des Vergütungsanspruchs führen.[3]

Wird die **Selbstanzeige für mehrere Personen** (Eheleute, Gesellschafter etc.) angefertigt, entsteht für jeden Auftraggeber eine gesonderte Gebühr nach § 30 StBVV. § 6 Abs. 1 StBVV steht dem nicht entgegen. Selbstanzeigen in gleich gelagerten Fällen mehrerer Personen sind immer mehrere Angelegenheiten, da die strafbefreiende Wirkung höchstpersönlicher Natur ist.[4]

Mit der Gebühr für die Selbstanzeige sind die Ermittlungen des StB zur **Berichtigung, Ergänzung und Nachholung** der Angaben, z.B. der erstmals erklärten Einkünfte aus Kapitalvermögen abgegolten. 494

Beispiel:

Der Stpfl. hat ein Aktiendepot in der Schweiz. Steuerpflichtige Veräußerungsgewinne und Zinserträge dieses Depots wurden über einen Zeitraum von mehreren Jahren nicht erklärt. Die Ermittlung des „richtigen" zu versteuernden Einkommens durch „Zurechnungen" zu den bisher erklärten veranlagten Einkünften aus Kapitalvermögen und die Errechnung der Mehrsteuern ist mit der Gebühr nach § 30 StBVV abgegolten. Dies gilt unabhängig davon, wie umfangreich die Dokumentation der Kontobewegungen ist.

Die amtliche Begründung zu § 30 StBGebV[5] sieht vor, dass der StB zusätzliche Gebühren erhält, wenn die Selbstanzeige die **(erstmalige) Anfertigung** einer Buchführung, eines Jahresabschlusses, einer Überschussrechnung oder einer Steuererklärung bedingt.[6] Gleiches gilt, wenn die Arbeiten des StB einer Neuerstellung gleichzusetzen sind.

Beispiel:

Der Stpfl. hat einen auf Grund einer Schenkung erlangten Geldbetrag auf einem Schweizer Konto angelegt und die Gewinne über mehrere Jahre nicht versteuert. Neben

1) Berners, NWB 2017, 3369, 3371.
2) § 242 BGB.
3) LG Stuttgart v. 11.7.2016, 27 O 338/15; Schrick, KANZLEI intern 05_2017, 7.
4) Schepers, KANZLEI intern 05/2015, 8; Dikmen/Wollweber, Stbg 2011, 29 f.; Schwamberger in Meyer/Goez/Schwamberger, 9. Aufl. 2019, § 6 StBVV Rz. 11.
5) Abgedruckt in Eckert, 4. Aufl. 2003, § 30 StBGebV.
6) Ausführlich hierzu Schwamberger, KP 2014, 26, 27 mit Beispielen.

der Gebühr für die Selbstanzeige entsteht hier auch eine Gebühr für die Anfertigung der Schenkungsteuererklärung nach § 24 Abs. 1 Nr. 13 StBVV.

Soweit bisher bereits Einkünfte aus Kapitalvermögen erklärt wurden, fällt keine weitere Gebühr nach § 27 StBVV an. Die Ermittlung des „richtigen" zu versteuernden Einkommens ist von der Gebühr nach § 30 StBVV umfasst.[1] Nur für den Fall, dass bislang überhaupt keine Einkünfte aus Kapitalvermögen erklärt wurden, fällt neben der Gebühr nach § 30 StBVV auch eine Gebühr nach § 27 Abs. 1 StBVV und ggf. auch nach § 27 Abs. 3 StBVV an.[2]

495 Für die **Entstehung** der Gebühr ist es unerheblich, ob die Selbstanzeige strafbefreiende Wirkung hat oder nicht. Der Gebührentatbestand stellt lediglich darauf ab, dass Tätigkeiten im Verfahren der Selbstanzeige entfaltet wurden. Allerdings kann der Mandant vom StB Schadenersatz verlangen, wenn dieser pflichtwidrig und schuldhaft keine ordnungsgemäße, d.h. keine vollständige oder rechtzeitige Selbstanzeige erstattet und bei pflichtgemäßem Rat und ordnungsgemäßer Selbstanzeige die Bestrafung abzuwenden gewesen wäre, z.B. durch eine mehrstufige Selbstanzeige.[3] Der Schaden entspricht der Höhe der gegen den Mandanten verhängten Geldstrafe[4] bzw. der Geldauflage bei Einstellung des Strafverfahrens gegen Zahlung einer Geldauflage.[5] Bei einer Freiheitsstrafe kommen Ersatz für Verdienstausfall und Schmerzensgeldansprüche in Betracht.[6] Auch die Kosten eines Strafverteidigers sind grundsätzlich ein ersatzfähiger Schaden.[7] Die Gebühr entsteht auch dann, wenn die Selbstanzeige nicht abgegeben wird, weil der Mandant nach Fertigstellung keine Abgabe mehr wünscht.[8] Die Gebühr entsteht jedoch nicht für das Jahr der laufenden Veranlagung, wenn der Mandant die Steuererklärung noch nicht abgegeben hat und die Veranlagungsarbeiten in dem betreffenden Finanzamtsbezirk allgemein (zu etwa 95 %) noch nicht abgeschlossen sind, da bis zu diesem Zeitpunkt noch keine Tatvollendung vorliegt und für eine versuchte Tat i.d.R. keine ausreichenden Feststellungen vorliegen dürften.[9]

C. Gegenstandswert (Abs. 2)

496 Der Gegenstandswert war in § 30 StBGebV nicht definiert. Erst durch die VO zum Erlass und zur Änderung steuerlicher Verordnungen[10] findet sich erstmals eine Legaldefinition. Danach bestimmt sich der Gegenstandswert nach der Summe der berichtigten, ergänzten oder nachgeholten Angaben. Dies sind die nachgemeldeten Einnahmen, und zwar getrennt nach Kalenderjahr und Steuerart. Die bereits erklärten Einnahmen sind bei der Bemessung des Gegenstandswertes nicht zu berücksichtigen.[11] Denn die Selbstanzeige ist begrifflich eine „Nacherklärung".[12] Ebenso wenig wirkt es sich auf den Gegenstandswert aus, wenn Anlagen (KAP, AUS, SO) abgegeben werden. Der Mehraufwand kann nur beim Zehntelsatz berücksichtigt werden. Der Gegenstandswert beträgt mindestens 8 000 €. Dieser Gegenstandswert

1) Schepers, KANZLEI intern 05/2015, 8; a.A. Berners, NWB 27/2014, 2036, 2037, der für die teilweise Nacherklärung der Kapitaleinkünfte neben der Gebühr nach § 30 StBVV auch eine Gebühr nach § 27 StBVV für abrechenbar hält.
2) Berners, NWB 27/2014, 2036.
3) Brodski, DB 2017, 2793; Wollweber, DStR 2017, 1408.
4) OLG Nürnberg v. 24.2.2017, 5 U 1687/16, DStR 2017, 1406 mit Anm. Wollweber; LG Saarbrücken v. 23.1.2012, 9 O 251/10, GI aktuell 2012, 56.
5) OLG Frankfurt/M. v. 1.6.2017, 17 U 151/16, DB 2017, 2595.
6) Guntermann, Stbg 2013, 420.
7) OLG Nürnberg v. 24.2.2017, 5 U 1687/16, DStR 2017, 1406 mit Anm. Wollweber.
8) Feiter, GStB 2014, 98, 100.
9) Simon/Vogelberg, 6. Kap. Rz. 2.3.2.
10) VO zum Erlass und zur Änderung steuerlicher Verordnungen v. 11.12.2012, BGBl. I 2012, 2637 = BStBl I 2013, 2.
11) A.A. Berners, NWB 27/2014, 2036, 2037.
12) Schwamberger, KP 2014, 26.

gilt z.B. dann, wenn der Stpfl. in einem Jahr Verluste oder nur einen geringen Gewinn unter 8 000 € hatte, egal wie aufwendig die nachträgliche Ermittlung der Gewinne und Verluste war. Deshalb empfiehlt sich in diesen Fällen eine Vergütungsvereinbarung nach § 4 StBVV.[1] Mit der Legaldefinition des Gegenstandswertes hat der Verordnungsgeber einen jahrelangen Streit über die Bestimmung des Gegenstandswertes entschieden, der nachfolgend wegen der Fortgeltung alten Rechts (§ 47a StBVV) noch einmal wiedergegeben ist: Ausgangspunkt war der „Wert des Interesses" für den Mandanten (§ 10 Abs. 1 Satz 3 StBVV). Dies war nach noch h.M.[2] der sich auf Grund der Selbstanzeige ergebende Mehrbetrag, die **nachzuzahlende Steuer.** Nach einer starken Gegenmeinung[3] sollte die Summe der nachgemeldeten Einkünfte maßgeblich sein, weil der steuerliche Schwerpunkt in der Mitteilung weiterer zu versteuernder Einkünfte liege. Eine dritte Meinung wollte dem Mehrbetrag, also der nachzuzahlenden Steuer den geschätzten Betrag der sonst verwirkten Geldstrafe oder des Bußgeldes hinzuaddieren und dies als Gegenstandswert zu Grunde legen.[4]

D. Abgrenzung zu anderen gebührenpflichtigen Tätigkeiten

Tätigkeiten im Rahmen einer Selbstanzeige ist i.d.R. eine **Beratung** des Mandanten vorausgegangen. Hierfür sieht § 21 Abs. 1 Satz 1 StBVV eine Gebühr vor, die aber auf die Gebühr für die Selbstanzeige anzurechnen ist (§ 21 Abs. 1 Satz 3 StBVV), wenn der Berater einen entsprechenden Auftrag erhält. Entscheidet sich der Mandant nach erfolgter Beratung gegen die Abgabe der Selbstanzeige und beendet das Mandat kann der StB nur die Gebühr nach § 21 Abs. 1 Satz 1 StBVV (im Zweifel eine Zeitgebühr) berechnen, es sei denn, er hat zuvor eine Vergütungsvereinbarung nach § 4 Abs. 1 StBVV getroffen. **497**

Für Selbstanzeigen nach § 371 AO a.F., die bis zum 31.12.2014 galt, war folgendes zu beachten: Stellte der StB im Rahmen des Beratungsgesprächs fest, dass ganz oder teilweise **Verfolgungsverjährung** eingetreten ist, musste er den Mandanten bis zum 31.12.2014 auf diesen Umstand hinweisen, bevor er ggf. eine **„erweiterte Selbstanzeige"** über den strafrechtlich relevanten Rahmen hinaus, erstattet hat. Ein „erweiterte Selbstanzeige" konnte bei Dauersachverhalten – insbesondere der Verkürzung im Zusammenhang mit Einkünften aus Kapitalvermögen – sinnvoll sein, weil die Steuerfahndung zur Ermittlung der Besteuerungsgrundlagen im Zusammenhang mit der Erforschung von Steuerstraftaten und Steuerordnungswidrigkeiten auch dann berechtigt ist, wenn bereits Strafverfolgungsverjährung eingetreten ist, eine Steuerfestsetzung aber noch erfolgen kann.[5] Gebührenrechtlich war dann aber zu beachten, dass für verjährte Zeiträume keine Berechnung nach § 30 StBVV erfolgen kann. Denn § 371 Abs. 1 AO a.F. beschränkte die Selbstanzeige tatbestandlich auf alle „unverjährten Steuerstraftaten".[6] Für verjährte Zeiträume kam deshalb § 23 Satz 1 Nr. 1 StBVV in Betracht, der allerdings im Vergleich zu § 30 StBVV einen niedrigeren Gegenstandswert und einen niedrigeren Gebührenrahmen vorsieht. **498**

---

1) → Rz. 491.
2) Eggesiecker, 2. Aufl. 1998, § 30 STEUGO Rz. 30.555; Mittelsteiner/Scholz/Keller, 5. Aufl. 2002, § 30 StBGebV Rz. 3; Schwamberger in Meyer/Goez/Schwamberger, 6. Aufl. 2010, § 30 StBGebV Rz. 3; Maxl/Feiter, NWB Fach 30, 1169, 1175; Bilsdorfer, INF 1998, 362, 367; Gemmer, KP 2001, 44 f.; offen gelassen von OLG Düsseldorf v. 23.3.2004, 23 U 66/03, GI 2004, 182, 184.
3) OLG Frankfurt/M. v. 6.6.2003, 24 U 41/02; Crusen in Eckert, 4. Aufl. 2003, § 30 StBGebV Rz. 6; Dikmen/Wollweber, Stbg 2011, 29 f.; Ueberfeldt/Keller, DStR 2011, 92 f.
4) Siehe hierzu Meyer, KP 2001, 185 f. m.w.N. und Ueberfeldt/Keller, DStR 2011, 92, 94.
5) Bilsdorfer, INF 1998, 330, 334.
6) Feiter, KANZLEI intern 05/2014, 5; Berners, NWB 27/2014, 2036, 2038 f.; Gemmer KP 2014, 44.

Praxistipp:

Um in Alt-Fällen gebührenrechtliche Nachteile zu vermeiden, empfahl es sich (ggf. auch nachträglich), mit dem Mandanten gemäß § 4 Abs. 1 StBVV zu vereinbaren, dass Gegenstand des Auftrags eine „erweiterte Selbstanzeige", über den strafrechtlich relevanten Zeitraum hinaus, ist und dass sämtliche Leistungen nach § 30 StBVV oder ggf. nach Stunden etc. berechnet werden.

Mit der zum 1.1.2015 in Kraft getretenen Neuregelung des § 371 AO[1], ist dieses gebührenrechtliche Problem entfallen, da die Selbstanzeige tatbestandlich nicht mehr auf alle unverjährten Steuerstraftaten beschränkt ist. Vielmehr ist jetzt für alle Steuerstraftaten ein Berichtigungszeitraum von mindestens zehn Kalenderjahren vorgesehen ist (§ 371 Abs. 1 Satz 2 AO). Das bedeutet, dass die Gebühr nach § 30 StBVV für den gesamten Zeitraum, der zu einer vollständigen Nacherklärung gehört, abgerechnet werden kann.

499 Wird nach der Abgabe einer Selbstanzeige von der Finanzverwaltung ein **Straf- oder Bußgeldverfahren** eröffnet und wird der Berater in diesem Verfahren tätig, erhält er zusätzliche Gebühren nach den Vorschriften des RVG.[2] Wird zunächst ein steuerstrafrechtliches Ermittlungsverfahren eingeleitet und der StB sodann vom Mandanten mit der Verteidigung beauftragt, kann er für die Veranlagungszeiträume, auf die sich das Ermittlungsverfahren erstreckt, neben den RVG-Gebühren grundsätzlich keine weiteren Gebühren nach § 30 StBVV verlangen.[3]

500 Die Gebühr nach § 30 StBVV muss von der Gebühr nach § 23 Satz 1 Nr. 1 StBVV (Berichtigung einer Erklärung) abgegrenzt werden. Nur dann, wenn der Stpfl. mit Hinterziehungsvorsatz oder leichtfertig handelte, ist § 30 StBVV einschlägig.[4] Demgegenüber ist § 23 Satz 1 Nr. 1 StBVV anzuwenden, wenn der Stpfl. die Unrichtigkeit der Erklärung bei Abgabe kannte, aber ohne Hinterziehungsvorsatz handelte.[5]

Beispiel:

Der StB erhält den Auftrag, für Eheleute die Anlagen KAP 2008 – 2011 nachträglich zu erstellen. Die Mandanten waren der irrigen Auffassung, dass auf Grund ihrer Freistellungsaufträge keine Kapitalertragsteuer zu zahlen war. Der Aufwand des StB für die Beschaffung der Bankunterlagen und die anschließende Neuberechnung der Steuern betrug rund zwei Stunden.

Hier dürfte § 30 StBVV mangels Hinterziehungsvorsatzes nicht einschlägig sein. Der StB hat hier die Wahl zwischen § 23 Satz 1 Nr. 1 StBVV und § 27 StBVV, die vom Wortlaut beide passen. Welche Vorschrift für den StB vorteilhafter ist, hängt von den Umständen des Einzelfalls ab. § 23 Satz 1 Nr. 1 StBVV hat den höheren Gebührenrahmen, kennt aber – anders als § 27 StBVV – keinen Mindestgegenstandswert. Auch können Vorarbeiten, die über das übliche Maß erheblich hinausgehen nur im Falle des § 27 StBVV mit einer Zeitgebühr gesondert berechnet werden.

1) Gesetz zur Änderung der Abgabenordnung und des Einführungsgesetzes zur Abgabenordnung v. 22.12.2014, BGBl. I 2014, 2415 = BStBl I 2015, 55.
2) → § 45 StBVV Rz. 757 ff.; siehe zu diesen Gebühren auch Berners, NWB 27/2014, 2036, 2040.
3) LG Duisburg v. 19.9.2003, 7 S 238/02, Stbg 2004, 237.
4) Schwamberger, KP 2014, 26; Berners, NWB 27/2014, 2036, 2038.
5) AG Langen v. 9.1.2009, 56 C 100/08.

§ 31
Besprechungen

(1) Für Besprechungen mit Behörden oder mit Dritten in abgaberechtlichen Sachen erhält der Steuerberater 5/10 bis 10/10 einer vollen Gebühr nach Tabelle A (Anlage 1).

(2) [1]Die Besprechungsgebühr entsteht, wenn der Steuerberater an einer Besprechung über tatsächliche oder rechtliche Fragen mitwirkt, die von der Behörde angeordnet ist oder im Einverständnis mit dem Auftraggeber mit der Behörde oder mit einem Dritten geführt wird. [2]Der Steuerberater erhält diese Gebühr nicht für die Beantwortung einer mündlichen oder fernmündlichen Nachfrage der Behörde.

Inhalt

Schrifttum

Hartmann, Neuerungen zur Steuerberatergebührenverordnung aufgrund des Jahressteuergesetzes 2007, INF 2007, 17; **Lahmann,** Die Besprechungsgebühr nach § 31 StBGebV – die verkannte Gebühr?, DStR 2008, 2337; **Meyer,** Die Besprechungsgebühr nach § 31 StBGebV: „Verschenken" Sie keine Gebühren!, KP 2002, 57; **Wolf,** Die Änderungen der Steuerberatergebührenverordnung durch das Jahressteuergesetz 2007, DStR 2007, 44.

A. Inhalt und Bedeutung

§ 31 StBVV regelt den Vergütungsanspruch für Besprechungen mit Behörden oder Dritten, die der StB für seinen Auftraggeber führt. Durch das JStG 2007[1] wurde ein neuer Abs. 2 eingeführt, in dem der Begriff „Besprechung" näher erläutert wird. Im Wesentlichen wird der Regelungsinhalt des früheren § 42 Abs. 2 StBGebV übernommen, der durch das JStG 2007 im Ganzen aufgehoben wurde. Anders als § 42 Abs. 2 StBGebV a.F. wird in § 31 Abs. 2 StBVV klargestellt, dass für die Beantwortung von mündlichen oder fernmündlichen Nachfragen der Behörde keine Besprechungsgebühr entsteht. **501**

Die Gebühr ist nach h.M nur dann **pauschalierungsfähig,** wenn von „laufend auszuführenden" Besprechungen ausgegangen werden kann.[2] M.E. ist diese Einschränkung unbeachtlich.[3] Andere abweichende Vereinbarungen, insbesondere eine Vereinbarung nach § 4 Abs. 1 StBVV, sind möglich.

B. Anwendungsbereich

Die Gebühr entsteht, wenn der StB eine Besprechung mit Behörden oder Dritten in abgabenrechtlichen Sachen führt. Durch den neuen Abs. 2 wird der Anwendungsbereich weiter konkretisiert. Es muss sich um eine Besprechung über „tatsächliche **502**

1) Gesetz v. 13.12.2006, BGBl. I 2006, 2878 = BStBl I 2007, 28.
2) Boelsen in Eckert, 6. Aufl. 2017, § 31 StBVV Rz. 14.
3) → § 14 StBVV Rz. 271.

oder rechtliche Fragen" handeln, die von der Behörde „angeordnet" oder „im Einverständnis mit dem Auftraggeber" geführt wird.

I. Besprechung über tatsächliche und rechtliche Fragen

503 Der frühere § 42 Abs. 2 Satz 2 StBGebV stellte klar, dass eine Besprechung noch nicht gegeben war, wenn der StB lediglich mündlich oder fernmündlich, etwa nach dem Stand der Sache, fragt. Erforderlich war also ein Gespräch, das über eine bloße Sachstandsnachfrage hinaus ging und bei dem die Voraussetzungen des § 42 Abs. 2 Satz 1 StBGebV vorlagen.[1] Daran hat sich nichts geändert. Nach § 31 Abs. 2 Satz 2 StBVV soll der StB die Gebühr aber auch für die Beantwortung einer mündlichen oder fernmündlichen Nachfrage der Behörde nicht mehr erhalten. Dies wurde in § 42 Abs. 2 Satz 2 StBGebV a.F. nicht vertreten. Von daher erweist sich der neue § 31 Abs. 2 Satz 2 StBVV als eine **Verschlechterung gegenüber der** früheren **Rechtslage.**[2] Dies ist bedauerlich, da nicht einzusehen ist, dass mündliche oder fernmündliche Nachfragen der Behörde keine Gebühren mehr auslösen sollen. Die Regelung verkennt, dass Anordnungen der Behörde zum persönlichen Erscheinen i.S.d. § 31 Abs. 2 Satz 1 StBVV in der Praxis die Ausnahme sind. Fernmündliche Rücksprachen sind dagegen üblich und oft zeitintensiv und sie unterscheiden sich kaum von Besprechungen vor Ort. Es ist deshalb nicht einzusehen, dem StB dafür jede Gebühr zu verweigern, insbesondere dann nicht, wenn er die Rückfrage nicht selbst verschuldet hat. Die mündliche oder fernmündliche Nachfrage der Behörde kann jedoch dann eine Besprechungsgebühr auslösen, wenn sich daraus eine Besprechung, also eine Erörterung der Sach- und Rechtslage, anschließt.[3] In der Literatur wird teilweise vertreten, dass die Besprechungsgebühr auch bei **schriftlicher Beantwortung** von Rückfragen des Finanzamts entsteht, wenn die Beantwortung inhaltlich eine Erörterung von Sachverhalts- und/oder Rechtsfragen darstellt.[4] Mit dem Wortlaut der Regelung (Besprechungen) ist diese Auslegung aber nicht vereinbar.[5] Sie verkennt auch das gescheiterte Bemühen der Bundessteuerberaterkammer und des Deutschen Steuerberaterverbands im Rahmen des Jahressteuergesetzes 2007 eine Klarstellung in § 31 StBGebV vorzunehmen, wonach die Besprechungsgebühr auch im schriftlichen Verfahren entstehen sollte. Gleichwohl wird in der Literatur aus der Regelung des § 31 Abs. 2 Satz 2 StBVV abgeleitet, dass der StB immer dann eine Besprechungsgebühr berechnen kann, wenn die Behörde eine **schriftliche Nachfrage** stellt, unabhängig davon, ob der StB diese mündlich oder schriftlich beantwortet.[6]

504 Die **Dauer der Besprechung** ist für das Entstehen der Besprechungsgebühr unerheblich. Die Länge der Verhandlungen kann sich aber auf die Höhe der Gebühr auswirken. Eine Besprechung über tatsächliche und rechtliche Fragen liegt auch dann vor, wenn eine Besprechung über Verfahrensfragen erfolgt.[7]

Beispiel:

Der StB bespricht mit dem Beamten des Finanzamts die Erfolgsaussichten eines Antrags auf Wiedereinsetzung nach § 110 AO.

---

1) FG Bremen v. 2.3.2000, 298273 Ko 2, EFG 2000, 513 f.; Hessisches FG v. 2.3.1998, 12 Ko 5220/97, EFG 1998, 1025.
2) So Wolf, DStR 2007, 44, 47; Hartmann, INF 2007, 77, 79.
3) Berners, 5. Aufl. 2016, § 31 StBVV Rz. 6 ff.; Lahmann, DStR 2008, 2337, 2339.
4) Meyer, KP 2002, 57, 58; Berners, 5. Aufl. 2016, § 31 StBVV Rz. 10; Lahmann, DStR 2008, 2337, 2339, unter Heranziehung des § 2 StBGebV.
5) So auch BGH v. 21.10.2009, IV ZB 27/09, NJW 2010, 381, zur „Besprechung" bei der Terminsgebühr; → § 45 StBVV Rz. 709.
6) Berners, 5. Aufl. 2016, § 31 StBVV Rz. 10; für eine sinngemäße Anwendung über § 2 StBVV: Boelsen in Eckert, 6. Aufl. 2017, § 31 StBVV Rz. 11; Schwamberger in Meyer/Goez/Schwamberger, 9. Aufl. 2019, § 31 StBVV Rz. 2.
7) Gerold/Schmidt/von Eicken, 14. Aufl. 1999, § 118 BRAGO Rz. 8; a.A. Mittelsteiner/Scholz, 4. Aufl. 1998, § 31 StBGebV Rz. 5.

Ist der Gesprächspartner jedoch nicht bereit oder in der Lage, mit dem Berater ein sachbezogenes Gespräch zu führen, entsteht keine Besprechungsgebühr.

Beispiel:

Der StB ruft den Sachbearbeiter des Finanzamts an. Dieser erklärt, er sei nicht bereit, mit dem Berater zu sprechen.

An welchem Ort die Besprechung stattfindet, ist unerheblich.

II. Anordnung oder Einverständnis des Mandanten

Die Besprechung muss entweder von einer **Behörde** angeordnet oder im Einverständnis des Auftraggebers mit einer Behörde oder einem Dritten geführt werden. 505

Behörde ist jede Stelle, die Aufgaben der öffentlichen Verwaltung wahrnimmt,[1] insbesondere die Finanzämter, die Oberfinanzdirektionen, die Landesfinanzbehörden, das Bundesfinanzministerium sowie kommunale Dienststellen, die für die Ausstellung steuerlich bedeutsamer Bescheinigungen oder Urkunden zuständig sind. 506

Für Verhandlungen mit **Gerichten** gilt § 31 StBVV nicht.

Als **„Dritter“** ist jeder anzusehen, der nicht Auftraggeber oder sein Bevollmächtigter ist bzw. in dessen „Lager“[2]steht und der nicht unter die Behördendefinition fällt, z.B. Kreditinstitute, Versicherungsgesellschaften, sonstige Unternehmen und deren Berater, auch Angehörige des Auftraggebers, wenn diese nicht selbst Auftraggeber sind. 507

Beispiel:

A und B wollen eine Gesellschaft gründen. A beauftragt den StB mit der Prüfung des Entwurfs des Gesellschaftsvertrags in steuerlicher Hinsicht und bittet ihn, den Vertrag mit B zu besprechen. Da B nicht Auftraggeber ist, ist er Dritter, so dass hier eine Besprechungsgebühr nach § 31 StBVV in Betracht kommt.

Beispiel:

K ist Käufer eines Grundstücks und beauftragt den StB, mit dem Verkäufer V die Umsatzsteuer nach zu verhandeln. V ist Dritter, so dass auch hier eine Besprechungsgebühr nach § 31 StBVV in Betracht kommt.

Führt der StB mit einem **weiteren StB**, den der Mandant beauftragt hat, eine Besprechung, ist dieser Informationsaustausch so zu behandeln, als wenn der Mandant selbst beteiligt gewesen wäre. Denn der andere StB ist in diesem Fall nicht Dritter.[3] Ebenso wenig sind **Mitarbeiter** des Mandanten Dritte.[4]

Die **Anordnung** durch die Behörde kann förmlich erfolgen, etwa durch die Bestimmung eines Termins mit Vorladung zu diesem Termin oder aber formlos, z.B. durch einen fernmündlichen Anruf. Keine Anordnung liegt vor, wenn der StB von sich aus den Kontakt zur Behörde herstellt. 508

Ohne eine Anordnung entsteht die Besprechungsgebühr nur dann, wenn die Besprechung im **Einverständnis mit dem Auftraggeber** erfolgt, damit der StB allein aus eigenem Antrieb keine den Gebührentatbestand auslösende Besprechung führt. Das Einverständnis kann erzielt werden durch ausdrückliche oder stillschweigende, vorherige oder nachträgliche Billigung des Auftraggebers. Es kann sich auch aus den Umständen ergeben. Bei einer allgemeinen Bevollmächtigung kann es sogar vermutet werden, es sei denn, aus dem Verhalten des Mandanten können gegentei- 509

---

1) § 6 Abs. 1 AO.
2) OLG Düsseldorf v. 6.7.2001, 24 U 153/00, GI 2001, 276 f.; AG Düsseldorf v. 23.5.2002, 50 C 11933/01, AnwBl 2003, 57; Meyer, KP 2002, 57.
3) OLG Düsseldorf v. 23.3.2004, 23 U 66/03, GI 2004, 182, 185.
4) OLG Düsseldorf v. 23.3.2004, 23 U 66/03, GI 2004, 182, 185.

lige Schlüsse gezogen werden.[1] **Vorsicht** ist geboten, wenn das Einverständnis des Auftraggebers nicht ohne Weiteres unterstellt werden kann, weil eine Besprechung zur sachgemäßen Erledigung des Verfahrens nicht erforderlich ist oder die Besprechungsgebühr außergewöhnlich hoch ist. Hier kann sich aus § 242 BGB eine Rechtspflicht des Beraters zur Aufklärung, z.B. über die Höhe der voraussichtlichen Gebühren, ergeben. In Zweifelsfällen sollte das Einverständnis des Auftraggebers deshalb ausdrücklich eingeholt werden.

III. Abgabenrechtliche Sache

510 Im Rahmen einer **Betriebsprüfung** fällt grds. keine zusätzliche Besprechungsgebühr an.[2] Etwas anderes gilt dann, wenn ein externer StB zu einer laufenden Betriebsprüfung hinzugezogen wird.

Beispiel:

Der Vorberater wird im Rahmen einer laufenden Groß-BP von dem früheren Mandanten und dessen neuem StB beauftragt, diverse Fragen des Betriebsprüfers zu einer vGA mit einem Volumen von 6 Mio. € zu beantworten. Es kommt zu einer Besprechung zwischen Vorberater und Betriebsprüfer, in der die Fragen im Sinne des Mandanten geklärt werden können.[3]

§ 31 StBVV ist nicht anwendbar auf Besprechungen ohne **steuerlichen Bezug**, z.B. mit Banken in Kreditangelegenheiten des Auftraggebers ohne steuerlichen Bezug oder Teilnahme an Gesellschafterversammlungen von Beteiligungsunternehmen zur Ausübung des Stimmrechts. Geht es allerdings im Rahmen von Kreditverhandlungen oder Gesellschafterversammlungen auch um steuerliche Belange greift § 31 StBVV ein.[4] Demgegenüber kann § 31 StBVV m.E. bei **Besprechungen in straf- und bußgeldrechtlichen Angelegenheiten** nicht herangezogen werden. Zum Straf- und Bußgeldverfahren finden sich zwar ausführliche Regelungen in der AO.[5] Dies bedeutet aber nicht, dass es sich um eine abgaberechtliche Sache handelt. Abgaben sind Leistungen, die dem einzelnen durch das öffentliche Recht auferlegt werden und deren Empfänger der Staat oder ein sonstiger Träger öffentlicher Gewalt ist, insbesondere sind Abgaben also Steuern und Zölle, aber auch Gebühren und Beiträge. Deshalb beschränkt die amtliche Begründung den Anwendungsbereich der Vorschrift auf das dem Rechtsbehelfsverfahren vorgelagerte **allgemeine Verwaltungsverfahren**. Hierzu zählt das Straf- und Bußgeldverfahren nicht, da es keine abgabenrechtlichen, sondern andere Zwecke (staatliche Straf- und Bußgeldbefugnis) verfolgt. Demgegenüber hat das OLG Düsseldorf die Vorschrift auch auf Besprechungen mit den Beamten der Steuerfahndung nach Einleitung eines strafrechtlichen Ermittlungsverfahrens wegen Steuerhinterziehung angewendet.[6]

C. Gegenstandswert und Gebühr

511 Gegenstandswert ist der Wert des Interesses i.S.d. § 10 Abs. 1 Satz 3 StBVV, also der **strittige Steuerbetrag**. In „derselben Angelegenheit" entsteht die Gebühr nur einmal, auch wenn mehrere Besprechungen geführt wurden.[7] Hat die Besprechung mehrere Gegenstände zum Inhalt, z.B. ein Problem aus der Umsatzsteuer sowie die Frage der Stundung von Einkommensteuer, liegen 2 selbstständige gebührenrechtliche Angelegenheiten vor, die 2 Besprechungsgebühren nach § 31 StBVV

1) Eggesiecker, 2. Aufl. 1998, § 31 STEUGO Rz. 31.370.
2) → § 29 StBVV Rz. 490.
3) → Rz. 511, zur Bemessung des Gegenstandswertes.
4) Eggesiecker, 2. Aufl. 1998, § 31 STEUGO Rz. 31.400 ff.
5) §§ 369 ff. AO.
6) OLG Düsseldorf v. 23.3.2004, 23 U 66/03, GI 2004, 182, 184.
7) § 12 Abs. 1 und 2 StBVV.

auslösen.[1] Gegenstandswert bei einer vGA[2] sind die steuerlichen Auswirkungen bei der Körperschaft-, Gewerbe- und Kapitalertragsteuer.

Schließt sich an die Besprechung später ein **Rechtsbehelfsverfahren** an, erfolgt für Rechtsbehelfsaufträge bis zum 30.6.2020 eine Deckelung der Gebühren nach § 40 Abs. 6 StBVV a.F. Für Rechtsbehelfsaufträge ab dem 1.7.2020 ist gemäß § 40 StBVV n.F. i.V.m. § 35 Abs. 2 Satz 1, Vorbem. 2.3 Abs. 4 VV RVG eine Anrechnung der Gebühr nach § 31 StBVV auf die Geschäftsgebühr für das Rechtsbehelfsverfahren nach Nr. 2300 VV RVG vorzunehmen. Hat das **Finanzamt** zu eingereichten Jahresabschlüssen oder Steuererklärungen **Rückfragen**, und wird die Sach- und Rechtslage telefonisch mit dem Sachbearbeiter erörtert, ist dies grundsätzlich mit der Gebühr nach § 24 StBVV abgegolten. Teilweise wird vertreten, dass der StB jedenfalls dann eine Gebühr nach § 31 StBVV berechnen kann, wenn er die Steuererklärung mit berufsüblicher Sorgfalt erstellt hat und die Rückfragen nicht auf einer unzulänglich erstellten Erklärung beruhen.[3] M.E. sollte in diesen Fällen eine Zeitgebühr analog § 24 Abs. 4 Nr. 5 StBVV abgerechnet werden. **512**

Sind keine genügenden Anhaltspunkte für eine Schätzung des Gegenstandswerts vorhanden, darf der StB auf die **Zeitgebühr** ausweichen.[4] **513**

1) Boelsen in Eckert, 6. Aufl. 2017, § 31 StBVV Rz. 12; Eggesiecker, 2. Aufl. 1998, § 31 STEUGO Rz. 31.240; a.A. Mittelsteiner/Scholz, 4. Aufl. 1998, § 31 StBGebV Rz. 11, die von einer gebührenrechtlichen Angelegenheit ausgehen und eine Addition der Gegenstandswerte nach § 10 Abs. 2 StBGebV befürworten.
2) Siehe Beispiel in → Rz. 510.
3) Lahmann, DStR 2008, 2337, 2340; siehe auch → § 12 StBVV Rz. 233.
4) § 13 Satz 1 Nr. 2 StBVV; Boelsen in Eckert, 6. Aufl. 2017, § 31 StBVV Rz. 12; Meyer, KP 2002, 57 f.

§ 32
Einrichtung einer Buchführung

Für die Hilfeleistung bei der Einrichtung einer Buchführung im Sinne der §§ 33 und 34 erhält der Steuerberater die Zeitgebühr.

Inhalt

Schrifttum

Küting/Eichenlaub Verabschiedung des MicroBilG – Der "vereinfachte" Jahresabschluss für Kleinstkapitalgesellschaften, DStR 2012, 2615; **Meyer,** Buchführung (§§ 32, 33 StBGebV): Die Ermittlung der angemessenen Gebühr für Buchführungsarbeiten, Stbg 1998, 427; **Meyer,** Welche Tätigkeiten im Bereich der Buchführung können gesondert abgerechnet werden? KP 2009, 135; **Niebling,** AGB-Recht – Aktuelle Entwicklungen zu Einbeziehung, Inhaltskontrolle und Rechtsfolgen, MDR 2018, 633; **Pfadler,** Das ist bei der Umstellung der Kanzleisoftware von Simba auf DATEV zu berücksichtigen, KP 2017, 6; **Ruppert,** Partnerschaftsgesellschaft mit beschränkter Berufshaftung - Ende gut, alles gut?, DStR 2013, 1623; **Schwamberger,** Finanzbuchführung: Grundsätze und zusätzliche abzurechnende Leistungen nach Zeitgebühr, KP 2017, 14; **Wacker,** Mehrfachberechnung nach § 34 Abs. 2 StBVV/Buchführungsgebühr bei wenigen Buchungen, KANZLEI intern 01_2019, 2.

A. Anwendungsbereich

514 Für die **erstmalige Einrichtung** einer Buchführung – nicht jedoch für nachfolgende Buchungsjahre[1] – erhält der StB die Zeitgebühr (§ 13 StBVV). Will er mehr als eine (angefangene) halbe Stunde abrechnen, ist er für den weitergehenden Zeitaufwand beweispflichtig.[2] Insbesondere im Fall von Firmenneugründungen können folgende Einzeltätigkeiten im Bereich der Finanzbuchführung anfallen:

- Beratung bei der Wahl des Buchführungssystems, insbesondere welche steuerlichen Besonderheiten zu berücksichtigen sind
- Aufstellung eines betriebsindividuellen Kontenplanes,
- Erfassung der Eröffnungsdaten im Sachkontenbereich und den Verzeichnissen,
- Anweisung für oder Durchführung der Eröffnungsbuchungen aus einer Eröffnungsbilanz,
- Darstellung und Erläuterung der allgemeinen Buchführungspflichten nach Steuer- und Handelsrecht,
- Beratung über die Vorgaben oder Einrichtung von digitalen Voraussetzungen für die Lieferung des Buchführungsmaterials an den StB,
- Beratung zur ordnungsgemäßen Führung von Kassenbüchern und Voraussetzungen für den Einsatz elektronischer Registrierkassen,
- Erfassung aller Stammdaten, die für die Erledigung der Finanzbuchführung erforderlich sind,
- Einrichtung von Kontokorrentkonten mit entsprechenden Stammdaten,

1) OLG Düsseldorf v. 28.5.2002, 23 U 193/01, GI 2002, 219, 223.
2) AG Dortmund v. 19.12.2018, 420 C 5827/12; besprochen von Wacker, KANZLEI intern 01_2019, 2.

- Einrichtung von Inventar- und anderen Verzeichnissen,
- Erfassung der Eröffnungsdaten im Sachkontenbereich und in den Verzeichnissen.[1]

Mit **Unternehmen Online** bietet DATEV eine Plattform für den Beleg-, Daten- und Dokumentenaustausch zwischen StB und Unternehmen an. Die **Einrichtung** von DATEV Unternehmen Online für Neumandanten rechtfertigt ebenso eine Gebühr nach § 32 StBVV, wie die **Umstellung** auf DATEV Unternehmen Online bei Bestandsmandanten. Bei einer Umstellung sollte die Vorschrift „sinngemäß" angewendet werden.[2] Da unbedarfte Mandanten bereits Probleme mit dem korrekten Scannen haben können, empfiehlt es sich, die Einrichtung beim Mandanten persönlich oder durch qualifizierte Mitarbeiter vorzunehmen[3] und frühzeitig anzukündigen, dass es sich hierbei, aber auch bei sonstiger technischer Unterstützung, um eine kostenpflichtige Leistung handelt.[4]

Da § 32 StBGebV nicht festlegte, welcher Art die Buchführung sein musste, war streitig, ob die Vorschrift auch für die **Einrichtung einer Lohnbuchführung** einschlägig war. Durch die Gesetzesnovellierung der StBVV[5] hat der Verordnungsgeber klargestellt, dass auch die Lohnbuchführung unter § 32 StBVV fällt. Hierbei können folgende Einzeltätigkeiten anfallen: 515

- Erfassung der Stammdaten des Arbeitnehmers,
- Erfassung der Lohnarten,
- Erfassung der Krankenkassen der Arbeitnehmer des Auftraggebers,
- Erfassung der Merkmale für die Abführung der Lohnsteuer,
- Erfassung der Merkmale für die Berufsgenossenschaft,
- Erfassung sonstiger Merkmale.

Auch die Einrichtung von **Kurzarbeitergeld** kann mit einer Zeitgebühr nach § 32 StBVV abgerechnet werden.

Wird eine vorhandene **Buchführung** später **umgestellt** und fallen ähnliche Arbeiten wie bei der erstmaligen Einrichtung der Buchführung an, entstehen in sinngemäßer Anwendung des § 2 StBVV ebenfalls Gebühren nach § 32 StBVV.[6] Auch der Zeitaufwand des Beraters, der durch die Umstellung der Mandantenbuchführung auf ein neues EDV-System anfällt,[7] ist nach dieser Vorschrift abzurechnen.[8] 516

Für die Einrichtung einer Buchführung für **land- und forstwirtschaftliche Betriebe** ist § 39 Abs. 4 StBVV einschlägig.

Obwohl es sich bei der Einrichtung der Buchführung nicht um eine laufend auszuführende Tätigkeit handelt, ist die Gebühr nach § 32 StBVV pauschalierungsfähig.[9]

B. Art der Buchführung

Über die Art der Buchführung sagt § 32 StBVV nichts. Da der Anwendungsbereich der StBVV gem. § 1 StBVV aber auf die originären Berufstätigkeiten i.S.v. § 33 517

1) Schwamberger, KP 2017, 14.
2) → Rz. 516.
3) Pfadler, KP 2017, 6, 8.
4) → § 33 StBVV Rz. 530.
5) VO zum Erlass und zur Änderung steuerlicher Verordnungen v. 11.12.2012, BGBl. I 2012, 2637 = BStBl I 2013, 2.
6) Eggesiecker, 2. Aufl. 1998, § 32 STEUGO Rz. 32.210; Meyer, Stbg 1998, 427, 429.
7) Pfadler, KP 2017, 6.
8) OLG Saarbrücken v. 23.4.1997, 1 U 759/96, INF 1998, 703.
9) → § 14 StBVV Rz. 283.

StBerG beschränkt ist, erfasst die Vorschrift Buchführungen, die für **steuerliche Zwecke** eingerichtet werden. Soweit in der Literatur teilweise die Auffassung vertreten wird, dass eine Buchführung i.S.d. §§ 32 ff. StBVV begrifflich erst dann vorliege, wenn ein Bestandsvergleich nach § 4 Abs. 1 EStG gewährleistet sei und die Erstellung von Überschussrechnungen nach § 4 Abs. 3 EStG aus dem Anwendungsbereich der §§ 32 ff. StBVV herausfalle[1] kann dem nicht gefolgt werden. Zuzustimmen ist der Gegenauffassung,[2] wonach **alle Buchführungsleistungen,** gleich welcher Einkunftsart, zum Geltungsbereich der §§ 32 ff. StBVV zählen, sofern sie steuerlichen Zwecken dienen. Hinzuweisen ist in diesem Zusammenhang auf die amtliche Begründung im Rahmen der 3. ÄndVO[3] zu § 33 Abs. 6 StBGebV,[4] wo es heißt: „Buchführungen werden nicht nur als typische Finanzbuchhaltung, sondern auch zu anderen Zwecken und Gelegenheiten gefertigt, so zum Beispiel die Anlagenbuchführung[5] und die Buchführung im Bereich der Vermietung und Verpachtung." Nach heute einhelliger Auffassung ist es für den Anwendungsbereich der §§ 32 ff. StBVV auch nicht entscheidend, ob eine gesetzliche Buchführungspflicht besteht oder ob freiwillig Bücher geführt werden, solange die Buchführung steuerlichen Zwecken dient.[6] In den Fällen, in denen formalrechtlich keine fortlaufende Buchführung erforderlich ist,[7] sondern nur eine Aufzeichnungspflicht besteht, sind die §§ 32 ff. StBVV ebenfalls anwendbar. Das ergab sich schon immer aus der Überschrift des 5. Abschnitts der StBGebV/StBVV. Der Verordnungsgeber hat dies durch die VO zum Erlass und zur Änderung steuerlicher Verordnungen[8] in § 33 Abs. 1, 3, 4, 5 und 7 StBVV ausdrücklich klargestellt, indem diese Absätze um das „Führen steuerlicher Aufzeichnungen" ergänzt wurden. Ist der StB mit der Erstellung einer Einnahme-Überschuss-Rechnung beauftragt, benötigt er zumindest einen konkludenten Auftrag des Mandanten, wenn er zur Vorbereitung der Einnahme-Überschuss-Rechnung steuerliche Aufzeichnungen oder eine Buchführung erstellt. Nur dann, wenn der Mandant über die rechtliche Lage aufgeklärt wurde und dies wünscht, entsteht auch ein Honoraranspruch gemäß § 33 StBVV. Da der StB im Streitfall beweispflichtig ist, empfiehlt es sich, die Auftragserteilung in irgendeiner Form zu dokumentieren.

Nach der Rechtsprechung ist ein StB grundsätzlich verpflichtet, einen **Kleingewerbetreibenden**, der nicht gesetzlich verpflichtet ist, Bücher zu führen und zu bilanzieren, auf diesen Umstand hinzuweisen, wenn der Mandant ihn beauftragt, die Buchführung zu übernehmen und Abschlüsse zu erstellen.[9] Je nach Fallkonstellation kann die unterlassene Belehrung zum (teilweisen) Verlust des Vergütungsanspruchs führen.[10] Die **unterlassene Belehrung** allein genügt jedoch nicht, um **Rückzahlungsansprüche** wegen angeblich zu viel gezahlten Honorars für die Erstellung von Bilanzen (anstelle von Einnahmenüberschussrechnungen) durchzusetzen. Hat bereits der Vorberater für den Mandanten stets Bilanzen erstellt, besteht für den neuen Berater

1) Mittelsteiner/Scholz, 4. Aufl. 1998, § 32 StBGebV Rz. 1.
2) OLG Düsseldorf v. 20.10.1997, 13 U 32/97, GI 1999, 66; Boelsen in Eckert, 6. Aufl. 2017, §§ 32–33 StBVV Rz. 1; Eggesiecker, 2. Aufl. 1998, § 32 STEUGO Rz. 33.085; Meyer, KP 2009, 136.
3) Dritte Verordnung zur Änderung der Steuerberatergebührenverordnung (3. ÄndVO) v. 20.8.1998, BGBl. I 1998, 2369.
4) Abgedruckt in Eckert, 4. Aufl. 2003, zu § 33 StBGebV.
5) → § 33 StBVV Rz. 535.
6) Vgl. etwa Mittelsteiner/Scholz, 4. Aufl. 1998, § 33 StBGebV Rz. 1.
7) Z.B. bei Überschussrechnern nach § 4 Abs. 3 EStG.
8) VO zum Erlass und zur Änderung steuerlicher Verordnungen v. 11.12.2012, BGBl. I 2012, 2637 = BStBl I 2013, 2.
9) LG Krefeld v. 10.1.1997, 1 S 115/96, DStRE 1999, 199; OLG Düsseldorf v. 28.6.1990, 18 U 68/90, GI 1991, 19; AG Dülmen v. 26.4.2016, 3 C 340/13; AG Duisburg-Hamborn v. 30.9.1997, 7 C 698/96, Stbg 1998, 360; OLG Dresden v. 29.1.2003, 12 U 0805/02, StB 2003, 149; → § 25 StBVV Rz. 439 m.w.N.
10) LG Krefeld v. 10.01.1997, 1 S 115/96, DStRE 1999, 199.

grundsätzlich keine Veranlassung zu einer Belehrung. Gleiches gilt für die einmalige Unterschreitung der Gewinngrenze, wenn nicht zu erwarten ist, dass die Gewinngrenze auch in den Folgejahren unterschritten wird.[1] **Bereicherungsansprüche** nach § 812 Abs. 1 Satz 1 Alt. 1 BGB werden regelmäßig daran scheitern, dass der Mandant, der nachträglich die Auftragserteilung für die Erstellung von Bilanzen bestreitet, das Honorar in Kenntnis einer Nichtschuld geleistet hat und es deshalb nicht zurückfordern kann, § 814 BGB.[2] **Schadensersatzansprüche** wegen der unterlassenen Aufklärung über die fehlende Bilanzierungspflicht nach §§ 661, 675, 280 BGB sind nur dann durchsetzbar, wenn der Mandant den ihm angeblich entstandenen Schaden durch einen **Gesamtvermögensvergleich** substantiiert darlegt. Dazu muss er einen rechnerischen Vergleich der durch die fehlende Belehrung bewirkten Vermögenslage – d.h. der Entrichtung der Honorare für die Erstellung der Bilanzen etc. – mit derjenigen Vermögenslage vornehmen, die bei zutreffender Beratung eingetreten wäre. Es reicht nicht aus, lediglich darauf hinzuweisen, dass das alternativ für die Erstellung von Einnahmenüberschussrechnungen angefallene Honorar geringer ausgefallen wäre.[3]

Die **Hinweispflicht** hat nach Inkrafttreten des BilMoG[4] zusätzliche Bedeutung erlangt. Dieses Gesetz nimmt bestimmte Kaufleute von den **Buchführungs- und Bilanzierungspflichten** aus, nämlich Einzelkaufleute, die an den Abschlussstichtagen von zwei aufeinanderfolgenden Geschäftsjahren bestimmte Schwellenwerte nicht übersteigen. Sie werden von der Verpflichtung zur Buchführung und zur Erstellung eines Inventars befreit. Durch das Bürokratieentlastungsgesetz[5] wurden diese Grenzen zum 1.1.2016 auf 600 000 € und 60 000 € erhöht. 518

Praxistipp:

Im Hinblick darauf, dass möglicherweise einige Mandanten aus der Buchführungs- und Bilanzierungspflicht herausfallen können bzw. sich ständig im Grenzbereich der Schwellenwerte bewegen, sollte der Auftrag zur Buchführung und Bilanzierung nach Belehrung des Mandanten schriftlich oder in Textform bestätigt werden.[6]

Aus der o.g. weiten Definition des Buchführungsbegriffs folgt, dass alle **Sonderbuchführungen,** die steuerlichen Zwecken dienen, von den §§ 32 ff. StBVV erfasst werden. Neben der o.g. Anlagenbuchführung und der Buchführung im Bereich der Vermietung und Verpachtung zählen hierzu auch andere Sonderbuchführungen für andere Einkunftsarten sowie für die Ermittlung von Bilanzwerten (z.B. Vorräte, teilfertige Arbeiten). 519

Außerhalb des Anwendungsbereichs der §§ 32 ff. StBVV liegen die Einrichtung von Kostenstellenrechnungen, von Branchenvergleichen, von Statistiken und Planungsabrechnungen, von individuellen BWA oder Plan-BWA und die Einrichtung sonstiger individueller Auswertungen ohne steuerliche Zwecke. Diese Sonderleistungen mit betriebswirtschaftlichem Hintergrund sind als vereinbare Tätigkeiten gem. §§ 612 Abs. 2, 632 Abs. 2 BGB oder analog § 32 StBVV i.V.m. § 13 Satz 1 Nr.1, Satz 2 StBVV abzurechnen.[7] 520

1) So zu beiden Fallkonstellationen Hinweisbeschluss des OLG Düsseldorf v. 9.4.2020, I-23 U 98/19 in der Berufungssache LG Wuppertal v. 5.6.2019, 3 O 245/18. Das OLG geht dort auch auf weitere Besonderheiten und Fallkonstellationen ein, wie Unterschreitungen aufgrund von Rückstellungen bei einem Bilanzierer.
2) LG Wuppertal v. 5.6.2019, 3 O 245/18.
3) Hinweisbeschluss des OLG Düsseldorf v. 9.4.2020, I-23 U 98/19 und LG Wuppertal v. 5.6.2019, 3 O 245/18; siehe hierzu auch → Grundlagen des Gebührenrechts Rz. 52.
4) Gesetz v. 25.5.2009, BGBl. I 2009, 1102.
5) Gesetz v. 28.7.2015, BGBl. I 2015, 1400.
6) BilMoG, Achtung: Übergangsregelungen: Stbg 2009, 333 f.; siehe Muster Steuerberatungsvertrag in → § 1 StBVV Rz. 933.
7) → § 33 StBVV Rz. 532.

§ 33
Buchführung

(1) Für die Buchführung oder das Führen steuerlicher Aufzeichnungen einschließlich des Kontierens der Belege beträgt die Monatsgebühr 2/10 bis 12/10 einer vollen Gebühr nach Tabelle C (Anlage 3).

(2) Für das Kontieren der Belege beträgt die Monatsgebühr 1/10 bis 6/10 einer vollen Gebühr nach Tabelle C (Anlage 3).

(3) Für die Buchführung oder das Führen steuerlicher Aufzeichnungen nach vom Auftraggeber kontierten Belegen oder erstellten Kontierungsunterlagen beträgt die Monatsgebühr 1/10 bis 6/10 einer vollen Gebühr nach Tabelle C (Anlage 3).

(4) Für die Buchführung oder das Führen steuerlicher Aufzeichnungen nach vom Auftraggeber erstellten Eingaben für die Datenverarbeitung und mit beim Auftraggeber eingesetzten Datenverarbeitungsprogrammen des Steuerberaters erhält der Steuerberater neben der Vergütung für die Datenverarbeitung und für den Einsatz der Datenverarbeitungsprogramme eine Monatsgebühr von 1/20 bis 10/20 einer vollen Gebühr nach Tabelle C (Anlage 3).

(5) Für die laufende Überwachung der Buchführung oder der steuerlichen Aufzeichnungen des Auftraggebers beträgt die Monatsgebühr 1/10 bis 6/10 einer vollen Gebühr nach Tabelle C (Anlage 3).

(6) Gegenstandswert ist der jeweils höchste Betrag, der sich aus dem Jahresumsatz oder aus der Summe des Aufwandes ergibt.

(7) Für die Hilfeleistung bei sonstigen Tätigkeiten im Zusammenhang mit der Buchführung oder dem Führen steuerlicher Aufzeichnungen erhält der Steuerberater die Zeitgebühr.

(8) Mit der Gebühr nach den Absätzen 1, 3 und 4 sind die Gebühren für die Umsatzsteuervoranmeldung (§ 24 Abs. 1 Nr. 7) abgegolten.

Inhalt

Schrifttum

Bellinger, Das Kassengesetz 2016 aus der Sicht der Steuerberatung, DB 2019, 1292; **Berners,** Automatisch eingespielte Buchungen abrechnen, Honorargestaltung für Steuerberater, März 2018, 7; **Berners,** Abrechenbarkeit einer Anlagenbuchführung, Honorargestaltung für Steuerberater, Januar 2018, 1; **Beyer,** Strafbarkeitsschwellen für Steuerberater bei berufstypischem Handeln, NWB 2018, 1625; **Beyer,** Strafrechtliche Risiken durch falsch geschätzte USt-Voranmeldungen, NWB 2018, 585; **Beyme,** Nachträgliche Anpassung des Gegenstandswertes, KANZLEI intern 08_2019, 7; **Beyme,** Rechnungskorrektur für (weit) zurückliegende Jahre aufgrund Feststellungen der Betriebsprüfung, KANZLEI intern 09_2019, 6; **Beyme,** Vergütung für eine Archiv-DVD bei Mandatsende, KP 2018, 215; **Beyme,** Gegenstandswert § 33 StBVV bei Einnahme-Überschussrechnern: Umsatzsteuer berücksichtigen, Stbg 2016, 323; **Brete,** Das Märchen von der Verfahrensdokumentation, DStR 2019, 258 mit Replik von Hruschka, DStR 2019, 260; **Bruns,** Honoraranspruch für Jahresabschlusserstellung bei Kündigung durch den Mandanten, Stbg 2011, 467; **Feiter,** Abrechnungsfragen zur Verfahrensdokumentation, KANZLEI intern 08_2019, 3; **Feiter,** Buchführung: Gegenstandswert verhandelbar?, KANZLEI intern 05_2017, 2; **Feiter,** Vergütungsrecht: Gesonderte Abrechnung von EDV-Kosten, DStR 2017, 1182; **Feiter,** Gebühren für geschätzte Umsatzsteuervoranmeldungen, KANZLEI intern 11_2016, 3; **Geismann,** EDV-Kosten korrekt abrechnen, Honorargestaltung für Steuerberater, Oktober 2017, 4; **Gilgan,** Anforderungen an eine Vorschussrechnung, KP 2015, 194; **Goez,** Die gültige Honorarvereinbarung außerhalb von § 4 oder § 14 StBVV, KP 2017, 193; **Hempe,** Digitalisierung und Vernetzung – absehbare Auswirkungen auf die Steuerberatung, DStR 2017, 805; **Heßler,** Keine Buchhaltung ohne KI, Verbands-Magazin Mecklenburg-Vorpommern 03/2019, 24; **Knep,** Digitales Belegmanagement und automatisierte Rechnungsverarbeitung am Beispiel Unides, KP 2018, 60; **Klaeren,** Kosten der Digitalisierung, KANZLEI intern 03_2019, 4; **Klaeren,** Honorarvereinbarung unter Berücksichtigung von Buchungszeilen, KANZLEI intern 10/2015, 8; **Klose,** Umsatzsteuer und Rumpfgeschäftsjahr bei der Bestimmung des Gegenstandswertes nach § 33 Abs. 6 StBVV, DStR 2015, 1526; **Korn/Strahl,** Freiberufliche Tätigkeit im Steuerrecht, NWB Nr. 23 v. 6.6.2005, Fach 3, S. 13417; **Loll,** Die GoBD – Tauglicher Beurteilungsmaßstab für die Ordnungsmäßigkeit der Buchführung?, NWB 30/2015, 2242; **Mattheisen,** Unser Weg zum digitalen Belegwesen, KP 2019, 193; **Meyer,** Buchführung (§§ 32, 33 StBGebV): Die Ermittlung der angemessenen Gebühr für Buchführungsarbeiten, Stbg 1998, 427; **Meyer,** Gegenstandswert bei der Anlagenbuchführung ermitteln, KP 1999, 91; **Meyer,** Rahmenvergütung bei nachträglicher Jahresbuchführung: Erhält der Steuerberater nur eine Monatsgebühr?, KP 2001, 4; **Meyer,** Risiken des Steuerberaters bei der Abrechnung von Buchführungsarbeiten nach § 33 Abs. 4 StBGebV, KP 2001, 59; **Meyer,** Gegenstandswert für die Buchführung bei Umwandlung im laufenden Kalenderjahr, KP 2003, 37; **Mock/Görgen,** Neues Problemfeld Mandantenwechsel und eingescannte Belege, StBK Rheinland-Pfalz, KAMMERINFO 5/2015, 9; **Neufang/Spangberger/Zepezauer,** Die neue Steuerberatervergütungsverordnung (StBVV) und Tipps zur Abrechnungspraxis, StB 2013, 35; **Schwamberger,** Finanzbuchführung: Grundsätze und zusätzliche abzurechnende Leistungen nach Zeitgebühr, KP 2017, 14; **Schwamberger,** Anlagenbuchführung richtig abrechnen: Verschenken Sie keine Gebühren!, KP 2003, 84; **Schwamberger,** Finanzbuchführung: Grundsätze und zusätzliche abzurechnende Leistungen nach Zeitgebühr, KP 2017, 14; **Starz,** Buchführung: Gegenstandswert (Jahresumsatz) bei Einnahmen-Überschussrechnung, KANZLEI intern 03_2017, 2; **Starz,** Prüfung von FA-Mahnungen und Umbuchungsmitteilungen, KANZLEI intern 04/2016, 5; **Stemmer,** Die Kanzlei der Zukunft – hier: vereinbare Tätigkeiten, NWB 22/2015, 1648; **Tönnies,** StBGebV in der Praxis: Buchführung/§ 33 StBGebV, Stbg 1995, 200; **Tönnies,** Abgrenzung der Anlagenbuchführung zu den Abschlußarbeiten, KP 1997, 6; **tom Suden,** Weiterberechnung von EDV-Kosten des Steuerberaters an seine Mandanten, DSWR 1999, 142; **Wacker,** Abweichung von der StBVV –(Finanz-)Buchführung je (DATEV-)Buchungszeile, KANZLEI intern 06/2015, 2; **Wacker,** Gebührenbestimmung, „Toleranzgrenze" – Rechtsprechung und Probleme der Beauftragung, KANZLEI intern 01_2017, 3; **Westphal,** Können dem Mandanten Kosten für die Nutzung der EDV in Rechnung gestellt werden?, KP 2005, 133; **Wilk/ Beyer-Petz,** Die neue Steuerberatervergütungsverordnung, DStR 2012, 2508.

A. Inhalt und Bedeutung

521 Für die laufenden Buchführungsarbeiten inklusive der laufenden Überwachung der Buchführung des Auftraggebers sieht § 33 StBVV in den Abs. 1 – 5 monatliche Wertgebühren nach der Tabelle C vor. Für die Hilfeleistung bei sonstigen Tätigkeiten im Zusammenhang mit der Buchführung ist in § 33 Abs. 7 StBVV zusätzlich eine Zeitgebühr vorgesehen. Für die Lohnbuchführung und Buchführungsarbeiten im Bereich der land- und forstwirtschaftlichen Betriebe existieren spezielle Vorschriften.[1] Die Abs. 1, 3, 4, 5 und 7 hat der Verordnungsgeber mit Wirkung zum 20.12.2012 um das Führen steuerlicher Aufzeichnungen ergänzt.[2] Hierbei handelt es sich aber nur um eine redaktionelle Klarstellung. Aus der Überschrift des 5. Abschnitts der StBGebV ergab sich schon immer, dass die §§ 32 ff. StBGebV auf die Hilfeleistung bei der Erfüllung steuerlicher Aufzeichnungspflichten anwendbar waren. Die StBVV geht davon aus, dass bei der Erstellung von Buchführungen Kontierungsarbeiten vom StB oder vom Mandanten erbracht werden müssen. Diese Vorstellung ist durch die IT weitgehend überholt, weil z.B. Ausgangs- und Eingangsrechnungen von den Programmen automatisch erfasst werden können. Nichts desto trotz müssen die Tätigkeiten im Bereich der Buchführung unter die einzelnen Vorschriften des § 33 StBVV subsumiert werden. Die einzelnen Tatbestände sind unabhängig davon anwendbar, ob in der Kanzlei oder direkt beim Mandanten gebucht wird,[3] ob mechanisch oder elektronisch gebucht wird. Einzelne Tatbestände des § 33 StBVV sind auf selbst buchende Mandanten zugeschnitten. Abweichend von der gesetzlichen Vergütung kann eine Pauschalvergütung gem. § 14 StBVV, eine höhere Vergütung gem. § 4 Abs. 1 StBVV, eine niedrigere Vergütung nach § 4 Abs. 3 StBVV, eine sonstige Vereinbarung, z.B. ein fester Zehntelsatz[4] oder eine Abrechnung nach Buchungszeilen für die monatliche Buchführungstätigkeit vereinbart werden. Bei automatisierter Rechnungsverarbeitung sind im Bereich der gewerblichen Anbieter monatliche Pauschalen, zumeist gestaffelt nach Anzahl der Belege oder Anzahl der Buchungen üblich.[5]

B. Einzelne Buchführungstätigkeiten (Abs. 1 – 5 und Abs. 7)

I. Buchführung einschließlich Kontieren der Belege (Abs. 1)

522 Erfasst werden mechanische und IT-gestützte Buchführungssysteme. Im Fall einer umfassenden Buchführung nach § 33 Abs. 1 StBVV erledigt der StB für den Mandanten die kompletten Buchführungsarbeiten, d.h., er erhält bei händischer Bearbeitung zunächst die (vorsortierten) Belege unkontiert zur Verbuchung und nimmt die Kontierung und Verbuchung vor. Bei elektronischer Buchführung stellt der Mandant dem StB die zuvor von ihm digitalisierten Belege zeitnah bereit, z.B. mittels des DATEV-Programms Unternehmen online. Der StB greift in der Cloud auf die Daten zu und bucht die digitalen Belege. Arbeitsteilige Mischformen sind denkbar, z.B. dass der StB für den Mandanten die Belege scannt. Im Falle der Arbeitsteilung, z.B. durch Vorerfassung, sind § 33 Abs. 3 und 4 StBVV einschlägig.[6] Die Abrechnung für diese Tätigkeiten folgt den gleichen Spielregeln, wie die Papierbuchführung. Bei konsequenter Anwendung der digitalen Möglichkeiten verbleiben den Mitarbeitern des StB im Wesentlichen Prüfungs- und Kontrollarbeiten, Abstim-

1) §§ 34, 39 Abs. 2 StBVV.
2) VO zum Erlass und zur Änderung steuerlicher Verordnungen v. 11.12.2012, BGBl. I 2012, 2637 = BStBl I 2013, 2.
3) Z.B. wenn Mitarbeiter der Kanzlei in den Betrieb des Mandanten entsendet werden.
4) LG Duisburg v. 4.8.2000, 10 O 57/98.
5) → Rz. 526.
6) → Rz. 525.

mungsarbeiten der Personen- und Finanzkonten sowie Zuordnung von Beträgen, die das System nicht automatisch übernommen hat.[1] Die Vorschrift erfasst sämtliche Buchführungsarten, also auch Sonderbuchführungen, soweit sie für die erforderlichen Zwecke einsatzfähig sind, d.h. v.a. den Grundsätzen ordnungsmäßiger Buchführung entsprechen.[2] Abgrenzungsfragen zu § 33 Abs. 3 StBVV können sich ergeben, wenn der Mandant nur einen Teil der Buchungssätze selbst kontiert und dies auch noch fehlerhaft und der StB die fehlende Kontierung vornimmt und Fehler berichtigt. Nach der Rechtsprechung des BGH dürfte auch in diesem Fall nur § 33 Abs. 3 StBVV mit dem geringeren Gebührenrahmen einschlägig sein.[3] Das Fehlen eines Kontierungsvermerks auf einem eingescannten Papierbeleg oder einem digitalen Beleg führt nicht zwingend zu einem formellen Mangel der Buchführung. Bei elektronischen Belegen können die Angaben zur Kontierung, zum Ordnungskriterium der Ablage und zum Buchungsdatum auf dem Beleg durch Verknüpfung mit entsprechenden Datensätzen erfolgen.[4] Die früheren GoBS und GDPdU und die neuen GoBD binden streng genommen nur die Verwaltung. Als „norminterpretierende Verwaltungsanweisungen" sind sie für die Gerichte nicht bindend.[5] Umstritten ist, ob es insbesondere für die in den GoBD geforderte Verfahrensdokumentation eine Rechtsgrundlage im Gesetz gibt.[6] Bereits in der Vergangenheit haben Zivilgerichte die elektronische Buchführung von StB nicht deshalb beanstandet, weil auf den Kontoauszügen und den darauf befindlichen Buchungen Vermerke darüber fehlten, auf welche Buchung in den Sachkonten sich die Buchung auf den Kontoauszügen bezog. Der StB konnte seinen Honoraranspruch gleichwohl unter Hinweis auf § 33 Abs. 1 StBVV vor Gericht durchsetzen.[7] Von der Gebühr umfasst ist der **Sortieraufwand** und wohl auch der **Scanaufwand**[8] sowie **steuerliche Bewertungen**, die im Rahmen der Buchführung anzustellen sind, wie z.B. umsatzsteuerliche Wertungen hinsichtlich der Vorsteuerabzüge.[9] In diesen Fällen ist aber ein höherer Zehntelsatz gerechtfertigt.

II. Kontieren der Belege (Abs. 2)

Dem StB obliegt hier nur das Kontieren der Belege. Die Buchführung wird durch den Auftraggeber, der möglicherweise selbst an ein Datenverarbeitungssystem außer Haus angeschlossen ist, vorgenommen. Die Gebühr für die Umsatzsteuervoranmeldung kann zusätzlich berechnet werden, § 33 Abs. 8 StBVV. **523**

III. Buchführung nach vom Auftraggeber kontierten Belegen oder erstellten Kontierungsunterlagen (Abs. 3)

Der Berater erhält hier vom Auftraggeber die kontierten Unterlagen und erstellt daraus die fertige Buchführung. Die Vorschrift erfasst sowohl die herkömmlichen Buchführungsverfahren als auch die Buchführung unter IT-Einsatz. Zur Weiterberechnung von Datenverarbeitungskosten siehe → Rz. 527. Die Gebühr umfasst auch **524**

1) → Rz. 525.
2) → § 32 StBVV Rz. 517; Mittelsteiner/Scholz, 4. Aufl. 1998, § 33 StBGebV Rz. 10 m.w.N.
3) → § 33 StBVV Rz. 524.
4) BMF-Schreiben zu den GoBD v. 28.11.2019; BayLfSt v. 20.1.2017 – S 0316.1.1–5/3 St42, DStR 2017, 547 zu Kontierungsvermerk auf elektronisch erstellten und versandten Eingangsrechnungen; FG Münster v. 29.3.2017, 7 K 3675/13 E G U zur Manipulationsanfälligkeit eines PC-gestützten Kassensystems und zu Hinzuschätzungen.
5) Loll, NWB 30/2015, 2242.
6) §§ 145 ff. AO, insbes. § 147 Abs. 1 Nr. 1 AO, § 257 Abs. 1 HGB; verneinend Bellinger, DB 2019, 1292, 1294 und Brete, DStR 2019, 258 mit Replik von Hruschka, DStR 2019, 260.
7) LG Münster v. 24.9.2009, O 12 O 471/07, rkr.; AG Mönchengladbach-Rheydt v. 4.10.2011, 15 C 27/09.
8) → Rz. 531.
9) LG Kleve v. 13.6.2003, 1 O 114/01; ausführlich zur Rz. 10–14.

die Überwachung, Berichtigung oder Ergänzung des vereinbarungsgemäß vom Auftraggeber übernommenen Buchführungsteils, weil mit ihr grundsätzlich alle Vor-, Neben- und Nacharbeiten abgegolten sind, die sich für den StB daraus ergeben, dass der Auftraggeber vertragsgemäß einen Teil der Buchführung selbst erledigt.[1] Eine Vergütung, die über das in § 33 Abs. 3 StBVV festgelegte Entgelt hinausgeht, kann nur über eine Vergütungsvereinbarung nach § 4 Abs. 1 StBVV erreicht werden[2] und nicht durch eine einseitige Ausweitung des Mandates durch den StB, indem dieser Überwachungs- und Berichtigungsarbeiten zusätzlich mit einer Zeitgebühr nach § 33 Abs. 5 oder 7 StBVV berechnet oder gar den Höchstsatz von 6/10 ohne Vergütungsvereinbarung überschreitet.[3] Lediglich für den Fall, dass die Buchführungsarbeiten des Auftraggebers so fehlerhaft oder unvollständig ist, dass der StB sie gleichsam neu vornehmen muss, um seine eigene Auftragsarbeit ordnungsgemäß erledigen zu können, soll dieser Mehraufwand nach Auffassung des BGH keine unselbständige Vor-, Neben- oder Nacharbeit zur geschuldeten Vertragsleistung sein, sondern eine eigenständige weitere Angelegenheit, die eine gesonderte Gebühr nach § 33 Abs. 1 StBVV oder § 33 Abs. 7 StBVV auslösen kann, vorausgesetzt, die Erneuerung des Buchführungsteils erfolgt mit Zustimmung des Auftraggebers.[4] Da die Überwachungs- und Berichtigungsarbeiten im Einzelfall aufwändiger sein können, als in den Fällen, in denen der StB die Buchführung in vollem Umfang erstellt, empfiehlt sich in diesen Fällen eine Vergütungsvereinbarung nach § 4 Abs. 1 StBVV.

IV. Buchführung nach vom Auftraggeber erstellten Datenträgern oder anderen Eingabemitteln für die Datenverarbeitung (Abs. 4)

525 Im Unterschied zu § 33 Abs. 3 StBVV bezieht sich § 33 Abs. 4 StBVV **ausschließlich** auf den **IT-Bereich**. Der Verordnungsgeber wollte mit der Neufassung des Abs. 4 der Weiterentwicklung der Datenverarbeitung Rechnung tragen, die es ermöglicht, dass Teile der anfallenden Buchführungs- und IT-Aufgaben unmittelbar vom Auftraggeber ausgeführt werden, z.B. mit **DATEV Unternehmen online**.[5] Nach dieser Vorschrift erhält der StB die vom Mandanten eingegebenen Daten zur weiteren Verarbeitung **oder** der Mandant erfasst und bearbeitet die Belege selbst, jeweils mit der vom StB überlassenen Software. Der StB bleibt neben der Überlassung der Software i.d.R. beauftragt, die Buchführung einzurichten, Fehler zu klären, ergänzende Arbeiten vorzunehmen und den Auftraggeber in allen Fragen, die sich aus diesem Leistungsbereich ergeben, zu beraten (einschließlich der programmseitigen Unterstützung). Bei dieser Form der Arbeitsteilung stellt sich die Frage der **Gewerblichkeit** nicht.[6] Die Anwendbarkeit des richtigen Gebührentatbestandes hängt von der Art der Arbeitsteilung zwischen StB und Mandant ab. Die reine Übermittlung digitaler Belege an den StB[7] fällt nicht unter § 33 Abs. 4 StBVV, sondern unter § 33 Abs. 1 StBVV.[8] Werden die **Belege** beim Mandanten hingegen schon **vorerfasst** und mit Buchungs- und Zahlungsinformationen zum StB übermittelt und bucht dieser bzw. seine Mitarbeiter auf Grund von Buchungsvorschlägen,[9] ist m.E. der Anwendungsbereich des § 33 Abs. 4 StBVV eröffnet. § 33 Abs. 4 StBVV ist hier „lex specia-

1) AG Essen-Steele v. 31.10.2007, 8 C 331/06; zur Abgrenzung zu § 33 Abs. 1 StBVV → Rz. 522.
2) BGH v. 19.10.1995, IX ZR 20/95, WPK-Mitt. 1996, 124, 126.
3) AG Essen-Steele v. 31.10.2007, 8 C 331/06.
4) BGH v. 19.10.1995, IX ZR 20/95, WPK-Mitt. 1996, 124, 126 f.; ebenso OLG Düsseldorf v. 3.5.2002, 23 U 152/01, GI 2003, 7, 11; → Rz. 541 → und § 12 StBVV Rz. 230 und → § 25 StBVV Rz. 438.
5) Zur Umstellung auf Unternehmen online siehe den Erfahrungsbericht von Mattheisen, KP 2019, 193.
6) → Rz. 527.
7) Z.B. Bearbeitungsform „Standard" in DATEV Unternehmen online.
8) So auch Boelsen in Eckert, 6. Aufl. 2017, § 33 StBVV Rz. 12.
9) Z.B. Bearbeitungsform „Erweitert" in DATEV Unternehmen online.

lis" im Verhältnis zu § 33 Abs. 3 StBVV. In diesen und ähnlichen Fällen, in denen die Mandanten z.T. selbst buchen und in denen ein digitales Belegmanagement im Einsatz ist, werden die Kanzleimitarbeiter bei einem funktionierenden Miteinander entlastet. Sie müssen sich nicht länger mit der Erfassung der Rechnungskerndaten auseinandersetzen, sondern können sich auf die anspruchsvollere Kontrolle der Kontierung bzw. nachgelagerte Buchungs- und Auswertungsvorgänge sowie sonstige Beratungs- und Unterstützungsleistungen konzentrieren.[1] Diese Tätigkeiten sind gerade in der Einarbeitungsphase nicht zu unterschätzen. Der Mandant bzw. seine Mitarbeiter müssen im Umgang mit dem Programm geschult und anfangs besonders überwacht werden. Häufig kommt es zu Rückfragen des Mandanten hinsichtlich einzelner Programmfunktionen und zu Fehlerbeseitigungen und „Nachschulungen" durch den StB und seine Mitarbeiter. Ob dieser Aufwand mit einer gesonderten Zeitgebühr nach § 33 Abs. 7 StBVV abgerechnet werden kann, ist zweifelhaft. Deshalb empfiehlt sich – wie im Fall des § 33 Abs. 3 StBVV – in zeitaufwändigen Fällen eine Vergütungsvereinbarung nach § 4 StBVV zu treffen, zumal der Gebührenrahmen des § 33 Abs. 4 StBVV mit 1/20 – 10/20 sehr niedrig ist. Bei weitgehend automatisierter Rechnungsverarbeitung wird seitens der Mandantschaft wegen der durch die Automatisierung eingetretenen Zeitersparnis vielfach nach **alternativen Honorarmodellen** gefragt. Abweichend von der gesetzlichen Regelung können monatliche **Pauschalen**, deren Höhe sich an der Anzahl der Belege oder an der Anzahl der Buchungen orientiert, vereinbart werden.[2] Bei einer reinen Pauschalvereinbarung ist zu beachten, dass die vereinbarte Pauschale angemessen sein muss.[3] Deshalb sollten Pauschalen immer nur in Form einer Vergütungsvereinbarung nach § 4 Abs. 1 StBVV vereinbart werden, da dann der Angemessenheitsvorbehalt des § 14 Abs. 3 StBVV nicht zu beachten ist. Alternativ kann auch eine Abrechnung nach **Anzahl der Belege** oder **Anzahl der Buchungen** zu einem festen „Stückpreis" vereinbart werden. Dies wäre dann keine Pauschalvergütungsvereinbarung i.S.d. § 14 StBVV. Vielmehr sollte diese Art der Vereinbarung als Vergütungsvereinbarung nach § 4 StBVV ausgestaltet sein.

Nach der Sonderregelung des § 33 Abs. 4 StBVV steht dem StB zusätzlich zu der 526
Gebühr nach Abs. 4 die „Vergütung für die Datenverarbeitung bzw. den Einsatz der Datenverarbeitungsprogramme" zu. Dies sind entweder die anteiligen eigenen Kosten des StB oder die ihm von dritter Seite (Rechenzentrum) in Rechnung gestellten Kosten.[4]

Die StBVV sieht eine „Vergütung für die Datenverarbeitung" nur in den Fällen des 527
§ 33 Abs. 4 StBVV und der Parallelvorschriften der §§ 34 Abs. 4, 39 Abs. 2 Nr. 3 StBVV vor, und zwar zusätzlich zur gesetzlichen Wertgebühr.[5] Nach traditioneller und bisher h.M. handelt es sich bei diesen Vorschriften um abschließende Regelungen. Deshalb sei eine isolierte Berechnung von Rechenzentrumsgebühren (auch **Archivierungskosten** oder Kosten für die Herstellung einer **Archiv-CD/DVD**) darüber hinaus nur möglich, wenn dies in Form einer Vergütungsvereinbarung nach § 4 Abs. 1 StBVV mit dem Mandanten geregelt ist.[6]

---

1) Knep, KP 2018, 60.
2) Siehe z.B. die Preismodelle verschiedentlicher gewerblicher Anbieter.
3) § 14 Abs. 3 StBVV, Berners, Honorargestaltung für Steuerberater, März 2018, 7.
4) → Rz. 527; Boelsen in Eckert, 6. Aufl. 2017, § 33 StBVV Rz. 13; Berners, 5. Aufl. 2016, § 33 StBVV Rz. 60; a.A. Mittelsteiner/Scholz, 4. Aufl. 1998, § 33 StBGebV Rz. 13, Eggesiecker, 2. Aufl. 1998, § 33 STEUGO Rz. 33.300 und Brummer, StBGebV, 10. Aufl. 2010, § 33 Anm. 6 a.E., die auch eine Weiterbelastung mit einem Zuschlag für zulässig halten.
5) Vorschriften zuletzt geändert durch 3. ÄndVO v. 20.8.1998, BGBl. I 1998, 2369.
6) OLG Düsseldorf v. 16.6.1994, 13 U 207/93, GI 1995, 32; OLG Düsseldorf v. 25.4.1996, 13 U 81/95, GI 1996, 269; LG Düsseldorf v. 12.2.2003, 12a O 15/00; LG Zweibrücken v. 8.12.1996, 2 O 177/85; Klaeren, KANZLEI intern 03_2019, 4; Boelsen in Eckert, 6. Aufl. 2017, § 33 StBVV Rz. 13; Volkmann in Meyer/Goez/Schwamberger, 9. Aufl. 2019, § 3 StBVV Rz. 2 und 3; Berners, 5. Aufl. 2016, § 33 StBVV Rz. 5; Brummer, 10. Aufl. 2010, § 33 StBGebV Anm. 6; Westphal, KP 2005, 133.

Praxistipp:

Gleichwohl wird der den StB wechselnde Mandant in aller Regel bereit sein, die Kosten für eine Archiv-CD/DVD zu übernehmen. Ist dies nicht der Fall, muss der Vorberater jedenfalls nicht auf eigene Kosten für eine Archivierung der Daten sorgen. Er kann dem Mandanten eine Datensicherung per E-Mail übermitteln.

Nach a.A. können dem Mandanten laufende und einmalige **mandatsbezogene EDV-Kosten** als besondere Geschäftskosten nach §§ 675, 670 BGB auch ohne ausdrückliche Vergütungsvereinbarung weiterberechnet werden, weil es sich bei den §§ 33 Abs. 4, 34 Abs. 4, 39 Abs. 2 Nr. 3 StBVV nicht um abschließende Sondervorschriften handelt. Dazu gehören beispielsweise auch die Kosten für eine Archiv-DVD.[1]

Praxistipp:

Unabhängig von den unterschiedlichen Auffassungen muss der StB darauf achten, dass Vertragsgegenstand nicht nur die reine Softwareüberlassung ist, sondern dass es sich bei der Überlassung der Programme um eine untergeordnete Hilfestellung im Rahmen des Buchführungsmandates[2] handelt, die einer einführenden und auch begleitenden ständigen Beratung durch den StB bedarf. Fehlt es an einer solchen Vereinbarung, sollten die Software-Kosten nicht gesondert abgerechnet, sondern im Einverständnis mit dem Mandanten ggf. als Überwachungsgebühr,[3] Ratgebühr[4] oder sonstige Hilfeleistung[5] ausgewiesen werden. Andernfalls besteht die – allerdings geringe – Gefahr, dass die entsprechenden Einkünfte des Beraters als gewerblich angesehen werden. Gleiches gilt bei einer Software-Überlassung mit Gewinnaufschlag (→ Rz. 527). Dies wäre mit dem Beruf unvereinbar (§ 57 Abs. 4 Nr. 1 StBerG) (KG v. 12.11.2003, 24 U 373/02, DStR 2004, 1103; unberührt bleibt davon aber die zivilrechtliche Wirksamkeit des Vertrages über die Überlassung der Buchführungssoftware) und hätte bei Sozietäten auf Grund der sog. Infektionstheorie die bekannten negativen Auswirkungen, dass die gesamten Einkünfte als solche aus Gewerbebetrieb angesehen werden könnten (Meyer, Stbg 1998, 427 f.; Meyer, KP 2001, 59 f.; nach BFH v. 11.8.1999, XI R 12/98, BFH/NV 2000, 130, ist ein Anteil von 1,25 %, nach BFH v. 8.3.2004, IV B 212/03, BFH/NV 2004, 954, ein Anteil von 2,81 % der gewerblichen Tätigkeit an der gesamten Tätigkeit allerdings noch unschädlich, siehe hierzu Korn/Strahl, NWB Fach 3, 13417, 13423).

528 DATEV-Mitglieder können die Abwicklung des Software-Einsatzes der Genossenschaft übertragen. Vertragspartner der DATEV wird dann der Mandant mit der Folge, dass die DATEV ihre Vergütung direkt mit dem Mandanten abrechnet.[6]

Kritische Stellungnahme:

Angesichts der in den letzten Jahren erheblich zugenommenen Digitalisierung wäre eine klarstellende Regelung in der StBVV wünschenswert, die eine ausdrückliche Weiterberechnung von Speicher- und sonstigen Rechenzentrumsgebühren, Kosten für die Datenübermittlung an die Finanzverwaltung, an das EHUG oder sonstige Dritte ausdrücklich vorsieht. Eine mandantenbezogene Direktzuordnung dieser Kosten wäre ohne weiteres möglich.

V. Laufende Überwachung der Buchführung (Abs. 5)

529 Der Anwendungsbereich des § 33 Abs. 5 StBVV setzt voraus, dass der Berater Buchführungsarbeiten des Mandanten, nicht hingegen seine eigenen Buchführungsar-

1) → § 3 StBVV Rz. 111; LG Wuppertal v. 16.10.2013, 3 O 239/13 und v. 30.10.1998, 10 S 227/97; ausführlich Feiter, DStR 2017, 1182; Geismann, Honorargestaltung für Steuerberater, Oktober 2017, 4, 5 f.; Beyme, KP 2018, 215; Suden, DSWR 1999, 142 f.
2) Weitergehend: WPK, die bereits das Bestehen eines Mandatsverhältnisses ausreichen lässt, WPK-Magazin 4/2004, 53.
3) § 33 Abs. 5 StBVV.
4) § 21 Abs. 1 Satz 1 StBVV.
5) § 33 Abs. 7 StBVV.
6) Vgl. Stbg 2005, 195.

beiten, überwacht. Das Leistungsbild der Vorschrift besteht in der Überwachung der vom Mandanten **vollständig** erstellten Buchführung auf ihre Ordnungsmäßigkeit. Fehler oder Unregelmäßigkeiten muss der StB dem Mandanten mitteilen, damit dieser selbst die erforderlichen Korrekturen vornehmen kann. Die Überwachungsgebühr ist nicht neben einer anderen Gebühr nach § 33 Abs. 1 – 4 StBVV abrechenbar, es sei denn, dass dies ausdrücklich zwischen den Parteien vereinbart worden ist.[1)]

Praxistipp:

Zur Sicherung des Honoraranspruchs und zur Beschränkung der Haftung des StB empfiehlt es sich, den genauen Umfang der Überwachungstätigkeit schriftlich oder in Textform festzulegen.

VI. Sonstige Tätigkeiten im Zusammenhang mit der Buchführung (Abs. 7)

Für die Hilfeleistung bei sonstigen Tätigkeiten im Zusammenhang mit der Buchführung erhält der StB die Zeitgebühr. Der Anwendungsbereich dieser Vorschrift darf nicht überspannt werden. So dürfen keine Tätigkeiten abgerechnet werden, die bereits durch die Gebühren der jeweiligen Grundtatbestände abgegolten sind, z.B. das **Sortieren** ungeordneter Belege,[2)] der **Scanaufwand**, den der Berater für den Mandanten übernimmt,[3)] der Mehraufwand bei der **Belegverarbeitung** oder das Weiterleiten von **Mahnungen und Vollstreckungsankündigungen** an den Mandanten.[4)] Generell wird man sagen müssen, dass **Vor-, Neben und Nacharbeiten** nur bei der Wahl des Rahmensatzes der jeweiligen Grundtatbestände des § 33 Abs. 1 – 5 StBVV berücksichtigt werden können.[5)] Gleiches gilt für umfangreiche **Abstimmungsarbeiten,** Berichtigungsbuchungen **und vorbereitende Abschlussbuchungen**, wenn der Berater sowohl die Bücher führt als auch den Abschluss erstellt.[6)] Führt diese Buchungen dagegen ein den Abschluss erstellender StB aus, der nicht mit der Erledigung der Buchführungsarbeiten beauftragt war, so ist § 33 Abs. 7 StBVV anwendbar. Die **Prüfung der Eingangsrechnungen** ist der eigentlichen Buchführungstätigkeit zuzurechnen, unabhängig davon, ob der Mandant die Belege in Papierform oder elektronisch übermittelt. In diesen Fällen ist der StB allerdings nur bei entsprechender ausdrücklicher Auftragserteilung verpflichtet, die Eingangsrechnungen daraufhin zu überprüfen, ob sie den Rechnungsanforderungen nach § 14 Abs. 4 UStG genügen. Der gesonderte Ansatz einer Zeitgebühr nach § 33 Abs. 7 StBVV kommt hier nicht in Betracht.[7)] **Umsatzsteuerliche Wertungen** hinsichtlich der Vorsteuerabzüge sind im Wesentlichen mit der Wertgebühr des § 33 Abs. 1 StBVV abgegolten und lösen ebenfalls keine zusätzliche Zeitgebühr aus.[8)] Gleiches gilt für die **Klärung steuerlicher Fragen** im Zusammenhang mit der Buchführung (z.B. private Pkw-Nutzung, anzuwendender USt-Satz, Reisekosten, Bewirtungen etc.) Sie rechtfertigen aber einen **höheren Zehntelsatz.** Ziel sollte sein, dem Mandanten bewusst zu machen, dass eine steuerliche Beratung nicht selbstver- 530

1) BGH v. 19.10.1995, IX ZR 20/95, WPK-Mitt. 1996, 124, 126; Boelsen in Eckert, 6. Aufl. 2017, § 33 StBVV Rz. 14.
2) OLG Hamm v. 23.1.1987, 25 U 262/86, GI 1987, 112; OLG Düsseldorf v. 16.6.1994, 13 U 207/93, GI 1995, 32; LG Duisburg v. 8.5.1996, 21 (1) S 123/95; Klaeren, KANZLEI intern 03_2019, 4, 5.
3) → Rz. 531.
4) Starz, KANZLEI intern 04/2016, 6.
5) Einschränkend für den Fall des § 33 Abs. 3 StBGebV aber BGH v 19.10.1995, IX ZR 20/95, WPK-Mitt. 1996, 124, 126, → Rz. 524 a.E.; OLG Frankfurt/M. v. 21.7.1997, 14 U 15/97, Stbg 1997, 513.
6) Siehe auch → § 35 StBVV Rz. 568 m.w.N.; OLG Düsseldorf v. 10.3.1988, 18 U 174/87, GI 1988, 83; LG Duisburg v. 2.10.2015, 7 S 21/15; LG Essen v. 5.1.2000, 44 O 156/98; LG Bielefeld v. 17.10.1991, 21 O 461/89.
7) A.A. Brummer, StBGebV, 10. Aufl. 2010, § 33 Anm. 8.
8) LG Kleve v. 13.6.2003, 1 O 114/01.

ständlicher Teil der Buchführung ist. Immer dann, wenn Sachverhalte zu prüfen sind, die nicht in jedem Mandat vorkommen und der Mandant eine Entscheidung treffen muss (Kauf oder Finanzierung, Privat- oder Betriebsvermögen, Fahrtenbuch oder 1%-Regelung), muss ihm klar sein, dass dies im Ergebnis zu einer höheren Buchführungsgebühr führen muss. Schließlich geht der StB mit jeder Beratung ein besonderes Haftungsrisiko ein, dass sich gebührenerhöhend auswirkt (§ 11 StBVV). Eine gesonderte Ratgebühr kann in diesen Fällen aber nur abgerechnet werden, wenn dies ausdrücklich im Rahmen einer Vergütungsvereinbarung nach § 4 Abs. 1 StBVV vereinbart wurde.

531 § 33 Abs. 7 StBVV bezieht sich auf Sonderarbeiten im Zusammenhang mit der Buchführung. Ohne Buchführung sind die von § 33 Abs. 7 StBVV erfassten Tätigkeiten nicht denkbar. Sie sind deshalb Bestandteil der **Angelegenheit** „Buchführung".[1] Die Auslagenpauschale nach § 16 StBVV kann deshalb für Sonderarbeiten nach § 33 Abs. 7 StBVV nicht zusätzlich abgerechnet werden. Nach § 33 Abs. 7 StBVV können z.B. periodische Meldungen an Behörden, die Ermittlung der Bemessungsgrundlage für umsatzabhängige Provisionen, die **Mithilfe bei der Führung des Kassenbuchs**[2] abgerechnet werden. Auch Beratungsleistungen des StB im Zusammenhang mit dem Kassengesetz und den **GoBD**, z.B. zu **Verfahrensdokumentationen**, können mit einer Zeitgebühr nach § 33 Abs. 7 StBVV berechnet werden.[3] Bei der Mitwirkung des StB an der Erstellung einer Verfahrensdokumentation handelt es sich um eine „Hilfeleistung bei der Erfüllung von Buchführungspflichten" i.S.d. § 33 StBerG und gleichzeitig um eine wirtschaftsberatende Tätigkeit nach § 57 Abs. 3 Nr. 3 StBerG (Organisationsberatung Rechnungswesen), also um eine originäre und keinesfalls gewerbliche Tätigkeit. Da es sich auch um eine Tätigkeit nach § 33 StBerG handelt, ist der Anwendungsbereich der StBVV über § 1 Abs. 1 Satz 1 StBVV eröffnet. Die Abrechnung erfolgt deshalb nach § 33 Abs. 7 StBVV.[4] Angemessen dürfte eine Zeitgebühr oberhalb der Mittelgebühr sein, da die Verfahrensdokumentation vor dem Hintergrund künftiger steuerlicher Betriebsprüfungen für den Mandanten von besonderer Bedeutung und für den StB eine anspruchsvolle und schwierige Tätigkeit ist.

Praxistipp:

Der StB kann sich neues Beratungsfeld erschließen, wenn er den Mandanten Unterstützung bei der Erstellung einer Verfahrensdokumentation anbieten kann.[5] Die Mandanten sollten sensibilisiert und aufgefordert werden zu prüfen, ob ihr Kassensystem noch den aktuellen Anforderungen entspricht und einer Außenprüfung standhält. Gleichzeitig sollte den Mandanten eine individuelle Datenanalyse angeboten und frühzeitig deutlich gemacht werden, dass individuelle Schulungen durch eigene Kanzleimitarbeiter oder Dritte kostenpflichtig sind. Ein vorläufiger Projektplan mit ungefährer Zeiteinschätzung schaffen Transparenz und fördern die Akzeptanz bei den Mandanten.

Leistungen für die Betriebsabrechnung in den Bereichen **Kostenarten-, Kostenstellen- oder Kostenträgerrechnung** sind streng genommen **vereinbare Tätigkeiten**, die nach BGB oder zumindest sinngemäß über § 2 StBVV i.V.m. § 33 Abs. 7, 13 Satz 1 Nr.1 StBVV abzurechnen sind.[6] Gleiches gilt für **betriebswirtschaftliche** Auswertungen **(BWA), Plan-BWA, Branchenvergleiche oder Controlling-Reporte**. Entgegen OLG Frankfurt/M.[7] wird man die **Klärung von Bucshführungsbelegen** nicht

1) So OLG Düsseldorf v. 20.1.1994, 13 U 102/93, GI 1995, 12.
2) OLG Düsseldorf v. 20.1.1994, 13 U 102/93, GI 1995, 11; OLG Düsseldorf v. 13.6.1996, 13 U 68/95, GI 1997, 250.
3) A.A. Schwamberger in Meyer/Goez/Schwamberger, StBVV, 9. Aufl. 2019, E III Rz. 44a, der von einer vereinbaren Tätigkeit ausgeht und einen Stundensatz von 200 € - 500 € für angemessen hält; dagegen: Feiter, KANZLEI intern 08_2019, 3.
4) Ausführlich Feiter, KANZLEI intern 08_2019, 3.
5) Zur Vorgehensweise siehe Feiter, KANZLEI intern 08_2019, 3.
6) So auch Berners, 5. Aufl. 2016, § 33 StBVV Rz. 35.
7) OLG Frankfurt/M. v. 15.2.1993, 22 U 183/91, GI 1994, 123.

unter § 33 Abs. 7 StBVV fassen können.[1] Die individuelle Beratung und Unterstützung selbst buchender Mandanten bei der Umstellung auf die **E-Bilanz** konnte ebenfalls nach § 33 Abs. 7 StBVV berechnet werden.[2] Auch Unterstützungsleistungen bei der **Rechnungsschreibung** (z.B. bei ausländischen Mandanten), die Einführung/Umstellung auf „**elektronische Rechnungen**" (ZUGFeRD) und „**ersetzendes Scannen**" (RESISCAN) können nach § 33 Abs. 7 StBVV berechnet werden.[3] Das eigentliche **Scannen** der Belege durch den StB bzw. ein von ihm beauftragtes Unternehmen dürfte hingegen eher dem Sortieren der Belege[4] vergleichbar sein und keine zusätzliche Gebühr nach § 33 Abs. 7 StBVV rechtfertigen.[5] Im Zweifel handelt es sich hierbei um eine Tätigkeit, die beim Gebührenrahmen der Grundgebühr berücksichtigt werden muss und nicht um eine separat abrechenbare Tätigkeit.

Praxistipp:

Gerade das **Scannen** in der eigenen Kanzlei ist aufwendig und bindet Personal. Wenn Sie diese Leistung für den Mandanten übernehmen, sollten Sie frühzeitig über eine Vergütungsvereinbarung nach § 4 Abs. 1 StBVV nachdenken. Auch wenn der Mandant selbst scannt, in der Kanzlei dadurch aber erhebliche Nacharbeiten anfallen (z.B. weil Belege doppelt oder gar nicht gescannt wurden, weil die Auflösung des Scanners beim Mandanten zu niedrig ist, weil mehrere Belege als eine Datei gescannt wurden etc.), sollte eine Vergütungsvereinbarung in Erwägung gezogen oder – noch besser – über eine Verbesserung der Prozesse nachgedacht werden (siehe hierzu den Erfahrungsbericht von Mattheisen, KP 2019, 193).

Ob § 33 Abs. 7 StBVV auch bei **Offener-Posten-Buchführung** anwendbar ist, ist streitig. Teilweise wird vertreten, dass diese Tätigkeit nach BGB abzurechnen ist, da sie in erster Linie betriebswirtschaftlichen Zwecken dienen.[6] Da die Offene-Posten-Buchführung neben dem Mahnwesen, dem Zahlungsverkehr und der Fälligkeitsübersicht, aber auch steuerliche Funktionen hat (Kontokorrent), ist § 33 StBVV anwendbar. Der Mehraufwand, der häufig durch Belegnachreichungen und unvollständige Angaben des Mandanten und entsprechende Nachbuchungen durch den StB entsteht, kann mit einem höheren Zehntelsatz nach § 33 Abs. 1 StBVV berechnet werden.[7] Durch die Weiterentwicklung der Buchführungssysteme ist eine gesonderte Erfassung der Daten für die Offene-Posten-Buchführung neben der Finanzbuchführung heute weitgehend überflüssig geworden. Die Programme trennen nicht mehr zwischen Finanzbuchführung und Offener-Posten-Buchführung. Die Daten werden nur einmal erfasst und stehen dann in allen Anwendungen in Echtzeit zur Verfügung. 532

Wird die Zeitgebühr nach § 33 Abs. 7 StBVV geltend gemacht, verlangt die Rechtsprechung, dass die Gebührenrechnung eindeutig erkennen lässt, dass die zu Grunde liegende Tätigkeit nicht schon durch die Gebühr nach § 33 Abs. 1 StBVV abgegolten ist.[8] Unzulässig wäre es, auf die Gebühr nach § 33 Abs. 7 StBVV zu verzichten und stattdessen einen höheren Zehntelsatz beim Grundtatbestand abzurechnen.[9] Diese teilweise schwierigen Abgrenzungsfragen können durch eine Gebührenvereinbarung vermieden werden. 533

1) Mittelsteiner/Scholz, 4. Aufl. 1998, § 33 StBGebV Rz. 16; a.A. Schwamberger in Meyer/Goez/Schwamberger, 9. Aufl. 2019, § 33 StBVV Rz. 17; Klaeren, KANZLEI intern 03_2019, 5.
2) → § 35 StBVV Rz. 572 m.w.N.
3) Schwamberger, KP 2017, 14, 18; siehe hierzu Stemmer, NWB 22/2015, 1648.
4) → Rz. 530.
5) Mock/Görgen, StBK-Rheinland Pfalz, KAMMERINFO 5/2015, 9.
6) Brummer, StBGebV, 10. Aufl. 2010, § 33 StBGebV Anm. 3.
7) AG Moers v. 7.3.2008, 563 C 478/05; LG Osnabrück v. 6.2.2007, 4 O 113/05, DStR 2007, 739 → § 11 StBVV Rz. 226; Berners, 5. Aufl. 2016, § 33 StBVV Rz. 36 ff.; Schwamberger in Meyer/Goez/Schwamberger, 9. Aufl. 2019, § 33 StBVV Rz. 2; Schwamberger, KP 2017, 14; 15.
8) OLG Köln v. 26.8.1994, 19 U 246/93, GI 1995, 78; OLG Celle v. 10.8.1994, 3 U 249/93, OLGR Celle 1994, 307; OLG Düsseldorf v. 20.1.1994, 13 U 102/93, GI 1995, 11.
9) AG Essen-Steele v. 31.10.2007, 8 C 331/06, zu § 33 Abs. 3 StBGebV.

Praxistipp:

Abgerechnete Zeiten sollten mit den in der Zeiterfassung aufgeführten Zeiten unbedingt deckungsgleich sein.

Beispiel:

In der Gebührenrechnung werden 80 Std. à 60 € für das Einrichten der Buchführung (§ 32 StBVV) abgerechnet. In der Zeiterfassung sind unter dem Stichwort „Auftrag: 32/ 2016 Sonderl. FIBU" allerdings nur 20 Std. erfasst.

Der StB kommt bei derartigen Widersprüchen in Erklärungs- und Beweisnot. Wenn der Mandant in einer solchen Situation die Bezahlung der Rechnung verweigert, ist dies nur verständlich.

534 Gemäß § 90 Abs. 3 AO unterliegen Stpfl. bei Geschäftsbeziehungen mit nahestehenden Personen i.S.d. § 1 Abs. 2 AStG bestimmten Dokumentationspflichten, die durch die Gewinnabgrenzungsaufzeichnungsverordnung konkretisiert werden. Bei diesen Aufzeichnungspflichten nach der AO handelt es sich um eine Hilfeleistung in steuerlichen Angelegenheiten, für die die StBVV keinen Gebührentatbestand vorsieht. Deshalb empfiehlt sich für die Erstellung sog. **Verrechnungspreisdokumentationen** eine Vergütungsvereinbarung nach § 4 Abs. 1 StBVV. Vertretbar dürfte auch eine entsprechende Anwendung (§ 2 StBVV) des § 33 Abs. 7 StBVV sein. Zwar handelt es sich bei der Verrechnungspreisdokumentation nicht um eine Buchführung im engeren Sinne; es handelt sich aber um eine Aufzeichnungspflicht und damit um eine sonstige Tätigkeit im weiteren Zusammenhang mit der Buchführung (siehe auch die Überschrift des 5. Abschnitts der StBVV „Aufzeichnungspflichten").

C. Einzelfragen

I. Anlagenbuchführung

535 § 33 StBVV erfasst sämtliche Buchführungsarbeiten, die in irgendeiner Weise steuerlichen Zwecken dienen (→ § 32 StBVV Rz. 517). Die amtliche Begründung zur 3. ÄndVO vom 20.8.1998[1)] stellt klar, dass auch die Anlagenbuchführung eine Form der **Sonderbuchführung** ist, die von § 33 StBGebV erfasst wird[2)] (→ § 32 StBVV Rz. 517). Was alles zum Anlagenvermögen zählt, ergibt sich aus § 266 Abs. 2 HGB. Eine Anlagenbuchführung liegt vor, wenn **laufend und systematisch** die Zu- und Abgänge, die Abschreibungen, die Um- und Zubuchungen erfasst und dokumentiert werden. Auch wenn im laufenden Jahr Zu- und Abgänge sowie Umbuchungen und Abschreibungen im Anlagevermögen vorgenommen werden, liegt nicht automatisch eine gesondert berechnungsfähige Anlagenbuchführung vor, wenn dies nur zur Vorbereitung des Jahresabschlusses erfolgt (→ § 35 StBVV Rz. 593). Neben der **zeitnahen und laufenden Erfassung** (Anlegen einer Kennnummer, Führen einer Anlagenverzeichnisnummer, gesonderte Zuordnung der Nebenkosten) muss ein **betriebswirtschaftlicher Sinn** dieser Erfassungen und der entsprechende **Auftrag** des Mandanten hinzukommen.[3)] Die Anlagenbuchführung muss also bezwecken, dem Mandanten die betriebswirtschaftlichen Daten zu liefern, die ihm z.B. ein aktives **Anlagenmanagement** (Notwendigkeit von Ersatzinvestitionen, Finanzierungen, kurzfristige Erfolgsrechnungen etc.) ermöglichen. Je größer und unübersichtlicher das Anlagevermögen ist, desto eher kommt eine gesonderte Gebühr für die Anlagenbuchführung in Betracht. Bei kleineren und mittleren Betrieben mit einem Anlagenvermögen in überschaubarer Größe sollte der StB sich einen schriftlichen Auf-

1) 3. ÄndVO v. 20.8.1998, BGBl. I 1998, 2369.

2) A.A. OLG Düsseldorf v. 28.5.2002, 23 U 193/01, GI 2002, 219, 224, das im Rahmen eines Vollbuchführungsmandates keinen Raum für eine zusätzliche Gebühr sieht; einschränkend OLG Düsseldorf v. 21.2.2017, I-23 U 151/15 für den Fall einer ausdrücklichen Vereinbarung.

3) BGH v. 19.10.1995, IX ZR 20/95, WPK-Mitt. 1996, 124, 127; OLG Düsseldorf v. 21.2.2017, I-23 U 151/15; LG Düsseldorf v. 11.7.2016, 5 O 518/11; Wacker, KANZLEI intern 01_2017, 3.

trag erteilen lassen, wenn der Mandant zusätzliche Auswertungen im Sinne einer Anlagenbuchführung wünscht.[1] Ohne schriftlichen Auftrag gehen die Gerichte bei geringem **Umfang des Anlagevermögens** davon aus, dass die Anlagenbuchführung Teil der Finanzbuchführung und nicht geeignet ist, dem Mandanten unterjährig entscheidungserhebliche Informationen zu liefern.[2] Für eine zusätzliche Gebühr muss der Umfang des Anlagevermögens derart hoch sein, dass für eine ordnungsgemäße Finanzbuchführung eine darüber hinaus gehende Anlagenbuchführung erforderlich ist. Bei einer „kleinen GmbH" mit einem **Anlagevermögen unter 200.000 €** dürfte dies z.B. nicht der Fall sein. Soweit die Frage nach einer separaten Abrechnung der Anlagenbuchführung in Rechtsprechung und Literatur überhaupt erörtert wird, wird durchgehend die Auffassung vertreten, dass nach § 33 Abs. 1 StBVV abzurechnen ist.[3] Gegenstandswert ist nicht der sog. Bruttozugangswert,[4] sondern die Summe der Abschreibungsbeträge, weil die Anlagenbuchführung im Wesentlichen der Ermittlung der Abschreibungen dient.[5] Streitig ist, ob Anlagenabgänge bei Veräußerungen zusätzlich zu berücksichtigen sind.[6] Abzurechnen sind Monatsgebühren, und zwar auch dann, wenn die Anlagenbuchführung nicht monatlich, sondern jährlich gefertigt wird (→ Rz. 536).

Praxistipp:

Wer eine gesonderte Gebühr für die Anlagenbuchführung abrechnen möchte, sollte sich einen gesonderten Auftrag erteilen lassen.[7] **Ohne ausdrücklichen Auftrag ist die Anlagenbuchführung von der Gebühr für die Finanzbuchführung umfasst.** Der Auftrag zur Erstellung der Finanzbuchführung oder des Jahresabschlusses reichen nicht aus.[8] In diesem Zusammenhang ist darauf hinzuweisen, dass neben der Anlagenbuchführung nach handelsrechtlichen Vorschriften auch eine Anlagenbuchführung nach Steuerrecht notwendig werden kann, insbesondere wenn neben dem handelsrechtlichen Jahresabschluss noch eine Steuerbilanz erstellt werden muss. Fraglich ist, ob in diesen Fällen von zwei separat abrechenbaren Anlagenbuchführungen ausgegangen werden kann. Wenn man unter einer Anlagenbuchführung die fortlaufend aktualisierte Aufstellung bestimmter Angaben zum Anlagevermögen versteht, die für handelsrechtliche und steuerrechtliche Zwecke Verwendung findet, führt dies noch nicht zu zwei eigenständigen Buchführungen.[9] Zumindest muss sich in diesen Fällen aus dem Auftrag ergeben, dass **zwei Anlagenbuchführungen** anzufertigen (und abzurechnen) sind.[10] Wird nur eine Anlagenbuchführung vereinbart, kann auch nur eine Gebühr für die Anlagenbuchführung abgerechnet werden.[11]

1) OLG Düsseldorf v. 21.2.2017, I-23 U 151/15; Schwamberger, KP 2014, 99, 101.
2) So AG Düsseldorf v. 23.11.2015, 231 C 1266/14; AG Duisburg v. 13.12.2000, 35 C 646/98.
3) OLG Düsseldorf v. 21.2.2017, I-23 U 151/15 und v. 17.6.2008, I 23 U 163/07; LG Hagen v. 28.8.2013, 10 S 1/13; LG Kleve v. 13.6.2003, 1 O 114/01; AG Schwelm v. 16.11.2012, 23 C 208/12; Gilgan, NWB 52/2013, 4146; Tönnies, Stbg 1995, 200, 202; Tönnies, KP 1997, 6; Meyer, KP 1999, 91; Eggesiecker, 2. Aufl. 1998, § 33 STEUGO Rz. 33.565; Berners, 5. Aufl. 2016, § 33 StBVV Rz. 37 ff.; a.A. Brummer, StBGebV, 10. Aufl. 2010, § 33 Anm. 8: § 33 Abs. 7 StBGebV.
4) LG Kleve v. 13.6.2003, 1 O 114/01.
5) OLG Düsseldorf v. 21.2.2017, I-23 U 151/15.
6) Bejahend: Boelsen in Eckert, 6. Aufl. 2017, § 33 StBVV Rz. 20; Eggesiecker, 2. Aufl. 1998, § 33 STEUGO Rz. 33.570; Schwamberger, KP 2014, 99, 103 und KP 2003, 84, 86; Berners, 5. Aufl. 2016, § 33 StBVV Rz. 41; verneinend: OLG Düsseldorf v. 21.2.2017, I-23 U 151/15 unter Hinweis darauf, dass sich die Anlagenbuchführung hierauf ebenso wenig bezieht wie auf Zugänge.
7) Siehe OLG Düsseldorf v. 21.2.2017, I-23 U 151/15.
8) A.A. Gilgan, NWB 52/2013, 4146.
9) So jedenfalls OLG Düsseldorf v. 21.2.2017, I-23 U 151/15.
10) Berners, Honorargestaltung für Steuerberater, Januar 2018, 1, 2.
11) OLG Düsseldorf v. 21.2.2017, I-23 U 151/15; Goez, KP 2017, 193.

II. Gegenstandswert (Abs. 6)

536 Durch die 3. ÄndVO[1] wurde der Gegenstandswert neu gefasst. Gegenstandswert ist der jeweils höchste Betrag, der sich aus dem Jahresumsatz oder der Summe des Aufwandes ergibt. Die bisherige Definition des Gegenstandswertes als Jahresumsatz ging insbesondere in den Fällen, in denen vor Beginn der eigentlichen Geschäftstätigkeit noch kein Umsatz oder nur ein geringerer Umsatz als der Aufwand erzielt wurde, ins Leere. Die Verordnungsbegründung weist darauf hin, dass in diesen Fällen analog zu den Vorschriften der §§ 25, 27 StBGebV die Summe des Aufwandes an die Stelle des Jahresumsatzes tritt.[2] Neben Finanzbuchführungen, bei denen regelmäßig der Jahresumsatz als Gegenstandswert anzusetzen ist, ermöglicht die neue Definition des Gegenstandswerts auch eine angemessene Abrechnung von **Sonderbuchführungen**, die nur Aufwand haben. Jahresumsatz bzw. Jahresaufwand sind je nach Art der Buchführung „Soll"- oder „Ist"-Umsatz. Als Summe des Jahresaufwandes gilt der Aufwand des laufenden Jahres laut Buchführung (Kontenaufwand). Überwiegend wird unter Jahresumsatz der sog. **Kontenumsatz (die Summe auf den Soll- und Habenseiten der Konten) des laufenden Jahres** (nicht des Vorjahres) laut Buchführung verstanden, da die Buchführung auf den gebuchten Umsatz und nicht auf Umsatzbegriffe des UStG oder HGB abstellt.[3] Demgegenüber befürwortet Boelsen[4] eine Anknüpfung an den Begriff der **„Betrieblichen Jahresleistung"** (vgl. § 35 Abs. 2 StBVV), der sich an § 275 Abs. 2 HGB orientiert, wobei offen bleibt, welche weiteren Positionen aus § 275 Abs. 2 HBG neben den **Umsatzerlösen** (§ 275 Abs. 2 Nr. 1 HGB) zum Jahresumsatz gehören sollen. **Bestandsveränderungen und aktivierte Eigenleistungen** sind nach Boelsen nicht Teil des Umsatzes. Er hält aber auch jeden anderen „Umsatzbegriff" für anwendbar.[5]

Die Praxis legt regelmäßig die Umsatzerlöse + sonstige betriebliche Erträge (§ 275 Abs. 2 Nr. 4 HGB) + sonstige Zinsen und ähnliche Erträge (§ 275 Abs. 2 Nr. 11 HGB) als Jahresumsatz zu Grunde (so auch das DATEV-Programm Kanzlei-Rechnungswesen). Im Falle einer gerichtlichen Überprüfung des Gegenstandswertes werden die unterschiedlichen Ansätze i.d.R. nicht problematisiert. Es reicht den Gerichten, wenn der Sachverständige zu dem Ergebnis kommt, dass der zu Grunde gelegte **Gegenstandswert vertretbar** ist.[6]

Durchlaufende Posten, z.B. vereinnahmte Fremdgelder eines Rechtsanwalts oder vereinnahmte Reisepreise eines Reisebüros, gehören grundsätzlich nicht zum Umsatz, können aber zu einer Erhöhung des Rahmensatzes führen. Bei Reisebüros sind nur die Provisionen, die von dem Reiseveranstalter an das Reisebüro gezahlt werden, Umsatz. Gleiches gilt für Tankstellenpächter oder Versicherungsagenturen. Fallen durchlaufende Posten in hohem Maße an, empfiehlt sich eine besondere Vereinbarung nach § 4 Abs. 1 StBVV.[7] **Anzahlungen** werden überwiegend wie durchlaufende Posten behandelt[8] und erhöhen den Gegenstandswert nicht bereits im Zeitpunkt der Anzahlung (1. Buchung), sondern im Zeitpunkt der Umbuchung von

1) 3. ÄndVO v. 20.8.1998, BGBl. I 1998, 2369.
2) Schon vor Inkrafttreten der 3. ÄndVO v. 20.8.1998, BGBl. I 1998, 2369, am 21.8.1998 hatte das OLG Düsseldorf beim Fehlen eines Jahresumsatzes hilfsweise auf den betrieblichen Aufwand abgestellt, der insbesondere Material- und Personalaufwand, Abschreibungen und sonstige betriebliche Aufwendungen umfasst, OLG Düsseldorf v. 17.6.1993, 13 U 232/92, GI 1994, 130.
3) Eggesiecker, 2. Aufl. 1998, § 33 STEUGO Rz. 33.692 ff; Schwamberger in Meyer/Goez/Schwamberger, 9. Aufl. 2019, § 33 StBVV Rz. 4; Berners, 5. Aufl. 2016, § 33 StBVV Rz. 16.
4) Boelsen in Eckert, 6. Aufl. 2017, § 33 StBVV Rz. 17.
5) Boelsen in Eckert, 6. Aufl. 2017, § 33 StBVV Rz. 17.
6) Z.B. AG Düsseldorf v. 27.4.2017, 47 C 17868/14.
7) Meyer, Stbg 1998, 427.
8) Boelsen in Eckert, 6. Aufl. 2017, § 33 StBVV Rz. 17.

Anzahlungsverbindlichkeiten an Erlöse (2. Buchung). Diese Betrachtungsweise kann in Einzelfällen zu unbefriedigenden Ergebnissen führen.

Beispiel:

Ein Konzertveranstalter und Künstlervermittler hat aus Kartenvorverkäufen für verschiedene im Jahr 02 stattfindende Tourneen seiner Künstler im Jahr 01 bereits Anzahlungen i.H.v. 10 Mio. € erhalten. Setzt man den Begriff des Jahresumsatzes mit den Umsatzerlösen und den sonstigen betrieblichen Erträgen gleich, wären die Anzahlungen beim Gegenstandswert für die Buchführung im Jahr 01 nicht zu berücksichtigen. Sie würden sich allerdings beim Gegenstandswert für den Jahresabschluss und die Umsatzsteuererklärung auswirken.

Geht man hingegen mit der o.g. Rechtsprechung[1] und mit Boelsen davon aus, dass auch jeder andere vertretbare Umsatzbegriff herangezogen werden kann und legt die „Summe der steuerbaren Umsätze" zu Grunde, könnten die Anzahlungen bereits im Jahr 01 berücksichtigt werden.

Hinweis:

- Muster für die Vereinbarung einer Pauschale für die steuerliche Registrierung, die Finanzbuchhaltung und die Lohnbuchführung sowie für die Vereinbarung von Stundensätzen vgl. → Rz. 937.
- Muster für eine Vergütungsvereinbarung nach Buchungszeilen vgl. → Rz. 939.
- Muster für die Vereinbarung einer Zeitgebühr (außergerichtliche Tätigkeit) vgl. → Rz. 940.

Die **Umsatzsteuer** gehört bei einem bilanzierenden Mandanten nicht zum Jahres- 537
umsatz. Der Gegenstandswert für den Jahresabschluss ist eindeutig definiert mit dem Mittel zwischen der berichtigten Bilanzsumme und der betrieblichen Jahresleistung (§ 35 Abs. 2 Nr. 1 StBVV). Umstritten ist, ob die Umsatzsteuer auch bei einem Einnahmen-Überschussrechner nicht zum Jahresumsatz gehört. Teilweise wird die Meinung vertreten, die Umsatzsteuer sei ökonomisch ein durchlaufender Posten bzw. wie ein durchlaufender Posten zu behandeln und der Begriff des Jahresumsatzes müsse für Bilanzierende und Einnahmen-Überschussrechner gleich verstanden werden, so dass die Umsatzsteuer den Gegenstandswert nicht erhöht.[2] Dagegen ist einzuwenden, dass sich diese Auffassung weder mit dem Grundsatz der Jahresabschnittsbesteuerung noch mit dem Charakter der Umsatzsteuer als Kalenderjahressteuer (vgl. § 18 Abs. 3 UStG) vereinbaren lässt.[3] Auch ist kein zwingender Grund für eine Gleichbehandlung beider Fälle erkennbar. Überwiegend wird deshalb angenommen, dass bei einem Einnahmen-Überschussrechner die Umsatzsteuer mit zum Jahresumsatz zählt. Aus der Begründung des Verordnungsgebers, der sich an die Gegenstandswerte der §§ 25, 27 StBVV anlehnt, kann gefolgert werden, dass die Umsatzsteuer wegen der Erfolgswirksamkeit bei einem Einnahmen-Überschussrechner in den Gegenstandswert „Jahresumsatz" mit einzubeziehen ist.[4] Dementsprechend würden bei einem Einnahmen-Überschussrechner auch gezahlte Vorsteuern zum Aufwand gehören.[5]

Bucht der **StB nur einige Monate** aus einem vollen Geschäftsjahr, z.B. weil er im 538
Laufe des Wirtschaftsjahres die Buchführung eines bestehenden Unternehmens

1) AG Düsseldorf v.27.4.2017, 47 C 17868/14.
2) Schwamberger in Meyer/Goez/Schwamberger, 9. Aufl. 2019, § 33 StBVV Rz. 4; Klose, DStR 2015, 1526; Boelsen in Eckert, 6. Aufl. 2017, § 33 StBVV Rz. 19.
3) Beyme, Stbg 2016, 323.
4) → § 25 StBVV Rz. 437; ausführlich dazu Beyme Stbg 2016, 323; Berners, 5. Aufl. 2016, § 33 StBVV Rz. 17; Starz, KANZLEI intern 03_2017, 2 und in Honorarbrief für Steuerberater 11/ 2011, 4; a.A. allerdings zur Rechtslage vor Neufassung des § 33 Abs. 6 StBGebV: OLG Düsseldorf v. 10.12.1998, 13 U 241/97, GI 1999, 295, 297; Tönnies, Stbg 1995, 200 f.
5) So auch Eggesiecker, 2. Aufl. 1998, § 33 STEUGO Rz. 33.535.

übernimmt, ist Bemessungsgrundlage gleichwohl der Jahresumsatz.[1] Sind dem Berater die tatsächlichen Jahresdaten nicht bekannt, etwa weil das Mandat im Laufe eines Jahres gekündigt wurde, kann er zunächst entweder auf den Vorjahresumsatz zurückgreifen, solange der Auftraggeber nicht vorträgt, welche Abweichungen sich ergeben haben[2] oder durch einfache lineare Hochrechnung des Umsatzes des laufenden Jahres eine **Schätzung** des Jahresumsatzes vornehmen.[3] Liegen Anhaltspunkte dafür vor, dass die tatsächlichen Jahresdaten von der Hochrechnung nennenswert abweichen, ist dies im Rahmen der Schätzung zu berücksichtigen. Dabei darf nicht verkannt werden, dass eine inhaltlich richtige Berechnung i.S.d. § 9 StBVV nur dann vorliegt, wenn der zutreffende Gegenstandswert (tatsächlicher Jahresumsatz des laufenden Jahres) angegeben wird (Nachweise zu der uneinheitlichen Rechtsprechung → § 9 StBVV Rz. 180). Der (frühere) Mandant könnte also im Folgejahr, wenn der tatsächliche Jahresumsatz des Vorjahres feststeht, eine berichtigte Berechnung verlangen. Hat der StB den Jahresumsatz zu hoch geschätzt, hat der (frühere) Mandant also eventuell einen Rückforderungsanspruch. Es empfiehlt sich deshalb, mit dem Mandanten einen wechselseitigen Verzicht auf Ansprüche aus dem Mandatsverhältnis zu vereinbaren oder die Gebührenrechnung mit einem Nachforderungsvorbehalt zu versehen.

Muster: Nachforderungsvorbehalt

„Die Gebühr für die Finanzbuchführung für das Jahr .... wird wegen des noch nicht feststehenden Jahresumsatzes nur vorläufig festgesetzt. Bei Abweichungen des geschätzten Gegenstandswertes von mehr als .... € erfolgt auf der Basis des tatsächlichen Jahresumsatzes eine Neuberechnung, wobei keine Bindung an den vorläufig bestimmten Zehntelsatz besteht."

Ist dem StB eine Endabrechnung des Buchführungshonorars für ein Kalenderjahr mangels Kenntnis des Jahresumsatzes nicht möglich, weil der (frühere) Mandant dem StB nicht alle erforderlichen Informationen überlässt (z.B. nur Gewinn- und Verlustrechnung ohne Bilanz), kann er einen **Sicherheitszuschlag** vornehmen, wenn er diesen begründet (z.B. mit noch nicht abgerechneten Werken und unentgeltlichen Leistungen). Dem beweispflichtigen StB kommen insoweit Beweiserleichterungen zugute, wenn der (frühere) Mandant die Aussagen des StB nur konkludent in Abrede stellt und ihn trotz anderweitiger Ankündigung nicht von der Schweigepflicht entbindet.[4]

Aus Vereinfachungsgründen wird in der Praxis oft auf die Vereinnahmung von monatlichen Vorschüssen mit späterer Schlussrechnung im Folgejahr verzichtet. Stattdessen werden Vorjahres- oder sogar Vor-Vorjahresumsätze bei der monatlichen Abrechnung der Buchführung zu Grunde gelegt, ohne dass später noch eine Schlussrechnung erfolgt. Dies macht die Berechnung inhaltlich falsch (zu den diesbezüglichen Auswirkungen → § 9 StBVV Rz. 180). Allerdings kann diese Form der Abrechnung mit dem Mandanten wirksam vereinbart werden. Da die Abrechnung auf Basis des Vorjahres- oder Vor-Vorjahresumsatzes aber zu einer höheren Vergütung führen kann, als die nach dem Jahresumsatz des laufenden Jahres, ist der StB nur mit einer Vergütungsvereinbarung nach § 4 Abs. 1 StBVV auf der „sicheren Seite".[5]

---

1) LG Düsseldorf v. 3.4.2003, 1 O 279/99; Boelsen in Eckert, 6. Aufl. 2017, § 33 StBVV Rz. 18; Eggesiecker, 2. Aufl. 1998, § 33 STEUGO Rz. 33.800; Mittelsteiner/Scholz, 4. Aufl. 1998, § 33 StBGebV Rz. 23; Tönnies, Stbg 1995, 200, 202.
2) OLG Düsseldorf v. 3.7.1986, 18 U 61/86, GI 1986, 100.
3) LG Köln v. 29.5.2001, 16 O 434/94; Eggesiecker, 2. Aufl. 1998, § 33 STEUGO Rz. 33.815.
4) AG Essen v. 8.3.2017, 20 C 225/16; der StB hatte einen Sicherheitszuschlag von 71 500 € vorgenommen und diesen auch begründet.
5) Feiter, KANZLEI intern 05_2017, 2.

Formulierungsbeispiel:

Vergütungsvereinbarung nach § 4 Abs. 1 StBVV

Abweichend von der Steuerberatervergütungsverordnung (StBVV) wird zwischen

.... (Mandant)

und

.... (StB)

für die Finanzbuchführung ab dem Wirtschaftsjahr ... eine monatliche Gebühr i.H.v. .../10 Tabelle C auf Basis des Jahresumsatzes des jeweiligen Vorjahres vereinbart. Der Mandant verzichtet auf eine Schlussrechnung unter Berücksichtigung des Jahresumsatzes des laufenden Jahres.

Liegt nur ein verkürztes **(Rumpf-)Wirtschaftsjahr** vor, ist streitig, ob der Umsatz auf den (fiktiven) Jahresumsatz hochzurechnen ist oder nicht.[1] Die Befürworter weisen insbesondere darauf hin, dass nur eine Hochrechnung zu angemessenen Ergebnissen führt. Denn wenn ein Betrieb z.B. am 1.12.2018 eröffnet, stünde der StB sich bei der Bemessung der Gebühr erheblich schlechter (nur ein Monatsumsatz als Gegenstandswert), als wenn der Betrieb am 1.1.2019 eröffnet (Jahresumsatz als Gegenstandswert). Nur durch eine Hochrechnung könne dieses eher zufällige Ergebnis vermieden werden.[2] Da der Aufwand des StB in beiden Fällen gleich hoch ist, sind diese Überlegungen unter Gebührengerechtigkeitsgesichtspunkten sicherlich überzeugend. Für eine Hochrechnung auf einen 12-monatigen Jahresumsatz gibt der (geänderte) Wortlaut des § 33 Abs. 6 StBVV jedoch nichts her. Der hochgerechnete Jahresumsatz wäre reine Fiktion. Gleiches gilt für den Fall der **Betriebseinstellung** oder **Unternehmensumwandlung**. Um hier gebührenrechtliche Nachteile zu vermeiden, bedarf es lediglich einer Vergütungsvereinbarung nach § 4 Abs. 1 StBVV. 539

III. Umsatzsteuervoranmeldungen (Abs. 8)

Bei umfassender Buchführung nach dem § 33 Abs. 1, 3 und 4 StBVV sind die Gebühren für die Umsatzsteuervoranmeldungen (§ 24 Abs. 1 Nr. 7 StBVV) abgegolten. In den Fällen des § 33 Abs. 2, 5 und 7 StBVV kann dagegen für die Anfertigung der Umsatzsteuervoranmeldung eine gesonderte Gebühr nach § 24 Abs. 1 Nr. 7 StBVV abgerechnet werden. Eine gesonderte Gebühr nach § 24 Abs. 1 Nr. 7 StBVV kann auch **bei geschätzten Umsatzsteuervoranmeldungen** berechnet werden, also wenn die Umsatzsteuervoranmeldung auf Basis der von dem Mandanten mitgeteilten Zahlen erstellt wird und die Buchführungsunterlagen dem StB noch nicht vorliegen.[3] Daneben sind auch Anträge auf Dauerfristverlängerung und die Anmeldung der Sondervorauszahlung separat abrechenbar (→ § 24 StBVV Rz. 406). 540

IV. Auftrag

In aller Regel besteht über die Frage, ob dem StB überhaupt ein Auftrag erteilt wurde, kein Streit. Bestreitet der Auftraggeber aber das Zustandekommen eines Steuerberatungsvertrages, stellen die Gerichte auch bei fehlenden schriftlichen Ver- 541

1) Verneinend: LG Duisburg v. 4.8.2000, 10 O 57/98; LG Berlin v. 18.6.1993, 85 O 6/93, NJW-RR 1993, 1464; Boelsen in Eckert, 6. Aufl. 2017, § 33 StBVV Rz. 19; Mittelsteiner/Scholz, 4. Aufl. 1998, § 33 StBGebV Rz. 23; bejahend: Klose, DStR 2015, 1526; Schwamberger in Meyer/Goez/Schwamberger, 9. Aufl. 2019, § 33 StBVV Rz. 6; Berners, 5. Aufl. 2016, § 33 StBVV Rz. 24; Brummer, 10. Aufl. 2010, § 33 StBGebV Anm. 9; Eggesiecker, 2. Aufl. 1998, § 33 STEUGO Rz. 33.845; Tönnies, Stbg 1995, 200 f.; Meyer, Stbg 1998, 427; Meyer, KP 2003, 37 f.

2) Klose, DStR 2015, 1526 m.w.N.

3) LG Düsseldorf v. 3.12.2010, 15 O 295/08; a.A. AG Detmold v. 14.10.2016, 7 C 108/15 mit abl. Anm. Feiter, KANZLEI intern 11_2016, 3; zum strafrechtlichen Risiko bei geschätzten Umsatzsteuervoranmeldungen siehe Beyer, NWB 2018, 585 ff. und NWB 2018, 1625 ff.

einbarungen regelmäßig keine überzogenen Anforderungen an die Darlegungs- und Beweislast des Beraters. Ist es unstreitig, dass dem Berater Buchhaltungsunterlagen übergeben oder übersandt wurden, kann darin bereits eine **konkludente Beauftragung** gesehen werden.[1] Der StB darf allerdings **nicht** den vereinbarten **Inhalt** eines Mandates **ohne Zustimmung des Auftraggebers ausdehnen.** So kann der gem. § 33 Abs. 3 StBVV beauftragte StB sich keine zusätzliche Gebühr dadurch verschaffen, dass er von sich aus den vereinbarungsgemäß vom Auftraggeber übernommenen Buchführungsteil überwacht, berichtigt oder ergänzt. Ein zusätzlicher Gebührenanspruch kann weder auf § 33 Abs. 5 StBVV noch auf § 33 Abs. 7 StBVV gestützt werden (→ Rz. 524 a.E.).

Praxistipp:

In der Praxis ist deshalb darauf zu achten, dass der Mandant darüber informiert wird, wenn der von ihm erbrachte Buchführungsteil mangelhaft oder unvollständig ist. Der Berater sollte eine neue Bearbeitung nicht ohne Zustimmung des Mandanten vornehmen.

V. Monats- oder Jahresgebühr

542 Die StBVV sieht in § 33 Abs. 1–4 StBVV für die Buchführungstätigkeit nur Wertgebühren vor. Da der Jahresumsatz regelmäßig erst nach Ablauf des Wirtschaftsjahres feststeht, vereinbaren die Parteien üblicherweise monatliche oder vierteljährliche **Vorschusszahlungen** gem. § 8 StBVV. Nach Ablauf des Jahres und endgültiger Feststellung des Gegenstandswertes erteilt der Berater dann eine Schlussrechnung unter Berücksichtigung der gezahlten Vorschüsse, § 9 Abs. 2 Satz 1 StBVV. Möglich ist auch die Vereinbarung einer monatlichen Buchführungspauschale gem. § 14 StBVV. Anders als Vorschusszahlungen haben **Pauschalen** bereits Entgeltcharakter, so dass für die Erteilung einer Schlussrechnung am Ende des Wirtschaftsjahres kein Raum mehr ist.[2] Ist eine Pauschale für die Finanzbuchführung vereinbart, und eine gesonderte Berechnung von sonstigen Hilfeleistungen i.S.d. § 33 Abs. 7 StBVV nicht vorgesehen, umfasst die Pauschale im Zweifel auch alle sonstigen Nebenleistungen. Bei der Vereinbarung ist deshalb besonderer Wert auf den Leistungsumfang zu legen siehe Muster Vergütungsvereinbarung (Pauschale für steuerliche Registrierung, Fibu, Lohn und Stundensätze → Rz. 937).

Praxistipp:

Ist tatsächlich keine Pauschale vereinbart, sollte der Berater darauf achten, dass er in den monatlichen oder vierteljährlichen Rechnungen keinesfalls den Begriff „Pauschale" oder „Rechnung" verwendet, sondern „**Vorschüsse**" geltend macht. Andernfalls besteht die Gefahr, dass er sich an den Pauschalen oder den abgerechneten Beträgen festhalten lassen muss und später keine Schlussrechnung mehr erstellen kann. (→ § 8 StBVV Rz. 160). Vorschüsse sollten zeitnah abgerechnet werden. Werden Vorschüsse über mehrere Jahre vereinnahmt, ohne dass die einzelnen Jahre endgültig abgerechnet werden, kann ebenfalls eine Bindung eintreten.

Die Berechnung von sonstigen Nebenleistungen mit einer Zeitgebühr nach § 33 Abs. 7 StBVV ist auch dann nicht möglich, wenn eine Abrechnung nach **Buchungszeilen** vereinbart wurde, sinnvoll z.B. bei vielen durchlaufenden Posten oder vielen kleinteiligen Umsätzen, wie häufig im Bereich des E-Commerce.[3] Das vereinbarte Entgelt je Buchungszeile ist dann abschließend.[4] Gleiches gilt im Fall einer Vergütungsvereinbarung nach Anzahl der Belege.[5] Nur dann, wenn sich aus der Verein-

1) LG Berlin v. 10.12.1995, 53 S 465/84; OLG Düsseldorf v. 1.7.1999, 13 U 161/98, GI 2001, 24 f.; LG Düsseldorf v. 23.3.2009, 9 O 137/07 zur konkludenten Beauftragung bei Steuererklärungen und Buchführungsarbeiten.
2) LG Essen v. 19.6.2015, 15 S 88/15.
3) → Rz. 939 Muster Vergütungsvereinbarung (Buchungszeilen).
4) LG Essen v. 11.1.2007, 18 O 382/06; Wacker, KANZLEI intern 06/2015, 2.
5) → Rz. 525.

barung eindeutig ergibt, dass bestimmte Leistungen zusätzlich berechnet werden dürfen, ist eine Zeitgebühr nach § 33 Abs. 7 StBVV gerechtfertigt.[1]

Wenn der StB bei der Kalkulierung der monatlichen Vorschüsse einen **geschätzten Gegenstandswert** (Jahresumsatz) zu Grunde legt, tritt diesbezüglich grundsätzlich **keine Bindung** ein. Denn der Gegenstandswert ist nicht Ergebnis der Ermessensausübung des StB nach § 11 StBVV.[2]

Beispiel:

Der StB macht einem Mandanten folgendes Angebot: „Auf Grund der mir zur Verfügung gestellten Informationen müssen Sie mit folgenden monatlichen Kosten rechnen: Finanzbuchhaltung 7/10 408,00 € …“ Das Mandat bestand von 2008 bis 10/2012. Der StB rechnete monatlich nur eine 6,5/10-Gebühr ab. Nach Kündigung des Mandats durch den Mandanten erteilte der StB für die Jahre 2011 und 2012 „Endabrechnungen“ unter Berücksichtigung der tatsächlichen Jahresumsätze und eines Zehntelsatzes von 6,5. Die bislang gezahlten Gebühren rechnete er als Vorschuss gegen. Der Mandant verweigerte die Zahlung, da es sich bei den bislang erteilten Rechnungen nicht um Vorschussrechnungen, sondern um endgültige Rechnungen gehandelt habe[3]

Eine Bindung des StB an den zunächst zu Grunde gelegten, geschätzten Jahresumsatz tritt nicht ein. Denn der Gegenstandswert richtet sich nach dem tatsächlichen Jahresumsatz und nicht nach einer vorläufigen Schätzung.[4] Die Bindungswirkung bezieht sich allein auf den abgerechneten Zehntelsatz. Und diesbezüglich hatte der StB in den Endabrechnungen nicht mehr abgerechnet, als in den Vorschussrechnungen. Wird im Rahmen einer **Betriebsprüfung** festgestellt, dass der Mandant nicht alle Einnahmen erklärt hat, kann der StB eine **Rechnungskorrektur** vornehmen und den zu niedrigen Gegenstandswert der Buchführung nachträglich korrigieren. Der Anspruch verjährt erst in 10 Jahren ab Entstehung.[5]

Praxistipp:

Aus Gründen äußerster Vorsicht, sollte die Angabe eines Gegenstandswertes in einer Vorschussrechnung gleichwohl unterbleiben, zumindest sollte kenntlich gemacht werden, dass es sich nur um einen vorläufigen bzw. geschätzten Gegenstandswert handelt.

Wird nicht zwischen den Begriffen „Pauschale“ und „Vorschuss“ unterschieden, 543
kommt es oft zu Rechtsstreitigkeiten, in denen dann die Umstände des Einzelfalls, bei langjährigen Mandaten insbesondere die bisherige Abrechnungspraxis beleuchtet werden.[6]

Praxistipp zur Abrechnung von Buchführungsarbeiten:

Buchführungsarbeiten sollten

- entweder nach einer tatsächlich vereinbarten Pauschale (§ 14 StBVV) oder
- als Vorschuss (ohne Angabe eines Zehntelsatzes) abgerechnet werden
- Vorschüsse sollten jährlich abgerechnet werden, sobald der Jahresumsatz feststeht.

---

1) Zu den Anforderungen an eine solche Vereinbarung Klaeren, KANZLEI intern 10/2015, 8 und Muster Vergütungsvereinbarung (Pauschale für steuerliche Registrierung, Fibu, Lohn und Stundensätze → Rz. 937).
2) LG Essen v. 19.6.2015, 15 S 88/15; AG Duisburg-Ruhrort v. 21.6.2019, 8 C 253/19; Gilgan, KP 2015, 194, 195.
3) LG Essen v. 19.6.2015, 15 S 88/15.
4) LG Essen v. 19.6.2015, 15 S 88/15; Gilgan, KP 2015, 194, 195.
5) Vgl. § 852 BGB; ausführlich Beyme, KANZLEI intern 08_2019, 7 und KANZLEI intern 09_ 2019, 6.
6) Vgl. hierzu LG Detmold v. 13.8.1999, 1 O 184/99, Stbg 2000, 70; AG Duisburg-Hamborn v. 30.9.1997, 7 C 698/96, Stbg 1998, 360; OLG Köln v. 22.4.1993, 1 U 63/92, NJW-RR 1993, 1073.

544 Die Frage, ob der StB bei einer nachträglich in einem Zuge erstellten **Jahresbuchführung** oder im Falle einer **Vierteljahresbuchführung** gleichwohl 12 Monatsgebühren nach § 33 StBVV abrechnen darf, hat der BGH[1] zu Gunsten der Berater entschieden. Zwar liege im Falle einer im Nachhinein auf einmal zu erstellenden Jahresbuchführung nur eine einheitliche Angelegenheit vor, im Falle einer nachträglich in vierteljährlichen Abschnitten zu erstellenden Buchführung lägen 4 selbständige Angelegenheiten vor, jedoch ergebe sich aus § 33 Abs. 1 StBVV, dass die nachträgliche Jahresbuchführung mit 12 Monatsgebühren und die Jahresbuchführung in vierteljährlichen Abschnitten mit 3 Monatsgebühren zu vergüten seien. Für die Berechnung des **Auslagenersatzes** gilt bei monatlicher Buchführung, dass jeder einzelne Buchungsmonat eine selbständige gebührenrechtliche Angelegenheit ist, mit der Folge, dass die Auslagenpauschale nach § 16 StBVV für jeden einzelnen Monat geltend gemacht werden kann.[2] Nach dem vorgenannten BGH-Urteil dürfte demgegenüber bei einer nachträglichen Jahresbuchführung oder bei einer nachträglichen Buchführung in vierteljährlichen Abschnitten nur eine bzw. 4 Auslagenpauschalen anfallen, da im ersten Fall eine Angelegenheit, im zweiten Fall 4 gebührenrechtliche Angelegenheiten vorliegen.[3]

545 Richtet sich der Auftrag auf die fortlaufende (monatliche) Buchführung für das gesamte Kalenderjahr, geht die h.M. davon aus, dass die **Fälligkeit der Honoraransprüche** des StB gem. § 7 StBVV erst mit Abschluss der Arbeiten im folgenden Kalenderjahr eintritt. Der Honoraranspruch, der sich an den Jahresumsätzen orientiert, könne denklogisch immer erst im Folgejahr ermittelt werden. Dies habe insbesondere Auswirkungen auf die **Verjährungsfrist,** die gem. § 199 BGB frühestens zum Schluss des folgenden Kalenderjahres zu laufen beginne.[4] Nach a.A. wird die Vergütung von Buchführungsarbeiten nicht deswegen erst im Folgejahr fällig, weil sie sich nach dem Jahresumsatz richtet. Gegenstandswert ist zwar der Jahresumsatz, es handelt sich aber um eine Monatsgebühr, die mit der Erledigung der monatlichen Buchführungsarbeiten (i.d.R.) im Folgemonat fällig wird, weil dann die Angelegenheit beendigt ist.[5] Diese Auffassung überzeugt, da nur sie mit dem Wortlaut des § 7 StBVV (Beendigung der Angelegenheit) in Einklang steht. Sie deckt sich auch mit der umsatzsteuerlichen Betrachtungsweise.[6] Hat der Mandant Betriebseinnahmen verschwiegen und wird dies im Rahmen einer Betriebsprüfung aufgedeckt, kann der StB seine Ursprungsrechnungen nachträglich korrigieren und den tatsächlichen Jahresumsatz als Gegenstandswert zu Grunde legen. Der Anspruch verjährt in 10 Jahren ab Entstehung.[7]

VI. Gebührenhöhe

546 Wird nach den gesetzlichen Gebühren abgerechnet, bestimmt sich die jeweils angemessene monatliche Gebühr nach § 11 StBVV. Die Wahl des Rahmensatzes einer Buchführungsgebühr hängt u.a. von der Kontenzahl, insbesondere der Kontokorrentkonten, der Zahl der Buchungen, dem Verhältnis von Wiederholungsbuchungen

1) BGH v. 6.7.2000, IX ZR 210/99, DStRE 2000, 1061.
2) OLG Düsseldorf v. 20.2.1992, 13 U 134/91, GI 1993, 151; OLG Düsseldorf v. 20.1.1994, 13 U 102/93, GI 1995, 11; Boelsen in Eckert, 6. Aufl. 2017, § 33 StBVV Rz. 28; Mittelsteiner/Scholz, 4. Aufl. 1998, § 33 StBGebV Rz. 7.
3) So auch Meyer, KP 2001, 4 f.
4) OLG Düsseldorf v. 19.10.2007, I 23 U 53/07; OLG Karlsruhe v. 27.4.1990, 10 U 298/89, BB 1990, 1672; OLG Köln v. 14.5.1986, 6 U 189/85, GI 1987, 9; OLG Düsseldorf v. 18.7.1996, 13 U 132/95, GI 1997, 299; OLG Hamm v. 11.12.1998, 25 U 75/98, GI 2000, 225 f.; LG Essen v. 19.6.2015, 15 S 88/15; LG Detmold v. 13.8.1999, 1 O 184/99, Stbg 2000, 70; Boelsen in Eckert, 6. Aufl. 2017, § 33 StBVV Rz. 31.
5) OLG Dresden v. 29.1.2003, 12 U 0805/02, StB 2003, 149; Goez in Meyer/Goez/Schwamberger, 9. Aufl. 2019, E I StBVV Rz. 56.
6) → § 15 StBVV Rz. 297.
7) Vgl. § 852 BGB; ausführlich Beyme, KANZLEI intern 09_2019, 6.

für gleichartige Geschäftsvorgänge zu Einzelbuchungen, dem Schwierigkeitsgrad der Kontierung sowie dem Zustand der Aufzeichnungen und Belege des Auftraggebers ab.[1] Muss in einer Fremdwährung gebucht werden oder sind Belege in einer Fremdsprache und ohne Übersetzung zu buchen, ist ein höherer Zehntelsatz gerechtfertigt. Gleiches gilt bei umfangreicher E-Mail-Korrespondenz mit dem Mandanten (insbesondere in fremder Sprache), bei sonstigen Erschwernissen z.B. weil Einzelrechnungen durchgehend in zwei bis drei Teilzahlungen beglichen werden, weil der Mandant die Belege erst kurz vor dem 10. des Folgemonats zur Verfügung stellt, weil die Belege unsortiert sind, weil Belege nicht den gesetzlichen Vorgaben entsprechend verbuchungsfähig sind oder weil eine Factoring-Gesellschaft eingeschaltet ist. Die Übernahme einer nicht vollständig korrekten Buchführung des Vorberaters rechtfertigt wegen des erhöhten Haftungsrisikos ebenfalls einen höheren Zehntelsatz[2] und bei Offener-Posten-Buchführung.[3] Entgegen der Entscheidung des OLG Köln[4] kann auch für Buchführungsarbeiten, die zwar im Allgemeinen keine Tätigkeit mit höherem oder hohem Schwierigkeitsgrad darstellen, im Einzelfall die Höchstgebühr gerechtfertigt sein. Bei 25 – 30 Buchungen monatlich kann eine Gebühr von wenigstens 6/10 angemessen sein.[5] Selbst bei 15 bis 20 Zahlungseingängen kann eine Gebühr von 6/10 gerechtfertigt sein.[6] Andererseits ist nur die Mindestgebühr gerechtfertigt, wenn es sich um eine einfache Buchführung mit geringem Buchführungsanfall handelt (z.B. Aufzeichnungen einer monatlich einmal anfallenden Mieteinnahme und regelmäßig wiederkehrende Kosten).[7] Wie sich die zunehmenden **Automatisierungs- und Digitalisierungsprozesse** im Bereich der Finanzbuchführung auf das Gebührenvolumen im diesem Bereich auswirken werden, hängt vom Einzelfall ab. Fakt ist, dass ein digitales Belegmanagement und automatisierte Rechnungsverarbeitung im Vergleich zur klassischen Buchführung auf Dauer zu erheblichen Zeitersparnissen in den Unternehmen und beim StB führen. Nach aktuellen Berechnungen kann ein elektronischer Rechnungsworkflow in den Unternehmen erhebliche Zeiteinsparungen gegenüber Papierrechnungen erreichen.[8] Diese Entwicklung wird auch in den Kanzleien zu Zeitersparnissen und Kostensenkungen bei der Belegverarbeitung führen. Allerdings treten anspruchsvollere nachgelagerte Kontroll-, Beratungs- und Unterstützungsvorgänge hinzu.[9] Betrachtet man diese Veränderungen vor dem Hintergrund der Kriterien des § 11 StBVV, wird zumindest der Gebührenbestimmungsfaktor „Umfang der Tätigkeit" in naher Zukunft wohl weniger Gewicht haben, als heute. Die Durchsetzung des Buchführungshonorars nach den gesetzlichen Vorschriften dürfte mit zunehmender Automatisierung schwieriger werden. Preisdruck wird insbesondere durch die Preismodelle gewerblicher Anbieter erzeugt. StB werden sich deshalb auch mit alternativen Honorarmodellen beschäftigen müssen.[10]

Praxistipp:

Auch den Mandanten wird nicht verborgen bleiben, dass Automatisierungsprozesse langfristig zu Einsparungen in den Kanzleien führen. Sie werden entweder verlangen, die Gebühren zu senken oder zusätzliche Leistungen einfordern. StB sollten hier proak-

1) OLG Düsseldorf v. 20.2.1992, 13 U 134/91, GI 1993, 151; OLG Düsseldorf v. 16.6.1994, 13 U 207/93, GI 1995, 32; Mittelsteiner/Scholz, 4. Aufl. 1998, § 33 StBGebV Rz. 8.
2) AG Moers v. 25.1.2012, 561 C 462/10.
3) → Rz. 532.
4) OLG Köln v. 26.8.1994, 19 U 246/93, GI 1995, 78.
5) AG Landshut v. 24.5.1985, 1 C 1138/83.
6) AG Dortmund v. 19.12.2018, 420 C 5827/12; Wacker, KANZLEI intern 01_2019, 2.
7) AG Warendorf v. 12.2.2007, 5 C 406/66.
8) Goethe-Universität Frankfurt a.M., Studie E-Rechnung, Billentis 19.11.2014: 60 – 80%; DATEV, Handelsblatt v. 20.3.2019: 50%; Heßler, Verbands-Magazin Mecklenburg-Vorpommern 03/2019, 24: zunächst nur 10 – 20%.
9) → Rz. 525.
10) → Rz. 525.

tiv reagieren und Geschäftsprozesse umgestalten bzw. neue Geschäftsprozesse erschließen, z.B. Zahlungsverkehr und Mahnwesen, Controlling, Kosten- und Leistungsrechnung, Anbindung an Vorsysteme des Mandanten, Verfahrensdokumentationen etc.[1)]

1) Heßler, Verbands-Magazin Mecklenburg-Vorpommern 03/2019, 24.

§ 34
Lohnbuchführung

(1) Für die erstmalige Einrichtung von Lohnkonten und die Aufnahme der Stammdaten erhält der Steuerberater eine Gebühr von 5 bis 18 Euro je Arbeitnehmer.

(2) Für die Führung von Lohnkonten und die Anfertigung der Lohnabrechnung erhält der Steuerberater eine Gebühr von 5 bis 28 Euro je Arbeitnehmer und Abrechnungszeitraum.

(3) Für die Führung von Lohnkonten und die Anfertigung der Lohnabrechnung nach vom Auftraggeber erstellten Buchungsunterlagen erhält der Steuerberater eine Gebühr von 2 bis 9 Euro je Arbeitnehmer und Abrechnungszeitraum.

(4) Für die Führung von Lohnkonten und die Anfertigung der Lohnabrechnung nach vom Auftraggeber erstellten Eingaben für die Datenverarbeitung und mit beim Auftraggeber eingesetzten Datenverarbeitungsprogrammen des Steuerberaters erhält der Steuerberater neben der Vergütung für die Datenverarbeitung und für den Einsatz der Datenverarbeitungsprogramme eine Gebühr von 1 bis 4 Euro je Arbeitnehmer und Abrechnungszeitraum.

(5) Für die Hilfeleistung bei sonstigen Tätigkeiten im Zusammenhang mit dem Lohnsteuerabzug und der Lohnbuchführung erhält der Steuerberater die Zeitgebühr.

(6) Mit der Gebühr nach den Absätzen 2 bis 4 sind die Gebühren für die Lohnsteueranmeldung (§ 24 Abs. 1 Nr. 15) abgegolten.

Inhalt

Schrifttum

Beyer-Petz/Metzing, Tagungsbericht des 3. Symposiums "Lohn im Fokus": Arbeiten 4.0 -Veränderungen im Lohn?, DStR, Beihefter zu Heft 36/2019, S. 13–20; **Beyer-Petz,** Sozialversicherungsrechtliche Vertretungsbefugnis von Steuerberatern nach der jüngsten BSG-Rechtsprechung, DStR 2015, 605; **Beyme,** Abrechnung vierteljährliche Verdiensterhebung, KANZLEI intern 11_2019, 6; **Bergmann,** Vertretungsbefugnis von Steuerberatern und Wirtschaftsprüfern im sozialrechtlichen Verwaltungsverfahren und vor dem Sozialgericht, INF 2003,

195; **Feiter,** Vergütungsrecht: Gesonderte Abrechnung von EDV-Kosten, DStR 2017, 1182; **Feiter,** Der Steuerberater vor dem Sozialgericht, INF 1999, 759; **Hölscheid/König,** Haftungsgefahren des Steuerberaters in Zeiten der Corona-Krise, Sonderausgabe „Haftungsfallen in der Krisenberatung", KP 2020, 1; **Hölscheid,** Haftungsrisiken des Steuerberaters beim Mindestlohn, NWB 22/2015, 1642; **Keegan,** Sozialversicherungsrechtliche Beratung durch Steuerberater, Stbg 2001, 462; **Meyer,** Die Mitwirkung des Steuerberaters bei Betriebsprüfungen durch Sozialversicherungsträger, KP 2001, 167; **Meyer,** Lohnbuchführung: Honorarpotenzial nutzen und rechtlich einwandfrei abrechnen, KP 2002, 182; **Meyer,** Neue Fälligkeiten der Sozialabgaben: Sozialversicherungsbeträge ab 2006 – Gebühren für den Mehraufwand, KP 2006, 2; **Neufang/Spangberger/Zepezauer,** Die neue Steuerberatervergütungsverordnung (StBVV) und Tipps zur Abrechnungspraxis, StB 2013, 35; **Pallas/Gercke,** Die Haftung des Steuerberaters im Hinblick auf sozialversicherungsrechtliche Hinweis- und Aufklärungspflichten, Stbg 2012, 557; **Schirmer,** Zeitaufschreibung bringt Vorteile, DATEV magazin 11/19, 34; **Schneidenbach,** Mindestlohn: Grenzen zulässiger Rechtsdienstleistungen des Steuerberaters, KANZLEI intern 02/2015, 5; **Schröder,** Anmerkung zu OLG Koblenz, Hinweisbeschluss v. 13.5.2016, 3 U 167/16, DStR 2017, 279; **Sperling,** Die Künstlersozialabgabe – ein hohes Haftungsrisiko für Steuerberater, NWB 2019, 1315; **Wacker,** Mehrfachberechnung nach § 34 Abs. 2 StBVV/Buchführungsgebühr bei wenigen Buchungen, KANZLEI intern 01_2019, 2; **Wacker,** Keine grundsätzliche Beratungspflicht in sozialversicherungsrechtlichen Angelegenheiten, KANZLEI intern 1_2018, 4; **Wilk/ Beyer-Petz,** Die neue Steuerberatervergütungsverordnung, DStR 2012, 2508.

A. Inhalt und Bedeutung

547 Für die Lohnbuchführung sind je nach Art der Tätigkeit eine Betragsrahmengebühr oder die Zeitgebühr vorgesehen. Durch die 3. ÄndVO[1] wurden die seit Inkrafttreten der StBGebV (1.4.1982) unveränderten Rahmensätze wegen der zwischenzeitlich eingetretenen Kostensteigerungen maßvoll angehoben. Daneben wurde Abs. 4 der technischen Entwicklung in der Datenverarbeitung analog zu § 33 Abs. 4 StBGebV angepasst. Durch das KostREuroUG erfolgte eine Umstellung der Gebühren von DM auf Euro. Durch die VO zum Erlass und zur Änderung steuerlicher Verordnungen[2] wurden die Rahmengebühren für die Lohnbuchführung seit mehr als 14 Jahren deutlich – durchschnittlich um 78 % – angepasst. Durch die Fünfte Verordnung zur Änderung steuerlicher Verordnungen,[3] wurde der Obersatz des § 34 Abs. 1 StBVV um 2 € auf 18 € und der Obersatz des § 34 Abs. 2 StBVV um 3 € auf 28 € erhöht. Dadurch sollen die seit der letzten Änderung gestiegenen Kosten berücksichtigt werden.

Zur Berechnung des **Auslagensatzes** → § 10 StBVV Rz. 204.

I. Gebührenhöhe

548 Maßgebend für die Wahl des Rahmensatzes sind folgende beispielhaft genannte Gesichtspunkte:

- Zahlung fester, sich langfristig verändernder oder stets wechselnder Vergütung (Zeit- oder Akkordlohn),
- Erforderlichkeit von Sonderberechnungen, z.B. bei „sonstigen Bezügen" oder komplizierten Lohnvereinbarungen,
- Berücksichtigung von Besonderheiten der Branche, wie Schlechtwetter- oder Wintergeld.[4]

---

1) Verordnung v. 20.8.1998, BGBl. I 1998, 2369.
2) VO zum Erlass und zur Änderung steuerlicher Verordnungen v. 11.12.2012, BGBl. I 2012, 2637 = BStBl I 2013, 2.
3) Fünfte Verordnung zur Änderung steuerlicher Verordnungen v. 25.6.2020, BGBl. I 2020, 1495, 1498 = BStBl I 2020, 555.
4) OLG Düsseldorf v. 25.4.1996, 13 U 81/95, GI 1996, 269.

Häufig schwankende Löhne – wie etwa in der Bauwirtschaft – rechtfertigen eher eine Gebühr im oberen Rahmenbereich als relativ konstante Gehälter von Angestellten. Tätigkeiten im Rahmen der **Lohnbuchführung,** die gem. § 34 Abs. 2 StBVV abgerechnet werden, können nach der Rechtsprechung des OLG Düsseldorf[1] nur nach der Mittelgebühr berechnet werden, solange ein Überschreiten nicht begründet wird. Für Lohnabrechnungen im Bereich der Gastronomie (kleines italienisches Restaurant mit Stundenlöhnen und Sonn-, Feiertags- und Nachtzuschlägen) versagte das LG Düsseldorf[2] dem StB die Höchstgebühr und billigte diesem nur die Mittelgebühr zu. Bei den **sonstigen Hilfeleistungen**, die gem. § 34 Abs. 5 StBVV nach Zeitgebühr berechnet werden, ist unklar, ob jede Sonderleistung mit einer angefangenen halben Stunde abgerechnet werden kann oder ob alle Sonderleistungen minutengenau abgerechnet werden müssen[3] und ob bestimmte Leitungen überhaupt gesondert abgerechnet werden können.[4] Außerdem gehen Teile der Rechtsprechung[5] (fälschlicherweise) davon aus, dass es sich um Leistungen mit geringem Schwierigkeitsgrad handelt, die regelmäßig nur den Mindestsatz der Zeitgebühr rechtfertigen. Diese Unwägbarkeiten sprechen letztlich für die Vereinbarung einer Pauschalvergütung nach § 14 StBVV oder – noch besser – die Vereinbarung einer höheren Vergütung nach § 4 Abs. 1 StBVV, z.B. in Form fester Beträge für die einzelnen Leistungen oder die grundsätzliche Vereinbarung einer Zeitgebühr; siehe Muster vgl. → Rz. 937, 938, 940, 943.

Praxistipp:

Bei einer Abrechnung nach § 34 StBVV ist zwischen der eigentlichen Lohnbuchführungsgebühr und den Hilfeleistungen bei sonstigen Tätigkeiten (§ 34 Abs. 5 StBVV) zu unterscheiden. Die Leistungen sind in der Rechnung getrennt aufzuführen.

Der StB kann deshalb die Höchstgebühr nach § 34 Abs. 2 StBVV nicht damit rechtfertigen, dass darin auch Hilfeleistungen nach § 34 Abs. 5 StBVV enthalten sind, die er nicht gesondert abgerechnet hat, die er aber gesondert hätte abrechnen können.[6]

Beispiel:[7]

Der StB hatte die damalige Höchstgebühr von 15 € pro Lohnabrechnung gem. § 34 Abs. 2 StBVV berechnet. Der gerichtlich bestellte Sachverständige hielt nur eine Gebühr von 11 € pro Lohnabrechnung für angemessen. Der StB trug vor, dass er diverse Hilfeleistungen im Sinne des § 34 Abs. 5 StBVV erledigt habe, die er nicht gesondert berechnet hatte. Dies rechtfertigte nach Auffassung des Gerichts aber keine höhere Gebühr als die vom Sachverständigen ermittelte angemessene Gebühr von 11 € pro Lohnabrechnung.

II. Lohnbuchführungsmandat und Sozialversicherungsrecht

Bei der Bearbeitung des Lohnbuchführungsmandates wird der StB zwangsläufig mit sozialversicherungsrechtlichen Fragestellungen konfrontiert. Dies ist insofern problematisch, als das Sozialversicherungsrecht ein eigenständiges Rechtsgebiet ist, das nicht zum Bereich der Hilfeleistung in Steuersachen gehört. Grundsätzlich gilt, dass der StB zu einer Beratung in sozialversicherungsrechtlichen Fragen weder berechtigt noch verpflichtet ist.[8] Welche **Pflichten** sich **aus dem Lohnbuchführungs-** 549

1) OLG Düsseldorf v. 10.2.2000, 13 U 147/99, im nicht veröffentlichten Teil der in Stbg 2001, 467 auszugsweise veröffentlichten Entscheidungsgründe.
2) LG Düsseldorf v. 18.12.2009, 22 S 336/08.
3) → Rz. 559.
4) → Rz. 555.
5) Z.B. OLG Düsseldorf v. 21.4.1994, 13 U 101/93; OLG Düsseldorf v. 10.2.2000, 13 U 147/99, Stbg 2001, 467.
6) AG Essen-Steele v. 31.10.2007, 8 C 331/06.
7) AG Essen-Steele v. 31.10.2007, 8 C 331/06.
8) BGH v. 12.4.2004, IX ZR 246/02, NJW-RR 2004, 1358; bestätigt von BGH v. 6.6.2019, IX ZR 115/18, DStR 2019, 2102 mit Anm. Waclawik.

mandat für den StB ergeben, wird in der Rechtsprechung nicht einheitlich gesehen. Teilweise wird vertreten, dass der StB **keine sozialversicherungsrechtliche Beratung** schuldet.[1] Demgegenüber gehen andere Gerichte[2] davon aus, dass die vorzunehmende **Prüfung der Beitragspflicht** und die Berechnung der abzuführenden Beiträge vom Lohnbuchführungsmandat umfasst sind. Streitig und eine **Frage des Einzelfalls** ist es, ob/wann das Lohnbuchführungsmandat den StB verpflichtet, den Mandanten wenigstens auf Abführungspflichten zur Sozialversicherung hinzuweisen bzw. an einen anwaltlichen Berater oder den Sozialversicherungsträger zu verweisen. Nach überwiegender Rechtsprechung muss der StB, der sich zur Prüfung der Beitragspflicht außer Stande sieht, den Auftraggeber an einen Anwalt verweisen oder die Beitragspflicht beim Sozialversicherungsträger selbst prüfen lassen.[3] Eine Hinweispflicht wird man jedenfalls dann erwarten müssen, wenn der StB nicht nur die Lohnbuchführung, sondern auch die Beratung in Angelegenheiten der Sozialversicherung übernommen hat. Ist dies nicht der Fall und behauptet der Mandant dies zur Durchsetzung möglicher Schadensersatzansprüche auch nicht, kann der StB versuchen, sich darauf zurückziehen, dass er nicht einmal einen solchen Hinweis schuldete.[4]

Praxistipp:

Um haftungsrechtliche Risiken zu minimieren, empfiehlt es sich, gegenüber dem Mandanten klar zu stellen, dass die Prüfung der Beitragspflicht und die Berechnung der abzuführenden Beiträge nur auf der Grundlage der von ihm gegebenen Informationen zum einschlägigen Tarifrecht erfolgt ist. In Zweifelsfällen sollte der Mandant informiert und selbst um Klärung, z.B. durch ein Statusfeststellungsverfahren oder einen Rechtsanwalt gebeten werden.

Die **Grenzen der Beratungspflicht** des StB ergeben sich grundsätzlich aus dem ihm erteilten **Auftrag**. Ist der Auftrag auf die Finanzbuchführung, die Jahresabschlüsse und die Steuererklärungen beschränkt, schuldet der StB keine weitergehende Beratung in Fragen der Rentenversicherungspflicht und kann für die Nacherhebung von Rentenbeiträgen durch die Deutsche Rentenversicherung nicht schadensersatzpflichtig gemacht werden.[5]

Nach Auffassung des SG Chemnitz ist ein StB, der mit der Lohnbuchführung eines Baubetriebs beauftragt ist, im Widerspruchsverfahren wegen Saison-Kurzarbeitergeld nach § 101 SGB III als Verfahrensbevollmächtigter des Arbeitgebers jedenfalls dann vertretungsbefugt, wenn nur Berechnungsfragen für das Saison-Kurzarbeitergeld im Streit stehen.[6] Antrags- und Widerspruchsverfahren seien in diesem Fall

1) OLG Köln v. 6.8.2018, 16 U 162/17, DStR 2018, 2658; OLG Koblenz v. 13.5.2016, 3 U 167/16, DStR 2017, 279 mit zust. Anm. Schröder; OLG Düsseldorf v. 21.8.2003, 23 U 222/01; LG Münster v. 25.7.2018, 110 O 68/17, GI aktuell 2018, 187.

2) OLG Celle v. 13.10.1999, 3 U 326/98, DStRE 2001, 838; vgl. auch LG Kleve v. 6.7.2001, 1 O 688/00, GI 2001, 279; Keegan, Stbg 2001, 462; Meyer, KP 2001, 167.

3) So BGH v. 6.6.2019, IX ZR 115/18, DStR 2019, 2102 mit Anm. Waclawik zur Beurteilung der Sozialversicherungspflicht von GmbH-Geschäftsführern; OLG Schleswig v. 30.11.2018, 17 U 20/18, MDR 2019, 320 zu unklarem Rentenbezug eines Beschäftigten; OLG Düsseldorf v. 9.7.2002, 23 U 222/01, GI 2003, 66; LG Krefeld v. 8.8.2018, 2 O 307/17 bei nachträglich eingetretener gesetzlicher Krankenversicherungspflicht; OLG Köln v. 6.8.2018, 16 U 162/17, GI aktuell 2018, 175 bei einem positiv erkannten Sachverhalt, den der StB nicht klären kann; LG Münster v. 25.7.2018, 110 O 68/17, GI aktuell 2018, 187 für den Fall tatsächlicher Unklarheiten oder sozialversicherungsrechtlicher Schwierigkeiten; LSG Berlin-Brandenburg v. 26.4.2013, L 1 KR 5/11, DStR 2014, 767; OLG Brandenburg v. 7.11.2006, 6 U 23/06, DB 2007, 1459, es ging um den Geschäftsführer einer Familien-GmbH; OLG Düsseldorf v. 31.8.2007, I-23 U 18/07, DB 2007, 2363; BGH v. 25.9.2008, IX ZR 222/06, DStR 2008, 1404; Pallas/Gercke, Stbg 2012, 557 ff. a.A. OLG Köln v. 22.4.2004, 8 U 77/03.

4) Schröder, DStR 2017, 279, 280.

5) LG Bielefeld v. 5.11.2011, 19 O 58/11; Wacker, KANZLEI intern 01_2018, 4.

6) SG Chemnitz v. 26.10.2017, S 26 AL 331/16, DStR 2018, 590 mit Anm. Beyer-Petz, n. rkr., Berufung eingelegt beim LSG Sachsen, L 3 AL 176/17.

zulässige Nebentätigkeiten zur Lohnbuchführung nach § 5 Abs. 1 RDG. Diese Betrachtungsweise deckt sich zumindest für das Antragsverfahren mit der bundesweiten Praxis der Arbeitsagenturen. Speziell in der **Corona-Krise** sind es StB, die für ihre Mandanten Anträge auf **Kurzarbeitergeld** stellen und von den Arbeitsagenturen als Bevollmächtigte bundesweit akzeptiert werden. Zulässig ist neben der Einrichtung des Kurzarbeitergeldes[1] in jedem Fall die Berechnung des Kurzarbeitergeldes einschließlich Sozialversicherungsabgaben als Schwerpunkt des Kurzarbeitergeld-Verfahrens. M.E. sind auch die Beratung des Mandanten,[2] das Ausfüllen des Antragsformulars und die anschließende Antragstellung zulässig.[3] Wenn der StB nicht mit der Lohnbuchführung des Mandanten beauftragt ist, für diesen aber gleichwohl einen Antrag auf Kurzarbeitergeld stellt, liegt begrifflich möglicherweise keine Nebentätigkeit zur Lohnbuchführung vor. In jedem Fall handelt es sich aber um eine **vereinbare Tätigkeit**, da die Zulässigkeit des Antrags nicht davon abhängig sein kann, ob der StB auch mit der Lohnbuchführung beauftragt ist oder nicht.[4] Nach Ansicht der BStBK ist auch das Ausfüllen der Anträge auf Entschädigungen nach dem **Infektionsschutzgesetz** eine zulässige Rechtsdienstleistung.[5] Insoweit sind allerdings Zweifel angebracht, da die rechtlichen Vorfragen zu den Voraussetzungen der Entschädigungsleistungen nach dem Infektionsschutzgesetz nicht in unmittelbarem Zusammenhang mit der Lohnbuchführung oder der sonstigen steuerlichen Beratungsleistungen stehen.[6] Der StB ist deshalb gut beraten, die betroffenen Mandanten an einen Rechtsanwalt oder einen einschlägigen Berufsverband (z.B. DEHOGA) zu verweisen. Wenn man die Beratung und Antragstellung gleichwohl für eine zulässige Rechtsdienstleistung hält, handelt es sich um eine Tätigkeit, die nicht unter den sachlichen Anwendungsbereich der StBVV fällt. Der Mandant schuldet deshalb die übliche Vergütung nach BGB, §§ 612 Abs. 2, 632 Abs. 2 BGB. Es bietet sich eine Abrechnung nach Gegenstandswert (Höhe des Entschädigungsbetrags) und eine analoge Anwendung des § 23 Satz1 Nr. 10 StBVV an. Die Beratung und Beantragung von Kurzarbeitergeld und Entschädigungen nach dem Infektionsschutzgesetz fallen bei einzelnen Versicherern (z.B. HDI) unter den Standard-Deckungsschutz der **Berufshaftpflichtversicherung**.[7]

Im Falle der Nacherhebung von Sozialversicherungsbeiträgen im Anschluss an eine Betriebsprüfung wird der StB oftmals auf Schadensersatz in Anspruch genommen. Hier stellt sich für den Berater zunächst die Frage, ob er überhaupt eine entsprechende Beratung schuldete.[8] Wenn im Einzelfall eine Beratungspflicht bestehen sollte, ist zu prüfen, ob die nachzuentrichtenden Sozialversicherungsbeiträge ein kausaler Schaden sind. Dies wird in den Fällen der unerkannten Sozialversicherungspflicht häufig der Fall sein. Ist den Beteiligten aber von Anfang an klar, dass Sozialversicherungsbeiträge anfallen und es nur um die Umsetzung eines praktizierten Modells geht, liegt kein kausaler Schaden vor.[9] Im Schadensfall ist ferner zu berücksichtigen, dass die persönliche Steuerbelastung des Mandanten durch die **550**

1) → § 32 StBVV Rz. 515.
2) → Rz. 562.
3) So auch Ziffer 55 des FAQ-Katalogs der BStBK mit den wichtigsten Fragen zur Corona-Krise, Stand: 3.4.2020; a.A. Hölscheid/König, KP Sonderausgabe, 2020, 1.
4) Zur Abrechnung des Antrags siehe → Rz. 561.
5) Ziffer 55 des FAQ-Katalogs der BStBK mit den wichtigsten Fragen zur Corona-Krise, Stand: 3.4.2020.
6) Hölscheid/König, Sonderausgabe KP 2020, 1, 6.
7) Ziffer 56 des FAQ-Katalogs der BStBK mit den wichtigsten Fragen zur Corona-Krise, Stand: 1.4.2020.
8) → Rz. 549.
9) OLG Koblenz v. 13.5.2016, 3 U 167/16, DStR 2017, 279 mit. Zust. Anm. Schröder: die Abrechnungen erfolgten einerseits als Gleitzonenfall zur jeweiligen Krankenkasse und andererseits als geringfügig Beschäftigte zur Minijob-Zentrale. Die BP bejahte ein einheitliches Beschäftigungsverhältnis.

höhere Beitragslast gemindert wird.[1] Wenn eine **Hinweispflicht** besteht, die der StB missachtet, besteht die **Gefahr**, dass er für **etwaige Nacherhebungen** der Rentenversicherungsträger **haftet**.

551 Ein Lohnbuchführungsmandat verpflichtet den StB nicht zur Beratung über die Gestaltung des Arbeitsvertrages und die Höhe des Arbeitsentgelts oder über tarifliche Regelungen.[2] Auch eine Pflicht des StB, die Richtigkeit der vom Auftraggeber gegebenen Informationen – z.B. zu den tarifvertraglichen Entgeltbestimmungen – zu überprüfen oder tarifvertragliche Sonderregelungen zu prüfen, geht zu weit.[3]

Bei Fragen zum Mindestlohn sind die Grenzen zur unerlaubten Rechtsdienstleistung fließend. Grundsätzlich gehört die Beratung zu arbeitsrechtlichen Fragen, die sich aus dem MiLoG ergeben, nicht zur Hilfeleistung in Steuersachen.[4] Allerdings dürfen StB eine Bescheinigung über die Einhaltung der Vorschriften des MiLoG ausstellen, da es sich hierbei um eine zulässige Nebenleistung[5] zur Lohnbuchführung handelt. Zur Vermeidung von Haftungsrisiken sollte der StB sich aber zu gut wie möglich absichern[6] und nicht mehr bescheinigen, als er tatsächlich geprüft hat.

Die Bundessteuerberaterkammer empfiehlt, die Bescheinigung wie folgt zu fassen:

Beispiel:

Bei Erstellung der Lohnbuchführung durch den StB selbst

„Hiermit bescheinigen wir, dass im Rahmen der auf der Grundlage der von uns erstellten Lohnbuchführung und der vom Mandanten erteilten Erklärungen und Nachweise durchgeführten Prüfung in dem Zeitraum vom … bis … keine Verstöße gegen die Vorschriften des Mindestlohngesetzes festgestellt wurden."

Bei Erstellung der Lohnbuchführung durch den Mandanten oder andere Dritte

„Hiermit bescheinigen wir, dass im Rahmen der auf der Grundlage der von uns vorgelegten Abrechnungen der Löhne und Gehälter und der vom Mandanten erteilten Erklärungen und Nachweise durchgeführten Prüfung in dem Zeitraum vom … bis … keine Verstöße gegen die Vorschriften des Mindestlohngesetzes festgestellt wurden."

Bei einem Lohnbuchführungsmandat sind die **Arbeitnehmer** des Mandanten in der Regel nicht in den **Schutzbereich des Steuerberatungsmandats** einbezogen.[7]

552 Nach § 13 Abs. 6 Satz 2 SGB X ist gesetzlich klargestellt, dass StB Widersprüche gegen Bescheide der Rentenversicherungsträger in Angelegenheiten der §§ 28h und 28p SGB IV einlegen dürfen. Bis zu dieser gesetzlichen Klarstellung wurden StB auf Grund einer Erklärung der BfA aber ohnehin nicht zurückgewiesen.[8]

Die BfA hatte sogar verlauten lassen, dass sie die Bevollmächtigung eines StB in einem sich anschließenden sozialgerichtlichen Klageverfahren nicht rügen werde. Die Sozialgerichte hatten StB aber regelmäßig als Bevollmächtigte zurückgewiesen.[9] Das am 1.7.2008 in Kraft getretene Rechtsdienstleistungsgesetz sieht jetzt in

1) Schröder, DStR 2017, 279, 280.
2) LG Bonn v. 19.6.2015, 15 O 444/14, Stbg 2016, 38 zur Nichtausnutzung der Steuerfreiheit von Nacht-, Sonn – und Feiertagszuschlägen.
3) LG Stuttgart v. 17.2.2017, 27 O 423/15 zur Frage, ob ein Arbeitgeber Beträge an Sozialkassen des Baugewerbes (SOKA-Bau) zu zahlen hat; OLG Düsseldorf v. 31.8.2007, I-23 U 18/07, DB 2007, 2363; LG Bonn v. 1.10.2002, 15 O 228/02, GI 2004, 99; Pallas/Gercke, Stbg 2012, 557 ff.; siehe auch Boelsen in Eckert, 6. Aufl. 2017, § 34 StBVV Rz. 3).
4) Hölscheid, NWB 22/2015, 1642; Schneidenbach, KANZLEI intern 02/2015, 5.
5) § 5 Abs. 1 RDG.
6) Hölscheid, NWB 22/2015, 1642.
7) OLG Frankfurt a.M. v. 14.9.2017, 8 U 240/16, GI aktuell 2018, 83; DStR 2018, 495.
8) BfA-Arbeitgeber-Info v. 13.1.1999, BfA-Mitteilungen Nr. 1/99, 19 f.
9) Vgl. Thüringer LSG v. 27.3.2001, L 6 B 4/01 RJ, DStRE 2003, 379; und LSG NRW v. 12.2.2002, L 5 B 34/01 RR, DStRE 2002, 919; zum gesamten Komplex, inklusive gebührenrechtlicher Fragestellungen, Feiter, INF 1999, 759; Bergmann, INF 2003, 195.

§ 73 Abs. 2 Nr. 4 SGG eine Regelung vor, wonach StB in Verfahren vor dem SG und LSG eine Vertretungsbefugnis in Angelegenheiten der §§ 28h und 28p SGB IV haben.[1] Anträge auf Statusfeststellung nach § 7a SGB IV sind von dieser Befugnis nicht umfasst und auch nicht als zulässige Nebenleistung nach § 5 RDG anzusehen.[2]

B. Erstmalige Einrichtung von Lohnkonten und die Aufnahme der Stammdaten (Abs. 1)

Die Tätigkeiten nach § 34 Abs. 2–4 StBVV werden mit einer Betragsrahmengebühr pro Arbeitnehmer und Abrechnungszeitraum vergütet. Als Abrechnungszeitraum gilt der Zeitraum, für den tatsächlich regelmäßig abgerechnet wird (Woche, Monat). Die StBVV macht keinen Unterschied zwischen manueller, maschineller und elektronischer Lohnbuchführung. 553

Nur die erstmalige Einrichtung von Lohnkonten und erstmalige Stammdatenaufnahme fällt unter den Tatbestand des § 34 Abs. 1 StBVV, nicht also die Änderung von Stammdaten oder die Übernahme von Stammdaten in ein neues Kalenderjahr. Laufende Änderungen der Stammdaten werden mit den Gebühren nach § 34 Abs. 2–4 StBVV abgegolten. Die Gebühr nach § 34 Abs. 1 StBVV fällt aber auch dann an, wenn einzelne Lohnkonten für neu eingestellte Arbeitnehmer eingerichtet werden. M.E. kann § 34 Abs. 1 StBVV zumindest sinngemäß (§ 2 StBVV) für das Einrichten der **Kurzarbeitergeld-Stammdaten** angewendet werden. Im Falle der erstmaligen Einrichtung einer Lohnbuchführung[3] kann gem. § 32 StBVV eine Zeitgebühr berechnet werden, da § 34 Abs. 1 StBVV allein arbeitnehmerbezogene Tätigkeiten abdeckt.[4] 554

C. Lohnbuchführung durch den Steuerberater (Abs. 2)

Hierbei handelt es sich um den häufigsten Anwendungsfall des § 34 StBVV. Anders als in § 34 Abs. 3 und 4 StBVV obliegt hier die komplette Lohnbuchführung dem StB. Die **„Führung der Lohnkonten"** umfasst die eigentliche Führung und den Abschluss des Lohnkontos, die Zusammenstellung der für den Lohnsteuerabzug relevanten Lohnteile, die Lohnsteueranmeldung, die regelmäßig anfallenden Nachweise für die Sozialversicherungsträger und die Abführung der Lohnsteuer an das Finanzamt sowie die Abführung der Beiträge an die Sozialversicherungsträger. Die Führung eines Aushilfslohnkontos bzw. Lohnkontos für geringfügig Beschäftigte fällt ebenfalls unter Abs. 2. 555

Beispiel:

Der StB hat für die Reinigungskraft eines Mandanten einen Dauerbeitragsnachweis bei der Bundesknappschaft eingerichtet. Obwohl keine monatlichen Lohnabrechnungen und Meldungen erforderlich sind, kann er monatliche Gebühren nach § 34 Abs. 2 StBVV berechnen. Wegen der vereinfachten Führung eines solchen Lohnkontos sowie des Dauerbeitragsnachweises an Stelle von monatlichen Einzelnachweisen ist aber ein niedrigerer Rahmensatz zu berechnen.[5]

Mehraufwand bei häufig schwankenden Löhnen sowie sonstige Veränderungen der Arbeitnehmerverhältnisse wirken sich gebührenerhöhend aus, rechtfertigen grundsätz-

---

1) Auch → § 45 StBVV Rz. 701 und → § 45 StBVV Rz. 762.
2) BSG v. 5.3.2014, B 12 R 4/12 R; Beyer-Petz, DStR 2015, 605.
3) Anlegen der Firmendaten, Lohnarten, Krankenkassen etc.
4) Siehe die Nachweise zu → § 32 StBVV Rz. 514 f.; Eggesiecker, 2. Aufl. 1998, § 34 STEUGO Rz. 34.110.
5) Gemmer, Honorarbrief für Steuerberater, 8/2014, 7.

lich aber keine Zeitgebühr nach § 34 Abs. 5 StBVV.[1] Bei erheblichem Mehraufwand, z.B. im Zusammenhang mit der Berechnung von Kurzarbeitergeld empfiehlt sich eine Vergütungsvereinbarung gemäß § 4 Abs. 1 StBVV.

Kein Führen eines Lohnkontos liegt vor, wenn das Lohnkonto, z.B. wegen Elternzeit des Mitarbeiters, in der EDV lediglich **aufrechterhalten** wird. Hier kann der StB aber die ihm vom Rechenzentrum berechneten (Speicher-)Kosten als besondere Geschäftskosten 1:1 an den Mandanten weiterberechnen. Auch die Meldungen bei Beginn und Ende der Elternzeit sowie ggf. ausgestellte Bescheinigungen können gesondert weiterberechnet werden, und zwar mit einer Zeitgebühr nach § 34 Abs. 5 StBVV.

Berichtigungen und Änderungen, die durch das Verschulden des Auftraggebers anfallen, können entweder mit einer gesonderten Gebühr nach § 34 Abs. 2 (bzw. Abs. 3–4) StBVV[2] oder mit einer Zeitgebühr nach § 34 Abs. 5 StBVV i.V.m. § 13 Satz 1 Nr. 1 StBVV berechnet werden.[3]

556 Die Erstellung der (elektronischen) **Lohnsteuerbescheinigung** ist demgegenüber nach § 38 Abs. 2 StBVV abzurechnen.[4]

D. Teilbuchführung (Abs. 3)

557 § 34 Abs. 3 StBVV ist mit § 33 Abs. 3 StBVV vergleichbar. Der Auftraggeber erledigt einen Teil der Buchführungsarbeiten selbst. Der StB fertigt auf Grund dieses Materials die Lohnbuchführung. Erfolgt die Arbeitsteilung über eine Cloud-Plattform oder über eine App, ist die speziellere Vorschrift des § 34 Abs. 4 StBVV einschlägig. Die Lohnsteueranmeldung ist mit der Gebühr abgegolten, d.h. es kann nicht zusätzlich nach § 24 Abs. 1 Nr. 15 StBVV liquidiert werden.[5]

E. Lohnbuchführung über EDV (Abs. 4)

558 § 34 Abs. 4 StBVV ist mit § 33 Abs. 4 StBVV vergleichbar. Auch hier erledigt der Auftraggeber einen Teil der Arbeiten selbst. Der StB stellt die hierfür benötigte Software bereit, z.B. eine Cloud-Plattform oder eine App-Applikation. Bei der Nutzung von Plattformlösungen erfasst (und ändert) der Auftraggeber die Lohndaten (Stamm- und Bewegungsdaten) selbst und stellt diese über die Cloud ein. Dadurch reduziert sich der Aufwand in der Kanzlei des StB. Dieser prüft die **vorerfassten Lohndaten**, liest die Daten ein, führt die Lohnabrechnung durch, stellt Auswertungen wie Lohnjournal, Personalkostenübersicht, etc. zur Verfügung, stellt Lohnzahlungen auf digitalem Weg bereit, unterstützt den Auftraggeber bei speziellen Fragen, klärt Fehler und erledigt sonstige Tätigkeiten aus diesem Bereich. Der Zeitaufwand für den Druck, den postalischen Versand und die Archivierung von Lohnabrechnungen und Nachweisen für die Sozialversicherungsträger entfällt, weil diese Nachweise zum elektronischen Abruf bereit gestellt und im System archiviert werden. Die Lohnsteueranmeldung ist mit der Gebühr abgegolten (§ 34 Abs. 6 StBVV).

1) LG München I v. 29.11.2012, 4 O 25878/09, DStR 2013, 486.
2) AG Dortmund v. 19.12.2018, 420 C 5827/12, besprochen von Wacker, KANZLEI intern 01_2019, 2; Boelsen in Eckert, 6. Aufl. 2017, § 34 StBVV → Rz. 562.
3) → Rz. 559; LG München I v. 29.11.2012, 4 O 25878/09.
4) Vgl. amtliche Begründung zu § 38 StBGebV, abgedruckt bei Eckert, 4. Aufl. 2003, § 38 StBGebV Anm. 4; wie hier: Boelsen in Eckert, 6. Aufl. 2017, § 34 StBVV Rz. 5; Berners, 5. Aufl. 2016, § 34 StBVV Rz. 26; a.A. Mittelsteiner/Scholz, 4. Aufl. 1998, § 34 StBGebV Rz. 4, und Schwamberger in Meyer/Goez/Schwamberger, 9. Aufl. 2019, § 34 StBVV Rz. 9, die § 34 Abs. 5 StBVV anwenden wollen.
5) § 34 Abs. 6 StBVV.

Zusätzlich steht dem StB die „Vergütung für die Datenverarbeitung und für den Einsatz der Datenverarbeitungsprogramme" zu.[1] Gebühren, die das Rechenzentrum dem StB im Bereich der Lohnbuchführung (monatlich) in Rechnung stellt, kann der StB 1:1 an seine Mandanten weiterberechnen, wenn es sich um mandatsbezogene EDV-Kosten handelt, die (durch die Mandanten-Nummer) einzelnen Mandanten direkt zugeordnet werden können (z.B. Übermittlungsgebühren) Rechtsgrundlage für die Weiterberechnung sind §§ 675, 670 BGB.[2]

F. Sonstige Tätigkeiten im Zusammenhang mit der Lohnbuchführung (Abs. 5)

Für die Hilfeleistung im Zusammenhang mit dem Lohnsteuerabzug und der Lohnbuchführung sieht die StBVV eine Zeitgebühr vor.[3] Sonstige Tätigkeiten sind z.B. 559

- Überwachung einer Lohnbuchführung, die der Mandant vollständig selbst führt,
- Erstellen der Buchungsunterlagen für den Mandanten, damit dieser selbst die weiteren Tätigkeiten ausführen kann,
- An- und Abmeldung von Beschäftigten bei Sozialversicherungen sowie die Berechnung der finanziellen Folgen im Hinblick auf eventuelle Nachzahlungen von Versicherungsbeiträgen,[4]
- Sofortmeldungen neuer Arbeitnehmer an die Deutsche Rentenversicherung,
- Änderungsmeldungen, Unterbrechungsmeldungen, Meldungen in Insolvenzfällen,
- Nachweise für die Rentenversicherungsträger zu Beginn und am Ende des Dienstverhältnisses,
- Ermittlung des Zuschusses zum Mutterschaftsgeld,
- Ermittlung von Sonderzuschlägen,
- Anfertigung der Meldung für die Schwerbehindertenabgabe,
- Berechnung von Tariflöhnen, Urlaubsgeldern, Tantiemen,
- Berechnung des Arbeitslohns sowie Netto-Brutto-Hochrechnungen,
- Mehrarbeit durch Lohnsteuerpauschalierung,[5]
- Nettolohnvereinbarungen: Ermittlung der erforderlichen Werte,
- Anträge an Behörden, z.B. auf Gewährung von Lohnzuschüssen, Mutterschaftsgeld, Erziehungsgeld, Arbeitslosengeld, Entgeltfortzahlung, Kurzarbeitergeld, Schlechtwettergeld,
- Erstattungsanträge nach dem Aufwendungsausgleichsgesetz (AAG) für Arbeitgeberaufwendungen bei Arbeitsunfähigkeit (U1) und Mutterschaft (U2), sowie Entgeltersatzleistungen,
- Nachweise für die Berufsgenossenschaft,[6]
- Prüfung des Berufsgenossenschaftsbescheids,
- Erstellung von Lohnartenlisten, Kostenstellenlisten, Kostenträgerlisten,

1) → § 33 StBVV Rz. 527.
2) Feiter, DStR 2017, 1182; → § 3 StBVV Rz. 111.
3) Zur Höhe der Zeitgebühr → Rz. 548; zur Abgrenzung von vereinbaren Tätigkeiten → Rz. 561.
4) LG Stuttgart v. 17.2.2017, 27 O 423/15; OLG Düsseldorf v. 19.11.2002, 23 U 258/01, GI 2003, 39 f.
5) Durch die Einführung der E-Bilanz zum 1.1.2013 müssen die pauschal besteuerten Bezüge der geringfügig Beschäftigten neu aufgeschlüsselt werden.
6) LG Stuttgart v. 17.2.2017, 27 O 423/15.

- Meldungen an Berufsverbände über Lohnwerte,
- Meldungen für die Schwerbehindertenausgleichsabgabe,
- Bearbeitung von Unfallmeldungen an Berufsgenossenschaft,
- Meldungen aufgrund ELENA-Verfahrensgesetz und ELENA-DV, wie z.B. Fragebogen ELENA zur Kündigung,[1]
- Berichtigungen und Änderungen, die durch Verschulden des Auftraggebers anfallen,[2]
- Erstellen der Überweisungsträger,
- Überweisungen für vermögenswirksame Leistungen,
- Bearbeitung von Lohnpfändungen,
- Nacherhebung von Lohnsteuer für abgelaufene Kalenderjahre,
- Ausfüllen von Fragebögen der Krankenkassen und des Arbeitsamtes und das Ausstellen von Verdienstbescheinigungen in diesem Zusammenhang,[3]
- Bescheinigungen für Agentur für Arbeit, Kindergeldkasse, Banken und Ämter,
- Statistiken, z.B. für das Statistische Landesamt,[4]
- Simulation von Lohnerhöhungen,
- Umstellung wegen elektronischer Übermittlung der Lohnnachweise zur gesetzlichen Unfallversicherung an die Berufsgenossenschaften und Unfallkassen.

Nicht gesondert abrechenbar sind **Fortbildungskosten**, z.B. die Kosten für die Teilnahme von Mitarbeitern an Seminaren/Webinaren zu aktuellen Fachthemen oder zur Programmtechnik.

Praxistipp:

Um Sonderleistungen nach § 34 Abs. 5 StBVV konsequent abrechnen zu können, müssen die Lohnsachbearbeiter diese zuvor in der Zeiterfassung vollständig und aussagekräftig dokumentieren.[5] Basisleistungen und separat abrechenbare Sonderleistungen sollten getrennt erfasst werden. Dies alles muss der StB den Lohnsachbearbeitern im Vorfeld kommunizieren. Zur Effizienzsteigerung im Lohnbuchführungsmandat sollten bestimmte Tätigkeiten in geeigneten Fällen auf den Mandanten übertragen werden (z.B. Sofortmeldungen im Bereich der Gastronomie).

Fraglich ist, ob der StB **mehrere Sonderleistungen** nach § 34 Abs. 5 StBVV jeweils getrennt mit einer angefangenen halben Stunde abrechnen kann oder ob er die angefallenen Zeiten addieren und minutengenau abrechnen muss.

Beispiel:

Der StB erledigt die monatliche Lohnbuchführung für 20 Mitarbeiter seines Mandanten. Jeden Monat fallen diverse Sonderleistungen an, wie z.B. Ausfüllen von Fragebögen der Krankenkasse und des Arbeitsamtes, Ausstellen von Verdienstbescheinigungen, Beantragung von A1-Bescheinigungen oder Mutterschaftsgeld, An- und Abmeldung von Mitarbeitern etc.

Wenn jede dieser Sonderleistungen eine eigene gebührenrechtliche **Angelegenheit** wäre, könnte der StB für jede dieser Sonderleistungen eine angefangene halbe Stunde abrechnen.[6] Geht man hingegen davon aus, dass Buchführung und Sonder-

1) Berners, 5. Aufl. 2016, § 34 StBVV Rz. 38.
2) LG München I v. 29.11.2012, 4 O 25878/09, DStR 2013, 486; str., a.A: § 34 Abs. 2 – 4 StBVV, siehe → Rz. 555.
3) OLG Düsseldorf v. 21.4.1994, 13 U 102/93, GI 1994, 351.
4) Beyme, KANZLEI intern 11_2019, 6.
5) Schirmer, DATEV magazin 11/19, 33.
6) In diesem Sinne wohl OLG Düsseldorf v. 21.4.1994, 13 U 101/93, GI 1994, 355: für das Ausfüllen von zwei Fragebögen und das Ausstellen einer Verdienstbescheinigung.

leistungen keine verschiedenen Angelegenheiten sind,[1] wären die Zeiten aller Sonderleistungen innerhalb des Lohnabrechnungszeitraums – wie bei der Teilnahme an einer Betriebsprüfung – minutengenau abzurechnen. Für diese Sichtweise spricht m.E., dass **Sonderleistungen** ohne Buchführung (Basisleistungen) nicht denkbar und deshalb Bestandteil der Angelegenheit „Buchführung" sind.

Praxistipp:

Wer wegen der widersprüchlichen Rechtsprechung kein Risiko eingehen will, sollte mit dem Mandanten für den gesamten Bereich der Lohnbuchführung (Basis- und Sonderleistungen) eine Vergütungsvereinbarung über einen anderen Abrechnungsmodus schließen.[2]

Am 1.1.2006 ist das sog. **Beitragsentlastungsgesetz**[3] mit neuen Fälligkeitsterminen für Sozialversicherungsbeiträge in Kraft getreten. Die Neuregelung führt insbesondere bei schwankenden Arbeitsentgelten zu einem Mehraufwand für den StB, da Doppelmeldungen und Doppelberechnungen erforderlich werden. Entgegen der Auffassung von Meyer[4] wird der StB hierfür jedoch keine zusätzliche Zeitgebühr berechnen können, da mit der Zeitgebühr nur solche Tätigkeiten abgegolten werden sollen, die nicht üblicherweise mit der Führung von Lohnkonten und der Lohnabrechnung verbunden sind und über das normale Ausmaß dieser Tätigkeit bei der Lohnbuchführung hinausgehen. 560

Praxistipp:

Gegebenenfalls empfiehlt sich eine Vereinbarung nach § 4 Abs. 1 StBVV.[5]

Es darf nicht verkannt werden, dass gerade im Bereich der sonstigen Tätigkeiten die Verbindung zwischen **Steuerrecht und Sozialversicherungsrecht** besonders eng ist. Streng genommen müssten die zulässigen Tätigkeiten aus dem Bereich des Sozialversicherungsrechts als sog. „**vereinbare Tätigkeiten**" nach den BGB-Vorschriften abgerechnet werden, da die StBVV nicht einschlägig ist (§ 1 Abs. 1 StBVV). Hierzu zählen z.B. die Beantragung einer **A1-Bescheinigung**,[6]oder die Beratung bei Fragen der **betrieblichen Altersvorsorge** oder Entgeltmeldungen zur **Künstlersozialkasse**.[7] In der Praxis wird es allerdings nicht beanstandet, wenn diese Tätigkeiten oder sonstige vereinbare Tätigkeit, wie z.B. statistische Meldungen[8] mit einer Zeitgebühr nach § 34 Abs. 5 StBVV berechnet werden. Auch die Kommentarliteratur geht davon aus, Sonderleistungen aus dem Bereich des Sozialversicherungsrechts als „hilfsberechnungsfähig" i.S.d. § 34 Abs. 5 StBVV anzusehen.[9] Soweit ersichtlich, hat es die Rechtsprechung bisher ebenfalls nicht beanstandet, wenn vereinbare Tätigkeiten aus dem Bereich des Lohnbuchführungsmandates nach §§ 34 Abs. 5, 13 StBVV berechnet wurden. 561

Praxistipp:

Empfehlenswert ist es, die vorgenannten und vergleichbare Tätigkeiten nach §§ 34 Abs. 5, 13 Satz 1 Nr. 1, Satz 2 StBVV analog abzurechnen, wenn der StB auch mit der

1) So OLG Düsseldorf v. 20.1.1994, 13 U 102, 93, GI 1995, 12 zu § 33 Abs. 7 StBVV.
2) Z.B. monatliche Pauschale für Basisleistungen, Festpreise für Sonderleistungen oder eine Abrechnung nach Zeit mit Zeittaktklausel.
3) Gesetz zur Änderung des Vierten und Sechsten Buches SGB und anderer Gesetze v. 3.8.2005, BGBl. I 2005, 2269.
4) Meyer, KP 2006, 2, 3; ihm folgend Schwamberger in Meyer/Goez/Schwamberger, 9. Aufl. 2019, § 34 StBVV Rz. 4a.
5) → Rz. 548.
6) Vertretbar dürfte auch eine sinngemäße Anwendung des § 24 Abs. 4 Nr. 5 StBVV sein.
7) Zu Haftungsrisiken in diesem Bereich und zu den Grenzen des RDG: Sperling, NWB 2019, 1315.
8) Beyme, KANZLEI intern 11_2019, 6.
9) Brummer, 10. Aufl. 2010, § 34 StBGebV Anm. 6; Boelsen in Eckert, 6. Aufl. 2017, § 34 StBVV → Rz. 549; vorsichtiger Eggesiecker, 2. Aufl. 1998, § 34 STEUGO Rz. 34.450, der eine Abrechnung nach BGB empfiehlt; zur Abgrenzung: Meyer, KP 2002, 182 f.

Lohnbuchführung beauftragt ist. Ist der StB nicht mit der Lohnbuchführung beauftragt, sondern beantragt er für den Mandanten einmalig **Kurzarbeitergeld**, empfiehlt sich hingegen aus den unter → Rz. 559 genannten Gründen eher eine Abrechnung nach BGB, §§ 612 Abs. 2, 632 Abs. 2 BGB.

562 **Berät der StB** den Arbeitgeber oder auf dessen Veranlassung und Kosten Arbeitnehmer des Auftraggebers zulässigerweise[1] zum **Kurzarbeitergeld**, über Möglichkeiten der **Gehaltsumwandlung/-optimierung** etc. oder **über Fragen der Sozialversicherungspflicht,** die noch zum Bereich der Lohnsteuerabrechnung gezählt werden können, erweist sich die Vorschrift des § 34 Abs. 5 StBVV als Spezialvorschrift zu § 21 Abs. 1 StBVV.[2] Entsprechende Beratungsleistungen können deshalb nach Zeitaufwand abgerechnet werden.

G. Lohnsteueranmeldung (Abs. 6)

563 § 34 Abs. 6 StBVV ist vergleichbar mit § 33 Abs. 8 StBVV. In den Fällen des § 34 Abs. 2–4 StBVV ist die Gebühr für die Lohnsteueranmeldung nach § 24 Abs. 1 Nr. 15 StBVV mit abgegolten.

1) → Rz. 549 f.
2) Boelsen in Eckert, 6. Aufl. 2017, § 34 StBVV → Rz. 547.

§ 35
Abschlussarbeiten

(1) Die Gebühr beträgt für

1.	a)	die Aufstellung eines Jahresabschlusses (Bilanz und Gewinn- und Verlustrechnung)	10/10 bis 40/10
	b)	die Erstellung eines Anhangs	2/10 bis 12/10
	c)	weggefallen	
2.		die Aufstellung eines Zwischenabschlusses oder eines vorläufigen Abschlusses (Bilanz und Gewinn- und Verlustrechnung)	10/10 bis 40/10
3.	a)	die Ableitung des steuerlichen Ergebnisses aus dem Handelsbilanzergebnis	2/10 bis 10/10
	b)	die Entwicklung einer Steuerbilanz aus der Handelsbilanz	5/10 bis 12/10
4.		die Aufstellung einer Eröffnungsbilanz	5/10 bis 12/10
5.		die Aufstellung einer Auseinandersetzungsbilanz	5/10 bis 20/10
6.		den schriftlichen Erläuterungsbericht zu Tätigkeiten nach den Nummern 1 bis 5	2/10 bis 12/10
7.	a)	die beratende Mitwirkung bei der Aufstellung eines Jahresabschlusses (Bilanz und Gewinn- und Verlustrechnung)	2/10 bis 10/10
	b)	die beratende Mitwirkung bei der Erstellung eines Anhangs	2/10 bis 4/10
	c)	die beratende Mitwirkung bei der Erstellung eines Lageberichts	2/10 bis 4/10
8.		weggefallen	

einer vollen Gebühr nach Tabelle B (Anlage 2).

(2) [1]Gegenstandswert ist

1. In den Fällen des Absatzes 1 Nummer 1 bis 3 und 7 das Mittel zwischen der berichtigten Bilanzsumme und der betrieblichen Jahresleistung;
2. in den Fällen des Absatzes 1 Nr. 4 und 5 die berichtigte Bilanzsumme;
3. in den Fällen des Absatzes 1 Nr. 6 der Gegenstandswert, der für die dem Erläuterungsbericht zugrunde liegenden Abschlussarbeiten maßgeblich ist.

[2]Die berichtigte Bilanzsumme ergibt sich aus der Summe der Posten der Aktivseite der Bilanz zuzüglich Privatentnahmen und offener Ausschüttungen, abzüglich Privateinlagen, Kapitalerhöhungen durch Einlagen und Wertberichtigungen. [3]Die betriebliche Jahresleistung umfaßt Umsatzerlöse, sonstige betriebliche Erträge, Erträge aus Beteiligungen, Erträge aus anderen Wertpapieren und Ausleihungen des Finanzanlagevermögens, sonstige Zinsen und ähnliche Erträge, Veränderungen des Bestands an fertigen und unfertigen Erzeugnissen, andere aktivierte Eigenleistungen sowie außerordentliche Erträge. [4]Ist der betriebliche Jahresaufwand höher als die betriebliche Jahresleistung, so ist dieser der Berechnung des Gegenstandswerts zugrunde zu legen. [5] Betrieblicher Jahresaufwand ist die Summe der Betriebsausgaben einschließlich der Abschreibungen. [6]Bei der Berechnung des Gegenstandswerts ist eine negative berichtigte Bilanzsumme als positiver Wert anzusetzen. [7]Übersteigen die betriebliche Jahresleistung oder der höhere betriebliche Jahresaufwand das 5fache der berichtigten Bilanzsumme, so bleibt der übersteigende Betrag bei der Ermittlung des Gegenstandswerts außer Ansatz. [8]Der Gegenstandswert besteht nur aus der berichtigten Bilanzsumme, wenn die betriebliche Jahresleistung geringer als 3 000 Euro ist. [9]Der Gegenstandswert

besteht nur aus der betrieblichen Jahresleistung, wenn die berichtigte Bilanzsumme geringer als 3 000 Euro ist.

(3) Für die Anfertigung oder Berichtigung von Inventurunterlagen und für sonstige Abschlußvorarbeiten bis zur abgestimmten Saldenbilanz erhält der Steuerberater die Zeitgebühr.

Inhalt

Schrifttum

Berners Abrechnung des § 7g EStG-Verzeichnisses, Honorarbrief für Steuerberater 12/2014, 7; **Beyme,** Jede Bilanz eine Gebühr?, cyan (Magazin des Steuerberaterverbandes Niedersachsen/Sachsen-Anhalt) 2/2019, 20; **Beyme,** Gebühren Tierhaltungskooperation und Sonderbilanzen, KANZLEI intern 2_2018, 6; **Braun,** Aufstellen von Jahresabschlüssen mittelständischer Unternehmen mit oder ohne Prüfung bzw. Plausibilisierung?, DStR 2003, 998; **Bruns,** Honoraranspruch für Jahresabschlusserstellung bei Kündigung durch den Mandanten, Stbg 2011, 467; **Feiter,** Gesonderte Abrechnung von EDV-Kosten, DStR 2017, 1182; **Gemmer,** Kontennachweis und Anlagenspiegel sind nicht als schriftlicher Erläuterungsbericht zu qualifizieren, KP 2000, 143; **Gemmer,** Die zur Offenlegung nach §§ 325 ff. HGB bestimmten Jahresabschlüsse richtig abrechnen, KP 2001, 45; **Gläser/Danner,** Steuerberatervergütung für Leistungen im Zusammenhang mit der E-Bilanz, DStR 2014, 2198; **Goez,** Die gültige Honorarvereinbarung außerhalb von § 4 oder § 14 StBVV, KP 2017, 193; **Hirschberger/Lenz,** Gebührenrechtliche Konsequenzen durch die Umstellung auf das BilMoG, KP 2011, 129; **Klaeren,** Abrechnung nach Mandatskündigung, KANZLEI intern 11_2016, 5; **Küting/Eichenlaub,** Verabschiedung des MicroBilG – Der „vereinfachte" Jahresabschluss für Kleinstkapitalgesellschaften, DStR 2012, 2615; **Look,** Offenlegung nach EHUG-Auftragsübernahme durch den Steuerberater, DStR 2007, 2231; **Neufang/ Spangberger/ Zepezauer** Die neue Steuerberatervergütungsverordnung (StBVV) und Tipps zur Abrechnungspraxis, StB 2013, 35; **Mayer,** Entwicklungen zur Rechtsanwaltsvergütung 2014, NJW 2015, 1647; **Reiche,** Abgrenzung zwischen Finanzbuchhaltung und Jahresabschlusserstellung und gebührenrechtliche Konsequenzen, Stbg 1997, 277; **Ruppert,** Partnerschaftsgesellschaft mit beschränkter Berufshaftung - Ende gut, alles gut?, DStR 2013, 1623; **Schäperclaus/Hülshoff,**

E-Bilanz für Mitunternehmerschaften: Übermittlung von Sonder- und Ergänzungsbilanzen, DB 2014, 2601; **Schwamberger,** Jahresabschlusserstellung nach Basel II: Gebührenpotenzial nicht unterschätzen!, KP 2002, 157; **Schwamberger,** Welches Honorar ist für den erhöhten Arbeitsaufwand beim Übergang auf BilMoG angemessen?, KP 2010, 170; **Schwamberger,** Steuerberatungsgebühren im Zusammenhang mit BilMoG, KP 2011; Sonderausgabe Mai, 33; **Schwamberger,** Honorare rund um die E-Bilanz: Mehraufwand bei der Abschlusserstellung will vergütet werden, KP 2013, 9; **Schwamberger,** Erstellung des Jahresabschlusses: Diese Leistungen sind als Zeitgebühr abrechenbar, KP 2017, 143; **Starz,** Auswirkungen des BilMoG auf Ihr Bilanzhonorar, Honorarbrief für Steuerberater, Nr. 8/2010, 1; **Ueberfeldt,** Abrechnung einer Insolvenzeröffnungsbilanz, KANZLEI intern 01/2016, 6; **Wacker,** Die Berücksichtigung von Beratungsleistungen zur Steuerbegünstigung des Betriebsaufgabegewinns, KANZLEI intern 11/2015, 2; **Weiler,** Gebühren für Plausibilitätsbeurteilungen, DStR 2006, 1153; **Weiler,** Honorar für Steuerbilanzen, DStR 2011, 380; **Wendland,** Honorar für zur Veröffentlichung bestimmten Jahresabschluß, Der Honorar-Brief für Steuerberater, 2001, 7; **Wilk,** Auf der Suche nach der Honorarformel – Vergütung E-Bilanz, DATEV magazin 11/ 2014, 28; **Wilk/ Beyer-Petz,** Die neue Steuerberatervergütungsverordnung, DStR 2012, 2508; **Wolff,** Jahresabschluss mit Plausibilitätsbeurteilungen – Checkliste zur Optimierung Ihrer Arbeitsabläufe, KP 2006, 188.

A. Inhalt und Bedeutung

§ 35 StBGebV wurde sowohl durch die 1. ÄndVO,[1] durch die 3. ÄndVO[2] und durch die VO zum Erlass und zur Änderung steuerlicher Verordnungen[3] in mehrfacher Hinsicht geändert. Auf die Einzelheiten wird in der nachfolgenden Kommentierung eingegangen. Bei Abschlussarbeiten für land- und forstwirtschaftliche Betriebe gilt § 39 Abs. 3 StBVV. Die Gebühren nach § 35 StBVV sind pauschalierungsfähig. Auch für die Aufstellung einer Eröffnungsbilanz oder einer Auseinandersetzungsbilanz kann eine Pauschale zivilrechtlich wirksam vereinbart werden, obwohl es sich hierbei nicht um laufend auszuführende Tätigkeiten i.S.d. § 14 Abs. 1 Satz 1 StBVV handelt.[4] § 35 StBVV ist nur dann unmittelbar anwendbar, wenn der Abschluss auch für **steuerliche Zwecke** von Bedeutung ist. Ein nur für eine Kreditwürdigkeitsprüfung durch eine Bank erstellter Abschluss, ein Abschluss, der für den Verkauf des Unternehmens erstellt wird oder ein zur Offenlegung bestimmter „verkürzter Jahresabschluss" können nicht unmittelbar nach § 35 StBVV abgerechnet werden.[5] In diesen Fällen wird die übliche Vergütung nach dem BGB geschuldet.[6] Gleiches gilt für Quartals- oder sonstige regelmäßige Abschlussbesprechungen, da es sich um eine vereinbare betriebswirtschaftliche Tätigkeit handelt.[7] 564

Durch das **EHUG**[8] sind Kapitalgesellschaften und Personengesellschaften, bei denen keine natürliche Person als Vollhafter auftritt, seit 1.1.2007 verpflichtet, ihren Jahresabschluss elektronisch an das Unternehmensregister zu übermitteln. An den Vorschriften für die Offenlegung von Jahresabschlüssen gem. § 325 HGB hat sich dadurch im Wesentlichen nichts geändert. Neu ist jedoch, dass die Einhaltung der Offenlegungspflichten von Amts wegen zu kontrollieren ist und der Betreiber des Bundesanzeigers prüft, ob die einzureichenden Unterlagen vollzählig und fristgemäß bei ihm eingegangen sind. Das Bundesamt für Justiz mit Sitz in Bonn leitet in den Fällen, in denen eine fristgemäße Einreichung nicht erfolgt, Ordnungsgeldver- 565

1) 1. ÄndVO v. 20.6.1988, BGBl. I 1988, 841.
2) 3. ÄndVO v. 20.8.1998, BGBl. I 1998, 2369.
3) VO zum Erlass und zur Änderung steuerlicher Verordnungen v. 11.12.2012, BGBl. I 2012, 2637 = BStBl I 2013, 2.
4) → § 14 StBVV Rz. 283.
5) → Rz. 565, → Rz. 567.
6) §§ 612, 632 BGB.
7) OLG Frankfurt v. 5.10.2018, 8 U 2013/17, Stbg 2018, 521 zur Angemessenheit eines Stundensatzes von 100 € für Quartalsbesprechungen.
8) Gesetz über elektronische Handelsregister und Genossenschaftsregister sowie das Unternehmensregister v. 10.11.2006, BGBl. I 2006, 2553.

fahren ein. Ein solches Verfahren kann gegen die Gesellschaft selbst oder die Mitglieder des vertretungsberechtigten Organs geführt werden.[1] Das Ordnungsgeld kann i.H.v. 2 500 € bis 25 000 € festgesetzt werden.[2] Durch das Gesetz zur Änderung des HGB[3] wurde die Möglichkeit geschaffen, das Ordnungsgeld unter den in § 335 Abs. 4 HGB genannten Voraussetzungen auf bis zu 500 € herabzusetzen.[4] Für Tätigkeiten, die in Zusammenhang mit den Offenlegungspflichten nach EHUG anfallen, findet die StBVV grundsätzlich keine Anwendung. Der Honoraranspruch für die Ableitung der verkürzten **Bilanz zur Offenlegung beim Bundesanzeiger** und deren Einreichung ergibt sich aus §§ 612 Abs. 2, 632 Abs. 2 BGB. Danach ist die übliche Vergütung anzusetzen. Vielfach werden hierfür pauschale Beträge zwischen **80 € und 250 €** abgerechnet.

566 Vertretbar ist auch eine analoge Anwendung des § 35 Abs. 1 Nr. 3b StBVV mit einem Gebührenrahmen von 5/10 bis 12/10. In der Literatur[5] wird daneben auch ein Ausweichen auf § 35 Abs. 1 Nr. 1 Buchst. a, Nr. 4 und 8 StBVV für vertretbar gehalten.[6] Alternativ kann die übliche Vergütung nach §§ 612 Abs. 2, 632 Abs. 2 BGB auch nach Zeitaufwand und einem angemessenen Stundensatz ermittelt werden. Dabei sollte sich der StB an dem Gebührenrahmen des § 13 Satz 2 StBVV orientieren. Wenn dieser überschritten werden soll, empfiehlt sich eine Vereinbarung mit dem Mandanten. Da es im Bereich der vereinbaren Tätigkeiten **keine Zitierpflicht** gibt, stellt es auch keinen formellen Rechnungsfehler dar, wenn der StB in der Rechnung keine der vorgenannten Vorschriften zitiert. Dies verkennt das AG Kleve, das dem StB die von ihm berechneten 45 € mangels Angabe eines Gebührentatbestandes in der Rechnung verweigerte.[7] Wegen derartiger Unwägbarkeiten vor Gericht empfiehlt sich in der Rechnung eine Bezugnahme auf ein der o.g. Vorschriften.

567 Die **Veröffentlichungsentgelte**, die der Bundesanzeiger in Rechnung stellt, kann der StB von seinem Mandanten als Aufwendungsersatz gem. §§ 675, 670 BGB zurückfordern, wenn er diese verauslagt hat.[8] Gleiches gilt für die sog. „**DATEV-Kosten**" bzw. die Gebühren, die das Rechenzentrum dem StB für die Übermittlung in Rechnung stellt.[9] Durch das MicroBilG[10] können Kleinstkapitalgesellschaften ihre Offenlegungspflichten nach § 325 HGB auch durch Hinterlegung der Bilanz beim Bundesanzeiger erfüllen.[11] Gebührenrechtlich ergeben sich daraus keine Besonderheiten.

Praxistipp:

Der Berater sollte sich den Auftrag, den Jahresabschluss elektronisch an den Bundesanzeiger zu übermitteln, ausdrücklich erteilen lassen und dies vorsorglich auch dokumentieren. Möglich ist eine entsprechende Regelung im Steuerberatungsvertrag oder eine gesonderte Vereinbarung, z.B. die „Vereinbarung über die Teilnahme am Verfahren der DATEV eG zur Einreichung von Jahresabschlussdaten beim Betreiber des Elektronischen Bundesanzeigers nach dem Gesetz über elektronische Handelsregister und Genossenschaftsregister sowie Unternehmensregister (EHUG)". Gleichzeitig empfiehlt sich zur eigenen Entlastung ein Hinweis auf mögliche Bußgelder. § 87d Abs. 3 AO enthält keine Vorgabe, zu welchem Zeitpunkt die Zustimmung des Auftraggebers einzuho-

1) § 335 Abs. 1 Satz 1 und 2 HGB.
2) § 335 Abs. 1 Satz 5 HGB.
3) Gesetz v. 4.10.2013, BGBl. I 2013, 3746.
4) Zur Vertretungsbefugnis des StB im Ordnungsgeldverfahren → § 44 StBVV Rz. 700.
5) Gemmer, KP 2001, 45; Wendland, Honorar-Brief für Steuerberater, 2001, 7.
6) § 35 Abs. 1 Nr. 8 StBGebV wurde allerdings mit Wirkung zum 20.12.2012 gestrichen.
7) AG Kleve v. 3.12.2019, 3 C 188/18.
8) → § 3 StBVV Rz. 111; Boelsen in Eckert, 6. Aufl. 2017, § 35 StBVV Rz. 63; Look, DStR 2007, 2231 f.
9) Feiter, DStR 2017, 1182; → § 3 StBVV Rz. 111.
10) Kleinstkapitalgesellschaften-Bilanzrechtsänderungsgesetz v. 27.12.2012, BGBl. I 2012, 2751.
11) Küting/Eichenlaub, DStR 2012, 2615 ff.

len ist. Aus haftungsrechtlichen Gründen sollte die Zustimmung aber möglichst vor der Datenübermittlung eingeholt werden.[1]

Ein gesonderter Auftrag kann auch dann sinnvoll sein, wenn der Auftraggeber freiwillig bilanziert.[2]

An die **Auftragserteilung** sind keine überzogenen Anforderungen zu stellen sein. Ein StB, der für seinen Mandanten seit Jahren die Buchführung erledigt und den Jahresabschluss erstellt, muss nicht jedes Mal ausdrücklich neu beauftragt werden. Die Auftragserteilung erfolgt i.d.R. **konkludent**.[3] Das gilt in einem Dauermandat auch dann, wenn der StB jährlich schriftliche Auftragsbestätigungen einholt. Diese haben nur deklaratorische Bedeutung. Bestätigt der Mandant den Auftrag in einem Jahr nicht, darf der StB bis zur Kündigung durch den Mandanten gleichwohl von einem fortbestehenden Auftrag ausgehen.[4] Andererseits darf der StB, der mit der monatlichen Buchführung beauftragt ist, daraus noch nicht auf die Erteilung eines Auftrags für den Jahresabschluss und die Steuererklärungen schließen.[5] Wegen der einzelnen Tatbestände des § 35 Abs. 1 StBVV empfiehlt sich eine detaillierte Auftragserteilung.[6] Dies gilt gleichermaßen für Kleinstkapitalgesellschaften, die durch das MicroBilG[7] vielfache Wahlrechte erhalten haben, z.B. im Hinblick auf die Erstellung eines Anhangs oder der Offenlegung im Bundesanzeiger. Hat der StB Buchführungsleistungen erbracht und (vorbereitende) **Abschlussbuchungen** vorgenommen und kündigt der Auftraggeber dann das Mandat, mit der Folge, dass der Jahresabschluss nicht mehr erstellt wird, rechtfertigen die (vorbereitenden) Abschlussbuchungen noch keine Gebühr nach § 35 Abs. 1 Nr. 1a StBVV.[8] Generell gilt: auch für angefangene Abschlussarbeiten kann der StB die volle Gebühr geltend machen.[9] Der Grad der Fertigstellung sollte in der Rechnung dargestellt werden.[10] 568

Beispiel:

Bezeichnung (§, Abs., Nr.)	**Wert**	**Satz**	**Betrag**
Aufstellung Jahresabschluss 2018, § 35 Abs. 1 Nr. 1a StBVV	7.647.332 €	20/10	5.326,00 €
Fertigstellung in 2019 zu 70%=			3.728,20 €

Um diese Gebühr durchzusetzen, bedarf es im Bestreitensfalle allerdings eines substantiierten und nachvollziehbaren Sachvortrages zu dem bereits erbrachten Teil der Gesamtleistung. Dieser Sachvortrag muss aus einem qualitativen und ein einem zeitlichen Moment bestehen. Fehlt es daran, darf das Gericht von seiner Schätzungsbefugnis nach § 287 ZPO keinen Gebrauch machen. Der Honoraranspruch geht dann ins Leere.[11] Im Falle eines nur **angefangenen Jahresabschlusses** wird der StB i.d.R. keine Gebühren für die Erstellung eines (angefangenen) Anhangs, der Körperschaftsteuer-, Gewerbesteuer- und Umsatzsteuererklärung berechnen können, da diese erst dann abschließend bearbeitet werden können, wenn der Jahresabschluss fertiggestellt ist.

1) Schwarz/Pahlke, § 87d AO Rz. 9 (September 2018.
2) → § 32 StBVV Rz. 517; vgl. das Muster zu einem Steuerberatungsvertrag in → Rz. 933.
3) LG Düsseldorf v. 9.9.2010, 8 O 233/08; AG Duisburg-Ruhrort v. 4.8.2000, 8 C 301/99, INF 2002, 96.
4) AG Wuppertal v. 15.6.2015, 32 C 93/14.
5) AG Oberhausen v. 27.11.2001, 35 C 379/01, DStRE 2002, 471; AG Wesel v. 6.9.2004, 27 C 100/04.
6) Auch im Hinblick auf Fragen der Plausibilitätsbeurteilung oder der Offenlegung.
7) Kleinstkapitalgesellschaften-Bilanzrechtsänderungsgesetz v. 27.12.2012, BGBl. I 2012, 2751.
8) LG Duisburg v. 2.10.2015, 7 S 21/15; siehe die Nachweise zu § 33 StBVV Rz. 10; a.A. LG Gießen v. 4.5.2011, 1 S 253/10, mit zustimmenden Anmerkungen von Bruns, Stbg 2011, 467; LG Saarbrücken v. 14.9.2011, 9 O 416/09.
9) § 12 Abs. 4 StBVV.
10) Klaren, KANZLEI intern 11_2016, 5.
11) Mayer, NJW 2015, 1647, 1648.

569 Die Wahl des zutreffenden **Rahmensatzes** richtet sich nach den allgemeinen Kriterien des § 11 StBVV, z.B. der Rechtsform und der Art des Unternehmens, dem Umfang des Geschäftsbetriebs, der Zahl der Niederlassungen (ggf. auch im Ausland), dem Rechnungswesen, dem Umfang des Anlagevermögens, der Höhe der Vorräte und Bewertungsprobleme, der Zahl der Debitoren und Kreditoren, dem Schwierigkeitsgrad der Wertermittlung oder einzelner Bilanzpositionen. Auch Prüfungshandlungen/Plausibilitätsbeurteilungen wirken sich gebührenerhöhend aus.[1] Ermittelt bzw. überprüft der StB die vom Mandanten selbst berechneten abzugsfähigen/nicht abzugsfähigen **Schuldzinsen** nach § 4 Abs. 4a EStG, rechtfertigt dies den Ansatz eines höheren Zehntelsatzes i.R.d. § 35 Abs. 1 Nr. 3 StBVV. Es handelt sich hierbei typischerweise um Arbeiten, die dazu dienen, vom Handelsbilanzergebnis zum steuerlichen Ergebnis überzuleiten, weil die Zinsen in der Handelsbilanz in vollem Umfang als Betriebsausgaben abzugsfähig sind.[2] Durch die **Automatisierung** der Finanzbuchführung und die dadurch erreichte Qualität verringern sich die Routinearbeiten der Jahresabschlusserstellung, wie z.B. Abstimmungs-, Abgrenzungs-, Plausibilisierungs- und Nachweistätigkeiten, was sich gebührenmindernd beim Umfang der Tätigkeit (§ 11 StBVV) auswirkt.

570 **Bilanzänderungen oder -berichtigungen**, die der StB nicht zu vertreten hat, rechtfertigen grundsätzlich die Wahl eines höheren Zehntelsatzes. Ein Honoraranspruch entsteht aber nur bei einer vorherigen Auftragserteilung.[3] Umfangreiche Berichtigungen, die der StB nicht zu vertreten hat und die nach Rechnungserteilung erforderlich werden, z.B. weil Tatbestände oder Wertansätze unzutreffend waren, können sinngemäß[4] mit einer weiteren Gebühr nach § 35 Abs. 1 StBVV abgerechnet werden.[5] Gleiches gilt, wenn eine Handels- oder Steuerbilanz durch Aufstellung einer „neuen Bilanz" an das Ergebnis einer Betriebsprüfung oder in Folge eines rechtskräftigen Urteils angepasst werden muss.[6]

Beispiel:

Nachdem durch rechtskräftiges Urteil entschieden wurde, dass ein notarieller Kaufvertrag aus dem Jahr 2008 über ein Betriebsgrundstück der Grundbesitz GmbH & Co. KG unwirksam war, müssen sämtliche Jahresabschlüsse der Grundbesitz GmbH & Co. KG sowie der Komplementär-GmbH seit dem Jahr 2008 korrigiert werden. Hierfür fallen jeweils weitere Gebühren nach § 35 StBVV an.

Bei „kleineren" Korrekturen ist zumindest im ersten Schritt eine Abrechnung nach Zeitgebühr gem. § 35 Abs. 1 StBVV i.V.m. § 13 Satz 1 Nr. 2 StBVV zu empfehlen.[7]

Zu den Gebühren bei Wechsel der Gewinnermittlungsart → § 25 StBVV Rz. 443.

571 Auch **Ergänzungs- und Sonderbilanzen** sind grundsätzlich gesondert zu vergüten. Unter Sonderbilanzen im weitesten Sinne sind solche Bilanzen zu verstehen, die nicht Hauptbilanz für das jeweilige Unternehmen sind. Häufig geht es um „steuerliche Ergänzungsbilanzen" von Gesellschaftern einer Personengesellschaft. In diesen Fällen stellt sich zunächst die Frage, wer **Auftraggeber** ist und gegenüber wem diese Sonderbilanz abgerechnet werden kann. Zwar ist die Sonderbilanz für jeden Mitunternehmer zu erstellen. Gleichwohl trifft die Verpflichtung zur Aufstellung einer Sonderbilanz nicht den einzelnen Gesellschafter, sondern obliegt der Perso-

---

1) → Rz. 574.
2) Boelsen in Eckert, 6. Aufl. 2017, § 35 StBVV Rz. 24 und Rz. 36; a.A. Schwamberger, KP 2017, 143, 145: Zeitgebühr nach § 35 Abs. 3 StBVV; → § 25 StBVV Rz. 441.
3) AG Löbau v. 14.10.1999, 2 C 36/98; → § 33 StBVV Rz. 541.
4) § 2 StBVV.
5) Schwamberger, KP 2017, 143, 146; Boelsen in Eckert, 6. Aufl. 2017, § 35 StBVV Rz. 57.
6) Boelsen in Eckert, 6. Aufl. 2017, § 35 StBVV Rz. 57.
7) → § 12 StBVV Rz. 231; Brummer, 10 Aufl. 2010, § 35 StBGebV Anm. 19; a.A.: Schwamberger, KP 2017, 143, 147; Boelsen in Eckert, 6. Aufl. 2017, § 35 StBVV Rz. 57: Zeitgebühr nach § 35 Abs. 3 i.V.m. § 2 StBVV.

nengesellschaft/Mitunternehmerschaft.[1] Da die Sonderbilanz der Ermittlung des steuerlichen Gesamtergebnisses der Mitunternehmerschaft dient und es sich folglich um eine betriebliche Verpflichtung der **Gesellschaft** handelt, ist diese im Zweifel auch Auftraggeber und Rechnungsadressat, zumal die Steuerberatungskosten für die Gesellschaft abzugsfähige Betriebsausgaben sind.[2] Da es sich bei dieser Art Sonderbilanz nicht um eine Handelsbilanz,[3] sondern naturgemäß um eine originäre Steuerbilanz handelt, sollte § 35 Abs. 1 Nr. 1 StBVV sinngemäß über § 2 StBVV angewendet werden. Einschlägig ist entweder § 35 Abs. 1 Nr. 1 Buchst. a StBVV (z.B. bei gesonderter Gewinn- und Verlustrechnung oder bei eigenen Sonderabschlüssen der Gesellschafter) oder § 25 StBVV bzw. § 35 Abs. 1 Nr. 4 StBVV, wenn nur Sonderbetriebsausgaben und Sonderbetriebseinnahmen festgestellt werden oder keine Gewinn- und Verlustrechnung erstellt wird.[4] Häufig wird ein Rahmensatz im unteren Bereich angemessen sein. Auf Wunsch von Banken oder Gesellschaften werden gelegentlich freiwillige **Konzernabschlüsse** (konsolidierte Abschlüsse) erstellt, bei denen nicht alle gesetzlichen Pflichten der §§ 290 ff. HGB beachtet werden. In der Regel werden diese handelsrechtlichen Jahresabschlüsse nicht für steuerliche Zwecke erstellt, weil das Ergebnis der Bilanz und der Gewinn- und Verlustrechnung nicht für die Berechnung von Steuern erforderlich ist.[5] Es liegt also eine vereinbare Tätigkeit vor, die nicht unter den Anwendungsbereich der StBVV fällt. Entsprechendes gilt für die Aufstellung des Konzernjahresabschlusses nach **IFRS**. Der Konzernabschluss tritt als besonderer Abschluss neben die Abschlüsse der selbständig tätigen Unternehmen des Konzerns. Abgerechnet werden kann über § 2 StBVV entweder eine Gebühr nach § 35 StBVV[6] oder als übliche Vergütung i.S.d. §§ 612 Abs. 2, 632 Abs. 2 BGB eine Zeitgebühr oder eine Pauschale.[7] Letzteres dürfte in Fällen mit minimalem Konsolidierungsbedarf und geringfügiger Tätigkeit sachgerechter sein.

Praxistipp:

Generell gilt: Unabhängig davon, ob die Tätigkeit für steuerliche Zwecke erfolgt oder anderen Zwecken dient, ist es naheliegend die übliche Vergütung i.S.d. § 612 Abs. 2 BGB an den Sätzen der StBVV zu orientieren, wenn die StBVV für diese Art von Leistung einen Gebührentatbestand vorsieht.[8]

Gelegentlich werden StB vom Insolvenzverwalter gebeten, eine sog. **Insolvenzeröffnungsbilanz** zu erstellen. Hierbei handelt es sich um eine bilanzartige Vermögensübersicht i.S.d. § 153 InsO, die nicht steuerlichen Zwecken, sondern allein der Feststellung des Wertes der Insolvenzmasse dient. Es handelt sich also um eine vereinbare Tätigkeit, die nicht unter den Anwendungsbereich der StBVV fällt. Empfehlenswert ist eine Vereinbarung mit dem Insolvenzverwalter über die Art und Höhe der Vergütung. Andernfalls empfiehlt sich eine sinngemäße Anwendung[9] des § 37 Nr. 1 StBVV.[10] Die für die E-Bilanz vorliegenden Daten im XBRL-Format werden seit kurzem auch für Kreditentscheidungen der Banken genutzt, was zu einer Beschleunigung des Kreditprozesses führt. Die Übertragung der Jahresabschlüsse in Papierform entfällt. Das zunächst unter der Bezeichnung ELBA (Elektronische Bilanzab-

---

1) BFH v. 23.10.1990, VIII R 142/85, BStBl II 1991, 401.
2) BFH v. 28.5.2015, VIII B 40/14; Beyme, KANZLEI intern 2_2018, 6.
3) → Rz. 573; nach Schwamberger in Meyer/Goez/Schwamberger, 9. Aufl. 2019, § 35 StBVV Rz. 4 sind Ergänzungs- und Sonderbilanzen auch zur Handelsbilanz zu erstellen.
4) Berners, 5. Aufl. 2016, § 35 StBVV Rz. 45; Schwamberger in Meyer/Goez/Schwamberger, 9. Aufl. 2019, § 35 StBVV Rz. 4.
5) Ausführlich, auch zu Ausnahmefällen: Schwamberger in Meyer/Goez/Schwamberger, 9. Aufl. 2019, § 35 StBVV Rz. 16.
6) Berners, 5. Aufl. 2016, § 35 StBVV Rz. 47.
7) Schwamberger in Meyer/Goez/Schwamberger, 9. Aufl. 2019, E III Rz. 18.
8) LG Bielefeld v. 29.3.2017, 3 O 44/12.
9) § 2 StBVV.
10) Ueberfeldt, KANZLEI intern 01/2016, 6.

gabe) im Rahmen der Kreditvergabe an Unternehmen firmierende Projekt wurde zwischenzeitlich in **DiFin (Digitaler Finanzbericht)** umbenannt und dient ebenfalls keinen steuerlichen Zwecken. Es handelt sich auch hier um eine vereinbare Tätigkeit. Der Aufwand ist vergleichbar mit der Aufbereitung und Übermittlung der verkürzten Bilanz an den Bundesanzeiger, so dass auch hier eine Vergütung zwischen **80 € und 250 €** üblich sein dürfte.[1] Seit Mai 2017 existiert auch eine **finale Haftungsfreistellungserklärung** der Banken und Sparkassen gegenüber den am DiFin-Prozess beteiligten StB. Durch diese Haftungsfreistellungserklärung haben die Finanzinstitute klargestellt, dass u.a. StB ihnen gegenüber nicht für fahrlässig (einschließlich grob fahrlässig) verursachte Schäden haften, die ausschließlich aus der Besonderheit der elektronischen Abschlussübermittlung entstehen. Der Prozess sieht vor, dass eine einmalige Abgabe der Haftungsfreistellungserklärung des Finanzinstituts gegenüber allen potenziell sendenden StB ausreicht. Die Abgabe einer gesonderten Haftungsfreistellungserklärung des einzelnen Finanzinstituts gegenüber jedem sendenden StB ist nicht vorgesehen. Weitere Informationen, Mustervordrucke und eine Übersicht der am Verfahren teilnehmenden Kreditinstitute und IT-Dienstleister/Softwareanbieter sind unter www.digitaler-finanzbericht.de zu finden.

572 Einen eigenen Gebührentatbestand für die **Erstellung** einer **E-Bilanz** gibt es nicht, obwohl die entsprechende Aufbereitung der Daten – insbesondere bei selbst buchenden Mandanten – von Anfang an aufwendig war und für Wirtschaftsjahre nach dem 31.12.2014 noch aufwändiger geworden ist. Seitdem nämlich müssen Personengesellschaften Sonder- und Ergänzungsbilanzen als eigenen Datensatz und eine Kapitalkontenentwicklung in strukturierter Form übermitteln.[2] Hinzu kommt unverändert der Aufwand des Beraters bei Beanstandungen und Rückfragen der Finanzverwaltung. Tatsächlich werden nicht wenige E-Bilanzen mit äußerst geringem Dateninhalt übermittelt (nur sog. „Muss-Felder"). Obwohl diese E-Bilanzen den gesetzlichen Anforderungen genügen, führen sie regelmäßig zu Rückfragen, weil ohne vollständige Kontennachweise zur Bilanz und zur GuV und ohne Anlagespiegel eine Veranlagung nicht erfolgen kann.

Teilweise wurde vertreten, dass für die Erstellung der E-Bilanz keine zusätzliche Gebühr nach § 35 StBVV, sondern allenfalls ein höherer Zehntelsatz im Rahmen des § 35 Abs. 1 Nr. 1 Buchst. a StBVV berechnet werden kann.[3] Überwiegend wird allerdings vertreten, dass die Erstellung der E-Bilanz von den Gebührentatbeständen des § 35 Abs. 1 Nr. 3 Buchst. a oder b StBVV erfasst wird.[4] Da die E-Bilanz eine standardisierte Aufbereitung der Inhalte der Bilanz und Gewinn- und Verlustrechnung ist, handelt es sich nicht um ein eigenständiges Rechnungslegungswerk, sondern entweder um eine Handelsbilanz mit Überleitungsrechnung oder um eine Steuerbilanz. Damit ist § 35 Abs. 1 Nr. 3 StBVV und nicht § 35 Abs. 1 Nr. 1a StBVV einschlägig. Da die Erstellung der E-Bilanz gegenüber dem gängigen Jahresabschluss weitere Tätigkeiten erforderlich macht (z.B. Bildung und Einordnung von Taxonomien), rechtfertigt dieser Mehraufwand einen höheren Zehntelsatz bei der Gebühr nach § 35 Abs. 1 Nr. 3a oder b StBVV.[5] Der Mehraufwand im Zusammenhang mit der Umstellung der Buchführung, insbesondere bei selbst buchenden Mandanten, konnte demgegenüber i.R.d. § 33 StBVV oder auch i.R.d. § 35 Abs. 3 StBVV[6] berücksichtigt werden.

---

1) → Rz. 565.
2) Schäperclaus/Hülshoff, DB 2014, 2601.
3) Schwamberger, KP 2013, 9 ff.; Schwamberger in Meyer/Goez/Schwamberger, 9. Aufl. 2019, § 35 StBVV Rz. 2a.
4) Gläser/Danner, DStR 2014, 2198, 2200; Berners, 5. Aufl. 2016, § 35 StBVV Rz. 31; Wilk, DATEV magazin 11/2014, 28, 29; Wilk/Beyer-Petz, DStR 2012, 2508, 2512; Feiter, KANZLEI intern 04/2014, 2 und 05/2014, 2 und neuerdings auch Schwamberger, KP 2017, 143, 146.
5) Gläser/Danner, DStR 2014, 2198, 2200.
6) → § 33 StBVV Rz. 530.

Für die **elektronische Übermittlung** der **E-Bilanz** gibt es keinen eigenen Gebührentatbestand. Allerdings wird regelmäßig Auslagenersatz nach § 16 StBVV anfallen,[1] weil der StB verpflichtet ist, dem Mandanten die E-Bilanz im Vorfeld zwecks Freigabe zukommen zu lassen und er nach Übermittlung der Daten an die Finanzverwaltung dem Mandanten diese E-Bilanz übermitteln muss.[2] Nach der neusten Rechtsprechung löst bereits der Versand einer einzigen E-Mail die Auslagenpauschale nach § 16 StBVV aus.[3] Darüber hinaus kann der StB die ihm von seinem Rechenzentrum berechneten Gebühren für die Übermittlung der E-Bilanz – wie auch alle sonstigen Gebühren, die mandatsbezogen anfallen – seinem Mandanten gem. §§ 670, 675 BGB in Rechnung stellen.[4]

B. Einzelne Gebührentatbestände (Abs. 1)

I. Aufstellung eines Jahresabschlusses (Nr. 1 Buchst. a)

§ 35 Abs. 1 Nr. 1 Buchst. a StBVV **erfasst** die **Aufstellung einer Bilanz und einer Gewinn- und Verlustrechnung**, die die Grundlage für die Ermittlung des Gewinns und der Einkünfte aus Gewerbebetrieb und selbständiger Arbeit bilden, unabhängig davon, ob auf Grund gesetzlicher Vorschriften eine Pflicht zur Gewinnermittlung nach **Handels- und Steuerrecht** besteht oder ob die **Bilanzierung freiwillig** erfolgt. Da die Erstellung des steuerlichen Jahresabschlusses allein den steuerberatenden Berufen[5] vorbehalten ist, gilt dies auch für die Erstellung des handelsrechtlichen Jahresabschlusses.[6] Denn die den steuerlichen Berufsträgern vorbehaltene unbeschränkte Hilfeleistung in Steuersachen[7] umfasst grds. auch die Hilfeleistung bei der Aufstellung solcher Abschlüsse, die für die Besteuerung von Bedeutung sind. Da die **Handelsbilanz** für die nach dem EStG zu erstellende Steuerbilanz maßgeblich ist, ist auch die Erstellung des handelsrechtlichen Jahresabschlusses eine **Vorbehaltsaufgabe**. 573

Hinweis:

In § 33 Satz 2 StBerG wurde dies zwischenzeitlich klargestellt. Die Wörter „Aufstellung von Steuerbilanzen" wurden durch die Formulierung des § 1 Abs. 2 Nr. 2 StBerG „Aufstellung von Abschlüssen, die für die Besteuerung von Bedeutung sind" ersetzt.

Ist eine nicht zur Hilfeleistung in Steuersachen befugte Person damit befasst, führt dies zur Unwirksamkeit des gesamten Vertragsverhältnisses.[8] Die „Aufstellung des Jahresabschlusses" beginnt nach der abgestimmten Saldenbilanz der Finanzbuchführung, den addierten ordnungsgemäßen Inventurunterlagen, dem ergänzten Anlagenverzeichnis und der Vorlage prüfungsfähiger Unterlagen zu allen wichtigen Vorgängen.[9] Zu den eigentlichen Jahresabschlussarbeiten gehören z.B. die Beachtung der Form- und Gliederungsvorschriften, die Wahl der Bewertungs-, Ansatz- und Gliederungswahlrechte und die Beratung und Entscheidung über den Ansatz einer Ansparabschreibung,[10] die Ermittlung und Berechnung der steuerlichen Rückstellungen für die Gewerbe- und Körperschaftsteuer.

1) Gläser/Danner, DStR 2014, 2198, 2200.
2) § 87d Abs. 3 AO.
3) → § 16 StBVV Rz. 302.
4) Feiter, DStR 2017, 1182; → § 3 StBVV Rz. 111.
5) §§ 3, 3a StBerG.
6) §§ 242 ff. HGB.
7) § 1 Abs. 2 Nr. 2 StBerG.
8) LG Hamburg v. 5.5.2017, 418 HKO 39/15.
9) Brummer, 10. Aufl. 2010, § 35 StBGebV Anm. 5.
10) Boelsen in Eckert,6. Aufl. 2017, § 35 StBVV Rz. 6; zur Beratung in Sachen Ansparabschreibung → § 13 StBVV Rz. 255.

Ergänzungs- und Sonderbilanzen, die mit einer Gewinn- und Verlustrechnung zu erstellen sind, sind „sinngemäß"[1]nach dieser Vorschrift abzurechnen.[2] § 35 Abs. 1 Nr. 1 Buchst. a StBVV ist auch auf bilanzierende **Vereine** anzuwenden. Anders als im Fall der Erstellung einer Einnahmen-Ausgaben-Rechnung für einen Verein, spielen die vier Säulen des Vereins hier keine Rolle, da nur ein Abschluss erstellt wird.[3] Unter Beachtung von § 11 StBVV kann ein ggf. erforderlicher Mehraufwand über den Rahmensatz berücksichtigt werden.

574 Durch die 1. ÄndVO vom 20.6.1988[4] wurde der obere Gebührenrahmen um 6/10 auf 36/10 angehoben, durch die 3. ÄndVO[5] erfolgte eine weitere Anhebung auf 40/10, um den gestiegenen Anforderungen und den gestiegenen Schwierigkeitsgrad bei der Bilanzerstellung, z.B. bei Auslandsaktivitäten oder im Konzernverbund, Rechnung zu tragen.

Die erhöhten Anforderungen bei den Rechnungslegungsvorschriften durch das Bilanzrichtliniengesetz,[6] das Gesetz zur Kontrolle und Transparenz im Unternehmensbereich,[7] das Kapitalgesellschaften- und Co-Richtlinie-Gesetz, § 18 KWG[8] und Baseler Ausschuss für Bankenaufsicht, Internationale Konvergenz der Kapitalmessung und Eigenkapitalanforderung (Basel II)[9] führen dazu, dass bei der Erstellung von Jahresabschlüssen[10] nicht nur steigende Ansprüche an die Sorgfalt bei der Erstellung, sondern auch an die Vornahme von Prüfungshandlungen und an die Dokumentation der vorgenommenen Tätigkeiten gestellt werden. Der StB muss darauf achten, dass er für die **Erstellung eines Jahresabschlusses mit Plausibilitätsprüfung oder mit umfangreichen Prüfungshandlungen** ausdrücklich beauftragt wird. Er sollte keinesfalls eigenmächtig tätig werden. Andernfalls besteht die Gefahr, dass er den mit der Abschlusserstellung verbundenen Mehraufwand nicht separat abrechnen kann.[11]

575 Wie dieser Mehraufwand abzurechnen ist, ist streitig. In der Literatur[12] wird teilweise davon ausgegangen, dass es sich bei Plausibilitätsbeurteilungen und umfassenden Prüfungshandlungen um betriebswirtschaftliche Tätigkeiten handelt und deshalb der sachliche Anwendungsbereich der StBVV (§ 1 Abs. 1 StBVV) nicht eröffnet ist. Als übliche Vergütung i.S.d. §§ 612 Abs. 2, 632 Abs. 2 BGB wird eine Zeitgebühr zwischen 100 und 250 €/Std. angesehen.[13] Nach a.A. sollen diese Tätigkeiten nach § 36 Abs. 2 Nr. 1 StBVV abgerechnet werden.[14] Demgegenüber differenzierten die BStBK und die h.M. in der Literatur danach, ob bei der Auftragserteilung steuerliche oder außersteuerliche Zwecke im Vordergrund stehen.[15] Erteilt der Mandant dem StB uneingeschränkt den Auftrag, einen Jahresabschluss mit Plausibilitätsbeurteilung bzw. umfassenden Prüfungshandlungen i.S.d. Verlautbarung der

---

1) § 2 StBVV.
2) → Rz. 571.
3) → § 25 StBVV Rz. 437.
4) 1. ÄndVO v. 20.6.1988, BGBl. I 1988, 841.
5) 3. ÄndVO v. 20.8.1998, BGBl. I 1998, 2369.
6) BiRiLiG v. 19.12.1985, BGBl. I 1985, 2355.
7) KonTraG v. 27.4.1998, BGBl. I 1998, 786.
8) Kreditwesengesetz (KWG) v. 9.9.1998, BGBl. I 1998, 2776.
9) www.bundesbank.de.
10) S. Schreiben der BStBK zu den Grundsätzen für die Erstellung von Jahresabschlüssen durch Steuerberater, Beihefter zu DStR 50/2001; DStR 2004, 64 und www.bstbk.de zur neuen Verlautbarung v. 12./13.4.2010, Beihefter zu DStR 16/2010 nebst FAQ's.
11) → § 33 StBVV Rz. 541.
12) Schwamberger, KP 2002, 157, 159; Schwamberger in Meyer/Goez/Schwamberger, 9. Aufl. 2019, § 35 StBVV Rz. 3b; wohl auch Braun, DStR 2003, 998.
13) Schwamberger, KP 2002, 157, 159.
14) Berners, 5. Aufl. 2016, § 35 StBVV Rz. 34.
15) Weiler, DStR 2006, 1153 ff.; Weiler, DStR 2011, 380 f.; Wolff, KP 2006, 188, 191; Boelsen in Eckert, 6. Aufl. 2017, § 35 StBVV Rz. 5; 62.

BStBK zu erstellen, soll sich die Abrechnung der vorzunehmenden Prüfungshandlungen nach § 36 Abs. 1 StBVV (Zeitgebühr) richten. Wird der StB damit beauftragt, einen vom Auftraggeber selbst oder einem anderen Berufsangehörigen erstellten Jahresabschluss einer Plausibilitätsbeurteilung zu unterziehen, soll § 36 Abs. 2 Nr. 1 StBVV entsprechende Anwendung finden. Stehen bei der Auftragserteilung außersteuerliche Zwecke im Vordergrund, z.B. wenn dem StB für Zwecke des Rating nachträglich der Auftrag erteilt wird, einen bereits erstellten Jahresabschluss auf Plausibilität zu beurteilen, sind auch nach Auffassung der BStBK die §§ 612 Abs. 2, 632 Abs. 2 BGB einschlägig. Dieser Differenzierung zwischen steuerlichen und nicht steuerlichen Zwecken ist der Vorzug zu geben. Spätestens seit der Änderung des § 36 Abs. 1 StBVV im Rahmen des Jahressteuergesetzes 2007[1] ist klargestellt, dass Plausibilitätsbeurteilungen und Prüfungshandlungen, die steuerlichen Zwecken dienen, direkt unter § 36 Abs. 1 StBVV fallen.

Praxistipp:

Empfehlenswert ist eine Vergütungsvereinbarung nach § 4 Abs. 1 StBVV. Diese kann z.B. so gestaltet sein, dass neben den gesetzlichen Gebühren für die Aufstellung des Jahresabschlusses, die Erstellung eines Anhangs, die Erstellung eines schriftlichen Erläuterungsberichts und eventueller Abschlussvorarbeiten eine Zeitgebühr für die Durchführung von Prüfungshandlungen/Plausibilitätsbeurteilungen vereinbart wird.

II. Erstellung eines Anhangs (Nr. 1 Buchst. b)

Das am 1.1.1986 in Kraft getretene Bilanzrichtliniengesetz[2] sieht vor, dass Kapitalgesellschaften ihren Jahresabschluss um einen Anhang erweitern müssen und einen Lagebericht aufzustellen haben. Durch die 1. ÄndVO[3] wurden deshalb die Gebührentatbestände des Abs. 1 Nr. 1 Buchst. b und c sowie Nr. 7 Buchst. b und c in die Vorschrift des § 35 StBGebV aufgenommen. 576

Praxistipp:

Bei freiwilliger Erstellung eines Anhangs sollte der Berater den Auftragsumfang möglichst absichern.[4] Dies gilt besonders nach Inkrafttreten des MicroBilG.[5] Nach der Neufassung des § 264 Abs. 1 Satz 5 HGB wird Kleinstkapitalgesellschaften das Wahlrecht eingeräumt, auf die Erstellung eines Anhangs zu verzichten.

Die Höhe der Gebühr hat sich nach der Mindestgebühr zu richten, wenn der Anhang nur Standardangaben enthält.[6] Für einen sog. Offenlegungsanhang ist die StBVV nicht unmittelbar anwendbar.[7]

III. Erstellung eines Lageberichts (Nr. 1 Buchst. c a.F.)

Die Erstellung eines Lageberichts gehört zum **Aufgabenbereich der Unternehmensführung.** Der entsprechende Gebührentatbestand in § 35 Abs. 1 Nr. 1 Buchst. c StBGebV wurde durch die VO zum Erlass und zur Änderung steuerlicher Verordnungen[8] mit Wirkung zum 20.12.2012 aufgehoben, weil die Aufstellung des Lageberichts den gesetzlichen Vertretern der Kapitalgesellschaft[9] obliegt. Die komplette Erstellung des Lageberichts durch den Steuerberater ohne die Mitwirkung des zur Aufstellung des Lageberichts Verpflichteten ist unzulässig. Der Lagebericht enthält 577

1) JStG 2007 v. 13.12.2006, BGBl. I 2006, 2878 = BStBl I 2007, 28; → § 36 StBVV Rz. 598.
2) BiRiLiG v. 19.12.1985, BGBl. I 1985, 2355.
3) 1. ÄndVO v. 20.6.1988, BGBl. I 1988, 841.
4) → Rz. 565.
5) Kleinstkapitalgesellschaften-Bilanzrechtsänderungsgesetz v. 27.12.2012, BGBl. I 2012, 2751.
6) LG Köln v. 29.5.2001, 16 O 434/94.
7) → Rz. 567.
8) VO zum Erlass und zur Änderung steuerlicher Verordnungen v. 11.12.2012, BGBl. I 2012, 2637 = BStBl I 2013, 2.
9) §§ 264 Abs. 1, 289 HBG.

eine wirtschaftliche Gesamtbeurteilung durch die geschäftsführenden Organe hinsichtlich Vergangenheit und Zukunft des Unternehmens. Diese höchstpersönliche Einschätzung des Unternehmens kann auch aus Haftungsgründen nicht durch den Steuerberater übernommen werden. Er kann lediglich in begrenztem Umfang bei der Aufstellung des Lageberichts mitwirken. Diese beratende Mitwirkung ist in § 35 Abs. 1 Nr. 7 Buchst. c StBVV gesondert geregelt.

IV. Zwischenabschluss oder vorläufiger Abschluss (Nr. 2)

578 Zwischenabschlüsse und vorläufige Abschlüsse i.S.d. Vorschrift müssen steuerlichen Zwecken dienen. Werden Zwischenabschlüsse oder vorläufige Abschlüsse für nicht steuerliche Zwecke[1] erstellt, fällt das übliche BGB-Honorar an.[2] Durch die VO zum Erlass und zur Änderung steuerlicher Verordnungen wurde der Gebührenrahmen mit Wirkung zum 20.12.2012 von 5/10 bis 12/10 auf 10/10 bis 40/10 angehoben. Bei der Aufstellung eines Zwischenabschlusses oder eines vorläufigen Abschlusses sind im Wesentlichen dieselben Arbeiten vorzunehmen wie bei einem Jahresabschluss. Die Anhebung ist gerechtfertigt, da Zwischenabschlüsse vermehrt zur Vorlage an Banken, die Finanzierungszusagen hiervon abhängig machen, oder im Rahmen von Kaufverhandlungen bezüglich Übernahmen, Gesellschafterwechsel etc. gefordert werden. Solche Zwischenabschlüsse sind häufig aufwendiger und streitanfälliger als der eigentliche Jahresabschluss. Aufwand und Haftungsrisiko rechtfertigen deshalb eine gebührenrechtliche Gleichstellung mit der Aufstellung eines Jahresabschlusses.

V. Ableitung des steuerlichen Ergebnisses und Entwicklung einer Steuerbilanz aus der Handelsbilanz (Nr. 3)

579 Wenn die Notwendigkeit besteht, neben dem handelsrechtlichen Jahresabschluss eine Steuerbilanz zu erstellen, sind die Gebührentatbestände des § 35 Abs. 1 Nr. 1 Buchst. a StBVV und des § 35 Abs. 1 Nr. 3 StBVV nebeneinander anwendbar. Die in Nr. 1 Buchst. a verwandten handelsrechtlichen Begriffe „Jahresabschluss", „Bilanz" sowie „Gewinn- und Verlustrechnung" lassen erkennen, dass Nr. 1 Buchst. a nicht auch die Vergütung für die Steuerbilanz beinhaltet. Auf Grund des nicht unerheblichen Arbeitsaufwands, den die Bewertungsvorschriften des EStG bei der Erstellung der Steuerbilanz zur Ermittlung des steuerlichen Ergebnisses erfordern, ist eine zusätzliche Gebühr nach § 35 Abs. 1 Nr. 3 StBVV auch gerechtfertigt. Dieser Aufwand hat durch das BilMoG[3] noch einmal erheblich zugenommen, da die Umstellungsarbeiten auf die neuen Rechnungslegungsgrundsätze im Einzelfall einen erheblichen Umfang annehmen können und durch die derzeitige Ausgestaltung des Maßgeblichkeitsprinzips vermehrt Abweichungen zwischen Handels- und Steuerbilanz auftreten.

Praxistipp:

Ist bei der Auftragserteilung keine klare Abgrenzung zwischen Handelsbilanz und Steuerbilanz erfolgt und erstellt der Auftraggeber nicht ausnahmsweise selbst und in eigenständiger Verantwortung einen handelsrechtlichen Jahresabschluss, den er zur Ableitung der steuerlichen Bemessungsgrundlagen und Erfüllung der Deklarationspflichten dem Berater zur Verfügung stellt, so ist der Auftrag, „eine Bilanz zu erstellen" nicht eindeutig. Es ist deshalb zu empfehlen, bei Auftragsannahme den Auftragsgegenstand nachweisbar festzulegen und insbesondere die Art der steuerlichen Bemessungsgrundlagen gem. § 60 Abs. 2 EStDV mit dem Auftraggeber unter Darstellung der Vor- und Nachteile der beiden dort genannten Alternativen zu erörtern und zum Gegenstand des Auftrags zu machen.[4]

1) Z.B. Kreditprüfungszwecke, Verkauf eines Unternehmens.
2) → Rz. 564 f.
3) Bilanzrechtsmodernisierungsgesetz v. 25.5.2009, BGBl. I 2009, 1102.
4) Vgl. Steuerberatungsvertrag → Rz. 933.

Andererseits stellt sich die Frage, ob bereits jede Ableitung des steuerlichen Ergebnisses vom Handelsbilanzergebnis eine gesonderte Gebühr auslöst. Die Frage ist zu bejahen, da der Gebührentatbestand auch in diesen Fällen erfüllt ist. Allerdings wird bei **einfachen Überleitungen**, bei denen praktisch keine Korrekturen durchzuführen sind (z.B. nur Korrektur des Gewerbesteueraufwands oder von Bewirtungsaufwendungen) nur die Mindestgebühr[1)] (ggf. auch eine niedrigere als die Mindestgebühr) oder eine Gebühr im unteren Bereich angemessen sein.

Durch das JStG 2007[2)] wurde klargestellt, dass die Ableitung des steuerlichen Ergebnisses aus dem Handelsbilanzergebnis und die Entwicklung einer Steuerbilanz aus der Handelsbilanz gesonderte Gebührentatbestände mit unterschiedlichen Gebührenrahmen sind. Die Aufspaltung der bisherigen Nr. 3 in zwei separate Tatbestände trägt dem Umstand Rechnung, dass in zahlreichen Fällen die Maßgeblichkeit der Handelsbilanz für die Steuerbilanz nicht mehr gegeben ist. Unter Überleitungsrechnung sind alle Arbeiten zu subsumieren, die außerhalb der handelsrechtlichen Gewinnermittlung zur Bestimmung des steuerlichen Ergebnisses durchgeführt werden.[3)] Nach der Modernisierung des Bilanzrechts durch das BilMoG[4)] wird eine Überleitungsrechnung in vielen Fällen nicht mehr ausreichen. Um eine Nachverfolgung der Bestandskonten zu ermöglichen, ist ein gesonderter (mindestens konkludenter) Auftrag für die Erstellung einer Steuerbilanz wichtig, zumal es dadurch zwangsläufig zu Gebührenerhöhungen beim Auftraggeber kommt. Bei der Bestimmung des Zehntelsatzes für die Steuerbilanz ist aber zu berücksichtigen, dass einige wesentliche Arbeiten bei der Erstellung des handelsrechtlichen Jahresabschlusses angefallen sind, die nach § 35 Abs. 1 Nr. 1a StBVV abzurechnen sind. Hinsichtlich der Berechnung des zusätzlichen Aufwandes, insbesondere bei der Erstellung des Jahresabschlusses im Jahr der Umstellung, wurde empfohlen, neben der Gebühr nach § 35 Abs. 1 Nr. 1a StBVV auch eine Gebühr nach § 35 Abs. 1 Nr. 3 StBVV abzurechnen.[5)] Nach a.A. sollte der zusätzliche Arbeitsaufwand mit einer Zeitgebühr nach § 35 Abs. 3 StBVV berechnet werden können.[6)] 580

Zur Gebühr für die Erstellung und Übermittlung der **E-Bilanz** → Rz. 572.

Tätigkeiten im Zusammenhang mit der Bildung oder Auflösung eines **Investitionsabzugsbetrags** nach § 7g EStG können im Rahmen des § 35 Abs. 1 Nr. 1 StBVV berücksichtigt werden.[7)] Wird nur eine Beratung vorgenommen, ist § 21 Abs. 1 Satz 1 StBVV einschlägig.[8)] Zu den Auswirkungen auf den Gegenstandswert bei der Körperschaftsteuererklärung[9)] und der Gewinnermittlung.[10)] 581

VI. Erstellung einer Eröffnungsbilanz (Nr. 4)

§ 35 Abs. 1 Nr. 4 StBVV betrifft Eröffnungsbilanzen, die **steuerlichen Zwecken** dienen.[11)] Der Gebührentatbestand kann nicht nur bei der Eröffnung eines Betriebs, sondern auch beim Unternehmenskauf und beim Wechsel der Gewinnermittlungsart von § 4 Abs. 3 EStG auf § 4 Abs. 1 EStG Bedeutung erlangen.[12)] Muss eine Bilanz erstellt werden, in der die Vermögensgegenstände und Schulden in der juristischen 582

1) Beyme, cyan 2/2019, 20.
2) Gesetz v. 13.12.2006, BGBl. I 2006, 2878 = BStBl I 2007, 28.
3) Hirschberger/Lenz, KP 2011, 129, 131.
4) Gesetz v. 25.5.2009, BGBl. I 2009, 1102.
5) Weiler, DStR 2011, 380, 382.
6) Schwamberger, KP 2010, 170; Hirschberger/Lenz, KP 2011, 129, 131; a.A. Starz, Honorarbrief für Steuerberater 8/2010: nur Erhöhung des Zehntelsatzes.
7) A.A. Berners, Honorarbrief für Steuerberater 12/2014, 7: § 35 Abs. 3 StBVV i.V.m. § 2 StBVV.
8) → § 21 StBVV Rz. 343.
9) → § 24 StBVV Rz. 397.
10) → § 25 StBVV Rz. 437.
11) → Rz. 564 f.
12) → Rz. 570 a.E.; → § 25 StBVV Rz. 446.

Sekunde vor der Veräußerung aufgelistet werden, kann für eine derartige Übergangsbilanz eine Gebühr analog § 35 Abs. 1 Nr. 4 StBVV berechnet werden[1] Da es sich um eine grds. anspruchsvolle Tätigkeit handelt, ist eine Berechnung im Bereich der Höchstgebühr gerechtfertigt,[2] so lange der „eng gestrickte" Gebührenrahmen nicht erhöht wird. Ergänzungs- und Sonderbilanzen ohne Gewinn- und Verlustrechnung können ebenfalls nach dieser Vorschrift abgerechnet werden.[3]

VII. Erstellung einer Auseinandersetzungsbilanz (Nr. 5)

583 Der Rahmensatz für die Auseinandersetzungsbilanz ist im Vergleich zur Eröffnungsbilanz deutlich höher, weil der entstehende Gewinn oder Verlust ermittelt und auf die Beteiligten verteilt werden muss. Wegen dieser punktuellen Ergebnisermittlung kann dieser Gebührentatbestand auf eine Reihe von Abschlüssen analog angewendet werden, die nicht ausdrücklich in § 35 StBVV genannt werden, z.B. Aufgabe-, Veräußerungs-, Umwandlungs-, Liquidations- und Fusionsbilanzen. Zieht sich der Zeitraum für die Aufstellung einer solchen Bilanz über mehrere Jahre hin, z.B. bei einer Liquidationsbilanz, führt dies nicht zu einer Vervielfältigung des Gegenstandswertes für jedes Jahr. Entsprechende Vorarbeiten können aber mit der Zeitgebühr nach § 35 Abs. 3 StBVV berechnet werden.[4] Bei Betriebsaufgabe oder Veräußerung sind zwei Abschlüsse erforderlich: Der normale Abschluss nach § 35 Abs. 1 Nr. 1a StBVV dient der Ermittlung des „laufenden Gewinns". Durch die Auseinandersetzungs- oder Veräußerungsbilanz nach § 35 Abs. 1 Nr. 5 StBVV wird der Aufgabe-/Veräußerungsgewinn ermittelt und, wenn kein Einzelunternehmen vorliegt, an die Gesellschafter verteilt.[5]

VIII. Schriftlicher Erläuterungsbericht (Nr. 6)

584 Der **Anwendungsbereich** dieser Vorschrift erstreckt sich in erster Linie auf Einzelunternehmen, Personengesellschaften und kleine Kapitalgesellschaften. Bei mittleren und großen Kapitalgesellschaften entspricht der schriftliche Erläuterungsbericht inhaltlich in etwa dem Anhang, für dessen Erstellung eine Gebühr nach § 35 Abs. 1 Nr. 1 Buchst. b StBVV entsteht.[6] Aufgabe des schriftlichen Erläuterungsberichts ist es, die Bilanzposten und die Gewinn- und Verlustrechnung näher darzustellen. Die bloße Beifügung eines Kontennachweises und eines Anlagenspiegels rechtfertigt noch keine Gebühr nach § 35 Abs. 1 Nr. 6 StBVV.[7] Der Bericht muss mindestens **durch zusätzliche Erläuterungen näheren Einblick in die Jahresabschlusspositionen** geben.[8] Hinsichtlich des Inhalts der Erläuterungen ist zu beachten, dass diese nicht hinter den Anforderungen zurückbleiben sollten, die sich aus der „Verlautbarung der BStBK zu den Grundsätzen für die Erstellung von Jahresabschlüssen" für den Erstellungsbericht ergeben.[9]

Grundsätzlich gilt die Verlautbarung für die Erstellung des handelsrechtlichen Jahresabschlusses durch den StB. Sie regelt die Anforderungen an die Jahresabschlusserstellung und erläutert den Verantwortungsbereich des StB. Die Verlautbarung gilt

---

1) LG Bielefeld v. 29.3.2017, 3 O 44/12 zur Veräußerung einer ärztlichen Gemeinschaftspraxis; Boelsen in Eckert, 6. Aufl. 2017, § 25 StBVV Rz. 20.
2) LG Bielefeld v. 29.3.2017, 3 O 44/12.
3) → Rz. 571.
4) So auch Brummer, 10. Aufl. 2010, § 35 StBGebV Anm. 10.
5) LG Bielefeld v. 27.3.2017, 3 O 44/12: hier war die Veräußerungsbilanz fälschlicherweise als Liquidationsbilanz bezeichnet, was aus Sicht des Gerichts unerheblich war; denn tatsächlich hatte der StB den Veräußerungsgewinn ermittelt, der in der Entwicklung des Kapitalkontos dokumentiert war.
6) So auch LG Düsseldorf v. 4.9.2013, 9 O 64/10.
7) Berners, 5. Aufl. 2016, § 35 StBVV Rz. 39.
8) Eggesiecker, 2. Aufl. 1998, § 35 STEUGO Rz. 35.550; Gemmer, KP 2000, 143.
9) → Rz. 574 m.w.N.

sinngemäß bei der Erstellung der steuerlichen Gewinnermittlung gem. § 4 Abs. 1 EStG.

Erstellt der StB für seinen Mandanten eine Handelsbilanz und eine Steuerbilanz so sollte mit dem Mandanten vorab vereinbart werden, wie die Berichterstattung zu erfolgen hat. Ein Erstellungsbericht auch zur Steuerbilanz kann im Einzelfall sinnvoll sein, wenn wesentliche Posten des Jahresabschusses zu erläutern sind. Abweichungen zur Handelsbilanz können so nachvollzogen und Rückfragen des Finanzamtes vermieden werden.[1)]

Praxistipp:

Entgegen OLG Düsseldorf[2)] kommt es nicht darauf an, ob der Auftrag für die Erstellung des Erläuterungsberichts schriftlich erfolgt. Allerdings sollte die Auftragserteilung in irgendeiner Form dokumentiert werden, da ein solcher Erläuterungsbericht gesetzlich nicht vorgeschrieben ist. Der StB ist deshalb im Bestreitensfall für die Auftragserteilung darlegungs- und beweispflichtig.[3)] Wenn die Erstellung eines Erläuterungsberichts aus Sicht des StB sinnvoll ist[4)] sollte der StB den Erläuterungsbericht nicht eigenmächtig, sondern erst nach Rücksprache mit dem Mandanten und anschließender Auftragserteilung erstellen.

Erstellt der StB über **mehrere Jahre** hinweg einen **Erläuterungsbericht** und akzeptiert der Mandant dies ohne Widerspruch, bedarf es aber auch nach OLG Düsseldorf[5)] keines schriftlichen Auftrags. Nach einer Entscheidung des LG Köln[6)] ist lediglich die Mindestgebühr gerechtfertigt, wenn der Erläuterungsbericht zur Bilanz Informationen enthält, deren Zusammenstellung nur eines geringen Aufwands bedurfte.

IX. Beratende Mitwirkung (Nr. 7)

§ 35 Abs. 1 Nr. 7 StBVV betrifft den Fall, dass sich die Tätigkeiten des StB bei der **585**
Abschlusserstellung, der Erstellung eines Anhangs oder eines Lageberichts auf eine beratende Mitwirkung beschränken. Die Erweiterung des Gebührentatbestands um die unter Buchst. b und c genannten Leistungspositionen erfolgte – analog zu Abs. 1 Nr. 1 Buchst. b und c – durch die 1. ÄndVO.[7)] Es handelt sich um eine Spezialvorschrift zu § 21 StBVV (Rat und Auskunft). Von praktischer Bedeutung dürfte weniger die beratende Mitwirkung des Beraters bei der Aufstellung eines Jahresabschlusses, als vielmehr die beratende Mitwirkung bei der Aufstellung eines Anhangs oder Lageberichts sein. Da es im Allgemeinen um die Klärung schwieriger Abschlussfragen gehen dürfte, wird die Gebühr häufig oberhalb der Mittelgebühr anzusiedeln sein.

X. Zusammenstellung eines Abschlusses aus übergebenen Endzahlen (Nr. 8 a.F.)

§ 35 Abs. 1 Nr. 8 StBGebV regelte die Zusammenstellung eines Jahresabschlusses **586**
(Bilanz und Gewinn- und Verlustrechnung) aus übergebenen Endzahlen (ohne Vornahme von Prüfungshandlungen). Die Vorschrift hatte in der Praxis keine Bedeutung und wurde durch die VO zum Erlass und zur Änderung steuerlicher Verord-

1) Siehe Fragen und Antworten zur „Verlautbarung der BStBK zu den Grundsätzen für die Erstellung von Jahresabschlüssen", www.bstbk.de/de/themen/rechnungslegung.
2) OLG Düsseldorf v. 7.1.1993, 13 U 83/92, Stbg 1994, 73.
3) OLG Frankfurt v. 5.10.2018, 8 U 203/17, Stbg 2018, 521.
4) Z.B. zur Vorlage bei einem Kreditinstitut; siehe auch Schreiben der Bundessteuerberaterkammer zu den Grundsätzen für die Erstellung von Jahresabschlüssen durch Steuerberater, Beihefter zu DStR 50/2001 = www.bstbk.de/Downloads/Fachinfos sowie DStR 2004, 64.
5) OLG Düsseldorf v. 27.2.1997, 13 U 23/96.
6) LG Köln v. 29.5.2001, 16 O 434/94.
7) → Rz. 576.

nungen[1] mit Wirkung zum 20.12.2012 aufgehoben. Diesen Gebührentatbestand hätte es gar nicht geben dürfen, weil sich schon aus haftungsrechtlichen Gründen die Zusammenstellung eines Jahresabschlusses ohne Vornahme von Prüfungshandlungen verbietet.

C. Ermittlung des Gegenstandswerts (Abs. 2)

587 Für die 11 **verschiedenen Gebührentatbestände** aus § 35 Abs. 1 StBVV sieht § 35 Abs. 2 StBVV **unterschiedliche Gegenstandswerte** vor. Wird eine Gewinn- und Verlustrechnung aufgestellt, dann ist Gegenstandswert das Mittel zwischen der berichtigten Bilanzsumme und der betrieblichen Jahresleistung. Dies gilt auch dann, wenn erhaltene Anzahlungen nicht passiviert, sondern vom Bestand für unfertige Leistungen auf der Aktivseite offen abgesetzt werden. Der Verringerung des Gegenstandswerts kann in diesen Fällen nur durch eine Vergütungsvereinbarung nach § 4 Abs. 1 StBVV entgegengewirkt werden. Liegt keine betriebliche Jahresleistung vor, weil keine Gewinn- und Verlustrechnung aufgestellt wird, dient die berichtigte Bilanzsumme als Gegenstandswert,[2] § 35 Abs. 2 Satz 8 StBVV. Ein Mittelwert zwischen der berichtigten Bilanzsumme und der nicht vorhandenen betrieblichen Jahresleistung, die mit 0,00 € angesetzt werden könnte, wird nicht gebildet.[3] Unbefriedigende Ergebnisse können z.B. entstehen, wenn eine Eröffnungsbilanz für eine UG (haftungsbeschränkt) mit einem geringen Stammkapital aufgestellt wird. Hier hilft nur eine Vergütungsvereinbarung nach § 4 Abs. 1 StBVV. Aber auch dann, wenn der Gegenstandswert nach § 35 Abs. 2 Satz 1 Nr. 1 StBVV aus dem Mittel zwischen der berichtigten Bilanzsumme und der betrieblichen Jahresleistung bestimmt wird, kann es in Einzelfällen zu unbefriedigenden Ergebnissen kommen, z.B., wenn die betriebliche Jahresleistung oder die berichtigte Bilanzsumme stark voneinander abweichen und eine von beiden knapp über 3 000 € liegt.[4] Da in diesen Fällen ein angemessener Ausgleich durch den Rahmensatz nicht immer möglich ist, empfiehlt sich die Vereinbarung einer höheren Gebühr nach § 4 Abs. 1 StBVV. Die Gegenstandswerte zwischen Handels- und Steuerbilanz sind unterschiedlich, da die handelsrechtliche und steuerrechtliche Gewinnermittlung auseinanderfallen. Die Handelsbilanzwerte müssen um die steuerlich abweichenden Werte korrigiert werden. Gemäß § 35 Abs. 2 Satz 1 Nr. 1 StBVV sind eine entsprechend berichtigte Bilanzsumme und eine berichtigte betriebliche Jahresleistung zu Grunde zu legen.[5]

I. Historische Entwicklung

588 Durch die 1. ÄndVO[6] wurde der Begriff „wirtschaftlicher Umsatz", der in der Praxis zu Auslegungsschwierigkeiten geführt hatte, durch den Begriff „betriebliche Jahresleistung" ersetzt und näher erläutert. Der bei der Definition der berichtigten Bilanzsumme verwendete Begriff „Aktivwerte der Bilanz" wurde durch den Begriff „Posten der Aktivseite der Bilanz" ersetzt, um klarzustellen, dass auf der Aktivseite ausgewiesene negative Kapitalkonten oder nicht durch Eigenkapital gedeckte Fehlbeträge von Kapitalgesellschaften nicht zu einer Minderung der berichtigten Bilanzsumme führen. Neu eingefügt wurde § 35 Abs. 2 Satz 4 StBGebV, wonach zur Ermittlung der gebührenrechtlichen Bemessungsgrundlage ein negativer Wert wie ein positiver Wert zu behandeln ist. § 35 Abs. 2 Satz 6 StBGebV stellt(e) klar, dass

1) VO zum Erlass und zur Änderung steuerlicher Verordnungen v. 11.12.2012, BGBl. I 2012, 2637 = BStBl I 2013, 2.
2) Aufstellung einer Eröffnungs- oder Auseinandersetzungsbilanz.
3) Boelsen in Eckert, 6. Aufl. 2017, § 35 StBVV Rz. 48; a.A. LG Bielefeld v. 27.3.2017, 3 O 44/12.
4) Eggesiecker, 2. Aufl. 1998, § 35 STEUGO Rz. 35.920 ff. mit Berechnungsbeispielen.
5) Weiler, DStR 2011, 380, 382; Schwamberger, KP 2011, 33, 38 mit Berechnungsbeispiel.
6) → Rz. 564, → Rz. 576.

in den Fällen, in denen eine betriebliche Jahresleistung nicht vorhanden ist oder weniger als 6 000 DM bzw. ab 1.1.2002 3 000 € beträgt (z.B. bei Geschäftseröffnung),[1] allein die berichtigte Bilanzsumme den Gegenstandswert bestimmt.

Durch die 3. ÄndVO[2] wurde eine weitere Lücke bei der Bestimmung des Gegenstandswerts geschlossen. In dem Fall, dass die berichtigte Bilanzsumme geringer als 6 000 DM bzw. seit 1.1.2002 3 000 € ist,[3] besteht der Gegenstandswert nur aus der betrieblichen Jahresleistung.[4] Die wichtigste Änderung ist, dass für den Fall, dass der betriebliche Jahresaufwand höher als die betriebliche Jahresleistung ist, dieser bei der Berechnung des Gegenstandswerts gem. § 35 Abs. 2 Satz 4 StBVV zu Grunde zu legen ist. Außerdem wurde die Definition der betrieblichen Jahresleistung dem § 275 HGB angepasst.[5] **589**

II. Berichtigte Bilanzsumme

Die berichtigte Bilanzsumme ergibt sich aus der Summe der Posten der Aktivwerte der Bilanz zuzüglich Privatentnahmen und offener Ausschüttungen, abzüglich Privateinlagen, Kapitalerhöhungen und Einlagen durch Wertberichtigungen.[6] Ein negatives Eigenkapital führt nicht zu einer Minderung des Gegenstandswertes. Die Korrekturposten sind so gewählt, dass Bilanzen von Kapitalgesellschaften, Personengesellschaften und freiberuflich Tätigen gebührenrechtlich gleichbehandelt werden. **590**

III. Betriebliche Jahresleistung

Die betriebliche Jahresleistung setzt sich zusammen aus den **Erlösen und Erträgen, die nach § 275 Abs. 2 HGB gesondert auszuweisen** sind. Es ist praktisch die Umsatzleistung, wie sie sich aus dem Jahresabschluss ergibt.[7] Durch die 3. ÄndVO[8] wurden in § 35 Abs. 2 Satz 3 StBVV auch die Veränderungen des Bestands an fertigen und unfertigen Erzeugnissen und andere aktivierte Eigenleistungen bei der betrieblichen Jahresleistung berücksichtigt. Durch die Anlehnung des Verordnungsgebers in der amtlichen Begründung zur 3. ÄndVO an § 275 HGB wird ferner klargestellt, dass sich die betriebliche Jahresleistung immer nach der zu Grunde liegenden Gewinn- und Verlustrechnung bestimmt, unabhängig davon, ob es sich ein vom Kalenderjahr abweichendes Wirtschaftsjahr oder um ein Rumpfwirtschaftsjahr handelt. Der so ermittelte Betrag darf nicht höher sein, als das 5-fache der berichtigten Bilanzsumme, sonst ist er vor der Mittelung auf diesen Betrag zu reduzieren.[9] **591**

IV. Betrieblicher Jahresaufwand

Seit Inkrafttreten der 3. ÄndVO[10] kann der betriebliche Jahresaufwand als Gegenstandswert zu Grunde gelegt werden, wenn er höher ist als die betriebliche Jahresleistung. Die 3. ÄndVO definiert den Begriff „betrieblicher Jahresaufwand" als die **592**

1) I.d.F. der Verordnung zum Erlass und zur Änderung steuerlicher Verordnungen v. 11.12.2012, BGBl. I 2012, 2637; mit Wirkung ab dem 20.12.2012 Abs. 1 Nr. 1 Buchst. c und Abs. 1 Nr. 8 aufgehoben, Abs. 1 Nr. 2 und Abs. 2 Satz 1 Nr. 1 geändert.
2) → Rz. 564.
3) Z.B. wenn die Aktivseite der Bilanz auf Grund von Privateinlagen oder Kapitalerhöhungen zu mindern ist.
4) § 35 Abs. 2 Satz 9 StBVV.
5) → Rz. 591.
6) § 35 Abs. 2 Satz 2 StBVV.
7) Zu durchlaufenden Posten → § 33 StBVV Rz. 536.
8) → Rz. 564.
9) § 35 Abs. 2 Satz 7 StBVV.
10) → Rz. 564.

Summe der Betriebsausgaben einschließlich der Abschreibungen.[1] Da die Abschreibungen zu den Betriebsausgaben gehören, liegt hier eine sprachliche Ungenauigkeit vor. Abschreibungen werden deshalb nicht zweimal berücksichtigt.[2] Zum betrieblichen Jahresaufwand gehören auch der sonstige betriebliche Aufwanden, Zinsen und ähnliche Aufwendungen und Steuern vom Einkommen und vom Ertrag.

D. Abschlussvorarbeiten (Abs. 3)

593 § 35 Abs. 3 StBVV sieht für die Anfertigung oder Berichtigung von Inventurunterlagen und für sonstige Abschlussvorarbeiten[3] bis zur abgestimmten Saldenbilanz eine **Zeitgebühr** vor. Hierzu gehören insbesondere die Arbeiten, die normalerweise der Auftraggeber wegen der ihm von § 240 HGB auferlegten Verpflichtung zur Errichtung eines Inventars vergibt, z.B. die Mitwirkung bei der Inventuraufnahme und die rechnerische Berichtigung der Inventurunterlagen. Insbesondere in den Fällen, in denen der **StB die Buchführung nicht selbst erledigt**, sondern nur den Jahresabschluss erstellt, gehören zu den Vorarbeiten auch die Erstellung der Summenbilanz aus den Konten, die Erstellung von Kreditoren- und Debitorenlisten, die Abstimmung der Debitoren- und Kreditorenkonten, zeitraubende Klärungen von Abstimmungsdifferenzen im Bereich der Summenbilanz, des Kontokorrents, der Geldkonten, Ermittlung von Pensionsrückstellungen, Anpassungsbuchungen, Ermittlung der Herstellungskosten von Anlagegütern, Ermittlung des Waren- oder Materialbestands, Ermittlung der teilfertigen Leistungen, Ermittlung von Teilabschreibungen auf Anlagevermögen, Bewertung des Umlaufvermögens, Ermittlung und Bewertung von Rückstellungen, Ermittlung der Entnahme- bzw. Ausschüttungsfähigkeit bei Kapitalgesellschaften sowie Kapitalgesellschaften & Co. etc.[4] Im Zusammenhang mit der Einführung der **E-Bilanz** kam es regelmäßig zu einem erheblichen Mehraufwand bei der Beratung selbst buchender Mandanten, der grds. nach § 33 StBVV abgerechnet werden konnte.[5] Wurden die Regeln der E-Bilanz bei Selbstbuchern nicht umgesetzt und der StB später mit der Aufstellung eines Jahresabschlusses beauftragt, konnte der entstehende Mehraufwand nach § 35 Abs. 3 StBVV abgerechnet werden.[6] Zum Teil wird auch die erstmalige Erstellung eines **Anlagenverzeichnisses**, nicht aber die Fortentwicklung, die mit der Hauptgebühr abgegolten ist, unter den Anwendungsbereich des § 35 Abs. 3 StBVV gefasst.[7] M.E. kommt eine separate Abrechnung nach § 35 Abs. 3 StBVV nur dann in Frage, wenn der StB nicht mit der Buchführung beauftragt ist, da diese Tätigkeit grundsätzlich nach § 33 StBVV abzurechnen ist.[8] Der StB hat kein Wahlrecht dahingehend, den Höchstbetrag für die Erstellung einer Bilanz abzurechnen und Kosten für Abschlussvorarbeiten nicht anzusetzen. Bei umfangreichen Abstimmungs- und Vervollständigungsarbeiten muss nach § 35 Abs. 3 StBVV abgerechnet werden.[9] Der StB braucht hierfür keinen separaten **Auftrag**. Der Auftrag für die Abschlusserstellung umfasst auch die Abschlussvorarbeiten. Nur in Ausnahmefällen, z.B. wenn

1) § 35 Abs. 2 Satz 5 StBVV.
2) Boelsen in Eckert, 6. Aufl. 2017, § 35 StBVV Rz. 51.
3) Nicht: Neben-, Rahmen - oder Nacharbeiten; → § 12 StBVV Rz. 230 ff.; a.A. Boelsen in Eckert, 6. Aufl. 2017, § 35 StBVV Rz. 18 ff.
4) Boelsen in Eckert, 6. Aufl. 2017, § 35 StBVV Rz. 17; Schwamberger, KP 2017, 143, 144 f.
5) → Rz. 572 und → § 33 StBVV Rz. 527 ff.
6) Ebenso Schwamberger, KP 2013, 9 ff.; Wilk DATEV magazin 11/2014, 28, 29.
7) Boelsen in Eckert, 6. Aufl. 2017, § 35 StBVV Rz. 18; Schwamberger in Meyer/Goez/Schwamberger, 9. Aufl. 2019, § 35 StBVV Rz. 21; a.A. OLG Düsseldorf v. 28.5.2002, 23 U 193/01, GI 2002, 224; Berners, Honorarbrief für Steuerberater 12/2014, 8; Eggesiecker, 2. Aufl. 1998, § 35 STEUGO Rz. 35.720, die eine separate Abrechnung ablehnen; zur Anlagenbuchführung → § 33 StBVV Rz. 535.
8) → Rz. 594; Brummer, 10. Aufl. 2010, § 35 StBGebV Anm. 17.
9) OLG Düsseldorf v. 1.7.1999, 13 U 161/98, GI 2001, 24 f.

die vom Mandanten selbst erstellte Buchführung unbrauchbar ist, sollte der Berater nicht ohne vorherige Rücksprache mit dem Mandanten tätig werden.[1] Die steuerliche Beratung im Zusammenhang mit der Aufgabe eines Betriebs (**steuerbegünstigter Aufgabegewinn**) kann nicht gesondert nach § 35 Abs. 3 StBVV berechnet werden.[2] Der Aufgabegewinn ist mittels einer Aufgabebilanz entsprechend § 35 Abs. 1 Nr. 5 StBVV abzurechnen. Die Beratung über den steuerbegünstigten Aufgabegewinn wirkt sich gebührenerhöhend bei der Abrechnung der (Einkommen-)Steuererklärung aus.[3]

Hat der **StB die Buchführung selbst erstellt**, können Vorarbeiten betreffend die Buchführung[4] grundsätzlich nicht nach § 35 Abs. 3 StBVV berechnet werden, weil die Buchführungsarbeiten erst mit der abgestimmten Saldenbilanz enden. Erschwernisse der laufenden Buchführung können in diesen Fällen nur durch eine Erhöhung des Zehntelsatzes nach § 33 StBVV berücksichtigt werden.[5] Werden wesentliche Teile der anfallenden Buchführungs- und EDV-Aufgaben unmittelbar vom Auftraggeber erledigt,[6] dürfte § 35 Abs. 3 StBVV hingegen anwendbar sein. **594**

1) Rechtsprechungsnachweise → § 33 StBVV Rz. 541.
2) AG Bochum v. 8.7.2015, 42 C 98/14.
3) Wacker, KANZLEI intern 11/2015, 2.
4) Z.B. Abstimmung der Konten, Verprobung, Kontokorrent.
5) OLG Düsseldorf v. 28.5.2002, 23 U 193/01, GI 2002, 219, 224 m.w.N.; LG Bielefeld v. 17.10.1991, 21 O 461/89; AG Duisburg-Hamborn v. 30.9.1997, 7 C 698/96, Stbg 1998, 360; Reiche, Stbg 1997, 277, 279; a.A. OLG Köln v. 9.3.1988, 2 U 67/87, StB 1988, 425 f.
6) Insbesondere im Fall des § 33 Abs. 4 StBVV.

§ 36
Steuerliches Revisionswesen

(1) Der Steuerberater erhält für die Prüfung einer Buchführung, einzelner Konten, einzelner Posten des Jahresabschlusses, eines Inventars, einer Überschussrechnung oder von Bescheinigungen für steuerliche Zwecke und für die Berichterstattung hierüber die Zeitgebühr.

(2) Der Steuerberater erhält

1. für die Prüfung einer Bilanz, einer Gewinn- und Verlustrechnung, eines Anhangs, eines Lageberichts oder einer sonstigen Vermögensrechnung für steuerliche Zwecke 2/10 bis 10/10 einer vollen Gebühr nach Tabelle B (Anlage 2) sowie die Zeitgebühr; der Gegenstandswert bemisst sich nach § 35 Absatz 2;

2. für die Berichterstattung über eine Tätigkeit nach Nummer 1 die Zeitgebühr.

Inhalt

Schrifttum

Chab, Abgrenzung zwischen Erfüllungsansprüchen und Haftpflichtansprüchen, AnwBl 2012, 922; **Feiter,** Nachbesserungskosten – Wie sind Überprüfungs- und Korrekturarbeiten abzurechnen?, KANZLEI intern 07/2015, 3; **Mayer,** Entwicklungen zur Rechtsanwaltsvergütung, NJW 2015, 1647; **Neufang/Spangberger/Zepezauer,** Die neue Steuerberatervergütungsverordnung (StBVV) und Tipps zur Abrechnungspraxis, StB 2013, 35; **Schneidenbach,** Schadensersatzanspruch des Mandanten gegen den Vorberater bei fehlerhafter Buchführung?, KANZLEI intern 06/2015, 3; **Saenger/Uphoff,** Erstattungsfähigkeit anwaltlicher Zeithonorare, NJW 2014, 1412; **Wacker,** Zahlungsverweigerung wegen angeblicher Schlechtleistung, KANZLEI intern 01_2019, 4; **Wacker,** Schadensersatz wegen Falschberatung, KANZLEI intern 10_2017, 3; **Weiler,** Gebühren für Plausibilitätsbeurteilungen, DStR 2006, 1153; **Wilk/ Beyer-Petz,** Die neue Steuerberatervergütungsverordnung, DStR 2012, 2508.

A. Inhalt und Bedeutung

595 Beim steuerlichen Revisionswesen wird zwischen zwei verschiedenen Revisionsbereichen unterschieden, nämlich der Prüfung einer Buchführung, einzelner Konten, einzelner Posten des Jahresabschlusses, eines Inventars, einer Überschussrechnung oder von Bescheinigungen für steuerliche Zwecke oder der Berichterstattung hierüber (§ 36 Abs. 1 StBVV) und der Prüfung von Bilanzen, Gewinn- und Verlustrechnungen, Anhängen, Lageberichten und Vermögensrechnungen (§ 36 Abs. 2 StBVV). In allen Fällen muss die Prüfung aber **steuerlichen Zwecken** dienen. Ein steuerlicher Nebenzweck reicht aus. Es genügt also, wenn der Prüfungsgegenstand in einem Zusammenhang mit einem nachfolgenden steuerlichen Zweck steht.[1] Ohne einen steuerlichen Zweck kann begrifflich nicht von einem steuerlichen Revisionswesen gesprochen werden. Die Gebühren für sonstige Prüfungen und Revisionen für andere Zwecke,[2] nach § 24 Abs. 4 FinVermV, Untreueprüfungen, Prüfungen zur

1) Boelsen in Eckert, 6. Aufl. 2017, § 36 StBVV Rz. 2; Eggesiecker, 2. Aufl. 1998, § 36 STEUGO Rz. 36.660.

2) Z.B. Sonderprüfungen nach §§ 142 ff. AktG, Prüfungen nach § 34c Abs. 1 Nr. 1 und 1a GewO i.V.m. § 16 Abs. 3 Satz 2 MaBV (MaBV v. 20.6.1974, BGBl. I 1974, 1314.

Erlangung eines Kredits oder Prüfungen der Insolvenzreife) bemessen sich nach den §§ 612 Abs. 2, 632 Abs. 2 BGB. In aller Regel dürfte **Werkvertragsrecht** anwendbar sein.[1] Auch die Ausstellung einer Vollständigkeitserklärung nach § 11 VerpackG[2] ist eine Prüfbescheinigung, die keinen steuerlichen Zwecken dient. Denn Zweck des VerpackG ist die Vermeidung und Verringerung von Abfällen. Geschuldet wird auch hier die „übliche Vergütung". Wegen der Vergleichbarkeit der Tätigkeiten dürfte die in § 36 StBVV vorgesehene Gebühr auch Maßstab für das übliche BGB-Honorar sein. Fraglich ist, ob § 36 StBVV auch dann einschlägig ist, wenn ein Steuerberater die Arbeiten eines anderen Steuerberaters auf Fehlerhaftigkeit prüft.

Beispiel:

Steuerberater S prüft auftragsgemäß die vom Vorberater aufgestellten Jahresabschlüsse 2004 und 2005 zweier Apotheken sowie die diesen Jahresabschlüssen zugrunde liegende Buchführung. Für die Prüfung rechnet er 146 Std. à 92,00 € unter Bezugnahme auf § 36 Abs. 1 und 2 StBGebV ab. Für die Aufstellung von berichtigten Jahresabschlüssen und die Anfertigung berichtigter Steuererklärungen berechnet er weitere Gebühren nach §§ 24, 35 StBGebV.[3]

Da die Prüfung der Arbeiten des Vorberaters keinen steuerlichen Zwecken diente, sondern der Feststellung, ob zivilrechtliche Schadensersatzansprüche gegen den Vorberater bestehen, war § 36 StBGebV nicht einschlägig. Die Prüfung der Arbeiten des Vorberaters hätte deshalb entweder nach §§ 612 Abs. 2, 632 Abs. 2 BGBG oder analog § 36 Abs. 1 bzw. Abs. 2 StBGebV erfolgen müssen. Die eigentlichen Korrekturarbeiten wiederum dienten steuerlichen Zwecken, da die berichtigten Jahresabschlüsse und Steuererklärungen beim Finanzamt eingereicht werden sollten. Gleichwohl ist § 36 StBVV für diese Arbeiten nicht einschlägig. Hier greifen vielmehr die §§ 24, 35 StBVV.

Bei sog. freiwilligen Prüfungen hat die Wirtschaftsprüferkammer für das Jahr 2015 Stundensätze zwischen 148,00 € und 186,00 € ermittelt (www.wpk.de, als Suchbegriff „Honorarumfrage" eingeben). Der angemessene Stundensatz eines StB für die Vornahme freiwilliger Prüfungen dürfte deshalb ebenfalls in diesem Bereich anzusiedeln sein.

Praxistipp:

Da diese Stundensätze oberhalb des in § 13 Satz 2 StBVV vorgesehenen Gebührenrahmens liegen, sollte bei der Abrechnung kein Hinweis auf eine analoge Anwendung der §§ 36 Abs. 1, 13 Satz 2 StBVV erfolgen, sondern besser auf die §§ 612 Abs. 2, 632 Abs. 2 BGB.

Bezweifelt der Auftraggeber – anders als der Vorberater – dass dessen Arbeiten ordnungsgemäß sind und ist er selbst nicht in der Lage, die Ordnungsmäßigkeit der Arbeiten des Vorberaters zu prüfen, können die Kosten eines mit der **Prüfung und Berichtigung** beauftragten weiteren StB grundsätzlich im Wege des **Schadensersatzes** auf den Vorberater abgewälzt werden.[4] 596

Im Einzelfall kann die Beauftragung eines neuen StB gegen die **Schadensminderungspflicht** des Auftraggebers verstoßen. Hat z.B. der Vorberater die Herausgabe der in seinem Besitz befindlichen Buchführungsunterlagen gegen Sicherheitsleistung (Hinterlegung des streitigen Honorars) angeboten und beauftragt der Mandant gleichwohl einen anderen StB mit der Neuerstellung der Buchführung, kann ein 597

1) BGH v. 14.6.2012, IX ZR 145/11 m.w.N. zur Prüfung der Insolvenzreife eines Unternehmens und BGH v. 1.2.2000, X ZR 198/97, DStR 2000, 480 zur Prüfung eines Jahresabschlusses durch einen StB/WP.

2) Die Regelung gilt seit dem 1.1.2019 und hat den bis zum 31.12.2018 geltenden § 10 VerpackV abgelöst.

3) Sachverhalt nach LG Kleve v. 22.4.2015, 1 O 89/11; ausführliche Urteilsbesprechung von Feiter in KANZLEI intern 07/2015, 3.

4) → Rz. 595; ausführlich → Grundlagen des Gebührenrechts Rz. 80 ff.

Verstoß gegen die Schadensminderungspflicht vorliegen, mit der Folge, dass das Honorar des neuen Beraters nicht mit Erfolg vom Vorberater verlangt werden kann.[1] Nur dann, wenn die Weigerung des Vorberaters zur Herausgabe von Unterlagen oder Daten gegen den Grundsatz von Treu und Glauben (§ 242 BGB) verstößt (z.B. weil seine Forderung bereits weitgehend bezahlt ist oder ihm kein Zurückbehaltungsrecht zusteht), verstößt der Mandant nicht gegen die Schadensminderungspflicht, wenn er einen anderen StB mit der Neuerstellung der Buchführung beauftragt. **Der Vorberater muss dann das angemessene Honorar des neuen Beraters im Wege des Schadensersatzes zahlen.**[2] Ersatzfähig sind grundsätzlich nur die (angemessenen) **gesetzlichen Gebühren** nach der StBVV, wenn diese ordnungsgemäß spezifiziert i.S.d. § 9 StBVV berechnet wurden.[3]

Beispiel:[4]

Wegen gravierender Fehler hatte der Mandant seinem bisherigen StB gekündigt und einen neuen StB beauftragt. Kurz nach der Kündigung wurde eine BP für die Jahre 2006 bis 2008 anberaumt. Der neue StB musste einen erheblichen Aufwand betreiben, um sich mit der Angelegenheit vertraut zu machen. Für die Teilnahme an der BP rechnete er 98 Zeitstunden à 60 € gem. §§ 29, 13 StBGebV, insgesamt 5 880 €, ab. Zur Zahlung dieser Steuerberatungskosten – abzüglich 500 € – wurde der Vorberater im Wege des Schadensersatzes verurteilt. Die Kürzung um 500 € erfolgte, weil Kosten in dieser Größenordnung für die Begleitung bei der BP ohnehin angefallen wären.

In besonders gelagerten Fällen kann ausnahmsweise auch ein höheres **vereinbartes Honorar** im Wege des Schadensersatzes vom Vorberater verlangt werden, soweit dies im konkreten Fall angemessen und erforderlich ist, z.B. wenn die Beauftragung eines Spezialisten nötig ist, der höhere Stundensätze verlangt.[5]

598 In § 36 Abs. 1 StBGebV wurden durch das Jahressteuergesetz 2007[6] die Begriffe „einzelner Posten des Jahresabschlusses, eines Inventars" und „Bescheinigungen für steuerliche Zwecke" eingefügt.

Die Änderung dient der Klarstellung, dass die nach dem Bilanzrichtliniengesetz, dem Gesetz zur Kontrolle und Transparenz im Unternehmensbereich oder dem Kapitalgesellschaften- und Co-Richtlinie-Gesetz erforderlichen **Plausibilitätsüberprüfungen** und andere **Prüfungshandlungen,** die im Rahmen der Jahresabschlusserstellung durchgeführt werden, nach § 36 Abs. 1 StBVV abzurechnen sind. Da nach dem Maßgeblichkeitsprinzip die Handelsbilanz Grundlage für die Steuerbilanz ist, erfolgen die Prüfungshandlungen im Regelfall für steuerliche Zwecke, so dass sich die Abrechnung dieser Tätigkeiten nach der StBVV richtet.[7]

Die Änderung trägt auch dem Umstand Rechnung, dass bislang in der StBGebV die Prüfung der Jahresbescheinigungen nach § 24c EStG daraufhin, ob die darin enthaltenen Angaben zutreffend sind, nicht geregelt ist. Ebenso wie die Erstellung der **Jahresbescheinigung** dient auch deren Überprüfung steuerlichen Zwecken. Durch die neue Formulierung ist sichergestellt, dass auch für die Prüfung solcher Bescheinigungen, die in Zukunft durch den Gesetzgeber neu eingeführt werden, ein entsprechender Gebührentatbestand zur Verfügung steht.

599 Der prüfende StB darf **bei** der **Anfertigung des „Prüfungsgegenstands" nicht mitgewirkt** haben, der „Prüfungsgegenstand" muss also vom Mandanten selbst oder von

1) LG Duisburg v. 5.11.2007, 2 O 46/05.
2) → Grundlagen des Gebührenrechts Rz. 81.
3) Siehe Beispiel unter → Rz. 595; ausführlich → Grundlagen des Gebührenrechts Rz. 81.
4) LG Paderborn v. 17.2.2016, 3 O 174/13.
5) → Grundlagen des Gebührenrechts Rz. 81.
6) JStG 2007 v. 13.12.2006, BGBl. I 2006, 2878 = BStBl I 2007, 28.
7) → § 35 StBVV Rz. 574 f.

einem anderen Berufsangehörigen erarbeitet worden sein.[1] Hat der Mandant die Buchführung selbst erstellt und ist der StB nur mit der Abschlusserstellung beauftragt, schuldet er ohne **ausdrücklichen Auftrag** keine Überprüfung der vom Mandanten erstellten Buchführung. Er hat lediglich eine Hinweispflicht gegenüber dem Mandanten bei erkennbaren Unstimmigkeiten und Unklarheiten.[2] Unschädlich ist es, wenn der StB, der die Bücher geführt und einen Teil des Inventars mit erstellt hat, einen Jahresabschluss mit Plausibilitätsbeurteilung oder umfassenden Prüfungshandlungen aufstellt.[3] Eine Prüfungsgebühr fällt in diesem Fall aber nicht an.[4] Verstöße gegen gesetzlich nicht ausdrücklich geregelte Mitwirkungsverbote, die Ausfluss der Berufspflicht zur unabhängigen Berufsausübung sind,[5] haben auf die zivilrechtliche Wirksamkeit des Vertrags und damit auf den Honoraranspruch des StB keine Auswirkungen.[6]

Die Vereinbarung einer höheren Vergütung nach § 4 Abs. 1 StBVV ist möglich, die **600** Vereinbarung einer Pauschalvergütung ist in § 14 Abs. 2 StBVV nicht ausdrücklich ausgeschlossen.

B. Anwendungsbereich (Abs. 1)

Soweit der StB zur Durchführung **„gesetzlicher Prüfungen"** befugt ist,[7] findet § 36 **601** StBVV Anwendung. Gleiches gilt für die Vornahme von Plausibilitätsbeurteilungen und Prüfungshandlungen im Rahmen der Erstellung von Jahresabschlüssen zu steuerlichen Zwecken[8] und für die Prüfung der Jahresbescheinigungen nach § 24c EStG.[9] Hauptanwendungsfälle sind aber die **„freiwilligen Prüfungen"**.[10] § 36 Abs. 1 StBVV ist von § 33 Abs. 5 StBVV (laufende Überwachung der Buchführung) wie folgt abzugrenzen: § 36 Abs. 1 StBVV betrifft einen Einzelauftrag für die Prüfung eines abgegrenzten Zeitraums, während § 33 Abs. 5 StBVV i.d.R. bei einem Dauerauftrag für zunächst unbegrenzte Zeit einschlägig ist.[11]

Eine über § 2 StBVV **analoge Anwendung** des § 36 StBVV wird in der Literatur[12] **602** für die **„Prüfung einer Kostenrechnung"**, die auch steuerlich bedeutsam ist, bejaht. Für den Bereich der **land- und forstwirtschaftlichen Betriebe** ist die Anwendbarkeit des § 36 StBVV durch § 39 Abs. 1 StBVV ausdrücklich ausgeschlossen. Die Prüfung eines Abschlusses für steuerliche Zwecke ist dort in § 39 Abs. 3 Nr. 5 StBVV geregelt. Die Prüfung einer Buchführung ist dort nicht vorgesehen. Da ein Rückgriff auf § 36 StBVV aus systematischen Gründen nicht zulässig ist, kommt über § 2 StBVV eine **sinngemäße Anwendung** des § 39 Abs. 2 Satz 1 Nr. 4 StBVV in Betracht.[13]

---

1) Eggesiecker, 2. Aufl. 1998, § 36 STEUGO Rz. 36.600; Boelsen in Eckert, 6. Aufl. 2017, § 36 StBVV Rz. 11.
2) LG Münster v. 5.9.2018, 110, O 27/17; besprochen von Wacker, KANZLEI intern 01_2019, 4.
3) Siehe Beschluss der Bundeskammerversammlung v. 17./18.11.2003, DStR 2004, 64.
4) Brummer, 10. Aufl. 2010, § 36 Anm.
5) § 57 Abs. 1 StBerG.
6) BGH v. 3.6.2004, X ZR 104/03, WPK-Magazin 3/2004, 42 f.
7) Hierzu zählen nicht die Pflichtprüfungen nach §§ 316 ff. HGB, wohl aber Sonder- und Gründungsprüfungen nach aktienrechtlichen Vorschriften, z.B. §§ 33, 52, 183 AktG.
8) → § 35 StBVV Rz. 574 f.
9) → Rz. 598.
10) Finanzbuchführung, Lohnbuchführung, Anlagenbuchführung, Lagerbuchführung, Sonderbuchführung, Teilbuchführung, einzelne Konten, Überschussrechnungen, Jahresabschlüsse bzw. Prüfungen aus dem Leistungsbereich des § 35 Abs. 1 StBVV.
11) Brummer, 10. Aufl. 2010, § 36 Anm.
12) Eggesiecker, 2. Aufl. 1998, § 36 STEUGO Rz. 36.300; Boelsen in Eckert, 6. Aufl. 2017, § 36 StBVV Rz. 6.
13) Eggesiecker, 2. Aufl. 1998, § 36 STEUGO Rz. 36.400; Boelsen in Eckert, 6. Aufl. 2017, § 36 StBVV Rz. 9.

603 Ist die Revisionstätigkeit des StB als selbstständige Nebenleistung anzusehen – etwa dann, wenn der Berater mit der Abschlusserstellung beauftragt wird und die vom Auftraggeber erstellte Buchführung prüft –, kommt § 36 Abs. 1 StBVV noch nicht zur Anwendung.[1] Nur dann, wenn der Mandant eine Prüfung bzw. Plausibilitätsbeurteilung der wesentlichen Vermögens- und Schuldpositionen wünscht und der Berater auftragsgemäß eine Überprüfung der Buchführung vornimmt, entsteht eine Gebühr nach § 36 StBVV.

C. Gegenstandswert und Gebühren (Abs. 2)

604 Für Prüfungen einschließlich der Berichterstattung nach § 36 Abs. 1 StBVV ist eine Zeitgebühr vorgesehen.

605 § 36 Abs. 2 StBVV wurde durch die 3. ÄndVO[2] neu gefasst, um eine Anpassung an die übliche Vergütung, wie sie für Wirtschaftsprüferleistungen erfolgt, vorzunehmen. Neben die Zeitgebühr für die Prüfung einer Bilanz, einer Gewinn- und Verlustrechnung, eines Anhangs, eines Lageberichts oder einer sonstigen Vermögensrechnung für steuerliche Zwecke nach § 36 Abs. 2 Nr. 1 StBGebV tritt eine Wertgebühr von 2/10 bis 10/10 einer vollen Gebühr nach Tabelle B. In § 36 Abs. 2 Nr. 2 StBVV wurde auf die bisherige Wertgebühr verzichtet, da für die Berichterstattung üblicherweise die Zeitgebühr zum Ansatz kommt. Die Neufassung des § 36 Abs. 2 Nr. 2 StBGebV a.F. war allerdings insofern missverständlich, als der dortige Satz 2 von einem Gegenstandswert sprach, den es bei einer Zeitgebühr nicht geben kann. Dieses Redaktionsversehen hat der Verordnungsgeber mit der Verordnung zum Erlass und zur Änderung steuerlicher Verordnungen[3] beseitigt. Die Regelung zum Gegenstandswert, der sich nach § 35 Abs. 2 StBVV bemisst, findet sich jetzt nicht mehr in § 36 Abs. 2 Nr. 2 StBVV, sondern in § 36 Abs. 2 Nr. 1 StBVV. Da der Verweis auf § 35 Abs. 2 StBVV für die Prüfung sonstiger Vermögensrechnungen missglückt ist, weil es bei einem Vermögens- oder Finanzstatus keine berichtigte Bilanzsumme gibt, wird man insoweit auf den Gegenstandswert des § 37 Satz 2 StBVV, also die Summe der Vermögenswerte, ausweichen müssen.[4]

606 Bei der Bestimmung des **Rahmensatzes** der Wert- und Zeitgebühr für die Prüfungstätigkeit sind neben den in § 11 StBVV genannten Kriterien folgende Umstände von Bedeutung:

- Struktur des Unternehmens,
- Schwierigkeit des Prüfungsgegenstands,
- Notwendigkeit von Spezialkenntnissen,
- Prüfungsbedingungen (Beschaffenheit der Prüfungsunterlagen),
- Verantwortung und Haftungsrisiken.

Speziell für Prüfungsberichte sind folgende Umstände von Bedeutung:

- Umfang und Detaillierung des Berichts,
- Schwierigkeit der Darstellung der Prüfungsergebnisse,
- Art der Prüfungsbescheinigung bzw. des Bestätigungsvermerks,
- Verantwortung und Haftungsrisiken.

1) Eggesiecker, 2. Aufl. 1998, § 36 STEUGO Rz. 36.460 f.; a.A. Mittelsteiner/Scholz, 4. Aufl. 1998, § 36 StBGebV Rz. 10, für den Fall, dass die Prüfungstätigkeit „eine gewisse Intensität erreicht"; a.A. Weiler, DStR 2006, 1153 f.

2) 3. ÄndVO v. 20.8.1998, BGBl. I 1998, 2369.

3) VO zum Erlass und zur Änderung steuerlicher Verordnungen v. 11.12.2012, BGBl. I 2012, 2637 = BStBl I 2013, 2.

4) Eggesiecker, 2. Aufl. 1998, § 36 STEUGO Rz. 36.860 f.; Mittelsteiner/Scholz, 4. Aufl. 1998, § 36 StBGebV Rz. 13.

§ 37
Vermögensstatus, Finanzstatus für steuerliche Zwecke

[1]Die Gebühr beträgt für

1.	**die Erstellung eines Vermögensstatus oder Finanzstatus**	**5/10 bis 15/10**
2.	**die Erstellung eines Vermögensstatus oder Finanzstatus aus übergebenen Endzahlen (ohne Vornahme von Prüfungsarbeiten)**	**2/10 bis 6/10**
3.	**den schriftlichen Erläuterungsbericht zu den Tätigkeiten nach Nummer 1**	**1/10 bis 6/10**

einer vollen Gebühr nach Tabelle B (Anlage 2). [2] Gegenstandswert ist für die Erstellung eines Vermögensstatus die Summe der Vermögenswerte, für die Erstellung eines Finanzstatus die Summe der Finanzwerte.

Inhalt

A. Inhalt und Bedeutung

Auch der Leistungskatalog des § 37 StBVV gilt nur **für steuerliche Zwecke.**[1)] Die Verordnungsbegründung weist beispielhaft darauf hin, dass ein Vermögens- oder Finanzstatus im Zusammenhang mit einem Stundungsantrag oder einer Teilzahlungsbewilligung erforderlich werden kann. In Fällen größerer Steuernachzahlungen können daneben auch Anträge auf Erlass oder abweichende Steuerfestsetzung aus Billigkeitsgründen, die gebührenmäßig von § 23 Satz 1 Nr. 4 und 5 StBVV erfasst werden, im Einzelfall von der Vorlage eines Vermögens- oder Finanzstatus abhängig gemacht werden. Auch im Vollstreckungsverfahren[2)] kommt die Vorlage eines entsprechenden Status im Einzelfall in Betracht. Die Gebühr des § 37 StBVV tritt in diesen Fällen neben die entsprechende Gebühr nach §§ 23 bzw. 44 Abs. 1 StBVV. Wird ein Status für nicht-steuerliche Zwecke erstellt, z.B. zur Vorbereitung eines Firmenverkaufs oder als Unterlage für einen Kreditantrag, richtet sich die Vergütung nach den §§ 612 Abs. 2, 632 Abs. 2 BGB. Geschuldet wird dann die „übliche Vergütung" die wegen der Vergleichbarkeit der Tätigkeiten aus § 37 StBVV abgeleitet werden kann.[3)] **607**

Ein Verbot, die Gebühr nach § 37 StBVV zu pauschalieren, ist in § 14 Abs. 2 StBVV nicht vorgesehen und hätte auch keine zivilrechtlichen Konsequenzen.[4)] **608**

B. Anwendungsbereich (Satz 1)

Ein Vermögensstatus ist eine geordnete Aufstellung der Vermögenswerte und Schulden auf einen bestimmten Stichtag. Werden diese nach ihrer Fälligkeit geordnet, liegt ein Finanz- oder Liquiditätsstatus vor.[5)] **609**

1) → § 36 StBVV Rz. 595.
2) Vgl. etwa §§ 258, 284 AO.
3) AG Coesfeld v. 9.9.2009, 6 C 135/08; Schwamberger in Meyer/Goez/Schwamberger, 9. Aufl. 2019, § 37 StBVV Rz. 1.
4) → § 14 StBVV Rz. 283.
5) Eggesiecker, 2. Aufl. 1998, § 37 STEUGO Rz. 37.055; Brummer, 10. Aufl. 2010, § 37 StBGebV Anm. 2.

Für die **Erstellung** erhält der Berater die in § 37 Satz 1 Nr. 1 und 2 StBVV vorgesehenen Gebühren. Wird zusätzlich noch ein Erläuterungsbericht gefertigt, fällt eine weitere Gebühr nach § 37 Satz 1 Nr. 3 StBVV an. Zwar ist diese zusätzliche Gebühr nur für den Fall der umfassenden Erstellung eines Vermögensstatus oder Finanzstatus einschließlich Prüfungshandlungen vorgesehen.[1] Nicht ausgeschlossen ist aber, dass der Berater auch einen **Erläuterungsbericht** anfertigt, obwohl er die Endzahlen des Mandanten ungeprüft übernommen hat. Für diesen Fall ist eine entsprechende Anwendung des § 37 Satz 1 Nr. 3 StBVV gem. § 2 StBVV sachgerecht.[2]

C. Gegenstandswert und Gebühr (Satz 2)

610 Als Gegenstandswert wird in § 37 Satz 2 StBVV die Summe der Vermögenswerte bzw. die Summe der Finanzwerte genannt. Gemeint sind damit die **„positiven Vermögenswerte" bzw. bei der Summe der Finanzwerte die „positiven Ansätze"**.[3] Verbindlichkeiten sind nicht abzuziehen.[4] Da in § 37 StBVV kein „Wahlgegenstandswert" wie in den §§ 25 und 27 StBVV vorgesehen ist, ist es unerheblich, ob die „Schulden" bzw. die „negativen Ansätze" die positiven Werte übersteigen.[5]

611 Bei der **Wahl der angemessenen Gebühr** ist zu berücksichtigen, dass die Erstellung eines Finanzstatus wegen der Fälligkeitsermittlungen aufwendiger ist als die Erstellung eines Vermögensstatus und deshalb im Allgemeinen eine Ausschöpfung des Gebührenrahmens nur bei der Erstellung eines Finanzstatus in Betracht kommt. Im Übrigen gelten auch hier die allgemeinen Kriterien des § 11 StBVV, wobei regelmäßig die „Bedeutung der Angelegenheit" im Vordergrund stehen dürfte, jedenfalls dann, wenn es um die Existenz des Auftraggebers geht.

---

1) § 37 Satz 1 Nr. 3 StBVV verweist lediglich auf die vorangehende Nr. 1 und nicht auf die vorangehende Nr. 2.
2) Eggesiecker, 2. Aufl. 1998, § 37 STEUGO Rz. 37.070, 37.260; Brummer, 10. Aufl. 2010, § 37 StBGebV Anm. 3.
3) Boelsen in Eckert, 6. Aufl. 2017, § 37 StBVV Rz. 5; Eggesiecker, 2. Aufl. 1998, § 37 STEUGO Rz. 37.350 ff.
4) Brummer, 10. Aufl. 2010, § 37 StBGebV Anm. 5.
5) Boelsen in Eckert, 6. Aufl. 2017, § 37 StBVV Rz. 5.

§ 38
Erteilung von Bescheinigungen

(1) [1]Der Steuerberater erhält für die Erteilung einer Bescheinigung über die Beachtung steuerrechtlicher Vorschriften in Vermögensübersichten und Erfolgsrechnungen 1 Zehntel bis 6 Zehntel einer vollen Gebühr nach Tabelle B (Anlage 2). [2]Der Gegenstandswert bemißt sich nach § 35 Abs. 2.

(2) Der Steuerberater erhält für die Mitwirkung an der Erteilung von Steuerbescheinigungen die Zeitgebühr.

Inhalt

A. Inhalt und Bedeutung

Bis zur 1. ÄndVO[1)] erhielt der StB sowohl für die Erteilung der Bescheinigung als auch für die bloße Mitwirkung daran lediglich die Zeitgebühr. Die amtliche Begründung der 1. ÄndVO rechtfertigt die Einführung einer **Wertgebühr** für Leistungen nach § 38 Abs. 1 StBGebV damit, dass Bescheinigungen über die Beachtung steuerrechtlicher Vorschriften in Vermögensübersichten und Erfolgsrechnungen wegen ihrer erheblichen Auswirkungen finanzieller und haftungsrechtlicher Art im Wirtschaftsleben von großer Bedeutung sind. 612

Die Gebühr nach § 38 StBVV erhält der StB für die Bescheinigung selbst, d.h. die rechtsverbindliche Aussage, dass alle steuerrechtlichen Vorschriften in einer Vermögensübersicht oder einer Erfolgsrechnung beachtet sind. Dies bedingt, dass die Vermögensaufstellung oder Erfolgsrechnung vom Mandanten selbst oder einem Dritten (z.B. einem anderen StB) gefertigt wurde.[2)] Bei der **Erteilung** einer Bescheinigung nach § 38 Abs. 1 StBVV handelt es sich um ein „**steuerrechtliches Testat**" für Vermögensübersichten und Erfolgsrechnungen. Bescheinigungen über nicht steuerliche Angelegenheiten, z. B. die Bescheinigung über das Ergebnis einer Plausibilitätsbeurteilung, die außersteuerlichen Zwecken dient, die Bestätigung über eine Prüfung nach § 34c Abs. 1 Nr. 1 und 1a GewO i.V.m. § 16 Abs. 3 Satz 2 MaBV,[3)] die Bescheinigung eines in Insolvenzsachen erfahrenen StB zu den Erfolgsaussichten einer Sanierung nach § 270b InsO oder eine Bestätigung, dass sozialversicherungsrechtliche Abgaben abgeführt werden, fallen unter die §§ 612 Abs. 2, 632 Abs. 2 BGB. Dies gilt auch für eine Bescheinigung nach dem Mindestlohngesetz.[4)] Geschuldet wird hier die „übliche Vergütung" die entsprechend § 38 StBVV bestimmt werden kann.[5)] In der Praxis werden Bescheinigungen für arbeits- und sozialversicherungsrechtliche Zwecke i.d.R. nach § 34 Abs. 5 StBVV mit einer Zeitgebühr – oder abweichend mit einer Pauschale – abgerechnet.[6)] 613

1) 1. ÄndVO v. 20.6.1988, BGBl. I 1988, 841.
2) Boelsen in Eckert, 6. Aufl. 2017, § 38 StBVV Rz. 4.
3) MaBV v. 20.6.1974, BGBl. I 1974, 1314.
4) S. Muster → § 34 StBVV Rz. 551.
5) Boelsen in Eckert, 6. Aufl. 2017, § 38 StBVV Rz. 5.
6) → § 34 StBVV Rz. 559 ff.

614 Obwohl die Erteilung von Bescheinigungen über die Beachtung steuerrechtlicher Vorschriften in Vermögensübersichten und Erfolgsrechnungen in § 57 Abs. 3 Nr. 3 StBerG als vereinbare Tätigkeit erwähnt ist, handelt es sich hierbei um eine originäre Tätigkeit nach § 33 StBerG. Der Gebührentatbestand des § 38 Abs. 1 StBVV hat daher zutreffender Weise in die Gebührenverordnung Eingang gefunden.

B. Erteilung einer Bescheinigung (Abs. 1 Satz 1)

615 Die Zahl der Fälle, in denen § 38 StBVV **eigenständige Bedeutung** erlangt, sind **relativ gering,** da Abschluss- und Bestätigungsvermerke, die Bestandteil der in §§ 35 und 36 StBVV genannten Leistungen sind, mit den Gebühren dieser Vorschriften abgegolten werden und damit keinem gesonderten gebührenrechtlichen Ansatz zugänglich sind.[1]

Hauptanwendungsfälle sind Bescheinigungen für Behörden, Kreditinstitute oder Erwerber eines Betriebs, die Aufschluss über die Beachtung steuerrechtlicher Vorschriften in Vermögensübersichten und Erfolgsrechnungen geben. Hierzu gehören auch Bescheinigungen im Zusammenhang mit der Erstellung eines Jahresabschlusses mit Plausibilitätsbeurteilung und umfassenden Prüfungshandlungen, wenn diese steuerlichen Zwecken dienen.

616 Nach der amtlichen Begründung steht dem Berater die Gebühr nach § 38 StBGebV auch dann zu, wenn er die der Bescheinigung zu Grunde liegenden Unterlagen erstellt oder geprüft und hierfür Gebühren erhalten hat. Voraussetzung dafür ist aber, dass die Bescheinigungserteilung nicht nur Teil- oder Nebenleistung einer anderen Tätigkeit,[2] sondern eine **eigenständige gebührenrechtliche Angelegenheit** ist. Dies ist etwa dann der Fall, wenn der Mandant den Berater nach einer Bilanzerstellung beauftragt, die Beachtung steuerrechtlicher Vorschriften noch einmal besonders kritisch zu überprüfen und hierüber eine Bescheinigung zu erstellen.[3] Auch dann, wenn der Auftraggeber eine Bescheinigung nach § 38 StBVV wünscht, zuvor aber noch die Vermögensübersicht oder die Erfolgsrechnung erstellt werden muss, liegen 2 vergütungsfähige Angelegenheiten vor.[4]

617 *(einstweilen frei)*

C. Gegenstandswert (Abs. 1 Satz 2) und Gebühr

618 Nach § 38 Abs. 1 Satz 2 StBVV bemisst sich der Gegenstandswert nach § 35 Abs. 2 StBVV. Bei Bescheinigungen im Zusammenhang mit Abschlüssen wird damit der Gegenstandswert aus dem **Wert des Bescheinigungsobjekts** abgeleitet. Betrifft die Bescheinigung jedoch eine sonstige Vermögensrechnung, z.B. einen Vermögens- oder Finanzstatus, ist auf den Gegenstandswert des § 37 StBVV zurückzugreifen.[5] Betrifft die Bescheinigung nicht die gesamte Vermögensübersicht oder Erfolgsrechnung, sind nur die betroffenen Gegenstände zu erfassen. Eggesiecker[6] führt als Beispielsfall die Ermittlung des Teilwerts von Pensionsrückstellungen nach § 6a EStG bzw. § 104 BewG a.F. an.

619 Bei der Wahl der angemessenen Gebühr findet das in § 11 StBVV genannte Kriterium der **„Bedeutung der Angelegenheit"** besondere Beachtung, da ein steuer-

1) Boelsen in Eckert, 6. Aufl. 2017, § 38 StBVV Rz. 2 und 3; Schwamberger in Meyer/Goez/Schwamberger, 9. Aufl. 2019, § 38 StBVV Rz. 3; Eggesiecker, 2. Aufl. 1998, § 38 STEUGO Rz. 38.050, Brummer, 10. Aufl. 2010, § 38 StBGebV Anm. 2.
2) → Rz. 615.
3) Eggesiecker, 2. Aufl. 1998, § 38 STEUGO Rz. 38.100.
4) Boelsen in Eckert, 6. Aufl. 2017, § 38 StBVV Rz. 4.
5) → § 37 StBVV Rz. 610 und → § 36 StBVV Rz. 605.
6) Eggesiecker, § 38 STEUGO Rz. 38.250 und Rz. 38.440.

rechtliches Testat regelmäßig eine für den Auftraggeber bedeutsame Aussage trifft, die oft auch Grundlage für weitreichende Entscheidungen der Adressaten ist. Auch das **Haftungsrisiko**, der Aufwand bei der Ermittlung der steuerlich relevanten Sachverhalte und die Schwierigkeit der zu beachtenden steuerrechtlichen Probleme wirken sich bei der Gebührenbemessung aus.[1]

D. Mitwirkung an der Erteilung von Steuerbescheinigungen (Abs. 2)

Nach § 38 Abs. 2 StBVV erhält der StB für die Mitwirkung an der Erteilung von **620**
Steuerbescheinigungen die Zeitgebühr. Die amtliche Begründung führt beispielhaft die Kapitalertragsteuerbescheinigung nach § 45a EStG und die Ausschüttungsbescheinigung nach § 44 KStG sowie die (elektronische) Lohnsteuerbescheinigung nach § 41b Abs. 1 EStG[2] an. Anders als im Fall des Abs. 1 handelt es sich bei der Mitwirkung nicht um ein „Testat", sondern um eine Hilfeleistung des StB bis hin zur Ausfertigung der Bescheinigung.

1) Boelsen in Eckert, 6. Aufl.2017, § 38 StBVV Rz. 7.
2) → § 34 StBVV Rz. 555 a.E.

§ 39
Buchführungs- und Abschlussarbeiten für land- und forstwirtschaftliche Betriebe

(1) Für Angelegenheiten, die sich auf land- und forstwirtschaftliche Betriebe beziehen, gelten abweichend von den §§ 32, 33, 35 und 36 die Absätze 2 bis 7.

(2) [1]Die Gebühr beträgt für

1.	**laufende Buchführungsarbeiten oder für das Führen steuerlicher Aufzeichnungen einschließlich Kontieren der Belege jährlich**	**3/10 bis 20/10**
2.	**die Buchführung oder für das Führen steuerlicher Aufzeichnungen nach vom Auftraggeber kontierten Belegen oder erstellten Kontierungsunterlagen jährlich**	**3/20 bis 20/20**
3.	**die Buchführung oder für das Führen steuerlicher Aufzeichnungen nach vom Auftraggeber erstellten Datenträgern oder anderen Eingabemitteln für die Datenverarbeitung neben der Vergütung für die Datenverarbeitung und für den Einsatz der Datenverarbeitungsprogramme jährlich**	**1/20 bis 16/20**
4.	**die laufende Überwachung der Buchführung oder für das Führen steuerlicher Aufzeichnungen jährlich**	**1/10 bis 6/10**

einer vollen Gebühr nach Tabelle D (Anlage 4). [2]Die volle Gebühr ist die Summe der Gebühren nach Tabelle D Teil a und Tabelle D Teil b.

(3) [1]Die Gebühr beträgt für

1.	**die Abschlussvorarbeiten**	**1/10 bis 5/10**
2.	**die Aufstellung eines Abschlusses**	**3/10 bis 10/10**
3.	**die Entwicklung eines steuerlichen Abschlusses aus dem betriebswirtschaftlichen Abschluss oder aus der Handelsbilanz oder die Ableitung des steuerlichen Ergebnisses vom Ergebnis des betriebswirtschaftlichen Abschlusses oder der Handelsbilanz**	**3/20 bis 10/20**
4.	**die beratende Mitwirkung bei der Erstellung eines Abschlusses**	**1/20 bis 10/20**
5.	**die Prüfung eines Abschlusses für steuerliche Zwecke**	**1/10 bis 8/10**
6.	**den schriftlichen Erläuterungsbericht zum Abschluss**	**1/10 bis 8/10**

einer vollen Gebühr nach Tabelle D (Anlage 4). [2]Die volle Gebühr ist die Summe der Gebühren nach Tabelle D Teil a und Tabelle D Teil b.

(4) Die Gebühr beträgt für

1.	**die Hilfeleistung bei der Einrichtung einer Buchführung oder dem Führen steuerlicher Aufzeichnungen**	**1/10 bis 6/10**
2.	**die Erfassung der Anfangswerte bei Buchführungsbeginn**	**3/10 bis 15/10**

einer vollen Gebühr nach Tabelle D Teil a (Anlage 4).

(5) [1]Gegenstandswert ist für die Anwendung der Tabelle D Teil a die Betriebsfläche. [2]Gegenstandswert für die Anwendung der Tabelle D Teil b ist der Jahresumsatz zuzüglich der Privateinlagen, mindestens jedoch die Höhe der Aufwendungen zuzüglich der Privatentnahmen. [3]Im Falle des Absatzes 3 vermindert sich der 100 000 Euro übersteigende Betrag auf die Hälfte.

(6) Bei der Errechnung der Betriebsfläche (Absatz 5) ist

1.	**bei einem Jahresumsatz bis zu 1 000 Euro je Hektar**	**das Einfache,**

2. bei einem Jahresumsatz über 1 000 Euro je Hektar — das Vielfache das sich aus dem durch 1 000 geteilten Betrag des Jahresumsatzes je Hektar ergibt,

3. bei forstwirtschaftlich genutzten Flächen — die Hälfte,

4. bei Flächen mit bewirtschafteten Teichen — die Hälfte,

5. bei durch Verpachtung genutzten Flächen — ein Viertel

der tatsächlich genutzten Flächen anzusetzen.

(7) Mit der Gebühr nach Absatz 2 Nr. 1, 2 und 3 ist die Gebühr für die Umsatzsteuervoranmeldungen (§ 24 Abs. 1 Nr. 7) abgegolten.

Inhalt

Schrifttum

Berners, Tätigkeiten für land- und forstwirtschaftliche Betriebe abrechnen?, Honorargestaltung für Steuerberater, Januar 2019, 7; **Beyme,** Führen steuerlicher Aufzeichnungen für land- und forstwirtschaftliche Betriebe – wie abrechnen?, KANZLEI intern 02_2019, 3; **Beyme,** Gebührenabrechnung bei einer Landwirtschafts-GmbH, KANZLEI intern 10_2018, 5; **Beyme,** Gebühren für Tierhaltungskooperation und Sonderbilanzen, KANZLEI intern 2_ 2018, 6.

A. Buchführung und Abschlüsse land- und forstwirtschaftlicher Betriebe (Abs. 1)

Die Besonderheiten der Buchführung und Abschlüsse **land- und forstwirtschaftlicher Betriebe** machen es erforderlich, die gebührenrechtlichen Vorschriften abweichend von den Bestimmungen für Gewerbetreibende, freie Berufe und sonstige Steuerpflichtige **„tätigkeitsbezogen"** zu regeln. § 39 Abs. 1 StBVV ordnet an, dass die Sondervorschriften abweichend von den §§ 32, 33, 35 und 36 StBVV auf den Bereich der **Buchführung** und der **Abschlussarbeiten** anwendbar sind. Klar ist, dass darunter Betriebe mit Einkünften nach § 13 EStG fallen. Auch auf eine reine **Landwirtschafts-GmbH** (gleiches gilt für die eG oder AG) findet die Vorschrift des § 39 StBVV Anwendung. Dass § 8 Abs. 2 KStG alle Einkünfte als solche aus Gewerbebetrieb behandelt, ist für die gebührenrechtliche Einordnung unerheblich. Maßgeblich ist, dass die Tätigkeit dem Grunde nach eine landwirtschaftliche ist.[1] Abgrenzungsfragen ergeben sich dann, wenn die Landwirtschafts-GmbH nicht ausschließlich land- und forstwirtschaftliche Leistungen erbringt, sondern auch gewerbliche Leistungen. **621**

1) Beyme, KANZLEI intern 10_2018, 5.

Beispiel:

Eine Landwirtschafts-GmbH ist überwiegend landwirtschaftlich tätig (Ackerbau), erzielt aber auch „originär" gewerbliche Einkünfte (Stromerzeugung Biogasanlage und Fuhrleistungen).

Beyme zeigt unter Heranziehung ertragsteuerlicher Kriterien verschiedene Lösungsansätze auf.[1] Bei organisatorisch verselbständigten Betriebsteilen (Teilbetrieb) könnte der Teilbetrieb „Landwirtschaft" nach § 39 StBVV und die sonstigen Tätigkeiten nach §§ 33, 35 StBVV abgerechnet werden.[2] Es müssten dann (intern) 2 Buchführungen und 2 (Teilbetriebs-)Abschlüsse erstellt werden, die zu einem einheitlichen Jahresabschluss zusammengeführt (konsolidiert) werden. Denkbar wäre auch eine Anknüpfung an R 15.5 Abs. 11 EStR, wonach Umsätze aus nicht landwirtschaftlichen Tätigkeiten, die insgesamt nicht mehr als ein Drittel des Gesamtumsatzes und nicht mehr als 51.500 € im Wirtschaftsjahr betragen, typisierend noch den Einkünften aus Land- und Forstwirtschaft zugerechnet werden. Bei Landwirtschafts-GmbHs mit untergeordneten Umsätzen aus landwirtschaftlicher Tätigkeit käme umgekehrt die ausschließliche Anwendung der §§ 33, 35 StBVV in Betracht. Ist keine eindeutige Zuordnung möglich, weil weder die originär landwirtschaftlichen noch die gewerblichen Umsätze der GmbH ein eindeutiges Gepräge geben, empfiehlt sich eine Vergütungsvereinbarung nach § 4 StBVV.[3]

Die Sondervorschriften des § 39 StBVV gelten auch für Betriebe, deren Betriebsgrundstücke zwar einkommensteuerlich als gewerblich behandelt werden, die aber ansonsten einen Betrieb der Land- und Forstwirtschaft bilden würden.[4] **Tierhaltungskooperationen** i.S.v. § 51a Abs. 1 BewG gelten bewertungsrechtlich als landwirtschaftlicher Betrieb[5] und erzielen Einkünfte aus Land- und Forstwirtschaft, § 13 Abs. 1 Satz 5 EStG. Die Gebühren für Buchführungs- und Abschlussarbeiten sind deshalb nach § 39 StBVV abzurechnen. Eine landwirtschaftliche Tierhaltungskooperation liegt auch vor, wenn sie ohne regelmäßig landwirtschaftlich genutzte Flächen betrieben wird, § 51a Abs. 2 BewG.[6] In diesem Fall beträgt die Betriebsfläche i.S.v. § 39 Abs. 5 StBVV für die Anwendung der Tabelle D Teil a „0 Hektar".[7] Eine Betriebsfläche von „0 Hektar" fällt in die erste Gebührenstufe „bis 40 Hektar". Die volle Gebühr von 10/10 würde danach 348 € betragen.[8]

Für alle sonstigen Leistungen außerhalb der Buchführung und des Jahresabschlusses gelten die allgemeinen Gebührenvorschriften. Die Sonderregelungen zur Buchführung und zum Abschluss folgen im Prinzip den Vorschriften der §§ 32, 33, 35 und 36 StBVV, wenngleich § 39 StBVV nicht alle Fallgruppen der vorgenannten allgemeinen Vorschriften übernimmt.[9]

622 Durch die 3. ÄndVO[10] wurde in § 39 Abs. 2 Nr. 3 StBGebV – wie bei den allgemeinen Vorschriften der §§ 33 Abs. 4, 34 Abs. 4 StBGebV – klargestellt, dass die Vergütung sich nicht nur auf das Entgelt für die Datenverarbeitung beschränkt, sondern

1) Beyme, KANZLEI intern 10_2018, 5 f.
2) R 8.3 KStR.
3) Beyme, KANZLEI intern 10_2018, 6.
4) Boelsen in Eckert, 6. Aufl. 2017, § 39 StBVV Rz. 6; Berners, 5. Aufl. 2016, § 39 StBVV Rz. 4; a.A. Eggesiecker, 2. Aufl. 1998, § 39 STEUGO Rz. 39.110, 39.130.
5) § 34 Abs. 6a BewG.
6) Z.B. Verpachtung von landwirtschaftlichen Betriebsgebäuden an eine Tierhaltungskooperation in der Rechtsform der KG.
7) Beyme, KANZLEI intern 2_2018, 6.
8) Bis zur Erhöhung der Gebühren durch die Fünfte Verordnung zur Änderung steuerlicher Verordnungen v. 25.6.2020, BGBl. I 2020, 1495, 1498 = BStBl I 2020, 555 betrug die Gebühr 311 €; Beyme, KANZLEI intern 2_2018, 6 m.w.N.
9) Zur analogen Anwendung des § 39 StBGebV: Eggesiecker, 2. Aufl. 1998, § 39 STEUGO Rz. 39.020 und Rz. 39.150.
10) 3. ÄndVO v. 20.8.1998, BGBl. I 1998, 2369.

auch für den Einsatz der Datenverarbeitungsprogramme liquidiert werden kann. Durch das KostREuroUG[1] wurden die in § 39 Abs. 5 Satz 3 und Abs. 6 Nr. 1 und 2 StBGebV genannten DM-Beträge auf Euro-Beträge umgestellt.

Gebührenvereinbarungen, insbesondere nach §§ 4 Abs. 1, 14 StBVV sind in den Fällen des § 39 Abs. 2 und 3 StBVV möglich. 623

B. Gebühren für Buchführungstätigkeiten (Abs. 2, Abs. 4 Nr. 1 und Abs. 7)

Der Aufbau des **§ 39 Abs. 2 StBVV** lehnt sich an den des § 33 StBVV an, d.h. es wird nach dem Grad der Beteiligung des Mandanten an der Erstellung der Buchführungsunterlagen und nach dem Niveau der EDV-gerechten Aufbereitung differenziert. Hiernach richten sich auch die Gebührenrahmen, die in § 39 Abs. 2 Nr. 1–3 StBVV höher sind als in den **Parallelvorschriften des § 33 Abs. 1, 3 und 4 StBVV.** In § 39 Abs. 2 StBVV fehlt eine dem § 33 Abs. 2 StBVV entsprechende Vorschrift für die alleinige Belegkontierung ohne die Übernahme der laufenden Buchführungsarbeiten. Da dieser Gebührentatbestand bei landwirtschaftlichen Betrieben kaum vorkommen dürfte, wird man in den wenigen Ausnahmefällen die angemessene Gebühr aus dem Gebührenrahmen des § 39 Abs. 2 Nr. 1 StBVV nach Maßgabe des § 2 StBVV ermitteln können.[2] In § 39 Abs. 2 StBVV fehlt ferner ein Gebührentatbestand für die Hilfeleistung bei sonstigen Tätigkeiten im Zusammenhang mit der Buchführung (§ 33 Abs. 7 StBVV). Da nicht von einer planwidrigen Regelungslücke innerhalb des § 39 Abs. 2 StBVV ausgegangen werden kann, verbietet sich eine Analogie. Sonstigen Hilfeleistungen ist deshalb durch die Wahl einer höheren Gebühr i.R.d. § 39 Abs. 2 StBVV oder durch die Vereinbarung einer höheren Vergütung nach § 4 Abs. 1 StBVV Rechnung zu tragen. Ein wesentlicher Unterschied im Vergleich zu § 33 StBVV ist der, dass § 39 Abs. 2 StBVV **Jahresgebühren** vorsieht. Angelegenheit im gebührenrechtlichen Sinne ist hier das Wirtschaftsjahr. Dies hat zur Folge, dass die Pauschale nach § 16 StBVV nicht monatlich, sondern nur einmal im Jahr anfällt. 624

Praxistipp:

Bucht der StB nur einige (z.B. 5) Monate, nicht aber das gesamte Wirtschaftsjahr, bietet sich eine Abrechnung analog des Fertigstellungsgrades bei Abschlussarbeiten an.[3]

Durch die Fünfte Verordnung zur Änderung steuerlicher Verordnungen v. 25.6.2020[4] hat der Verordnungsgeber klargestellt, dass auch das **Führen steuerlicher Aufzeichnungen** bei Land- und Forstwirten, die ihren Gewinn nach § 4 Abs. 3 EStG ermitteln, nach § 39 StBVV abzurechnen ist. Dazu wurde der Wortlaut des § 39 Abs. 2 Nr. 1, 2, 3, 4 und Abs. 4 Nr. 1 StBVV entsprechend ergänzt. Gleichzeitig wurde damit ein Meinungsstreit in der Literatur beigelegt. Weil in § 39 Abs. 2 StBVV – anders als in § 33 Abs. 1, 3, 4 und 7 StBVV – nicht zwischen Buchführung und steuerlichen Aufzeichnungen differenziert wurde, schloss Berners daraus, dass bei einem nicht buchführungspflichtigen LuF-Betrieb das Führen von steuerlichen Aufzeichnungen nach § 33 StBVV abzurechnen ist.[5] Nach a.A. war § 39 Abs. 2 StBVV auch in diesen Fällen die speziellere Regelung. Dies erschloss sich bei einer historischen Betrachtung beider Vorschriften. Die Differenzierung zwischen Buchführung und Führen steuerlicher Aufzeichnungen in § 33 StBVV wurde erst durch die Verordnung zum Erlass und zur Änderung steuerlicher Verordnungen vom

1) KostREuroUG v. 27.4.2001, BGBl. I 2011, 751.
2) Boelsen in Eckert, 6. Aufl. 2017, § 39 StBVV Rz. 7.
3) Also 5/12 → § 35 StBVV Rz. 568.
4) BGBl. I 2020, 1495, 1498 = BStBl I 2020, 555.
5) Berners, Honorargestaltung für Steuerberater, Januar 2019, 7.

11.12.2012[1] aufgenommen. Es handelte sich um eine redaktionelle Klarstellung, denn aus der Überschrift des Fünften Abschnitts der StBVV ergab sich schon immer, dass § 33 StBVV auch für Hilfeleistung bei der Erfüllung steuerlicher Aufzeichnungen gilt. Wenn man vor diesem Hintergrund die Regelung des § 39 Abs. 1 StBVV betrachtete[2] ergab sich daraus ein Vorrang des § 39 StBVV für alle von § 33 StBVV erfassten Fälle (Buchführung und steuerliche Aufzeichnungen). Daran haben die o.g. redaktionellen Klarstellungen nichts geändert, da es sich eben nur um redaktionelle Änderungen handelte.[3] Durch die erfreuliche Klarstellung des Verordnungsgeber in § 39 Abs. 2 Nr. 1, 2, 3, 4 und 4 StBVV ist dieser Streit nun obsolet.

625 Für die Einrichtung einer Buchführung existiert mit **§ 39 Abs. 4 Nr. 1 StBVV** ein gesonderter Gebührentatbestand, dessen „Tätigkeitsbereich" dem des § 32 StBVV entspricht. Abweichend von § 32 StBVV sieht § 39 Abs. 4 Nr. 1 StBVV jedoch keine Zeit-, sondern eine Wertgebühr vor.

626 Die Vorschrift des **§ 39 Abs. 7 StBVV,** wonach mit der Gebühr nach Abs. 2 Nr. 1, Abs. 2 und Abs. 3 die Gebühr für die Umsatzsteuervoranmeldungen abgegolten ist, entspricht § 33 Abs. 8 StBVV.

C. Gebühren für Abschlüsse (Abs. 3 und Abs. 4 Nr. 2)

627 Wird der Gewinn land- und forstwirtschaftlicher Betriebe nicht nach Durchschnittsätzen (§ 13a EStG) oder durch Überschussermittlung (§ 4 Abs. 3 EStG), sondern mit Hilfe von Jahresabschlüssen ermittelt, sind nicht die §§ 26 oder 25 StBVV, sondern ist § 39 Abs. 3 StBVV anwendbar. Der Aufbau dieser Vorschrift orientiert sich im Wesentlichen an § 35 Abs. 1 StBVV. Einige Besonderheiten sind jedoch hervorzuheben. So sieht **§ 39 Abs. 3 Nr. 1 StBVV** für **Abschlussvorarbeiten**[4] – anders als § 35 Abs. 3 StBVV – keine Zeit-, sondern eine Wertgebühr vor. Wird ein verpachtender Betrieb in der Rechtsform der GbR geführt, sind **Sonderbilanzen** von GbR-Gesellschaftern im Zweifel der Personengesellschaft in Rechnung zu stellen. Die Aufzeichnungs- und Buchführungspflichten für das steuerliche Sonderbetriebsvermögen einer Personengesellschaft obliegen nicht dem einzelnen Gesellschafter, sondern der Personengesellschaft.[5] Deshalb trifft die Pflicht zur Aufstellung einer Sonderbilanz die Personengesellschaft, für die die entsprechenden Steuerberatungskosten auch abzugsfähige Betriebsausgaben sind.[6] Die Personengesellschaft ist deshalb im Zweifel Auftraggeber, wenn zwischen den Beteiligten nichts Gegenteiliges vereinbart ist.[7]

628 **§ 39 Abs. 3 Nr. 2 StBVV,** der nicht von der Aufstellung eines Jahresabschlusses, sondern allgemein von **der Aufstellung eines Abschlusses** spricht, deckt nicht nur § 35 Abs. 1 Nr. 1 StBVV, sondern auch § 35 Abs. 1 Nr. 2 StBVV[8] und § 35 Abs. 1 Nr. 5 StBVV[9] ab. Der Gebührenrahmen des § 39 Abs. 3 Nr. 2 StBVV ist allerdings niedriger als der des § 35 Abs. 1 Nr. 1, 2 und 5 StBVV.

629 Die Vorschrift des **§ 39 Abs. 3 Nr. 3 StBVV** entspricht § 35 Abs. 1 Nr. 3 StBVV. Betroffen sind Fälle, in denen ein zunächst unter nicht steuerlichen Gesichtspunkten aufgestellter **Abschluss unter Berücksichtigung der Besteuerungsvorschrift modifiziert** wird. Der Gebührenrahmen ist niedriger als im Fall des § 35 Abs. 1 Nr. 3 StBVV.

1) BGBl. I 2012, 2637 = BStBl I 2013, 2.
2) „...gelten abweichend von den §§ 32, 33, 35...".
3) Beyme, KANZLEI intern 02_2019, 2.
4) Z.B. Tätigkeiten betreffend Inventurunterlagen.
5) BFH v. 23.10.1990, VIII R 142/85, BStBl II 1991, 401.
6) BFH v. 28.5.2015, VIII B 40/14, BFH/NV 2015, 1565.
7) Beyme, KANZLEI intern 2_2018, 6.
8) Aufstellung eines Zwischenabschlusses.
9) Aufstellung einer Auseinandersetzungsbilanz.

Auch der Gebührenrahmen für die **beratende Mitwirkung bei der Erstellung eines Abschlusses (§ 39 Abs. 3 Nr. 4 StBVV)** ist niedriger als im Fall des § 35 Abs. 1 Nr. 7 StBVV. Wie § 39 Abs. 3 Nr. 2 StBVV ist auch diese Vorschrift allgemein auf die Mitwirkung bei der Erstellung beliebiger Abschlüsse[1] anwendbar. 630

§ 39 Abs. 3 Nr. 5 StBVV regelt die **Prüfung eines Abschlusses für steuerliche Zwecke.** Damit ist nur ein Anwendungsfall des § 36 Abs. 2 Nr. 1 StBVV erfasst. Für die Prüfung einer sonstigen Vermögensrechnung,[2] die ebenfalls in § 36 Abs. 2 Nr. 1 StBVV genannt sind, ist § 39 Abs. 3 Nr. 5 StBVV aber analog anwendbar. Demgegenüber erhält der StB für die Berichterstattung über eine Abschlussprüfung im Gegensatz zu § 36 Abs. 2 Nr. 2 StBVV i.R.d. § 39 StBVV keine zusätzliche Gebühr. Diese Tätigkeit ist vielmehr mit der Gebühr nach § 39 Abs. 3 Nr. 5 StBVV abgegolten. Nicht geregelt ist in § 39 Abs. 3 StBVV auch der Fall des § 36 Abs. 1 StBVV.[3] Hier wird allgemein eine sinngemäße Anwendung des § 39 Abs. 2 Nr. 4 StBVV befürwortet.[4] 631

§ 39 Abs. 3 Nr. 6 StBVV (schriftlicher Erläuterungsbericht) entspricht der Regelung in § 35 Abs. 1 Nr. 6 StBVV, sieht allerdings einen niedrigeren Gebührenrahmen vor. 632

§ 39 Abs. 4 Nr. 2 StBVV sieht eine besondere Gebühr für die **Erfassung der Anfangswerte** vor. Dieser Gebührentatbestand betrifft nicht nur die bloße Übernahme der Eröffnungsbilanzwerte in eine Buchführung, sondern deckt auch die Tätigkeiten ab, die der Aufstellung einer Eröffnungsbilanz gleichkommen.[5] Insoweit besteht eine Vergleichbarkeit mit § 35 Abs. 1 Nr. 4 StBVV. 633

D. Gegenstandswert und Angemessenheit der Gebühr (Abs. 5 und Abs. 6)

Für die Wertgebührenermittlung bei land- und forstwirtschaftlichen Betrieben ist die **landwirtschaftliche Tabelle D** anzuwenden, die in ihrem **Teil a die Betriebsfläche** und in ihrem **Teil b** den **Jahresumsatz** berücksichtigt. Außer bei den Tätigkeiten nach § 39 Abs. 4 StBVV wird die gesamte Wertgebühr durch Additionen von Teilwertgebühren der beiden Untertabellen a und b ermittelt, und zwar auch dann, wenn der Auftraggeber durch vorgeordnete Belege gute Vorarbeiten geleistet hat.[6] Wenn die maßgeblichen Verkehrszahlen 100 000 € nicht übersteigen, stimmen die vollen Wertgebühren für Buchführungsarbeiten und Abschlussarbeiten überein. Bei darüber hinausgehenden Verkehrszahlen sind die vollen Wertgebühren für Buchführungsarbeiten höher.[7] 634

I. Gebühren nach der Betriebsfläche (Tabelle D Teil a)

Bei einem **Jahresumsatz bis zu 1 000 € je Hektar** kommt es ausschließlich auf die in dem Wirtschaftsjahr, für das die Buchführung und der Abschluss erstellt werden, tatsächlich genutzte Betriebsfläche an.[8] Die Nutzung kann auch durch Verpachtung erfolgt sein. Auch zugepachtete Flächen gehören zu den tatsächlich genutzten Flächen. Bei nicht bewirtschafteten Flächen kommt es darauf an, ob der Land-/Forst- 635

1) Auch Zwischenabschlüsse und Auseinandersetzungsbilanzen.
2) Vermögens- oder Finanzstatus.
3) Prüfung einer Buchführung, einzelner Konten oder einer Überschussrechnung für steuerliche Zwecke und Berichterstattung.
4) Brummer, 10. Aufl. 2010, § 39 StBGebV Anm. 3; Eggesiecker, 2. Aufl. 1998, § 36 STEUGO Rz. 36.400.
5) Boelsen in Eckert, 6. Aufl. 2017, § 39 StBVV Rz. 25; Eggesiecker, 2. Aufl. 1998, § 39 STEUGO Rz. 39.440; a.A. Brummer, 10. Aufl. 2010, § 39 StBGebV Anm. 4.
6) OLG Düsseldorf v. 6.5.1993, 13 U 86/91.
7) § 39 Abs. 5 Satz 3 StBVV.
8) § 39 Abs. 6 Nr. 1 StBVV.

wirt für die Nichtbewirtschaftung oder die Grundstücksüberlassung ein Entgelt erhält. Dann ist die Fläche wie eine verpachtete Fläche zu behandeln.[1] Bei einem Jahresumsatz **über 1 000 €** je Hektar genügt die Ermittlung der fiktiven Betriebsfläche. Dazu wird der Jahresumsatz durch 1 000 € geteilt.[2]

Beispiel:

180 000 € (Umsatz)	:	120 (Hektar)	=	1 500 €/ha		
1 500 €	:	1 000	=	Vervielfältiger	=	1,50
Betriebsfläche			=	120 ha × 1,50	=	180 ha

Für forstwirtschaftlich genutzte Flächen und Flächen mit bewirtschafteten Teichen sowie verpachtete Flächen gelten die **Sonderregelungen in § 39 Abs. 6 Nr. 3–5 StBVV.** Der Gegenstand „Betriebsfläche" ist hier eine statische Größe, die in den beiden ersten Fällen zur Hälfte und im letzten Fall zu einem Viertel der tatsächlich genutzten Fläche anzusetzen ist.

II. Gebühren nach dem Jahresumsatz (Tabelle D Teil b)

636 Gegenstandswert für die Anwendung der Tabelle D Teil b ist der „bereinigte" Jahresumsatz.[3] Hierzu gehören die Erlöse aus der gewöhnlichen betrieblichen Tätigkeit, nicht außerordentliche Erträge, z.B. aus der Verpachtung von Grundstücken.[4] Ausweislich des Gesetzeswortlauts sind Privateinlagen hinzuzurechnen. Ist die Höhe der Aufwendungen höher als der Jahresumsatz sind die Aufwendungen zugrunde zu legen. § 39 Abs. 5 Satz 3 StBVV sieht im Falle von Abschlussarbeiten eine Halbierung des Gegenstandswerts vor, soweit er über den Betrag von 100 000 € hinausgeht. Diese Regelung betrifft nur die Ermittlung des Jahresumsatzes als Gegenstandswert für die Anwendung der Tabelle D Teil b. Mit dieser Begrenzung soll dem Umstand Rechnung getragen werden, dass der erzielte Jahresumsatz für Umfang und Schwierigkeit der Tätigkeit des StB bei Abschlussarbeiten nicht die gleiche Bedeutung hat wie der nach der Betriebsfläche berechnete Gegenstandswert. Mit der Halbierung des Gegenstandswertes sollen unangemessen hohe Gebühren vermieden werden.[5]

Beispiel:

Jahresumsatz zuzüglich Privateinlagen	380 000 €
= Gegenstandswert für Tabelle D Teil b	
Grundwert	100 000 €
(380 000 ./. 100 000) / 2 =	140 000 €
	240 000 €

1) Boelsen in Eckert, 6. Aufl. 2017, § 39 StBVV Rz. 29.
2) § 39 Abs. 6 Nr. 2 StBVV.
3) § 39 Abs. 5 Satz 2 StBVV.
4) Boelsen in Eckert, 6. Aufl. 2017, § 39 StBVV Rz. 34.
5) Boelsen in Eckert, 6. Aufl. 2017, § 39 StBVV Rz. 36.

§ 40 a.F. (bis 30.6.2020)
Verfahren vor den Verwaltungsbehörden

(1) [1]Für die Vertretung im Rechtsbehelfsverfahren vor Verwaltungsbehörden erhält der Steuerberater eine Geschäftsgebühr von 5/10 bis 25/10 einer vollen Gebühr nach Tabelle E (Anlage 5). [2]Eine Gebühr von mehr als 13/10 einer vollen Gebühr nach Tabelle E (Anlage 5) kann nur gefordert werden, wenn die Tätigkeit umfangreich oder schwierig war. [3]Beschränkt sich der Auftrag auf ein Schreiben einfacher Art, das weder schwierige rechtliche Ausführungen noch größere sachliche Auseinandersetzungen enthält, beträgt die Gebühr 3/10 einer vollen Gebühr nach Tabelle E (Anlage 5).

(2) Die Geschäftsgebühr ermäßigt sich auf 3/10 bis 20/10 einer vollen Gebühr nach Tabelle E (Anlage 5), wenn der Steuerberater in dem Verwaltungsverfahren, das dem Verfahren nach Absatz 1 vorausgeht, Gebühren nach § 28 erhält.

(3) Die Geschäftsgebühr ermäßigt sich auf 1/10 bis 7,5/10 einer vollen Gebühr nach Tabelle E (Anlage 5), wenn der Steuerberater im Zusammenhang mit dem Verfahren nach Absatz 1 Gebühren nach § 24 erhält.

(4) Erhält der Steuerberater im Verwaltungsverfahren, das dem Verfahren nach Absatz 1 vorausgeht, Gebühren nach § 23, so darf die Summe dieser Gebühren und der Gebühr nach Absatz 1 25/10 einer vollen Gebühr nach Tabelle E (Anlage 5) nicht übersteigen.

(5) [1]Wird der Steuerberater in derselben Angelegenheit für mehrere Auftraggeber tätig und ist der Gegenstand der beruflichen Tätigkeit derselbe, so erhöht sich die Geschäftsgebühr für jeden weiteren Auftraggeber um 3/10, in den Fällen des Absatzes 2 um 2/10 und in den Fällen des Absatzes 3 um 1/10 einer vollen Gebühr nach Tabelle E (Anlage 5). [2]Die Erhöhung wird nach dem Betrag berechnet, an dem die Auftraggeber gemeinschaftlich beteiligt sind. [3]Mehrere Erhöhungen dürfen den Betrag von 20/10, in den Fällen des Absatzes 2 den Betrag von 16/10 und in den Fällen des Absatzes 3 den Betrag von 6/10 einer vollen Gebühr nach Tabelle E (Anlage 5) nicht übersteigen.

(6) Erhält der Steuerberater in dem Verwaltungsverfahren, das dem Verfahren nach Absatz 1 vorausgeht, eine Gebühr nach § 31, so darf die Summe dieser Gebühr und der Gebühr nach Absatz 1 25/10 einer vollen Gebühr nach Tabelle E (Anlage 5) nicht übersteigen.

(7) Das Verwaltungsverfahren auf Aussetzung der Vollziehung oder auf Beseitigung der aufschiebenden oder hemmenden Wirkung ist zusammen mit dem Verfahren nach Absatz 1 eine Angelegenheit.

(8) Erledigt sich eine Angelegenheit ganz oder teilweise nach Rücknahme, Widerruf, Aufhebung, Änderung oder Berichtigung des mit einem Rechtsbehelf angefochtenen Verwaltungsaktes, so erhält der Steuerberater, der bei der Erledigung mitgewirkt hat, eine Gebühr von 10/10 einer vollen Gebühr nach Tabelle E (Anlage 5).

Inhaltsübersicht

Schrifttum

Berners, Erledigungsgebühr als besondere Tätigkeitsgebühr, Honorargestaltung für Steuerberatung November 2018, 1; **Beyme,** Kostenerstattung Familienkasse, KANZLEI intern 06_2019, 6; **Beyme,** Anhebung des Streitwerts um „offensichtlich absehbare zukünftige Auswirkungen, Stbg 2017, 90; **Beyme,** Mindeststreitwert für im Vorverfahren tätig gewordene Steuerberater, Stbg 2017, 40; **Feiter,** Zeitnah abrechnen und Honoraransprüche nicht verjähren lassen, KANZLEI intern 05_2019, 2; **Feiter,** Amtspflichtverletzung durch fehlerhafte Vorauszahlungsbescheide?, KANZLEI intern 12/2015, 2; **Feiter,** Nochmals: BGH und Toleranzgrenze von 20 %, Honorarbrief für Steuerberater 09/2012, 3; **Feiter,** Finanzamt muss Gebühren des Steuerberaters für das Einspruchsverfahren erstatten, KANZLEI intern 07/2014, 3; **Feiter,** Amtshaftung: Gebühren für die Prüfung des Änderungsbescheides? KANZEI intern 06/2014, 6; **Feiter,** Plädoyer für eine Reform des § 40 StBVV, Stbg 2013, 466; **Gehm,** Amtshaftung im Steuer- und Steuerstrafverfahren, SIS Steuerberater-Brief Nr. 2018/07; **Goez,** Aufklärungspflichten des Steuerberaters bei Haftung des Finanzamts für Steuerberatungskosten, INF 2006, 718; **Kilian/Schwerdtfeger,** Amtshaftung und Einspruchsverfahren, DStR 2006, 1773; **Klaeren,** Abtretung von Amtshaftungsansprüchen durch Mandanten, KANZLEI intern 01/2015, 3; **Kreft,** Ansatz des Mindeststreitwerts im Vorverfahren, KP 2016, 207; **Jost,** Erfolgreicher Einspruch: Die Erledigungsgebühr als Belohnung für ein vermiedenes Gerichtsverfahren?, KP 2001, 92; **Meyer/Rönnig,** Vorsicht vor Verjährung von Gebühren im Einspruchs- und Klageverfahren, KP 2002, 55; **Nieland,** Befugnis eines Steuerberaters zur Geltendmachung eines Amtshaftungsanspruchs gegen das Finanzamt, Stbg 2009, 127; **Schall,** Die Bemessung der Gebühr, StB 1992, 420; **Schall,** Zur Bemessung der Gebühr, StB 1994, 195; **Schwamberger,** Die gesonderte Abrechnung für Anträge auf Aussetzung der Vollziehung, KP 2020, 72; **Zenke/ Brandenburg,** Kosten des finanzgerichtlichen Prozesses, Heidelberg 1997.

A. Inhalt und Bedeutung

637 Durch die Fünfte Verordnung zur Änderung steuerlicher Verordnungen v. 25.6.2020[1] wurde § 40 StBVV dergestalt geändert, dass sich jetzt nur noch ein Verweis auf die Vorschriften des RVG findet. Für **Aufträge ab dem 1.7.2020** gilt deshalb

1) BGBl. I 2020, 1495, 1498 = BStBl I 2020, 555.

§ 40 StBVV n.F.[1] Für **Aufträge bis zum 30.6.2020** sind die Gebühren für das außergerichtliche Rechtsbehelfsverfahren weiterhin nach § 40 StBVV a.F. abzurechnen. Durch das Jahressteuergesetz 2007[2] waren die Gebühren für Verfahren vor Verwaltungsbehörden zuvor mit Wirkung zum 1.1.2007 inhaltlich an die Regelungen des RVG[3] angepasst worden. Bis dahin konnte der StB im außergerichtlichen Rechtsbehelfsverfahren insgesamt 4 Gebühren verdienen, die Geschäftsgebühr,[4] die Besprechungsgebühr,[5] die Beweisaufnahmegebühr[6] und die Erledigungsgebühr.[7] Die Besprechungs- und Beweisaufnahmegebühr wurden ersatzlos gestrichen und gingen seitdem in der Geschäftsgebühr mit einem deutlich höheren Gebührenrahmen von 5/10 bis 25/10 auf. Daneben konnte der StB unverändert eine Erledigungsgebühr verdienen.[8] Die früher in §§ 41 Abs. 3 – 5 und 42 Abs. 3 StBGebV geregelten Ermäßigungstatbestände wurden in § 40 Abs. 2 – 4 und 6 StBGebV übernommen, und zwar mit deutlich höheren Rahmensätzen bzw. Höchstgebühren. Damit wurde dem Wegfall der Besprechungs- und Beweisaufnahmegebühr Rechnung getragen. Der Regelungsgehalt des früheren § 44 Abs. 2 StBGebV[9] fand sich seit dieser Änderung in § 40 Abs. 7 StBVV a.F. Seit Inkrafttreten des 2. KostRMoG am 1.8.2013[10] waren StB hinsichtlich der Gebühren im Einspruchsverfahren gegenüber Rechtsanwälten in mehrfacher Hinsicht benachteiligt. Dies lag nicht nur daran, dass Rechtsanwälte ihre Gebühren nach der vorteilhafteren Tabelle zu § 13 RVG und nicht nach der früheren Tabelle E zur StBVV abrechnen. Auch die Gebührenminderungstatbestände in § 40 StBVV a.F., insbesondere Absatz 2, führten zu einer Benachteiligung, da Rechtsanwälte keinen Gebührenminderungstatbeständen unterliegen und stattdessen von einem Anrechnungssystem profitieren. Weitere Nachteile für StB resultierten daraus, dass Rechtsanwälte Anträge auf Aussetzung der Vollziehung gesondert abrechnen können,[11] eine höhere Erledigungsgebühr[12] erhalten und einen Mindestgegenstandswert ansetzen können.[13] Durch die Fünfte Verordnung zur Änderung steuerlicher Verordnungen v. 25.6.2020[14] wurde diese Ungleichbehandlung für die Zukunft[15] beseitigt. Für Rechtsanwälte und StB gelten nunmehr gleichermaßen die Vorschriften des RVG.[16] Für Aufträge bis zum 30.6.2020 gilt nach wie vor § 40 StBVV a.F. Rechtsanwälte/StB sollten ihre Tätigkeiten im Einspruchsverfahren deshalb in diesen Fällen möglichst nach den vorteilhafteren Vorschriften des RVG abrechnen.[17]

Rechtsbehelfsverfahren vor Verwaltungsbehörden sind insbesondere das **Einspruchsverfahren** nach §§ 348 ff. AO sowie das **Widerspruchsverfahren** nach **638**
§§ 68 ff. VwGO.[18] Auf Widerspruchsverfahren im Bereich der §§ 28h und 28p SGB

1) Vgl. § 47a StBVV; siehe hierzu die Parallelkommentierung zu § 40 StBVV in der ab dem 1.7.2020 gültigen Fassung, → Rz. 668 ff.
2) JStG 2007 v. 13.12.2006, BGBl. I 2006, 2878 = BStBl I 2007, 28.
3) RVG v. 5.5.2004, BGBl. I 2004, 788; Nr. 2300 ff. VV RVG.
4) § 41 StBGebV a.F.
5) § 42 StBGebV a.F.
6) § 43 StBGebV a.F.
7) § 40 Abs. 2 StBGebV a.F.
8) § 40 Abs. 8 StBGebV.
9) Aussetzung der Vollziehung.
10) Gesetz v. 23.7.2013, BGBl. I 2013, 2586.
11) → Rz. 663 ff.
12) → Rz. 666.
13) → Rz. 642.
14) BGBl. I 2020, 1495, 1498 = BStBl I 2020, 555.
15) Für Aufträge ab dem 1.7.2020.
16) → § 40 StBVV n.F. Rz. 668.
17) → § 1 StBVV Rz. 92; → Rz. 664, → Rz. 666.
18) Betreffend öffentlich-rechtliche Streitigkeiten über Abgabenangelegenheiten, die der Verwaltungsgerichtsbarkeit übertragen sind, wie z.B. Angelegenheiten der Grund-, Gewerbe- oder Grunderwerbsteuer, § 1 Abs. 1 Nr. 2 StBerG, § 3 Abs. 2 AO.

IV, in denen StB gem. § 13 Abs. 6 Satz 2 SGB X vertretungsbefugt sind, ist § 40 StBVV nicht unmittelbar anwendbar so aber die Begründung des VO-Gebers zu § 45 StBVV.[1] Der sachliche Anwendungsbereich der StBVV[2] ist auf Tätigkeiten nach § 33 StBerG beschränkt, zu denen das Sozialversicherungsrecht nicht gehört. Gemäß § 2 StBVV dürfte aber eine sinngemäße Anwendung des § 40 StBVV vertretbar sein.[3] Alternativ käme als „übliche Vergütung" nach §§ 612 Abs. 2, 632 Abs. 2 BGB die sinngemäße Anwendung der Vorschriften des RVG in Betracht.[4] Voraussetzung für die Anwendbarkeit des § 40 StBVV ist, dass das Rechtsbehelfsverfahren schon begonnen hat und noch nicht beendet ist. § 40 StBVV kann entsprechend auf nicht-förmliche Rechtsbehelfe, wie Gegenvorstellung oder Dienstaufsichtsbeschwerde, angewendet werden.

639 Die Geschäftsgebühr **entsteht**, wenn ein Auftrag zur Vertretung im Rechtsbehelfsverfahren erteilt worden ist und der StB mit der Erledigung der Angelegenheit, etwa durch Einholen der erforderlichen Sachinformation, begonnen hat. Sie entfällt nicht, wenn sich die Angelegenheit vor Einlegung des Rechtsbehelfs erledigt, z.B. weil der Mandant den Auftrag zurückzieht.[5] Auch dann, wenn der zunächst mit der Einlegung eines Rechtsbehelfs beauftragte StB dem Mandanten von der Führung eines Rechtsbehelfsverfahrens abrät, hat er bereits die Geschäftsgebühr verdient. Die Geschäftsgebühr entsteht auch dann, wenn der Mandant die Auftragserteilung bestreitet, die Einlegung des Einspruchs aber in seinem mutmaßlichen Interesse liegt, weil er so von Steuernachzahlungen verschont bleibt. Der Vergütungsanspruch ergibt sich dann aus dem Institut der Geschäftsführung ohne Auftrag, §§ 683 Satz 1, 670 BGB.[6] Keine Gebühr nach § 40 StBVV, sondern eine Ratgebühr nach § 21 StBVV fällt an, wenn der Auftrag dahin geht, über die Erfolgsaussichten eines Rechtsbehelfs zu informieren. Kommt es sodann zur Einlegung eines Rechtsbehelfs, ist die Ratgebühr gem. § 21 Abs. 1 Satz 3 StBVV anzurechnen.

640 Obwohl § 40 StBVV a.F. nur „Gebühren" erwähnt, können im außergerichtlichen Rechtsbehelfsverfahren auch **Auslagen** nach den §§ 16 ff. StBVV geltend gemacht werden.[7]

641 Die Gebühren im Rechtsbehelfsverfahren sind Wertgebühren. Allerdings ist eine **Abrechnung nach Zeitaufwand** möglich, wenn eine entsprechende Vereinbarung nach § 4 Abs. 1 StBVV getroffen wurde.[8] Die Vereinbarung einer **Pauschalvergütung** ist zwar ausdrücklich ausgeschlossen.[9] Dieser Ausschluss führt aber nicht zur Unwirksamkeit einer entsprechenden Vereinbarung.[10] In Einzelfällen kann auch eine **Erfolgshonorarvereinbarung** gem. § 9a StBerG sinnvoll sein.[11]

B. Gegenstandswert

642 Da in § 40 StBVV kein Gegenstandswert bestimmt ist, entspricht der Gegenstandswert dem tatsächlichen Wert des Interesses nach § 10 Abs. 1 Satz 3 StBVV, i.d.R. dem **Steuerbetrag**, um den in einem Verfahren unmittelbar gestritten wird.[12] Maß-

1) BR-Drucks. 603/12, 50.
2) § 1 Abs. 1 StBVV.
3) Auch → § 29 StBVV Rz. 482.
4) Vgl. § 3 RVG und Nr. 2300 VV RVG.
5) Jost in Meyer/Goez/Schwamberger, 9. Aufl. 2019, § 40 StBVV Rz. 4.
6) AG Düsseldorf v. 23.5.2013, 39 C 4247/12.
7) FG Saarland v. 4.5.1994, 1 S 73/94, EFG 1994, 847.
8) → § 4 StBVV Rz. 119, 133 und → § 13 StBVV Rz. 252.
9) § 14 Abs. 2 Nr. 5 StBVV.
10) → § 14 StBVV Rz. 283.
11) → § 40 StBVV n.F. Rz. 672 und → Rz. 947.
12) Amtliche Begründung zu § 40 StBGebV; abgedruckt in Eckert, 4. Aufl. 2003 zu § 40 StBGebV.

geblich ist das unmittelbare finanzielle Interesse des Auftraggebers; Folgewirkungen auf andere Steuerarten und Zuschläge wie Solidaritätszuschlag, Kirchensteuer und Zinsen bleiben nach bisheriger Rechtsauffassung außer Betracht.[1] Allerdings hat das FG Baden-Württemberg[2] für ein finanzgerichtliches **Klageverfahren** entschieden, dass diese Nebenforderungen seit Inkrafttreten des 2. KostRMoG am 1.8.2013 zu berücksichtigen sind. Begründet wird dies mit der Neuregelung des § 52 Abs. 3 Satz 2 GKG, nach der „offensichtlich absehbare Auswirkungen auf künftige Geldleistungen oder auf noch zu erlassende, auf derartige Geldleistungen bezogene Verwaltungsakte" streitwerterhöhend zu berücksichtigen sind. Festsetzungen der Kirchensteuer, des Solidaritätszuschlags und der Zinsen sind solche offensichtlich absehbaren Folgen einer geänderten Einkommensteuerfestsetzung, da sie zwingende Folge des geänderten Bescheides sind.[3] Nach der gegenteiligen Auffassung des FG Hamburg erhöhen sog. „Folgesteuern" den Streitwert im Klageverfahren hingegen nicht, jedenfalls dann nicht, wenn sich die Auswirkungen auf „Folgesteuern" desselben Streitjahres ergeben.[4] Folgt man in dieser streitigen Frage dem FG Baden-Württemberg, ist nur fraglich, ob die Überlegungen des Gerichts auch auf das **außergerichtliche Rechtsbehelfsverfahren** nach § 40 StBVV a.F. übertragen werden können. Diese Frage musste das FG Baden-Württemberg nicht entscheiden, da für das Vorverfahren kein Kostenerstattungsantrag gestellt worden war. Da kein Grund ersichtlich ist, für das Vorverfahren einen anderen Maßstab anzulegen, als für das Klageverfahren, wäre es nur konsequent, hier gleichermaßen zu argumentieren.[5] Die Bestimmung des Gegenstandswerts ist unproblematisch bei Anträgen hinsichtlich eines auf eine Geldleistung gerichteten Verwaltungsakts. Wird z.B. die Änderung einer Steuerfestsetzung beantragt, so bildet der Differenzbetrag zwischen ursprünglicher und beantragter Steuerfestsetzung den Gegenstandswert. Bestehen überhaupt keine Anhaltspunkte für einen Gegenstandswert, kann in analoger Anwendung des § 23 Abs. 3 Satz 2 RVG der Auffangstreitwert zu Grunde gelegt werden,[6] der nach Auffassung des BFH auch dann Anwendung findet, wenn sich die Klage gegen einen Einkommensteuerbescheid richtet, der auf 0 € lautet.[7] In den Fällen, in denen die Bedeutung der Rechtsache jedoch erkennbar unter oder über dem Auffangstreitwert liegt, sollte der StB einen niedrigeren oder höheren Wert nach billigem Ermessen entsprechend § 23 Abs. 3 Satz 2 RVG zu Grunde legen. Ein **Mindeststreitwert bzw. Mindestgegenstandswert** ist für das außergerichtliche Rechtsbehelfsverfahren nach § 40 StBVV a.F. – anders als für das finanzgerichtliche Klageverfahren – nicht ausdrücklich vorgesehen. Im finanzgerichtlichen Klageverfahren beträgt der Mindeststreitwert 1 500 €.[8] Diesen Mindestgegenstandswert können Rechtsanwälte auch für das außergerichtliche Rechtsbehelfsverfahren zu Grunde legen, da § 23 Abs. 1 Satz 3 RVG dies ausdrücklich vorsieht. Nach § 40 StBVV n.F. können jetzt auch StB diesen Mindestgegenstandswert zu Grunde legen.[9] Demgegenüber ist umstritten, ob StB diesen Mindestgegenstandswert nach § 40 StBVV a.F. ebenfalls zu Grunde legen können, wenn der tatsächliche Streitwert niedriger als 1 500 € ist. Überwiegend wird die Auffassung vertreten, dass dies unzulässig sei, weil § 45 StBVV nur auf die RVG-Vorschriften verweist, die sich auf das gerichtliche Verfahren beziehen, nicht aber auf Vorschriften, die das außergerichtliche Verfahren betreffen. Die StBVV enthalte

1) Nachweise → § 10 StBVV Rz. 200.
2) FG Baden-Württemberg v. 25.1.2016, 1 KO 2611/15, Stbg 2017, 90 mit Anm. Beyme.
3) Ebenso Beyme, Stbg 2017, 92.
4) → § 45 StBVV Rz. 733; FG Hamburg v. 22.3.2017, 5 K 137/16, EFG 2017, 944.
5) So jedenfalls Beyme, Stbg 2017, 92.
6) Feiter, 1998, 60; Volkmann in Meyer/Goez/Schwamberger, 9. Aufl. 2019, § 10 StBVV Rz. 20; Mittelsteiner/Scholz, 4. Aufl. 1998, Vor §§ 40–43 StBGebV Rz. 14.
7) BFH v. 11.10.1985, III R 71/85, BFH/NV 1986, 159.
8) § 52 Abs. 4 Nr.1 GKG.
9) → § 40 StBVV n.F. Rz. 668, 673.

mit § 40 StBVV a.F. eine spezielle und vorrangige Vorschrift für die Gebühren im außergerichtlichen Vorverfahren. Deshalb sei eine Anwendung des § 45 StBVV ausgeschlossen.[1] Nach anderer Auffassung[2] gilt der Mindestgegenstandswert auch für Steuerberater.

Hinweis:

Auch diese ungerechtfertigte Ungleichbehandlung zwischen StB und RA bei der Abrechnung von Einsprüchen hat der Verordnungsgeber durch die Novellierung des § 40 StBVV für die Zukunft beseitigt.[3]

643 **Schließt sich an das außergerichtliche Rechtsbehelfsverfahren ein Klageverfahren an**, dann wird der Gegenstandswert für das außergerichtliche Rechtsbehelfsverfahren durch den Streitwert im Klageverfahren begrenzt.[4]

Die **Verjährung** des Gebührenanspruchs für die Vertretung im Einspruchsverfahren nach § 40 StBVV beginnt mit der Beendigung dieses Verfahrens, i.d.R. dem Erlass des Einspruchsbescheides. Vertritt der StB den Mandanten im anschließenden Klageverfahren vor dem FG und ggf. dem BFH, wird die Verjährung des Vergütungsanspruchs aus § 40 StBVV dadurch nicht gehemmt.[5] Einspruchs- und Klageverfahren sind unterschiedliche Angelegenheiten. Bei einem Klageverfahren ist zudem zwischen den Rechtszügen zu unterscheiden. Gemäß § 45 StBVV i.V.m. § 8 Abs. 1 Satz 2, 2. Alt. RVG wird die Vergütung fällig, wenn der **Rechtszug beendet** ist, also durch eine gerichtliche Entscheidung, die die Instanz abschließt. Es gilt die regelmäßige Verjährungsfrist von drei Jahren, die mit dem Schluss des Jahres beginnt, §§ 195, 199 Abs. 1 BGB.

Praxistipp:

Steuerberater sollten ihre Tätigkeit im Einspruchs- und Klageverfahren spätestens nach Beendigung des Einspruchsverfahrens für das Einspruchsverfahren und nach Beendigung des FG-Verfahrens für das FG-Verfahren abrechnen und nicht den endgültigen Ausgang des Verfahrens vor dem BFH abwarten. Je nach Länge des Verfahrens könnten Ihre Honoraransprüche aus dem Einspruchsverfahren und dem FG-Verfahren dann verjährt sein.[6]

Wird zusammen mit dem Auftrag zur Einlegung eines Einspruchs bereits Klageauftrag erteilt, handelt es sich um einen bedingten Klageauftrag. Die Gebühren für das Klageverfahren richten sich in diesem Fall nach dem späteren Zeitpunkt der unbedingten Beauftragung.[7]

C. Angelegenheit

644 Das Rechtsbehelfsverfahren ist grundsätzlich eine eigenständige gebührenrechtliche Angelegenheit. **Abgrenzungsschwierigkeiten** entstehen aber dann, wenn mehrere Einsprüche geführt werden oder sich die Verwaltungsbehörde nach Durchführung eines Klageverfahrens erneut mit der Sache befassen muss.

1) Niedersächsisches FG v. 4.10.2016, 9 KO 3/16, Stbg 2017, 40; FG Köln v. 26.2.2007, 10 KO 1308/06; Kreft, KP 2016, 207.
2) Beyme, Stbg 2017, 41; Jost, Vergütungs- und Kostenrecht im FG- und BFH-Verfahren, 5. Aufl. 2016, 2.2.1.1.
3) → § 40 StBVV n.F. Rz. 668, 673.
4) → § 45 StBVV Rz. 718.
5) OLG Nürnberg v. 15.10.1999, 6 U 1383/99, Stbg 2001, 687 mit Anm. Späth; LG Essen v. 24.4.2019, 18 O 317/18; Feiter, KANZLEI intern 05_2019, 2; Meyer/Rönnig, KP 2002, 55.
6) Siehe LG Essen v. 24.4.2019, 18 O 317/18, besprochen von Feiter, KANZLEI intern 05_2019, 2.
7) → § 47a StBVV Rz. 805; FG Münster v. 17.9.2015, 10 Ko 2261/15, NJW-Spezial 2015, 763.

I. Mehrere Einspruchsverfahren

Ob bei mehreren Einsprüchen nur eine oder mehrere Geschäftsgebühren entstehen, hängt davon ab, ob eine oder mehrere gebührenrechtliche Angelegenheiten vorliegen. Allgemeine Aussagen lassen sich nicht treffen. Maßgeblich sind die allgemeinen Abgrenzungskriterien[1] und die Umstände des Einzelfalls. Wird über **mehrere getrennt eingelegte Einsprüche** in einer oder mehreren Einspruchsentscheidungen entschieden, **können mehrere Geschäftsgebühren** nach der Zahl der Einsprüche zu deren Einzelgegenstandswerten entstehen[2] **oder** auch **nur eine Geschäftsgebühr** entstehen. Bei mehreren getrennt geführten Einspruchsverfahren mit **unterschiedlichen Beteiligten** kann nur in besonders gelagerten Fällen von einer einzigen Angelegenheit ausgegangen werden, insbesondere dann wenn bei mehreren (Feststellungs-)Beteiligten eine inhaltlich identische Rechtsfrage zu klären ist, die auf einem einheitlichen Lebenssachverhalt beruht und eine **Streitgenossenschaft**[3] zwischen den Beteiligten zu bejahen ist. 645

Beispiel:[4]

Angefochten waren zwei Bescheide des FA über die gesonderte und einheitliche Feststellung des Wertes des Anteils an einer Kapitalgesellschaft. Adressaten der Bescheide waren die A-GmbH und die Erbengemeinschaft nach dem verstorbenen Anteilseigner C. Zwischen den Adressaten und dem FA war streitig, ob ein zum Betriebsvermögen der GmbH gehörendes Grundstück am Bewertungsstichtag gewerblich oder lediglich vermögensverwaltend genutzt wurde. Sowohl der Einspruch der A-GmbH, als auch der Einspruch der Erbengemeinschaft blieben erfolglos. Es wurden gesonderte Klagen erhoben.

Die streitige Frage konnte sowohl für die GmbH, als auch für deren Anteilseigner bzw. die Erbengemeinschaft nur einheitlich beantwortet werden. Verfahrensrechtlich kommt dies auch dadurch zum Ausdruck, dass die A-GmbH und die Erbengemeinschaft zugleich Feststellungsbeteiligte i.S.d. § 154 BewG für das jeweils andere Verfahren waren. Dementsprechend waren auch die **Begründungen der Einsprüche identisch**. In der Klage der A-GmbH verwiesen die Klägervertreter zur Begründung auf die Ausführungen zur Klage der Erbengemeinschaft. Auch die spätere Bearbeitung durch das Gericht erfolgte einheitlich. Gebührenrechtlich lag deshalb sowohl im Einspruchs- als auch im Klageverfahren trotz unterschiedlicher Beteiligter nur eine Angelegenheit vor.

Wird ein **einheitliches Einspruchsverfahren** gegen mehrere Steuerbescheide geführt, wird i.d.R. nur eine Angelegenheit im gebührenrechtlichen Sinne mit mehreren Gegenständen vorliegen, die nach § 10 Abs. 2 StBVV zusammenzurechnen sind.[5] In der Literatur wird deshalb empfohlen, nach Steuerarten getrennte Einsprü- 646

---

1) → § 10 StBVV Rz. 204 f.
2) FG Köln v. 12.7.2012, 10 Ko 4029/11, EFG 2012, 2159 m.w.N.; FG Münster v. 7.11.2002, 15 Ko 4204/02 KFB, EFG 2003, 345; FG Düsseldorf v. 9.11.2001, 5692 – 11 K 6886/96 E; FG Düsseldorf v. 4.1.1990, 12 Ko 24/88 KF, EFG 1990, 332; FG Bremen v. 15.11.1993, 2 93 077 E 2, EFG 1994, 313; Niedersächsisches FG v. 9.1.2001, 4 K 1/99 Ko, EFG 2001, 528.
3) § 59 FGO i.V.m. §§ 59, 60 ZPO.
4) Schleswig-Holsteinisches FG v. 27.11.2019, 1 K 149/16, EFG 2020, 131.
5) FG Hamburg v. 19.11.2015, 3 KO 226/15 zu gleich gerichteten Einsprüchen wegen der Gewinnabsicht einer gewerblichen GbR, die am selben Tag eingelegt und durch dieselbe Einspruchsentscheidung entschieden wurden; FG Baden-Württemberg v. 12.6.2014, 8 KO 1022/12, zu einem angefochtenen Einheitswertbescheid und einen am selben Tag ergangenen Grundsteuermessbescheid; OLG Düsseldorf v. 10.11.2010, I-18 U 56/10, zu einem Einspruch gegen die in einem Bescheid enthaltene Festsetzung der KSt-Vorauszahlungen 2008 und 2009; FG Düsseldorf v. 15.10.2009, 3 KO 439/09 KF, EFG 2010, 161; FG Brandenburg v. 27.2.2001, 1 Ko 3064/00, EFG 2001, 653; FG Münster v. 15.10.1991, 13 Ko 4429 – 4232/91 KFB, EFG 1992, 215; Zenke/Brandenburg, 92; a.A.: Mittelsteiner/Scholz, 4. Aufl. 1998, Einführung StBGebV Rz. 64.

che einzulegen.[1] Legt der StB z.B. getrennte Einsprüche gegen die Gewinnfeststellungsbescheide 2002–2005 und die Gewerbesteuer-Messbescheide 2002–2005 ein, lägen danach 2 Angelegenheiten vor. Fraglich ist, ob insgesamt 8 Angelegenheiten angenommen werden können, wenn er zusätzlich für jedes Veranlagungsjahr einen separaten Einspruch einlegt. Dies wird auf den Einzelfall ankommen. Wird er auf Grund eines einheitlichen Auftrags tätig, besteht ein innerer Zusammenhang und liegt ein einheitlicher Tätigkeitsrahmen vor,[2] ist zwar von mehreren Gegenständen auszugehen. Es bleibt dann aber bei der Annahme von 2 Angelegenheiten.[3] Bedarf hingegen jeder Einspruch einer gesonderten Begründung, weil auch jeder Bescheid Besonderheiten aufweist, ist von mehreren Angelegenheiten auszugehen.[4]

Zur Frage der **Gebührenhöhe** bei mehreren einheitlich geführten Einspruchsverfahren → Rz. 652.

II. Erneutes Einspruchsverfahren in derselben Sache

647 In den Fällen, in denen das Finanzamt über den Einspruch zum zweiten Mal entscheiden muss, weil das FG den Bescheid über den Rechtsbehelf aufgehoben und die Sache an die Finanzbehörde zurück verwiesen hat, entsteht die Gebühr nach § 40 StBVV erneut, weil ein **neuer Rechtszug** vorliegt.[5] Gleiches gilt, wenn auf einen Einspruch hier unter Aufhebung der bisherigen Steuerbescheide neue Festsetzungen ergehen und gegen diese wiederum Einspruch eingelegt wird. Denn insoweit liegt eine neue Angelegenheit vor, die eine weitere Geschäftsgebühr auslöst.[6]

D. Keine isolierte Kostenerstattung

648 Im gesamten außergerichtlichen Rechtsbehelfsverfahren gilt der Grundsatz, dass der Mandant die Kosten seines StB selbst tragen muss, und zwar auch dann, wenn seinem Einspruch vollumfänglich stattgegeben wurde. Dies ist verfassungsrechtlich nicht zu beanstanden.[7] Allerdings gibt es **3 Ausnahmen:**

- die Erstattung bei nachfolgendem Gerichtsverfahren, wenn das Gericht die Hinzuziehung eines Bevollmächtigten für das Vorverfahren für notwendig erklärt,[8]
- die Erstattung bei erfolgreichem Einspruch gegen die Kindergeldfestsetzung gem. § 77 EStG,[9] bei erfolgreichem Einspruch gegen die Aufhebung der Kindergeldfestsetzung, bei erfolgreichem Untätigkeitseinspruch[10] und bei Einspruch gegen den Abrechnungsbescheid über Kindergeld,[11]
- die Erstattung im Falle einer Amtspflichtverletzung auf Seiten der Finanzverwaltung.[12]

1) Schall, StB 1992, 420 f.
2) Z.B. durch eine identische Einspruchsbegründung.
3) → § 10 StBVV Rz. 204; FG Hamburg v. 19.11.2015, 3 KO 226/15 m.w.N.
4) So FG Düsseldorf v. 15.9.2011, 10 K 3255/09 Kg in einer Kindergeldsache.
5) Enders in Eckert, 5. Aufl. 2013, § 40 StBVV Rz. 6; Mittelsteiner/Scholz, 4. Aufl. 1998, Vor §§ 40 bis 43 StBGebV Rz. 11.
6) OLG Schleswig v. 19.4.2012, 11 U 63/11, MDR 2012, 1259.
7) BFH v. 23.7.1996, 7 B 42/96, BStBl II 1996, 501.
8) → § 45 StBVV Rz. 719, → § 45 StBVV Rz. 736.
9) S. hierzu FG Düsseldorf v. 7.8.2003, 18 K 10888/03 Kg, EFG 2003, 1802; Beyme, KANZLEI intern 06_2019, 6 zur Kostenerstattung in eigener Sache.
10) FG Köln v. 21.11.2012, 14 K 1020/21, EFG 2013, 713 m.w.N.
11) FG Münster v. 21.8.2014, 11 K 2070/13 Kg, EFG 2014, 1994.
12) Z.B. nach § 839 BGB i.V.m. Art. 34 GG.

Im Falle einer schuldhaften **Amtspflichtverletzung** nach § 839 BGB i.V.m. Art. 34 GG,[1] z.B. durch unrechtmäßige Ermittlungen der Steuerfahndung[2] durch die Festsetzung unzutreffender Besteuerungsgrundlagen, durch die Nichtgewährung rechtlichen Gehörs oder bei Verstößen gegen den Untersuchungsgrundsatz[3] oder die Pflicht zur Anhörung Beteiligter[4] vor Erlass eines Bescheides,[5] kann der Stpfl.. die Kosten, die ihm durch die Beauftragung eines StB im Rahmen des außergerichtlichen Rechtsbehelfsverfahrens entstehen, als Schaden gegenüber der Gebietskörperschaft, in deren Dienst der handelnde Beamte steht, geltend machen.[6] Die Finanzverwaltung kann sich nicht damit exkulpieren, dass es sich beim Besteuerungsverfahren um ein Massenverfahren handelt.[7] 649

Beispiel:

Nachdem der Stpfl. durch seinen StB am 1.9.2008 dem Finanzamt Veräußerungserlöse aus Aktien vom 1.2.2008 i.H.v. 139.100.490,00 € mitgeteilt hatte, erließ das Finanzamt am 20.10.2008 einen Vorauszahlungsbescheid für 2009 über insgesamt 30.772.489,00 €. Der StB legte fristwahrend Einspruch ein und begründete diesen später damit, dass der Stpfl. für das Jahr 2009 keine weiteren Aktienverkäufe plane. Daraufhin änderte das Finanzamt den Vorauszahlungsbescheid am 13.3.3009 auf Null Euro.

Das OLG Celle[8] bejahte eine Amtspflichtverletzung, weil das Finanzamt nicht ohne weiteres davon ausgehen durfte, dass im Jahr 2009 weitere Aktienverkäufe in ähnlicher Höhe anfallen würden. Es liege ein Verstoß gegen den Untersuchungsgrundsatz nach § 88 AO und die Pflicht zur Anhörung Beteiligter nach § 91 AO vor. Beide Bestimmungen legen der Finanzbehörde Amtspflichten im Interesse des Stpfl. auf, deren Verletzung zu einem Amtshaftungsanspruch führt.

Die Einschaltung eines StB und die Einlegung eines Einspruchs durch den StB ist unter dem Gesichtspunkt der „**Waffengleichheit**" grundsätzlich erforderlich und die angemessene und nachvollziehbare Reaktion auf einen fehlerhaften Steuerbescheid.[9] Schließlich steht auf der Gegenseite die mit vielfältigen Vollstreckungsbefugnissen ausgestattete Steuerbehörde.[10] Der Stpfl. verstößt deshalb nicht gegen seine Schadensminderungspflicht, wenn er es unterlässt in „Eigenregie" tätig zu werden, z.B. durch einen Anruf beim Finanzamt. In der Rechtsprechung ist darüber hinaus anerkannt, dass auch ein schlichter Änderungsantrag keine zumutbare Alternative zum Einspruch ist. Dies gilt auch dann, wenn der Steuerbescheid evident fehlerhaft ist und der Einspruch leicht begründet werden kann. Denn ein Änderungsantrag ist im Vergleich zum Einspruch weniger rechtsschutzintensiv. Nur der Einspruch garantiert größtmögliche Rechtssicherheit, zumal er – anders als der Änderungsantrag – mit einem Antrag auf Aussetzung der Vollziehung verbunden werden kann.[11] In den Fällen, in denen der Bescheid offensichtlich fehlerhaft ist,

1) Es genügt einfache Fahrlässigkeit des Amtsträgers.
2) OLG Frankfurt a.M. v. 8.2.2018, 1 U 112/17; Gehm, SIS Steuerberater-Brief Nr. 2018/07, 1.
3) § 88 AO.
4) § 91 AO.
5) Weitere Nachweise aus der umfangreichen Rechtsprechung bei Gehm, SIS Steuerberater-Brief Nr. 2018/07, 5.
6) Ausführlich: Gehm, SIS Steuerberater-Brief Nr. 2018/07, 3 und 5; OLG Düsseldorf v. 10.11.2015, I-18 U 56/10; OLG Celle v. 23.8.2012, 16 U 8/12; LG Essen v. 24.4.2014, 4 O 20/14, besprochen von Feiter in KANZLEI intern 07/2014, 3; LG Duisburg v. 21.8.2015, 10 O 89/15; LG Bochum v. 18.9.2015, I-5 O 118/15; Kilian/Schwerdtfeger, DStR 2006, 1773.
7) Gehm, SIS Steuerberater-Brief Nr. 2018/07, 1 m.w.N.
8) Urteil v. 23.8.2012, 16 U 8/12.
9) Kilian/Schwerdtfeger, DStR 2006, 1773, 1775.
10) OLG Celle v. 23.8.2012, 16 U 8/12.
11) OLG Düsseldorf v. 10.11.2010, I-18 U 56/10; OLG Celle v. 23.8.2012, 16 U 8/12; LG Duisburg v. 21.8.2015, 10 O 89/15 jeweils zu fehlerhaften Vorauszahlungsbescheiden; Kilian/Schwerdtfeger, DStR 2006, 1173, 1775.

wird in aller Regel nur die Mindestgebühr nach § 40 Abs. 2 StBVV (3/10) angemessen sein[1] oder eine Gebühr, die zwischen Mindestgebühr und Mittelgebühr liegt.[2]

Beispiel:

Der StB legt auftragsgemäß Einspruch gegen die (fehlerhaften) Vorauszahlungsbescheide über KSt für die Jahre 2008 und 2009 sowie über den Gewerbesteuermessbetrag für die Jahre 2007 und 2008 ein. Ursache der Fehlerhaftigkeit war die unzutreffende Berücksichtigung eines einmaligen Veräußerungserlöses i.H.v. ca. 7,3 Mio. € im Jahr 2006. Dem Einspruch wurde stattgegeben und die Vorauszahlungen und die Gewerbesteuermessbeträge auf 0,00 € festgesetzt.[3]

Das Gericht hielt hier Gebühren i.H.v. 3/10 bzw. 5/10 für angemessen, weil die Begründung des Einspruchs[4] auf der Hand lag und deshalb weder umfangreiche noch schwierige Ausführungen erforderlich waren.

Nach Ansicht des OLG Brandenburg[5] soll der StB bei einem drohenden Missverhältnis zwischen wirtschaftlichem Nutzen seiner Tätigkeit und den dadurch anfallenden Gebühren, verpflichtet sein, den Mandanten auf die Höhe der Kosten und seine Inanspruchnahme hinzuweisen. Im Ergebnis soll sich dadurch der Amtshaftungsanspruch auf eine Ratgebühr nach § 21 Abs. 1 Satz 1 StBVV (Mindestgebühr von 1/10) für das Abraten von der Durchführung eines Einspruchsverfahrens reduzieren. Dieser Ansatz, der ausnahmslos mit den außergewöhnlichen Umständen des zugrundeliegenden Sachverhaltes zu erklären ist, hat sich in der Rechtsprechung nicht durchgesetzt und ist mit den hierzu vorgetragenen Argumenten auch abzulehnen.[6]

Da der Stpfl. so zu stellen ist, als hätte sich der Amtsträger pflichtgemäß verhalten, ist nicht nur die **Gebühr nach § 40 StBVV**, sondern auch die **Gebühr nach § 28 StBVV** für die Prüfung des Änderungsbescheides (nicht des Erstbescheides) als Schaden zu ersetzen.[7] In einigen Ländern der ehemaligen DDR gibt es daneben landesrechtliche Sondervorschriften, die eine verschuldungsunabhängige Amtshaftung vorsehen.[8] Unter der Geltung des RBerG galt die Empfehlung, dass der StB, der nicht zugleich auch Rechtsanwalt ist, sich diesen Anspruch von seinem Auftraggeber weder abtreten lassen noch als „Inkassostelle" des Mandanten fungieren sollte, da dies bereits als unerlaubte Rechtsberatung angesehen wurde.[9] Nach Inkrafttreten des Rechtsdienstleistungsgesetzes (RDG) am 1.7.2008 dürfte es vertretbar sein, von einer **zulässigen Nebenleistung i.S.d. § 5 Abs. 1 Rechtsdienstleistungsgesetz** auszugehen, da der StB den Fehler des Finanzamts im Rahmen seiner Hauptleistung, der Steuerberatung, festgestellt hat.[10] Hierfür spricht auch, dass der BGH die Einziehung von Kundenforderungen durch ein Mietwagenunternehmen gegenüber dem Versicherer als Nebenleistung i.S.d. o.g. Vorschrift ansieht, wenn nur die Höhe der Mietwagenkosten in Streit steht und nicht die Haftung dem Grunde nach.[11] Überträgt man diesen Gedanken auf die Fälle der Amtshaftung,

1) So LG Duisburg v. 21.8.2015, 10 O 89/15.
2) OLG Celle v. 23.8.2012, 16 U 8/12: 6/10-Gebühr; OLG Düsseldorf v. 10.11.2010, I-18 U 56/10: 3/10 und 5/10-Gebühren.
3) Sachverhalt nach OLG Düsseldorf v. 10.11.2010, I-18 U 56/10.
4) Fehlerhafte Berücksichtigung des Veräußerungserlöses aus dem Jahr 2006.
5) OLG Brandenburg v. 23.2.2006, 2 U 1/05, GI 2006, 82.
6) OLG Düsseldorf v. 10.11.2010, I-18 U 56/10; OLG Celle v. 23.8.2012, 16 U 8/12; Kilian/Schwerdtfeger, DStR 2006, 1773; Goez INF 2006, 718.
7) Feiter, KANZLEI intern 06/2014, 6.
8) Sprau in Palandt, 79. Aufl. 2020, § 839 BGB Rz. 2a; OLG Brandenburg v. 23.3.2009, 1 U 28/08, GI 2009, 118.
9) OLG Nürnberg v. 18.12.1996, 4 U 3322/06, Stbg 1997, 260.
10) So jedenfalls Gehm, SIS Steuerberater-Brief Nr. 2018/07, 2; Klaeren, KANZLEI intern 01/2015, 3; Nieland, Stbg 2009, 127, 129; offen gelassen von LG Bochum v. 18.9.2015, I-5 O 118/15; → § 1 StBVV Rz. 98.
11) BGH v. 31.1.2012, VI ZR 143/11, DB 2012, 509.

bedeutet dies, dass der StB die Schadenersatzforderung so lange geltend machen darf, als das Finanzamt nur die Höhe seiner Gebühren beanstandet/hinterfragt, den Anspruch aber nicht schon dem Grunde nach wegen Fehlens der Voraussetzungen des § 839 BGB zurückweist.

Praxistipp:

Nicht alle Finanzämter akzeptieren die Geltendmachung von Amtspflichtverletzungsansprüchen durch StB und können auch durch gute Argumente nicht davon überzeugt werden, dass es sich um eine zulässige Nebenleistung nach § 5 Abs. 1 RDG handelt. Da die Rechtslage bislang nicht höchstrichterlich geklärt ist, sollte die Geltendmachung des Anspruchs in einem solchen Fall dem Mandanten überlassen werden.

Von einer zulässigen Nebentätigkeit i.S.d. § 5 Abs. 1 RDG kann allerdings nur die Rede sein, wenn der StB den Amtshaftungsanspruch (außergerichtlich) für einen von ihm im Einspruchsverfahren vertretenen Mandanten (Rechtsdienstleistung als Annextätigkeit) geltend macht.[1] Ein Verstoß gegen das RDG liegt auch dann nicht vor, wenn der Mandant dem StB seinen Schadensersatzanspruch abtritt und der StB den Anspruch im eigenen Namen und auf eigene Kosten geltend macht.[2]

Praxistipp:

Dieses Durchsetzungsrisiko sollte der StB aber nicht ohne Not übernehmen, zumal das Finanzamt auch mit fälligen Forderungen gegenüber dem Stpfl. die Aufrechnung erklären kann.

Für die Geltendmachung des Anspruchs kann der StB die übliche Vergütung verlangen, da die erlaubte Rechtsdienstleistung[3] eine vereinbare Tätigkeit ist.[4] In Betracht kommt insbesondere eine analoge Anwendung der Geschäftsgebühr nach Nr. 2300 VV RVG. Danach entsteht für das Betreiben des Geschäfts eine Gebühr von 0,5 – 2,5 nach der Tabelle zu § 13 RVG. Eine Gebühr von mehr als 1,3 kann allerdings nur gefordert werden, wenn die Tätigkeit umfangreich oder schwierig war. Der Gegenstandswert ist identisch mit dem geltend gemachten Schaden. Wie alle **Rechtsverfolgungskosten** sind diese Kosten aber nur dann ersatzfähig, wenn die Einschaltung eines StB zweckmäßig und erforderlich war. Bei einfach gelagerten Fällen ist dies nur ausnahmsweise der Fall, wenn der Stpfl. geschäftlich unerfahren ist oder die Schadensregulierung verzögert wird.[5]

E. Angemessenheit der Gebühr (Abs. 1)

Im außergerichtlichen Rechtsbehelfsverfahren erhält der StB nur noch die **650**
Geschäftsgebühr.[6] Eine Besprechungs- oder Beweisaufnahmegebühr ist nicht mehr vorgesehen. Der Gebührenrahmen der Geschäftsgebühr nach § 40 Abs. 1 StBVV a.F. beträgt 5/10 bis 25/10. Die Mittelgebühr liegt damit rechnerisch bei 15/10. Der Gesetzgeber hat allerdings nach dem Vorbild des RVG[7] eine sog. **Schwellengebühr** von 13/10 eingeführt. Hierbei handelt es sich um eine **Regelgebühr,** die in **durchschnittlichen Fällen** angesetzt werden darf.[8] Nach § 40 Abs. 1 Satz 2 StBVV a.F. darf der StB eine höhere Gebühr als 13/10 nur dann fordern, wenn die **Tätigkeit umfangreich oder schwierig** war. Bereits die Erfüllung eines dieser Kriterien reicht,

1) Klaeren, KANZLEI intern 01/2015, 3.
2) Klaeren, KANZLEI intern 01/2015, 3.
3) Klaeren, KANZLEI intern 01/2015, 3; Nieland, Stbg 2009, 127, 129.
4) → Rz. 637; → § 1 StBVV Rz. 98.
5) BGH v. 6.10.2010, VIII ZR 271/09 zu RA-Kosten; LG Bochum v. 18.9.2015, I-5 O 118/15 zu StB-Kosten.
6) Ggf. die Erledigungsgebühr → Rz. 666.
7) Nr. 2300 VV RVG.
8) BGH v. 31.10.2006, VI ZR 261/05, AnwBl 2007, 154, zu Nr. 2400 VV RVG a.F. jetzt Nr. 2300 VV RVG.

um die Gebühr von 13/10 überschreiten zu dürfen. Fallen hingegen andere Gebührenbestimmungsfaktoren überdurchschnittlich ins Gewicht,[1] darf die Gebühr von 13/10 nicht überschritten werden.[2] Die Rechtsprechung zur **Toleranzgrenze**[3] ist auf die Schwellengebühr nicht übertragbar, da es sich bei der vorgesehenen (Schwellen-)Gebühr von 13/10 um eine absolute Kappungsgrenze handelt. Eine Erhöhung der Geschäftsgebühr über diese Gebühr hinaus steht nicht im Ermessen des StB. Wenn die Tätigkeit also weder umfangreich, noch schwierig ist, steht dem StB keine Toleranzgrenze zu.[4] Die Bedeutung dieser Schwellengebühr ist für StB bei einer Abrechnung nach § 40 StBVV a.F. nicht annähernd so groß wie für Rechtsanwälte. Zum einen erstreckt sich § 40 StBVV a.F. nicht – wie Nr. 2300 VV RVG – auf die gesamte außergerichtliche Vertretung, sondern beschränkt sich auf die Vertretung im außergerichtlichen Rechtsbehelfsverfahren. Zum anderen greift § 40 Abs. 1 StBVV a.F. regelmäßig nicht ein, weil der StB bereits im Vorfeld des Rechtsbehelfsverfahren tätig geworden ist und deshalb eine der Ermäßigungsvorschriften des § 40 Abs. 2 – 4, 6 StBVV a.F. Anwendung findet. Diese Tatbestände sehen aber keine Schwellengebühr vor.[5] Durch die Fünfte Verordnung zur Änderung steuerlicher Verordnungen v. 25.6.2020[6] hat sich dies grundlegend geändert, da Nr. 2300 VV RVG nunmehr auch für StB gilt.[7]

651 Die jeweils angemessene Gebühr im außergerichtlichen Rechtsbehelfsverfahren bestimmt der StB **nach billigem Ermessen**.[8] Erledigt sich ein Fall erst im Rechtsbehelfsverfahren, spricht dies auf den ersten Blick für eine besondere „Schwierigkeit" i.S.d. Vorschrift. Ob eine Besprechung oder Beweisaufnahme durchgeführt wurde, ist für den Gebührentatbestand selbst unerheblich. Allerdings sind Besprechungen oder Beweisaufnahmen als Kriterium für die Bestimmung der Gebührenhöhe heranzuziehen. Eine zusätzliche Besprechungsgebühr nach § 31 StBVV fällt im Einspruchsverfahren nicht an. Ein Überschreiten der Mittelgebühr ist von den Finanzgerichten in folgenden Fällen zugebilligt worden:

- wenn besondere Kenntnisse in Randgebieten des Steuerrechts erforderlich waren,
- wenn umfangreiche Rechtsprechung und Literatur studiert werden mussten,
- wenn tiefe Kenntnisse des Verfassungsrechts erforderlich waren, Gesetzgebungsmaterialien und schwierige europarechtliche Fragestellungen geprüft und an der bisherigen Judikatur gemessen werden mussten,[9]
- bei erheblichem Arbeitsaufwand im Tatsächlichen, z.B. Übersetzungsarbeiten, Erstellung von Vergleichsberechnungen oder Listen auf Verlangen des Finanzamts, umfangreiche Einspruchsbegründung (16–19 Stunden) gegen Haftungsbescheid,[10]

1) Z.B. die Bedeutung der Angelegenheit.
2) So die h.M. zur Parallelvorschrift der Nr. 2300 VV RVG; vgl. die Nachweise bei Mayer in Gerold/Schmidt, 24. Aufl. 2019, VV RVG 2300 Rz. 333 ff.
3) → § 11 StBVV Rz. 222.
4) BGH v. 5.2.2013, VI ZR 195/12 und BGH v. 11.7.2012, VIII ZR 323/11, NJW 2012, 2813 zu Nr. 2300 VV RVG; der IV. und VI. Zivilsenat halten an ihrer gegenteiligen Auffassung nicht mehr fest, s. BGH v. 13.1.2011, IX ZR 110/10, MDR 2011, 454 und v. 8.5.2012, VI ZR 273/11, BRAK-Mitt 2012, 190; zur Toleranzgrenze bei Schwellengebühren siehe Feiter, Honorarbrief für Steuerberater, 09/2012, 3; Mayer in Gerold/Schmidt, 24. Aufl. 2019, § 14 RVG Rz. 12a.
5) Siehe aber → Rz. 653.
6) BGBl. I 2020, 1495, 1498 = BStBl I 2020, 555.
7) → § 40 StBVV n.F. Rz. 668.
8) § 11 StBVV.
9) FG Hamburg v. 25.1.2018, 4 K 85/17, EFG 2018, 686; FG Hamburg v. 22.1.2018, 4 K 84/17, EFG 2018, 683: es wurde jeweils die Höchstgebühr zugebilligt.
10) AG Dülmen v. 6.2.2018, 3 C 33/17: wegen der schwierigen und anspruchsvollen Materie wurde die Höchstgebühr zugebilligt.

- bei besonderer wirtschaftlicher Bedeutung des Falles (hoher Gegenstandswert) oder Bedeutung der Entscheidung für Folgejahre durch faktische Bindung, z.B. bei einem Sachverhalt mit Dauerwirkung wie etwa einer Abschreibung,
- bei günstigen Einkommens- und Vermögensverhältnissen des Auftraggebers.[1] Zumindest dann, wenn § 40 Abs. 1 StBVV a.F. einschlägig ist, sind die beiden zuletzt genannten Kriterien nur dann geeignet, eine höhere Gebühr als die Mittelgebühr zu fordern, wenn zusätzlich auch die Voraussetzungen des § 40 Abs. 1 Satz 2 StBVV a.F. vorliegen und die Tätigkeit auch umfangreich oder schwierig war.

Umgekehrt musste der Berater schon immer damit rechnen, dass die Gerichte bei minimalem Aufwand eine höhere Geschäftsgebühr auf den untersten Rahmensatz zurückführen, z.B. wenn in Schätzungsfällen ohne Begründung Einspruch eingelegt wurde oder sich die Einspruchsbegründung auf einen Satz beschränkte.[2] Dies gilt auch für den Fall, dass der Einspruch ohne Prüfung des Bescheids allein zur Fristwahrung eingelegt wurde.[3] In diesem Sinne regelt § 40 Abs. 1 Satz 3 StBVV a.F., dass sich die Geschäftsgebühr auf 3/10 reduziert, wenn sich der Auftrag auf ein **Schreiben einfacher Art** beschränkt. Ob dieser Tatbestand erfüllt ist, richtet sich nicht nach dem äußeren Erscheinungsbild des Schreibens, sondern nach dem zu Grunde liegenden Auftrag.[4]

Seit einer Entscheidung des FG Bremen[5] müssen StB bei der Kostenfestsetzung 652
immer damit rechnen, dass bei **mehreren einheitlich geführten Einspruchsverfahren**[6] der Ansatz der Mittelgebühr oder einer ggf. angemessenen höheren Gebühr nur für ein Einspruchsverfahren, nämlich für das mit dem höchsten Einzelgegenstandswert, akzeptiert wird und für die parallelen Einspruchsverfahren wegen des geringeren Aufwandes eine niedrigere, u.U. die Mindestgebühr angesetzt wird. Begründet wird dies mit der erheblichen Reduzierung des zeitlichen Aufwands in den Parallelverfahren und den dadurch eingetretenen Synergieeffekten. Dies kann bei einem überdurchschnittlichen Rechtsfall dazu führen, dass statt der Höchstgebühr für die weiteren Einspruchsverfahren nur noch die Mittelgebühr zugebilligt wird.[7] Dem gegenüber hat das FG Köln[8] die Frage offen gelassen, ob bei mehreren Angelegenheiten, die einen nur nach Zeitabschnitten unterteilten Dauersachverhalt betreffen, eine Gebührenreduzierung vorzunehmen wäre. Das FG Köln hat es jedenfalls nicht als unbillig angesehen, das der Berater für jedes Einspruchsverfahren eine 10/10-Gebühr (die damalige Höchstgebühr) abgerechnet hatte, weil – anders als in den Fällen des FG Bremen und des FG Hamburg – selbständigen Angelegenheiten mit unterschiedliche Lebensvorgängen zu Grunde lagen. Der StB musste die die Sach- und Rechtslage für jede einzelne Angelegenheit gesondert prüfen und unterlag deshalb auch einem gesonderten Haftungsrisiko. M.E. ist eine Gebührenreduzierung in **Parallelverfahren** nicht automatisch vorzunehmen.

1) Vgl. die Nachweise bei Schall, StB 1994, 195; FG Köln v. 15.10.2001, 10 Ko 3092/01, EFG 2002, 115 f.
2) So FG Bremen v. 4.11.1996, 2 96 103 Ko 2, EFG 1997, 376; Hessisches FG v. 4.9.1990, 12 Ko 2889/90, StEd 1991, 170; FG Düsseldorf v. 7.7.1992, 4 Ko 2/92 KF.
3) Gegen das Entstehen einer Gebühr überhaupt OLG Düsseldorf v. 25.3.1993, 13 U 134/92, GI 1993, 419, unter Hinweis darauf, dass der StB nicht mit dem Ziel tätig geworden sei, die Verwaltungsbehörde zur Änderung eines für den Mandanten ungünstigen Verwaltungsaktes zu bewegen.
4) BGH v. 26.2.2013, XI ZR 345/10, NJW-Spezial 2013, 316.
5) S. auch FG Bremen v. 15.11.1993, 2 93 077 E 2, EFG 1994, 313 ebenso FG Münster v. 7.11.2002, 15 Ko 424/02 KFB, EFG 2003, 345.
6) → Rz. 645.
7) So FG Hamburg v. 25.1.2018, 4 K 85/17, EFG 2018, 686 unter Hinweis auf die o.g. Entscheidung des FG Bremen und BGH v. 26.2.2013, XI ZR 345/10; kritisch dazu → § 11 StBVV Rz. 213 und 214.
8) FG Köln v. 23.3.2000, 10 Ko 1701/99, EFG 2000, 1275.

Vielmehr kommt es auf die Umstände des Einzelfalls an.[1] In vielen Fällen wird man – trotz der **Synergieeffekte** durch die Zeitersparnis - mit der Schwierigkeit der Tätigkeit, der Bedeutung der Angelegenheit für den Auftraggeber und den weiteren Gebührenbestimmungsfaktoren des § 11 StBVV gegen eine Reduzierung der Gebühr argumentieren können.[2] Die gegenteilige Ansicht würde im Übrigen dazu führen, dass ein StB, der mehrere Mandanten mit dem gleichen Problem vertritt, eine Gebührenreduzierung hinnehmen müsste, obwohl die von ihm erbrachte Leistung aus Sicht der Mandanten in allen Fällen gleich wertvoll ist (Bedeutung der Angelegenheit). Keine Gebührenminderung muss der StB auch dann hinnehmen, wenn er mit denselben Argumenten die Einsprüche gegen einen Grundlagen- und Feststellungsbescheid begründet.[3]

F. Gebührenminderung (Abs. 2)

653 Nach § 40 Abs. 2 StBVV a.F. tritt eine Reduzierung der Geschäftsgebühr auf 3/10 bis 20/10 einer vollen Gebühr nach der Tabelle E ein, wenn der StB eine **Gebühr für die Prüfung des Steuerbescheids**[4] erhält. Bis zum 31.12.2006 war diese Gebührenminderung in § 41 Abs. 3 StBGebV geregelt. Vorgesehen war ein Gebührenrahmen von 3/10 bis 8/10. Nach inzwischen einhelliger Rechtsprechung muss die Prüfungsgebühr nur „rechtlich entstanden" sein. Ob der StB sie angesetzt hat oder ob sie ihm zugeflossen ist, ist unerheblich.[5] Die Gebührenminderung tritt nur im Fall des § 28 StBVV, nicht aber im Fall des § 29 StBVV ein.[6]

Teilweise wird die Auffassung vertreten, dass es zur Vermeidung eines „Systembruchs" sachgerecht sei, auch in § 40 Abs. 2 StBVV a.F. die durchschnittlich umfangreiche und schwierige Tätigkeit[7] durch eine Gebühr i.H. eines Schwellenwerts abzugelten, der im Falle des § 40 Abs. 2 StBVV a.F. (abgerundet) 10/10 betrage.[8] Dies würde bedeuten, dass eine höhere Gebühr als 10/10 nur dann gefordert werden könnte, wenn die Angelegenheit umfangreich oder schwierig war, nicht aber, wenn andere Kriterien nach § 11 StBVV überdurchschnittlich ins Gewicht fallen. Eine solche Sichtweise ist weder mit dem Wortlaut, noch mit dem Willen des Gesetzgebers vereinbar. Anders als § 40 Abs. 2 StBVV a.F. enthielt das RVG bis zum 31.7.2013 eine Schwellengebühr auch für den Gebührenermäßigungstatbestand der Nr. 2301 a.F. RVG. Wenn der Gesetzgeber dies nicht zum Anlass genommen hat, eine Schwellengebühr in § 40 Abs. 2 StBVV a.F. einzuführen, ist eine solche „Gebühr" offensichtlich nicht gewollt.[9]

654 Die finanzgerichtliche Rechtsprechung geht davon aus, dass der **Ermäßigungstatbestand grundsätzlich immer greift** und nicht nur dann, wenn der Mandant den StB vorher tatsächlich mit der Prüfung des Bescheids beauftragt hat.[10] Die Gerichte begründen dies mit dem Berufsbild eines ordentlichen Vertreters der steuerberatenden Berufe, der nach der Lebenserfahrung vor der Einlegung des Einspruchs zunächst eine Prüfung der formellen und materiellen Richtigkeit des anzufechtenden Bescheids vornehme. Führe die Prüfung zur Einspruchserhebung, falle sie noch

1) Vgl. § 11 StBVV.
2) → § 11 StBVV Rz. 213 und 214.
3) FG Sachsen-Anhalt v. 4.1.2011, 5 Ko 1294/10, EFG 2011, 901.
4) → § 28 StBVV Rz. 477.
5) FG Köln v. 15.10.2001, 10 Ko 3092/01, EFG 2002, 115 m.w.N.
6) Mittelsteiner/Scholz, 4. Aufl. 1998, § 41 StBGebV Rz. 3 m.w.N.
7) Nach dem Vorbild des § 40 Abs. 1 StBVV a.F.
8) Hessisches FG v. 31.1.2012, 1 Ko 2202/11, EFG 2013, 644; Berners, 5. Aufl. 2016, § 40 StBVV Rz. 28.
9) Feiter, Honorarbrief für Steuerberater 7/2013, 1.
10) So z.B. FG Düsseldorf v. 25.4.1994, 4 Ko 17/92, EFG 1994, 718; weitere Nachweise bei Feiter, INF 1996, 406, 408.

in das dem außergerichtlichen Rechtsbehelfsverfahren vorangehende Verwaltungsverfahren. Danach ist der StB nur dann nicht an die Ermäßigungsvorschrift gebunden, wenn der Mandant den Steuerbescheid selbst kontrolliert und den StB lediglich mit der Einlegung des Rechtsbehelfs beauftragt hat, der StB den Einspruch nicht selbst verfasst hat, sondern erst im Laufe des Einspruchsverfahrens hinzugezogen wurde, oder der Einspruch ohne Prüfung des Bescheids allein zur Fristwahrung eingelegt wurde.

Eggesiecker[1] hält diese Rechtsprechung für gesetzeswidrig. Ihm ist insoweit zuzu- 655
stimmen, als es immer auf den konkreten Auftrag ankommt. Hat der StB z.B. den Auftrag, im Rahmen des Einspruchsverfahrens (nur) die Nichtberücksichtigung bestimmter Werbungskosten geltend zu machen, folgt daraus noch keine Pflicht, zuvor den Steuerbescheid in jedweder Hinsicht zu prüfen. Der Berater könnte in einem solchen Fall also eine Geschäftsgebühr nach § 40 Abs. 1 StBVV a.F. abrechnen.[2] Ob er sich dadurch allerdings günstiger steht als bei einer Abrechnung nach § 40 Abs. 2 StBVV a.F. und der Inrechnungstellung einer Prüfungsgebühr nach § 28 StBVV, hängt von der Höhe des Gegenstandswertes des Rechtsbehelfsverfahrens und der Zeitdauer für die Prüfung des Bescheids ab. Je höher der Gegenstandswert, desto wirtschaftlicher wird im Zweifel ein möglicher höherer Gebührenrahmen i.S.d. § 40 Abs. 1 StBVV a.F. unter Verzicht auf die Zeitgebühr nach § 28 StBVV sein.[3]

G. Gebührenminderung (Abs. 3)

Nach § 40 Abs. 3 StBVV a.F. verringert sich der Gebührenanspruch ganz erheblich 656
auf 1/10 bis 7,5/10 einer vollen Gebühr nach der Tabelle E, wenn der StB im Zusammenhang mit der Vertretung im außergerichtlichen Rechtsbehelfsverfahren **Gebühren für die Anfertigung der Steuererklärung** erhält. Bis zum 31.12.2006 war diese Gebührenminderung in § 41 Abs. 4 StBGebV geregelt. Vorgesehen war ein Gebührenrahmen von 1/10 bis 3/10. Ausweislich der amtlichen Begründung zu § 41 StBGebV ist damit nicht der Fall gemeint, in dem der StB im Veranlagungsverfahren die Steuererklärung fertigt, dafür Gebühren erhält und später einen Einspruch führt.[4] Sie ist nur dann anwendbar, wenn der StB die **Erklärung** erst **während** des **Rechtsbehelfsverfahrens** erstellt. Die **amtliche Begründung** zu § 41 StBGebV führt beispielhaft den Fall an, dass der StB gegen einen Schätzungsbescheid Einspruch einlegt und im Rahmen des Einspruchsverfahrens die fehlende Steuererklärung erstellt. Die nachgereichte Steuererklärung, die nach § 24 StBVV honoriert wird, ersetzt dann praktisch die Begründung des Einspruchs, so dass eine Herabsetzung der Geschäftsgebühr gerechtfertigt ist.[5] Soweit die Gegenauffassung vorträgt, dass sich der Arbeitsaufwand des StB im Einspruchsverfahren auch dann reduziere, wenn er die Steuererklärung nicht erst im Einspruchsverfahren, sondern bereits im

1) Eggesiecker, 2. Aufl. 1998, § 41 STEUGO Rz. 41.342.

2) Der Erstattungsberechtigte muss aber in einem eventuellen späteren Kostenfestsetzungsverfahren → § 45 StBVV Rz. 728 ff. nachweisen, dass der StB den Bescheid tatsächlich nicht geprüft hat, FG Düsseldorf v. 25.3.1994, 4 Ko 17/92 KF, EFG 1994, 718.

3) Allerdings besteht kein Wahlrecht, so dass eine Verlagerung der Kosten für die Bescheidprüfung in das außergerichtliche Rechtsbehelfsverfahren im Rahmen eines eventuellen Kostenfestsetzungsverfahrens → § 45 StBVV Rz. 728 ff. beanstandet werden könnte, so FG Köln, 15.10.2001, 10 Ko 3092/01, EFG 2002, 115 f.

4) So aber FG Berlin v. 23.1.1985, V 302/84, EFG 414; FG Saarland v. 13.9.1991, 1 S 256/91, EFG 1992, 296 und neuerdings AG Düsseldorf v. 23.5.2013, 39 C 4247/12 mit krit. Anm. Feiter, KANZLEI intern 3/2014, 2; AG Detmold v. 10.12.2014, 7 C 605/12, DStR 2015, 1831 mit kritischen Anm. Raab.

5) FG Berlin v. 8.7.1987, VII 174/87, EFG 1987, 633; Hessisches FG v. 10.8.2011, 10 Ko 690/11, EFG 2012, 547; Enders in Eckert, 6. Aufl. 2017, § 40 StBVV Anm. 5.4 m.w.N.; Berners, 5. Aufl. 2016, § 40 StBVV Rz. 31.

Veranlagungsverfahren erstellt habe und deshalb nur eine reduzierte Geschäftsgebühr nach § 40 Abs. 3 StBVV a.F. gerechtfertigt sei, überzeugt dies nicht. Neben der amtlichen Begründung spricht auch eine **Gegenüberstellung der Wortlaute** des § 40 Abs. 2, 4 und 6 StBVV a.F. einerseits und des § 40 Abs. 3 StBVV a.F. andererseits gegen diese Auffassung. Eine Gebührenreduzierung bzw. -deckelung wegen des vorangegangenen „Verwaltungsverfahrens" ist nur in den Fällen des § 40 Abs. 2, 4 und 6 StBVV a.F. vorgesehen, während der Verordnungsgeber in § 40 Abs. 3 StBVV a.F. die Formulierung „im Zusammenhang" gewählt hat. Hätte der Verordnungsgeber den Anwendungsbereich des § 40 Abs. 3 StBVV a.F. auch auf Steuererklärungen im Veranlagungsverfahren ausweiten wollen, hätte es nahe gelegen, dass er dieselbe Formulierung wie in § 40 Abs. 2, 4 und 6 StBVV a.F. (Verwaltungsverfahren) gewählt hätte.[1] Ferner zieht das Argument des reduzierten Arbeitsaufwandes auch wegen des **zeitlichen Abstandes**, der zwischen der Anfertigung der Steuererklärung im Verwaltungsverfahren und seiner Tätigkeit im Einspruchsverfahren liegt, nicht in gleichem Maße, als wenn die Steuererklärung erst im Einspruchsverfahren nachgereicht wird. Denn vielfach wird sich der StB nochmals vollständig in den Sachverhalt einarbeiten müssen. Außerdem wird die Steuererklärung im Veranlagungsverfahren zu **anderen Zwecken** angefertigt. Ausführungen zu tatsächlich oder rechtlich strittigen Punkten, die im Einspruchsverfahren relevant werden können, erfolgen hier nicht. Deshalb ist auch eine Reduzierung der Geschäftsgebühr nur dann sachgerecht, wenn die Steuererklärung im Rahmen des Einspruchsverfahrens angefertigt wird und hierbei tatsächliche oder rechtliche Fragestellungen mitgeprüft werden.[2]

H. Gebührenminderung (Abs. 4)

657 § 40 Abs. 4 StBVV a.F. bringt eine weitere Ermäßigung der Geschäftsgebühr, wenn **dem Rechtsbehelfsverfahren ein gesondert abrechenbarer Antrag i.S.d. § 23 StBVV vorausgeht**. Auch hier kommt es – wie im Fall des § 40 Abs. 2 StBVV a.F. – nicht auf den tatsächlichen Erhalt der Gebühr an. § 40 Abs. 4 StBVV a.F. zieht für beide Gebührentatbestände eine gemeinsame Obergrenze von 25/10 einer Gebühr nach Tabelle E.[3] Damit soll ausweislich der amtlichen Begründung zu § 41 StBGebV eine Gleichstellung mit den §§ 118 Abs. 1, 119 Abs. 1 BRAGO erreicht werden. Da die Obergrenze von 25/10 deutlich über der Mittelgebühr und die Höchstgebühr in § 23 StBVV bei 10/10 liegt, hat die Vorschrift noch weniger praktische Relevanz haben, als der frühere § 41 Abs. 5 StBGebV.

Beispiel: Auftragserteilung für den Antrag nach § 23 StBVV und den Einspruch jeweils vor dem 1.7.2020

Gegenstandswert:	50 000,00 €
5/10 Gebühr aus § 23 StBVV (Tabelle A)	549,00 €
22/10 Gebühr aus § 40 Abs. 1 StBVV a.F. (Tabelle E)	2 415,60 €
Summe:	2 964,60 €
Höchstgebühr nach § 40 Abs. 4 StBVV a.F.:	
25/10 Gebühr nach Tabelle E	2 745,00 €

Hier wird die volle Gebühr von 25/10 der Tabelle E durch die Addition der Einzelgebühren überschritten. Der StB darf deshalb insgesamt nur 2 745 € berechnen.

1) Raab, DStR 2015, 1832.
2) Raab, DStR 2015, 1832 unter Hinweis auf FG Berlin v. 8.7.1987, VI 174/87, EFG 1987, 633.
3) Bis zum 31.12.2006 war in § 41 Abs. 5 StBGebV eine gemeinsame Obergrenze von 10/10 vorgesehen.

I. Gebührenerhöhung (Abs. 5)

Bei Tätigkeiten für **mehrere Auftraggeber in derselben Angelegenheit**[1] erhöht sich im Rechtsbehelfsverfahren die Geschäftsgebühr für jeden weiteren Auftraggeber bis zu unterschiedlichen Höchstsätzen. Hierbei handelt es sich um eine Ausnahme des in § 6 StBVV geregelten Grundsatzes, dass der StB, der in derselben Angelegenheit für mehrere Auftraggeber tätig wird, die Gebühr nur einmal erhält. Bemessungsgrundlage für die Erhöhung ist der Betrag, an dem die Auftraggeber gemeinschaftlich beteiligt sind.[2] **658**

Erforderlich ist, dass der StB für **verschiedene Auftraggeber gleichzeitig** tätig geworden ist. Hauptanwendungsfall ist der Einspruch gegen einen an zusammen veranlagte **Eheleute** ergangenen Einkommensteuerbescheid. Auch bei einem einheitlichen und gesonderten Feststellungsbescheid für eine **Grundstücksgemeinschaft** und bei einer **Erbengemeinschaft**, liegt eine Mehrheit von Auftraggebern vor.[3] **659**

Bei der **einheitlichen Gewinnfeststellung** ist zu beachten, dass es für die Beteiligten um verschiedene Beträge und damit um verschiedene Gegenstände und Gegenstandswerte geht, die als Summe der subjektiven steuerlichen Auswirkungen für die Beteiligten bereits nach § 10 Abs. 2 StBVV addiert sind. Der StB erhält hier keine Erhöhungsgebühr. Zwar vertritt er im Einspruchsverfahren verschiedene Auftraggeber in derselben Angelegenheit. Diese sind aber nicht im Sinne von § 40 Abs. 5 Satz 2 StBVV a.F. gemeinschaftlich mit demselben Betrag beteiligt. Dem Mehr an Arbeit und Aufwand für die verschiedenen Auftraggeber wird bereits durch die Zusammenrechnung der Werte Genüge getan. Eine Doppelberücksichtigung durch Kumulation von Wertaddition und Erhöhungsgebühr ist nach der Rechtsprechung ausgeschlossen.[4]

Hinsichtlich der **BGB-Gesellschaft** und der **Wohnungseigentümergemeinschaft** wird auf die Ausführungen zu → § 40 StBVV n.F. Rz. 688 verwiesen.

Keine einheitliche Auffassung gab es bis zum Inkrafttreten des JStG 2007[5] zur **Bemessung des Erhöhungsbetrags**.[6] **660**

§ 40 Abs. 5 Satz 3 StBVV a.F. enthält die **Begrenzung mehrerer Erhöhungen**. Danach dürfen mehrere Erhöhungen den Betrag von 20/10, in den Fällen des Abs. 2 den Betrag von 16/10 und in den Fällen des Abs. 3 den Betrag von 6/10 einer voller Gebühr nach Tabelle E nicht übersteigen. Bei einem Gegenstandswert bis 300 € beträgt die 3/10 Erhöhungsgebühr 7,80 €. Es handelt sich nicht um eine eigenständige Gebühr, so dass § 3 Abs. 1 StBVV a.F., der einen Mindestbetrag von 10 € vorsah, nie einschlägig war.[7] **661**

J. Begrenzung der Gebühr (Abs. 6)

Durch das JStG 2007[8] wurde der bisherige § 42 Abs. 3 StBGebV neuer § 40 Abs. 6 StBGebV. Er entspricht § 40 Abs. 4 StBVV a.F. und betrifft die Fälle, in denen der StB bereits in dem vorangegangenen Verwaltungsverfahren Verhandlungen mit der **662**

1) → § 6 StBVV Rz. 148.
2) § 40 Abs. 5 Satz 2 StBVV a.F.
3) → § 40 StBVV n.F. Rz. 687 ff.
4) FG Hamburg v. 19.11.2015, 3 KO 226/15 m.w.N.; FG Köln v. 7.8.2012, 10 KO 783/11, EFG 2012, 2237; FG Düsseldorf v.12.5.2010, 15 Ko 4622/09 KF, EFG 2011, 271; Thüringer FG v. 25.1.2000, II 6/99, Ko, EFG 2000, 651.
5) JStG 2007 v. 13.12.2006, BGBl. I 2006, 2878 = BStBl I 2007, 28.
6) Siehe hierzu → § 40 StBVV n.F. Rz. 689.
7) Niedersächsisches FG v. 18.1.2010, 7 KO 10/09, EFG 2010, 749 f. m.w.N.
8) JStG 2007 v. 13.12.2006, BGBl. I 2006, 2878 = BStBl I 2007, 28.

Behörde geführt und hierfür Gebühren nach § 31 StBVV erhalten hat. Mit der Begrenzung sollte eine Gleichstellung mit der früheren Regelung in § 118 Abs. 1 Nr. 2 BRAGO erreicht werden, nach der der Rechtsanwalt unter Geltung der BRAGO für seine Tätigkeit im Verwaltungsverfahren und im anschließenden außergerichtlichen Rechtsbehelfsverfahren als Besprechungsgebühr nicht mehr als 10/10 einer vollen Gebühr fordern durfte. Maßgeblich ist der Gegenstandswert des § 31 StBVV, der höher sein kann als der Gegenstandswert nach § 40 Abs. 6 StBVV a.F., z.B. dann, wenn die Finanzbehörde im Verwaltungsverfahren einen Teilabhilfebescheid erlassen hat und im Rechtsbehelfsverfahren nur noch über den Restbetrag gestritten wird. Höchstgrenze ist eine 25/10-Gebühr nach der Tabelle E. Da die Tabellen A und E bis zu einem Gegenstandswert von 290 000 € einen identischen Verlauf hatten und die Tabelle E erst bei einem höheren Gegenstandswert im Vergleich zur Tabelle A abfällt, wirkt sich die in § 40 Abs. 6 StBVV a.F. vorgesehene Anwendung der Tabelle E nur in diesen Fällen zum Nachteil des Beraters aus.

K. Aussetzung der Vollziehung (Abs. 7)

663 Nach § 361 AO ist das Aussetzungsverfahren Teil des Rechtsbehelfsverfahrens. § 40 Abs. 7 StBVV a.F. bestätigt dies. Im außergerichtlichen Rechtsbehelfsverfahren erhält der StB deshalb für einen Antrag auf Aussetzung der Vollziehung nach bisherigem Recht keine eigene Gebühr. Eine Ausnahme gilt nur für den Fall, dass sich der Auftrag des StB auf einen Antrag auf Aussetzung der Vollziehung beschränkt (**isoliertes Aussetzungsverfahren**), etwa weil der Mandant das Rechtsbehelfsverfahren selbst führt und nur hinsichtlich des Antrags auf AdV die Unterstützung eines StB benötigt oder weil der StB gewechselt wurde und der Vorberater nur den Einspruch eingelegt, aber keinen AdV-Antrag gestellt hat. Ein weiterer Fall der gesonderten Abrechnung ist der des § 12 Abs. 5 Satz 2 StBVV, wenn mehr als zwei Kalenderjahre zwischen dem Einspruch und dem AdV-Antrag liegen. Diese Fälle können bei Einsprüchen gegen Grundlagenbescheide und den viel später entstehenden steuerlichen Auswirkungen bei den Steuerfestsetzungen auftreten.[1] Der Gebührenanspruch des StB bemisst sich in diesem Fall nach § 23 Satz 1 Nr. 10 StBVV. Der Gegenstandswert beträgt nach der umstrittenen Rechtsprechung des BFH 10 % des Gegenstandswerts der Hauptsache.[2] Ist der StB sowohl mit der Führung des Einspruchs als auch mit dem Antrag auf Aussetzung der Vollziehung beauftragt, richtet sich der Gegenstandswert nach dem „Wert des Interesses" für den Auftraggeber.[3] Eine Addition der Gegenstandswerte des Einspruchsverfahrens und des Aussetzungsverfahrens (10 %) ist nicht gerechtfertigt, da es sich trotz unterschiedlicher Gegenstandswerte um dieselbe Angelegenheit und denselben Gegenstand handelt und § 10 Abs. 2 StBVV deshalb nicht anwendbar ist.[4] Wird der AdV-Antrag abgelehnt, kann der StB gegen die ablehnende Entscheidung Einspruch einlegen. Hierbei handelt es sich um eine neue gebührenpflichtige Angelegenheit, die nach § 40 Abs. 2 StBVV a.F. abgerechnet werden kann.[5]

664 Nach **§ 17 Nr. 1 RVG** sind das **Einspruchsverfahren und das Aussetzungsverfahren unterschiedliche Angelegenheiten** die jeweils separate Gebühren nach Nr. 2300 VV RVG auslösen.[6]

Hinweis:

Durch die Fünfte Verordnung zur Änderung steuerlicher Verordnung v. 25.6.2020[7] wurde § 40 StBVV mit Wirkung zum 1.7.2020 neu gefasst und auch diese ungerechtfer-

1) Schwamberger, KP 2020, 72.
2) → § 23 StBVV Rz. 382; → § 45 StBVV Rz. 727.
3) → Rz. 642.
4) A.A. Eggesiecker, 2. Aufl. 1998, § 44 STEUGO Rz. 44.250 f.
5) Schwamberger, KP 2020, 72, 73.
6) OLG Brandenburg v. 23.3.2009, 1 U 28/08, GI 2009, 118, 120; Mayer in Gerold/Schmidt, 24. Aufl. 2019, Anhang IV Rz. 33.
7) BGBl. I 2020, 1495, 1498 = BStBl I 2020, 555.

tigte Ungleichbehandlung zwischen StB und Rechtsanwalt für die Zukunft beseitigt.[1] In den Fällen, in denen der Auftrag für das Einspruchsverfahren und den AdV-Antrag noch vor dem 1.7.2020 erteilt worden ist und der StB/Rechtsanwalt nach altem Recht abrechnen muss, empfiehlt sich für den „Doppelbänder" die vorteilhaftere Abrechnung nach RVG und nicht nach § 40 StBVV a.F.[2]

In der Rechtsprechung der Finanzgerichte[3] wird vereinzelt die Auffassung vertreten, dass bei gleichzeitig mit dem Einspruch beantragter Aussetzung der Vollziehung eine Kürzung der für den Einspruch verdienten Geschäftsgebühr um 1/10 vorzunehmen ist. Diese Auffassung führt zu dem absurden Ergebnis, dass bei objektiv schwierigen Einspruchsverfahren diejenige Partei bei einem späteren Obsiegen vor dem FG bei der nachfolgenden Kostenfestsetzung benachteiligt würde, die im Gegensatz zu einer anderen Partei ein Verwaltungsverfahren auf Aussetzung der Vollziehung betrieben hätte.[4] Die Auffassung der Finanzgerichte findet auch in der StBVV keine Stütze. In der Literatur wird deshalb zu Recht die Auffassung vertreten, dass ein zusätzlich gestellter Antrag auf Aussetzung der Vollziehung eher eine höhere als eine niedrigere Gebühr rechtfertigt.[5] **665**

L. Erledigungsgebühr (Abs. 8)

Als weitere Gebühr im außergerichtlichen Rechtsbehelfsverfahren kann der StB die Erledigungsgebühr verlangen. Sie entsteht nur im außergerichtlichen Rechtsbehelfsverfahren, nicht auch im Änderungsverfahren,[6] d.h., Änderungen des Bescheids nach erfolglos durchgeführtem Einspruchsverfahren lösen keine Erledigungsgebühr, ggf. aber Gebühren nach § 23 StBVV oder § 31 StBVV aus. Sie unterscheidet sich von den übrigen Gebühren dadurch, dass es sich nicht um eine Rahmengebühr, sondern um eine feste (volle) 10/10-Gebühr handelt. Rechtsanwälte, die im Einspruchsverfahren tätig werden, können demgegenüber eine 1,5-Gebühr geltend machen, Nr. 1002 VV RVG. **666**

Hinweis:

Durch die Fünfte Verordnung zur Änderung steuerlicher Verordnung v. 25.6.2020[7] wurde § 40 StBVV mit Wirkung zum 1.7.2020 neu gefasst und auch diese ungerechtfertigte Ungleichbehandlung zwischen StB und Rechtsanwalt für die Zukunft beseitigt. StB können im außergerichtlichen Rechtsbehelfsverfahren künftig ebenfalls eine 1,5-Erledigungsgebühr abrechnen.[8] In den Fällen, in denen der Auftrag für das Einspruchsverfahren und noch vor dem 1.7.2020 erteilt worden ist und der StB/Rechtsanwalt nach altem Recht abrechnen muss, empfiehlt sich für den „Doppelbänder" die vorteilhaftere Abrechnung nach RVG und nicht nach § 40 StBVV a.F.[9]

Die Entstehung der Erledigungsgebühr setzt voraus, dass sich der Rechtsstreit ganz oder teilweise nach Rücknahme, Widerruf,[10] Aufhebung oder Änderung des mit dem Rechtsbehelf angefochtenen Verwaltungsakts erledigt[11] und der StB bei der Erledi-

1) → § 40 StBVV n.F. Rz. 668, 691.
2) → § 1 StBVV Rz. 92; Feiter, Stbg 2013, 466.
3) FG Bremen v. 6.2.1992, II 235/91 Ko, EFG 1992, 417 f.; FG Baden-Württemberg v. 31.1.1994, 6 K 96/91, EFG 1994, 846.
4) Siehe hierzu Gruber, StB 1999, 390, 393.
5) Jost in Meyer/Goez/Schwamberger, 9. Aufl. 2019, § 40 StBVV Rz. 37 mindestens eine 1/20-Gebühr mehr; Mittelsteiner/Scholz, 4. Aufl. 1998, § 44 StBGebV Rz. 2.
6) § 172 AO.
7) BGBl. I 2020, 1495, 1498 = BStBl I 2020, 555.
8) → § 40 StBVV n.F. Rz. 668, 692.
9) → § 1 StBVV Rz. 92; Feiter, Stbg 2013, 466.
10) Dass in § 40 Abs. 8 StBGebV bis zur Änderung durch das 8. StÄndG v. 8.4.2008, BGBl. I 2008, 666 = BStBl I 2008, 544 von „Widerspruch" statt „Widerruf" die Rede war, war ein Redaktionsversehen des Gesetzgebers.
11) → § 45 StBVV Rz. 714.

gung **mitgewirkt** hat. Hierbei muss es sich um eine besondere, qualifizierte Mitwirkung handeln, die über das normale Betreiben des Geschäfts, das mit der Geschäftsgebühr abgegolten wird, hinausgeht. Bei der Erledigungsgebühr handelt es sich nicht um eine reine Erfolgs- sondern um eine **Tätigkeitsgebühr**[1] bzw. eine Tätigkeits- und Erfolgsgebühr.[2]

Eine solche **Mitwirkung** liegt **nicht schon dann** vor, **wenn**

- die Einspruchsbegründung so gut gelungen ist, dass das Finanzamt von sich aus nachgibt,[3]
- geschätzte Steuerbescheide im außergerichtlichen Rechtsbehelfsverfahren angefochten und die ausstehenden Steuererklärungen nachgereicht werden,[4]
- der Berater nach Einspruchserhebung durch Vorlage der im Besitz des Mandanten befindlichen Rechnungen erstmals Werbungskosten nachweist,[5]
- sich der StB im Schrifttum zum streitigen Problemkomplex geäußert hat oder erfolgreich eine Revision in einem Parallelverfahren geführt hat,[6]
- der StB in einem Parallelverfahren erfolgreich Verhandlungen im Rahmen einer Betriebsprüfung oder einem Rechtsbehelfsverfahren geführt hat,[7]
- eine Änderung der tatsächlichen Verhältnisse mit Auswirkungen auf den Verwaltungsakt vorliegt,[8]
- die Mitwirkung des StB für die Erledigung nicht ursächlich war, z.B. wenn das FA den Steuerbescheid auf Grund einer zwischenzeitlich ergangenen EuGH-Entscheidung aufhebt,[9]
- das Ergebnis einer Beweisaufnahme das Finanzamt ohne Weiteres zur Änderung des streitigen Bescheids veranlasst,[10]
- der StB keinen eigenen Verständigungsvorschlag unterbreitet, sondern lediglich eine Erledigungserklärung abgibt, nachdem sich das Finanzamt unter dem Eindruck des nachteiligen Beweisergebnisses auf Vorschlag des Gerichts bereit erklärt, die angefochtenen Bescheide antragsgemäß zu ändern,[11]
- der StB mehrfach mit der zuständigen Bearbeiterin telefoniert, die Sach- und Rechtslage erörtert und Unterlagen nochmals übermittelt.[12]

Demgegenüber können folgende Mitwirkungshandlungen **die Erledigungsgebühr** auslösen:

- das konkrete Verfahren erledigt sich auf Grund eines Musterprozesses,[13]

---

1) FG Köln v. 29.5.2018, 2 Ko 3253/17, EFG 2018, 1582 und v. 8.12.2008, 10 Ko 1355/08, EFG 2009, 515 f. m.w.N.; FG Münster v. 16.12.2009, 8 Ko 3497/09 KFB, EFG 2010, 592 f., str.
2) FG Hamburg v. 23.1.2015, 3 Ko 298/14, EFG 2015, 845 m.w.N.
3) FG Niedersachsen v. 17.12.1988, XI 7/87 Ko, EFG 1988, 388; FG Berlin v. 13.9.1988, VII 40/88, EFG 1989, 202 f.; Jost, KP 2001, 92 f.
4) Jost in Meyer/Goez/Schwamberger, 9. Aufl. 2019, § 40 StBVV Rz. 44.
5) FG Hessen v. 29.11.1999, 12 Ko 1950/99, EFG 2000, 236.
6) FG Köln v. 4.1.2001, 10 Ko 6724/00, EFG 2001, 711; FG Düsseldorf v. 29.1.2001, 14 Ko 472/01 KF, EFG 2001, 595 f.
7) FG Köln v. 12.9.2002, 10 Ko 2335/02, EFG 2003, 124.
8) Mittelsteiner/Scholz, 4. Aufl. 1998, § 40 StBGebV Rz. 8.
9) FG Hamburg v. 23.1.2015, 3 Ko 298/14, EFG 2015, 845.
10) FG Hamburg v. 23.11.2005, V 213/02 VI-E, EFG 2006, 370.
11) FG Köln v. 13.3.2008, 10 Ko 3867/07, EFG 2008, 1235.
12) OLG Brandenburg v. 23.3.2009, 1 U 28/08, GI 2009, 118, 120.
13) Enders in Eckert, 5. Aufl. 2013, VV RVG, 1. Teil Anm. 4; Mittelsteiner/Scholz, 4. Aufl. 1998, § 40 StBGebV Rz. 10.

- der Berater interveniert bei der OFD oder dem FinMin; deren Stellungnahmen führen dazu, dass die angefochtenen Bescheide geändert werden,[1)]
- der StB wirkt dergestalt auf den Mandanten ein, dass dieser den Rechtsbehelf zurücknimmt oder das Begehren wesentlich (**mehr als 10 %**) einschränkt.[2)] Nach der neueren Rechtsprechung des FG Köln zur Erledigungsgebühr im Klageverfahren ist die Einschränkung des Klagebegehrens um mehr als 10 % aber nur ein **Indiz** für das Entstehen der Erledigungsgebühr und kein Automatismus.[3)] Den StB trifft deshalb die volle Darlegungs- und Beweislast für die Ursächlichkeit seiner Mitwirkung,
- der StB bewegt das Finanzamt[4)] zum Einlenken,[5)]
- der StB trägt durch eigene Recherchen zur Sachverhaltsaufklärung bei,[6)]
- der StB überzeugt den Mandanten, einer sog. „tatsächlichen Verständigung" zuzustimmen,[7)]
- Unterbreiten eines Erledigungsvorschlags,[8)]
- der StB legt eine eidesstattliche Versicherung des von ihm benannten Zeugen vor, was zur Aufhebung des angefochtenen Bescheides durch das FA führt.[9)]

Der **Gegenstandswert** der Erledigungsgebühr richtet sich nach dem (ursprünglichen) Gegenstandswert, wenn das Rechtsbehelfsverfahren insgesamt erledigt wird, und zwar auch dann, wenn der Mandant sich mit einem Teilabhilfebescheid zufrieden gibt. **667**

Beispiel:

Gegenstand des Rechtsbehelfsverfahrens ist ein Steuerbetrag i.H.v. 3 000 €. Durch die Mitwirkung des StB ändert das Finanzamt den Bescheid zu Gunsten des Mandanten ab, der nur noch 1 000 € zu zahlen hat und zu einer Erledigung des Rechtsbehelfsverfahrens führt. Gegenstandswert für die Erledigungsgebühr ist hier ein Betrag von 3 000 €.

Wird das Rechtsbehelfsverfahren dagegen nur teilweise erledigt, richtet sich der Gegenstandswert für die Erledigungsgebühr nur nach dem erledigten Teil.[10)]

---

1) FG Köln v. 29.11.1999, 10 Ko 2645/99, StB 2000, 226; FG Köln v. 28.6.2007, 10 Ko 715/07, EFG 2007, 1474; differenzierend FG Baden-Württemberg v. 4.1.2000, 2 Ko 12/99, EFG 2000, 398; hierzu Feiter, INF 2001, 117 f.

2) FG Düsseldorf v. 12.11.1993, 4 Ko 12/93 KF, EFG 1994, 318; FG Köln v. 30.9.2014, 10 Ko 2686/14; EFG 2014, 2170; FG Köln v. 8.12.2008, 10 Ko 1355/08, EFG 2009, 515; FG Köln v. 28.6.2007, 10 Ko 715/07, EFG 2007, 1474; FG Köln v. 28.6.2004, 10 KO 1603/04, EFG 2004, 1642.

3) FG Köln v. 18.5.2016, 10 Ko 182/16; FG Köln v. 29.5.2018, 2 Ko 3253/17, EFG 2018, 1582 mit Anm. Hennigfeld und Berners, Honorargestaltung für Steuerberater, November 2018, 1.

4) Z.B. durch den Hinweis auf eine neue einschlägige Gerichtsentscheidung.

5) FG Saarland v. 2.9.1982, II 145/82, EFG 1983, 253 und FG Saarland v. 14.11.2005, 2 S 335/05, EFG 2006, 926.

6) FG Baden-Württemberg v. 27.10.2003, 4 Ko 3/03, EFG 2004, 144.

7) FG Münster v. 8.3.2004, 1 Ko 5693/03 KFB, EFG 2004, 1254.

8) FG Köln v. 28.6.2007, 10 Ko 715/07, EFG 2007, 1474.

9) FG Bremen v. 10.8.1990, II 3/90 Ko, EFG 1990, 596.

10) Eggesiecker, 2. Aufl. 1998, § 40 STEUGO Rz. 40.840.

§ 40 n.F. (ab 1.7.2020) Verfahren vor den Verwaltungsbehörden

Auf die Vergütung des Steuerberaters für Verfahren vor den Verwaltungsbehörden sind die Vorschriften des Rechtsanwaltsvergütungsgesetzes sinngemäß anzuwenden.

Inhalt

Schrifttum

Berners, Erledigungsgebühr als besondere Tätigkeitsgebühr, Honorargestaltung für Steuerberatung November 2018, 1; **Beyme,** Kostenerstattung Familienkasse, KANZLEI intern 06_2019, 6; **Beyme,** Anhebung des Streitwerts um „offensichtlich absehbare zukünftige Auswirkungen, Stbg 2017, 90; **Beyme,** Mindeststreitwert für im Vorverfahren tätig gewordene Steuerberater, Stbg 2017, 40; **Feiter,** Zeitnah abrechnen und Honoraransprüche nicht verjähren lassen, KANZLEI intern 05_2019, 2; **Feiter,** Amtspflichtverletzung durch fehlerhafte Vorauszahlungsbescheide?, KANZLEI intern 12/2015, 2; **Feiter,** Nochmals: BGH und Toleranzgrenze von 20 %, Honorarbrief für Steuerberater 09/2012, 3; **Feiter,** Finanzamt muss Gebühren des Steuerberaters für das Einspruchsverfahren erstatten, KANZLEI intern 07/2014, 3; **Feiter,** Amtshaftung: Gebühren für die Prüfung des Änderungsbescheides? KANZEI intern 06/2014, 6; **Feiter,** Plädoyer für eine Reform des § 40 StBVV, Stbg 2013, 466; **Gehm,** Amtshaftung im Steuer- und Steuerstrafverfahren, SIS Steuerberater-Brief Nr. 2018/07; **Goez,** Aufklärungspflichten des Steuerberaters bei Haftung des Finanzamts für Steuerberatungskosten, INF 2006, 718; **Kilian/Schwerdtfeger,** Amtshaftung und Einspruchsverfahren, DStR 2006, 1773; **Klaeren,** Abtretung von Amtshaftungsansprüchen durch Mandanten, KANZLEI intern 01/2015, 3; **Kreft,** Ansatz des Mindeststreitwerts im Vorverfahren, KP 2016, 207; **Jost,** Erfolgreicher Einspruch: Die Erledigungsgebühr als Belohnung für ein vermiedenes Gerichtsverfahren?, KP 2001, 92; **Meyer/Rönnig,** Vorsicht vor Verjährung von Gebühren im Einspruchs- und Klageverfahren, KP 2002, 55; **Nieland,** Befugnis eines Steuerberaters zur Geltendmachung eines Amtshaftungsanspruchs gegen das Finanzamt, Stbg 2009, 127; **Schall,** Die Bemessung der Gebühr, StB 1992, 420; **Schall,** Zur Bemessung der Gebühr, StB 1994, 195; **Schons,** Vergütungsvereinbarung: Wer, wann, wie, warum – wer es nicht macht, bleibt dumm?, AnwBl Online 2020, 372; **Zenke/ Brandenburg,** Kosten des finanzgerichtlichen Prozesses, Heidelberg 1997.

A. Inhalt und Bedeutung

Durch die Fünfte Verordnung zur Änderung steuerlicher Verordnungen[1] wurde § 40 StBVV nach dem Vorbild der §§ 44, 45 StBVV geändert. Die Vorschrift enthält keine eigenen Regelungen mehr für die Berechnung der Gebühren im außergerichtlichen Rechtsbehelfsverfahren, sondern verweist nur noch auf die Vorschriften des RVG. Der Verweis bezieht sich auf **alle Vorschriften des RVG**. Relevant sind in erster Linie die Vorschriften des Vergütungsverzeichnisses, die anders als § 40 StBVV a.F. keine Bruchteils- sondern **Dezimalgebühren** vorsehen. Anwendbar sind aber auch die allgemeinen Vorschriften des RVG. Dazu gehören insbesondere die §§ 3a – 10 und §§ 13 – 15 RVG. Die Neufassung stellt sicher, dass StB und Rechtsanwälte für die Tätigkeit im außergerichtlichen Rechtsbehelfsverfahren gleiche Gebühren erhalten. Damit hat der Verordnungsgeber eine langjährige Forderung nach mehr **Gebührengerechtigkeit** im außergerichtlichen Rechtsbehelfsverfahren[2] endlich umgesetzt und gleichzeitig folgende gebührenrechtliche Nachteile beseitigt: 668

- StB können nach neuem Recht erstmals einen **Mindestgegenstandswert** von 1 500 € zu Grunde legen, wenn der tatsächliche Gegenstandswert des Rechtsbehelfsverfahrens niedriger ist als 1 500 €, § 40 StBVV i.V.m. 23 Abs. 1 Satz 3 RVG,[3]
- **Anträge auf Aussetzung der Vollziehung** sind anders als nach § 40 Abs. 7 StBVV a.F. erstmals mit einer gesonderten Geschäftsgebühr nach Nr. 2300 VV RVG abrechenbar,[4]
- Die **Erledigungsgebühr** erhöht sich von 10/10[5] auf 1,5,[6]
- Die speziellen Gebührenminderungstatbestände der Absätze 2 und 3 sowie die Gebührenbegrenzungstatbestände der Absätze 4 und 6 werden durch das vorteilhaftere **Anrechnungssystem** des RVG ersetzt,[7]
- Die Höhe der Gebühren richtet sich nicht mehr nach Tabelle E, die in § 10 StBVV nicht mehr genannt ist, sondern nach der **RVG-Tabelle**, die im Vergleich zur Tabelle E seit dem 1.8.2013 höhere Gebühren vorsieht.[8]
- Im Falle einer **vereinbarten Vergütung** sind jetzt die §§ 3a, 4, 4a und 4b RVG und nicht mehr die Regelungen des § 4 StBVV anwendbar.[9] Relevant wird diese Unterscheidung nur bei möglichen Rückforderungsansprüchen des Mandanten im Falle einer fehlerhaften Vergütungsvereinbarung.[10]
- Die Regelungen zur **Berechnung der Vergütung** richten sich nach § 10 RVG und nicht nach § 9 StBVV.

Zur Historie der Vorschrift siehe → § 40 StBVV a.F. Rz. 637.

Verfahren vor Verwaltungsbehörden sind insbesondere das **Einspruchsverfahren** nach §§ 348 ff. AO sowie das **Widerspruchsverfahren** nach §§ 68 ff. VwGO.[11] Auf 669

1) Fünfte Verordnung zur Änderung steuerlicher Verordnungen v. 25.6.2020, BGBl. I 2020, 1495, 1498 = BStBl I 2020, 555.
2) Gleiches Honorar für gleiche Leistung; Feiter, Stbg 2013, 466.
3) → § 40 StBVV a.F. Rz. 642.
4) → § 40 StBVV a.F. Rz. 663.
5) § 40 Abs. 8 StBVV a.F.
6) Nr. 1002 VV RVG; → § 40 StBVV a.F. Rz. 666.
7) → Rz. 653 ff.; Feiter, Stbg 2013, 466.
8) → § 40 StBVV a.F. Rz. 637. Eine weitere Gebührenerhöhung um 10 % ist zum 1.1.2021 durch das KostRÄG 2021 zu erwarten.
9) Zur Vergütungsvereinbarung nach RVG: Schons, AnwBl Online 2020, 372.
10) → § 4 StBVV Rz. 134.
11) Betreffend öffentlich-rechtliche Streitigkeiten über Abgabenangelegenheiten, die der Verwaltungsgerichtsbarkeit übertragen sind, wie z.B. Angelegenheiten der Grund-, Gewerbe- oder Grunderwerbsteuer, § 1 Abs. 1 Nr. 2 StBerG, § 3 Abs. 2 AO.

Widerspruchsverfahren im Bereich der §§ 28h und 28p SGB IV, in denen StB gem. § 13 Abs. 6 Satz 2 SGB X vertretungsbefugt sind, ist § 40 StBVV nicht unmittelbar anwendbar so aber die Begründung des VO-Gebers zu § 45 StBVV.[1] Der sachliche Anwendungsbereich der StBVV[2] ist auf Tätigkeiten nach § 33 StBerG beschränkt, zu denen das Sozialversicherungsrecht nicht gehört. Gemäß § 2 StBVV dürfte aber eine sinngemäße Anwendung des § 40 StBVV vertretbar sein.[3] Alternativ käme als „übliche Vergütung" nach §§ 612 Abs. 2, 632 Abs. 2 BGB die sinngemäße Anwendung der Vorschriften des RVG in Betracht.[4] Voraussetzung für die Anwendbarkeit des § 40 StBVV ist, dass das Rechtsbehelfsverfahren schon begonnen hat und noch nicht beendet ist. § 40 StBVV kann entsprechend auf nicht-förmliche Rechtsbehelfe, wie Gegenvorstellung oder Dienstaufsichtsbeschwerde, angewendet werden.

670 Die **Geschäftsgebühr** richtet sich nach Nr. 2300 VV RVG. Sie beträgt 0,5 – 2,5 und **entsteht**, wenn ein Auftrag zur Vertretung im Rechtsbehelfsverfahren erteilt worden ist und der StB mit der Erledigung der Angelegenheit, etwa durch Einholen der erforderlichen Sachinformation, begonnen hat. Sie entfällt nicht, wenn sich die Angelegenheit vor Einlegung des Rechtsbehelfs erledigt, z.B. weil der Mandant den Auftrag zurückzieht.[5] Auch dann, wenn der zunächst mit der Einlegung eines Rechtsbehelfs beauftragte StB dem Mandanten von der Führung eines Rechtsbehelfsverfahrens abrät, hat er bereits die Geschäftsgebühr verdient. Die Geschäftsgebühr entsteht auch dann, wenn der Mandant die Auftragserteilung bestreitet, die Einlegung des Einspruchs aber in seinem mutmaßlichen Interesse liegt, weil er so von Steuernachzahlungen verschont bleibt. Der Vergütungsanspruch ergibt sich dann aus dem Institut der Geschäftsführung ohne Auftrag, §§ 683 Satz 1, 670 BGB.[6] Keine Geschäftsgebühr nach § 40 StBVV i.V.m. Nr. 2300 VV RVG, sondern eine Ratgebühr nach § 21 Abs. 1 StBVV fällt an, wenn der Auftrag dahin geht, über die Erfolgsaussichten eines Rechtsbehelfs zu informieren. Kommt es sodann zur Einlegung eines Rechtsbehelfs, ist die Ratgebühr gem. § 21 Abs. 1 Satz 3 StBVV anzurechnen.

671 § 40 StBVV spricht von **Vergütung**. Dies ist der Oberbegriff für Gebühren und Auslagen.[7] Anders als die Vorgängerregelung, die nur von „Gebühren" sprach, ist mit der neuen Formulierung klargestellt, dass StB im außergerichtlichen Rechtsbehelfsverfahren auch Auslagenersatz geltend machen können. Dieser richtet sich nach Nr. 7000 ff. VV RVG.

672 Die Gebühren im Rechtsbehelfsverfahren sind **Wertgebühren**. Allerdings sind abweichende Vereinbarungen unter den Voraussetzungen der §§ 3a, 4 und 4a RVG möglich, z.B. eine **Abrechnung nach Zeitaufwand**[8] oder ein **Erfolgshonorar** gem. § 4a RVG. Die Vereinbarung einer **Pauschalvergütung** ist ausdrücklich ausgeschlossen.[9] Gleichwohl kann der StB zivilrechtlich wirksam auch ein Pauschalhonorar vereinbaren.[10]

Hinweis:

Für ein Muster für die Vereinbarung einer Zeitgebühr (außergerichtliche Tätigkeit), vgl. → Rz. 940.

1) BR-Drucks. 603/12, 50.
2) § 1 Abs. 1 StBVV.
3) Auch → § 29 StBVV Rz. 482.
4) Vgl. § 3 RVG und Nr. 2300 VV RVG.
5) Jost in Meyer/Goez/Schwamberger, 9. Aufl. 2019, § 40 StBVV Rz. 4.
6) AG Düsseldorf v. 23.5.2013, 39 C 4247/12.
7) § 1 Abs. 1 Satz 1 StBVV.
8) → § 4 StBVV Rz. 119 und → § 13 StBVV Rz. 252.
9) § 14 Abs. 2 Nr. 5 StBVV.
10) → § 14 StBVV Rz. 283.

B. Gegenstandswert

§ 40 StBVV enthält keine Regelung zum Gegenstandswert. Der Verweis auf die Vorschriften des RVG erstreckt sich deshalb auch auf die Regelungen zum Gegenstandswert. Spezielle Regelungen für das Rechtsbehelfsverfahren finden sich dort nicht. Deshalb ist die allgemeine Wertvorschrift des § 23 RVG maßgeblich. Nach § 23 Abs. 1 Satz 1 und 3 RVG bestimmt sich der Gegenstandswert nach den für die Gerichtsgebühren geltenden Vorschriften, insbesondere §§ 39 ff., 52 GKG. Da weder in § 40 StBVV, noch im RVG ein Gegenstandswert bestimmt ist, entspricht der Gegenstandswert der Bedeutung der Sache für den Auftraggeber, § 52 Abs. 1 GKG. i.d.R. dem **Steuerbetrag**, um den in einem Verfahren unmittelbar gestritten wird.[1] Maßgeblich ist das unmittelbare finanzielle Interesse des Auftraggebers; Folgewirkungen auf andere Steuerarten und Zuschläge wie Solidaritätszuschlag, Kirchensteuer und Zinsen bleiben nach bisheriger Rechtsauffassung außer Betracht.[2] Allerdings hat das FG Baden-Württemberg[3] für ein finanzgerichtliches **Klageverfahren** entschieden, dass diese Nebenforderungen seit Inkrafttreten des 2. KostRMoG am 1.8.2013 zu berücksichtigen sind. Begründet wird dies mit der Neuregelung des § 52 Abs. 3 Satz 2 GKG, nach der „offensichtlich absehbare Auswirkungen auf künftige Geldleistungen oder auf noch zu erlassende, auf derartige Geldleistungen bezogene Verwaltungsakte" streitwerterhöhend zu berücksichtigen sind. Festsetzungen der Kirchensteuer, des Solidaritätszuschlags und der Zinsen sind solche offensichtlich absehbaren Folgen einer geänderten Einkommensteuerfestsetzung, da sie zwingende Folge des geänderten Bescheides sind.[4] Nach der gegenteiligen Auffassung des FG Hamburg erhöhen sog. „Folgesteuern" den Streitwert im Klageverfahren hingegen nicht, jedenfalls dann nicht, wenn sich die Auswirkungen auf „Folgesteuern" desselben Streitjahres ergeben.[5] Folgt man in dieser streitigen Frage dem FG Baden-Württemberg, ist nur fraglich, ob die Überlegungen des Gerichts auch auf das **außergerichtliche Rechtsbehelfsverfahren** nach § 40 StBVV übertragen werden können. Diese Frage musste das FG Baden-Württemberg nicht entscheiden, da für das Vorverfahren kein Kostenerstattungsantrag gestellt worden war. Da kein Grund ersichtlich ist, für das Vorverfahren einen anderen Maßstab anzulegen, als für das Klageverfahren, wäre es nur konsequent, hier gleichermaßen zu argumentieren.[6] 673

Die Bestimmung des Gegenstandswerts ist unproblematisch bei Anträgen hinsichtlich eines auf eine Geldleistung gerichteten Verwaltungsakts. Wird z.B. die Änderung einer Steuerfestsetzung beantragt, so bildet der Differenzbetrag zwischen ursprünglicher und beantragter Steuerfestsetzung den Gegenstandswert. Bestehen überhaupt keine Anhaltspunkte für einen Gegenstandswert, kann in analoger Anwendung des § 23 Abs. 3 Satz 2 RVG der Auffangstreitwert zu Grunde gelegt werden,[7] der nach Auffassung des BFH auch dann Anwendung findet, wenn sich die Klage gegen einen Einkommensteuerbescheid richtet, der auf 0 € lautet.[8] In den Fällen, in denen die Bedeutung der Rechtsache jedoch erkennbar unter oder über dem Auffangstreitwert liegt, sollte der StB einen niedrigeren oder höheren Wert nach billigem Ermessen entsprechend § 23 Abs. 3 Satz 2 RVG zu Grunde legen. Ein **Mindestgegenstandswert** war für das außergerichtliche Rechtsbehelfsverfahren nach § 40 StBVV a.F. – anders als für das finanzgerichtliche Klageverfah-

1) Amtliche Begründung zu § 40 StBGebV; abgedruckt in Eckert, 4. Aufl. 2003 zu § 40 StBGebV; Mayer in Gerold/Schmidt, RVG. 24. Aufl. 2019, Anhang V Rz. 48 und Rz. 49 mit Hinweis auf Streitwertkatalog der Finanzgerichtsbarkeit.
2) Nachweise → § 10 StBVV Rz. 200.
3) FG Baden-Württemberg v. 25.1.2016, 1 KO 2611/15, Stbg 2017, 90 mit Anm. Beyme.
4) Ebenso Beyme, Stbg 2017, 92.
5) → § 45 StBVV Rz. 733; FG Hamburg v. 22.3.2017, 5 K 137/16, EFG 2017, 944.
6) So jedenfalls Beyme, Stbg 2017, 92.
7) Feiter, 1998, 60; Volkmann in Meyer/Goez/Schwamberger, 9. Aufl. 2019, § 10 StBVV Rz. 20; Mittelsteiner/Scholz, 4. Aufl. 1998, Vor §§ 40–43 StBGebV Rz. 14.
8) BFH v. 11.10.1985, III R 71/85, BFH/NV 1986, 159.

ren – nicht ausdrücklich vorgesehen. Im finanzgerichtlichen Klageverfahren beträgt der Mindeststreitwert 1 500 €.[1] Diesen Mindestgegenstandswert können StB nach der Neufassung des § 40 StBVV mit dem Verweis auf die RVG-Vorschriften jetzt auch für das außergerichtliche Rechtsbehelfsverfahren zu Grunde legen, da § 23 Abs. 1 Satz 3 RVG dies ausdrücklich vorsieht. Der frühere Meinungsstreit zu § 40 StBVV a.F. hat sich damit für die Zukunft erledigt.[2]

674 **Schließt sich an das außergerichtliche Rechtsbehelfsverfahren ein Klageverfahren an**, dann wird der Gegenstandswert für das außergerichtliche Rechtsbehelfsverfahren durch den Streitwert im Klageverfahren begrenzt.[3]

Die **Verjährung** des Gebührenanspruchs für die Vertretung im Einspruchsverfahren nach § 40 StBVV beginnt mit der Beendigung dieses Verfahrens, i.d.R. dem Erlass des Einspruchsbescheides. Vertritt der StB den Mandanten im anschließenden Klageverfahren vor dem FG und ggf. dem BFH, wird die Verjährung des Vergütungsanspruchs aus § 40 StBVV dadurch nicht gehemmt.[4] Einspruchs- und Klageverfahren sind unterschiedliche Angelegenheiten. Bei einem Klageverfahren ist zudem zwischen den Rechtszügen zu unterscheiden. Gemäß § 45 StBVV i.V.m. § 8 Abs. 1 Satz 2, 2. Alt. RVG wird die Vergütung fällig, wenn der **Rechtszug beendet** ist, also durch eine gerichtliche Entscheidung, die die Instanz abschließt. Es gilt die regelmäßige Verjährungsfrist von drei Jahren, die mit dem Schluss des Jahres beginnt, §§ 195, 199 Abs. 1 BGB.

Praxistipp:

StB sollten ihre Tätigkeit im Einspruchs- und Klageverfahren spätestens nach Beendigung des Einspruchsverfahrens für das Einspruchsverfahren und nach Beendigung des FG-Verfahrens für das FG-Verfahren abrechnen und nicht den endgültigen Ausgang des Verfahrens vor dem BFH abwarten. Je nach Länge des Verfahrens könnten die Honoraransprüche aus dem Einspruchsverfahren und dem FG-Verfahren dann verjährt sein.[5]

Wird zusammen mit dem Auftrag zur Einlegung eines Einspruchs bereits Klageauftrag erteilt, handelt es sich um einen bedingten Klageauftrag. Die Gebühren für das Klageverfahren richten sich in diesem Fall nach dem späteren Zeitpunkt der unbedingten Beauftragung.[6]

C. Angelegenheit

675 Das Rechtsbehelfsverfahren ist grundsätzlich eine eigenständige gebührenrechtliche Angelegenheit. **Abgrenzungsschwierigkeiten** entstehen aber dann, wenn **mehrere Einsprüche** geführt werden oder sich die Verwaltungsbehörde nach Durchführung eines Klageverfahrens erneut mit der Sache befassen muss.

I. Mehrere Einspruchsverfahren

676 Wird über **mehrere getrennt eingelegte Einsprüche** in einer oder in mehreren Einspruchsentscheidungen entschieden, entstehen nur dann mehrere Geschäftsgebühren nach der Zahl der Einsprüche zu deren Einzelgegenstandswerten, wenn auch gebührenrechtlich mehrere **Angelegenheiten** vorliegen.[7]

1) § 52 Abs. 4 Nr.1 GKG.
2) → § 40 StBVV a.F. Rz. 642.
3) → § 45 StBVV Rz. 718.
4) OLG Nürnberg v. 15.10.1999, 6 U 1383/99, Stbg 2001, 687 mit Anm. Späth; LG Essen v. 24.4.2019, 18 O 317/18; Feiter, KANZLEI intern 05_2019, 2; Meyer/Rönnig, KP 2002, 55.
5) Siehe LG Essen v. 24.4.2019, 18 O 317/18, besprochen von Feiter, KANZLEI intern 05_2019, 2.
6) → § 47a StBVV Rz. 805; FG Münster v. 17.9.2015, 10 Ko 2261/15, NJW-Spezial 2015, 763.
7) → § 40 StBVV a.F. Rz. 644 ff.

Wird ein **einheitliches Einspruchsverfahren** gegen mehrere Steuerbescheide geführt, liegt i.d.R. nur eine Angelegenheit im gebührenrechtlichen Sinne mit mehreren Gegenständen vor, die nach § 10 Abs. 2 StBVV zusammenzurechnen sind.[1] **677**

Zur Frage der **Gebührenhöhe** bei mehreren einheitlich geführten Einspruchsverfahren → § 40 StBVV a.F. Rz. 652.

II. Erneutes Einspruchsverfahren in derselben Sache

In den Fällen, in denen das Finanzamt über den Einspruch zum zweiten Mal entscheiden muss, weil das FG den Bescheid über den Rechtsbehelf aufgehoben und die Sache an die Finanzbehörde zurück verwiesen hat, entsteht die Geschäftsgebühr nach § 40 StBVV i.V.m. Nr. 2300 VV RVG erneut, weil ein **neuer Rechtszug** vorliegt.[2] Gleiches gilt, wenn auf einen Einspruch hin unter Aufhebung der bisherigen Steuerbescheide neue Festsetzungen ergehen und gegen diese wiederum Einspruch eingelegt wird. Denn insoweit liegt eine neue Angelegenheit vor, die eine weitere Geschäftsgebühr auslöst.[3] **678**

D. Keine isolierte Kostenerstattung

Im gesamten außergerichtlichen Rechtsbehelfsverfahren gilt der Grundsatz, dass der Mandant die Kosten seines StB selbst tragen muss, und zwar auch dann, wenn seinem Einspruch vollumfänglich stattgegeben wurde. Dies ist verfassungsrechtlich nicht zu beanstanden.[4] Allerdings gibt es **3 Ausnahmen:** **679**

- die Erstattung bei nachfolgendem Gerichtsverfahren, wenn das Gericht die Hinzuziehung eines Bevollmächtigten für das Vorverfahren für notwendig erklärt,[5]
- die Erstattung bei erfolgreichem Einspruch gegen die Kindergeldfestsetzung gem. § 77 EStG,[6] bei erfolgreichem Einspruch gegen die Aufhebung der Kindergeldfestsetzung, bei erfolgreichem Untätigkeitseinspruch[7] und bei Einspruch gegen den Abrechnungsbescheid über Kindergeld,[8]
- die Erstattung im Falle einer Amtspflichtverletzung auf Seiten der Finanzverwaltung.[9]

Im Falle einer schuldhaften **Amtspflichtverletzung** nach § 839 BGB i.V.m. Art. 34 GG kann der Stpfl. die Kosten, die ihm durch die Beauftragung eines StB im Rahmen des außergerichtlichen Rechtsbehelfsverfahrens entstehen, als Schaden gegenüber der Gebietskörperschaft, in deren Dienst der handelnde Beamte steht, geltend machen.[10] **680**

E. Geschäftsgebühr (§ 40 StBVV i.V.m. Nr. 2300 VV RVG)

Im außergerichtlichen Rechtsbehelfsverfahren erhält der StB eine Geschäftsgebühr nach Nr. 2300 VV RVG i.H.v. 0,5 bis 2,5. Die Mittelgebühr liegt damit rechnerisch **681**

1) → § 40 StBVV a.F. Rz. 646.
2) → Rz. 643; Mittelsteiner/Scholz, 4. Aufl. 1998, Vor §§ 40 bis 43 StBGebV Rz. 11.
3) OLG Schleswig v. 19.4.2012, 11 U 63/11, MDR 2012, 1259.
4) BFH v. 23.7.1996, 7 B 42/96, BStBl II 1996, 501.
5) → § 45 StBVV Rz. 719, → § 45 StBVV Rz. 736.
6) S. hierzu FG Düsseldorf v. 7.8.2003, 18 K 10888/03 Kg, EFG 2003, 1802; Beyme, KANZLEI intern 06_2019, 6 zur Kostenerstattung in eigener Sache.
7) FG Köln v. 21.11.2012, 14 K 1020/21, EFG 2013, 713 m.w.N.
8) FG Münster v. 21.8.2014, 11 K 2070/13 Kg, EFG 2014, 1994.
9) Z.B. nach § 839 BGB i.V.m. Art. 34 GG.
10) → § 40 StBVV a.F. Rz. 649.

bei 1,5. Allerdings ist in Nr. 2300 VV RVG eine sog. **Schwellengebühr** von 1,3 vorgesehen. Hierbei handelt es sich um eine **Regelgebühr,** die in **durchschnittlichen Fällen** angesetzt werden darf.[1)] Nach Nr. 2300 Satz 2 VV RVG darf der StB eine höhere Gebühr als 1,3 nur dann fordern, wenn die **Tätigkeit umfangreich oder schwierig** war. Bereits die Erfüllung eines dieser Kriterien reicht, um die Gebühr von 1,3 überschreiten zu dürfen. Fallen hingegen andere Gebührenbestimmungsfaktoren überdurchschnittlich ins Gewicht (z.B. die Bedeutung der Angelegenheit), darf die Gebühr von 1,3 nicht überschritten werden.[2)] Die Rechtsprechung zur **Toleranzgrenze**[3)] ist auf die Schwellengebühr nicht übertragbar, da es sich bei der vorgesehenen (Schwellen-)Gebühr von 1,3 um eine absolute Kappungsgrenze handelt. Eine Erhöhung der Geschäftsgebühr über diese Gebühr hinaus steht nicht im Ermessen des StB. Wenn die Tätigkeit also weder umfangreich, noch schwierig ist, steht dem StB keine Toleranzgrenze zu.[4)]

682 Die jeweils angemessene Gebühr im außergerichtlichen Rechtsbehelfsverfahren bestimmt der StB **nach billigem Ermessen.**[5)] Auf die Kommentierung der Parallelvorschrift des § 11 StBVV wird verwiesen. Erledigt sich ein Fall erst im Rechtsbehelfsverfahren, spricht dies auf den ersten Blick für eine besondere „Schwierigkeit" i.S.d. Vorschrift. Ob eine Besprechung oder Beweisaufnahme durchgeführt wurde, ist für den Gebührentatbestand selbst unerheblich. Allerdings sind Besprechungen oder Beweisaufnahmen als Kriterium für die Bestimmung der Gebührenhöhe heranzuziehen. Eine zusätzliche Besprechungsgebühr nach § 31 StBVV fällt im Einspruchsverfahren nicht an. Ein Überschreiten der Mittelgebühr ist von den Finanzgerichten in folgenden Fällen zugebilligt worden:

- wenn besondere Kenntnisse in Randgebieten des Steuerrechts erforderlich waren,
- wenn umfangreiche Rechtsprechung und Literatur studiert werden mussten,
- wenn tiefe Kenntnisse des Verfassungsrechts erforderlich waren, Gesetzgebungsmaterialien und schwierige europarechtliche Fragestellungen geprüft und an der bisherigen Judikatur gemessen werden mussten,[6)]
- bei erheblichem Arbeitsaufwand im Tatsächlichen, z.B. Übersetzungsarbeiten, Erstellung von Vergleichsberechnungen oder Listen auf Verlangen des Finanzamts, umfangreiche Einspruchsbegründung (16–19 Stunden) gegen Haftungsbescheid,[7)]
- bei besonderer wirtschaftlicher Bedeutung des Falles[8)] oder Bedeutung der Entscheidung für Folgejahre durch faktische Bindung, z.B. bei einem Sachverhalt mit Dauerwirkung wie etwa einer Abschreibung,

1) BGH v. 31.10.2006, VI ZR 261/05, AnwBl 2007, 154, zu Nr. 2400 VV RVG a.F. (jetzt Nr. 2300 VV RVG.
2) So die h.M.; vgl. die Nachweise bei Mayer in Gerold/Schmidt, 23. Aufl. 2017, VV RVG 2300 Rz. 333 ff.
3) → § 11 StBVV Rz. 222.
4) BGH v. 5.2.2013, VI ZR 195/12 und BGH v. 11.7.2012, VIII ZR 323/11, NJW 2012, 2813 zu Nr. 2300 VV RVG; der IV. und VI. Zivilsenat halten an ihrer gegenteiligen Auffassung nicht mehr fest, s. BGH v. 13.1.2011, IX ZR 110/10, MDR 2011, 454 und v. 8.5.2012, VI ZR 273/11, BRAK-Mitt 2012, 190; zur Toleranzgrenze bei Schwellengebühren siehe Feiter, Honorarbrief für Steuerberater, 09/2012, 3; Mayer in Gerold/Schmidt, 24. Aufl. 2019, § 14 RVG Rz. 12a.
5) § 40 StBVV i.V.m. § 14 RVG.
6) FG Hamburg v. 25.1.2018, 4 K 85/17, EFG 2018, 686; FG Hamburg v. 22.1.2018, 4 K 84/17, EFG 2018, 683: es wurde jeweils die Höchstgebühr zugebilligt.
7) AG Dülmen v. 6.2.2018, 3 C 33/17: wegen der schwierigen und anspruchsvollen Materie wurde die Höchstgebühr zugebilligt.
8) Hoher Gegenstandswert.

- bei günstigen Einkommens- und Vermögensverhältnissen des Auftraggebers.[1)] Wegen der o.g. „Schwellengebühr" reichen diese beiden Kriterien allein heute nicht mehr aus. Die Tätigkeit muss auch umfangreich oder schwierig gewesen sein.

Umgekehrt musste der Berater schon immer damit rechnen, dass die Gerichte bei minimalem Aufwand eine höhere Geschäftsgebühr auf den untersten Rahmensatz zurückführen, z.B. wenn in Schätzungsfällen ohne Begründung Einspruch eingelegt wurde oder sich die Einspruchsbegründung auf einen Satz beschränkte.[2)] Dies gilt auch für den Fall, dass der Einspruch ohne Prüfung des Bescheids allein zur Fristwahrung eingelegt wurde.[3)] In diesem Sinne regelt Nr. 2301 VV RVG ausdrücklich, dass sich die Geschäftsgebühr auf 0,3 reduziert, wenn sich der Auftrag auf ein **Schreiben einfacher Art** beschränkt. Ein solches Schreiben liegt vor, wenn dieses weder schwierige rechtliche Ausführungen noch größere sachliche Auseinandersetzungen enthält. Ob dieser Tatbestand erfüllt ist, richtet sich nicht nach dem äußeren Erscheinungsbild des Schreibens, sondern nach dem zu Grunde liegenden Auftrag.[4)]

Seit einer Entscheidung des FG Bremen[5)] müssen StB bei der Kostenfestsetzung **683**
immer damit rechnen, dass bei **mehreren einheitlich geführten Einspruchsverfahren**[6)] der Ansatz der Mittelgebühr oder einer ggf. angemessenen höheren Gebühr nur für ein einziges Einspruchsverfahren, nämlich für das mit dem höchsten Einzelgegenstandswert, akzeptiert wird und für die parallelen Einspruchsverfahren wegen des geringeren Aufwandes eine niedrigere, u.U. die Mindestgebühr angesetzt wird. Begründet wird dies mit der erheblichen Reduzierung des zeitlichen Aufwands in den **Parallelverfahren** und den dadurch eingetretenen Synergieeffekten. Dies kann bei einem überdurchschnittlichen Rechtsfall dazu führen, dass statt der Höchstgebühr für die weiteren Einspruchsverfahren nur noch die Mittelgebühr zugebilligt wird.[7)] Dem gegenüber hat das FG Köln[8)] die Frage offen gelassen, ob bei mehreren Angelegenheiten, die einen nur nach Zeitabschnitten unterteilten Dauersachverhalt betreffen, eine Gebührenreduzierung vorzunehmen wäre. Das FG Köln hat es jedenfalls nicht als unbillig angesehen, das der Berater für jedes Einspruchsverfahren eine 10/10-Gebühr (die damalige Höchstgebühr) abgerechnet hatte, weil – anders als in den Fällen des FG Bremen und des FG Hamburg – selbständigen Angelegenheiten mit unterschiedliche Lebensvorgängen zu Grunde lagen. Der StB musste die die Sach- und Rechtslage für jede einzelne Angelegenheit gesondert prüfen und unterlag deshalb auch einem gesonderten Haftungsrisiko. M.E. ist eine Gebührenreduzierung in Parallelverfahren nicht automatisch vorzunehmen. Vielmehr kommt es auf die Umstände des Einzelfalls an.[9)] In vielen Fällen wird man – trotz der Synergieeffekte durch die Zeitersparnis - mit der Schwierigkeit

1) Vgl. die Nachweise bei Schall, StB 1994, 195; FG Köln v. 15.10.2001, 10 Ko 3092/01, EFG 2002, 115f.
2) So FG Bremen v. 4.11.1996, 2 96 103 Ko 2, EFG 1997, 376; Hessisches FG v. 4.9.1990, 12 Ko 2889/90, StEd 1991, 170; FG Düsseldorf v. 7.7.1992, 4 Ko 2/92 KF.
3) Gegen das Entstehen einer Gebühr überhaupt OLG Düsseldorf v. 25.3.1993, 13 U 134/92, GI 1993, 419, unter Hinweis darauf, dass der StB nicht mit dem Ziel tätig geworden sei, die Verwaltungsbehörde zur Änderung eines für den Mandanten ungünstigen Verwaltungsaktes zu bewegen.
4) BGH v. 26.2.2013, XI ZR 345/10, NJW-Spezial 2013, 316.
5) S. auch FG Bremen v. 15.11.1993, 2 93 077 E 2, EFG 1994, 313 ebenso FG Münster v. 7.11.2002, 15 Ko 424/02 KFB, EFG 2003, 345.
6) → Rz. 645.
7) So FG Hamburg v. 25.1.2018, 4 K 85/17, EFG 2018, 686 unter Hinweis auf die o.g. Entscheidung des FG Bremen und BGH v. 26.2.2013, XI ZR 345/10; kritisch dazu → § 11 StBVV Rz. 213 und 214.
8) FG Köln v. 23.3.2000, 10 Ko 1701/99, EFG 2000, 1275.
9) Vgl. § 11 StBVV.

der Tätigkeit, der Bedeutung der Angelegenheit für den Auftraggeber und den weiteren Gebührenbestimmungsfaktoren des § 11 StBVV gegen eine Reduzierung der Gebühr argumentieren können.[1] Die gegenteilige Ansicht würde im Übrigen dazu führen, dass ein StB, der mehrere Mandanten mit dem gleichen Problem vertritt, eine Gebührenreduzierung hinnehmen müsste, obwohl die von ihm erbrachte Leistung aus Sicht der Mandanten in allen Fällen gleich wertvoll ist (Bedeutung der Angelegenheit). Keine Gebührenminderung muss der StB auch dann hinnehmen, wenn er mit denselben Argumenten die Einsprüche gegen einen Grundlagen- und Feststellungsbescheid begründet.[2]

F. Anrechnung (§ 40 StBVV i.V.m. § 35 Abs. 2 RVG)

684 Wenn der StB mit der Angelegenheit bereits im Besteuerungsverfahren befasst war und eine Gebühr nach **§§ 23, 24 oder 31 StBVV** verdient hat, muss er sich die Hälfte dieser Gebühr, bei mehreren Gebühren deren Summe, höchstens jedoch einen Satz von 0,75[3] auf die Geschäftsgebühr für das Einspruchsverfahren anrechnen lassen, § 35 Abs. 2 RVG i.V.m. Vorbem. 2.3 Abs. 4 Satz 1 VV RVG. Ergänzend schreibt § 35 Abs. 2 Satz 2 RVG vor, dass bei der Ermittlung des Höchstbetrages des anzurechnenden Teils dieser Gebühr(en) der Gegenstandswert derjenigen Gebühr zu Grunde zu legen ist, **auf** die angerechnet wird. Das ist der (geringere) Gegenstandswert des Einspruchsverfahrens. Maßgeblich ist aber nicht die für das Einspruchsverfahren einschlägige RVG-Tabelle, sondern die Tabelle A zur StBVV.

Praxistipp:

Die **Anrechnungsregelung** kann in einer **Vergütungsvereinbarung** durch eine entsprechende klare und **transparente Regelung** außer Kraft gesetzt werden.[4]

Beispiel 1:

„Es gelten die gesetzlichen Gebühren. Eine Anrechnung der Gebühren nach §§ 23, 24, 31 StBVV auf die Geschäftsgebühr nach § 40 StBVV i.V.m. Nr. 2300 VV RVG, wie sie in § 35 Abs. 2 RVG, Vorbem. 2.3 Abs. 4 VV RVG vorgesehen ist, wird einvernehmlich ausgeschlossen, mit der Folge, dass der Auftraggeber sowohl die Gebühren nach § 23, 24, 31 StBVV, als auch die Geschäftsgebühr nach § 40 StBVV i.V.m. Nr. 2300 VV RVG in voller Höhe schuldet."

Beispiel 2:

„Für die Tätigkeit im Besteuerungsverfahren wird eine Abrechnung nach Zeitaufwand wie folgt vereinbart: ......"

In Beispiel 1 verbleibt ein Restrisiko, ob diese Formulierung hinreichend transparent ist und einer gerichtlichen Überprüfung standhält. Für (noch) mehr Transparenz würde eine ergänzende Regelung sorgen, in der die (voraussichtliche) Höhe der Gebühren aufgeführt ist. Unproblematisch ist hingegen die Vereinbarung einer Zeitgebühr in Beispiel 2, durch die eine Anrechnung umgangen werden kann.

Beispiel (Anrechnung einer Gebühr):

685 StB fertigt für den Mandanten die Einkommensteuererklärung (Gegenstandswert: 110 000 €). Gegen den Steuerbescheid über 4 000 € legt StB auftragsgemäß Einspruch ein.

1) → § 11 StBVV Rz. 213 und 214.
2) FG Sachsen-Anhalt v. 4.1.2011, 5 Ko 1294/10, EFG 2011, 901.
3) Da die §§ 23, 24 und 31 StBVV nur Bruchteilsgebühren kennen, ist von einem 7,5/10-Satz auszugehen.
4) Schons, AnwBl Online 2020, 372, 374 m.w.N.

Besteuerungsverfahren:

1/10 Gebühr gem.§ 24 Abs. 1 Nr. 1 StBVV (Wert: 110 000 €)	159,30 €
3/20 Gebühr gem. § 27 Abs. 1 StBVV	238,95 €
½ Std. gem. §§ 28, 13 Satz 1 Nr. 1 StBVV	50,00 €
Auslagenersatz gem. § 16 StBVV	20,00 €
Zwischensumme	468,25 €
Umsatzsteuer gem. § 15 StBVV	88,96 €
Summe:	557,21 €

Einspruchsverfahren:

1,5 Geschäftsgebühr gem. § 40 StBVV i.V.m. Nr. 2300 VV RVG (Wert: 4 000 €)	378,00 €
Gem. § 35 Abs. 2 RVG i.V.m. Vorbem. 2.3 Abs. 4 Satz 1 VV RVG anzurechnen: die Hälfte der Gebühr nach § 24 Abs. 1 Nr. 1 StBVV (= **1/20)** aus dem Gegenstandswert des Einspruchsverfahrens (= **4 000 €)** nach Tab. A	- 14,40 €
Auslagenersatz gem. § 40 StBVV i.Vm. Nr. 7002 VV RVG	20,00 €
Zwischensumme	383,60 €
Umsatzsteuer gem. § 40 StBVV i.V.m. Nr. 7008 VV RVG	72,88 €
Gesamt:	456,48 €

Beispiel (Anrechnung mehrerer Gebühren):

StB fertigt für den Mandanten die Körperschaftsteuererklärung (Gegenstandswert: 120 000 €) und führt nach Abgabe der Erklärung auf Wunsch des Mandanten eine Besprechung mit dem Finanzamt. Anschließend ergeht ein Steuerbescheid, gegen den StB auftragsgemäß Einspruch einlegt, weil die Steuerforderung nach Auffassung des Mandanten um 4 000 € zu hoch angesetzt ist. **686**

Besteuerungsverfahren:

5/10 Gebühr gem.§ 24 Abs. 1 Nr. 3 StBVV (Wert: 120 000 €)	841,50 €
7,5/10 Gebühr gem. § 31 StBVV (Wert: 120 000 €)	1 262,25 €
½ Std. gem. §§ 28, 13 Satz 1 Nr. 1 StBVV	50,00 €
Auslagenersatz gem. § 16 StBVV	20,00 €
Zwischensumme	2 173,75 €
Umsatzsteuer gem. § 15 StBVV	413,01 €
Summe:	2 586,76 €

Einspruchsverfahren:

1,5 Geschäftsgebühr gem. § 40 StBVV i.V.m. Nr. 2300 VV RVG (Wert: 4 000 €)	378,00 €
Gem. § 35 Abs. 2 RVG i.V.m. Vorbem. 2.3 Abs. 4 Satz 1 VV RVG anzurechnen: die Hälfte der Gebühren nach §§ 24 Abs. 1 Nr. 3, 31 StBVV (= **6,25/10)** aus dem Gegenstandswert des Einspruchsverfahrens (= **4 000 €)** nach Tab. A	- 180,00 €
Auslagenersatz gem. § 40 StBVV i.V.m. Nr. 7002 VV RVG	20,00 €
Zwischensumme	218,00 €
Umsatzsteuer gem. § 40 StBVV i.V.m. Nr. 7008 VV RVG	41,42 €
Gesamt:	259,42 €

G. Mehrere Auftraggeber (§ 40 StBVV i.V.m. Nr. 1008 VV RVG)

Bei Tätigkeiten für **mehrere Auftraggeber in derselben Angelegenheit**[1)] erhöht sich im Rechtsbehelfsverfahren die Geschäftsgebühr für jede weitere Person um 0,3 oder **687**

1) → § 6 StBVV Rz. 148.

30%.[1] Mehrere Erhöhungen dürfen einen Gebührensatz von 2,0 nicht übersteigen.[2]

688 Erforderlich ist, dass der StB für **verschiedene Auftraggeber gleichzeitig** tätig geworden ist. Hauptanwendungsfall ist der Einspruch gegen einen an zusammen veranlagte **Eheleute** ergangenen Einkommensteuerbescheid.[3] Auch bei einem einheitlichen und gesonderten Feststellungsbescheid für eine **Grundstücksgemeinschaft** und bei einer **Erbengemeinschaft**, liegt eine Mehrheit von Auftraggebern vor.[4] Das gilt auch dann, wenn der StB für den oder die Erben ein Verfahren fortführt, für das ihn der Erblasser beauftragt hat. Erblasser und Erbe sind dann mehrere Auftraggeber. Dass der StB die Auftraggeber sukzessive und nicht gleichzeitig vertritt, ist unerheblich.[5]

Bei der **einheitlichen Gewinnfeststellung** ist zu beachten, dass es für die Beteiligten um verschiedene Beträge und damit um verschiedene Gegenstände und Gegenstandswerte geht, die als Summe der subjektiven steuerlichen Auswirkungen für die Beteiligten bereits nach § 10 Abs. 2 StBVV addiert sind. Der StB erhält hier keine Erhöhungsgebühr. Zwar vertritt er im Einspruchsverfahren verschiedene Auftraggeber in derselben Angelegenheit. Diese sind aber nicht im Sinne von § 40 Abs. 5 Satz 2 StBVV gemeinschaftlich mit demselben Betrag beteiligt. Dem Mehr an Arbeit und Aufwand für die verschiedenen Auftraggeber wird bereits durch die Zusammenrechnung der Werte Genüge getan. Eine Doppelberücksichtigung durch Kumulation von Wertaddition und Erhöhungsgebühr ist nach der Rechtsprechung ausgeschlossen.[6]

Bei der **BGB-Gesellschaft** wird man nach der neueren Rechtsprechung des BGH[7] danach zu differenzieren haben, ob eine Außengesellschaft vorliegt, die durch Teilnahme am Rechtsverkehr eigene Rechten und Pflichten begründet hat oder nicht. Macht nur die BGB-Gesellschaft einen Anspruch geltend, der ihr durch die Teilnahme am Rechtsverkehr entstanden ist (sog. Aktivprozess), scheidet jetzt[8] eine Erhöhung der Geschäftsgebühr aus.[9] Regelmäßig wird nur die Gesellschaft Auftraggeber sein. Nur dann, wenn auch die einzelnen Gesellschafter den StB mit der Durchführung des Rechtsbehelfsverfahrens beauftragt haben, etwa weil sich die Steuerbescheide auch gegen sie persönlich richten, hat der StB so viele Auftraggeber, wie Gesellschafter ihn beauftragt haben.[10] Den Mehrvertretungszuschlag erhält der StB auch im Passivprozess, wenn er von den in Anspruch genommenen Gesell-

1) § 40 StBVV i.V.m. Nr. 1008 VV RVG.
2) Nr. 1008 Abs. 3 Satz 1 VV RVG.
3) Schall, StB 1994, 242 f. m.w.N.; zur Frage, unter welchen Voraussetzungen ein Auftragsverhältnis mit beiden Eheleuten angenommen werden kann → § 6 StBVV Rz. 148.
4) BGH v. 16.3.2004, VIII ZB 114/03, MDR 2004, 905 (zur Erbengemeinschaft); Enders in Eckert, 6. Aufl. 2017 § 40 StBVV Rz.76 m.w.N.).
5) LG Karlsruhe v. 1.4.2019, 3 O 28/13, NJW-Spezial 2019, 445 zu Nr. 1008 VV RVG m.w.N.
6) FG Hamburg v. 19.11.2015, 3 KO 226/15 m.w.N.; FG Köln v. 7.8.2012, 10 KO 783/11, EFG 2012, 2237; FG Düsseldorf v.12.5.2010, 15 Ko 4622/09 KF, EFG 2011, 271; Thüringer FG v. 25.1.2000, II 6/99, Ko, EFG 2000, 651.
7) BGH v. 29.1.2001, II ZR 331/00, NJW 2001, 1056; BGH v. 18.2.2002, II ZR 331/60, NJW 2002, 1207.
8) Der BGH billigte die Erhöhungsgebühr bei Klageerhebung am 6.7.2001 noch zu, BGH v. 18.6.2002, VIII ZB 6/02, NJW 2002, 2958.
9) BGH v. 5.1.2004, II ZB 22/02, AnwBl 2004, 251 (zur Honorarklage einer StB-/Rechtsanwalts-/Wirtschaftsprüfer-Sozietät); OLG Stuttgart v. 9.9.2002, 8 W 329/02, MDR 2002, 1457; OLG Karlsruhe v. 26.2.2001, 11 W 5/01, MDR 2001, 596; LG Koblenz v. 28.3.2001, 6 T 44/01, NJW 2001, 2727; LG Erfurt v. 1.3.2001, 8 O 139/00 m. Anm. Hohlfeld, EWiR 2001, 807.
10) OLG Hamburg v. 12.4.2001, 8 W 76/01, MDR 2001, 773; Enders in Eckert, 6. Aufl. 2017, § 40 StBVV Rz. 77 ff.; Eggesiecker, 2. Aufl. 1998, § 41 STEUGO Rz. 41.680.

schaftern beauftragt wurde.[1] Wer Auftraggeber ist, sollte aus Haftungs- und Honorardurchsetzungsgründen möglichst schriftlich festgehalten werden. Ansonsten bedarf es einer Würdigung aller Umstände, wobei sich z.B. aus einer vorhandenen Vollmachtsurkunde Anhaltspunkte ergeben können. Nachdem der BGH der **Wohnungseigentümergemeinschaft** Teilrechtsfähigkeit zugesprochen hatte,[2] erfolgte durch das Gesetz zur Änderung des Wohnungseigentumsgesetzes und anderer Gesetze[3] mit Wirkung ab dem 1.7.2017 eine gesetzliche Klarstellung dass auch die Gemeinschaft der Wohnungseigentümer selbst Rechte erwerben und Pflichten eingehen und vor Gericht klagen und verklagt werden kann.[4] Soweit die Wohnungseigentümergemeinschaft am Rechtsverkehr teilnimmt, kann der StB die Erhöhungsgebühr insbesondere bei Rechtsgeschäften und Rechtshandlungen im Außenverhältnis grundsätzlich nicht mehr geltend machen.[5] Allerdings hat der BGH einem Rechtsanwalt den Mehrvertretungszuschlag im Falle der Vertretung der „übrigen Wohnungseigentümer" in einem Beschlussanfechtungsprozess zugebilligt, da es sich hierbei nicht um einen Verbands- sondern einen Individualprozess handelte.[6]

Keine einheitliche Auffassung gab es bis zum Inkrafttreten des JStG 2007[7] zur **Bemessung des Erhöhungsbetrags**. Nach der Rechtsprechung der Finanzgerichte und Teilen der Literatur war der Erhöhungsbetrag auf die im konkreten Fall verdiente Ausgangsgebühr anzusetzen, und zwar als sog. Relativzuschlag.[8] Bei einer Ausgangsgebühr von 8/10 würden also nicht absolut 3/10 hinzugerechnet, sondern nur 3/10 vom Ausgangswert (8/10). Die h.M.[9] sprach sich demgegenüber für einen Absolutzuschlag auf die konkrete Gebühr aus. Bei einer Ausgangsgebühr von 8/10 sollte sich danach die Geschäftsgebühr also um absolut 3/10 für jeden weiteren Auftraggeber erhöhen. Durch die im Rahmen des JStG 2007 erfolgte Klarstellung „einer vollen Gebühr nach Tabelle E" hat sich dieser Meinungsstreit erledigt. Der Erhöhungsbetrag bemisst sich immer nach der vollen Gebühr (10/10) nach Tabelle E. 689

Nr. 1008 Abs. 3 Satz 1 VV RVG enthält die **Begrenzung mehrerer Erhöhungen**. 690
Danach dürfen mehrere Erhöhungen den Betrag von 2,0 nicht übersteigen. Mit anderen Worten: unabhängig davon, wie hoch die Ausgangsgebühr ist, beträgt die maximale Erhöhung auf die Ausgangsgebühr für mehrere Auftraggeber 2,0.[10]

Beispiel:

StB vertritt im Einspruchsverfahren die Erbengemeinschaft bestehend aus A, B und C, die vom Finanzamt als Erben in Anspruch genommen worden sind. A wurde mit 50 000 €, B mit 40 000 € und C mit 20 000 € herangezogen. Der Gegenstandswert beläuft sich auf 110 000 € da A, B und C Gesamtschuldner sind. Legt man die Mittelgebühr nach RVG zu Grunde, ist wie folgt abzurechnen:

2,1 Geschäftsgebühr nach § 40 StBVV i.V.m. Nr. 2300 VV RVG i.V.m. Nr. 1008 VV RVG)

---

1) OLG Stuttgart v. 27.3.2006, 8 W 129/06, MDR 2006, 1135; OLG Koblenz v. 9.4.2002, 14 W 183/02, MDR 2002, 721; OLG Zweibrücken v. 3.11.2003, 1 W 52/03, NJW 2004, 522; OLG Schleswig v. 7.4.2003, 9 W 37/03, MDR 2003, 1202; OLG Schleswig v. 7.4.2003, 9 W 37/03, MDR 2003, 1202.
2) BGH v. 2.6.2005, V ZB 32/05, DStR 2005, 1283.
3) BGBl. I 2007, 370.
4) § 10 Abs. 6 Satz 1 und 5 WEG.
5) Hartung/Schons/Enders, RVG, 3. Aufl. 2017, Nr. 1008 VV Rz. 48 ff.; Müller-Rabe in Gerold/Schmidt, RVG, 24. Aufl. 2019, Nr. 1008 VV Rz. 134 ff.; anders noch OLG Frankfurt/M. v. 28.12.2004, 18 W 249/04, AnwBl 2005, 366.
6) BGH v. 15.9.2011, V ZB 39/11, NJW 2011, 3723.
7) JStG 2007 v. 13.12.2006, BGBl. I 2006, 2878 = BStBl I 2007, 28.
8) FG Nürnberg v. 25.5.1988, VI 29/88, EFG 1988, 641; FG Bremen v. 10.11.1993, 2 93 078 E 2, EFG 1994, 314, 316; FG Baden-Württemberg v. 13.11.2003, 4 Ko 6/03.
9) Enders in Eckert, 4. Aufl. 2003, § 41 StBGebV Rz. 5; Eggesiecker, 2. Aufl. 1998, § 41 STEUGO Rz. 41.710; Schall, StB 1994, 242 f.; van Meegen, Stbg 1990, 68, 70.
10) Müller-Rabe in Gerold/Schmidt, RVG, 24. Aufl. 2019, VV 1008 Rz. 240.

(Erläuterung: Diese 2,1-Gebühr ermittelt sich wie folgt:

- 1,5 Geschäftsgebühr nach § 40 StBVV i.V.m. Nr. 2300 VV RVG
- 0,3 Erhöhungsgebühr für weiteren Erben B nach § 40 StBVV i.V.m. Nr. 1008 VV RVG
- 0,3 Erhöhungsgebühr für weiteren Erben C nach § 40 StBVV i.V.m. Nr. 1008 VV RVG)

Die Summe der Erhöhungsgebühren von 0,6 überschreitet nicht den zulässigen Höchstsatz von 2,0 einer vollen Gebühr nach RVG-Tabelle.

H. Aussetzung der Vollziehung (§ 40 StBVV i.V.m. Nr. 2300 VV RVG)

691 Nach § 40 Abs. 7 StBVV a.F. erhielt der StB im außergerichtlichen Rechtsbehelfsverfahren für einen Antrag auf Aussetzung der Vollziehung keine eigene Gebühr. Eine Ausnahme galt nur für den Fall, dass sich der Auftrag des StB auf einen Antrag auf Aussetzung der Vollziehung beschränkte.[1] Nach § 17 Nr. 1a RVG sind das Einspruchsverfahren und das Aussetzungsverfahren unterschiedliche Angelegenheiten die jeweils separate Gebühren nach Nr. 2300 VV RVG auslösen.[2] Die Neufassung des § 40 StBVV mit dem Verweis auf die Vorschriften des RVG ermöglicht es jetzt auch StB, für einen Antrag auf Aussetzung der Vollziehung eine zusätzliche Geschäftsgebühr nach Nr. 2300 VV RVG abzurechnen.

I. Erledigungsgebühr (§ 40 StBVV i.V.m. Nr. 1002 VV RVG)

692 Als weitere Gebühr im außergerichtlichen Rechtsbehelfsverfahren kann der StB die Erledigungsgebühr verdienen, § 40 StBVV i.V.m. Nr. 1002 VV RVG. Sie entsteht nur im außergerichtlichen Rechtsbehelfsverfahren, nicht auch im Änderungsverfahren,[3] d.h., Änderungen des Bescheids nach erfolglos durchgeführtem Einspruchsverfahren lösen keine Erledigungsgebühr, ggf. aber Gebühren nach § 23 StBVV oder § 31 StBVV aus. Sie unterscheidet sich von den übrigen Gebühren dadurch, dass es sich nicht um eine Rahmengebühr, sondern um eine feste 1,5 Gebühr handelt. Ihre Entstehung setzt voraus, dass sich der Rechtsstreit ganz oder teilweise nach Aufhebung oder Änderung des mit dem Rechtsbehelf angefochtenen Verwaltungsaktes erledigt und der StB bei der Erledigung **mitgewirkt** hat. Hierbei muss es sich um eine besondere, qualifizierte Mitwirkung handeln, die über das normale Betreiben des Geschäfts, das mit der Geschäftsgebühr abgegolten wird, hinausgeht. Bei der Erledigungsgebühr handelt es sich nicht um eine reine Erfolgs- sondern um eine **Tätigkeitsgebühr**[4] bzw. eine Tätigkeits- und Erfolgsgebühr.[5]

Eine solche **Mitwirkung** liegt **nicht schon dann** vor, **wenn**

- die Einspruchsbegründung so gut gelungen ist, dass das Finanzamt von sich aus nachgibt,[6]

1) Isoliertes Aussetzungsverfahren.
2) OLG Brandenburg v. 23.3.2009, 1 U 28/08, GI 2009, 118, 120; Mayer in Gerold/Schmidt, 23. Aufl. 2017, Anhang IV Rz. 33.
3) § 172 AO.
4) FG Köln v. 29.5.2018, 2 Ko 3253/17, EFG 2018, 1582 und v. 8.12.2008, 10 Ko 1355/08, EFG 2009, 515 f. m.w.N.; FG Münster v. 16.12.2009, 8 Ko 3497/09 KFB, EFG 2010, 592 f., str.
5) FG Hamburg v. 23.1.2015, 3 Ko 298/14, EFG 2015, 845 m.w.N.
6) FG Niedersachsen v. 17.12.1988, XI 7/87 Ko, EFG 1988, 388; FG Berlin v. 13.9.1988, VII 40/88, EFG 1989, 202 f.; Jost, KP 2001, 92 f.

- geschätzte Steuerbescheide im außergerichtlichen Rechtsbehelfsverfahren angefochten und die ausstehenden Steuererklärungen nachgereicht werden,[1)]
- der Berater nach Einspruchserhebung durch Vorlage der im Besitz des Mandanten befindlichen Rechnungen erstmals Werbungskosten nachweist,[2)]
- sich der StB im Schrifttum zum streitigen Problemkomplex geäußert hat oder erfolgreich eine Revision in einem Parallelverfahren geführt hat,[3)]
- der StB in einem Parallelverfahren erfolgreich Verhandlungen im Rahmen einer Betriebsprüfung oder einem Rechtsbehelfsverfahren geführt hat,[4)]
- eine Änderung der tatsächlichen Verhältnisse mit Auswirkungen auf den Verwaltungsakt vorliegt,[5)]
- die Mitwirkung des StB für die Erledigung nicht ursächlich war, z.B. wenn das FA den Steuerbescheid auf Grund einer zwischenzeitlich ergangenen EuGH-Entscheidung aufhebt,[6)]
- das Ergebnis einer Beweisaufnahme das Finanzamt ohne Weiteres zur Änderung des streitigen Bescheids veranlasst,[7)]
- der StB keinen eigenen Verständigungsvorschlag unterbreitet, sondern lediglich eine Erledigungserklärung abgibt, nachdem sich das Finanzamt unter dem Eindruck des nachteiligen Beweisergebnisses auf Vorschlag des Gerichts bereit erklärt, die angefochtenen Bescheide antragsgemäß zu ändern,[8)]
- der StB mehrfach mit der zuständigen Bearbeiterin telefoniert, die Sach- und Rechtslage erörtert und Unterlagen nochmals übermittelt.[9)]

Demgegenüber können folgende Mitwirkungshandlungen **die Erledigungsgebühr** auslösen:

- das konkrete Verfahren erledigt sich auf Grund eines Musterprozesses,[10)]
- der Berater interveniert bei der OFD oder dem FinMin; deren Stellungnahmen führen dazu, dass die angefochtenen Bescheide geändert werden,[11)]
- der StB wirkt dergestalt auf den Mandanten ein, dass dieser den Rechtsbehelf zurücknimmt oder das Begehren wesentlich (**mehr als 10 %**) einschränkt.[12)] Nach der neueren Rechtsprechung des FG Köln zur Erledigungsgebühr im Klageverfahren ist die Einschränkung des Klagebegehrens um mehr als 10 % aber nur ein **Indiz** für das Entstehen der Erledigungsgebühr und kein Automatismus.[13)] Den StB trifft deshalb die volle Darlegungs- und Beweislast für die Ursächlichkeit seiner Mitwirkung,

1) Jost in Meyer/Goez/Schwamberger, 9. Aufl. 2019, § 40 StBVV Rz. 44.
2) FG Hessen v. 29.11.1999, 12 Ko 1950/99, EFG 2000, 236.
3) FG Köln v. 4.1.2001, 10 Ko 6724/00, EFG 2001, 711; FG Düsseldorf v. 29.1.2001, 14 Ko 472/01 KF, EFG 2001, 595 f.
4) FG Köln v. 12.9.2002, 10 Ko 2335/02, EFG 2003, 124.
5) Mittelsteiner/Scholz, 4. Aufl. 1998, § 40 StBGebV Rz. 8.
6) FG Hamburg v. 23.1.2015, 3 Ko 298/14, EFG 2015, 845.
7) FG Hamburg v. 23.11.2005, V 213/02, EFG 2006, 370.
8) FG Köln v. 13.3.2008, 10 Ko 3867/07, EFG 2008, 1235.
9) OLG Brandenburg v. 23.3.2009, 1 U 28/08, GI 2009, 118, 120.
10) Enders in Eckert, 5. Aufl. 2013, VV RVG, 1. Teil Anm. 4; Mittelsteiner/Scholz, 4. Aufl. 1998, § 40 StBGebV Rz. 10.
11) FG Köln v. 29.11.1999, 10 Ko 2645/99, StB 2000, 226; FG Köln v. 28.6.2007, 10 Ko 715/07, EFG 2007, 1474; differenzierend FG Baden-Württemberg v. 4.1.2000, 2 Ko 12/99, EFG 2000, 398; hierzu Feiter, INF 2001, 117 f.
12) FG Düsseldorf v. 12.11.1993, 4 Ko 12/93 KF, EFG 1994, 318; FG Köln v. 30.9.2014, 10 Ko 2686/14; EFG 2014, 2170; v. 8.12.2008, 10 Ko 1355/08, EFG 2009, 515; v. 28.6.2007, 10 Ko 715/07, EFG 2007, 1474; v. 28.6.2004, 10 Ko 1603/04, EFG 2004, 1642.
13) FG Köln v. 18.5.2016, 10 Ko 182/16; v. 29.5.2018, 2 Ko 3253/17, EFG 2018, 1582 mit Anm. Hennigfeld und Berners, Honorargestaltung für Steuerberater, November 2018, 1.

- der StB bewegt das Finanzamt[1] zum Einlenken,[2]
- der StB trägt durch eigene Recherchen zur Sachverhaltsaufklärung bei,[3]
- der StB überzeugt den Mandanten, einer sog. „tatsächlichen Verständigung" zuzustimmen,[4]
- Unterbreiten eines Erledigungsvorschlags,[5]
- der StB legt eine eidesstattliche Versicherung des von ihm benannten Zeugen vor, was zur Aufhebung des angefochtenen Bescheides durch das FA führt.[6]

693 Der **Gegenstandswert** der Erledigungsgebühr richtet sich nach dem (ursprünglichen) Gegenstandswert, wenn das Rechtsbehelfsverfahren insgesamt erledigt wird, und zwar auch dann, wenn der Mandant sich mit einem Teilabhilfebescheid zufrieden gibt.

Beispiel:

Gegenstand des Rechtsbehelfsverfahrens ist ein Steuerbetrag i.H.v. 3 000 €. Durch die Mitwirkung des StB ändert das Finanzamt den Bescheid zu Gunsten des Mandanten ab, der nur noch 1 000 € zu zahlen hat und zu einer Erledigung des Rechtsbehelfsverfahrens führt. Gegenstandswert für die Erledigungsgebühr ist hier ein Betrag von 3 000 €.

Wird das Rechtsbehelfsverfahren dagegen nur teilweise erledigt, richtet sich der Gegenstandswert für die Erledigungsgebühr nur nach dem erledigten Teil.[7]

§ 41 StBVV Geschäftsgebühr

(weggefallen)

§ 42 StBVV Besprechungsgebühr

(weggefallen)

§ 43 StBVV Beweisaufnahmegebühr

(weggefallen)

1) Z.B. durch den Hinweis auf eine neue einschlägige Gerichtsentscheidung.
2) FG Saarland v. 2.9.1982, II 145/82, EFG 1983, 253 und v. 14.11.2005, 2 S 335/05, EFG 2006, 926.
3) FG Baden-Württemberg v. 27.10.2003, 4 Ko 3/03, EFG 2004, 144.
4) FG Münster v. 8.3.2004, 1 Ko 5693/03 KFB, EFG 2004, 1254.
5) FG Köln v. 28.6.2007, 10 Ko 715/07, EFG 2007, 1474.
6) FG Bremen v. 10.8.1990, II 3/90 Ko, EFG 1990, 596.
7) Eggesiecker, 2. Aufl. 1998, § 40 STEUGO Rz. 40.840.

§ 44
Verwaltungsvollstreckungsverfahren

Auf die Vergütung des Steuerberaters im Verwaltungsvollstreckungsverfahren sind die Vorschriften des Rechtsanwaltsvergütungsgesetzes sinngemäß anzuwenden.

Inhalt

Schrifttum

Beyme, Vertretung und Abrechnung in Verfahren zur Offenlegungspflicht, KANZLEI intern 11_2018, 5; **Feiter,** Honorar für außergerichtliche Schuldenbereinigung beim Finanzamt, KANZLEI intern 2_2018, 4; **Feiter,** Gilt das Beratungshilfegesetz auch für einen Antrag auf Vollstreckungsaufschub und die Mitwirkung bei der Abnahme der Vermögensauskunft?, KANZLEI intern 09/2014, 5; **Schneider,** Vergütung für die Abwehr einer drohenden Zwangsvollstreckung, NJW-Spezial 2020, 283; **Stützel,** Das geänderte Ordnungsgeldverfahren bei Verletzung von Offenlegungspflichten, DB 2013, 2345.

A. Inhalt und Bedeutung

§ 44 StBVV stellt klar, dass Tätigkeiten im Verwaltungsvollstreckungsverfahren selbständige Angelegenheiten sind, die eigene Gebühren auslösen. Durch das JStG 2007[1] wurde der frühere § 44 Abs. 1 StBGebV dergestalt geändert, dass jetzt die Vorschriften des RVG auf die Vergütung des StB im Verwaltungsvollstreckungsverfahren sinngemäß anwendbar sind. § 44 StBVV verweist auf alle Vorschriften des RVG und auf das Vergütungsverzeichnis. Einschlägig sind insbesondere die Nr. 3309 ff. RVG. Grundsätzlich erhält der StB im Verfahren der Zwangsvollstreckung in das bewegliche Vermögen eine 0,3-Verfahrensgebühr.[2] Bei Teilnahmen an gerichtlichen Terminen oder Terminen zur Abgabe der eidesstattlichen Versicherung kann eine 0,3-Terminsgebühr hinzukommen.[3] Bei mehreren Auftraggebern erhöht sich die Verfahrensgebühr um jeweils 0,3, so dass bei zwei Auftraggebern die Verfahrensgebühr 0,6 beträgt.[4] Mehrere Erhöhungen dürfen den Betrag von 2,0 nicht übersteigen.[5] Dass der Gesetzgeber im Verwaltungsvollstreckungsverfahren „nur" eine 0,3-Gebühr vorgesehen hat, liegt daran, dass in diesen Verfahren keine **Nachprüfung** in der Sache, sondern **nur hinsichtlich der Vollstreckungsmaßnahmen** erfolgt und deshalb davon ausgegangen werden kann, dass i.d.R. Umfang der Tätigkeit und Mühewaltung des StB geringer sind, als in den Verfahren, in denen der der Vollstreckung zu Grunde liegende Verwaltungsakt auf seine Rechtmäßigkeit überprüft wird. Bei der Zwangsvollstreckung in das unbewegliche Vermögen erhält der StB eine Verfahrensgebühr[6] i.H.v. 0,4, ggf. eine Terminsgebühr[7] in gleicher Höhe und eine Erhöhungsgebühr bei mehreren Auftraggebern von 0,3 gem. Nr. 1008 VV RVG. **694**

1) JStG 2007 v. 13.12.2006, BGBl. I 2006, 2878 = BStBl I 2007, 28.
2) Nr. 3309 VV RVG.
3) Nr. 3310 VV RVG.
4) Nr. 1008 VV RVG; Müller-Rabe in Gerold/Schmidt, 24. Aufl. 2019, 1008 VV RVG Rz. 226; Volpert in Schneider/Wolf, 8. Aufl. 2017, VV 3309 RVG Rz. 148.
5) Nr. 1008 Abs. 3 VV RVG.
6) Nr. 3311 VV RVG.
7) Nr. 3312 VV RVG.

B. Anwendungsbereich

695 Zum Verwaltungsvollstreckungsverfahren gehören insbesondere die aus den §§ 249–346 AO und speziellen landesrechtlichen Vorschriften für die Realsteuern sich ergebenden Verfahren.[1] Die Zwangsvollstreckung bildet grundsätzlich gegenüber dem Hauptprozess eine besondere Angelegenheit, so dass der Verfahrensbevollmächtigte des Hauptverfahrens zusätzlich eine Gebühr nach § 44 StBVV verlangen kann.[2] Davon zu unterscheiden ist die Frage, ob eine Vollstreckungstätigkeit mit anderen Vollstreckungstätigkeiten eine Einheit bildet oder ob besondere Angelegenheiten vorliegen.

696 § 18 Nr. 3 RVG definiert den Begriff der Angelegenheit für das Zwangsvollstreckungsverfahren in bürgerlichen Rechtsstreitigkeiten. Danach gilt jede Vollstreckungsmaßnahme zusammen mit den durch diese vorbereiteten weiteren Vollstreckungshandlungen bis zur Befriedigung des Gläubigers als eine Angelegenheit. Welche Tätigkeiten als besondere Angelegenheiten gelten, ergibt sich aus § 18 Nr. 6–22 RVG. Demgegenüber stellen § 19 Abs. 1 Nr. 9, 12, 15 und Abs. 2 RVG klar, welche Vorbereitungshandlungen und Nebentätigkeiten im Rahmen der Zwangsvollstreckung keine besonderen Angelegenheiten sind. Die dort vorgenommenen Abgrenzungen können auch bei der Bestimmung des Begriffs der Angelegenheit i.R.d. § 44 StBVV hilfreich sein.

Beispiel:

Die Finanzverwaltung betreibt gegen einen mittellosen Steuerpflichtigen die Zwangsvollstreckung aus einem Steuerbescheid. Der StB stellt einen Antrag auf Vollstreckungsaufschub,[3] unterstützt den Steuerpflichtigen bei der Abgabe der Vermögensauskunft[4] und begleitet ihn zum Termin zur Abgabe der Vermögensauskunft.[5]

In diesem Beispiel können drei Gebühren berechnet werden:

- 0,3-Verfahrensgebühr nach § 44 StBVV i.V.m. Nr. 3309 VV RVG für den Antrag auf Vollstreckungsaufschub,
- 0,3-Verfahrensgebühr nach § 44 StBVV i.V.m. Nr. 3309 VV RVG für die Mitwirkung an der Vermögensauskunft,[6]
- 0,3-Terminsgebühr nach § 44 StBVV i.V.m. Nr. 3310 VV RVG für die Teilnahme am Termin.

Praxistipp:

Allerdings ist in diesen Fällen stets zu prüfen, ob der Mandant Anspruch auf **Beratungshilfe** hat. Dann kann der StB nämlich nicht die o.g. Gebühren, sondern nur die für Beratungshilfe vorgesehenen geringeren Gebühren nach RVG abrechnen[7]

Praxistipp:

Besonders zu beachten ist, dass das Verwaltungsvollstreckungsverfahren sehr komplex sein kann, aber dennoch als eine einzige Angelegenheit[8] verstanden werden kann. Im Einzelfall kann sich deshalb eine Vergütungsvereinbarung empfehlen. Lediglich eigenständige Teilkomplexe (wie in dem Beispiel oben) gelten als separate Angelegenheiten,

---

1) Z.B. ein Antrag auf einstweilige Einstellung der Vollstreckung nach § 258 AO, ein Antrag auf Aufteilung einer Gesamtschuld nach §§ 268–280 AO, Maßnahmen gegen Androhung und Festsetzung von Zwangsgeld nach §§ 329, 332 AO oder Ordnungsgeld nach § 335 HGB → Rz. 700.
2) § 19 Abs. 1 Satz 2 RVG.
3) § 258 AO.
4) § 284 Abs. 1- 3 AO.
5) § 284 Abs. 6 und 7 AO.
6) Str., siehe Feiter, KANZLEI intern 09/2014, 5.
7) Feiter, KANZLEI intern 09/2014, 5; → § 46 StBVV Rz. 794 ff.
8) → § 10 StBVV Rz. 204.

mit der Folge, dass die RVG-Gebühren, die über § 44 StBVV berechnet werden können, mehrfach entstehen.

Verbindet die Finanzbehörde mit einem belastenden Verwaltungsakt zugleich die Androhung eines Zwangsmittels und legt der StB dagegen Einspruch ein, fällt neben der Gebühr nach § 40 StBVV eine Gebühr nach § 44 StBVV an, da das Verfahren gleichzeitig die Grundverfügung und die Vollstreckung betrifft. **697**

Der **Gegenstandswert** bestimmt sich bei einer Vollstreckung wegen Geldforderungen nach der Höhe der zu vollstreckenden Forderung einschließlich der Nebenforderungen.[1] Der Gegenstandswert im Verfahren über die Erteilung einer Vermögensauskunft ist begrenzt auf höchstens 2 000 €.[2] Zur Bestimmung weiterer Gegenstandswerte in Vollstreckungsverfahren, die keine Geldforderungen betreffen, wird auf § 25 Abs. 1 RVG verwiesen, der entsprechende Gegenstandswerte für das Zwangsvollstreckungsverfahren in bürgerlichen Rechtsstreitigkeiten definiert. **698**

Die Tätigkeit des StB im Verwaltungsvollstreckungsverfahren ist abzugrenzen von Tätigkeiten gegenüber sonstigen (privaten) Gläubigern des Mandanten, die eine Geschäftsgebühr nach Nr. 2300 VV RVG mit einem Gebührenrahmen von 0,5 – 2,5 auslösen. Die Abgrenzung ist fließend und im Detail umstritten. Nr. 3309 VV RVG soll greifen, wenn es sich um eine Maßnahme im laufenden Vollstreckungsverfahren handelt bzw. wenn der der StB sich gegen die Art und Weise der Zwangsvollstreckung wendet. Nr. 2300 VV RVG soll greifen, wenn materiell-rechtliche Einwendungen geltend gemacht werden.[3] Führt der StB **Verhandlungen** über den (Teil-)**Verzicht auf Vollstreckungsmaßnahmen** im Zusammenhang mit einer Sanierungs- und Insolvenzberatung des Mandanten oder Maßnahmen zur Erzielung einer **Stundungs- oder Ratenzahlungsvereinbarung**, wird im Anwaltsgebührenrecht überwiegend angenommen, dass der RA nach Nr. 2300 VV RVG abrechnen kann.[4] Denn der RA soll dadurch einen materiell-rechtlichen Einwand schaffen, nämlich einen Verzichtsvertrag oder eine Stundungsabrede. M.E. ist eine derartige Tätigkeit eines StB eine vereinbare Tätigkeit i.S.d. § 57 Abs. 3 StBerG,[5] für die die übliche Vergutung nach §§ 612 Abs. 2, 632 Abs. 2 BGB anfällt. Als übliche Vergütung bietet sich in diesen Fällen eine analoge Anwendung der Nr. 2300 VV RVG an. Jedenfalls handelt es sich bei diesen Tätigkeiten nicht um eine Vorbehaltsaufgabe. Denn die Bitte um Schuldenerlass oder Stundung ist noch keine Hilfeleistung in Steuersachen, selbst wenn es sich bei dem Gläubiger um eine Finanzbehörde handelt.[6] StB sind auch befugt, eine **Bescheinigung nach § 850k Abs. 5 Satz 2 ZPO** auszustellen (P-Konto), da sie „geeignete Personen" i.S.d § 305 Abs. 1 Nr. 1 InsO sind.[7] Diese außergerichtliche Tätigkeit zielt darauf ab, dem Schuldner zustehende Schutzrechte durchzusetzen. Wird der StB insoweit tätig, soll diese Tätigkeit bereits zur Zwangsvollstreckung zählen und nur eine 0,3-Verfahrensgebühr nach Nr. 3309 VV RVG auslösen.[8] **699**

---

1) BFH v. 13.10.1970, VII B 44/70, BStBl II 1970, 25; vgl. auch § 25 Abs. 1 RVG.
2) § 25 Abs. 1 Nr. 4, 2. Halbsatz RVG.
3) Müller-Rabe in Gerold/Schmidt, RVG, 24. Aufl. 2019, 3309 VV Rz. 18 m.w.N.; Schneider, NJW-Spezial 2020, 283.
4) OLG Celle v. 3.9.2008, 3 U 70/08, AGS 2009, 63; Schneider, NJW-Spezial 2020, 283, 284; Müller-Rabe in Gerold/Schmidt, RVG, 24. Aufl. 2019 Nr. 3309 VV Rz. 14 f.; Volpert in Schneider/Wolf, RVG, 8. Aufl. 2017, VV 3309 Rz. 18; a.A. Schons in Hartung/Schons/Enders, RVG, 3. Aufl. 2017, Vorb. 3.3.3–3310 VV Rz. 10: Nr. 3309 VV RVG.
5) Feiter, KANZLEI intern 2_2018, 4, 6.
6) OLG Frankfurt a.M. v. 8.12.2016, 6 U 51/16, DStR 2017, 464.
7) Graf-Schlicker (Hrsg.), 4. Aufl. 2014, § 305 InsO Rz. 10; siehe hierzu auch die Verlautbarung des Bundesarbeitskreises Insolvenzgerichte e.V. zu § 305 Abs. 1 Nr. 1 InsO und zur Erfordernis der persönlichen Beratung, www.bak-inso.de; eine Musterbescheinigung kann bei der Arbeitsgemeinschaft Schuldnerberatung der Verbände (AG SBV) bezogen werden.
8) Schneider, NJW-Spezial 2020, 283; Feiter, KANZLEI intern 2_2018, 4, 6.

700 Die Gebühr des StB für die Vertretung in einem durch das Bundesamt für Justiz nach § 335 Abs. 1 Satz 1 HGB eingeleiteten Ordnungsgeldverfahren wegen des pflichtwidrigen Unterlassens der rechtzeitigen **Offenlegung des Jahresabschlusses**, richtet sich nicht nach Nr. 5100 ff. VV RVG. Legt der StB **Einspruch** gegen die Androhung des Ordnungsgeldes ein, ist über § 44 StBVV eine Verfahrensgebühr i.H.v. 0,3 nach Nr. 3309 VV RVG abzurechnen. Bei einem Gegenstandswert von 2.500 € sind dies 60,30 €. Wird das Ordnungsgeld festgesetzt und legt der StB hiergegen **Beschwerde** ein, erhält er nach Auffassung des OLG Köln[1] eine weitere Verfahrensgebühr i.H.v. 0,5 analog § 44 StBVV i.V.m. Nr. 3500 VV RVG, also weitere 100,50 €.

Praxistipp:

Die Anwendung der Nr. 3500 VV RVG durch das OLG Köln ist zweifelhaft. Bei der Beschwerde nach § 335a HGB handelt es sich um eine Beschwerde, mit der die Entscheidung einer Behörde (des Bundesamtes für Justiz) und nicht eines Gerichtes angefochten wird. Eine Beschwerde im gebührenrechtlichen Sinn erfordert aber die Anfechtung einer gerichtlichen Entscheidung, an der es hier fehlt. Statt der (0,5) Verfahrensgebühr nach Nr. 3500 VV RVG sollte deshalb eine (1,6) Verfahrensgebühr nach Nr. 3100 VV RVG i.V.m. § 44 StBVV berechnet werden, mithin 261,30 €.[2]

Hilft das Bundesamt der Justiz der Beschwerde nicht ab, gibt es die Beschwerde an das für seinen Sitz zuständige LG Bonn ab. Wird ein Termin anberaumt, kann eine 0,5 Terminsgebühr nach Nr. 3513 VV RVG i.V.m. § 45 StBVV hinzukommen.[3] Der Gegenstandswert entspricht dem angedrohten bzw. festgesetzten Ordnungsgeld.[4] Durch das Gesetz zur Änderung des HGB[5] wurde für nach dem 31.12.2013 eingeleitete Ordnungsgeldverfahren die Möglichkeit der Rechtsbeschwerde eingeführt, wenn das LG Bonn sie zugelassen hat. Über die Rechtsbeschwerde entscheidet das OLG Köln. Es besteht Anwaltszwang. Gebühren des StB können in diesem Verfahren deshalb nicht entstehen.[6]

Praxistipp:

Im Hinblick auf die äußerst niedrigen Gebühren ist eine Vergütungsvereinbarung sinnvoll.

1) OLG Köln v. 19.12.2014, 2 Wx 349/14, NJW-Spezial 2015, 380.
2) Ebenso Beyme, KANZLEI intern 11_2018, 5.
3) A.A. Berners, NWB 9/2010, 690, 692, der sowohl das Einspruchs- als auch das Beschwerdeverfahren als eine einzige gebührenrechtliche Angelegenheit ansieht und nur eine Verfahrensgebühr nach Nr. 3309 VV RVG, ggf. eine Terminsgebühr nach Nr. 3310 VV RVG annimmt.
4) LG Bonn v. 23.3.2011, 35 T 1620/10, DStR 2011, 780.
5) Gesetz v. 4.10.2013, BGBl. I 2013, 3746 ff.
6) Zum neuen Verfahren siehe Stützel, DB 2013, 2345.

§ 45
Vergütung in gerichtlichen und anderen Verfahren

Auf die Vergütung des Steuerberaters im Verfahren vor den Gerichten der Finanzgerichtsbarkeit, der Sozialgerichtsbarkeit und der Verwaltungsgerichtsbarkeit, im Strafverfahren, berufsgerichtlichen Verfahren, Bußgeldverfahren und in Gnadensachen sind die Vorschriften des Rechtsanwaltsvergütungsgesetzes sinngemäß anzuwenden.

Inhalt

Schrifttum

Anders, BVerwG: Steuerberater sind vor dem BVerwG in Abgabenangelegenheiten nicht postulationsfähig, DStRK 2019, 316; **Becker,** Nur notwendige Aufwendungen erstattungsfähig, Honorargestaltung für Steuerberater Oktober 2018, 7; **Becker,** Terminsgebühr bei Entscheidung durch Gerichtsbescheid, Honorargestaltung für Steuerberater, April 2018, 1; **Becker,** Umsatzsteuerbeträge im Kostenfestsetzungsverfahren, Honorargestaltung für Steuerberater, Dezember 2019, 4; **Becker,** Verfahrensgebühr im zweiten Rechtszug bei kontinuierlicher Mandatierung anrechnen, Honorargestaltung für Steuerberater, Dezember 2019, 5; **Becker,** Anhebung des Streitwerts nach § 52 Abs. 3 Satz 2 GKG, Honorargestaltung für Steuerberater, Dezember 2017, 2; **Becker,** Folgesteuern und Streitwerterhöhung nach § 52 Abs. 3 Satz 2 GKG, Honorargestaltung für Steuerberater, April 2018, 7; **Berners,** Erledigungsgebühr als besondere Tätigkeitsgebühr, Honorargestaltung für Steuerberater November 2018, 1; **Berners,** Die Abrechnung im Steuerstraf- und Bußgeldverfahren nach dem RVG,

1) Nr. 3200 VV RVG.
2) Nr. 3202 VV RVG.

NWB, Fach 30, 1567; **Berners,** Offenlegung: Honorar und Haftung des Steuerberaters/Wirtschaftsprüfers, NWB, 9/2010, 690; **Beyme,** Anrechnung der Verfahrensgebühr bei Wechsel des Prozessbevollmächtigten, KP 2019, 111; **Beyme,** Auslegung von (mündlichen) Honorarvereinbarungen nach dem Empfängerhorizont, KP 2018, 204; **Beyme,** Kostenerstattung bei mehr als einem Prozessbevollmächtigten, KANZLEI intern 03_2017, 3; **Bilsdorfer/Weyand,** Der Steuerberater im Steuerstrafverfahren, Freiburg 1993; **Draf,** Endlich: Kein Tricksen mehr bei der Terminsgebühr nach einem Gerichtsbescheid, KANZLEI intern 3_2018, 4; **Feiter,** Zeitnah abrechnen und Honoraransprüche nicht verjähren lassen, KANZLEI intern 05_2019, 2; **Feiter,** Zitierpflicht bei Abrechnung nach RVG, KANZLEI intern 10/2015, 6; **Feiter,** Keine Berücksichtigung von Wartezeiten bei der Höhe der Terminsgebühr, (Replik auf Gläser DStR 2015, 2463), DStR 2015, 2686; **Feiter,** Kostenerstattung des Steuerberaters nach Durchführung des finanzgerichtlichen Klageverfahrens, INF 1996, 23; **Feiter,** Der Steuerberater als Prozessbevollmächtigter vor dem Verwaltungsgericht, KP 2006, 28; **Feiter,** Vergütung des Steuerberaters im gerichtlichen Verfahren – Anrechnung der Geschäftsgebühr?, KP 2007, 176; **Feiter,** Verdienstausfallentschädigung nach Durchsuchung einer Steuerberatungskanzlei?, KANZLEI intern 04/2015, 8; **Gräber,** FGO Kommentar, München, 4. Aufl. 1997; **Graf Nesselrode/Feurer,** Rechtsschutz im Offenlegungsverfahren, DStR 2008, 2430; **Gruber,** Die persönlichen Auslagen der Partei im finanzgerichtlichen Verfahren (Teil II), StB 1998, 445; **Gruber,** Streitwert und Kostenentscheidung des Klageverfahrens auch Grundlage der Kostenfestsetzung des Vorverfahrens, StB 2001, 345; **Gruber,** Neuregelung der Verzinsung im Kostenfestsetzungsverfahren, StB 2002, 185; **Hartung,** Die Vergütung des Rechtsanwalts im berufsgerichtlichen Verfahren, NJW 2005, 3093; **Henke,** Erklärungsbedarf für die Abrechnung nach dem RVG: Geschäfts- und Terminsgebühr, AnwBl 2004, 363; **Hollatz,** Kosten und Kostenerstattung im Finanzrechtsstreit, NWB Fach 2, 7591; **Jost,** Die Anrechnung der Geschäftsgebühr im finanzgerichtlichen Verfahren, KP 2019, 12; **Jost,** Terminsgebühr im finanzgerichtlichen Verfahren: Ist VV-Nr. 3104 RVG analog anwendbar?, KP 2015, 132; **Jost,** Terminsgebühr im finanzgerichtlichen Verfahren, KP 2015, 102; **Jost,** Änderungen des Streitwerts in einem finanzgerichtlichen Verfahren, KP 2012, 147; **Jost,** Der Streitwert im finanzgerichtlichen Verfahren, INF 1996, 181; **Jost,** Aktuelle Entwicklungen im Gebührenrecht, INF 2000, 248; **Jost,** Aussetzung der Vollziehung: So setzen Sie einen höheren Streitwert durch, KP 2001, 97; **Jost,** Aktuelle Entwicklungen und Tendenzen im Gebührenrecht, INF 2005, 917; **Jost,** Gebühren- und Kostenrecht im FG- und BFH-Verfahren, Berlin 2005; **Jost,** Anrechnung einer Geschäftsgebühr im finanzgerichtlichen Verfahren, KP 2008, 226; **Just,** Die Erhebung der Vorfälligkeitsgebühr bei den Finanzgerichten, DStR 2014, 2481; **Meinhard,** Fehlerhafter KFB: Wer muss die Kosten tragen?, RVG professionell v. 13.08.2018; **Olgemüller,** Rechtsbehelfsempfehlungen, Stbg 2012, 312; **Pohl,** HOAI-Mindest- und Höchstgebühren unionsrechtswidrig – und das RVG? BRAK-Mitt. 2019, 234; **Richter,** Die Sicherung des Kostenerstattungsanspruchs durch Abtretung, NWB 9/2017, 1464; **Römermann,** Vereinbarung einer Vergütung nach § 4 RVG, MDR 2004, 421; **Rummel,** Zivilprozessreform – Die Ausgestaltung der Rechtsmittel im Wertfestsetzungsverfahren nach neuem Recht, MDR 2002, 623; **Schneider,** Die „gesetzliche Vergütung" als Mindesthonorar, NJW-Spezial 2020, 411; **Schneider (Hrsg.),** Abrechnung bei Rückgabe des Bußgeldverfahrens an die Verwaltungsbehörde, AO-Kompakt 08+09/18, 86; **Schneider,** Festsetzung der Umsatzsteuer, NJW-Spezial 2019, 475; **Schneider,** Anrechnung mehrerer Geschäftsgebühren – nicht das letzte Wort?, AnwBl 2018, 36; **Schneider,** Kostenrechtsmodernisierungsgesetz – Das neue Rechtsanwaltsvergütungsgesetz, AnwBl 2004, 129; **Schneider,** Die Übergangsvorschriften nach dem RVG, AnwBl 2004, 359; **Zenke,** Gebührenanspruch bei verbundenen Verfahren, StB 2006, 68; **Zenke,** Ist der Mindeststreitwert auch im Antragsverfahren nach § 69 FGO anzuwenden?, StB 2006, 267; **Zenke/Brandenburg,** Kosten des finanzgerichtlichen Prozesses, Heidelberg, 1. Aufl. 1997.

A. Inhalt und Bedeutung

701 Um Doppelregelungen und Wettbewerbsprobleme auszuschalten, verweist § 45 StBVV für bestimmte Verfahren, z.B. die vor der Finanz-, Sozial-, Verwaltungs- und Berufsgerichtsbarkeit,[1] auf die für Rechtsanwälte geltenden Vorschriften. Dieser Verweis gilt nicht nur für die eigentlichen Gebührentatbestände, die sich im Vergü-

1) Hartung, NJW 2005, 3093.

tungsverzeichnis des RVG finden. § 45 StBVV verweist vielmehr auf „die Vorschriften" des RVG und damit auf alle, auch die allgemeinen Vorschriften.[1]

Beispiel:

Trifft der StB mit seinem Mandanten eine Vergütungsvereinbarung über die Durchführung eines finanzgerichtlichen Verfahrens, muss diese Vereinbarung den Anforderungen des § 3a RVG und nicht den Anforderungen des § 4 StBVV genügen. § 3a RVG findet in diesem Fall über § 45 StBVV Anwendung.

Beispiel:

Rechnet der StB gegenüber seinem Mandanten die Mitwirkung an einem finanzgerichtlichen Verfahren nicht nach Vergütungsvereinbarung, sondern nach den gesetzlichen Vorschriften ab, ist bei der Berechnung § 10 RVG und nicht § 9 StBVV zu beachten. § 10 RVG findet in diesem Fall über § 45 StBVV Anwendung.

§ 45 StBGebV wurde zuletzt durch die Verordnung zum Erlass und zur Änderung steuerlicher Verordnungen[2] geändert. Die Vorschrift wurde durch einen Hinweis auf die Vergütung des StB vor den Gerichten der Sozialgerichtsbarkeit erweitert.[3] Davor war § 45 StBGebV durch Art. 4 Abs. 60 des am 1.7.2004 in Kraft getretenen Kostenrechtsmodernisierungsgesetz[4] geändert worden. Der Verweis auf die Vorschriften der BRAGO wurde durch den Verweis auf das die BRAGO ablösende RVG ersetzt. Durch das 2. Kostenrechtsmodernisierungsgesetz[5] haben die Gebühren des RVG zum 1.8.2013 erhebliche Veränderungen erfahren. Für StB wirkt sich insbesondere die Erhöhung der Gebühren nach der Tabelle zu § 13 RVG aus. Aber auch die Einführung eines Anrechnungssystems für die Gebühren in verwaltungs- und sozialrechtlichen Verfahren und die Anhebung der Betragsrahmengebühren in Strafsachen sind für StB von Bedeutung.

B. Verfahren vor der Finanzgerichtsbarkeit

Die aus der **BRAGO** bekannten Gebühren für das finanzgerichtliche Klageverfahren **702**
waren die Prozess-, Verhandlungs-, Beweis- und Erörterungsgebühr.[6] Es handelte sich jeweils um volle 10/10 Gebühren nach der Tabelle zu § 11 Abs. 1 BRAGO. Da die Verhandlungs- und Erörterungsgebühr, die denselben Gegenstand betrafen, gem. § 31 Abs. 2 BRAGO aufeinander angerechnet werden, konnte der StB im günstigsten Fall 3 Gebühren von insgesamt 30/10 verdienen.

Durch das **RVG**, das die früheren Bruchteilsgebühren (z.B. 10/10) durch Dezimalge- **703**
bühren (z.B. 1,0) ersetzt, wurde die Beweisgebühr abgeschafft. Es gibt nur noch 2 Gebühren, nämlich die Verfahrensgebühr, die an die Stelle der Prozessgebühr getreten ist und die Terminsgebühr, die an die Stelle der o.g. weiteren Gebühren getreten ist. In Abkehr vom früheren Recht[7] erhält der StB in Verfahren vor den Finanzgerichten die für Rechtsmittelverfahren **erhöhten Gebühren**, nämlich statt einer 1,3 Verfahrensgebühr,[8] eine 1,6 Verfahrensgebühr[9] und eine 1,2 Terminsgebühr.[10] Der Gesetzgeber begründet diese Erhöhung damit, dass das FG seiner Struktur nach ein Obergericht ist, da es die erste und gleichzeitig letzte Tatsacheninstanz

1) Ausführlich dazu Feiter, KANZLEI intern 10/2015, 6.
2) VO zum Erlass und zur Änderung steuerlicher Verordnungen v. 11.12.2012, BGBl. I 2012, 2637 = BStBl I 2013, 2.
3) → § 45 StBVV Rz. 762.
4) KostRMoG v. 5.5.2004, BGBl. I 2004, 718 = BStBl I 2004, 486.
5) Zweites Gesetz zur Modernisierung des Kostenrechts (2. Kostenrechtsmodernisierungsgesetz – 2. KostRMoG) v. 23.7.2013, BGBl. I 2013, 2586.
6) § 31 Abs. 1 BRAGO.
7) § 114 Abs. 1 BRAGO.
8) Dies ist die Gebühr für Verfahren im ersten Rechtszug, Nr. 3100 VV RVG.
9) § 45 StBVV i.V.m. Nr. 3200 VV RVG.
10) § 45 StBVV i.V.m. Nr. 3202 VV RVG.

ist. Dies rechtfertige auch die gebührenrechtliche Gleichstellung mit anwaltlichen Tätigkeiten vor den Berufungsgerichten. Die Gebühren bemessen sich nach der Tabelle zu § 13 Abs. 1 RVG. Die Neuregelung führt also, soweit keine Beweisaufnahme erfolgt, zu einer deutlichen Gebührenerhöhung. Statt 20/10 erhält der StB Gebühren i.H.v. 2,8. In Verfahren mit Beweisaufnahme tritt nach dem RVG eine geringfügige Gebührenminderung von 0,2 ein. Bei den Gebühren in (finanz-)gerichtlichen Verfahren handelt es sich um **verbindliche Mindestgebühren**. Die damit einhergehende Beschränkung der Dienstleistungs- und Niederlassungsfreiheit ist durch zwingende Gründe des Allgemeininteresses, nämlich die vom Gesetzgeber verfolgten Ziele des Verbraucherschutzes in Gestalt der Gewährleistung einer hohen Qualität der Rechtsdienstleistungen, der Gewährleistung des Zugangs zum Recht und der Funktionsfähigkeit der Rechtspflege, gerechtfertigt und mit Unionsrecht vereinbar.[1]

Praxistipp:

Um die gesetzlichen (Mindest-)gebühren im Fall einer abweichenden Vergütungsvereinbarung nach Zeitaufwand nicht unfreiwillig zu unterschreiten, empfiehlt sich, eine **Mindesthonorarklausel** in die Vergütungsvereinbarung aufzunehmen.[2] Darin sollte geregelt sein, dass der Auftraggeber unabhängig vom tatsächlichen Zeitaufwand „mindestens" die gesetzlichen Gebühren schuldet.

Die Entscheidung des EuGH zu den Mindestgebühren nach der HOAI[3] widerspricht dem nicht, da es sich bei den Gebühren nach der HOAI um außergerichtliche Gebühren handelt.

Die Vergütung des StB wird fällig, wenn der Rechtszug beendet ist, § 45 StBVV i.V.m. § 8 Abs. 1 Satz 2, 2. Alt. RVG. Dieser endet entweder durch gerichtliche Entscheidung, die die Instanz abschließt, oder durch eine anderweitige Instanz beendende Prozesshandlung. Insofern ist zwischen den Rechtszügen zu unterscheiden. Die **Verjährung** des Honoraranspruchs des StB beginnt für jeden Rechtszug gesondert.[4]

I. Verfahrens- und Terminsgebühr des RVG

1. Verfahrensgebühr (Nr. 3200 VV RVG)

704 Die Verfahrensgebühr nach Nr. 3200 VV RVG beträgt 1,6 nach der Tabelle zu § 13 Abs. 1 RVG. Sie entsteht für das Betreiben des Geschäfts einschließlich der Information.[5] Dazu gehören auch die Akteneinsicht und der Antrag auf Akteneinsicht. Es handelt sich hierbei um Vorbereitungsmaßnahmen, die nicht gesondert abrechenbar sind.[6] Bei vorzeitiger Beendigung des Auftrags reduziert sich die Verfahrensgebühr auf 1,1. Wann eine vorzeitige Beendigung vorliegt, ergibt sich aus Nr. 3201 VV RVG. Werden 2 Verfahrensteile voneinander abgetrennt, entstehen dadurch mehrere selbständige Verfahren mit mehreren Streitwerten und mehreren Verfahrensgebühren.[7] Bei **mehreren Auftragsgebern** erhöht sich die Verfahrensgebühr gem. Nr. 1008 VV RVG um 0,3 je Person. Die **Erhöhungsgebühr** ist Teil der Verfahrensgebühr und deshalb nicht als eigene Gebühr auszuweisen. Sie entsteht auch bei der Klage von zusammenveranlagten Eheleuten, wenn sich die Klage nur gegen die Festsetzung von Einkünften eines Ehegatten richtet[8] oder bei der Vertretung

1) Pohl, BRAK-Mitt. 2019, 234.
2) Schneider, NJW-Spezial 2020, 411.
3) EuGH v. 4.7.2019, C-377/17.
4) Siehe Beispiel → § 7 StBVV Rz. 153.
5) Vorbemerkung 3 Abs. 2 VV RVG.
6) Müller-Rabe in Gerold/Schmidt, 24. Aufl. 2019, § 19 RVG Rz. 19 f.
7) Jost, KP 2012, 147 f.
8) FG Köln v. 5.7.2010, 10 Ko 4058/09, EFG 2010, 1638.

einer Erbengemeinschaft.[1] Keine Erhöhungsgebühr entsteht, wenn der StB gegen einen einheitlichen Gewinnfeststellungsbescheid Klage erhebt. Zwar handelt es sich auch hier um die Vertretung verschiedener Auftraggeber in derselben Angelegenheit. Dem Mehr an Arbeit und Aufwand wird aber bereits durch die Zusammenrechnung der Werte Genüge getan. Eine weitere Erhöhungsgebühr kommt deshalb nach der Rechtsprechung nicht in Betracht.[2]

In der Literatur[3] wird zu § 40 StBVV a.F. überwiegend die Auffassung vertreten, dass keine **Anrechnung der außergerichtlichen Geschäftsgebühr** nach § 40 StBVV a.F. auf die finanzgerichtliche Verfahrensgebühr nach Nr. 3200 VV RVG erfolgt. Demgegenüber nehmen die Finanzgerichte und Teile der Literatur eine Anrechnung vor,[4] obwohl die **Vorbemerkung 3 Abs. 4 VV RVG** eine Anrechnung der außergerichtlichen Geschäftsgebühr auf die gerichtliche Verfahrensgebühr nur für Rechtsanwälte und nicht für StB vorsieht, die ihre Gebühren für das Vorverfahren nach § 40 StBVV a.F. und nicht nach den Nr. 2300 VV RVG abrechnen. Durch die Fünfte VO zur Änderung steuerlicher Verordnungen hat sich dieser **Meinungsstreit für die Zukunft erledigt**, da sich die Gebühren des StB im Einspruchsverfahren nach § 40 StBVV n.F. ebenfalls nur noch nach den Bestimmungen des RVG richten.[5] Der Meinungsstreit betrifft deshalb nur noch Fälle, in denen der StB vor Inkrafttreten des § 40 StBVV n.F. mit dem Einspruch beauftragt wurde, § 47a StBVV. **705**

Geht man mit den Finanzgerichten auch in Altfällen[6] von einer Anrechnungspflicht aus, sind bei der Abrechnung gegenüber dem Auftraggeber folgende Regeln zu beachten: **706**

Nach § 15a Abs. 1 RVG entstehen Geschäfts- und Verfahrensgebühr unabhängig und ungekürzt. Insgesamt kann der Steuerberater allerdings nicht mehr verlangen als den um die Anrechnung gekürzten Gesamtbetrag.

Beispiel:

11,5/10[7] + 1,6[8] – 5,75/10[9] = 21,75/10 bzw. 2,17.

Fordert der Steuerberater die Geschäftsgebühr nach § 40 Abs. 2 StBVV a.F. in voller Höhe (11,5/10) ein, dann darf er von der Verfahrensgebühr lediglich noch 1,02 verlangen. Fordert er die Verfahrensgebühr in voller Höhe (1,6) dann kann die Geschäftsgebühr nur i.H.v. 5,75/10 verlangen. Am Gesamtergebnis ändert sich dadurch (vermeintlich) nichts. Aber:

Praxistipp:

Da die Tabelle zu § 13 RVG höhere Gebühren als die Tabelle E zur StBVV ausweist, stehen Steuerberater sich in Altfällen günstiger, wenn sie die Verfahrensgebühr in voller Höhe fordern.

Erfolgt die Auftragserteilung für das Einspruchsverfahren nach dem 1.7.2020 richtet sich die Anrechnung nach Vorbem. 3 Abs. 4 VV RVG. Angerechnet wird die unge-

1) LG Karlsruhe v. 1.4.2019, 3 O 28/13, NJW-Spezial 2019, 445 m.w.N.
2) → § 40 StBVV a.F. Rz. 659.
3) Warttinger/Zimmermann/Keller, 133; Enders in Eckert, 6. Aufl. 2017, § 40 StBVV Rz. 106 ff.; Berners, 5. Aufl. 2016, § 45 StBVV Rz. 31; Feiter KP 2007, 176; ebenso FG Düsseldorf v. 24.10.2007, 6 K 4630/05 K, U, zu § 41 StBGebV a.F.
4) FG Berlin-Brandenburg v. 24.1.2019, 11 K 11061/17; FG Köln v. 26.2.2007, 10 Ko 1308/06, EFG 2007, 953; FG Köln v. 6.5.2010, 10 Ko 3486/09, EFG 2010, 1641; FG Münster v. 10.7.2012, 11 Ko 3705/11 KFB, EFG 2012, 1962; FG Düsseldorf v. 10.7.2012, 11 Ko 3705/11 KFB, EFG 2012, 1962 (offen gelassen für den Fall des § 40 Abs. 3 StBGebV FG Düsseldorf v. 19.4.2011, 13 Ko 2627/09 KF; Niedersächsisches FG v. 28.2.2011, 16 Ko 7/10; Jost, KP 2019, 12.
5) → § 40 StBVV n.F. Rz. 668.
6) Auftragserteilung für das Einspruchsverfahren vor dem 1.7.2020; → § 40 StBVV n.F. Rz. 668.
7) Mittelgebühr nach § 40 Abs. 2 StBVV a.F.
8) Verfahrensgebühr nach Nr. 3200 VV RVG.
9) Die Hälfte der Geschäftsgebühr nach § 40 Abs. 2 StBVV a.F.

kürzte Gebühr des Einspruchsverfahrens. War der StB schon vor dem Einspruchsverfahren mit der Angelegenheit befasst, erfolgt u.U. eine „doppelte" Anrechnung.[1)]

Beispiel zu § 40 StBVV n.F.:

Der StB fertigt für den Mandanten die Erbschaftsteuererklärung (Gegenstandswert: 150 000 €). Es ergeht ein Erbschaftsteuerbescheid über 4 000 €. Der Mandant beauftragt den StB am 8.8.2020 gegen den Steuerbescheid Einspruch einzulegen und nach abschlägigem Bescheid Klage zu erheben. Anschließend kommt es zu einem Klageverfahren mit mündlicher Verhandlung.

Steuererklärung	
6/10-Gebühr, § 24 Abs. 1 Nr. 12 StBVV (Wert: 150 000 €)	998,40 €
Auslagenpauschale, § 16 StBVV	20,00 €
19 % Umsatzsteuer, § 15 StBVV	193,49 €
Gesamt	**1 211,89 €**
Einspruchsverfahren	
1,5-Geschäftsgebühr, § 40 StBVV n.F. i.V.m. Nr. 2300 VV RVG (Wert: 4 000 €)	378,00 €
Gem. § 35 Abs. 2 RVG, Vorbem. 2.3 Abs. 4 VV RVG anzurechnen, 3/10 aus 4 000 €	- 77,10 €
Auslagenpauschale, § 40 StBVV n.F. i.V.m. Nr. 7002 VV RVG	20,00 €
16 % Umsatzsteuer, § 40 StBVV n.F. i.V.m. Nr. 7008 VV RVG	51,34 €
Gesamt	**372,24 €**
Gerichtliches Verfahren	
1,6-Verfahrensgebühr, § 40 StBVV n.F. i.V.m. Nr. 3200 VV RVG (Wert: 4 000 €)	403,20 €
Gem. Vorbem. 3 Abs. 4 VV RVG anzurechnen, 0,75 aus 4 000 €	- 189,00 €
1,2- Terminsgebühr, § 40 StBVV n.F. i.V.m. Nr. 3202 VV RVG (Wert: 4 000 €)	302,40 €
Auslagenpauschale, § 40 StBVV n.F. i.V.m. Nr. 7002 VV RVG	20,00 €
19 % Umsatzsteuer, § 40 StBVV n.F. i.V.m. Nr. 7008 VV RVG	101,95 €
Gesamt	**638,55 €**

Nach h.M. ist bei der Geschäftsgebühr auch ein **Mehrvertretungszuschlag** nach § 40 Abs. 5 StBVV a.F. bzw. § 40 StBVV n.F. i.V.m. Nr. 1008 VV RVG zu berücksichtigen.[2)]

Beispiel zu § 40 StBVV a.F.:

Gegenstandswert: 25 000 €, 3 Auftraggeber

Geschäftsgebühr gem. § 40 Abs. 2 StBVV a.F., 11,5/10	828,00 €
Zwei weitere Auftraggeber 2 × 2/10	144,00 €
	972,00 €

Anrechnung

– Mit mehreren Auftraggebern: 1/2 von 972,00 € (max. 0,75):	450,00 €
– Ohne mehrere Auftraggeber: 1/2 von 828,00 € (max. 0,75):	414,00 €

Die gerichtliche Verfahrensgebühr (1,6 nach Nr. 3200 VV RVG) beträgt 1 260,80 €. Nach h.M. ist auf diese gerichtliche Verfahrensgebühr also ein Betrag von 450,00 € anzurechnen.

1) → § 40 StBVV n.F. Rz. 684 ff. zur Anrechnung der Gebühren nach §§ 23, 24, 31 StBVV auf die Gebühr im Einspruchsverfahren.

2) Müller-Rabe in Gerold/Schmidt, RVG, 24. Aufl. 2019, Nr. 1008 VV Rz. 257; a.A. Jost, KP 2019, 12 und KP 2013, 121, 125.

Problematisch ist die Anrechnung mehrerer Geschäftsgebühren, wenn außergerichtlich **mehrere Einspruchs- oder Widerspruchsverfahren** geführt wurden, die später zu einem einheitlichen gerichtlichen Verfahren verbunden werden. Nach einer Entscheidung des BGH ist in diesen Fällen jede einzelne Geschäftsgebühr hälftig auf die Verfahrensgebühr anzurechnen.[1] Folge kann sein, dass von der Verfahrensgebühr nichts bleibt. Demgegenüber hat das OVG Nordrhein-Westfalen in einem Fall mit drei außergerichtlichen Widerspruchsverfahren und einem späteren einheitlichen Gerichtsverfahren die Anrechnung auf eine 0,75-Gebühr aus dem Wert des gerichtlichen Verfahrens beschränkt.[2] Im Falle eines verwaltungsgerichtlichen Verfahrens kann die Anrechnung deshalb unter Bezugnahme auf diese Entscheidung erfolgen. Rechtsprechung der Finanzgerichte ist bislang nicht bekannt. Da es nicht ungewöhnlich ist, dass **mehrere Einspruchsverfahren** in ein einheitliches Klageverfahren münden, ist die Frage auch für finanzgerichtliche Verfahren von Relevanz.

Praxistipp:

Solange der Gesetzgeber durch eine Gesetzesänderung in § 15a Abs. 1 RVG keine Klarheit schafft, sollte auch in finanzgerichtlichen Verfahren die Anrechnung so erfolgen, wie vom OVG Nordrhein-Westfalen praktiziert oder – noch besser – eine Vergütungsvereinbarung geschlossen werden.[3]

Keine Anrechnung erfolgt, wenn es zwischen Vorverfahren und Klageverfahren zu einem berechtigten **Wechsel des bevollmächtigten Steuerberaters** kommt.[4] Ein berechtigter Wechsel liegt nicht vor, wenn verschiedene Anwälte/StB einer Sozietät tätig werden oder wenn jeweils dieselbe Person auftritt, sei es als Vertreter der einen oder anderen mandatierten Gesellschaft oder sei es als selbst mandatierter Prozessbevollmächtigter.[5] Ein berechtigter Wechsel liegt hingegen vor, wenn der StB im Einspruchsverfahren für eine Sozietät und gerichtlich nach Auflösung der Sozietät als Einzel-StB tätig wird.[6] Auch im Falle einer **Vergütungsvereinbarung für das außergerichtliche Verfahren** erfolgt keine Anrechnung der halben fiktiven Geschäftsgebühr[7] auf die gerichtliche Verfahrensgebühr.[8] Dies gilt jedenfalls bei Stundensatzvereinbarungen.[9] Denn die Anrechnung wird in VV Vorbem. 3 Abs. 4 ausdrücklich auf „eine Geschäftsgebühr nach Teil 2" beschränkt. Im Falle einer Vergütungsvereinbarung entsteht aber keine Geschäftsgebühr nach Teil 2. **707**

Praxistipp:

Die Anrechnung kann durch Vergütungsvereinbarung ausgeschlossen werden.[10] Wer mit seinem Mandanten für das Einspruchsverfahren eine Abrechnung nach Stundensätzen vereinbart hat, muss sich – im Verhältnis zu seinem Mandanten – keine Anrechnung gefallen lassen, selbst wenn der StB für das anschließende Klageverfahren nur die

1) BGH v. 28.2.2017, I ZB 55/16, AnwBl 2017, 558.
2) OVG Nordrhein-Westfalen v. 17.7.2017, 19 E 614/16; siehe hierzu die Besprechung von Schneider, AnwBl 2018, 36 mit einer Gegenüberstellung von Berechnungsbeispielen nach BGH und OVG und Beyme, KP 2019, 71 mit Berechnungsbeispielen für StB.
3) Eine gesetzliche Klarstellung i.S.d. OVG NRW ist i.R.d. KostRÄG 2021 vorgesehen, das voraussichtlich am 1.1.2021 in Kraft tritt.
4) FG Köln v. 6.2.2019, 2 Ko 3002/18 und FG Köln v. 7.8.2012, 10 Ko 2683/11, EFG 2012, 2240; Beyme, KP 2019, 111; Henningfeld, EFG 2013, 813; Becker, Honorarbrief für Steuerberater 8/2013, 1.
5) FG Hamburg v. 19.11.2015, 3 Ko 226/15.
6) FG Köln v. 6.2.2019, 2 Ko 3002/18 unter Hinweis auf BGH v. 21.7.2016, IX ZR 57/15; Beyme KP 2019, 111.
7) § 40 StBVV.
8) BGH v. 16.10.2014, III ZB 13/14 zum Anwaltsrecht; Müller-Rabe in Gerold/Schmidt, RVG, 24. Aufl. 2019, Vorbem. 3 VV Rz. 253 m.w.N.
9) Müller-Rabe in Gerold/Schmidt, 24. Aufl. 2019, § 15a RVG Rz. 75.
10) → § 40 StBVV n.F. Rz. 684 mit Formulierungsbeispielen.

gesetzlichen Gebühren abrechnet. Generell empfiehlt sich allerdings, auch für das gerichtliche Verfahren eine Vergütungsvereinbarung nach § 45 StBVV i.V.m. § 3a RVG.

Eine vereinbarte Vergütung ist niemals erstattungsfähig. Obsiegt der Mandant, muss das Finanzamt deshalb die vereinbarte Vergütung nur bis zur Höhe der fiktiven gesetzlichen Gebühren erstatten. Den Differenzbetrag muss der StB bei seinem Mandanten einfordern.

Einen weiteren Fall der Anrechnung regelt Vorbemerkung 3 Abs. 6 VV RVG, nämlich den der **Zurückverweisung**. Soweit eine Sache an ein untergeordnetes Gericht zurückverwiesen wird, das bereits mit der Sache befasst war, ist die vor diesem Gericht bereits entstandene Verfahrensgebühr des ersten Rechtszugs auf die Verfahrensgebühr für das erneute Verfahren, das ein neuer Rechtszug ist,[1] anzurechnen. Hintergrund der Regelung ist, dass sich der Prozessbevollmächtigte nach einer Zurückverweisung nicht erneut in die Sache einarbeiten muss, so dass keine Rechtfertigung für den Ansatz von zwei vollen Verfahrensgebühren besteht. Ist der frühere Auftrag aber seit mehr als zwei Kalenderjahren erledigt, gilt gem. § 15 Abs. 5 Satz 2 RVG die weitere Tätigkeit als neue Angelegenheit und die Anrechnung entfällt. Der BGH hat dementsprechend eine Anrechnung unter Hinweis auf den Rechtsgedanken des § 15 Abs. 5 Satz 2 RVG[2] in einer Zivilrechtssache verneint.[3] Das FG Köln[4] geht in diesen Fällen gleichwohl von einer Anrechnung aus, wenn der Prozessbevollmächtigte zwischen erstem und zweitem Rechtszug auch mit der Revision befasst war, weil eine neue Einarbeitung nicht erforderlich war und nicht honoriert werden müsse.[5]

Praxistipp:

Im Kostenfestsetzungsverfahren sollte eine Kürzung der Verfahrensgebühr im zweiten Rechtszug vor dem FG nicht akzeptiert werden, wenn zwischen Erledigung des ersten und Beauftragung für den zweiten Rechtszug zwei Kalenderjahre liegen.[6]

Während § 15a Abs. 1 RVG regelt, wie mit dem Auftraggeber abzurechnen ist, regelt § 15a Abs. 2 RVG die Kostenerstattung, also die Frage inwieweit sich ein Dritter auf die Anrechnung berufen kann. Nach dieser Regelung kommt die **Anrechnung einer nicht zu erstattenden Gebühr** dem Auftraggeber und nicht dem Erstattungsschuldner zugute. Gleichwohl wirkt sich diese Regelung nicht zu Gunsten des Auftraggebers aus, wenn dieser im finanzgerichtlichen Verfahren obsiegt, weil sowohl die Gebühren des Einspruchsverfahrens als auch die Gebühren des Klageverfahrens erstattungsfähig sind. Der Erstattungsschuldner kann sich also im Kostenfestsetzungsverfahren auf die Anrechnung berufen. Demgegenüber wirkt sich die Regelung des § 15a Abs. 2 RVG in verwaltungs- und sozialrechtlichen Verfahren zu Gunsten des Auftraggebers (und nicht des Erstattungsschuldners) aus, da in diesen Verfahren zunächst einmal Gebühren entstehen, die nicht erstattungsfähig sind, nämlich die Gebühren des Verwaltungsverfahrens. Erstattungsfähig sind nur die Gebühren des sich anschließenden Widerspruchsverfahrens. Durch die Regelung des § 15a Abs. 2 RVG ist sichergestellt, dass der Erstattungsschuldner die vollen Gebühren des Widerspruchsverfahrens übernehmen muss, während dem Auftraggeber die Anrechnungsbestimmung der Vorbem. 2.3 Abs. 4 VV RVG zu Gute kommt[7]

1) § 21 Abs. 1 RVG.
2) Entspricht § 12 Abs. 5 Satz 2 StBVV.
3) BGH v. 11.8.2010, XII ZB 60/09, MDR 2010, 1218; bejahend allerdings Gläser, DStR 2014, 717, 718.
4) FG Köln v. 7.8.2012, 10 Ko 783/11, EFG 2012, 2237 und FG Köln v. 1.2.2019, 2 Ko 32/19, EFG 2019, 816, besprochen von Becker, Honorargestaltung für Steuerberater Dezember 2019, 5.
5) A.A. wohl FG Baden-Württemberg v. 10.3.2011, 11 Ko 5287/08. Zwischen erstem und zweitem Rechtszug lagen allerdings keine zwei Kalenderjahre.
6) Olgemüller, Rechtsbehelfsempfehlungen, Stbg 2012, 312.
7) Siehe Beispiel → § 45 StBVV Rz. 765; SG Dresden v. 8.12.2015, S 38 AS 6152/14, NJW-Spezial 2016, 59.

2. Terminsgebühr (Nr. 3202 VV RVG)

Die Terminsgebühr nach Nr. 3202 VV RVG beträgt 1,2. Sie entsteht sowohl für die 708
Wahrnehmung von gerichtlichen Terminen als auch für die Wahrnehmung von außergerichtlichen Terminen und Besprechungen, wenn nichts anders bestimmt ist. Ausgenommen von Verkündungsterminen lösen alle gerichtlichen Termine eine Terminsgebühr aus. Die Gebühr für außergerichtliche Termine und Besprechungen entsteht für die Wahrnehmung eines von einem gerichtlich bestellten Sachverständigen anberaumten Termins und die Mitwirkung an Besprechungen, die auf die Vermeidung oder Erledigung des Verfahrens gerichtet sind; dies gilt nicht für Besprechungen mit dem Auftraggeber.[1] Die Terminsgebühr entsteht in derselben Angelegenheit nur einmal, unabhängig davon, wie viele Termine vor Gericht stattgefunden haben. Sobald sie einmal entstanden ist, kann sie weder entfallen, noch sich ihre Berechnungsgrundlage ändern.[2] Findet eine Besprechung statt, bei der mehrere Klageverfahren erörtert werden, entsteht die Terminsgebühr für jedes dieser Verfahren.[3] Der Gesetzgeber wollte mit der Einführung der Terminsgebühr das ernsthafte Bemühen des Prozessbevollmächtigten um einen Abschluss des Verfahrens auch ohne Beteiligung des Gerichts honorieren und damit zugleich die außergerichtliche Streitbeilegung fördern. An das Merkmal einer Besprechung sind deshalb keine besonderen Anforderungen zu stellen. Der Austausch mündlicher Erklärungen, auch telefonisch, reicht aus. Die zu einer Terminsgebühr führende Besprechung setzt als mündlicher Austausch von Erklärungen aber die Bereitschaft der Gegenseite voraus, überhaupt in Überlegungen mit dem Ziel einer einvernehmlichen Beendigung des Verfahrens einzutreten. Es reicht, dass sich der zuständige Gesprächspartner an einer außergerichtlichen Erledigung interessiert zeigt. Dies ist z.B. auch dann der Fall, wenn er die Vorschläge nur zur Kenntnis nimmt, aber eine Prüfung zusagt. Allerdings muss die Unterredung einen ausreichenden Bezug zum jeweiligen Rechtsstreit aufweisen. Ein lediglich allgemeines Gespräch über die grundsätzliche Bereitschaft zu einer außergerichtlichen Einigung genügt nicht, eine Terminsgebühr entstehen zu lassen.[4] Gespräche über Verfahrensabsprachen, mit deren Befolgung eine Beendigung des Verfahrens nicht verbunden ist, lösen ebenfalls keine Terminsgebühr aus, z.B. Gespräche über Ruhen des Verfahrens.[5] Eine auf die Klageerledigung gerichtete Besprechung mit der Gegenseite löst auch dann die Terminsgebühr aus, wenn bereits ein gerichtlicher Einigungsvorschlag vorlag, aber die Frage der Kostenverteilung streitig geblieben ist und diese Anlass für die Besprechung mit der Gegenseite ist.[6] Die konkreten Umstände die eine Terminsgebühr rechtfertigen, hat der StB substantiiert darzulegen und notfalls zu beweisen.

Praxistipp:

Der Nachweis einer Besprechung kann am besten durch Vorlage von Gesprächsvermerken geführt werden. Diese sollten möglichst zeitnah unter Angabe der wesentlichen Gesprächsinhalte, der Gesprächsbeteiligten, des Gesprächsdatums und der Gesprächsdauer angefertigt werden.

Gegenstandswert für die Berechnung der Terminsgebühr ist grundsätzlich der Streitwert, § 23 Abs. 1 Satz 1 RVG, § 3 Abs. 1 GKG. **Nach Eröffnung eines Insolvenzverfahrens** ist die Sonderregelung des § 185 Satz 3, § 182 InsO zu beachten. Danach richtet sich der Streitwert einer Klage auf Feststellung einer bestrittenen

1) Vorbemerkung 3 Abs. 3 VV RVG.
2) Jost, KP 2015, 104; Beispiele unter → § 45 StBVV Rz. 710; OLG Frankfurt v. 5.2.2020, 18 W 132/19: volle Terminsgebühr bei teilweiser Klagerücknahme im Termin → Rz. 710.
3) Sächsisches FG v. 3.12.2013, 8 Ko 1296/13; Jost KP 2015, 104.
4) Zu allem FG Niedersachsen v. 29.5.2012, 9 KO 1/12, EFG 2012, 2153 m.w.N.
5) BGH v. 6.3.2014, VII ZB 40/13, MDR 2014, 627.
6) FG Hamburg v. 19.4.2013, 3 KO 13/13, EFG 2013, 1522; OVG Münster v. 17.7.2014, 8 E 376/14, NJW 2014, 3323.

Forderung nach dem Betrag, welcher bei Verteilung der Insolvenzmasse für die Forderung zu erwarten ist. Maßgeblich ist der Entstehungszeitpunkt der Gebühr.

Beispiel:[1]

In einem Verfahren vor dem FG stritten die Beteiligten über die Rechtmäßigkeit von Hinzuschätzungen durch das FA nach einer Betriebsprüfung. Das Verfahren wurde durch die Insolvenz des ursprünglichen Klägers unterbrochen. Das FA meldete die aus der Betriebsprüfung resultierenden Forderungen in voller Höhe zur Insolvenztabelle an. Insgesamt waren Insolvenzforderungen i.H.v. 178.463,11 € angemeldet, die vom Insolvenzverwalter bestritten wurden. Nachdem das Verfahren vom Insolvenzverwalter aufgenommen worden war, kam es zu einem Telefonat zwischen dem Berichterstatter des Senats und dem Prozessbevollmächtigten des Insolvenzverwalters, in dem es um die Erledigung des Rechtsstreits ging. Wegen dieses Telefonats setzte der Prozessbevollmächtigte später eine Terminsgebühr basierend auf dem Gegenstandswert von 178.463,11 € an. Das FG legte als Streitwert hingegen die Insolvenzquote zu Grunde, die nach Schätzung der Kostenbeamtin beim FG bei 2% (= 3 569,26 €) lag.

709 Ein Anspruch auf eine Terminsgebühr besteht dagegen nicht, wenn es in den Telefonaten und dem E-Mail-Verkehr ausschließlich um die rechtliche Umsetzung einer Entscheidung des BVerfG auf den Streitfall geht.

Beispiel:[2]

Das Hauptsachverfahren ruhte bis zur Entscheidung des BVerfG in einem Normenkontrollverfahren. Noch am Tag der Entscheidung nahm der Prozessbevollmächtigte telefonisch Kontakt mit dem FA auf, um zu besprechen, welche Schritte im Hinblick auf eine möglichst schnelle Erledigung des ruhenden Verfahrens zu ergreifen seien. Nachdem das FA die angefochtene Steueranmeldung aufgehoben hatte, erklärten die Beteiligten den Rechtsstreit für erledigt.

Hier haben die Beteiligten nicht über die Erledigung des Rechtsstreits **verhandelt**. Den entscheidenden Anstoß für die Erledigung des Verfahrens gab allein die Entscheidung des BVerfG.[3] Ein Anspruch auf eine Terminsgebühr besteht auch dann nicht, wenn bei Beginn des Gesprächs bereits eine Einigung zwischen den Parteien erzielt worden war und sich das Gespräch in der bloßen Übermittlung der bereits zuvor erzielten Einigung und damit einer reinen Sachinformation beschränkt[4] oder wenn der StB den Vorschlag der Gegenseite von vornherein mit den Worten ablehnt, dies komme für seinen Mandanten nicht in Betracht. Denn dann fehlt es schon an der Bereitschaft, überhaupt in Überlegungen mit dem Ziel einer einvernehmlichen Beendigung des Verfahrens einzutreten.[5]

Praxistipp:

Der Vorschlag des Finanzamtes oder des Gerichts sollte nicht von vornherein ohne Rücksprache mit dem Mandanten abgelehnt werden. Stattdessen sollte der StB erklären, den Vorschlag prüfen und mit dem Mandanten besprechen zu wollen.

Umstritten ist, ob eine Terminsgebühr auch dann entsteht, wenn die Parteien nur mittelbar über das Gericht kommunizieren, ohne dass ein unmittelbarer Kommunikationsaustausch zwischen den Parteien zustande kommt.

Beispiel:

Der Berichterstatter telefoniert abwechselnd mit den Parteien, um dadurch eine Einigung herbeizuführen.

Die Neufassung der Vorbem 3 Abs. 3 VV RVG durch das 2. KostRMoG hat leider nicht zu einer eindeutigen Klärung beigetragen.[6] Nach h.M. muss die **Gegenseite**

1) FG Düsseldorf v. 14.1.2020, 11 Ko 186/19 KF, DStR 2020, 614.
2) FG Hamburg v. 12.1.2018, 4 K 100/17, EFG 2018, 679.
3) FG Hamburg v. 12.1.2018, 4 K 100/17, EFG 2018, 679.
4) BGH v. 9.5.2017, VIII ZB 55/16, MDR 2017, 852.
5) OLG Brandenburg v. 23.5.2014, 6 W 31/14, MDR 2014, 1476.
6) Ausführlich Raab, DStR 2015, 1943.

unmittelbar an der Besprechung beteiligt sein.[1] Begründet wird dies mit dem (nach wie vor nicht ganz eindeutigen) Wortlaut und dem Sinn und Zweck der Vorschrift. Danach muss der Gesprächspartner in der Lage sein, über den Streitstoff zu verfügen, was bei einem Richter nicht der Fall ist. Nach a.A. reicht es aus, wenn die **Besprechung mittelbar über das Gericht** erfolgt.[2] Auch diese Auffassung beruft sich auf den Wortlaut der Vorbem. 3 Abs. 3 Satz 3 Nr. 2 VV RVG, die Systematik, die Entstehungsgeschichte sowie Sinn und Zweck der Norm, zieht daraus allerdings andere Schlüsse als die h.M.[3]und bejaht den Ansatz der Terminsgebühr auch dann, wenn der Berichterstatter selbst einen Einigungsvorschlag unterbreitet, dem die Beteiligten folgen, ohne dass zwischen ihnen eine Besprechung zur Erledigung des Rechtsstreits stattgefunden hat.[4] Eine Vereinheitlichung der divergierenden Rechtsprechung durch den BFH ist nicht möglich, da Beschlüsse im Erinnerungsverfahren unanfechtbar sind und keine Beschwerdemöglichkeit zum BFH besteht, § 128 Abs. 4 Satz 1 FGO.

Praxistipp:

Im Kostenfestsetzungsantrag sollten Sie die Festsetzung der Terminsgebühr auch dann beantragen, wenn kein Verhandlungstermin, aber ein Telefonat mit dem Berichterstatter/Vorsitzenden über die mögliche Erledigung des Verfahrens geführt worden ist. Sollte der Urkundsbeamte die Terminsgebühr nicht bewilligen, sollten Sie im Erinnerungsverfahren unter Hinweis auf die Entscheidung des FG Düsseldorf eine gerichtliche Überprüfung herbeiführen.

Angesichts der divergierenden Rechtsprechung zum Ansatz der Terminsgebühr sollten Sie sich nicht damit zufriedengeben, dass der Berichterstatter oder der Vorsitzende als Mittler zwischen Ihnen und dem Finanzamt fungiert. Suchen Sie selbst das unmittelbare Gespräch mit dem Finanzamt, um die Terminsgebühr nicht zu gefährden.

Eine Terminsgebühr kann auch dann nicht mehr anfallen, wenn bereits eine **Abhilfezusage des Finanzamtes** vorliegt. Denn in diesem Fall kann eine Besprechung des StB mit dem Finanzamt nicht mehr auf eine Erledigung gerichtet sein.[5] Nach zutreffender Ansicht kommt es nicht darauf an, dass der StB mit einer entscheidungsbefugten Person (z.B. Sachgebietsleiter Rechtsbehelfsstelle oder Vorsteher) telefoniert hat. Die Gebühr entsteht auch dann, wenn das Gespräch mit einem zuständigen und gesprächsbereiten Sachbearbeiter geführt wird.[6] Dass der Gesetzgeber nur erfolgreiche außergerichtliche Verhandlungen honorieren wollte, ist dem Wortlaut und der Entstehungsgeschichte der Vorschrift nicht zu entnehmen.[7] Auf

1) FG Baden-Württemberg v. 4.12.2014, 8KO 2155/14, DStR 2015, 1943 m. Anm. Raab; FG Sachsen-Anhalt v. 17.12.2013, 4 Ko 1272/13, EFG 2014, 1143; FG Köln v. 2.9.2013, 10 Ko 2594/13, EFG 2013, 2042 m.w.N.; Thüringer FG v. 29.5.2012, 9 KO 1/12 m.w.N.; FG Münster v. 10.9.2012, 4 KO 2422/12, EFG 2012, 2239; OVG NRW v. 3.2.2014, 6 E 1209/12, BeckRS 2014, 46998; OVG Bremen v. 24.4.2015, 1 S 250/14, NJW-Spezial 2015, 507; LSG Essen v. 26.1.2015, L 2 AS 2237–2240/14 B, AnwBl 2015, 350; Jost, KP 2015, 102, 103; Onderka/N. Schneider in Schneider/Wolf, RVG, 8. Aufl. 2017, VV Vorb. 3 Rz. 158.

2) FG Düsseldorf v. 14.1.2020, 11 Ko 186/19 KF, DStR 2020, 614 mit zust. Anm. Weitze-Scholl/Meyer im Hagen; FG Berlin-Brandenburg v. 5.4.2011, 13 KO 13326/10, BeckRS 2011, 95706; SG Kassel v. 19.11.2013, S 10 SF 229/12 E, BeckRS 2013, 73964; OLG Düsseldorf v. 1.3.2011, I-10 W 163/10.

3) überzeugend insbesondere FG Düsseldorf v. 14.1.2020, 11 Ko 186/19 KF, DStR 2020, 614 mit zust. Anm. Weitze-Scholl/Meyer im Hagen.

4) FG Düsseldorf v. 14.1.2020, 11 Ko 186/19 KF, DStR 2020, 614 mit zust. Anm. Weitze-Scholl/Meyer im Hagen; a.A. FG Münster v. 10.9.2012, 4 KO 2422/12, EFG 2012, 2239; Thüringer FG v. 16.5.2011, 4 Ko 772/10.

5) FG Hamburg v. 19.4.2013, 3 Ko 13/13, EFG 2013, 1522.

6) So Niedersächsisches FG v. 8.6.2009, 11 KO 8/09, EFG 2009, 1412 m.w.N.; FG Berlin-Brandenburg v. 5.4.2011, 13 Ko 13326/10, EFG 2011, 1551; FG Köln v. 7.8.2012, 10 KO 3640/11, EFG 2012, 2158.

7) BGH v. 27.2.2007, XI ZB 38/05, NJW 2007, 2858; OLG Naumburg v. 19.12.2006, 6 W 78/06, AnwBl 2007, 725.

die Form der Besprechung kommt es nicht an. Die Teilnahme an einer Videokonferenz[1] oder einer telefonischen Besprechung, die zur Erledigung des Verfahrens führt, reichen aus.[2] Einer Telefonkonferenz unter gleichzeitiger Beteiligung von Kläger und Beklagtem gleichzusetzen ist der Fall, dass der Berichterstatter seinen Vergleichsvorschlag nacheinander mit Kläger und Beklagtem erörtert, ohne dass diese unmittelbar miteinander gesprochen haben.[3] Die Terminsgebühr entsteht nicht durch den Austausch anwaltlicher E-Mails.[4] E-Mails ersetzen die Schriftform, aber nicht das Gespräch bzw. die Besprechung. Wird der Inhalt einer die Terminsgebühr auslösenden Erledigungsbesprechung, von dem anderen Gesprächsteilnehmer bestritten, muss der Anspruchsteller seine Sachdarstellung beweisen.[5] Keine Terminsgebühr entsteht, wenn das Finanzamt sofort nach der Klagebegründung im schriftlichen Verfahren dem Klagebegehren abhilft[6] oder wenn das FG nach beiderseitigen Erledigungserklärungen auf Grund teilweiser oder vollständiger außergerichtlicher Stattgabe des Klagebegehrens nur noch über die Kosten entscheidet.[7]

710 Die **gleichzeitige Terminierung von Verfahren** bedeutet nicht deren stillschweigende Verbindung. Erfolgt die Verbindung in der Verhandlung nach Aufruf aller zu verbindenden Verfahren, erhält der StB getrennt für jede Verhandlung in jedem Verfahren die entsprechenden Gebühren, also die Verfahrens- und Terminsgebühr.[8] Erfolgt die Verbindung der Verfahren bevor in den jeweiligen Verfahren eine Terminsgebühr entstanden ist, entsteht nur eine Terminsgebühr.

Beispiel:

Sie erheben für A und B getrennt Klage wegen einer einheitlichen und gesonderten Gewinnfeststellung (Streitwert: 1 400,00 €). Bevor es zu einer mündlichen Verhandlung kommt, verbindet das Gericht die Verfahren. In der mündlichen Verhandlung können Sie sich mit ihren Anträgen durchsetzen. Die Kosten des Verfahrens werden der Beklagten auferlegt.

Folgende Gebühren sind entstanden und können im Wege der Kostenerstattung gegenüber der Beklagten geltend gemacht werden:

- 1,6 Verfahrensgebühr A (Mindeststreitwert: 1 500,00 €)
- 1,6 Verfahrensgebühr B (Mindeststreitwert: 1 500,00 €)
- 1,2 Terminsgebühr (Streitwert: 2 800,00 €)
- zuzüglich Auslagenersatz und Umsatzsteuer

Ist bis zur Verbindung zweier Verfahren bereits in einem Verfahren eine Terminsgebühr entstanden und findet nach der Verbindung eine weitere mündliche Verhandlung statt, entsteht eine weitere „Teil"-Terminsgebühr unter Berücksichtigung des „restlichen" Streitwertes.[9]

1) Vgl. § 91a FGO.
2) FG Saarland v. 14.11.2005, 2 S 335/05, EFG 2006, 926; OLG Koblenz v. 29.4.2005, 14 W 257/05, NJW 2005, 2162.
3) FG Berlin-Brandenburg v. 5.4.2011, 13 Ko 13326/10, EFG 2011, 1551.
4) BGH v. 21.10.2009, IV ZB 27/09, AnwBl 2010, 142.
5) OLG Koblenz v. 8.6.2005, 14 W 366/05, NJW 2005, 2162; OLG Naumburg v. 19.12.2006, 6 W 78/06, AnwBl 2007, 725.
6) FG Brandenburg v. 14.8.2006, 1 KO 817/06, EFG 2006, 1786.
7) Jost, KP 2015, 132 m.w.N.
8) FG Düsseldorf v. 11.5.2012, 11 Ko 3244/11 KF, EFG 2012, 1779 m.w.N.; FG Sachsen-Anhalt v. 26.7.2010, 5 Ko 805/10, EFG 2011, 375; Niedersächsisches FG v. 20.5.2009, 6 Ko 3/09, EFG 2010, 442 m.w.N.; LG Hanau v. 25.7.2005, 3 Qs 80/05, besprochen von Zenke, StB 2006, 68; Jost, KP 2012, 147, 149 mit Beispiel; a.A. Niedersächsisches FG v. 29.10.2007, 16 Ko 6/07, EFG 2008, 242 m.w.N.; Jost, KP 2015, 104: danach sind die Gegenstandswerte der verhandelten Sachen für die Höhe der Terminsgebühr und ggf. Erledigungsgebühr zusammenzurechnen.
9) Jost, KP 2015, 105.

Ist eine Terminsgebühr bereits entstanden, z.B. weil ein Erörterungstermin stattgefunden hat (vgl. Vorbem 3 Abs. 3 VV RVG),[1] und wird die **Klage** dann **teilweise zurückgenommen**, wird die Terminsgebühr dennoch aus dem vollen Streitwert ermittelt. Das Gericht wertet die Klageeinschränkung für den Kläger als verloren und ermittelt für die Kostenentscheidung eine entsprechende Quote.[2]

Werden **Verfahrensteile** nach Entstehung der Terminsgebühr voneinander **abgetrennt**, ist die entstandene Terminsgebühr im Verhältnis der Streitwerte aufzuteilen.[3]

Die Terminsgebühr entsteht auch dann, wenn in einem Verfahren, für das **mündliche Verhandlung vorgeschrieben** ist, im Einverständnis der Parteien oder Beteiligten ohne mündliche Verhandlung entschieden wird.[4] Sie entsteht auch dann, wenn gem. §§ 79a Abs. 2, 90a oder 94a FGO durch den Einzelrichter oder den Senat **ohne mündliche Verhandlung durch Gerichtsbescheid** entschieden wird.[5] In der Praxis kommt es bisweilen vor, dass die Finanzbehörde gegen den Gerichtsbescheid mündliche Verhandlung beantragt und den Kläger in der Folge klaglos stellt, nur um die Terminsgebühr zu sparen.[6] Ob diese Vorgehensweise tatsächlich dazu führt, dass der StB keine Terminsgebühr abrechnen kann, ist umstritten. Nach Auffassung des FG Köln[7] gilt der Gerichtsbescheid in diesen Fällen als nicht ergangen und wirkt nicht als Urteil. Es fehle an einer „Entscheidung" durch Gerichtsbescheid, so dass der StB keine Terminsgebühr verlangen kann. Demgegenüber hat das FG Saarland dem Berater in einer vergleichbaren Situation die Terminsgebühr zugesprochen.[8] Das Gericht begründet seine Auffassung ausführlich und überzeugend mit dem Wortlaut, der Systematik und dem Zweck der Norm. Gerade die Ausführungen des Gerichts zu Sinn und Zweck des Kostenrechts bei Erlass von Gerichtsbescheiden sind überzeugend. Ein Gerichtsbescheid soll der Beschleunigung des Verfahrens dienen. Den Beteiligten soll dadurch kein Nachteil entstehen. Deshalb solle niemand (hier: die Finanzverwaltung) allein aus Kostengründen (Sparen der Terminsgebühr) gehalten sein, die Rechtskraft eines inhaltlich akzeptierten Bescheides zu verhindern und dadurch das Verfahren verzögern.[9] 711

Praxistipp:

Bis zu einer abschließenden (höchstrichterlichen) Klärung der umstrittenen Frage sollte der StB die Terminsgebühr im Rahmen des Kostenfestsetzungsverfahrens in jedem Falle geltend machen und sich zur Begründung auf die Entscheidung des FG Saarland berufen.

Die Terminsgebühr fällt in anderen Fällen als den o.g. Fällen nur an, wenn für das betreffende Verfahren eine mündliche Verhandlung oder Erörterung vorgeschrieben ist oder eine solche ausnahmsweise anberaumt wurde.[10] Im Fall einer Kostenentscheidung gem. § 138 FGO (Hauptsacheerledigung) fällt deshalb nur dann eine Ter-

1) Der gerichtliche Termin beginnt, wenn die Sache aufgerufen wird.
2) OLG Frankfurt v. 5.2.2020, 18 W 132/19; Jost, Vergütungs- und Kostenrecht im FG- und BFH-Verfahren, 4. Aufl. 2014, 185.
3) Jost, KP 2015, 104; Jost, Vergütungs- und Kostenrecht im FG- und BFH-Verfahren, 4. Aufl. 2014, 184.
4) Anmerkung Nr. 3202 Abs. 1 bzw. 3210 i.V.m. Anmerkung Nr. 3104 Abs. 1 Nr. 1 VV RVG; vgl. Schleswig-Holsteinisches FG v. 14.4.2008, 5 Ko 16/08, EFG 2008, 1150; FG Sachsen-Anhalt v. 12.11.2007, 4 KO 1391/07, EFG 2008, 641.
5) Nr. 3202 Anm. 2 VV RVG.
6) Draf, KANZLEI intern 3_2018, 4; Becker, Honorargestaltung für Steuerberater, April 2018, 1 ff.
7) FG Köln v. 9.2.2009, 10 KO 2120/08, EFG 2009, 978.
8) FG Saarland v. 16.10.2017, 1 KO 1229/17, DStR 2018, 543.
9) Zustimmend Draf, DStR 2018, 544 und KANZLEI intern 3_2018, 4; zuvor schon Jost, KP 2012, 46.
10) VGH Mannheim v. 31.10.2006, 3 S 1748/05, NJW 2007, 860.

minsgebühr an, wenn ausnahmsweise eine mündliche Verhandlung stattfindet[1] oder im Falle einer vorangegangenen und auf die Erledigung gerichteten Besprechung des StB mit einem Beklagtenvertreter (Vorbemerkung 3 Abs. 3 VV RVG).[2]

712 Eine **Reduzierung der Gebühr** auf 0,5 erfolgt gem. Nr. 3203 i.V.m. Nr. 3105 VV RVG u.a. dann, wenn lediglich ein Antrag zur Prozess- und Sachleitung gestellt wird.

II. Erledigungsgebühr

713 Erledigt sich eine Sache ganz oder teilweise durch Änderung des mit dem Rechtsbehelf angefochtenen Verwaltungsaktes, so erhält der StB, der bei der Erledigung mitgewirkt hat, eine Erledigungsgebühr, deren Höhe lange Zeit umstritten war. Da die Erledigung im Verfahren vor dem FG der Erledigung in einem Berufungs- oder Revisionsverfahren gleichzusetzen ist, wurde teilweise vertreten, dass eine 1,3-Gebühr nach Nr. 1004 VV RVG anfällt.[3] Teilweise wurde auch die Auffassung vertreten, dass eine Erledigungsgebühr in Höhe des **1,5**-fachen der Gebühr entsteht.[4] In jüngster Zeit setzt sich hingegen immer mehr die Auffassung durch, dass nur eine 1,0-fache Gebühr nach Nr. 1003 VV RVG entsteht. Begründet wird dies mit einer Änderung der Nr. 1004 VV RVG durch Art. 47 Nr. 19d des FGG-Reformgesetzes vom 17.12.2008.[5] Dort wurde eine Anmerkung eingefügt, dass die Erhöhung der Erledigungsgebühr (von 1,0 auf 1,3) in den dort näher bezeichneten Beschwerde- und Rechtsbeschwerdeverfahren gelte. Aus der Nichterwähnung des finanzgerichtlichen Verfahrens schließen die Finanzgerichte deshalb zunehmend, dass die Erledigungsgebühr im finanzgerichtlichen Verfahren lediglich 1,0 beträgt.[6] Mit dem 2. KostRMoG[7] ist Nr. 1004 VV RVG erneut geändert werden. Der Gesetzgeber hat auch diesmal keine Veranlassung gesehen, die erstinstanzlichen finanzgerichtlichen Verfahren mit einzubeziehen. Damit dürfte sich der frühere Meinungsstreit zu Gunsten der neueren Rechtsprechung (1,0-Gebühr) erledigt haben.

714 Erste Voraussetzung für das Entstehen der Gebühr ist, dass sich die **Rechtssache durch (Kausalität!) Zurücknahme oder Änderung des angefochtenen Verwaltungsaktes ganz oder teilweise erledigt**.

Beispiel:

Im finanzgerichtlichen Urteil wird der angefochtene Verwaltungsakt aufgehoben. Das beklagte Finanzamt legt gegen die Entscheidung Revision ein, die es später aber wieder zurücknimmt.

In diesem Fall erfolgt die Aufhebung des angefochtenen Verwaltungsakts nicht durch die Beklagte, sondern durch die mit Rücknahme der Revision rkr. gewordene FG-Entscheidung.[8] An der erforderlichen Kausalität fehlt es auch dann, wenn sich

1) BGH v. 25.9.2007, VI ZB 53/06, MDR 2007, 1454, zu § 91a ZPO.
2) Hessisches FG v. 22.4.2008, 12 Ko 3799/06, EFG 2008, 1152, mit zustimmender Anm. Hollatz.
3) So die Begründung des Gesetzgebers, BT-Drucks. 15/1971, 213; FG Baden-Württemberg v. 14.12.2006, 8 KO 11/06; FG Köln v. 13.3.2008, 10 KO 3739/07, EFG 2008, 1234; FG Rheinland-Pfalz v. 10.12.2007, 6 Ko 2195/07, EFG 2008, 409.
4) So FG Saarland v. 14.11.2005, 2 S 335/05, EFG 2006, 926; FG Hamburg v. 11.7.2012, 3 KO 49/12, EFG 2012, 2157.
5) FGG-Reformgesetzes v. 17.12.2008, BGBl. I 2008, 2586 ff.
6) Sächsisches FG v. 13.10.2014, 8 Ko 1091/14; FG Köln v. 20.6.2011, 10 Ko 1662/11, EFG 2011, 1832; FG Köln v. 11.7.2012, 10 KO 930, 12, EFG 2012, 2236; FG Münster v. 7.6.2010, 9 Ko 647/10 KFB, EFG 2010, 2021; Hessisches FG v. 10.8.2011, 10 KO 690/11, EFG 2012, 547; FG München v. 14.12.2010, 4 E 1512/10, EFG 2011, 833; FG Saarland v. 15.6.2012, 2 KO 1089/12, EFG 2012, 1880.
7) Zweites Gesetz zur Modernisierung des Kostenrechts (2. Kostenrechtsmodernisierungsgesetz – 2. KostRMoG) v. 23.7.2013, BGBl. I 2013, 2586.
8) Vgl. auch Niedersächsisches FG v. 9.12.1996, VIII 34/96 Ko, EFG 1997, 373: keine Erledigungsgebühr, wenn der Streit nach Erledigung des Klageverfahrens vor dem Finanzamt fortgeführt wird.

das (ruhende) Hauptsacheverfahren durch eine Entscheidung des BVerfG erledigt, mit der ein Steuergesetz für mit dem Grundgesetz unvereinbar und nichtig erklärt wird.[1]

Zweite Voraussetzung für das Entstehen der Gebühr ist, dass der Bevollmächtigte bei der Erledigung **mitgewirkt** hat.[2] Ein typischer Fall für eine solche Mitwirkung ist die Einwirkung des StB auf den Mandanten, der daraufhin das Klagebegehren um mindestens 10 % einschränkt. Nach der neueren Rechtsprechung des FG Köln ist die **Einschränkung des Klagebegehrens um mehr als 10 %** aber nur noch ein Indiz für das Entstehen der Erledigungsgebühr und kein Automatismus.[3] Der StB bleibt nach dieser Rechtsprechung also darlegungs- und beweispflichtig. **715**

Praxistipp:

Zum Nachweis der Erledigungsgebühr sollte der StB seine konkrete Mitwirkung und seine Erledigungsvorschläge in der mündlichen Verhandlung protokollieren lassen. Er sollte einen entsprechenden Antrag stellen und mündlich vortragen, was zu protokollieren ist.

Nach FG Köln reicht auch eine autonome Einschränkung des Klagebegehrens durch den StB ohne vorherige Rücksprache mit dem Mandanten.[4] An einer Mitwirkung fehlt es hingegen, wenn lediglich die Ausführungen des Berichterstatters im Rahmen eines Erörterungstermins das Finanzamt zur Rücknahme oder Änderung des Bescheids veranlassen,[5] wenn der StB lediglich einen Vorschlag des Berichterstatters an seinen Mandanten weitergibt, der zur Beilegung des Rechtsstreits führt[6] oder wenn der StB wegen eines beim BFH anhängigen Musterverfahrens einen Antrag auf Ruhen des Verfahrens stellt und sich das FG-Verfahren nach Abschluss des BFH-Verfahrens tatsächlich erledigt.[7] Auch der schlichte Hinweis des StB auf eine der Finanzverwaltung nicht bekannte BFH-Entscheidung, der zum sofortigen Erlass eines Abhilfebescheides führt, stellt nach Ansicht des FG Köln noch keine besondere Mitwirkung dar.[8]

Nach Erledigung des Rechtsstreits in der Hauptsache bestimmt sich der **Streitwert** nach dem Kosteninteresse.

Praxistipp:

Wenn der StB die gütliche Erledigung des Rechtsstreits aktiv fördert, sollte dies auch in den Prozessakten seinen Niederschlag finden. Dies kann im Schriftsatz erfolgen, mit dem der Rechtsstreit für erledigt erklärt wird, z.B. durch einen Hinweis auf ein Mandantengespräch, aus dem sich ergibt, dass der Mandant im Interesse einer zügigen Beendigung des Verfahrens sein ursprüngliches Klagebegehren reduziert und auf eine Beweisaufnahme verzichtet.

Erledigt sich das Klageverfahren im Termin, sollte der StB darauf achten, dass sein Bemühen im Protokoll erwähnt wird. Um später im Kostenfestsetzungsverfahren keine Probleme zu bekommen, sollte z.B. protokolliert sein, dass der StB Unterbrechung der mündlichen Verhandlung beantragt, um sich mit seinem Mandanten zu beraten. Kommt es anschließend zu einer Erledigung, sollte er die Motive des Mandanten zusätzlich zu Protokoll geben.

1) FG Hamburg v. 12.1.2018, 4 K 100/17, EFG 2018, 679.
2) → § 40 StBVV a.F. Rz. 666.
3) FG Köln v. 29.5.2018, 2 Ko 3253/17, EFG 2018, 1582 mit Anm. Hennigfeld; Berners, Honorargestaltung für Steuerberater November 2018, 1; weitere Nachweise → § 40 StBVV a.F. Rz. 666.
4) FG Köln v. 30.9.2014, 10 Ko 2686/14, EFG 2014, 2170 mit kritischer Anm. Hennigfeld.
5) FG Münster v. 16.12.2009, 8 Ko 3497/09 KFG, EFG 2010, 592.
6) FG Berlin-Brandenburg v. 5.4.2011, 13 Ko 13326/10.
7) FG Köln v. 16.6.2011, 10 Ko 933/11, EFG 2012, 175.
8) FG Köln v. 4.9.2018, 2 Ko 2139/18, EFG 2018, 1909.

III. Vergleichsgebühr/Einigungsgebühr/Beweisgebühr

716 Da über Steuerforderungen als öffentlich-rechtliche Ansprüche nicht vertraglich verfügt werden kann, findet die Vorschrift der Nr. 1000 VV RVG (Einigungsgebühr) im Steuerprozess grundsätzlich keine Anwendung.[1] In Betracht kommt stattdessen ggf. die Erledigungsgebühr. In besonders umfangreichen Beweisaufnahmen mit mindestens drei Terminen, in denen Sachverständige oder Zeugen vernommen werden, entsteht eine 0,3 Beweisgebühr gem. Nr. 1010 VV RVG.

IV. Kosten des Vorverfahrens nach § 40 StBVV

717 Zu den Kosten i.S.d. § 139 Abs. 1 FGO gehören auch die zur zweckentsprechenden Rechtsverfolgung notwendigen Aufwendungen der Beteiligten einschließlich der Kosten des Vorverfahrens (§ 40 StBVV), nicht aber die Gebühr für die Prüfung des Steuerbescheides nach § 28 StBVV.[2] Als Vorverfahren i.S.d. § 139 Abs. 3 Satz 3 FGO kommt nur das durch einen außergerichtlichen Rechtsbehelf eingeleitete Verwaltungsverfahren in Betracht, das dem Rechtsstreit vorausgeht und der Nachprüfung des Verwaltungsaktes dient. Deshalb ist ein bloßer auf § 164 Abs. 2 AO gestützter Änderungsantrag kein Vorverfahren i.S.d. Vorschrift.[3] Die Kosten eines solchen Verfahrens sind nicht erstattungsfähig. Soweit ein Vorverfahren geschwebt hat, sind die Gebühren und Auslagen erstattungsfähig, wenn das Gericht die Zuziehung eines Bevollmächtigten oder Beistands für das Vorverfahren für notwendig erklärt.[4] Unschädlich ist es, wenn der Stpfl. selbst den Einspruch einlegt und den StB erst im Laufe des Einspruchsverfahrens hinzuzieht.[5] Im Falle notwendiger Beiladung sind auch die Kosten des Beigeladenen für das Vorverfahren erstattungsfähig, wenn er zu diesem vom Beklagten hinzugezogen worden ist.[6] Der entsprechende Antrag ist erst im Kostenfestsetzungsverfahren zu stellen. Der Urkundsbeamte legt dem Gericht im Rahmen des Kostenfestsetzungsverfahrens den Antrag zur Entscheidung vor.

718 Der **Gegenstandswert** für das außergerichtliche Vorverfahren ist bei einem sich anschließenden Klageverfahren **durch den Streitwert des Klageverfahrens begrenzt**.[7] Erledigt sich also der Einspruch teilweise im außergerichtlichen Rechtsbehelfsverfahren, führt das nicht nur zu einer Reduzierung des Streitwertes im anschließenden Klageverfahren. Auch der Gegenstandswert für das außergerichtliche Rechtsbehelfsverfahren reduziert sich im gleichen Maße, wenn der klagende Mandant nach gewonnenem Prozess Kostenfestsetzung beantragt. Der StB muss sich also wegen seines weitergehenden Gebührenanspruchs aus dem außergerichtlichen Rechtsbehelfsverfahren unmittelbar an seinen Mandanten halten.

Beispiel:

A und B beauftragen am 13.9.2019 einen StB, ihre Interessen in einem Einspruchsverfahren zu vertreten. Dieser beantragt eine Minderung der Steuerschuld um 27 000 €. In der Einspruchsentscheidung mindert das Finanzamt die Steuerschuld auf 4 000 €. Das anschließende Klageverfahren wird am 25.6.2020 durch Urteil zu Gunsten der Mandanten entschieden. Die Kosten des Verfahrens werden der Beklagten auferlegt. Die Hinzuziehung des Bevollmächtigten zum Vorverfahren wird für notwendig erklärt. Für das Einspruchsverfahren soll eine 14/10-Gebühr als angemessen unterstellt werden.

1) Vgl. FG Saarland v. 14.11.2005, 2 S 335/05, EFG 2006, 926 f. m.w.N.
2) FG Köln v. 20.12.2018, 2 Ko 2385/18; Hessisches FG v. 31.1.2013, 1 KO 2202/11, EFG 2013, 644.
3) FG Düsseldorf v. 5.3.2014, 6 Ko 307/14, EFG 2014, 863 m.w.N.
4) § 139 Abs. 3 Satz 3 FGO.
5) FG Sachsen-Anhalt v. 4.1.2011, 5 KO 1294/10, EFG 2011, 901.
6) FG München v. 14.10.2008, 2 K 2258/04, EFG 2009, 207.
7) FG Rheinland-Pfalz v. 20.3.1998, 4 Ko 1346/98, StB 1998, 283 f. m.w.N. zur entsprechenden BFH-Rechtsprechung; vgl. auch Gruber, StB 2001, 345.

In einem sich dem **Klageverfahren** anschließenden Kostenfestsetzungsverfahren wären – ausgehend von einem **Streitwert** i.H.v. **4 000 €** – erstattungsfähig:

Einspruchsverfahren:

14/10 Geschäftsgebühr nach § 40 Abs. 2 und 5 StBVV a.F.	359,80 €
Auslagenpauschale gem. § 16 StBVV	20,00 €
19% Umsatzsteuer gem. § 15 StBVV	72,16 €
Gesamt	451,96 €

Klageverfahren:

1,9 Verfahrensgebühr gem. § 45 StBVV i.V.m. Nr. 3200, 1008 VV RVG	478,80 €
Anzurechnen nach Vorbem. 3 Abs. 4 Satz 1 VV RVG 7/10	– 179,90 €
1,2 Terminsgebühr gem. § 45 StBVV i.V.m. Nr. 3202 VV RVG	302,40 €
Auslagenpauschale gem. § 45 StBVV i.V.m. Nr. 7002 VV RVG	20,00 €
19 % Umsatzsteuer gem. § 45 StBVV i.V.m. Nr. 7008 VV RVG	190,20 €
Gesamt	1 191,30 €

Gegenüber seinen beiden Mandanten kann der Steuerberater die Kosten des Einspruchsverfahrens nach dem Gegenstandswert von 27 000 € mit einer Gebühr von 14/10 nach § 40 Abs. 2 StBVV a.F. berechnen, was einer Gebühr von 1 114,40 € entspricht. Die erstattungsfähigen Gebühren (359,80 €) sind anzurechnen.

Hat sich dagegen im Verlaufe des Klageverfahrens der Streitwert erhöht, so richten sich die für das Vorverfahren zu erstattenden Gebühren allerdings nicht nach dem erhöhten Klagestreitwert.

Beispiel:

Der Kläger begehrt im Vorverfahren weitere Betriebsausgaben mit einer steuerlichen Auswirkung von 1 000 €. Während des Klageverfahrens erweitert er seinen Antrag um zusätzliche Aufwendungen nach § 33a EStG mit einer steuerlichen Auswirkung von weiteren 500 €. Mit Urteil wird dem gesamten Begehren des Klägers insoweit teilweise stattgegeben, also die beantragten Betriebsausgaben in voller Höhe anerkannt werden, die Aufwendungen nach § 33a EStG dagegen nicht.

Bei der Kostenentscheidung geht der Senat von einem Gesamtstreitwert des Klageverfahrens von 1 500 € aus und verteilt die Kosten entsprechend dem Obsiegen und Unterliegen der Beteiligten zu 2/3 auf den Beklagten und zu 1/3 auf den Kläger. Dies bedeutet für die Erstattung der Kosten des Vorverfahrens, dass – ausgehend von einem Streitwert von 1 000 € – lediglich 2/3 dieser Kosten erstattet werden, obwohl der Kläger mit seinem Einspruchsbegehren letztlich voll obsiegt hat. Konsequent und richtig wäre es in diesen Fällen, wie bei der Streitwerteinschränkung im Klageverfahren voll auf die gerichtliche Kostenentscheidung und den hier zu Grunde liegenden Streitwert abzustellen.

Die Frage der **Notwendigkeit der Kosten des Vorverfahrens** führt wegen der Kom- 719
pliziertheit des Steuerrechts nur selten zu Abgrenzungsschwierigkeiten. Voraussetzung ist allerdings, dass der Streitgegenstand sowohl im Rechtsbehelfsverfahren als auch im Klageverfahren derselbe war.[1] Darüber hinaus muss der StB die Kosten des Vorverfahrens tatsächlich in Rechnung gestellt haben.[2] Streitig ist, ob auch dann eine Erstattungsfähigkeit angenommen werden kann, wenn der vom StB eingelegte **Einspruch nicht begründet** wurde. Einige Finanzgerichte stellen entscheidend auf die objektive Schwierigkeit der Sach- und Rechtslage und die subjektiven steuerrechtlichen Kenntnisse des Klägers ab. Andere Finanzgerichte weisen demgegenüber darauf hin, dass sich die Schwierigkeit der steuerlichen Fragen ohne eine Begründung des Einspruchs unter Berücksichtigung der Besonderheiten des kon-

1) Zenke/Brandenburg, 1997, 28 ff.
2) Schleswig-Holsteinisches FG v. 20.8.2008, 5 KO 15/08, EFG 2008, 1745.

kreten Falles nicht beurteilen lasse. Deswegen liege eine notwendige Hinzuziehung bei einem unbegründeten Einspruch, den jedermann einlegen könne, nicht vor.[1] Eine vermittelnde Auffassung will den Streitwert für das Vorverfahren auf den Regelstreitwert nach § 52 Abs. 2 GKG begrenzen.[2]

720 Die Notwendigkeit der Hinzuziehung eines Bevollmächtigten zum Vorverfahren ist zu bejahen, wenn ein StB, Wirtschaftsprüfer oder Rechtsanwalt zusammen mit seiner **Ehefrau** zur Einkommensteuer veranlagt wurde und die Kenntnisse und Fähigkeiten der Ehefrau in Bezug auf das Steuerrecht die Hinzuziehung eines Bevollmächtigten rechtfertigen, nicht aber, wenn der Berufsangehörige nur sich selbst vertreten hat.[3]

721 Bei einem **Beraterwechsel** zwischen Vor- und Klageverfahren verlangen einige Finanzgerichte, dass im Kostenfestsetzungsverfahren die Gebührenrechnung des früheren Beraters vorgelegt wird, da nur solche Kosten erstattungsfähig sind, die tatsächlich entstanden sind.[4] Da grundsätzlich davon auszugehen ist, dass ein Bevollmächtigter, der nicht auch für das Klageverfahren beauftragt wird, seine ihm zustehenden Gebühren in jedem Fall geltend macht, ist ein solcher Nachweis, ohne dass außergewöhnliche Umstände vorliegen, nicht gerechtfertigt. Mit überzeugenden Gründen hat das FG Köln deshalb entschieden, dass Kosten des Beraters im Vorverfahren auch ohne Vorlage einer Rechnung erstattungsfähig sind.[5] Gleichwohl sollte die Rechnung des früheren Beraters vorgelegt werden, wenn dies vom Urkundsbeamten gefordert wird.

V. Auslagen und Umsatzsteuer

722 Das **RVG** regelt die Auslagen und die Umsatzsteuer in **Teil 7 des Vergütungsverzeichnisses**. Auf die Kommentierung zu §§ 15 bis 20 StBVV wird verwiesen. Der StB erhält die Dokumentenpauschale, wenn er mehr als 100 Kopien anfertigt.[6] Das Scannen fällt nicht unter den Anwendungsbereich der Vorschrift. Für die ersten 50 abzurechnenden Seiten fällt je Seite 0,50 € an, für jede weitere Seite nur noch 0,15 €. Für die ersten 50 abzurechnenden Seiten in Farbe fällt je Seite 1 € an, für jede weitere abzurechnende Seite 0,30 €. Die Pauschale für Post- und Telekommunikationsdienstleistungen beträgt 20 %, höchstens jedoch 20 €.[7] Die Fahrtkosten für eine Geschäftsreise mit dem eigenen Kraftfahrzeug betragen unverändert 0,30 € je Kilometer,[8] die Tage- und Abwesenheitsgelder wurden durch das 2. KostRMoG mit Wirkung zum 1.8.2013 geringfügig erhöht.[9] Kosten für die Anschaffung einer BahnCard 25 bzw. BahnCard 50 sind als allgemeine Geschäftskosten nicht anteilig erstattungsfähig. Das gilt aus Gründen der Kostentransparenz und Praktikabilität des Kostenfestsetzungsverfahrens auch für die anteilige Übernahme der Kosten für eine BahnCard 100, die es dem Inhaber ermöglicht, bundesweit beliebig mit der Bahn zu reisen, ohne zusätzlich einen Fahrschein erwerben zu müssen.[10] Ist der StB zum

1) Siehe hierzu Feiter, INF 1996, 23, 25 m.w.N.
2) FG Hamburg v. 26.2.2008, 3 K 142/06 (2) EFG 2008, 1312.
3) BFH v. 21.7.1977, IV B 3/73, BStBl II 1977, 767.
4) FG Bremen v. 14.8.1998, 2 98 106 Ko 2, EFG 1998, 1535; Schleswig-Holsteinisches FG v. 20.8.2008, 5 Ko 15/08, EFG 2008, 1754; FG Sachsen-Anhalt v. 26.11.2012, 5 KO 1120/12, EFG 2013, 810 mit Anm. Henningfeld.
5) FG Köln v. 28.4.2011, 10 Ko 410/10, 10 Ko 411/10, EFG 2011, 2020.
6) Nr. 7000 Ziff. 1b und c VV RVG.
7) Nr. 7002 VV RVG.
8) Nr. 7003 VV RVG. Eine Erhöhung auf 0,42 € je km sieht das KostRÄG 2021 vor, das voraussichtlich am 1.1.2021 in Kraft tritt.
9) Nr. 7005 VV RVG Staffelung von 25 €, 40 € und 70 €. Eine weitere Erhöhung ist durch das KostRÄG 2021 vorgesehen, das voraussichtlich am 1.1.2021 in Kraft tritt.
10) OVG Münster v. 24.2.2006, 2E 1123/05, NJW 2006, 1897; Müller-Rabe in Gerold/Schmidt, 24. Aufl. 2019, VV RVG 7003–7006 Rz. 46. m.w.N.

Vorsteuerabzug berechtigt, darf er Reisekosten, in denen Umsatzsteuer enthalten ist, zunächst nur in Höhe der Netto-Beträge in seine Rechnung einstellen. Erst danach ist dann einheitlich nach Nr. 7008 VV RVG Umsatzsteuer zu berechnen.[1)]

Hervorzuheben ist, dass im **Kostenfestsetzungsverfahren**[2)] die **Erstattungsfähigkeit** und damit die „Notwendigkeit" der **Auslagen** vom Festsetzungsbeamten geprüft wird. Gemäß § 155 FGO, § 104 Abs. 2 ZPO reicht grundsätzlich die **Glaubhaftmachung**, also die Versicherung des StB, dass Auslagen in entsprechender Höhe entstanden sind. Bei erheblicher Überschreitung der Auslagenpauschale ist allerdings eine Auflistung der einzelnen Positionen erforderlich.[3)] Höchstrichterlich geklärt ist mittlerweile die früher umstrittene Frage, ob dem StB für **fotokopierte Anlagen zu einem Schriftsatz** besondere Schreibgebühren zustehen.[4)] Für die Erstattungsfähigkeit von Kopierkosten ist kein engherziger Maßstab anzulegen, da dem Bevollmächtigten ein eigener Beurteilungsspielraum und Ermessen für die Entscheidung einzuräumen ist, welche Schriftstücke abzulichten sind.[5)] 723

Nach § 45 StBVV i.V.m. Nr. 7008 VV hat der StB Anspruch auf Ersatz der auf seine Vergütung entfallenden **Umsatzsteuer**. Sie ist nur zu berücksichtigen, wenn der Erstattungsberechtigte die Erklärung abgibt, dass er die Beträge nicht als Vorsteuer abziehen kann, § 155 FGO, § 104 Abs. 2 Satz 3 ZPO.[6)] Grundsätzlich reicht diese Erklärung. Nur bei feststehender offensichtlicher Unrichtigkeit – bloße Zweifel genügen nicht – darf die Festsetzung entfallen.[7)] Trägt der Erstattungsberechtigte vor, es bestehe teilweise eine Berechtigung zum Vorsteuerabzug ohne eine Aufteilung vorzunehmen, ist die Umsatzsteuer nicht erstattungsfähig. Ein Erstattungsanspruch setzt voraus, dass der obsiegende Beteiligte die Umsatzsteuer zweifelsfrei nicht als Vorsteuer absetzen kann.[8)] Die Unrichtigkeit der Erklärung folgt nicht bereits aus dem Umstand, dass dem Antragsteller eine Umsatzsteuer-Identifikationsnummer erteilt worden ist. Der diesbezügliche Einwand im Kostenfestsetzungsverfahren durch die gegnerische Partei ist unerheblich. Denn jeder Unternehmer kann eine Umsatzsteuer-Identifikationsnummer beantragen, aber nicht jeder Unternehmer ist auch vorsteuerabzugsberechtigt. Die Klärung dieser Frage findet im Kostenfestsetzungsverfahren nicht statt.[9)] Wird im Kostenfestsetzungsverfahren irrtümlich die Erklärung abgegeben, dass der Erstattungsberechtigte zum Vorsteuerabzug berechtigt ist, kann später noch eine **Nachfestsetzung der Umsatzsteuer** geltend gemacht werden.[10)] Gegen eine Festsetzung von Umsatzsteuer, die auf Grund einer unrichtigen Erklärung vorgenommen wurde, kann die erstattungspflichtige Partei 724

1) BGH v. 17.4.2012, IV ZB 46/11, AGS 2012, 268 ff.
2) → Rz. 728 ff.
3) So FG Bremen v. 20.9.1999, 2 98 300 Ko 2, EFG 1999, 1250 bei achtfacher Überschreitung der Pauschale.
4) Bejahend: BGH v. 5.12.2002, I ZB 25/02, AnwBl 2003, 241; zuvor schon OLG Koblenz v. 6.3.2001, 14 W 109/01, DB 2001, 921; OLG Brandenburg v. 3.8.1995, 8 W 63/95, AnwBl 1996, 172; verneinend z.B. OLG Karlsruhe v. 23.5.2000, 8 W 236/2000, MDR 2000, 1398.
5) VG Lüneburg v. 2.12.2004, 1 B 53/04, NJW 2005, 697, 698; einschränkend OLG München v. 13.10.2009, 34 Wx 093/09, MDR 2010, 114, für den Fall, dass der Rechtsanwalt sich eigenen Sachvortrag durch die Bezugnahme auf die anliegenden Ablichtungen erspart.
6) Zur Anwendbarkeit dieses Grundsatzes im PKH-Verfahren s. BGH v. 12.6.2006, II ZB 21/05, MDR 2007, 303; → § 46 StBVV Rz. 783.
7) OLG Brandenburg v. 12.2.2019, 6 W 16/19, NJW-Spezial 2019, 508; OLG Düsseldorf v. 15.9.2016, I-10 W 250/16, NJW-Spezial 2017, 189; OLG Hamburg v. 22.8.2000, 8 W 184/00, MDR 2000, 1396.
8) FG Hamburg v. 19.11.2015, 3 Ko 226/15; FG Münster v. 16.12.2009, 8 Ko 3497/09, EFG 2010, 592.
9) OLG Düsseldorf v. 15.9.2016, I-10 W 250/16, NJW-Spezial 2017, 189.
10) OLG Stuttgart v. 6.3.2009, 8 W 82/09, MDR 2009, 1136; Schneider, NJW-Spezial 2019, 475, 476.

Vollstreckungsabwehrklage oder Bereicherungsklage erheben.[1] Erstattungsfähig ist grundsätzlich auch **ausländische Umsatzsteuer**, da sich in Nr. 7008 VV RVG keine Einschränkung auf „deutsche" Umsatzsteuer findet.[2] Reisekosten (z.B. Taxi, Bahn, Flug, Übernachtung) eines vorsteuerabzugsberechtigten StB dürfen dem Mandanten nur in Höhe der angefallenen Nettobeträge in Rechnung gestellt werden. Nur diese sind auch erstattungsfähig, anderenfalls wäre der vorsteuerabzugsberechtigte StB in Höhe der Umsatzsteuer bereichert.[3] Der „**in eigener Sache**" tätig gewordene StB kann nur in außerbetrieblichen (z.B. Einkommensteuer), nicht aber in betrieblich veranlassten Angelegenheiten die Erstattung der Umsatzsteuer verlangen.[4] Klagt er gemeinsam mit seiner Ehefrau gegen die Festsetzung von Einkünften, die nur seine selbständige Tätigkeit betreffen und ist die Ehefrau nicht vorsteuerabzugsberechtigt, ist bei der Kostenfestsetzung im Regelfall die Umsatzsteuer hinsichtlich der Erstattungsfähigkeit nach Köpfen aufzuteilen.[5] Bei der Kostenfestsetzung nach § 155 FGO, § 126 Abs. 1 ZPO kann der **beigeordnete StB** von der unterlegenen Partei nicht die Erstattung von Umsatzsteuer auf die Honorarforderung fordern. Für die bedürftige vorsteuerabzugsberechtigte Partei ist die vom StB in Rechnung gestellte Umsatzsteuer ein durchlaufender Posten.[6]

VI. Aussetzung der Vollziehung und einstweilige Anordnung (§§ 69 Abs. 3, 114 Abs. 1 FGO)

725 Anders als im Einspruchsverfahren nach altem Recht[7] erhält der Steuerberater im gerichtlichen Verfahren für einen Antrag auf Aussetzung der Vollziehung eine zusätzliche Verfahrensgebühr und ggf. eine Terminsgebühr nach Nr. 3202 VV RVG. Denn das Hauptsachenverfahren und das Verfahren nach § 69 Abs. 3, § 114 FGO sind verschiedene Angelegenheiten.[8] Durch ein vorgerichtliches Telefonat mit dem Ziel der Vermeidung eines gerichtlichen Verfahrens kann der StB also auch im AdV-Verfahren eine Terminsgebühr verdienen.[9]

726 In der Rechtsprechung der Finanzgerichte war **umstritten**, ob der Steuerberater auch im Verfahren des vorläufigen Rechtsschutzes vor dem FG eine **Verfahrensgebühr** nach Nr. 3200 VV RVG i.H.v. 1,6 oder nur i.H.v. 1,3 nach Nr. 3100 VV RVG beanspruchen kann.[10] Die unterschiedlichen Auffassungen resultierten aus der Vorbem. 3.2 Abs. 2 Satz 2 des VV RVG. Dort war bis zum Inkrafttreten des 2. KostRMoG (1.8.2013) geregelt, dass sich die Gebühren im Verfahren vor den Gerichten der

1) OLG Brandenburg v. 12.2.2019, 6 W 16/19, NJW-Spezial 2019, 507; Schneider, NJW-Spezial 2019, 475, 476.
2) FG Köln v. 6.2.2019, 2 Ko 3002/18, EFG 2019, 819 mit Anm. Hennigfeld; Becker, Honorargestaltung für Steuerberater Dezember 2019, 4, 5. Offen geblieben ist in dem Verfahren vor dem FG Köln die Frage, ob ggf. auch eine höhere ausländische Umsatzsteuer als 19 % erstattungsfähig ist, da im Streitfall nur 19 % geltend gemacht wurden.
3) BGH v. 17.4.2012, VI ZB 46/11, MDR 2012, 810.
4) BFH v. 28.2.1980, VR 138/72, BStBl II, 309; OLG München v. 18.11.2002, 11 W 2487/02, MDR 2003, 177; zur Bemessungsgrundlage vgl. FG Niedersachsen v. 20.9.1985, III 3/85 Ko, EFG 1985, 629.
5) FG Köln v. 5.7.2010, 10 Ko 4058/09, EFG 2010, 1638.
6) BGH v. 12.6.2006, II ZB 21/05, MDR 2007, 303; FG Köln v. 6.5.2010, 10 Ko 4314/08, EFG 2010, 1640.
7) § 40 Abs. 7 StBVV a.F.
8) § 17 Nr. 4c RVG.
9) Niedersächsisches FG v. 18.1.2010, 7 KO 5/08, EFG 2010, 752; FG Berlin-Brandenburg v. 5.4.2011, 13 Ko 13326/10, EFG 2011, 1551; FG Hamburg v. 11.7.2012, 3 KO 49/12, EFG 2012, 2157.
10) Für 1,6: FG Köln v. 27.6.2011, 10 Ko 1553/11, EFG 2011, 2108; Niedersächsisches FG v. 18.1.2010, 7 KO 10/09, EFG 2010, 749; FG Düsseldorf v. 24.10.2008, 6 Ko 768/08 KF, EFG 2009, 217; Sächsisches FG v. 27.3.2006, 3 Ko 243/06, EFG 2006, 1103; a.A. Niedersächsisches FG v. 27.4.2005, 6 Ko 3/05, DStRE 2005, 1366; FG Brandenburg v. 30.5.2006, 1 KO 541/06, EFG 2006, 1704.

Verwaltungs- und Sozialgerichtsbarkeit auf Anordnung oder Wiederherstellung der aufschiebenden Wirkung, auf Aussetzung oder Aufhebung der Vollziehung oder Anordnung der sofortigen Vollziehung eines Verwaltungsaktes und im Verfahren auf Erlass einer einstweiligen Anordnung nach Abschnitt 1 bestimmen, der lediglich eine Verfahrensgebühr i.H.v. 1,3 vorsieht.[1)]

Praxistipp:

Da die frühere Vorbemerkung schon nicht auf Verfahren vor den Gerichten der Finanzgerichtsbarkeit verwies, war es schon immer gut vertretbar unter Berufung auf das Sächsische FG auch im Aussetzungsverfahren eine 1,6 Verfahrensgebühr nach Nr. 3200 VV RVG zu berechnen. Nach Streichung der Wörter „vor den Gerichten der Verwaltungs- und Sozialgerichtsbarkeit" durch das 2. KostRMoG dürfte sich der Streit zu Gunsten der 1,6 Verfahrensgebühr erledigt haben.

Nach der neueren FG-Rechtsprechung und entgegen der früheren BFH-Rechtsprechung kann im AdV-Verfahren auch eine Erledigungsgebühr entstehen, z.B. bei tatsächlicher Verständigung im Rahmen eines Erörterungstermins.[2)]

Der Aussetzungsantrag beim Finanzamt ist Zulässigkeitsvoraussetzung für einen an das FG gerichteten Aussetzungsantrag.[3)] Der **Gebührenstreitwert** beträgt nach der Rechtsprechung des BFH regelmäßig 10 % des Streitwerts der Hauptsache.[4)] Der **Mindeststreitwert**[5)] von 1 500 € gilt hier nicht,[6)] d.h. ist der tatsächliche Streitwert[7)] geringer als 1 500 €, kann der StB nicht den höheren Mindeststreitwert zu Grunde legen. **727**

Beispiel:

Der StB beantragt für den Mandanten Aussetzung der Vollziehung eines Kfz-Steuerbescheids i.H.v. 538 €. Bei der Gebührenberechnung ist nicht von einem Streitwert von 53,80 € (10 %), sondern von 150 € auszugehen, da im Hauptsachverfahren der Mindeststreitwert von 1 500 € zur Anwendung gelangt.[8)] Praktische Auswirkungen hat dies nicht, da die Tabelle zu § 13 RVG bei einem Gegenstandswert bis 500 € eine Gebühr von 45 € vorsieht. Entscheidend ist, dass der StB jedenfalls nicht den Mindeststreitwert von 1 500 € ansetzen kann, wenn es um seine Gebühren im AdV-Verfahren geht.

Eine **Anrechnung** der Geschäftsgebühr des Einspruchsverfahrens nach Vorbem. 3 Abs. 4 VV RVG findet nicht statt, wenn dem gerichtlichen Verfahren auf Aussetzung der Vollziehung kein entsprechender Antrag im Einspruchsverfahren vorausgegangen ist.[9)]

Beispiel:

Der Steuerberater legt am 7.5.2020 Einspruch gegen den Steuerbescheid über 8 000 € ein und beantragt nach § 69 Abs. 3 i.V.m. § 69 Abs. 4 Satz 2 Nr. 2 FGO beim FG zugleich Aussetzung der Vollziehung, ohne zuvor den Antrag nach § 69 Abs. 2 FGO bei der Finanzbehörde gestellt zu haben.

---

1) Nr. 3100 VV RVG.
2) Ausführlich FG Hamburg v. 14.2.2011, 3 Ko 197/10, EFG 2011, 1468 m.w.N.; FG Berlin-Brandenburg v. 5.4.2011, 13 Ko 13326/10, EFG 2011, 1551; a.A. z.B. BFH v. 6.6.1968, VII B 105/67, BStBl II 1968, 771.
3) § 69 Abs. 4 FGO.
4) BFH v. 26.4.2001, V S 24/00, INF 2001, 543; FG Köln v. 16.11.2002, 10 Ko 6021/01, EFG 2002, 224; a.A. FG Hamburg v. 31.10.2007, IV 169/05, EFG 2008, 488; FG Düsseldorf v. 25.5.2005, 11 V 5884/03 A(E EFG 2005, 1285; FG Düsseldorf v. 14.11.2011, 11 V 1531/11 A, EFG 2011, 266 mit ausführlicher Begründung; Thüringer FG v. 1.9.2000, II 691/00 Ko, EFG 2001, 106; FG Berlin v. 10.12.1998, 2 B 2507/98, EFG 1999, 312: 25 % des Werts der Hauptsache; vgl. auch Jost, KP 2001, 97 ff.
5) → Rz. 733.
6) BFH v. 14.12.2007, IX E 17/07, BStBl II 2008, 199.
7) Nach h.M. 10 % des Streitwerts der Hauptsache.
8) FG Hamburg v. 16.1.2008, 4 K 235/07, EFG 2008, 1070.
9) Fall des § 69 Abs. 4 Satz 2 Nr. 2 FGO, drohende Vollstreckung.

1. Einspruchsverfahren (Wert: 8 000 €)

1,3 Geschäftsgebühr, § 40 Abs. 2 StBVV a.F.	562,90 €
Postentgeltpauschale, § 16 StBVV	20,00 €
Zwischensumme	582,90 €
19 % Umsatzsteuer, § 15 StBVV	106,95 €
Gesamt	**689,85 €**

2. Gerichtliches Verfahren auf Aussetzung der Vollziehung (Wert: 800 €)

1,6 Verfahrensgebühr, § 45 StBVV i.V.m. Nr. 3200 VV RVG	128,00 €
Postentgeltpauschale, § 45 StBVV i.V.m. Nr. 7002 VV RVG	20,00 €
Zwischensumme	148,00 €
19 % Umsatzsteuer, § 45 StBVV i.V.m. Nr. 7009 VV RVG	28,12 €
Gesamt	**176,12 €**

Ist hingegen ein behördliches Aussetzungsverfahren vorausgegangen, wird die Geschäftsgebühr nach § 40 Abs. 2 StBVV a.F. gem. Vorbem. 3 Abs. 4 VV RVG auf die gerichtliche Verfahrensgebühr nach h.M. angerechnet.[1]

Gegen die Entscheidung über die Aussetzung der Vollziehung und über einstweilige Anordnungen steht den Beteiligten die Beschwerde zu, wenn sie in der Entscheidung zugelassen wurde, § 128 Abs. 3 FGO. Hierfür finden die Gebührenvorschriften über die Revision[2] Anwendung.[3]

VII. Kostenfestsetzungsverfahren

1. Kostenfestsetzung nur auf Antrag

728 Die zu erstattenden Aufwendungen der an einem Finanzrechtsstreit Beteiligten werden auf Antrag von dem Urkundsbeamten des Gerichts des ersten Rechtszugs festgesetzt,[4] wobei die Aufwendungen der Finanzbehörden nicht zu erstatten sind.[5]

Ein Kostenfestsetzungsverfahren kann aus 2 Gründen eingeleitet werden:

- zur Festsetzung der zu erstattenden Kosten des (zumindest teilweise) obsiegenden Klägers nach § 139 FGO;
- zur Festsetzung der Vergütung des Prozessbevollmächtigten gegenüber seinem Mandanten nach § 11 RVG.[6]

2. Grundlagen des Kostenfestsetzungsbeschlusses

729 Voraussetzung für eine Kostenfestsetzung ist das Vorliegen eines Kostentitels, der in der gerichtlichen Entscheidung (Urteil oder Beschluss) über die Kosten des Verfahrens zu sehen ist (sog. **Kostengrundentscheidung**). Voraussetzung für die Festsetzung der Kosten ist, dass die gerichtliche Entscheidung entweder **rkr.** ist oder aber das Urteil hinsichtlich der Kosten für **vorläufig vollstreckbar** erklärt wurde.[7]

730 Der **Antrag auf Kostenfestsetzung** ist schriftlich oder zum Protokoll der Geschäftsstelle zu stellen. Neben der Urschrift ist eine Abschrift der Kostenrechnung für den Beklagten einzureichen.[8]

1) → Rz. 706 f.
2) Nr. 3206 ff. VV RVG.
3) Vorbem. 3.2.2 Ziffer 3.
4) § 149 Abs. 1 FGO.
5) § 139 Abs. 2 FGO.
6) → Rz. 747 ff.
7) § 155 FGO i.V.m. § 708 Nr. 10 ZPO.
8) § 155 FGO i.V.m. § 103 Abs. 2 ZPO.

Der Urkundsbeamte überprüft sodann, ob die Kosten **tatsächlich** entstanden sind. Die Zweckmäßigkeit und Notwendigkeit der Kostenfestsetzung wird nicht geprüft. Zur Glaubhaftmachung der Kosten eines Terminsvertreters ist zwingend dessen Kostenrechnung vorzulegen.[1] **731**

Eine Entscheidung ergeht durch **Beschluss**. Eine (teilweise) ablehnende Entscheidung muss mit einer **Begründung** versehen sein.[2] **732**

Grundlage für die Berechnung aller in Frage kommenden Gebühren des Beraters im gerichtlichen Verfahren,[3] die erstattungsfähigen Gebühren im außergerichtlichen Vorverfahren[4] sowie für die Festsetzung der Gerichtskosten[5] ist der **Gebührenstreitwert** nach § 52 GKG. Für Klagen, die bis zum 31.7.2013 anhängig wurden, war klar, dass **Nebenforderungen** wie Zinsen, Solidaritätszuschlag und Kirchensteuer bei der Streitwertberechnung nicht zu berücksichtigen sind.[6] Eine Ausnahme galt nur für den Fall, dass die Nebenforderungen gesondert angefochten wurden. Dann war als Streitwert der Wert der Nebenforderung maßgeblich, § 43 Abs. 2 GKG. Durch das am 1.8.2013 in Kraft getretene 2. KostRMoG wirken sich „offensichtlich absehbare Auswirkungen auf künftige Geldleistungen oder auf noch zu erlassende, auf derartige Geldleistungen bezogene Verwaltungsakte" streitwerterhöhend aus.[7] Umstritten ist, ob offensichtlich absehbare Folgen einer geänderten Einkommensteuerfestsetzung auch die Festsetzungen zur Kirchensteuer, zum Solidaritätszuschlag und zu den Zinsen sind.[8] Soweit sich die Auswirkungen auf „Folgesteuern" **desselben** Streitjahrs ergeben, sollte mit der Gesetzesänderung keine Änderung der früheren Rechtslage erfolgen. Der Wortlaut der Norm spricht eindeutig nur von künftigen Geldleistungen. Auch Entstehungsgeschichte, Systematik und Sinn und Zweck der Vorschrift sprechen eindeutig für die vom FG Hamburg vertretene Auffassung.[9] Hinzu kommt, dass der Streitwertkatalog für die Finanzgerichtsbarkeit zwar den gegenteiligen Beschluss des FG Baden-Württemberg erwähnt, für Nebenforderungen gleichwohl auf § 43 GKG verweist, wonach die Nebenforderungen grundsätzlich nicht den Streitwert erhöhen. Für zahlreiche Fallgestaltungen hat die Rechtsprechung Streitwerte festgesetzt.[10] Bietet der Sach- und Streitstand keine genügenden Anhaltspunkte, so ist der **Auffang-Streitwert** von 5 000 € anzunehmen.[11] Das gilt auch dann, wenn der Steuerbescheid auf 0 € lautet.[12] Der **Mindeststreitwert** beträgt 1 500 €.[13] **733**

Praxistipp:

Die bei Eingang einer finanzgerichtlichen Klage fällig werdende gerichtliche Verfahrensgebühr wird für alle Klageverfahren, die nach dem 15.7.2014 anhängig gemacht

1) KG Berlin v. 7.6.2018, 25 WF 17/18, NJW-Spezial 2018, 540.
2) OLG Hamburg v. 19.6.2002, 8 W 123/02, MDR 2002, 1274; FG Bremen v. 13.11.1995, 2 95 176 E 2, 2 95 178 E 2, EFG 1996, 150 m.w.N.
3) § 45 StBVV i.V.m. § 32 RVG.
4) § 40 StBVV.
5) § 63 Abs. 2 GKG.
6) Beyme, Stbg 2017, 91 m.w.N.; → § 10 StBVV Rz. 206.
7) Vgl. § 52 Abs. 3 Satz 2 GKG.
8) Bejahend: FG Baden-Württemberg v. 25.1.2016, 1 KO 2611/15, Stbg 2017, 90; Beyme, Stbg 2017, 92; Just, DStR 2014, 2481, 2483; verneinend: FG Hamburg v. 22.3.2017, 5 K 137/16, EFG 2017, 944; Becker, Honorargestaltung für Steuerberater Dezember 2017, 2 und April 2018, 7; zur Bedeutung für das außergerichtliche Rechtsbehelfsverfahren siehe → § 40 StBVV a.F. Rz. 642.
9) FG Hamburg v. 22.3.2017, 5 K 137/16, EFG 2017, 944.
10) → Streitwert-ABC der Finanzgerichtsbarkeit, Rz. 952 ff.; Überblick bei Jost, INF 1996, 181; Jost, INF 2000, 248; Hollatz, NWB, Fach 2, 7591, 7593 ff.
11) § 52 Abs. 2 GKG; Jost, INF 2005, 917, 920, unter Hinweis auf Niedersächsisches FG v. 9.6.2005, 11 Ko 19/05, EFG 2005, 1804.
12) FG Köln v. 19.11.2007, 10 Ko 257/07 und 10 Ko 258/07, EFG 2008, 332 m.w.N.
13) § 52 Abs. 4 Nr. 1 GKG; zur Bedeutung des Mindeststreitwerts für das außergerichtliche Rechtsbehelfsverfahren → § 40 StBVV a.F. Rz. 642.

worden sind, nicht mehr – wie bisher – nach dem Mindeststreitwert von 1 500 €, sondern vorrangig nach dem tatsächlichen Streitwert berechnet.[1)]

Ausgenommen von dem Mindeststreitwert sind aus sozialpolitischen Erwägungen „Verfahren in Kindergeldangelegenheiten". Hierzu zählen die „klassischen" Kindergeldfälle, in denen um die Festsetzung bzw. die Rückforderung gestritten wird, nach FG Münster aber auch Fälle, in denen der Kindergeldberechtigte ausschließlich eine Erstattung seiner Kosten des Einspruchsverfahrens nach § 77 EStG geltend macht.[2)] In diesen Verfahren ist auch die Annahme eines geringeren Streitwertes zulässig.

734 Seit dem 1.1.1997 setzt das Prozessgericht im finanzgerichtlichen Verfahren den Streitwert nur dann fest, wenn ein Beteiligter dies beantragt oder das Gericht es für angemessen erachtet, § 63 Abs. 2 GKG.[3)] Im Regelfall stellen die Beteiligten keinen Antrag auf gerichtliche Streitwertfestsetzung. Ein solcher Antrag setzt ein **Rechtsschutzbedürfnis** voraus, das regelmäßig nur dann vorliegt, wenn sich die Höhe des Streitwerts nicht unmittelbar aus dem Klageantrag ermitteln lässt und auch im Übrigen keine feste und einheitliche Rechtsprechung zu der aufgeworfenen Streitwertfrage besteht.[4)] Regelmäßig wird der von den Kostenbeamten berechnete Wert im Kostenansatzverfahren[5)] der sog. Kostenrechnung und im Kostenfestsetzungsverfahren dem Beschluss über die erstattungsfähigen Kosten zu Grunde gelegt.[6)]

735 Der StB kann die Wertfestsetzung aus eigenem Recht beantragen.[7)] Er kann sie damit auch dann erreichen, wenn das Gericht oder die Parteien an einer solchen Festsetzung nicht interessiert sind, weil z.B. die Parteien persönliche Gerichtsgebührenfreiheit genießen.[8)] Die Festsetzung erfolgt nur auf Antrag. Der Antrag ist erst zulässig, wenn die Vergütung fällig ist.[9)]

3. Umfang der Kostenerstattung

736 Maßgeblich für den Umfang der zu erstattenden Kosten ist die Kostenentscheidung der letzten gerichtlichen Entscheidung. Wird die Revision auf Nichtzulassungsbeschwerde zugelassen, sind Kosten des Zulassungsverfahrens nach dem Ergebnis des Revisionsverfahrens zu erstatten.[10)] Erstattet werden nur die Aufwendungen des konkreten Verfahrens. Da das Hauptsacheverfahren und das Verfahren wegen vorläufigen Rechtsschutzes nach § 69 Abs. 3 FGO verschiedene selbständige Verfahren sind, erstreckt sich die Kostenentscheidung im Hauptsachverfahren nicht auf die Kosten, die im Verfahren wegen vorläufigen Rechtsschutzes entstanden sind.[11)] Erstattungsfähig sind neben den **Gerichtskosten** (Gebühren und Auslagen) die zur zweckentsprechenden Rechtsverfolgung oder Rechtsverteidigung **notwendigen Aufwendungen** der Beteiligten einschließlich der **Kosten des Vorverfahrens.**[12)] Nach der Rspr. des BGH muss der Rechtspfleger die Gebühren des Vorverfahrens in der

1) § 52 Abs. 5 GKG, neu eingefügt durch Art. 7 Nr. 7b des Gesetzes zur Durchführung der Verordnung (EU Nr. 1215/2012 sowie zur Änderung sonstiger Vorschriften v. 8.7.2014, BGBl. I 2014, 890; Just, DStR 2014, 2481.
2) FG Münster v. 23.12.2013, 4 Ko 4071/13, EFG 2014, 586.
3) Rummel, MDR 2002, 623.
4) BFH v. 26.1.1998, VII B 180/96, BFH/NV 1998, 879.
5) Erstellung einer Gerichtskostenberechnung mit Feststellung der Kostenschuldner.
6) Hollatz, NWB, Fach 2, 7591, 7598 ff. (auch zu den Möglichkeiten der Änderung eines Streitwertbeschlusses.
7) § 45 StBVV i.V.m. § 32 Abs. 2 Satz 1 RVG.
8) § 2 GKG.
9) §§ 8, 33 Abs. 2 Satz 1 RVG.
10) BFH v. 6.2.1991, II R 36/87, BStBl II 1991, 367.
11) FG Hamburg v. 12.1.2018, 4 K 100/17, EFG 2018, 679 mit Anm. Schoenfeld; Becker, Honorargestaltung für Steuerberater Oktober 2018, 7.
12) § 139 Abs. 1 FGO; → Rz. 717 ff.

beantragten Höhe festsetzen, wenn der Erstattungspflichtige der Gebührenbestimmung nicht widerspricht.[1] Ob die Finanzgerichte dieser Auffassung folgen werden, bleibt abzuwarten.

Praxistipp:

Trägt das FA im Kostenfestsetzungsverfahren keine Einwände gegen die Höhe der abgerechneten Geschäftsgebühr nach § 40 StBVV vor und setzt der Urkundsbeamte gleichwohl eine niedrigere Geschäftsgebühr fest, sollten Sie Erinnerung einlegen und sich auf die vorgenannte Entscheidung des BGH berufen.

Die erstattungsfähigen eigenen Aufwendungen des Klägers setzen sich zusammen aus seinen persönlichen Auslagen, die in unmittelbarem Zusammenhang mit dem Prozess aufgewendet wurden,[2] Verdienstausfall, ggf. Kosten eines Privatgutachtens,[3] Telekommunikationsgebühren, Kosten einer Informationsreise zum Prozessbevollmächtigten und den gesetzlichen Gebühren[4] und Auslagen[5] des Prozessbevollmächtigten, die nach **§ 139 Abs. 3 Satz 1 FGO** stets erstattungsfähig sind. Keine erstattungsfähigen Aufwendungen sind Kosten einer Sicherheitsleistung zur Abwendung der Vollziehung eines streitbefangenen Steuerverwaltungsakts, z.B. **Bürgschafts-** oder **Avalprovisionen,** die dem Stpfl. von seiner Bank für die Übernahme einer Bürgschaft gegenüber dem Finanzamt in Rechnung gestellt werden.[6] Im Hinblick auf die alle Beteiligten treffende **Schadensminderungspflicht** sind Kosten, die durch überflüssige oder zwecklose Maßnahmen verursacht wurden, nicht notwendig und damit nicht erstattungsfähig.[7] Haben StB und Mandant für das Vorverfahren nach § 40 StBVV oder das Klageverfahren eine **höhere Vergütung** nach § 4 Abs. 1 StBVV bzw. § 45 StBVV i.V.m. § 3a RVG vereinbart, muss der Berater einen den gesetzlichen Gebühren überschießenden Betrag von seinem Mandanten einfordern, da dieser Differenzbetrag nicht erstattungsfähig ist. Seit dem 1.7.2008 muss der StB seinen Mandanten auf die fehlende Erstattungsfähigkeit der vereinbarten Gebühr für das **Klageverfahren** hinweisen, § 45 StBVV i.V.m. § 3a Abs. 1 Satz 3 RVG.[8]

Die **Kosten mehrerer Bevollmächtigter** sind grundsätzlich nur insoweit zu erstatten, **737**
als sie die Kosten eines Bevollmächtigten nicht übersteigen oder als in der Person des Bevollmächtigten ein Wechsel eintreten musste.[9] Der Wechsel des StB darf deshalb nicht auf Umständen beruhen, die für den ersten Bevollmächtigten oder den Mandanten selbst in irgendeiner Weise vorhersehbar oder zurechenbar verschuldet waren. Ist der Mandant beispielsweise der Meinung, der neue Bevollmächtigte sei für die Interessenvertretung besser geeignet, rechtfertigt dies keine Kostenerstattung für zwei Bevollmächtigte.[10] Gleiches gilt für einen besonders schwierigen

1) → § 11 StBVV Rz. 225; BGH v. 20.1.2011, V ZB 216/10 in einer Zivilsache.
2) Z.B. Reisekosten (zur Erstattung von Reisekosten einer überörtlichen Sozietät siehe OLG Nürnberg v. 12.6.2006, 5 W 998/06, MDR 2007, 56; OLG Brandenburg v. 8.6.2006, 6 W 147/05, MDR 2007, 245.
3) Vgl. hierzu Gruber, StB 1998, 445, 448 ff.
4) → Rz. 702 ff.
5) → Rz. 722 ff.
6) Str., FG Münster v. 10.7.2012, 11 Ko 3705/11 KFB, EFG 2012, 1962 und FG Köln v. 24.7.2012, 10 KO 1883/12, EFG 2012, 2234 mit Anm. Lemaire; FG Hamburg v. 13.3.2012, 3 KO 220/11, EFG 2012, 1374; a.A. FG Baden-Württemberg v. 24.1.2007, 3 KO 7/03, EFG 2007, 783 und FG Baden-Württemberg v. 19.3.2011, 11 KO 5287/08.
7) FG Düsseldorf v. 14.10.2009, 3 KO 439/09 KF, EFG 2010, 161; keine Erstattungsfähigkeit der Mehrgebühren, die dadurch ausgelöst werden, dass der StB in einer Angelegenheit mehrere Einsprüche einlegt und hierfür mehrere Geschäftsgebühren berechnet; Thüringer FG v. 1.6.1995, II 1/94 Ko, EFG 1996, 1115: keine Erstattungsfähigkeit von Fahrtkosten des Prozessbevollmächtigten zum FG, um eine Klage am letzten Tag der Klagefrist einzureichen; FG Köln v. 15.10.2001, 10 Ko 3092/01, EFG 2002, 115 f.
8) → § 4 StBVV Rz. 138.
9) §§ 139 Abs. 3 Satz 2, 155 FGO, § 91 Abs. 2 Satz 2 ZPO.
10) FG Köln v. 8.12.2008, 10 KO 3591/08, EFG 2009, 428.

Fall.[1] Ausnahmsweise können Krankheit oder Tod des bisherigen Bevollmächtigten oder Mandatsniederlegung wegen Einstellung der beruflichen Tätigkeit aus achtenswerten Gründen[2] die Hinzuziehung eines weiteren Bevollmächtigten rechtfertigen. Spätestens mit dem Tod des bisherigen Bevollmächtigten sind die Aufwendungen für den aktuell beauftragten StB als notwendig anzusehen.[3] Kosten für einen weiteren Bevollmächtigten sind ausnahmsweise auch dann zu erstatten, wenn dem zunächst Beauftragten die Zulassung entzogen wurde (bei Rechtsanwälten) oder die Bestellung widerrufen wurde (bei Steuerberatern). Auch dann sind bei gerichtlichem Obsiegen die Kosten für beide Bevollmächtigte zu erstatten.[4] Zur Frage der Anrechnung der Geschäftsgebühr nach § 40 StBVV auf die gerichtliche Verfahrensgebühr im Falle des Beraterwechsels siehe → Rz. 705 ff.

738 Ein **in eigener Sache** tätig gewordener StB kann ebenfalls Kostenersatz (Gebühren und Auslagen) verlangen.[5] Zu den Auslagen gehören auch Reisekosten für die Selbstvertretung vor einem auswärtigen Gericht, einschließlich der Tage- und Abwesenheitsgelder.[6] Es besteht allerdings kein Anspruch auf einen fiktiven höheren Stundensatz, auf Ersatz für die eigene Arbeitsleistung, entgangene Einkünfte oder ersparte Bevollmächtigten-Kosten.[7] Der Streitwert darf nicht unter dem Mindestbetrag von 1 500 € angenommen werden.[8] Eine Erstattung der Vorverfahrenskosten scheidet aber aus, da die tatsächliche Möglichkeit verneint wird, sich selbst hinzuziehen zu können und es insoweit an einer „Zuziehung" i.S.d. § 139 Abs. 3 Satz 3 FGO fehlt.[9] Soweit der StB im Vorverfahren zugleich den Ehegatten vertritt, können die Hinzuziehung aber als notwendig anerkannt und Kosten erstattet werden.[10]

739 Zur Erstattungsfähigkeit der Kosten eines **StB/Rechtsanwalts** → § 1 StBVV Rz. 91.

4. Verfahrensfragen

740 Derjenige, den der vollstreckbare Titel als Gläubiger ausweist, ist berechtigt, einen **Kostenfestsetzungsantrag** im eigenen Namen zu stellen.[11] Die Einschaltung eines Prozessbevollmächtigten ist – auch vor dem BFH – nicht erforderlich. Auf Grund der **Vollmacht**, die den Prozessbevollmächtigten für die Vertretung im gerichtlichen Verfahren ausweist, ist er jedoch berechtigt, **im Namen seines Mandanten** einen solchen Antrag zu stellen. Er kann diesen Antrag mit dem weitergehenden Antrag, die Kosten auf sein Konto direkt zu überweisen, verbinden, wenn er nach § 155 FGO i.V.m. § 81 Halbsatz 4 ZPO über die Prozessvollmacht ermächtigt ist, die zu erstattenden Kosten vom Gegner in Empfang zu nehmen. **Materiell-rechtliche Einwände** gegen den Kostenerstattungsanspruch (z.B. der Erfüllungseinwand der Aufrechnung) werden im Kostenfestsetzungsverfahren grundsätzlich nicht geprüft. Ausnahme: Die Einwände sind ihren tatsächlichen Voraussetzungen nach unstreitig und deren Berücksichtigung bedarf keiner weiteren Prüfung.[12]

1) FG Köln v. 8.5.2000, 10 KO 3040/97, EFG 2000, 965.
2) BGH v. 12.9.2012, IV ZB 3/12, MDR 2012, 1376: Aufgabe der Anwaltstätigkeit, um eigene Mutter zu pflegen; FG Brandenburg v. 12.7.2016, 15 K 1236/13: Tod des bisherigen Bevollmächtigten.
3) FG Brandenburg v. 12.7.2016, 15 K 1236/13; Beyme, KANZLEI intern 03_2017, 3.
4) Zu weiteren Beispielen siehe Baumbach/Lauterbach, 74. Aufl. 2016, § 91 ZPO Rz. 124 ff.
5) § 155 FGO, § 91 Abs. 2 Satz 3 ZPO.
6) FG Hamburg v. 9.5.2016, 3 Ko 123/16, EFG 2016, 1280.
7) FG Hamburg v. 13.7.2017, 3 KO 73/17.
8) § 23 Abs. 1 Satz 1 RVG i.V.m. § 52 Abs. 4 GKG; Niedersächsisches FG v. 9.6.2005, 11 Ko 19/05, EFG 2005, 1804; Jost, 2005, 58; Jost, INF 2005, 917, 920.
9) FG Hamburg v. 13.7.2017, 3 Ko 73/17; Niedersächsisches FG v. 14.2.2008, 7 Ko 3/07, EFG 2008, 1218 m.w.N.
10) BFH v. 13.7.2006, IV E 1/006, BFH NV 2006, 1874.
11) § 155 FGO i.V.m. § 103 Abs. 1 ZPO.
12) BGH v. 14.5.2014, XII ZB 548/11, NJW-spezial 2014, 412; KG Berlin, NJW-Spezial 2020, 316; → Rz. 748.

Praxistipp:

Urkundsbeamte neigen dazu, materiell-rechtliche Einwände vorschnell mit der Begründung abzutun, diese würden im Kostenfestsetzungsverfahren nicht geprüft. Der Antragsgegner (das unterlegene Finanzamt) kann aber bei materiell-rechtlichen Einwänden, die unstreitig bleiben, auf die BGH-Rechtsprechung hinweisen. Umso wichtiger ist, derartige Einwände zu bestreiten, wenn sie nicht als zugestanden gelten sollen, § 155 FGO i.V.m. § 138 Abs. 3 ZPO.[1]

Hat der Mandant dem StB seinen **Kostenerstattungsanspruch abgetreten**, kann die Finanzbehörde auch gegenüber dem neuen Gläubiger, also dem StB, mit fälligen Ansprüchen gegen den Stpfl. aufrechnen.[2] Um die Aufrechnung zu vermeiden, sollte die Abtretung erfolgen, bevor die Aufrechnungslage eintritt. Dann fehlt es an der Gegenseitigkeit der Forderungen.[3] Problematisch ist die Gutglaubensvorschrift des § 407 BGB. Es muss deshalb sichergestellt werden, dass das Finanzamt sich nicht auf fehlende Kenntnis von der Abtretung berufen kann.

Praxistipp:

Um die frühzeitige (antizipierte) Abtretung und deren Anzeige gegenüber dem Finanzamt zu gewährleisten, sollte die Abtretung des Kostenerstattungsanspruchs in die Prozessvollmacht mit aufgenommen werden. Der Mandant sollte die Vollmacht und die Abtretung unterzeichnen. Die Vollmacht sollte dann als Anlage der Klageschrift beigefügt werden.[4]

Bei Erlass des Kostenfestsetzungsbeschlusses ist auf Antrag auszusprechen, dass die **741** festgesetzten Kosten von der Anbringung des Gesuchs ab mit fünf Prozentpunkten über dem Basiszinssatz zu **verzinsen** sind.[5] Die festzusetzenden Kosten eines Verfahrens sind nicht bereits mit dem Tag des Eingangs des Kostenfestsetzungsantrags bei Gericht zu verzinsen, sondern erst ab dem darauffolgenden Tag.[6] Der Zinsanspruch steht nach dem Gesetz der erstattungsberechtigten Partei und nicht dem StB zu. Hat der Mandant keine Steuerberatungskosten vorgelegt, weil der StB auf eine unmittelbare Abrechnung gegenüber dem Mandanten verzichtet und hat der StB seinen Vergütungsanspruch aus der Kostenerstattung durch Vorrechnung befriedigt, ist dem Mandanten kein Zinsschaden entstanden.[7]

Den **Urkundsbeamten** trifft eine **Prüfungspflicht** dahingehend, ob die Zuziehung **742** eines Bevollmächtigten tatsächlich vorlag. Von dieser Prüfungspflicht wird er durch den Beschluss des Gerichts, dass eine Zuziehung notwendig war, nicht entbunden.[8]

Der Kostenfestsetzungsbeschluss ist **Vollstreckungstitel** nach § 155 FGO i.V.m. **743** § 794 Abs. 1 Nr. 2 ZPO. Er wird dem Antragsgegner von Amts wegen zugestellt; dem Antragsteller nur dann, wenn sein Gesuch ganz oder teilweise zurückgewiesen wurde.[9] Mit der Zwangsvollstreckung aus dem Kostenfestsetzungsbeschluss darf frühestens zwei Wochen nach Zustellung desselben begonnen werden;[10] anders im Fall des § 795a ZPO.

Gegen die ablehnende Entscheidung des Urkundsbeamten kann der StB für seinen **744** Mandanten innerhalb von zwei Wochen **Erinnerung** einlegen.[11] Will der Urkunds-

1) Siehe Praxishinweis zu KG Berlin v. 20.1.2020, 19 W 158/19, NJW-Spezial 2020, 316, 317.
2) §§ 226 Abs. 1 AO, 406 BGB.
3) § 387 BGB.
4) Anders, NWB 19/2017, 1464.
5) § 155 FGO i.V.m. § 104 Abs. 1 Satz 2 ZPO; siehe hierzu Gruber, StB 2002, 185.
6) LG Hamburg v. 29.11.2019, 628 Qs 37/19, NJW-Spezial 2020, 317.
7) Schneider, NJW-spezial 2014, 219.
8) → Rz. 717, → Rz. 719.
9) § 155 FGO i.V.m. § 104 Abs. 1 Satz 4 ZPO.
10) § 798 ZPO.
11) § 149 Abs. 2–4 FGO; Schneider, NJW-Spezial 2019, 475 zu Fallkonstellationen betreffen die Entscheidung über die Umsatzsteuer.

beamte der Erinnerung nicht abhelfen, legt er diese dem zuständigen Senat zur Entscheidung vor, und zwar auch dann, wenn der Berichterstatter die Kostengrundentscheidung getroffen hat.[1] Das Gericht kann anordnen, dass die Vollziehung einstweilen auszusetzen ist.[2] Die Entscheidung des Gerichts, die durch Beschluss ergeht, ist unanfechtbar. Die Kosten des erfolgreichen Erinnerungsverfahrens sind von der Gegenseite zu tragen.[3]

Praxistipp:

Bevor der Antrag auf Kostenfestsetzung gestellt wird, empfiehlt sich ein Abgleich mit der nachfolgenden **Checkliste „Häufige Fehler im Kostenfestsetzungsantrag"**.[4]

- Der Antrag, die Notwendigkeit der Hinzuziehung des Bevollmächtigten zum Vorverfahren festzustellen, wird vergessen.[5]
- Der Streitwert des Einspruchsverfahrens wird auch im Klageverfahren zu Grunde gelegt, obwohl der Einspruch nur teilweise ins Klageverfahren übergeht.[6]
- Der Antrag auf Verzinsung wird vergessen.[7]
- Die Erklärung zum Vorsteuerabzug wird vergessen.[8]
- Die Erhöhungsgebühr bei mehreren Auftraggebern (Eheleute) wird übersehen.[9]
- Es wird nur eine 1,3-Verfahrensgebühr nach Nr. 3100 VV RVG beantragt und keine 1,6-Verfahrensgebühr nach Nr. 3200 VV RVG (typischer Fehler von Rechtsanwälten).[10]
- Es wird übersehen, dass für einen AdV-Antrag gesonderte Gebühren anfallen.[11]
- Bei einem Beraterwechsel zwischen Einspruchs- und Klageverfahren sollte die Kostenrechnung des früheren Beraters vorgelegt werden[12]
- Die Terminsgebühr wird schnell übersehen, wenn es keine mündliche Verhandlung gab.[13]
- Bei Streitwerten unter 1.500 € wird im Klageverfahren der (niedrigere) tatsächliche Streitwert und nicht der Mindeststreitwert angesetzt.[14]
- Die Auswirkungen einer Verfahrenstrennung bzw. Verfahrensverbindung werden nicht berücksichtigt.[15]
- Die Erledigungsgebühr wird mit dem falschen Satz abgerechnet.[16]
- Die Anrechnung der Geschäftsgebühr aus dem Vorverfahren auf die Verfahrensgebühr des gerichtlichen Verfahrens wird vergessen oder falsch vorgenommen oder es erfolgt eine Anrechnung, obwohl keine Anrechnung erfolgen muss.[17]
- Es wird nicht klar und eindeutig auf die maßgebliche Fassung der StBGebV/StBVV bzw. des RVG im Zeitpunkt der Auftragserteilung abgestellt.[18]
- Es wird der falsche USt-Satz zu Grunde gelegt.

1) FG Sachsen-Anhalt v. 26.7.2010, 5 KO 805/10, EFG 2011, 375 m.w.N.; a.A. FG Münster v. 7.6.2010, 9 Ko 647/10 KFG, Berichterstatter, EFG 2010, 2021; s. § 79a Abs. 1 Nr. 5 FGO.
2) § 149 Abs. 3 FGO; Hollatz, NWB, Fach 2, 7591, 7601.
3) AG Siegburg v. 28.2.2020, 104 C 83/18, NJW-Spezial 2020, 221.
4) Siehe hierzu auch Jost, 5. Aufl. 2016, S. 221.
5) → Rz. 717, → Rz. 719, → Rz. 736.
6) → Rz. 718.
7) → Rz. 741.
8) → Rz. 722, → Rz. 724.
9) → Rz. 704, → Rz. 706.
10) → Rz. 704.
11) → Rz. 725 ff.
12) → Rz. 721.
13) → Rz. 708–711.
14) → Rz. 733, → Rz. 727.
15) → Rz. 710.
16) → Rz. 713.
17) → Rz. 705 ff.
18) → § 47a StBVV.

Praxistipp:

Vergisst der StB im Kostenfestsetzungsantrag die Geltendmachung einer Gebühr (z.B. Termins- oder Erledigungsgebühr), ist er durch den Kostenfestsetzungsbeschluss nicht beschwert. Eine Erinnerung wäre unzulässig. Der StB muss einen zweiten Kostenfestsetzungsantrag stellen und eine **Nachfestsetzung** der vergessenen Gebühr beantragen.[1] Gleiches gilt, wenn der StB vergisst, das Vorverfahren abzurechnen, den Antrag auf Verzinsung zu stellen oder die erstattungsberechtigte Partei versehentlich die Umsatzsteuerbeträge nicht geltend macht.[2]

Die Gebühren für das Erinnerungsverfahren sind in § 45 StBVV i.V.m. Nr. 3500, 3513 VV RVG geregelt. Der StB erhält nach dem RVG eine Verfahrens- und ggf. eine Terminsgebühr i.H.v. jeweils 0,5. Im Erinnerungsverfahren gilt das Verbot der reformatio in peius, d.h., der angefochtene Kostenfestsetzungsbeschluss darf im Ergebnis nicht zum Nachteil des Erinnerungsführers geändert werden.[3] **745**

Der Kostenerstattungsanspruch der obsiegenden Partei **verjährt** grundsätzlich nach drei Jahren,[4] z.B. im Fall der Klagerücknahme. Wird das Verfahren allerdings mit einer rechtskräftigen Entscheidung abgeschlossen, verjährt der Kostenerstattungsanspruch erst in 30 Jahren.[5] Die Frage der Verjährungsfrist stellt sich in der Praxis gelegentlich dann, wenn im Zuge des Kostenfestsetzungsantrags (versehentlich) nicht alle Gebühren geltend gemacht wurden und die übersehenen Gebühren später (vor Ablauf der Verjährungsfrist) mit einem gesonderten Antrag geltend gemacht werden müssen oder wenn es um Zinsen geht, die in dem Kostenfestsetzungsbeschluss tituliert sind und zu verjähren drohen. Der drohenden Verjährung eines durch Kostenfestsetzungsbeschluss rkr. titulierten Kostenerstattungsanspruchs kann nur durch Erhebung einer Feststellungsklage begegnet werden; eine erneute Festsetzung ist nicht zulässig.[6] **746**

VIII. Vergütungsfestsetzung gegen die eigene Partei (§ 45 StBVV i.V.m. § 11 RVG)

Nach § 45 StBVV i.V.m. § 11 RVG kann der in einem gerichtlichen Verfahren tätige Berater seine Gebühren und Auslagen gegenüber der eigenen Partei gerichtlich festsetzen lassen und sich so rasch und kostenfrei einen vollstreckbaren Titel gegen seinen eigenen Mandaten verschaffen. Gleiches gilt, wenn das Mandat im Laufe des Prozesses endet und der StB einen Honoraranspruch besitzt. Das Verfahren ist unabhängig vom Kostenfestsetzungsverfahren.[7] Denn hier geht es nicht um einen Erstattungsanspruch des Mandanten gegen das Finanzamt auf Grund einer Kostenentscheidung im gerichtlichen Verfahren, sondern um den Vergütungsanspruch des bevollmächtigten StB gegenüber seinen Mandanten. Der Anwendungsbereich des § 11 RVG beschränkt sich allerdings nicht darauf, dass der StB die Kostenfestsetzung gegen die einstmals von ihm vertretene Partei betreiben kann. Der Weg über § 11 RVG steht auch dem Mandanten offen. Dieser muss den Antrag auf Feststellung dahingehend richten, dass dem StB die von ihm berechnete Vergütung ganz oder teilweise nicht zusteht.[8] **747**

1) Meinhard, RVG professionell v. 13.8.2018, 1.
2) Zu diesen und weiteren Fällen der Nachfestsetzung siehe Jost, 5. Aufl. 2016, S. 221.
3) BFH v. 16.12.1969, VII 45/68, BStBl II 1970, 251; FG Sachsen-Anhalt v. 1.8.2014, 5 Ko 803/14, EFG 2014, 1989 und v. 12.6.2013, 5 Ko 314/13, EFG 2013, 1700; FG Bremen v. 13.11.1995, 2 95 176 E 2, 2 95 178 E 2, EFG 1996, 150; FG Köln v. 16.11.2001, 10 Ko 6021/01, EFG 2002, 224.
4) § 195 BGB.
5) § 197 Abs. 1 Nr. 3 BGB; BGH v. 23.3.2006, V ZB 189/05, MDR 2006, 1316; OLG Koblenz v. 7.3.2006, 14 W 130/06, MDR 2006, 1078.
6) OLG Stuttgart v. 8.2.2018, 8 W 45/18.
7) → Rz. 728 ff.
8) OLG Köln v. 15.6.2015, 17 W 330/14, AnwBl 2016, 855.

Der von einer GbR beauftrage StB kann seine Gebühren nach § 11 RVG nur dann gegen einen Gesellschafter festsetzen lassen, wenn dieser neben der Gesellschaft auch selbst Auftraggeber des StB war.[1] Auch verauslagte Gerichtskosten können nach § 11 RVG festgesetzt werden.[2] Ist Auftragnehmerin eine GbR, kann nur diese die Festsetzung der Vergütung gegen den Mandanten betreiben, auch wenn es sich bei der GbR um eine Scheinsozietät handelt.[3] Solange das Verfahren nach § 11 RVG betrieben werden kann, fehlt einer (Honorar-)Klage oder einem Mahnbescheid das **Rechtsschutzbedürfnis.**[4] Für das Verfahren gelten dieselben Vorschriften wie für die Kostenfestsetzung gegenüber dem Gegner. Der Vergütungsanspruch muss **fällig** und durchsetzbar sein.[5] Spätestens mit dem Antrag muss eine Kostenberechnung nach § 9 StBVV eingereicht werden. Kommt es in dem Verfahren zur Festsetzung der Vergütung zu einer unangemessenen **Verzögerung**, steht dem StB eine **Entschädigung** zu. Bei der Bemessung der Entschädigung ist als Grundsatz von einem Betrag i.H.v. 100 € pro Verzögerungsmonat auszugehen.[6]

748 § 11 RVG greift nur, wenn die **gesetzliche Vergütung** festgesetzt werden soll, also nicht für Rahmengebühren und infolgedessen nicht für die Kosten des außergerichtlichen Vorverfahrens, es sei denn, der StB rechnet hierfür endgültig und verbindlich nur die Mindestgebühren ab[7] oder der Auftraggeber hat der Höhe der Gebühren ausdrücklich zugestimmt,[8] da die BRAGO eine solche Reglung nicht kennt und auch keine diesbezügliche Rechtsprechung bekannt ist). Macht der StB im Vergütungsfestsetzungsverfahren die Mindestgebühr nach § 40 StBVV geltend, kann er später gegenüber dem Mandanten keine höhere Gebühr mehr geltend machen. Er verzichtet dadurch auf die spätere Geltendmachung höherer Gebühren.[9] Im Vergütungsfestsetzungsverfahren sind – anders als im Kostenfestsetzungsverfahren – die Kosten des außergerichtlichen Vorverfahrens unabhängig davon erstattungsfähig, ob die Hinzuziehung eines Bevollmächtigten gem. § 139 Abs. 3 Satz 3 FGO für notwendig erklärt wurde oder nicht. Ein entsprechender Antrag ist also im Rahmen des Vergütungsfestsetzungsantrags nicht erforderlich.[10] Die Vorschriften sind ferner nicht anwendbar bei einem vereinbarten Honorar, bei Tätigkeiten als Partei kraft Amtes oder als gesetzlicher Vertreter, da sich die Vergütung in diesen Fällen nicht nach den Bestimmungen des RVG richtet und es auch an einem „Auftraggeber" mangelt.

Nach § 11 Abs. 5 RVG ist die Festsetzung dann abzulehnen, wenn der Antragsgegner **Einwendungen oder Einreden** erhebt, die nicht im Gebührenrecht ihren Grund haben,[11] etwa die Einrede der Verjährung[12] 6095/03, MDR 2004, 297; die Verjährungseinrede ist offenkundig unbegründet und deshalb rechtsmissbräuchlich (§ 242 BGB) erhoben, Aufrechnung mit anderen Ansprüchen,[13] Bestreiten der Auftragser-

1) → § 40 StBVV a.F. Rz. 659; BGH v. 14.9.2004, VI ZB 61/03, DStR 2005, 531.
2) BGH v. 16.7.2003, XII ZB 193/02, MDR 2003, 1201.
3) OLG Brandenburg v. 6.1.2009, 6 W 186/08, MDR 2009, 1254.
4) FG Bremen v. 12.2.1999, 2 98 255 Ko 2, EFG 1999, 446; siehe aber auch → Rz. 748.
5) § 8 RVG.
6) OLG Zweibrücken v. 26.1.2017, 6 SchH 1/16 EntV, AnwBl 2017, 559.
7) OLG Koblenz v. 15.6.2000, 1 SWF 336/00, AnwBl 2001, 440, zu § 19 BRAGO. § 11 Abs. 8 Satz 1 RVG regelt diesen Fall – anders als § 19 BRAGO – jetzt ausdrücklich.
8) Diese Alternative gilt aber nur bei Anwendbarkeit des RVG (§ 11 Abs. 8 Satz 1 RVG).
9) BGH v. 4.7.2013, IX ZR 306/12, AnwBl 2013, 665.
10) VGH Kassel v. 9.7.2010, 5 E 1048/10, NJW 2010, 3466 zum verwaltungsgerichtlichen Verfahren.
11) Es sei denn, die Einwendung ist offensichtlich aus der Luft gegriffen, OLG Naumburg v. 7.4.2008, 8 WF 59/08, MDR 2008, 1367 f.
12) Ausnahme z.B. nach LAG Berlin v. 27.10.2003, 17 Ta (Kost.
13) OLG Frankfurt a.M. v. 7.6.2017, 18 W 85/17, NJW-Spezial 2017, 635.

teilung,[1] Behauptung der Schlechtleistung[2] oder Rüge fehlender Aufklärung darüber, dass im PKH-Verfahren StB-Kosten entstehen.[3] Voraussetzung ist allerdings mehr als die formelhafte Behauptung, dem Mandanten stünden materiell-rechtliche Gegenansprüche zu.[4]

Praxistipp:

Sind die Einwendungen des Mandanten offensichtlich unbegründet oder völlig aus der Luft gegriffen, sollten Sie auf einer Vergütungsfestsetzung bestehen und sich nicht auf den Klageweg verweisen lassen.

Erhebt der Mandant bereits vor Einleitung eines Vergütungsfestsetzungsverfahrens nicht gebührenrechtliche Einwendungen, kann der StB direkt den Klageweg beschreiten und muss nicht zuvor einen Antrag nach § 11 RVG stellen.[5] Der Einwand der Nichtigkeit des Steuerberatungsvertrages hat hingegen unmittelbare Auswirkungen für die im Kostenfestsetzungsverfahren beachtliche Frage, ob der obsiegenden Partei außergerichtliche Kosten entstanden sind, zu deren Erstattung die unterliegende Partei verpflichtet sein kann.[6]

Nur bei substantiierten Einwendungen materiell-rechtlicher Art muss der StB den mühsameren Klageweg beschreiten. Demgegenüber kann über den Einwand, dem StB sei keine Prozessvollmacht erteilt worden, auch im Kostenfestsetzungsverfahren entschieden werden.[7] Auch die bloße Entgegennahme von Ratenzahlungen des Auftraggebers steht der Kostenfestsetzung nach § 11 RVG nicht entgegen, solange keine Ratenzahlungs- oder Stundungsvereinbarung getroffen wurde.[8] Gegen eine nach § 11 RVG erfolgte Festsetzung der Vergütung kann Erinnerung eingelegt werden.[9] Das Erinnerungsverfahren ist auszusetzen, wenn mit der Erinnerung auch der Gegenstandswert bestritten wird.[10] Aus § 11 Abs. 4 RVG folgt, dass das Verfahren bezüglich des Gegenstandwertes Vorrang hat. **749**

Siehe auch das Muster zur Vergütungsfestsetzung nach § 45 StBVV, § 11 RVG.[11]

(*einstweilen frei*) **750**

IX. Revisionsverfahren und Nichtzulassungsbeschwerde

Nach dem **RVG** entsteht für die Vertretung im Revisionsverfahren vor dem BFH eine Verfahrensgebühr i.H.v. 1,6[12] – bei vorzeitiger Beendigung des Auftrags eine geminderte Verfahrensgebühr von 1,1[13] sowie ggf. eine Terminsgebühr i.H.v. 1,5.[14] Ferner kann eine Erledigungsgebühr i.H.v. 1,3 entstehen.[15] Im Verfahren der Nicht- **751**

1) OLG Brandenburg v. 12.3.2003, 9 WF 39/03, MDR 2003, 1202; Ausnahme nach OLG Koblenz v. 9.8.2004, 14 W 511/04, AnwBl 2005, 76: Die Auftragserteilung ergibt sich zweifelsfrei aus den aktenkundigen Schreiben des Mandanten.
2) Schleswig-Holsteinisches FG v. 13.12.2006, 1 Ko 278/06, EFG 2007, 384; Ausnahme nach OLG Düsseldorf v. 30.8.2007, I 24 W 73/07, GI Aktuell, März 2008; der Einwand ist offensichtlich aus der Luft gegriffen oder gänzlich haltlos und unverständlich.
3) OLG Koblenz v. 22.12.2005, 14 W 816/05, MDR 2006, 595.
4) FG Köln v. 14.4.2010, 10 Ko 329/10, EFG 2010, 1249; FG Sachsen-Anhalt v. 21.3.2013, 5 KO 121/13, EFG 2013, 1608.
5) LG Essen v. 24.4.2019, 18 O 317/18; besprochen von Feiter, KANZLEI intern 05_2019, 2.
6) OLG Celle v. 19.1.2017, 2 W 12/17, MDR 2017, 368 m.w.N.
7) OLG Saarbrücken v. 12.3.2009, 9 WF 33/09, MDR 2009, 1135.
8) OLG Koblenz v. 20.2.2004, 14 W 126/04, MDR 2004, 1083.
9) § 149 Abs. 2 FGO; Müller-Rabe in Gerold/Schmidt, 23. Aufl. 2017, § 11 RVG Rz. 317.
10) FG Sachsen-Anhalt v. 21.3.2013, 5 KO 121/13, EFG 2013, 1608.
11) Siehe → Rz. 950.
12) Nr. 3206 VV RVG.
13) Nr. 3207 VV RVG.
14) Nr. 3210 VV RVG.
15) Nr. 1004 VV RVG.

zulassungsbeschwerde entsteht ebenfalls eine 1,6 Verfahrensgebühr,[1] die auf die Verfahrensgebühr für ein späteres Revisionsverfahren angerechnet wird.[2] Bei vorzeitiger Beendigung des Auftrags beträgt die Verfahrensgebühr 1,1.[3] Kündigt der StB nach Einlegung einer Nichtzulassungsbeschwerde das Mandat, weil er dem Rechtsmittel auf Grund einer inhaltlich zutreffenden Begutachtung keine Erfolgsaussichten beimisst und darum die vom Mandanten gewünschte Begründung und Durchführung der Nichtzulassungsbeschwerde ablehnt, verliert er seinen Vergütungsanspruch nicht. Die Nichtbefolgung eines solchen zutreffenden Rates zur Rücknahme eines Rechtsmittels stellt ein vertragswidriges Verhalten des Mandanten dar,[4] das keine Auswirkungen auf den Vergütungsanspruch hat.[5] Die Terminsgebühr beläuft sich auf 1,2.[6]

752 Der Antrag auf Kostenfestsetzung ist regelmäßig an den Urkundsbeamten des Gerichts des ersten Rechtszuges zu richten.[7] Der **Urkundsbeamte des BFH** ist in den folgenden Fällen **zuständig**:

- bei Anträgen auf Aussetzung, die gem. § 69 Abs. 3 Satz 1 FGO beim BFH gestellt werden, und
- bei Anträgen auf Erlass einer einstweiligen Anordnung gem. § 114 FGO, sofern diese beim BFH gestellt werden.

C. Verfahren vor der Verwaltungsgerichtsbarkeit

753 Bis zur Entscheidung des BVerwG vom 20.1.2016[8] entsprach es allgemeiner Rechtsauffassung, dass StB vor den **Verwaltungs- und Oberverwaltungsgerichten** nur in Steuer- und Monopolsachen als Prozessbevollmächtigte auftreten durften.[9] Typische Beispiele hierfür sind Streitigkeiten über Grundsteuern, Grunderwerbsteuern oder örtliche Verbrauch- und Aufwandsteuern.[10] Mit dem o.g. Urteil hat das BVerwG eine Vertretungsbefugnis des StB in allen Abgabenangelegenheiten bejaht und dies im Wesentlichen mit dem Wortlaut des § 67 Abs. 1 Satz 2 Nr. 3, Abs. 4 VwGO begründet. Damit ist jetzt klargestellt, dass StB ihre Mandanten auch in Streitigkeiten über kommunale Gebühren und Beiträge vertreten dürfen, und zwar gerichtlich vor dem Verwaltungs- und Oberverwaltungsgericht und vorgerichtlich. Dem Verfahren vor dem BFH lag ein Streit über einen Fremdenverkehrsbeitrag zu Grunde. Eine Vertretung vor dem **BVerwG** ist hingegen unzulässig. An der Verfassungsmäßigkeit des § 67 Abs. 4 Satz 1 und 2 VwGO bestehen keine Bedenken.[11]

754 (*einstweilen frei*)

755 Vor dem Verwaltungsgericht erhält der StB nur eine 1,3 Verfahrensgebühr[12] und eine 1,2 Terminsgebühr[13] und ggf. eine Erledigungsgebühr.[14] Umstritten ist, ob die fiktive Terminsgebühr nach Anm. Abs. 1 Nr. 2 zu Nr. 3104 VV RVG auch dann

1) Nr. 3506 VV RVG.
2) Anm. zu Nr. 3506 VV RVG.
3) Nr. 3507 VV RVG.
4) Vgl. § 628 Abs. 1 Satz 2 BGB.
5) BGH v. 16.2.2017, IX ZR 165/16, DB 2017, 1258 zum Anwaltsrecht.
6) Nr. 3516 VV RVG.
7) § 149 Abs. 1 FGO.
8) BVerwG v. 20.1.2016, 10 C 17.14, DStR 2016, 1493 mit Anm. Beyer-Petz.
9) Siehe z.B. OVG Nordrhein-Westfalen v. 1.9.2005, 14 E 650/04; Hessischer VGH v. 21.5.2013, 5 A 875/13, DStR 2013, 1500; Feiter, KP 2006, 28.
10) Zu letzteren siehe Feiter/Eiling, Honorarbrief für Steuerberater 12/2013, 2.
11) BVerwG v. 14.8.2019, 9 B 24.19, DStRK 2019, 316.
12) § 45 StBVV i.V.m. Nr. 3100 VV RVG.
13) § 45 StBVV i.V.m. Nr. 3104 VV RVG.
14) § 45 StBVV i.V.m. Nr. 1003 VV RVG.

anfällt, wenn eine Partei durch **Gerichtsbescheid** vollständig obsiegt hat. Die Rechtsprechung hat die Terminsgebühr vielfach mit nicht überzeugenden Gründen abgelehnt.[1] Dabei wird die Auffassung vertreten, die Anm. Abs. 1 Nr. 2 zu Nr. 3104 VV RVG erfasse nur den Fall des § 84 Abs. 2 Nr. 5 VwGO, nicht aber den Fall des § 84 Abs. 2 Nr. 2 VwGO. DAV und BRAK haben angeregt, die Vorschrift dahingehend zu ändern, dass im Fall eines Gerichtsbescheids die Terminsgebühr auch anfällt, wenn „eine der Parteien" den Antrag auf mündliche Verhandlung stellen kann.[2] Danach könnte also auch der StB die fiktive Terminsgebühr abrechnen, dessen Partei durch Gerichtsbescheid nicht beschwert ist, weil sie vollständig obsiegt hat. Im Verfahren über die Beschwerde gegen die Nichtzulassung der Berufung entsteht eine 1,6 Verfahrensgebühr[3] und ggf. eine 1,2 Terminsgebühr.[4] Im Berufungsverfahren vor dem Oberverwaltungsgericht fallen ebenfalls eine 1,6 Verfahrens- und eine 1,2 Terminsgebühr an.[5] Durch das 2. KostRMoG[6] wurden die bisherigen Gebührenermäßigungstatbestände durch ein **Anrechnungsmodell** ersetzt.[7] Dies bedeutet, dass der StB, der nicht erst im Widerspruchsverfahren nach §§ 68 ff. VwGO, sondern schon im vorausgegangenen Verwaltungsverfahren tätig geworden ist, sich diese Ausgangsgebühr auf die Geschäftsgebühr des Widerspruchsverfahrens zur Hälfte (höchstens 0,75) anrechnen lassen muss. Maßgeblicher Gebührentatbestand für das Widerspruchsverfahren ist § 40 StBVV. Maßgeblicher Gebührentatbestand für das Verwaltungsverfahren ist Nr. 2300 VV RVG analog.[8] Siehe auch die Berechnungsbeispiele unter → Rz. 765.

D. Gebühren im Steuerstraf- und Bußgeldverfahren

Nach § 392 Abs. 1 Halbsatz 1 AO ist eine Alleinverteidigung durch einen StB oder Steuerbevollmächtigten möglich, solange die Finanzbehörde das Steuerstrafverfahren selbständig führt. § 392 Abs. 1 Halbsatz 2 AO regelt den Fall einer gemeinschaftlichen Verteidigung mit einem Rechtsanwalt.[9] Die Gebühren des StB richten sich in beiden Fällen nach Teil 4 VV RVG. Das RVG regelt die Vertretung im Bußgeldverfahren in Teil 5 VV RVG. **756**

I. Gebühren des Wahlverteidigers nach dem RVG

Die gebührenrechtlichen Regelungen für die Vertretung in Strafsachen finden sich in Teil 4 VV RVG.[10] Nach der Begründung des Gesetzgebers bei Einführung des RVG sollten die Vorschriften dem Wahlverteidiger im Vergleich zur BRAGO Mehreinnahmen in einer Größenordnung von bis zu 30 % bescheren. Die **Betragsrahmengebühren** wurden zuletzt mit Wirkung zum 1.8.2013 um ca. 19 % erhöht.[11] **757**

1) VG Regensburg v. 27.6.2017, RO 9 M 16.929; VG Potsdam v. 31.1.2017, VG 11 KE 3/17; VG Schleswig-Holstein v. 13.11.2015, 12 A 30/15 und v. 28.10.2016, 9 A 55/16; a.A. aber VG Augsburg v. 29.3.2019, Au 4 M 19.30226, NJW-Spezial 2019, 349; VG Oldenburg v. 27.7.2017, 1 E 5687/17, NJW-Spezial 2017, 637 mit Darstellung des Meinungsstands.
2) Siehe Vorschläge zur regelmäßigen Anpassung, strukturellen Änderung und Ergänzung und Klarstellung des RVG – Gemeinsamer Katalog von DAV und BRAK (März 2018 S. 22 ff., abrufbar auf den Homepages von DAV und BRAK.
3) § 45 StBVV i.V.m. Nr. 3504 VV RVG.
4) § 45 StBVV i.V.m. Nr. 3516 VV RVG.
5) § 45 StBVV i.V.m. Nr. 3200 und 3202 VV RVG.
6) 2. KostRMoG v. 23.7.2013, BGBl. I 2013, 2586.
7) Vorbem. 2.3 Abs. 4 und 3 Abs. 4 Satz 1 VV RVG.
8) → Rz. 765.
9) Hier können gebührenrechtliche Sonderprobleme entstehen, da die Kosten für mehrere Verteidiger nur insoweit notwendig und deshalb zu erstatten sind, als sie die Kosten eines Rechtsanwalts nicht übersteigen, s. hierzu Bilsdorfer/Weyand, 1993, 66 f.
10) Siehe hierzu die Abrechnungsbeispiele bei Berners, NWB, Fach 30, 1567.
11) 2. KostRMoG v. 23.7.2013, BGBl. I 2013, 2586.

Eine weitere Erhöhung um 10 % ist durch das KostRÄG 2021 vorgesehen, das voraussichtlich am 1.1.2021 in Kraft tritt. Da im Bereich des Strafrechts ganz überwiegend Honorarvereinbarungen geschlossen werden, haben diese Erhöhungen für die Praxis eher untergeordnete Bedeutung.

758 Das strafrechtliche Ermittlungsverfahren und das nachfolgende gerichtliche Verfahren sind verschiedene Angelegenheiten, § 17 Nr. 10 RVG. Der Wahlverteidiger erhält im **Ermittlungsverfahren** eine **Grundgebühr** zwischen 40 € und 360 €[1] für die erstmalige Einarbeitung in den Rechtsfall. Daneben erhält er eine **Verfahrensgebühr** zwischen 40 € und 290 €[2] für das Betreiben des Geschäfts. Für die Teilnahme an Terminen außerhalb der Hauptverhandlung, z.B. bei Vernehmungen durch die Staatsanwaltschaft oder eine andere Strafverfolgungsbehörde, fällt zusätzlich eine **Terminsgebühr** zwischen 40 € und 300 € an.[3] Eine **zusätzliche Gebühr** zwischen 40 € und 290 € entsteht dann, wenn die Durchführung einer Hauptverhandlung durch die Mitwirkung des Steuerberaters entbehrlich und das Strafverfahren eingestellt wird.[4] Damit ist klargestellt, dass die Gebühr mit Einstellung des Strafverfahrens anfällt, unabhängig davon, ob die Tat als solche in einem anderen Verfahren, nämlich einem Bußgeldverfahren weiterverfolgt wird.[5] Diese zusätzliche Gebühr entsteht auch im Strafbefehlsverfahren, wenn die Durchführung einer Hauptverhandlung durch die Mitwirkung des Steuerberaters entbehrlich wird.[6]

759 Im erstinstanzlichen **gerichtlichen Verfahren** entsteht eine weitere **Verfahrensgebühr**.[7] Die Höhe dieser Gebühr ist – wie bisher – nach der Zuständigkeit des Gerichts gestaffelt. Im Verfahren vor dem Amtsgericht ist ein Rahmen von 40 € - 290 € vorgesehen. Kommt es zu einem Hauptverhandlungstermin, erhält der Verteidiger für jeden Verhandlungstag eine **Terminsgebühr**,[8] deren Höhe sich ebenfalls nach der Zuständigkeit des Gerichts richtet. Sie beträgt im Verfahren vor dem Amtsgericht 70 € - 480 €. Nach Vorbem. 4 Abs. 3 Satz 2 VV RVG erhält der Verteidiger auch dann eine Terminsgebühr, wenn er zum Termin erscheint, der Termin aber nicht stattfindet und der Verteidiger von der Aufhebung des Termins keine Kenntnis hatte und auch keine Kenntnis haben musste. Ob die Terminsgebühr auch dann entsteht, wenn der Verteidiger nicht körperlich im Gerichtsgebäude erscheint, sondern von dem „geplatzten Termin" auf dem Weg zum Gerichtsgebäude erfährt und deshalb davon absieht, das Gerichtsgebäude aufzusuchen, ist streitig.[9]

760 Nach § 42 RVG kann der Wahlverteidiger in **Verfahren, die insgesamt oder teilweise besonders umfangreich oder schwierig waren**, auf Antrag eine **Pauschgebühr** für das ganze Verfahren oder einzelne Verfahrensabschnitte geltend machen. Die Vorschrift greift nur in Fällen unzumutbarer Unterbezahlung.[10] Der entsprechende Antrag ist erst dann zulässig, wenn die Kostengrundentscheidung rkr. geworden ist. Zuständig ist das OLG, zu dessen Bezirk das Gericht des ersten Rechtszugs gehört. Die vom OLG festzustellende Pauschgebühr darf aber das Doppelte der Höchstbeträge nach Teil 4 VV RVG nicht übersteigen.[11] Die Entscheidung des OLG ist kein Vollstreckungstitel. Wie sich aus § 42 Abs. 4 RVG ergibt, gelten die allgemeinen Regeln (Kostenfestsetzungsverfahren oder Vergütungsprozess). Dieses neue Verfahren erlaubt es, den erhöhten Arbeitsaufwand des Verteidigers angemes-

1) § 45 StBVV i.V.m. Nr. 4100 VV RVG.
2) § 45 StBVV i.V.m. Nr. 4104 VV RVG.
3) § 45 StBVV i.V.m. Nr. 4102 VV RVG.
4) § 45 StBVV i.V.m. Nr. 4141 VV RVG.
5) Schneider, NJW 2013, 3768, 3769.
6) AG Berlin-Tiergarten v. 1.9.2015, (271 Cs 234 Js 217/13 (167/13), NJW-Spezial 2015, 733.
7) § 45 StBVV i.V.m. Nr. 4106, 4112, 4118 VV RVG.
8) § 45 StBVV i.V.m. Nr. 4108, 4114, 4120 VV RVG.
9) Erstmals bejahend: LG Magdeburg v. 15.4.2020, 21 Ks 5/19, NJW-Spezial2020, 443 m.w.N.
10) Burhoff in Gerold/Schmidt, 24. Aufl. 2019, § 42 RVG Rz. 8.
11) § 42 Abs. 1 Satz 4 RVG.

sen zu berücksichtigen, auch wenn keine Gebührenvereinbarung geschlossen wurde. Darüber hinaus ist die zumindest teilweise Erstattung vereinbarter höherer Honorare möglich.

Praxistipp:

Auch wenn diese Vorschrift dem Wahlverteidiger eine gewisse Sicherheit angemessener Honorierung gibt, empfiehlt es sich, mit dem Mandanten vor Beginn der Tätigkeit eine höhere Vergütung zu vereinbaren, da der Umfang der Tätigkeit – insbesondere im Ermittlungsverfahren – bei Mandatsannahme nur schwer abschätzbar ist.[1]

Ist die Kanzlei des StB Gegenstand einer **Durchsuchung** durch die Staatsanwaltschaft oder Steuerfahndung und wird der StB hierbei in seiner Funktion als Zeuge in Anspruch genommen, kann er gegenüber der Behörde einen Anspruch auf **Verdienstausfallentschädigung** geltend machen.[2] Die Höhe der Verdienstausfallentschädigung beträgt höchstens 21,00 € für jede Stunde, §§ 23 Abs. 2 Satz 1, 22 Satz 1, 19 Abs. 1 Satz 1 Nr. 6 JVEG.

II. Gebühren im bußgeldrechtlichen Verfahren nach dem RVG

Nach § 392 Abs. 1 Halbsatz 1 AO i.V.m. § 410 Abs. 1 Nr. 3 AO ist eine Alleinverteidigung durch einen StB oder Steuerbevollmächtigten möglich, solange die Finanzbehörde das Steuerstrafverfahren selbständig führt. **761**

Beispiel:

Das zuständige Finanzamt hat gegen einen Kontierer ein Ordnungswidrigkeitenverfahren wegen unerlaubter Steuerrechtshilfe gem. §§ 160, 164 StBerG eingeleitet. Der StB ist befugt, den Kontierer in diesem Verfahren zu verteidigen.

Der Wahlverteidiger erhält eine **Grundgebühr** von 30 € - 170 € für die erstmalige Einarbeitung in den Rechtsfall.[3] Der Umfang der Akte zum Zeitpunkt der ersten Akteneinsicht ist ein wesentliches Indiz für den Aufwand bei der erstmaligen Einarbeitung in den Rechtsfall. Ein Aktenumfang von zwölf Seiten ist als sehr gering einzustufen und führt zu einer die Mittelgebühr unterschreitenden Grundgebühr.[4] Bei der Bestimmung der angemessenen Gebühr gelten die Kriterien des § 14 RVG.[5] Die weiteren Gebühren im **außergerichtlichen Verfahren** richten sich nach Nr. 5101 ff. VV RVG. Sie sind von der Höhe des Bußgelds abhängig. Die Gebühren für die **gerichtliche Verteidigung** sind in Nr. 5107 ff. VV RVG geregelt. Neben einer **Verfahrensgebühr** von 20 € - 110 €[6] kann noch eine **Terminsgebühr** i.H.v. 20 € - 240 € anfallen.[7] Dabei ist die Terminsdauer ein objektiver Maßstab für die Bemessung der Terminsgebühr. Ein nur wenige Minuten dauernder Hauptverhandlungstermin ist als deutlich unterdurchschnittlich anzusehen.[8]

E. Gebühren im sozialrechtlichen Verfahren

Seit dem 1.7.2008 sind StB und StBv auch vor den Sozial- und Landessozialgerichten in Verfahren nach §§ 28h und 28p SGB IV vertretungsbefugt.[9] Mit der VO zum **762**

1) § 45 StBVV i.V.m. § 3a RVG; siehe hierzu Römermann, MDR 2004, 421; → § 4 StBVV Rz. 113 ff. siehe Muster Vergütungsvereinbarung → Rz. 940.
2) LG Koblenz v. 11.2.2003, 4 Qs 94/02; Hartmann, Kostengesetze, 43. Aufl. 2013, § 23 JVEG Rz. 4; Feiter KANZLEI intern 04/2015, 8.
3) § 45 StBVV i.V.m. Nr. 5100 Abs. 1 VV RVG.
4) LG Düsseldorf v. 12.5.2017, 61 Qs 5/17, RVGreport 2017, 373.
5) Entspricht § 11 StBVV.
6) Nr. 5107 VV RVG.
7) Nr. 5110 VV RVG.
8) LG Düsseldorf v. 12.5.2017, 61 Qs 5/17, RVGreport 2017, 373.
9) § 73 Abs. 2 Satz 2 Nr. 4 SGG.

Erlass und zur Änderung steuerlicher Verordnungen[1)] hat der Verordnungsgeber mit Wirkung zum 20.12.2012 § 45 StBVV um einen Hinweis auf die Gebühren in Verfahren vor der Sozialgerichtsbarkeit ergänzt. Es handelt sich um eine Klarstellung. Schon bis zum Inkrafttreten dieser Änderungen wurde § 45 StBGebV über § 2 StBGebV sinngemäß angewandt. In Verfahren vor den Gerichten der Sozialgerichtsbarkeit entstehen grds. Betragsrahmengebühren nach § 3 Abs. 1 Satz 1 RVG. In den Verfahren, in denen Steuerberater vor den Sozialgerichten auftreten dürfen,[2)] ist jedoch § 3 Abs. 1 Satz 2 RVG, der eine Abrechnung nach Gegenstandswert vorsieht. Die aus sich heraus kaum verständliche Regelung erschließt sich erst durch Heranziehung der §§ 1 Abs. 2 Nr. 3 GKG, 197a Abs. 1 Satz 1, 1. Halbsatz SGG. Danach entstehen keine Betragsrahmengebühren, sondern werden die Gebühren nach Gegenstandswert berechnet, wenn weder Kläger noch Beklagter zu den in § 183 SGG genannten Personen gehören. Dies trifft auf die Verfahren nach §§ 28h und 28p SGB IV zu.[3)] Im Verfahren vor dem Sozial- bzw. Landessozialgericht erhält der StB deshalb dieselben Gebühren wie im Verfahren vor dem Verwaltungs- bzw. Oberverwaltungsgericht. Der StB kann deshalb im Verfahren vor dem **Sozialgericht** eine **Verfahrensgebühr** nach Nr. 3100 VV RVG i.H.v. 1,3 und eine **Terminsgebühr** nach Nr. 3104 VV RVG i.H.v. 1,2 abrechnen, ggf. auch eine Erledigungsgebühr nach Nr. 1003 VV RVG i.H.v. 1,0. Im Verfahren vor dem **Landessozialgericht** beträgt die **Verfahrensgebühr** nach Nr. 3200 VV RVG 1,6 und die **Terminsgebühr** nach Nr. 3202 VV RVG 1,2.

763 (*einstweilen frei*)

764 Im vorgelagerten **Widerspruchsverfahren**[4)] kann der StB als übliche Vergütung Nr. 2300 VV RVG heranziehen, der einen Gebührenrahmen von 0,5–2,5 nach Tabelle zu § 13 RVG vorsieht.

765 Durch das 2. KostRMoG[5)] wurden zum 1.8.2013 die Gebührenermäßigungstatbestände in sozialrechtlichen (und verwaltungsrechtlichen) Verfahren durch ein **Anrechnungsmodell** ersetzt.[6)]

Wenn ein Rechtsanwalt nicht erst im Widerspruchsverfahren, sondern schon im vorangegangen Verwaltungsverfahren tätig geworden ist, erfolgt gem. Vorbem. 2.3 Abs. 4 Satz 1 VV RVG eine Anrechnung der hälftigen Geschäftsgebühr des Verwaltungsverfahrens (höchstens 0,75) auf die Geschäftsgebühr des Widerspruchsverfahrens. Diese Anrechnungsbestimmung gilt aber zunächst nur im Verhältnis zwischen Auftraggeber und StB.[7)] Die Anrechnung im Rahmen der Kostenerstattung regelt dagegen § 15a Abs. 2 RVG. Danach kommt die Anrechnung der nicht zu erstattenden Gebühr des Verwaltungsverfahrens grundsätzlich dem Auftraggeber und nicht dem Erstattungsschuldner zu Gute.[8)] Im späteren Klageverfahren erfolgt dann die gleiche Anrechnung der Geschäftsgebühr des Widerspruchsverfahrens auf die Verfahrensgebühr des gerichtlichen Verfahrens.[9)]

Wenn der Steuerberater nicht erst im Widerspruchsverfahren tätig wird, sondern bereits zuvor im Verwaltungsverfahren tätig geworden ist, sind die Vorschriften der StBVV nicht einschlägig.[10)] Da Rechtsanwälte hier eine Geschäftsgebühr nach

1) VO zum Erlass und zur Änderung steuerlicher Verordnungen v. 11.12.2012, BGBl. I 2012, 2637 = BStBl I 2013, 2.
2) §§ 28h und 28p SGB IV.
3) Ausführlich Feiter, DStR 2015, 2686.
4) § 13 Abs. 6 Satz 2 SGB X.
5) 2. KostRMoG v. 23.7.2013, BGBl. I 2013, 2586.
6) Vorbem. 2.3. Abs. 4 und Vorbem. 3 Abs. 4 Satz 1 VV RVG.
7) § 15a Abs. 1 RVG.
8) SG Dresden v. 8.12.2015, S 38 AS 6152/14, NJW-Spezial 2016, 59; siehe Beispiel unten.
9) Schneider, Fälle und Lösungen zum RVG, 5. Aufl. 2019, § 31 RVG Rz. 265.
10) Keine Tätigkeit nach § 33 StBVV, vgl. § 1 Abs. 1 StBVV.

Nr. 2300 VV RVG abrechnen würden und es sich bei den Tätigkeiten für Steuerberater um eine erlaubte Rechtsdienstleistung handelt, könnten auch Steuerberater eine sinngemäße Anwendung der Nr. 2300 VV RVG vornehmen. Der Gebührenrahmen ist identisch mit dem nach § 40 Abs. 1 StBVV a.F. bzw. § 40 StBVV n.F. i.V.m. Nr. 2300 VV RVG. Vorteilhafter dürfte aber eine entsprechende Anwendung des § 29 Nr. 1 StBVV sein, der eine Zeitgebühr vorsieht. Denn das **RVG kennt keine Zeitgebühr** und **sieht deshalb auch keine Anrechnung der Zeitgebühr des Verwaltungsverfahrens auf das spätere Widerspruchsverfahren vor.**

Beispiel:

Der Steuerberater wird beauftragt an einer Prüfung der Träger der Rentenversicherung nach § 28p SGB IV teilzunehmen. Die Teilnahme an der Prüfung beträgt 8 Stunden. Gegen den Bescheid des Trägers der Rentenversicherung legt der Steuerberater Widerspruch ein. Dem Widerspruch wird abgeholfen. Es soll von einem Gegenstandswert i.H.v. 6 000 € ausgegangen werden. Abgerechnet werden sollen lediglich Mittelgebühren.

Lösung:

Variante 1: Abrechnung nach Wertgebühren

Verwaltungsverfahren:

1,5 Geschäftsgebühr, Nr. 2300 VV RVG (analog)	531,00 €
Postentgeltpauschale, § 16 StBVV	20,00 €
Zwischensumme	551,00 €
19 % Umsatzsteuer, § 15 StBVV	104,69 €
Gesamt	**655,69 €**

Widerspruchsverfahren:

1,5 Geschäftsgebühr, Nr. 2300 VV RVG	531,00 €
anzurechnen gem. Vorbem. 2.3. Abs. 4 Satz 1 VV RVG 0,75	– 265,50 €
Postentgeltpauschale, § 16 StBVV	20,00 €
Zwischensumme	285,50 €
19 % Umsatzsteuer, § 15 StBVV	54,25 €
Gesamt	**339,75 €**

Von der Behörde zu erstatten ist bei erfolgreichem Widerspruchsverfahren unter Berücksichtigung des § 15a Abs. 2 RVG die volle Geschäftsgebühr zuzüglich Auslagenersatz und Umsatzsteuer, also der Gesamtbetrag von 655,69 €. Die Anrechnungsbestimmung der Vorbem. 2.3 Abs. 4 VV RVG kommt der Behörde nicht zu Gute. Sie gilt nur im Verhältnis zwischen StB und Auftraggeber. Nicht erstattungsfähig ist die Gebühr des vorangegangenen Verwaltungsverfahrens. Diese kann der Steuerberater – allerdings gemindert um den Anrechnungsbetrag[1] – von seinem Auftraggeber fordern. Insoweit kommt dem Auftraggeber die o.g. Anrechnungsbestimmung zu Gute.

Variante 2: Abrechnung nach Zeitgebühren

Verwaltungsverfahren:

Teilnahme an Prüfung, § 29 Nr. 1, 2, 13 Satz 1 Nr. 1 StBVV analog

8 Stunden à 100 €	800,00 €
Postentgeltpauschale, § 16 StBVV	20,00 €
Zwischensumme	820,00 €
19 % Umsatzsteuer, § 15 StBVV	155,80 €
Gesamt	**975,80 €**

1) Vgl. § 15a Abs. 1 RVG.

Widerspruchsverfahren:

1,5 Geschäftsgebühr, Nr. 2300 VV RVG	531,00 €
Postentgeltpauschale	20,00 €
Zwischensumme	551,00 €
19 % Umsatzsteuer, § 15 StBVV	104,69 €
Gesamt	**655,69 €**

Da § 15a Abs. 2 RVG nicht greift, weil eine Anrechnung bei Zeitgebühren nicht vorgesehen ist, sind die Gebühren des Widerspruchsverfahrens i.H.v. 655,69 € zu erstatten. Den Betrag von 975,80 € kann der Steuerberater ungekürzt von seinem Auftraggeber fordern, da § 15a Abs. 1 RVG ebenfalls nicht eingreift.

Abwandlung:

In dem o. g. Beispiel wird der Widerspruch zurückgewiesen. Der Steuerberater erhebt Klage zum Sozialgericht und obsiegt in I. Instanz.

Im Klageverfahren sind folgende Gebühren angefallen:

1,3 Verfahrensgebühr nach § 45 StBVV i.V.m. Nr. 3100 VV RVG	460,20 €
gem. Vorbem. 3 Abs. 4 Satz 1 VV RVG anzurechnen 0,75	– 265,50 €
1,2 Terminsgebühr nach § 45 StBVV i.V.m. Nr. 3104 VV RVG	424,80 €
Postentgeltpauschale, § 45 StBVV i.V.m. Nr. 7002 VV RVG	20,00 €
Zwischensumme	639,30 €
19 % Umsatzsteuer, § 45 StBVV i.V.m. Nr. 7008 VV RVG	121,46 €
Gesamt	**760,76 €**

In den Fällen, in denen mehrere Geschäftsgebühren (im Verwaltungsverfahren und im Widerspruchsverfahren) entstanden sind, ist für die Anrechnung auf die gerichtliche Verfahrensgebühr nur die zuletzt entstandene Gebühr maßgebend. Es erfolgt also keine doppelte Anrechnung.[1] Die in dem o.g. Ausgangsfall vorgenommene Anrechnung der 0,75- Geschäftsgebühr gem. Nr. 2300 VV RVG gem. Vorbem. 2.3 Abs. 4 Satz 1 VV RVG ist deshalb auf das Widerspruchsverfahren beschränkt. Eine weitere Anrechnung dieser Geschäftsgebühr auf die Verfahrensgebühr im Klageverfahren erfolgt nicht.

766 Durch das 2. KostRMoG ist mit Wirkung zum 1.8.2013 für Verfahren im Sozialrecht und Verwaltungsrecht in Nr. 3104 Anm. Abs. 1 Nr. 2 VV RVG eine weitere Neuerung eingeführt worden. Bei Erlass eines **Gerichtsbescheids** wird der Anwendungsbereich der Terminsgebühr eingeschränkt. Sie fällt nur noch dann an, wenn der Steuerberater im Verfahren eine mündliche Verhandlung erzwingen kann. Dies wiederum ist nur dann der Fall, wenn gegen die Entscheidung kein Rechtsmittel gegeben ist, also bei Entscheidungen des Verwaltungsgerichts oder des Sozialgerichts, die nicht kraft Gesetzes berufungsfähig sind und bei denen die Berufung auch nicht zugelassen wurde.[2] Umstritten ist, ob dem StB eine fiktive Terminsgebühr zusteht, wenn seine Partei durch Gerichtsbescheid vollständig obsiegt hat. Insoweit kann auf die Ausführungen zum verwaltungsgerichtlichen Verfahren verwiesen werden,[3] da es in beiden Verfahren um den Anwendungsbereich der Nr. 3104 Anm. Abs. 1 Nr. 2 VV RVG geht.

1) Vorbem. 3 Abs. 4 Satz 3 VV RVG.
2) § 84 Abs. 1 VwGO, § 105 Abs. 1 Satz 1 SGG.
3) → Rz. 755.

§ 46
Vergütung bei Prozeßkostenhilfe

Für die Vergütung des im Wege der Prozeßkostenhilfe beigeordneten Steuerberaters gelten die Vorschriften des Rechtsanwaltsvergütungsgesetzes sinngemäß.

Inhalt

Schrifttum

Feiter, Das neue Beratungshilfegesetz und die Gebühren des Steuerberaters, KANZLEI intern 07 und 08/2014; **Feiter,** Gilt das Beratungshilfegesetz auch für einen Antrag auf Vollstreckungsaufschub und die Mitwirkung bei der Abnahme der Vermögensauskunft?, KANZLEI intern 09/2014, 5; **Friedrich,** Wie erhalte ich Prozesskostenhilfe?, NJW 1995, 394; **Jost,** Prozesskostenhilfe im finanzgerichtlichen Verfahren, INF 1995, 394; **Jost,** Nachtrag: Prozesskostenhilfe im finanzgerichtlichen Verfahren, INF 1995, 523; **Zenke,** Prozesskostenhilfe im finanzgerichtlichen Verfahren, StB 2006, 302; **Szymborski,** Beratungshilfe im Steuerrecht, DStR 2012, 1984.

A. Inhalt und Bedeutung

Die Vorschrift wurde zuletzt durch Art. 4 Abs. 60 des Kostenrechtsmodernisierungsgesetzes geändert.[1] Als Prozessbevollmächtigte im Finanzgerichtsverfahren können Rechtsanwälte[2] und StB beigeordnet werden.[3] Im Verfahren vor den Verwaltungsgerichten gibt es eine solche Einschränkung nicht.[4] Der BGH[5] hat entschieden, dass die Beschränkung der Beiordnungsmöglichkeit auf Rechtsanwälte als Einzelpersonen verfassungswidrig ist und Rechtsanwaltsgesellschaften, Partnerschaftsgesellschaften und Sozietäten in ihrer Berufsausübungsfreiheit[6] einschränkt. Über den Wortlaut der o.g. Regelungen hinaus kann der bedürftigen Partei deshalb auch eine Steuerberatungsgesellschaft, Wirtschaftsprüfungsgesellschaft, Partnerschaftsgesellschaft oder Sozietät beigeordnet werden, wenn der für die Gesellschaft handelnde Vertreter zur Steuer- oder Rechtsberatung befugt ist. Das BVerfG[7] hat festgestellt, dass es mit dem Gleichheitsgrundsatz unvereinbar ist, dass nach § 2 Abs. 2 BerHG das Steuerrecht nicht zu den beratungshilfefähigen Angelegenheiten zählt. Darauf hat der Gesetzgeber mit dem Gesetz zur Änderung der Prozesskostenhilfe- und Beratungshilferechts[8] reagiert. Seit dem 1.1.2014 gehört auch das Steuer- **767**

1) KostRMoG v. 5.5.2004, BGBl. I 2004, 718.
2) § 121 ZPO i.V.m. § 142 Abs. 1 FGO.
3) § 142 Abs. 2 FGO.
4) § 166 VwGO.
5) BGH v. 17.9.2008, IV ZR 343/07, AnwBl 2009, 74.
6) Art. 12 Abs. 1 GG.
7) BVerfG v. 14.10.2008, 1 BvR 2310/06, NJW 2009, 209.
8) BR-Drucks. 516/12 v. 31.8.2012.

recht zu den beratungshilfefähigen Angelegenheiten. Erstmals sind auch StB und Steuerbevollmächtigte zur Beratungshilfe befugt.[1]

768 Die berufsrechtliche Pflicht zur Übernahme einer Prozessvertretung im Fall der gerichtlichen Beiordnung regelt § 65 StBerG. Die berufsrechtliche Pflicht zur Übernahme der (außergerichtlichen) Beratungshilfe ist in § 65a StBerG geregelt. Nimmt ein angestellter StB für die Sozietät ein Prozesskostenhilfe-Mandat an, muss er für die Beiordnung der Sozietät sorgen (Gleichlauf von Mandat und Beiordnung).[2] Die Prozesskostenhilfe bezieht sich nur auf das gerichtliche Verfahren, nicht auch auf das außergerichtliche Vorverfahren nach § 40 StBVV. Hier kommt ggf. Beratungshilfe in Betracht. Für das Verfahren auf Bewilligung der Prozesskostenhilfe gibt es keine Prozesskostenhilfe. Gerichtskosten werden im Unterliegensfall (Ablehnung der Bewilligung der Prozesskostenhilfe) auch nicht erhoben, da das GKG hierfür keine Gebühren vorsieht.

B. Anspruchsvoraussetzungen und allgemeine Grundlagen

769 Einen Anspruch auf Prozesskostenhilfe hat nach dem Gesetz, wer einen Prozess führen muss und die dafür erforderlichen Kosten nicht aufbringen kann (subjektive Voraussetzung) **und** nach Einschätzung des Gerichts nicht nur geringe Aussichten hat, den Prozess zu gewinnen (objektive Voraussetzung).

Ein Anspruch auf Beratungshilfe besteht wenn dem Rechtsuchenden keine andere Möglichkeit (z.B. Finanzämter, Familienkassen, Schuldner- oder Verbraucherzentralen) für eine Hilfe zur Verfügung stehen. Die Gewährung der Beratungshilfe setzt weiter voraus, dass die Wahrnehmung der Rechte nicht mutwillig ist.[3] Die Beratungshilfe wird (nur) für die **Wahrnehmung von Rechten** – nicht für die Mitwirkung bei der Erfüllung steuerlicher Plichten - außerhalb eines gerichtlichen Verfahrens und im obligatorischen Güteverfahren nach § 15a des Gesetzes betreffend die Einführung der Zivilprozessordnung gewährt.[4]

Typische Anwendungsfälle sind:

- die Beratung und Vertretung in Kindergeldsachen,[5]
- die Tätigkeit im Schuldenbereinigungsverfahren,[6]
- die Abwehr von Steueransprüchen und Zwangsvollstreckungen der Finanzverwaltung.[7]

770 Antragsberechtigt sind:

- Natürliche Personen
- In Ausnahmefällen inländische juristische Personen (rechtsfähige Vereine, AG, GmbH, Genossenschaften)
- Parteifähige Personenvereinigungen (OHG, KG, nicht rechtsfähige Vereine)

1) → Rz. 793 ff.
2) BGH v. 15.7.2010, IX ZR 227/09, AnwBl 2010, 716.
3) §§ 1 Abs. 1 Nr. 3 und Abs. 3 BerHG.
4) Szymborski, DStR 2012, 1984.
5) Feiter, KANZLEI intern 08/2014, 2 mit Berechnungsbeispiel.
6) Nr. 2502, 2504–2507 VV RVG.
7) Feiter, KANZLEI intern 09/2014, 5 mit Berechnungsbeispiel; → § 44 StBVV Rz. 696.

- Partei kraft Amtes (Testamentsvollstrecker, Nachlass- und Insolvenzverwalter)
- Ausländische juristische Personen hingegen sind ausdrücklich ausgeschlossen.[1)]

Das Prinzip ist klar: Wer zur Prozessführung/Beratung finanzielle Hilfe braucht, soll sie bekommen. Der Rechtsuchende muss bedürftig sein. Dabei gilt für den Fall der Beratungshilfe, dass eine Hilfsbedürftigkeit nur dann anzunehmen ist, wenn der Rechtsuchende auch in einem späteren gerichtlichen Verfahren Prozesskostenhilfe **ohne** die Anordnung von Ratenzahlungen erhalten würde.[2)] Die Anforderungen sind damit deutlich höher als die Anforderungen an die Gewährung von Prozesskostenhilfe.[3)] Das gilt selbstverständlich nicht für aussichtslose Prozesse. Und es dürfen keine anderen zumutbaren Hilfsmöglichkeiten bestehen. 771

So soll derjenige, der einen Prozess führen will bzw. eine Beratung in Anspruch nehmen möchte, zunächst einmal auf sein Vermögen zurückgreifen, soweit ihm dies zumutbar erscheint. Ob Vermögen, insbesondere Ersparnisse, einzusetzen sind, entscheidet das Gericht. Über den Antrag auf Prozesskostenhilfe in einem gerichtlichen Verfahren entscheidet das prozessführende Gericht (in der Regel das Finanzgericht). Über den Antrag auf Beratungshilfe entscheidet das Amtsgericht, in dessen Bezirk der Rechtsuchende seinen allgemeinen Gerichtstand hat.[4)] Der Antrag kann mündlich oder schriftlich gestellt werden.[5)] Der amtliche Vordruck kann auf der Homepage der Landesjustizverwaltung (www.justiz.nrw.de) heruntergeladen werden. Liegen die Voraussetzungen für die Gewährung von Beratungshilfe vor, stellt das zuständige Amtsgericht, sofern es nicht selber die Beratung vornimmt, einen Berechtigungsschein für Beratungshilfe durch einen Bevollmächtigten, der im Übrigen frei gewählt werden kann, aus. 772

Diese Entscheidung, wie auch alle anderen gerichtlichen Entscheidungen, können wegen der in Art. 97 GG garantierten Unabhängigkeit der Richter nur in dem nach der jeweiligen Prozessordnung vorgesehenen Rechtsmittelverfahren geprüft werden.

In bestimmten Fällen besteht kein Anspruch auf Gewährung von Prozesskosten- bzw. Beratungshilfe. So zum Beispiel, wenn eine Rechtsschutzversicherung oder eine andere Stelle (z.B. Gewerkschaften unterstützen die Führung eines Musterprozesses) die Kosten übernehmen. Weiter kann sie dann nicht gewährt werden, wenn der Ehegatte oder bei einem unverheirateten Kind die Eltern oder ein Elternteil auf Grund gesetzlicher Vorschriften (Unterhaltspflicht) für die Kosten aufkommen müssen und entsprechendes Vermögen vorhanden ist. 773

Ein Rechtsstreit vor einem Gericht kostet Geld. Wer eine Klage erheben will, muss für das Verfahren im Fall des Unterliegens in der Regel Gerichtskosten zahlen. Schreibt das Gesetz eine anwaltliche Vertretung vor oder ist aus sonstigen Gründen[6)] anwaltliche Vertretung notwendig, kommen die Kosten für diese hinzu. 774

Nach § 142 Abs. 1 FGO gelten die Vorschriften über die Prozesskostenhilfe im finanzgerichtlichen Verfahren sinngemäß. Es kann neben Rechtsanwälten danach auch ein Steuerberater, Steuerbevollmächtigte, Wirtschaftsprüfer oder vereidigte Buchprüfer beigeordnet werden. 775

1) § 1 Abs. 2 BerHG i.V.m. § 116 ZPO.
2) § 1 Abs. 2 BerHG; Feiter, KANZLEI intern 07/2014, 2 mit Berechnungsbeispiel.
3) Hier besteht darüber hinaus die Möglichkeit der Gewährung der Prozesskostenhilfe gegen Ratenzahlung.
4) § 4 Abs. 1 BerHG.
5) § 4 Abs. 2 BerHG.
6) Auf Grund der Kompliziertheit des Steuerrechts regelmäßig in Prozessen vor den Finanzgerichten.

Das Prozesskostenhilfegesetz vom 13.6.1980, in Kraft seit 1.1.1981, hat das früher geltende Armenrecht abgelöst. Das Fundament für die Prozesskostenhilfe wurde in den neu gefassten §§ 114 bis 127 ZPO gelegt.

776 Ziel der derzeit geltenden Vorschriften ist vor allem ein erleichterter und verbesserter Gang zu den Gerichten. Die Beibringung eines von der zuständigen Behörde ausgestellten Zeugnisses, in dem "das Unvermögen zur Bestreitung der Prozesskosten ausdrücklich bezeugt werden muss"[1] ist nicht mehr erforderlich. Die Partei muss nun ihre persönlichen und wirtschaftlichen Verhältnisse unmittelbar gegenüber dem Gericht erklären. Ihr wird damit der oft als peinlich empfundene Gang zum Sozialamt o.ä. Behörden erspart. Ein entsprechender Vordruck kann kostenlos bei den Gerichten bezogen werden.[2]

777 Die Prozesskostenhilfe will Parteien, die diese Kosten nicht aufbringen können, die Verfolgung oder Verteidigung ihrer Rechte ermöglichen. Die Prozesskostenhilfe will damit Bürgern, die nach ihren persönlichen und wirtschaftlichen Verhältnissen die Kosten der Prozessführung nicht, nur zum Teil oder nur in Raten aufbringen können, die Prozessführung ermöglichen.

778 Die gesetzlichen Voraussetzungen – insbesondere Bedürftigkeit des Antragstellers, Erfolgsaussichten einer Klage – ergeben sich aus den §§ 114 ff. ZPO, die über § 142 Abs. 1 FGO bzw. § 166 VwGO anwendbar sind.[3] Bezüglich des Antragsverfahrens ist darauf zu achten, dass die Erklärung über die persönlichen und wirtschaftlichen Verhältnisse zwingend auf einem amtlichen Vordruck[4] abzugeben ist. Der Antrag ist für jedes selbstständige Verfahren und für jede Instanz getrennt zu stellen.[5] Prozesskostenhilfe kann grundsätzlich nur für die Zeit nach Vorlage des vollständigen Antrags einschließlich der Erklärung und aller notwendigen Belege bewilligt werden. Eine nachträgliche und damit rückwirkende Bewilligung ist nicht möglich.[6] Ablehnende Beschlüsse im finanzgerichtlichen Verfahren der Prozesskostenhilfe können seit dem 1.1.2001 nicht mehr mit der Beschwerde angefochten werden.[7] Sie sind aber mit einer Begründung zu versehen.[8] Wird der bisher beigeordnete Bevollmächtigte entpflichtet, steht dem neu beigeordneten Bevollmächtigten grundsätzlich die volle gesetzliche Vergütung zu.[9]

Praxistipp:

1. Da bereits dann Gerichtskosten anfallen, wenn neben dem Antrag auf Prozesskostenhilfe zusätzlich sofort Klage erhoben wird und später nach Ablehnung des Antrags die Klage zurückgenommen wird, sollte zunächst nur Prozesskostenhilfe beantragt werden. Nach Gewährung der Prozesskostenhilfe kann innerhalb von zwei Wochen nach Erhalt des Gerichtsbeschlusses die Klage nachgeholt und Wiedereinsetzung in den vorigen Stand wegen Versäumung der Klagefrist beantragt werden.[10]
2. Aus Gründen äußerster Vorsicht sollte dem PKH-Antrag kein „Entwurf" der Klage oder Rechtsmittelschrift beigefügt werden, sondern nur eine rechtlich angereicherte „Geschichtserzählung". Andernfalls besteht die Gefahr, dass das Gericht im Falle

1) Armutszeugnis nach § 118 Abs. 2 Satz 1 ZPO a.F.
2) Siehe auch Bonner Handbuch der Steuerberatung, Anhang zu § 65 StBerG oder im Internet: http://www.justiz.de/formulare/zwi_bund/zp1a.pdf.
3) Zu Einzelheiten s. Jost, INF 1995, 394, 523; Friedrich, NJW 1995, 394.
4) → Rz. 772.
5) §§ 119, 127 ZPO.
6) Zenke, StB 2006, 302, 305.
7) § 128 Abs. 2 FGO.
8) § 113 Abs. 2 Satz 2 FGO.
9) OLG Celle v. 7.11.2007, 18 WF 250/07, NJW 2008, 2511.
10) Sächsisches FG v. 29.9.2008, 3 Ko 1632/08.

eines Wiedereinsetzungsantrags davon ausgeht, dass die Mittellosigkeit des Antragstellers nicht kausal war für die Fristversäumnis. Nach einer Entscheidung des BGH[1] gibt der Rechtsanwalt/StB in einem solchen Fall zu erkennen, dass er bereit war, die Klage/das Rechtsmittel auch ohne Bewilligung von PKH zu begründen.

C. Vergütung und Kosten des finanzgerichtlichen Prozesses

Im gerichtlichen Verfahren können im Zuge der Prozessführung folgende Kosten entstehen: 779

- Rechtsanwalts-/Steuerberater-/Wirtschaftsprüfer-Buchprüferkosten (siehe RVG)
- Gerichtskosten (GKG)
- Gerichtsvollzieherkosten (GVKostG).

Da das Rechtsbehelfsverfahren vor den Steuerbehörden kostenfrei ist, erstreckt sich die Gewährung der Prozesskostenhilfe entsprechend nur auf das finanzgerichtliche Verfahren. 780

Prozesskostenhilfe kommt in Betracht u.a. für Klageverfahren vor dem Finanzgericht, Aussetzungsverfahren, Verfahren über die einstweilige Anordnung, Beweissicherungsverfahren, Beschwerdeverfahren und entsprechende Rechtsmittelverfahren vor dem BFH. 781

Für das Verfahren auf Bewilligung der Prozesskostenhilfe ist dagegen die Prozesskostenhilfe nicht erforderlich, weil das Prozesskostenhilfe-Bewilligungsverfahren kosten- und erstattungsfrei ist[2] und nicht zum streitentscheidenden Teil des Verfahrens gehört. 782

Die Vergütung in PKH-Sachen bemisst sich sowohl für Rechtsanwälte, als auch für StB, StBv, WP und vereidigte Buchprüfer nach dem RVG.[3] Die Prozesskostenhilfe-Gebühren sind in einer eigenen Gebührentabelle[4] geregelt. Durch das Inkrafttreten des RVG hat es hinsichtlich der Gebührenhöhe keine Änderungen im Vergleich zur BRAGO gegeben. Bei verlorenem Prozess richtet sich der Vergütungsanspruch gegen die Staatskasse,[5] im Fall des Obsiegens gegen den Prozessgegner. Dem im Wege der PKH beigeordneten StB steht gegenüber der Landeskasse auch ein Anspruch auf Festsetzung von Auslagenersatz und Umsatzsteuer zu. Umsatzsteuer ist auch dann festzusetzen, wenn die bedürftige Partei zum Vorsteuerabzug berechtigt ist. Die Vorsteuerabzugsberechtigung der bedürftigen Partei wirkt sich nach h.M. auf die Höhe der PKH-Vergütung nicht aus, denn hierbei handelt es sich nicht um einen Erstattungsanspruch, sondern um einen echten Vergütungsanspruch.[6] 783

Bei den Gebühren nach dem § 49 RVG handelt es sich – ab einem Streitwert von 5 000 € – um **geminderte Gebühren**. So beträgt eine Gebühr bei einem Streitwert von 5 000 € nur 257 € statt 295 € Regelgebühr.[7] Ab einem Streitwert von über 30 000 € gilt eine Festgebühr von 447 €.[8] Eine Vereinbarung über eine **höhere** als die gesetzliche Vergütung zwischen beigeordnetem StB und Mandant ist nichtig, § 45 StBVV i.V.m. § 3a Abs. 3 RVG. Jede andere Vergütungsvereinbarung ist wirk- 784

1) BGH v. 6.5.2008, VI ZB 16/07, AnwBl 2008, 639.
2) § 118 Abs. 1 ZPO.
3) Vgl. § 142 Abs. 2 FGO.
4) § 49 RVG.
5) §§ 45 ff. RVG.
6) OLG München v. 11.8.2016, 11 W 1281/16, NJW-Spezial 2016, 699, 700 m.w.N.
7) Tabelle zu § 13 RVG.
8) Das KostRÄG 2021 sieht eine Anhebung dieser Kappungsgrenze auf 50 000 € vor. Die Änderung soll zum 1.1.2021 in Kraft treten.

sam, auch die Vereinbarung der gesetzlichen Gebühren. Aufgrund der Sperrwirkung des § 122 Abs. 1 Nr. 3 ZPO ist die Differenz zwischen PKH-Vergütung und gesetzlicher Vergütung aber für die Dauer der Beiordnung nicht durchsetzbar.[1] Nur dann, wenn diese Sperrwirkung entfällt (z.B. bei nachträglicher Aufhebung der bewilligten PKH), kann der StB die gesetzlichen Gebühren fordern. Ist der StB im Zeitpunkt der Vereinbarung der gesetzlichen Gebühren bereits beigeordnet, sollte er den Mandanten darauf hinweisen, dass er zur ordnungsgemäßen Vertretung auch ohne Abschluss einer Vereinbarung über die gesetzlichen Gebühren verpflichtet ist.[2] Aus der Beschränkung auf das Verfahren über die Prozesskostenhilfe zählt nach § 16 Nr. 2 RVG zum Rechtszug und wird mit dem Verfahren, für das Prozesskostenhilfe beantragt wird, als eine Angelegenheit gesehen. Hat der Bevollmächtigte nur einen Auftrag für das PKH-Antragsverfahren, erhält er eine 1,0-Verfahrensgebühr nach Nr. 3335 VV RVG und ggf. (bei Anordnung mündlicher Verhandlung durch das Gericht) eine Terminsgebühr i.H.v. 1,2 nach Vorbemerkung 3.3.6. VV RVG i.V.m. Nr. 3104 VV RVG. Wird er anschließend im Hauptsacheverfahren tätig, erhält er die übliche Verfahrensgebühr nach Nr. 3200 VV RVG i.H.v. 1,6 und ggf. die Terminsgebühr nach Nr. 3302 VV RVG von 1,2.

785 Da das Bewilligungs- und das Hauptsacheverfahren eine Angelegenheit sind, gehen die Gebühren des PKH-Antragsverfahrens in den Gebühren des späteren Hauptsacheverfahrens auf. Gegenüber der **Staatskasse** hat der beigeordnete StB auch dann einen Anspruch auf Festsetzung der **Umsatzsteuer**, wenn die von ihm vertretene Partei zum Vorsteuerabzug berechtigt ist.[3] Von diesem Vergütungsanspruch des beigeordneten StB gegenüber der Staatskasse ist der **Fall des übergegangenen Kostenerstattungsanspruchs** des Mandanten zu unterscheiden. Bei der Kostenfestsetzung nach § 45 StBGebV i.V.m. § 126 Abs. 1 ZPO kann der beigeordnete Bevollmächtigte von der unterlegenen Partei **nicht** die Erstattung von **Umsatzsteuer** auf die Honorarforderung fordern. Für die arme, zum Vorsteuerabzug berechtigte Partei ist die ihr vom Bevollmächtigten in Rechnung gestellte Umsatzsteuer ein durchlaufender Posten. Wie bei einer nicht bedürftigen vorsteuerabzugsberechtigten Partei muss der Bevollmächtigte die Umsatzsteuer gegenüber seinem Mandanten geltend machen und darf nicht die Gegenseite damit belasten.[4]

D. Geltendmachung der Vergütung

786 Wurden die Prozesskosten dem verurteilten Gegner auferlegt, ist der beigeordnete Bevollmächtigte berechtigt, seine Gebühren und Auslagen im eigenen Namen beizutreiben, also zu vollstrecken. Er kann einen Kostenfestsetzungsantrag nach § 126 ZPO stellen.

787 Auf Grund des Festsetzungsbeschlusses kann nach § 794 Abs. 1 Nr. 2 ZPO die Zwangsvollstreckung erfolgen. Diese Vorgehensweise hat den Vorteil, dass das beklagte Finanzamt nicht mit Steuerschulden des Klägers/Antragstellers aufrechnen kann, weil dieser nicht Beteiligter des Verfahrens nach § 126 ZPO ist. Die in diesem Verfahren zu erstattenden Gebühren sind mit denjenigen nach § 149 FGO identisch, d.h. der Bevollmächtigte muss sich nicht mit den geminderten Gebühren nach § 49 RVG zufriedengeben. Allerdings kann der Bevollmächtigte in diesem Verfahren nur seine eigenen Gebühren und Auslagen geltend machen, nicht die dem Kläger/Antragsteller ansonsten zu erstattenden Aufwendungen (z.B. Verdienstaus-

1) Str.; Mayer in Gerold/Schmidt, 24. Aufl. 2019, § 3a RVG Rz. 42.
2) § 65 StBerG; Siehe Praxishinweis zu BGH v. 13.12.2018, IX ZR 216/17, NJW-Spezial 2019, 315 zur Belehrungspflicht eines Pflichtverteidigers und den Auswirkungen auf PKH- und Beratungshilfemandate.
3) OLG Frankfurt a.M. v. 21.12.2017, 18 W 188/17, NJW-Spezial 2018, 187 m.w.N.
4) BGH v. 12.6.2006, Z B 21/05, MDR 2007, 303; FG Köln v. 6.5.2010, 10 Ko 4314/08, EFG 2010, 1640.

fall, Reisekosten). Diese müssten in einem weiteren Kostenfestsetzungsantrag nach § 149 FGO gegenüber dem Beklagten geltend gemacht werden.

Zum Teil wurde in der Rechtsprechung die Auffassung vertreten, dass ein Kostenfestsetzungsantrag nach § 149 FGO in Bezug auf die Gebühren und Auslagen des Bevollmächtigten ausscheidet, wenn der bedürftigen Partei Prozesskostenhilfe bewilligt wurde. **788**

Begründung: Durch die Prozesskostenhilfe-Bewilligung wird ja gerade festgestellt, dass dem Kläger keine Aufwendungen entstehen. Würde man die Möglichkeit eines Antrags auf Kostenfestsetzung nach § 149 FGO bejahen, könnte das Finanzamt mit Steuerschulden des Klägers aufrechnen. Dieser müsste dann seinem Bevollmächtigten die Gebühren bezahlen. Dadurch würde die o.g. Regelung des § 122 Abs. 1 Nr. 3 ZPO unterlaufen.

Dieser Auffassung hat der BGH[1] eine Absage erteilt. Danach hat die bedürftige Partei auch dann einen durchsetzbaren Kostenerstattungsanspruch gegen die unterlegene Partei, wenn ihr zahlungsfreie Prozesskostenhilfe bewilligt wurde. **789**

Der Anspruch auf Zahlung der gesetzlichen Gebühren ergibt sich aus z.B. dem Steuerberatungsvertrag.[2] Der Bevollmächtigte kann diesen Anspruch lediglich nicht geltend machen.[3] Da aber ein Vergütungsanspruch des Bevollmächtigten gegen die bedürftige Partei besteht, kann diese die Kosten im eigenen Namen festsetzen lassen. Der Kostenerstattungsanspruch des Klägers und das Beitreibungsrecht des Bevollmächtigten stehen also selbstständig nebeneinander. **790**

Wurden die Kosten des Verfahrens dem Kläger/Antragsteller auferlegt, muss der Bevollmächtigte einen Vergütungsantrag gem. § 55 RVG stellen. Er erhält – ab einem Streitwert von mehr als 4 000 € – lediglich die o.g. geringeren Gebühren nach § 49 RVG. Ein Antrag nach § 126 ZPO scheidet aus. **791**

Bei teilweise gewonnenem Prozess kann der Bevollmächtigte zwei Anträge auf Erstattung der Kosten stellen, zum Einen einen Antrag auf Kostenfestsetzung nach § 126 ZPO, zum Anderen einen Antrag nach § 55 RVG. **792**

E. Rechtsmittel

Entscheidungen im finanzgerichtlichen Prozess über die Ablehnung der Gewährung von Prozesskostenhilfe oder die Aufhebung von bewilligter Prozesskostenhilfe sind unanfechtbar.[4] Es sei aber darauf hingewiesen, dass jederzeit ein erneuter Antrag auf Prozesskostenhilfe gestellt werden kann, wenn sich ggf. die persönlichen Voraussetzungen o.ä. geändert haben. Dies gilt natürlich nur solange der Rechtsstreit im Hauptverfahren anhängig ist. **793**

Bei Zurückweisungen des Antrags auf Beratungshilfe oder Aufhebung über die Bewilligung der Beratungshilfe[5] steht dem Rechtsuchenden die unbefristete Erinnerung zu.[6] **794**

Besteht zwischen dem Bevollmächtigten und dem Gericht Streit über die Höhe der festzusetzenden Vergütung so kann der Bevollmächtigte ohne eine vorgesehene Frist Erinnerung einlegen.[7] Gegen die Entscheidung des Gerichts des 1. Rechtszu- **795**

1) BGH v. 9.7.2009, VII ZB 56/08, NJW 2009, 2962.
2) § 59 Abs. 1 RVG.
3) § 122 Abs. 1 Nr. 3 ZPO.
4) Vgl. § 142 Abs. 2 FGO.
5) § 6a BerHG.
6) § 7 Abs. 1 BerHG.
7) Vgl. § 56 Abs. 1 Satz 1 und Abs. 2 Satz 1 RVG.

ges ist die Beschwerde innerhalb einer Frist von 2 Wochen **und** einer Beschwerdesumme, die über 200 € liegen muss, gegeben.[1]

F. Exkurs: Gebühren für Beratungshilfe

796 Nach § 65a StBerG sind StB und StBv verpflichtet, die in dem Beratungshilfegesetz vorgesehene Beratungshilfe zu übernehmen.[2] Im Verfahren der Beratungshilfe richtet sich die Vergütung nach den für die Beratungshilfe geltenden Vorschriften des RVG, § 8 Abs. 1 Satz 1 BerHG. Hier kommen in erster Linie die §§ 44 ff. RVG und die Nr. 2500 bis 2508 VV in Betracht. In Abkehr von der früheren Regelung des § 8 Abs. 1 Satz 1 BerHG sind in Beratungshilfefällen jetzt auch **Vergütungsvereinbarungen** einschließlich Erfolgshonorarvereinbarungen zulässig, z.B. bei Mandatsannahme. Trifft der StB bei Mandatsannahme eine Vergütungsvereinbarung und beantragt wegen der Eilbedürftigkeit der Angelegenheit erst nachträglich Beratungshilfe, ist der Mandant nur dann zur Zahlung des vereinbarten Honorars verpflichtet, wenn die Beratungshilfe nicht bewilligt oder später aufgehoben wird.[3]

Beispiel:

Der StB berät einen bedürftigen Arbeitslosen über Fördermöglichkeiten im Fall einer Existenzgründung. Er vereinbart bei Mandatsannahme ein Erfolgshonorar für den Fall, dass das Gründungsvorhaben gefördert wird und stellt nachträglich einen Antrag auf Beratungshilfe. Das Erfolgshonorar kann er nur beanspruchen, wenn keine Beratungshilfe bewilligt wird und der Erfolg tatsächlich eintritt.

Der Schutz des Rechtsuchenden ist also dadurch gewährleistet, dass der StB seinen Vergütungsanspruch nicht durchsetzen kann, wenn und solange Beratungshilfe bewilligt ist.[4] Denn nach § 8 Abs. 2 Satz 1 BerHG bewirkt die Bewilligung von Beratungshilfe, dass die Beratungsperson gegen den Rechtsuchenden keinen Anspruch auf Vergütung mit Ausnahme der Beratungshilfegebühr nach § 44 Satz 2 RVG geltend machen kann.

Praxistipp:

Wegen der neu eingeführten Aufhebung der Beratungshilfe nach § 6a BerHG kann eine Vergütungsvereinbarung nunmehr nicht nur in Fällen nachträglicher Antragstellung, sondern auch bei bereits bewilligter Beratungshilfe sinnvoll sein.[5] Ist der StB im Zeitpunkt der Vergütungsvereinbarung bereits beigeordnet, sollte er den Mandanten zusätzlich darauf hinweisen, dass er auch ohne Abschluss einer Vergütungsvereinbarung zur ordnungsgemäßen Vertretung verpflichtet ist.[6]

Wenn keine Vergütungsvereinbarung geschlossen und Beratungshilfe nicht bewilligt wird, kann der StB von dem Rechtsuchenden die gesetzliche Vergütung verlangen, wenn er bei Mandatsannahme darauf hingewiesen hat.[7] Auch ein vollständiger Vergütungsverzicht (Tätigkeit pro bono) ist zulässig, § 4 Abs. 1 Satz 3 RVG. Der erstattungspflichtige Gegner soll von diesem Verzicht allerdings nicht profitieren, § 4 Abs. 1 Satz 3 RVG i.V.m. § 9 BerHG. Im Falle eines Steuerberaterwechsels kann der zweite StB keine Beratungshilfe berechnen, auch dann nicht, wenn der Mandant den ersten StB selbst bezahlt hat. Die Beratungshilfe ist nicht dazu gedacht, Zweitmeinungen einzuholen oder eine Beratung in gleicher Sache fortzusetzen.

1) Vgl. § 56 Abs. 2 Satz 1 i.V.m. § 33 Abs. 3–8 RVG.
2) Zu den Voraussetzungen siehe Kommentierung zu § 65a StBerG → Rz. 861 ff.
3) Mayer in Gerold/Schmidt, 24. Aufl. 2019, § 3a RVG Rz. 44 und Rz. 44a mit Muster.
4) BT-Drucks. 17/11472, 26.
5) BT-Drucks. 17/11472, 43.
6) § 65a StBerG; Siehe Praxishinweis zu BGH v. 13.12.2018, IX ZR 216/17, NJW-Spezial 2019, 315 zur Belehrungspflicht eines Pflichtverteidigers und den Auswirkungen auf PKH- und Beratungshilfemandate.
7) Mayer in Gerold/Schmidt, 17. Aufl. 2017, § 3a RVG Rz. 44a a.E. und Rz. 44b Muster.

Dies gilt auch dann, wenn die Staatskasse keine Beratungshilfekosten für den ersten StB gezahlt hat.[1)]

Im Einzelnen sind folgende Gebühren vorgesehen: **797**

Der Bevollmächtigte kann vom Rechtssuchenden eine Beratungshilfegebühr i.H.v. 15 € verlangen.[2)] Es handelt sich um eine Bruttogebühr. Sie umfasst nach der Anm. Satz 1 zu Nr. 2500 VV RVG die Auslagen und die Umsatzsteuer. Die Gebühr wird von jedem Mandanten geschuldet, der den Auftrag erteilt hat. Eine Erhöhungsgebühr für mehrere Mandanten ist nicht vorgesehen.

Alle weiteren Gebühren sind mit der Staatskasse des jeweiligen Amtsgerichts abzurechnen. Eine Abrechnung gegenüber dem Mandanten ist nicht zulässig.[3)] Für die Abrechnung gegenüber der Staatskasse besteht Formularzwang (www.justiz.nrw.de). **798**

Folgende Gebühren sind möglich: **799**

- Beratungsgebühr
  Nach Nr. 2501 VV RVG beträgt die Gebühr 35 €.
- Geschäftsgebühr
  nach Nr. 2503 VV RVG beträgt die Gebühr 85 €.
- Einigungs- oder Erledigungsgebühr
  Die Gebühr kann entstehen, wenn der Bevollmächtigte an einer Einigung i.S.v. Nr. 1000 VV RVG oder an einer Erledigung i.S.v. Nr. 1002 VV RVG mitgewirkt hat.[4)] Die Gebühr beträgt 150 €.

Eine Erhöhung der Beratungsgebühr bei mehreren Auftraggebern kommt nach h.M. nicht in Betracht, weil Nr. 1008 VV RVG eine Erhöhung nur für Verfahrens- und Geschäftsgebühren vorsieht. Bei der Beratungsgebühr handelt es sich jedoch nicht um eine solche Gebühr.[5)] In Straf- und Ordnungswidrigkeitenangelegenheiten kann lediglich für die Beratung, nicht aber für die Vertretung Beratungshilfe gewährt werden, § 2 Abs. 2 Satz 2 BerHG. Da auch im Rahmen der Beratung Auslagen anfallen können, z.B. durch das Anfordern von Akten oder durch schriftliche Beratungskorrespondenz mit dem Mandanten, sind in diesen Fällen auch die Post- und Telekommunikationsdienstleistungen (pauschal oder konkret), die Aktenversendungspauschale[6)] und anteilige Umsatzsteuer festzusetzen.[7)]

Nach der Anm. Abs. 2 zu Nr. 2501 VV RVG ist die Beratungsgebühr in voller Höhe auf die Geschäftsgebühr anzurechnen. Die Geschäftsgebühr ist auf eine mögliche Verfahrensgebühr in einem gerichtlichen bzw. behördlichen Verfahren zur Hälfte anzurechnen.[8)] Eine Einschränkung dahingehend, dass die Geschäftsgebühr zunächst nur auf die Differenz zwischen der Vergütung nach § 49 RVG und der Gebühr eines Wahlanwalts bzw. -steuerberaters anzurechnen ist, ergibt sich aus dem Gesetz nicht und wird von der h.M. abgelehnt.[9)] **800**

Sowohl die Beratungsgebühr als auch die Geschäftsgebühr erhöhen sich nach Nr. 1008 VV RVG um 30 % für jeden weiteren Auftraggeber. **801**

1) AG Winsen v. 3.1.2017, 18 II 210/16, 18 II 518/16.
2) Nr. 2500 VV RVG.
3) § 44 Satz 1 RVG.
4) Nr. 2508 VV RVG.
5) OLG Frankfurt v. 15.2.2018, 20 W 166/17, NJW-Spezial 2018, 316 m.w.N.
6) § 45 StBVV i.V.m. Vorbem. 7 Abs. 1 Satz 2 VV RVG i.V.m. §§ 670, 675 BGB.
7) AG Riesa v. 16.8.2017, 2 UR II 345/16, NJW-Spezial 2018, 29; AG Germersheim v. 2.3.2017, 1 UR II 461/16, NJW-Spezial 2017, 381.
8) Anm. Abs. 2 zu Nr. 2503 VV RVG; Feiter, KANZLEI intern 08/2014, 1 mit Berechnungsbeispiel.
9) OLG Dresden v. 30.11.2016, 20 WF 1122/16, MDR 2017, 488 m.w.N.

802 Bezieht sich die Tätigkeit des StB auf das Ziel einer außergerichtlichen Einigung mit den Gläubigern über die **Schuldenbereinigung** auf der Grundlage eines Plans,[1] erhält er höhere Gebühren nach Nrn. 2502 und 2504 ff. VV RVG. Die Einigungs- und Erledigungsgebühr[2] bleiben hingegen unverändert.

Die Vergütung für eine **Beratung** beträgt 70,00 €, Nr. 2502 VV RVG. Die Höhe der **Geschäftsgebühr** ist gestaffelt nach der Zahl der Gläubiger. Die Geschäftsgebühr entsteht z.B. wenn der StB Kontakt zu den Gläubigern aufnimmt mit dem Ziel der Schuldenbereinigung. Hierfür sind folgende gestaffelte Gebühren vorgesehen:

Bis zu 5 Gläubiger	270,00 €
6 – 10 Gläubiger	405,00 €
11 – 15 Gläubiger	540,00 €
Mehr als 15 Gläubiger	675,00 €.

Die Gebühr nach Nr. 2504 VV RVG fällt auch schon bei nur **einem Gläubiger** an.[3] Wenn **Ehegatten** die Gewährung von Beratungshilfe jeweils für die Durchführung eines Schuldenbereinigungsverfahrens beantragen, liegen zwei gebührenrechtliche Angelegenheiten vor, so dass der StB die o.g. Gebühren zweimal erhält. Für die Entstehung der Gebühr ist es nicht erforderlich, dass ein schriftlicher Schuldenbereinigungsplan, der auch schon die Gläubiger erkennen lässt, vollständig erstellt ist. Voraussetzung für das Entstehen der Gebühr ist lediglich eine Tätigkeit des StB, die dieses Ziel verfolgt. Streitig ist, welche Anforderungen an die Tätigkeit des StB zu stellen sind, ob es für das Entstehen der Gebühr bereits ausreicht, den Gläubigern einen starren **Nullplan** mit dem Erklärungsgehalt des Schuldners „Ich zahle jetzt und auch später nichts" zu übermitteln.[4] M.E. ist auch in diesen Fällen eine Gebühr gerechtfertigt, da die zielgerichtete Tätigkeit des StB ausreicht für das Entstehen der Gebühr ist. Die Zweckrichtung der Mühewaltung des StB darf nicht von den finanziellen Verhältnissen des Mandanten abhängen, die im Bereich der Beratungshilfe bei Verbraucherinsolvenzverfahren naturgemäß sehr beengt ist. Es wäre im Ergebnis unerträglich und von Zufällen abhängig, ob der StB den Gläubigern einen starren, flexiblen oder Fest-Nullplan anbieten kann. Da es der in Nr. 2504, Nr. 2506 VV RVG angeführten gesetzlichen Bestimmung des § 305 Abs. 1 Nr. 4 InsO („Schuldenbereinigungsplan") an einem erfolgs- oder quotenbezogenen Tatbestandselement fehlt, wäre es sachfremd, den Vergütungsanspruch des StB davon abhängig zu machen.[5]

1) § 305 Abs. 1 Nr. 1 InsO.
2) Nr. 2508 Abs. 2 VV RVG.
3) Str., Nachweise bei Fölsch in Schneider/Wolf, RVG, 8. Aufl. 2017, VV 2504–2507 Rz. 6.
4) Bejahend OLG Nürnberg v. 21.11.2016, 8 Wx 698/16, MDR 2017, 308 m.w.N.; verneinend Fölsch in Schneider/Wolf, RVG, 8. Aufl. 2017, VV 2504–2507 Rz 5 m.w.N.
5) OLG Nürnberg v. 21.11.2016, 8 Wx 698/16, MDR 2017, 308 m.w.N.

§ 47
Anwendung

(1) Diese Verordnung ist erstmals anzuwenden auf

1. Angelegenheiten, mit deren Bearbeitung nach dem Inkrafttreten dieser Verordnung begonnen wird,

2. die Vertretung in Verfahren vor Verwaltungsbehörden, wenn das Verfahren nach Inkrafttreten dieser Verordnung beginnt.

(2) Hat der Steuerberater vor der Verkündung der Verordnung mit dem Auftraggeber schriftliche Vereinbarungen getroffen, die den Vorschriften dieser Verordnung nicht entsprechen, so ist insoweit diese Verordnung spätestens zwei Jahre nach dem Inkrafttreten anzuwenden.

§ 47 StBVV regelt die **erstmalige Anwendung** der Gebührenverordnung, während **803**
§ 47a StBVV die weiteren Änderungen betrifft. Die Gebührenverordnung ist grundsätzlich auf alle Fälle anzuwenden, mit deren Erledigung der StB nach deren Inkrafttreten (1.4.1982) begonnen hat (§ 47 Abs. 1 StBVV). Für den Fall, dass der StB mit seinem Auftraggeber längerfristige Vereinbarungen getroffen hatte, galt das alte Recht längstens noch bis zum 1.4.1984 (§ 47 Abs. 2 StBVV). Da die Vorschrift heute keine praktische Bedeutung mehr hat, wird auf eine weitergehende Kommentierung verzichtet.

§ 47a
Übergangsvorschrift für Änderungen dieser Verordnung

[1]Die Vergütung ist nach bisherigem Recht zu berechnen, wenn der Auftrag zur Erledigung der Angelegenheit vor dem Inkrafttreten einer Änderung der Verordnung erteilt worden ist. [2]Hat der Steuerberater mit dem Auftraggeber schriftliche Vereinbarungen über auszuführende Tätigkeiten mit einer Geltungsdauer von mindestens einem Jahr getroffen oder eine Pauschalvergütung im Sinne des § 14 vereinbart und tritt während der Geltungsdauer dieser Vereinbarung eine Änderung der Verordnung in Kraft, so ist die Vergütung bis zum Ablauf des Jahres, in dem eine Änderung der Verordnung in Kraft tritt, nach bisherigem Recht zu berechnen. [3]Die Sätze 1 und 2 gelten auch, wenn Vorschriften geändert werden, auf die diese Verordnung verweist.

Inhalt

Schrifttum

Beyme, Verbesserungen bei der StBVV ab 1.7.2020, Stbg 2020, 325, **Glückselig,** Die Novellierung der Steuerberatervergütungsverordnung, DStR 2020, 1531.

A. Inhalt und Bedeutung

804 Während § 47 StBVV den einmaligen Fall der erstmaligen Anwendung der Verordnung betrifft, wurde mit § 47a StBVV eine **allgemeine Übergangsvorschrift** eingefügt, die für alle künftigen Änderungen der Verordnung gilt. Zuletzt wurde die StBVV durch die Fünfte Verordnung zur Änderung steuerlicher Verordnungen v. 25.6.2020[1)] mit Wirkung zum 1.7.2020 geändert. Unter anderem wurden die vollen Gebühren der Tabelle A bis D um ca. 12% angehoben.

B. Zeitpunkt der Auftragserteilung (Satz 1)

805 Nach § 47a Satz 1 StBVV gilt das bisherige Recht noch für Angelegenheiten, mit deren Erledigung der StB vor Inkrafttreten einer Änderung der Verordnung beauftragt worden ist. Wird er nach Inkrafttreten der Änderung beauftragt, gilt für diesen Auftrag bereits das neue Recht. Um den Anwendungsbereich des § 47a Satz 1 StBVV bestimmen zu können, muss § 47a Satz 2 StBVV herangezogen werden. Dieser stellt klar, dass sich Änderungen der StBVV auf schriftliche Vereinbarungen mit einer Geltungsdauer von mindestens einem Jahr und auf Pauschalvergütungen i.S.d. § 14 StBVV erst nach Ablauf des Jahres auswirken, in dem die Änderung in Kraft getreten ist. Daraus folgt, dass § 47a Satz 1 StBVV für alle anderen Fälle gilt, insbesondere für mündliche Vereinbarungen und schriftliche Vereinbarungen mit einer Geltungsdauer unter einem Jahr. In diesen Fällen kann der StB unmittelbar nach der Änderung der StBVV und entsprechender Beauftragung die neuen Vorschriften anwenden und muss nicht bis zum Ablauf des Jahres warten.

---

1) BGBl. I 2020, 1495, 1498 = BStBl I 2020, 555.

In der Literatur wird die Auffassung vertreten, dass die Regelung des § 47a Satz 2 StBVV „erst recht" für mündliche Vereinbarungen gelten muss und hier eine planwidrige Regelungslücke vorliegt.[1] Beyme[2] spricht von einem paradoxen Ergebnis, wenn StB, die schriftliche Aufträge für den gesamten VZ vereinbaren, die Verbesserungen der StBVV für bestehende Mandate erst ab dem 1.1. des Folgejahres nutzen können, wohingegen StB, die es mit der Auftragsdokumentation „locker" nehmen und ohne schriftliche Vereinbarungen arbeiten, früher von Gebührenanpassungen profitieren. Er geht sogar so weit, dass Aufträge, die nicht schriftlich angeschlossen wurden, auch über den 1.1. des Folgejahres hinaus nach altem Recht zu erledigen sind.[3] Diese Sichtweise überzeugt aus mehreren Gründen nicht. Zunächst übersieht Beyme, dass § 47 Satz 1 StBVV nicht nur für mündliche Steuerberatungsverträge, sondern auch für schriftliche Vereinbarungen mit einer Geltungsdauer von unter einem Jahr gilt. Außerdem widerspricht eine Auslegung des § 47a Satz 1 StBVV dahingehend, dass auch über den 1.1. des Folgejahres hinausgehend nach altem Recht abzurechnen ist, dem Grundgedanken einer Übergangsvorschrift, welche zeitnah eine Gleichstellung und Anpassung für alle Beteiligten bewirken soll (**teleologische Auslegung**). Der „erst-recht-Schluss" von Eggesiecker ist angesichts des eindeutigen Wortlauts der Regelung unzulässig. Mit dem Begriff „Auftrag", der hier nicht i.S.d § 662 BGB (unentgeltlich) verstanden werden darf, grenzt der Verordnungsgeber den konkreten Auftrag vom Mandatsverhältnis ab. Der Steuerberatungsvertrag ist in aller Regel ein Dauerschuldverhältnis, in dem der StB für wiederkehrende Leistungen nicht immer wieder ausdrücklich neu beauftragt wird. Die Auftragserteilung erfolgt in aller Regel konkludent.[4] Der nach § 47a Satz 1 StBVV maßgebliche „**Auftrag zur Erledigung der Angelegenheit**" stellt den Beginn des Leistungszeitpunktes dar. Liegt der Beginn der Leistung in einer konkreten gebührenrechtlichen Angelegenheit nach Inkrafttreten einer Änderungsverordnung, gelten die neuen Vergütungsvorschriften.[5]

Beispiel:

Der StB ist seit dem Jahr 2012 mit der Erledigung aller steuerlichen Angelegenheiten seines Mandanten, u.a. auch der monatlichen Finanzbuchbuchführung beauftragt. Es besteht kein schriftlicher Steuerberatungsvertrag und auch keine Pauschalvergütungsvereinbarung. Der Mandant übergibt dem StB die Belege stets im Folgemonat. Wenn der Mandant dem StB die Belege für die Juni-Buchführung 2020 im Juli 2020 übergibt, kann der StB die Juni-Buchführung bereits mit den höheren Gebühren abrechnen. Denn die Fünfte Verordnung zur Änderung steuerlicher Verordnung mit höheren Gebührensätzen auch der Buchführungstabelle C ist am 1.7.2020 in Kraft getreten.[6] Die Übergabe der Belege im Juli 2020 ist die konkludente Auftragserteilung für die gebührenrechtliche „Angelegenheit" Juni-Buchführung 2020.

Neben der **grammatikalischen Auslegung (Wortlaut)** spricht auch eine **systematische Auslegung** gegen die Ausdehnung des Anwendungsbereichs des § 47a Satz 2 StBVV auch auf § 47a Satz 1 StBVV. Die Vorschrift steht ebenso wie § 47 StBVV im Achten Abschnitt „Übergangs- und Schlussvorschriften". Gemäß § 47 StBVV findet die Verordnung erstmals Anwendung auf Angelegenheiten, mit deren Bearbeitung nach dem Inkrafttreten der Verordnung begonnen wurde. Wenn § 47 StBVV auf den Zeitpunkt abstellt, in dem der StB erstmals mit der Bearbeitung einer konkreten gebührenrechtlichen Angelegenheit beginnt, muss auch § 47a Satz 1 StBVV in die-

1) Eggesiecker, 2. Aufl. 1998, § 47a STEUGO Rz. 47a.080 und 47a.565.
2) Beyme, Stbg 2020, 325, 330.
3) Beyme, Stbg 2020, 325, 330.
4) AG Wuppertal v. 15.6.2015, 32 C 93/14 zur konkludenten Auftragserteilung bei Jahresabschlussarbeiten im Dauermandat; Glückselig, DStR 2020, 1531,1536; Eggesiecker, 2. Aufl. 1998, § 47a STEUGO Rz. 47a.310 ff.
5) Ebenso Glückselig, DStR 2020, 1531, 1535 unter Bezugnahme auf die gleich lautende Auffassung der BStBK.
6) → Rz. 804.

sem Sinne verstanden werden. Jedenfalls liegt es nicht nahe, den Gedanken des § 47a Satz 2 StBVV, der als Ausnahme von § 47a Satz 1 StBVV zu verstehen ist und an das Mandatsverhältnis anknüpft, „erst recht" auf § 47a Satz 1 StBVV anzuwenden. Dieses Ergebnis wird auch durch eine **historische Auslegung** bestätigt. § 47a StBVV wurde 1988 durch die Erste Verordnung zur Änderung der Steuerberatergebührenverordnung neu eingefügt. Ausweislich der Gesetzesbegründung[1] sollte eine allgemeine Übergangsvorschrift geschaffen werden, die auf künftige Änderungen Anwendung finden soll. Die alte Gesetzeslage soll auf diejenigen Angelegenheiten Anwendung finden, mit deren Erledigung der StB vor Inkrafttreten der Änderungsverordnung beauftragt wurde (Satz 1), längstens jedoch bis zum Ablauf des Jahres, in dem die Änderungsverordnung in Kraft getreten ist (Satz 2). Weiterhin wollte der Gesetzgeber die Gebührenordnung an § 134 BRAGO anpassen. Auch danach hing die Anwendung des alten oder neuen Gebührenrechts vom Zeitpunkt der Begründung des Geschäftsbesorgungsverhältnisses für die konkrete Angelegenheit ab. Die konkrete Angelegenheit und nicht das Mandats-/Dauerschuldverhältnis sollte also grundsätzlich für die Anwendung des alten oder neuen Rechts maßgeblich sein.

Ungereimtheiten zwischen § 47a Satz 1 StBVV und § 47a Satz 2 StBVV können nur durch eine Änderung des Gesetzes beseitigt werden.[2] Im Anwendungsbereich des § 47a Satz 1 StBVV kommt es jedenfalls allein auf den Zeitpunkt der (konkludenten) Auftragserteilung für die konkrete gebührenrechtliche Angelegenheit an.[3] Daraus folgt, dass der StB nach Inkrafttreten einer Änderung der StBVV sehr schnell nach den neuen Gebühren abrechnen kann. Dies wird auch durch das o.g. Beispiel deutlich. Er sollte dies jedoch nicht vorschnell tun, da er sich sonst dem Verdacht der **Gebührenüberhebung**[4] aussetzt. Rechnet der StB zu früh nach den neuen Gebühren ab, muss er zudem eine korrigierte Rechnung erstellen und zu viel vereinnahmte Gebühren erstatten.

Geht es um die Gebühren, die nach RVG abzurechnen sind,[5] ist **§ 60 RVG** einschlägig. Hauptanwendungsfall sind die Gebühren in gerichtlichen Verfahren.[6] Nach § 60 Abs. 1 RVG richten sich die Gebühren in diesen Fällen nach altem Recht, wenn der **unbedingte** Klageauftrag vor dem Stichtag[7] erteilt worden ist. Wird vor dem Stichtag hingegen nur ein **bedingter** und erst nach dem Stichtag ein unbedingter Klageauftrag erteilt, richten sich die Gebühren nach neuem Recht.[8]

Beispiel:

Der Steuerberater wird am **29.8.2012** beauftragt, gegen einen ablehnenden Kindergeldbescheid vorzugehen. Hierzu wird ihm sowohl eine außergerichtliche Vollmacht, als auch eine Prozessvollmacht erteilt. Über den Einspruch wird am 22.7.2014 ablehnend entschieden. Die am 11.12.2014 erhobene Klage hat Erfolg. Streitig war, ob sich die Gebühren für das Klageverfahren nach den seit dem **1.8.2013** erhöhten Gebühren richten.[9]

Maßgeblich ist der Zeitpunkt des unbedingten Klageauftrages, der erst dann erteilt werden kann, wenn ein ablehnender Bescheid vorliegt. Da der ablehnende Bescheid auf den 22.7.2014 datiert und damit nach dem Stichtag (1.8.2013) ergangen ist, richten sich die Gebühren des StB für die Durchführung des Klageverfah-

1) BT-Drucks. 204/88.
2) → Rz. 808.
3) OLG Düsseldorf v. 29.8.2017, I-23 U 153/16 und v. 19.8.1993, 13 U 273/92, GI 1994, 133.
4) § 352 StGB.
5) §§ 21 Abs. 2, 40, 44, 45 StBVV.
6) → § 45 StBVV Rz. 701.
7) Änderung des RVG.
8) FG Münster v. 17.9.2015, 10 Ko 2261/15, EFG 2015, 2107.
9) FG Münster v. 17.9.2015, 10 Ko 2261/15, EFG 2015, 2107.

rens nach neuem Recht. Der Zeitpunkt des aufschiebend bedingten Klageauftrages (29.8.2012) ist hingegen für die Gebühren des Klageverfahrens unerheblich.

Im Falle eines beigeordneten StB sind die Gebühren nach altem Gebührenrecht zu berechnen, wenn die Beiordnung nach dem Stichtag[1] erfolgt ist, der Auftrag zum Tätigwerden aber schon vor dem Stichtag erteilt worden ist.[2]

Abweichend von der gesetzlichen Regelung können StB und Mandant die Anwendbarkeit neuen Rechts auch für alte Aufträge vereinbaren. Eine solche **Vereinbarung** bedarf zu ihrer Wirksamkeit jedoch den Formerfordernissen des § 4 Abs. 1 StBVV bzw. § 3a RVG, wenn man unterstellt, dass die Änderungen der Verordnung zu einer höheren Vergütung führen.[3] **806**

C. Vereinbarungen mit Jahresmindestdauer und Pauschalvereinbarungen (Satz 2)

Im Fall schriftlicher Vereinbarungen mit einer Geltungsdauer von mindestens 1 Jahr oder einer Pauschalvergütungsvereinbarung nach § 14 StBVV wird der Grundsatz „pacta sunt servanda" durchbrochen, da das Vereinbarte nur noch bis zum Ablauf des Jahres gilt, in dem die Änderung der Verordnung in Kraft getreten ist. Die Einbeziehung von **Pauschalvergütungen** in den Anwendungsbereich des § 47a Satz 2 StBVV ist nicht verständlich. Sie steht auch in Widerspruch zu § 1 Abs. 1 Satz 2 StBVV, der im Jahr 2016 zur Abwendung des von der Europäischen Kommission eingeleiteten Vertragsverletzungsverfahrens durch die Dritte Verordnung zur Änderung steuerlicher Verordnungen[4] eingefügt wurde. Danach gilt die StBVV für die Höhe der Vergütung nur, wenn nichts anderes vereinbart ist. Nach dem Willen des Verordnungsgebers soll die Autonomie der Vertragspartner Vorrang haben und die StBVV nur noch subsidiär Anwendung finden. Damit verträgt sich § 47a Satz 2 StBVV nicht. Denn im Falle einer Pauschalvereinbarung haben die Parteien etwas anderes vereinbart und sich bewusst von den Vorschriften der StBVV (und deren Änderungen) unabhängig gemacht. Außerdem ist unverständlich, warum nur Pauschalvereinbarungen und nicht auch andere Formen von Honorarvereinbarungen von § 47a Satz 2 StBVV erfasst werden. M.E. liegt hier ein Redaktionsversehen des Verordnungsgebers vor, der es bislang versaumt hat, § 47a Satz 2 StBVV an § 1 Abs. 1 Satz 2 StBVV anzupassen. **807**

Die Regelung des § 47a Satz 2 StBVV ergibt aber auch auf schriftliche **Vereinbarungen mit einer Geltungsdauer von mindestens 1 Jahr** angewendet keinen Sinn und erweist sich als verunglückt, wie nachfolgendes Beispiel zeigt. **808**

Beispiel:

StB und Mandant schließen am 1.3.2020 einen umfassenden schriftlichen Steuerberatungsvertrag und vereinbaren hinsichtlich der Vergütung die Anwendbarkeit der StBVV. Der Vertrag sieht eine Laufzeit von einem Jahr vor. Er verlängert sich um ein weiteres Jahr, wenn er nicht innerhalb einer Frist von drei Monaten vor Ablauf der vereinbarten Vertragslaufzeit gekündigt wird.

Nach § 47a Satz 2 StBVV dürfte der StB die seit dem 1.7.2020 geltenden höheren Gebühren[5] nicht abrechnen, obwohl er eine Abrechnung nach den gesetzlichen Vorschriften der StBVV vereinbart hat. Er wird damit aus nicht nachvollziehbaren Gründen schlechter gestellt als ein StB, der eine gleichlautende mündliche Vereinbarung oder gar keine Vereinbarung mit dem Mandanten getroffen hat.[6] Ein schutzwürdiges Interesse des

1) Änderung des RVG.
2) OLG Saarbrücken v. 7.5.2014, 6 WF 72/14, BeckRS 2014, 11141.
3) Eggesiecker, 2. Aufl. 1998, 47a STEUGO Rz. 47a.130.
4) BGBl. I 2016, 1722 = BStBl I 2016, 725.
5) → Rz. 804.
6) → Rz. 805.

Mandanten, in dem Beispielsfall bis zum Ablauf des Jahres 2020 nur die niedrigeren Gebühren zahlen zu müssen, besteht aber nicht. Denn die Vereinbarung sieht ja gerade eine Abrechnung nach den gesetzlichen Vorschriften der StBVV vor.

Kritische Stellungnahme:

Diese Ungereimtheiten sowie die Widersprüche zwischen § 47a Satz 1 StBVV und § 47a Satz 2 StBVV sollten durch eine Gesetzesänderung beseitigt werden. Dazu genügt es, Satz 2 zu streichen und Satz 3 entweder redaktionell anzupassen oder ebenfalls zu streichen.[1]

D. Änderung von Vorschriften (Satz 3)

809 Ausweislich der amtlichen Begründung zur 1. ÄndVO (1. ÄndVO vom 20.6.1988, BGBl. I 1988, 841) soll § 47a Satz 3 StBGebV sicherstellen, dass die Übergangsvorschrift auch dann anwendbar ist, wenn eine Vorschrift geändert wird, auf die die StBGebV verweist. Da für den Bereich der Vergütung in gerichtlichen und anderen Verfahren[2] sowie in den Fällen der §§ 21, 40, 44 StBVV die Übergangsvorschrift des § 60 RVG einschlägig ist und § 47a Satz 3 StBVV ohnehin nur für Honorarabrechnungsvorschriften, nicht aber z.B. für Verweisungen auf die Abgabenordnung, das Einkommensteuergesetz, das Körperschaftsteuergesetz oder das Umsatzsteuergesetz anwendbar ist,[3] ist der einzige in Betracht kommende Anwendungsfall § 17 Abs. 2 StBVV, der wegen der Höhe der Schreibauslagen auf das GKG verweist. Da aber kein vernünftiger Grund ersichtlich ist, dass minimale Änderungen der Schreibauslagen nach dem GKG Auswirkungen auf das zwischen StB und Mandant bestehende Auftragsverhältnis haben sollen und Änderungen in diesem Bereich in der Vergangenheit ohnehin ignoriert wurden, ist der Forderung von Eggesiecker[4] nach Eliminierung dieser Vorschrift beizutreten.

§ 48 StBVV [Berlin-Klausel]

(weggefallen)

1) → Rz. 806.
2) § 45 StBVV.
3) Eggesiecker, 2. Aufl. 1998, § 47a STEUGO Rz. 47a.210 ff.
4) Eggesiecker, 2. Aufl. 1998, § 47a STEUGO Rz. 47a.275.

§ 49
Inkrafttreten

Diese Verordnung tritt am 1. April 1982 in Kraft.

Die 1. ÄndVO[1] ist am 1.7.1988, die 2. ÄndVO[2] ist am 30.6.1991, die 3. ÄndVO[3] ist am 28.8.1998, das KostREuroUG[4] ist am 1.1.2002 und das KostRMoG[5] am 1.7.2004 in Kraft getreten. Das JStG 2007[6] trat zum 1.1.2007 und das 8. StBÄndG[7] zum 12.4.2008 in Kraft. Schließlich erfolgte mit der VO zum Erlass und zur Änderung der steuerlichen Verordnungen[8] die Gesetzesnovellierung zum 20.12.2012, bevor mit Wirkung ab dem 23.7.2016 die Dritte Verordnung zur Änderung steuerlicher Verordnungen v. 18.7.2016, BGBl. I 2016, 1722 = BStBl I 2016, 725 in Kraft trat. Die Vierte Verordnung zur Änderung steuerlicher Vorschriften[9] trat am 20.7.2017 in Kraft. Die Fünfte Verordnung zur Änderung steuerlicher Verordnungen[10] gilt seit dem 1.7.2020. 810

1) 1. ÄndVO v. 20.6.1988, BGBl. I 1988, 841.
2) 2. ÄndVO v. 21.6.1991, BGBl. I 1991, 1370.
3) 3. ÄndVO v. 20.8.1998, BGBl. I 1998, 2369.
4) Gesetz zur Umstellung des Kostenrechts und der Steuerberatergebührenverordnung auf den Euro v. 27.4.2001, BGBl. I 2001, 751.
5) Kostenrechtsmodernisierungsgesetz vom 5.5.2004, BGBl. I 2004, 718.
6) JStG 2007 v. 13.12.2006, BGBl. I 2006, 2878 = BStBl I 2007, 28.
7) StBÄndG v. 8.4.2008, BGBl. I 2008, 666.
8) VO zum Erlass und zur Änderung steuerlicher Verordnungen v. 11.12.2012, BGBl. I 2012, 2637 = BStBl I 2013, 2.
9) Vierte Verordnung zur Änderung steuerlicher Vorschriften v. 12.7 2017, BGBl. I 2017, 2360 = BStBl I 2017, 892.
10) Fünfte Verordnung zur Änderung steuerlicher Verordnungen v. 25.6.2020, BGBl. I 2020, 1495 = BStBl I 2020, 555.

C. Kommentierung Steuerberatungsgesetz (Auszug)

§ 9a
Erfolgshonorar

(1) [1]Vereinbarungen, durch die eine Vergütung für eine Hilfeleistung in Steuersachen oder ihre Höhe vom Ausgang der Sache oder vom Erfolg der Tätigkeit abhängig gemacht wird oder nach denen der Steuerberater oder Steuerbevollmächtigte einen Teil der zu erzielenden Steuerermäßigung, Steuerersparnis oder Steuervergütung als Honorar erhält (Erfolgshonorar), sind unzulässig, soweit nachfolgend nichts anderes bestimmt ist. [2]Vereinbarungen, durch die der Steuerberater oder Steuerbevollmächtigte sich verpflichtet, Gerichtskosten, Verwaltungskosten oder Kosten anderer Beteiligter zu tragen, sind unzulässig.

(2) [1]Ein Erfolgshonorar darf nur für den Einzelfall und nur dann vereinbart werden, wenn der Auftraggeber aufgrund seiner wirtschaftlichen Verhältnisse bei verständiger Betrachtung ohne die Vereinbarung eines Erfolgshonorars von der Rechtsverfolgung abgehalten würde. [2]Dabei darf für den Fall des Misserfolgs vereinbart werden, dass keine oder eine geringere als die gesetzliche Vergütung zu zahlen ist, wenn für den Erfolgsfall ein angemessener Zuschlag auf die gesetzliche Vergütung vereinbart wird.

(3) [1]Die Vereinbarung bedarf der Textform. [2]Sie muss als Vergütungsvereinbarung oder in vergleichbarer Weise bezeichnet werden, von anderen Vereinbarungen deutlich abgesetzt sein und darf nicht in der Vollmacht enthalten sein. [3]Die Vereinbarung muss enthalten:

1. **die voraussichtliche gesetzliche Vergütung und gegebenenfalls die erfolgsunabhängige vertragliche Vergütung, zu der der Steuerberater oder Steuerbevollmächtigte bereit wäre, den Auftrag zu übernehmen, sowie**
2. **die Angabe, welche Vergütung bei Eintritt welcher Bedingungen verdient sein soll.**

(4) [1]In der Vereinbarung sind außerdem die wesentlichen Gründe anzugeben, die für die Bemessung des Erfolgshonorars bestimmend sind. [2]Ferner ist ein Hinweis aufzunehmen, dass die Vereinbarung keinen Einfluss auf die gegebenenfalls vom Auftraggeber zu zahlenden Gerichtskosten, Verwaltungskosten und die von ihm zu erstattenden Kosten anderer Beteiligter hat.

(5) [1]Aus einer Vergütungsvereinbarung, die nicht den Anforderungen der Absätze 2 und 3 entspricht, kann der Steuerberater oder Steuerbevollmächtigte keine höhere als die gesetzliche Vergütung fordern. [2]Die Vorschriften des bürgerlichen Rechts über die ungerechtfertigte Bereicherung bleiben unberührt.

Inhalt

Schrifttum

Berners, Das neue Erfolgshonorar, NWB Nr. 37 v. 8.9.2008, Fach 30, 1805; **Feiter,** Legal Tech – ein Thema auch für Steuerberater, Magazin I/2020, 20, Steuerberaterverband Düsseldorf; **Gerold/Schmidt,** Rechtsanwaltsvergütungsgesetz, 24. Aufl., München 2019; **Hartung/Schons/Enders,** Rechtsanwaltsvergütungsgesetz, 3. Aufl., München 2017; **Hinne/Klees/Müllerschön/Teubel/Winkler,** Vereinbarungen mit dem Mandanten, 3. Aufl., Baden-Baden 2015; **Kilian,** Anwaltliche Erfolgshonorare in Zeiten von Legal Tech, AnwBl 2020, 157; **Koslowski,** Steuerberatungsgesetz, 7. Aufl., München 2015; **Kuhls u.a.,** Steuerberatungsgesetz, 3. Aufl., Herne 2012; **Lotz,** Das Erfolgshonorar des Steuerberaters (§ 9a StBerG), StB 2010, 361; **Mayer,** Die Vereinbarung eines Erfolgshonorars nach § 4a RVG n.F., AnwBl 2008, 473; **Ring,** Vereinbarung eines Erfolgshonorars, Anmerkung zu AGH NRW v. 6.12.2019, 2 AGH 3/19 DStR 2020, 1070; **Römermann/von der Meden,** Unzureichende Belehrung über Gebühren: Strafbarkeit des Anwalts wegen Betrugs?, AnwBl 2014, 1000; **Schons,** Wohl und Wehe des Erfolgshonorars in Deutschland, AnwBl 2017, 966; **Schneider/Wolf,** AnwaltKommentar RVG, 8. Aufl., Bonn 2017; **Wolf,** Die zulässige Vereinbarung von Erfolgshonoraren, KP 2008, 141; **Zimmermann,** Vereinbarung von Erfolgshonoraren – Ein strafrechtliches Risiko?, NWB 5/2015, 284.

A. Inhalt und Bedeutung

811 Mit Beschluss vom 12.12.2006[1] hat das BVerfG das ausnahmslose Verbot des anwaltlichen Erfolgshonorars für verfassungswidrig erklärt und verlangt, dass der Gesetzgeber Ausnahmen für den Fall zulässt, dass der RA mit der Vereinbarung einer erfolgsbasierten Vergütung besonderen Umständen in der Person des Auftraggebers Rechnung trägt, die diesen sonst davon abhielten, seine Rechte zu verfolgen. Das Gericht hatte eine Frist zum Erlass einer verfassungsgemäßen Neuregelung bis zum 30.6.2008 gesetzt. Mit dem Gesetz zur Neuregelung des Verbots der Vereinbarung von Erfolgshonoraren[2] hat der Gesetzgeber mit Wirkung zum 1.7.2008 Erfolgshonorare für RAe, StB und WP unter engen Voraussetzungen zugelassen. Für StB wurde § 9a neu in das StBerG aufgenommen. Die Regelung ist im Wesentlichen identisch mit den Regelungen für RAe und WP, die sich in § 49b Abs. 1 BRAO, §§ 3a, 4a, 4b RVG und in § 55a WPO finden. **Verstöße gegen die Formvorschriften** des § 9a Abs. 3 Satz 1 und 2 StBerG **oder die Voraussetzungen einer Erfolgshonorarvereinbarung** in § 9a Abs. 2 und Abs. 3 Satz 3 StBerG **führen nicht zur Nichtigkeit der Vereinbarung**, sondern lösen nur die Rechtsfolge des § 9a Abs. 5 StBerG aus

1) BVerfG v. 12.12.2006, 1 BvR 2576/04, DStR 2007, 874 = BVerfGE 117, 163.
2) Gesetz zur Neuregelung des Verbots der Vereinbarung von Erfolgshonoraren v. 12.6.2008, BGBl. I 2008, 1000.

(→ Rz. 830 ff.). **Schutzgut** des nunmehr eingeschränkten Verbots des Erfolgshonorars ist nicht nur der Schutz der Rechtsuchenden vor Übervorteilung durch überhöhte Vergütungssätze. Die Vorschrift soll vielmehr auch die anwaltliche Unabhängigkeit und den Grundsatz der prozessualen Waffengleichheit bewahren.[1] Der BGH betont in seiner „Legal-Tech"-Entscheidung „wenigermiete.de" die besondere Rolle des Rechtsanwalts als „Organ der Rechtspflege" und begründet mit dieser Organformel die gesetzlichen Beschränkungen anwaltlicher Erfolgshonorarvereinbarungen, die für registrierte Inkassodienstleister nicht gelten.[2] Da StB Organe der Steuerrechtspflege sind und die Regelungen zum Erfolgshonorar weitgehend identisch sind, ist die Entscheidung des BGH gleichermaßen für StB von Relevanz, auch wenn diese – anders als Rechtsanwälte – nicht mit registrierten Inkassodienstleistern auf demselben Rechtsdienstleistungsmarkt konkurrieren. Die in der Anwaltschaft entbrannte Diskussion, ob die unterschiedlichen Regelungen für registrierte Inkassodienstleister einerseits und Rechtsanwälten andererseits inkohärent sind und nach einem Tätigwerden des Gesetzgebers verlangen,[3] betrifft deshalb auch die Steuerberater. Fällt das Verbot der Vereinbarung von Erfolgshonoraren bei Rechtsanwälten oder wird es gelockert, hätte dies unmittelbare Auswirkungen auf die Parallelregelungen im StBerG und in der WPO. Da die derzeitigen gesetzlichen Anforderungen an die Vereinbarung eines Erfolgshonorars so hoch sind, dass selbst bei größter Sorgfalt eine rechtssichere Vereinbarung nicht gewährleistet werden kann, wäre eine Reduzierung der bestehenden Beschränkungen durch den Gesetzgeber zu begrüßen. Auch Erfolgshonorarvereinbarungen müssen für StB, Rechtsanwälte und Wirtschaftsprüfer rechtssicher gestaltet werden können.[4] Bei dem Verbot der Vereinbarung eines Erfolgshonorars handelt es sich um eine **Marktverhaltensregel**. Verstöße gegen das Verbot können deshalb von Mitbewerbern abgemahnt werden.[5]

B. Begriff des Erfolgshonorars (Abs. 1 Satz 1)

Legaldefiniert ist der Begriff des Erfolgshonorars in § 9a Abs. 1 Satz 1 StBerG. **812**
Danach sind unter Erfolgshonorar Vereinbarungen zu verstehen, durch die eine Vergütung oder ihre Höhe vom Ausgang der Sache oder vom Erfolg der Tätigkeit abhängig gemacht wird oder nach denen der StB einen Teil der zu erzielenden Steuerermäßigung, Steuerersparnis oder Steuervergütung als Honorar erhält. Die Legaldefinition verzichtet auf den Begriff der „quota litis" (Erfolgsbeteiligung). Der Gesetzgeber hat das klassische Erfolgshonorar (sog. palmarium) mit der Erfolgsbeteiligung (sog. quota litis) gleichgesetzt. Aus verfassungsrechtlicher Sicht bestand kein Grund, zwischen beiden Formen zu unterscheiden. Unter den Begriff des Erfolgshonorars fallen auch vereinbarte Vergütungen für einen bestimmten Zwischenerfolg, z.B. dass einem Antrag auf Aussetzung der Vollziehung stattgegeben und die Zwangsvollstreckung für einen bestimmten Zeitraum verhindert wird. Streitig ist, ob die Tätigkeit des StB für den vertraglich definierten Erfolg **ursächlich** sein muss.[6] M.E. ergibt sich aus dem Charakter des Erfolgshonorars als Leistungsanreiz, dass die Tätigkeit des StB für den Erfolgseintritt ursächlich (zumindest mitursächlich) gewesen sein muss. Darlegungs- und beweispflichtig dafür ist der StB.[7]

---

1) AGH NRW v. 6.12.2019, 2 AGH 3/19 zum Anwaltsrecht.
2) BGH v. 27.11.2019, VIII ZR 285/18; kritisch dazu Kilian, AnwBl 2020, 157, 158.
3) Hierfür sprechen gute Gründe, siehe Kilian, AnwBl 2020, 157 und Ring, DStR 2020, 1070, 1072.
4) Feiter, Magazin I/2020, 20.
5) BGH v. 6.6.2019, I ZR 67/18, AnwBl 2019, 558 zur Ausdehnung des Verbots auf Versicherungsberater.
6) Verneinend Teubel in Hinne/Klees/Müllerschön/Teubel/Winkler, 3. Aufl. 2015, Rz. 108; bejahend OLG Düsseldorf v. 17.9.2019, I-24 U 211/18, DStR 2020, 135 mit Anm. Juretzek.
7) OLG Düsseldorf v. 17.9.2019, I-24 U 211/18, DStR 2020, 135 zu den Schwierigkeiten der Berechnung der erfolgsabhängigen Vergütung bei Kündigung des Mandats vor Erfolgseintritt.

813 Ausweislich des Gesetzeswortlauts bezieht sich § 9a Abs. 1 Satz 1 StBerG ausdrücklich nur auf die Hilfeleistung in Steuersachen (§ 1 StBerG). **Vereinbare Tätigkeiten** (§ 57 Abs. 3 StBerG) fallen deshalb nicht unter den Anwendungsbereich der Vorschrift.[1] StB unterliegen bei der Vereinbarung von Erfolgshonoraren im Bereich der vereinbaren Tätigkeiten deshalb keinerlei Einschränkungen.

Beispiele:

- Der StB wird mit der Vorbereitung und Durchführung der Veräußerung sämtlicher Geschäftsanteile einer Unternehmensgruppe beauftragt und vereinbart neben einem Stundenhonorar ein flexibles Erfolgshonorar, das von der Höhe des Transaktionswertes abhängig ist.[2]
- Der StB erstellt für einen Hartz-IV-Empfänger einen Businessplan und vereinbart für den Fall, dass das neue Unternehmen innerhalb eines Jahres eine bestimmte Umsatzgrenze überschreitet, ein Erfolgshonorar. Für den Fall, dass diese Grenze nicht überschritten wird, soll kein Honorar anfallen.
- Der auf Ärzte spezialisierte StB entwickelt ein Abrechnungstool für Ärzte mit einem intelligenten Gebührenrechner und vereinbart mit den Ärzten ein Erfolgshonorar, das sich an dem höheren Honoraraufkommen der Ärzte orientiert.

Eine solche Vereinbarung unterliegt nicht den strengen Anforderungen des § 9a StBerG und könnte sogar mündlich wirksam geschlossen werden. Alternativ könnte der StB auch eine Beteiligung am Unternehmen vereinbaren. Gerade **Start-up-Unternehmen** verfügen oft nicht über ausreichende Liquidität, um den StB angemessen zu bezahlen. Diese Form der Vergütung ist keine unzulässige Gewährung eines Erfolgshonorars und deshalb sogar im Bereich der Vorbehaltsaufgaben (Buchführung, Jahresabschluss, Steuererklärungen etc.) möglich, ohne dass ein Konflikt mit § 9a StBerG bestehen würde.[3] Stets zulässig ist auch eine nachträgliche Erfolgsprämie (honorarium).[4]

Speziell in Beratungshilfesachen ist seit dem 1.1.2014 die Vereinbarung eines Erfolgshonorars unter erleichterten Voraussetzungen zulässig (§ 4a Abs. 1 Satz 3 RVG).[5]

814 Ist der Steuerberatungsvertrag ausnahmsweise als Werkvertrag und nicht als Dienstvertrag anzusehen (→ Einführung in des Gebührenrecht Rz. 21 ff.), weil ein bestimmter Erfolg geschuldet wird, kann nicht von einem Erfolgshonorar gesprochen werden, so dass § 9a StBerG in diesen Fällen nicht einschlägig ist.[6] Ebenso wenig liegt ein Erfolgshonorar vor, wenn der Mandant nach Erledigung der Sache freiwillig ein zusätzliches Sonderhonorar zahlt.[7]

C. Verbot der Übernahme von Nebenkosten (Abs. 1 Satz 2)

815 Die Regelung verbietet es dem StB, eine Vereinbarung abzuschließen, durch die er sich verpflichtet, Gerichtskosten, Verwaltungskosten oder Kosten anderer Beteiligter zu tragen. Der StB soll nicht die Rolle eines Prozessfinanzierers übernehmen.

1) Lotz, StB 2010, 361 f.
2) OLG Düsseldorf v. 17.9.2019, I-24 U 211/18, DStR 2020, 135 mit Anm. Juretzek.
3) So die 68. Tagung der Gebührenreferenten der Rechtsanwaltskammern, Kammermitteilungen der RAK Düsseldorf Nr. 3 v. 30.9.2014, 245 f.
4) OLG Düsseldorf v. 6.4.2006, 24 U 191/05, OLGR Düsseldorf 2007, 20.
5) Gesetz zur Änderung des Prozesskostenhilfe- und Beratungshilferechts v. 31.8.2013, BGBl. I 2013, 3533; siehe hierzu Schons, AnwBl 2017, 966.
6) Schons in Hartung/Schons/Enders, 3. Aufl. 2017, § 4a RVG Rz. 33; Teubel in Hinne/Klees/Müllerschön/Teubel/Winkler, 3. Aufl. 2015, Rz. 104.
7) Goez in Kuhls u.a., 3. Aufl. 2012, § 9a StBerG, Rz. 9.

D. Einzelfall; Ermöglichen der Rechtsverfolgung (Abs. 2 Satz 1)

Der StB darf ein Erfolgshonorar nur im Einzelfall vereinbaren. Dieses Merkmal ist sowohl mandantenbezogen als auch steuerberaterbezogen zu verstehen. Weder ist es zulässig, dass der StB generell nur auf Erfolgshonorarbasis für seine Mandanten tätig wird, noch ist es erlaubt, mit einem Mandanten eine Absprache dahingehend zu treffen, dass alle oder bestimmte Aufträge nur auf Basis eines Erfolgshonorars übernommen werden.[1] Typische Fälle, in denen ein Erfolgshonorar vereinbart werden kann, sind die Durchführung eines Rechtsbehelfsverfahrens, eines Gerichtsverfahrens, eine erfolgsabhängige Beratung oder die Geltendmachung von Erstattungsansprüchen, z.B. auf Erstattung von Umsatzsteuer. Ob ein Verstoß gegen die Einzelfallbezogenheit vorliegt, wenn der StB in einer Vielzahl gleich gelagerter Fälle ein Erfolgshonorar vereinbart (z.B. für Anträge auf Erstattung von Umsatzsteuer für mehrere gleich gelagerte Mandate), ist nicht geklärt.[2] Wegen dieser Einschränkung ist die Werbung eines StB mit der generellen Bereitschaft, Erfolgshonorare zu vereinbaren, problematisch.[3] Ebenso problematisch ist die bloße Übernahme eines Mustervertrags. Jeder Mustervertrag bedarf der individuellen Ergänzung (→ Rz. 947).[4] **816**

Ein Erfolgshonorar darf weiter nur dann vereinbart werden, wenn der Mandant auf Grund seiner wirtschaftlichen Verhältnisse **bei verständiger Betrachtung** ohne die Vereinbarung eines Erfolgshonorars von der Rechtsverfolgung abgehalten würde. **817**

In der Gesetzesbegründung weist der Rechtsausschuss darauf hin, dass nach der jetzt geltenden Gesetzesfassung die Vereinbarung eines Erfolgshonorars nicht nur dann zulässig ist, wenn die wirtschaftlichen Verhältnisse dem Rechtsuchenden gar keine Alternative lassen. Die „verständige Betrachtung" erfordere, dass nicht nur die wirtschaftlichen Verhältnisse, sondern auch die finanziellen Risiken und deren Bewertung durch den einzelnen Auftraggeber bei der Entscheidung über die Zulässigkeit von Erfolgshonoraren berücksichtigt würden. Die Regelung enthalte insgesamt einen flexiblen Maßstab.[5] Bei der „verständigen Betrachtung" kommt es auf die konkret betroffene rechtsuchende Person in ihrer individuellen Lebenssituation an.[6] Eindeutig erfasst sind Mandanten, deren wirtschaftliche Situation eher schlecht ist. In den Fällen, in denen ein Anspruch auf Prozesskostenhilfe besteht, ist für die Anwendbarkeit des § 9a StBerG aber kein Raum. In Fällen der Beratungshilfe ist seit dem 1.1.2014 § 4 Abs. 1 Satz 3 RVG zu beachten, der über § 45 StBVV auch für StB gilt (→ Rz. 813). Ferner kann bei verständiger Würdigung ein Erfolgshonorar nicht vereinbart werden, wenn eine Rechtsschutzversicherung eintritt.[7]

Praxistipp:

Aus Gründen äußerster Vorsicht empfiehlt sich eine Rückfrage beim Mandanten, dass keine Deckungszusage einer Rechtsschutzversicherung vorliegt.

Nicht erforderlich ist es, vor der Vereinbarung eines Erfolgshonorars eine Anfrage bei einem gewerblichen Prozessfinanzierer zu stellen.[8]

---

1) Mayer in Gerold/Schmidt, 24. Aufl. 2019, § 4a RVG Rz. 5.
2) Eher bejahend: Teubel in Hinne/Klees/Müllerschön/Teubel/Winkler, 3. Aufl. 2015, Rz. 113.
3) Zum Meinungsstand siehe Kilian, AnwBl 2020, 157, 158.
4) Siehe auch die Muster in Gerold/Schmidt, 24. Aufl. 2019, § 4a RVG Rz. 52 ff.; Teubel in Hinne/Klees/Müllerschön/Teubel/Winkler, 3. Aufl. 2015 Rz. 159 ff.
5) BT-Drucks. 16/8916 v. 23.4.2008, 17.
6) Kilian, AnwBl 2020, 157 m.w.N.
7) Berners, NWB Fach 30, 1805, 1808.
8) Berners, NWB Fach 30, 1805, 1808, a.A. Teubel in Hinne/Klees/Müllerschön/Teubel/Winkler, 3. Aufl. 2015, Rz. 119.

Ist Klage bereits erhoben und ist der Gerichtskostenvorschuss und ggf. ein weiterer Vorschuss für die Einholung eines Sachverständigengutachtens bezahlt, spricht dies auf den ersten Blick dafür, dass die Klage unabhängig von der Erfolgshonorarvereinbarung erhoben werden sollte, so dass der Mandant ohne die Vereinbarung gerade nicht von der Rechtsverfolgung abgehalten worden wäre.[1] Allerdings ist unter „Rechtsverfolgung" nicht ausschließlich die „Klageerhebung" zu verstehen. Auch während eines laufenden Rechtsstreits kann ein Mandant ohne eine Erfolgshonorarvereinbarung von der „Rechtsverfolgung" abgehalten werden, z.B. wenn ihm die weitere Fortführung des Mandats aufgrund einer wesentlichen Veränderung seiner persönlichen und wirtschaftlichen Verhältnisse nicht möglich ist, wenn er also ohne Erfolgshonorarvereinbarung nachträglich von seiner Interessenwahrnehmung Abstand nehmen müsste oder wenn weitere, bei Klageerhebung nicht absehbare Kosten, etwa für ein Sachverständigengutachten anfallen. Es wäre unnötige Förmelei, wenn er zunächst das Mandat niederlegen müsste, um dann die Neuerteilung des Mandats von einer erfolgsorientierten Vergütungsvereinbarung abhängig zu machen.[2]

818 Das Merkmal der wirtschaftlichen Verhältnisse ist in § 9a Abs. 2 Satz 1 StBerG objektiv formuliert, es wird also nicht auf die Erklärung des Auftraggebers oder seine subjektive Überzeugung abgestellt. Zu Recht hat deshalb das LG Berlin[3] folgenden formularmäßigen Hinweis beanstandet: „Der Auftraggeber weist darauf hin, dass er nicht damit rechnet, Prozesskostenhilfe zu erhalten." Es empfiehlt sich, im Zweifel nachzuhaken und den Auftraggeber zumindest darüber zu befragen, wie sich seine wirtschaftlichen Verhältnisse darstellen. Unklar ist, inwieweit die finanziellen Risiken bzw. die Risikoaversität bei der Frage der Zulässigkeit des Erfolgshonorars berücksichtigt werden dürfen. Mit einer „verständigen Betrachtung" i.S.d. Gesetzes dürften jedenfalls solche Fälle gemeint sein, in denen sich der Mandant einem hohen finanziellen Risiko aussetzt, das er kaum schultern kann.[4] Überwiegend wird es als ausreichend angesehen, wenn aus Sicht des Mandanten eine erfolgsbasierte Vergütung unter Berücksichtigung der finanziellen Risiken und Erfolgswahrscheinlichkeit sinnvoll ist.[5] Auch bei einem niedrigen Streitwert (wie häufig im Bereich des „Legal Tech") kommt eine Erfolgshonorarvereinbarung in Betracht.[6] Ein von vorneherein vorliegendes **Einverständnis** oder eine nachträgliche „Genehmigung" und Bestätigung der Vereinbarung durch den Mandanten führt nicht zur Heilung eines Verstoßes gegen die strengen gesetzlichen Vorgaben. Schutzgut des eingeschränkten Verbots des Erfolgshonorars ist nicht nur der Schutz der Rechtsuchenden vor Übervorteilung durch überhöhte Vergütungssätze, sondern die berufliche Unabhängigkeit und der Grundsatz der prozessualen Waffengleichheit.[7]

819 Angesichts der Regelungen zur Prozesskostenhilfe sind in Steuersachen eher Fälle denkbar, in denen der Mandant nicht bedürftig ist, er aber befürchten muss, im Falle des Prozessverlustes sein Vermögen im Wesentlichen zu verlieren. Praxisrelevant sind auch Fälle von juristischen Personen und Personenvereinigungen, die grundsätzlich keinen Anspruch auf Prozesskostenhilfe haben (§ 116 Abs. 1 Nr. 2 ZPO).

1) AnwG Köln v. 13.11.2018, 2 AnwG 21/15, 2 AnwG 60/17, 2 AnwG 20/17, AnwBl 2019, 43 mit Anm. der Redaktion.
2) AGH NRW v. 6.12.2019, 2 AGH 3/19.
3) LG Berlin v. 2.12.2010, 10 O 238/10, AnwBl 2011, 150.
4) Berners, NWB Fach 30, 1805, 1807.
5) Schons in Hartung/Schons/Enders, 3. Aufl. 2017, § 4a RVG Rz. 44; Lotz, StB 2010, 361 f.; Mayer in Gerold/Schmidt, 24. Aufl. 2019, § 4a RVG Rz. 7; Koslowski, 7. Aufl. 2015, § 9a StBerG, Rz. 4.
6) Kilian, AnwBl 2020, 157.
7) AGH NRW v. 6.12.2019, 2 AGH 3/19.

E. Angemessenheit des Erfolgszuschlags (Abs. 2 Satz 2)

Die Vereinbarung eines geringeren oder keines Honorars für den Fall des Misserfolgs ist nur dann zulässig, wenn für den Erfolgsfall ein „angemessener Zuschlag" auf die gesetzliche Vergütung festgelegt wird. Welcher Zuschlag angemessen ist, ist aus Sicht von StB und Mandant zum Zeitpunkt des Vertragsschlusses zu beurteilen.[1] Der Zuschlag muss umso größer sein, je geringer die Erfolgsaussichten sind und je weiter für den Misserfolgsfall die gesetzliche Vergütung unterschritten werden soll.[2] Ist das übernommene Risiko gering, ist, wenn überhaupt, allenfalls ein sehr geringer Zuschlag zur gewöhnlichen Vergütung des StB zulässig.[3] Die Nichtbeachtung dieser Vorgaben führt nicht zur Nichtigkeit der Vereinbarung, sondern löst nur die Rechtsfolge des Absatzes 5 aus. 820

F. Formerfordernisse (Abs. 3 Satz 1 und 2) und Wirksamkeitsvoraussetzungen (Abs. 3 Satz 3 und Abs. 4)

I. Textform (Abs. 3 Satz 1)

Die Vereinbarung eines Erfolgshonorars bedarf der Textform. Dies bedeutet, dass eine lesbare, dauerhafte, unterschriftslos gültige Erklärung vorliegt, bei der der Abschluss der Erklärung durch Nachbildung der Namensunterschrift oder anders erkennbar wird, § 126b BGB. Im Unterschied zur Schriftform sind auch Vereinbarungen per Telefax oder E-Mail möglich. 821

II. Bezeichnung als Vergütungsvereinbarung oder in vergleichbarer Weise (Abs. 3 Satz 2)

Die Vereinbarung muss als „Vergütungsvereinbarung" bezeichnet werden. Eine ähnliche Bezeichnung, z.B. „Honorarvereinbarung" oder „Erfolgshonorarvereinbarung", genügt ebenfalls. 822

Praxistipp:

Die Erfolgshonorarvereinbarung sollte möglichst immer als „Vergütungsvereinbarung" bezeichnet werden.

III. Deutlich abgesetzt von anderen Vereinbarungen (Abs. 3 Satz 2)

Hier gilt nichts anderes als im Fall des § 4 Abs. 1 Satz 2 Nr. 2 StBVV (→ § 4 StBVV Rz. 126). 823

IV. Nicht in der Vollmacht enthalten (Abs. 3 Satz 2)

Auch dieses Merkmal findet sich in § 4 Abs. 1 Satz 2 Nr. 2 StBVV, so dass auf die dortigen Ausführungen verwiesen werden kann (→ § 4 StBVV Rz. 129). 824

V. Angabe der erfolgsunabhängigen Vergütung (Abs. 3 Satz 3 Nr. 1)

Die Erfolgshonorarvereinbarung muss die voraussichtliche gesetzliche Vergütung enthalten. Für eine Tätigkeit des StB im Einspruchs- oder Klageverfahren wären 825

1) Wolf, KP 2008, 141.
2) BT-Drucks. 16/8384/11; ausführliche Berechnungsbeispiele finden sich bei Mayer in Gerold/Schmidt, 22. Aufl. 2015, § 4a RVG, Rz. 12f.
3) Kilian, AnwBl 2020, 157, 158.k.

deshalb die entsprechenden Gebührenvorschriften unter Berücksichtigung des Gegenstandswertes/Streitwertes aufzuführen. Bei Rahmengebühren, wie sie im außergerichtlichen Rechtsbehelfsverfahren vorgesehen sind, müsste der StB sich auch hinsichtlich der genauen Gebühr festlegen. Wäre der StB nicht bereit, zu den gesetzlichen Gebühren tätig zu werden, sondern nur zu einem vereinbarten höheren Honorar (§ 4 Abs. 1 StBVV, § 45 StBVV, § 3a RVG) müsste er zusätzlich zu der voraussichtlichen gesetzlichen Vergütung die erfolgsunabhängige vertragliche Vergütung in die Vereinbarung aufnehmen. Bei der Vereinbarung von Stundensätzen ist allerdings problematisch, dass der Zeitaufwand im Vorfeld nicht bestimmbar ist. Es dürfte deshalb ausreichen, wenn neben der voraussichtlichen gesetzlichen Vergütung das Stundenhonorar in die Vereinbarung aufgenommen wird.[1] Gleichwohl birgt diese Vorgehensweise Risiken, die nur dadurch umgangen werden können, dass in der Erfolgshonorarvereinbarung die Feststellung getroffen wird, dass der StB nicht bereit ist, das Mandat zu einer erfolgsunabhängigen vertraglichen Vergütung zu übernehmen.[2] Der BGH leitet aus der Parallelvorschrift des § 4a Abs. 2 Nr. 1 RVG eine Garantenstellung des RA ab, der vor Abschluss der Erfolgshonorarvereinbarung seinen Mandanten über die voraussichtliche gesetzliche Vergütung aufzuklären hat.[3] Im konkreten Fall, dem allerdings ein außergewöhnlicher Sachverhalt zugrunde lag, bejahte der BGH eine Betrugsstrafbarkeit des Anwalts durch die unterlassene Mitteilung über die voraussichtlichen gesetzlichen Gebühren. Der Anwalt hatte für seinen Mandanten in einer Erbschaftsangelegenheit 500 000 € erstritten und vereinbarungsgemäß 80 000 € aus dem erstrittenen Vermögen entnommen. Das gesetzliche Honorar hätte etwa 4 000 € betragen. Dass der BGH (erstmals) aus einer vergütungsrechtlichen Norm eine strafbewehrte Aufklärungspflicht herleitet und eine ganze Berufsgruppe der Gefahr strafrechtlicher Verfolgung aussetzt, ist bedenklich. Die Aufklärungspflicht nach § 9a Abs. 3 Satz 3 Nr. 1 StBerG ist vor diesem Hintergrund unbedingt ernst zu nehmen.

VI. Bestimmung der Höhe und des Eintritts der Bedingung (Abs. 3 Satz 3 Nr. 2)

826 Der „Erfolgsfall" muss in der Vereinbarung definiert sein. Dieses Merkmal ist besonders streitanfällig, so dass auf möglichst genaue Formulierungen zu achten ist. Da häufig Teilerfolge erzielt werden (z.B. Aussetzung der Vollziehung), sollte in der Vereinbarung auch klargestellt werden, ob bzw. in welcher Höhe das Erfolgshonorar in einem solchen Fall fällig wird (ggf. sind Abschläge zu machen). Empfehlenswert ist eine Regelung, dass die Vergütung bereits mit einer die Instanz abschließenden Entscheidung einer Behörde oder eines Gerichts fällig wird.

Praxistipp:

In der Vereinbarung sollte klargestellt werden, dass die Beitreibung des Anspruchs nicht mehr zu dem vom StB geschuldeten Erfolg gehört.

827 Ferner sollten eventuelle Zinsansprüche nicht in die Bedingung des Erfolgshonorars aufgenommen werden, da hinsichtlich des Zinsbeginns oder der Zinshöhe oft mit Abschlägen durch die Gerichte zu rechnen ist. Klargestellt werden sollte auch, ob die Kostenerstattung durch die Gegenseite angerechnet wird oder ob der von der Gegenseite beizutreibende Kostenerstattungsbetrag zusätzlich dem StB verbleibt.[4]

VII. Gründe für die Bemessung des Erfolgshonorars (Abs. 4 Satz 1)

828 In die Vereinbarung sind außerdem die wesentlichen Gründe aufzunehmen, die für die Bemessung des Erfolgshonorars bestimmend sind. Die „Geschäftsgrundlage"

1) Lotz, StB 2010, 361 f.
2) Schons in Hartung/Schons/Enders, 3. Aufl. 2017, § 4a RVG Rz. 73.
3) BGH v. 25.9.2014, 4 StR 586/13, AnwBl 2014, 1000; besprochen von Römermann/von der Meden, AnwBl 2014, 1000 und Zimmermann, NWB 5/2015, 284.
4) Teubel in Hinne/Klees/Müllerschön/Teubel/Winkler, 3. Aufl. 2015, Rz. 142.

für die Erfolgshonorarvereinbarung soll in einem kurzen Passus dargestellt werden.[1] Es sollten alle tatsächlichen Umstände in der Vereinbarung aufgeführt werden, die für die Höhe des Erfolgshonorars bedeutend sind, z.B. das Prozessrisiko, der voraussichtliche Arbeitsaufwand, die voraussichtliche Verfahrensdauer sowie die Liquiditäts- und Vermögenssituation des Mandanten.

VIII. Hinweis auf Kostenerstattungspflicht (Abs. 4 Satz 2)

Schließlich ist ein Hinweis aufzunehmen, dass die Vereinbarung keinen Einfluss auf **829** die ggf. vom Auftraggeber zu zahlenden Gerichtskosten, Verwaltungskosten und die von ihm zu erstattenden Kosten anderer Beteiligter hat. Sogenannte „Nebenkosten" sind immer Sache des Mandanten. Eine Vollfinanzierung durch den StB darf nicht erfolgen.

G. Rechtsfolgen bei Verstößen (Abs. 5)

Aus einer Vereinbarung, die entweder den tatsächlichen Voraussetzungen einer **830** Erfolgshonorarvereinbarung nach § 9a Abs. 2 und 3 Satz 3 StBerG oder den Formvorschriften des § 9a Abs. 3 Satz 1 und 2 StBerG nicht entspricht, kann der StB keine höhere als die gesetzliche Vergütung fordern. Ist die gesetzliche Vergütung niedriger als die vereinbarte Vergütung, würde der StB den Erfolgszuschlag also nicht erhalten, sondern lediglich die gesetzliche Vergütung. Allerdings kann er diese nur dann fordern, wenn er sie gegenüber dem Auftraggeber hilfsweise auch in Rechnung stellt (→ § 4 StBVV Rz. 133). Ist die gesetzliche Vergütung höher als die vereinbarte Vergütung, kann er nur die vereinbarte Vergütung fordern. Dies hat der BGH zur Parallelvorschrift des § 4b RVG entschieden.[2] Die Ausführungen des BGH gelten gleichermaßen für § 9a Abs. 5 StBerG. Da der BGH auch entschieden hat, dass ein Verstoß gegen die Formvorschriften des § 3a Abs. 1 Satz 1 und 2 RVG nicht dazu führt, dass die Vereinbarung unwirksam ist, erfolgt die Darstellung der gesetzlichen Vergütung bei einem Verstoß gegen die Parallelregelungen des § 9a Abs. 3 Satz 1 und 2 StBerG streng genommen nur noch aus Praktikabilitätsgründen.[3] Denn die Vereinbarung ist in diesen Fällen wirksam, so dass sich der Honoraranspruch aus der Vereinbarung und nicht aus dem Gesetz ergibt.

Zu beachten ist, dass die Regelung des § 9a Abs. 5 StBerG abschließend ist und nicht für § 9a Abs. 4 StBerG gilt.[4] Verstöße gegen § 9 Abs. 4 StBerG führen deshalb zur Nichtigkeit der Vereinbarung.

Nicht eindeutig geregelt ist der **Misserfolgsfall**. Grundsätzlich besteht bei einer feh- **831** lerhaften erfolgsbasierten Vergütungsvereinbarung im Misserfolgsfall ein Anspruch des StB auf die gesetzliche Vergütung, da der Geschäftsbesorgungsvertrag von der Nichtigkeit einer Honorarabrede unberührt und Rechtsgrund für die vom StB erbrachten Leistungen bleibt. Gleichwohl wird in der Literatur darauf hingewiesen, dass gem. § 242 BGB im Misserfolgsfall regelmäßig eine Bindung an die Vereinbarung besteht und der StB deshalb nichts oder die für den Misserfolgsfall vereinbarte geringere Vergütung erhält.[5] Das OLG Düsseldorf zeigt einen sachgerechten Weg auch für den Fall des Misserfolgs auf.[6] Da die Nichtigkeit der Honorarabrede nicht

1) Wolf, KP, 2008, 141, 143; Teubel in Hinne/Klees/Müllerschön/Teubel/Winkler, 3. Aufl. 2015, Rz. 154.
2) BGH v. 5.6.2014, IX ZR 137/12, AnwBl 2014, 758 = DStR 2014, 2529.
3) Mayer in Gerold/Schmidt, 23. Aufl. 2017, § 3a RVG Rz. 73.
4) So auch Onderka in Schneider/Wolf, 8. Aufl. 2017, § 4b RVG Rz. 4 zur Parallelvorschrift des § 4b RVG.
5) Teubel in Hinne/Klees/Müllerschön/Teubel/Winkler, 3. Aufl. 2015, Rz. 122; a.A., Mayer, AnwBl 2008, 473, 477; Goez in Kuhls u.a., 3. Aufl. 2012, § 9a StBerG, Rz. 26: Anspruch auf die gesetzliche Vergütung.
6) OLG Düsseldorf v. 27.2.2012, I-24 U 170/11, RVG report 2012, 255.

zur Unwirksamkeit des gesamten Geschäftsbesorgungsvertrages führt, bleibt der Anspruch auf die gesetzliche Vergütung grundsätzlich bestehen. Nach dem Grundsatz von Treu und Glauben (§ 242 BGB) ist die gesetzliche, erfolgsunabhängige Vergütung nur dann zu versagen, wenn der RA bei seinem – regelmäßig rechtsunkundigen – Auftraggeber das Vertrauen begründet hat, eine Anwaltsvergütung nur im Erfolgsfall zahlen zu müssen. Von maßgeblicher Bedeutung sei in diesem Zusammenhang, ob sich der Mandant auf eine entsprechende Honorarregelung eingelassen oder ob er, wenn er die Unwirksamkeit der Abrede eines erfolgsabhängigen Honorars gekannt hätte, den RA nicht beauftragt hätte. Diese Überlegungen lassen sich ohne Weiteres auf Erfolgshonorarvereinbarungen von StB übertragen.

Praxistipp:

Wer im Misserfolgsfall nicht leer ausgehen will, sollte eine Vergütungsregelung in der Erfolgshonorarvereinbarung treffen, wonach (auch) im Misserfolgsfall eine bestimmte Vergütung (z.B. die gesetzliche Mindestgebühr, ein konkreter Festbetrag o.Ä.) zu zahlen ist. Die gesetzliche Vergütung kann der StB in diesen Fällen nur fordern, wenn er sie (hilfsweise) in Rechnung stellt. Vorsorglich sollte deshalb eine ordnungsgemäß spezifizierte Rechnung (§ 9 StBVV) erstellt werden.

832 In den Fällen, in denen der Mandant das Erfolgshonorar bereits bezahlt hat, kann er dieses – soweit es den gesetzlichen Honoraranspruch des StB übersteigt – nach den Grundsätzen der ungerechtfertigten Bereicherung zurückverlangen, § 9a Abs. 5 Satz 2 StBerG. Eine Regelung, wonach ein Rückforderungsanspruch auch im Fall einer fehlerhaften Vereinbarung ausgeschlossen ist, wenn der Auftraggeber freiwillig und ohne Vorbehalt geleistet hat (§ 4 Abs. 1 Satz 4 StBVV) ist in § 9a Abs. 5 StBerG nicht vorgesehen. Anstelle dieses Rückforderungsausschlusses findet § 814 BGB Anwendung. Im Falle einer fehlerhaften Vereinbarung kann der Auftraggeber somit das geleistete Honorar dann nicht zurückfordern, wenn er z.B. gewusst hat, dass der StB aufgrund der Fehlerhaftigkeit der Vereinbarung keine höhere als die gesetzliche Vergütung fordern kann.[1)]

833 Verstöße gegen die Hinweispflichten nach § 9a Abs. 4 StBerG führen nicht zur Nichtigkeit der Vereinbarung, sondern lösen allenfalls Schadenersatzansprüche aus.[2)] Als Schaden kommt die im Erfolgsfall zu zahlende Vergütung in Betracht, so dass der Mandant im Falle eines Verstoßes gegen § 9a Abs. 4 Satz 1 StBerG die Freistellung von dieser Pflicht verlangen kann.

1) Koslowski, StBerG, 7. Aufl. 2015, § 9a Rz. 7; Mayer, AnwBl 2008, 473, 477.
2) Lotz, StB 2010, 361, 364; Berners, NWB, Fach 30, 1805, 1810; Mayer, AnwBl 2008, 473, 477.

§ 57
Allgemeine Berufspflichten

(...)

(3) Mit dem Beruf eines Steuerberaters oder eines Steuerbevollmächtigten sind insbesondere vereinbar

...

2. eine freiberufliche Tätigkeit, die die Wahrnehmung fremder Interessen einschließlich der Beratung zum Gegenstand hat;

3. eine wirtschaftsberatende, gutachtliche oder treuhänderische Tätigkeit sowie die Erteilung von Bescheinigungen über die Beachtung steuerrechtlicher Vorschriften in Vermögensübersichten und Erfolgsrechnungen;

§ 15 BOStB
Vereinbare Tätigkeiten

Zu den mit dem Beruf eines Steuerberaters vereinbaren Tätigkeiten im Sinne von § 57 Abs. 3 Nr. 2 und 3 StBerG gehören insbesondere

1. die freiberufliche Unternehmensberatung im Sinne von § 1 PartGG,

2. die Tätigkeit der Mediation,

3. die Verwaltung fremden Vermögens,

4. das Halten von Gesellschaftsanteilen für Dritte,

5. die Wahrnehmung von Gesellschafterrechten,

6. die Tätigkeit als Beirat und Aufsichtsrat,

7. die Tätigkeit als Schiedsgutachter und Schiedsrichter,

8. die Wahrnehmung des Amts als Testamentsvollstrecker, Nachlasspfleger, Nachlassverwalter, Vormund, Betreuer, Pfleger, Beistand,

9. die Tätigkeit als Insolvenzverwalter, Zwangsverwalter, Sachwalter, Liquidator, Notgeschäftsführer aufgrund gerichtlicher Bestellung, Mitglied in Gläubigerausschüssen,

10. die Tätigkeit als Hausverwalter und Verwalter nach dem Wohnungseigentumsgesetz.

Erlaubnisvorschriften in anderen Gesetzen sind zu beachten.

Inhalt

Schrifttum

Bengel/Reimann, Handbuch der Testamentsvollstreckung, 5. Aufl. 2013; **Beyme,** Baukindergeld und Steuerberater, KANZLEI intern 9/2018, 2; **Beyme,** Tätigkeit als Liquidator einer GmbH, KANZLEI intern 3/2018, 7; **Blersch,** Die Änderung der Insolvenzrechtlichen Vergütungsverordnung, ZIP 2004, 2311; **Drasdo,** Honorarvereinbarung in Wohnungseigentumssachen, NJW-Spezial 2018, 417; **Eckert,** Steuerberatervergütungsverordnung, Kommentar, 5. Aufl. 2013; **Eickmann,** Die Neuregelung der Zwangsverwaltervergütung, ZIP 2004, 1736; **Feiter,** Der Steuerberater als Versicherungsberater nach § 34d Abs. 2 GewO, KANZLEI intern 7/2018, 3; **Feiter,** Der Steuerberater als Wohnimmobilienverwalter, KANZLEI intern 1/2018, 5; **Franke/Böhme,** Die Kollision von Berufsrecht und Insolvenzrecht bei der Kanzleiabwicklung, AnwBl 2004, 339; **Gemmer,** Aufwendungsersatz und allgemeine Vergütungsregelungen bei der Testamentsvollstreckung, KP 2000, 138; **Gemmer,** Der Steuerberater als Nachlassverwalter: Überwiegen Haftungsgefahren oder Honorarchancen?, KP 2003, 161; **Gräber,** Vergütungsbestimmung durch Vereinbarung zwischen einem Insolvenzverwalter und den weiteren Beteiligten eines Insolvenzverfahrens, ZIP 2013, 916; **Haarmeyer/Wutzke/Förster,** Insolvenzrechtliche Vergütung (InsVV), Kommentar, 4. Aufl. 2007; **Heinke,** Umsatzsteuerfreiheit für Berufsbetreuer, NWB 31/2013, 2456; **Heßler,** Der Steuerberater als Informationssicherheitsbeauftragter, Stbg 2018, 70; **Klaeren,** Honorar des Steuerberaters: Abrechnung vereinbarer Tätigkeiten, INF 2002, 150; **Kuhls u.a.,** Steuerberatungsgesetz, Kommentar, 3. Aufl. 2012; **Meyer/Goez/Schwamberger,** Steuerberatergebührenverordnung, Kommentar, 6. Aufl. 2010; **Nerlich/Römermann,** Insolvenzordnung, Kommentar, 25. Aufl. 2013; **Palandt,** Bürgerliches Gesetzbuch, Kommentar, 78. Aufl. 2019; **Pfefferle/Renz,** Berufsbetreuerleistungen – Ende einer never-ending-story, NWB 52/2013, 4119; **Reimann,** Die Berechnung der Testamentsvollstreckervergütung nach den neueren Tabellen, DStR 2002, 2008; **Schepers,** Der Steuerberater als externer Geldwäschebeauftragter, KANZLEI intern 12/2018, 2; **Schepers,** Der Steuerberater als externer Datenschutzbeauftragter – ein zulässiges neues Betätigungsfeld für Steuerberater, KANZLEI intern 6/2018, 5; **Schur,** Die Vergütung des vorläufigen Sachwalters – Regelvergütung, Berechnungsgrundlage, Zuschläge, ZIP 2014, 757; **Schwamberger,** Mediation für Steuerberater: Ein neues Geschäftsfeld mit Honorarpotential, KP 2004, 78; **Volpert,** Anwaltsvergütung für die Tätigkeit al Betreuer, NJW 2013, 1287; **Volpert,** Anwaltsvergütung für die Tätigkeit als Pfleger, NJW 2013, 1659; **Volpert,** Anwaltsvergütung für die Tätigkeit als Verfahrenspfleger und Verfahrensbeistand, NJW 2013, 2491; **Wälzholz,** Testamentsvollstreckung durch Steuerberater, NWB 27/2013, 2168; **Wielinski,** Honorargestaltung für betriebswirtschaftliche Beratung, DSWR 1996, 254; **Würfel,** Kürzung des Honorars bei fehlerhafter (Unternehmens-)beratung?, MDR 2009, 5; **Zenker,** Hebegebühr, Anderkontokosten und Zinsabschlag, NJW 2003, 3459; **Zimmer,** Die Vergütung der Mitglieder des Gläubigerausschusses, ZIP 2013, 1309; **Zimmermann,** Die Vergütung des Steuerberaters als Betreuer, DStR 2007, 1322; **Zimmermann,** Die Testamentsvollstreckung, 1. Aufl. 2000; **Zöller,** Zivilprozessordnung, Kommentar, 30. Aufl. 2014.

A. Vergütung für vereinbare Tätigkeiten

834 Die Vergütung für vereinbare Tätigkeiten nach § 57 Abs. 3 Nr. 2 und 3 StBerG, § 15 BOStB, die grundsätzlich nicht nach der StBVV abrechenbar sind, richtet sich entweder **nach speziellen Vorschriften** (z.B. für Insolvenzverwalter, Zwangsverwalter, Betreuer) oder nach freier Vereinbarung (z.B. bei betriebswirtschaftlicher Beratung). Die §§ 4, 14 StBVV und § 9a StBerG gelten hier nicht. Die Parteien können frei Stunden-, Tages-, Auftrags- oder Erfolgshonorare vereinbaren.

Gibt es keine speziellen Vorschriften und wurde auch keine Vereinbarung getroffen, richtet sich das **Honorar** nach der **Üblichkeit und Billigkeit** i.S.d. §§ 612 Abs. 2 bzw. 632 Abs. 2, 315, 316 BGB. Danach ist die übliche Vergütung als vereinbart anzusehen. Wird nach Zeitaufwand abgerechnet, ist der StB nicht an die Zeitgebühr des § 13 Satz 2 StBVV gebunden.

Der Katalog des § 57 StBerG enthält in Abs. 3 noch weitere vereinbare Tätigkeiten, **835**
z.B. in Nr. 1 die Tätigkeit als Wirtschaftsprüfer. Da diese aber bezüglich der Vergütung eigenen Regelungen unterliegen, die nicht klärungsbedürftig sind, wird auf diese Tätigkeiten nicht weiter eingegangen. Man muss in diesem Zusammenhang sehen, dass es nicht für jede vereinbare Tätigkeit „übliche Vergütungen" gibt. Viele Tätigkeiten lassen sich unter dem Oberbegriff „Wirtschafts- und Unternehmensberatung" zusammenfassen. Die Ausführungen zu diesem Kapitel gelten im Grunde für alle vereinbaren Tätigkeiten, für die es keine Sonderregelungen gibt.

C. Gesetzliche Vergütungstatbestände

I. Betreuer, Verfahrenspfleger

Hinsichtlich der Vergütung und des Aufwendungsersatzes des Betreuers verweist **836**
§ 1908i Abs. 1 BGB auf die entsprechenden Regelungen für den Vormund (über Minderjährige; §§ 1835 bis 1836e BGB). § 1836 Abs. 1 BGB geht im Grundsatz von ehrenamtlicher Betreuung aus, die unentgeltlich geführt wird. Wer davon abweichen möchte, muss beim Vormundschaftsgericht beantragen, dass die Betreuung berufsmäßig geführt wird (§ 1836 Abs. 1 BGB). Nur wenn die **Betreuung berufsmäßig geführt** wird, kann der Betreuer ein **Entgelt** beanspruchen (§ 1836 Abs. 1 Satz 2 BGB). Als Kriterien für eine Berufsbetreuung werden im Gesetz über die Vergütung von Vormündern und Betreuern (VBVG)[1] für den Regelfall die Führung von mehr als zehn Betreuungen oder eine wöchentliche Arbeitszeit von 20 Stunden und mehr für diese Tätigkeit genannt (§ 1 Abs. 1 Satz 2 VBVG). Neben diesen Regelfällen können aber auch andere Kriterien zur Bestimmung der Berufsmäßigkeit ausreichen. Die Feststellung obliegt dem Familiengericht. Wenn der eigentliche Beruf als StB oder Rechtsanwalt ausschlaggebend für die Bestellung als Betreuer war, weil im Zusammenhang mit der Vermögensverwaltung schwierige steuerliche oder juristische Probleme zu bewältigen sind, ist von einer berufsmäßigen Betreuung auszugehen.[2] Die Höhe der Vergütung für den Berufsbetreuer regelt das am 1.7.2005 in Kraft getretene und zuletzt durch Gesetz zur Anpassung der Betreuer- und Vormündervergütung vom 22.6.2019 geänderte VBVG.[3] Auf Vergütungsansprüche von Betreuern für Leistungen, die vor dem 27.7.2019 erbracht wurden, gelten die Vorschriften des VBVG in der bis dahin geltenden Fassung, § 12 VBVG. Die frühere Unterscheidung in § 4 VBVG a.F. mit drei Vergütungsstufen (27 €, 33,50 € und 44 €) wurde aufgegeben und durch Fallpauschalen ersetzt, §§ 4 ff. VBVG und Anlage VBVG. Dadurch wird die Betreuervergütung erhöht.[4] Nach § 4 Abs. 2 Satz 1 VBVG a.F. war die Umsatzsteuer mit abgegolten. Mit Wirkung zum 1.7.2013 ist gem. Artikel 31 Abs. 4 Amtshilferichtlinie-Umsetzungsgesetz die Umsatzsteuerbefreiung für Berufsbetreuer in Kraft getreten (vgl. § 4 Nr. 16k UStG) mit der Folge, dass sich für

1) Gesetz v. 21.4.2005, BGBl. I 2005, 1073.
2) KG Berlin v. 14.12.2010, 1 W 188/10, NJW 2011, 1824; Götz in Palandt, 78. Aufl. 2019, Anhang zu § 1836 (VBVG) 1 Rz. 4.
3) Gesetz v. 22.6.2019, BGBl. I 2019, 866.
4) Götz in Palandt, BGB, 79. Aufl. 2020, Anhang zu § 1836 (VBVG) Rz. 1.

Berufsbetreuer jetzt die Umsatzsteuerbefreiung für deren Leistungen direkt aus dem Unionsrecht ergibt.[1] Weiter umsatzsteuerpflichtig bleibt der Ersatz für berufsbezogene Dienste gem. § 1835 Abs. 3 BGB, also Tätigkeiten, die ein als Berufsbetreuer bestellter Steuerberater nach der StBVV liquidieren kann (→ Rz. 838).

837 (einstweilen frei)

838 Als erstattungsfähige Aufwendungen gelten auch solche Dienste, die zum Beruf des Betreuers gehören (§ 1835 Abs. 3 BGB). Für einen als Betreuer eingesetzten StB bedeutet dies, dass ihm für solche Berufsleistungen, für die ein Nicht-StB üblicherweise einen Berufsangehörigen heranziehen würde, ein auf der Grundlage der StBVV zu berechnender Ersatzanspruch zusteht.[2]

839 Der Vergütungsanspruch erlischt, wenn er nicht 15 Monate nach seinem Entstehen beim zuständigen Betreuungsgericht geltend gemacht wird, § 2 VBVG. Diese Ausschlussfrist beginnt zu dem Zeitpunkt, in dem der Anspruch gem. § 9 VBVG erstmals geltend gemacht werden kann.[3] Diese Frist gilt nicht für Ansprüche auf Vergütung besonderer Leistungen nach der StBVV.[4] Vielmehr greift hier die normale Verjährungsfrist nach §§ 195, 199 BGB.

840 Ein voll geschäftsfähiger Betreuter kann mit dem Betreuer auch eine **Honorarvereinbarung** abschließen, wenn dieser allein auf Grund einer **Vorsorgevollmacht** tätig wird und nicht durch Ernennung des Vormundschaftsgerichts. Die Tätigkeit des StB als Vorsorgebevollmächtigter zählt zu den vereinbaren Tätigkeiten nach § 57 Abs. 3 Nr. 2 StBerG. StB haben allerdings die Grenzen des RDG zu beachten. Rechtsdienstleistungen im Zusammenhang mit einer Geschäftsbesorgung dürfen nur als Nebenleistung i.S.v. § 5 Abs. 1 RDG erbracht werden.[5] Zu beachten ist auch, dass nicht alle Haftpflichtversicherer ein Tätigwerden auf Grund einer Vorsorgevollmacht mitversichert haben. In Betreuungssachen ist der Betroffene ohne Rücksicht auf seine Geschäftsfähigkeit verfahrensfähig, § 275 FamFG. Wenn es zur Wahrnehmung der Interessen des Betroffenen erforderlich ist, bestellt das Gericht einen **Verfahrenspfleger**, § 276 FamFG. Er hat Anspruch auf Vergütungs- und Aufwendungsersatz wie ein Vormund, § 277 FamFG, wenn er die Verfahrenspflegschaft ausnahmsweise berufsmäßig führt, auch für berufsmäßige Dienste, obwohl § 277 Abs. 1 FamFG nicht auf § 1835 Abs. 3 BGB verweist.[6]

Der Verfahrenspfleger erhält die Vergütung wie bei der Pflegschaft für den konkret erbrachten Zeitaufwand (→ Rz. 870).[7] Umsatzsteuer wird zusätzlich erstattet, §§ 277 Abs. 2 Satz 2, 318 FamFG, § 1836 Abs. 1 BGB, § 3 Abs. 1 Satz 3 VBVG.

II. Ehrenamtlicher Richter

841 Durch das KostRMoG[8] wurden die Regelungen des ZSEG und des EhrRiEG durch das JVEG[9] neu zusammengefasst. Das Gesetz ist anwendbar auf ehrenamtliche

1) BFH v. 25.4.2013, V R 7/11, BStBl II 2013, 976. Zu den Möglichkeiten, Ansprüche auf Umsatzsteuerrückzahlung für offene Veranlagungen durchzusetzen siehe Heinke, NWB 31/2013, 2456 und Pfefferle/Renz, NWB 52/2013, 4119.
2) Volpert, NJW 2013, 1287, 1289 f.
3) BGH v. 13.3.2013, XII ZB 26/12, MDR 2013, 745.
4) Birmanns, NWB, Fach 19, 3456; a.A. OLG Frankfurt/M. v. 3.9.2003, 20 W 125/03, NJW 2003, 3642.
5) Vgl. die BStBK-Hinweise für die Tätigkeit des Steuerberaters als Vormund, Pfleger oder Betreuer im Berufsrechtlichen Handbuch der BStBK, II. Berufsfachlicher Teil, Nr. 5.2.17, www.bstbk.de (September 2018).
6) BGH v. 29.4.2014, XII ZB 444/13, MDR 2014, 1475; v. 27.6.2012, XII ZB 685/11, NJW 2012, 3307.
7) Volpert, NJW 2013, 2491 sowie NJW 2013, 1659.
8) Gesetz v. 5.5.2004, BGBl. I 2004, 718.
9) Gesetz v. 5.5.2004, BGBl. I 2004, 776.

Richter bei den ordentlichen Gerichten, den Gerichten für Arbeitssachen, den Gerichten der Verwaltungs-, der Finanz- und der Sozialgerichtsbarkeit und für StB, die als ehrenamtliche Richter in berufsgerichtlichen Verfahren nach dem StBerG tätig werden (Art. 1 Abs. 1 Nr. 2 JVEG i.V.m. Art. 4 Abs. 59 KostRMoG).

Abschnitt 4 JVEG regelt in §§ 15 bis 18 JVEG die Entschädigung von ehrenamtlichen Richtern. Als Entschädigung sind Fahrtkostenersatz, Entschädigung für Aufwand, Ersatz für sonstige Aufwendungen, Entschädigung für Zeitversäumnis (6 €/Std. gem. § 16 JVEG), Entschädigung für Nachteile bei der Haushaltsführung sowie Entschädigung für Verdienstausfall vorgesehen. Die Entschädigungssätze für den Verdienstausfall (§ 18 JVEG) sind mit Wirkung zum 1.8.2013[1] erhöht worden und betragen grundsätzlich 24 €/Std brutto. Bei einem selbständig tätigen StB ist die Umsatzsteuer darin enthalten. Die zusätzliche Entschädigung für Verdienstausfall muss – anders als die Entschädigung für Zeitversäumnis – voll versteuert werden. Nur in umfangreichen Verfahren mit zahlreichen Heranziehungen sind Stundensätze bis zu 46 € und 61 € vorgesehen. Insbesondere in berufsgerichtlichen Verfahren, bei denen die Richterbank auch mit StB besetzt sein muss, werden diese erhöhten Stundensätze nur in ganz seltenen Ausnahmefällen jemals zum Tragen kommen. 842

Hinweis:

Mit einer Änderung des JVEG ist zum 1.1.2021 zu rechnen → Rz. 862 a.E.

III. Insolvenzverwalter, vorläufiger Insolvenzverwalter, Treuhänder, Sachwalter

Juristische Personen sind von der Bestellung zum Insolvenzverwalter ausgeschlossen, § 56 Abs. 1 Satz 1 InsO. Dies verstößt weder gegen das Grundrecht der Berufsfreiheit, noch gegen den Grundsatz auf Gleichbehandlung.[2] Der Vergütungsanspruch des Insolvenzverwalters richtet sich nach §§ 63 bis 65 InsO und den Vorschriften der InsVV. Die entsprechenden Regelungen gelten gem. § 21 Abs. 2 Nr. 1 InsO und § 10 InsVV auch für die Vergütung des vorläufigen Insolvenzverwalters. Die Vergütung wird gem. § 64 InsO vom Insolvenzgericht festgesetzt, d.h. der Insolvenzverwalter muss seinen Vergütungsanspruch im hierfür vorgesehenen insolvenzrechtlichen Festsetzungsverfahren verfolgen. Die Entscheidung des Gerichts kann der Verwalter mit der sofortigen Beschwerde anfechten, sofern der Wert des Beschwerdegegenstands 200 € übersteigt (§ 64 Abs. 3 Satz 2 InsO i.V.m. § 567 Abs. 2 ZPO). Der Insolvenzverwalter hat zur Abwehr unberechtigter Vergütungsforderungen die Beschwerdebefugnis bei der Festsetzung der Vergütung des vorläufigen Insolvenzverwalters, eines früheren abgewählten oder entlassenen Insolvenzverwalters oder eines Sonderinsolvenzverwalters.[3] Vergütungsvereinbarungen, die der Insolvenzverwalter mit den Schuldnern, Gläubigern oder Dritten unmittelbar zu seinen eigenen Gunsten trifft, sind gem. § 134 BGB nichtig.[4] Im Fall einer insolventen Rechtsanwalts- oder Steuerberatungskanzlei geht die Vergütung eines eventuell eingesetzten Praxisabwicklers der des Insolvenzverwalters vor.[5] Wurde das Insol- 843

1) 2. KostRMoG v. 23.7.2013, BGBl. I 2013, 2586.
2) BVerfG v. 12.1.2016, 1 BvR 3102/13, ZIP 2016, 321 mit Anm. Flöther, EWiR 5/2016, 145.
3) BGH v. 27.9.2012, IX ZB 276/11, MDR 2012, 1373.
4) Nerlich/Römermann, § 63 InsO Rz. 8; differenzierend Graeber, Vergütungsbestimmung durch Vereinbarung zwischen einem Insolvenzverwalter und den weiteren Beteiligten eines Insolvenzverfahrens, ZIP 2013, 916: Bei einstimmiger Entscheidung aller Beteiligten im Planverfahren sollen Vereinbarungen zulässig sein.
5) OLG Köln v. 4.11.2009, I 17 U 40/09, AnwBl 2010, 133; OLG Celle v. 24.4.2002, 3 U 211/01, BRAK-Mitt. 2002, 198; zustimmend Kleemann in Kuhls u.a., 3. Aufl. 2012, § 70 StBerG Rz. 15 m.w.N., Franke/Böhme, AnwBl 2004, 339 f.; a.A. OLG Rostock v. 14.6.2004, 3 U 37/03, BRAK-Mitt. 2004, 187.

venzverfahren wegen Zurücknahme des Insolvenzantrags nicht eröffnet, musste der vorläufige Insolvenzverwalter seinen materiell-rechtlichen Vergütungsanspruch analog §§ 1835, 1836, 1915, 1987, 2221 BGB gegen den Schuldner auf dem ordentlichen Rechtsweg verfolgen. Eine Festsetzung der Vergütung durch das Insolvenzgericht war nicht möglich.[1] Durch das am 1.3.2012 in Kraft getretene ESUG[2] wurde dies geändert. Mit der Regelung des § 26a InsO hat der Gesetzgeber eine gesetzliche Grundlage für eine Vergütungsentscheidung im Insolvenzeröffnungsverfahren geschaffen.

Praxistipp:

Steuerberater, die als vorläufige Insolvenzverwalter betroffen sind, sollten versuchen, sich mit dem Schuldner hinsichtlich der Vergütung zu einigen. Da der materiell-rechtliche Vergütungsanspruch besteht, dürfte die Einigungsbereitschaft des Schuldners regelmäßig hoch sein.

844 Solange die Vergütung des Insolvenzverwalters nicht bestandskräftig festgesetzt ist, gilt die regelmäßige Verjährungsfrist. Durch die Stellung des Vergütungsantrags wird die Verjährung des Anspruchs analog §§ 204, 209 BGB, § 17 KostO, § 2 Abs. 3 JVEG gehemmt.[3] Die Verjährung des Vergütungsanspruchs des vorläufigen Insolvenzverwalters ist entsprechend dem Rechtsgedanken des § 8 Abs. 2 Satz 1 RVG bis zum Abschluss des eröffneten Insolvenzverfahrens gehemmt.[4]

1. Insolvenzverwalter

845 Der **Regelsatz** des Insolvenzverwalters errechnet sich gemäß einer degressiv gestalteten Tabelle (§ 2 InsVV), die vom Wert der Insolvenzmasse (§ 1 InsVV), auf die sich die Schlussrechnung des Verwalters bezieht, ausgeht. Bei der Berechnung der Insolvenzmasse werden Massegegenstände, die mit Pfandrechten oder anderen Absonderungsrechten belastet sind, nur insoweit berücksichtigt, als sich bei der Verwertung ein Überschuss ergibt. Beträge, die der StB für den Einsatz besonderer Sachkunde nach § 5 InsVV erhält, z.B. für die Erstellung der Steuererklärungen und des Jahresabschlusses, werden abgezogen (§ 1 Abs. 2 Nr. 4a InsVV). Verfassungsrechtliche Bedenken gegen diese Regelung bestehen nicht.[5] Im Übrigen wird auf § 1 Abs. 2 InsVV verwiesen. Trotz der seit 1999 eingetretenen Geldentwertung ist ein Inflationszuschlag auf die Regelsätze derzeit noch nicht gerechtfertigt.[6] Bei einer Beendigung des Verfahrens vor der Schlussverteilung ist der Regelsatz nach § 2 InsVV nach dem Schätzwert der Masse zur Zeit der Beendigung des Verfahrens zu berechnen (§ 1 Abs. 1 InsVV). Nach § 2 Abs. 1 InsVV erhält der Insolvenzverwalter i.d.R.

– von den ersten 25 000 € der Insolvenzmasse	40 %,
– von dem Mehrbetrag bis zu 50 000 €	25 %,
– von dem Mehrbetrag bis zu 250 000 €	7 %,
– von dem Mehrbetrag bis zu 500 000 €	3 %,
– von dem Mehrbetrag bis zu 25 Mio. €	2 %,
– von dem Mehrbetrag bis zu 50 Mio. €	1 %,
– von dem darüber hinausgehenden Betrag	0,5 %.

Massezuflüsse zwischen Schlusstermin und dem Vollzug der Schlussverteilung

1) BGH v. 3.12.2009, IV ZB 280/08, ZIP 2010, 89.
2) Gesetz zur weiteren Erleichterung der Sanierung von Unternehmen v. 7.12.2011, BGBl. I 2011, 2582.
3) BGH v. 29.3.2007, IX ZB 153/06, ZInsO 2007, 539.
4) BGH v. 22.9.2010, IX ZB 195/09, ZIP 2010, 2160, mit Anm. Blersch in EWiR 2011, 25.
5) BGH v. 12.9.2019, IX ZB 2/19; BGH v. 29.9.2011, IX ZB 112/09, ZIP 2011, 2117.
6) BGH v. 4.12.2014, IX ZB 60/13, ZIP 2015, 138.

erhöhen die Berechnungsgrundlage der Vergütung des Insolvenzverwalters.[1] Führt der vorläufige Insolvenzverwalter den Betrieb des Schuldners fort, ist auch der Berechnung der Vergütung des Insolvenzverwalters nur der daraus erzielte Überschuss zugrunde zu legen; im Eröffnungsverfahren begründete, aber bis zur Eröffnung des Insolvenzverfahrens nicht beglichene Masseverbindlichkeiten sind regelmäßig vom Wert der Insolvenzmasse abzusetzen.[2]

Die Regelsätze des § 2 InsVV sind nur auf ein in jeder Hinsicht durchschnittliches Insolvenzverfahren anzuwenden. In allen anderen Fällen ist den Besonderheiten des Verfahrens durch prozentuale **Zu- und/oder Abschläge** Rechnung zu tragen (§ 63 Abs. 1 Satz 3 InsVV). § 3 Abs. 1 InsVV nennt einige Beispielsfälle, in denen Zuschläge vorzunehmen sind, das Insolvenzgericht also keinen Ermessensspielraum hat. Eine den Regelsatz übersteigende Vergütung ist danach insbesondere anzusetzen, **846**

- wenn die Bearbeitung von Aus- und Absonderungsrechten einen erheblichen Teil der Tätigkeit des Insolvenzverwalters ausgemacht hat, ohne dass ein entsprechender Mehrbetrag nach § 1 Abs. 2 Nr. 1 InsVV angefallen ist,[3]
- wenn der Verwalter das Unternehmen fortgeführt oder Häuser verwaltet hat und die Masse nicht entsprechend größer geworden ist, die Masse groß war und die Regelvergütung der Degression der Regelsätze keine angemessene Gegenleistung dafür darstellt, dass der Verwalter mit erheblichem Arbeitsaufwand die Masse vermehrt oder zusätzliche Masse festgestellt hat,
- wenn arbeitsrechtliche Fragen, z.B. in Bezug auf das Insolvenzgeld, den Kündigungsschutz oder einen Sozialplan, den Verwalter erheblich in Anspruch genommen haben oder der Verwalter einen Insolvenzplan ausgearbeitet hat.

Auch die bloße Überarbeitung eines vom Schuldner vorgelegten Insolvenzplans durch den Verwalter rechtfertigt bei erheblichem Mehraufwand einen Vergütungszuschlag.[4]

Diese in § 3 Abs. 1 InsVV aufgeführten Fälle sind nicht abschließend; weitere können beispielsweise sein:

- lange Verfahrensdauer,
- Tätigwerden des Insolvenzverwalters im Ausland,
- besonders hohe Gläubigerzahl,
- besonders umfangreiche Außenstände des Gemeinschuldners, die beigetrieben werden mussten,
- Sozialplanverhandlungen schwieriger und umfangreicher Art,
- Betriebsveräußerungen komplizierter Art,
- eine Vielzahl von Rechtsstreitigkeiten,
- zeitintensiver Einsatz von Mitarbeitern des Verwalters, die besonders berücksichtigt werden[5] oder
- stille Zwangsverwaltung.[6]

1) BGH v. 19.12.2013, IX ZB 9/12, MDR 2014, 300.
2) BGH v. 2.3.2017, IX ZB 90/15, ZIP 2017, 979 m. Anm. Keller, EWiR 2017, 375.
3) Vgl. § 3 Abs. 1a InsVV. Ein entsprechender Zuschlag ist aber nicht allein deswegen gerechtfertigt, weil die Höhe der Fremdrechte oder die Anzahl der Berechtigten eine bestimmte Quote erreichen. Er kommt vielmehr nur dann in Betracht, wenn die Bearbeitung den Insolvenzverwalter stärker als in entsprechenden Insolvenzverfahren allgemein üblichen Verfahren in Anspruch genommen hat, vgl. BGH v. 24.7.2003, IX ZB 607/02, ZIP 2003, 1757.
4) BGH v. 22.2.2007, IX ZB 106/06, ZIP 2007, 784.
5) Eine alphabetische Übersicht findet sich bei Haarmeyer/Wutzke/Förster, § 3 InsVV Rz. 18 ff.
6) BGH v. 14.7.2016, IX ZB 31/14, ZIP 2016, 1543.

Überträgt der Insolvenzverwalter eine ihm obliegende Aufgabe, die ein Verwalter ohne volljuristische Ausbildung nicht lösen kann, einem Rechtsanwalt und entnimmt er die dadurch entstehenden Auslagen der Insolvenzmasse, ist bei der Entscheidung über einen beantragten Zuschlag zu berücksichtigen, dass dem Verwalter im Umfang der Delegation keine Mehraufwand entstanden ist (BGH v. 12.9.2019, IX ZB 1/17). Ein Zurückbleiben hinter dem Regelsatz ist insbesondere dann gerechtfertigt, wenn ein vorläufiger Insolvenzverwalter tätig war und dadurch dem nachfolgenden Verwalter erhebliche Arbeit erspart worden ist oder wenn die Abwicklung nur kurz und unkompliziert war (§ 3 Abs. 2 InsVV).[1] Ein Abschlag ist hingegen nicht hinzunehmen, wenn der Insolvenzverwalter im Insolvenzeröffnungsverfahren nur als „**isolierter Sachverständiger**" bestellt war.[2] Die Vergütung des Insolvenzverwalters kann nicht mit der Begründung gekürzt werden, seine Vergütung als vorläufiger Insolvenzverwalter sei zu hoch festgesetzt worden.[3]

847 § 2 Abs. 2 InsVV sah bis zum 7.10.2004 eine **Mindestvergütung** von 500 € vor, die von großen Teilen der Rechtsprechung in masselosen Regelinsolvenzverfahren als verfassungswidrig angesehen wurde mit der Folge, dass – je nach Gerichtsbezirk – unterschiedliche Anhebungen der Regelvergütung erfolgten.[4] Mit dem Beschluss vom 15.1.2004[5] hat der BGH jedoch entschieden, dass die Beschränkung der Mindestvergütung in masselosen Regelinsolvenzverfahren auf 500 € bis zum 31.12.2003 nicht zu beanstanden sei, da der Verordnungsgeber das Recht hatte, die Auskömmlichkeit der Sätze für einen angemessenen Prognosezeitraum zu „erproben". Erst mit Ablauf des Jahres 2003 seien die Mindestvergütungssätze verfassungswidrig geworden, da sie den Anforderungen an eine angemessene Vergütung i.S.d. Art. 12 Abs. 1 GG nicht mehr entsprächen. Nach der Entscheidung des BGH hatte der Verordnungsgeber bis zum 1.10.2004 Zeit, eine verfassungskonforme Neuregelung mit Rückwirkung zum 1.1.2004 zu treffen.

Am 7.10.2004 ist die Verordnung zur Änderung der Insolvenzrechtlichen Vergütungsverordnung in Kraft getreten.[6] Die **Mindestregelvergütung** in § 2 Abs. 2 InsVV beträgt seitdem (bei nicht mehr als zehn Gläubigern) 1 000 € und im Falle eines **Verbraucherinsolvenzverfahrens** 800 €, § 13 InsVV. Die Mindestregelvergütung ist verfassungsgemäß.[7] Bei höheren Gläubigerzahlen ist eine linear-degressiv steigende Staffelvergütung vorgesehen.[8] Gemäß der **Übergangsregelung** in § 19 InsVV gilt für vor dem 1.1.2004 eröffnete Insolvenzverfahren noch altes Recht. Die Mindestvergütung von 1 000 € bzw. 800 € im Verbraucherinsolvenzverfahren kann unter den Voraussetzungen des § 3 Abs. 2 InsVV im Wege des Abschlags gekürzt werden, wenn der qualitative und quantitative Zuschnitt des Verfahrens erheblich hinter den Kriterien eines durchschnittlichen massearmen Verfahrens zurückbleibt und der Regelsatz der Mindestvergütung unangemessen hoch wäre.[9] Auch in diesen Fällen darf aber die frühere Mindestvergütung für einen Treuhänder i.H.v. 600 € (§ 13 InsVV a.F.) nicht unterschritten werden.[10]

848 Ist der Insolvenzverwalter StB, so stehen ihm für Tätigkeiten, die ein nicht als StB bestellter Verwalter üblicherweise einem StB übertragen hätte, auch Gebühren

1) BGH v. 11.5.2006, IX ZB 249/04, ZIP 2006, 1204.
2) BGH v. 18.6.2009, IX ZB 97/08, ZIP 2009, 1630.
3) BGH v. 10.10.2013, IX ZB 38/11, ZIP 2013, 2164.
4) Statt vieler: AG Hamburg v. 19.5.2003, 67c IN 458/02, ZIP 2003, 2084 (Anhebung auf 1 200 €); AG Göttingen v. 6.5.2003, 74 IN 264/02, ZIP 2003, 918 und AG Potsdam v. 4.10.2003, 35 IN 78/02, ZIP 2003, 770 (Anhebung auf jeweils 2 000 €).
5) BGH v. 15.1.2004, IX ZB 96/03, ZIP 2004, 417 = MDR 2004, 655, mit Anm. Hartung.
6) VO v. 4.10.2004, BGBl. I 2004, 2569.
7) BGH v. 13.3.2008, IX ZB 63/05, ZIP 2008, 976.
8) Kritisch hierzu Blersch, ZIP 2004, 2312 ff.
9) BGH v. 12.3.2020, IX ZB 33/18 zur Kürzung der Mindestvergütung im Verbraucherinsolvenzverfahren.
10) BGH v. 14.12.2017, IX ZB 101/15, ZIP 2018, 333.

nach Maßgabe der **StBVV** zu (§ 5 Abs. 2 InsVV). Diese fallen nicht in die Berechnungsgrundlage nach § 1 InsVV (siehe § 1 Abs. 2 Nr. 4a InsO). Danach werden Beträge, die der Insolvenzverwalter nach § 5 InsO erhalten hat, abgezogen. Dies gilt allerdings nicht, wenn die Sozietät, der der Insolvenzverwalter angehört, die Vergütung für besondere Sachkunde erhält, auch wenn der Insolvenzverwalter daran mittelbar partizipiert.[1] (Einkommen-)Steuererklärungen, die im Verhältnis zur Größe des Verfahrens wenige und einfach zu erstellende (Einkommen-)Steuererklärungen sind, sind mit der Regelvergütung abgegolten, sofern keine Rechtsmittel eingelegt werden müssen.[2]

Allgemeine Geschäftskosten sind mit der Vergütung abgegolten (§ 4 Abs. 1 InsVV). **849**
Besondere Geschäftskosten, die dem Verwalter im Einzelfall, z.B. durch Reisen oder die Beauftragung eines StB[3] entstehen, sind als Auslagen gesondert zu erstatten (§ 4 Abs. 2 InsVV). In diesem Fall kann der Verwalter die Kosten einer angemessenen zusätzlichen Versicherung verlangen (§ 4 Abs. 3 InsVV). Der Insolvenzverwalter kann auch einen Pauschsatz i.H.v. 15 % im ersten, danach für jedes angefangene weitere Jahr einen Pauschsatz i.H.v. 10 % der Regelvergütung, höchstens jedoch 250 € je angefangenem Monat der Dauer der Tätigkeit, geltend machen, wobei der Pauschsatz 30 % der Regelvergütung nicht übersteigen darf (§ 8 Abs. 3 InsVV).[4] Hat das Insolvenzgericht den Insolvenzverwalter gem. § 8 Abs. 3 InsO beauftragt, die Zustellungen durchzuführen, kann er die Zustellungskosten neben der Auslagenpauschale geltend machen.[5] Die Regelmindestvergütung bestimmt sich nach § 2 Abs. 2 Satz 1 bis 3 InsVV.[6] Zusätzlich zur Vergütung und zur Erstattung der Auslagen wird ein Betrag in Höhe der vom Insolvenzverwalter zu zahlenden **Umsatzsteuer** festgesetzt (§ 7 InsVV).

Der Insolvenzverwalter kann der Masse einen **Vorschuss** auf die Vergütung und die **850**
Auslagen entnehmen, wenn das Insolvenzgericht zustimmt. Die Zustimmung soll erteilt werden, wenn das Insolvenzverfahren länger als sechs Monate dauert oder wenn besonders hohe Auslagen erforderlich werden (§ 9 InsVV). Die früher weit verbreitete Praxis, eine **Regelung zur Insolvenzverwaltervergütung in den Insolvenzplan** aufzunehmen, hält der BGH für unzulässig.[7]

Für eine Nachtragsverteilung erhält der Insolvenzverwalter ebenso eine gesonderte Vergütung wie für die Überwachung der Erfüllung eines Insolvenzplans (§ 6 InsVV).

§ 63 Abs. 2 InsO gewährt dem Insolvenzverwalter für seine Vergütung und seine Auslagen einen Anspruch gegen die **Staatskasse**, soweit im Fall der Stundung der Kosten des Verfahrens nach § 4a InsO die Insolvenzmasse dafür nicht ausreicht.[8] Der Anspruch ist der Höhe nach beschränkt auf den Betrag, der aus der Insolvenzmasse nicht zu erlangen ist. Es handelt sich um einen Sekundäranspruch, der erst dann geltend gemacht werden kann, wenn feststeht, dass die Insolvenzmasse nicht ausreicht.[9]

1) BGH v. 5.7.2007, IX ZB 305/04, ZIP 2007, 1958.
2) BGH v.14.11.2013, IX ZB 161/11, ZIP 2013, 2413.
3) BGH v. 22.7.2004, IX ZB 161/03, ZIP 2004, 1717.
4) Kritisch zu dieser seit dem 7.10.2004 geltenden Regelung Blersch, ZIP 2004, 2315.
5) BGH v. 21.12.2006, IX ZB 129/05, ZIP 2007, 440.
6) AG Wuppertal v. 1.12.2005, 145 IN 205/04, ZIP 2006, 147.
7) BGH v. 16.2.2017, IX ZB 103/15, ZIP 2017, 482 m. Anm. Madaus, EWiR 2017, 179; a.A. noch LG München I v.2.8.2013, 14 T 16050/13, ZIP 2013, 2273.
8) Auch die Kosten für die Beauftragung eines StB sind als Auslagen der Staatskasse zu ersetzen, wenn der Insolvenzverwalter von der FinVerw. die Aufforderung erhalten hat, steuerliche Tätigkeiten zu erbringen, und der Fiskus von der Massenunzulänglichkeit weiß: BGH v. 22.7.2004, IX ZB 161/03, ZIP 2004, 1717.
9) Nerlich/Römermann, § 63 InsO Rz. 44.

851 Die Vergütung eines **Sonderinsolvenzverwalters** ist grundsätzlich in entsprechender Anwendung der Bestimmungen über die Vergütung des Insolvenzverwalters festzusetzen.[1)]

2. Vorläufiger Insolvenzverwalter

852 Durch das Gesetz zur Verkürzung des Restschuldbefreiungsverfahrens und zur Stärkung der Gläubigerrechte[2)] ist die Vergütung des vorläufigen Insolvenzverwalters neu geregelt worden.[3)] Sie gilt für Insolvenzverfahren, die ab dem 19.7.2013 beantragt werden.[4)] Für die Vergütung des vorläufigen Insolvenzverwalters gelten gem. § 10 InsVV die §§ 1 bis 9 InsVV entsprechend, soweit in den §§ 11 bis 13 InsVV nichts anderes bestimmt ist.[5)]

Gemäß § 63 Abs. 3 Satz 1 InsO wird die Tätigkeit des vorläufigen Insolvenzverwalters **besonders vergütet**. Das gilt auch dann, wenn der vorläufige Insolvenzverwalter später als Insolvenzverwalter im eröffneten Verfahren bestellt wird. Eine Anrechnung erfolgt nicht. Die Vergütung beträgt i.d.R. 25 % der Vergütung nach § 2 Abs. 1 InsVV, bezogen auf das Vermögen, auf das sich die Tätigkeit im Eröffnungsverfahren erstreckt (§ 63 Abs. 3 Satz 2 InsO). Weitere Einzelheiten regelt § 11 InsVV. Gemäß § 11 Abs. 4 InsVV erhält der **vorläufige Insolvenzverwalter** eine zusätzliche Vergütung nach dem JVEG, wenn das Insolvenzgericht ihn als **Sachverständigen** beauftragt hat, gutachterlich zu prüfen, ob ein Eröffnungsgrund vorliegt und welche Aussichten für eine Fortsetzung des Unternehmens des Schuldners bestehen. Nach Ansicht des BVerfG[6)] war § 9 Abs. 2 JVEG a.F. mit dem niedrigen Stundensatz von 65 € auch auf den sog. „schwachen" vorläufigen Insolvenzverwalter anzuwenden, der mit der Erstellung eines Gutachtens beauftragt ist, weil dieser neben der Gutachtervergütung noch eine Vergütung als vorläufiger Insolvenzverwalter erhält. Die Instanzgerichte gingen im Fall des „**isolierten Sachverständigen**" überwiegend von einem Stundensatz von 80 € nach § 9 Abs. 2 InsO aus.[7)] Die Vergütung des „isolierten Sachverständigen" wurde auch durch das zum 1.8.2013 in Kraft getretene 2. KostRMoG[8)] nicht im Sinne eines einheitlichen Sachverständigenhonorars von 80 €/Std. für alle Sachverständigen im Insolvenzeröffnungsverfahren geregelt.[9)] Nach Auffassung des AG Darmstadt[10)] sollte durch die Neufassung an der alten Rechtslage nichts geändert werden, so dass die Vergütung des „isolierten Sachverständigen" auch weiterhin 15 € über dem Stundensatz des gleichzeitig als vorläufigen Insolvenzverwalter bestellten Sachverständigen liegt und somit 95 € beträgt. Eine analoge Anwendung des § 9 Abs. 2 JVEG auf den isolierten Sachverständigen verbietet sich.[11)] Nach OLG Zweibrücken[12)] kommt ein Stundensatz von 95 € nicht generell in Betracht. Die Tätigkeit des isolierten Sachverständigen lasse sich keinem der in § 9 Abs. 1 JVEG genannten Sachgebiete unmittelbar zuordnen. Es komme

1) BGH v. 26.3.2015, IX ZB 62/13, NJW-RR 2015, 730; LG Münster v. 14.3.2018, 5 T 448/17, ZIP 2018, 938; LG Braunschweig v. 23.12.2011, 6 T 728/11, 6 T 729/11, ZIP 2012, 838.
2) BT-Drucks. 17/13535 und BR-Drucks. 280/13.
3) Zum Hintergrund s. Stapper/Schädlich, NWR 2013, 2005, 2015.
4) BGH v. 14.7.2016, IX ZB 46/14, ZIP 2016, 1601.
5) BGH v. 17.10.2019, IX ZB 5/18, ZIP 2019, 2489; BGH v. 12.9.2019, IX ZB 28/18.
6) BVerfG v. 29.11.2005, 1 BvR 2035/05, ZIP 2006, 86.
7) Z.B. OLG München v. 15.6.2005, 11 W 1423/05, ZIP 2005, 1329; LG Aschaffenburg v. 24.11.2004, 4 T 205/04, ZIP 2005, 226; OLG Frankfurt/M. v. 3.3.2006, 26 W 80/05, ZIP 2006, 676; jeweils 80 €/Std.; so auch noch zuletzt LG Schweinfurt v. 12.1.2017, 41 T 212/16, ZIP 2017, 885, s. dazu aber die kritische Anm. von Wozniak, jurisPR-InsR 15/2017 Anm. 3.
8) 2. KostRMoG v. 23.7.2013, BGBl. I 2013, 2586.
9) Zimmer, EWiR 9/2016, 279.
10) AG Darmstadt v. 17.10.2013, 9 IN 612/13, ZIP 2013, 2372.
11) OLG Zweibrücken v. 11.8.2016, 6 W 45/16, ZIP 2016, 2427, 2428.
12) OLG Zweibrücken v. 11.8.2016, 6 W 45/16, ZIP 2016, 2427.

auf die Umstände des Einzelfalls an. Nach Auffassung des LG Wuppertal[1] richtet sich das Honorar in diesen Fällen hingegen nach einer der in § 9 Abs. 1 JVEG genannten Honorargruppen und beträgt 90 €. Auch das OLG Karlsruhe[2] wendet § 9 Abs. 1 JVEG an und führt aus, dass eine unmittelbare Zuordnung zu einer der Honorargruppen 1 bis 13 nicht möglich sei. In den Fällen, in denen der „isolierte Sachverständige" die Zahlungsunfähigkeit und Überschuldung eines Unternehmens prüft, sei am ehesten die Honorargruppe 6 „Unternehmensbewertung, Betriebsunterbrechungs- und Verlagerungsschäden" mit einem Stundensatz von 115 € einschlägig. Nur im Verbraucherinsolvenzverfahren wird ein niedrigerer Stundensatz in Betracht gezogen.[3]

Berechnungsgrundlage des Vergütungsanspruchs ist das vom vorläufigen Insolvenzverwalter gesicherte und verwaltete Vermögen, wie es sich am Ende der vorläufigen Insolvenzverwaltung darstellt (zeitraumbezogene Betrachtung). In das Vermögen sind mit Aus- und Absonderungsrechten belastete Gegenstände einzubeziehen, soweit der vorläufige Insolvenzverwalter sich mit diesen in erheblichem Umfang befasst hat.[4]

Gemäß § 11 Abs. 3 InsVV sind Art, Dauer und Umfang der Tätigkeit bei der Festsetzung der Vergütung zu berücksichtigen. Der von Rechtsprechung und Literatur vorgenommenen Differenzierung zwischen einem vorläufigen Insolvenzverwalter ohne Verwaltungs- und Verfügungsbefugnis (sog. schwacher vorläufiger Insolvenzverwalter) und einem vorläufigen Insolvenzverwalter mit Verwaltungs- und Verfügungsbefugnis (sog. starker vorläufiger Insolvenzverwalter) bei der Festsetzung der Regelvergütung hat der BGH eine Absage erteilt. Danach ist beim vorläufigen Insolvenzverwalter stets ein Vergütungssatz von 25 % **der Staffelvergütung gem. § 2 InsVV** als **Ausgangssatz** angemessen.[5] Von diesem sind je nach Art, Dauer und Umfang der Tätigkeit gem. §§ 10, 3 InsVV prozentuale **Zu- und Abschläge** vorzunehmen.[6] 853

Belasten **erschwerende Umstände** den vorläufigen Insolvenzverwalter in gleicher Weise wie den endgültigen Insolvenzverwalter (z.B. bei Betriebsfortführung, Vermietung und Verwaltung von Immobilien), sind die deswegen zu gewährenden Zuschläge zum Regelsatz der Vergütung grundsätzlich für Beide mit dem gleichen Hundertsatz zu bemessen.[7]

Die **Auslagenpauschale** nach §§ 10, 8 Abs. 3 InsVV bemisst sich für den vorläufigen Insolvenzverwalter nach seiner Regelvergütung.

Eine staatliche Ausfallhaftung für die Vergütung des vorläufigen Insolvenzverwalters bei Abweisung des Eigenantrags mangels Masse außerhalb der oben genannten Stundungsfälle kommt nicht in Betracht.[8] Die verzögerte Bearbeitung eines Antrags auf Festsetzung der Vergütung des vorläufigen Insolvenzverwalters durch das Insolvenzgericht rechtfertigt weder eine Verzinsung des Vergütungsanspruchs, noch die Festsetzung eines Zuschlags zur Regelvergütung, noch ohne Weiteres die Erstattung von „Vorfinanzierungsauslagen".[9]

---

1) LG Wuppertal v. 4.3.2014, 16 T 37/14, ZIP 2014, 1990.
2) OLG Karlsruhe v. 16.9.2015, 15 W 57/15, ZIP 2016, 430 m. Anm. Zimmer, EWiR 9/2016, 279; ebenso AG Göttingen v. 25.7.2016, 71 IN 21/16, ZIP 2016, 2284.
3) AG Göttingen v. 25.7.2016, 71 IN 21/16, ZIP 2016, 2284.
4) BGH v. 12.9.2019, IX ZB 28/18; Haarmeyer/Wutzke/Förster, § 11 InsVV Rz. 53 ff.
5) BGH v. 24.6.2003, IX ZB 453/02, ZIP 2003, 1759; v. 17.7.2003, IX ZB 10/03, ZIP 2003, 1612; v. 18.9.2003, IX ZB 56/03, ZIP 2003, 2081 zur alten Rechtslage.
6) BGH v. 18.12.2003, IX ZB 50/03, MDR 2004, 656; eine alphabetische Übersicht findet sich bei Haarmeyer/Wutzke/Förster, § 11 InsVV Rz. 71 ff.
7) BGH v. 2.3.2017, IX ZB 90/15, ZIP 2017, 979; v. 4.11.2004, IX ZB 52/04, ZIP 2004, 2448.
8) BGH v. 22.1.2004, IX ZB 123/03, ZIP 2004, 571.
9) BGH v. 4.12.2003, IX ZB 48/03, ZIP 2004, 574.

3. Treuhänder

854 Die Vergütung des Treuhänders nach § 293 InsO richtet sich nach §§ 14 bis 16 InsVV.

4. Sachwalter, vorläufiger Sachwalter

855 Maßgebliche Vorschrift für die Vergütung des Sachwalters (§ 270 InsO) ist § 12 InsVV. Danach erhält der Sachwalter i.d.R. 60 % der für den Insolvenzverwalter bestimmten Vergütung. Für den **vorläufigen Sachwalter** enthält die InsVV keine Regelung. Deshalb war lange streitig, welche Regelungen der InsO und der InsVV analog heranzuziehen sind. Drei Meinungen wurden vertreten. Zum Teil hielten die Gerichte[1] 25 % der Regelvergütung bzw. des fiktiven Honorars des endgültigen Sachwalters für angemessen. Zur Begründung wurde § 63 Abs. 3 Satz 2 InsO analog herangezogen. Teilweise wurde § 12 Abs. 1 InsVV analog angewendet. Danach erhielt der vorläufige Sachwalter – wie der Sachwalter – 60 % der Vergütung des Insolvenzverwalters.[2] Die dritte Ansicht kombinierte die beiden vorstehenden Ansätze dahin gehend, dass sowohl § 12 Abs. 1 InsVV als auch § 63 Abs. 3 Satz 2 InsO analog Anwendung finden. Der vorläufige Sachwalter erhielt nach dieser Ansicht 15 % der Vergütung des Insolvenzverwalters.[3] Der Meinungsstreit ist mittlerweile durch den BGH entschieden.[4] Danach beträgt die Vergütung des vorläufigen Sachwalters im Normalfall 25 % der Regelvergütung des Insolvenzverwalters. Berechnungsgrundlage ist die Vergütung des (endgültigen) Sachwalters und nicht die des vorläufigen Insolvenzverwalters. Die Auslagenpauschale des vorläufigen Sachwalters bemisst sich nach § 12 Abs. 3 InsVV.

5. Mitglied im Gläubigerausschuss

856 Die Vergütung der Mitglieder des vorvorläufigen, vorläufigen und endgültigen Gläubigerausschusses richtet sich einheitlich nach § 73 InsO, § 17 InsVV.[5] Sie beträgt regelmäßig zwischen 35 € und 95 € pro Stunde. In der Regel wird der Mittelsatz von 65 € akzeptiert.[6] Maßgeblich zu berücksichtigen ist insbesondere der Umfang der Tätigkeit. Der **Höchstsatz von 95 €** für die Vergütung der Mitglieder des Gläubigerausschusses kann bei außerordentlichem Umfang oder bei außergewöhnlichen Schwierigkeiten im Verfahren sowie bei besonderer Tätigkeit, besonderen Haftungsrisiken, besonderen Leistungen oder Qualifikationen des Gläubigerausschussmitglieds **überschritten** werden.[7] Das Recht zur Überschreitung der normativ genannten Höchstgrenze von 95 € wird daraus abgeleitet, dass die Norm von einer „regelmäßigen" Vergütungshöhe spricht. Das LG Hamburg sah die vom AG Hamburg festgesetzte Vergütungshöhe von **200 € pro Stunde** als angemessen an.[8] Nach Zimmer[9] beträgt die Vergütung bei Unternehmensinsolvenzen 95 €, wenn der Jahresumsatz über 1 000 000 € liegt und mehr als neun Mitarbeiter beschäftigt

---

1) LG Bonn v. 11.10.2013, 6 T 184/13, ZIP 2014, 694; AG Köln v. 13.11.2012, 71 IN 109/12, ZIP 2013, 426; siehe hierzu auch die ausführliche Darstellung von Schur, ZIP 2014, 757.
2) AG Göttingen v. 28.11.2012, 74 IN 160/12, ZIP 2013, 36; AG Hamburg v. 20.12.2013, 67g IN 419/12, ZIP 2014, 237.
3) AG Essen v. 3.11.2014, 166 IN 155/13, ZIP 2015, 538 mit ausführlicher Begründung und Darstellung des Meinungsstandes.
4) BGH v. 21.7.2016, IX ZB 70/14, ZIP 2016, 1592 m.w.N. auch zu Zu- und Abschlägen; ebenso BGH v. 22.9.2016, IX ZB 71714, ZIP 2016, 1981 m. Anm. Körner, EWiR 2016, 763.
5) Zimmer, ZIP 2013, 1309.
6) AG Potsdam v. 5.8.2019, 35 IN 51/18, ZIP 2019, 2422 m.w.N.
7) LG Köln v. 13.2.2015, 13 T 196/14, ZIP 2015, 1450.
8) LG Hamburg v. 3.8.2018, 326 T 41/17, 326 T 43/17, ZIP 2018, 2330 m.w.N., besprochen von Zimmer, EWiR 2019, 119.
9) Zimmer, ZIP 2013, 1309, 1312.

werden oder wenn betriebswirtschaftlicher und juristischer Sachverstand erforderlich und vom Gläubigerausschussmitglied nachgewiesen sind.

IV. Sachverständiger

Durch das KostRMoG[1] wurden das ZSEG und das EhrRiEG in das JVEG zusammengeführt.[2] Das Entschädigungsprinzip des ZSEG wurde durch ein Vergütungsmodell für Sachverständige abgelöst. In einer Anlage 1 zu § 9 Abs. 1 JVEG werden die am häufigsten in Anspruch genommenen Leistungen der Sachverständigen 13 verschiedenen **Honorargruppen** mit festen Stundensätzen zwischen 65 € und 125 € zugeordnet. Diese Stundensätze wurden durch das 2. KostRMoG[3] mit Wirkung zum 1.8.2013 erhöht. Bis dahin gab es 10 Honorargruppen mit Stundensätzen zwischen 50 € und 95 €. Dem Sachverständigen steht eine Entschädigung nur für die **erforderliche**, nicht für die tatsächlich aufgewendete Zeit zu. Überflüssige Tätigkeiten, wie die Wiedergabe des Akteninhalts sind nicht vergütungspflichtig.[4] Diese Rechtsprechung wurde durch das 2. KostRMoG mit einem neuen § 8a JVEG in das Gesetz umgesetzt.[5] Dort ist jetzt geregelt, dass der Gutachter eine Vergütung nur insoweit erhält, als dass das Gutachten auch verwertbar ist. Nach § 8a Abs. 2 Satz 2 JVEG gilt die Leistung als verwertbar, wenn das Gericht sie berücksichtigt. Abzustellen ist auf einen durchschnittlich schnell arbeitenden Sachverständigen.[6] Problematisch ist der **Nachweis** der abgerechneten **Stunden**. Die Praxis begnügt sich zumeist mit den halbwegs stimmigen Angaben des Sachverständigen, ohne dazu stets eine Glaubhaftmachung zu fordern. Nach der Rechtsprechung des BGH dürfen die Gerichte i.d.R. von der Richtigkeit der Angaben des Sachverständigen ausgehen.[7] Nach einem Erlass des Justizministeriums NRW v. 30.10.2016[8] erfordert die korrekte Anwendung des § 8 Abs. 2 JVEG hingegen, dass der Sachverständige in seiner Abrechnung die einzelnen erbrachten Leistungen jeweils **minutengenau** angibt. Schätzungen sind danach unzulässig. 857

§ 1 Abs. 1 Satz 2 JVEG stellt klar, dass die Vergütung **nur** nach diesem Gesetz gewährt wird, seine Bestimmungen demnach allein maßgeblich sind. Deshalb kann eine mit der Einholung eines Sachverständigengutachtens beauftragte Steuerberaterkammer dem Gericht hierfür keine Gebühren nach Maßgabe einer Gebührenordnung in Rechnung stellen. Die Ermächtigung zur Gebührenerhebung wird in diesen Fällen durch die Vorschriften über Sachverständigengutachten im Zivilprozess (§§ 402 ff. ZPO) und die insoweit durch § 413 ZPO in Bezug genommenen Vorschriften des JVEG als vorrangiges Bundesrecht verdrängt.[9]

Nicht aufgeführte Leistungen werden nach billigem Ermessen einer Honorargruppe zugeordnet. Für StB, die in Gebührenrechtstreitigkeiten Gutachten über die Angemessenheit des Honorars erstellen, dürfte am ehesten das Sachgebiet „Honorarabrechnung von Architekten und Ingenieuren" einschlägig sein. Hierfür ist die Honorargruppe 9 mit einem Stundenhonorar von 105 € vorgesehen. StB, die betriebswirtschaftliche Gutachten erstellen (z.B. eine Steuerberatungspraxis bewerten), dürften unter das Sachgebiet „Unternehmensbewertung" fallen. Soll der Sachverständige nicht nur die Angemessenheit der Gebühren nach der StBVV beurteilen, sondern auch betriebswirtschaftliche Auswertungen im Zusammenhang mit einer kurzfristi- 858

1) Gesetz v. 5.5.2004, BGBl. I 2004, 718 = BStBl I 2004, 486.
2) Gesetz v. 5.5.2004, BGBl. I 2004, 776.
3) 2. KostRMoG v. 23.7.2013, BGBl. I 2013, 2586.
4) KG Berlin v. 26.1.2010, 19 AR 2/09, MDR 2010, 719.
5) 2. KostRMoG v. 23.7.2013, BGBl. I 2013, 2586.
6) BGH v. 16.12.2003, X ZR 206/98, MDR 2004, 776.
7) Nachweise bei Hartmann, Kostengesetze, 47. Aufl. 2017, § 8 JVEG Rz. 36.
8) Az.: 5600-Z.307/JVEG.
9) BVerwG v. 15.11.2017, 10 C 4.16, BVerwGE 160, 327; zuvor schon OVG Berlin-Brandenburg v. 6.11.2014, 12 B 2.14.

gen Erfolgsrechnung beurteilen, die einer Unternehmensbewertung gleich steht, ist der höhere Stundensatz von 115 € gerechtfertigt.[1] Hierfür ist die Honorargruppe 11 mit einem Stundenhonorar von 115 € vorgesehen. Unverständlich ist, dass für das Sachgebiet „Besteuerung" nur ein Stundensatz von 75 € (Honorargruppe 3) vorgesehen ist.

859 Neben dem Honorar für die Leistung als Sachverständiger erhält der StB Fahrtkostenersatz, eine Entschädigung für Aufwand sowie Ersatz für sonstige und besondere Aufwendungen nach Maßgabe der §§ 5 ff. JVEG. § 5 Abs. 2 Nr. 2 JVEG sieht einen Fahrtkostenersatz bei Benutzung eines eigenen oder unentgeltlich zur Nutzung überlassenen Kraftfahrzeugs von 0,30 € je Kilometer vor. Für die Wahrnehmung von auswärtigen Terminen erhält der Sachverständige ein Tagegeld, das sich nach § 4 Abs. 5 Nr. 5 Satz 2 EStG richtet (§ 6 Abs. 1 JVEG). Der Sachverständige hat keinen Anspruch auf Ersatz der tatsächlichen Aufwendungen, sondern nur in Höhe des erforderlichen Aufwands.[2]

860 Die Frist zur Geltendmachung des Vergütungs- und Entschädigungsanspruchs beträgt einheitlich 3 Monate (§ 2 JVEG). Für die Sachverständigen ergibt sich insoweit eine Verschärfung, als die noch unter dem ZSEG übliche individuelle Fristsetzung und die Belehrung über die Folgen des Fristversäumnisses entfallen. Unter Angabe von Gründen kann allerdings eine Fristverlängerung beantragt werden. Wegen der Einzelheiten wird auf die gesetzliche Regelung verwiesen.

861 Gemäß § 3 JVEG kann ein **Vorschuss** beantragt werden, wenn bereits Aufwendungen entstanden sind oder voraussichtlich entstehen werden, bzw. die bereits erbrachten Leistungen einen Teilvergütungsanspruch i.H.v. 2 000 € übersteigen. Durch § 8a Abs. 4 JVEG wird der Sachverständige, der nicht rechtzeitig nach § 407a Abs. 3 Satz 2 ZPO darauf hinweist, dass der angeforderte Auslagenvorschuss die Höhe des Vergütungsanspruchs erheblich übersteigt, auf den Auslagenvorschuss verwiesen.[3] Nach der Gesetzesbegründung liegt Erheblichkeit bei einer um 20 % übersteigenden Vergütung vor.[4]

Praxistipp:

Weisen Sie das Gericht frühzeitig darauf hin, wenn der Auslagenvorschuss unzureichend ist.

Gibt der Sachverständige rechtzeitig den Hinweis auf die zu erwartende Überschreitung des bezahlten Auslagenvorschusses, so darf er, solange er keine gegenteilige Anweisung erhält, mit der Begutachtung fortfahren, ohne befürchten zu müssen, für diese Tätigkeiten später nur eine Vergütung bis zur Grenze des § 8a Abs. 4 JVEG zu erhalten.[5] Ein Verstoß gegen die Mitteilungspflicht nach § 407a Abs. 3 Satz 2 ZPO führte nur dann zu einer Beschränkung des Vergütungsanspruchs, wenn durch die rechtzeitige Mitteilung die Entschädigung des Sachverständigen niedriger ausgefallen, also die Rücknahme oder Einschränkung des Gutachtenauftrags erfolgt wäre.[6] Daran fehlte es in der Regel, wenn die vom Sachverständigen durchgeführten Arbeiten zwingend erforderlich waren, um die Beweisfrage zu klären. Diese ältere Rspr. dürfte durch den neuen § 8a Abs. 4 JVEG überholt sein.[7]

---

1) LG Itzehoe v. 27.8.2007, 4 O 31/04, n.v. noch zur alten Rechtslage.
2) OLG Koblenz v. 13.3.2017, 14 W 122/17, MDR 2017, 730.
3) So OLG Hamm v. 24.7.2014, 24 U 220/12, RVG-report 2015, 237 unter Hinweis auf den eindeutigen Wortlaut und die eindeutige Gesetzesbegründung zu § 8a Abs. 4 JVEG.
4) 2. KostRMoG v. 23.7.2013, BGBl. I 2013, 2586; ebenso Zöller/Greger, ZPO, 30. Aufl. 2014, § 413 Rz. 8.
5) OLG Stuttgart v. 11.8.2017, 8 W 262/17, MDR 2017, 1392.
6) OLG Schleswig-Holstein v.6.8.2001, 15 WF 81/01, SlHA 2002, 194; LG Itzehoe v. 27.8.2007, 4 O 31/04, n.v.
7) Siehe z.B. OLG Hamm v. 24.7.2014, 24 U 220/12, RVG-report 2015, 237.

In der Praxis erfolgt die Vergütung bei StB i.d.R. nach den Stundensätzen des JVEG. Bei WP/vBP wird hingegen in 42,9 % der Fälle auf der Grundlage einer abweichenden **Honorarvereinbarung** gem. § 13 JVEG abgerechnet. Das Mittel der hierfür im Regelfall vereinbarten Stundensätze betrug bei der letzten durchgeführten Honorarumfrage der WPK im unteren Bereich 136 €, im oberen Bereich 175 €.[1] Die Möglichkeit einer gesonderten Vereinbarung steht auch StB offen. Zwei Erklärungsarten sind zu unterscheiden: Wenn beide Parteien des Rechtsstreits einverstanden sind, kann jede höhere Vergütung wirksam vereinbart werden. Die Erklärung nur einer Partei genügt, soweit sie sich auf den Stundensatz nach § 9 JVEG bezieht und das Gericht zustimmt. Unschädlich ist es, wenn das Einverständnis der Partei und die Zustimmung des Gerichts erst nach Heranziehung des Sachverständigen erfolgt sind und ein ausreichender Betrag für die Vergütung an die Staatskasse gezahlt ist.[2] Diese Zustimmung soll allerdings nur erteilt werden, wenn das Doppelte des nach § 9 JVEG zulässigen Honorars nicht überschritten wird und wenn sich zu dem gesetzlich bestimmten Honorar keine geeignete Person zur Übernahme der Tätigkeit bereit erklärt, § 13 Abs. 2 Satz 2 JVEG. 862

Praxistipp:

Weisen Sie das Gericht von Anfang an darauf hin, welchen (höheren) Stundensatz (zuzüglich USt) Sie Ihrer späteren Berechnung zugrunde legen werden. Das Gericht hat dann die Möglichkeit, die Zustimmung einer oder beider Parteien einzuholen, wenn dies aus Sicht des Gerichts erforderlich ist.

Hinweis:

Das BMJV hat am 17.12.2019 einen Referentenentwurf zur Änderung des Justizvergütungs- und -entschädigungsgesetzes (**JVEG-ÄndG 2020**) vorgelegt. Der Entwurf enthält praxisrelevante Änderungen für StB. Die Stundensätze der Sachverständigenhonorare sollen sich künftig unmittelbar aus der Anlage 1 zu § 9 JVEG ergeben. Die zusätzliche Zuordnung zu Honorargruppen entfällt. Die Sachgebietsliste soll um Sachgebiete erweitert werden, die für StB relevant sind. In 6.3 ist für das „Rechnungswesen" und in 6.4. für die „Honorarabrechnung von Steuerberatern" ein Stundensatz von jeweils 110 € vorgesehen. In 6.1. ist für „Unternehmensbewertung, Betriebsunterbrechungs- und Verlagerungsschäden" ein Stundensatz von 140 € und in 6.2. für das Sachgebiet „Besteuerung" ein Stundensatz von 115 € vorgesehen. Zudem sollen die Voraussetzungen für die Zustimmung des Gerichts zu einer besonderen Vergütung i.S.d. § 13 Abs. 2 Satz 2 JVEG erleichtert werden. Mit einem Inkrafttreten ist zum 1.1.2021 zu rechnen.

V. Vormund

Das Gesetz geht vom Grundsatz der Unentgeltlichkeit aus (§ 1836 Abs. 1 Satz 1 BGB). Stellt das Gericht allerdings fest, dass der Vormund die Vormundschaft **berufsmäßig** führt, hat es ihm eine **Vergütung** zu bewilligen (§ 1836 Abs. 1 Satz 2, Abs. 2 BGB, § 1 VBVG). Berufsmäßigkeit liegt im Regelfall vor, wenn der Vormund mehr als 10 Vormundschaften führt oder die für die Führung der Vormundschaft erforderliche Zeit 20 Wochenstunden nicht unterschreitet. § 3 Abs. 1 VBVG sieht – je nach Qualifikation des Vormunds – unterschiedlich hohe Stundensätze vor, die zuletzt durch Art. 1 des Gesetzes zur Anpassung der Betreuer- und Vormündervergütung vom 22.6.2019 erhöht wurden.[3] Die neuen Sätze ergeben sich aus § 3 VBVG und betragen 23,00 € (bislang 19,50 €), 29,50 € (bislang 25 €) und 39 € (bislang und 33,50 €). Für StB ist der höchste Stundensatz angemessen. Auf Vergütungsansprüche von Vormündern, die vor dem 27.7.2019 erbracht wurden, ist das VBVG in der bis dahin geltenden Fassung und mit den bis dahin geltenden Sätzen anwendbar, § 12 VBVG. Eine auf die Vergütung anfallende Umsatzsteuer wird zusätzlich ersetzt, § 3 Abs. 1 Satz 3 VBVG. 863

1) Honorarumfrage 2015: www.wpk.de; als Suchbegriff „Honorarumfrage" eingeben.
2) BGH v. 28.5.2013, XZR 137/09, MDR 2013, 942.
3) Gesetz v. 22.6.2019, BGBl. I 2019, 866.

VI. Zwangsverwalter

864 Der Vergütungsanspruch des Zwangsverwalters folgt aus §§ 152a, 153 Abs. 1 ZVG. Die Höhe der Vergütung des Zwangsverwalters bemisst sich seit dem 1.1.2004 nach der Zwangsverwalterverordnung (ZwVwV).[1] Der Zwangsverwalter darf seine Vergütung der Masse entnehmen. Reicht diese zur Deckung seines Anspruchs auf Vergütung und Auslagenersatz nicht aus, darf er den betreibenden Gläubiger in Anspruch nehmen. Wirtschaftlich gesehen geht die Vergütung des Zwangsverwalters somit zu Lasten des betreibenden Gläubigers.[2]

865 Die seit dem 1.1.2004 geltenden Regelungen zur Vergütung und zum Auslagenersatz des Zwangsverwalters in §§ 17 ff. ZwVwV weisen deutliche Parallelen zur Insolvenzrechtlichen Vergütungsverordnung (InsVV) auf. Im Einzelnen sind dies:

- § 17 ZwVwV ersetzt die Regelung des früheren § 20 ZwVerwVO und verdeutlicht, dass der Zwangsverwalter Anspruch auf eine **angemessene Vergütung** für seine gesamte Geschäftsführung sowie auf Erstattung seiner **Auslagen** hat. Zusätzlich hierzu kann er die Festsetzung der **Umsatzsteuer** verlangen (§ 17 Abs. 2 ZwVwV).
- Gemäß § 17 Abs. 3 ZwVwV, der sich an § 5 InsVV anlehnt, wird klargestellt, dass ein Verwalter mit **besonderer Sachkunde**, die er zu Gunsten der Zwangsverwaltung einbringt, eine besondere Vergütung, z.B. nach der **StBVV**, verlangen kann. Diese bedarf der Festsetzung durch das Vollstreckungsgericht (§ 22 ZwVwV).[3] Gleiches gilt für Honorare eines vom Zwangsverwalter beauftragten StB oder Rechtsanwalts.[4] Die Einleitung eines Mahnverfahrens rechtfertigt keine zusätzliche Gebühr bzw. darf der nicht als Rechtsanwalt zugelassene Zwangsverwalter einem Rechtsanwalt nicht übertragen.[5]
- Die zentrale Vorschrift des § 18 ZwVwV (**Regelvergütung**) ist im Vergleich zur Fassung des § 24 der ZwVerwVO erheblich verschlankt worden. § 18 Abs. 1 ZwVwV sieht anstelle der bisherigen Staffelvergütung einen **festen Regelsatz** vor. Bei der Zwangsverwaltung von Grundstücken, die durch Vermieten oder Verpachten genutzt werden, ist ein **Vergütungsmittelwert von 10 %** des für den Zeitraum der Verwaltung an Mieten oder Pachten eingezogenen Bruttobetrags vorgesehen. Voraussetzung ist, dass geschuldete Mieten tatsächlich an den Zwangsverwalter geleistet werden, sonst gilt § 18 Abs. 1 Satz 2, § 19 Abs. 2 ZwVwV.[6]
- Gemäß § 18 Abs. 1 Satz 2 ZwVwV erhält der Zwangsverwalter für vertraglich geschuldete, nicht eingezogene Mieten eine zusätzliche Vergütung von 20 % dessen, was er nach § 18 Abs. 1 Satz 1 ZwVwV im Fall des Einzugs erhalten hätte. Dies entspricht rechnerisch 2 % der vertraglich geschuldeten Miete.[7] Der Vergütungsmittelwert von 10 % kann bis auf 5 % vermindert oder bis auf 15 % angehoben werden, wenn sich im Einzelfall ein **Missverhältnis** zwischen der Tätigkeit des Verwalters und der Vergütung nach § 18 Abs. 1 ZwVwV ergibt.
- Steht dem Verwalter eine Vergütung nach § 18 ZwVwV nicht zu (z.B. bei Totalleerstand) oder ist die nach § 18 Abs. 1 und 2 ZwVwV berechnete Vergütung offensichtlich unangemessen, kann der Zwangsverwalter gem. § 19 Abs. 2 ZwVwV nach **Stundensätzen** abrechnen. § 19 Abs. 2 ZwVwV soll damit besondere Ausnahmefälle auffangen. Denkbar ist etwa, dass v.a. in den Fällen ganz

---

1) Verordnung v. 19.12.2003, BGBl. I 2003, 2804 ff.
2) BGH v. 17.6.2004, IX ZR 218/03, ZIP 2004, 1521.
3) BGH v. 2.7.2009, VzB 122/08, MDR 2009, 1247 m.w.N.
4) BGH v. 2.7.2009, VzB 122/08, MDR 2009, 1247.
5) BGH v. 26.4.2012, V ZB 155/11, MDR 2012, 938.
6) BGH v. 26.4.2012, V ZB 155/11, MDR 2012, 938.
7) BR-Drucks. 842/03, 16 v. 6.11.2003.

überwiegenden **Leerstands** eines Objekts einem erheblichen Verwaltungsaufwand nur geringe Mieteinnahmen gegenüberstehen oder dass unter erheblichem Verwaltungsaufwand nur ein ganz geringer Teil der Mieten/Pachten eingezogen werden kann.[1] § 19 Abs. 2 ZwVwV greift allerdings nur in Fällen offensichtlicher Diskrepanz, d.h. der vom Verwalter nachzuweisende Stundenaufwand i.V.m. dem ermittelten Stundensatz muss eine Vergütung ergeben, die erheblich über der nach § 18 ZwVwV errechneten Vergütung liegt.[2] Dem Zwangsverwalter von vermieteten Grundstücken steht für denselben Abrechnungszeitraum entweder die Regelvergütung oder die Zeitaufwandsvergütung zu. Die Festsetzung sowohl der einen als auch der anderen Vergütung ist ausgeschlossen.[3]

Die **Höhe der Stundensätze** ergibt sich aus § 19 Abs. 1 ZwVwV. Diese Vorschrift enthält – wie § 26 ZwVerwVO eine Regelung für diejenigen Fälle, in denen die verwalteten Grundstücke nicht durch Vermietung oder Verpachtung genutzt werden, mithin mangels geschuldeter Miet- oder Pachtzinsen auch die Grundregel des § 18 ZwVwV nicht einschlägig ist. Bei der Festlegung des Stundensatzes ist zu berücksichtigen, in welchem Umfang zur Erfüllung der Aufgaben Hilfskräfte eingesetzt wurden. Die Zugrundelegung des Mindestsatzes von **35 €** kommt dann in Betracht, wenn die Verwaltungstätigkeit ganz überwiegend aus einfachen Aufgaben besteht, die hauptsächlich von Mitarbeitern und Hilfskräften erledigt werden können.[4] Der Höchstsatz von **95 €** setzt dagegen einen Verwaltungsaufwand voraus, der ganz überwiegend das Tätigwerden des hochqualifizierten Verwalters oder gleichqualifizierter Mitarbeiter erfordert.[5] § 21 ZwVwV (**Auslagen**) lehnt sich eng an § 4 InsVV an. Danach sind mit der Vergütung die allgemeinen Geschäftskosten abgegolten. Auslagen können entweder im Einzelfall nachgewiesen oder über die Pauschale des § 21 Abs. 2 Satz 2 ZwVwV erstattet werden. Auch die Kosten einer Haftpflichtversicherung sind als Auslagen zu erstatten, wenn die Verwaltung mit einem besonderen Haftungsrisiko verbunden ist (§ 21 Abs. 3 ZwVwV). 866

D. Übliche Vergütung in sonstigen Fällen

I. Liquidator

Die Tätigkeit als Liquidator ist eine vereinbare Tätigkeit, § 15 Satz 1 Nr. 9 BOStB. 867
Obwohl es keine ausdrückliche gesetzliche Regelung gibt, entspricht es allgemeiner Meinung, dass dem Liquidator eine Vergütung und Erstattung von Auslagen zuzugestehen ist. Die Höhe der Vergütung kann in entsprechender Anwendung der InsVV bestimmt werden.[6] Führt die Heranziehung des § 2 Abs. 1 InsVV zu einer unangemessen hohen Vergütung (z.B. bei einer wirtschaftlich inaktiven Kleinstkapitalgesellschaft), kann im Einzelfall auf § 2 Abs. 2 InsVV ausgewichen werden, der bei weniger als zehn Gläubigern eine Mindestvergütung von 1 000 € vorsieht. Diese Mindestvergütung steht dem Liquidator nach der BGH-Rechtsprechung auf jeden Fall zu. Je nach Anzahl der Gläubiger könnte man diesen Wert auch verdoppeln oder verdreifachen. Die Vergütung als Liquidator erfasst nicht die steuerberatende Tätigkeit (Buchführung, Jahresabschluss, Deklaration).

Der gerichtlich bestellte Abwickler einer Aktiengesellschaft hat nach § 265 Abs. 4 AktG Anspruch auf eine angemessene Vergütung und Auslagenersatz. Bei der

1) BGH v. 5.11.2004, IXa ZB 202/03, ZIP 2005, 1569 zur ZwVerwVO.
2) BR-Drucks. 842/03, 17 v. 6.11.2003.
3) BGH v. 4.6.2009, V ZB 2/09, MDR 2009, 1067.
4) A.A. Eickmann, ZIP 2004, 1739.
5) BR-Drucks. 842/03, 17 v. 6.11.2003.
6) BGH v. 25.7.2005, II ZR 199/03, DStR 2005, 1782: zum GmbH-Liquidator unter Hinweis auf die Vergleichbarkeit der Tätigkeit des Liquidators mit der des Konkursverwalters; OLG Hamburg v. 2.6.1972, 11 U 141/71, MDR 1973, 54; Beyme, KANZLEI intern 3/2018, 7.

Bemessung der Höhe der Vergütung kann in entsprechender Anwendung auf die Regelungen der §§ 85 Abs. 3, 87 Abs. 1 AktG zurückgegriffen werden.[1]

II. Wirtschaftsmediator

868 Die Wirtschaftsmediation hat sich als neues Geschäftsfeld für StB bislang nicht durchgesetzt. In der Rechtsprechung und Literatur zum Anwaltsgebührenrecht war früher umstritten, welche Vergütung der Rechtsanwalt als Mediator erhält. Teilweise wurde § 20 BRAGO, teilweise § 118 BRAGO angewandt.

Das zum 1.7.2004 in Kraft getretene RVG bestimmt in § 34, dass dem Rechtsanwalt empfohlen wird, auf eine **Gebührenvereinbarung** hinzuwirken. Wird eine solche nicht getroffen, ist angeordnet, dass sich die Vergütung des Rechtsanwalts nach den Vorschriften des BGB richtet, also nach §§ 612 Abs. 2, 632 Abs. 2 BGB. Die Höhe der Vergütung soll der Rechtsanwalt anhand der Kriterien des § 14 RVG bestimmen. Auch StB, die als Wirtschaftsmediatoren tätig werden wollen, sollten auf eine Gebührenvereinbarung hinwirken. Auf Grund der hohen Qualifikation, die der Mediator erwerben muss, dem hohen persönlichen Engagement und einer verantwortlichen und aufwendigen Tätigkeit wird eine Honorierung auf Stundenbasis empfohlen, wobei Stundensätze von 150 bis 300 € üblich sein sollen,[2] dies je nach Anzahl der Beteiligten und Komplexität des Sachverhalts.

III. Nachlassverwalter, Nachlasspfleger

869 Nach § 1987 BGB hat der Nachlassverwalter Anspruch auf eine angemessene Vergütung. Diese wird vom Nachlassgericht nach billigem Ermessen unter Berücksichtigung des entstandenen Zeitaufwands berechnet und festgesetzt. Da der Verwalter amtlich bestelltes Organ ist, gibt es keine vertraglichen Beziehungen zwischen ihm und dem/den Erben oder den Nachlassgläubigern.

870 § 1915 Abs. 1 BGB verweist für die **Vergütung des Pflegers** auf §§ 1835 ff. BGB, also auf die für Vormundschaft und Betreuung geltenden Vorschriften. Der Pfleger erhält deshalb wie der Betreuer eine Vergütung, wenn das Gericht bei seiner Bestellung feststellt, dass die Pflegschaft berufsmäßig (→ Rz. 836) geführt wird.[3] Die Grundlage der angemessenen Vergütung ist der Bestellungsbeschluss des Nachlassgerichts.[4] Teilweise wurde früher die Höhe der Vergütung nach dem **Aktivvermögen des Nachlasses** ohne Abzug der Verbindlichkeiten bemessen. Bei kleineren Nachlässen wurden **3 bis 5 %**, bei größeren Nachlässen etwa **1 bis 2 % als Richtgröße angesetzt**.[5] Nach der zum 1.7.2005 in Kraft getretenen Neufassung des § 1915 Abs. 1 Satz 2 BGB bestimmte sich die Höhe der Vergütung nach dem **tatsächlichen Zeitaufwand** und einem dem Beruf **angemessenen Stundensatz**. § 1915 Abs. 1 Satz 2 BGB stellt in seiner aktuellen Fassung auf die nutzbaren **Fachkenntnisse** des Pflegers sowie **Umfang und Schwierigkeit der Pflegegeschäfte** ab.

Zwar ist § 1915 Abs. 1 Satz 2 BGB eine eigenständige Regelung für die Höhe der Pflegervergütung, sie ist jedoch auch auf den **Nachlassverwalter** anzuwenden, da die Nachlassverwaltung eine besondere Form der Pflegschaft ist.[6] Die Höhe des Stundensatzes bestimmt das Nachlassgericht, ohne an die im VBVG (→ Rz. 836) festgelegten Stundensätze gebunden zu sein. In der Praxis hat sich noch keine einheitliche Linie gebildet. Teilweise wurde der doppelte Satz des § 4 VBVG a.F. festgesetzt (für StB also 88 €), teilweise wird vorgeschlagen, auf die Vergütungssätze für Sach-

1) BGH v. 13.6.1996, III ZR 113/95, NJW 1996, 2499.
2) Schwamberger, KP 2004, 78, 79.
3) Volpert, NJW 2013, 1659 m.w.N.
4) Gemmer, KP 2003, 161.
5) Gemmer, KP 2003, 161.
6) Weidlich in Palandt, 79. Aufl. 2020, § 1987 BGB Rz. 2.

verständige nach dem JVEG (→ Rz. 859) abzustellen (bis 30.6.2013: 50 bis 95 €, ab 1.7.2013: 65 bis 125 €).[1] In der Praxis sind für StB bereits Stundensätze von 100 € zugebilligt worden.[2]

Die Umsatzsteuer ist bei einem StB gem. §§ 1915 Abs. 1 Satz 1 und 2, 1836 Abs. 1 Satz 2 BGB und nach § 3 Abs. 1 Satz 3 VBVG zusätzlich zu ersetzen. Gleiches gilt für den Ersatz von Aufwendungen.[3] **871**

IV. Prüfer

Mit Blick auf die von der BStBK herausgegebene Verlautbarung zu den Grundsätzen für die Erstellung von Jahresabschlüssen durch StB[4] stellt sich die Frage, wie **Plausibilitätsbeurteilungen** und **umfassende Prüfungshandlungen** im Rahmen der Jahresabschlussstellung abgerechnet werden können. Hier ist zunächst abzugrenzen, ob die StBVV Anwendung findet oder eine Abrechnung nach den Vorschriften des BGB erfolgen muss. Maßgeblich ist der konkret erteilte Auftrag. Erteilt der Mandant dem StB uneingeschränkt den Auftrag, einen Jahresabschluss mit Plausibilitätsbeurteilung bzw. umfassenden Prüfungshandlungen i.S.d. Verlautbarung der BStBK zu erstellen, richtet sich die Abrechnung der vorzunehmenden Prüfungshandlungen nach der StBVV. Da nach dem Maßgeblichkeitsprinzip die Handelsbilanz Grundlage für die steuerliche Gewinnermittlung ist (§ 5 Abs. 1 Satz 1 Halbsatz 1 EStG), wirkt sich die durch die Prüfungshandlungen erhöhte Verlässlichkeit und die damit verbundene Verbesserung der Qualität der Handelsbilanz auch auf die Steuerbilanz aus, auch wenn nach Inkrafttreten des BilMoG vermehrt Abweichungen zwischen Handels- und Steuerbilanz auftreten. Aus diesem Grunde handelt es sich bei den Plausibilitätsbeurteilungen bzw. umfassenden Prüfungshandlungen um Tätigkeiten, die für **steuerliche Zwecke** erfolgen. **872**

Stehen bei der Auftragserteilung dagegen **außersteuerliche Zwecke** im Vordergrund, richtet sich die Abrechnung nach den §§ 612 Abs. 2, 632 Abs. 2 BGB. Dies gilt insbesondere dann, wenn dem StB für Zwecke des **Ratings** oder zur Erfüllung der Anforderungen des **§ 18 KWG** nachträglich der Auftrag erteilt wird, einen bereits erstellten Jahresabschluss auf Plausibilität zu beurteilen. **873**

Das Gleiche ist der Fall, wenn die Vornahme einer Plausibilitätsbeurteilung zu dem Zweck in Auftrag gegeben wird, den Jahresabschluss einem anderen Gesellschafter vorzulegen. Soweit keine Vereinbarung über die Höhe der Vergütung getroffen wird, gilt nach §§ 612 Abs. 2, 632 Abs. 2 BGB in diesem Fall die übliche Vergütung als vereinbart. Zur Bestimmung der Höhe der üblichen Vergütung kann bezüglich der Prüfungshandlungen § 36 StBVV und hinsichtlich der zu beurteilenden Bescheinigung § 38 StBVV entsprechend herangezogen werden, wobei eine Zeitgebühr entsprechend § 13 Satz 2 StBVV immer angemessen wäre. In der Literatur werden aber auch Stundensätze zwischen 100 € und 250 € als angemessen angesehen.[5]

Zu den Prüfungstätigkeiten gehören auch **alle freiwilligen Prüfungen**, insbesondere die Abschlussprüfungen nicht prüfungspflichtiger Unternehmen, die nicht steuerlichen Zwecken dienen. Hierunter fällt beispielsweise auch die Gründungsprüfung nach § 33 AktG, die Sonderprüfung nach § 142 AktG und die Prüfung von Sacheinlagen nach § 183 Abs. 3 AktG. Auch für die Prüfung nach § 24 Abs. 4 **874**

1) Nachweise bei Weidlich in Palandt, 78. Aufl. 2019, § 1960 BGB Rz. 23; Volpert, NJW 2013, 1659.
2) Nachweise bei Weidlich in Palandt, 79. Aufl. 2020, § 1987 BGB Rz. 2 und § 1960 BGB Rz. 23.
3) Weidlich in Palandt, 79. Aufl. 2020, § 1987 BGB Rz. 3 und § 1960 Rz. 23 m.w.N.; Volpert, NJW 2013, 1659.
4) Beschluss der Bundeskammerversammlung der BStBK v. 17./18.11.2003, DStR 2001, Beihefter zu Heft 50 = DStR 2004, 64 und Beschluss der Bundeskammerversammlung der BStBK v. 12./13.4.2010, DStR 2010, Beihefter zu Heft 16.
5) Schwamberger, KP 2002, 157, 159.

FinVermV und Sanierungsbescheinigungen nach § 270b InsO gilt die StBVV nicht. Zu den Mindestanforderungen für die Erstellung und Beurteilung von Sanierungskonzepten siehe IDW Standard: Anforderungen an Sanierungskonzepte (IDW S 6).[1] Nachdem durch das Gesetz zur Umsetzung von Vorschlägen zu Bürokratieabbau und Deregulierung aus den Regionen vom 21.6.2005[2] § 16 Abs. 1 Satz 1 MaBV dahingehend geändert worden ist, dass die jährliche Prüfungspflicht in Bezug auf Immobilienmakler und Darlehensvermittler entfällt, beschränkt sich die Durchführung von MaBV-Prüfungen für StB auf Fälle der außerordentlichen Prüfung nach § 16 Abs. 2 Satz 1 i.V.m. Abs. 3 Satz 2 MaBV. Daneben sind StB befugt, die sog. Negativerklärung gem. § 16 Abs. 1 Satz 2 MaBV abzugeben.[3] Wenn man berücksichtigt, dass der durchschnittliche **Stundensatz** eines Wirtschaftsprüfers als Praxisinhaber, Geschäftsführer oder Partner im Jahr 2015 im unteren Bereich im Mittel bei 148 € und im oberen Bereich im Mittel bei 186 € lag,[4] dürfte der angemessene Stundensatz eines StB für die Vornahme freiwilliger Prüfungen ebenfalls in diesem Bereich anzusiedeln sein.

V. Schiedsrichter

875 Ein StB, der als Schiedsrichter tätig wird, erhält Vergütungen nach dem abgeschlossenen Schiedsrichtervertrag. Bei institutionellen Schiedsgerichten bestehen teilweise Schiedsgerichtsordnungen mit festen Honoraren. Üblicherweise sehen diese nach dem Streitwert gestaffelte Vergütungen für den Vorsitzenden und die Beisitzer vor.[5] Ist nichts geregelt, empfiehlt sich die entsprechende Anwendung des § 36 RVG. Danach erhält der Rechtsanwalt im schiedsrichterlichen Verfahren und Verfahren vor dem Schiedsgericht die gleichen Gebühren wie in einem gerichtlichen Verfahren (Teil 3 Abschn. 1 und 2 VV RVG). Im Regelfall fällt also eine Verfahrensgebühr i.H.v. 1,3 (Nr. 3100 VV RVG), und eine Terminsgebühr i.H.v. 1,2 (Nr. 3104 VV RVG) an. Zusätzlich kann gerade in diesen Verfahren auch eine Einigungs- oder Erledigungsgebühr entstehen (Nr. 1000 ff. VV RVG).

VI. Testamentsvollstrecker

876 Die gesetzlichen Vorgaben für die Vergütung des Testamentsvollstreckers sind rudimentär. § 2221 BGB ordnet lediglich an, dass der Testamentsvollstrecker für die Führung seines Amts eine angemessene Vergütung verlangen kann, sofern nicht der Erblasser etwas anderes bestimmt hat. Danach gilt also der Grundsatz des Vorrangs und der **Maßgeblichkeit des Erblasserwillens**. Die Festsetzung der Vergütung ist Teil der Testamentsvollstreckungsanordnung und bedarf daher der Form der letztwilligen Verfügung. Der Erblasser kann die Vergütung auch indirekt bestimmen, indem er ihre Festsetzung nach §§ 2156 und 315 ff. BGB einem Dritten überlässt.

877 Dem Erblasser nahe stehende Personen – hierzu kann auch der StB gehören – sollten diesem empfehlen, die Vergütung für die Testamentsvollstreckung **selbst festzusetzen**. Denkbar ist ein jährlicher Pauschalbetrag oder ein bestimmter Prozentsatz der Einnahmen (etwa wenn es um die Verwaltung von Hausbesitz geht) oder ein Stundenhonorar. Empfehlenswert ist auch eine Regelung dazu, ob berufsmäßige Dienste, z.B. als StB oder Rechtsanwalt, zusätzlich nach den jeweiligen Gebührenordnungen abgerechnet werden dürfen. Anzuraten ist darüber hinaus eine Erklärung dazu, ob Umsatzsteuer inbegriffen ist und für Aufwendungen gesonderter

1) Zabel, Synoptische Gegenüberstellung des bisherigen IDW S 6 v. 20.8.2012 und des neuen IDW S 6 v. 16.5.2018, Beilage zu ZIP 44/2018.
2) Gesetz v. 21.6.2005, BGBl. I 2005, 1666.
3) WPK-Magazin 2008, 42.
4) www.wpk.de; als Suchbegriff „Honorarumfrage" eingeben.
5) Winkler in Eckert, StBVV, 6. Aufl., 2017, VereinbT 20.

Ersatz verlangt werden kann. Bestimmungen dazu, wer Schuldner der Vergütung ist, was im Innenverhältnis der Miterben gelten soll, wann Fälligkeit der Vergütung eintritt sowie Regelungen zu Teilzahlungen, sind im Hinblick auf eine reibungslose Testamentsvollstreckung ebenfalls zu empfehlen.

Hat der Erblasser selbst keine Vergütungsregelung getroffen, kann der Testaments- 878
vollstrecker auch **mit** allen **Erben eine Vereinbarung** über die Höhe der Vergütung (als Nachlassverbindlichkeit, d.h. nicht als Privatverbindlichkeit der Erben) **treffen**. Auch hier sind Klarstellungen zum Auslagenersatz, zur Umsatzsteuer, zur Fälligkeit und zur Vereinbarung von Teilzahlungen zweckmäßig, da die Erben grds. Schuldner der Vergütung sind. Eine Vereinbarung mit den Erben ist sogar dann wirksam, wenn sie den Anordnungen des Erblassers widerspricht.[1] Der Vergütungsanspruch verjährt in drei Jahren, § 199 BGB.

Liegt keine Bestimmung zur Höhe der Testamentsvollstreckervergütung durch den 879
Erblasser oder einem von ihm benannten Dritten vor und hat der Testamentsvollstrecker auch mit den Erben keine diesbezügliche Vereinbarung getroffen, gilt der Grundsatz der angemessenen Vergütung (§ 2221 BGB). Bei der Bemessung der „angemessenen Vergütung" wurde in der Vergangenheit am häufigsten der Beschluss des Vereins für das Notariat in Rheinpreußen aus dem Jahre 1925 zu Grunde gelegt. Insbesondere der BGH hat die dort niedergelegten Richtsätze als von der Praxis angenommen und in der Rechtsprechung als geeignete Grundlage für die Berechnung einer angemessenen Vergütung im Einzelfall bezeichnet.[2] Diese Tabelle sowie die in der Folgezeit entwickelten weiteren **Tabellen**[3] gehen jeweils vom **Bruttonachlasswert** (ohne Abzug von Verbindlichkeiten) zum Zeitpunkt des Todesfalls aus und sehen als Vergütung des Testamentsvollstreckers bestimmte Prozentsätze vor. Nicht abzustellen ist auf den Nettonachlass (nach Abzug aller Verbindlichkeiten), auch wenn dieser niedriger ist, als die Vergütung des Testamentsvollstreckers. Gerade die Schuldenregulierung kann zeitlich und inhaltlich aufwendig sein, so dass der Bruttonachlass die zutreffende Bezugsgröße für die Vergütungsberechnung ist.[4] Die jeweils vorgesehene Grundvergütung soll nur für normale Verhältnisse und eine glatte Abwicklung gelten. Von einem solchen Normalfall kann nur dann gesprochen werden, wenn der Nachlass einfach zusammengesetzt ist, die Abwicklung leicht vorgenommen werden kann, etwa wenn der Nachlass nur aus Bargeld und Wertpapieren besteht und die Konstituierung durch bloßes Einholen von Kontoauszügen etc. erfolgt und die Abwicklung entsprechend einfach ist, z.B. durch Aufteilen des Bankkontos auf mehrere Erben oder Übergabe von Wertpapieren an Vermächtnisnehmer. Folgt dagegen eine längere Verwaltungstätigkeit, z.B. beim Vorhandensein von Minderjährigen, oder verursacht die Verwaltung eine besonders umfangreiche und zeitraubende Tätigkeit, so kann eine höhere Gebühr angemessen sein.

Der **Deutsche Notarverein** hat im Jahr 2000 wegen der fehlenden Klarheit speziell 880
der Alten Rheinischen Tabelle eine **Vergütungsempfehlung** veröffentlicht, die insbesondere typisierende und praktisch handhabbare Vorschläge zur Bemessung der Fälle enthält, die über „normale Verhältnisse und glatte Abwicklung" hinausgehen.[5] Auch bei dieser Tabelle handelt es sich um eine unverbindliche Empfehlung. Sie hat aber gegenüber älteren Tabellen den Vorteil, dass – nach dem Vorbild der

1) Zimmermann, 1. Aufl. 2000, Rz. 697.
2) BGH v. 26.6.1967, III ZR 95/65, NJW 1967, 2400.
3) Neben der Alten Rheinischen Tabelle sind zu nennen die Möhring'sche Tabelle, die „Berliner-Praxis" Tabelle, die Eckelskemper'sche Tabelle und die Empfehlungen des Deutschen Notarvereins (sog. Neue Rheinische Tabelle); s. hierzu Reimann, DStR 2002, 2008 f. und Wälzholz, NWB 27/2013, 2168, 2174.
4) LG Köln v. 26.3.2006, 18 O 140/05, GI 2007, 163.
5) Deutscher Notarverein, Notar 2000, 2 ff. = ZEV 2000, 181 und www.dnotv.de. Dieser Tabelle folgt z.B. das LG Köln v. 26.3.2006, 18 O 140/05, GI 2007, 163.

InsVV – zahlreiche Zweifelsfragen ausdrücklich geregelt sind und diese Tabelle deshalb weniger konfliktanfällig ist. Im Übrigen steht die Höhe der Grundvergütung nicht hinter den Beträgen anderer Tabellen zurück. Die neuen Ansätze betreffen v.a. die Höhe der Grundvergütung und ein System von Zu- und Abschlägen.

Die Höhe des Vergütungsgrundbetrags (vorbehaltlich einer zu gegebener Zeit vorzunehmenden Anpassung an die Preisentwicklung) beträgt bei einem Bruttonachlasswert

- bis 250 000 € 4 %,
- bis 500 000 € 3 %,
- bis 2,5 Mio. € 2,5 %,
- bis 5 Mio. € 2,0 %,
- über 5 Mio. € 1,5 %,

mindestens aber den höchsten Betrag der Vorstufe.

Beispiel:

Bei einem Nachlass von 260 000 € beträgt der Grundbetrag nicht 7 800 € (= 3 % aus 260 000 €), sondern 10 000 € (= 4 % aus 250 000 €).

Zuschläge zum Vergütungsgrundbetrag i.H.v. 2/10 bis 10/10 des Grundbetrags sieht die Neue Rheinische Tabelle bei Abwicklungsvollstreckungen vor. Und zwar bei einer aufwendigen Grundtätigkeit, bei einer Auseinandersetzung, bei einer komplexen Nachlassverwaltung, bei aufwendigen oder schwierigen Gestaltungsaufgaben und bei Steuerangelegenheiten. Wegen der Einzelheiten wird auf die Ausführungen in der Tabelle verwiesen. Die Gesamtvergütung soll i.d.R. insgesamt das Dreifache des Vergütungsgrundbetrags nicht überschreiten. Eine Zusatzgebühr ist darüber hinaus für den Fall der **Dauertestamentsvollstreckung** vorgesehen. Da die Grundvergütung im Vergleich zu anderen Tabellen deutlich höher ist, werden aber nur geringe Zuschläge angenommen.[1)] In der Literatur wird eine zusätzliche jährliche Vergütung von 0,33 bis 0,5 % des Bruttonachlasswertes oder ein Jahresbetrag der laufenden Einkünfte von 2 bis 4 % befürwortet.[2)]

881 Anders als die o.g. älteren Tabellen sieht die Neue Rheinische Tabelle nach dem Vorbild des § 5 InsVV eine **gesonderte Vergütung für Berufsdienste**, z.B. von Rechtsanwälten, StB, Wirtschaftsprüfern, Banken, Maklern und Vermögensverwaltern, vor. Ist der StB zum Testamentsvollstrecker ernannt, und hat der Erblasser bestimmt, dass hinsichtlich der Vergütung die Neue Rheinische Tabelle zu Grunde zu legen ist, kann er, wenn ein Laie in der konkreten Angelegenheit einen StB beauftragen würde, seine Berufsdienste nach Maßgabe der **StBVV** gesondert abrechnen. Fehlt es an einer eindeutigen Regelung durch den Erblasser, besteht die Gefahr, dass die Erben dem Vergütungsanspruch des StB entgegenhalten, dass die steuerberatenden Leistungen mit der Vergütung als Testamentsvollstrecker abgegolten seien.[3)]

Die Neue Rheinische Tabelle sieht neben der gesonderten Vergütung von Berufsdiensten auch – nach dem Vorbild des § 4 InsVV – einen Anspruch des Testamentsvollstreckers auf **Auslagenersatz** wie im Auftragsrecht vor. Lediglich die allgemeinen Geschäftskosten sind mit der Vergütung des Testamentsvollstreckers abgegolten.

Ebenfalls nach dem Vorbild des § 7 InsVV regelt die Neue Rheinische Tabelle ausdrücklich, dass der Testamentsvollstrecker die **Umsatzsteuer** zusätzlich zu seiner

1) LG Köln v. 26.3.2006, 18 O 140/05, GI 2007, 163.
2) Wälzholz, NWB 27/2013, 2168, 2175.
3) S. hierzu Gemmer, KP 2000, 138; für eine separate Abrechnungsmöglichkeit, auch ohne ausdrückliche Regelung durch den Erblasser, Zimmermann, 1. Aufl. 2000, Rz. 736; Winkler in Eckert, StBVV, 5. Aufl. 2013, VereinbT 22 Anm. 22.7.

Vergütung verlangen kann. Fehlt es an einer unmittelbaren oder mittelbaren Regelung der Umsatzsteuer, ist der Testamentsvollstrecker nicht berechtigt, die von ihm zu entrichtende Umsatzsteuer auf die Erben abzuwälzen.[1]

Einen anderen Ansatz für die Bestimmung der angemessenen Vergütung, als die Zugrundelegung der o.g. Tabellen (→ Rz. 880) schlägt Zimmermann[2] vor. Maßgeblich für die Vergütung des Testamentsvollstreckers sei nach der Rechtsprechung des BGH[3] der dem Testamentsvollstrecker im Rahmen der Verfügung von Todes wegen nach dem Gesetz obliegende Pflichtenkreis, der Umfang der ihn treffenden Verantwortung und die von ihm geleistete Arbeit, wobei die Schwierigkeit der gelösten Aufgaben, die Dauer der Abwicklung und der Verwaltung, die Verwertung besonderer Kenntnisse und Erfahrungen und auch die Bewährung einer sich im Erfolg auswirkenden Geschicklichkeit zu berücksichtigen seien. Der Einzelfall könne aber über Tabellen, auch mit Aufspaltung in Grundbeträge und Zuschläge oder Aufstellung eigener Gebührentatbestände, nicht gelöst werden. Insbesondere bei ganz großen Nachlässen würde ein bestimmter Prozentsatz des Nachlasses zu absurd hohen Vergütungen führen. Er schlägt deshalb eine **Abrechnung nach Stunden** vor. Dadurch ergäben sich auch keine Probleme bei vorzeitiger Beendigung der Testamentsvollstreckung und bei der Frage der separaten Vergütung von Berufsdiensten.[4] 882

Streit über die angemessene Vergütung mit den Erben kann nur durch eindeutige Bestimmungen des Erblassers oder spätere Vereinbarung mit den Erben vermieden werden. Hat der Erblasser selbst keine ausreichende Vorsorge getroffen, sollte der StB vor Übernahme des Amts in jedem Fall dafür Sorge tragen, dass sich die Erben ausdrücklich und aus Beweissicherungsgründen schriftlich mit einer bestimmten Abrechnungsmethode (z.B. Anwendbarkeit der Neuen Rheinischen Tabelle) einverstanden erklären. 883

VII. Treuhänder

Spezielle Vergütungsregelungen existieren nur für den Treuhänder im vereinfachten Insolvenz- und Restschuldbefreiungsverfahren (→ Rz. 854). Eine besondere Form der Treuhandtätigkeit ist die Tätigkeit als Praxistreuhänder gem. § 71 StBerG. 884

Allgemein üblich ist es, Treuhandtätigkeiten nach einem **Prozentsatz des Werts des Treuguts** zu berechnen, wobei für die Angemessenheit des Prozentsatzes der für die Treuhandtätigkeit erforderliche Zeitaufwand, der Schwierigkeitsgrad der Angelegenheit und die Verantwortung des Treuhänders von entscheidender Bedeutung sind. Für die Verwaltung eines **Anderkontos** kann eine Vergütung verlangt werden, deren Höhe sich an Nr. 1009 VV RVG orientiert.[5] Danach entsteht bei Beträgen 885

- bis einschließlich 2 500 € eine Gebühr von 1 %,
- von einem Mehrbetrag bis einschließlich 10 000 € eine Gebühr von 0,5 %,
- von einem Mehrbetrag über 10 000 € eine Gebühr von 0,25 %.

Für die Verwaltung eines **Wertpapierdepots** ist die Vergütung angemessen, die Banken ihrerseits für die Depotverwaltung fordern. Je nach Kreditinstitut sind hier unterschiedliche Gebührenrahmen in einer Größenordnung von etwa 0,5 bis 2 ‰ p.a. vom Depotwert vorgesehen. 886

1) Gemmer, KP 2000, 138, 139; Zimmermann, 1. Aufl. 2000, Rz. 710.
2) Zimmermann, 1. Aufl. 2000, Rz. 711 ff.
3) BGH v. 26.6.1967,III ZR 95/65, NJW 1967, 2400.
4) Kritisch dazu LG Köln v. 26.3.2006, 18 O 140/05, GI 2007, 163.
5) Zenker, NJW 2003, 3459.

Für die Verwahrung eines **Sparbuchs**, die weniger aufwendig ist als die Verwaltung eines Wertpapierdepots, hat das LG Kleve[1] die angemessene Vergütung des StB mit 1 ‰ p.a. des jeweiligen Guthabenbestands geschätzt.

Für die **Erhebung, Verwahrung und Ablieferung von Geld, Wertpapieren und Kostbarkeiten** kann auch auf § 149 KostO der Notare zurückgegriffen werden. Die dort vorgesehenen Gebühren decken sich mit den in Nr. 1009 VV RVG vorgesehenen Gebühren.

VIII. Unternehmens- und Wirtschaftsberatung

887 Die Vergütung des StB als Wirtschafts- oder Unternehmensberater, z.B. bei Existenzgründungen, Unternehmensanalysen, Stresstests, Unternehmensbewertungen, Unternehmensnachfolge, beim Rating, bei der Fördermittelberatung (z.B. im Bereich der Soforthilfe oder Überbrückungshilfe) oder bei der Krisenberatung (Sanierung und Insolvenz) ist weder durch Gesetz noch durch Verordnung geregelt. Dies gilt auch für neue Betätigungsfelder, wie z.B. die Tätigkeit als externer **Datenschutzbeauftragter**,[2] externer **Geldwäschebeauftragter**,[3] **Informationssicherheitsbeauftragter**,[4] **Versicherungsberater**[5] oder **Honorar-Finanzanlagenberater**.[6] Es empfiehlt sich deshalb der Abschluss einer Honorarvereinbarung. Weit verbreitet ist eine Abrechnung nach **Zeitgebühr bzw. Tagessatz**.

888 Wegen der großen Bandbreite des Beratungsspektrums variieren die **Stundensätze** von Wirtschafts- und Unternehmensberatern i.d.R. zwischen 100 € und 250 €, in besonderen Fällen liegen sie auch darüber.[7] Letztlich richtet sich die Höhe der Vergütung nach Schwierigkeit und Umfang der Beratung. Das AG Coesfeld[8] hatte darüber zu entscheiden, ob ein Stundensatz von 90 € bei einem Zeitaufwand von 36 ¾ Stunden für die Erstellung einer Selbstauskunft des Stpfl., die Erstellung eines Liquiditätsplans einschließlich Abweichungsanalyse für die Hausbank und unterstützende Kreditberatung (Begleitberatung) angemessen war und hat dies bejaht. Das AG Mülheim/R.[9] hatte keine Bedenken, dem StB für die auftragsgemäße Erstellung einer Planrechnung für eine **Existenzgründung** (Eröffnung eines Sonnenstudios) einen Stundensatz von 200 DM bei einem Zeitaufwand von 10,5 Stunden zuzusprechen. Das AG Dorsten[10] ging bei einer Existenzgründungsberatung von einem üblichen Stundensatz von 100 bis 300 € aus und hatte deshalb keine Bedenken, die vom StB berechneten 93,75 € als angemessen anzusehen. Für eine 30-minütige **Erstberatung eines Architekten** durch einen Rechtsanwalt wurde sogar eine Vergütung i.H.v. 250 € nicht beanstandet.[11] Der durchschnittliche Stundensatz eines Rechtsanwalts betrug im Jahr 2005 180 €[12] und im Jahr 2009 182 €.[13] Aktuell werden bei Rechtsanwälten Stundensätze von 150 € bis 200 € als üblich angesehen.[14] Auch

1) LG Kleve v. 11.1.2001, 2 O 25/00, INF 2001, 255 f.
2) Schepers, KANZLEI intern 6/2018, 5; zur Frage der Gewerblichkeit nach EStG: BFH v. 14.1.2020, VIII R 27/17.
3) Schepers, KANZLEI intern 12/2018, 2.
4) Heßler, Stbg 2018, 70.
5) Feiter, KANZLEI intern 7/2018, 3.
6) VG Darmstadt v. 13.11.2019, 3 K 1101/15.DA, das fälschlicherweise von einer (genehmigungsfähigen) gewerblichen Tätigkeit ausging.
7) Klaeren, INF 2002, 150, 152 m.w.N.
8) AG Coesfeld v. 9.9.2009, 6 C 135/08.
9) AG Mülheim/Ruhr v. 4.4.2000, 19 C 133/99, Information StW 2000, 383.
10) AG Dorsten v. 8.1.2009, 21 C 110/08.
11) AG Brühl v. 29.10.2008, 23 C 171/08, AnwBl 2008, 887.
12) OLG Hamm v. 16.6.2009, 28 U 1/09, GI 2010, 52, 56 unter Verweis auf eine empirische Untersuchung.
13) Hommerich/Kilian, Vergütungsbarometer 2009, 71.
14) AG Siegburg v. 4.9.2015, 105 C 34/15 mit Anm. Schons, KammerMitteilungen RAK Düsseldorf 4/2015, 413.

Stundensätze von 250 € bis 300 € können bei Rechtsanwälten im Einzelfall als üblich betrachtet werden.[1] Die von der Wirtschaftsprüferkammer im Jahr 2015 ermittelten Stundensätze für WP/vBP als Praxisinhaber, Sozius, gesetzlicher Vertreter oder Partner liegen zwischen 148 € und 186 €.[2] Vergleichbare Zahlen liegen für StB nicht vor. Soweit es um Vergütungsvereinbarungen nach § 4 StBVV geht, wurde für das Jahr 2011 im Rahmen der ersten STAX-Befragung 2012 ein durchschnittliches Zeithonorar zwischen 66 € und 117 € ermittelt.[3] Die Ergebnisse der STAX-Befragung 2015 wurden nicht veröffentlicht. Ausgewählte Ergebnisse der dritten STAX-Befragung 2018 können auf der Interseite der BStBK eingesehen werden. Da betriebswirtschaftliche Beratungen oftmals komplex sind und nicht alle zu erbringenden Leistungen vom Berater selbst, sondern häufig auch von Mitarbeitern erbracht werden, sollte bei der Festsetzung der Vergütung zwischen Berater- und Mitarbeiterstunden unterschieden werden. Um die Berechnung für den Mandanten möglichst transparent zu machen, sollte im Rahmen einer schriftlichen Vereinbarung oder eines Bestätigungsschreibens auf die eigenen hausinternen Honorarsätze ausdrücklich Bezug genommen werden. Einen Mustervertrag für sog. Betriebswirtschaftliche Beratung bietet der DWS-Verlag in Berlin an.

Als **Tagessätze** werden – je nach Schwierigkeit und Umfang der Beratung – Honorare zwischen 500 € und 1 500 € verlangt, wobei Abstufungen ab einem bestimmten vereinbarten Beratungstag (z.B. dem vierten oder fünften Tag) möglich sind.[4] Nach den Berichten des Bundes Deutscher Unternehmensberater beträgt der Tagessatz bei Umsätzen der Firma bis 200 000 €: 800 bis 1 800 €, bis 1 Mio. €: 500 bis 2 300 €, bis 5 Mio. €: 850 bis 2 200 € und über 5 Mio. €: 1 000 bis 1 750 €. Dabei handelt es sich um von den Beratern mitgeteilte Honorare, nicht um die Empfehlungen des Bundes Deutscher Unternehmensberater.[5]

Praxistipp:

Bei der Abrechnung nach Tagessätzen ist unbedingt zu beachten, dass genau festgelegt wird, wie viele Stunden ein Arbeitstag haben soll, ob An- und Abfahrtszeit zusätzlich berechnet werden, ob und wie Reisekosten abgerechnet werden und welche sonstigen Nebenkosten ggf. geltend gemacht werden können. Ferner sollte eine ausdrückliche Vereinbarung zur Umsatzsteuer erfolgen. Beratungen von kleineren und mittleren Unternehmen werden z.T. mit **Zuschüssen** gefördert (z.B. durch das BMF), die zu einer Verbilligung der Beratungsleistung für den Mandanten führen können (→ § 21 StBVV Rz. 352).

Demgegenüber wird für eher mechanische Tätigkeiten, wie das **Ausfüllen von Fragebögen** der Krankenkasse und der Arbeitsagentur und das Ausstellen von Verdienstbescheinigungen der Mindestsatz der Zeitgebühr gem. § 13 StBVV als angemessen angesehen.[6] Für das Ausfüllen eines vierseitigen Fragebogens des Finanzamts zur Gründung einer Kapitalgesellschaft beanstandete das AG Düsseldorf,[7] dass der StB hierfür 1,5 Std. à 75 € berechnet hatte und bewilligte lediglich 1 Std. à 65 € (Mittelgebühr).

Selbstverständlich kann die übliche Vergütung auch nach **Gegenstandswert** ermittelt werden. Zu denken ist an typische Tätigkeiten, die eine Regelung in der StBVV erfahren haben und deren analoge Anwendung sich wegen der Vergleichbarkeit der Tätigkeit anbietet.[8] Für die Beratung und Antragstellung in **Baukindergeldsa-**

1) OLG Hamm v. 7.7.2015, 28 U 189/13, AnwBl 2016, 175.
2) www.wpk.de; als Suchbegriff „Honorarumfrage" eingeben.
3) Siehe www.bstbk.de unter „Themen" und „Berufsrecht".
4) Klaeren, INF 2002, 150, 152; Wielinski, DSWR 1996, 254 f.
5) Würfel, MDR 2009, 5, 7.
6) OLG Düsseldorf v. 21.4.1994, 13 U 101/93, Gl 1994, 351.
7) AG Düsseldorf v. 25.9.2007, 48 C 10774/03; ebenso LG Düsseldorf v. 4.9.2013, 9 O 64/10.
8) Z.B. die analoge Anwendung der Regelungen des § 35 StBVV auf Jahresabschlüsse, die keinen steuerlichen Zwecken dienen oder die analoge Anwendung des § 21 Abs. 1 Satz 1 StBVV auf einen Rat oder eine Auskunft, die nicht steuerlicher Natur sind.

chen kommen – wie bei Fördermittelberatungen generell – mehrere Abrechnungsmöglichkeiten in Betracht. So kann nach Zeitaufwand oder pauschal (z.B. 0,5 % bis 1 % des Fördermittelbetrages) abgerechnet werden.[1] Da die Beratung mit erhöhten Haftungsrisiken verbunden ist, bietet sich m.E. auch eine Abrechnung nach Gegenstandswert analog § 21 Abs. 1 Satz 1 StBVV an, die eher zu einer angemessenen Gebühr führen dürfte. Gegenstandswert wäre der beantragte Zuschuss i.H.v. 1 200 € pro Jahr und Kind unter 18 Jahren über den gesamten Zeitraum von maximal 10 Jahren.

IX. Vermögensverwalter, Grundstücksverwalter, Verwalter nach dem Wohnungseigentumsgesetz, Hausverwalter

889 Die Tätigkeit als Hausverwalter und Verwalter nach dem WEG ist mit dem Beruf des StB vereinbar, § 15 Satz 1 Nr. 10 BOStB. § 34c GewO steht dem nicht entgegen.[2] Gewerbliche **Vermögensverwalter** verlangen häufig eine feste Managementgebühr, die in einem Prozentsatz des verwalteten Vermögens besteht und sich zwischen 1 % und 3 % bewegt.[3] Entscheidend für die Höhe der Vergütung ist das Maß der aufgewandten Arbeit, der Umfang der Verantwortung, die Schwierigkeiten, die etwa erforderliche besondere Kenntnis und Erfahrung sowie die sich im Erfolg auswirkende Geschicklichkeit bei der Ausübung der Vermögensverwaltung.[4] Empfehlenswert ist in jedem Fall eine Vereinbarung mit dem Auftraggeber. Üblich sind auch pauschale Festhonorare und erfolgsabhängige Honorare.

890 Sind Gegenstand der Verwaltung ein **Grundstück** oder mehrere Grundstücke, können die Vergütungssätze des Zwangsverwalters entsprechend herangezogen werden (→ Rz. 864).

891 Für die Vergütung des Verwalters nach dem Wohnungseigentumsgesetz (**WEG**) gibt es keine gesonderten Regelungen, so dass sich bereits bei der Übernahme des Verwalteramts eine Vereinbarung über die Höhe in schriftlicher Form empfiehlt.[5] Anhaltspunkte für die übliche Vergütung finden sich in §§ 26, 41 der VO über wohnungswirtschaftliche Berechnungen nach dem Zweiten Wohnungsbaugesetz. Nach § 26 Abs. 2 der VO dürfen die Verwaltungskosten höchstens 230 € jährlich pro Wohnung bzw. Wohngebäude (bei Eigenheimen, Kaufeigentum und Kleinsiedlungen) und nach § 41 Abs. 2 Der VO höchstens 275 € bei Eigentumswohnungen, Kaufeigentumswohnungen oder Wohnungen in der Rechtsform des eigentumsähnlichen Dauerwohnrechts betragen. Für Garagen und Einstellplätze dürfen höchstens 30 € jährlich angesetzt werden (§ 26 Abs. 3 der VO). Wegen der Indexklausel in § 26 Abs. 4 der VO können sich die genannten Beträge verändern. Informationen zu den üblichen Verwalterkosten – gestaffelt nach Bundesländern und Anzahl der Wohneinheiten – finden sich u.a. auf der Internetseite www.hausverwaltersuche.de. Ende 2018 betrug das durchschnittliche WEG-Verwalterhonorar für alle Objektgrößen bundesweit 28,07 € inkl. USt.

892 Diese Regelungen können auch für die **Hausverwaltung** durch StB herangezogen werden. Ende 2018 betrug das durchschnittliche Hausverwalterhonorar für alle Objektgrößen bundesweit 29,76 € inkl. USt.[6] Denkbar ist auch eine Orientierung an den Sätzen gewerbsmäßiger Hausverwalter, die ganz unterschiedlich abrechnen,

1) Beyme, KANZLEI intern 9/2018, 2.
2) Feiter, KANZLEI intern 1/2018, 5.
3) OFD Düsseldorf v. 28.10.2004, S 2210 A-St 212, EStG-Kartei NRW, § 20 EStG, Fach 4, Nr. 801; Farkas-Richling, NWB, Fach 30, 1694.
4) BGH v. 22.12.1966, VII ZR 195/64, NJW 1967, 876.
5) Zu Honorarvereinbarungen in WEG-Sachen zwischen Verwalter und externem Rechtsanwalt siehe Drasdo, NJW-Spezial 2018, 417.
6) www.hausverwaltersuche.de.

meist einen Prozentsatz der Bruttomiete berechnen, dessen Höhe von der Mieterstruktur abhängt und zwischen 3 % und 15 % betragen kann.[1)]

1) Bengel/Reimann/Eckelskämper, Kap. 10, Rz. 22; Zimmermann, 1. Aufl. 2000, Rz. 459.

§ 64[1)]
Gebührenordnung

(1) [1]Steuerberater und Steuerbevollmächtigte sind an eine Gebührenordnung gebunden, die das Bundesministerium[2)] der Finanzen durch Rechtsverordnung mit Zustimmung des Bundesrates erläßt. [2]Das Bundesministerium der Finanzen hat vorher die Bundessteuerberaterkammer[3)] zu hören. [3]Die Höhe der Gebühren darf den Rahmen des Angemessenen nicht übersteigen und hat sich nach

1. Zeitaufwand,

2. Wert des Objekts und

3. Art der Aufgabe

zu richten.

(2)[4)] [1]Die Abtretung von Gebührenforderungen oder die Übertragung ihrer Einziehung an Personen und Vereinigungen im Sinne des § 3 Nr. 1 bis 3 und von diesen gebildeten Berufsausübungsgemeinschaften (§ 56) ist auch ohne Zustimmung des Mandanten zulässig. [2]Im Übrigen sind Abtretung oder Übertragung nur zulässig, wenn eine ausdrückliche, schriftliche Einwilligung des Mandanten vorliegt oder die Forderung rechtskräftig festgestellt ist. [3]Vor der Einwilligung ist der Mandant über die Informationspflicht des Steuerberaters oder Steuerbevollmächtigten gegenüber dem neuen Gläubiger oder Einziehungsermächtigten aufzuklären. [4]Der neue Gläubiger oder Einziehungsermächtigte ist in gleicher Weise zur Verschwiegenheit verpflichtet wie der beauftragte Steuerberater oder Steuerbevollmächtigte.

Inhalt

1) Das StBerG v. 16.8.1961, BGBl. I 1961, 1301, regelte in § 28 StBerG die Bindung von Steuerberatern und Steuerbevollmächtigten an eine Gebührenordnung. Erst durch das Dritte Gesetz zur Änderung des Steuerberatungsgesetzes v. 24.6.1975, BGBl. I 1975, 1509, wurde § 28 StBerG mit Wirkung zum 29.6.1975 in § 64 StBerG umbenannt. Zuletzt geändert worden ist die Norm durch das Achte Gesetz zur Änderung des Steuerungsberatungsgesetzes v. 8.4.2008, BGBl. I 2008, 666, mit Wirkung zum 12.4.2008.

2) In § 64 Abs. 1 Satz 1 und 2 StBerG wurde jeweils die Bezeichnung „Bundesministerium" durch das Sechste Gesetz zur Änderung des Steuerberatungsgesetzes vom 24.6.1994, BGBl. I 1994, 1387, mit Wirkung zum 1.7.1994 eingeführt. Zuvor hatte das Gesetz noch vom „Bundesminister" gesprochen.

3) Die Bezeichnung „Bundessteuerberaterkammer" wurde durch das Dritte Gesetz zur Änderung des Steuerberatungsgesetzes v. 24.6.1975, BGBl. I 1975, 1509, in § 64 StBerG eingefügt. Die Änderung trat am 29.6.1975 in Kraft. Zuvor hatte die Norm noch von der „Berufskammer" gesprochen.

4) § 64 Abs. 2 StBerG, eingefügt durch das Sechste Gesetz zur Änderung des Steuerberatungsgesetzes v. 24.6.1994, BGBl. I 1994, 1387, mit Wirkung zum 1.7.1994; neu gefasst durch das Achte Gesetz zur Änderung des Steuerberatungsgesetzes v. 8.4.2008, BGBl. I 2008, 666, mit Wirkung zum 12.4.2008.

Schrifttum

Best, Beraterwechsel, DSWR 1997, 235; **Blattner,** Formularvertragliche Vereinbarungen im Anwaltsvertrag, AnwBl 2012, 237; **Burhoff,** Der Kostenanschlag im Werkvertragsrecht, NWB Fach 19, 3227; **Deckenbrock,** Law Clinics als Rechtsdienstleister, AnwBl 2017, 937; **Eggesiecker,** Anpassungsbedarf bei der Steuerberatergebührenverordnung, StB 2004, 393; **Feiter,** „Bei Unzufriedenheit Geld zurück" – Werbung mit Zufriedenheitsgarantie, KANZLEI intern 1/2019, 6; **Feiter,** Der Grundsatz von Treu und Glauben im Steuerberatergebührenrecht, INF 1996, 566; **Feiter,** Anmerkung zu AG Duisburg-Hamborn vom 30.9.1997,7 C 698/96, Stbg 1998, 360; **Feiter,** Anmerkung zu LG Duisburg vom 19.9.2003, 7 S 238/02, Stbg 2004, 237; **Feiter,** Preiswerbung durch Steuerberater – Zulässiger Baustein des Kanzleimarketings, KP 2006, 4; **Feiter,** Möglichkeiten und Grenzen der Preiswerbung – Praxisbeispiele, KP 2006, 20; **Feiter,** Zur Verwirkung des unverjährten Vergütungsanspruchs des Steuerberaters, KP 2006, 46; **Feiter,** Werbung mit kostenloser (Erst-)Beratung ist erlaubt – wenn man das richtige Thema wählt!, KP 2010, 103; **Feiter,** Werbung mit Rabatten zulässig?, KANZLEI intern 02/2014, 7; **Fitzke,** Gebühren-Ordnung für die wirtschaftsprüfenden sowie wirtschafts- und steuerberatenden Berufe, Essen, 9. Aufl. 1954; **Fries,** Die verfassungs- und unionsrechtlichen Anforderungen an die Rechtfertigung von gesetzlichen Preisregulierungen, in Kluth (Hrsg.), Jahrbuch des Kammer- und Berufsrechts 2016, 211; **Gilgan,** Globalabtretung von Honoraransprüchen an Kreditinstitute unzulässig, Stbg 2020, 184; **Glückselig,** Mindest- und Höchstsätze der HOAI verstoßen gegen Europarecht, DStR 2019, 1996; **Günther/Grupe,** Tax Law Clinic: unzulässige Steuerberatung durch Studierende?, NWB 2019, 2954; **Härting,** Kreditkartenzahlung – Kehrtwende in der BGH-Rechtsprechung, MDR 2002, 913; **Hartmann,** Beweislast bei Vergütungsvereinbarungen, KANZLEI intern 2/2017, 3; **Hartmann,** Hinweispflicht des Anwalts bezüglich Wertgebühren, NJW 2004, 2484; **Hellwig,** Anwaltliches Berufsrecht und Europa, AnwBl 2011, 77; **Henke,** Obligatorisches Güteverfahren bei anwaltlichen Gebührenordnungen, AnwBl 2005, 352; **Henssler/Prütting,** BRAO, München, 2. Aufl. 2004; **Hund,** Anmerkung zu EuGH vom 19.2.2002 – C-35/99, DStR 2002, 652; **Karst,** Vor der Schuldrechtsreform entstandene Ansprüche: Verjährung mit Ablauf des 31.12.2004?, DB 2004, 1766; **Klaeren,** Sind Sondernachlässe zulässig?, KANZLEI intern 1/2019, 7; **Klaeren,** Abtretung von Forderungen, KANZLEI intern 9_2018, 8; **Langen,** Abschied von der HOAI? Neue Rechtsprechung des EuGH und die Konsequenzen, BRAK Magazin 2020, 18; **Lehwald,** Gebührenrecht, Beck'sches Steuerberater-Handbuch 2004/2005, 1993 ff.; **Leißing,** Dürfen Steuerberater ihre Rechnungen nachträglich korrigieren?, KP 1999, 131; **Lutje,** Bestimmung der angemessenen Gebühr nach § 11 StBGebV, KP 8/1997, 1; **Maxl,** Anmerkung zu LG Düsseldorf vom 10.1.1986, 31 C 246/84, DStR 1991, 1100; **Maxl/Feiter,** Vertragsfreiheit oder Bindung an die Steuerberatergebührenverordnung insbesondere bei der Vereinbarung von Zeithonoraren, INF 1995, 438; **Meyer,** § 11 StBGebV: Änderung des einmal bestimmten Rahmensatzes nicht möglich, KP 2003, 8; **Meyer/Rönnig,** Vorsicht vor Verjährung von Gebühren im Einspruchs- und Klageverfahren!, KP 2002, 55; **Michel,** Die Anwaltschaft und die Deregulierungsvorschläge der EU-Kommission, AnwBl 2017, 128; **Mittelsteiner,** Abtretungen von Gebührenforderungen eines Steuerberaters (§ 64 Abs. 2 StBerG), DStR 1995, 1851; **Mittelsteiner/Gilgan/Späth,** Berufsordnung der Steuerberater, Kommentar, Köln 2002; **Pauly,** Bindung des Architekten an seine Honorarschlussrechnung?, MDR 1999, 649; **Pestke,** Mindest- und Höchstgebühren der HOAI verletzen Europarecht, Stbg 2019, 366; **Pohl,** HOAI-Mindest- und Höchstgebühren unionsrechtswidrig – und das RVG?, BRAK-Mitteilungen 2019, 234; **Remmertz,** Aktuelle Entwicklungen im RDG – In dubio pro libertate, BRAK-Mitt. 2018, 235; **Remmertz,** Ist der existierende Rechtsrahmen für Law Clinics ausreichend?, AnwBl 2017, 946; **Ring,** Anwaltliches Werberecht, Baden-Baden, 2. Aufl. 2018; **Rohlfing,** Grob fahrlässige Unkenntnis und Beginn der Regelverjährung bei Alt- bzw. Überleitungsfällen, MDR 2006, 721; **Römermann,** Steuerberater Handbuch Neue Beratungsfelder, Bonn 2005; **Römermann/Beckmann,** Berufsrechtliche Zulässigkeit von Kostenvoranschlägen und Beauty Contests durch Rechtsanwälte, Steuerberater und Wirtschaftsprüfer, INF 2000, 374; **Rönnig,** Honorarklage des Steuerberaters: Welches Gericht ist zuständig?, KP 2001, 79; **Sagawe,** Rechtsanwaltsvergütung und EU-Gemeinschaftsrecht, ZRP 2002, 281; **Schall,** Nachlese 1995, StB 1996, 71; **Simon,** Einwilligung des Mandanten in die Abtretung von Gebührenforderungen, NWB 2018, 3562; **Singer,** Höchstgebühren für Rechtsanwälte im italienischen Recht unionsrechtskonform, DStR 2011, 1339, Anm. zu EuGH v. 29.3.2011, C-565/08; **Späth,** Anmerkung zu OLG Nürnberg vom 15.10.1999, 6 U 1383/99, Stbg 2001, 687; **Späth,** Berufsverschwiegenheit und Abtretung von Gebührenforderungen, Stbg 2001, 268; **Ueberfeldt,** Neue Möglichkeiten des Forderungsmanagements für Steuerberater, DStR 2008, 121; **Wielinski,** Honorargestaltung für betriebswirtschaftliche Beratung, DSWR 1996, 254; **Wolf,** Die Änderungen in der Steuerberatergebührenverordnung durch das Jahressteuergesetz 2007, DStR 2007, 44.

A. Inhalt und Bedeutung

I. Norminhalt und Zweck

893 Seit Inkrafttreten des StBerG[1] am 1.11.1964 gibt es im StBerG den **zwingenden Gesetzesbefehl zum Erlass einer Gebührenordnung**, der zunächst in § 28 StBerG enthalten war und seit dem 3. StBÄndG[2] in § 64 StBerG verortet ist. Gleichwohl ist die **Steuerberatergebührenverordnung (StBGebV)** erst am **1.4.1982** in Kraft getreten.[3] In der Zeit von 1948 bis 1970 nahm die von Fitzke[4] herausgegebene Gebühren-Ordnung für die wirtschaftsprüfenden sowie wirtschafts- und steuerberatenden Berufe („Essener Gebührenordnung" oder „**AllGO**") in der Gebührenpraxis fast aller Berufsangehörigen eine überragende Rolle ein. Anders als die heutige StBVV (→ Rz. 898) enthielt sie auch einen umfangreichen Katalog von Vergütungstatbeständen für vereinbare Tätigkeiten. Nachdem der BGH[5] solche Gebührenregelungen als „private Gebührenordnung" angesehen hatte, wurde in der Folgezeit vom Bundeskartellamt die Weiterverbreitung der AllGO als ordnungswidrige Preisempfehlung beanstandet. Die AllGO und sonstige privatrechtliche Gebührenregelungen wurden aber bis zum Inkrafttreten der StBGebV bei der Festsetzung der üblichen Vergütung zu Grunde gelegt.[6]

894 Die **Vorschrift des § 64 StBerG bindet** die Angehörigen der steuerberatenden Berufe (StB, StBv und Steuerberatungsgesellschaften, vgl. § 72 Abs. 1 StBerG) **an eine Gebührenordnung**, die als Rechtsverordnung durch das Bundesfinanzministerium mit Zustimmung des Bundesrats und nach Anhörung der Bundessteuerberaterkammer erlassen wurde. Auch Änderungsverordnungen müssen diesen Weg durchlaufen. § 64 Abs. 1 und 2 StBerG wurde bislang noch nicht an die Terminologie der neuen StBVV angepasst. Materiell-rechtlich regelt § 64 Abs. 1 StBerG, dass die Höhe der Gebühren den Rahmen des Angemessenen nicht übersteigen darf und sich nach Zeitaufwand, Wert des Objekts und Art der Aufgabe zu richten hat (→ § 11 StBVV Rz. 209 ff.).

895 Da vor Erlass der StBGebV die „Gebührensituation weitgehend unüberschaubar" war, hat der Verordnungsgeber mit Schaffung einer Gebührenverordnung das Ziel verfolgt, „sowohl im Interesse der Auftraggeber als auch im Interesse der Steuerberater angemessene Gebühren festzusetzen und durch Schaffung klarer Verhältnisse Auseinandersetzungen vermeiden zu helfen."[7] Hierzu ist u.a. die generelle Abrechnungspraxis nach Zeitaufwand wegen der für den Auftraggeber fehlenden Transpa-

1) Steuerberatungsgesetz v. 16.8.1961, BGBl. I 1961, 1301.
2) Drittes Gesetz zur Änderung des Steuerberatungsgesetzes v. 24.6.1975, BGBl. I 1975, 1509.
3) Steuerberatergebührenverordnung v. 17.12.1981, BGBl. I 1981, 1442 = BStBl I 1982, 269.
4) Fitzke, 1954.
5) BGH v. 29.9.1969, VII ZR 108/67, NJW 1970, 699.
6) Zu weiteren Einzelheiten s. Winkler in Eckert, 4. Aufl. 2003, Vor § 1 StBGebV Anm. 1.1.1 ff.
7) Amtliche Begründung zur StBGebV, abgedruckt bei Winkler in Eckert, 4. Aufl. 2003, Vor § 1 StBGebV Anm. 1.4.

renz durch § 13 StBGebV eingeschränkt worden. Der Vorteil für den StB liegt in der Stärkung der beruflichen Unabhängigkeit.[1)]

II. Zeitlicher Anwendungsbereich der StBVV

Die StBGebV wurde zunächst 1988, 1991 und 1998 geändert (→ § 49 StBVV Rz. 810). **896** Nach diesen ersten Reformen ist die StBGebV mit dem KostREuroVG[2)] zum vierten Mal geändert und zum 1.1.2002 von DM **auf Euro umgestellt** worden. Diese Umstellung ist in der Mehrzahl der Fälle – wie auch in den Gebührenordnungen anderer freier Berufe – im Verhältnis 2 DM : 1 € erfolgt. Daraus ergab sich im Durchschnitt ein Umsatzrückgang von 2,2 %. Da sich auf Grund dieser Umstellung aber auch eine Verschiebung der Gegenstandswertstufen ergab, waren – je nach Gegenstandswert und Tabelle – nicht nur Rückgänge, sondern auch Honorarsteigerungen festzustellen. Nach den Berechnungen der Bundessteuerberaterkammer und der Bundesrechtsanwaltskammer blieb das Gesamtgebührenaufkommen unter Berücksichtigung dieses Effekts im Durchschnitt gleich.[3)]

Eine weitere wesentliche Änderung der StBGebV erfolgte durch Art. 4 Abs. 60 **897** KostRMoG.[4)] In den §§ 45 und 46 StBGebV wurde der Verweis auf die Vorschriften der **BRAGO durch** einen Verweis auf die Vorschriften des **RVG ersetzt**. Mit dem Jahressteuergesetz 2007[5)] wurde die StBGebV an mehreren Stellen geändert, insbesondere weil zu Gunsten einer Vereinheitlichung der Gebührenordnungen Anpassungen an das RVG erforderlich waren (siehe z.B. §§ 4, 9, 11, 16 bis 18, 21, 40 StBGebV). Andere Anpassungen waren auf Grund materiell-rechtlicher Änderungen erforderlich (z.B. §§ 23, 24 StBGebV).[6)]

Durch das Gesetz zur Änderung von Vorschriften über die Tätigkeiten des Steuer- **898** beraters (8. StBÄndG) v. 8.4.2008[7)] wurde in § 40 Abs. 8 StBGebV eine redaktionelle Änderung vorgenommen (→ § 40 StBVV a.F. Rz. 666).

Durch die VO zum Erlass und zur Änderung steuerlicher Verordnungen[8)] ist die StBGebV mit Wirkung zum 20.12.2012 in **Steuerberatervergütungsverordnung (StBVV)** umbenannt worden. Darüber hinaus erfolgten insbesondere punktuelle Anpassungen einzelner Gebührentatbestände, eine lineare Erhöhung der Tabellenwerte der Tabellen A bis E um ca. 5 %, eine Erhöhung der Zeitgebühr und Erhöhungen der Betragsrahmengebühren im Bereich der Lohnbuchführung. Zudem wurden die Mindestgegenstandswerte erhöht, bei denen sich eine Anpassung als notwendig erwiesen hat. Mit diesen Änderungen soll der wirtschaftlichen Entwicklung in den Steuerberaterpraxen angemessen Rechnung getragen werden. Die Gebührenerhöhung beträgt insgesamt 15,975 %. Sie errechnet sich aus der Summe der Erhöhung der Gebühren in den einzelnen Tätigkeitsgebieten unter Berücksichtigung des jeweiligen Anteils am Gesamtumsatz der StB. Durch weitere geringfügige Änderungen wurden aus Gründen der Vereinfachung und der Rechtsklarheit insbesondere die in der Praxis auftretenden Auslegungsstreitigkeiten behoben. Um nicht auf jede Entwicklung im Steuerrecht mit einer Änderung der StBVV reagieren zu müssen,

---

1) S. Niedersächsisches OVG v. 27.9.1991, VIII L3/89, StB 1992, 374, wonach die Gebührenverordnung im Interesse des Ansehens des Berufsstands ein angemessenes Verhältnis von Leistung und Entgelt sicherstelle.
2) Gesetz zur Umstellung des Kostenrechts und der Steuerberatergebührenverordnung auf Euro (KostREuroUG) v. 27.4.2001, BGBl. I 2001, 751.
3) Dem gegenüber kommt eine Untersuchung von Eggesiecker bei den Wertgebühren zu einer Gebührenminderung von 2,17 %, Eggesiecker, StB 2004, 393, 394.
4) Gesetz zur Modernisierung des Kostenrechts (KostRMoG) v. 5.5.2004, BGBl. I 2004, 718, 845 = BStBl I 2004, 486.
5) JStG 2007 v. 13.12.2006, BGBl. I 2006, 2878 = BStBl I 2007, 28.
6) Wolf, DStR 2007, 44.
7) Gesetz v. 8.4.2008, BGBl. I 2008, 666 = BStBl I 2008, 544.
8) VO v. 11.12.2012, BGBl. I 2012, 2637 = BStBl I 2013, 2.

wurden hinreichend konkretisierte Auffangtatbestände eingeführt (siehe § 24 Abs. 1 Nr. 11, Nr. 26, Abs. 4 Nr. 5 StBVV).

Durch die Dritte VO zur Änderung steuerlicher Verordnungen vom 18.7.2016[1] reagierte der Verordnungsgeber mit punktuellen Änderungen insbesondere in §§ 1, 3 und 4 StBVV auf ein von der EU-Kommission eingeleitetes Vertragsverletzungsverfahren wegen „verbindlicher Mindestpreise" in der StBVV (siehe Rz. 900).

Durch die Vierte VO zur Änderung steuerlicher Verordnungen vom 12.7.2017[2] wurde das Schriftformerfordernis in § 14 Abs. 1 Satz 2 StBVV durch ein Textformerfordernis ersetzt. Daneben gab es einige rein redaktionelle Änderungen.

Durch die Fünfte VO zur Änderung steuerlicher Verordnungen vom 29.6.2020[3] wurden die Gebühren der Tabellen A bis D um ca. 12% angehoben. Die Tabelle E wurde abgeschafft. Daneben wurden die oberen Gebührenrahmensätze in §§ 13 Satz 2 StBVV, 25 Abs. 1, 34 Abs. 1 und 2 StBVV angehoben und Angleichungen an das RVG vorgenommen (§§ 18 Abs. 2 und 3, 21 Abs. 2, 40 StBVV). Der Mindestgegenstandswert in § 25 Abs. 1 Satz 2 StBVV wurde erhöht. In § 9 Abs. 1 StBVV wurde das Schriftformerfordernis gelockert und klargestellt, dass Berechnungen auch in Textform erfolgen können. Ferner sind einige redaktionelle Änderungen erfolgt (§§ 29, 39, 44).

III. Verfassungsrechtliche Bedenken

899 Verfassungsrechtliche Bedenken gegen die Bestimmtheit der Ermächtigungsgrundlage des § 64 StBerG bestehen nicht.[4]

Die StBVV ist mit dem Vertrag über die Arbeitsweise der Europäischen Union (AUEV), insbesondere dem Verbot wettbewerbsbeschränkender Vereinbarungen i.S.d. Art. 101 AUEV, vereinbar, weil es sich um eine staatliche Verordnung[5] handelt und weil sie keine verbindlichen Mindest- oder Höchstgebühren festlegt, sondern Abweichungen (Gebührenunter- und -überschreitungen) ausdrücklich zulässt.[6] Etwas anderes gilt nur für den Bereich der gerichtlichen Tätigkeit, da hier zum Teil feste Gebührensätze vorgeschrieben sind. Aber auch dies ist verfassungs- und europarechtlich unbedenklich, wenn die Begrenzung der Vergütung und die Festlegung fester Gebühren für bestimmte gerichtliche Verfahren durch gewichtige Gemeinwohlziele wie den Verbraucherschutz (hier: den Schutz der Rechtssuchenden), die Gewährleistung einer funktionsfähigen (Steuer-)Rechtspflege, in der StB als Organ der Steuerrechtspflege eine wichtige Rolle spielen, und das Erfordernis der prozessualen Waffengleichheit (soweit es um gerichtlichen Rechtsschutz geht), gerechtfertigt ist.[7] Diese Ziele wären zum einen gefährdet, wenn sich durch Nichtregulierung am freien Markt eine so hohe Vergütung herausbilden würde, dass Rechtssuchende auf die Beauftragung eines StB verzichten würden. Diese Ziele wären aber zum anderen auch gefährdet, wenn sich eine so niedrige Vergütung

1) BGBl. I 2016, 1722.
2) BGBl. I 2017, 2360, 2362 = BStBl I 2017, 892.
3) BGBl. I 2020, 1495, 1498.
4) Goez in Kuhls u.a., 3. Aufl. 2012, § 64 StBerG Rz. 3 m.w.N.
5) EuGH v. 8.12.2016, C 532/15 und C 538/15, AnwBl 2017, 207 (zur spanischen Rechtsanwaltsgebührenordnung).
6) EuGH v. 23.11.2017, C 427/16 und 428/16, AnwBl 2018, 169 (zu anwaltlichen Mindestgebühren des „Obersten Rats der Anwaltschaft" in Bulgarien, einer Unternehmensvereinigung i.S.d. Art. 101 AEUV); v. 5.2.2006, Cipolla/Meloni, C-94/04, C 202/04, Slg. 2006, I-1142 ff, Rz. 58 ff., 65 ff. zu Mindestgebühren; Sagawe, ZRP 2002, 281, 286, unter Hinweis auf die Arduino-Entscheidung des EuGH v. 19.2.2002, C-35/99, DStR 2002, 598 m. Anm. Hund; Singer, DStR 2011, 1339, unter Hinweis auf EuGH v. 29.3.2011, C-565/08 zu Höchstgebühren; a.A. Hellwig, AnwBl 2011, 77 f.
7) Friese, S. 211, 214 m.w.N.

herausbilden würde, dass ein ruinöser und qualitätsschädigender Wettbewerb zu befürchten wäre.[1)]

Gleichwohl hatte die Europäische Union am 18.6.2015 gegen Deutschland ein **Vertragsverletzungsverfahren** u.a. wegen „**verbindlicher Mindestpreise**" nach der StBVV und der HOAI eingeleitet. Der Verordnungsgeber hat darauf mit der **Dritten Verordnung zur Änderung steuerlicher Verordnungen**[2)] reagiert, die in Art. 8 Änderungen der StBVV vorsieht. Seit Inkrafttreten diesen Änderungen wird das Vertragsverletzungsverfahren wegen „verbindlicher Mindestpreise" nach der StBVV nicht mehr weiterverfolgt. Im Wesentlichen wurden die §§ 1, 3 und 4 StBVV geändert und die StBVV insgesamt „durchlässiger" gestaltet. In § 1 Abs. 1 StBVV wurden Klarstellungen zum persönlichen und räumlichen Anwendungsbereich und zur Subsidiarität der StBVV vorgenommen. Die frühere Regelung über die Mindestgebühr in § 3 Abs. 1 a.F. StBVV wurde aufgehoben. In § 4 Abs. 3 StBVV findet sich erstmals eine Regelung zur Vereinbarung einer niedrigeren als der gesetzlichen Vergütung. § 4 Abs. 4 StBVV sieht eine neue Informationspflicht des StB vor, der seinen Auftraggeber in Textform darauf hinzuweisen hat, dass eine höhere oder niedrigere als die gesetzliche Vergütung in Textform vereinbart werden kann. Daneben finden sich in § 4 Abs. 1 StBVV Anpassungen an die Parallelvorschrift des § 3a RVG. **900**

Hinsichtlich der Mindestgebühren nach der **HOAI** hielt die Bundesregierung, unterstützt durch die betroffenen Berufsorganisationen, an den bestehenden Regelungen fest. Die EU-Kommission hatte deshalb beschlossen, das Vertragsverletzungsverfahren insoweit fortzuführen und Klage vor dem EuGH zu erheben. Der EuGH[3)] hat entschieden, dass die verbindlichen Mindest- und Höchstsätze für Planungsleistungen von Architekten und Ingenieuren gegen die EU-Dienstleistungsrichtlinie verstoßen, nach der in einem freien europäischen Binnenmarkt Wettbewerb grundsätzlich auch über den Preis möglich sein soll. Der Argumentation Deutschlands, ein fester Preisrahmen der HOAI sei unerlässlich für die Bauqualität und den Verbraucherschutz, folgten die Richter nicht. Der EuGH kam zu dem Schluss, dass die deutschen Regelungen **inkohärent** seien, weil neben Architekten und Ingenieuren noch andere nicht reglementierte Dienstleister Planungsleistungen erbringen und diese Dienstleister ebenfalls an die Mindestpreise der HOAI gebunden sind. Vor diesem besonderen Hintergrund seien die Mindestpreise nicht geeignet, im Interesse des Verbraucherschutzes eine hohe Qualität der Planungsleistungen sicherzustellen. Bezüglich der Höchstpreise habe Deutschland nicht ausreichend begründet, weshalb die von der Kommission als weniger einschneidend vorgeschlagene Maßnahme, Kundenpreisorientierungen für die verschiedenen von der HOAI genannten Kategorien von Leistungen zur Verfügung zu stellen, nicht ausreichen würden. Zwischenzeitlich ist ein Meinungsstreit zwischen verschiedenen OLG entstanden, ob die Mindest- und Höchstsätze der HOAI bis zu einer Neufassung der HOAI unverändert weitergelten oder ob diese ab sofort nicht mehr anwendbar sind.[4)]

Unmittelbare **Auswirkungen auf die StBVV** hat das Urteil nicht.[5)] Ein wesentlicher Unterschied zwischen HOAI und StBVV liegt darin, dass der persönliche Anwendungsbereich der StBVV auf StB, StBv und Steuerberatungsgesellschaften beschränkt ist (§ 1 StBVV) und die StBVV nicht für weniger qualifizierte Dienstleister, wie z.B. Bilanzbuchhalter etc., gilt. Hinzu kommt, dass die gesetzlichen Gebühren der StBVV in außergerichtlichen Angelegenheiten sowohl über- als auch unterschritten werden dürfen (§ 4 Abs.1, Abs. 3 StBVV) und es gerade keine verbindli-

1) Friese, S. 211, 214, 216 m.w.N.
2) VO v. 18.7.2016, BGBl. I 2016, 1722.
3) EuGH v. 4.7.2019, C-377/17, Stbg 2019, 366.
4) Siehe hierzu Langen, BRAK Mitteilungen 2020, 18 mw.w.N.
5) Glückselig, DStR 2019, 1996; Pestke, Stbg 2019, 366.

chen Mindest- und Höchstsätze gibt. **Verbindliche Mindestgebühren** gibt es nur für die Vertretung **in gerichtlichen Verfahren**. Diese genügen den Anforderungen des Art. 15 der – allgemeinen – Dienstleistungsrichtlinie 2006/123/EG (Nichtdiskriminierung) ohne weiteres. Die vom Gesetzgeber verfolgten Ziele des Verbraucherschutzes in Gestalt der Gewährleistung einer hohen Qualität der Rechtsdienstleistungen, der Gewährung des Zugangs zum Recht und der Funktionsfähigkeit der Rechtspflege sind zwingende Gründe des Allgemeininteresses i.S.d. Art. 15 Abs. 2 Buchst. b.[1]

Erfreulich ist auch, dass der EuGH in der Urteilsbegründung einen grundsätzlichen Zusammenhang zwischen verbindlichen Honorarsätzen und Planungsqualität anerkennt. Dies hatten sowohl die EU-Kommission als auch der Generalanwalt stets bestritten. Im Gegensatz zur Argumentation der EU-Kommission und des Generalanwalts geht der EuGH in Fortführung der früheren „Cipolla"-Rechtsprechung[2] davon aus, „... dass nicht von vornherein ausgeschlossen werden kann, dass die Festsetzung eines Mindestpreises hilft, in einem Kontext, wie in dem eines Marktes, der durch eine ausgesprochen große Anzahl von Dienstleistungserbringern gekennzeichnet ist, einen Konkurrenzkampf zu vermeiden, der zu Billigangeboten führen könnte, was das Risiko eines Verfalls der Qualität von Dienstleistungen zur Folge hätte" (→ Rz. 78 der Urteilsbegründung). Und weiter: „Daraus folgt, dass die Existenz von Mindestsätzen für die Planungsleistungen im Hinblick auf die Beschaffenheit des deutschen Marktes grundsätzlich dazu beitragen kann, eine hohe Qualität der Planungsleistungen zu gewährleisten und folglich dazu, die von der Bundesrepublik Deutschland angestrebten Ziele zu erreichen" (→ Rz. 88 der Urteilsbegründung).

B. Gebührenvereinbarungen (Abs. 1)

I. Grundsatz der Vertragsfreiheit

901 § 64 Abs. 1 Satz 1 StBerG regelt die Verbindlichkeit der StBVV. Diese kennt bekanntlich nur drei Möglichkeiten von Gebührenvereinbarungen: die Vereinbarung einer höheren Vergütung nach § 4 Abs. 1 StBVV, die Vereinbarung einer niedrigeren Vergütung nach § 4 Abs. 3 StBVV und die Vereinbarung einer Pauschalvergütung nach § 14 StBVV. Das StBerG kennt daneben noch die Vereinbarung eines Erfolgshonorars nach § 9a StBerG. In allen Fällen sind bestimmte **Formerfordernisse** zu beachten. Im Einzelnen wird auf die dortige Kommentierung verwiesen. Die früher umstrittene Frage, ob wegen des Grundsatzes der Vertragsfreiheit auch Gebührenvereinbarungen außerhalb des Anwendungsbereichs der §§ 4, 14 StBVV zivilrechtlich wirksam vereinbart werden können,[3] ist durch die höchstrichterliche Rechtsprechung zwischenzeitlich geklärt. Unter Bezugnahme auf die amtliche Begründung zur StBGebV,[4] wonach **Abweichungen (Gebührenüber- und -unterschreitungen) zivil- und preisrechtlich nicht ausgeschlossen** sind, hat der BGH erstmals mit Urteil vom 21.3.1996[5] entschieden, dass die StBGebV die Vereinbarung einer anderen Vergütung **zivilrechtlich** nicht ausschließt. Im konkreten Fall ging es um die mündliche Vereinbarung eines pauschalen Stundenhonorars von 35 DM (umgerechnet 17,90 €), mit dem die niedrigste Zeitgebühr nach § 13 Satz 2 StBGebV a.F. um 30 % unterschritten wurde. Der BGH war der Auffassung, dass nicht schon jede Unterschreitung des vorgesehenen Rahmens zur zivilrechtlichen Unwirksamkeit (§§ 134, 138 Abs. 1 BGB) führe. Er wies allerdings darauf hin, dass die Vereinbarung einer niedrigeren Vergütung **berufswidrig** sein könne (→ Rz. 904 f.). Zwischen-

1) Pohl, BRAK-Mitteilungen 2019, 234, 235.
2) EuGH v. 5.12.2006, C-94/04, Stbg 2007, 36.
3) Siehe hierzu Maxl/Feiter, INF 1995, 438, 439 m.w.N.
4) Abgedruckt bei Winkler in Eckert, 4. Aufl. 2003, StBGebV, Vor § 1 StBGebV Anm. 1.4.
5) BGH v. 21.3.1996, IX ZR 240/95, HFR 1997, 30.

zeitlich liegen drei weitere Entscheidungen des BGH vor, in denen der Grundsatz der Vertragsfreiheit nochmals betont wurde. In allen Fällen ging es um die Vereinbarung einer **Zeitgebühr an Stelle** einer gesetzlichen Wertgebühr (im Einzelnen → § 4 StBVV Rz. 116 ff.; → § 13 StBVV Rz. 252). Bei der Vereinbarung einer Zeitgebühr anstelle einer Wertgebühr besteht aber immer das Risiko, dass der StB für den abgerechneten Zeitaufwand beweispflichtig ist.

Beispiel:

StB und Mandant vereinbaren abweichend von § 33 Abs. 1 StBVV mündlich eine Zeitgebühr von 45 €/Stunde für die Finanzbuchführung. Nachdem der StB den Nachweis über die Höhe des Stundenaufwands nicht führen konnte und auch der gerichtlich bestellte Sachverständige zu einer nachträglichen Ermittlung nicht in der Lage war, versagte das AG Düsseldorf[1] dem StB jedweden Vergütungsanspruch. Zu Lasten des StB sei davon auszugehen, dass die mündliche Vereinbarung für den Mandanten vorteilhafter war, so dass der StB nur nach Stundenaufwand habe abrechnen können, den er aber in der behaupteten Höhe nicht habe nachweisen können.

Diese Argumentation führt zu einer nicht nachvollziehbaren Überdehnung des Schutzes des Mandanten, der für die Leistung des StB letztlich nichts bezahlen müsste und deshalb ungerechtfertigt bereichert wäre. Sachgerecht wäre es – wie im Fall einer unwirksamen Vergütungsvereinbarung nach § 4 Abs. 1 StBVV (→ § 4 StBVV Rz. 118 a.E.) – dem StB die gesetzliche Vergütung zu gewähren. **902**

Praxistipp:

Diskussionen über den Zeitaufwand entgeht der StB auch dadurch, dass er bei Wertgebühren einen bestimmten Zehntelsatz vereinbart, z.B. eine Abrechnung auf Basis der Mittelgebühr. Werden Stundensätze vereinbart, sollte dies in Textform erfolgen. Die Anforderungen des § 4 Abs. 1 StBVV sollten beachtet werden. Die Vereinbarung sollte eine **Mindesthonorarklausel** (→ § 4 StBVV Rz. 119) und eine **Anerkennungsklausel** enthalten (→ § 4 StBVV Rz. 130).

Aus dem Grundsatz der Vertragsfreiheit folgt ferner, dass StB auch **Kostenvoranschläge**[2] abgeben dürfen. Gegenüber Unternehmer-Mandanten und nicht schutzwürdigen Verbraucher-Mandanten besteht sogar eine entsprechende Verpflichtung gem. § 4 Abs. 1 DL-InfoV.[3] Hat der StB es mit einem schutzwürdigen Letztverbraucher-Mandanten zu tun, versteht sich der Voranschlag als Endpreis (einschließlich Umsatzsteuer; § 1 Abs. 1 PAngV).[4] In aller Regel wird ein Kostenvoranschlag nicht verbindlich sein, weil der StB sich nicht festlegen will. Häufig wird es so sein, dass der StB einem neuen Mandanten die voraussichtliche Höhe der Gebühren nennt. Die Nennung einer solchen „Hausnummer" ist noch keine rechtsverbindliche Vereinbarung. Behauptet der Mandant, mit dem StB mündlich ein rechtsverbindliches Pauschalhonorar vereinbart zu haben, ist er dafür beweispflichtig.[5] Zur wettbewerbs- und berufsrechtlichen Seite ist festzustellen, dass ausweislich der amtlichen Begründung zu § 57a StBerG[6] das Interesse der Steuerbürger insbesondere dahin geht zu erfahren, wo und wie sie für ihre Steuerfragen einen Fachmann finden und was die Beratungsleistung kostet. Infolgedessen wird „Preiswerbung" heute allgemein für zulässig erachtet, so dass gegen Kostenvoranschläge nur dann Bedenken bestehen, wenn der StB die wettbewerbs- und berufsrechtlich zulässigen Grenzen ausnahmsweise überschreitet (→ Rz. 905).[7] **903**

1) AG Düsseldorf v. 25.9.2007, 48 C 10074/03.
2) S. hierzu Burhoff, NWB Fach 19, 3227.
3) VO über Informationspflichten für Dienstleistungserbringer v. 12.3.2010, BGBl. I 2010, 267.
4) Preisangabenverordnung v. 18.10.2002, BGBl. I 2002, 4198.
5) OLG Frankfurt/M. v. 3.1.2017, 4 U 117/15, DStR 2017, 2839; Hartmann, KANZLEI intern 2/2017, 3.
6) BT-Drucks. 12/6753.
7) So auch Römermann/Beckmann, INF 2000, 375; Feiter, KP 2006, 4 ff., 20 ff.

II. Gebührenunterschreitung

904 Aus dem Grundsatz der Vertragsfreiheit folgt, dass eine Gebührenunterschreitung bzw. ein Verzicht[1] auf Gebühren (z.B. die unentgeltliche Anfertigung der Einkommensteuererklärung in einem umfassenden Mandat) nur in **Ausnahmefällen** (§§ 134, 138 Abs. 1 BGB) zivilrechtlich unwirksam ist.[2] Abweichungen von den vorgesehenen Gebühren, mit denen der StB sich Wettbewerbsvorteile gegenüber anderen Berufsangehörigen verschafft, können im Einzelfall z.B. nach §§ 3a, 5a Abs. 2 und 4UWG[3] **wettbewerbswidrig** und/oder **berufswidrig** sein (Verstoß gegen die Pflicht zur gewissenhaften Berufsausübung in Form der Berechnung einer unangemessenen Vergütung, §§ 57 Abs. 1, 64 Abs. 1 Satz 3 StBerG, § 9 Abs. 1 Satz 2 BOStB). Bei der wettbewerbs- und berufsrechtlichen Bewertung kommt es auf die Umstände des Einzelfalls an, z.B. darauf, ob die unentgeltlich erbrachte Leistung im Verhältnis zum gesamten Umsatzvolumen im konkreten Mandat geringfügig ist. Auch das persönliche Verhältnis zum Mandanten kann eine Rolle spielen.[4] Im Einzelfall können ein „Lockvogelangebot" des StB – z.B. mit einer Gebührenunterschreitung oder einem Verzicht auf Gebühren etwa in Form von **Beratungsgutscheinen**, einem **Rabatt**,[5] einer kostenlosen steuerlichen Erstberatung, einer „Geld-zurück-Garantie" oder einer „Rückruf-, Termin- und Zufriedenheitsgarantie" (Verstoß gegen das Verbot berufswidriger Werbung, §§ 57 Abs. 1, 57a StBerG) wettbewerbs- und/oder berufswidrig sein.[6] Allerdings gilt diese Einschränkung nur im Bereich der sog. **Vorbehaltsaufgaben**. Denn nur insoweit gilt die StBVV (§§ 64 Abs. 1 StBerG, 1 Abs. 1 StBVV). Im Bereich der sog. **vereinbaren Tätigkeiten** gilt die StBVV nicht. Deshalb ist z.B. die Werbung eines StB mit einer **kostenlosen** Beratung über die Möglichkeiten der Gewinnmaximierung zulässig.[7] Im Bereich der vereinbaren Tätigkeiten ist auch die Werbung mit einer „Geld-zurück-Garantie" wettbewerbsrechtlich grundsätzlich nicht zu beanstanden, selbst wenn für die Geltendmachung des Anspruchs keine „echte" inhaltliche Voraussetzung gefordert wird, sondern es für die Inanspruchnahme der Garantie ausreicht, dass der Mandant

---

1) S. hierzu etwa OLG Saarbrücken v. 13.3.2002, 1 U 702/01 – 161, MDR 2002, 1006 zur HOAI und → Grundlagen des Gebührenrechts Rz. 64.

2) OLG München v. 24.10.2018, 20 U 63/17; LG Wuppertal v. 25.5.2016, 3 O 299/13; weitere Nachweise → Grundlagen des Gebührenrechts Rz. 66; bei der Frage, ob eine Gebührenunterschreitung vorliegt, kommt es auf die Sicht „ex ante" an, OLG München v. 22.3.2002, 21 U 2386/01, NJW 2002, 3641.

3) Vgl. etwa LG Halle v. 21.3.1997, 11 O 24/97, BRAK–Mitt 1998, 99; LG Kleve v. 10.12.1999, 8 O 116/99, AnwBl 2000, 259; Feiter, KANZLEI intern 1/2019, 6.

4) Zu beiden Kriterien s. OLG München v. 24.10.2018, 20 U 63/17.

5) OLG München v. 8.7.2009, 2 StO 1/08, zum Angebot eines StB, 20 % Rabatt im ersten Jahr der Mandantschaft zu gewähren. Zur Unzulässigkeit von Rabatten beim Internetschnäppchendienst Groupon siehe Honorarbrief für Steuerberater 4/2012, 4; zur Unzulässigkeit eines Rabattes von 10 % auf die ESt-Erklärung bei Vorlage einer Werbeanzeige siehe Feiter, KANZLEI intern 2/2014, 7; kritisch zu Rabatten auch Klaeren, KANZLEI intern 1/2019, 7, und Teubel in Hinne/Klees/Müllerschön/Teubel/Winkler, 3. Aufl. 2015, Rz. 186; zur Bindung an einen einmal gewährten Rabatt: → Grundlagen des Gebührenrechts Rz. 64 m.w.N.

6) So LG Köln v. 18.5.2011, 171 StL 3/11, Stbg 2012, 136; Feiter, KANZLEI intern 1/2019, 6; Thüringer OLG v. 12.2.2003, 2 U 547/02, DStRE 2003, 700, zu einem Geschenk (Flasche Champagner und zwei Gläser) mit einem Beratungsgutschein über 350 DM für die Vermittlung eines Mandanten; OLG Celle v. 31.1.2002, 13 U 132/01, NJW 2002, 1210, zu einem Glückwunschschreiben eines Rechtsanwalts mit Honorargutschrift über 50 DM für Konfirmanden; LG Düsseldorf v. 3.12.1999, 45 StL 12/97, INF 2000, 382, zur Internet-Werbung eines StB mit einer dreistündigen kostenlosen Erstberatung; LG Düsseldorf, 21.7.2000, 45 StL 10/00, zum öffentlichen Auslegen von Gutscheinen für eine kostenlose steuerliche und betriebswirtschaftliche Erstberatung; LG Freiburg v. 11.4.2005, StL 2/05, NJW-RR, 2005, 924, zur Werbung eines StB, wonach dem Mandanten keine Kosten entstehen, falls diese die Steuererstattung übersteigen.

7) BGH v. 29.7.2009, I ZR 77/07, HFR 2010, 662; ausführlich Feiter, KP 2010, 203.

persönlich unzufrieden ist.[1] Grundsätzlich zulässig ist auch die Werbung mit einem kostenlosen Kennenlerngespräch.[2] Bei **Pauschalangeboten** ist im Bereich der Vorbehaltsaufgaben danach zu differenzieren, ob sie sich auf einen konkreten Einzelfall oder auf eine unbestimmte Vielzahl von Fällen beziehen. Ist Letzteres der Fall, muss – etwa durch eine Gebührenstaffelung – sichergestellt werden, dass die Vergütung des StB in einem angemessenen Verhältnis zu Leistung, Verantwortung und Haftungsrisiko steht.[3] Demgegenüber bestehen gegen die Einräumung von **Skonto** als zusätzlichem Zahlungsanreiz keine Bedenken, wenn durch die Skontogewährung die angemessene Vergütung nicht unterschritten wird. An eine **mündliche Honorarzusage** auch in Form einer Unentgeltlichkeitsvereinbarung[4] ist der StB gebunden. Erklärt er gegenüber dem Mandanten, auf die Gebühren des Rechtsbehelfsverfahrens zu verzichten, ist es ihm verwehrt, diese später in Rechnung zu stellen.[5]

Darüber hinaus ergab sich die Berufswidrigkeit einer Unterschreitung der angemes- **905**
senen Vergütung bis zum 31.3.2005 unmittelbar aus § 45 Abs. 4 Satz 1 BOStB. Der Hinweis auf die „angemessene" Vergütung in § 64 Abs. 1 Satz 3 StBerG und die amtliche Begründung zur StBGebV (→ Rz. 895) machen deutlich, dass es dem Berufsrecht nicht um ein Unterbieten der Mindestgebühr geht. Dies ergibt sich aus § 4 Abs. 3 StBVV. Eine den untersten Rahmen der StBVV unterschreitende Vergütung kann angemessen sein, wenn die Vergütung auf der einen und die Leistung, die Verantwortung sowie das Haftungsrisiko auf der anderen Seite in einem vernünftigen Verhältnis zueinander stehen und damit kein (Wettbewerbs-)Verhalten vorliegt, welches unter das gesetzliche Verbot der berufswidrigen Werbung fällt[6] (§ 4 Abs. 3 StBVV). Dies hat zur Folge, dass insbesondere die **Fälle mit sehr hohem Gegenstandswert** befriedigend gelöst werden, in denen sich nach der StBVV auch bei Anwendung des untersten Rahmensatzes exorbitant hohe Gebühren ergeben würden, z.B. bei einer wenig arbeitsintensiven Schenkungsteuererklärung mit sehr hohem Gegenstandswert oder der Finanzbuchführung eines Bauunternehmens mit hohem Jahresumsatz aber wenig Buchungen. Dieses Verständnis einer **flexiblen** (und nicht starren) **Mindestpreisregelung**[7] bedeutet andererseits, dass eine Gebühr, die sich noch innerhalb des Gebührenrahmens bewegt, aber unangemessen niedrig ist, bereits berufswidrig sein kann. In der Praxis ziehen diese Fälle aber keine berufsrechtlichen Maßnahmen nach sich, da die Steuerberaterkammer die „angemessene" Gebühr innerhalb des Gebührenrahmens nicht feststellen kann. Nur dann, wenn ausnahmsweise ein zivilrechtliches oder wettbewerbsrechtliches Verfahren mit entsprechender Beweisaufnahme (Sachverständigengutachten) voraus gegangen ist, könnte zusätzlich eine berufsrechtliche Maßnahme verhängt werden.

1) BGH v. 11.3.2009, I ZR 194/06, GRUR-RR 2007, 156; OLG Frankfurt/M. v. 19.10.2006,6 U 73/06, GRUR-RR 2007, 156.
2) AGH NRW v. 4.5.2012, 2 AGH 32/11.
3) BGH v. 9.6.2008, AnwSt (R) 5/05, m.w.N. zum Anwaltsrecht, BRAK-Mitt. 2008, 221 (Ls); OLG Nürnberg v. 21.10.2014, 3 U 954/14, DStR 2015, 783, zur Werbung eines RA mit Festpreis von 45 € brutto für Prüfung von Steuerbescheiden; OLG Köln v. 18.11.2005,6 U 149/05, NJW 2006, 923.
4) S. hierzu etwa OLG Saarbrücken v. 13.3.2002, 1 U 702/01 – 161, MDR 2002, 1006 zur HOAI und → Grundlagen des Gebührenrechts Rz. 64.
5) LG Zweibrücken v. 12.1.2015, 1 O 218/14, KP 2015, 79 m. Anm. Feiter.
6) Vgl. BGH v. 30.9.2004, I ZR 89/02, NJW 2005, 1268 (Steuerberatungs-Hotline).
7) A.A. noch Römermann/Beckmann, INF 2000, 375 und Mittelsteiner/Gilgan/Späth, § 45 BOStB Rz. 44, die von einer starren Mindestpreisregelung ausgingen und deshalb schon jede Unterschreitung der Mindestgebühr als berufswidrig ansehen. Nach der Aufhebung des § 45 Abs. 4 Satz 1 und 2 BOStB, und nach Änderungen der StBVV, insbesondere in § 4 Abs. 3 StBVV, durch das von der EU-Kommission eingeleitete Vertragsverletzungsverfahren (→ Rz. 900) ist diese Auffassung nicht mehr haltbar.

906 Nach dem bis zum 31.3.2005 geltenden § 45 Abs. 4 Satz 2 BOStB war eine Gebührenunterschreitung ausnahmsweise – bei **Vorliegen besonderer Umstände** – nicht berufswidrig. Als Beispiel nannte die Vorschrift die **Bedürftigkeit des Auftraggebers**. Der in § 45 Abs. 4 Satz 2 BOStB a.F. gilt auch heute noch. Er ist Bestandteil einer gewissenhaften Berufsausübung i.S.v. § 57 Abs. 1 StBerG. Die Streichung der Vorschrift diente allein einer Verschlankung der Berufsordnung. Nach der Rechtsprechung des BGH zum Architektenrecht rechtfertigt eine in Teilbereichen **günstige Kostenstruktur** des Büros nicht die Unterschreitung der Mindestsätze,[1] wohl aber enge Beziehungen rechtlicher, wirtschaftlicher, sozialer oder persönlicher Art.[2] Damit dürfte insbesondere bei einer Vertretung von Verwandten, Freunden und eheähnlichen Verhältnissen eine Gebührenunterschreitung bzw. ein Verzicht auf Gebühren zulässig sein.[3] In vielen Fällen wird ein **Gefälligkeitsverhältnis** vorliegen, aus dem keine vertraglichen Vergütungsansprüche (und keine Regressansprüche im Falle einer Falschberatung) abgeleitet werden können.[4] In der Literatur werden noch die Fälle höherer Gewalt, schwerer Erkrankung, oder des Vermögensverfalls des Auftraggebers als Ausnahmetatbestände genannt.[5] Im Fall des § 45 Abs. 4 Satz 2 BOStB a.F. galt die Einschränkung, dass die Ermäßigung oder der Verzicht nur als Folge eines solchen Ereignisses **im Nachhinein** möglich waren. Deshalb ist es nicht zu beanstanden, wenn StB einem durch die **Corona-Krise** betroffenen Mandanten durch eine Ermäßigung oder einen Verzicht auf Gebühren entgegenkommen. Das enge Verständnis von einer nur nachträglichen Gebührenermäßigung ist durch die Rechtsprechung zu „Unentgeltlichkeitsvereinbarungen" mittlerweile überholt.[6] Eine dem früheren § 45 Abs. 4 Satz 2 BOStB vergleichbare Regelung für den Fall des nachträglichen Erlasses enthält § 49b Abs. 1 Satz 2 BRAO. Hierzu hat der BGH[7] entschieden, dass der Grundsatz der Verhältnismäßigkeit beim Verbot der Gebührenunterschreitung wegen dieser Regelung gewahrt bleibt. Eine Sonderregelung für eine unentgeltliche Beratung und Vertretung (Tätigkeit **pro bono**) ist durch das Gesetz zur Änderung des Prozesskostenhilfe- und Beratungshilferechts in § 4 Abs. 1 RVG für den Bereich der Beratungshilfe eingeführt worden.[8] Die Vorschrift ist über § 45 StBVV auch auf StB anwendbar, die Beratungshilfe nach den Vorschriften des Beratungshilfegesetzes erbringen. Anders als Rechtsanwälte, die für eine außergerichtliche Beratung keine gesetzliche Gebühr mehr kennen (§ 34 Abs. 1 RVG), dürfen StB steuerlichen Rat wegen der Vorschrift des § 21 StBVV darüber hinaus aber grundsätzlich nicht unentgeltlich erteilen. Zwar kann darin eine zivilrechtlich wirksame Preisabsprache liegen, wettbewerbs- und berufsrechtlich kann eine solche Absprache aber zu beanstanden sein. In der Anwaltschaft wird intensiv darüber diskutiert, ob bzw. unter welchen Voraussetzungen unentgeltliche Rechtsdienstleistungen durch sog. **Law Clinics** (**studentische Rechtsberatung** an Universitäten mit juristischen Fakultäten) erbracht werden dürfen.[9] In der Regel handelt es sich um Vereine zur Förderung der Rechtswissenschaft. Im Rahmen der Law Clinics sollen Studenten der Rechtswissenschaft unter der Aufsicht eines

1) BGH v. 27.10.2011, VII ZR 163/10, NJW 2012, 848 f.
2) BGH v. 21.8.1997, XII R 13/96, MDR 1997, 1118; v. 15.4.1999, XII ZR 309/98, MDR 1999, 929; v. 27.10.2011, III ZR 163/10, NJW 2012, 848; OLG München v. 24.10.2018,20 U 2963/17, DStR 2019, 583.
3) So ausdrücklich die Gesetzesbegründung zu § 49b Abs. 1 Satz 2 BRAO, BT-Drucks. 12/4993 v. 19.5.1993, 31; auch Mittelsteiner/Scholz, Einführung StBGebV Rz. 51.
4) LG Bielefeld v. 13.3.2013, 21 S 1786/12, KANZLEI intern 10/2013, 4.
5) Mittelsteiner/Scholz, Einführung StBGebV Rz. 47.
6) S. hierzu etwa OLG Saarbrücken v. 13.3.2002, 1 U 702/01 – 161, MDR 2002, 1006 zur HOAI und → Grundlagen des Gebührenrechts Rz. 64.
7) BGH v. 9.6.2008, AnwSt(R) 5/05, BRAK-Mitt. 2008, 221 (Ls).
8) Gesetz zur Änderung des Prozesskostenhilfe- und Beratungshilferechts v. 31.8.2013, BGBl. I 2013, 3533.
9) Siehe z.B. Remmertz, BRAK-Mitt. 2018, 235, 236 und AnwBl 2017, 946; Deckenbrock, AnwBl 2017, 937.

Rechtsanwalts an unentgeltlichen Rechtsdienstleistungen (Beratungen) mitwirken. Adressatenkreis sind zumeist Studenten der jeweiligen Universität. Die Argumente für die Zulässigkeit derartiger Law Clinics lassen sich auf eine studentische Rechtsberatung auf dem Gebiet des Steuerrechts (**Tax Law Clinic**) allerdings nicht übertragen, weil einem solchen Verein bzw. den Studenten die Befugnis zur Hilfeleistung in Steuersachen fehlt. Zwar erlaubt § 6 Abs. 1 RDG seinem Wortlaut nach die Erbringung jeglicher Form von unentgeltlichen Rechtsdienstleistungen, sofern die Voraussetzungen des § 6 Abs. 2 RDG vorliegen, d.h. dass eine enge familiäre, nachbarschaftliche oder ähnlichen engen Beziehung vorliegt oder in anderen Fällen sichergestellt ist, dass die Rechtsdienstleistung durch eine Person, der die entgeltliche Erbringung dieser Rechtsdienstleistung erlaubt ist, durch eine Person mit Befähigung zum Richteramt oder unter Anleitung einer solchen Person erfolgt. Zwar gehört auch die Steuerrechtsberatung zu den Rechtsdienstleistungen. Jedoch ist das StBerG lex specialis gegenüber dem RDG. Das StBerG regelt abschließend die Befugnis zur Hilfeleistung in Steuersachen, sodass die Steuerberatung nicht unter den Begriff der Rechtsdienstleistung i.S.v. § 6 Abs. 1 RDG subsumiert werden kann. § 2 StBerG bestimmt aber, dass Hilfeleistung in Steuersachen geschäftsmäßig nur von Personen und Vereinigungen ausgeübt werden darf, die dazu befugt sind. Weiter heißt es: „Dies gilt ohne Unterschied für hauptberufliche, nebenberufliche, entgeltliche oder unentgeltliche Tätigkeit". Ausgenommen von der Erlaubnispflicht ist nach § 6 Nr. 2 StBerG nur die unentgeltliche Hilfeleistung in Steuersachen für Angehörige i.S.v. § 15 AO. Der Vorrang der Regelungen des StBerG wird auch durch § 1 Abs. 3 RDG deutlich. Diese Norm stellt klar, dass außerhalb des RDG getroffene Reglungen über die Befugnis Rechtsdienstleistungen zu erbringen, unberührt bleiben. Damit wird das RDG im Verhältnis zu anderen Gesetzen als lex generalis gekennzeichnet. Auch die Gesetzesbegründung[1] bestätigt dies: „Soweit außergerichtliche Rechtsdienstleistungsbefugnisse in anderen Gesetzen geregelt sind, können diese auch Einschränkungen gegenüber dem RDG enthalten. (...) Soweit diese (anderen Gesetze) die Rechtsdienstleitungsbefugnis auf einem Gebiet – etwa im Bereich des Steuerrechts – abschließend regeln, kann eine Rechtsdienstleistungsbefugnis aus dem RDG nicht abgeleitet werden." Vor dem Hintergrund dieses eindeutigen gesetzgeberischen Willens muss man feststellen, dass eine karitative Steuerberatung durch Tax Law Clinics verboten ist.[2]

III. Gebührenüberhebung

Nach **§ 352 Abs. 1 StGB** kann sich ein Amtsträger, Anwalt oder sonstiger Rechtsbeistand wegen einer Gebührenüberhebung strafbar machen. In der Literatur wird überwiegend angenommen, dass auch ein StB als „sonstiger Rechtsbeistand" Täter einer Gebührenüberhebung i.S. dieser Vorschrift sein kann.[3] Dass eine Gebührenüberhebung gleichzeitig eine Berufspflichtverletzung ist, regelte bis zum 31.3.2005 ausdrücklich § 45 Abs. 4 Satz 3 BOStB. Durch die Aufhebung dieser Vorschrift hat sich daran nichts geändert. Gebührenüberhebungen sind als Verstoß gegen die Pflicht zur gewissenhaften Berufsausübung nach wie vor berufswidrig (§ 57 Abs. 1 StBerG). 907

Die berufswidrige Handlung besteht in der **Erhebung von Vergütungen, die der Auftraggeber überhaupt nicht oder nur in geringerem Umfang schuldet**. Rechnet 908

1) BT-Drucks. 16/3655, 45.
2) Deckenbrock, AnwBl 2017, 937, 943 m.w.N.; vgl. auch die Entscheidung des FG Hannover v. 25.7.2019, 6 K 298/18, zum Fall des vom Verein zur Förderung der Steuerrechtswissenschaften an der Leibnitz Universität Hannover (VFS) geplanten Tax Law Clinic (vgl. Bonner HB der Steuerberatung, Fach Akt Rz. Akt 09/16 unter B. III.); a.A. Günther/Grupe, NWB 2019, 2954.
3) Goltz in WPO-Komm., 3. Aufl. 2018, § 55 Rz. 63; Winkler in Eckert, 6. Aufl. 2017, Vor § 1 StBVV Rz. 162 m.w.N.; Goez in Kuhls u.a., 3. Aufl. 2012, § 64 StBerG Rz. 45 m.w.N.

der StB nach den gesetzlichen Vorschriften ab und liegt die geltend gemachte über der angemessenen gesetzlichen Gebühr, aber noch innerhalb des Gebührenrahmens, liegt eine unzulässige Gebührenüberhebung vor. Da der StB aber auch vorsätzlich handeln muss, d.h. in dem Bewusstsein, dass übermäßige Gebühren erhoben werden, bedarf es regelmäßig weiterer Feststellungen zur subjektiven Seite. Lediglich dann, wenn der StB ohne eine Vereinbarung die gesetzlichen Höchstgebühren überschreitet, liegt der Verdacht einer Gebührenüberhebung nahe (→ § 4 StBVV Rz. 118). Eine Berufspflichtverletzung liegt auch dann vor, wenn der StB seiner Gebührenabrechnung das Zehnfache des korrekterweise anzusetzenden Gegenstandswerts zu Grunde legt.[1] Eine objektive Gebührenüberhebung kann schnell in ein Strafverfahren gegen den StB münden, auch wenn dieser vielleicht nur aus Unkenntnis zu hoch abgerechnet hat.

Beispiel:

Der StB rechnet die laufenden Buchführungsarbeiten für einen landwirtschaftlichen Betrieb in Unkenntnis der gesetzlichen Vorschrift mit Monatsgebühren und nicht mit einer Jahresgebühr ab (§ 39 Abs. 2 Nr. 1 StBVV).

Praxistipp:

Das Risiko, mit derartigen (Straf-)Verfahren überzogen zu werden, kann durch eine Strafrechtsschutzversicherung versichert werden.

909 Eine Gebührenüberhebung kann ferner begehen, wer sich unzulässigerweise, d.h. außerhalb des Anwendungsbereichs des § 9a StBerG, ein **Erfolgshonorar** oder eine **Erfolgsbeteiligung** versprechen lässt, wenn dieses Honorar oder diese Beteiligung über die gesetzlich geregelten Gebühren oder die vereinbarten Gebühren hinausgeht.[2] Macht der StB hingegen ein Vergütungsverlangen klageweise geltend, das auf einer formunwirksamen Honorarvereinbarung beruht, stellt dies noch keine Gebührenüberhebung dar.[3] Nur derjenige „erhebt" Gebühren i.S.v. § 352 StGB, der nach den gesetzlichen Bestimmungen abrechnet. Denn § 352 StGB schützt das Vertrauen des Mandanten, dass der Berater seine Befugnis, nach den gesetzlichen Vorschriften abrechnen zu dürfen, nicht missbraucht.

910 Zur Vereinbarung einer höheren Vergütung → § 4 StBVV Rz. 113 ff.

C. Abtretung von Gebührenforderungen (Abs. 2)

911 § 64 Abs. 2 StBerG legt die Voraussetzungen fest, unter denen die Abtretung einer Gebührenforderung zulässig ist. Die Vorschrift dient dem **Schutz der Verschwiegenheitspflicht** der StB.[4] Die Möglichkeiten der Abtretung sollen bei Wahrung des Schutzzwecks erleichtert werden, um es StB insbesondere zu ermöglichen, ihre Honorare über Verrechnungsstellen abzuwickeln. Die Vorschrift wurde durch das 8. StBÄndG[5] liberalisiert und an die bereits zuvor durch die 7. WPO-Novelle[6] und das Gesetz zur Neuregelung des Rechtsberatungsrechts[7] liberalisierten § 55a Abs. 3 WPO, § 49b Abs. 4 BRAO angepasst.

912 Seit der BGH[8] das Kreditkartengeschäft als abstraktes Schuldversprechen ansieht, bestehen keine Bedenken mehr gegen die Entgegennahme von Honorarzahlungen

1) LG Freiburg v. 29.6.2011, StL 4/11, DStRE 2012, 1040.
2) BayObLG v. 11.5.1989, Rreg. 5 St 5/89, NJW 1989, 2901 m.w.N.
3) BGH v. 6.9.2006, 5 StR 64/06, NJW 2006, 3219; OLG Braunschweig v. 28.6.2004, 1 Ss (S) 1/04 (17), NJW 2004, 2606, zum Anwaltsrecht.
4) Koslowski, 7. Aufl. 2015, § 64 StBerG Rz. 8.
5) Achte Gesetz zur Änderung des Steuerberatungsgesetzes (8. StBÄndG) v. 8.4.2008, BGBl. I 2008, 666 = BStBl I 2008, 544.
6) Berufsaufsichtsreformgesetz v. 3.9.2007, BGBl. I 2007, 2178.
7) Gesetz zur Neuregelung des Rechtsberatungsrechts v. 12.12.2007, BGBl. I 2007, 2840.
8) BGH v. 16.4.2002, XI ZR 375/00, MDR 2002, 958.

per Kreditkarte.[1] Zu beachten ist, dass der StB bei Rahmengebühren nur eine selbst berechnete Honorarforderung abtreten darf und die Bestimmung der Rahmengebühr nach § 11 StBVV nicht dem Abtretungsempfänger überlassen darf[2] (→ Rz. 918 a.E.).

I. Abtretung an Personen und Vereinigungen nach § 3 Nr. 1 bis 3 StBerG und Berufsausübungsgemeinschaften (§ 64 Abs. 2 Satz 1 und 4 StBerG)

Bis zur Entscheidung des BGH vom 1.3.2007[3] war umstritten, ob die Abtretung von Gebührenforderungen unter StB auch ohne Zustimmung des Auftraggebers wirksam ist. Unter Hinweis auf Inhalt und Entstehungsgeschichte der Parallelvorschrift des § 49b Abs. 4 BRAO a.F. hatte der BGH die Wirksamkeit der Abtretung einer Anwaltsgebührenforderung an einen anderen Rechtsanwalt auch ohne Zustimmung des Mandanten bejaht. Nach der Neufassung des § 64 Abs. 2 Satz 1 StBerG ist die Abtretung von Gebührenforderungen oder die Übertragung ihrer Einziehung an StB vorbehaltlos gestattet, also auch ohne Einwilligung des Mandanten. Aus § 64 Abs. 2 Satz 1 StBerG kann nicht abgeleitet werden, dass StB das gewerbliche Inkasso von Honorarforderungen erlaubt ist, auch nicht durch eine Steuerberatungsgesellschaft.[4] Die Vorschrift ist insbesondere kein spezialgesetzlicher Erlaubnistatbestand, der das Verbot der gewerblichen Tätigkeit einschränkt.[5] Kauft eine Steuerberatungsgesellschaft gewerblich Honorarforderungen von Steuerberatern auf und lässt sie sich diese Forderungen abtreten, führt das für StB geltende (berufsrechtliche) Verbot der gewerblichen Tätigkeit aber nicht zur (zivilrechtlichen) Unwirksamkeit des Kaufvertrages und der Abtretung.[6] Demgegenüber dürfen Rechtsanwälte das gewerbliche Inkasso in Form einer Rechtsanwaltsgesellschaft betreiben (→ Rz. 914). **913**

Dasselbe gilt für die Abtretung oder Übertragung an Berufsausübungsgemeinschaften von StB, RA oder WP. Mit dem Verweis auf § 56 StBerG werden alle Fälle gemeinschaftlicher Berufsausübung gem. § 56 StBerG erfasst. In allen Fällen des neuen Satzes 1 unterliegen die neuen Gläubiger oder Einziehungsermächtigten strengen Regelungen zur Verschwiegenheit. Vertrauensschutzinteressen des Mandanten wird damit Rechnung getragen. Weitergehende Schutzinteressen des Mandanten können im Einzelfall durch Vereinbarung eines Abtretungsverbots berücksichtigt werden. Mittlerweile gibt es Verrechnungsstellen, die als **Rechtsanwaltsgesellschaften** zugelassen sind und die gewerbsmäßig Steuerberaterhonorare einziehen.[7] **914**

Praxistipp:

Die Abtretung einer Honorarforderung oder die Übertragung zur Einziehung an eine solche Verrechnungsstelle ist auch ohne Zustimmung des Mandanten möglich (**stilles Inkasso**).

II. Abtretung an sonstige Dritte (§ 64 Abs. 2 Satz 2 bis 4 StBerG)

Die Regelung über die Abtretung von Gebührenforderungen an Dritte lief wegen der strengen Voraussetzungen bis zum Inkrafttreten des 8. StBÄndG (→ § 64 StBerG **915**

1) Härting, MDR 2002, 913, 915.
2) BGH v. 4.12.2008, IX ZR 219/07, NJW Spezial 2009, 189, zu § 14 RVG; Rz. 918 a.E.
3) BGH v. 1.3.2007, IX ZR 189/05, NJW 2007, 1196.
4) BGH v. 28.1.2014, VII R 26/10, DStR 2014, 1129.
5) BVerfG v. 13.1.2014, 1 BvR 2884/13, HFR 2014, 365; BVerwG v. 26.9.2012, 8 C 26/11, HFR 2013, 365.
6) BGH v. 25.9.2014, IX ZR 25/14, Stbg 2015 S. 37.
7) Gilgan, Stbg 2020, 184.

Rz. 911) praktisch leer.[1] Die frühere Fassung unterband insbesondere das Bedürfnis nach Einschaltung eines Inkassobüros oder einer Verrechnungsstelle. Allerdings hat der BGH[2] nach Inkrafttreten des 8. StBÄndG zur alten Rechtslage bei Rechtsanwälten entschieden, dass Vergütungsansprüche mit wirksamer Zustimmung des Schuldners auch an Nichtanwälte abgetreten werden konnten. Da die Entscheidung auf StB übertragbar ist, müssen auch Vergütungsansprüche von StB, die vor Inkrafttreten des 8. StBÄndG am 12.4.2008 mit Zustimmung des Schuldners an Dritte abgetreten worden sind, als wirksam und berufsrechtskonform angesehen werden.

916 Nach dem neuen Satz 2 **genügt die ausdrückliche, schriftliche Einwilligung des Mandanten**, um dem StB eine Forderungsabtretung oder die Übertragung ihrer Einziehung zu gestatten. Die elektronische Form gem. § 126a BGB oder die Textform gem. § 126b BGB genügen nicht. Der Schutzzweck der Regelung, die Verschwiegenheitspflicht abzusichern, erfordert keine weiteren Einschränkungen. Weil der Mandant den StB von der Pflicht zur Verschwiegenheit entbinden kann, ist es konsequent, ihm die Entscheidung zu überlassen, ob sein StB Gebührenforderungen auch an Dritte abtreten darf. Die neue Regelung ermöglicht es insbesondere, dass StB das Inkasso ihrer Honorare mit Zustimmung des Mandanten auf Verrechnungsstellen übertragen. Die Abtretung kann im Rahmen eines Factorings auch als Finanzierungsinstrument genutzt werden. Unzulässig ist allerdings eine Globalabtretung von Honorarforderungen an ein Kreditinstitut - z.B. zur Absicherung eines Darlehens - ohne Zustimmung der Mandanten.[3] Die Beauftragung eines Inkassounternehmens ohne Zustimmung des Mandanten ist eine unerlaubte Handlung i.S.v. § 823 Abs. 2 BGB, die Schadensersatzansprüche auslösen oder zu sonstigen Rechtsnachteilen führen kann. **Ausnahme**: Die Verrechnungsstelle ist als Rechtsanwaltsgesellschaft anerkannt (→ Rz. 914).

Beispiel:[4]

Der StB hatte ohne Zustimmung des Mandanten ein Inkassounternehmen mit der Durchsetzung seiner Honorarforderung beauftragt. Der Mandant hatte sich gegen die Inanspruchnahme verteidigt und zu diesem Zweck einen RA eingeschaltet. Dieser hatte für seine Tätigkeit 654,80 € berechnet, die der Mandant dem StB als Schadensersatz in Rechnung stellte. Gegenüber dieser Forderung erklärte der StB die Aufrechnung mit seiner Honorarforderung.

Das AG Mülheim a.d.R. verurteilte den StB zur Zahlung und versagte ihm die Aufrechnung, weil die Schadensersatzforderung des Mandanten aus einer vorsätzlich begangenen unerlaubten Handlung des StB resultierte und deshalb ein Aufrechnungsverbot bestand, § 393 BGB.

Die Abtretung eines Vergütungsanspruchs ohne Zustimmung, z.B. an eine Verrechnungsstelle, ist dann erlaubt, wenn der StB nicht „als StB", sondern in anderer Funktion (z.B. „als Betreuer") gehandelt hat. Die Informationen hat er in diesem Fall unabhängig von der spezifischen Berufsausübung als StB erlangt.[5] Dies bedeutet aber nicht, dass die Zustimmung bei den sog. **vereinbaren Tätigkeiten** generell entbehrlich ist. Der Anwendungsbereich des § 64 Abs. 2 StBerG muss nach dessen Sinn und Zweck, der darin besteht, die Verschwiegenheitspflicht abzusichern, auf solche vereinbaren Tätigkeiten beschränkt bleiben, die eine hinreichende Nähe zum Berufsbild des StB aufweisen, bzw. bei denen Mandanteninteressen und die Pflicht zur Verschwiegenheit überhaupt betroffen sein können (fremdnützige Tätigkeiten wie z.B. betriebswirtschaftliche Beratung und treuhänderische Tätigkeiten). Für diese Auslegung spricht insbesondere die Regelung des § 51 Abs. 1 Satz 1 DVStB, nach der sich die Versicherungspflicht nicht auf alle vereinbaren Tätigkei-

1) Ueberfeldt, DStR 2008, 121.
2) BGH v. 24.4.2008, IX ZR 53/07, BRAK-Mitt. 2008, 175.
3) Klaeren, KANZLEI intern 9_2018, 8; Gilgan, Stbg 2020, 184.
4) Sachverhalt nach AG Mülheim v. 21.6.2012, 27 C 498/10.
5) BGH v. 19.6.2013, XII 357/11, DStR 2014, 671 mit abl. Anm. Beyer-Petz.

ten, sondern nur auf solche nach § 57 Abs. 3 Nr. 2 und 3 StBerG erstreckt. Hierbei handelt es sich um eine allgemeine Wertentscheidung des Gesetzgebers, die im Rahmen der Auslegung herangezogen werden kann. Im Übrigen hat auch der BGH[1] entschieden, dass die Berufspflichten „bereichsspezifisch" ausgelegt werden müssen. Entscheidend ist, inwieweit die vereinbare Tätigkeit das Berufsbild mitprägt. Demnach findet § 64 Abs. 2 StBerG zwar auf Vergütungsforderungen aus betriebswirtschaftlicher Tätigkeit Anwendung, nicht aber auf Forderungen aus schriftstellerischer Tätigkeit oder mit der Berufsausübung nicht zusammenhängenden zivilrechtlichen Forderungen (z.B. Mietforderungen).

Alternativ – neben der Einwilligung durch den Mandanten – genügt es nach dem neuen § 64 Abs. 2 Satz 2 StBerG für die Abtretung oder Übertragung aber auch, dass die **Gebührenforderung rechtskräftig festgestellt** worden ist. Weil der Zessionar oder Einziehungsermächtigte in diesem Fall auf schützenswerte Informationen nicht mehr angewiesen ist, um die Forderung geltend zu machen, überwiegt das Interesse des StB, seine Forderung zu realisieren. Das weitere, im früheren Recht noch enthaltene Erfordernis eines fruchtlosen Vollstreckungsversuchs findet sich in der Neufassung der Vorschrift nicht mehr. **917**

Der neue § 64 Abs. 2 Satz 3 StBerG sieht vor, dass der **Mandant** vor der Erklärung der Einwilligung **aufzuklären** ist. Er muss darüber unterrichtet werden, dass der beauftragte StB gesetzlich (§ 402 BGB) bzw. vertraglich verpflichtet ist, dem neuen Gläubiger oder dem Einziehungsermächtigten die Informationen zu erteilen und Unterlagen auszuhändigen, die dieser benötigt, um die Forderung geltend zu machen. Eine Möglichkeit besteht darin, den Mandanten eine entsprechende Erklärung unterzeichnen zu lassen, dass er umfangreich über die Abtretung der Gebührenforderung des StB an den Dritten, der – im Interesse höchstmöglicher **Transparenz** möglichst genau benannt werden sollte – belehrt wurde und der Abtretung zustimmt. StB, die mit ihren Mandanten schriftliche Verträge abschließen, sollten eine entsprechende Regelung im Vertrag vorsehen. **918**

Formulierungsbeispiel:

Sollte der Auftraggeber mit der Zahlung seiner Gebühren und/oder Auslagen in Verzug geraten, erteilt er dem Steuerberater schon heute sein Einverständnis dazu, sich zur Durchsetzung der Forderung der Hilfe Dritter, insbesondere des Inkassounternehmens ... oder der Verrechnungsstelle ... zu bedienen und die Forderung abzutreten oder zur Einziehung zu übertragen. Der Steuerberater ist in einem solchen Fall gesetzlich (§ 402 BGB) bzw. vertraglich verpflichtet, dem neuen Gläubiger oder dem Einziehungsermächtigten die Informationen zu erteilen und Unterlagen auszuhändigen, die dieser benötigt, um die Forderung geltend zu machen, insbesondere Namen, Anschrift, Geburtsdatum, Rechnungsbetrag und Leistungsdokumentation.

Ungeklärt ist, ob der beauftragte Dienstleister (Verrechnungsstelle/Inkassobüro) namentlich benannt werden muss oder ob es ausreicht, wenn der Mandant lediglich allgemein darauf hingewiesen wird, dass eine Verrechnungsstelle bzw. ein Inkassobüro hinzugezogen wird. Soweit die Frage überhaupt problematisiert wird, scheint die Auffassung vorzuherrschen, dass eine Information über die Identität der Person erforderlich ist.[2] Es empfiehlt sich deshalb, den Vertragspartner namentlich zu benennen.

Unterbleibt die Aufklärung oder ist sie falsch bzw. unvollständig, ist die Abtretung gleichwohl wirksam, da die Aufklärung lediglich ein berufsrechtliches Zulässigkeitserfordernis, aber keine zivilrechtliche Wirksamkeitsvoraussetzung ist. Mit dem o.g. Formulierungsbeispiel dürften auch die **datenschutzrechtlichen Informationspflichten** nach Art. 13 Abs. 1 DSGVO beachtet sein. Weitere datenschutzrechtliche Informationspflichten, die über die Aufklärung nach § 64 Abs. 2 Satz 3 StBerG

1) BGH v. 12.10.2004, WpSt R 1/04, DStR 2005, 213.
2) Gola, DS-GVO, 2. Aufl. 2018, Art. 7 Rz. 34; Goltz in WPO-Komm., 3. Aufl. 2018, § 55 Rz. 59.

hinausgehen, insbesondere solche aus Art. 13 Abs. 2 DSGVO, sind zusätzlich zu beachten. Diese Informationen müssen aber nicht mit der o.g. Zustimmungserklärung gegeben werden. Sie können im Rahmen eines datenschutzrechtlichen Informationsblattes oder mit den AGB erteilt werden. Ferner muss der StB den Dienstleister sorgfältig auswählen (§ 62a Abs. 2 Satz 1 StBerG) und mit dem Dienstleister einen Vertrag in Textform schließen, der den Anforderungen des § 62a Abs. 3 StBerG genügt.

Zwar wird vereinzelt die Auffassung vertreten, dass eine Regelung im Steuerberatungsvertrag nicht ausreicht, wenn es sich dabei um **Allgemeine Auftragsbedingungen** handelt (zur Abgrenzung → Grundlagen des Gebührensrechts Rz. 20).[1] Weder aus dem Gesetz noch aus der Gesetzesbegründung lässt sich aber eine derartige Einschränkung ableiten. Auch dem BGH reichte eine formularmäßig erteilte Einverständniserklärung im Fall der Abtretung einer ärztlichen Honorarforderung aus.[2]

Allerdings kann eine entsprechende Klausel im Steuerberatungsvertrag/in AGB unwirksam sein, wenn sie „versteckt" und deshalb für den Mandanten „überraschend" i.S.v. § 305c BGB ist.

Beispiel:[3]

StB und Mandant hatten bei Begründung des Mandatsverhältnisses die Geltung von AGB vereinbart. Unter Ziffer 9 der AGB fand sich als letzter Absatz unter der Überschrift „Verschwiegenheitspflicht" eine Einwilligung zur Abtretung inklusive Aufklärung des Mandanten.

Nach Ansicht des AG Dortmund musste der Mandant diese Regelung in diesem Zusammenhang nicht erwarten. Die Regelung war deshalb unwirksam.

Praxistipp:

Zur Vermeidung dieses Überraschungseffektes sollte immer eine transparente Regelung in den Steuerberatungsvertrag oder die AGB aufgenommen werden.[4]

Bei der Abtretung von Vergütungsansprüchen darf der StB das Billigkeitsermessen bei der Bestimmung des Rahmensatzes nicht ohne Einverständnis des Mandanten an den Dritten delegieren. Denn das Leistungsbestimmungsrecht nach § 11 StBVV gehört in seiner Ausübung zum Entstehungstatbestand des Vergütungsanspruchs.[5] Ob der Mandant auf das Leistungsbestimmungsrecht verzichten kann, hat der BGH offengelassen.

919 § 64 Abs. 2 Satz 4 StBerG stellt sicher, dass bei der Abtretung von Gebührenforderungen die Verschwiegenheitspflicht von StB/StBv ihren Mandanten gegenüber (→ § 57 StBerG) gewahrt bleibt, indem er diese Geheimhaltungspflichten auch allen neuen Gläubigern und Einziehungsermächtigten auferlegt.[6] Der StB ist berufsrechtlich verpflichtet, den neuen Gläubiger oder Einziehungsermächtigten darauf hinzuweisen (§ 5 Abs. 6 BOStB).

1) Blattner, AnwBl 2012, 237, 240; a. A. Kilian in Henssler/Prütting, BRAO, 3. Aufl. 2010, § 43b Rz. 221.
2) BGH v. 10.10.2013, III ZR 325/12, NJW 2014, 141.
3) Sachverhalt nach AG Dortmund v. 30.10.2018, 425 C 9862/17, Stbg 2018, 520; besprochen von Simon, NWB 2018, 3562, und Brey, DStR 2019, 183.
4) Siehe das Muster eines Steuerberatungsvertrags, → Rz. 933.
5) BGH v. 4.12.2008, IX ZR 219/07, DStR 2009, 1283, zum Anwaltsrecht.
6) BT-Drucks. 15/7077, 34.

§ 65a
Pflicht zur Übernahme der Beratungshilfe[1)]

[1]Steuerberater und Steuerbevollmächtigte sind verpflichtet, die in dem Beratungshilfegesetz vorgesehene Beratungshilfe zu übernehmen. [2]Sie können die Beratungshilfe im Einzelfall aus wichtigem Grund ablehnen.

Inhalt

Schrifttum

Feiter, Das neue Beratungshilfegesetz und die Gebühren des Steuerberaters (Teil 1), KANZLEI intern 7/2014, 2 und (Teil 2), KANZLEI intern 8/2014, 2; **Lissner,** Neue Tätigkeitsfelder für den Steuerberater – die Beratungshilfe, StB 2013, 160; **Lissner,** Beratungshilfe für Wirtschaftsprüfer, Buchprüfer, Rentenberater sowie auf dem Gebiet des Steuerrechts, StB 2013, 402; **Szymboski,** Beratungshilfe im Steuerrecht, DStR 2012, 1984; **Teubel,** Das neue Prozesskostenhilfe- und Beratungshilferecht, BRAK-Mitt. 2013, 151; **Timme,** „Entschärfte" Änderungen im Prozesskosten- und Beratungshilferecht, NJW 2013, 3057; **Weber,** Der Regierungsentwurf zum Beratungshilfegesetz – Die wichtigsten Änderungen für den Steuerberater, NWB 2013, 308.

A. Anwendungsbereich

Die Vorschrift wurde für Bürgerinnen und Bürger mit geringem Einkommen (Beratungshilfegesetz) in das StBerG eingefügt. Sie ist mit Wirkung vom 1.1.2014 in Kraft getreten und soll Bürgerinnen und Bürgern mit geringem Einkommen bzw. Vermögen die Möglichkeit verschaffen, auch außerhalb eines gerichtlichen Verfahrens in steuerrechtlichen Angelegenheiten fachliche Unterstützung zu erlangen. **920**

Hintergrund der Regelung ist ein Beschluss des BVerfG[2)] aus dem Jahre 2008. Das Gericht hatte seinerzeit entschieden, dass § 2 Abs. 2 BerHG a.F. gegen Art. 3 Abs. 1 GG verstößt, weil die Vorschrift eine Gewährung von Beratungshilfe in steuerlichen Angelegenheiten nicht vorsieht. Gleichzeitig hatte das Gericht angeordnet, dass für die Übergangszeit bis zu einer gesetzlichen Neuregelung Beratungshilfe auch in Angelegenheiten des Steuerrechts gewährt werden muss, solange die übrigen gesetzlichen Voraussetzungen hierfür vorliegen. Eine Beratungshilfe durch StB war jedoch nicht möglich, da diese dem Personenkreis des § 3 Abs. 1 BerHG a.F. angehörten. Mit dem Gesetz zur Änderung des Prozesskostenhilfe- und Beratungshilfegesetzes[3)] ist dieser Zustand mit Wirkung zum 1.1.2014 beseitigt worden.

Die Neuregelungen sehen vor,

– dass auch StB und StBv zur Beratunghilfe befugt sind (§ 3 Abs. 1 Nr. 1 BerHG),

1) Eingefügt durch Gesetz zur Änderung des Prozesskostenhilfe- und Beratungshilferechts v. 31.8.2013, BGBl. I 2013, 3533 mit Wirkung vom 1.1.2014.
2) BVerfG v. 14.10.2008, 1 BvR 2310/06, BVerfGE 122, 39.
3) BT-Drucks. 17/11472.

- dass für StB und StBv eine Pflicht zur Übernahme der Beratungshilfe besteht (§ 65a StBerG),
- dass sich die Vergütung in Fällen der Beratungshilfe nach den für die Beratungshilfe geltenden Vorschriften des RVG richtet (§ 8 Abs. 1 Satz 1 BerHG).

921 Steuerberatungsgesellschaften, Partnerschaftsgesellschaften und Sozietäten sind weder in § 65a StBerG, noch in § 3 BerHG genannt. Gleichwohl gilt § 65a StBerG sinngemäß auch für diese Gesellschaften, wenn der für die Gesellschaft handelnde Berufsangehörige zur Steuer- oder Rechtsberatung befugt ist.[1]

Die Befugnis zur Erteilung von Beratungshilfe durch StB und StBv richtet sich nach dem Umfang ihrer Rechtsberatungsbefugnis (amtliche Begründung zu § 3 BerHG). Die Beratungshilfe besteht in Beratung und, soweit erforderlich, in Vertretung, § 2 Abs. 1 BerHG. Lediglich in Angelegenheiten des Strafrechts und des Ordnungswidrigkeitenrechts wird nur Beratung gewährt (§ 2 Abs. 2 BerHG). Ungeachtet dessen können im Rahmen der Beratungshilfe in strafrechtlichen Angelegenheiten dennoch Postentgelte anfallen, die wahlweise konkret (Nr. 7001 VV RVG) oder pauschal (Nr. 7002 VV RVG) berechnet werden dürfen. Wenn der StB zum Zwecke der Akteinsicht eine Akte angefordert hat, kann er die entsprechenden Kosten als Auslagen nach Vorbem. 7 Abs. 1 Satz 2 VV RVG i.V.m. §§ 670, 675 BGB abrechnen (AG Germersheim v. 2.3.2017, 1 UR II 461/16, NJW-Spezial 2017, 381 m.w.N.; AG Riesa v. 16.8.2017, 2 UR II 345/16, NJW-Spezial 2017, 29 mw.N.).

Beratungshilfe wird nur für die Wahrnehmung von Rechten und nicht für die Erfüllung steuerlicher Pflichten gewährt. Deshalb ist die Erstellung der Buchführung weder Beratung noch Vertretung. Gleiches gilt für die Aufstellung des Jahresabschlusses, der Einnahmen-Überschussrechnung und der Anfertigung von Steuererklärungen.[2] Typische Anwendungsfälle der Beratungshilfe für StB sind

- die Beratung und außergerichtliche Vertretung in Kindergeldsachen,
- die Tätigkeit im Schuldenbereinigungsverfahren,
- die Abwehr von Steueransprüchen und Vollstreckungsmaßnahmen der FinVerw.

Beispiel:

Die FinVerw. betreibt gegen einen mittellosen Steuerpflichtigen die Zwangsvollstreckung aus einem Steuerbescheid. Der StB stellt einen Antrag auf Vollstreckungsaufschub und unterstützt den Steuerpflichtigen bei der Abgabe der Vermögensauskunft (zu den Gebühren siehe → § 44 StBVV Rz. 694 ff.).

Die Beratungshilfe deckt nur die außergerichtlichen Kosten (→ § 46 StBVV Rz. 767 ff.) und nicht die Kosten für ein Gerichtsverfahren ab. Insoweit kommt ggf. Prozesskostenhilfe in Betracht.

B. Voraussetzungen der Beratungshilfe

922 Beratungshilfe, Hilfe für die Wahrnehmung von Rechten außerhalb eines gerichtlichen Verfahrens, können Rechtsuchende in Anspruch nehmen, die die erforderlichen Mittel nach ihren persönlichen und wirtschaftlichen Verhältnissen nicht aufbringen können, also hilfsbedürftig sind, über keine anderweitig zumutbaren Hilfsmöglichkeiten verfügen und deren Rechtsverfolgung nicht mutwillig ist

1) Siehe BGH v. 17.9.2008, IV ZR 343/07, HFR 2009, 314, zur Verfassungswidrigkeit der Beschränkung der Beiordnungsmöglichkeit auf Rechtsanwälte als Einzelpersonen; Schwärzer, in Feuerich/Weyland, BRAO, 9. Aufl. 2016, § 49a Rz. 6.

2) Szymborski, DStR 2012, 1984; Koslowski, 7. Aufl. 2015, § 65a StBerG Rz. 4; Weber, NWB 2013, 305.

(§ 1 BerHG). Der Grundsatz des Vorrangs der Selbstvertretung ist zu beachten (§ 2 Abs. 1 Satz 2 BerHG)..

Der Rechtsuchende darf die erforderlichen Mittel nach seinen persönlichen und wirtschaftlichen Verhältnissen nicht aufbringen können (§ 1 Abs. 1 Nr. 1 BerHG). Dabei gilt der Grundsatz, dass eine Hilfsbedürftigkeit nur dann anzunehmen ist, wenn der Rechtsuchende (fiktiv) auch in einem späteren gerichtlichen Verfahren Prozesskostenhilfe ohne die Anordnung von Ratenzahlung erhalten würde (§ 1 Abs. 2 BerHG). Ratenfreie Prozesskostenhilfe wird nur gewährt, wenn von dem einzusetzenden Einkommen der Partei (nicht der Familie) Monatsraten von weniger als 10,– € gezahlt werden müssten. Nach § 115 Abs. 2 ZPO werden von dem einzusetzenden Einkommen Monatsraten in Höhe der Hälfte des einzusetzenden Einkommens festgesetzt. 923

Beispiel:

Mandant M verfügt über ein Nettoeinkommen von 2 600,– €. Er ist verheiratet und hat zwei schulpflichtige Kinder im Alter von 15 und 17 Jahren. Seine Ehefrau arbeitet nicht. Die Wohnkosten betragen 600,00 €. M hat Anspruch auf Beratungshilfe, da sein einzusetzendes Einkommen 8,– € beträgt und die festzusetzende Monatsrate 4,– € (also weniger als 10,– €) beträgt.

2.600,00 €

– 501,00 € Einkommensfreibetrag M

– 501,00 € Unterhaltsfreibetrag Ehefrau

– 228,00 € Erwerbstätigenfreibetrag

– 381,00 € Kinderfreibetrag Kind 1

– 381,00 € Kinderfreibetrag Kind 2

– 600,00 € Wohnkosten

8,00 € einzusetzendes Einkommen

Die in dem Beispiel zugrunde gelegten Freibeträge gelten seit dem 1.1.2020. Sie werden jährlich angepasst und in der Bekanntmachung zu § 115 ZPO (Prozesskostenhilfebekanntmachung – PKHB) im BGBl. veröffentlicht.

Antragsberechtigt sind grundsätzlich nur natürliche Personen. Inländische juristische Personen, parteifähige Personenvereinigungen und Parteien kraft Amtes sind nur unter den engen Voraussetzungen des § 116 ZPO antragsberechtigt. Ausländische juristische Personen sind ausdrücklich ausgeschlossen (§ 1 Abs. 2 BerHG i.V.m. § 116 ZPO).

Dem Rechtsuchenden darf keine andere zumutbare Hilfsmöglichkeit zur Verfügung stehen (§ 1 Abs. 1 Nr. 2 BerHG). Zu den anderen Möglichkeiten zählen u.a. Finanzämter, Familienkassen, Schuldner- und Verbraucherberatungsstellen. Zumindest für eine Erstberatung sind diese Möglichkeiten zunächst in Anspruch zu nehmen.[1] Generell gilt, dass Erstanträge grundsätzlich unter Ausnutzung des behördlichen Beratungsangebots zu stellen sind und hierfür keine Beratungshilfe gewährt wird. 924

Die Gewährung der Beratungshilfe setzt weiter voraus, dass die Wahrnehmung der Rechte nicht mutwillig ist (§ 1 Abs. 1 Nr. 3 BerHG). Mutwilligkeit liegt vor, wenn Beratungshilfe in Anspruch genommen wird, obwohl ein Rechtsuchender, der keine Beratungshilfe beansprucht, bei verständiger Würdigung aller Umstände der Rechtsangelegenheit davon absehen würde, sich auf eigene Kosten rechtlich beraten oder vertreten zu lassen (§ 1 Abs. 3 BerHG). Bei der Beurteilung der Mutwilligkeit sind die individuellen Kenntnisse und Fähigkeiten des Antragstellers sowie 925

1) BVerfG v. 20.12.2012, 1 BvR 2695/11, NJW 2012, 2722.

seine besondere wirtschaftliche Lage zu berücksichtigen. Anzustellen ist ein Vergleich zwischen dem bedürftigen Rechtsuchenden und einem verständigen „Selbstzahler". Hierbei ist ein individueller Maßstab anzulegen.

Beispiel:

Wenn der Rechtsuchende mit dem Gegner nur eine Ratenzahlungsvereinbarung treffen möchte, wird professioneller Rechtsrat hierzu nicht geboten sein.

926 § 2 Abs. 1 BerHG a.F. regelte, dass Beratungshilfe in Beratung und, soweit erforderlich, in Vertretung bestand. Wann eine Vertretung erforderlich ist, regelt der neue § 2 Abs. 1 Satz 2 BerHG. Danach ist eine Vertretung erforderlich, wenn der Rechtsuchende nach der Beratung angesichts des Umfangs, der Schwierigkeit und der Bedeutung der Rechtsangelegenheit für ihn seine Rechte nicht selbst wahrnehmen kann. Wie bei der Mutwilligkeit ist auf die individuelle Möglichkeit der Selbstvertretung des konkreten Antragstellers abzustellen.

C. Bewilligungsverfahren

927 Anders als im Verfahren der gerichtlichen Prozesskostenhilfe entsteht die Verpflichtung zur Gewährung der Beratungshilfe nicht durch staatliche oder gerichtliche Beiordnung, sondern folgt unmittelbar aus dem Gesetz. Auch ein vom Rechtsuchenden nach § 6 BerHG einzuholender und dem Berater vorzulegender Berechtigungsschein verpflichtet als solcher den StB nicht zur Gewährung von Beratungshilfe, sondern ist lediglich ein Nachweis dafür, dass der Betroffene beratungshilfeberechtigt (bedürftig) ist.

928 Gleichwohl ist der Berechtigungsschein notwendige Voraussetzung für die Gewährung von Beratungshilfe. Diesen Berechtigungsschein stellt der Rechtspfleger des zuständigen Amtsgerichts (§ 4 Abs. 1 Satz 1 BerHG) auf mündlichen oder schriftlichen Antrag (§ 4 Abs. 2 BerHG) und nach Prüfung der persönlichen und wirtschaftlichen Verhältnisse des Rechtsuchenden aus. Vordrucke für einen Antrag auf Beratungshilfe finden sich auf zahlreichen Internetseiten, z.B. auf der Homepage der Justiz des Landes NRW unter www. justiz.nrw.de. Eine nachträgliche Antragstellung bleibt möglich.[1] Allerdings muss der Antrag binnen vier Wochen nach Beginn der Beratungshilfe unterschrieben an das Amtsgericht gelangt sein (§ 6 Abs. 2 Satz 2 BerHG). Darauf hat der Beratungshilfe gewährende StB zu achten.

929 Bei Zurückweisung des Antrags oder Aufhebung eines Beschlusses über die Bewilligung der Beratungshilfe (§ 6a BerHG), steht dem Rechtsuchenden die (unbefristete) Erinnerung zu (§ 7 Abs. 1 BerHG). Neu ist, dass die Staatskasse ebenfalls die Möglichkeit der Erinnerung gegen Entscheidungen des Amtsgerichts, einen Berechtigungsschein für Beratungshilfe auszustellen, hat. Hier ist eine Frist von drei Monaten vorgesehen (§ 7 Abs. 2 BerHG).

D. Ablehnung der Mitwirkung aus wichtigem Grund

930 Grundsätzlich ist der Steuerberater nach Satz 1 der Vorschrift verpflichtet, die Beratungshilfe zu übernehmen.

931 Nach Satz 2 der Vorschrift können jedoch StB im Einzelfall aus wichtigem Grund die Beratungshilfe ablehnen. Ein wichtiger Grund kann in der Person des StB selbst oder in der Person oder dem Verhalten des Mandanten liegen. Was wichtige Gründe sind, erschließt sich aus dem Gesetzestext nicht. Konkretisierungen wie in § 16a Abs. 3 BORA finden sich in der BOStB nicht. Allerdings spricht nichts dagegen, die dort aufgeführten Beispielsfälle auf StB zu übertragen. Unstreitig dürfte sein, dass

1) Teubel, BRAK-Mitt. 2013, 151; Linssen, StB 2013, 402.

wichtige Gründe immer die sind, in denen das StBerG von einer unvereinbaren oder berufswidrigen Tätigkeit ausgeht (z.B. bei Vorliegen einer Interessenkollision oder bei gewerblicher Tätigkeit). Ferner kommen Krankheit, berufliche Überlastung, Aussichtslosigkeit des vom Rechtsuchenden vorgetragenen Begehrens, Gewissensnot, ein schwerwiegend gestörtes Vertrauensverhältnis oder fehlende Mitwirkung des Mandanten bei der Mandatsbearbeitung als wichtige Gründe in Betracht. Darüber hinaus könnte ein Ablehnungsgrund sein, dass der Steuerberater zu einem Rechtsgebiet beauftragt werden soll, mit dem er wenig oder gar nicht vertraut ist (z.B. Kindergeld). Allerdings wird dies im Anwaltsrecht nicht als wichtiger Grund angesehen. Denn ein wichtiges Argument für die Betrauung der Rechtsanwälte mit der Beratungshilfe war, dass der Rechtsuchende bei allen Rechtsanwälten eine juristische Beratung von hoher Qualität erwarten könne. Dies wird auch im Steuerberatungsrecht so gesehen.[1] Es gehört aber zur Sorgfaltspflicht des StB, den Rechtsuchenden im Einzelfall darauf hinzuweisen, dass er wegen langer Spezialisierung auf ein bestimmtes Gebiet unterdurchschnittliche Kenntnisse und Erfahrungen auf dem Gebiet habe, zu dem er befragt werden soll. Dann ist es der Entscheidung des Rechtsuchenden überlassen, ob er einen anderen StB beauftragen will.[2]

E. Sorgfaltspflichten des StB

Der StB muss in Beratungshilfemandaten dieselbe Sorgfalt aufwenden, wie in allen anderen Angelegenheiten auch. Diese Verpflichtung besteht unabhängig davon, ob das Honorar kostendeckend ist, oder nicht. Die im Verhältnis zu den Regelgebühren niedrigere Vergütung des StB erfolgt aus der Staatskasse (→ § 46 StBVV Rz. 793 ff.). 932

Der StB muss den Rechtsuchenden auf die Möglichkeit der Beratungshilfe hinweisen, wenn für ihn aus den Umständen erkennbar ist, dass dieser zu dem anspruchsberechtigten Personenkreis gehören könnte. Andernfalls kann er sich schadensersatzpflichtig machen.[3] Dies bedeutet, dass der StB das gesetzliche Honorar für seine Tätigkeit nicht geltend machen kann. Denn der Rechtsuchende hätte bei pflichtgemäßer Aufklärung Beratungshilfe in Anspruch nehmen können. Die Kosten für die Beratungshilfe wären aus der Staatskasse entrichtet worden. Der Rechtsuchende hätte also – abgesehen von der Beratungshilfegebühr i.H.v. 15,– € (→ § 46 StBVV Rz. 794) – keinerlei eigene Kosten aufwenden müssen. Sein Schaden ist deshalb der vom StB geforderte Rechnungsbetrag.[4] Sind keine Anhaltspunkte für die Bedürftigkeit für den Steuerberater erkennbar, muss der Mandat jedoch selbst auf seine finanzielle Situation aufmerksam machen. Auf die zu § 49a BRAO ergangene Rechtsprechung kann verwiesen werden.

1) Koslowski, 7. Aufl. 2015, § 65a StBerG Rz. 5.
2) Schwärzer in Feuerich/Weyland, 9. Aufl. 2016, § 49a BRAO Rz. 14.
3) Schwärzer in Feuerich/Weyland, 9. Aufl. 2016, § 49a BRAO Rz. 22 m.w.N.
4) Koslowski, 7. Aufl. 2015, § 65a StBerG Rz. 6; Schwärzer, in Feuerich/Weyand, 9. Aufl. 2016, § 49a BRAO Rz. 24.

D. Vertrags- und Antragsmuster mit Erläuterungen

I. Steuerberatungsvertrag

Steuerberater ____________________ (Auftragnehmer) **933**

und

____________________ (Auftraggeber)

treffen folgende Vereinbarungen:

§ 1 Auftragsumfang
Der Auftragnehmer wird mit der Durchführung folgender im Einzelnen angekreuzter Tätigkeiten sowie aller damit im Zusammenhang stehenden Nebentätigkeiten beauftragt:

Jahresabschlussarbeiten *(ggf. ab...)*

- ☐ Vorarbeiten zum Jahresabschluss (§ 35 Abs. 3 StBVV), Mitwirkung bei der Inventur
- ☐ Aufstellung des Jahresabschlusses mit GuV (§ 35 Abs. 1 Nr. 1a StBVV)
- ☐ Aufstellung eines Zwischenabschlusses mit GuV (§ 35 Abs. 1 Nr. 2 StBVV)

  Alternativ für Kleinstkapitalgesellschaften:

  - ☐ Aufstellung eines Jahresabschlusses/Zwischenabschlusses mit verkürzter GuV
- ☐ Besprechen des Jahresabschlusses
- ☐ Erstellung des Anhangs (§ 35 Abs. 1 Nr. 1b StBVV)

  Alternativ für Kleinstkapitalgesellschaften:

  - ☐ Auf die Erstellung eines Anhangs wird verzichtet
- ☐ Beratende Mitwirkung bei der Erstellung des Lageberichts (§ 35 Abs. 1 Nr. 7c StBVV)
- ☐ Durchführung der Plausibilitätsbeurteilung (§§ 612, 632 BGB, § 36 StBVV)
- ☐ Durchführung umfassender Prüfungshandlungen (§§ 612, 632 BGB, § 36 StBVV)
- ☐ Ableitung des steuerlichen Ergebnisses (§ 35 Abs. 1 Nr. 3a StBVV)
- ☐ Ableitung der Steuerbilanz aus der Handelsbilanz (§ 35 Abs. 1 Nr. 3b StBVV)
- ☐ Übermittlung der E-Bilanz an das Finanzamt
- ☐ Schriftlicher Erläuterungsbericht (§ 35 Abs. 1 Nr. 6 StBVV)
- ☐ Erstellung und Übermittlung der Offenlegungsbilanz (§§ 612, 632 BGB)

  Alternativ für Kleinstkapitalgesellschaften:

  - ☐ Hinterlegung der Bilanz
- ☐ Der Auftraggeber erklärt nach zuvor erfolgter Belehrung, dass er auch im Falle der Befreiung von der handelsrechtlichen Bilanzierungspflicht freiwillig bilanzieren möchte.
- ☐ Der Auftraggeber ist keine Kleinstkapitalgesellschaft i.S.d. § 267a HGB. Für den Fall, dass die Voraussetzungen des § 267a HGB eintreten, erklärt der Auftraggeber schon jetzt, dass dies keine Auswirkungen auf den Auftragsumfang hat.
- ☐ Aufstellung einer Eröffnungsbilanz (§ 35 Abs. 1 Nr. 4 StBVV)
- ☐ Aufstellung einer Auseinandersetzungsbilanz (§ 35 Abs. 1 Nr. 5 StBVV)

- ☐ mit Plausibilitätsbeurteilung (§§ 612, 632 BGB, § 36 StBVV)
- ☐ mit umfassenden Prüfungshandlungen (§§ 612, 632 BGB, § 36 StBVV)

☐ Überschussermittlung der Betriebseinnahmen über die Betriebsausgaben (§ 25 Abs. 1 StBVV)

☐ Anlage EÜR und elektronische Übermittlung

☐ Vorarbeiten zur Überschussermittlung (§ 25 Abs. 2 StBVV)

☐ Bericht zur Überschussermittlung (§ 25 Abs. 4 StBVV)

☐ Besprechen der Überschussermittlung

Steuererklärungen (§§ 24, 27 StBVV)

☐ Sämtliche privaten Steuererklärungen und -anmeldungen (*ggf.: ab VZ ..., ggf. aufschlüsseln, z.B. Einkommensteuererklärung, Kapitalertragsteueranmeldung, Erklärung zur einheitlichen und gesonderten Gewinnfeststellung)*

☐ Sämtliche *(ggf. aufschlüsseln)* betrieblichen Steuererklärungen (*ggf.: ab VZ ...*)

☐ Elektronische Übermittlung der Steuererklärungen und -anmeldungen an das Finanzamt

☐ Vorarbeiten zur Überschussermittlung (§ 27 Abs. 3 StBVV)

☐ Sämtliche *(ggf. aufschlüsseln)* Überschussermittlungen (§ 27 StBVV)

☐ Besprechung der Steuererklärungen und -anmeldungen

☐ **Prüfung von Bescheiden** (§ 28 StBVV)

☐ **Teilnahme an Betriebsprüfungen** der Finanzverwaltung (§ 29 StBVV) und der Sozialversicherungsträger

☐ Mitwirkung bei **Nachschauen** (§ 29 StBVV)

☐ **Anträge und Meldungen** (§§ 23, 24 Abs. 4 Nr. 5 StBVV)

☐ **Vertretung im Einspruchs- und Vollstreckungsverfahren** (§§ 40, 44 StBVV), ggf. nach gesonderter Beauftragung

☐ **Vertretung in gerichtlichen Verfahren**, insbesondere vor dem Finanzgericht (§ 45 StBVV) nach gesonderter Beauftragung

☐ **Laufende steuerliche Beratung** (§ 21 Abs. 1 StBVV)

☐ Laufende Überprüfung von Vorauszahlungen (§ 21 Abs. 1 Satz 1 StBVV)

☐ **Einrichtung der Buchführung** (§ 32 StBVV)

☐ **Erstellen der Finanzbuchführung** inkl. USt-Voranmeldungen, aber ohne arbeits- und sozialversicherungsrechtliche Beratung (§§ 33 StBVV) ab ...

☐ Erstellen der Lohnbuchführung (§ 34 StBVV)

☐ *Ggf.:* Der Auftraggeber wurde darüber belehrt, dass er nicht nach handelsrechtlichen Vorschriften zur Führung von Büchern verpflichtet ist, wohl aber zur Führung steuerlicher Aufzeichnungen

☐ Sonstige Tätigkeiten: z.B. Monats- und Quartalsbesprechungen, Anlagenbuchführung, Verfahrensdokumentation etc.

Alternativ: Darüber hinaus kann der Auftragnehmer mit der Durchführung weiterer Tätigkeiten beauftragt werden.

* *Ggf.: Hinsichtlich der Erstellung und Vergütung der Finanzbuchführung und der Lohnbuchführung haben der Auftraggeber und der Auftragnehmer einen gesonderten Steuerberatungsvertrag mit Pauschalvergütungsvereinbarung getroffen.*

§ 2 Vertragsdauer

Der Vertrag gilt ab dem .... für unbestimmte Zeit. Er kann von beiden Vertragsparteien jederzeit gekündigt werden. Die Kündigung muss in Textform erfolgen.

§ 3 Vergütung

(1) Soweit nichts anderes vereinbart wurde, bemisst sich die Vergütung des Auftragnehmers für seine Berufstätigkeit nach § 33 StBerG nach der Steuerberatervergütungsverordnung (StBVV) in der jeweils gültigen Fassung.

(2) Tätigkeiten, die nicht zu den Vorbehaltsaufgaben eines Steuerberaters nach § 33 StBerG gehören, werden mit einem Stundensatz in Höhe von .... € zzgl. Auslagenersatz und Umsatzsteuer vergütet.

(3) Die Vereinbarung einer höheren oder niedrigeren als der gesetzlichen Vergütung in Textform ist möglich (§ 4 Abs. 4 StBVV).

§ 4 Haftung, Gewährleistung, Nachbesserung

(1) Der Auftragnehmer haftet für eigenes sowie Verschulden seiner Erfüllungsgehilfen.

(2) Der Anspruch des Auftraggebers gegen den Auftragnehmer und Dritte auf Ersatz eines durch *(ggf.: „einfache" einsetzen)* Fahrlässigkeit verursachten Vermögenschadens wird auf .... € (in Worten: .... €) begrenzt. Von der Haftungsbegrenzung ausgenommen sind Haftungsansprüche für Schäden aus der Verletzung des Lebens, des Körpers oder der Gesundheit.

(3) Die Haftungsbeschränkung gilt rückwirkend von Beginn des Mandatsverhältnisses an. Sie gilt ferner auch für den Fall, dass sich der Umfang des in § 1 übernommenen Auftrags durch künftige Aufträge erweitert.

(4) Der Auftraggeber hat gegen den Auftragnehmer einen Anspruch auf Beseitigung etwaiger Mängel. Er hat dem Auftragnehmer innerhalb einer angemessenen Frist Gelegenheit zur Nachbesserung zu geben.

§ 5 Datenschutz und Verschwiegenheitspflicht
Informationen zur Datenverarbeitung

(1) Der Auftragnehmer unterrichtet den Auftraggeber gemäß Art. 13, 14 DSGVO über die Verarbeitung seiner personenbezogenen Daten in einem gesonderten Informationsschreiben als **Anlage** zu diesem Steuerberatungsvertrag *(ggf.: Hinweis auf Veröffentlichung des Schreibens auf der Kanzlei-Website).*

Hinzuziehung Dritter

(2) Der Auftragnehmer ist berechtigt, zur Ausführung des Auftrags Mitarbeiter und unter den Voraussetzungen des § 62a StBerG auch externe Dienstleister (insbesondere Daten verarbeitende Unternehmen) heranzuziehen. Die Beteiligung fachkundiger Dritter zur Mandatsbearbeitung (z.B. andere Steuerberater, Wirtschaftsprüfer oder Rechtsanwälte) bedarf der Einwilligung und des Auftrags des Auftraggebers. Der Auftragnehmer ist nicht berechtigt und verpflichtet, diese Dritten ohne Auftrag hinzuzuziehen.

Zertifizierungsaudit

(3) *Ggf.:* Eine Verschwiegenheitspflicht besteht nicht, soweit dies zur Durchführung eines Zertifizierungsaudits in der Kanzlei des Auftragnehmers erforderlich ist und die insoweit tätigen Personen ihrerseits über ihre Verschwiegenheitspflicht belehrt worden sind. Der Auftraggeber erklärt sich damit einverstanden, dass durch den Zertifizierer/Auditor Einsicht in seine Handakte genommen wird.

Abtretung von Vergütungsforderungen/Übertragung zur Einziehung

(4) *Ggf.:* Sollte der Auftraggeber mit der Zahlung seiner Vergütung in Verzug geraten, erteilt er dem Auftragnehmer sein Einverständnis dazu, sich zur Durchset-

zung der Forderung der Hilfe Dritter, insbesondere des Inkassounternehmens .... (wenn bekannt, namentlich bezeichnen) oder der Verrechnungsstelle.... *(wenn bekannt, namentlich bezeichnen)* zu bedienen und an diesen Dritten die Forderung abzutreten oder zur Einziehung zu übertragen. Der Auftragnehmer ist in diesem Fall gesetzlich (§ 402 BGB) bzw. vertraglich verpflichtet, dem neuen Gläubiger oder dem Einziehungsermächtigten die Information zu erteilen und Unterlagen auszuhändigen, die dieser benötigt, um die Forderung geltend zu machen.

Elektronische Kommunikation

(5) *Ggf.:* Wird im Rahmen der elektronischen Kommunikation zwischen Auftraggeber und Auftragnehmer oder sonstigen Dritten (z.B. Kreditinstituten) die Übermittlung von Daten nicht durch eine geeignete Verschlüsselung geschützt, besteht die grundsätzliche Gefahr, dass Daten von Dritten abgefangen und gelesen werden können.

In Kenntnis dieser Gefahr wünscht der Auftraggeber gleichwohl die elektronische Korrespondenz mit dem Auftragnehmer und die gegenseitige Übermittlung von Daten, die keinen Drittbezug haben (z.B. Lohndaten), per E-Mail

☐ ohne weitere Sicherungsmaßnahmen

☐ passwortgeschützt

☐ unter Einsatz einer Transportverschlüsselung

☐ unter Einsatz einer Ende zu Ende-Verschlüsselung

an folgende E-Mail-Adresse: ....

☐ Dies gilt auch für die elektronische Übermittlung der **Rechnung des Auftragnehmers**. Der Auftraggeber verzichtet auf eine unterschriebene Rechnung in Schriftform.

Der Auftragnehmer darf **sensible Daten** (z.B. Jahresabschlüsse, Steuererklärungen, betriebswirtschaftliche Auswertungen) an den Auftraggeber und an Dritte, mit denen der Auftraggeber in Geschäftsbeziehung steht (z.B. Kreditinstitute)

☐ unter Einsatz einer Transportverschlüsselung

☐ unter Einsatz einer Ende zu Ende Verschlüsselung

☐ unter Einsatz einer Cloud-Plattform

☐ unverschlüsselt

versenden oder von diesen empfangen, wenn die Übermittlung oder der Empfang vom Auftrag umfasst ist.

Sind **sensible Daten Dritter** betroffen (z.B. Daten von Mitarbeitern, ggf. Daten des Ehepartners) erfolgt kein unverschlüsselter Versand. Die Daten werden dem Auftraggeber wie folgt zur Verfügung gestellt:

☐ unter Einsatz einer Transportverschlüsselung

☐ unter Einsatz einer Ende zu Ende Verschlüsselung

☐ unter Einsatz einer Cloud-Plattform

☐ auf dem Postweg

Alternativ: Sind **sensible Daten Dritter** (z.B. Daten von Mitarbeitern, ggf. Daten des Ehepartners) betroffen, ist vom Auftraggeber sicherzustellen, dass eine Einwilligung des/der Dritten vorliegt, die den Anforderungen des § 26 Abs. 2 BDSG genügt.

Der Auftraggeber wünscht darüber hinaus auch Korrespondenz per

☐ SMS

☐ Messenger Dienst *(bitte benennen)*

☐ Telefax.

Auftraggeber als Referenz

(6) *Ggf.:* Der Auftragnehmer ist berechtigt, die Firma und das Logo des Auftraggebers gegenüber Dritten als Referenz zu verwenden. Der Auftraggeber entbindet den Auftragnehmer insoweit von der Verpflichtung zur Wahrung der Verschwiegenheit, auch über die Beendigung des Mandatsverhältnisses hinaus.

Widerrufsrecht

(7) Der Auftraggeber kann die Einwilligung nach § 5 Abs. 2, 3, 4 und 5 jederzeit widerrufen.

§ 6 Mitwirkungspflichten

Der Auftraggeber ist zur Mitwirkung verpflichtet. Er hat dem Auftragnehmer die für die Ausführung des Auftrags erforderlichen Unterlagen und Daten unaufgefordert und so rechtzeitig zu übergeben, dass dem Auftragnehmer eine angemessene Bearbeitungszeit zur Verfügung steht.

§ 7 Sonstiges

(1) Erfüllungsort und Gerichtsstand ist der Ort der beruflichen Niederlassung des Auftragnehmers.

(2) Für den Auftrag, seine Ausführung und die sich hieraus ergebenden Ansprüche gilt nur deutsches Recht.

(3) Ggf.: Sollten einzelne Bestimmungen dieses Vertrages unwirksam sein oder werden, berührt dies die Wirksamkeit der übrigen Bestimmungen nicht. Die unwirksame Bestimmung ist durch eine gültige zu ersetzen, die dem angestrebten Ziel möglichst nahekommt.

(4) Ggf.: Der Auftragnehmer ist weder bereit, noch verpflichtet, an einem Streitbeilegungsverfahren vor einer Verbraucherschlichtungsstelle teilzunehmen (§ 36 VSBG).

(5) (Ggf.) Zur Sicherung aller bestehenden und künftig entstehenden Ansprüche des Auftragnehmers aus diesem Vertrag übernimmt der Geschäftsführer .... (Name einsetzen) die persönliche und selbstschuldnerische Bürgschaft unter Verzicht auf die Einrede der Anfechtbarkeit und der Vorausklage.

(6) Änderungen und Ergänzungen dieses Vertrages bedürfen der Textform. Mündliche Nebenabreden sind unwirksam.

Ort, Datum

____________________ ____________________

(Auftraggeber) (Auftragnehmer)

Anmerkungen zum Steuerberatungsvertrag

Bei dem vorliegenden Steuerberatungsvertrag handelt es sich um einen **Dienstvertrag**, da wenn dem Steuerberater (Auftragnehmer) in § 1 des Vertrages durch Ankreuzen der entsprechenden Felder allgemein die Wahrnehmung der steuerlichen Interessen des Auftraggebers übertragen wird. **934**

Kernstück des Vertrages ist die Regelung in § 1 zum Auftragsumfang. Auf diesen Teil des Vertrages ist besondere Sorgfalt zu legen, da mit seiner Hilfe im **Haftungsfall** ggf. der Nachweis geführt werden kann, welche Aufgaben gerade nicht übernommen wurden. Gleichzeitig wird durch eine möglichst detaillierte Regelung zum

Auftragsumfang die Reichweite der Honorarforderungen und die Rechtfertigung für die Datenverarbeitung nach DSGVO festgelegt. Das vorliegende Muster ist ggf. individuell um weitere Leistungen, wie z.B. Anlagenbuchführung, Mitwirkung bei der Kassenbuchführung etc. zu ergänzen. Streitanfällig ist in der Praxis gelegentlich die Frage, ob ein nicht bilanzierungspflichtiger Auftraggeber tatsächlich die Erstellung einer Bilanz in Auftrag gegeben hat (→ Grundlagen des Gebührenrechts Rz. 52; → § 32 StBVV Rz. 517). Dies wird in den seltensten Fällen schriftlich festgehalten. Deshalb findet sich im Anschluss an die Aufzählung der einzelnen Jahresabschlussarbeiten eine Regelung, wonach der Auftraggeber erklärt, dass er auch im Falle der Befreiung von der handelsrechtlichen Bilanzierungspflicht freiwillig bilanzieren möchte. Wenn der Steuerberater auch für zurückliegende Jahre tätig werden soll, z.B. Jahresabschlüsse und Steuererklärungen der letzten drei Jahre erstellen soll, sollte dies im Steuerberatungsvertrag ausdrücklich festgehalten werden, z.B. „Aufstellung der Jahresabschlüsse ab...".

Bei den Steuererklärungen wurde von einer Aufzählung der einzelnen Erklärungen abgesehen. Stattdessen finden sich zwei Felder zum Ankreuzen für die privaten und die betrieblichen Steuererklärungen. Um sicherzugehen, dass bei der Beauftragung von Eheleuten beide Eheleute Auftraggeber für die privaten Steuererklärungen sind, könnte die Beauftragung der privaten Steuererklärungen auch im Rahmen eines separaten Steuerberatungsvertrages erfolgen. Möglich wäre es auch, in der Kopfzeile, in der die Vertragspartner genannt werden und in der Unterschriftenzeile, in der die Vertragspartner nochmals aufgeführt sind, einen Zusatz aufzunehmen, dass für den Teil der privaten Steuererklärungen auch der andere Ehegatte Auftraggeber ist.

Für **gerichtliche Rechtsbehelfsverfahren** ist eine gesonderte Auftragserteilung vorgesehen. Eine allumfängliche Beauftragung für außergerichtliche und gerichtliche Tätigkeiten ist vor dem Hintergrund des § 307 Abs. 2 Nr.1 BGB problematisch, wenn bei Beauftragung noch nicht erkennbar ist, ob es überhaupt zu einem gerichtlichen Verfahren kommen kann. Der Mandant würde andernfalls in seiner Entscheidungsfreiheit, später einen anderen Steuerberater oder Rechtsanwalt mit der Durchführung dieser Verfahren zu beauftragen, eingeschränkt (so jedenfalls LG Köln v. 24.1.2018, 26 O 453/16). Die spätere Beauftragung für das Klageverfahren sollte dokumentiert werden, z.B. im Rahmen einer gesonderten Vergütungsvereinbarung für das gerichtliche Verfahren.

Da viele Berater für die **Lohn- und Finanzbuchführung** mit ihren Auftraggebern monatliche Pauschalen vereinbaren, sieht der Mustervertrag optional die Möglichkeit vor, dass dieser Auftragsteil separat geregelt wird. Siehe hierzu die weiteren Muster zu §§ 4, 14 StBVV.

Der Vertrag ist als Dienstvertrag konzipiert. Das jederzeitige Kündigungsrecht für beide Seiten entspricht der gesetzlichen Regelung des § 627 BGB. Die Vereinbarung einer bestimmten Kündigungsfrist im Rahmen dieses Vertrages wäre unwirksam, da von der gesetzlichen Regelung des § 627 BGB in allgemeinen Auftragsbedingungen (und hierzu zählt der vorliegende Mustervertrag) nicht abgewichen werden kann. Dies wäre nur im Rahmen einer individuellen Zusatzvereinbarung möglich. Die gesetzliche Regelung des § 627 BGB kann ansonsten nur dadurch umgangen werden, dass für einen bestimmten Teil der vertraglich übernommenen Leistungen ein separater Steuerberatungsvertrag geschlossen wird und für diese Leistungen „feste Bezüge" vereinbart werden. Dies wäre der Fall, wenn beispielsweise die Lohn- und Finanzbuchführung in einem separaten Vertrag geregelt und hierfür eine feste Pauschale vereinbart würde. Ferner ist § 627 BGB nicht einschlägig, wenn der Steuerberatungsvertrag im Einzelfall nicht als Dienstvertrag, sondern als Werkvertrag anzusehen ist. In diesem Fall gilt § 648 BGB. Danach kann der Steuerberater bei vorzeitiger Kündigung durch den Mandanten die volle vereinbarte Vergütung abzüglich ersparter Aufwendungen verlangen.

§ 3 regelt zunächst, dass **für die Vorbehaltsaufgaben die Steuerberatervergütungsverordnung gilt**, soweit nichts anderes vereinbart ist. Darüber hinaus ist vorgesehen, dass sämtliche vereinbaren Tätigkeiten mit einem bestimmten Stundensatz zuzüglich Auslagenersatz und Umsatzsteuer vergütet werden. Eine solche Vergütungsvereinbarung kann auch in einen Steuerberatungsvertrag integriert werden, da hierfür keine Formvorschriften gelten. Schließlich berücksichtigt § 3 Abs. 3 die Informationspflicht nach § 4 Abs. 4 StBVV.

In § 4 finden sich wichtige Regelungen zur **Haftungsbegrenzung**. Entsprechend der üblichen AGB ist die Haftung auf alle Fälle der Fahrlässigkeit (auch grobe) beschränkt. Streitig ist, ob dies wirksam vereinbart werden kann oder ob nur eine Haftungsbeschränkung für Fälle der einfachen Fahrlässigkeit wirksam ist (so LG Hamburg v. 12.6.2013, 309 O 425/08, BeckRS 2013, 10766 zur Parallelvorschrift für WP; a.A. Kilian, ZIP 2016, 608; Reinhart/Schütze, ZIP 2015, 1006). Letztlich muss jeder Berater für sich selbst entscheiden, wie er die Haftung begrenzen möchte.

Um die Haftung wirksam der Höhe nach begrenzen zu können, muss in § 4 Abs. 2 mindestens ein Betrag von 1 Mio. € eingetragen werden und selbstverständlich muss der Steuerberater über eine Mindestversicherungssumme von 1 Mio. € verfügen, § 67a Abs. 1 Nr. 2 StBerG. Bei sogenannten Doppelbändern (Steuerberater/Wirtschaftsprüfer oder Steuerberater/vereidigter Buchprüfer oder Sozietäten/Partnerschaften mit Wirtschaftsprüfern und vereidigten Buchprüfern) empfiehlt sich, die höhere Mindestversicherungssumme nach den Vorschriften der WPO (4 Mio. €) zu Grunde zu legen. Eine höhere Mindestversicherungssumme ist auch für die PartG mbB erforderlich, um die Haftung in AGB zu begrenzen (vgl. Ruppert, DStR 2013, 1623).

§ 4 Abs. 2 sieht eine Haftungsbeschränkung auch gegenüber Dritten, z.B. Banken vor. Diese Regelung hat im Falle eines Vertrages mit Schutzwirkung zugunsten Dritter nur deklaratorische Bedeutung, da die Haftung des Steuerberaters gegenüber Dritten nicht weiter gehen kann, als gegenüber dem eigenen Mandanten. Kommt zwischen dem Dritten und dem Steuerberater allerdings ein Auskunftsvertrag zustande oder besteht die Gefahr, dass ein solcher Auskunftsvertrag zustande kommen könnte, sollte der Berater zuvor die schriftliche Erklärung des Dritten einholen, dass die Haftungsbeschränkung auch im Verhältnis Steuerberater- Dritter gilt (siehe hierzu das Muster Haftungsbegrenzung bei Auskunftsvertrag → Rz. 936).

§ 4 Abs. 3 regelt, dass die Haftungsbegrenzung auch rückwirkend gilt. Dies betrifft die Fälle, in denen der Berater mit bereits bestehenden (ggf. langjährigen) Mandaten einen schriftlichen Steuerberatungsvertrag schließt. Ferner wird durch § 4 Abs. 3 Satz 2 sichergestellt, dass die Haftungsbeschränkung auch dann gilt, wenn sich der Auftragsumfang ändert. Eine solche „Rahmenvereinbarung" ist zulässig (OLG Düsseldorf v. 21.4.2009, I-24 U 27/08, OLGR Düsseldorf 2009, 782). Zwar sieht § 6 Abs. 3 für diesen Fall vor, dass Änderungen und Ergänzungen des Vertrages der Textform bedürfen. Sollte dies allerdings einmal übersehen worden sein, wäre durch § 4 Abs. 3 Satz 2 sichergestellt, dass gleichwohl die Haftungsbeschränkung gilt.

§ 4 Abs. 4 enthält eine Regelung zum Nachbesserungsrecht. Nach LG Münster soll eine diesbezügliche Regelung in AGB wirksam sein (LG Münster v. 4.12.2013, 110, O 31/13). Allerdings dürfte diese Entscheidung im Widerspruch zur BGH-Rechtsprechung stehen (BGH v. 11.5.2006, IX ZR 63/05), so dass die Wirksamkeit der Klausel zweifelhaft ist (Janetzko, DStR 2015, 2875).

§ 5 enthält verschiedene Regelungen zum **Datenschutz** und zur **Befreiung des Steuerberaters von der Verschwiegenheitspflicht** unter Berücksichtigung des neuen § 62a StBerG und der DSGVO, die in Art. 7 Bedingungen für die Einwilligung vorgibt. Die Regelungen sind auf die individuellen Bedürfnisse anzupassen. Es wurden bewusst Zwischenüberschriften gewählt, damit die jeweiligen Klauseln nicht als überraschend i.S.d § 305c BGB unwirksam sind (so AG Dortmund v. 30.10.2018, 425 C 9862/17, Stbg 2018, 520; siehe hierzu auch Simon, NWB 48/2018, 3562). **Absatz 1** verweist auf ein gesondertes Informationsschreiben als Anlage zum Vertrag (siehe Muster → Rz. 935). Zu **Absatz 2**: Zur Beauftragung externer Dienstleister (z.B. Rechenzentrum) benötigt der Steuerberater keine Einwilligung des Mandanten. Er muss bei der Beauftragung aber die Anforderungen des § 62a StBerG beachten. Will der Steuerberater einen freien Mitarbeiter für die Mandatsbearbeitung hinzuziehen, muss er die Einwilligung des Mandanten einholen, § 62a Abs. 5 StBerG. **Absatz 3** regelt die Befreiung von der Verschwiegenheitspflicht für den Fall der Durchführung eines Zertifizierungsaudits. Hintergrund der Regelung des **Absatzes 4** ist die Vorschrift des § 64 Abs. 2 StBerG. Danach ist die Abtretung von Gebührenforderungen oder die Übertragung ihrer Einziehung an Inkassounternehmen oder Verrechnungsstellen nur zulässig, wenn der Mandant zuvor ausdrücklich seine schriftliche Einwilligung erklärt hat oder die Forderung rechtskräftig festgestellt ist. Die schriftliche Einwilligung kann der Mandant bereits zum Zeitpunkt des Abschlusses des Steuerberatungsvertrages erklären. Die Regelung des § 5 Abs. 4 ermöglicht dem Steuerberater später die Einschaltung von Inkassounternehmen oder Verrechnungsstellen, wenn der Mandant in Zahlungsrückstand gerät. Eine Zustimmung ist nicht erforderlich, wenn ein anderer Steuerberater, ein Wirtschaftsprüfer oder ein Rechtsanwalt oder eine von diesen gebildete Berufsausübungsgesellschaft beauftragt werden soll (z.B. eine anwaltliche Verrechnungsstelle, die als Rechtsanwaltsgesellschaft zugelassen ist). **Absatz 5** enthält Regelungen zur Befreiung von der Verschwiegenheitspflicht in Bezug auf die Korrespondenz zwischen Steuerberater und Mandant sowie Steuerberater und Dritten per E-Mail. Ferner ist eine Regelung enthalten, die dem Steuerberater die elektronische Übermittlung seiner eigenen Gebührenrechnungen per E-Mail (sog. pdf-Rechnung) ermöglicht. Hierzu muss der Mandant lediglich erklären, dass er auf das Schriftformerfordernis verzichtet (siehe auch das Muster → § 9 StBVV Rz. 194). In **Absatz 6** findet sich eine Regelung, die es dem StB ermöglicht, bestimmte Mandanten als Referenz zu benennen, z.B. im Rahmen einer öffentlichen Ausschreibung, auf die er sich bewerben möchte oder zu Werbezecken auf seiner Homepage.

Die Mitwirkungspflicht des Mandanten in § 6 soll es dem Steuerberater erleichtern, den Mandanten, der seinen Pflichten nicht nachkommt, in Annahmeverzug zu versetzen und so das vereinbarte Honorar (auch ohne Leistung) zu fordern (siehe OLG Koblenz v. 1.12.2005, 6 U 951/04).

In § 7 Abs. 3 wurde nur optional eine **salvatorische Klausel** aufgenommen, weil eine solche Klausel in AGB keinen Sinn macht. Bereits nach dem Gesetz berührt die Unwirksamkeit einer Klausel nicht die Wirksamkeit des Restes (§ 306 Abs. 1 BGB). Die in § 7 Abs. 3 Satz 1 gewünschte Rechtsfolge tritt also ohnehin ein. Die weitere Regelung in § 7 Abs. 3 Satz 2, nach der die unwirksame Klausel durch eine wirksame Klausel ersetzt wird, ist grundsätzlich wegen Intransparenz unwirksam. Sie führt im Ergebnis auch zu einer unzulässigen geltungserhaltenden Reduktion (Pfeiffer in Wolf/Lindacher/Pfeiffer, AGB-Recht, 6. Aufl. 2013, § 307 BGB Rz. 264; Niebling, MDR 2018, 633, 634 und 639).

§ 7 Abs. 4 berücksichtigt die ab dem 1.2.2017 geltende **Informationspflicht nach § 36 VSBG**. Diese gilt nicht für StB, die am 31.12. des vorangegangenen Jahres 10 oder weniger Personen (Kopfzahl) beschäftigt haben. Die Informationspflicht trifft StB, die eine Website unterhalten oder AGB verwenden. Eine gesetzliche oder berufliche Teilnahmepflicht besteht nicht. Die Klausel in § 7 Abs. 4 regelt den Fall, dass der StB kein Interesse hat, an einem Streitbeilegungsverfahren nach dem VSBG teilzunehmen.

Die in § 7 Abs. 5 vorgeschlagene Bürgschaftsregelung bietet sich insbesondere an, wenn Auftraggeber eine juristische Person, z.B. eine GmbH oder UG (haftungsbeschränkt) ist.

II. Muster zur Erfüllung der Informationspflichten bei Mandatsbeginn

Am 25.5.2018 ist die Datenschutzgrundverordnung (DSGVO) in Kraft getreten. Das nachfolgende Muster ist als einfaches Muster zur Erfüllung der Informationspflichten, die sich bei Mandatsbeginn aus Art. 13, 14 DSGVO ergeben, konzipiert. Der Steuerberater schuldet die Information bereits bei Erhebung der Daten. Es empfiehlt sich, diese Information auf der eigenen Kanzlei-Website einzustellen und dem Mandanten bei Begründung des Mandatsverhältnisses *(ggf. als Anlage zum schriftlichen Steuerberatungsvertrag oder den Allgemeinen Auftragsbedingungen)* auszuhändigen. **935**

1. Informationspflichten gem. Art. 13 Abs. 1 DSGVO
a) Identität des Verantwortlichen
Diese Datenschutz-Information gilt für die Datenverarbeitung durch:

Verantwortlicher: Steuerberater XY (im Folgenden: XY), Grafenberger Allee 98, D-40237 Düsseldorf, Deutschland, E-Mail: ....@XYSteuerrecht.de, Telefon +49 (0) 211- XXXXXX Fax: +49 (0) 211-XXXXXX.

b) Ggf.: (Falls vorhanden) Kontaktdaten des Datenschutzbeauftragten
Der/die betriebliche Datenschutzbeauftragte von XY ist unter der o.g. Anschrift, zu Händen Herrn Mustermann, bzw. unter ....@xysteuerrecht.de erreichbar.

c) Verarbeitungszwecke und Rechtsgrundlage
Die Verarbeitungszwecke Ihrer personenbezogenen Daten (zu den Begriffsbestimmungen siehe Art. 4 Nr. 1 und 2 DSGVO) ergeben sich aus der erteilten **Einwilligung**. Diese kann jederzeit mit Wirkung für die Zukunft widerrufen werden. Dies gilt auch für Einwilligungen, die vor dem 25.5.2018 erteilt worden sind. Rechtsgrundlage ist Art. 6 Abs. 1a) DSGVO.

Die Verarbeitungszecke erfolgen zur **Erfüllung vertraglicher Pflichten**, die sich aus dem Steuerberatungsvertrag ergeben oder zur Durchführung vorvertraglicher Maßnahmen. Rechtsgrundlage ist Art. 6 Abs. 1b) DSGVO.

Die Verarbeitungszwecke ergeben sich aus **gesetzlichen Bestimmungen** oder liegen im öffentlichen Interesse (z.B. bei der Einhaltung von berufsrechtlichen und steuerrechtlichen Auf-bewahrungspflichten). Rechtsgrundlage ist Art. 6 Abs. 1c) DSGVO.

d) Berechtigtes Interesse
Die Verarbeitungszwecke können sich aus der Wahrung unserer eigenen berechtigten Interessen ergeben. Es kann erforderlich sein, die von Ihnen überlassenen Daten über die eigentliche Erfüllung des Vertrages hinaus zu verarbeiten. Als berechtigtes Interesse kommen insbesondere die Geltendmachung rechtlicher Ansprüche (z.B. Honoraransprüche), die Abwehr von Schadensersatzansprüchen und die Verhinderung von Straftaten in Betracht. Rechtsgrundlage ist Art. 6 Abs. 1 f) DSGVO.

e) Empfänger
Innerhalb der Kanzlei erhalten die diejenigen Mitarbeiter Zugriff auf Ihre personenbezogenen Daten, die diese zur Erfüllung der vertraglichen und gesetzlichen Pflichten benötigen und die zur Verarbeitung dieser Daten berechtigt sind.

Eine Übermittlung Ihrer personenbezogenen Daten an Dritte findet nur zu den unter c) und d) genannten Verarbeitungszwecken statt. Der Empfängerkreis richtet sich nach den vertraglich übernommenen Verpflichtungen des Verantwortlichen. Zu den Empfängern gehören z.B. die für die Besteuerung zuständigen Finanzämter, Sozialversicherungsträger, sonstige zuständige Behörden, Gerichte und Kreditinstitute, mit denen Sie Geschäftsbeziehungen unterhalten. Im Rahmen der Vertragserfüllung beauftragen wir Auftragsverarbeiter, die zur Erfüllung der vertraglichen Pflichten beitragen, z.B. das Rechenzentrum X, den EDV-Partner Y, den Aktenvernichter Z etc. Diese Auftragsverarbeiter werden von uns vertraglich gemäß § 62a StBerG zur Einhaltung der Verschwiegenheit sowie zur Einhaltung der Vorgaben der DSGVO und des BDSG verpflichtet.

Darüber hinaus erfolgt eine Übermittlung personenbezogener Daten an Dritte nur aufgrund ausdrücklich erklärter Einwilligung gem. Art. 6 Abs. 1a) DSGVO bzw. Entbindung von der Verschwiegenheitspflicht.

f) Übermittlung an Drittstaaten oder internationale Organisationen
Eine Übermittlung an Drittstaaten oder internationale Organisationen findet nicht statt.

Informationspflichten gem. Art. 13 Abs. 2 DSGVO
a) Dauer der Speicherung
Die personenbezogenen Daten werden so lange gespeichert, wie dies zur Erfüllung des vertraglich vereinbarten Zwecks notwendig ist, in jedem Falle so lange, wie das Vertragsverhältnis besteht. Nach Beendigung des Vertragsverhältnisses werden die Daten bis zum Ablauf der gesetzlichen Aufbewahrungspflichten gespeichert. Die gesetzlichen Aufbewahrungspflichten nach Handels-, Steuer- und Berufsrecht betragen bis zu zehn Jahre. Zur Wahrung eigener berechtigter Interessen können die personenbezogenen Daten auch bis zu 30 Jahre (maximale Verjährungsfrist nach BGB, z.B. für Vollstreckung aus Titeln oder Bereicherungsansprüchen) aufbewahrt werden.

b) Auskunft über Ihre Rechte

- Sie haben das Recht, auf Antrag unentgeltlich **Auskunft** zu erhalten, ob und welche Daten über Sie gespeichert sind und zu welchem Zweck die Speicherung erfolgt, Art. 15 DSGVO.
- Sie haben das Recht, von XY unverzüglich die **Berichtigung** ihrer unrichtigen personenbezogenen Daten zu verlangen. Unter Berücksichtigung der Zwecke der Verarbeitung haben Sie das Recht, die **Vervollständigung** unvollständiger personenbezogener Daten zu verlangen, Art. 16 DSGVO.
- Sie haben das Recht, von XY zu verlangen, dass ihre **Daten unverzüglich gelöscht** werden, Art. 17 DSGVO. XY ist verpflichtet, personenbezogene Daten unverzüglich zu löschen, sofern einer der folgenden Gründe zutrifft:
  - Die Zwecke, für die die personenbezogenen Daten erhoben wurden, sind entfallen.
  - Widerruf Ihrer Einwilligung in die Verarbeitung ohne dass eine anderweitige Rechtsgrundlage für die Verarbeitung vorliegt (s.u. c).
  - Widerspruch gegen die Verarbeitung ohne dass eine anderweitige Rechtsgrundlage für die Verarbeitung vorliegt (s.u. 3).
  - Die personenbezogenen Daten wurden unrechtmäßig verarbeitet.
  - Die Löschung der personenbezogenen Daten ist zur Erfüllung einer rechtlichen Verpflichtung nach dem Unionsrecht oder dem Recht der Mitgliedstaaten erforderlich, dem der Verantwortliche unterliegt.
  - Die personenbezogenen Daten wurden in Bezug auf angebotene Dienste der Informationsgesellschaft gem. Art. 8 Abs. 1 DSGVO erhoben.

- Sie haben das Recht, die **Einschränkung der Verarbeitung** gem. Art. 18 DSGVO, § 35 BDSG zu verlangen, wenn eine der folgenden Voraussetzungen gegeben ist:
  - Die Richtigkeit der personenbezogenen Daten wird von Ihnen angezweifelt.
  - Die Verarbeitung ist unrechtmäßig; sie lehnen eine Löschung jedoch ab.
  - Personenbezogene Daten werden für die Zwecke der Verarbeitung nicht länger benötigt; Sie benötigen die Daten jedoch zur Geltendmachung, Ausübung oder Verteidigung von Rechtsansprüchen.
  - Sie haben Widerspruch gegen die Verarbeitung gem. Art. 21 Abs. 1 DSGVO eingelegt. Solange noch nicht feststeht, ob die berechtigten Gründe des Verantwortlichen Ihnen gegenüber überwiegen, wird die Verarbeitung eingeschränkt.
- Sie haben das Recht auf **Datenübertragbarkeit**, Art. 20 DSGVO. Dies bedeutet, dass Sie die von Ihnen bereitgestellten Daten in einem strukturierten, gängigen und maschinenlesbaren Format von XY erhalten können. Eine Weiterleitung an einen anderen Verantwortlichen darf nicht behindert werden.

c) Widerrufbarkeit von Einwilligungen
Beruht die Verarbeitung der personenbezogenen Daten auf ihrer Einwilligung gemäß Art. 6 Abs. 1a oder Art. 9 Abs. 2a DSGVO, sind Sie jederzeit berechtigt, die Einwilligung für die Zukunft zu widerrufen. Die Rechtmäßigkeit der aufgrund der Einwilligung bis zum Widerruf erfolgten Verarbeitung bleibt unberührt. Bitte wenden Sie sich an XY. Es genügt eine E-Mail an ....@XY.steuerrecht.de.

d) Beschwerderecht bei der Aufsichtsbehörde
Wenn Sie der Ansicht sind, dass die Verarbeitung Ihrer Daten gegen die DSGVO verstößt, haben Sie das Recht Beschwerde bei der Aufsichtsbehörde einzulegen. Hierzu wenden Sie sich bitte an die zuständige Aufsichtsbehörde, Art. 77 DSGVO.

e) Verpflichtung zur Bereitstellung personenbezogener Daten – Herkunft der Daten
Wir verarbeiten die personenbezogenen Daten, die zur Erfüllung der vertraglichen Pflichten oder vorvertraglichen Maßnahmen erforderlich sind und die Sie uns zu diesem Zweck zur Verfügung gestellt haben. Wenn Sie uns die benötigten Daten nicht zur Verfügung stellen, kann ein Vertrag nicht abgeschlossen werden bzw. können wir unseren vertraglichen Pflichten nicht nachkommen. Buchhalterische und/oder steuerliche Nachteile für Sie wären nicht ausgeschlossen.

Zur Erfüllung unserer vertraglichen Pflichten kann es erforderlich sein, personenbezogene Daten zu verarbeiten, die wir von anderen Unternehmen oder sonstigen Dritten (vgl. Art. 14 DSGVO), z.B. Finanzämtern, Sozialversicherungsträgern, Ihren Geschäftspartnern etc. zulässigerweise zur Vertragserfüllung erhalten haben. Weiterhin verarbeiten wir ggf. auch personenbezogene Daten aus öffentlich zugänglichen Quellen, z.B. aus Registern oder dem Internet, wenn dies für die Vertragserfüllung erforderlich ist.

f) Automatisierte Entscheidungsfindung und Profiling
Zur Verarbeitung der von Ihnen überlassenen Daten kommt keine vollautomatisierte Entscheidungsfindung (einschließlich Profiling) gemäß Art. 22 DSGVO zum Einsatz.

3. Widerspruchsrecht gem. Art. 21 DSGVO
Sofern Ihre Daten auf Grundlage eines berechtigten Interesses (s.o. 1.d) verarbeitet werden, haben Sie das Recht, Widerspruch gegen die Verarbeitung Ihrer personenbezogenen Daten einzulegen, soweit dafür Gründe vorliegen, die sich aus Ihrer besonderen Situation ergeben. Hierzu genügt eine E-Mail an ....@XY.steuerrecht.de.

III. Haftungsbegrenzungsvereinbarung mit Bank bei Auskunftsvertrag

936 Sehr geehrte Damen und Herren,

in vorbezeichneter Angelegenheit überreiche ich anliegende Vollmacht und erkläre rein vorsorglich für den Fall, dass zwischen uns ein Auskunftsvertrag zustande kommen sollte, dass im o. g. Mandatsverhältnis eine Haftungsbeschränkung vereinbart ist, die wie folgt lautet: „Der Anspruch des Auftraggebers gegen den Auftragnehmer und Dritte auf Ersatz eines durch einfache Fahrlässigkeit verursachten Schadens wird auf 1 Mio. € begrenzt." Ich bitte um Ihre schriftliche Einverständniserklärung, dass diese Haftungsbegrenzung auch Ihnen gegenüber gilt. Die erbetenen Auskünfte werde ich übersenden, sobald mir ein von Ihnen unterzeichnetes Exemplar dieses Schreibens zugegangen ist.

Mit freundlichen Grüßen

____

Steuerberater

____

Zur Kenntnis genommen und akzeptiert

____

Datum / Unterschrift

IV. Vergütungsvereinbarung (Pauschale für steuerliche Registrierung Fibu, Lohn und Stundensätze)

937 Zwischen

____

(Auftraggeber)

und

Steuerberater

____

(Auftragnehmer)

wird folgende Vereinbarung getroffen:

§ 1 Steuerliche Registrierung

Für die Bearbeitung des Fragebogens zur steuerlichen Registrierung beim Finanzamt, für die Kommunikation mit dem Finanzamt bis zur Vergabe der Steuernummer und für die Beantragung einer Umsatzsteuer-Identifikationsnummer erhält der Auftragnehmer eine feste Gebühr in Höhe von …… €.

§ 2 Finanzbuchführung

(1) Der Auftraggeber hat den Auftragnehmer mit der Erstellung der monatlichen Finanzbuchführung ab dem ………… beauftragt. Hierfür zahlt der Auftraggeber ab dem ………. an den Auftragnehmer eine monatliche Pauschale in Höhe von ……… €. Tätigkeiten betriebswirtschaftlicher Art, wie BWA, Abwicklung des Zahlungsverkehrs, Berichtswesen, Controlling, Erfolgsrechnungen, Liquiditätsrechnungen, interne und externe Betriebsvergleiche werden mit den in § 5 genannten Zeitgebühren/Stundensätzen berechnet.

(2) Tätigkeiten im Zusammenhang mit dem Einrichten der Finanzbuchführung werden gesondert mit den in § 5 genannten Zeitgebühren/Stundensätzen berechnet (§ 32 StBVV).

(3) **Alternative 1**: Die Finanzbuchführung umfasst alle Tätigkeiten im Sinne des § 33 StBVV einschließlich aller Vor-, Neben- und Nacharbeiten sowie der Umsatzsteuervoranmeldungen.

Alternative 2: Die Finanzbuchführung umfasst die Entgegennahme der Unterlagen, geordnet nach dem Kanzleiordnungssystem, das Kontieren der Belege, die Eingabe in die EDV, das Abstimmen der Konten, Aushändigen von Belegen und Auswertungen an den Auftraggeber sowie die Umsatzsteuervoranmeldungen.

Leistungen, die darüber hinausgehen, werden mit den in § 5 genannten Zeitgebühren/Stundesätzen berechnet. Hierzu gehören u.a. *(Aufzählung ist individuell anzupassen)*:

- Sortieren und Scannen von Belegen
- Mitwirkung bei der Kassenbuchführung
- Kassenprüfung auf Fehlbeträge
- Klärung und Prüfung von Belegen (z.B. Repräsentationsaufwendungen, Reisekostenabrechnungen)
- Beratung zu Bewirtungsaufwendungen, Rechnungsformalien
- Beratung zu Umsatzsteuerfragen
- Erledigung von Rückfragen seitens des Auftraggebers
- ....

§ 3 Lohnbuchführung

Der Auftraggeber hat den Auftragnehmer auch mit der Lohnbuchführung ab.........beauftragt. Für die monatlichen Lohnabrechnungen werden pro Arbeitnehmer pauschal 35,00 € und pro Einrichtung eines Lohnkontos mit Aufnahme der Stammdaten ebenfalls 35,00 € berechnet. Der Auftragnehmer schuldet keine sozialversicherungsrechtliche und arbeitsrechtliche Beratung.

Alternative 1: Die Pauschalen umfassen alle Tätigkeiten des § 34 StBVV einschließlich aller Vor-, Neben- und Nacharbeiten sowie der Lohnsteueranmeldungen.

Alternative 2. Die Lohnbuchführung umfasst die Einrichtung der Lohnbuchhaltung, die Einrichtung eines Lohnkontos je Arbeitnehmer, die Führung der monatlichen Lohnbuchhaltung, die Erstellung einer monatlichen Lohnabrechnung je Arbeitnehmer, die Anfertigung der Lohnsteueranmeldungen, die Anfertigung der Beitragsnachweise für die Sozialversicherungsträger, das Erstellen des Lohnjournals und die Aufstellung einer monatlichen Lohn-Zahlungsliste.

Leistungen, die darüber hinausgehen, werden mit den in § 5 genannten Zeitgebühren/Stundensätzen berechnet. Hierzu gehören u.a. *(Aufzählung ist individuell anzupassen)*

- Manuelle Lohnsteueranmeldungen bei verspäteter Einreichung der Unterlagen
- Korrektur von Lohnabrechnungen bei nicht rechtzeitiger Übermittlung der Daten
- An- und Abmeldung von Arbeitnehmern bei Sozialversicherungsträgern
- Ausstellen von Verdienstbescheinigungen
- Berufsgenossenschaftsnachweise
- Bearbeitung von Anträgen im Rahmen der Entgeltfortzahlung und bei Krankheit
- Lohnpfändungen
- ....

§ 4 Angemessenheit der Pauschalen

(1) **Bei Anwendung der Alternative 1**: Dem Auftraggeber ist bekannt, dass die in §§ 1, 2 Abs. 1 und 3 vereinbarten Pauschalen die gesetzlichen Gebühren möglicherweise übersteigen. **Bei Anwendung der Alternative 2**: Dem Auftraggeber ist bekannt, dass die in §§ 1 und 2 Abs. 1 vereinbarten Pauschalen die gesetzlichen Gebühren möglicherweise und die in § 3 vereinbarte Pauschale die gesetzliche Gebühr in jedem Fall überschreitet.

Die vereinbarte Pauschale nach § 2 ist jährlich auf ihre Angemessenheit zu prüfen. Sie basiert auf dem Jahresumsatz des Vorjahres in Höhe von ....€. Bei Abweichungen des Jahresumsatzes von mehr als ....€ nach unten oder oben gehen die Vertragsparteien noch von der Angemessenheit der Pauschale aus.

Oder:

Eine Anpassung der Pauschale für die Finanz- und Lohnbuchführung bleibt vorbehalten. Die neuen Pauschalen sind dem Auftraggeber in Textform mitzuteilen und gelten mit Ablauf des dritten Monats nach Erhalt der Anpassungsmitteilung als vereinbart.

Oder:

Am Ende eines jeden Jahres werden die vereinbarten Pauschale um 2 % zum Zwecke des Inflationsausgleichs erhöht.

§ 5 Zeitgebühren/Stundensätze

Alle Tätigkeiten, für die die StBVV eine Abrechnung nach Zeitgebühr vorsieht (Gebührenrahmen nach § 13 Satz 2 StBVV: 30,00 € - 75,00 € je angefangene halbe Stunde), werden abweichend von der gesetzlichen Regelung wie folgt berechnet:

Partner	.... € je angefangene halbe Stunde
Angestellter Steuerberater	.... € je angefangene halbe Stunde
Qualifizierter Mitarbeiter	.... € je angefangene halbe Stunde

§ 6 Auslagenersatz, Umsatzsteuer

Sämtliche Leistungen verstehen sich zuzüglich des gesetzlichen Auslagenersatzes und der jeweils gültigen gesetzlichen Umsatzsteuer.

__________________ __________________

Ort, Datum Unterschrift/ Auftraggeber

__________________ __________________

Ort, Datum Unterschrift/ Auftragnehmer

V. Kombinierte Vergütungsvereinbarung (StBVV, Zeithonorar, Pauschale)

938 Zwischen

____

(Auftraggeber)

und

Steuerberater

____

(Auftragnehmer)

wird vereinbart:

Grundsätzlich werden alle Tätigkeiten nach der Steuerberatervergütungsverordnung (**StBVV**) in der jeweils gültigen Fassung abgerechnet.

§ 1 Sondervereinbarungen

(1) Für folgende Tätigkeiten erhält der Auftragnehmer abweichend von der StBVV ein **Zeithonorar**:

- Allgemeine steuerliche Beratung und Auskunftserteilung in steuerlichen Angelegenheiten aufgrund von Einzelfragen (auch im Zusammenhang mit der Finanz- und Lohnbuchführung, der Jahresabschlusserstellung, der Anfertigung von Steuererklärungen und im Rechtsbehelfsverfahren)
- Anfertigung der Steuererklärungen, insbesondere die rückwirkende Aufbereitung der Jahre 20... und 20...
- Vertretung im außergerichtlichen Rechtsbehelfsverfahren
- ... (ggf. weitere Tätigkeiten auflisten)

(2) Es gelten folgende Nettostundensätze:

Partner	.... €
Angestellte Steuerberater	.... €
Qualifizierte Mitarbeiter (ggf. gestaffelt nach Qualifikation)	.... €
Hilfskräfte	.... €

(3) Dem Auftraggeber ist bekannt, dass die vereinbarten Zeitgebührensätze die gesetzlichen Gebühren nach StBVV möglicherweise übersteigen.

(4) Als Mindestvergütung werden – unabhängig von dem tatsächlich angefallenen Zeitaufwand – die gesetzlichen Gebühren in Höhe der Mittelgebühr nach der StBVV geschuldet.

(5) Tätigkeiten im Bereich der **Lohnbuchführung** werden wie folgt abgerechnet:

Einrichten der Lohnbuchführung (nach Zeitaufwand)	.... €/Std.
Einrichten von Lohnkonten je Arbeitnehmer	.... €
Anfertigung der Lohnabrechnung je Arbeitnehmer	.... €

(ggf. weitere Tätigkeiten auflisten)

(6) Für die Erstellung einer Offenlegungs-/Hinterlegungsversion des Jahresabschlusses und die Bereitstellung der Daten für den elektronischen Bundesanzeiger wird eine **Pauschale** i. H. v. ..... € vereinbart.

§ 2 Vorschuss

Der Auftragnehmer ist berechtigt, jederzeit einen angemessenen Vorschuss zu fordern.

§ 3 Nebenkosten

Der Auftraggeber erstattet dem Auftragnehmer die im Zusammenhang mit seiner Tätigkeit anfallenden erforderlichen Aufwendungen in der gesetzlich vorgesehenen Höhe.

§ 4 Umsatzsteuer

Sämtliche Positionen verstehen sich zuzüglich der jeweils gültigen gesetzlichen Umsatzsteuer.

____________________	____________________
Ort, Datum	Unterschrift/ Auftraggeber

____________________ ____________________

Ort, Datum Unterschrift/ Auftragnehmer

VI. Vergütungsvereinbarung (Buchungszeilen)

939 Zwischen

____

(Auftraggeber)

und

Steuerberater

____

(Auftragnehmer)

wird folgende Vereinbarung getroffen:

§ 1 Finanzbuchführung

(1) Der Auftraggeber hat den Auftragnehmer mit der Erstellung der monatlichen Finanzbuchführung ab dem .... beauftragt. Hierfür zahlt der Auftraggeber abweichend von der Steuerberatervergütungsverordnung (StBVV) einen Betrag von .... € pro Buchungszeile ab dem .... Dem Auftraggeber ist bekannt, dass dadurch die gesetzliche Vergütung nach der StBVV möglicherweise überschritten wird.

(2) Tätigkeiten im Zusammenhang mit dem Einrichten der Finanzbuchführung werden gesondert nach Zeitgebühr berechnet (§ 32 StBVV).

(3) Die Finanzbuchführung umfasst ... *(ggf. erläutern; z.B.: die Entgegennahme der Unterlagen, geordnet nach dem Kanzleiordnungssystem, das Kontieren der Belege, die Eingabe in die EDV, das Abstimmen der Konten, Aushändigen von Belegen und Auswertungen an den Auftraggeber sowie die Umsatzsteuervoranmeldungen).*

(4) Sonstige Hilfeleistungen im Zusammenhang mit der Finanzbuchführung (z.B. das Sortieren und Scannen von Belegen, die Mitwirkung bei der Kassenbuchführung, Beratungen zu Rechnungsformalien, Umsatzsteuerfragen, Bewirtungsaufwendungen etc., Erledigung von Rückfragen u.a.) werden (**zutreffendes bitte ankreuzen**)

☐ nicht berechnet, sondern sind von der Gebühr nach Abs. 1 abgegolten;

☐ mit einer Zeitgebühr berechnet. Die Zeitgebühr beträgt .... € je angefangene halbe Stunde.

§ 2 Auslagenersatz, Umsatzsteuer

Sämtliche Leistungen verstehen sich zuzüglich des gesetzlichen Auslagenersatzes und der jeweils gültigen gesetzlichen Umsatzsteuer.

____________________ ____________________

Ort, Datum Unterschrift/ Auftraggeber

____________________ ____________________

Ort, Datum Unterschrift/ Auftragnehmer

VII. Vergütungsvereinbarung Zeitgebühr (für außergerichtliche Tätigkeiten)

Abweichend von den gesetzlichen Gebühren nach der Steuerberatervergütungsverordnung (StBVV) (*ggf.: bzw. dem Rechtsanwaltsvergütungsgesetz (RVG)*) wird gemäß § 4 Abs. 1 StBVV (*ggf.: bzw. § 3a RVG*) zwischen **940**

____

(Auftraggeber)

und

Steuerberater

____

(Auftragnehmer)

☐ für die im Steuerberatungsvertrag vom ....unter § 1 ..... (*bitte Tätigkeiten benennen*) übernommenen (ggf.: *„und alle zukünftigen"*) Leistungen

Alternativ:

☐ für folgende Angelegenheiten: ... (*bitte Tätigkeiten benennen*)

Alternativ:

☐ für alle aktuellen und künftigen Aufträge

folgende Vergütung vereinbart:

§ 1 Zeitgebührensätze

(1) Es werden Stundensätze vereinbart.

(2) Die Stunden werden wie folgt vergütet:

Praxisinhaber	..........€ je Stunde
angestellte Berufsangehörige	..........€ je Stunde
qualifizierte Mitarbeiter	..........€ je Stunde

(3) Der Vergütungsvereinbarung liegt ein Dauerschuldverhältnis zu Grunde. Deshalb bleibt dem Auftragnehmer eine an angemessene Erhöhung der Stundensätze, orientiert am Verbraucherpreisindex und der Inflationsrate, vorbehalten. Eine beabsichtigte Erhöhung ist dem Auftraggeber in Textform oder schriftlich mitzuteilen und gilt mit Ablauf des dritten Monats nach Erhalt der Mitteilung als vereinbart. Auf diese Rechtsfolge wird der Auftragnehmer den Auftraggeber in dem Erhöhungsverlangen nochmals ausdrücklich hinweisen. Gleichzeitig wird der Auftragnehmer den Auftraggeber in transparenter Form auf die Möglichkeit der fristlosen und kostenfreien Kündigung hinweisen.

(4) *Ggf.:* Bei Reisen zur Erfüllung des Beratungsauftrages wird die Reisezeit mit der Hälfte der in Absatz 2 genannten Stundensätzen in Rechnung gestellt.

(5) *Ggf.:* Abgerechnet wird in Intervallen von angefangenen 6 Minuten.

(6) Dem Auftraggeber ist bekannt, dass die vereinbarten Zeitgebührensätze die gesetzlichen Gebühren nach StBVV möglicherweise übersteigen.

(7) Als Mindestvergütung werden – unabhängig von dem tatsächlich angefallenen Zeitaufwand – die gesetzlichen Gebühren in Höhe der jeweiligen Mittelgebühr nach der StBVV geschuldet.

§ 2 Zahlungsweise, Anerkenntnis, Vorschuss

(1) Der Auftraggeber zahlt die vereinbarte Vergütung nach Erhalt der Berechnung. Der Auftragnehmer rechnet monatlich ab und fügt der Berechnung eine Leistungsübersicht über die abgerechneten Stunden bei.

(2) Hinsichtlich der abgerechneten Zeiten tritt Fälligkeit ein.

(3) Widerspricht der Auftraggeber dieser Leistungsübersicht nicht innerhalb eines Monats nach Erhalt der Berechnung, gelten die abgerechneten Stunden als anerkannt. Auf diese Widerspruchsfrist weist der Auftragnehmer in jeder Berechnung noch einmal gesondert hin.

(4) Der Auftragnehmer ist berechtigt, jederzeit einen angemessenen Vorschuss zu fordern.

§ 3 Nebenkosten

(1) Der Auftraggeber erstattet dem Auftragnehmer folgende im Zusammenhang mit seiner Tätigkeit anfallenden erforderlichen Aufwendungen: Entgelte für Post- und Telekommunikationsdienstleistungen, Dokumentenpauschale und Fahrtkosten *(ggf.: wenn nicht die Regelung in § 1 Abs. 4 übernommen wird: auch Tage- und Abwesenheitsgelder)* in der gesetzlich vorgesehenen Höhe.

(2) *Ggf.*: Für allgemeine und besondere Geschäftskosten berechnet der Auftragnehmer an den Auftraggeber eine Pauschale in Höhe von monatlich…. (Festpreis **oder** prozentualen Anteil der Nettohonorarsumme eintragen, z.B.: 5%).

Alternativ: Besondere Geschäftskosten (z.B. mandantenbezogene EDV-Kosten) werden 1:1 weiterberechnet.

(3) Verauslagte Kosten von Gerichten, Behörden oder sonstigen Dritten sind darin nicht enthalten und werden ohne Aufschlag weiterberechnet.

(4) Der Auftraggeber wird darauf hingewiesen, dass die vereinbarten Nebenkosten die gesetzlichen Nebenkosten nach der StBVV (*ggf.: bzw. dem RVG*) teilweise übersteigen.

§ 4 Umsatzsteuer

Sämtliche Positionen verstehen sich zuzüglich der jeweils gültigen gesetzlichen Umsatzsteuer.

____________________	____________________
Ort, Datum	Unterschrift Auftraggeber

Anmerkungen zur Vergütungsvereinbarung Zeitgebühr (für außergerichtliche Tätigkeiten):
Die Vereinbarung ist auf außergerichtliche Tätigkeiten beschränkt. Für Tätigkeiten in gerichtlichen Verfahren empfiehlt sich eine gesonderte Vereinbarung (→ Rz. 941). Die Vereinbarung muss als „Vergütungsvereinbarung" oder in vergleichbarer Weise bezeichnet werden. Anderenfalls ist sie unwirksam, § 4 Abs. 1 Satz 2 Nr. 1 StBVV (bzw. § 3a Abs. 1 Satz 2 RVG, wenn Gegenstand der Vereinbarung auch Tätigkeiten nach § 21 Abs. 2 StBVV n.F., § 40 StBVV n.F. oder § 44 StBVV sind).

Die Vergütungsvereinbarung nimmt in ihrer ersten Alternative auf die im Steuerberatungsvertrag übernommenen Leistungen Bezug. Soweit sich die Vereinbarung auch auf alle zukünftigen Aufträge erstreckt, liegt eine **Rahmenvergütungsvereinbarung** vor, deren Zulässigkeit umstritten ist. In der zweiten Alternative ist der Auftragsumfang näher zu bezeichnen. In der dritten Alternative bedarf es keiner näheren Angaben zum Auftragsumfang. Dieser wird als bekannt unterstellt. Beweispflichtig für den Auftragsumfang ist im Zweifel der StB.

In § 1 Abs. 1 und 2 werden Zeitgebührensätze vereinbart, die zwischen Praxisinhaber, angestellten Berufsangehörigen und qualifizierten Mitarbeitern differenzieren.

Preiserhöhungsklauseln sind in AGB nicht grundsätzlich unwirksam. Die Schranke des § 307 Abs. 1 Satz 1 BGB wird jedoch dann nicht eingehalten, wenn die Klausel es dem Verwender ermöglicht, über die Abwälzung konkreter Kostensteigerungen hinaus den zunächst vereinbarten Preis ohne Begrenzung anzuheben. Dementsprechend sind Preisanpassungsklauseln nur zulässig, wenn die Befugnis zur Anpassung von Kostenerhöhungen abhängig gemacht wird und die einzelnen Kostenelemente offengelegt werden (KG v. 20.12.2019, 5 U 24719 m.w.N.). Diesen Anforderungen versucht die in § 1 Abs. 3 vorgesehene Preiserhöhungsklausel gerecht zu werden. Das fingierte Einverständnis des Auftraggebers mit der verlangten Erhöhung dürfte zulässig sein, da der Auftraggeber eine großzügig bemessene Frist zur Abgabe einer Erklärung erhält und auf die Bedeutung des Schweigens ausdrücklich hingewiesen wird (OLG Köln v. 19.12.2019, 12 U 87/18, n.rkr., Az. des BGH XI ZR 26/20 zu Zustimmungsfiktion in Banken-AGB mit Anm. Homberger, EWiR 2020, 193; Hinne/Klees/Müllerschön/Teubel/Winkler, Vereinbarungen mit Mandanten, 2. Aufl., Rz. 413 m.w.N.; zu den Transparenzanforderungen von Preiserhöhungsklauseln siehe auch KG v. 20.12.2019, 5 U 24/19 zu Netflix-Preisanpassungsklausel; Wolf/Lindacher/Pfeiffer, AGB-Recht, 6. Aufl., § 309 Nr. 1 BGB Rz. 100). Eine mögliche Unangemessenheit der Klausel wird zusätzlich dadurch kompensiert, dass dem Mandanten die Möglichkeit eingeräumt wird, das Vertragsverhältnis jederzeit zu kündigen (KG v. 20.12.2019, 5 U 24/19 zu Netflix-Preisanpassungsklausel). Bei Unwirksamkeit einer Preisanpassungsklausel bleibt der Vertrag im Übrigen wirksam (BGH v. 13.1.2010, VIII ZR 81/08; Niebling, MDR 2018, 633, 639).

Die **Reisezeit** wird mit dem halben Stundensatz berechnet, § 1 Abs. 4. Abweichende Vereinbarungen sind möglich. Allerdings muss eine entsprechende Klausel transparent sein. Es muss klar sein, nach welchen Bedingungen Reisezeiten zu vergüten sind (LG Köln v. 24.1.2018, 26 O 453/16, BRAK-Mitt. 2018, 97, n.rkr.).

Dass in Intervallen von einer angefangenen Viertelstunde abgerechnet wird (§ 1 Abs. 5), ist eine **Zeittaktklausel.** Eine 15-Minuten-Zeittaktklausel ist gegenüber Verbraucher-Mandanten unzulässig (ausführlich dazu und zu den Rechtsfolgen einer unwirksamen Zeittaktklausel → § 13 StBVV Rz. 252). Gegenüber Unternehmer-Mandanten kann ein solcher Zeittakt nach wie vor vereinbart werden. Empfohlen wird derzeit ein 6-Minuten Zeittakt. Sollte ein Gericht die die 15-Minuten-Zeittaktklausel gegenüber Unternehmern als unwirksam ansehen, wäre nicht die gesamte Vergütungsvereinbarung unwirksam, sondern nur die Zeittaktklausel. Es müsste minutengenau abgerechnet werden.

In § 1 Abs. 6 wird klargestellt, dass die vereinbarte Gebühr möglicherweise höher ist, als die gesetzliche Gebühr. Dies hat den Vorteil, dass der Auftraggeber später nicht einwenden kann, ihm sei gar nicht bewusst gewesen, dass die vereinbarte Vergütung höher als die gesetzliche Vergütung ist. Deshalb kann der StB in jedem Fall einem solchen Einwand entgegenhalten, dass der Auftraggeber **freiwillig und ohne Vorbehalt geleistet** hat und deshalb das Geleistete nicht zurückfordern kann, § 4 Abs. 1 Satz 4 StBVV. Diese Regelung gilt aber **nicht**, wenn sich die Vergütungsvereinbarung in außergerichtlichen Angelegenheiten nach **§ 3a RVG** richtet (§§ 21 Abs. 2 StBVV n.F., 40 StBVV n.F., 44 StBVV).

Die Regelung in § 1 Abs. 7, dass der Auftraggeber mindestens die gesetzliche Mittelgebühr schuldet, soll sicherstellen, dass der StB dann nach der StBVV die Mittelgebühr abrechnen kann, wenn die Abrechnung nach der StBVV ausnahmsweise zu einer höheren Vergütung führt, als die vereinbarte Zeitgebühr (sog. **Mindesthonorarklausel** oder Auffangklausel; ausführlich dazu → § 4 StBVV Rz. 119). Eine solche Klausel ist hilfreich, wenn der Mandant später den Zeitaufwand bestreitet. Der StB muss dann dank der Klausel den Zeitaufwand nicht nachweisen, sondern kann bei Wertgebühren die gesetzliche Mittelgebühr in Rechnung stellen.

§ 2 regelt, dass der Auftragnehmer dem Auftraggeber eine prüfbare Rechnung stellt und dieser eine (transparente) Leistungsübersicht über die abgerechneten Stunden beifügt. Bei Zeithonoraren wird darüber hinaus empfohlen, nicht nur nach bestimmten Zeitabschnitten abzurechnen, sondern auch hinsichtlich der abgerechneten Zeiten Fälligkeit zu vereinbaren. Dies ermöglicht die sofortige Einforderbarkeit der Vergütung (Schneider, AnwBl 2016, 178, 183). Darüber hinaus beinhaltet § 2 eine **Anerkenntnisklausel**, wonach die in Rechnung gestellten Zeiten als anerkannt gelten, wenn der Auftraggeber nicht innerhalb eines Monats nach Erhalt der Berechnung widerspricht. Eine solche Anerkenntnisklausel macht deshalb Sinn, weil sie dem Auftragnehmer nach Ablauf des vereinbarten Zeitraums die Möglichkeit nimmt, die abgerechneten Stunden in Frage zu stellen. Die Zulässigkeit einer solchen Klausel ist aber umstritten. Eine Regelung zum Vorschuss ist sinnvoll, da § 8 StBVV nur ein **Vorschussrecht** einräumt, wenn die gesetzlichen Gebühren berechnet werden.

§ 3 enthält eine Regelung zu den Nebenkosten, die ggf. auf abweichende individuelle Verhältnisse anzupassen ist. Zu der Unterscheidung zwischen allgemeinen und besonderen Geschäftskosten → § 3 StBVV Rz. 111.

§ 4 stellt klar, dass sich sämtliche Positionen zuzüglich der jeweils gültigen gesetzlichen Umsatzsteuer verstehen.

Die Mustervereinbarung sieht zu Beweiszwecken eine Unterschriftszeile für den Auftraggeber vor, obwohl die Vereinbarung nicht unterschrieben sein muss. Es genügt Textform.

VIII. Vergütungsvereinbarung Zeitgebühr (gerichtliche Tätigkeit)

941 Zwischen

____

(Auftraggeber)

und

Steuerberater

____

(Auftragnehmer)

wird abweichend von der Steuerberatervergütungsverordnung (StBVV) und dem Rechtsanwaltsvergütungsgesetz (RVG) gemäß § 45 StBVV i.V.m. § 3a Abs. 1 RVG

für die Tätigkeit in dem/den Verfahren vor dem Finanzgericht ____________________

wegen ____________________

folgende Vergütungsvereinbarung geschlossen:

§ 1 Zeitgebühr

(1) Es wird eine Zeitgebühr in Höhe von .... € je Stunde vereinbart.

(2) *Ggf.:* Abgerechnet wird in Intervallen von angefangenen 6 Minuten.

(3) Dem Auftraggeber ist bekannt, dass die Abrechnung nach Zeitgebühr möglicherweise zu einer höheren Vergütung führt, als Abrechnung nach den gesetzlichen Gebühren.

(4) *Ggf.*: Als Mindestvergütung werden – unabhängig von dem tatsächlich angefallenen Zeitaufwand – die gesetzlichen Gebühren nach dem Gegenstandswert des RVG geschuldet.

§ 2 Vorschuss

Auf die vereinbarte Vergütung zahlt der Auftraggeber einen Vorschuss in Höhe von .... € bis spätestens zum ....

§ 3 Erstattungsfähigkeit

Der Auftraggeber hat für den Fall, dass die Gebühren und Auslagenersatz von einem Dritten (also z.B. der gegnerischen Partei, oder der Staatskasse) zu ersetzen sind, (z.B. bei Obsiegen in dem finanzgerichtlichen Verfahren), einen Erstattungsanspruch nur in Höhe der gesetzlichen Gebühren und des gesetzlichen Auslagenersatzes, § 45 StBVV i.V.m. § 3a Abs. 1 Satz 2 RVG.

§ 4 Nebenkosten

(1) Der Auftraggeber erstattet dem Auftragnehmer folgende im Zusammenhang mit seiner Tätigkeit anfallenden erforderlichen Aufwendungen: Entgelte für Post- und Telekommunikationsdienstleistungen, Dokumentenpauschale in der gesetzlich vorgesehenen Höhe.

(2) Abweichend von der gesetzlichen Regelung in Nr. 7003 VV RVG wird für Fahrten mit dem eigenen Pkw ein km-Geld in Höhe von 0,80 € berechnet. Als Tage- und Abwesenheitsgeld im Fall einer Geschäftsreise werden abweichend von Nr. 7005 VV RVG folgende Beträge berechnet: bis zu 4 Stunden: .... €, 4–8 Stunden: ....€, mehr als 8 Stunden: ....€.

(3) Verauslagte Kosten von Gerichten, Behörden oder sonstigen Dritten sind darin nicht enthalten und werden ohne Aufschlag weiter berechnet.

(4) Der Auftraggeber wird darauf hingewiesen, dass die Nebenkosten die gesetzlichen Nebenkosten nach der StBVV teilweise übersteigen.

§ 5 Umsatzsteuer

Sämtliche Positionen verstehen sich zuzüglich der jeweils gültigen gesetzlichen Umsatzsteuer.

____________________ ____________________

Ort, Datum Unterschrift Auftraggeber

Anmerkungen zur Vergütungsvereinbarung Zeitgebühr (gerichtliche Tätigkeit):
Bezüglich der Regelungen in § 1 Abs. 1–4 wird auf die Anmerkungen zu § 1 Abs. 1, **942**
2, 5, 6 und 7 des Musters „Vergütungsvereinbarung Zeitgebühr (außergerichtliche Tätigkeit)" verwiesen (→ Rz. 940).

Für die Tätigkeit in einem gerichtlichen Verfahren bietet sich eine klarstellende Regelung über die Zahlung eines Vorschusses an, § 2.

Eine Regelung zur Erstattungsfähigkeit (§ 3) ist zwingend vorgeschrieben, wenn sich die Vergütungsvereinbarung auch auf die Vertretung gerichtlicher Verfahren erstreckt, § 45 StBVV i.V.m. § 3 a Abs. 1 Satz 2 RVG. Fehlt diese Klausel, kann dies Schadenersatzansprüche auslösen. Der Auftraggeber soll wissen, dass er selbst dann, wenn er im Prozess obsiegt, von der Gegenseite nicht die volle mit dem Auftragnehmer vereinbarte Vergütung erstattet bekommt, sondern lediglich die gesetzliche Vergütung.

§ 4 enthält eine Regelung zu Nebenkosten, die ggf. durch eine abweichende individuelle Vereinbarung anzupassen ist.

IX. Steuerberatungsvertrag mit Pauschalvergütungsvereinbarung

943 Zwischen

____

(Auftraggeber)

und

Steuerberater

____

(Auftragnehmer)

wird folgende Vereinbarung getroffen:

§ 1 Auftragsumfang

(1) Der Auftraggeber beauftragt den Auftragnehmer mit der Erstellung der monatlichen Finanzbuchführung und der Lohnbuchführung ab dem .... (§§ 33 und 34 StBVV). Für die Finanzbuchführung zahlt der Auftraggeber ab dem .... an den Auftragnehmer eine monatliche Pauschale in Höhe von .... € zuzüglich Auslagenersatz und der jeweils gültigen gesetzlichen Umsatzsteuer. Für die Lohnbuchführung zahlt der Auftraggeber je Arbeitnehmer ab dem .... eine monatliche Pauschale i. H. v. ....€ zuzüglich Auslagenersatz und der jeweils gültigen gesetzlichen Umsatzsteuer. Tätigkeiten im Zusammenhang mit dem Einrichten der Finanz- bzw. Lohnbuchführung werden gesondert berechnet.

Der Auftraggeber erteilt dem Auftragnehmer auf einem separaten Formular ein SEPA-Firmenlastschriftmandat. Das Honorar wird jeweils am 20. eines Monats abgebucht.

☐ Über die Pauschale erhält der Auftraggeber monatlich eine Berechnung nach § 9 StBVV.

Alternativ:

☐ Der Auftraggeber erklärt, dass er auf eine monatliche Rechnung verzichtet und stattdessen eine Dauerrechnung im Sinne des § 31 UStDV wünscht (siehe gesonderte Zahlungsvereinbarung zu diesem Vertrag; Muster → Rz. 944).

(2) Die Finanzbuchführung umfasst alle Tätigkeiten im Sinne des § 33 StBVV einschließlich aller Vor-, Neben- und Nacharbeiten sowie der Umsatzsteuer-voranmeldungen ab dem .....

Die Lohnbuchführung umfasst alle Tätigkeiten nach § 34 StBVV einschließlich aller Vor-, Neben- und Nacharbeiten sowie der Lohnsteueranmeldungen ab dem ....

§ 2 Vertragsdauer

(1) Die Vereinbarung wird zunächst für die Dauer von einem Jahr geschlossen. Sie verlängert sich jeweils um ein weiteres Jahr, wenn sie nicht drei Monate vor Ablauf eines Jahres gekündigt wird.

(2) Die vereinbarte Pauschalvergütung ist jährlich auf ihre Angemessenheit zu prüfen. Änderungen dieser Vereinbarung bedürfen der Textform. Kommt zwischen den Beteiligten bis zum 31.3. eines Jahres keine neue Vereinbarung zustande, tritt die Vereinbarung außer Kraft und es gelten die gesetzlichen Vorschriften.

Alternative 1: Eine Anpassung der Pauschalvergütung bleibt vorbehalten. Die neue Pauschale ist dem Auftraggeber in Textform mitzuteilen und gilt mit Ablauf des dritten Monats nach Erhalt der Anpassungsmitteilung als vereinbart.

Alternative 2: Am Ende eines jeden Jahres wird die vereinbarte Pauschale um 2 % zum Zwecke des Inflationsausgleichs erhöht.

§ 3 Haftung und Verschwiegenheit

§§ 4, 5 des Steuerberatungsvertrages vom .... gelten auch für diesen Vertrag (ggf. können die §§ 4, 5 auch unverändert in diesen Vertrag übernommen werden).

Ort, Datum	Unterschrift/ Auftraggeber
Ort, Datum	Unterschrift/ Auftragnehmer

X. Dauerrechnung (§ 31 UStDV) zum Steuerberatungsvertrag mit Pauschalvergütungsvereinbarung (Anlage zu § 1 Abs. 1)

Leistungszeitraum: 01.01.2019 – 31.12.2019 944

USt-ID-Nr.:

Rechnung-Nr.:

Auftragsgegenstand	Monat	Jahr
Buchführungsarbeiten: Buchführungspauschale gem. § 14 StBVV	€	€
Führung der Lohn- und Gehaltskonten Lohnbuchführungspauschale gem. § 14 StBVV	€	€
Auslagenersatz gem. § 16 StBVV	€	€
Summe	€	€
zzgl. der jeweils gültigen gesetzliche USt.	€	€
Gesamtbetrag	€	€

Diese Rechnung berechtigt in jedem Monat ihrer Laufzeit, in dem eine Zahlung geleistet wird, gemeinsam mit dem Zahlungsbeleg zum Vorsteuerabzug aus der geleisteten Zahlung.

Ort, Datum	Unterschrift/ Auftraggeber
Ort, Datum	Unterschrift/ Auftragnehmer

XI. Bestellungsformular Erstberatung (z.B. für eigene Homepage)

Hiermit bestelle ich eine Erstberatung durch den Steuerberater ____________________. 945

Zu diesem Zweck leiste ich eine Vorauszahlung in Höhe von __________ € auf das angegebene Konto. Nach Zahlungseingang wird mich die Kanzlei zwecks Terminvereinbarung

kontaktieren.

Anrede: ______________________________

Vorname: ______________________
Nachname: ______________________
Telefon: ______________________
Telefax: ______________________
Mobil: ______________________
E-Mail ______________________

Terminvereinbarung bevorzugt per: ______________________

Bemerkungen:

____
____
____

bestellen		löschen

XII. Stammdatenaufnahme für Neumandanten (natürliche Personen)

946

	Steuerpflichtiger	Ehegatte
Name:		
Vorname:		
Titel/Akad. Grad:		
Straße:		
PLZ:		
Ort:		
Personalausweisnr.:		
Telefon privat:		
Telefon dienstl.:		
Mobiltelefon:		
E-Mail:		
Geburtsname:		
Geburtsort:		
Geburtsdatum:		
Nationalität:		
Religion:		
Familienstand:		
Familienstand seit:		

Beruf:		
Arbeitgeber:		
Bankverbindung:		
Bank:		
IBAN:		
BIC:		
Finanzamt:		
Steuernummer:		
Identifikationsnr.:		

Kinder

Name:		
Vorname:		
Straße:		
PLZ:		
Ort:		
Kindschaftsverhältnis zum Steuerpflichtigen:		
zum Ehepartner:		
Geburtsdatum:		
Nationalität:		
Ausbildungsstand:		

Sonstiges

Bisheriger StB: ______________________

Grund des Besuchs/ der Beauftragung: ______________________

____

____

____

Ort, Datum	**Unterschrift**	**Unterschrift**

XIII. Erfolgshonorarvereinbarung

Herr StB ____________________ (Steuerberater) **947**

und

Herr/Frau ____________________ (Mandant)

schließen folgende Vergütungsvereinbarung

§ 1

Der Mandant beauftragt den Steuerberater Einspruch gegen den Steuerbescheid vom … einzulegen und einen Antrag auf Aussetzung der Vollziehung zu stellen.

§ 2

Der Steuerberater soll auf der Grundlage eines Erfolgshonorars nach § 9a Abs. 2 StBerG tätig werden. Unter „Erfolg" verstehen die Parteien, dass der Einspruch gegen den Steuerbescheid … erfolgreich ist und zu einer Reduzierung der Steuerschuld um mindestens ….. Prozent führt. Sollte Aussetzung der Vollziehung gewährt werden, erhält der Steuerberater für diesen „Teilerfolg" ein gesondertes Honorar nach § 3.

§ 3

Tritt der „Erfolg" i.S.d. § 2 Satz 1 ein, verpflichtet sich der Mandant, an den Steuerberater eine Vergütung in Höhe des dreifachen Satzes der gesetzlichen Gebühren zu bezahlen. Tritt der Erfolg i.S.d. § 2 Satz 1 nicht ein, schuldet der Mandant nur die Hälfte der gesetzlichen Gebühren. Tritt der „Teilerfolg" i.S.d. § 2 Satz 2 ein, erhält der Steuerberater hierfür eine 2,0-Gebühr gem. § 40 StBVV i.V.m. Nr. 2300 VV RVG, unter Zugrundelegung eines Gegenstandswertes von 25 %; andernfalls erhält er keine Gebühr (§ 40 Abs. 7 StBVV). Sämtliche Gebühren verstehen sich zuzüglich der jeweils gültigen gesetzlichen Umsatzsteuer.

§ 4

Steuerberater und Mandant vereinbaren das Erfolgshonorar nur für diesen Einzelfall. Ohne Vereinbarung eines Erfolgshonorars könnte der Mandant die beabsichtigte Rechtsverfolgung nicht wahrnehmen, weil … Eine Rechtsschutzversicherung besteht nicht bzw. ist nicht eintrittspflichtig. Der Mandant hat auch keinen Anspruch auf Beratungshilfe.

§ 5

Die gesetzliche Vergütung nach § 40 StBVV i.V.m. Nr. 2300 VV RVG beträgt voraussichtlich … €. Der Steuerberater ist nicht bereit, das Mandat zu einer erfolgsunabhängigen, vertraglichen Vergütung zu übernehmen.

§ 6

Bestimmend für die Höhe des Erfolgshonorars i.S.v. § 9a Abs. 4 Satz 1 StBerG ist für die Vertragsschließenden, dass … (genaue Darstellung). Auf dieser Grundlage gehen die Vertragsschließenden von einer Erfolgswahrscheinlichkeit von 50 % aus.

§ 7

Diese Vereinbarung hat keinen Einfluss auf vom Mandanten ggf. zu zahlende Gerichtskosten, Verwaltungskosten und die von ihm zu erstattenden Kosten anderer Beteiligter.

§ 8

Im Fall der Kostenerstattung haben Dritte regelmäßig nicht mehr als die gesetzliche Vergütung nach der StBVV zu erstatten. Die Differenz trägt der Mandant.

Ort, Datum

____________________	____________________
(Mandant)	(Steuerberater)

XIV. Antrag auf Kostenfestsetzung

An das Finanzgericht **948**

____

Aktenzeichen:

____

In dem Rechtsstreit des Kläger

____

Prozessbevollmächtigter:

____

gegen

das Finanzamt Beklagte

____

wegen (Steuerart und Jahr)

____

beantrage ich namens und in Vollmacht des Klägers die Festsetzung nachstehender, dem Kläger entstandener Kosten gegenüber dem Beklagten. Bereits bezahlte Gerichtskosten bitte ich hinzuzusetzen. Hinsichtlich der Kosten des außergerichtlichen Vorverfahrens wird die Entscheidung des Gerichts beantragt, dass die Zuziehung eines Bevollmächtigten zum Vorverfahren notwendig war.

Dem Kläger sind folgende Kosten entstanden:

1. Vorverfahren

Gegenstandswert:	… €
(Für Einsprüche mit Auftragserteilung nach dem 1.1.2007 und vor dem 1.7.2020)	
__/10 Geschäftsgebühr (§ 40 Abs. ... StBVV a.F.)	… €
evtl. 10/10 Erledigungsgebühr (§ 40 Abs. 8 StBVV a.F.)	… €
Post- und Telekommunikationsdienstleistungen, § 16 StBVV	… €
Fahrtkosten gem. § 18 Abs. 2 StBVV:	
Fahrt zum Finanzamt ___ km à ___€	… €
Tage- und Abwesenheitsgeld gem. § 18 Abs. 3 StBVV	… €
Umsatzsteuer gem. § 15 StBVV	… €
(Für Einsprüche mit Auftragserteilung nach dem 1.7.2020)	
_,_ Geschäftsgebühr gem. § 40 StBVV i.V.m. Nr. 2300 VV RVG	… €
evtl. 1,5 Erledigungsgebühr gem.§ 40 StBVV i.V.m. Nr. 1002 VV RVG	… €
Post- und Telekommunikationsdienstleistungen gem. § 40 StBVV i.V.m. Nr. 7002 VV RVG	… €
Fahrtkosten gem. § 40 StBVV i.V.m. Nr. 7003 VV RVG:	
Fahrt zum Finanzamt ___ km à ___€	… €
Tage- und Abwesenheitsgeld gem. § 40 StBVV i.V.m. 7005 VV RVG	… €

Umsatzsteuer gem. § 40 StBVV i.V.m. Nr. 7008 VV RVG	... €
Zwischensumme	... €
2. Klageverfahren	
Streitwert:	... €
1,6 Verfahrensgebühr gem. § 45 StBVV i.V.m. Nr. 3200 VV RVG (ggf. Erhöhungsgebühr für weitere Personen gem. Nr. 1008 VV RVG)	... €
Anzurechnen gem. Vorbem. 3 Abs. 4 Satz 1 VV RVG _,__ aus __ (Gegenstandswert des Klageverfahrens)	... €
1,2 Terminsgebühr gem. § 45 StBVV i.V.m. Nr. 3202 VV RVG	... €
ggf. 1,0 Erledigungsgebühr gem. § 45 StBVV i.V.m. Nr. 1003 VV RVG)	... €
3. Aussetzungsverfahren	
Gegenstandswert:	... €
1,6 Verfahrensgebühr gem. § 45 StBVV i.V.m. Nr. 3200 VV RVG (ggf. Erhöhungsgebühr für weitere Personen gem. Nr. 1008 VV RVG)	... €
ggf. 1,2 Terminsgebühr gem. § 45 StBVV i.V.m. Nr. 3202 VV RVG	... €
Zwischensumme	... €
Post- und Telekommunikationsdienstleistungen gem. § 45 StBVV i.V.m. Nr. 7002 VV RVG	... €
Fahrtkosten (§ 45 StBVV i.V.m. Nr. 7003 VV RVG):	
Fahrt zum Finanzgericht _____ km à _____ € gem. § 45 StBVV i.V.m. Nr. 7003 VV RVG	... €
Tage- und Abwesenheitsgeld gem. § 45 StBVV i.V.m. Nr. 7005 VV RVG	... €
Fotokopierkosten gem. § 45 StBVV i.V.m. Nr. 7000 Ziff. 1a VV RVG	... €
Umsatzsteuer gem. § 45 StBVV i.V.m. Nr. 7008 VV RVG	... €
Summe	... €

Ich beantrage ferner,

die Verzinsung des festzusetzenden Betrags mit 5 Prozentpunkten über dem Basiszinssatz nach § 247 BGB seit dem Tage der Anbringung des Gesuchs bei Gericht auszusprechen, dem Kläger, zu Händen des Unterzeichners, eine vollstreckbare Ausfertigung des Festsetzungsbeschlusses zu erteilen und den festzusetzenden Betrag auf das Konto des Unterzeichners ... bei ... zu überweisen.

Es wird versichert, dass der Kläger die berechnete Umsatzsteuer nicht als Vorsteuer abziehen kann.

____________________ (Unterschrift)

Steuerberater

XV. Erinnerung gegen einen Kostenfestsetzungsbeschluss

An das **949**
Finanzgericht
____

Az.: __________________

In dem Finanzrechtsstreit
des

__________________ Kläger und Erinnerungsführer

Prozessbevollmächtigter:
____

gegen

__________________ Beklagte und Erinnerungsgegner

lege ich hiermit namens und in Vollmacht des Klägers gegen den Kostenfestsetzungsbeschluss des Finanzgerichts … vom … Az.: …

Erinnerung

ein und beantrage:

In Abänderung des angefochtenen Beschlusses vom … wird ein Betrag in Höhe von … € nebst fünf Prozentpunkten über dem Basiszinssatz seit Eingang des Gesuchs beim Finanzgericht festgesetzt.

Begründung (Beispiel):
1. Die beantragte Erledigungsgebühr i.H.v. 1,0 gem. § 45 StBVV i.V.m. Nr. 1003 VV RVG wurde nicht festgesetzt. Diese Gebühr ist jedoch entstanden und in der beantragten Höhe festzusetzen.

Der Prozessbevollmächtigte des Klägers/Erinnerungsführers hat in vielfachen fernmündlichen und mündlichen Erörterungen gemeinsam mit der Beklagten die dem Rechtsstreit zugrunde liegenden steuerlichen Problemkreise aufgearbeitet und einer Lösung zugeführt. Er hat ferner dergestalt auf den Kläger/Erinnerungsführer eingewirkt, dass dieser sein ursprüngliches Begehren wesentlich eingeschränkt und sich mit den zwischenzeitlich aktenkundigen Änderungsbescheiden der Beklagten einverstanden erklärt hat, was schließlich zur Erledigung des Rechtsstreits in der Hauptsache führte. Diese Mitwirkung war für die Erledigung ursächlich, da der Kläger/Erinnerungsführer ansonsten nicht in der Lage gewesen wäre, die Chancen und Risiken der jetzt erzielten Verständigung abzuschätzen, was dazu geführt hätte, dass eine streitige Entscheidung ergangen wäre.

2. Die Verfahrensgebühr nach § 45 StBVV i.V.m. Nr. 3200 VV RVG wurde unter Bezugnahme auf die Vorbemerkung 3 Abs. 4 VV RVG von 1,6 auf 1,0 gekürzt, weil der Prozessbevollmächtigte für das Vorverfahren Gebühren nach § 40 Abs. 2 StBVV a.F. i.H.v. 12/10 berechnet hat. Die Anrechnung der außergerichtlichen Geschäftsgebühr auf die gerichtliche Verfahrensgebühr erfolgte zu Unrecht, da die Vorbemerkung 3 Abs. 4 VV RVG in Altfällen (Auftragserteilung für das Einspruchsverfahren vor dem 1.7.2020; → § 40 StBVV a.F. Rz. 637) nur für Rechtsanwälte, nicht aber für Steuerberater gilt... (Nachweise → Rz. 705).

Der Erinnerung ist somit stattzugeben.

__________________ (Unterschrift)

Steuerberater

XVI. Antrag auf Vergütungsfestsetzung

950 An das Finanzgericht

____

Aktenzeichen ___________________

In Sachen

des Kläger

____

Prozessbevollmächtigter:

____

gegen

___________________ Beklagte

Prozessbevollmächtigter:

____

bitte ich die vom Kläger an den Unterzeichner nach §§ 45 StBVV, 11 RVG zu zahlenden Kosten wie folgt festzusetzen:

1. Vorverfahren

Siehe Muster → Rz. 948 (Zeitpunkt der Auftragserteilung beachten!)

2. Klageverfahren

Streitwert:	… €
1,6 Verfahrensgebühr gem. § 45 StBVV i.V.m. Nr. 3200 VV RVG (ggf. Erhöhungsgebühr für weitere Personen gem. Nr. 1008 VV RVG)	… €
Gem. Vorbem. 3 Abs. 4 Satz 1 VV RVG anzurechnen _,__ aus ____ (Streitwert des Klageverfahrens)	… €
1,2 Terminsgebühr gem. § 45 StBVV i.V.m. Nr. 3202 VV RVG	… €
evtl. 1,0 Erledigungsgebühr gem. § 45 StBVV i.V.m. Nr. 1003 VV RVG	… €
3. Aussetzungsverfahren	
Gegenstandswert:	… €
1,6 Verfahrensgebühr gem. § 45 StBVV i.V.m. Nr. 3200 VV RVG (ggf. Erhöhungsgebühr für weitere Personen gem. Nr. 1008 VV RVG)	… €
ggf. 1,2 Terminsgebühr gem. § 45 StBVV i.V.m. Nr. 3202 VV RVG	… €
Pauschale für Post- und Telekommunikationsdienstleistungen gem. § 45 StBVV i.V.m. Nr. 7002 VV RVG	… €
Fahrtkosten gem. § 45 StBVV i.V.m. Nr. 7003 VV RVG:	… €
Fahrt zum Finanzgericht … km à ____ €	… €
Fotokopierkosten gem. § 45 StBVV i.V.m. Nr. 7000 Ziff. 1a VV RVG	… €
Umsatzsteuer gem. § 45 StBVV i.V.m. Nr. 7008 VV RVG)	… €
Zwischensumme	… €
Gesamtsumme	… €

Ich bitte auszusprechen, dass der festzusetzende Betrag von der Einreichung des Gesuchs an mit 5 % zu verzinsen ist.

Das Mandatsverhältnis zum Kläger ist durch meine Kündigung des Steuerberatervertrages vom __ beendet.

Mit der Kündigung des Mandats habe ich meine Vergütungsberechnung an den Kläger übersandt, die dieser trotz Mahnung vom … nicht bezahlt hat.

___________________ (Unterschrift)

XVII. Antrag auf Prozesskostenhilfe

An das 951

Finanzgericht/den Bundesfinanzhof

Antrag auf Bewilligung von Prozesskostenhilfe
in der Sache

__________________ Antragsteller

Prozessbevollmächtigter:

____

gegen
das Finanzamt

__________________ Antragsgegner

wegen (Steuerart und Streitjahr)

____

Namens und in Vollmacht des Antragstellers beantrage ich

- dem Antragsteller für das Verfahren vor dem Finanzgericht/Bundesfinanzhof Prozesskostenhilfe zu bewilligen,
- dem Antragsteller den Unterzeichnenden als Prozessbevollmächtigten beizuordnen.

Zu den persönlichen Einkommens- und Vermögensverhältnissen ist der amtlich vorgeschriebene Vordruck beigefügt.

Die hinreichende Erfolgsaussicht begründe ich wie folgt:

Das Verfahren soll nur durchgeführt werden, wenn die Prozesskostenhilfe bewilligt wird.

__________________ (Unterschrift)

Steuerberater

E. Streitwert-ABC der Finanzgerichtsbarkeit

I. Einführung

Die Erfahrung der praktischen Arbeit des Autors zeigt immer wieder die unterschiedliche Behandlung der FG in der Feststellung des finanziellen Interesses eines Rechtsstreits gegen die Steuerbehörden. Sind es doch i.d.R. Steuergesetze, die einem bestimmten Sachverhalt eine entsprechende steuerliche Würdigung zuweisen sollten, so ist die finanzgerichtliche Rechtsprechung hinsichtlich der Ermittlung der Streitwerte doch nach wie vor vielfältig. **952**

Der Streitwertkatalog enthält eine Zusammenstellung der finanzgerichtlichen Rechtsprechung zur Streitwertfestsetzung. Er versteht sich vor dem Hintergrund der seit dem 1.1.2002 ausgeschlossenen Streitwertbeschwerde an den BFH[1] als Beitrag zur Vereinheitlichung und Vorhersehbarkeit der Streitwertfestsetzung und folgt mit dieser Intention den bereits für die Verwaltungsgerichtsbarkeit[2] und Sozialgerichtsbarkeit[3] vorliegenden Streitwertkatalogen.

Der Streitwertkatalog erhebt weder Anspruch auf Vollständigkeit noch auf Verbindlichkeit.

Mit den in diesem Katalog angegebenen Werten werden – soweit diese nicht auf gesetzlichen Bestimmungen beruhen – lediglich Empfehlungen ausgesprochen. Die verbindliche Festsetzung des im Einzelfall zutreffenden Streitwerts obliegt allein dem zuständigen Gericht. Entsprechend dem Grundgedanken des Katalogs sind i.d.R. Richtwerte und keine Rahmenwerte angegeben worden. Der Streitwertkatalog will zugleich einen Beitrag zur gerichtsbarkeitsübergreifenden Vereinheitlichung der Streitwertrechtsprechung leisten. Die empfohlenen Richtwerte orientieren sich deshalb, soweit nicht Besonderheiten des finanzgerichtlichen Verfahrens entgegenstehen, an dem Streitwertkatalog für die Verwaltungsgerichtsbarkeit.

Der Streitwertkatalog wird in regelmäßigen Zeitabständen aktualisiert und fortgeschrieben.

II. Allgemeines

Der Streitwert ist Bemessungsgrundlage für die Gerichtsgebühren sowie für die Gebühren der bevollmächtigten Rechtsanwälte, StB und anderer Prozessbevollmächtigter, die geschäftsmäßige Hilfe in Steuersachen leisten dürfen. **953**

Darüber hinaus hat der Streitwert Bedeutung im Rahmen des § 94a FGO, wonach das Gericht sein Verfahren nach billigem Ermessen bestimmen kann, wenn der Streitwert bei einer Klage, die eine Geldleistung oder einen hierauf gerichteten Verwaltungsakt betrifft, 500 € nicht übersteigt.

III. Gesetzliche Grundlagen

Soweit gesetzlich nichts anderes bestimmt ist, ist in Verfahren vor den Gerichten der Finanzgerichtsbarkeit der Streitwert nach der sich aus dem Antrag des Klägers für ihn ergebenden Bedeutung der Sache nach Ermessen zu bestimmen (§ 52 Abs. 1 GKG). **954**

Betrifft der Antrag des Klägers eine bezifferte Geldleistung oder einen hierauf gerichteten Verwaltungsakt, so ist deren Höhe maßgebend (§ 52 Abs. 3 GKG).

1) Vgl. § 25 Abs. 3 Satz 1 Halbsatz 1 GKG 2002 i.V.m. § 5 Abs. 2 Satz 3 GKG 2002 bzw. § 68 Abs. 1 Satz 5 i.V.m. § 66 Abs. 3 Satz 3 GKG 2004, BGBl. I 2004, 718.

2) Veröffentlicht u.a. auf den Internetseiten des BVerwG: www.bverwg.de.

3) Veröffentlicht u.a. auf den Internetseiten des LSG Rheinland-Pfalz: www.justiz.rlp.de.

Für Klageeingänge ab dem 1.8.2013: Ergibt sich wegen der Bedeutung für die Zukunft ein höherer Wert, ist dieser maßgebend. Dabei darf das Dreifache des Werts nach Satz 1 bzw. in Kindergeldangelegenheiten – ab dem 16.7.2014 – der einfache Jahresbetrag nicht überschritten werden (§ 52 Abs. 3 Sätze 2 und 3 GKG).

955 Der Streitwert in Verfahren vor den Gerichten der Finanzgerichtsbarkeit darf gem. § 52 Abs. 4 GKG 1 500 € (bzw. 1 000 € für Verfahren, die bereits vor dem 1.8.2013 anhängig waren) nicht unterschreiten (sog. **Mindeststreitwert**).

Für Kindergeldangelegenheiten (gilt auch für Verfahren betreffend Kostenentscheidungen in Kindergeldangelegenheiten gem. § 77 EStG), die ab dem 1.8.2013 eingehen, kommt ein Mindeststreitwert nicht mehr zur Anwendung.

Bietet der Sach- und Streitstand für die Bestimmung des Streitwerts keine genügenden Anhaltspunkte, so ist als sog. **Auffangstreitwert** ein Streitwert von 5 000 € anzunehmen (§ 52 Abs. 2 GKG). Diese Grundsätze gelten – mit Ausnahme des Mindeststreitwerts[1] – auch für Verfahren des vorläufigen Rechtsschutzes (§ 53 Abs. 3 GKG).

Betrifft die Revision einen Steuerbescheid, ist für den Streitwert regelmäßig allein von dem Steuerbetrag auszugehen, um den unmittelbar gestritten wird.[2]

Der gesetzlich fixierte Mindeststreitwert gilt in Hauptsacheverfahren unabhängig von einer abweichenden Streitwertfestsetzung und darf nicht mit einem niedrigeren Wert zu Grunde gelegt werden.[3]

Die Vorauszahlung von Gerichtsgebühren ist, solange der Wert nicht festgesetzt ist und sich auch nicht unmittelbar aus den gerichtlichen Verfahrensakten ergibt, vorläufig nach dem Mindestwert (sog. Mindeststreitwert) zu bemessen (§ 52 Abs. 5 GKG).

956 Gemäß § 23 Abs. 1 Satz 1 RVG bestimmt sich der Gegenstandswert in gerichtlichen Verfahren, in denen sich die Gerichtsgebühren nach dem Streitwert berechnen, nach den für die Gerichtsgebühren geltenden Wertvorschriften. Damit bestimmt sich der Gegenstandswert für die Berechnung der Anwaltsgebühren nach den Streitwertvorschriften des GKG. Gem. § 52 Abs. 1 GKG bemisst sich in Verfahren vor Gerichten der Finanzgerichtsbarkeit der Streitwert nach der sich aus dem Antrag des Klägers für ihn ergebenden Bedeutung der Sache nach Ermessen, soweit nichts anderes bestimmt ist. Eine solche andere Bestimmung ist für den Streitwert die Vorschrift des § 52 Abs. 4 GKG, nach der in Verfahren vor den Gerichten der Finanzgerichtsbarkeit der Streitwert nicht unter 1 000 € angenommen werden darf.

Da § 52 Abs. 4 GKG als Mindeststreitwert 1 000 € vorsieht, ist diese Regelung für die Berechnung der Gerichtskosten vorrangig. Nach Auffassung des Niedersächsischen FG[4] gilt dies auch für den Gegenstandswert der Anwalts- bzw. Steuerberatergebühren. Es sei nichts dafür ersichtlich, dass der Gesetzgeber bei der Verweisung in § 23 Abs. 1 Satz 1 RVG auf die „für die Gerichtsgebühren geltenden Wertvorschriften" die vorrangige Ausnahmevorschrift des § 52 Abs. 4 GKG nicht in Bezug nehmen wollte. Sinn und Zweck dieses Mindeststreitwerts in finanzgerichtlichen Verfahren sei es, dem Aufwand, den ein solches Verfahren ohne Frage mit sich bringe, besser Rechnung tragen zu können. Derartige Verfahren hätten häufig deshalb eine höhere Bedeutung, weil der in Streit befindliche Betrag in Steuersachen auch Bedeutung für die Folgejahre haben könne. Diese Gründe für die Bestimmung des Mindeststreitwerts gelten somit auch für die Gebühren des Prozessvertreters.

---

1) BFH v. 14.12.2007, IX E 17/07, BFHE 220, 22 = BStBl II 2008, 199 = BFH/NV 2008, 307.
2) BFH v. 19.4.2012, II E 3/12, BFH/NV 2012, 1167.
3) FG Düsseldorf v. 19.3.2013, 14 Ko 333/13 GK.
4) Niedersächsisches FG v. 9.6.2005, 11 KO 19/05, EFG 2005, 1804.

IV. Objektive Klagehäufung

Werden in einer Klage mehrere selbständige Klagebegehren (§ 43 FGO) zusammen verfolgt, sind die Werte der einzelnen Begehren zu einem Gesamtstreitwert zu addieren (vgl. § 39 Abs. 1 GKG).[1] Bei einer objektiven Klagehäufung ist ein Gesamtstreitwert zu bilden. Dabei sind die für die einzelnen Veranlagungszeiträume begehrten Unterschiedsbeträge zu addieren, wobei auch (negative) Unterschiedsbeträge streitwerterhöhend zu berücksichtigen sind, so dass bei der Berechnung die mit Plus- und Minuszeichen versehenen Beträge nicht saldiert werden können.[2] 957

V. Subjektive Klagehäufung

Die subjektive Klagehäufung (§ 43 FGO) führt zu keiner Erhöhung des Streitwerts, 958
wenn und soweit die verfolgten Klagebegehren wirtschaftlich identisch sind.[3]

Werden in einer Klage mehrere selbständige Klagebegehren (§ 43 FGO) zusammen verfolgt, sind die Beträge[4] der einzelnen Begehren – ohne Berücksichtigung des Mindeststreitwerts für einzelne Klagebegehren[5] – zu einem Gesamtstreitwert zu addieren (§ 39 Abs. 1 GKG),[6] sofern sie nicht gem. § 45 Abs. 1 Satz 3 GKG denselben Gegenstand betreffen.[7]

Betrifft ein Rechtsstreit Bescheide für zwei Streitjahre und hat der Streitfall offensichtlich absehbare Auswirkungen für nachfolgende Streitjahre, so ist die in § 52 Abs. 3 Satz 2 GKG vorgesehene Erhöhung des Streitwerts auf das Dreifache des durchschnittlichen Streitwerts für die anhängigen beiden Streitjahre begrenzt.[8]

VI. Nebenforderungen

Der Streitwert einer einstweiligen Anordnung, die darauf gerichtet ist, einen zeitli- 959
chen Aufschub der Zahlungsverpflichtung oder die vorläufige Einstellung der Zwangsvollstreckung zu erreichen, ist entsprechend den Grundsätzen zur Aussetzung der Vollziehung (→ Rz. 955) zu bestimmen.

Soll durch die einstweilige Anordnung ein endgültiger Zustand erreicht werden, ist der Streitwert der Hauptsache anzusetzen. Ist als Wert der Hauptsache der Auffangstreitwert (§ 52 Abs. 2 GKG) anzusetzen, gilt dieser Wert auch für das Antragsverfahren. Im Fall einer beschränkten Geltungsdauer der Anordnung ist der Streitwert angemessen auf 1/3[9] bis zu 10 %[10] zu reduzieren. Die Regelung über den Mindeststreitwert (§ 52 Abs. 4 GKG) findet keine Anwendung.

---

1) BFH v. 10.10.2006, VIII B 177/05, BFHE 214, 208 = BStBl II 2007, 54 = BFH/NV 2007, 155; v. 26.9.2006, X S 4/06, BFHE 214, 201 = BStBl II 2007, 55 = BFH/NV 2007, 151.
2) FG Baden-Württemberg v. 20.5.2015, 13 KO 280/15, EFG 2015, 1388.
3) BFH v. 26.9.2006, X S 4/06, BFHE 214, 201 = BStBl II 2007, 55 = BFH/NV 2007, 151.
4) Ohne Berücksichtigung etwaiger Minus-Vorzeichen, FG Baden-Württemberg v. 20.5.2015, 13 KO 280/15, EFG 2015, 1388.
5) Niedersächsisches FG v. 17.3.2015, 15 K 196/11, EFG 2015, 1023; FG Köln v. 19.11.2007, 10 Ko 257, 58/07, EFG 2008, 332.
6) BFH v. 10.10.2006, VIII B 177/05, BFHE 214, 208 = BStBl II 2007, 54 = BFH/NV 2007, 155; v. 26.9.2006, X S 4/06, BFHE 214, 201 = BStBl II 2007, 55 = BFH/NV 2007, 151.
7) FG Baden-Württemberg v. 31.10.2014, 8 KO 488/14.
8) BFH v. 17.8.2015, XI S 1/15, BStBl II 2015, 906.
9) BFH v. 14.10.1998, I B 82/98, BFH/NV 199, 352; FG Köln v. 16.11.2001, 10 Ko 6021/01, EFG 2002, 224.
10) BFH v. 15.4.1997, VII E 2/97, BFH/NV 1997, 699; v. 22.8.1995, VII B 153/95 u.a., BFHE 178,15 = BStBl II 1995, 645.

VII. Verbindung von Verfahren

960 Seit dem 1.7.2004 wird das gesamte Verfahren vor den FG durch eine pauschale Verfahrensgebühr abgegolten. Ein Verbindungsbeschluss hat deshalb keine Auswirkungen auf die Höhe der vor der Verbindung der Verfahren jeweils bereits entstandenen Verfahrensgebühr; diese bemisst sich jeweils allein nach dem für das jeweilige Klageverfahren zu bildenden (Einzel-)Streitwert. Ein Gesamtstreitwert ist lediglich für die ggf. nach einer Verbindung nach dem RVG entstandenen Gebühren zu bilden.

961 Die gleichzeitige Terminierung von Verfahren bedeutet **nicht** deren stillschweigende Verbindung.[1]

Beispiel:

Der Prozessvertreter ist Bevollmächtigter für die Verfahren 1 und 2. Gleichzeitig wurde in beiden Verfahren ein gemeinsamer Termin zur mündlichen Verhandlung bestimmt. In diesem Termin wurden nach dem Aufruf der Sachen beide Verfahren zur gemeinsamen Verhandlung und Entscheidung verbunden. Der Prozessvertreter macht für beide Verfahren Grund-, Verfahrens- und Terminsgebühr geltend. Diese hat das LG festgesetzt.

Der Prozessvertreter kann in **beiden Verfahren** die beantragten Gebühren verlangen. Die Verbindung der Verfahren erfolgte erst durch ausdrücklichen Beschluss des Gerichts nach Aufruf im Verhandlungstermin. Da es sich bis dahin um zwei getrennte Verfahren handelte, kann der Vertreter in beiden Verfahren die Verfahrens- und die Terminsgebühr einschließlich der Gebühren des Vorverfahrens gesondert nach den Einzelstreitwerten der Verfahren verlangen.

962 Diese Gebühren entstanden bereits mit Anwesenheit des Prozessvertreters bei Aufruf der Sachen. Erst danach erfolgte eine Verbindung beider Verfahren zur gemeinsamen Verhandlung und Entscheidung. Dies berührt bereits entstandene Gebühren nicht. Einzelne Verfahren bleiben bis zur Verbindung selbständig. Auch wenn eine Anberaumung der Verhandlung auf den gleichen Termin erfolgt, bedeutet dies nicht die stillschweigende Verbindung der Verfahren.

Für den Anfall der Terminsgebühr ist entscheidend, dass die Verbindung, wenn sie erst in der Verhandlung erfolgt, erst nach Aufruf aller zu verbindenden Verfahren erfolgt. Dann erhält der Prozessvertreter getrennt für jede Verhandlung in jedem Verfahren die entsprechenden Gebühren. Das war auch schon zur Bundesgebührenordnung für Rechtsanwälte (BRAGO) die Auffassung der oberlandesgerichtlichen Rechtsprechung.[2]

VIII. Trennung von Verfahren

963 Werden mehrere in einem Verfahren zusammengefasste Klagegegenstände getrennt, so ist für jedes einzelne Verfahren rückwirkend zum Zeitpunkt der Klageerhebung ein Streitwert anzusetzen.[3]

IX. Hilfsanträge

964 Hilfsanträge wirken sich nur streitwerterhöhend aus, wenn das Gericht über sie entscheidet (§ 45 Abs. 1 Satz 2 GKG). Umfasst der Hilfsantrag (teilweise) denselben Gegenstand, ist nur der Wert des weitergehenden Antrags maßgebend (§ 45 Abs. 1 Satz 3 GKG).[4]

1) LG Hanau v. 25.7.2005, 3 Qs 80/05.
2) OLG Köln v. 21.8.2001, ARs 183/01, AnwBl. 2002, 113 m.w.N.
3) BFH v. 22.9.2008, II E 14/07.
4) BFH v. 3.8.2005, I E 3/05, BFH/NV 2005, 2228; v. 23.9.2003, IX E 10/03, BFH/NV 2004, 77.

Betrifft der Hauptantrag und Hilfsantrag denselben Gegenstand, so dass beide Anträge im Ergebnis auf dasselbe Ziel gerichtet sind und das finanzielle Interesse bereits vollständig durch den Hauptantrag abgedeckt ist, wirkt der Hilfsantrag gem. § 45 Abs. 1 Satz 3 GKG nicht streitwerterhöhend.[1]

X. Berücksichtigung auch gegenläufiger unmittelbarer Auswirkungen

Sind mehrere Veranlagungszeiträume streitbefangen, sind auch unmittelbare Auswirkungen auf Grund der Entscheidung hinsichtlich eines Streitgegenstandes in allen streitigen Jahren zu berücksichtigen. Dabei sind die aus einem Streitgegenstand resultierenden Posten über alle anhängigen Jahre zu saldieren. Gegenläufige Änderungen mindern dabei den Streitwert (z.B.: streitig Agio im Veranlagungszeitraum 01; gegenläufig AfA in den Veranlagungszeiträumen 01 bis 03).[2] **965**

XI. Aussetzung der Vollziehung

In Verfahren auf Aussetzung der Vollziehung ist nach überwiegender Auffassung[3] der Streitwert mit 10 % des Betrags zu bemessen, dessen Aussetzung begehrt wird. Vereinzelt[4] wird für eine Erhöhung auf 25 % des Hauptsachestreitwerts eingetreten. **966**

Die Regelung über den Mindeststreitwert (§ 52 Abs. 4 GKG) findet keine Anwendung.[5]

Wird im Aussetzungsverfahren die Entscheidung in der Hauptsache ganz oder z.T. vorweggenommen, kann der Streitwert bis zur Höhe des Werts des Hauptsacheverfahrens angehoben werden.

XII. Einstweilige Anordnung

Der Streitwert im Anordnungsverfahren ist i.d.R. mit einem Drittel des Hauptsachestreitwerts zu bemessen. Die Regelung über den Mindeststreitwert (§ 52 Abs. 4 GKG) findet keine Anwendung. **967**

Wird die einstweilige Einstellung von Vollstreckungsmaßnahmen erstrebt, ist der Streitwert entsprechend den Grundsätzen zur Aussetzung der Vollziehung zu bestimmen.

Ist die einstweilige Anordnung auf die Unterbindung der Durchsetzung einer Steuerforderung im Wege der Vollstreckung gerichtet und wird hierdurch nur die Durchführung der Vollstreckung hinausgeschoben, erscheint es gerechtfertigt, den Gegenstandswert – ebenso wie in den Fällen der Aussetzung der Vollziehung – mit 10 % der Forderungsbeträge zu bemessen, die Anlass der Vollstreckung waren. Der „Streitwertkatalog für die Finanzgerichtsbarkeit" besitzt weder für die Kostenbeamten des FG noch für das nach § 149 Abs. 4 FGO zur Entscheidung über die Erinnerung berufene Gericht Verbindlichkeit, zumal auch dort (vgl. A Ziff. 9 Abs. 2 i.V.m. Ziff. 8) empfohlen wird, bei einem Antrag auf einstweilige Einstellung von Vollstreckungsmaßnahmen einen Streitwert wie bei der Aussetzung der Vollziehung, d.h. 10 % der streitigen Summe, zu Grunde zu legen.[6]

---

1) FG Berlin-Brandenburg v. 7.9.2011, 3 K 473/06, EFG 2012, 550 f.
2) FG Nürnberg v. 27.6.2011, 4 K 1707/10, EFG 2012, 81.
3) BFH v. 14.12.2007, IX E 17/07, BFHE 220, 22 = BStBl II 2008, 199 = BFH/NV 2008, 307; v. 26.4.2001, V S 24/00, BFHE 194, 358 = BStBl II 2001, 498 = BFH/NV 2001, Beilage 9, 1192.
4) FG Hamburg v. 31.10.2007, IV 169/05, EFG 2008, 488; FG Münster v. 30.1.2007, 11 V 4418/05 AO, EFG 2007, 1109.
5) BFH v. 14.12.2007, IX E 17/07, BFHE 220, 22 = BStBl II 2008, 199 = BFH/NV 2008, 307.
6) Sächsisches FG v. 30.5.2011, 3 Ko 489/11.

Soll durch die einstweilige Anordnung ein endgültiger Zustand erreicht werden, ist der Streitwert bis zur vollen Höhe des Werts der Hauptsache anzuheben. Ist als Wert der Hauptsache der Auffangstreitwert (§ 52 Abs. 2 GKG) anzusetzen, gilt dieser Wert auch für das Antragsverfahren.

XIII. Verfahren vor dem Gerichtshof der Europäischen Gemeinschaften

968 Das Vorabentscheidungsverfahren vor dem EuGH beeinflusst den Streitwert nicht.

XIV. Erledigung der Hauptsache

969 Übereinstimmende Erledigungserklärungen der Beteiligten lassen den ursprünglichen Streitwert unverändert.

XV. Einschränkung des Klageantrags

970 Der Streitwert des Rechtsmittelverfahrens bzw. des Klageverfahrens bestimmt sich nach den Anträgen des Rechtsmittelführers im Zeitpunkt der Einlegung der Revision. Es kommt nicht darauf an, ob das FA im Laufe des Revisionsverfahrens bzw. Klageverfahrens zu Gunsten des Rechtsmittelführers und späteren Kostenschuldners einen Änderungsbescheid erlassen hat, der zum Gegenstand des Verfahrens geworden ist und an den der Rechtsmittelführer seinen Revisionsantrag angepasst hat.[1)]

XVI. Bindung an Streitwertfestsetzung

971 Setzt das Instanzgericht (hier: FG) den Streitwert nach § 63 Abs. 2 GKG fest, so sind der Kostenbeamte des FG und der zur Entscheidung über Erinnerungen in Kostensachen berufene Senat des FG hieran gebunden.[2)]

Setzt das Instanzgericht den Streitwert zu niedrig fest, kann das Rechtsmittelgericht (hier: BFH) den nach seiner Auffassung materiell zutreffenden Streitwert bei den von ihm festzusetzenden Gerichtskosten zu Grunde legen. Der vom FG angesetzte Wert des Streitgegenstandes ist für den BFH nicht verbindlich.[3)]

Nach § 63 Abs. 2 Satz 2 des Gerichtskostengesetzes kann auf Antrag der Streitwert des Verfahrens gerichtlich festgesetzt werden. Nach ständiger Rechtsprechung des BFH[4)] ist im finanzgerichtlichen Verfahren Voraussetzung hierfür das Vorliegen eines Rechtsschutzbedürfnisses.

Ein zulässiger Antrag auf Festsetzung des Streitwerts bedarf eines besonderen Rechtsschutzbedürfnisses. Es fehlt i.d.R., wenn sich die Höhe des Streitwerts aus den Anträgen der Beteiligten eindeutig ermitteln lässt.[5)]

§ 39 Abs. 2 GKG ordnet eine typisierende Begrenzung des Streitwerts auf 30 Mio. € an, die unter verfassungsrechtlichen Gesichtspunkten nicht zu beanstanden ist. Die Streitwerthöchstgrenze des § 39 Abs. 2 GKG gilt auch in AdV-Verfahren mit Steuerforderungen von mindestens 300 Mio. €.[6)]

XVII. Streitwert-ABC

972 **Auffangstreitwert**

ab 1.1.2002 nach § 13 Abs. 1 GKG a.F.: 4 000 €-Streitwert

1) BFH v. 29.11.2011, IV E 9/11, BFH/NV 2012, 434 f.
2) Sächsisches FG v. 21.9.2011, 3 Ko 654/11.
3) BFH v. 13.5.2013, I E 4/13, BFH/NV 2013, 1449.
4) BFH v. 10.10.2006, VIII B 177/05, BStBl II 2007, 54.
5) BFH v. 22.2.2013, VIII R 42/09.
6) BFH v. 6.9.2012, VII E 12/12, BFH/NV 2013, 211.

ab 1.7.2004 nach § 52 Abs. 2 GKG: 5 000 €-Streitwert

Der Streitwert nach § 52 Abs. 2 GKG ist auch auf solche Fälle anzuwenden, in denen das Vorbringen des Klägers beim FG wegen seiner Verworrenheit einen bestimmten Gegenstand des Streits nicht erkennen lässt.[1] Gleichfalls – aber auch nur dann, wenn weder aus den Steuerakten noch aus den FG- oder BFH-Akten zu entnehmen ist, welchen steuerlichen Vorteil sich der Kläger erwartet und wenn dieser auch eine Aufforderung, sich zur Höhe des Streitwerts zu äußern, unbeantwortet lässt.[2] Dieser Wert ist gem. § 52 Abs. 2 GKG anzusetzen, wenn sich keine genügenden Anhaltspunkte für die Bedeutung des Finanzrechtsstreits für den Kläger ergeben. Dies wird in Finanzrechtsstreitigkeiten recht selten der Fall sein, da für die Bestimmung der Bedeutung der Sache auch die Akten des Beklagten herangezogen werden müssen (gesamtes Vorbringen ist maßgebend).[3] Er beträgt für Rechtsstreite ab 1.1.2002 4 000 €, bzw. ab dem 1.7.2004 5 000 €. Der Auffangstreitwert ist aber keine starre Größe, d.h. er kann entsprechend der Grundregel in § 13 Abs. 1 Satz 1 GKG erhöht oder vermindert werden.[4] Bei Klagehäufung ist auch der Auffangstreitwert für jede einzelne Teilklage anzusetzen.[5]

Abgabe der eidesstattlichen Versicherung

Der Streitwert im Verfahren um die Abgabe einer eidesstattlichen Versicherung ist mit 50 % der rückständigen Steuern anzusetzen.[6] Dies wurde bestätigt durch den Beschluss des BFH v. 29.7.1999,[7] jedoch Begrenzung auf 500 000 €.

Abgabe von Steuererklärungen

Der Streitwert ist auf die Hälfte der im Schätzungswege festgesetzten Steuer zu schätzen, nachdem im Klageverfahren eine Herabsetzung/Festsetzung der Steuer auf Grundlage der Steuererklärung beantragt, die Erklärung jedoch nicht eingereicht worden ist.[8]

Wird die Aufforderung zur Abgabe angefochten, ist die Höhe der zu erwartenden Steuerzahlung (auf Grund der mutmaßlichen Angaben in der Steuererklärung) maßgebend; gibt es Anhaltspunkte, diese Größe abzuschätzen, so entspricht der Streitwert 50 % dieses Betrags.[9] Sind, wie bei den Verkehrssteuern, soweit für diese Verfahren eine Erklärungspflicht besteht, Anhaltspunkte für die definitiv festzusetzende Steuer vorhanden, so können 100 % dieser Steuer angesetzt werden.[10] Geht es dem Kläger weniger um die Steuerfestsetzung, sondern vielmehr um die „Erklärungspflicht als solche" gilt § 13 Abs. 1 Satz 2 GKG (ab 1.7.2004 nach § 52 Abs. 2 GKG: 5 000 €).[11]

Dagegen frühere Rechtsprechung: Ist ein Schätzungsbescheid ergangen, um den Kläger zu zwingen, eine Steuererklärung abzugeben, und wird dieser angefochten

1) BStBl II 1978, 135.
2) BFH v. 10.2.1982, VIII R 35/81.
3) BFH v. 9.11.1992, VIII E 1/92, BFH/NV 1993, 680.
4) BFH v. 30.1.1996, VIII E 1/96, BFH/NV 1996, 575.
5) BFH v. 30.1.1996, VIII E 1/96, BFH/NV 1996, 575.
6) BFH v. 8.3.1977, VII R 3/76, BStBl II 1977, 614.
7) BFH v. 29.7.1999, VII E 6/99, BStBl II 1999, 756.
8) BFH v. 13.8.1986, VIII R 181/85, BFH/NV 1987, 114.
9) FG Baden-Württemberg v. 20.7.1982, 1 K 73/82, EFG 1983, 146 = DStZ/E 1983, 70; Zimmer/Schmidt, Der Streitwert im Verwaltungs- und Finanzprozess, Schriften NJW, Heft 52, Rz. 409 ff.
10) Zimmer/Schmidt, Der Streitwert im Verwaltungs- und Finanzprozess, Schriften NJW, Heft 52, Rz. 410.
11) FG Berlin v. 15.3.1988, VII 27/88, EFG 1988, 504; FG Mecklenburg-Vorpommern v. 29.10.1996, 1 K 52/96, EFG 1997, 138; a.A. Brandis in Tipke/Kruse, vor § 135 FGO Rz. 145, das zu erwartende Zwangsgeld bei Nichterfüllung, welches nur schwer abzuschätzen sein wird.

ohne Hinweise auf die tatsächlichen Besteuerungsgrundlagen zu geben, bemisst sich der Streitwert nach § 13 Abs. 1 Satz 2 GKG auf 4 000 € (§ 52 Abs. 2 GKG ab 1.7.2004: 5 000 €).[1]

Abhaltung einer Schlussbesprechung

→ *Außenprüfung*

In der Schlussbesprechung wird das Ergebnis der Prüfung erörtert. Die Rechtsprechung nimmt regelmäßig 10 % der steuerlichen Auswirkungen des in der Schlussbesprechung zu erörternden Sachverhalts als Streitwert an.[2]

Ablehnung von Richtern

Pauschal 10 % des Werts der Hauptsache für die Ablehnung eines Richters; bei Ablehnung mehrerer Richter einen entsprechend größeren Bruchteil.[3] Dieser Streitwert ist nur anzusetzen in Beschwerdeverfahren wegen der Ablehnung, da in Rechtsstreiten vor den FG das Verfahren wegen Ablehnung von Richtern ein Nebenverfahren des Finanzrechtsstreits darstellt und den Streitwert des Hauptverfahrens nicht erhöht.

Ablehnung von Sachverständigen

Pauschal 10 % des Werts der Beweisaufnahme.[4]

Ablichtung aus Akten

Bei Streit wegen Anfertigung und Herausgabe von Ablichtungen von Akten wird der Streitwert nach § 52 Abs. 2 GKG (5 000 €) angesetzt.[5]

Abrechnungsbescheid

Das finanzielle Interesse des Klägers im konkreten Fall,[6] d.h. begehrt der Kläger die Aufhebung des Bescheids, da Zahlungsverjährung eingetreten sei, ist Streitwert der volle Betrag einschließlich Nebenansprüchen.[7] Begehrt der Kläger Anrechnung von Vorauszahlungen, beläuft sich der Streitwert auf den Betrag der fehlerhaften Vorauszahlungen.[8]

Auch wenn der Kläger einen Abrechnungsbescheid unter Berufung auf Zahlungsverjährung mit einem uneingeschränkten Aufhebungsantrag angefochten hat, ist streitwertmindernd zu berücksichtigen, dass er in seiner Klagebegründung einen Teilbetrag als unverjährt bezeichnet hat.[9]

Abschreibungsgesellschaften

Bei sog. Abschreibungsgesellschaften bzw. Bauherrengemeinschaften beträgt der Streitwert 50 % (oder den Prozentsatz des jeweils geltenden Spitzensteuersatzes) des streitigen Verlust- oder Gewinnbetrags.[10]

Absetzung für Abnutzung

Die Steuerminderung, die der Kläger für die angefochtene Steuerfestsetzung (also von einem Jahr) begehrt,[11] nicht der Wert der gesamten Absetzungen. Ist die Höhe

1) BFH v. 10.11.1977, VIII R 163/77.
2) BFH v. 23.4.2980, I B 45/78, BStBl II 1980, 751 = BFH/NV 1987, 325.
3) BFH v. 3.8.1976, VII B 17/76, BStBl II 1976, 691.
4) Hartmann, KostenG, Anh. I B, § 13 GKG Anm. zu Rz. 9.
5) BFH v. 20.9.1983, VII R 85/81.
6) FG Düsseldorf v. 1.3.1972, VI 8/71, EFG 1972, 354.
7) FG Bremen v. 22.11.1994, 2 94 114 K 2, EFG 1995, 340.
8) BFH v. 16.8.1991, VII S 31/91, BFH/NV 1992, 262.
9) BFH v. 1.7.2009, VII E 3/09, BFH/NV 2009, 1660.
10) BFH v. 5.5.1999, VIII B 62/97, BFH/NV 1999, 1366; v. 22.1.2001, IV S 10/00, BFH/NV 2001, 806.
11) BFH v. 3.7.1985, IV R 36/85, BFH/NV 1987, 45.

der Absetzung für Abnutzung in einem Verfahren wegen einheitlicher und gesonderter Gewinnfeststellung strittig, so ist als Streitwert ein Prozentsatz des strittigen Absetzungsbetrags zu nehmen.

→ *Gesonderte und einheitliche Feststellung von Besteuerungsgrundlagen*

Akteneinsicht

Ein Bruchteil des Werts der Hauptsache.[1] Bei Streit um die Gewährung von Akteneinsicht berechnet sich der Streitwert nach der Ersparnis der Kosten, die dem an der Akteneinsicht Interessierten durch eine Einsicht in die Akten bei der sie verwehrenden Dienststelle entstehen würde.[2]

Aktenübersendung, Anfechtung

Entscheidung wie bei Akteneinsicht.[3]

Änderung der Festsetzung

Der BFH kann den Streitwert nicht auch für das Verfahren vor den FG festsetzen.[4] Lediglich eine Abänderung des festgesetzten Streitwerts ist möglich.

Anerkennung einer Steuerberatungsgesellschaft

Der Streitwert des Widerrufs der Anerkennung einer Steuerberatungsgesellschaft beträgt grundsätzlich 50 000 €. Bei einer „großen" Gesellschaft kann dieser Wert jedoch verdoppelt werden.[5]

Anfechtung

Angehörige der steuerberatenden Berufe können die Streitwertfestsetzung kraft eigenen Rechts anfechten.[6]

Anfechtung einer Rechtsbehelfsentscheidung

Der Streitwert ist gleich 10 % des Streitwerts des Verfahrens über den Bescheid, der Anlass zu dem Rechtsbehelfsverfahren gegeben hat.[7]

Anderer Ansicht ist das FG Münster:[8] Bei isolierter Anfechtung einer Rechtsbehelfsentscheidung ist der Streitwert der zu Grunde liegenden Verwaltungsentscheidung nur dann anzusetzen, wenn der Betroffene (Adressat) der Rechtsbehelfsentscheidung und der Betroffene (Adressat) der zu Grunde liegenden Verwaltungsentscheidung identisch sind. Sind bei isolierter Anfechtung einer Rechtsbehelfsentscheidung der Betroffene (Adressat) der Rechtsbehelfsentscheidung und der Betroffene (Adressat) der zu Grunde liegenden Verwaltungsentscheidung nicht identisch, ist der Streitwert mit dem Wert gem. § 52 Abs. 2 GKG festzusetzen.

Anhörungsrüge

Für Verfahren wegen Rüge des rechtlichen Gehörs wird kein Streitwert festgesetzt, da dieser weder für die Gerichtgebühren notwendig ist – da Fixgebühr – noch für den Anwalt, da die Rüge des rechtlichen Gehörs keine Gebühr auslöst, sondern eine mit dem Hauptverfahren zusammenhängende Tätigkeit ist gem. § 19 Abs. 1 Nr. 5 RVG.

---

1) FG Düsseldorf v. 29.11.1994, 4 K 6535/91, EFG 1995, 401.
2) BFH v. 12.8.1981, VII G 11/81; FG Düsseldorf v. 29.11.1994, 4 K 6535/91, EFG 1995, 401.
3) BFH v. 12.8.1981, VII G 12/81.
4) BFH v. 9.11.1976, VII R 22/76, BStBl II 1977, 42.
5) BFH v. 10.12.2009, VII R 39/07, BFH/NV 2010, 661 f.
6) BStBl III 1969, 145.
7) BFH v. 7.9.1995, III R 111/89, BFH/NV 1996, 521, Änderung der bisherigen Rechtsprechung.
8) FG Münster v. 24.3.1998, 13 K 5880/97, EFG 1998, 1290.

Anordnungen (einstweilige)

Ein Drittel des Werts der Hauptsache.[1]

Anordnungen (erzwingbare)

→ *Erzwingungsgeld*

Anrechnungsverfahren

Trotz der verfahrensrechtlichen Selbständigkeit des Anrechnungsverfahrens richtet sich die Höhe des Streitwerts im Fall der Anteilsrotation nach dem Vorteil, der sich beim Anteilseigner durch die Anrechnung der auf die ausgeschütteten Beteiligungserträge entfallenden Steuern ergibt.[2]

Anschlussbeschwerde und -revision

Im Fall einer unselbständigen Anschlussrevision gilt diese hinsichtlich der Kostenentscheidung als selbständiges Rechtsmittel. Der Streitwert ist als Gesamtstreitwert der Hauptrevision und der unselbständigen Anschlussrevision zu bestimmen.[3]

→ *Wechselseitige Rechtsbehelfe*[4]

Anteilsbewertung

Ist die Klage von der Gesellschaft erhoben, so kommt es auf den strittigen Wertunterschied aller durch die Entscheidung betroffenen Anteile an. Maßgeblich für die Bewertung nicht notierter Anteile ist, wie sich der strittige Wertunterschied auf die Vermögensteuer auswirkt, die mit dem einfachen Jahresbetrag anzusetzen ist. Bei Feststellung des gemeinen Werts nicht notierter Anteile an Kapitalgesellschaften bemisst sich der Streitwert nach dem einfachen Jahresbetrag der Vermögensteuer, die auf dem streitigen Wertunterschied der Anteile des Klägers lastet.[5]

Anteilsrotation

→ *Anrechnungsverfahren*

Trotz der verfahrensrechtlichen Selbständigkeit des Anrechnungsverfahrens richtet sich die Höhe des Streitwerts im Fall der Anteilsrotation nach dem Vorteil, der sich beim Anteilseigner durch die Anrechnung der auf die ausgeschütteten Beteiligungserträge entfallenden Steuern ergibt.[6]

Arrest

Der Arrest ist keine Dauermaßnahme, er verfolgt nur einen vorübergehenden Sicherungszweck. Wenn keine Besonderheiten vorliegen, ist der Streitwert im Arrestverfahren entsprechend langjähriger Gerichts- und Verwaltungspraxis auf die Hälfte der Hinterlegungssumme festzusetzen.[7]

Ist der Rechtsstreit über eine Arrestanordnung durch das Vollstreckbarwerden inzwischen ergangener Steuerbescheide bereits in der Klageinstanz zur Hauptsache erledigt, so bemisst sich der Streitwert der Revisionsinstanz nach der Höhe der Kosten des Klageverfahrens.[8] Im Verfahren der Fortsetzungsfeststellungsklage nach Erledigung der Arrestanordnung richtet sich dagegen der Streitwert allein nach dem vom Kläger nunmehr geltend gemachten wirtschaftlichen Interesse (Schaden,

1) BFH v. 1.3.1977, VII B 81/66, BStBl II 1977, 354.
2) FG Nürnberg v. 12.3.1999, I 54/97, EFG 1999, 670.
3) BFH v. 9.11.1994, X 844/93 und XI R 33/93, BFH/NV 1995, 621.
4) BFH v. 2.6.1967, IV B 15/66, BStBl III 1967, 512.
5) BFH v. 1.7.1977, III B 28/76, BStBl II 1977, 698.
6) FG Nürnberg v. 12.3.1999, I 54/97, EFG 1999, 570.
7) BFH v. 12.3.1985, VII R 150/81, BFH/NV 1986, 752 = BStBl III 1952, 152.
8) BFH v. 17.3.1982, VII S 104/81, BStBl II 1982, 328.

den der Kläger vor dem Zivilgericht geltend macht einschließlich eventueller Kosten einer Bankbürgschaft).[1]

Art der Einkünfte

1 % des streitigen Betrags.[2]

Artfeststellung: Einfamilienhaus

60 ‰ der vollen Höhe des festgestellten Einheitswerts.[3]

Artfeststellung: Betriebsgrundstück

Der Streitwert ist bei einer dreijährigen Steuerbelastung auf 21 ‰ des festgestellten Einheitswerts zu bemessen.[4]

Auffangstreitwert

→ 5 000 €-Streitwert

Dieser ist gem. § 52 Abs. 2 GKG anzusetzen, wenn sich keine genügenden Anhaltspunkte für die Bedeutung des Finanzrechtsstreits für den Kläger ergeben. Dies wird in Finanzrechtsstreitigkeiten recht selten der Fall sein, da für die Bestimmung der Bedeutung der Sache auch die Akten des Beklagten herangezogen werden müssen (gesamtes Vorbringen ist maßgebend).[5] Der Auffangstreitwert ist nicht als Regelstreitwert, sondern nur dann anzusetzen, wenn eine individuelle Bemessung nicht möglich ist, weil hinreichende Anhaltspunkte in der Verfahrensakte dafür fehlen.[6] Hinreichende Anhaltspunkte sind gegeben, wenn die Klageschrift ansatzweise erkennen lässt um welche Streitfragen es der Klägerseite ging (z.B. durch Vorlage von Steuerbescheiden oder beispielsweise der Einspruchsentscheidung. Auch das Vorbringen im Einspruchsverfahren ist zu berücksichtigen.[7] Der Auffangstreitwert ist aber keine starre Größe, d.h. er kann entsprechend der Grundregel in § 52 Abs. 1 und 2 GKG erhöht oder vermindert werden.[8] Bei Klagehäufung ist auch der Auffangstreitwert für jede einzelne Teilklage anzusetzen.[9]

Aufhebung einer Einspruchsentscheidung

Der Streitwert einer Klage, mit der die Aufhebung einer Einspruchsentscheidung begehrt wird, bemisst sich nach dem Unterschied zwischen der zuletzt festgesetzten Steuer und der im Einspruchsverfahren begehrten Steuerfestsetzung.[10]

Aufhebung eines Steuerbescheids

Der Streitwert bestimmt sich bei Anfechtungsklagen nach der festgesetzten bzw. strittigen Steuerschuld.[11] Einbehaltene Steuerabzugsbeträge sind nicht zu berücksichtigen.[12] Folgeabgaben wie Kirchensteuer oder Solidaritätszuschläge sind – soweit sie nicht selbst Streitpunkt sind – nicht in den Streitwert mit einzubeziehen.[13] Folgewirkungen sind nicht zu berücksichtigen.[14]

1) Hessisches FG v. 29.2.1996, 6 K 1642/90, EFG 1996, 725.
2) BFH v. 12.3.1970, IV 4/64, BStBl II 1970, 547.
3) BFH v. 17.2.1984, III B 3/84, BStBl II 1984, 421.
4) BFH v. 13.8.1976, III B 33/75, BStBl II 1976, 774.
5) BFH v. 9.11.1992, VIII E 1/92, BFH/NV 1993, 680.
6) BFH v. 4.7.2005, VII E 4/05, BFH/NV 2005, 2021.
7) BFH v. 27.10.2005, VII E 8/05, BFH/NV 2006, 344.
8) BFH v. 30.1.1996, VIII E 1/96, BFH/NV 1996, 575.
9) Unter anderem BFH v. 30.1.1996, VIII E 1/96, BFH/NV 1996, 575.
10) BFH v. 14.10.2009, I E 17/09, BFH/NV 2010, 903.
11) BFH v. 7.6.1993, VII E 1/93, BFH/NV 1994, 255.
12) BFH v. 2.11.1977, I E 2/77, BStBl II 1978, 58.
13) BFH v. 29.11.2000, VI R 78/95.
14) BFH v. 10.12.1998, II R 60/95, BFH/NV 1999, 664.

Bei Aufhebung allein aus formellen Gründen wird ein Streitwert mit 10 % der festgesetzten Steuer angenommen.[1] Ist hingegen nur eine Verpflichtungsklage auf Verbescheidung nach der Rechtsauffassung des Gerichts (sog. Bescheidungsklage) eingelegt, so beträgt der Streitwert die Hälfte des finanziellen Interesses des Klägers.[2]

Aufhebung von Änderungsbescheiden

Wird ein FG-Urteil mit der Begründung angefochten, das FG habe über einen bestimmten Bescheid nicht entscheiden dürfen, so bemisst sich der Streitwert eines solchen Verfahrens nach der wirtschaftlichen Auswirkung der beantragten Aufhebung des Urteils. Wird diese Auswirkung dadurch geprägt, dass über den betreffenden Bescheid in einem Einspruchsverfahren zu befinden ist, so berechnet sich der Streitwert regelmäßig nach der Differenz zwischen der im Bescheid festgesetzten Steuer und der mit dem Einspruch angestrebten Steuerfestsetzung.[3]

Aufrechnung

Streitwert ist derjenige Betrag, hinsichtlich dessen die Aufrechnung angegriffen wird.[4] Ist Gegenstand des Streits der Bestand der Aufrechnungsforderung, bemisst sich der Streitwert nach deren vollen Wert.[5] Die Anfechtung einer Aufrechnung des Finanzamts mit Steuerforderung ist mit 10 % dieser Forderung zu bewerten, wenn es nur um die Zulässigkeit der Aufrechnung geht.[6]

Beim Streit über die Zulässigkeit einer vom Finanzamt erklärten Aufrechnung mit einer Steuerforderung beträgt i.d.R. 10 % des zur Aufrechnung gestellten Steueranspruchs.[7] Der Streitwert ist das Aufrechnungsinteresse, d.h. derjenige Betrag, hinsichtlich dessen die Aufrechnung angegriffen wird.[8] Der Streitwert eines Klageverfahrens über die Zulässigkeit einer nach Insolvenzeröffnung erklärten Aufrechnung bestimmt sich nach dem vollen Nennwert der zur Aufrechnung gestellten Hauptforderung der Gemeinschuldnerin, wenn auf die aufrechnende Finanzbehörde voraussichtlich keine Insolvenzquote entfällt und Masseunzulänglichkeit droht.[9]

Aufteilung des Einheitswerts des Betriebsvermögens

Der Streitwert beträgt 15 ‰ des hinsichtlich der Zurechnung umstrittenen Teils des Einheitswerts.[10]

Ausgeschiedene Gesellschafter

Das Begehren eines aus einer Personengesellschaft ausgeschiedenen Gesellschafters, ihm die Bescheide der Gesellschaft für frühere Jahre bekannt zu geben, ist auf den Erlass von Verwaltungsakten und nicht auf eine andere Leistung gerichtet. Der Streitwert in einer solchen Verpflichtungsklage beträgt 10 % des Streitwerts, der für eine Klage gegen den Verwaltungsakt selbst zu bemessen gewesen wäre.[11]

Auskunftsbegehren

Sofern das finanzielle Interesse nicht erkennbar ist, sind für jedes Begehren 5 000 € anzusetzen.[12]

1) FG Nürnberg v. 17.5.1994, VI 79/94, EFG 1994, 980.
2) FG Baden-Württemberg v. 8.10.1993, 9 K 403/91, EFG 1994, 268.
3) BFH v. 27.1.2010, I B 171/08, BFH/NV 2010, 1107 f.
4) BFH v. 24.1.1962, VII 186/58 U, BStBl III 1962, 144.
5) BFH v. 29.1.1991, VII E 6/90, BStBl II 1991, 467.
6) FG Berlin v. 26.7.1976, V 224/75 u.a., EFG 1976, 583.
7) FG Berlin v. 26.7.1976, V 224/75 u.a., EFG 1976, 583.
8) BFH v. 24.1.1962, VII 186/58 U, BStBl III 1962, 144.
9) FG Baden-Württemberg v. 6.12.1995, 9 K 405/91, EFG 1996, 726.
10) BFH v. 28.6.1984, III B 42/83, BStBl II 1984, 721.
11) BFH v. 21.2.1975, III B 10/74, BStBl II 1975, 673.
12) BFH v. 20.7.1982, VII B 154/81, BStBl II 1982, 705.

Auskunftsbegehren in Zollsachen

Soweit ein finanzielles Interesse an den Auskünften nicht erkennbar ist, beträgt der Streitwert für jedes Auskunftsbegehren 5 000 € (§ 52 Abs 2 GKG).[1]

Auskunftsersuchen

In Parallele zur Bewertung des Auskunftsanspruchs durch die Zivilgerichte kommt ein Streitwert von $^1/_{10}$ bis $^1/_5$ des Hauptanspruchs in Betracht.[2] Begehrt der Beklagte vom Stpfl. eine Auskunft, so entspricht der Streitwert dem finanziellen Interesse, das der Stpfl. daran hat, die Auskunft nicht erteilen zu müssen. Dieses Interesse ist regelmäßig ebenso zu bewerten, wie das entgegengesetzte Interesse des Beklagten, sich durch die Erlangung der Auskunft die Geltendmachung von möglichen Steueransprüchen zu erleichtern. Sofern das finanzielle Interesse nicht erkennbar ist, ist für jedes Begehren der Wert gem. § 52 Abs. 2 GKG anzusetzen.[3] Ist das finanzielle Interesse erkennbar, ist der Streitwert mit einem Bruchteil – i.d.R. mit 10 % – des Hauptsacheanspruchs zu bemessen.[4]

→ *Zolltarifsauskunft*

Außenprüfung

Bei Streit über die Rechtmäßigkeit einer **Prüfungsanordnung** (oder bei einem Antrag auf Wiederholung bzw. Durchführung einer Prüfung) oder einzelner Prüfungsmaßnahmen sind die möglichen steuerlichen Auswirkungen (die mutmaßlich zu erwartenden Mehr-/Mindersteuern) maßgebend. Der Streitwert ist deshalb in Streitfällen über die Rechtmäßigkeit der Anordnung einer Außenprüfung regelmäßig mit 50 % der mutmaßlich zu erwartenden Mehrsteuern (Prognose auf den Zeitpunkt der letzten Verwaltungsentscheidung), die im Einzelfall geschätzt wer müssen, anzusetzen.[5] Dies gilt, wenn die Außenprüfung trotz der bestrittenen Prüfungsanordnung während des Finanzrechtsstreits stattfindet und damit Anhaltspunkte für das finanzielle Interesse gegeben sind; sind solche Anhaltspunkte nicht vorhanden, ist der Auffangstreitwert gem. § 52 Abs. 2 GKG anzusetzen.[6] Dieser Auffangstreitwert ist aber nicht für jedes Prüfungsjahr maßgebend, sondern nur je Prüfungsanordnung. Bei einem Rechtsstreit um die Abhaltung einer **Schlussbesprechung** ist der Streitwert mit 10 % der steuerlichen Auswirkungen, die sich aus den in der Schlussbesprechung zu erörternden Sachverhalten ergeben, anzusetzen,[7] da in der Schlussbesprechung das Ergebnis der Prüfung erörtert wird.

Sind infolge einer Außenprüfung Mehrsteuern bereits festgesetzt, beträgt der Streitwert im Verfahren wegen der Prüfungsanordnung 50 % dieser Mehrsteuern, unabhängig von deren künftigem Bestand.[8]

Auch im Verfahren nach § 69 Abs. 3 FGO ist bei mangelnden Anhaltspunkten für die zu erwartenden Mehrsteuern der Auffangstreitwert anzusetzen. Bei Ansatz des Auffangstreitwertes kommt hier eine Reduzierung auf 10 % des für das Hauptsacheverfahren anzusetzenden Streitwerts nicht in Betracht.[9]

---

1) BFH v. 20.7.1982, VII B 154/81, BStBl II 1982, 705.
2) Hessisches FG v. 2.9.1966, B III 43/66, EFG 1967, 26; a.A. Ansatz i.H.v. 4 000 €: Niedersächsisches FG v. 17.5.1984, VI 29/79, EFG 1984, 602.
3) BFH v. 11.7.1986, III R 25/85, BFH/NV 1987, 99.
4) Zimmer/Schmidt, Der Streitwert im Verwaltungs- und Finanzprozess, NJW, Heft 52, Rz. 414.
5) BFH v. 20.5.2014, X E 1/14, BFH/NV 2014, 1387, BFH v. 11.1.2011, VI E 11/10, BFH/NV 2011, 629; Beschluss vom 29.7.2009, VIII E 4/09, BFH/NV 2009, 1823.
6) BFH v. 10.4.1990, III E 2/89, BFH/NV 1991, 552.
7) BFH v. 29.1.1986, I R 31/85, BFH/NV 1987, 525.
8) BFH v. 29.7.2009, VIII E 4/09, BFH/NV 2009, 1823 f.
9) Schleswig-Holsteinisches FG v. 10.1.2011, 5 V 206/10; vgl. BFH v. 29.7.2009, VIII E 4/09, BFH/NV 2009, 1823 f.

Außerordentliche Einkünfte i.S.d. § 34 Abs. 2 Nr. 1 EStG

Der Streitwert für ein Verfahren, in dem um die Qualifikation gesondert und einheitlich festgestellter Gewinne als der Fünftel-Regelung unterliegende außerordentliche Einkünfte i.S.d. § 34 Abs. 2 Nr. 1 EStG gestritten wird, ist pauschal mit 10 % des streitigen Gewinns zu bemessen, wenn nicht Anhaltspunkte dafür vorliegen, dass die betroffenen Mitunternehmer zu einem Großteil die Tarifvergünstigung nach § 34 Abs. 3 EStG beanspruchen können.[1)]

Aussetzung bzw. Ruhen des Verfahrens (nur für das Beschwerdeverfahren)

Der Streitwert beträgt 5 % der erstrebten Steuerminderung, wenn diese ersichtlich ist.[2)] Ansonsten 5 000 € (§ 52 Abs. 2 GKG). Die abweichende Meinung vom FG Baden-Württemberg[3)] wird in der Praxis nicht angewendet.

Aussetzung der Vollziehung

Der Streitwert im AdV-Verfahren beträgt 10 % des im Hauptsacheverfahren streitbefangenen Steuerbetrags.[4)] Die gegenteiligen Meinungen einzelner FG (u.a. Thüringer FG)[5)] werden nicht bestätigt. Ist im Hauptsacheverfahren nur der Wert nach § 13 Abs. 1 Satz 2 GKG (ab 1.7.2004: § 52 Abs. 2 GKG) anzusetzen, so ist auch im AdV-Verfahren dieser maßgebend und nicht nur ein Bruchteil.[6)] Dies gilt auch bei Anträgen auf Aussetzung der Vollziehung von Feststellungsbescheiden wegen einheitlicher und gesonderter Gewinnfeststellung.

In finanzgerichtlichen Verfahren, in denen der Antragsteller vorläufigen Rechtsschutz begehrt, sind zwei Arten des vorläufigen Rechtsschutzes zu unterscheiden:

Nach der Rechtsprechung des BFH beträgt der Streitwert bei einem **Antrag auf Aussetzung der Vollziehung** 10 % des Werts des Hauptsacheverfahrens.[7)] Einzelne Senate des FG Düsseldorf weichen – wie auch Senate anderer FG – von dieser Rechtsprechung ab und setzen den Streitwert i.d.R. auf 25 % des Werts des Hauptsacheverfahrens fest.[8)]

Ein Antrag auf Aussetzung der Vollziehung schließt regelmäßig das Begehren nach einer Aufhebung der Vollziehung ein, sofern er nicht erkennbar auf eine in die Zukunft wirkende Maßnahme beschränkt wird.[9)] Wird neben der Aussetzung der Vollziehung ausdrücklich (nur) noch Aufhebung der Verwirkung von Säumniszuschlägen beantragt, kann darin eine Beschränkung des weiterhin gestellten Antrags auf Aufhebung der Vollziehung erkannt werden.[10)]

Will ein Haftungsschuldner die Aufhebung eines Haftungsbescheids erreichen, ist für die Festsetzung des Streitwerts die im Haftungsbescheid i.d.F. der Einspruchsentscheidung festgestellte Haftungssumme maßgeblich.[11)] In Rechtsstreitigkeiten über die AdV von Steuerbescheiden beträgt der Streitwert nach ständiger Recht-

1) BFH v. 17.11.2011, IV S 15/10, BStBl II 2012, 246.
2) BFH v. 16.10.1996, III B 89/96, BFH/NV 1997, 432.
3) FG Baden-Württemberg v. 3.6.1996, 2 Ko 2/96, EFG 1996, 1058.
4) Niedersächsisches FG v. 10.7.2000, 5 Ko 23/99, EFG 2000, 1202; v. 26.4.2001, V S 24/00, BStBl II 2001, 498.
5) Thüringer FG v. 1.9.2000, II 691/00, EFG 2001, 106.
6) BFH v. 3.10.1986, III R 138/85, BFH/NV 1987, 114.
7) BFH v. 27.3.2000, VII B 223/99, BFH/NV 2000, 1220.
8) Vgl. FG Düsseldorf v. 25.5.2005, 11 V 5884/03 A (E), EFG 2005, 1285; FG Düsseldorf v. 6.9.1996, 6 V 3106/96 A (K); FG Thüringen v. 1.9.2000, II 691/Ko, EFG 2001, 106; FG Münster v. 30.1.2007, 11 V 4418/05 AO, EFG 2007, 1109; FG Hamburg v. 31.10.2007, IV 169/05, EFG 2008, 488; Hessisches FG v. 29.9.2003, I V 3936/02, EFG 2004, 145.
9) BFH v. 3.2.2005, I B 208/04, BStBl II 2005, 351 m.w.N.; Seer in Tipke/Kruse, § 69 FGO Rz. 176.
10) FG Hamburg v. 12.9.2011, 4 V 180/08, EFG 2012, 745 f.
11) Senatsbeschluss v. 24.11.1994, VII E 7/94, BFH /NV 1995, 720.

sprechung des BFH regelmäßig 10 % des Betrags, für den die AdV beantragt wird.[1] Diese Rechtsprechung ist auf die AdV von Haftungsbescheiden zu übertragen.[2]

Bei einem **Antrag auf einstweilige Anordnung** beträgt der Streitwert im Regelfall ⅓ des Werts des Hauptsacheverfahrens.[3] Der Streitwert in einem Verfahren wegen einstweiliger Einstellung der Zwangsvollstreckung im Rahmen einer einstweiligen Anordnung ist auf 10 % des Betrags festzusetzen, dessentwegen die Zwangsvollstreckung befürchtet worden ist.[4]

Der Streitwert des Verfahrens über die Aussetzung der Vollziehung des Widerrufs einer Aussetzung der Vollziehung ist auf 10 % des Betrags festzusetzen, um den im Verfahren über die Rechtmäßigkeit des zu Grunde liegenden Steuerbescheids gestritten wird.[5] Ist nur streitig, ob gegen oder ohne **Sicherheitsleistung** auszusetzen ist, so ist i.d.R. der Streitwert mit 10 % der geforderten Sicherheitsleistung zu bemessen.[6] Wird im Verfahren des vorläufigen Rechtsschutzes gegen eine **Forderungspfändung** (hier: Kontenpfändung) die Aufhebung dieser Pfändung und Rückzahlung des vom Drittschuldner an das Finanzamt überwiesenen Geldbetrags beantragt, kann der Streitwert des Aussetzungsverfahrens dem Wert der Hauptsache gleichkommen.[7] Wird dagegen die Aussetzung der Vollziehung einer Mietpfändung beantragt, so kann der Wert mit 50 % der Forderung angenommen werden.[8]

Aussetzung der Vollziehung einer Arrestanordnung

Der Streitwert für die Aussetzung der Vollziehung einer Arrestanordnung beträgt 10 % der Hälfte der Arrestsumme.[9] Im Streit um die Wirksamkeit der Aussetzung der Vollziehung gegenüber der vom Finanzamt erklärten **Aufrechnung,** d.h. um den Zeitpunkt der Erfüllung der Gegenforderung, beträgt der Streitwert 10 % der zur Aufrechnung gestellten Steuerforderung.[10]

Anderer Ansicht: Im Verfahren der Aussetzung oder Aufhebung der Vollziehung von Steuerbescheiden beträgt der Streitwert 25 % des Werts der Hauptsache (Anschluss an den Streitwertkatalog für die Verwaltungsgerichtsbarkeit i.d.F. von 1996, NVwZ 1996, 563).[11]

Diese Ansicht wird jedoch vom BFH nicht geteilt!

Unter den Senaten des BFH gibt es keine Mehrheit für eine Anhebung des Streitwerts von Verfahren wegen AdV. Der Streitwert solcher Verfahren wird auch künftig mit 10 % des Streitwerts in der Hauptsache bemessen.

Der Streitwert in einem Verfahren wegen AdV ist unter Fortsetzung der bisherigen Rechtsprechung des BFH grundsätzlich mit 10 % des im Hauptsacheverfahren anzusetzenden Streitwerts zu bemessen.[12] Eine Entscheidung durch den Großen Senat des BFH kann nach Auffassung des beschließenden Senats nicht erreicht werden. Da die Höhe des Streitwerts gem. § 52 Abs. 1 GKG „nach Ermessen" zu bestimmen ist, würde der Senat mit der beabsichtigten Anhebung des Streitwerts nicht i.S.d. § 11 Abs. 3 der Finanzgerichtsordnung von der Rechtsprechung anderer

1) BFH v. 26.4.2001, V S 24/00, BFHE 194, 358, BStBl II 2001, 498; Gräber/Ratschow, 7. Aufl. 2010, Vor § 135, Streitwert-ABC Aussetzung der Vollziehung.
2) BFH v. 4.5.2011, VII S 60/10, BFH/NV2011, 1721 f.
3) BFH v. 1.3.1977, VII B 81/76, BStBl II 1977, 354.
4) BFH v. 11.9.1984, VII B 5/84.
5) BFH v. 16.3.1976, VII E 4/75, BStBl II 1976, 385.
6) BFH v. 25.9.1972, IV B 52/67, BStBl II 1973, 16; v. 3.3.1997, X S 11/96.
7) FG Baden-Württemberg v. 25.10.1999, 9 V 35/99, EFG 2000, 98.
8) FG Baden-Württemberg v. 25.10.1999, 9 V 46/99, EFG 2000, 97.
9) BFH v. 12.3.1985, VII R 58/94, BFH/NV 1986, 752.
10) BFH v. 31.8.1995, VII R 58/94, BStBl II 1996, 55.
11) FG Berlin v. 10.12.1998, 2 B 2507/98, EFG 1999, 266.
12) Vgl. zuletzt BFH v. 14.12.2007, IX E 17/07, BFHE 220, 22 = BStBl II 2008, 199.

Senate abweichen. Denn eine Abweichung in einer Rechtsfrage kommt insoweit nicht in Betracht als das Gericht im Rahmen des ihm durch die Vorschrift eingeräumten Spielraums auf der Grundlage zur Ermessensentscheidung tauglicher Gesichtspunkte entscheidet.[1] Der Senat hat zwar erwogen, von der bisherigen Handhabung abzuweichen und den Streitwert auf 25 % des Hauptsachestreitwerts festzusetzen. Er hält die von einigen Finanzgerichten für eine Erhöhung genannten Gründe für überzeugend und geht davon aus, dass eine vom BFH vorgenommene Anhebung des Streitwerts auch zu einer Vereinheitlichung der Rechtsprechung der Finanzgerichte beitragen würde. Der Senat hat deshalb informell bei allen anderen Senaten des BFH angefragt, ob sie der vorgeschlagenen Anhebung des Streitwerts zustimmen würden. Mehrheitlich haben sich die Senate jedoch dagegen ausgesprochen.

Aussetzung des Verfahrens

Es gelten die Grundsätze über die Stundungsbegehren, d.h. i.d.R. 10 % des Streitwerts der Hauptsache.[2] Wird die Aussetzung eines Verfahrens im Hinblick auf einen schwebenden Musterprozess begehrt, so ist der Streitwert i.d.R. auf 5 % des streitigen Steuerbetrags festzusetzen.[3] Wird im Verfahren des vorläufigen Rechtsschutzes gegen eine Forderungspfändung (hier: Kontenpfändung) Aufhebung dieser Pfändung und Rückzahlung des vom Drittschuldner an das Finanzamt überwiesenen Geldbetrags beantragt, kann der Streitwert des Aussetzungsverfahrens dem Wert der Hauptsache gleichkommen.[4] Wird im Verfahren des vorläufigen Rechtsschutzes gegen die Pfändung eines Rechts auf wiederkehrende Nutzungen (hier: Mietzins) Aufhebung dieser Pfändung und Auszahlung der vom Drittschuldner an das Finanzamt abgeführten Monatsmieten beantragt, kann der Streitwert des Aussetzungsverfahrens der Hälfte des Werts der Hauptsache gleichkommen.[5]

Auswirkungen

Nichtberücksichtigung von Auswirkungen auf andere Veranlagungszeiträume,[6] auf andere Steuerarten,[7] auf künftige Vorauszahlungen.[8]

Bauherrenmodelle

Für den Bereich der sog. Abschreibungsgesellschaften geht der BFH von einem mutmaßlichen Belastungssteuersatz i.H.v. 50 % aus.[9] In Anlehnung an die pauschale Wertermittlung bei der einheitlichen und gesonderten Gewinnfeststellung ist ein Regelsatz zwischen 25 % und 50 % anzuwenden.[10]

Bedarfswertfestellung

Die Bedeutung der Sache liegt bei einem Streit über die Höhe des Grundbesitzwerts als Bemessungsgrundlage der ErbSt in der betragsmäßigen Auswirkung, welche die begehrte Herabsetzung des Grundbesitzwerts im Falle eines Erfolges der Klage auf die Höhe der ErbSt hätte.[11]

---

1) BFH v. 10.11.1971, I B 14/70, BFHE 104, 39 = BStBl II 1972, 222; zustimmend insoweit BFH v. 29.7.1976, VIII B 6/75, BFHE 120, 9 = BStBl II 1977, 119; Bartone in Kühn/v. Wedelstädt, 19. Aufl., § 11 FGO Rz. 4; Sunder-Plassmann in Hübschmann/Hepp/Spitaler, § 11 FGO Rz. 58.
2) FG Hamburg v. 20.1.1972, III 142/69, EFG 1972, 351, BStBl III 1959, 311.
3) BFH v. 18.11.1970, I B 29/70, I B 30/70, I B 31/70, I B 29–31/70, BStBl II 1971, 154.
4) FG Baden-Württemberg v. 25.10.1999, 09 V 46/99, EFG 2000, 97.
5) FG Baden-Württemberg v. 25.10.2000, 13 K 41/00, EFG 2000, 88.
6) BFH v. 10.1.1964, VI 258/63, HFR 1964, 174.
7) BFH v. 27.9.1963, III 175/63, HFR 1964, 255.
8) RStBl 1937, 76.
9) BFH v. 17.11.1987, VIII R 346/83, BFHE 152, 5, BStBl II 1988, 287.
10) FG Düsseldorf v. 7.3.1997, 14 K 407/90.
11) Vgl. auch Halaczinsky in Rössler/Troll, § 138 BewG Rz. 3 f.

Die Aufhebung eines angefochtenen Bescheides aus formellen Gründen rechtfertigt keine Schätzung des Streitwerts auf 10 % der steuerlichen Auswirkung, wenn der Klageantrag auf die ersatzlose Aufhebung eines Bescheides aus materiellen Gründen gerichtet war.[1]

Beförderungssteuer

Über Streitwertberechnung mit Beispielen vgl. Hauser, DVR 1967, 4.

Beiderseitige Rechtsbehelfe

Die Streitwerte sind getrennt zu ermitteln, jedoch für die Gebührenfestsetzung zusammenzurechnen, wenn über beide Rechtsbehelfe gemeinsam entschieden wird.[2]

Beigeladene

Haben die Beigeladenen keine Anträge gestellt, so bleibt die Auswirkung der Entscheidung auf sie unberücksichtigt.[3] Bei Streit um die Erforderlichkeit einer Beiladung ist der volle Streitwert der Hauptsache maßgebend, wenn sich das Interesse des Klägers an der Beiladung auf den gesamten Streitgegenstand erstreckt.[4]

Beiladung

Für den Beigeladenen ist grundsätzlich kein gesonderter Streitwert festzusetzen.[5] Für die Kostenerstattung des Beigeladenen ist nur dann der Streitwert des Klageverfahrens maßgebend, wenn der Beigeladene von allen Streitpunkten selbst betroffen ist bzw. eigene Anträge stellt. Geht der Antrag eines Beigeladenen über den klägerischen Antrag hinaus, so ist der maßgebliche Streitwert zu erhöhen, wenn über den entsprechenden Antrag entschieden worden ist.[6] Ansonsten richtet sich die Kostenerstattung des Beigeladenen gem. § 21 GKG nach dem Wert des Teils des Streitgegenstandes, durch den er selbst betroffen ist. Hierbei sind z.B. im Falle des Streites über die Höhe geleisteter Unterhaltszahlungen die Verhältnisse des Klägers, nicht die des Beigeladenen maßgebend.[7] Bei Streit um die Erforderlichkeit einer Beiladung ist der Streitwert aus dem Vorbringen im Klageverfahren erkennbare Interesse des Beigeladenen an der Aufhebung des Beiladungsbeschlusses anzusetzen.[8]

Bei Einlegung der Revision durch einen Beigeladenen bemisst sich der Streitwert danach, was dieser mit der Revision erstrebt.[9]

Beistand

Geht es in einer Beschwerdesache nur um die Zurückweisung eines Beistandes, ist der Streitwert mit 10 % des Wertes der Hauptsache anzusetzen.[10]

Beitreibung

→ *Vollstreckung*

Bekanntgabe

Der Streitwert einer Verpflichtungsklage, mit der ein aus einer Personengesellschaft ausgeschiedener Gesellschafter die Bekanntgabe der nach seinem Ausscheiden

1) Vgl. FG Düsseldorf v. 6.9.2004, 11 K 4618/03, EFG 2005, 65; a.A. FG Baden-Württemberg v. 30.4.2001, 8 K 284/99, EFG 2001, 924.
2) Stub 1923 Nr. 752.
3) BFH v. 1.8.1969, III R 110/66, BStBl 1969, 626.
4) FG Hamburg v. 19.11.1974, V 17/72, EFG 1975, 286.
5) FG Baden-Württemberg v. 17.6.1996, 1 K 246/89, EFG 1996, 1059.
6) BFH v. 10.7.2013, IV E 7/13, BFH/NV 2013, 1809.
7) FG Saarland v. 5.9.2001, 1 K 185/96, EFG 2001, 1571.
8) BFH v. 14.8.1997, VIII B 153/94, BFH/NV 1998, 348.
9) BStBl II 1969, 628.
10) BFH v. 12.1.1994, IV E 2/93 u.a., BFH/NV 1994, 817.

ergangenen einheitlichen Bescheide für frühere Jahre erreichen will, beträgt 10 % des Streitwerts, der für den Gewinnanteil des ausgeschiedenen Gesellschafters zu bemessen wäre.[1]

Bekanntgabe von Bescheiden

hier: ausgeschiedene Gesellschafter

Der Streitwert ist auf 10 % des Streitwerts zu bemessen, der für einen Prozess gegen den Bescheid selbst anzusetzen wäre.[2]

Bescheidungsklage

Begehrt der Kläger mit seiner Klage nicht die Verurteilung des Finanzamts zum Erlass eines bestimmten Verwaltungsaktes, sondern vielmehr die Verurteilung der Behörde zur Verbescheidung eines Antrages unter Beachtung der Rechtsauffassung des Gerichts (sog. Bescheidungsklage), so ist als Streitwert die Hälfte des finanziellen Interesses des Klägers anzusetzen, wenn allein eine neue Ermessensausübung durch das Finanzamt erstrebt wird.[3]

Andere Auffassung: Die Umstellung eines Klageantrags gerichtet auf ein Bescheidungsurteil mindert den Streitwert um 20 %.[4]

Bestellung eines Bevollmächtigten auf Anordnung des FG

Für die Beschwerde gegen die Anordnung, einen Bevollmächtigten zu bestellen, sind 10 % des Streitwerts der Hauptsache anzusetzen.[5]

Besteuerungszeitraum

Für den Streit um die Verschiebung einer unstreitigen Steuerschuld in einen späteren Zeitraum bemisst sich der Streitwert nach dem Zinsvorteil entsprechend § 238 AO.[6]

Betriebsprüfung

hier: Durchführung einer Schlussbesprechung

Bei Rechtsstreit um die Verpflichtung zur Abhaltung einer Schlussbesprechung ist der Streitwert mit 10 % der steuerlichen Auswirkungen, die sich aus den in der Schlussbesprechung zu erörternden Sachverhalten ergeben, anzusetzen.[7] Für den Streit über die Anordnung sind i.d.R. 50 % der zu erwartenden Mehrsteuern anzusetzen, notfalls 5 000 €.[8]

→ *Außenprüfung*

Betriebsvermögen

hier: negativer Einheitswert

Ist der Rechtsbehelf auf einen negativen Einheitswert des Betriebsvermögens gerichtet, ist von der gesamten streitigen Wertspanne auszugehen. Bei juristischen Personen reicht das Interesse nur bis 0 €.[9]

1) BFH v. 25.7.1974, IV B 5/74, BStBl II 1974, 746.
2) BFH v. 25.7.1974, IV B 5/74, BStBl II 1974, 746 = BStBl II 1975, 673 = BFH/NV 1989, 247.
3) FG Baden-Württemberg v. 8.10.1993, 9 K 403/91, EFG 1994, 268.
4) FG Düsseldorf v. 7.3.1997, 14 K 407/90.
5) BFH v. 29.11.1977, VII E 11 und 12/77, BStBl II 1978, 135.
6) BFH v. 25.2.1991, V E 5/90, BFH/NV 1992, 127.
7) BFH v. 23.4.1980, I B 45/78, BStBl II 1980, 751.
8) BFH v. 4.10.1984, VIII R 111/84, BStBl II 1985, 257.
9) RStBl 1935, 486.

Beweisaufnahme

Die Beweisgebühr richtet sich nach dem Teil des Streitgegenstandes, über den Beweis erhoben wird und nicht nach dem vollen Streitwert.[1] Bei gemeinsamer Beweisaufnahme werden die einzelnen Werte zusammengerechnet.[2]

Bewertung von Aktien nach § 112 BewG

Streitwert ist der festgestellte Wert längstens für ein Jahr der Auswirkung in der Vermögensteuer.[3] Nach Wegfall der Vermögensteuer sind lediglich Bedarfsfeststellungen für die Erbschaftssteuer denkbar.

Bewertung von GmbH-Anteilen

Streitwert ist der einfache Jahresbetrag der vermögensteuerlichen Belastung.[4] Nach Wegfall der Vermögensteuer sind lediglich Bedarfsfeststellungen für die Erbschaftssteuer denkbar.

Bewertung von Grundbesitz für die ErbSt

Der Streitwert bestimmt sich bei Streitigkeiten über die Höhe des Grundbesitzwerts nach der betragsmäßigen Auswirkung der begehrten Änderung auf die ErbSt.[5]

Anderer Auffassung:[6] Bei Streitigkeiten über die Höhe des Grundbesitzwerts ist der Streitwert nicht danach zu bestimmen, inwieweit sich die beantragte Wertminderung betragsmäßig bei der ErbSt auswirkt. Der Streitwertbestimmung ist vielmehr ein Pauschalsatz von 10 % des streitigen Wertunterschiedes zu Grunde zu legen.[7]

Bevollmächtigte

Geht es in einer Beschwerdesache nur um die Zurückweisung eines Bevollmächtigten, ist der Streitwert mit 10 % des Wertes der Hauptsache anzusetzen.[8] Bei einem Streit um die Zurückweisung eines Bevollmächtigten im Verwaltungsverfahren wegen unbefugter geschäftsmäßiger Hilfeleistung in Steuersachen ist der Streitwert nach § 52 Abs. 2 GKG zu bestimmen, wenn keine Anhaltspunkte vorliegen.[9]

Buchführungserleichterung

Bei Antrag auf Bewilligung einer Buchführungserleichterung liegt der Streitwert bei 5 000 € (§ 52 Abs. 2 GKG).[10]

Buchführungspflicht

Bei Streit über den Beginn ist der Streitwert nach § 52 Abs. 2 GKG mit 5 000 € zu bemessen.[11] Betrifft der Streit allerdings zurückliegende Jahre und sind Mehrsteuern wegen einer behaupteten Verletzung der Buchführungspflicht entstanden, so ist der Streitwert mit 10 % der Mehrsteuern anzusetzen.[12] Bei Streit um die Art der Gewinnermittlung für künftige Jahre gilt dasselbe.[13]

1) FG Münster v. 24.11.1966, VII 1613/66, EFG 1967, 138.
2) FG Nürnberg v. 26.8.1992, VI 87/92, EFG 1993, 101.
3) BFH v. 1.7.1977, III B 28/76, BStBl II 1977, 698.
4) BFH v. 25.2.1977, III R 83/75, BStBl II 1977, 404.
5) FG Düsseldorf v. 30.8.2001, 11 K 5316/00, EFG 2001, 1571.
6) Hessisches FG v. 24.1.2002, 14 K 871/97, EFG 2002, 541.
7) FG Baden-Württemberg v. 30.4.2001, 8 K 284/99, EFG 2001, 924.
8) BFH v. 12.1.1994, IV E 2/93 u.a., BFH/NV 1994, 817.
9) BFH v. 25.11.1997, VII E 16/97, BFH/NV 1998, 622.
10) FG Hamburg v. 13.6.1979, III 177/76, EFG 1979, 514.
11) BFH v. 12.3.1999, XI E 1/99, BFH/NV 1999, 1346; FG Hamburg v. 5.3.1979, III 177/76, EFG 1979, 514.
12) BFH v. 30.12.1986, III R 93/85, BFH/NV 1988, 589.
13) BFH v. 18.2.1982, IV R 32/79; v. 30.9.1983, IV R 250/82, BStBl II 1984, 39.

Doppelte Rechtshängigkeit

Eine Reduzierung oder Aufteilung des Streitwerts wegen eines anderen prozessual eigenständigen Verfahrens ist nicht möglich, auch wenn das andere Verfahren dasselbe Streitjahr betrifft.[1]

Da das finanzgerichtliche Verfahren nicht als Normenkontrollverfahren ausgelegt ist, es ein solches Verfahren aber in der Verwaltungsgerichtsbarkeit gibt, erscheint es gerechtfertigt, sich bei der Bemessung des Streitwertes insoweit an dem Streitwertkatalog für die Verwaltungsgerichtsbarkeit zu orientieren. Der Streitwert einer Nichtigkeitsfeststellungsklage ist in derselben Höhe anzunehmen wie der Streitwert einer auf ersatzlose Aufhebung des betreffenden Bescheids gerichteten Anfechtungsklage.[2]

Drittschuldnerklage

Der Streitgegenstand einer Drittschuldnerklage ist der übergegangene, eingeklagte Anspruch. Somit ist als Wert der Klage der Wert des übergegangenen Gegenstandes anzusetzen. Z.B. bei Lohnansprüchen der dreifache Jahreswert des gepfändeten monatlichen Betrages.[3]

Duldungsbescheid

Wert der zu Grunde liegenden Steuerforderung ggf. der abweichende Wert der betroffenen Gegenstände.[4] Für den Streitwert einer Klage gegen einen Duldungsbescheid, mit dem das Finanzamt Rechtshandlungen des Vollstreckungsschuldners auf Grund des § 3 AnfG angefochten hat, ist der Wert der in anfechtbarer Weise übertragenen Gegenstände zumindest dann maßgebend, wenn er niedriger ist als sie im Duldungsbescheid aufgeführten Abgabenrückstände, aus denen die Zwangsvollstreckung betrieben wird.[5]

Durchsuchungsanordnung

Wendet sich der Kläger gegen die Rechtmäßigkeit einer richterlichen Durchsuchungsanordnung, so besteht sein Interesse in der Verhinderung von Vollstreckungsmaßnahmen. Der Streitwert bemisst sich i.d.R. nach dem Betrag, wegen dem vollstreckt werden soll. Der zu erwartende finanzielle Erfolg einer Pfändung ist nur dann maßgebend, wenn Anzeichen dafür vorliegen, dass die Forderung nicht in voller Höhe befriedigt werden wird.[6]

Ehegattenbesteuerung

Wird nach erfolgter Zusammenveranlagung im Rechtsbehelfsverfahren die getrennte Veranlagung beantragt, so ergibt sich der Streitwert aus der Gesamtsteuer laut Zusammenveranlagung und getrennter Veranlagung.[7]

Ehrenamtliche Richter

Wegen Entbindung vom Amt des ehrenamtlichen Richters 5 000 €.[8]

Eidesstattliche Versicherung

→ *Vermögensverzeichnis*

---

1) BFH v. 16.6.2009, X E 5/09.
2) FG des Landes Sachsen-Anhalt v. 15.9.2015, 5 K 150/15, EFG 2015, 2223.
3) LAG Baden-Württemberg v. 21.12.2001, 3 Ta 137/01, JurB 2002, 196.
4) BFH/NV 1992, 690.
5) Hessisches FG v. 12.6.1989, 11 K 381/88, EFG 1989, 652.
6) BFH v. 20.5.1980, VII S 2/80, BStBl II 1980, 561.
7) BFH v. 13.4.1962, IV 305/61 U, BStBl III 1962, 321.
8) BFH v. 4.4.1989, VII S 8/89, BFH/NV 1990, 561.

Der Streitwert wegen der Aufforderung zur Vorlage eines Vermögensverzeichnisses und der Ladung zur Abgabe der eidesstattlichen Versicherung beträgt 50 % der rückständigen Steuerbeträge, höchstens 511 291,88 €.[1] Ist nur die Vorlage eines Vermögensverzeichnisses oder die Ladung zur Abgabe der eidesstattlichen Versicherung strittig, so halbiert sich dieser Wert.[2]

Eigenheimzulage

Im Rechtsstreit wegen Eigenheimzulage beträgt der Streitwert das achtfache des strittigen Jahresbetrags der Eigenheimzulage, wenn die Festsetzung der Eigenheimzulage ab dem Beginn des Förderzeitraumes ohne zeitliche oder sachliche Einschränkung beantragt worden ist und sich auch aus dem zu Grunde liegenden Lebenssachverhalt keine Einschränkung ergibt.[3] Die Eigenheimzulage besteht aus der Grundförderung und der Kinderzulage gem. § 9 Abs. 1 EigZulG.

Einfuhrumsatzsteuer

Ist ein Steuerbescheid auch wegen der Einfuhrumsatzsteuer angefochten worden, so umfasst der Wert des Streitgegenstandes den Einfuhrumsatzsteuerbetrag auch dann, wenn der Stpfl. zum vollen Vorsteuerabzug berechtigt ist.[4]

Einheitliche und gesonderte Feststellung von Einkünften

→ *Gesonderte und einheitliche Feststellung von Besteuerungsgrundlagen*

Einheitliche und gesonderte Feststellung des gemeinen Werts der Anteile an der Gesellschaft

→ *Gesonderte und einheitliche Feststellung des gemeinen Werts der Anteile an der Gesellschaft*

Einheitsbewertung

Der Streitwert wird auch nur pauschal bemessen, da eine genaue steuerliche Auswirkung nicht errechenbar ist.

Die vom BFH bisher angesetzten Sätze sind unter Berücksichtigung der Vermögensteuer berechnet worden. Diese Steuer ist 1997 weggefallen, genauso wie die Gewerbekapitalsteuer ab 1998 weggefallen ist. Somit sind die Sätze der höchstrichterlichen Rechtsprechung nur noch bis zum Feststellungszeitpunkt 1.1.1996 anzuwenden:

Einheitsbewertung Land- und Forstwirtschaft: 60 ‰ des strittigen Wertes.[5] – Einheitswert des Grundvermögens: ebenfalls 60 ‰ des strittigen Wertes.[6] Dieser Satz ermäßigt sich nur, wenn der Einheitswert tatsächlich weniger als drei Jahre Gültigkeit hat und gilt auch, wenn die Art- bzw. Zurechnungsfortschreibung eines Grundstückes strittig ist.[7] Wirkt sich der angefochtene Einheitswert des Grundbesitzes nur auf die Grundsteuer aus (ab 1996), bemisst sich der Streitwert nach dem Sechsfachen der jährlichen Grundsteuer.[8] Einheitsbewertung des Betriebsvermögens: 30 ‰.[9] Hat der Feststellungsbescheid im Einzelfall eine kürzere Geltungsdauer als drei Jahre, so ist der Streitwert entsprechend zu ermäßigen. Für Feststellungszeit-

1) BFH v. 27.2.2003, VII E 4/03, BFH/NV 2003, 814; v. 29.7.1999, VII E 6/99, BStBl II 1999, 756; FG Köln v. 16.11.2001, 10 Ko 6021/01, EFG 2002, 224.
2) FG Baden-Württemberg v. 23.8.1996, 9 K 162/97.
3) BFH v. 21.8.2002, IX E 2/02, BFH/NV 2003, 66; FG Mecklenburg-Vorpommern v. 23.2.2000, I K 590/98, EFG 2000, 540; FG Saarland v. 20.7.2001, 1 K 49/00, EFG 2001, 1396.
4) BFH v. 10.9.1974, VII B 60/73, BStBl II 1975, 196.
5) BFH v. 23.6.1978, III R 112/76, BStBl II 1978, 642.
6) BFH v. 3.1.2000, II E 6/99, BFH/NV 2000, 852.
7) BFH v. 17.7.1998, II R 7/96, BFH/NV 1999, 68.
8) BFH v. 16.10.1996, II R 17/96, BStBl II 1997, 228.
9) BFH v. 22.3.1982, III R 59/81, BStBl II 1982, 512.

räume ab 1.1.1997 ist der Tausendstelsatz wegen Wegfalls der Vermögensteuer jährlich um 5 Tausendstelpunkte zu kürzen.[1] Bei Streit um die Artfeststellung Betriebsgrundstück 21 ‰.[2] Bei einem Streit um die Aufteilung eines Einheitswerts des Betriebsvermögens ermäßigt sich der Satz auf die Hälfte, also 15 ‰.[3] Bedarfsbewertung – Feststellung des Grundbesitzwerts für die Erbschaftsteuer 10 % des streitigen Wertunterschiedes.[4]

Die Bedeutung der Sache liegt bei einem Streit über die Höhe des Grundbesitzwerts als Bemessungsgrundlage der ErbSt in der betragsmäßigen Auswirkung, welche die begehrte Herabsetzung des Grundbesitzwerts im Falle eines Erfolges der Klage auf die Höhe der ErbSt hätte.

Die Aufhebung eines angefochtenen Bescheides aus formellen Gründen rechtfertigt keine Schätzung des Streitwerts auf 10 % der steuerlichen Auswirkung, wenn der Klageantrag auf die ersatzlose Aufhebung eines Bescheides aus materiellen Gründen gerichtet war.[5]

Einigung auf Grund Musterverfahren

→ *Musterverfahren*

Einkommensteuer

Streitwert ist der Unterschied zwischen festgesetzter und begehrter Steuer.[6] Dies gilt auch, wenn die erstrebte Steuer höher ist als die zuvor festgesetzte.[7]

→ *(Zu) niedrige Steuer*

Nicht zu berücksichtigen sind: Steuerliche Nebenleistungen und abhängige Zahlungen z.B. Verspätungs- und Säumniszuschläge, Kirchensteuer, Einkommensteuervorauszahlungen, Gewerbesteuer (außer evtl. Änderung der Gewerbesteuerrückstellung), abhängige Industrie- und Handelskammer-, Handwerkskammer- oder Krankenkassenbeiträge und Auswirkungen auf spätere Steuerabschnitte, Solidaritätszuschläge und Stabilitätszuschläge usw.[8] und Änderungen in den wirtschaftlichen Verhältnissen des Klägers.[9]

Ist die Einkommensteuer auf 0 € festgesetzt und fehlt es daher an einer Beschwer, so ist bis zum Streitjahr 1989 der Wert gem. § 13 Abs. 1 Satz 2 GKG anzusetzen.[10] Für spätere Streitjahre in Anlehnung an die Rechtsprechung zur Verlustfeststellung sind 10 % der beantragten Minderungsbeträge bzw. der gewünschte Steuererstattungsbetrag anzusetzen.[11] Verlustvor- bzw. -nachträge, die in mehreren Streitjahren wegen des strittigen Verlustes zu berücksichtigen sind, sind in die Streitwertberechnung mit einzubeziehen.[12] Ist Streitpunkt nur die Verfassungsmäßigkeit einzelner Freibeträge, so ist der Streitwert nach dem gewünschten Freibetrag zu berechnen.[13]

1) FG Baden-Württemberg v. 4.2.2003, 3 K 22/99.
2) BFH v. 13.8.1976, III B 33/75, BStBl II 1976, 774.
3) BFH v. 28.6.1984, III B 42/83, BStBl II 1984, 721.
4) Hessisches FG v. 24.1.2002, 3 K 2803/01, EFG 2002, 867; a.A. FG Düsseldorf v. 20.9.2002, 11 K 8135/99, EFG 2002, 1630.
5) Vgl. Beschluss des FG Düsseldorf v. 6.9.2004, 11 K 4618/03, EFG 2005, 65.
6) BFH v. 17.2.1994, VII E 3/93, BFH/NV 1994, 819.
7) Niedersächsisches FG v. 23.11.1982, IV 407/82, EFG 1983, 371.
8) BFH v. 22.9.1999, IV E 3/99, BFH/NV 2000, 334.
9) BFH v. 12.6.1985, VIII E 4/85, BFH/NV 1986, 299.
10) BFH v. 11.10.1985, III R 71/85, BFH/NV 1986, 159.
11) FG Baden-Württemberg v. 23.11.1999, 9 K 425/99; a.A. FG Baden-Württemberg v. 28.3.1995, 8 Ko 1/95, EFG 1995, 853. Wurde in einem angefochtenen Bescheid die Einkommensteuer auf 0 DM festgesetzt, dann ist der Streitwert nach § 13 Abs. 1 Satz 1 GKG zu bestimmen und mit dem der geringsten Gebühr zuzuordnenden Betrag anzusetzen.
12) BFH v. 8.9.2003, III E 1/03, BFH/NV 2004, 74.
13) BFH v. 28.7.1995, III B 107/90, BFH/NV 1996, 242.

Wird dagegen nur beantragt, den Steuerbescheid hinsichtlich der strittigen Verfassungsmäßigkeit für vorläufig zu erklären beläuft sich der Streitwert auf einen Teil des Streitwerts gem. § 52 Abs. 2 GKG.[1] Geht der Rechtsstreit um die Zusammenveranlagung von Ehegatten, so ist folgende Unterscheidung zu beachten: Begehrt der Stpfl. nach vorangegangener Einzelveranlagung die Zusammenveranlagung mit seiner Ehefrau, so ergibt sich der Streitwert nicht aus der Differenz der festgesetzten und der im Wege der Zusammenveranlagung festzusetzenden ESt-Schulden. Es ist vielmehr auf die wirtschaftliche Bedeutung abzustellen, wobei sich die wirtschaftliche Bedeutung aus dem angestrebten Zusammenveranlagungsbescheid im Fall der Nachzahlung unter Anwendung der §§ 268 ff. AO auf den Betrag der rückständigen Steuer ergibt, im Fall der Erstattung durch Halbteilung des Erstattungsbetrags.[2] Begehrt der Stpfl. dagegen nach vorangegangener getrennter Veranlagung die Zusammenveranlagung, so ist der Streitwert zu ermitteln als Differenz zwischen der gegen den Kläger im Wege der getrennten Veranlagung festgesetzten ESt und dem auf den Kläger entfallenden Anteil an der im Wege der Zusammenveranlagung festzusetzenden ESt.[3] Sind mehrere Jahre streitig und macht der Kläger Verluste geltend, die in einzelnen Streitjahren zu einem negativen Gesamtbetrag der Einkünfte führen, sind in den Streitwert auch diejenigen Steuerminderungen einzubeziehen, die sich im Falle eines Obsiegens infolge von Verlustrück- und -vorträgen in den Streitjahren ergeben hätten.[4]

Einkünfteverteilung zwischen Ehegatten

Begehren Ehegatten die Änderung der Einkünfteverteilung, ist der Streitwert nur mit 10 % des festgestellten Gewinns anzusetzen.[5] Auf Grund der Tarifänderungen ist folgende Staffelung vertretbar:

	laufende Einkünfte	begünstigte Einkünfte
bis 1998	10 %	5 %
in 1999	10 %	10 %
in 2000	10 %	10 %
ab 2001	10 %	5 %

Einschränkung des Rechtsbehelfsantrags

Hat grundsätzlich keinen Einfluss auf die Bemessung des Streitwerts. Ggf. sind mehrere Streitwerte festzusetzen.[6]

Ändert sich der Streitgegenstand im Laufe einer Instanz infolge einer teilweisen Rücknahme, liegen für dieselbe Instanz verschiedene Streitwerte vor.[7]

Einseitige Erledigungserklärung

Erklärt ein Beteiligter einen Rechtsstreit einseitig in der Hauptsache für erledigt, so bemisst sich der Streitwert für die Zeit ab Abgabe der Erledigungserklärung nur noch nach dem sog. Kosteninteresse des anderen Beteiligten,[8] wenn nicht die Fort-

1) FG Baden-Württemberg v. 11.3.1993, 09 K 86/86, EFG 1993, 603; FG Nürnberg v. 10.5.1993, VI 79/83, EFG 1993, 604.
2) FG Baden-Württemberg v. 27.2.1991, IV K 232/88, EFG 1991, 503.
3) FG Hamburg v. 8.9.1980, III 137/78, EFG 1980, 616.
4) BFH v. 8.9.2003, III E 1/03, BFH/NV 2004, 74.
5) BFH v. 12.8.1987, IV E 3/87, BFH/NV 1988, 657.
6) BFH v. 15.11.1967, IV 311/62, BStBl II 1968, 534.
7) Brandenburgisches OLG v. 23.8.1995, 9 WF 50/95, JurB 1996, 589; analog BFH v. 21.9.1994, VIII E 1/94 BFH/NV 1995, 254.
8) BFH v. 12.10.1988, I R 212/84, BStBl II 1989, 106.

setzung des Verfahrens mit den gleichen Anträgen wie in der Hauptsache begehrt wird (dann Wert der Hauptsache).[1] Das Kosteninteresse kann den Streitwert der Hauptsache übersteigen.[2] Das gleiche gilt auch wenn ein Bevollmächtigter erst nach Erledigung der Hauptsache für Zwecke der Erledigungserklärung eingeschaltet wird.[3]

Einspruchsentscheidung

1. Isolierte Aufhebung → *Anfechtung einer Rechtsbehelfsentscheidung*
2. Verpflichtung auf Erlass einer Einspruchsentscheidung (vgl. § 52 Abs. 2 GKG)[4]

Einstweilige Anordnung

Das finanzielle Interesse des Antragstellers wird durch den Gegenstand des Antragsverfahrens bestimmt. Der Streitwert eines Verfahrens der einstweiligen Anordnung, mit dem die einstweilige Einstellung und Rückgängigmachung von Vollstreckungsmaßnahmen begehrt wird, ist mit 10 % der Forderungsbeträge zu bemessen, die Anlass der Vollstreckung sind.[5] Der Streitwert des Verfahrens über eine einstweilige Aussetzung der Vollziehung ist im Regelfall auf ⅓ des Wertes des zugehörigen Hauptsacheverfahrens zu bemessen.[6] Kann sich der vom Stpfl. gewollte steuerliche Vorteil nicht bemessen lassen, so ist der Streitwert nach § 52 Abs. 2 GKG anzusetzen.[7]

Bei einem Antrag auf einstweilige Anordnung beträgt der Streitwert im Regelfall ⅓ des Werts Hauptsacheverfahrens.[8] Der Streitwert in einem Verfahren wegen einstweiliger Einstellung der Zwangsvollstreckung im Rahmen einer einstweiligen Anordnung ist auf 10 % des Betrags festzusetzen, dessentwegen die Zwangsvollstreckung befürchtet worden ist.[9]

In einem Verfahren zur Vorlage eines Vermögensverzeichnisses ist ein Wert i.H.v. 50 % der rückständigen Steuern anzusetzen.[10]

Ist ein Verfahren auf die Rücknahme eines vom Beklagten gestellten Antrags auf Eröffnung des Insolvenzverfahrens gerichtet, so bemisst sich der Streitwert auf 50 % der rückständigen Steuerbeträge.[11]

Im Hinblick auf die Ungewissheit, dass im Zeitpunkt der Antragstellung durch den Beklagten nicht vorauszusehen ist, ob der Insolvenzantrag den Schuldner bewegt, die Abgabenschuld zu tilgen, oder ob die Eröffnung des Insolvenzverfahrens mangels Masse abgelehnt wird, oder mit welcher Quote der Beklagte im Fall der Insolvenzeröffnung überhaupt befriedigt werden kann, ist der Streitwert regelmäßig auf einen Bruchteil von 50 % der Abgabenrückstände zu begrenzen.[12]

1) BFH v. 23.3.2000, IV E 1/00, BFH/NV 2000, 1218, a.A. Gürsching, NWB Fach 2, 5010, wenn der Beklagte den Rechtsstreit einseitig in der Hauptsache für erledigt erklärt, dann verbleibt es bei dem vollen Streitwert.
2) FG Baden-Württemberg v. 29.5.2000, 4 Ko 3/00, EFG 2000, 967.
3) Hessisches FG v. 16.4.1999, 12 Ko 7027/98, EFG 1999, 664.
4) BFH v. 18.11.2003, VII B 310/02, BFH/NV 2004, 361.
5) BFH v. 7.3.1989, VII E 1/88, BFH/NV 1989, 721.
6) BFH v. 1.3.1977, VII B 81/76, BStBl II 1977, 354.
7) BFH v. 25.8.1998, IX E 1/98, BFH/NV 1999, 213.
8) BFH v. 1.3.1977, VII B 81/76, BStBl II 1977, 354.
9) BFH v. 11.9.1984, VII B 5/84.
10) FG Düsseldorf v. 23.8.2010, 11 V 4410/09 AE(KV), mit Angabe weiterer Rechtsprechung.
11) BFH v. 20.4.1993, VII E 8/92, BFH/NV 1994, 118 m.w.N.
12) BFH v. 5.2.2008, 8 Ko 249/08, EFG 2008, 642.

Einstweilige Aussetzung der Vollziehung

Der Streitwert ist i.H.v. ⅓ des Streitwerts des zugehörigen Hauptsacheverfahrens zu bemessen.[1)]

Einstweilige Einstellung der Zwangsvollstreckung

10 % des Betrages, weswegen die Zwangsvollstreckung betrieben wird.[2)]

Entbindung vom Richteramt

→ *Ehrenamtliche Richter*

Entschädigungsklage

Bei der Wertfestsetzung gem. § 63 Abs. 1 Satz 1 GKG kann im Einzelfall die Wertung des § 198 Abs. 2 GVG zu berücksichtigen sein. Der Wert nach § 52 Abs. 2 GKG wird nur in Ausnahmefällen anzusetzen sein.

§ 198 Abs 2 GVG:

Ein Nachteil, der nicht Vermögensnachteil ist, wird vermutet, wenn ein Gerichtsverfahren unangemessen lange gedauert hat. Hierfür kann Entschädigung nur beansprucht werden, soweit nicht nach den Umständen des Einzelfalles Wiedergutmachung auf andere Weise gem. Absatz 4 ausreichend ist. Die Entschädigung gem. Satz 2 beträgt 1 200 € für jedes Jahr der Verzögerung. Ist der Betrag gem. Satz 3 nach den Umständen des Einzelfalles unbillig, kann das Gericht einen höheren oder niedrigeren Betrag festsetzen.[3)]

Erbschaftsteuer

wie Einkommensteuer – Streitwert ist die Differenz zwischen festgesetzter und beantragter Steuer.

Dies gilt auch, wenn Erben eines Steuerschuldners je einzeln den Erbschaftsteuerbescheid angreifen, es ist nicht nur auf den jeweiligen Erbteil abzustellen.[4)]

→ *Gesamtschuldner*

Erinnerung

Streitwert im Erinnerungsverfahren sind die jeweils strittigen Kosten bzw. die kostenrechtliche Auswirkung der Erinnerung.[5)]

Erlass

Betrag, dessen Erlass begehrt wird.[6)]

Maßgebend ist der Gesamtbetrag (= Steuer einschließlich Nebenforderungen – auch die Kirchensteuer, wenn deren Erlass beantragt wird, obwohl für deren Erlass nicht das Finanzamt zuständig ist)[7)], dessen Erlass begehrt wird.[8)] – Wird dagegen mit einer **Verpflichtungsklage** nur beantragt, die Ablehnung eines Antrags auf Billigkeitserlass aufzuheben und die Finanzbehörde zu verpflichten, erneut den Erlassantrag zu bescheiden, beträgt der Streitwert 50 % des streitigen Erlassbetrags.[9)] Eine Ermäßigung des Streitwerts für ein Verfahren in einer Erlasssache auf 50 % der zu

1) BFH v. 1.3.1977, VII B 81/76, BStBl II 1977, 354.
2) BFH v. 2.6.1967, IV B 15/66, BStBl III 1967, 512; v. 3.1.1978, VII B 21/77, BStBl 1978, 159; v. 2.6.1967, IV B 15/66, BStBl III 1967, 512.
3) BFH v. 5.3.2013, X K 10/12, BFH/NV 2013, 953.
4) FG Baden-Württemberg v. 14.5.1990, IX K 330/89.
5) BFH v. 28.2.1961, I 114/60, BStBl III 1961, 287.
6) BFH v. 16.7.1965, III 232/62 U, BStBl III 1965, 602.
7) BFH v. 18.4.1989, VIII R 319/84, BFH/NV 1989, 756.
8) BFH v. 23.1.1991, I E 3/90, BStBl II 1991, 528.
9) FG Baden-Württemberg v. 9.12.1994, 2 K 237/93, EFG 1995, 401.

erlassenden Steuer, scheidet aber dann aus, wenn der Kläger sich nicht mit dem Antrag auf Verurteilung des FG zur Neuverbescheidung begnügt, sondern darüber hinaus auch einen Antrag gestellt hat, den Erlass selbst auszusprechen bzw. das Finanzamt zum Erlass zu verurteilen.[1]

Erledigung der Hauptsache

Maßgeblich ab (einseitiger) Erledigungserklärung ist das Kosteninteresse.[2]

Bei Einschaltung eines Bevollmächtigten nach Erledigung der Hauptsache für Zwecke der Erledigungserklärung bemisst sich der Streitwert nach dem Kosteninteresse.[3] Das Kosteninteresse kann den Streitwert in der Hauptsache übersteigen.[4]

Erstattung

Streitwert richtet sich nach dem Betrag, dessen Erstattung begehrt wird.[5] Wird wegen Verzögerung bei der Rückzahlung das dem Grund und der Höhe nach unstreitigen Umsatzsteuerüberschusses gem. § 18 Abs. 2 Satz 5 UStG, Klage erhoben, so ist der Streitwert grundsätzlich mit 10 % des Erstattungsbetrags anzusetzen.[6]

Erweiterung des Rechtsbehelfsantrags

Ist grundsätzlich zu berücksichtigen. Im Revisionsverfahren jedoch nur, wenn sie nicht offenbar der Umgehung der Streitwertgrenze für die Zulässigkeit der Revision dient.[7]

Erzwingungsgeld

Maßgebend ist der angedrohte bzw. festgesetzte Betrag, soweit strittig.[8]

EuGH (EuGH)

Streitwert für das Vorabentscheidungsverfahren bestimmt sich nach dem Streitwert des Ausgangsverfahrens.[9]

Fälligkeit

Der Streit allein um die Fälligkeit einer nach Grund und Höhe unstreitigen Forderung ist mit 10 % dieser Forderung zu bewerten.[10]

Familienleistungsausgleich nach §§ 62 ff. EStG

Es gelten die Grundsätze für die Berechnung des Streitwerts in Verfahren wegen Zahlung von Kindergeld.[11]

Feststellungsbescheide

a) Aufhebung eines Feststellungsbescheids

Der Streitwert ermittelt sich durch Anwendung folgender Prozentsätze:

---

1) BFH v. 1.12.2000, II E 2, 3, 4, 5/00; a.A. FG Saarland v. 9.12.1994, 02 K 237/93, EFG 1995, 401 = 50 % des streitigen Betrages.
2) BFH v. 12.10.1988, I R 212/84, BStBl II 1989, 106 m.w.N.
3) Hessisches FG v. 16.4.1999, 12 Ko 7027/98, EFG 1999, 664.
4) FG Baden-Württemberg v. 29.5.2000, 4 Ko 3/00, EFG 2000, 967.
5) BFH v. 13.10.1970, VII B 44/70, BStBl II 1971, 25.
6) FG Münster v. 12.11.1974, V 1912/74, EFG 1975, 287.
7) RStBl 1938, 373.
8) BFH v. 24.1.1952, IV 382/51 U, BStBl III 1952, 55.
9) BFH v. 17.8.1976, VII R 96/72, BStBl II 1976, 714.
10) FG Düsseldorf v. 31.5.1974, V 234/73, EFG 1974, 435.
11) Vgl. auch Gruber, StB 2000, 314 m.w.N.

- bei Streit über die Höhe des festgestellten Gewinns im einheitlichen Gewinnfeststellungsverfahren: 25 % der festgestellten Einkünfte,[1)]
- bei Streit über die gemeinschaftliche Einkünfteerzielung (nicht deren Höhe): 10 % des festgestellten Gewinnbetrags,[2)]
- bei Aufhebung wegen falscher Adressierung: 10 % der festgesetzten Steuer.[3)]

b) Qualifizierung der Einkünfte

Der Streitwert beträgt 25 % der sich durch die Umqualifizierung ergebenden Auswirkungen (z.B. Umqualifizierung in Einkünfte aus § 20 EStG: 25 % des Sparer-Freibetrags.[4)] Ist keine finanzielle Auswirkung erkennbar, beträgt der Streitwert 1 % der umzuqualifizierenden Einkünfte.[5)]

c) Ausgeschiedener Gesellschafter

Der Streitwert beträgt bei Anträgen eines ausgeschiedenen Gesellschafters:

- bei Streit über die Wirksamkeit der Bekanntgabe von Feststellungsbescheiden nach dem Ausscheiden: 10 % des auf den ausgeschiedenen Gesellschafter entfallenden Gewinnanteils,[6)]
- bei Aufhebung des Feststellungsbescheids: 25–50 % des auf den ausgeschiedenen Gesellschafter entfallenden Gewinnanteils;[7)] die Bestimmung des Pauschsatzes erfolgt dabei nach dem zwischen dem Grundtarif und dem Splittingtarif zu bildenden Mittelwert.[8)]

d) Verlustfeststellungen

- Gesonderte Feststellung des verbleibenden Verlusts in Verfahren betreffend ESt: Der Streitwert in Verfahren der gesonderten Feststellung des verbleibenden Verlusts gem. § 10d EStG ist in Anlehnung an den Beschluss des FG Baden-Württemberg[9)] im Regelfall aus Vereinfachungsgründen typisierend auf 10 % des streitigen Verlusts zu schätzen. Diese Regelung beruht auf den Grundsätzen der Einheitlichkeit der Streitwertbestimmung und der Einschätzbarkeit des Kostenrisikos durch den Bürger. Denn eine Ermittlung der konkreten einkommensteuerlichen Auswirkung kann bei Klageerhebung auf Grund der Vor- und Rücktragsfähigkeit der streitigen Verlustbeträge nur in den Ausnahmefällen vorgenommen werden, in denen alle Berechnungsgrundlagen vorliegen;
- gesonderte Feststellung des verbleibenden Verlusts in Verfahren betreffend KSt: In Verfahren betreffend KSt sollen die konkreten Auswirkungen des vortragsfähigen Verlusts berücksichtigt werden.[10)] Dazu wird der jeweils gültige KSt-Satz (bis 2007: 25 %) mit einem Abschlag von 5 % zu Grunde gelegt. Ab 2008 werden 10 % des streitigen Verlusts zu Grunde gelegt (KSt-Satz: 15 %).

---

1) BFH v. 23.2.1978, IV E 1/78, BStBl II 1978, 409 f.
2) FG Baden-Württemberg v. 11.11.1999, 2 K 266/91, EFG 2000, 237.
3) FG Baden-Württemberg v. 6.2.1975, V 342/74, EFG 1975, 217 f.; FG Nürnberg (6. Senat) v. 17.5.1994, VI 79/94, EFG 1994, 980.
4) Vgl. BFH v. 31.7.1985, VIII R 294/82, BFH/NV 1986, 347 (hier zu §§ 15, 19 EStG).
5) BFH v. 4.3.1999, VIII R 2/95, BFH/NV 1999, 1121.
6) BFH v. 25.7.1974, IV B 5/74, BStBl II 1974, 746.
7) BFH v. 13.12.2000, IV B 33/00, BFH/NV 2001, 791; v. 26.3.1985, IV R 187/84, BFH/NV 1987, 316.
8) FG Niedersachen v. 19.1.2001, 11 KO 22/00, EFG 2001, 712; FG Düsseldorf v. 6.12.2004, 16 K 8275/99, EFG 2005, 974.
9) FG Baden-Württemberg v. 10.8.1999, 4 K 98/96, EFG 1999, 1251.
10) Vgl. FG Düsseldorf v. 12.10.1995, 14 K 2199/93, EFG 1996, 158.

Feststellungsklagen

Der Streitwert der positiven Feststellungsklage ist gegenüber dem Interesse der Leistungsklage um etwa 20 % zu kürzen. Das gilt nicht für die negative Feststellungsklage. Deren Streitwert entspricht dem Streitwert der entsprechenden Leistungsklage.[1] Der Streitwert einer Klage auf Feststellung der Rechtswidrigkeit einer Pfändungsverfügung kann jedenfalls dann mit 50 % des Streitwerts einer entsprechenden Anfechtungsklage angesetzt werden, wenn die Klage erst nach Erledigung des Verwaltungsaktes rechtshängig gemacht worden ist und die gepfändete Forderung voll werthaltig war.[2] Wenn allerdings der Wert nach einer Überleitung eines Anfechtungsverfahrens feststellbar ist, ist dieser Wert maßgebend.[3]

Fiktiver Streitwert

→ *Auffangstreitwert 5 000 €*

Finanzbefehle

→ *Erzwingungsgeld*

Folgebescheidverfahren bei gleichzeitiger Anhängigkeit des Grundlagenbescheidverfahrens

Als Streitwert für ein Verfahren, das sich gegen einen Einkommensteuerbescheid richtet und in dem lediglich Einwendungen gegen gesondert festgestellte Besteuerungsgrundlagen i.S.v. § 351 Abs. 2 AO erhoben werden, erscheint – wenn die Einwendungen zugleich Gegenstand eines gleichzeitig anhängigen Verfahrens gegen den Grundlagenbescheid sind – ein Betrag i.H.v. 5 % der Einkommensteuerminderung, die sich bei einem Obsiegen im Grundlagenbescheidverfahren ergäbe, angemessen.[4] Dieser Streitwert trägt dem Umstand Rechnung, dass der Ansatz der gesondert festgestellten Besteuerungsgrundlagen im Folgebescheidverfahren nur eingeschränkt auf seine Rechtmäßigkeit überprüft werden kann.[5]

Forderungspfändung

In Streitigkeiten über die Rechtmäßigkeit einer Forderungspfändung bemisst sich der Streitwert im Allgemeinen nach der Höhe der zu vollstreckenden Forderung.[6] Dies gilt auch, wenn die Forderungspfändung zwar nicht sofort zur (vollen) Befriedigung des Vollstreckungsgläubigers führt, aber auch künftige Ansprüche aus einem Girovertrag bei einer so genannten „Bankkontenpfändung" erfasst, deren Einziehung die Tilgung der beizutreibenden Schuld bewirken können.[7]

Fortsetzungsfeststellungsklage

50 % des Streitwerts einer Anfechtungs- bzw. Verpflichtungsklage.[8]

Freistellungsbescheinigung nach § 44a Abs. 5 EStG

Bei einer auf Erteilung einer Freistellungsbescheinigung nach § 44a Abs. 5 EStG gerichteten Klage beträgt der Streitwert das Dreifache des auf Seiten des Klägers eintretenden Zinsverlustes, der entsteht, wenn ohne Vorliegen der Bescheinigung die Zinsabschlagssteuer einbehalten wird.[9] Begehrt ein im Inland beschränkt Stpfl.

1) Hessisches FG v. 4.12.1967, VI 1/66, EFG 1968, 313.
2) BFH v. 26.1.1998, VII B 180/96, BFH/NV 1998, 879.
3) Hessisches FG v. 29.2.1996, 6 K 1642/90, EFG 1996, 725.
4) BFH v. 22.7.1983, VI E 1/83.
5) BFH v. 2.9.1987, I R 162/84, BFHE 104, 151 = BStBl II 1988, 142; FG Düsseldorf v. 17.12.1993, 14 K 154/87 E, EFG 1994, 268.
6) Anschluss an BFH v. 26.1.1998, VII B 180/96, BFH/NV 1998, 879.
7) FG des Saarlandes v. 1.6.2015, 2 KO 1172/15, EFG 2015, 2105.
8) FG Baden-Württemberg v. 30.11.1984, IX 260/82, EFG 1985, 364.
9) FG Saarland v. 12.1.1995, 1 K 216/94, EFG 1995, 401.

die Erteilung einer Freistellungsbescheinigung nach § 50d Abs. 3 Satz 1 EStG, so bemisst sich die Bedeutung der Sache nach der sich auf Grund einer Freistellungsbescheinigung zu erwartenden Steuerersparnis.[1] Streitwert bei Streitigkeiten wegen der Freistellungsbescheinigung gem. § 3 Nr. 39 i.V.m. § 39a EStG **(geringfügige Beschäftigung):** m.E. ist der Streitwert mit 25 % des freizustellenden Arbeitslohnes zu bemessen. Der Wert der Erteilung der Freistellungsbescheinigung gem. § 48b EStG **(Freistellung von der Bauabzugssteuer)** beträgt 10 % des Forderungsbestandes, der der Bauabzugsteuer unterliegt.[2]

Fristverlängerung

Freies Ermessen; obere Grenze ist der Betrag, der als Erzwingungsgeld wegen Nichtabgabe der Steuererklärung äußerstenfalls aufzuerlegen wäre.[3]

Fünftelsteuersatz

Der Streitwert für ein Verfahren, in dem um die Qualifikation gesondert und einheitlich festgestellter Gewinne als der Fünftel-Regelung unterliegende außerordentliche Einkünfte i.S.d. § 34 Abs. 2 Nr. 1 EStG gestritten wird, ist pauschal mit 10 % des streitigen Gewinns zu bemessen, wenn nicht Anhaltspunkte dafür vorliegen, dass die betroffenen Mitunternehmer zu einem Großteil die Tarifvergünstigung nach § 34 Abs. 3 EStG beanspruchen können.[4]

Gemeiner Wert

→ *Anteilsbewertung*

Gemeinnützigkeit

Der Streitwert wird je angefochtener Steuerfestsetzung nach § 52 Abs. 2 GKG bestimmt.[5] Bei Verneinung der Gemeinnützigkeit eines Vereins, aber Körperschaftsteuer von 0 €, ist der Streitwert je angegriffenes Kalenderjahr mit 5 000 € (§ 52 Abs. 2 GKG) anzusetzen.[6]

Gesamtschuldner

Bei getrennten Verfahren gegen die in Anspruch genommenen Gesamtschuldner ist für jedes Verfahren der volle Betrag anzusetzen.[7] Bei subjektiver Klagehäufung bei der Einkommensteuer (gemeinschaftliche Klage) ist der (einfache) Betrag der Streitwert, da dieselbe Leistung streitbefangen ist.[8] Anders ist es bei einer gemeinsamen Klage von Haftungsschuldnern zu sehen, da diese mit jeweils getrennten Haftungsbescheiden in Anspruch genommen worden sind und die Leistungen somit nicht identisch sind.[9]

Gesonderte Feststellung der Teilbeträge des verwendeten Eigenkapitals nach § 47 KStG a.F.

Anzusetzen sind 10 % der streitigen Körperschaftsteuer.[10]

1) BFH v. 18.6.1999, I E 1/99, BFH/NV 1999, 1505.
2) Sächsisches FG v. 6.10.2003, 7 K 1693/02, EFG 2004, 61.
3) A.A. Der Streitwert ist nach § 13 Abs. 1 Satz 2 GKG zu bemessen, FG Baden-Württemberg v. 31.10.2000, 4 K 242/00.
4) BFH v. 17.11.2011, IV S 15/10, BStBl II 2012, 246.
5) BFH v. 5.1.1998, I E 2/97, BFH/NV 1998, 879.
6) BFH v. 5.1.1998, I E 2/97, BFH/NV 1998, 879.
7) EFG 1961, 518.
8) BFH v. 3.11.1988, BFH/NV 1989, 384.
9) FG Düsseldorf, 29.1.1999, X E 1/88, EFG 1999, 583.
10) BFH v. 12.8.1996, I R 20/95, BFH/NV 1997, 136; FG Hamburg v. 31.10.1997, II 106/96, EFG 1998, 409.

- Steueränderung und Veränderung des ungemildert mit 56 % Körperschaftsteuer belasteten Teilbetrags (Regelfall mit Faktor 0,4).[1]
- Der Streitwert einer Klage gegen die gesonderte Feststellung des verwendbaren Eigenkapitals gem. § 47 Abs. 1 KStG mit dem Ziel der Erhöhung des EK 04 beträgt 10 % des geltend gemachten Erhöhungsbetrags.[2]
- Bei Streit über Höhe der nach § 47 Abs. 2 KStG rechtsverbindlich festgesetzten Verluste ist der Streitwert 10 % der streitigen Verlustbeträge.[3]
- Steuerabzugsbetrag gem. § 9 Abs. 1 DB StÄndG DDR ist zu berücksichtigen.[4]
- Sonderregelungen = § 52 Abs. 2 GKG i.H.v. 5 000 €.[5]

Gesonderte Feststellung des verbleibenden Großspendenvortrags

Der Streitwert eines auf die gesonderte Feststellung eines verbleibenden Verlustabzugs zur **Einkommensteuer** gerichteten Verfahrens beträgt in Anlehnung an die Streitwertberechnung in Verfahren wegen einheitlicher u. gesonderter Gewinnfeststellung 25 %.[6]

Gesonderte Feststellung von Verlusten nach § 180 Abs. 1 Nr. 2b AO

Der Streitwert einer Klage gegen einen gesonderten Feststellungsbescheid nach § 180 Abs. 1 Nr. 2b AO richtet sich nach dem erkennbaren (evtl. zu schätzenden) steuerlichen Auswirkungen. Werden negative Einkünfte festgestellt, die sich erkennbar nicht im Verlustentstehungsjahr und gem. § 10d Abs. 1 EStG in den zwei vorangegangenen Jahren, sondern gem. § 10d Abs. 2 EStG in den folgenden, zeitlich nicht eingrenzbaren VZ auswirken, ist die steuerliche Auswirkung auf 10 % der festgesetzten Verluste zu schätzen.[7]

Gesonderte Feststellung des verbleibenden Verlustabzugs

Der Streitwert eines auf die gesonderte Feststellung eines verbleibenden Verlustabzugs zur ESt gerichteten Verfahrens beträgt regelmäßig 10 % des streitigen Verlustbetrags.[8]

Bei der Feststellung eines verbleibenden Verlustabzugs zur **Körperschaftsteuer** gilt derselbe Prozentsatz.[9] Wird über die **Feststellung des verrechenbaren Verlustes** gem. § 15a Abs. 4 EStG gestritten, wird der Streitwert mit 10 % angesetzt.[10] Der Streitwert für die Feststellung des vortragsfähigen **Gewerbeverlustes** beträgt 10 % der auf den Verlust entfallenden mutmaßlichen Gewerbesteuer (streitiger Verlust × 10 % × Steuermesszahl × Hebesatz).[11] Steht dagegen fest, dass sich der streitige Betrag in voller Höhe bei der Gewerbesteuer auswirkt, so ist die volle Gewerbesteuer anzusetzen.[12]

1) FG Düsseldorf v. 22.5.1981, I 506/80 F, EFG 1981, 591.
2) Sächsisches FG v. 10.8.2001, 5 K 1731/98, EFG 2001, 993.
3) BFH v. 18.5.1983, I R 263/82, BStBl II 1983, 602; Sächsisches FG v. 10.8.2001, 5 K 1731/98, EFG 2001, 993.
4) FG Mecklenburg-Vorpommern v. 12.10.1994, I 228/93, EFG 1995, 338, mit weiteren Ausführungen zum StÄndG der DDR.
5) FG Düsseldorf v. 9.2.1994, 6 K 7739/91 F, EFG 1994, 714.
6) FG Düsseldorf v. 30.1.2003, 7 K 2426/00 F, EFG 2003, 646.
7) FG Düsseldorf v. 25.7.2003, 11 K 3813/99 F, EFG 2003, 1731–1732.
8) A.A. FG Düsseldorf v. 12.10.1995, 14 K 2199/93 F, EFG 1996, 158.
9) BFH v. 18.5.1983, I R 263/82, BStBl II 1983, 602.
10) BFH v. 5.12.1996, IV R 2/95, BFH/NV 1997, 350.
11) FG Baden-Württemberg v. 12.4.1999, 8 K 31/98.
12) FG München v. 9.6.1999, 2 K 3354/97, EFG 1999, 1156.

Gesonderte Feststellung von Besteuerungsgrundlagen

Maßgeblich für die Streitwertbestimmung bei der gesonderten Gewinnfeststellung sind grundsätzlich die konkreten einkommensteuerlichen Auswirkungen.[1] Sind die tatsächlichen Auswirkungen nicht zu ermitteln, ist der Streitwert grundsätzlich (s. insoweit auch Ziffer 12 Buchst. a 2. Abs.) mit 25 % des streitigen Betrags der Einkünfte anzusetzen.[2]

Gesonderte Feststellung der Steuerpflicht von Zinsen aus Kapitallebensversicherungen

Der Streitwert bei der gesonderten Feststellung der Steuerpflicht von Zinsen auf Kapitallebensversicherungen gem. § 9 VO zu § 180 Abs. 2 AO kann mit 10 % der Versicherungssumme angesetzt werden.[3]

Gesonderte Feststellung nach § 18 AStG

Unter Berücksichtigung der Anzahl der Mitglieder der Erbengemeinschaft und der Anzahl der Streitjahre ist der Wert zu schätzen mit etwa 25 %, unter bestimmten Voraussetzungen ist der Streitwert auch höher.[4]

Gesonderte Gewinnfeststellung

Anzusetzen ist die streitige Einkommensteuer.[5] Lässt sich die streitige Einkommensteuer nicht aus einer Veranlagung entnehmen, dann ist sie, falls der dazu erforderliche Zeitaufwand zumutbar erscheint, aus dem Stand der Steuerakten festzustellen.[6]

Gesonderte und einheitliche Feststellung von Besteuerungsgrundlagen

a) Allgemeine Grundsätze

Im Verfahren der gesonderten und einheitlichen Gewinnfeststellung bemisst sich der Streitwert nach der typisierten einkommensteuerlichen Bedeutung für die Gesellschafter (§ 52 Abs. 1 GKG), die grundsätzlich mit 25 % des streitigen Gewinns oder Verlusts zu bemessen ist, sofern die Feststellung des laufenden, nicht tarifbegünstigten Gewinns streitig ist. Die tatsächlichen einkommensteuerrechtlichen Auswirkungen bei den einzelnen Gesellschaftern werden grundsätzlich nicht ermittelt.[7]

Der Ansatz eines höheren Prozentsatzes kommt in Betracht, wenn ohne besondere Ermittlungen im Gewinnfeststellungsverfahren erkennbar ist, dass der Pauschalsatz von 25 % den tatsächlichen einkommensteuerlichen Auswirkungen nicht gerecht wird.[8]

Die Obergrenze des Pauschalsatzes (z.T. wird in diesen Fällen auch der Mittelwert des Einkommensteuertarifs aus Grund- und Splittingtabelle angesetzt) orientiert sich an dem für das Streitjahr geltenden Höchststeuersatz wie folgt: Veranlagungszeitraum 2000 und älter: 50 %, Veranlagungszeitraum 2001 bis 2003: 45 %, Veranla-

1) BFH v. 21.11.2005, III E 2/05, BFH/NV 2006, 585; v. 10.6.1999, IV E 2/99, BFH/NV 1999, 1608.
2) Streitwertkatalog präzisiert gem. Niedersächsisches FG v. 17.3.2015, 15 K 196/11, EFG 2015, 1023.
3) FG Nürnberg v. 6.11.2002, I 226/2002, EFG 2003, 345.
4) FG Nürnberg v. 25.3.1985, VI 309/84, EFG 1985, 413.
5) BFH v. 10.11.1960, IV 62/60, BStBl III 1961, 95.
6) BFH v. 20.5.1965, IV 195/63, BStBl III 1965, 462.
7) BFH v. 14.4.2016, IV E 1/16, BFH/NV 2016, 1066; v. 29.11.2012, IV E 7/12, BFH/NV 2013, 403; v. 18.10.2012, IV S 17/12, BFH/NV 2012, 248; v. 29.2.2012, IV E 1/12, BFH/NV 2012, 1153.
8) BFH v. 22.1.2015, IV S 17/14; v. 31.7.2014, IV E 2/14, BFH/NV 2014, 1766; v. 10.10.2006, VIII B 177/05, BStBl II 2007, 54.

gungszeitraum 2004: 42 %, Veranlagungszeitraum ab 2005: 40 %. Nach § 35 EStG begünstigte gewerbliche Einkünfte führen zu einem weiteren pauschalen Abschlag i.H.v. 5 %.[1]

b) Abweichend von den vorstehend beschriebenen Grundsätzen sind v.a. folgende Sonderfälle zu berücksichtigen

Betrifft die gesonderte und einheitliche Feststellung gewerbliche Einkünfte, ist wegen der Möglichkeit der Anrechnung von Gewerbesteuer nach § 35 EStG bei der Bemessung des typisierten Satzes ein angemessener Abschlag zu machen. Bei Feststellung eines Verlusts ist eine solche Korrektur des Pauschalsatzes allerdings im Regelfall nicht vorzunehmen, weil Bemessungsgrundlage für die Anrechnung der Gewerbesteuermessbetrag ist, der im Fall eines Verlusts jedoch grundsätzlich Null beträgt.[2]

c) Tarifbegünstigter Veräußerungsgewinn

Der Streitwert ist im Regelfall mit 15 % des streitigen Betrags anzusetzen, der bei sehr hohen Veräußerungsgewinnen aber angemessen auf bis zu 25 % angehoben werden kann.[3]

Ist nur die Behandlung eines unstreitig entstandenen Gewinns als tarifbegünstigter Veräußerungsgewinn streitig (sog. Fünftelregelung), ist der Streitwert i.d.R. mit einem Betrag von 10 % anzusetzen, der auf bis zu 20 % angehoben werden kann, wenn Anhaltspunkte dafür bestehen, dass die Feststellungsbeteiligten die Tarifbegünstigung des § 34 Abs. 3 EStG beanspruchen können.[4]

d) Aufhebung eines Gewinnfeststellungsbescheids

Es gelten die unter a) beschriebenen Grundsätze einschließlich der ab dem Veranlagungszeitraum 2001 zu berücksichtigenden Obergrenzen. Beschränkt sich der Streit auf die gemeinschaftliche Einkünfteerzielung oder formelle Mängel, ist der Streitwert mit 10 % des festgestellten Gewinns anzusetzen.

e) Verluste bzw. Verlustanteile bei Abschreibungsgesellschaften oder Bauherrengemeinschaften

50 % des streitigen Verlustbetrags;[5] ab Veranlagungszeitraum 2001 sind die oben unter a) aufgelisteten Obergrenzen zu beachten.

f) Einkünfteverteilung

Bei Streit nur über die Einkünfteverteilung: 25 % der laufenden bzw. 15 % der tarifbegünstigten Einkünfte;[6] bei zusammen veranlagten Ehegatten sind 10 % der laufenden bzw. 5 % der tarifbegünstigten Einkünfte anzusetzen.[7]

g) Einkünftequalifizierung 25 % der im Wege der Umqualifizierung begehrten Freibeträge oder Freigrenzen

Ergeben sich aus der begehrten Umqualifizierung keine einkommensteuerrechtlichen Auswirkungen, beträgt der Streitwert 1 % der umzuqualifizierenden Einkünfte.

1) BFH v. 14.4.2016, IV E 1/16, BFH/NV 2016, 1066; v. 10.10.2006, VIII B 177/05, BStBl II 2007, 54.
2) BFH v. 12.11.2015, IV E 8/15, BFH/NV 2016, 221.
3) BFH v. 6.4.2016, IV E 9/15, BFH/NV 2016, 1063; v. 17.11.2011, IV S 15/10, BStBl II 2012, 246; v. 14.2.2007, IV E 3/06, BFH/NV 2007, 1155.
4) BFH v. 17.11.2011, IV S 15/10, BStBl II 2012, 246.
5) BFH v. 11.5.2007, IX E 12/07, BFH/NV 2007, 1528; v. 22.1.2001, IV S 10/00, BFH/NV 2001, 806.
6) BFH v. 6.9.2001, VIII S 6/01, BFH/NV 2002, 207.
7) BFH v. 12.8.1987, IV E 3/87, BFH/NV 1988, 657.

Gesonderte und einheitliche und Feststellung des gemeinen Werts der Anteile an der Gesellschaft

Anzusetzen sind die vermögensteuerlichen Auswirkungen.[1] Nach Wegfall der Vermögensteuer sind lediglich Bedarfsfeststellungen für die Erbschaftssteuer denkbar.

Entgegen älterer Rechtsprechung: Streitiger Wertunterschied aller durch den Feststellungsbescheid betroffenen Anteile.[2]

Gesonderte und einheitliche Feststellung von Besteuerungsgrundlagen wegen Beteiligung an einer Kapitalanlage

Der Streitwert richtet sich in Verfahren einer einheitlichen und gesonderten Gewinnfeststellung nicht nach der tatsächlichen, sondern nach der typisierten einkommensteuerlichen Bedeutung. Grundsätzlich ist von einem pauschalen Satz i.H.v. 25 % des streitigen Gewinns bzw. Verlusts auszugehen. Dieser Pauschalsatz kann auch typisierend verändert werden, wenn erkennbar erscheint, dass bei den Gesellschaftern die steuerliche Auswirkung hiervon deutlich abweicht.[3]

Bei der Beteiligung an einer Verlustzuweisungsgesellschaft kann der Streitwert mit 50 % des streitigen Betrags bemessen werden. Im Streitfall wurde in einem Klageverfahren wegen gesonderter und einheitlicher Feststellung von Besteuerungsgrundlagen wegen Beteiligung zweier offenbar in sehr guten Einkommensverhältnissen lebenden Stpfl. an einer Kapitalanlage auf Grund des besonderen Interesses an den Verlustzuweisungen der Streitwert mit 50 % es streitigen Betrages bemessen. Ist ein an der Kapitalanlage Beteiligter von dem Ausgang des Verfahrens einkommensteuerlich nicht betroffen, weil seine Steuerschuld abschließend und endgültig durch eine Selbstanzeige nach dem Strafbefreiungserklärungsgesetz festgelegt worden ist, sind bei der Streitwertfestsetzung nur die streitigen Beträge, die den anderen Beteiligten betreffen, zu berücksichtigen.[4]

Gewerbesteuer

Streitwert ist der streitige Steuermessbetrag, vervielfacht mit dem für das betreffende Jahr geltenden Hebesatz der zuständigen Gemeinde.[5] Bei begehrter Feststellung getrennter statt einheitlicher Gewerbesteuermessbeträge für verschiedene Firmen ist Streitwert der Unterschied zwischen dem einheitlich festgesetzten Gewerbesteuermessbetrag und den gesondert festzusetzenden Beträgen laut Klagebegehren, vervielfacht mit dem Hebesatz.[6] Ist im Zerlegungsverfahren der streitige Messbetrag auf Gemeinden mit verschieden hohen Hebesätzen zu verteilen, so ist der Streitwert überschlägig zu berechnen.[7] Im Verfahren gegen den Steuermessbescheid ergibt sich der Streitwert aus dem Unterschied zwischen dem festgesetzten und dem erstrebten Steuermessbetrag, vervielfacht mit dem Hebesatz der zuständigen Gemeinde.[8]

Behauptet die Klägerin (Organgesellschaft) in dem gerichtlichen Verfahren das Bestehen eines Organschaftsverhältnisses und begehrt sie deshalb die Aufhebung der festgesetzten Gewerbesteuer, so ist streitbefangen die gesamte Gewerbesteuer, die sich auf Grund des festgesetzten Gewerbesteuermessbetrags ergibt. Die ggf. notwendige anderweitige Festsetzung des Gewerbesteuermessbetrags für den Organträger beeinflusst den Wert des Streitgegenstandes für dieses Verfahren

1) BFH v. 28.4.1983, III R 136/82, BStBl II 1983, 506.
2) BFH v. 23.10.1964, III 365/61 U, BStBl III 1965, 64.
3) FG des Saarlandes v. 2.5.2013, 1 K 1442/10, EFG 2013, 1168.
4) FG des Saarlandes v. 2.5.2013, 1 K 1442/10, EFG 2013, 1168.
5) BFH v. 26.9.2011, VIII E 3/11, BFH/NV 2012, 60 f.
6) BFH v. 25.10.1963, VI 342/62, HFR 1964, 86.
7) RStBl 1937, 1231.
8) BFH v. 7.5.1965, VI 356/62, BStBl III 1965, 483.

nicht.[1] Begehren dagegen zwei OHGs in einer Klage (Klagehäufung), die gewerbesteuerlich als Einheit behandelt wurden, die Festsetzung getrennter Gewerbesteuermessbeträge, so besteht ihr steuerliches Interesse (Streitwert) in dem Unterschied zwischen dem einheitlich festgesetzten Gewerbesteuermessbetrag und den gesondert festgesetzten Beträgen, vervielfacht mit dem Hebesatz.[2] Ergibt sich kein Unterschied so ist § 52 Abs. 2 GKG maßgebend. Ist im Zerlegungsverfahren der streitige Messbetrag auf Gemeinden mit verschieden hohen Hebesätzen zu verteilen, so ist der Streitwert dergestalt zu berechnen, dass das Verhältnis der Hebesätze zueinander unter Berücksichtigung der Anteile am Gewerbesteuermessbetrag zu Grunde gelegt wird.[3] Klagt eine Gemeinde, so ist die auf sie entfallende streitige Gewerbesteuer maßgebend.[4]

Bei der Verlustfeststellung nach § 10a GewStG bemisst sich der Wert auf 10 % des streitigen Verlusts.[5]

Gewerbesteuerlicher Verlustvortrag

Es sind im Wege der Schätzung die Auswirkungen auf die Gewerbesteuer in den Folgejahren (10 % des streitigen Verlusts) als Streitwert bei einem Streit um die Höhe des vortragsfähigen Gewerbeverlusts anzusetzen.[6]

Verlagerung in ein Folgejahr: Wird ein GewSt-Messbescheid mit dem Ziel angefochten, den Messbetrag herabzusetzen, um die steuerliche Auswirkung in ein Folgejahr zu verlagern, so ist der Streitwert der Saldo aus der GewSt der betroffenen Jahre.

Wird auch der Bescheid für das Folgejahr angegriffen mit dem Antrag, den Messbetrag entsprechend zu erhöhen, so sind die jeweiligen Streitwerte zu addieren.

Werden weitere Bescheide (z.B. gesonderte Feststellung des vortragsfähigen Verlustes, Einheitswert des Betriebsvermögens) angegriffen, so ist das sich aus jedem einzelnen Bescheid ergebende wirtschaftliche Interesse als Streitwert zu den Streitwerten der übrigen angegriffenen Bescheide zu addieren.

Gewerbesteuermessbetrag für Vorauszahlungszwecke

Der Streitwert für eine Anfechtungsklage gegen einen Gewerbesteuermessbescheid für Zwecke der Vorauszahlungen bemisst sich nach dem Jahreswert der Vorauszahlungen. Das gilt auch nach Einführung des § 52 Abs. 3 Satz 2 GKG durch das 2. KostRMoG[7] mit Wirkung ab dem 1.8.2013.[8]

Gewinnverteilung

Ist streitig, in welcher Höhe der Gewinn einer Personengesellschaft einzelnen Gesellschaftern steuerrechtlich zuzurechnen ist, beträgt der Streitwert 25 % des Teils des Gewinns, um dessen Verteilung gestritten wird.[9] Auf Grund der Tarifänderungen ist folgende Staffelung vertretbar:

1) BFH v. 26.4.1978, I B 1/78, BStBl II 1978, 463.
2) BFH v. 25.10.1963, VI 342/62, HFR 1964, 86.
3) BFH v. 28.1.1986, VII E 7/85, BFH/NV 1986, 424.
4) BFH v. 10.5.1993, I R 137/90, BFH/NV 1994, 55.
5) BFH v. 28.12.2009, IV E 1/09, BFH/NV 2010.
6) BFH v. 28.12.2009, IV E 1/09, BFH/NV 2010, 666; v. 13.5.2013, I E 4/13, BFH/NV 2013, 1449.
7) Zweites Gesetz zur Modernisierung des Kostenrechts (2. Kostenrechtsmodernisierungsgesetz – 2. KostRMoG) v. 23.7.2013, BGBl. I 2013, 2586.
8) FG Hamburg v. 19.3.2015, 3 K 157/14.
9) BFH v. 6.9.2001, VIII S 6/01, BFH/NV 02, 207.

	laufende Einkünfte	begünstigte Einkünfte
bis 1998	25 %	15 %
in 1999	25 %	25 %
in 2000	20 %	20 %
ab 2001	20 %	10 %

Grundbesitzwert

Die Bedeutung der Sache liegt bei einem Streit über die Höhe des Grundbesitzwerts als Bemessungsgrundlage der ErbSt in der betragsmäßigen Auswirkung, welche die begehrte Herabsetzung des Grundbesitzwerts im Falle eines Erfolges der Klage auf die Höhe der ErbSt hätte.

Die Aufhebung eines angefochtenen Bescheides aus formellen Gründen rechtfertigt keine Schätzung des Streitwerts auf 10 % der steuerlichen Auswirkung, wenn der Klageantrag auf die ersatzlose Aufhebung eines Bescheides aus materiellen Gründen gerichtet war.[1)]

→ *Einheitsbewertung, Bedarfswertfeststellung*

Grunderwerbsteuer

Streitwert ist der streitige Steuerbetrag unter Berücksichtigung der Zuschläge zur Grunderwerbsteuer.[2)] Bei gemeinschaftlicher Klage von Eheleuten, ist Streitwert die Summe der beiden Streitwerte.[3)] Beispielhaft sei hier der Fall genannt, dass Eheleute bei gemeinschaftlichem Erwerb eines Grundstücks durch getrennte Bescheide zur Grunderwerbsteuer herangezogen wurden. Die angesetzten Zinsen sind Bestandteil des Streitwerts.[4)] Bei gemeinschaftlicher Klage von Eheleuten setzt das Finanzamt wegen Wegfalls der Steuerbefreiung mit Wirkung für die Vergangenheit nach dem früheren Grunderwerbsteuer/Eigentumswohnungsgesetz mit zwei Bescheiden (auch auf einem Papier) Grunderwerbsteuer und Zinsen fest, so rechnen bei einer Klage gegen beide Bescheide auch die festgesetzten Zinsen zum Streitwert.[5)] Das heißt, wenn nur der Grunderwerbsteuerbescheid angegriffen wurde, so ist der Streitwert nur die strittige Steuer als solche.

Grundlagenbescheid

Streiten die Beteiligten nur um die Berechtigung zur gesonderten und einheitlichen Feststellung von Einkünften, ohne dass die steuerliche Erfassung der festzustellenden Einkünfte in einem Einkommensteuer-(Folge-)Bescheid materiell streitig ist, so ist der Streitwert – auch im Verfahren über die Aussetzung der Vollziehung – mit 5 000 € zu bemessen.[6)]

Anmerkung: Der Streitwert beträgt 5 000 € (Auffangwert gem. § 52 Abs. 2 GKG). Zwar ist für die Ermittlung des Streitwerts bei der Anfechtung von ESt-Bescheiden regelmäßig die Differenz zwischen dem festgesetzten und dem angestrebten Steuerbetrag maßgebend.[7)] Es besteht die Besonderheit, dass im Verfahren die gesonderte und einheitliche Feststellung negativer Einkünfte aus Gewerbebetrieb begehrt wurde. Es geht in der Sache darum, die Verluste einmal – unmittelbar oder mittelbar

1) Vgl. FG Düsseldorf v. 6.9.2004, 11 K 4618/03, EFG 2005, 65.
2) RStBl 1940, 985.
3) BFH v. 9.11.1983, II R 157/81, BStBl II 1984, 204.
4) FG Saarland v. 26.10.1992, 2 S 128/92, EFG 1993, 252.
5) BFH v. 31.5.1995, II S 8/95, BFH/NV 1996, 165.
6) FG Hamburg v. 1.7.1999, V 70/99, EFG 1999, 1157.
7) Vgl. Brandis in Tipke/Kruse, Vor § 153 FGO Rz. 184.

über die einheitliche und gesonderte Gewinnfeststellung – bei der Einkommensteuer berücksichtigen zu können.

Soweit die Rechtsprechung für ein Verfahren, das sich gegen einen ESt-Bescheid richtet und in dem lediglich Einwendungen gegen gesondert festgestellte Besteuerungsgrundlagen i.S.d. § 351 Abs. 2 AO erhoben werden, die zugleich Gegenstand eines anhängigen Verfahrens gegen den Grundlagenbescheid sind, einen Streitwert von 5 % der begehrten ESt-Minderung für gerechtfertigt hält,[1] kann dem nicht gefolgt werden. Er sind keinerlei Anhaltspunkte erkennbar, wie der Pauschsatz von 5 % ermittelt worden ist.[2]

Grundsteuer

Das vierfache der auf den streitigen Messbetrag entfallenden Jahresgrundsteuer.[3] Dies gilt auch für die Streitwertbemessung in den Fällen der Grundsteuervergünstigung nach den Wohnungsbaugesetzen.[4] Wäre die Richtigstellung des Steuermessbetrags auch zum nächsten Feststellungszeitpunkt zulässig und bezieht sich der Streit nur auf das einfache der auf diesen streitigen Steuermessbetrag entfallenden Jahresgrundsteuer, so ist auch der Streitwert nur in dieser Höhe festzusetzen.[5]

Grundsteuerbefreiung

Für den sozialen Wohnungsbau; vgl. wie bei der Grundsteuer.[6]

Grundsteuervergünstigung

Nach dem Wohnungsbauförderungsgesetz; vgl. wie bei der Grundsteuer.[7]

Haftung

Als Streitwert ist die Haftungssumme zu Grunde zu legen, die bei Einlegung des Rechtsmittels noch geschuldet wurde.[8]

Klagen zwei vom FA durch getrennte Bescheide jeweils auf die volle Haftungssumme in Anspruch genommene Haftungsschuldner gemeinsam gegen die erlassenen Bescheide, ist der Streitgegenstand in den beiden Teilverfahren identisch. Die Streitwerte sind zu addieren.[9]

Haftungsbescheide

Der Streitwert entspricht der Haftungssumme, z.B. bei Haftungsbescheid betreffend Lohnsteuer und Kirchensteuer die Haftungssumme dieser beiden Steuern.[10] Wenn Klagen mehrerer Gesellschafter gegen die Haftungsbescheide in gleicher Höhe (insgesamt einer einzigen Haftungsschuld) anhängig sind, in einem Verfahren auf deren Aufhebung, bemisst sich der Streitwert nach der Höhe ihrer einzelnen Haftungsschuld.[11] Klagen zwei durch getrennte Bescheide auf die volle Haftungssumme in Anspruch genommene Haftungsschuldner gemeinsam gegen die Bescheide, liegt kein identischer Streitgegenstand vor und damit sind die Werte zu addieren.[12]

---

1) FG Düsseldorf v. 17.12.1993, 14 K 154/87, EFG 1994, 268, unter Hinweis auf BFH v. 22.7.1983, VI E 1/83.
2) FG Düsseldorf v. 28.4.2010, 11 K 2973/08 E.
3) BFH v. 19.9.1952, III 159/52 U, BStBl III 1952, 283.
4) BFH v. 25.5.1962, III 60/62 U, BStBl III 1962, 358 = BStBl III 1963, 151.
5) BFH v. 19.9.1952, III 159/52, BB Beilage 8/1969, 10 = BStBl III 1952, 283.
6) BFH v. 10.8.1962, III 211/61, HFR 1963, 151.
7) BFH v. 25.5.1962, III 60/62 U, BStBl III 1962, 358.
8) BFH v. 13.12.1963, VI 221/61, BStBl III 1964, 106.
9) FG Düsseldorf v. 29.1.1999, 7 Ko 6835/98, EFG 1999, 583.
10) BFH v. 22.10.1971, III B 12/71, BStBl II 1972, 181.
11) FG Münster v. 8.3.1978, V 1599/76, EFG 1978, 475.
12) FG Düsseldorf v. 29.1.1999, 7 Ko 6835/98, EFG 1999, 583.

Haupt- und Hilfsantrag

Es ist grundsätzlich der weitergehende Antrag maßgebend.[1] Bei verschiedenen Streitgegenständen, über die vom Gericht auch jeweils entschieden wird, sind die Einzelstreitwerte zusammen zu rechnen.[2]

Herabsetzung bei gleichzeitiger Erhöhung der Steuer

Begehrt ein Kläger mit der Anfechtungsklage gegen einen Steuerbescheid in einem Streitpunkt eine Erhöhung der Steuer und in einem anderen Streitpunkt eine Herabsetzung der Steuer, so sind zur Ermittlung des Streitwerts der Betrag der Erhöhung und der Betrag der Herabsetzung nicht zu saldieren sondern zu addieren.[3]

Hinterziehungszinsen

Streitwert ist der strittige Zinsbetrag.

Hypothekengewinnabgabe

Der Streitwert bemisst sich nach dem Ablösungswert; die frühere anderslautende Rechtsprechung ist aufgegeben.[4] Der für den Ablösungswert maßgebende Vervielfältiger ist in allen Fällen der Ablösungstabelle zu entnehmen.

Insolvenzverfahren

Der Streitwert für einen Antrag auf Rücknahme des Insolvenzantrags ist mit 50 000 € zu schätzen.[5]

In einem Verfahren des einstweiligen Rechtsschutzes, in dem ein Anspruch des Antragstellers auf Rücknahme eines vom Finanzamt gestellten Antrags auf Eröffnung des Insolvenzverfahrens streitig ist, folgt das FG Düsseldorf insoweit der Rechtsprechung des BFH, der in vergleichbaren Verfahren wegen Vorlage eines Vermögensverzeichnisses und Abgabe der eidesstattlichen Versicherung gem. § 284 der Abgabenordnung (AO) mehrfach ausgeführt hat, dass der Steuerrückstand, aus dem vollstreckt wird, einen Anknüpfungspunkt für das finanzielle Interesse bildet, das der Kläger mit dem von ihm betriebenen Verfahren verfolgt. Wegen der Nichtvorhersehbarkeit, ob und in welchem Ausmaß spätere Vollstreckungsmaßnahmen Erfolg haben werden, hat er den Streitwert regelmäßig mit 50 % der rückständigen Steuerbeträge angenommen.[6] Im Verfahren wegen eines Antrags auf Eröffnung des Insolvenzverfahrens bietet der Rückstand der Abgaben ebenfalls einen Anhaltspunkt für das finanzielle Interesse, das der Antragsteller mit dem von ihm betriebenen Verfahren verfolgt. Mit dem Begehren, das Finanzamt zur Rücknahme des Antrags zu bewegen, geht es dem Schuldner nämlich nicht nur allgemein darum, ein für ihn unangenehmes Insolvenzverfahren abzuwenden. Vielmehr will er auch eine Befriedigung des Gläubigers im Rahmen des Insolvenzverfahrens verhindern. Vor diesem Hintergrund ist die rückständige Abgabenschuld zumindest ein tragfähiger Anknüpfungspunkt für das zu beziffernde finanzielle Interesse, so dass für den Ansatz eines Auffangstreitwerts von 5 000 € (§ 52 Abs. 2 GKG) kein Raum ist.[7]

Im Hinblick auf die Ungewissheit, dass im Zeitpunkt der Antragstellung durch das Finanzamt nicht vorauszusehen ist, ob der Insolvenzantrag den Schuldner bewegt,

---

1) BFH v. 8.6.1988, IX E 4/87, BFH/NV 1989, 43.
2) BFH v. 23.9.2003, IX E 10/03, BFH/NV 2004, 77.
3) BFH v. 19.5.1971, I B 9/71, BStBl II 1971, 691.
4) BFH v. 13.10.1967, III 25/63, BStBl II 1968, 182.
5) FG Sachsen-Anhalt v. 15.5.2013, 3 K 1339/12, EFG 2013, 1697.
6) BFH v. 20.4.1993, VII E 8/92, BFH/NV 1994, 118.
7) Ebenso FG Düsseldorf v. 5.2.2008, 8 Ko 249/08 GK, EFG 2008, 642; Brandis in Tipke/Kruse, Vor § 135 FGO Rz. 214, 270; a.A. FG des Saarlandes v. 2.6.2004, 1 K 437/02; Schwarz in Hübschmann/Hepp/Spitaler, 139 FGO Anm. 298a; Ruban in Gräber, 6. Aufl., 2006, Vor § 135 FGO Rz. 35 „Insolvenzverfahren".

die Abgabenschuld zu tilgen, oder ob die Eröffnung des Insolvenzverfahrens mangels Masse abgelehnt wird, oder mit welcher Quote das Finanzamt im Fall der Insolvenzeröffnung befriedigt werden wird, ist der Streitwert regelmäßig auf einen Bruchteil von 50 % der Abgabenrückstände zu bemessen.[1]

Ein weiterer Abschlag dafür, dass es sich im Streitfall um ein Verfahren des einstweiligen Rechtsschutzes handelt, hält das FG Düsseldorf nicht für gerechtfertigt. Zwar ist üblicherweise in Verfahren des einstweiligen Rechtsschutzes ein Abschlag auf den Streitwert in der Hauptsache vorzunehmen.[2] Im Streitfall hätte der Senat jedoch, wenn er über den Antrag hätte entscheiden müssen, die Entscheidung in der Hauptsache vorweggenommen. Diese Vorwegnahme der Entscheidung in der Hauptsache wäre zulässig und geboten gewesen, da anderenfalls kein effektiver Rechtsschutz durch die Finanzgerichtsbarkeit hätte gewährt werden können. Nach Ergehen des Eröffnungsbeschlusses durch das Amtsgericht wären nämlich vollendete Tatsachen geschaffen worden, die in einem Hauptverfahren nicht mehr korrigierbar gewesen wären.[3] Dies rechtfertigt es, auch im einstweiligen Rechtsschutzverfahren den Streitwert des Hauptsacheverfahrens anzusetzen.[4]

Insolvenzverfahren / Eröffnung

Der Wert der Beschwerde des Schuldners gegen die Eröffnung des Insolvenzverfahrens bestimmt sich nach dem Wert der Insolvenzmasse zur Zeit der Beendigung des Insolvenzverfahrens.[5]

Der Streitwert auf Grund einer gerichtlichen Überprüfung eines Antrages auf Eröffnung des Insolvenzverfahrens bemisst sich dann nach § 13 Abs. 1 Satz 2 GKG (Auffangwert), wenn es im Verfahrensstadium der Antragstellung ungewiss ist, ob das Insolvenzverfahren überhaupt eröffnet wird und zu welchen Ergebnis das Insolvenzverfahren führen wird.[6]

Andere Auffassung: Der Streitwert richtet sich nach der zu erwartenden Insolvenzquote. Ist nicht mit einer Insolvenzquote zu rechnen, ist für die Streitwertfestsetzung die niedrigste Wertstufe anzusetzen.[7]

siehe auch: Konkursfeststellungsklage

Investitionshilfe

Im Rechtsstreit um einen Erlass beträgt der Streitwert 50 %, um die Stundung 10 % des Aufbringungsbetrags.[8]

Investitionszulage

Streitwert ist die laut Antrag strittige Zulage als solche ohne evtl. Nebenforderungen wie z.B. bei der Rückforderung angesetzter Zinsen.[9] Im Rechtsstreit über Investitionszulage für mehrere verschiedene Wirtschaftsgüter können zu Unrecht gewährte Investitionszulagen nicht mit zu Unrecht versagter Investitionszulage saldiert werden.[10]

1) FG Düsseldorf v. 5.2.2008, 8 Ko 249/08, EFG 2008, 642.
2) Brandis in Tipke/Kruse, Vor § 135 FGO Rz. 185.
3) FG Köln v. 26.6.2008, 6 V 973/08, EFG 2009, 870.
4) FG Düsseldorf v. 23.8.2010, 11 V 4410/09 AE(KV).
5) OLG Köln v. 21.1.2002, 2 W 255/01, ZInsO 2002, 937.
6) FG des Saarlandes v. 2.6.2004, 1 K 437/02.
7) FG Düsseldorf v. 22.9.2000, 14 K 2809/00 U.
8) BFH v. 9.12.1954, IV 437/53, BStBl III 1955, 56.
9) BFH v. 10.8.1984, III R 77/84.
10) BFH v. 14.1.1975, VIII R 241/72, BStBl II 1975, 385.

Kindergeld

Der Streitwert in einem Verfahren wegen Aufhebung einer Kindergeldfestsetzung von unbestimmter Dauer bemisst sich grundsätzlich nach dem Jahresbetrag des Kindergeldes; bis zur Einreichung der Klage zu zahlende Kindergeldbeträge sind hinzuzurechnen.[1] Jedoch sind lediglich fällige Beträge hinzuzurechnen. Wird ein Kindergeldantrag abgelehnt und um die Festsetzung erstmalig gestritten, kommt eine Erhöhung nicht in Betracht.[2]

Anderer Ansicht: Der Streitwert berechnet sich bei Kindergeldklagen nach der Summe aus den bis zur Klageerhebung zu zahlenden Kindergeldbeträgen und dem für die ersten zwölf Monate nach Einreichung der Klage zu zahlenden Betrag. Dies gilt unabhängig davon, ob es sich um eine Anfechtungsklage nach Aufhebung einer Kindergeldfestsetzung oder eine Verpflichtungsklage nach Ablehnung einer erstmaligen Kindergeldfestsetzung handelt.[3]

Es gibt keinen Berechnungsunterschied zwischen Ablehnung einer Kindergeldfestsetzung und „Aufhebung" einer Kindergeldfestsetzung.[4]

Wird das Kindergeld für einen bestimmten Zeitraum, der kürzer oder länger als zwölf Monate sein kann, begehrt, so ist für die Streitwertberechnung die Summe des auf diesen Zeitraum entfallenden Kindergeldes maßgebend.[5] Die familienbezogenen Anteile beamtenrechtlicher Bezüge sind hierbei aber nicht zu berücksichtigen.[6] Des Weiteren ist bei der Streitwertberechnung nur auf die Höhe des Kindergeldes für dasjenige Kind abzustellen, dessen Kindergeldanspruch unmittelbar streitbefangen war. Mittelbare Auswirkungen auf das Kindergeld für andere Zahl – oder Zählkinder bleiben dabei außer Betracht.[7] Speziell in einem Verfahren wegen Aufhebung einer Kindergeldfestsetzung von unbestimmter Dauer bestimmt sich der Streitwert grundsätzlich nach einem Jahresbetrag des erstrebten Kindergeldes zuzüglich des bei Einreichung der Klage bereits aufgelaufenen Rückstandes an fälligem Kindergeld.[8] Ist streitig, ob einer Person Kindergeld zusteht, bemisst sich der Streitwert nach der Höhe des maßgeblichen Kindergeldes im Zeitpunkt der Klageerhebung und der Dauer des Bewilligungszeitraums. Ist ein bestimmter Zeitraum nicht festzustellen, weil die Bewilligung bis zu einer Änderung der ihr zu Grunde liegenden Verhältnisse fortwirken würde, kann von dem Jahresbetrag des Kindergeldes ausgegangen werden.[9] Wird eine Kindergeldfestsetzung mit Auswirkung für den Zeitraum vor Klageerhebung und über diesen Zeitpunkt hinaus angefochten, so bemisst sich der Streitwert nach dem streitigen Kindergeld für die Zeit vor Klageerhebung zuzüglich des Kindergeldes ab Klageerhebung, das im Normalfall in Höhe eines Jahresbetrags anzunehmen ist.[10] Wird das Kindergeld für einen bestimmten Zeitraum, der kürzer oder länger als 12 Monate sein kann (z.B. Klage gegen Aufhebungsbescheid, da die Einkünfte des Kindes nicht den maßgebenden Jahresbetrag übersteigen),[11] begehrt, so ist für die Streitwertberechnung die Summe des auf diesen Zeitraum entfallenden Kindergeldes nach § 52 Abs. 2 GKG maßge-

1) BFH v. 2.10.2014, III S 2/14, BFHE 247, 119, BStBl II 2015, 37; v. 18.11.2014, V S 13/14, BFH/NV 2015, 346.
2) BFH v. 14.12.2001, VI B 285/01, BFH/NV 2002, 534.
3) Abweichung vom BFH v. 14.12.2001, VI B 285/01, BFH/NV 2002, 534; FG Köln v. 1.12.2004, 10 Ko 4928/04, EFG 2005, 358.
4) FG Düsseldorf v. 27.1.2005, 14 K 4380/03 Kg.
5) Hessisches FG v. 1.8.2000, 03 K 914/00, EFG 2000, 1277.
6) FG Baden-Württemberg v. 24.10.2000, 9 K 205/00, EFG 2002, 235.
7) FG Saarland v. 18.12.1997, 2 K 84/97.
8) BFH v. 24.5.2000, VI S 4/00, BStBl II 2000, 544; vgl. auch Gruber StB 2000, 314 m.w.N.
9) FG Saarland v. 13.2.1997, 2 K 13/97, EFG 1997, 429; FG Düsseldorf v. 17.3.1997, 14 K 7356/96.
10) FG Düsseldorf v. 5.6.2000, 14 K 1182/98 Kg.
11) Hessisches FG v. 28.10.1997, 9 K 5254/97, EFG 1998, 142.

bend.[1] Die familienbezogenen Anteile beamtenrechtlicher Bezüge und sonstige Folgewirkungen sind hierbei aber nicht zu berücksichtigen.[2] Des Weiteren ist bei der Streitwertberechnung nur auf die Höhe des Kindergeldes für dasjenige Kind abzustellen, dessen Kindergeldanspruch unmittelbar streitbefangen war. Mittelbare Auswirkungen auf das Kindergeld für andere Zahl – oder Zählkinder bleiben dabei außer Betracht.[3] Ist der Streitwert für das Einspruchsverfahren zu ermitteln, so beinhaltet dieser die Kindergeldbeträge von dem Zeitpunkt der Versagung des Kindergeldes bis zum Erlass der Einspruchsentscheidung.[4]

Der Streitwert bemisst sich nach dem dreifachen Jahresbetrag des geltend gemachten Anspruchs auf monatliche Kindergeldleistungen, wenn nicht der Gesamtbetrag der geforderten Leistung geringer ist.[5]

Abweichung vom BFH-Beschluss vom 14.12.2001:[6] Der Streitwert berechnet sich bei Kindergeldklagen nach der Summe aus den bis zur Klageerhebung zu zahlenden Kindergeldbeträgen und dem für die ersten zwölf Monate nach Einreichung der Klage zu zahlenden Betrag. Dies gilt unabhängig davon, ob es sich um eine Anfechtungsklage nach Aufhebung einer Kindergeldfestsetzung oder eine Verpflichtungsklage nach Ablehnung einer erstmaligen Kindergeldfestsetzung handelt.[7]

Beispiele der Streitwertbestimmung in Kindergeldsachen:

Die Höhe des Streitwerts richtet sich nach dem Klageantrag, wenn der Kläger hierin die Dauer (Beginn und Ende) der begehrten Kindergeldleistung bzw. den Zeitraum der streitigen Rückforderung ausdrücklich vorgegeben hat oder sich der Rechtsstreit erkennbar (aus den Umständen klar ersichtlich) auf einen bestimmten Zeitraum (insbesondere erstes Kalenderjahr) beschränkt (z.B. bei dem Streit darüber, ob ein volljähriges Kind in einem bestimmten Kalenderjahr die schädliche Einkunftsgrenze überschritten hat). Da es sich bei der Kindergeldfestsetzung um einen (sowohl nach Kindern als auch nach einzelnen Monaten) teilbaren Verwaltungsakt handelt, orientiert sich die Streitwertfestsetzung grundsätzlich an einem präzisen bzw. spätestens in der mündlichen Verhandlung präzisierten Klagebegehren. Bei einer Kindergeldklage auf unbestimmte Dauer sind zusätzlich die erstrebten wirtschaftlichen Vorteile einer gewährenden Entscheidung für die Zukunft pauschal einzubeziehen. Dieser Vorteil wird grundsätzlich mit einem Jahresbetrag des zu gewährenden Kindergelds (bei Ablehnung) bzw. weiterzugewährenden Kindergelds (bei Aufhebung) angesetzt, es sei denn, die Zukunftswirkung ist von vornherein erkennbar auf einen geringeren Zeitraum begrenzt (z.B. wenn das Kind vorher die Altersgrenze erreicht oder seine Ausbildung bzw. einen streitigen Ausbildungsabschnitt vorher beendet). In diesem Fall ist nur dieser Zeitraum zu Grunde zu legen. Bei Sachverhalten, bei denen die Voraussetzungen des Kindergeldanspruchs für jeden einzelnen Monat neu darzulegen und glaubhaft zu machen sind (z.B. einzelne Aktivitäten der Ausbildungssuche), hat die erstrebte Kindergeldgewährung regelmäßig keine Zukunftswirkung. Denn hier wird die Familienkasse über die Kindergeldfestsetzung für Monate nach der Einspruchsentscheidung auf der Grundlage des dann verwirklichten Sachverhalts grundsätzlich unabhängig vom Klageverfahren erneut zu entscheiden haben. Falls einem Klageverfahren nur eine auf einzelne Monate beschränkte Zukunftswirkung zukommt, ist der gehobene Dienst auf richterliche Informationen angewiesen, der Berichterstatter/die Berichterstatterin sollte deshalb in einem Aktenvermerk bzw. im Rahmen eines Verhandlungsprotokolls auf die beschränkte Zukunftswirkung hinweisen; in diesem Fall ist eine förmliche Streitwertfestsetzung regelmäßig entbehrlich.

---

1) Hessisches FG v. 1.8.2000, 3 K 914/00, EFG 2000, 1277.
2) BFH v. 21.1.2003, VIII S 24/02, BFH/NV 2003, 789; FG Baden-Württemberg v. 24.10.2000, 9 K 205/00, EFG 2001, 235.
3) FG Baden-Württemberg v. 18.9.2001, 8 K 315/99.
4) FG Baden-Württemberg v. 16.1.2001, 5 Ko 4/00, JurB 2001, 480.
5) FG Hamburg v. 11.3.1997, I 154/96, EFG 1997, 906.
6) BFH v. 14.12.2001, VI B 285/01, BFH/NV 2002, 534.
7) FG Köln v. 1.12.2004, 10 Ko 4928/04, EFG 2005, 636.

Im Einzelnen gilt:

a) (Erstmalige) Festsetzung und Auszahlung

- Bei einem Klageantrag auf **bestimmte Dauer** entspricht der Streitwert dem im Streitzeitraum anfallenden Kindergeld;
- bei einem Klageantrag auf **unbestimmte Dauer** entspricht der Streitwert den vorenthaltenen streitigen Kindergeldbeträgen bis zur Klageerhebung zuzüglich eines Jahresbetrags, es sei denn, der vom Kläger für Monate nach Klageerhebung zu beanspruchende Kindergeldbetrag ist erkennbar geringer als der Jahresbetrag, dann ist der geringere Betrag den bis zur Klageerhebung entstandenen Beträgen hinzuzurechnen.

b) Aufhebung einer Kindergeldfestsetzung

- Bei einem Klageantrag auf **bestimmte Dauer** entspricht der Streitwert dem im Streitzeitraum anfallenden Kindergeld;
- bei einem Klageantrag auf **unbestimmte Dauer** entspricht der Streitwert den bis zur Klageerhebung bereits entstandenen Beträgen zuzüglich eines Jahresbetrags, es sei denn, der vom Kläger im Fall einer Weitergewährung des Kindergelds für Monate nach Klageerhebung zu erwartende Kindergeldbetrag ist erkennbar geringer als der Jahresbetrag, dann ist der geringere Betrag den bis zur Klageerhebung entstandenen Beträgen hinzuzurechnen.

c) Rückforderung von Kindergeld

Der Streitwert entspricht dem streitigen Rückforderungsbetrag.

Betrifft die Klage die Aufhebung und Rückforderung, ist der ggf. höhere Streitwert (für die Aufhebung) anzusetzen – der gegen die Rückforderung gerichtete Klageantrag erhöht den Streitwert nicht, weil es sich insoweit um ein wirtschaftlich identisches Begehren handelt.

d) Abzweigung von Kindergeld

Der Streitwert umfasst den konkret geltend gemachten Abzweigungsbetrag. Wirkt die Abzweigungsentscheidung in die Zukunft, ist grundsätzlich ein Jahresbetrag des abzuzweigenden Kindergelds hinzuzurechnen.

e) Erstattung von Kosten des Vorverfahrens

Zur Berechnung der erstattungsfähigen Kosten des Vorverfahrens ist der Gegenstandswert des Vorverfahrens entsprechend der oben dargestellten Grundsätze anzusetzen. Allerdings entspricht der Gegenstandswert des Vorverfahrens bei Anträgen auf unbestimmte Dauer den bis zur Einspruchserhebung bereits entstandenen Beträgen zuzüglich eines Jahresbetrags, es sei denn, der vom Kläger für Monate nach Einspruchserhebung zu beanspruchende/zu erwartende Kindergeldbetrag ist erkennbar geringer als der Jahresbetrag, dann ist der geringere Betrag den bis zur Klageerhebung entstandenen Beträgen hinzuzurechnen.

Kindergeld / außergerichtliches Vorverfahren über die Kindergeldfestsetzung

Der Rechtsgedanke des § 42 Abs. 5 GKG a.F. (Fassung vor dem FGG-RG v. 17.12.2008) ist auch für die Bestimmung des Gegenstandswertes des außergerichtlichen Vorverfahrens über die Kindergeldfestsetzung anzuwenden mit der Folge, dass als Gegenstandswert die bis zur Einlegung des Einspruchs angefallenen Kindergeldbeträge zuzüglich eines Jahresbetrages des Kindergeldes anzusetzen sind. Nicht gerechtfertigt ist, der Berechnung des Gegenstandswertes die Kindergeldbeträge bis zur Erledigung des außergerichtlichen Vorverfahrens zuzüglich eines Jahresbetrages des Kindergeldes zu Grunde zu legen.[1)]

1) FG Berlin-Brandenburg v. 14.2.2013, 10 K 10305/08, DStRE 2013, 1077.

Kindergeld / Vorauszahlungen

Hinweis:

Die nordrhein-westfälischen Finanzgerichte erheben für Klagen in Kindergeldangelegenheiten seit dem 1.8.2013 keinen „Gebührenvorschuss" mehr. War vor diesem Zeitpunkt auch in Kindergeldstreitigkeiten bei Klageerhebung ein Gebührenvorschuss i.H.v. 220 € fällig, so entfällt dieser jetzt. Damit können Kindergeldberechtigte, die gegen eine aus ihrer Sicht unzutreffende Versagung von Kindergeld durch die Familienkassen klagen wollen, in Nordrhein-Westfalen ohne eine Gebührenvorauszahlung zu ihrem Recht kommen.

Diese Möglichkeit eröffnet das kürzlich in Kraft getretene 2. Kostenrechtsmodernisierungsgesetz.[1] Durch das Gesetz entfällt seither in Kindergeldverfahren der Mindeststreitwert. Auch der in allen anderen Steuerstreitigkeiten grundsätzlich weiterhin bei Klageeinreichung fällige Gebührenvorschuss ist in Kindergeldstreitigkeiten nicht mehr zu zahlen - dies jedenfalls ist die Auffassung der drei nordrhein-westfälischen Finanzgerichte, die die nicht ganz eindeutige gesetzliche Neuregelung damit bürgerfreundlich verstehen und handhaben.

Kirchensteuer

Ist nur zu berücksichtigen, wenn die Höhe der Einkommensteuer nicht streitig ist.[2]

Diese ist nur anzusetzen, wenn ausdrücklich auch Klage wegen Kirchensteuer erhoben und im Urteil deswegen auch die Kirchensteuer herabgesetzt wurde.[3] Ansonsten ist sie als Folgeabgabe zu behandeln (→ *Einkommensteuer*).

Die festgesetzte Kirchensteuer ist der Streitwert, wenn die Kirchensteuer allein strittig ist.

Klageerweiterung

Ändert sich der Streitgegenstand im Laufe einer Instanz infolge einer Klageerweiterung oder einer teilweisen Klagerücknahme, liegen für dieselbe Instanz verschiedene Streitwerte vor.[4]

Klagenhäufung

Einheitlicher Streitwert bei Verbindung mehrerer Klagen eines Klägers[5] oder mehrerer Kläger.[6]

Bei einer subjektiven Klagenhäufung ist das Interesse aller Streitgenossen, soweit es sich nicht um wirtschaftlich identische Streitgegenstände handelt, zusammenzurechnen.[7] Die Höhe der Prozessgebühr bzw. der allgemeinen Verfahrensgebühr richtet sich nach dem Streitwert bei Klageerhebung, selbst wenn die Klage mit einer anderen Klage zur gemeinsamen Verhandlung und Entscheidung verbunden wird. Dies gilt auch bei einem Wechsel des Prozessbevollmächtigten nach der Verbindung.[8] Bei einer **objektiven** Klagehäufung werden die Werte der einzelnen Streitgegenstände addiert.[9]

1) Zweites Gesetz zur Modernisierung des Kostenrechts – 2. Kostenrechtsmodernisierungsgesetz v. 23.7.2013, BGBl. I 2013, 2586.
2) BFH v. 25.8.1955, IV 410/55 U, BStBl III 1955, 298.
3) FG Saarland v. 22.11.1983, II 93/83, EFG 1984, 253.
4) BFH v. 6.6.1984, II R 184/81, BStBl II 1985, 261; OLG Brandenburg v. 23.8.1995, JurB 1996, 589.
5) BFH v. 18.6.1969, I B 8/69, BStBl II 1969, 587.
6) BFH v. 11.4.1962, II 248/60, BStBl II 1962, 320.
7) BFH v. 9.11.1983, II R 157/81, BFHE 139, 357 = BStBl II 1984, 204; BGH v. 23.6.1983, IV a ZR 136/82, NJW 1984, 927, 928.
8) FG Bremen v. 7.1.1997, 2/96/108 Ko 2, EFG 1997, 495 = Stb Heft 8, 317.
9) BFH v. 26.2.1985, IV B 104/84.

Klage ohne Begründung

- In Fällen fehlender Klagebegründung orientiert sich die Höhe des Streitwerts – soweit möglich – zunächst an der Entscheidung im Klageverfahren. Ist die Klage mangels Bezeichnung des Streitgegenstands als unzulässig abgewiesen worden, kommt gem. § 52 Abs. 2 GKG der Auffangwert zum Ansatz. Bei objektiver Klagehäufung → Rz. 957. Begrenzt ist der Auffangwert durch die Höhe der festgesetzten Steuer;[1] als untere Grenze gilt pro Verfahren der Mindeststreitwert (→ Rz. 955). Entsprechendes gilt auch für Steuerarten, bei denen es zur Festsetzung eines Erstattungs-/Rotbetrags (z.B. Umsatzsteuer) kommen kann.
- In Fällen fehlender Klagebegründung, die durch Klagerücknahme oder Hauptsacheerledigung beendet werden, gilt Folgendes:
  - **Fehlender Antrag:** Fehlt ein Klageantrag insgesamt, gilt als Streitwert der Auffangwert gem. § 52 Abs. 2 GKG unter Berücksichtigung der Ober- und Untergrenze (maximal die Höhe der Steuerfestsetzung, mindestens der Mindeststreitwert);
  - **Aufhebung/ersatzlose Aufhebung:** Wird ohne nähere Begründung die Aufhebung/ersatzlose Aufhebung eines Rückforderungsbescheids, eines Haftungsbescheids, eines Zinsbescheids oder eines Bescheids wegen Verspätungszuschlags etc. beantragt, kann dies als eindeutiger Antrag auf Kassation dieser Bescheide gewertet werden. Der Streitwert beträgt damit 100 % der festgesetzten Abgabe;
  - **Steuerbescheide:** Wird ohne nähere Begründung die Aufhebung/ersatzlose Aufhebung eines Steuerbescheids beantragt, ohne dass erkennbar wird, dass der Kläger die Steuerfestsetzung als solche bestreitet, ist dieser Antrag i.d.R. auf eine unbestimmte Herabsetzung der festgesetzten Steuer gerichtet. Somit kommt gem. § 52 Abs. 2 GKG der Auffangwert – allerdings auch hier begrenzt durch die Höhe der festgesetzten Steuer, mindestens jedoch der Mindeststreitwert – in Betracht;[2]
  - **Aufhebung eines Schätzungsbescheids:** Wird die Aufhebung/ersatzlose Aufhebung eines Schätzungsbescheids ohne nähere Begründung beantragt, ist dieser Antrag ebenfalls auf Herabsetzung der festgesetzten Steuer gerichtet, solange keine Anhaltspunkte vorliegen, dass der Kläger die Steuerpflicht als solche bestreitet. Es ist deshalb i.d.R. der Auffangwert (§ 52 Abs. 2 GKG) – allerdings auch hier begrenzt durch die Höhe der festgesetzten Steuer, mindestens jedoch der Mindeststreitwert – anzusetzen;[3]
  - **Besonderheiten bei objektiver Klagehäufung:** In Fällen objektiver Klagehäufung ist bei Fehlen hinreichender Anhaltspunkte gem. § 52 Abs. 1 GKG ein Gesamtstreitwert zu bilden. Bietet der Sach- und Streitstand für die Bestimmung keine genügenden Anhaltspunkte, ist ein Streitwert von 5 000 € gem. § 52 Abs. 2 GKG für das gesamte Verfahren anzunehmen. Hierbei handelt es sich um einen verfahrensbezogenen Auffangstreitwert. § 39 Abs. 1 GKG steht dem nicht entgegen, denn der Auffangstreitwert des § 52 Abs. 2 GKG ist nicht der Wert des einzelnen Streitgegenstands, sondern der Auffangstreitwert des Gesamtverfahrens.

Klageverbindung

Der Gesamtstreitwert ist erst zu bilden, wenn die verschiedenen Verfahren vom Gericht verbunden wurden.[4] Sind aber Klagen verschiedener Kläger, die von ver-

1) Vgl. FG Düsseldorf v. 28.7.2004, 17 K 2960/03.
2) BFH v. 9.4.1990, III E 3/89, BFH/NV 1991, 551.
3) BFH v. 14.11.1985, IX R 58/82, BFH/NV 1986, 295.
4) BFH v. 26.5.2000, XI E 1/00, BFH/NV 2001, 43.

schiedenen Rechtsanwälten vertreten werden nur zur gemeinsamen Verhandlung verbunden worden, so verbleibt es für die Verhandlungsgebühr bei den Einzelstreitwerten.[1] Ansonsten gilt auch bei bloßer „Verhandlungsverbindung" der Gesamtstreitwert (die Gebühr muss dann anteilig auf die jeweiligen Verfahren aufgeteilt werden).

Körperschaftsteuer

→ *Einkommensteuer*

Zum Streitwert bei gesonderter **Feststellung** nach § 47 KStG a.F. vgl. FG Düsseldorf.[2] Bei Klagen gegen den Ansatz **verdeckter Gewinnausschüttung** vgl. FG Saarland.[3] Der Bescheid über die Feststellung des zu versteuernden Einkommens ist Folgebescheid und somit nicht bei der Streitwertberechnung zu berücksichtigen, sofern er nicht eigenständig angegriffen wurde.

Zum Streitwert bei gesonderter Feststellung nach § 47 KStG a.F. → *Gesonderte Feststellung gem. § 47 KStG*. Beim Streit darüber, ob das FA zu Recht eine **verdeckte Einlage** angesetzt hat, ist von einem Streitwert i.H.v. 10 % der streitigen Einlagebeträge auszugehen.[4] Wird die Aufhebung mehrerer auf 0 € lautender Körperschaftsteuerbescheide wegen angeblicher Gemeinnützigkeit beantragt (→ *Gemeinnützigkeit*).

Konkursfeststellungsklage

Ohne Einfluss auf den Streitwert ist ein Konkurs, der erst im Laufe des Rechtsbehelfsverfahrens eintritt. Klagt der Konkursverwalter wegen einer gem. § 251 AO geltend gemachten Forderung so richtet sich der Streitwert nach der zu erwartenden Konkurs-/Insolvenzquote. Ist nicht mit einer Insolvenzquote zu rechnen, ist für die Streitwertfestsetzung die niedrigste Wertstufe anzusetzen.[5]

Der Streitwert im Verfahren wegen Feststellung des Vorrechts im Konkurs bestimmt sich, wenn nach Abschluss des Konkursverfahrens durch Zwangsvergleich die Teilungsmasse feststeht, zumindest nach dem Mehrbetrag, der sich bei der Feststellung des Vorrechts der vom Finanzamt geltend gemachten Forderungen über die Vergleichsquote für einfache Konkursforderungen hinaus ergibt. Die Streitwertermittlung für den Konkursfeststellungsprozess des § 146 KO, richtet sich nur dann nach § 148 KO, wenn Teilungsmasse und Schuldenmasse noch nicht feststehen.[6]

Ist ein Verfahren auf die Rücknahme eines vom Beklagten gestellten Antrags auf Eröffnung des Insolvenzverfahrens gerichtet, so bemisst sich der Streitwert auf 50 % der rückständigen Steuerbeträge.[7]

Im Hinblick auf die Ungewissheit, dass im Zeitpunkt der Antragstellung durch den Beklagten nicht vorauszusehen ist, ob der Insolvenzantrag den Schuldner bewegt, die Abgabenschuld zu tilgen, oder ob die Eröffnung des Insolvenzverfahrens mangels Masse abgelehnt wird, oder mit welcher Quote der Beklagte im Fall der Insolvenzeröffnung überhaupt befriedigt werden kann, ist der Streitwert regelmäßig auf einen Bruchteil von 50 % der Abgabenrückstände zu begrenzen.[8]

1) Thüringer OVG v. 4.8.1998, 2 Vo 386/96, JurB 1998, 639.
2) FG Düsseldorf v. 6.9.1988, 6 K 6/88, EFG 1989, 34; FG Düsseldorf v. 22.5.1981, I 506/80, EFG 1981, 591.
3) FG Saarland v. 31.7.1998, 1 K 172/95, EFG 1998, 1667.
4) FG Saarland v. 31.7.1998, 1 K 172/95, EFG 1998, 1667.
5) FG Düsseldorf v. 22.9.2000, 14 K 2809/00 U.
6) BFH v. 26.11.1987, V R 130/82, BStBl II 1988, 124.
7) BFH v. 20.4.1993, VII E 8/92, BFH/NV 1994, 118.
8) FG Düsseldorf v. 5.2.2008, 8 Ko 249/08, EFG 2008, 642.

Kontrollmitteilungen

Der Streitwert einer Klage gegen die Übersendung von Kontrollmitteilungen des Finanzamts an ausländische Finanzbehörden wird nach § 52 Abs. 2 GKG bemessen.[1]

Kontenpfändung

Wird im Verfahren des vorläufigen Rechtsschutzes gegen eine Forderungspfändung (hier: Kontenpfändung) Aufhebung dieser Pfändung und Rückzahlung des vom Drittschuldner an das Finanzamt überwiesenen Geldbetrags beantragt, kann der Streitwert des Aussetzungsverfahrens dem Wert der Hauptsache gleichkommen.[2]

Kosten

Streitwert, aus dem die Gebühr für einen Beschluss zu errechnen ist, durch den das Gericht nach Erledigung des Rechtsstreits in der Hauptsache über die Kosten entschieden hat, ist der Gesamtbetrag der gerichtlichen und außergerichtlichen Kosten.[3] Wenn eine tatsächliche Verständigung bei Erledigung eines Finanzprozesses nachfolgende Jahre mit umfasst, so wird der Streitwert dennoch nur nach der streitgegenständlichen Steuer und (anders als im Zivil- oder Verwaltungsprozess, Nr. 1653 und 2310 KV GKG) nicht nach den miterledigten Folgejahr – Streitigkeiten festgesetzt, bezüglich derer eine Vertretung gem. § 139 Abs. 3 Satz 3 FGO nicht erstattungsfähig ist.[4]

Kraftfahrzeugsteuer

Bei unbefristeter Steuerfestsetzung (vgl. § 12 Abs. 1 Satz 1 Nr. 1 Kfz-Durchführungsverordnung) ist Streitwert nicht der für einen jeweils gewählten Entrichtungszeitraum maßgebende strittige Steuerbetrag,[5] sondern der auf den regelmäßigen Erhebungszeitraum – das Jahr (§ 13 Abs. 1 KfzStG) entfallende strittige Steuerbetrag.[6]

Wird in den Fällen der §§ 7 und 8 KfzStG Kraftfahrzeugsteuer für einen bestimmten Zeitraum angefordert, so ist Streitwert der angeforderte Steuerbetrag.[7]

Kreditgewinnabgabe

Der Höchstwert des Ablösungswerts des streitigen Teils der Kreditgewinnabgabenschuld.[0]

Lastenausgleichsabgaben

→ *Hypothekengewinnabgabe*, → *Kreditgewinnabgabe*, → *Vermögensabgabe*

Löschungsbewilligung

Bei einer Klage auf Erteilung einer Löschungsbewilligung ist der Streitwert die vom Beklagten geltend gemachte Restforderung zuzüglich 20 % des restlichen Nominalwerts des Grundpfandrechtes, sofern der Kläger nicht konkrete weitere Nachteile für ihn vorträgt.[9]

Lohnsteuerfreibetrag und Jahresausgleich

Maßgebend ist der streitige Betrag.

1) BFH v. 19.11.1985, VII R 95/85, BFH/NV 1986, 419.
2) FG Baden-Württemberg v. 25.10.1999, 09 V 46/99, EFG 2000, 97.
3) FG Baden-Württemberg v. 6.6.1968, I 119/68, EFG 1968, 366.
4) FG Hamburg v. 4.12.2003, III 63/03, EFG 2004, 833.
5) So frühere Rechtsprechung, z.B. BFH v. 26.1.1966, II 135/63, BStBl III 1966, 435.
6) BFH v. 16.1.1974, II R 41/68, BStBl II 1974, 432.
7) BFH v. 19.12.1967, II 17/64, BStBl II 1968, 359.
8) BFH v. 20.5.1955, III 85/54 S, BStBl III 1955, 192.
9) OLG Celle v. 5.9.2000, 4 W 165/00, JurB 2000, 645.

Bei Anträgen auf Erhöhung des steuerfreien Betrages ist Streitwert der Unterschied zwischen der Lohnsteuer, die monatlich ohne Gewährung des beantragten Freibetrags und der Lohnsteuer, die bei Gewährung des beantragten Freibetrags zu zahlen ist, vervielfältigt mit der Zahl der Monate, für die der erhöhte Freibetrag beantragt wird. Beim Lohnsteuerjahresausgleich ist Streitwert die Differenz zwischen der Lohnsteuer, deren Erstattung beantragt ist und dem tatsächlich erstatteten Lohnsteuerbetrag.[1)] Bei Streit über Ablehnung des Lohnsteuerjahresausgleichs wird die Kirchenlohnsteuer nicht in den Streitwert einbezogen.[2)]

Lohnsteuerhilfeverein

Bei Streit um die Schließung einer Beratungsstelle 20 % des Beitragsaufkommens der betreffenden Geschäftsstelle.[3)] Für die Eintragung einer bestimmten Person als Leiter einer Beratungsstelle in das Verzeichnis der Beratungsstelle beläuft sich der Streitwert auf 4 000 €.[4)] Der Wert der anwaltlichen Tätigkeit bei Zurückweisung eines Lohnsteuerhilfevereins wegen unbefugter Hilfeleistung in Steuersachen für eines seiner Mitglieder wird nach § 52 Abs. 2 GKG berechnet.[5)]

Der Streitwert bei einem Verfahren, in dem um die Frage gestritten wird, ob ein Lohnsteuerhilfeverein eine bestimmte Person zum Leiter einer Beratungsstelle bestellen darf.[6)] Der Streitwert der Klage eines Lohnsteuerhilfevereins gegen die von der Verwaltung angeordnete Schließung einer seiner Beratungsstellen beträgt 20 % des von der betreffenden Geschäftsstelle vereinnahmten Beitragsaufkommens.[7)]

Für den Widerruf der Anerkennung einer Steuerberatungsgesellschaft hat der BFH in Ausübung eines insofern notwendigerweise weiten Ermessens auf Grund der Bedeutung einer solchen Verfügung, welche der Gesellschaft die Möglichkeit nimmt, die von ihr aufgebaute Organisation weiterhin zur Erzielung von Einkünften aus der steuerlichen Beratung zu nutzen, entschieden, dass der Streitwert grundsätzlich mit 50 000 € anzunehmen ist. Obgleich eine solche Einkünfteerzielung nicht das unmittelbare Ziel eines Lohnsteuerhilfevereins sein darf, kann nicht unberücksichtigt bleiben, dass auch ein solcher Verein eine einer Steuerberatungsgesellschaft vergleichbare Organisation aufzubauen und zu unterhalten pflegt, den von ihm beschäftigten Mitarbeitern die Möglichkeit der Berufstätigkeit und damit der Einkünfteerzielung verschafft und infolgedessen nicht zuletzt auf Grund seines Mitgliederstammes einen wirtschaftlichen Wert verkörpert, der es gerechtfertigt erscheinen lässt, einen gleich hohen Streitwert anzusetzen.[8)]

Lohnsteuerkarte

Wird gegen den Arbeitgeber wegen der Berichtigung der Lohnsteuerkarte gestritten, so ist der Streitwert gem. § 13 Abs. 1 Satz 2 GKG (ab 1.7.2004: § 52 Abs. 2 GKG) zu ermitteln.[9)]

Lohnsteuernachforderung

Bestreitet ein Arbeitgeber die Nachforderung von Lohn- und Kirchensteuer, so sind beide Steuerarten bei der Bemessung des Streitwerts zu berücksichtigen.[10)]

---

1) BFH v. 8.8.1958, VI 127/58 U, BStBl III 1958, 385 = BStBl II 1973, 685.
2) BFH v. 18.10.1974, VI R 126/72, BStBl II 1975, 145; a.A. FG Hamburg v. 24.3.1993, III 42/92, EFG 1993, 602, danach beträgt der Streitwert 10 % der steuerlichen Auswirkung.
3) BFH v. 2.2.1982, VII R 62/81, BStBl II 1982, 360.
4) BFH v. 9.12.1980, VII R 95/80, BStBl II 1981, 105 in Anlehnung an § 13 Abs. 1 Satz 2 GKG.
5) BFH v. 9.9.1999, VII S 20/99, BFH/NV 2000, 219.
6) BFH v. 3.4.1995, VII B 116/94, BFH/NV 1995, 921.
7) BFH v. 2.2.1982, VII R 62/81, BStBl II 1982, 360.
8) BFH v. 22.3.2011, VII R 49/09, BFH/NV 2011, 1164.
9) FG Baden-Württemberg v. 7.7.1998, 4 K 34/98.
10) BFH v. 15.10.1964, VI 153/63, BStBl III 1965, 56.

Lotteriesteuer

Die strittige Steuer, in einem Verfahren über Lotteriesteuer darf die ersparte Umsatzsteuer nicht abgesetzt werden.[1]

Mahnung

Wir die Berechtigung einer Mahnung bestritten, so ist nicht der volle angemahnte Betrag, sondern 10 % dieses Betrages als Streitwert anzusetzen.[2]

Milchquote (Feststellungsbescheid des HZA hinsichtlich der Anlieferungs-Referenzmenge nach der Milch-Garantiemengen-Verordnung)

In Referenzmengen-Streitigkeiten bemisst sich der Streitwert nach dem Jahresbetrag der Milchabgabe für die begehrte Referenzmenge.[3]

Im Verfahren wegen der Zuteilung einer Milchquote ist der Streitwert mit 0,10 € je Kilogramm umstrittener Milchquote anzunehmen.[4]

Mindeststreitwert

Gemäß § 52 Abs. 4 GKG darf der Streitwert in Verfahren vor den Gerichten der Finanzgerichtsbarkeit – unabhängig vom tatsächlichen Streitwert – nicht unter 1 000 € angenommen werden. Das Gericht verkennt dabei nicht, dass es im Einzelfall zu ganz besonderen Härten kommen kann. Die Bindung des Gerichts an das Gesetz (Art. 20 Abs. 3 GG) verbietet eine günstigere Entscheidung.[5]

Der gesetzlich fixierte Mindeststreitwert gilt in Hauptsacheverfahren unabhängig von einer abweichenden Streitwertfestsetzung und darf nicht mit einem niedrigeren Wert zu Grunde gelegt werden.[6]

Im Aussetzungsverfahren ist der Mindestwert nicht anzunehmen.[7]

Mineralölsteuer

Streitwert ist die strittige Mineralölsteuer. Wird mit der Klage eine Steuervergünstigung (Freistellung von der Mineralölsteuer) angestrebt, ist für die Bestimmung des Streitwerts der sich aus der angestrebten Steuervergünstigung ergebende wirtschaftliche oder finanzielle Nutzen maßgebend. Wird die Steuervergünstigung für einen unbestimmten Zeitraum angestrebt, ist der Streitwert i.d.R. nach dem wirtschaftlichen Vorteil in dem Zeitraum eines Jahres zu bestimmen.[8] Im Verfahren um den Fortbestand der Bewilligung eines Mineralölsteuerlagers ist der Streitwert nach den Zinsen zu bemessen, die der Lagerinhaber durchschnittlich in einem Jahr dadurch erspart, dass er die Mineralölsteuer nicht schon beim Bezug des gelagerten Mineralöls entrichten muss.[9]

Mietzinspfändung

Wird im Verfahren des vorläufigen Rechtsschutzes gegen die Pfändung eines Rechts auf wiederkehrende Nutzungen (hier: Mietzins) Aufhebung dieser Pfändung und Auszahlung der vom Drittschuldner an das FA abgeführten Monatsmieten beantragt, kann der Streitwert des Aussetzungsverfahrens der Hälfte des Wertes der Hauptsache gleichkommen.[10]

1) BFH v. 30.3.1955, II 88/54, BStBl III 1955, 156.
2) BFH v. 23.11.1960, II 103/57; Krumsiek, BB Beilage 8/1969, 13.
3) BFH v. 4.2.1992, VII E 10/91, BFH/NV 1992, 621.
4) BFH v. 23.8.2010, VII E 2/10, BFH/NV 2010, 2307.
5) FG Köln v. 18.11.2007, 10 Ko 257/07, EFG 2008, 332.
6) FG Düsseldorf v. 19.3.2013, 14 Ko 333/13 GK.
7) BFH v. 14.12.2007, IX E 17/07, BStBl II 2008, 199.
8) BFH v. 28.2.1989, VII E 5/88, BFH/NV 1989, 654.
9) BFH v. 22.1.1985, VII R 87/83, BFH/NV 1986, 771.
10) FG Baden-Württemberg v. 25.10.1999, 9 V 46/99 und 9 V 35/99, EFG 2000, 97 f.

Musterverfahren

Einigen sich die Beteiligten aus Kostengründen für ein Streitjahr ein Musterverfahren zu führen und handelt es sich bei diesem Jahr nicht um das Jahr des ersten streitigen Verhandlungszeitraums, so ist der Streitwert nicht nach der isolierten Bilanzauswirkung zu bemessen, sondern nach dem steuerlichen Ergebnis wie es sich aus der Änderung aller Steuerbescheide der streitigen Veranlagungszeiträume ergibt.[1]

Nachforderungsbescheid (Lohnsteuer, Kirchensteuer)

Bestreitet ein Arbeitgeber, die Nachforderung von Lohnsteuer und Kirchensteuer, so sind beide Steuerarten bei der Bemessung des Streitwerts zu berücksichtigen.[2]

Nachprüfungsvorbehalt bei Steuerbescheiden

Der Streitwert beläuft sich i.d.R. auf 5 000 € (§ 52 Abs. 2 GKG).[3]

Negativer Feststellungsbescheid

Der Streitwert einer Verpflichtungsklage gegen einen negativen Gewinnfeststellungsbescheid mit dem Ziel der Verpflichtung auf Gewinnfeststellung beträgt 20 % der streitigen Einkünfte – 25 % bis zum Streitjahr 2000 – auf Grund der höheren Steuerprogression.[4] Bei mutmaßlich hoher steuerlicher Auswirkung bei den Gesellschaftern kann der Streitwert von 20 % bis max. 45 % der streitigen Einkünfte angesetzt werden; 25 % bis max. 50 % bis zum Jahr 2000 s.o.[5]

Nichtigkeitsklage

Bei der Klage auf Feststellung der Nichtigkeit ist der Streitwert in derselben Höhe festzusetzen wie bei einer Anfechtungsklage,[6] die auf die ersatzlose Aufhebung des Bescheides gerichtet ist.[7] Betrifft das Verfahren einen Änderungsbescheid, ist Streitwert, die mit dem Änderungsbescheid festgesetzte Differenz zum ursprünglich festgesetzten Steuerbetrag.

Nichtvermögensrechtliche Streitigkeiten

Ermessen; vgl. § 52 Abs. 1 GKG.

Der Wert darf nicht unter 1 000 € und nicht über 1 Mio. € angenommen werden.

Nichtzulassungsbeschwerde

Der Streitwert einer Nichtzulassungsbeschwerde bestimmt sich nach dem Streitwert des Klageverfahrens,[8] sofern der Kläger nicht erkennbar macht, dass er in einem Revisionsverfahren das Klagebegehren nur noch eingeschränkt weiterverfolgen will.[9] Dies ist grundsätzlich der Fall, wenn der Beschwerdeführer im Klageverfahren lediglich zu einem geringeren Teil unterlegen ist,[10] bzw. im Beschwerdeverfahren wegen teilweisen Obsiegens vor dem FG nur noch ein Teil strittig ist (angestrebtes Revisionsverfahren).[11]

---

1) FG Hamburg v. 5.6.2003, II 370/97, EFG 2003, 1655.
2) BFH v. 15.10.1964, VI 153/63, BStBl III 1965, 56.
3) BFH v. 28.2.1980, V R 118/76, BStBl II 1980, 417.
4) BFH v. 17.7.1975, IV R 190/72, BStBl II 1975, 827; v. 22.1.2001, IV S 10/00, BFH/NV 2001, 806.
5) BFH v. 23.4.1997, IV S 4/97, BFH/NV 1997, 699.
6) BFH v. 24.9.2003, II E 2/03, BFH/NV 2004, 209.
7) BFH v. 3.4.2002, V E 1/02, BFH/NV 2002, 949.
8) BFH v. 19.6.2009, IX E 6/09, ZSteu 2009, R854.
9) BFH v. 12.1.1978, IV E 1/77, BStBl II 1978, 198, 314.
10) BFH v. 10.8.2004, I S 4/04, RVGreport 2005, 79.
11) BFH v. 4.11.1998, VI E 5/98, BFH/NV 1999, 511; v. 9.8.2000, III 61/98, BFH/NV 2001, 604.

(Zu) niedrige Steuer

Macht ein Stpfl. mit der Klage eine Beschwer durch eine zu niedrige Steuerfestsetzung geltend, weil sich die Festsetzung in späteren Jahren zu seinen Ungunsten auswirken kann, so kann diese mögliche spätere Auswirkung (ausnahmsweise) bei der Streitwertfestsetzung zu berücksichtigen sein. Dies kommt aber nur in Betracht, wenn die mögliche spätere Auswirkung einigermaßen zuverlässig geschätzt werden kann.[1]

Organschaft

Wird im Verfahren wegen Gewerbesteuer von der Organgesellschaft das Nichtbestehen einer Organschaft geltend gemacht, so ist die gesamte Gewerbesteuer streitbefangen.[2]

Pfändungen

Bei Streit um die Rechtmäßigkeit der Pfändung einer Forderung oder eines sonstigen Rechts ist Streitwert grundsätzlich der Betrag, zu dessen Beitreibung die Pfändung angebracht worden ist; ist der Wert des gepfändeten Rechts niedriger, so ist dieser maßgebend.[3] Dabei ist zu berücksichtigen, dass bei der Wertberechnung nicht nur die zukünftigen Säumniszuschläge, sondern auch bereits angefallene Säumniszuschläge außer Acht gelassen werden. Führt die Vollstreckung hinsichtlich einer Forderung finanziell aber nicht zum vollen Erfolg, so ist der Streitwert nach dem tatsächlich erlangten Erfolg zu bemessen.[4] Ist Pfandgegenstand eine Lohnforderung, so ist für Wertberechnung nur der pfändbare Teil zu berücksichtigen. Dieser ist mit dem dreifachen Jahresbetrag anzusetzen.[5] Dies gilt auch bei einer Mietpfändung (vgl. § 9 ZPO).

Ist in einem finanzgerichtlichen Verfahren die Rechtmäßigkeit einer Pfändungs- und Einziehungsverfügung, mit der das FA den Anspruch auf Zahlung einer Altersrente gepfändet hat, im Streit, so ist der gebührenrechtliche Streitwert (Gegenstandswert) nach § 52 Abs. 2 GKG i.V.m. einer entsprechenden Anwendung des § 17 Abs. 3 GKG a.F. (36-facher Betrag des monatlich gepfändeten und überwiesenen Betrags) zu bestimmen.[6] Erfolgt die Pfändung in Vollzug eines Arrestes, ist der Streitwert höchstens so hoch wie derjenige im Arrestverfahren zu bewerten.[7]

Streitwert bzgl. vorläufigen Rechtsschutz bei Pfändungen → *Aussetzung der Vollziehung.*

Prozessfähigkeit

Wenn bei Verfahren wegen Feststellung der Prozessfähigkeit dem Klage oder Revisionsbegehren das finanzielle Interesse nicht zu entnehmen ist, wird der Streitwert nach § 52 Abs. 2 GKG (5 000 €) bemessen.[8]

Prozesskostenhilfe

Der Wert der Prozesskostenhilfe entspricht der Summe der Gerichts- und Anwaltskosten für die Instanz nach dem Wert der Hauptsache,[9] eventuell Schätzung der Anwaltskosten.[10]

1) BFH v. 2.9.2003, V E 2/02, BFH/NV 2004, 73.
2) BFH v. 26.4.1978, I B 1/78, BStBl II 1978, 463.
3) BFH v. 17.11.1987, VII R 68/85, BFH/NV 1988, 457; FG Baden-Württemberg v. 8.2.2000, 9 K 47/98, EFG 2000, 654.
4) BFH v. 15.4.1987, VII S 2/87, BFH/NV 1988, 112.
5) FG Baden-Württemberg v. 8.2.2000, 9 K 47/98, EFG 2000, 654.
6) BFH v. 18.4.1989, VII S 5/89, BStBl II 1989, 625.
7) FG Baden-Württemberg v. 16.10.1980, IX 210/79, EFG 1981, 205.
8) BFH v. 2.2.1982, VII B 153/81.
9) BFH v. 13.1.1987, VII S 29/86, BStBl II 1987, 201 m.w.N.
10) BFH v. 24.11.1998, VII S 22/98, BFH/NV 1999, 654.

Prüfungsanordnung

→ *Außenprüfung*

Rechtsbehelfsentscheidung

→ *Anfechtung*

Rechtmäßigkeit einzelner Ermittlungsmaßnahmen

Der Streitwert bemisst sich auf 50 % der zu erwartenden steuerlichen Auswirkungen.[1)]

Restitutionsklage

Der Streitwert eines Wiederaufnahmeverfahrens richtet sich nach dem Streitwert des wiederaufzunehmenden Verfahrens bzw. der mit dem Verfahren angestrebten Steuerminderung.[2)]

Revision

Grundsätzlich der sich aus dem formal gestellten Revisionsantrag ergebenden Wert. Dieser wird durch den Wert des Streitgegenstandes des finanzgerichtlichen Verfahrens begrenzt (§ 14 Abs. 2 Satz 1 GKG a.F.). Der Revisionsantrag ist dann unbeachtlich, wenn er willkürlich erweitert ist und mit dem Revisionsbegehren nicht erkennbar zusammenhängt.[3)]

Ergeht während des Revisionsverfahrens ein USt-Jahresbescheid, der nach § 68 FGO Gegenstand des Verfahrens wird, ändert sich der kostenrechtliche Streitgegenstand erst dann, wenn das Revisionsbegehren durch Prozesserklärung an den geänderten Verfahrensgegenstand angepasst wird.[4)]

Richterablehnung

10 % des Streitwerts der Hauptsache.[5)]

→ *Ablehnung von Richtern*

Richteramt

→ *Ehrenamtliche Richter*

Ruhen des Verfahrens

→ *Aussetzung des Verfahrens*

Säumniszuschlag

Selbständiger Streitwert sofern der Säumniszuschlag einen selbständigen Streitgegenstand bildet.[6)]

Schätzung

Wird Klage erhoben mit dem Antrag, eine Steuerfestsetzung um einen nicht bezifferten Betrag herabzusetzen, so kann der Wert des Streitgegenstandes auf die Hälfte der festgesetzten Steuer geschätzt werden.[7)] Sollte während des Klagverfah-

---

1) BFH v. 12.3.1985, VII R 150/81, BFH/NV 1986, 752.
2) BFH v. 25.9.1989, VI 51/89, BFH/NV 1990, 257; a.A. FG Düsseldorf v. 4.7.1994, 14 K 3727/94, EFG 1994, 1109, wonach der Streitwert des Wiederaufnahmeverfahrens aus den Kosten des ersten Verfahrens zu berechnen ist.
3) BFH v. 3.12.1974, VII B 88/74, BStBl II 1975, 235; zum Revisionsbegehren mehrerer Rechtsmittelkläger vgl. BStBl I 1984, 324.
4) BFH v. 29.6.2010, XI E 1/10, BFH/NV 2010, 2087.
5) BFH v. 3.8.1976, VII B 17/76, BStBl II 1976, 691.
6) BFH v. 24.11.1964, VII 237/63, HFR 1965, 106.
7) BFH v. 15.11.1995, VIII E 3/95, BFH/NV 1996, 431.

rens die Steuererklärung eingereicht werden, so ist der Klagantrag beziffert und der Streitwert die Differenz zwischen festgesetzter Steuer und laut Erklärung beantragter Steuer.[1] Dies gilt auch, wenn sich auf Grund der Steuererklärung eine höhere Steuer ergeben sollte.

Schenkungssteuer

Streitwert ist der strittige Betrag. Wirkt sich der Ausgang eines Rechtsstreits auf eine weitere Steuerfestsetzung wegen Rückschenkung auf, so bemisst sich der Streitwert gleichwohl allein nach der strittigen Steuer.[2]

Sicherheitsleistung

Wird in einem die Aussetzung der Vollziehung betreffenden Verfahren lediglich darum gestritten, ob gegen oder ohne Sicherheitsleistung auszusetzen ist, so ist der Streitwert im Regelfall mit 10 % der geforderten Sicherheitsleistung zu bemessen.[3]

Sicherungshypothek

Bei negativer Feststellungsklage betreffend Eintragung einer Sicherungshypothek ist der Verkehrswert des Grundstücks als Streitwert anzusetzen.

Wird auf die Feststellung der Nichtigkeit des Eintragungsantrags bzw. einer Sicherungshypothek geklagt, so erfolgt die Wertfestsetzung gem. § 3 ZPO nach freiem Ermessen. Zu dessen Ausübung ist jedoch unter anderen § 6 ZPO heranzuziehen, insbesondere dessen Satz 2. In diesem Falle ist nicht der volle Forderungsbetrag, sondern der Wert des Pfandgegenstandes der Wertfestsetzung zu Grunde zu legen, der auch bei Nachrangigkeit des Pfandrechts grundsätzlich nicht zu kürzen ist.[4]

Sprungklage

Streitwert wird durch das Interesse an der Verfahrensbeschleunigung und an der Kostenersparnis bestimmt.[5]

Streitwert ergibt sich aus dem Klagantrag. Wenn nur in einem Verfahren über das Vorliegen einer Zustimmung zur Sprungklage gestritten wird, ergibt sich der Streitwert aus dem Kostenrisiko des außergerichtlichen Rechtsbehelfsverfahrens.[6]

Steuerabzugsbeträge

Diese werden bei einem Streit um die Aufhebung eines Steuerbescheids nicht berücksichtigt.[7]

Steuerberaterbestellung

Der Streitwert beim Widerruf der Bestellung als Steuerberater ist grundsätzlich pauschalierend mit 50 000 € anzusetzen.[8] Bei Versagung der endgültigen Bestellung zum Steuerbevollmächtigten ist der Streitwert, obschon dies nach Ablauf der Übergangsfrist auch den Verlust der vorläufigen Bestellung zur Folge hat, nicht auf 50 000 €, sondern lediglich auf 10 000 € zu bemessen, wenn bereits erfolglos gegen die Rücknahme der vorläufigen Bestellung gestritten worden ist.[9] In Rechtsstreitigkeiten wegen Anerkennung einer Steuerberatungsgesellschaft ist der Streitwert mit 50 000 € zu bemessen.[10] Bei einer Klage gegen die Ablehnung der Wiederbestellung

1) BFH v. 6.6.1979, I B 17/79, BStBl II 1979, 565.
2) BFH v. 11.1.2006, II E 3/05, BStBl II 2006, 333.
3) BFH v. 25.9.1972, IV B 52/67, BStBl II 1973, 16.
4) FG Schleswig-Holstein v. 14.11.1985, IV 544/85, EFG 1986, 310 f.
5) BFH v. 27.11.1958, IV 99/54.
6) Hessisches FG v. 2.4.1971, II 22 /71, EFG 1971, 348.
7) BFH v. 2.11.1977, I E 2/77, BStBl II 1978, 58.
8) BFH v. 20.6.2011, VII E 11/11, BFH/NV 2011, 1723 f.
9) BFH v. 18.2.2000, VII E 2/00, BFH/NV 2000, 976.
10) BFH v. 4.7.1986, VII E 1/86, BFH/NV 1988, 47.

als Steuerberater ist der Streitwert mit 25 000 € anzusetzen, wenn auf Grund besonderer Umstände lediglich der Erhalt der aus der steuerberatenden Tätigkeit resultierenden Vorteile und nicht auch der Erhalt des Wertes der für den Aufbau einer Steuerberaterpraxis getätigten Aufwendungen im Vordergrund des Interesses des Steuerberaters steht.[1] Klagt eine Steuerberaterkammer, weil die Behörde einen Steuerberater oder eine Steuerberatungsgesellschaft anerkannt hat, so ist der Streitwert des § 13 Abs. 1 Satz 2 GKG (ab 1.7.2004: § 52 Abs. 2 GKG) anzusetzen,[2] da das finanzielle Interesse der Steuerberaterkammer nicht annähernd zu schätzen ist.

Steuerberaterprüfung bzw. Bestellung zum Steuerberater ohne Prüfung

Geht es um die Zulassung zur Steuerberaterprüfung so beträgt der Streitwert 5 000 €.[3] Der Wert des Streitgegenstandes in Streitigkeiten, in denen es um das Bestehen der Steuerberaterprüfung geht, beträgt 5 000 €.[4] Wird dagegen nur auf die Verpflichtung der Behörde, die Prüfung erneut durchzuführen geklagt, so beträgt der Streitwert 2 500 €.[5] Die Rechtsprechung des FG Berlin[6] besagt, dass in Steuerberaterprüfungssachen der Streitwert regelmäßig bei Streit um die Zulassung zur Prüfung 10 000 €, das Bestehen der schriftlichen Prüfung mit Wiederholungsmöglichkeit 25 000 € und ohne Wiederholungsmöglichkeit 40 000 € sowie das Bestehen nach mündlicher Prüfung mit Wiederholungsmöglichkeit 40 000 € und ohne Wiederholungsmöglichkeit 50 000 € beträgt. Die Beträge vermindern sich um 50 %, wenn der Bewerber schon als Rechtsanwalt oder Wirtschaftsprüfer zur unbeschränkten Hilfeleistung in Steuersachen befugt ist. Nach Ansicht des Hessischen FG[7] beträgt der Streitwert in StB-Prüfungssachen bei Streit um das Bestehen der schriftlichen Prüfung 25 000 €, wenn noch eine Wiederholungsmöglichkeit gegeben ist. Somit sind die Beträge wegen einer höheren Einkünfteerzielungsmöglichkeit angehoben und es wird unterschieden, ob noch eine Wiederholung der Prüfung möglich ist.[8] Der Gegenstandswert der prüfungsfreien Bestellung als Steuerberater beträgt 25 000 €.[9]

Für die Wertberechnung in einem Verfahren wegen Bestehens einer Steuerberaterprüfung ist gem. § 40 GKG der Zeitpunkt der Antragstellung maßgebend, die den Rechtszug einleitet. Der Streitwert eines Verfahrens, bei dem um das Bestehen einer Steuerberaterprüfung gestritten wird, ist mit 25 000 € anzusetzen.[10]

Wird in einem Verfahren um die Frage gestritten, ob eine Berufstätigkeit die Zulassungsvoraussetzungen des § 36 Abs. 2 Nr. 1 StBerG erfüllt, ist ein Streitwert von 25 000 € anzusetzen.[11]

Steuerberaterprüfung

Der Regelstreitwert eines Rechtsstreits um das Bestehen der StB-Prüfung beträgt 25 000 €.[12] Der Regelstreitwert ermäßigt sich auf die Hälfte, wenn der Kläger bereits die Zulassung zur unbeschränkten Hilfeleistung in Steuersachen als Rechtsanwalt, und auf ein Viertel, wenn er die Qualifikation als Fachanwalt für Steuerrecht besitzt.

1) Niedersächsisches FG v. 12.6.2013, 6 Ko 7/13.
2) FG Münster v. 8.8.1988, VII 4644/85, EFG 1989, 35.
3) BFH v. 4.4.1989, VII S 6/89, BFH/NV 1989, 656.
4) BFH v. 24.10.1989, VII S 21/89, BFH/NV 1990, 389.
5) BFH v. 26.7.1988, VII E 3/88, BFH/NV 1989, 315.
6) FG Berlin v. 22.12.1999, 2 K 2055/98, EFG 2000, 399.
7) Hessisches FG v. 2.4.2001, 13 Ko 1200/01, EFG 2001, 1073.
8) Dies wird vom FG Baden-Württemberg nicht angewandt, da diese Rechtsprechung bisher auch nicht vom BFH übernommen wurde.
9) BFH v. 10.4.2003, VII S 9/03, BFH/NV 2003, 1082.
10) Sächsisches FG v. 14.9.2011, 2 K 74/09.
11) Anschluss an BFH v. 10.4.2003, VII S 9/03, BFH/NV 2003, 1082 und v. 4.7.2005, VII E 4/05, BFH/NV 2005, 2021; Niedersächsisches FG v. 17.8.2011, 6 K 189/11, EFG 2012, 551.
12) Anschluss an BFH v. 18.11.2003, VII B 299/02, BFH/NV 2004, 515.

Der Streitwert ist nicht zu ermäßigen, weil der Kläger bei Erfolglosigkeit der Klage die Prüfung noch einmal wiederholen könnte.[1]

Steuerberatungsgesellschaft

hier: Zulassung als Vorstand einer Steuerberatungsgesellschaft nach § 50 Abs. 3 StBerG

Der Streitwert einer Klage auf Erteilung einer Ausnahmegenehmigung nach § 50 Abs. 3 StBerG zur Berufung einer „besonders befähigten Person" in die Geschäftsführung einer Steuerberatungsgesellschaft beträgt 25 000 €.

Erheben sowohl die Steuerberatungsgesellschaft als auch die zu berufende Person Klage und werden beide Klage verbunden, so verdoppelt sich der Streitwert nicht.[2]

Anerkennung bzw. Rücknahme oder Widerruf der Anerkennung

Der Streitwert beträgt pauschal 50 000 €; bei großen Steuerberatungsgesellschaften Anhebung auf 100 000 €.[3]

Bei der Anerkennung bzw. Rücknahme oder Widerruf der Anerkennung wird ein pauschaler Wert i.H.v. 50 000 € angesetzt. Ebenfalls bei der Genehmigung nach § 50 Abs. 3 StBerG.[4]

Steuerberater (Steuerbevollmächtigter)

Die Zulassung ist mit dem Mehrbetrag der Einkünfte für fünf Jahre zu bewerten.[5]

Steuerbescheid, Aufhebung

Der Streitwert bestimmt sich nach der festgesetzten Steuerschuld, ohne dass Steuerabzugsbeträge abzusetzen sind.[6]

Steuerbescheid, Bekanntmachung des Steuerbescheids

Die gestellten Sachanträge sind für den Streitwert auch dann maßgeblich, wenn die Bekanntmachung des Steuerbescheids durch das FA unwirksam war.[7]

Steuerberaterprüfung

Der Streitwert in StB – Prüfungssachen beträgt bei Streit um das Bestehen der schriftlichen Prüfung 25 000 €, wenn noch eine Wiederholungsmöglichkeit gegeben ist.[8] Im Rahmen der Schätzung des Streitwerts gehen die Gerichte von unterschiedlichen Werten aus. So nahm der BFH[9] einen Streitwert von 5 000 € an. Bei Streitigkeiten über einen Widerruf oder die Rücknahme der Bestellung geht der BFH neuerdings indes von einem Wert von 25 000 € aus.[10] Das Bezirksgericht Magdeburg[11] nimmt einen Streitwert i.H.v. 50 000 € an. Dem hat sich das Hessische FG für den Fall angeschlossen, dass dem Kandidaten keine Wiederholungsmöglichkeit zusteht.

1) FG Hamburg v. 2.9.2004, V 12/02, EFG 2005, 312.
2) FG Hamburg v. 2.9.2004, V 12/02, EFG 2005, 312.
3) BFH v. 10.12.2009, VII R 39/07, BFH/NV 2010, 661.
4) BFH v. 10.12.2009, VII R 39/07, BFH/NV 2010, 661.
5) Bezirksgericht Magdeburg v. 4.2.1992, BW 4/91, EFG 1992, 296.
6) Tipke-Kruse, Vor § 135 FGO Rz. 103.
7) BFH v. 26.7.1974, III R 94/73, BStBl II 1974, 725.
8) Hessisches FG v. 2.4.2001, 13 Ko 1200/01, EFG 2001, 735.
9) BFH v. 24.10.1989, VII S 21/89, BFH/NV 1990, 389.
10) BFH v. 18.2.2000, VII E 2/00, BFH/NV 2000, 975; Gräber/Ruban, 5. Aufl. 2002, Vor § 135 FGO Rz. 35, Stichwort „StB": Betrag von 5 000 € dürfte überholt sein.
11) Bezirksgericht Magdeburg v. 4.2.1992, BW 4/91, EFG 1992, 296.

Andere Auffassung: Ansatz eines Streitwerts i.H.v. 25 600 €.[1]

Für die Prüfungssachen mit Wiederholungsmöglichkeit geht das Hessische FG von einem Streitwert von 25 000 € aus.[2]

Die Beträge vermindern sich um 50 %, wenn der Bewerber schon als Rechtsanwalt oder Wirtschaftsprüfer zur unbeschränkten Hilfeleistung in Steuersachen befugt ist.[3]

Steuerberatungsgesellschaft

Anerkennung bzw. Rücknahme oder Widerruf der Anerkennung: pauschal 50 000 €; bei großen Steuerberatungsgesellschaften Anhebung auf 100 000 €.[4]

Steuerbevollmächtigtenprüfung

Bei Streit um das Bestehen der Prüfung 5 000 €, bei Streit um Wiederholung der Prüfung 2 500 €.[5]

Steuererklärung

→ *Abgabe von Steuererklärungen*

Bei Streit, ob die Aufforderung zur Abgabe der Steuererklärung zu Recht ergangen ist, ist Streitwert 50 % des Steuerbetrags, der auf Grund der mutmaßlichen Angaben in der Steuererklärung zu erwarten ist.[6]

Steuerfreie Verwendung von Erdgas

hier: Erteilung der Erlaubnis zur steuerfreien Verwendung von Erdgas

Für die Streitwertberechnung ist der Zeitpunkt der Klageerhebung entscheidend.[7]

→ *Steuervergünstigung*

Steuergeheimnis

Bei einem Streit um die Verletzung des Steuergeheimnisses aus Anlass eines Gewerbeuntersagungsverfahrens kann der Streitwert eines Gewerbeuntersagungsverfahrens als Anhaltspunkt herangezogen werden (Jahresbetrag des zu erwartenden Gewinns mindestens 7 500 €).[8] Bei einem solchem Streit aus Anlass von Forderungspfändungen bemisst sich der Streitwert nach § 52 Abs. 2 GKG.[9]

Steuervergünstigungen

→ *Eigenheimzulage und Veräußerungsgewinn*

Werden diese für unbestimmte Zeit beantragt und kann die Vergünstigung widerrufen werden, so ist als Streitwert der Betrag des jährlichen Nutzens anzusetzen, bei Streit um die vorläufige Belassung ⅓ des Streitwerts der Hauptsache.[10] Für die Streitwertfestsetzung ist der Zeitpunkt der Klageerhebung entscheidend. Eine Klage auf Gewährung einer Steuervergünstigung für eine unbestimmte Zeit wird

1) Niedersächsisches FG v. 23.7.2003, 6 K 10085/00, EFG 2003, 1656.
2) Hessisches FG v. 2.4.2001, 13 Ko 1200/01, EFG 2001, 1073.
3) FG Berlin v. 22.12.1999, 2 K 2055/98, EFG 2000, 399.
4) BFH v. 10.12.2009, VII R 39/07, BFH/NV 2010, 661.
5) BFH v. 22.6.1976, VII R 110/75, BStBl II 1976, 735, 800.
6) FG Rheinland-Pfalz v. 20.7.1982, 2 K 113/82, EFG 1983, 146.
7) Vgl. Näheres: FG Hamburg v. 19.2.1998, IV 868/97, EFG 1998, 784.
8) FG Saarland v. 19.10.1998, 1 K 318/97, EFG 1999, 189.
9) FG Saarland v. 19.10.1998, 1 K 318/97, EFG 1999, 189.
10) BFH v. 18.7.1968, VII B 41/67, BStBl II 1968, 743; FG Hamburg v. 19.2.1998, IV 868/97, EFG 1998, 784.

im Verlauf des Klageverfahrens nicht durch Zeitablauf automatisch zu einer Klage auf Steuervergütung für die jeweils zurückgelegten Zeiträume.[1]

Streitwert bei nicht beziffertem Klagebegehren

Wird eine Anfechtungsklage erhoben mit dem Antrag, eine Steuerfestsetzung um einen nicht bezifferten Betrag herabzusetzen, so kann der Wert des Streitgegenstandes auf die Hälfte der festgesetzten Steuer geschätzt werden.[2]

Streitgenossenschaft

→ *Klagehäufung*

Streitwert bei nicht beziffertem Klagebegehren

→ *Nicht beziffertes Klagebegehren*

Streitwertanfechtung

Maßgeblich ist die Differenz zwischen den Rechtsbehelfskosten nach dem festgestellten und den Rechtsbehelfskosten nach dem begehrten Streitwert. Dabei sind auch die Gebühren zu berücksichtigen, die ein Bevollmächtigter verlangen kann.[3]

Streitwerterhöhung/-minderung

Während des Verfahrens. Die Kosten sind nach den verschiedenen Streitwerten zu berechnen.[4]

Streitwertfestsetzung

Setzt das Instanzgericht (FG) den Streitwert zu niedrig fest, kann demnach das Rechtsmittelgericht (BFH) den nach seiner Auffassung materiell zutreffenden Streitwert bei den von ihm festzusetzenden Gerichtskosten zu Grunde legen. Der vom FG angesetzte Wert des Streitgegenstandes ist für den BFH nicht verbindlich.[5]

Ein Antrag auf Festsetzung des Streitwerts bedarf eines besonderen Rechtsschutzbedürfnisses. Es fehlt i.d.R., wenn sich die Höhe des Streitwerts aus den Anträgen der Beteiligten eindeutig ermitteln lässt.[6]

Streitwerthöchstgrenze

§ 39 Abs. 2 GKG ordnet eine typisierende Begrenzung des Streitwerts auf 30 Mio. € an, die unter verfassungsrechtlichen Gesichtspunkten nicht zu beanstanden ist. Die Streitwerthöchstgrenze des § 39 Abs. 2 GKG gilt auch in AdV-Verfahren mit Steuerforderungen von mindestens 300 Mio. €.[7]

Stundung

Maßgebend ist das Interesse des Stpfl. an der Stundung und deren Dauer. In der Regel 10 % des Steuerbetrags, für den Stundung gewährt werden soll;[8] ggf. Erhöhung dieses Satzes, insbesondere bei für sehr langen Zeitraum begehrte Stundung. Sind in ein und demselben Verfahren Stundung und Erlass streitig, so umfasst der für den Erlass maßgebende höhere Streitwert den für die Stundung mit.[9]

---

1) FG Hamburg v. 19.2.1998, IV 868/97, EFG 1998, 784.
2) Anschluss an: BFH v. 13.8.1986, VIII R 181/85, BFH/NV 1987, 114; v. 12.7.1991, VIII E 1/91, BFH/NV 1992, 190; v. 15.11.1995, VIII E 3/95, BFH/NV 1996, 431; v. 4.10.1996, X R 131/96, BFH/NV 1997, 196.
3) BFH v. 28.2.1961, I 114/60, BStBl III 1961, 287, 292.
4) BFH v. 6.6.1984, II R 184/81, BStBl II 1985, 261.
5) BFH v. 13.5.2013, I E 4/13, BFH/NV 2013, 1449.
6) BFH v. 22.2.2013, VIII R 42/09; v. 18.10.2012, IV S 17/12, BFH/NV 2013, 248.
7) BFH v. 6.9.2012, VII E 12/12, BFH/NV 2013, 211.
8) BFH v. 14.4.1967, IV B 23/66, BStBl III 1967, 321.
9) BFH v. 17.1.1958, VI 163/55 S, BStBl III 1958, 121 = BStBl III 1963, 76 = BStBl III 1965, 156.

Subjektive Klagenhäufung

→ *Klagenhäufung*

Tarifbegünstigte Einkünfte

Ist die Höhe von tarifbegünstigten Einkünften (z.B. Veräußerungsgewinnen) streitig, beträgt der Streitwert 15 % des strittigen Betrags.[1] Bei höheren Gewinnanteilen ist dieser Prozentsatz angemessen zu erhöhen,[2] als Berechnungsgrundlage zur Ermittlung des Regelsteuersatzes dient die sog. Mittelwertberechnung zwischen Grund- und Splittingtarif des Streitjahrs.[3] Ist lediglich die Qualifizierung als begünstigte Einkünfte streitig, beträgt der Streitwert 10 % (25 % abzgl. 15 %) bis max. 25 %.[4]

Teilurteil

Der Streitwert entspricht dem anteiligen Interesse des Klägers.[5]

Trennung

Bei getrennten Sachen sind stets getrennte Streitwerte anzusetzen, auch wenn es sich um Parallelsachen handelt. Eine Zusammenrechnung der einzelnen Streitwerte ist nicht zulässig.[6] Betrifft ein Klageverfahren inhaltlich unterschiedliche Streitgegenstände und verschiedene Kläger, ist bei Trennung der Verfahren für jedes einzelne Verfahren ein Einzelstreitwert festzusetzen.[7]

Übersendung eines Prüfungsberichts an einen ausgeschiedenen Gesellschafter

Das Interesse des ausgeschiedenen Gesellschafters ist demjenigen eines Auskunftsbegehrens gleichzusetzen, der Streitwert beträgt also 10 % der ihn betreffenden steuerlichen Auswirkung der Prüfung.[8]

Übersendung von Kontrollmitteilungen

Es lässt sich kein unmittelbares steuerliches Interesse erkennen. Somit ist der Streitwert nach § 52 Abs. 2 GKG auf 5 000 € zu bemessen.[9]

Umfang des Streitwerts

Andere als die im Streit befangenen Steuerbeträge und Steuerarten sind nicht zu berücksichtigen. Dies gilt auch für von der Steuer abhängige Leistungen und entsprechende Nebenforderungen.[10]

Umsatzsteuer

Maßgeblich ist der streitige Betrag.[11] Macht eine Gesellschaft Unternehmereinheit zu einer anderen Gesellschaft geltend, ist Streitwert die gesamte gegen sie festgesetzte Umsatzsteuer (→ *Organschaft*). Bei Streitigkeiten in denen es lediglich um die Verschiebung einer dem Grund und der Höhe nach anerkannten Steuerschuld (hier: Umsatzsteuervorauszahlung) von einem Besteuerungszeitraum auf einen späteren Besteuerungszeitraum geht, ist der Streitwert geringer festzusetzen als der dem Grunde nach anerkannte Steuerbetrag, dessen Festsetzungsverschiebung begehrt

1) BFH v 14.8.1997, VIII B 153/94, BFH/NV 1998, 348.
2) Vgl. BFH v. 12.8.1992, IV E 3/92, BFH/NV 1993, 376 (hier: 25 %).
3) Niedersächsisches FG v. 19.1.2001, 11 Ko 22/00, EFG 2001, 712; FG Düsseldorf v. 6.12.2004, 16 K 8275/99, EFG 2005, 974.
4) BFH v. 7.12.1988, IV E 2/88, BFH/NV 1990, 51.
5) BFH v. 24.7.1973, VIII R 31/68, BStBl II 1973, 823.
6) BFH v. 14.10.1960, III 244/59, HFR 1961, 20.
7) FG Münster v. 24.3.1998, 13 K 5880/97, EFG 1998, 1290.
8) Hessisches FG v. 28.3.1973, II 110/72, EFG 1973, 330.
9) BFH v. 19.11.1985, VII R 95/85, BFH/NV 1986, 419.
10) RStBl 1931, 405; BFH v. 10.12.1998, II R 60/95, BFH/NV 1999, 664.
11) BFH v. 17.2.1994, VII E 3/93, BFH/NV 1994, 819.

wird. Die zu § 140 Abs. 3 FGO a.F. ergangene Rechtsprechung, wonach in einem solchen Fall das finanzielle Interesse nach dem finanziellen Vorteil zu bemessen sein könnte, der darin bestehe, später zahlen zu müssen,[1] ist auch zur Auslegung des § 52 GKG heranzuziehen. Es ist daher nicht zu beanstanden, den Streitwert gem. § 52 Abs. 2 GKG nach dem finanziellen Vorteil bei einer späteren Zahlung nach dem Grundsatz der Verzinsung der Ansprüche aus dem Steuerschuldverhältnis (entsprechend § 238 AO mit 0,5 % je Monat) zu ermitteln.[2] Hat der Kläger mit der Klage beantragt, dass ihm die Besteuerung nach vereinnahmten Entgelten zu gestatten ist, ist, wenn genauere Angaben über die von ihm angestrebten späteren Besteuerungszeiträume, in denen er die Entgelte vereinnahmte, fehlen, der Streitwert gem. § 52 Abs. 2 GKG zu bemessen.[3]

Unbedenklichkeitsbescheinigung

Grunderwerbsteuer: Der Streitwert eines Rechtsstreits wegen Erteilung einer Unbedenklichkeitsbescheinigung ergibt sich aus dem – möglicherweise auch auf außersteuerlichem Gebiet liegenden – unmittelbaren Interesse des Klägers an der erstrebten Entscheidung. Das vermögensrechtliche Interesse ist unter der Berücksichtigung aller Besonderheiten des Falles zu schätzen.[4]

Steuerberatungsgesellschaft: Für die Klage auf Zurücknahme der von der Behörde zum Zweck der Eintragung der Gesellschaft in das Handelsregister erteilten Unbedenklichkeitsbescheinigung ist der Streitwert mit 40 000 DM = 20 000 € anzunehmen.[5] Für Klagen wegen **Erteilung sonstiger Unbedenklichkeitsbescheinigungen** ist, sofern keine Anhaltspunkte für das finanzielle Interesse vorliegen, der Streitwert nach § 52 Abs. 2 GKG zu bemessen.

Untätigkeitsklagen

Richtet sich das Klagebegehren lediglich auf ein Tätigwerden des FA, ist der Streitwert 10 % des mit dem Einspruch angefochtenen Steuerbetrags.[6] Nur dann ist der Streitwert nach dem streitigen Steuerbetrag zu bemessen, wenn der Kläger mit der Untätigkeitsklage eine Sachentscheidung begehrt (z.B. die mit dem Einspruch angefochtenen Bescheide aufzuheben oder zu berichtigen).[7]

Untersagung der Hilfeleistung in Steuersachen

In der Regel gleich dem Jahreseinkommen des Betroffenen.[8]

Veräußerungsgewinn

→ *Gesonderte und einheitliche Feststellung von Besteuerungsgrundlagen*

Ist im einheitlichen Gewinnfeststellungsverfahren die Höhe des Veräußerungsgewinns streitig, so sind als Streitwert i.d.R. 15 % des streitigen Gewinnbetrags anzusetzen.[9]

Verbindliche Auskunft

Die Ermittlung des Gegenstandswertes einer verbindlichen Auskunft unterscheidet sich von der Ermittlung des Streitwertes in einem Klageverfahren, dessen Gegen-

1) BFH v. 14.12.1970, IV B 87/70, BStBl II 1971, 206.
2) BFH v. 25.2.1991, V E 5/90, BFH/NV 1992, 127.
3) BFH v. 12.8.1994, V E 1/94, BFH/NV 1995, 428.
4) BFH v. 12.7.1972, II R 168/70, BFHE 106, 277.
5) BFH v. 26.3.1981, VII R 14/78, BStBl II 1981, 586.
6) FG Nürnberg v. 13.8.2015, 5 K 544/14; BFH v. 30.8.1967, VI B 63/67, BStBl III 1967, 786; FG Rheinland-Pfalz v. 16.4.2015, 6 Ko 1093/15, EFG 2015, 1229.
7) BFH v. 25.1.1967, I B 11/66, BStBl III 1967, 253; v. 11.6.1987, III R 92/85.
8) BFH v. 28.6.1978, BStBl III 1978, 631; v. 12.12.1978, VII B 50/78, BStBl II 1979, 264.
9) BFH v. 2.2.1967, IV 224/64, BStBl III 1967, 274.

stand der Einkommensteuerbescheid eines bestimmten Jahres ist, während sich die verbindliche Auskunft auf die steuerliche Auswirkung einer Sachverhaltsgestaltung über den gesamten Planungshorizont hinweg bezieht. Mit der verbindlichen Auskunft erlangt der Stpfl. eine verlässliche Planungsgrundlage (die FinVerw. ist an die in der Auskunft dargelegte rechtliche Beurteilung gebunden), so dass der Ansatz von 100 % des Gegenstandswertes gerechtfertigt ist.[1)]

Ergibt sich ein strittiger Steuerbetrag, dann die Differenz zwischen dem Steuerbetrag, der auf Grund der von dem Antragsteller vorgetragenen Rechtsauffassung entstehen würde, und dem Steuerbetrag, der sich bei einer von der Finanzbehörde vertretenen entgegengesetzten Rechtsauffassung ergeben würde; steuerliche Auswirkungen, die sich mittelbar ergeben können, die jedoch nicht selbst zum Gegenstand des Antrags auf verbindliche Auskunft gemacht worden sind, werden bei der Bemessung der Auskunftsgebühr nicht berücksichtigt.[2)]

Verbindung

→ *Klagehäufung*

Werden mehrere Steuersachen gegen denselben Kläger zur gemeinsamen Entscheidung verbunden, so sind die Streitwerte zusammenzurechnen.[3)]

Streitwert und Gegenstandswert bei Klagen zweier Gesamtschuldner nach Verbindung der Klagen:

Klagen zwei von der Finanzbehörde durch getrennte Bescheide jeweils auf die volle Abgabenschuld in Anspruch genommene Gesamtschuldner nach einer Verbindung beider Klagen gemeinsam gegen die erlassenen gleichlautenden Bescheide, sind die Streitwerte zu addieren.[4)] Dieser Gesamtstreitwert ist aber abweichend von § 9 Abs. 1 BRAGO (nicht geregelt) nicht für die Gebühren der Bevollmächtigten maßgebend.

Verböserung

Hat keinen Einfluss auf die Bemessung des Streitwerts.[5)]

Verbrauchssteuern (wie Bier-, Branntwein-, Tabaksteuer etc.)

→ *Umsatzsteuer*[6)]

Verdeckte Einlage

→ *Körperschaftsteuer*

Beim Streit darüber, ob das FA zu Recht eine verdeckte Einlage angesetzt hat, ist von einem Streitwert i.H.v. 10 % der streitigen Einlagebeträge auszugehen.[7)]

Verdeckte Gewinnausschüttung[8)]

Bei Klagen gegen den Ansatz verdeckter Gewinnausschüttungen nach dem KStG beträgt der Streitwert grundsätzlich $^9/_{16}$ des streitigen Ausschüttungsbetrags, unabhängig davon, ob und inwieweit Erhöhungen oder Minderungen der Körperschaftssteuer nach § 27 KStG vorzunehmen sind.[9)] Nach der überwiegenden Rechtspre-

1) FG Münster v. 15.2.2012, 12 K 5002/07 AO, EFG 2012, 1706.
2) BFH v. 22.4.2015, IV R 13/12, DStR 2015, 2327.
3) BFH v. 11.4.1962, II 248/60, BStBl III 1962, 320.
4) FG Bremen v. 2.11.1999, 299127 K 2, AGS 2000, 201; FG Düsseldorf v. 29.1.1999, 7 Ko 6835/98, EFG 1999, 583.
5) BFH v. 16.8.1955, I 160/54 U, BStBl III 1955, 353.
6) BFH v. 17.2.1994, XI E 1/94, BFH/NV 1994, 819.
7) FG Saarland v. 31.7.1998, 1 K 172/95, EFG 1998, 1667.
8) FG Saarland v. 12.7.1984, I 64/84, EFG 1984, 632.
9) FG Düsseldorf v. 26.3.1992, 6 K 324/90, EFG 1992, 623; FG Saarland v. 3.9.1993, 1 V 124/93, EFG 1994, 270.

chung sind ab dem Jahr 1994 $^3/_7$, ab 2001 25 % und ab dem Jahr 2008 15 % anzusetzen.

Verfassungsmäßigkeit

Ist im finanzgerichtlichen Verfahren lediglich die Verfassungsmäßigkeit steuerlicher Regelungen streitig und erledigt sich der Rechtsstreit mit der – allein beantragten – Ausdehnung einer Vorläufigkeitserklärung, so ist der Streitwert nach § 52 Abs. 2 GKG – wie bei einer Verfahrensaussetzung nach § 74 FGO – mit 10 % der möglichen steuerlichen Auswirkung zu bemessen.[1]

Vergleich

Keine Herabsetzung des Streitwerts auf den in Frage kommenden Prozentsatz.[2]

Verkehrssteuern

wie Einkommensteuer[3]

Verletzung des Steuergeheimnisses

Der Streitwert von Klagen auf Feststellung der Verletzung des Steuergeheimnisses im Gewerbeuntersagungsverfahren beträgt 7 500 €. Für Klagen auf Feststellung der Verletzung des Steuergeheimnisses im Zuge der Drittschuldnerpfändung beträgt der Streitwert i.d.R. 5 000 €.[4]

Verluste

Wird bei erfolgreicher Klage gegen einen KSt-Bescheid ein höherer Verlust mit der Folge festgesetzt, dass im Wege des Verlustvortrags sich die Steuerfestsetzung des Folgejahres zwingend mindert, richtet sich der Streitwert der Klage im Einzelfall nach der Minderung der Steuerbelastung im Verlustabzugsjahr.[5]

Ergänzende Auffassung: Der Streitwert einer Klage gegen einen Bescheid zur Feststellung des vortragsfähigen Gewerbeverlusts wird unabhängig vom Hebesatz mit 10 % des streitigen Verlusts bemessen.[6]

Verluste Verrechenbarkeit

Bei einer Klage gegen einen Feststellungsbescheid, wobei die Frage strittig ist, ob Verluste sofort abziehbar oder nur verrechenbar sind, kann ausnahmsweise der Ansatz eines Streitwerts i.H.v. 20 % der streitigen Verluste angemessen sein, wenn bei den Feststellungsbeteiligten eine hohe Einkommensteuerbelastung anzunehmen ist.[7]

Verlustfeststellung

In der Regel 10 % des streitigen Verlustes, sofern die steuerlichen Auswirkungen nicht bestimmbar sind,[8] eine ggf. mitangefochtene ESt-Festsetzung auf Null erhöht den Streitwert des Verfahrens nicht.[9]

---

1) Niedersächsisches FG v. 26.8.1991, VIII 623/90; BFH v. 28.5.1991, IX B 189/90, BFH/NV 1991, 763; FG Nürnberg v. 10.5.1993, VI 79/83, EFG 1993, 604.
2) RStBl 1933, 354.
3) BFH v. 25.1.1967, I B 11/66, BStBl III 1967, 253.
4) FG Saarland v. 19.10.1998, 1 K 318/97, EFG 1999, 189.
5) FG Brandenburg v. 16.3.2004, 2 K 2408/00, EFG 2004, 925.
6) BFH v. 28.12.2009, IV E 1/09, BFH/NV 2010, 666 f.
7) FG Sachsen-Anhalt v. 8.8.2013, 2 Ko 1704/10.
8) BFH v. 31.3.2008, IX E 1/08, BFH/NV 2008, 1336; v. 26.1.2006, VIII E 6/05, BFH/NV 2006, 1112.
9) FG Köln v. 23.7.2015, 10 Ko 297/15, StE 20015, 585.

Vermögensabgabe

Streitwert ist höchstens gleich dem Ablösungswert des streitigen Viertel- oder Teilvierteljahresbetrags, und zwar gleich dem Ablösungswert aller 108 Raten. Bei Vorauszahlungsbescheiden beträgt der Streitwert das Zehnfache des streitigen Viertel- oder Teilvierteljahresbetrags. In Aufteilungsfällen nach § 67 LAG ist Streitwert der Ablösungswert des strittigen aufgeteilten Vierteljahresbetrags.[1)]

Vermögensteuer

Streitwert ist das Dreifache der streitigen Jahressteuer. Nur wenn der Vermögensteuerbescheid kürzere Geltungsdauer hat, ist der Streitwert entsprechend zu ermäßigen.[2)]

Vermögensverzeichnis

Vorlage eines Vermögensverzeichnisses und Abgabe einer eidesstattlichen Versicherung (§ 248 AO). Streitwert beträgt 50 % der rückständigen Beträge.[3)] Wenn nur ein Vermögensverzeichnis angefordert wird sind 25 % der rückständigen Beträge anzusetzen.[4)]

Die frühere Rechtsprechung des BFH wird bestätigt durch den BFH,[5)] jedoch Begrenzung auf 1 Mio. DM.

Verpflichtungsklage

Bei einer Klage auf Verpflichtung des FA zur Gewährung von Vollstreckungsaufschub ist, ebenso wie bei einem Antrag auf Erlass einer einstweiligen Anordnung auf Vollstreckungsaufschub, der Streitwert mit 10 % der Forderungsbeträge zu bemessen, deren Vollstreckung droht bzw. die Anlass zu der Vollstreckung waren.[6)]

→ *Bescheidungsklage und Erlass*

Verrechenbarer Verlust

→ *Gesonderte und einheitliche Feststellung von Besteuerungsgrundlagen*

Verrechnung

Keine Verrechnung von Auswirkungen (plus oder minus) in nachfolgenden Veranlagungszeiträumen.[7)]

Verweisung

Wird eine bisher bei einem Gericht anhängige Streitsache an das zuständige Gericht verwiesen, so wird Letzterem auch die Entscheidung über den Streitwert und die Kosten des Verfahrens vor den FG überlassen.[8)]

Verspätungszuschlag

Streitwert ist der strittige Betrag.

Vertagung

Lehnt der Kläger die Stellung eines Sachantrags ab und stellt er lediglich einen Vertagungsantrag, ist der Streitwert mit 5 000 € zu bemessen.[9)]

---

1) BFH v. 16.6.1967, III 191/64, BStBl III 1967, 616.
2) BFH v. 11.5.1983, III R 134/82, BStBl II 1983, 528.
3) BFH v. 8.3.1977, VII R 3/76, BStBl II 1977, 614; a.A. FG Bremen v. 14.3.1991, II 209/90, EFG 1991, 628.
4) FG Baden-Württemberg v. 23.8.1996, 9 K 162/97.
5) BFH v. 29.7.1999, VII E 6/99, BStBl II 1999, 756.
6) FG Baden-Württemberg v. 27.7.1990, IX K 182/88, EFG 1990, 655.
7) BStBl III 1958, 122.
8) BFH v. 17.12.1958, II 133/56, BStBl III 1959, 254.
9) BFH v. 7.5.2010, IV S 3/10, BFH/NV 2010, 1476 f.

Vollstreckung

Streitwert ist nach freiem Ermessen festzusetzen. Anhaltspunkte können dabei sein: Die Höhe der gesamten in der Vollstreckung befindlichen Rückstände, wenn die Vollstreckung überhaupt angegriffen wird, die Höhe des Teils der in der Vollstreckung befindlichen Rückstände, dessen Vollstreckung angegriffen wird, der Schätzwert eines Gegenstandes, wenn seine Pfändbarkeit bestritten wird.[1] Streitwert ist der volle Wert der zu vollstreckenden Forderungen.[2] bzw. grundsätzlich die Höhe der Forderung, wegen der vollstreckt wurde[3] (für Vollstreckung gem. § 152 FGO).

→ Duldungsbescheid, → Eidesstattliche Versicherung, → Pfändungen, → Sicherungshypothek, → Vermögensverzeichnis

Vorauszahlungen

Voller streitiger Betrag, weil das Verfahren über die Vorauszahlung nach Ansicht des BFH die endgültige Steuerfestsetzung präjudiziert,[4] aber nur für den laufenden Veranlagungszeitraum, wenn auch das Rechtsbehelfsbegehren zeitlich nicht begrenzt ist.

Wird der Rechtsstreit um den Grund und die Höhe der letztlich zu zahlenden Steuer geführt, ist der **Streitwert** auch bei Vorauszahlungen grundsätzlich nach dem vollen Steuerbetrag zu bemessen.[5]**Andere Auffassung:** Bei Vorauszahlungsbescheiden ist als Streitwert der volle Steuerbetrag nur dann anzusetzen, wenn der Rechtsstreit schon konkrete Rechtsfragen betrifft, die sich letztlich in gleicher Weise im Veranlagungsverfahren stellen. Wird dagegen, wie es meist der Fall ist, die Herabsetzung der Vorauszahlungen auf vorläufige Ergebnisse und Erkenntnisse gestützt, die für die endgültige Veranlagung keine Folgewirkung haben werden, ist der Streitwert wegen der stundungsähnlichen Wirkung mit 10 % zu bemessen.[6] Der Streitwert beträgt 10 % des streitigen Einkommenvorauszahlungsbetrags, wenn Höhe und Grund des Betrages unstreitig waren.[7] Es ist der Streitwert nur für die streitigen Vorauszahlungen eines Veranlagungszeitraums anzusetzen,[8] es sei denn, dass auch Vorauszahlungen für abgelaufene Veranlagungszeiträume angegriffen wurden.[9]

Vorbehalt der Nachprüfung

Geht der Rechtsstreit ausschließlich um die Frage, ob einem Steuerbescheid ein Nachprüfungsvorbehalt i.S.d. § 164 Abs. 1 Satz 1 AO hinzugefügt werden darf, so ist der Streitwert mangels anderer Anhaltspunkte i.d.R. unter Anlehnung an § 52 Abs. 2 GKG anzusetzen.[10]

Vorlage eines Vermögensverzeichnisses

Als Streitwert im Verfahren um die Vorlage eines Vermögensverzeichnisses sind 50 % der rückständigen Steuern anzunehmen.[11] Die frühere Rechtsprechung des BFH wird bestätigt durch den Beschluss des BFH v. 29.7.1999,[12] jedoch Begrenzung auf 500 000 €.

1) OFD Münster v. 1.3.1957, S 1227, 42, S III 1, 34, BB 1961, Beilage zu Heft 8, 8.
2) BFH v. 13.10.1970, VII B 44/70, BStBl II 1971, 25.
3) BFH v. 13.10.1970, VII B 44/70, BStBl II 1971, 25.
4) BFH v. 9.7.1964, IV 427/62 U, BStBl III 1964, 530 = BStBl III 1965, 554 = BStBl II 1971, 206.
5) BFH v. 16.6.2009, X E 4/09.
6) FG Nürnberg v. 24.5.1988, VI 7/88, EFG 1988, 654.
7) FG Münster v. 7.2.1989, XIII 9073/88, EFG 1989, 370.
8) FG Nürnberg v. 30.9.1987, VI 214/87, EFG 1988, 136.
9) FG Hamburg v. 19.4.1988, I 95/82, EFG 1988, 536.
10) BFH v. 28.2.1980, V R 118/76, BStBl II 1980, 417.
11) BFH v. 8.3.1977, VII R 3/76, BStBl II 1977, 614; a.A.: 25 % der rückständigen Beträge, FG Baden-Württemberg v. 23.8.1996, 9 K 162/97.
12) BFH v. 29.7.1999, VII E 6/99, BStBl II 1999, 756.

Vorläufige Veranlagung

Im Streit um die Berichtigung eines vorläufigen Steuerbescheids richtet sich der Streitwert nach dem finanziellen Interesse an der späteren Herabsetzung der Steuer bei der endgültigen Veranlagung.[1]

Vorläufige Verfahrensgebühr

Richtet sich die Klage z.B. gegen die Aufhebung geänderter Körperschaftsteuerbescheide und Gewerbesteuermessbetragsbescheide und lassen sich aus den mit der Klageschrift vorgelegten Einspruchsentscheidungen und angefochtenen Verwaltungsakten die Steuererhöhungsbeträge erkennen bzw. berechnen, sind diese Werte unter Beachtung von § 39 Abs. 1 GKG gem. § 52 Abs. 5 i.V.m. Abs. 3 Satz 1 GKG i.d.F. vom 8.7.2014 für die Bemessung der vorläufigen Verfahrensgebühr maßgebend.[2]

Vorläufigkeitsvermerk

Ein Streitwert kann nicht auf der Grundlage des § 52 Abs. 1 GKG bestimmt werden. Gemäß § 52 Abs. 1 GKG ist, wenn – wie vorliegend – der Streitwert nicht nach § 52 Abs. 3 GKG bestimmt werden kann, der Streitwert nach der sich aus dem Antrag des Klägers für ihn ergebenden Bedeutung der Sache nach Ermessen zu bestimmen. Maßgeblich für die Bedeutung der Sache in diesem Sinne ist grundsätzlich nur der Geldbetrag, um den unmittelbar gestritten wird und der sich im Festsetzungsverfahren auswirken kann.[3] Es wird nicht um einen Geldbetrag, sondern allein um die Rechtmäßigkeit des Vorläufigkeitsvermerkes gestritten. Bei ausschließlichem Streit um die Rechtmäßigkeit des Vorläufigkeitsvermerkes findet § 52 Abs. 1 GKG keine Anwendung.[4] Bei ausschließlichem Streit um die Rechtmäßigkeit des Vorläufigkeitsvermerkes i.S.d. § 165 Abs. 1 AO ist der Streitwert gem. § 52 Abs. 2 GKG auf 5 000 € (Auffangwert) festzusetzen.[5]

Vorsorglich eingelegte Rechtsbehelfe und Rechtsmittel

Für die Berechnung der Streitwerte gelten in solchen Fällen die allgemeinen Grundsätze.

Vorsorglicher Rechtsbehelf

Ist kein bestimmter Rechtsbehelfsantrag gestellt, so ist der Streitwert im Wege der Schätzung nach pflichtgemäßem Ermessen zu ermitteln; ein Streitwert von 0 € kommt nicht in Betracht.[6] Der Streitwert in Verfahren über vorsorglich eingelegte Rechtsbehelfe ist nach den allgemeinen Grundsätzen zu bestimmen, ggf. gem. § 52 Abs. 2 GKG.[7]

Vortragsfähiger Gewerbeverlust

Es sind im Wege der Schätzung die Auswirkungen auf die Gewerbesteuer in den Folgejahren (10 % des streitigen Verlusts) als Streitwert bei einem Streit um die Höhe des vortragsfähigen Gewerbeverlusts anzusetzen.[8]

1) BFH v. 9.10.1968, I 13/68, BStBl 1968, 827.
2) FG des Landes Sachsen-Anhalt v. 15.9.2015, 3 KO 962/15, EFG 2015, 2108.
3) Vgl. Gräber/Ratschow, 7. Aufl. 2010, Vor § 135 FGO Rz. 81 m.w.N.
4) Ebenso BFH v. 23.11.1994, II R 54/90, BFH/NV 1995, 633 zur § 52 Abs. 1 GKG entsprechenden Vorgängervorschrift des § 13 Abs. 1 Satz 1 GKG a.F.
5) FG Sachsen-Anhalt v. 12.7.2011, 2 KO 225/11, EFG 2012, 549.
6) BFH v. 20.3.1957, II 135/56, BFHE 64, 575.
7) Hessisches FG v. 22.11.1977, B II 44/77, EFG 1978, 344.
8) BFH v. 13.5.2013, I E 4/13, BFH/NV 2013, 1449.

Vorverfahren

Die erstattungsfähigen Aufwendungen für einen hinzugezogenen Bevollmächtigten sind für das außergerichtliche Rechtsbehelfsverfahren höchstens nach dem Streitwert des anschließenden Klageverfahrens zu berechnen.[1)]

Wechselseitige Rechtsbehelfe

Für die Gebührenrechnung sind die Streitwerte der wechselseitigen Rechtsbehelfe und auch der Anschlussrechtsbehelfe zu einem einheitlichen Streitwert zusammenzurechnen.[2)] Für die Frage ob der Streitwert die Revisionsgrenze übersteige, ist allerdings der Streitwert für jeden der beiden Rechtsbehelfe getrennt zu berechnen.

Widerruf der Anerkennung einer Steuerberatungsgesellschaft

Der Streitwert eines Verfahrens, in dem eine Steuerberatungsgesellschaft gegen den Widerruf ihrer Anerkennung klagt, beträgt 25 000 €.[3)]

Widerruf der Bestellung zum Steuerberater

Der Streitwert einer Klage gegen den Widerruf der Bestellung als Steuerberater ist i.d.R. nach den Einkünften aus dieser Tätigkeit in dem Kalenderjahr zu bemessen, das dem Widerruf vorausgegangen ist.[4)] Eine Ermäßigung ist geboten, wenn der Widerruf nicht zu finanziellen Nachteilen des Klägers auf Dauer geführt hat.[5)]

Wiederaufnahme eines abgeschlossenen Verfahrens

Als Streitwert des Wiederaufnahmeverfahrens sind die Kosten des früheren Verfahrens anzusetzen.[6)]

Wiederaufnahmeverfahren

→ *Restitutionsklage*

Wiederkehrende Leistung und -Verpflichtung

→ *Kindergeld*, → *Kraftfahrzeugsteuer*, → *Pfändungen*

Zahlungsfrist

→ *Fälligkeit*

Zerlegung

→ *Gewerbesteuer*

Ist kein bezifferter Antrag gestellt worden und sind auch keine Anhaltspunkte für das finanzielle Interesse ersichtlich, so ist der Streitwert nach § 52 Abs. 2 GKG zu bemessen.[7)]

---

1) BFH v. 17.9.1974, VII B 25/79, BStBl II 1975, 39; FG Baden-Württemberg v. 15.4.1986, IX Ko 6/85, EFG 1986, 611; FG Rheinland-Pfalz v. 20.3.1998, 4 Ko 1346/98, AGS 1998, 170; a.A.: FG Baden-Württemberg v. 18.12.2001, 3 Ko 1/00, EFG 2002, 497, danach ist der Gegenstandswert des Einspruchsverfahrens höher, als der Streitwert des Klageverfahrens, so ist nur der dem Verhältnis dieser Werte entsprechende Teil der Kosten des Vorverfahrens erstattungsfähig.

2) BFH v. 25.5.1962, III 60/62 U, BStBl III 1962, 358 = BStBl III 1967, 274; v. 29.8.1989, BStBl II 1990, 430.

3) Anschluss an: BFH v. 24.10.1989, VII S 17/89, BFHE 158, 208 = BStBl II 1990, 75; FG Bremen v. 31.5.1991, II 128/91, EFG 1992, 24.

4) BFH v. 27.6.1978, VII B 18/77, BFHE 125, 435 = BStBl II 1978, 631; v. 12.12.1978, VII B 50/78, BFHE 126, 509 = BStBl II 1978, 264.

5) FG Bremen v. 18.3.1993, 29 2253 K2, EFG 1993, 602.

6) FG Düsseldorf v. 4.7.1994, 14 K 3727/94, EFG 1994, 1109.

7) BFH v. 28.1.1986, VII E 7/85, BFH/NV 1986, 424.

Zerlegungs- und Zuteilungsverfahren

Maßgebend ist das geltend gemachte Interesse.[1]

Zinsen

Der Wert der allein streitigen Zinsforderung und zwar auch dann, wenn mit einer Anschlussrevision auch die Hauptforderung zum Gegenstand des Verfahrens gemacht wird.[2] Ansonsten werden Zinsen als Nebenforderung nicht mit in den Streitwert eingerechnet.[3]

Zinsen auf Kapitallebensversicherungen

Der Streitwert bei der gesonderten Feststellung der Steuerpflicht von Zinsen auf Kapitallebensversicherungen gem. § 9 VO zu § 180 Abs. 2 AO kann mit 10 % der Versicherungssumme angesetzt werden.[4]

Zoll

Bei Streit um die Bewilligung eines besonderen Zollverkehrs i.d.R. die Höhe der damit verbundenen Abgabenvergünstigung, in besonderen Fällen nach dem Reingewinn, der bei der Durchführung des beabsichtigten Geschäfts zu erwarten ist.[5] Streitwertbemessung für eine Klage, mit der ein Stpfl. die Feststellung begehrt, dass er bei der Einreise aus Frankreich unter bestimmten Voraussetzungen Eingangsabgabenfreiheit in Anspruch nehmen kann, auf 500 €.[6] Bei Streit um die Bewilligung eines besonderen Zollverkehrs i.d.R. die Höhe der damit verbundenen Abgabenvergünstigung, in besonderen Fällen nach dem Reingewinn, der bei der Durchführung des beabsichtigten Geschäfts zu erwarten ist.[7]

a) Antrag auf Erlaubnis oder Widerruf der Erlaubnis zur steuerbegünstigten Entnahme von Strom oder anderen Energieerzeugnissen (z.B. Erdgas, Mineralöl)

Der Streitwert bemisst sich bei einem feststehenden Zeitraum aus der Differenz des Steuerbetrags bei Bezug zu normalem Preis gegenüber dem Steuerbetrag bei Bezug zu ermäßigtem Preis. Bei einem zeitlich nicht feststehenden Zeitraum bemisst sich der Streitwert aus der Differenz des Steuerbetrags bei Bezug zu normalem Preis gegenüber dem Steuerbetrag bei Bezug zu ermäßigtem Preis für die Dauer von einem Jahr ab Antragstellung.[8] Der feststehende bzw. nicht feststehende Zeitraum richtet sich nach Maßgabe des Klageantrags.

b) Ausgabe von (Tabak-)Steuerzeichen

Der Streitwert bemisst sich in Höhe der Differenz der Tabaksteuer, die sich bei Herausgabe der beantragten Steuerzeichen ergeben würde und der Tabaksteuer, die sich bei den ausgelieferten oder verwehrten Steuerzeichen ergeben hat. Nicht zu berücksichtigen sind Folgewirkungen, die sich durch die verwehrte Auslieferung der Steuerzeichen ergeben (z.B. Gewinnausfälle, Schadensersatzforderungen, Personal- und Betriebskosten, usw.).

c) Feststellung der Unrichtigkeit von Ursprungsnachweisen (Präferenznachweisen)

Der Streitwert bemisst sich grundsätzlich nach dem auf den Wert der ausgeführten Waren entfallenden Zoll des betreffenden Ausfuhrlands. Bewertungsabschläge sind zu machen wegen unsicherer Feststellung der Unrichtigkeit, unsicherer Nacherhe-

1) BFH v. 6.2.1962, I R 31/59, BStBl III 1962, 341.
2) BFH v. 9.11.1976, VII E 21/76, BStBl 1977, 36.
3) BFH v. 10.8.1984, III R 77/84.
4) FG Nürnberg v. 6.11.2002, I 226/2002, EFG 2003, 345.
5) BFH v. 25.5.1976, VII R 163/83, BStBl II 1976, 568.
6) BFH v. 5.6.1985, VII R 163/83, BFH/NV 1986, 349.
7) BFH v. 25.5.1976, VII B 44/74, BStBl II 1976, 568.
8) Siehe BFH v. 9.8.2006, VII E 18/05, BFH/NV 2006, 2135.

bung und unsicherem Regress. Die Abschläge werden dabei jeweils pauschal mit 50 % bemessen.[1]

d) Milchreferenzmenge bzw. Milch-Garantiemengenabgabe

Der Streitwert bemisst sich in Höhe der Milchgarantiemengenabgabe, die bei Überlieferung der streitigen Referenzmenge im Zwölf-Monats-Zeitraum der Klageerhebung anfallen würde.[2] Ist die Milchreferenzmenge selbst streitig, bestimmt sich das wirtschaftliche Interesse nach der Abgabe, die für diese Menge im Zeitpunkt der Klageerhebung zu zahlen wäre.

e) Verbindliche Zolltarif- und Ursprungsauskünfte

Der Streitwert bemisst sich immer in Höhe des Auffangstreitwerts gem. § 52 Abs. 2 GKG. Werden mehrere Zolltarifauskünfte mit der Klage begehrt, ist der Auffangstreitwert für jede beantragte Zolltarifauskunft anzusetzen.[3]

Zolltarifauskunft

Der Streitwert beträgt 5 000 €;[4] vgl. § 52 Abs. 2 GKG.[5]

Zulassung der Revision

Streitwert für die Entscheidung über die Zulässigkeit der Revision ist nicht nach den Vorschriften des GKG sondern gem. § 155 FGO i.V.m. § 3 ZPO festzusetzen.[6]

Zulassung zu einem steuerberatenden Beruf

Der Streitwert beträgt bei Streit um die Zulassung als Steuerbevollmächtigter wie als Steuerberater jeweils 5 000 €.[7]

Zurechnung von Einkünften

Werden Einkünfte auf Grund eines Missbrauchs von Gestaltungsmöglichkeiten (§ 42 AO) statt einer GmbH dem Anteilseigner zugerechnet, so bemisst sich der Streitwert unter Anwendung eines Satzes von 25 % auf den Betrag von 500 € je Streitjahr.[8]

Zurückverweisung

Streitwert ist nach dem höchsten bei dem FG anhängig gewesenen Anspruch zu bemessen.[9] Beantragt der Kläger im Revisionsverfahren das Verfahren an das FG zurückzuverweisen, ist Streitwert der Wert des Klageverfahrens bzw. bei teilweiser Stattgabe durch das Gericht, der Wert, mit dem der Kläger unterlegen ist.[10]

Der Streitwert des Zweiten Rechtsganges vor dem FG richtet sich nach dem Wert des zurückverwiesenen Streitgegenstandes.

Zurückweisung von Prozessvertretern

Streitwert $^1/_{10}$ des Streitwerts der Hauptsache.[11]

---

1) Siehe FG Düsseldorf v. 24.4.2006, 4 K 5279/00 Z; FG Düsseldorf v. 8.11.2006, 4 K 7567/02 Z.
2) Siehe FG Düsseldorf v. 18.10.1995, 4 K 212/90 MOG, EFG 1996, 159.
3) Siehe ständige BFH-Rechtsprechung, insbesondere BFH v. 30.1.2001, VII R 83/99, HFR 2001, 491, mit Hinweisen auf weitere Rechtsprechung.
4) BFH v. 2.8.1977, VII K 6/76, BStBl II 1977, 843.
5) BFH v. 18.12.1991, VII E 8/91, BFH/NV 1992, 542.
6) BFH v. 8.3.1977, VII R 3/76, BStBl II 1977, 614.
7) BFH v. 3.2.1976, VII B 54/75, BStBl II 1976, 383 bzw. 459.
8) FG Saarland v. 2.2.1998, 1 S 266/97, EFG 1998, 690.
9) RStBl 1931, 791.
10) BFH v. 4.11.1998, VI E 5/98, BFH/NV 1999, 511.
11) BFH v. 23.8.1982, IV B 76/81, BStBl II 1982, 662.

Zusammenveranlagung

→ *Einkommensteuer*

Zuschläge

100 % der streitigen Gesamtleistung.

Zuständigkeit

Wird allein darüber gestritten, welche Verwaltungsbehörde für den Erlass des Verwaltungsaktes oder die Entgegennahme von Steueranmeldungen zuständig ist, wird der Streitwert gem. § 52 Abs. 2 GKG angesetzt.[1)]

Zwangsgeld

Der Streitwert einer Klage gegen eine Zwangsgeldfestsetzung (§§ 329, 333 AO) ergibt sich aus dem festgesetzten Betrag. Für eine Klage gegen eine Zwangsgeldandrohung (§ 332 AO) ist die Hälfte des angedrohten Betrages anzusetzen.[2)]

Zwangsversteigerung (Anordnung der)

Im Falle einer Klage gegen einen Antrag auf Anordnung der Zwangsversteigerung bemisst sich der Streitwert nach dem Betrag, der dem FA voraussichtlich im Zwangsversteigerungsverfahren zugeteilt wird.[3)]

Zwangsverwaltung

Der Streitwert bei der Anfechtung des Antrags auf Anordnung der Zwangsverwaltung ist der Jahresbetrag der an den Zwangsverwalter zu zahlenden Miete.[4)]

Zwangsvollstreckung

→ *Vollstreckung*

Streitwert ist nach freiem Ermessen zu ermitteln; Anhaltspunkte: Höhe der gesamten in Beitreibung befindlichen Rückstände, wenn die Vollstreckung überhaupt angegriffen wird, die Höhe des Teils der Rückstände; der Schätzwert eines Gegenstandes, wenn seine Pfändbarkeit bestritten wird.[5)]

Zwischenstreit, Zwischenurteil

Wird nach § 97 FGO über die Zulässigkeit einer Klage durch Zwischenurteil vorab entschieden, bemisst sich der Streitwert nach dem vollen Gegenstand der Hauptsache.[6)] War im erstinstanzlichen und im Revisionsverfahren das volle Interesse der Hauptsache bestritten, ist der Streitwert nicht deswegen zu ermäßigen, weil Gegenstand des Revisionsverfahrens ein Zwischenurteil war.[7)]

Zwischenurteil

Die Streitwertfestsetzung ist dem Endurteil vorbehalten.[8)]

---

1) FG Baden-Württemberg v. 8.4.1987, XII Ko 6/86.
2) OVG Bremen v. 13.11.1987, I B 102/87, JurBüro 1988, 372; FG Bremen v. 12.12.1989, II 81/89, EFG 1991, 99; Hessisches FG v. 5.2.1993, 2 Ko 328/93, EFG 1993, 811.
3) FG Baden-Württemberg v. 8.12.1995, 14 Ko 2/94, EFG 1996, 197; BFH v. 18.5.1982, VII S 3/82.
4) FG Saarland v. 16.10.1998, 2 K 318/97, EFG 1999, 189.
5) OFD Münster v. 1.3.1957, S 1227, 42, S III 1.
6) BFH v. 25.3.1986, III R 134/80, BFH/NV 1986, 631.
7) BFH v. 10.5.1993, I R 137/90, BFH/NV 1994, 55.
8) BFH v. 9.3.1965, VI 247/64, HFR 1965, 514.

F. Gebührentabellen

Tabelle A Beratungstabelle

Beratungstabelle (ab 1.7.2020)[1)]

(**Anlage 1 der StBVV (BGBl. I 2020, 1499)**, redaktionell ergänzt um Bruchteilsgebührenwerte)

Gegen-standswert in bis ... Euro	Volle Gebühr (10/10) Euro	Bruchteilsgebühr in € (* Mindestgebühr 10 €) 1/20	1/10	2/10	3/10	4/10	5/10	6/10	7/10	8/10	9/10
300	29	1,45*	2,90*	5,80*	8,70*	11,60	14,50	17,40	20,30	23,20	26,10
600	53	2,65*	5,30*	10,60	15,90	21,20	26,50	31,80	37,10	42,40	47,70
900	76	3,80*	7,60*	15,20	22,80	30,40	38,00	45,60	53,20	60,80	68,40
1 200	100	5,00*	10,00	20,00	30,00	40,00	50,00	60,00	70,00	80,00	90,00
1 500	123	6,15*	12,30	24,60	36,90	49,20	61,50	73,80	86,10	98,40	110,70
2 000	157	7,85*	15,70	31,40	47,10	62,80	78,50	94,20	109,90	125,60	141,30
2 500	189	9,45*	18,90	37,80	56,70	75,60	94,50	113,40	132,30	151,20	170,10
3 000	222	11,10	22,20	44,40	66,60	88,80	111,00	133,20	155,40	177,60	199,80
3 500	255	12,75	25,50	51,00	76,50	102,00	127,50	153,00	178,50	204,00	229,50
4 000	288	14,40	28,80	57,60	86,40	115,20	144,00	172,80	201,60	230,40	259,20
4 500	321	16,05	32,10	64,20	96,30	128,40	160,50	192,60	224,70	256,80	288,90
5 000	354	17,70	35,40	70,80	106,20	141,60	177,00	212,40	247,80	283,20	318,60
6 000	398	19,90	39,80	79,60	119,40	159,20	199,00	238,80	278,60	318,40	358,20
7 000	441	22,05	44,10	88,20	132,30	176,40	220,50	264,60	308,70	352,80	396,90
8 000	485	24,25	48,50	97,00	145,50	194,00	242,50	291,00	339,50	388,00	436,50
9 000	528	26,40	52,80	105,60	158,40	211,20	264,00	316,80	369,60	422,40	475,20
10 000	571	28,55	57,10	114,20	171,30	228,40	285,50	342,60	399,70	456,80	513,90
13 000	618	30,90	61,80	123,60	185,40	247,20	309,00	370,80	432,60	494,40	556,20
16 000	665	33,25	66,50	133,00	199,50	266,00	332,50	399,00	465,50	532,00	598,50
19 000	712	35,60	71,20	142,40	213,60	284,80	356,00	427,20	498,40	569,60	640,80
22 000	759	37,95	75,90	151,80	227,70	303,60	379,50	455,40	531,30	607,20	683,10
25 000	806	40,30	80,60	161,20	241,80	322,40	403,00	483,60	564,20	644,80	725,40
30 000	892	44,60	89,20	178,40	267,60	356,80	446,00	535,20	624,40	713,60	802,80
35 000	977	48,85	97,70	195,40	293,10	390,80	488,50	586,20	683,90	781,60	879,30
40 000	1 061	53,05	106,10	212,20	318,30	424,40	530,50	636,60	742,70	848,80	954,90
45 000	1 146	57,30	114,60	229,20	343,80	458,40	573,00	687,60	802,20	916,80	1031,40
50 000	1 230	61,50	123,00	246,00	369,00	492,00	615,00	738,00	861,00	984,00	1107,00
65 000	1 320	66,00	132,00	264,00	396,00	528,00	660,00	792,00	924,00	1056,00	1188,00
80 000	1 411	70,55	141,10	282,20	423,30	564,40	705,50	846,60	987,70	1128,80	1269,90
95 000	1 502	75,10	150,20	300,40	450,60	600,80	751,00	901,20	1051,40	1201,60	1351,80
110 000	1 593	79,65	159,30	318,60	477,90	637,20	796,50	955,80	1115,10	1274,40	1433,70

1) Beachte auch die Übergangsregelungen nach § 47a StBVV.

Beratungstabelle (ab 1.7.2020)

(**Anlage 1 der StBVV (BGBl. I 2020, 1499)**, redaktionell ergänzt um Bruchteilsgebührenwerte)

Gegenstandswert in bis ... Euro	Volle Gebühr (10/10) Euro	Bruchteilsgebühr in € (* Mindestgebühr 10 €) 1/20	1/10	2/10	3/10	4/10	5/10	6/10	7/10	8/10	9/10
125 000	1 683	84,15	168,30	336,60	504,90	673,20	841,50	1009,80	1178,10	1346,40	1514,70
140 000	1 773	88,65	177,30	354,60	531,90	709,20	886,50	1063,80	1241,10	1418,40	1595,70
155 000	1 864	93,20	186,40	372,80	559,20	745,60	932,00	1118,40	1304,80	1491,20	1677,60
170 000	1 954	97,70	195,40	390,80	586,20	781,60	977,00	1172,40	1367,80	1563,20	1758,60
185 000	2 045	102,25	204,50	409,00	613,50	818,00	1022,50	1227,00	1431,50	1636,00	1840,50
200 000	2 136	106,80	213,60	427,20	640,80	854,40	1068,00	1281,60	1495,20	1708,80	1922,40
230 000	2 275	113,75	227,50	455,00	682,50	910,00	1137,50	1365,00	1592,50	1820,00	2047,50
260 000	2 414	120,70	241,40	482,80	724,20	965,60	1207,00	1448,40	1689,80	1931,20	2172,60
290 000	2 552	127,60	255,20	510,40	765,60	1020,80	1276,00	1531,20	1786,40	2041,60	2296,80
320 000	2 697	134,85	269,70	539,40	809,10	1078,80	1348,50	1618,20	1887,90	2157,60	2427,30
350 000	2 760	138,00	276,00	552,00	828,00	1104,00	1380,00	1656,00	1932,00	2208,00	2484,00
380 000	2 821	141,05	282,10	564,20	846,30	1128,40	1410,50	1692,60	1974,70	2256,80	2538,90
410 000	2 882	144,10	288,20	576,40	864,60	1152,80	1441,00	1729,20	2017,40	2305,60	2593,80
440 000	2 939	146,95	293,90	587,80	881,70	1175,60	1469,50	1763,40	2057,30	2351,20	2645,10
470 000	2 995	149,65	299,30	598,60	897,90	1197,20	1496,50	1795,80	2095,10	2394,40	2693,70
500 000	3 051	152,55	305,10	610,20	915,30	1220,40	1525,50	1830,60	2135,70	2440,80	2745,90
550 000	3 132	156,60	313,20	626,40	939,60	1252,80	1566,00	1879,20	2192,40	2505,60	2818,80
600 000	3 211	160,55	321,10	642,20	963,30	1284,40	1605,50	1926,60	2247,70	2568,80	2889,90
vom Mehrbetrag bis 5 000 000 Euro je angefangene 50 000 Euro	141	7,05	14,10	28,20	42,30	56,40	70,50	84,60	98,70	112,80	126,90
vom Mehrbetrag über 5 000 000 Euro bis 25 000 000 Euro je angefangene 50 000 Euro	106	5,30	10,60	21,20	31,80	42,40	53,00	63,60	74,20	84,80	95,40
vom Mehrbetrag über 25 000 000 Euro je angefangene 50 000 Euro	83	4,15	8,30	16,60	24,90	33,20	41,50	49,80	58,10	66,40	74,70

Tabelle B Abschlusstabelle

Abschlusstabelle (ab 1.7.2020)[1)]

(**Anlage 2 der StBVV (BGBl. I 2020, 1501)**, redaktionell ergänzt um Bruchteilsgebührenwerte)

Gegenstandswert in bis ... Euro	Volle Gebühr (10/10) Euro	Bruchteilsgebühr in € (* Mindestgebühr 10 €) 1/10	2/10	4/10	5/10	6/10	12/10	15/10	20/10	36/10	40/10
3 000	46	4,60*	9,20*	18,40	23,00	27,60	55,20	69,00	92,00	165,60	184,00
3 500	54	5,40*	10,80	21,60	27,00	32,40	64,80	81,00	108,00	194,40	216,00
4 000	64	6,40*	12,80	25,60	32,00	38,40	76,80	96,00	128,00	230,40	256,00
4 500	72	7,20*	14,40	28,80	36,00	43,20	86,40	108,00	144,00	259,20	288,00
5 000	81	8,10*	16,20	32,40	40,50	48,60	97,20	121,50	162,00	291,60	324,00
6 000	91	9,10*	18,20	36,40	45,50	54,60	109,20	136,50	182,00	327,60	364,00
7 000	99	9,90*	19,80	39,60	49,50	59,40	118,80	148,50	198,00	356,40	396,00
8 000	109	10,90	21,80	43,60	54,50	65,40	130,80	163,50	218,00	392,40	436,00
9 000	114	11,40	22,80	45,60	57,00	68,40	136,80	171,00	228,00	410,40	456,00
10 000	120	12,00	24,00	48,00	60,00	72,00	144,00	180,00	240,00	432,00	480,00
12 500	126	12,60	25,20	50,40	63,00	75,60	151,20	189,00	252,00	453,60	504,00
15 000	142	14,20	28,40	56,80	71,00	85,20	170,40	213,00	284,00	511,20	568,00
17 500	157	15,70	31,40	62,80	78,50	94,20	188,40	235,50	314,00	565,20	628,00
20 000	168	16,80	33,60	67,20	84,00	100,80	201,60	252,00	336,00	604,80	672,00
22 500	180	18,00	36,00	72,00	90,00	108,00	216,00	270,00	360,00	648,00	720,00
25 000	190	19,00	38,00	76,00	95,00	114,00	228,00	285,00	380,00	684,00	760,00
37 500	203	20,30	40,60	81,20	101,50	121,80	243,60	304,50	406,00	730,80	812,00
50 000	248	24,80	49,60	99,20	124,00	148,80	297,60	372,00	496,00	892,80	992,00
62 500	286	28,60	57,20	114,40	143,00	171,60	343,20	429,00	572,00	1029,60	1144,00
75 000	319	31,90	63,80	127,60	159,50	191,40	382,80	478,50	638,00	1148,40	1276,00
87 500	333	33,30	66,60	133,20	166,50	199,80	399,60	499,50	666,00	1198,80	1332,00
100 000	348	34,80	69,60	139,20	174,00	208,80	417,60	522,00	696,00	1252,80	1392,00
125 000	399	39,90	79,80	159,60	199,50	239,40	478,80	598,50	798,00	1436,40	1596,00
150 000	444	44,40	88,80	177,60	222,00	266,40	532,80	666,00	888,00	1598,40	1776,00
175 000	483	48,30	96,60	193,20	241,50	289,80	579,60	724,50	966,00	1738,80	1932,00
200 000	517	51,70	103,40	206,80	258,50	310,20	620,40	775,50	1034,00	1861,20	2068,00
225 000	549	54,90	109,80	219,60	274,50	329,40	658,80	823,50	1098,00	1976,40	2196,00
250 000	578	57,80	115,60	231,20	289,00	346,80	693,60	867,00	1156,00	2080,80	2312,00
300 000	605	60,50	121,00	242,00	302,50	363,00	726,00	907,50	1210,00	2178,00	2420,00
350 000	657	65,70	131,40	262,80	328,50	394,20	788,40	985,50	1314,00	2365,20	2628,00
400 000	704	70,40	140,80	281,60	352,00	422,40	844,80	1056,00	1408,00	2534,40	2816,00
450 000	746	74,60	149,20	298,40	373,00	447,60	895,20	1119,00	1492,00	2685,60	2984,00
500 000	785	78,50	157,00	314,00	392,50	471,00	942,00	1177,50	1570,00	2826,00	3140,00

1) Beachte auch die Übergangsregelungen nach § 47a StBVV.

Abschlusstabelle (ab 1.7.2020)

(**Anlage 2 der StBVV (BGBl. I 2020, 1501)**, redaktionell ergänzt um Bruchteilsgebührenwerte)

Gegenstandswert in bis ... Euro	Volle Gebühr (10/10) Euro	Bruchteilsgebühr in € (* Mindestgebühr 10 €) 1/10	2/10	4/10	5/10	6/10	12/10	15/10	20/10	36/10	40/10
625 000	822	82,20	164,40	328,80	411,00	493,20	986,40	1233,00	1644,00	2959,20	3288,00
750 000	913	91,30	182,60	365,20	456,50	547,80	1095,60	1369,50	1826,00	3286,80	3652,00
875 000	991	99,10	198,20	396,40	495,50	594,60	1189,20	1486,50	1982,00	3567,60	3964,00
1 000 000	1 062	106,20	212,40	424,80	531,00	637,20	1274,40	1593,00	2124,00	3823,20	4248,00
1 250 000	1 126	112,60	225,20	450,40	563,00	675,60	1351,20	1689,00	2252,00	4053,60	4504,00
1 500 000	1 249	124,90	249,80	499,60	624,50	749,40	1498,80	1873,50	2498,00	4496,40	4996,00
1 750 000	1 357	135,70	271,40	542,80	678,50	814,20	1628,40	2035,50	2714,00	4885,20	5428,00
2 000 000	1 455	145,50	291,00	582,00	727,50	873,00	1746,00	2182,50	2910,00	5238,00	5820,00
2 250 000	1 542	154,20	308,40	616,80	771,00	925,20	1850,40	2313,00	3084,00	5551,20	6168,00
2 500 000	1 621	162,10	324,20	648,40	810,50	972,60	1945,20	2431,50	3242,00	5835,60	6484,00
3 000 000	1 695	169,50	339,00	678,00	847,50	1017,00	2034,00	2542,50	3390,00	6102,00	6780,00
3 500 000	1 841	184,10	368,20	736,40	920,50	1104,60	2209,20	2761,50	3682,00	6627,60	7364,00
4 000 000	1 971	197,10	394,20	788,40	985,50	1182,60	2365,20	2956,50	3942,00	7095,60	7884,00
4 500 000	2 089	208,90	417,80	835,60	1044,50	1253,40	2506,80	3133,50	4178,00	7520,40	8356,00
5 000 000	2 196	219,60	439,20	878,40	1098,00	1317,60	2635,20	3294,00	4392,00	7905,60	8784,00
7 500 000	2 566	256,60	513,20	1026,40	1283,00	1539,60	3079,20	3849,00	5132,00	9237,60	10264,00
10 000 000	2 983	298,30	596,60	1193,20	1491,50	1789,80	3579,60	4474,50	5966,00	10738,80	11932,00
12 500 000	3 321	332,10	664,20	1328,40	1660,50	1992,60	3985,20	4981,50	6642,00	11955,60	13284,00
15 000 000	3 603	360,30	720,60	1441,20	1801,50	2161,80	4323,60	5404,50	7206,00	12970,80	14412,00
17 500 000	3 843	384,30	768,60	1537,20	1921,50	2305,80	4611,60	5764,50	7686,00	13834,80	15372,00
20 000 000	4 050	405,00	810,00	1620,00	2025,00	2430,00	4860,00	6075,00	8100,00	14580,00	16200,00
22 500 000	4 314	431,40	862,80	1725,60	2157,00	2588,40	5176,80	6471,00	8628,00	15530,40	17256,00
25 000 000	4 558	455,80	911,60	1823,20	2279,00	2734,80	5469,60	6837,00	9116,00	16408,80	18232,00
30 000 000	5 014	501,40	1002,80	2005,60	2507,00	3008,40	6016,80	7521,00	10028,00	18050,40	20056,00
35 000 000	5 433	543,30	1086,60	2173,20	2716,50	3259,80	6519,60	8149,50	10866,00	19558,80	21732,00
40 000 000	5 823	582,30	1164,60	2329,20	2911,50	3493,80	6987,60	8734,50	11646,00	20962,80	23292,00
45 000 000	6 187	618,70	1237,40	2474,80	3093,50	3712,20	7424,40	9280,50	12374,00	22273,20	24748,00
50 000 000	6 532	653,20	1306,40	2612,80	3266,00	3919,20	7838,40	9798,00	13064,00	23515,20	26128,00
vom Mehrbetrag bis 125 000 000 Euro je angefangene 5 000 000 Euro	258	25,80	51,60	103,20	129,00	154,80	309,60	387,00	516,00	928,80	1032,00

Abschlusstabelle (ab 1.7.2020)

(**Anlage 2 der StBVV (BGBl. I 2020, 1501)**, redaktionell ergänzt um Bruchteilsgebührenwerte)

Gegenstandswert in bis ... Euro	Volle Gebühr (10/10) Euro	Bruchteilsgebühr in € (* Mindestgebühr 10 €) 1/10	2/10	4/10	5/10	6/10	12/10	15/10	20/10	36/10	40/10
vom Mehrbetrag über 125 000 000 Euro bis 250 000 000 Euro je angefangene 12 500 000 Euro	450	45,00	90,00	180,00	225,00	270,00	540,00	675,00	900,00	1620,00	1800,00
vom Mehrbetrag über 250 000 000 Euro je angefangene 25 000 000 Euro	642	64,20	128,40	256,80	321,00	385,20	770,40	963,00	1284,00	2311,20	2568,00

Tabelle C Buchführungstabelle

Buchführungstabelle (ab 1.7.2020)[1]

(**Anlage 3 der StBVV (BGBl. I 2020, 1503)**, redaktionell ergänzt um Bruchteilsgebührenwerte)

Gegenstandswert bis ... Euro	Volle Gebühr (10/10) Euro	Bruchteilsgebühr in € (* Mindestgebühr 10 €) 1/20	1/10	2/10	5/10	6/10	12/10
15 000	68	3,40*	6,80*	13,60	34,00	40,80	81,60
17 500	75	3,75*	7,50*	15,00	37,50	45,00	90,00
20 000	83	4,15*	8,30*	16,60	41,50	49,80	99,60
22 500	88	4,40*	8,80*	17,60	44,00	52,80	105,60
25 000	95	4,75*	9,50*	19,00	47,50	57,00	114,00
30 000	102	5,10*	10,20	20,40	51,00	61,20	122,40
35 000	110	5,50*	11,00	22,00	55,00	66,00	132,00
40 000	115	5,75*	11,50	23,00	57,50	69,00	138,00
45 000	122	6,10*	12,20	24,40	61,00	73,20	146,40
50 000	130	6,50*	13,00	26,00	65,00	78,00	156,00
62 500	137	6,85*	13,70	27,40	68,50	82,20	164,40
75 000	149	7,45*	14,90	29,80	74,50	89,40	178,80
87 500	164	8,20*	16,40	32,80	82,00	98,40	196,80
100 000	177	8,85*	17,70	35,40	88,50	106,20	212,40
125 000	197	9,85*	19,70	39,40	98,50	118,20	236,40
150 000	217	10,85	21,70	43,40	108,50	130,20	260,40
200 000	259	12,95	25,90	51,80	129,50	155,40	310,80
250 000	299	14,95	29,90	59,80	149,50	179,40	358,80
300 000	339	16,95	33,90	67,80	169,50	203,40	406,80
350 000	381	19,05	38,10	76,20	190,50	228,60	457,20
400 000	416	20,80	41,60	83,20	208,00	249,60	499,20
450 000	448	22,40	44,80	89,60	224,00	268,80	537,60
500 000	483	24,15	48,30	96,60	241,50	289,80	579,60
vom Mehrbetrag über 500 000 Euro je angefangene 50 000 Euro	34	1,70	3,40	6,80	17,00	20,40	40,80

1) Beachte auch die Übergangsregelungen nach § 47a StBVV.

Tabelle D Landwirtschaftliche Tabelle

Landwirtschaftliche Tabelle (ab 1.7.2020)[1)]

(Teil a – Betriebsfläche)

(**Anlage 4 der StBVV (BGBl. I 2020, 1504)**, redaktionell ergänzt um Bruchteilsgebührenwerte)

Betriebs-fläche bis ... Hektar	Volle Gebühr (10/10) Euro	Bruchteilsgebühr in €								
		1/20	1/10	3/20	3/10	5/10	6/10	8/10	15/10	20/10
40	348	17,40	34,80	52,20	104,40	174,00	208,80	278,40	522,00	696,00
45	373	18,65	37,30	55,95	111,90	186,50	223,80	298,40	559,50	746,00
50	396	19,80	39,60	59,40	118,80	198,00	237,60	316,80	594,00	792,00
55	419	20,95	41,90	62,85	125,70	209,50	251,40	335,20	628,50	838,00
60	441	22,05	44,10	66,15	132,30	220,50	264,60	352,80	661,50	882,00
65	461	23,05	46,10	69,15	138,30	230,50	276,60	368,80	691,50	922,00
70	479	23,95	47,90	71,85	143,70	239,50	287,40	383,20	718,50	958,00
75	497	24,85	49,70	74,55	149,10	248,50	298,20	397,60	745,50	994,00
80	514	25,70	51,40	77,10	154,20	257,00	308,40	411,20	771,00	1028,00
85	530	26,50	53,00	79,50	159,00	265,00	318,00	424,00	795,00	1060,00
90	543	27,15	54,30	81,45	162,90	271,50	325,80	434,40	814,50	1086,00
95	556	27,80	55,60	83,40	166,80	278,00	333,60	444,80	834,00	1112,00
100	567	28,35	56,70	85,05	170,10	283,50	340,20	453,60	850,50	1134,00
110	595	29,75	59,50	89,25	178,50	297,50	357,00	476,00	892,50	1190,00
120	622	31,10	62,20	93,30	186,60	311,00	373,20	497,60	933,00	1244,00
130	648	32,40	64,80	97,20	194,40	324,00	388,80	518,40	972,00	1296,00
140	674	33,70	67,40	101,10	202,20	337,00	404,40	539,20	1011,00	1348,00
150	700	35,00	70,00	105,00	210,00	350,00	420,00	560,00	1050,00	1400,00
160	725	36,25	72,50	108,75	217,50	362,50	435,00	580,00	1087,50	1450,00
170	748	37,40	74,80	112,20	224,40	374,00	448,80	598,40	1122,00	1496,00
180	772	38,60	77,20	115,80	231,60	386,00	463,20	617,60	1158,00	1544,00
190	794	39,70	79,40	119,10	238,20	397,00	476,40	635,20	1191,00	1588,00
200	816	40,80	81,60	122,40	244,80	408,00	489,60	652,80	1224,00	1632,00
210	838	41,90	83,80	125,70	251,40	419,00	502,80	670,40	1257,00	1676,00
220	859	42,95	85,90	128,85	257,70	429,50	515,40	687,20	1288,50	1718,00
230	879	43,95	87,90	131,85	263,70	439,50	527,40	703,20	1318,50	1758,00
240	898	44,90	89,80	134,70	269,40	449,00	538,80	718,40	1347,00	1796,00
250	917	45,85	91,70	137,55	275,10	458,50	550,20	733,60	1375,50	1834,00
260	936	46,80	93,60	140,40	280,80	468,00	561,60	748,80	1404,00	1872,00
270	954	47,70	95,40	143,10	286,20	477,00	572,40	763,20	1431,00	1908,00
280	970	48,50	97,00	145,50	291,00	485,00	582,00	776,00	1455,00	1940,00
290	987	49,35	98,70	148,05	296,10	493,50	592,20	789,60	1480,50	1974,00

1) Beachte auch die Übergangsregelungen nach § 47a StBVV.

Landwirtschaftliche Tabelle (ab 1.7.2020)

(Teil a – Betriebsfläche)

(**Anlage 4 der StBVV (BGBl. I 2020, 1504)**, redaktionell ergänzt um Bruchteilsgebührenwerte)

Betriebsfläche bis … Hektar	Volle Gebühr (10/10) Euro	Bruchteilsgebühr in €								
		1/20	1/10	3/20	3/10	5/10	6/10	8/10	15/10	20/10
300	1 002	50,10	100,20	150,30	300,60	501,00	601,20	801,60	1503,00	2004,00
320	1 035	51,75	103,50	155,25	310,50	517,50	621,00	828,00	1552,50	2070,00
340	1 067	53,35	106,70	160,05	320,10	533,50	640,20	853,60	1600,50	2134,00
360	1 100	55,00	110,00	165,00	330,00	550,00	660,00	880,00	1650,00	2200,00
380	1 130	56,50	113,00	169,50	339,00	565,00	678,00	904,00	1695,00	2260,00
400	1 160	58,00	116,00	174,00	348,00	580,00	696,00	928,00	1740,00	2320,00
420	1 191	59,55	119,10	178,65	357,30	595,50	714,60	952,80	1786,50	2382,00
440	1 220	61,00	122,00	183,00	366,00	610,00	732,00	976,00	1830,00	2440,00
460	1 248	62,40	124,80	187,20	374,40	624,00	748,80	998,40	1872,00	2496,00
480	1 275	63,75	127,50	191,25	382,50	637,50	765,00	1020,00	1912,50	2550,00
500	1 301	65,05	130,10	195,15	390,30	650,50	780,60	1040,80	1951,50	2602,00
520	1 329	66,45	132,90	199,35	398,70	664,50	797,40	1063,20	1993,50	2658,00
540	1 355	67,75	135,50	203,25	406,50	677,50	813,00	1084,00	2032,50	2710,00
560	1 380	69,00	138,00	207,00	414,00	690,00	828,00	1104,00	2070,00	2760,00
580	1 404	70,20	140,40	210,60	421,20	702,00	842,40	1123,20	2106,00	2808,00
600	1 429	71,45	142,90	214,35	428,70	714,50	857,40	1143,20	2143,50	2858,00
620	1 453	72,65	145,30	217,95	435,90	726,50	871,80	1162,40	2179,50	2906,00
640	1 475	73,75	147,50	221,25	442,50	737,50	885,00	1180,00	2212,50	2950,00
660	1 497	74,85	149,70	224,55	449,10	748,50	898,20	1197,60	2245,50	2994,00
680	1 519	75,95	151,90	227,85	455,70	759,50	911,40	1215,20	2278,50	3038,00
700	1 538	76,90	153,80	230,70	461,40	769,00	922,80	1230,40	2307,00	3076,00
750	1 586	79,30	158,60	237,90	475,80	793,00	951,60	1268,80	2379,00	3172,00
800	1 628	81,40	162,80	244,20	488,40	814,00	976,80	1302,40	2442,00	3256,00
850	1 664	83,20	166,40	249,60	499,20	832,00	998,40	1331,20	2496,00	3328,00
900	1 695	84,75	169,50	254,25	508,50	847,50	1017,00	1356,00	2542,50	3390,00
950	1 719	85,95	171,90	257,85	515,70	859,50	1031,40	1375,20	2578,50	3438,00
1 000	1 738	86,90	173,80	260,70	521,40	869,00	1042,80	1390,40	2607,00	3476,00
2 000 je ha	1,59 mehr	0,08	0,16	0,24	0,48	0,80	0,95	1,27	2,39	3,18
3 000 je ha	1,44 mehr	0,07	0,14	0,22	0,43	0,72	0,86	1,15	2,16	2,88
4 000 je ha	1,30 mehr	0,07	0,13	0,20	0,39	0,65	0,78	1,04	1,95	2,60
5 000 je ha	1,15 mehr	0,06	0,12	0,17	0,35	0,58	0,69	0,92	1,73	2,30

Landwirtschaftliche Tabelle (ab 1.7.2020)

(Teil a – Betriebsfläche)

(**Anlage 4 der StBVV (BGBl. I 2020, 1504)**, redaktionell ergänzt um Bruchteilsgebührenwerte)

Betriebsfläche bis … Hektar	Volle Gebühr (10/10) Euro	Bruchteilsgebühr in € 1/20	1/10	3/20	3/10	5/10	6/10	8/10	15/10	20/10
6 000 je ha	1,01 mehr	0,05	0,10	0,15	0,30	0,51	0,61	0,81	1,52	2,02
7 000 je ha	0,87 mehr	0,04	0,09	0,13	0,26	0,44	0,52	0,70	1,31	1,74
8 000 je ha	0,72 mehr	0,04	0,07	0,11	0,22	0,36	0,43	0,58	1,08	1,44
9 000 je ha	0,57 mehr	0,03	0,06	0,09	0,17	0,29	0,34	0,46	0,86	1,14
10 000 je ha	0,43 mehr	0,02	0,04	0,06	0,13	0,22	0,26	0,34	0,65	0,86
11 000 je ha	0,28 mehr	0,01	0,03	0,04	0,08	0,14	0,17	0,22	0,42	0,56
12 000 je ha	0,15 mehr	0,01	0,02	0,02	0,05	0,08	0,09	0,12	0,23	0,30
ab 12 000 je ha	0,15 mehr	0,01	0,02	0,02	0,05	0,08	0,09	0,12	0,23	0,30

Landwirtschaftliche Tabelle (ab 20.12.2012)[1)]

(Teil b – Jahresumsatz)

(**Anlage 4 der StBVV (BGBl. I 2020, 1504)**, redaktionell ergänzt um Bruchteilsgebührenwerte)

Jahresumsatz i. S. v. § 39 Abs. 5 bis ... Euro	Volle Gebühr (10/10) Euro	Bruchteilsgebühr in € 1/20	1/10	3/20	3/10	5/10	6/10	8/10	15/10	20/10
40 000	362	18,10	36,20	54,30	108,60	181,00	217,20	289,60	543,00	724,00
42 500	380	19,00	38,00	57,00	114,00	190,00	228,00	304,00	570,00	760,00
45 000	398	19,90	39,80	59,70	119,40	199,00	238,80	318,40	597,00	796,00
47 500	417	20,85	41,70	62,55	125,10	208,50	250,20	333,60	625,50	834,00
50 000	433	21,65	43,30	64,95	129,90	216,50	259,80	346,40	649,50	866,00
55 000	469	23,45	46,90	70,35	140,70	234,50	281,40	375,20	703,50	938,00
60 000	503	25,15	50,30	75,45	150,90	251,50	301,80	402,40	754,50	1006,00
65 000	539	26,95	53,90	80,85	161,70	269,50	323,40	431,20	808,50	1078,00
70 000	571	28,55	57,10	85,65	171,30	285,50	342,60	456,80	856,50	1142,00
75 000	606	30,30	60,60	90,90	181,80	303,00	363,60	484,80	909,00	1212,00
80 000	640	32,00	64,00	96,00	192,00	320,00	384,00	512,00	960,00	1280,00
85 000	673	33,65	67,30	100,95	201,90	336,50	403,80	538,40	1009,50	1346,00
90 000	706	35,30	70,60	105,90	211,80	353,00	423,60	564,80	1059,00	1412,00
95 000	738	36,90	73,80	110,70	221,40	369,00	442,80	590,40	1107,00	1476,00
100 000	771	38,55	77,10	115,65	231,30	385,50	462,60	616,80	1156,50	1542,00
105 000	802	40,10	80,20	120,30	240,60	401,00	481,20	641,60	1203,00	1604,00
110 000	833	41,65	83,30	124,95	249,90	416,50	499,80	666,40	1249,50	1666,00
115 000	866	43,30	86,60	129,90	259,80	433,00	519,60	692,80	1299,00	1732,00
120 000	897	44,85	89,70	134,55	269,10	448,50	538,20	717,60	1345,50	1794,00
125 000	927	46,35	92,70	139,05	278,10	463,50	556,20	741,60	1390,50	1854,00
130 000	959	47,95	95,90	143,85	287,70	479,50	575,40	767,20	1438,50	1918,00
135 000	989	49,45	98,90	148,35	296,70	494,50	593,40	791,20	1483,50	1978,00
140 000	1 020	51,00	102,00	153,00	306,00	510,00	612,00	816,00	1530,00	2040,00
145 000	1 051	52,55	105,10	157,65	315,30	525,50	630,60	840,80	1576,50	2102,00
150 000	1 081	54,05	108,10	162,15	324,30	540,50	648,60	864,80	1621,50	2162,00
155 000	1 111	55,55	111,10	166,65	333,30	555,50	666,60	888,80	1666,50	2222,00
160 000	1 141	57,05	114,10	171,15	342,30	570,50	684,60	912,80	1711,50	2282,00
165 000	1 172	58,60	117,20	175,80	351,60	586,00	703,20	937,60	1758,00	2344,00
170 000	1 201	60,05	120,10	180,15	360,30	600,50	720,60	960,80	1801,50	2402,00
175 000	1 230	61,50	123,00	184,50	369,00	615,00	738,00	984,00	1845,00	2460,00
180 000	1 260	63,00	126,00	189,00	378,00	630,00	756,00	1008,00	1890,00	2520,00
185 000	1 289	64,45	128,90	193,35	386,70	644,50	773,40	1031,20	1933,50	2578,00
190 000	1 318	65,90	131,80	197,70	395,40	659,00	790,80	1054,40	1977,00	2636,00

1) Beachte auch die Übergangsregelungen nach § 47a StBVV.

Landwirtschaftliche Tabelle (ab 20.12.2012)

(Teil b – Jahresumsatz)

(**Anlage 4 der StBVV (BGBl. I 2020, 1504)**, redaktionell ergänzt um Bruchteilsgebührenwerte)

Jahresumsatz i. S. v. § 39 Abs. 5 bis ... Euro	Volle Gebühr (10/10) Euro	Bruchteilsgebühr in €								
		1/20	1/10	3/20	3/10	5/10	6/10	8/10	15/10	20/10
195 000	1 347	67,35	134,70	202,05	404,10	673,50	808,20	1077,60	2020,50	2694,00
200 000	1 376	68,80	137,60	206,40	412,80	688,00	825,60	1100,80	2064,00	2752,00
205 000	1 406	70,30	140,60	210,90	421,80	703,00	843,60	1124,80	2109,00	2812,00
210 000	1 434	71,70	143,40	215,10	430,20	717,00	860,40	1147,20	2151,00	2868,00
215 000	1 462	73,10	146,20	219,30	438,60	731,00	877,20	1169,60	2193,00	2924,00
220 000	1 491	74,55	149,10	223,65	447,30	745,50	894,60	1192,80	2236,50	2982,00
225 000	1 520	76,00	152,00	228,00	456,00	760,00	912,00	1216,00	2280,00	3040,00
230 000	1 547	77,35	154,70	232,05	464,10	773,50	928,20	1237,60	2320,50	3094,00
235 000	1 575	78,75	157,50	236,25	472,50	787,50	945,00	1260,00	2362,50	3150,00
240 000	1 603	80,15	160,30	240,45	480,90	801,50	961,80	1282,40	2404,50	3206,00
245 000	1 630	81,50	163,00	244,50	489,00	815,00	978,00	1304,00	2445,00	3260,00
250 000	1 656	82,80	165,60	248,40	496,80	828,00	993,60	1324,80	2484,00	3312,00
255 000	1 684	84,20	168,40	252,60	505,20	842,00	1010,40	1347,20	2526,00	3368,00
260 000	1 712	85,60	171,20	256,80	513,60	856,00	1027,20	1369,60	2568,00	3424,00
265 000	1 738	86,90	173,80	260,70	521,40	869,00	1042,80	1390,40	2607,00	3476,00
270 000	1 765	88,25	176,50	264,75	529,50	882,50	1059,00	1412,00	2647,50	3530,00
275 000	1 791	89,55	179,10	268,65	537,30	895,50	1074,60	1432,80	2686,50	3582,00
280 000	1 817	90,85	181,70	272,55	545,10	908,50	1090,20	1453,60	2725,50	3634,00
285 000	1 842	92,10	184,20	276,30	552,60	921,00	1105,20	1473,60	2763,00	3684,00
290 000	1 868	93,40	186,80	280,20	560,40	934,00	1120,80	1494,40	2802,00	3736,00
295 000	1 894	94,70	189,40	284,10	568,20	947,00	1136,40	1515,20	2841,00	3788,00
300 000	1 919	95,95	191,90	287,85	575,70	959,50	1151,40	1535,20	2878,50	3838,00
305 000	1 943	97,15	194,30	291,45	582,90	971,50	1165,80	1554,40	2914,50	3886,00
310 000	1 968	98,40	196,80	295,20	590,40	984,00	1180,80	1574,40	2952,00	3936,00
315 000	1 991	99,55	199,10	298,65	597,30	995,50	1194,60	1592,80	2986,50	3982,00
320 000	2 015	100,75	201,50	302,25	604,50	1007,50	1209,00	1612,00	3022,50	4030,00
325 000	2 038	101,90	203,80	305,70	611,40	1019,00	1222,80	1630,40	3057,00	4076,00
330 000	2 062	103,10	206,20	309,30	618,60	1031,00	1237,20	1649,60	3093,00	4124,00
335 000	2 084	254,20	508,40	762,60	1525,20	2542,00	3050,40	4067,20	7626,00	10168,00
340 000	2 107	105,35	210,70	316,05	632,10	1053,50	1264,20	1685,60	3160,50	4214,00
345 000	2 129	106,45	212,90	319,35	638,70	1064,50	1277,40	1703,20	3193,50	4258,00
350 000	2 149	107,45	214,90	322,35	644,70	1074,50	1289,40	1719,20	3223,50	4298,00
355 000	2 172	108,60	217,20	325,80	651,60	1086,00	1303,20	1737,60	3258,00	4344,00
360 000	2 193	109,65	219,30	328,95	657,90	1096,50	1315,80	1754,40	3289,50	4386,00

Landwirtschaftliche Tabelle (ab 20.12.2012)

(Teil b – Jahresumsatz)

(**Anlage 4 der StBVV (BGBl. I 2020, 1504)**, redaktionell ergänzt um Bruchteilsgebührenwerte)

Jahresumsatz i. S. v. § 39 Abs. 5 bis ... Euro	Volle Gebühr (10/10) Euro	Bruchteilsgebühr in €								
		1/20	1/10	3/20	3/10	5/10	6/10	8/10	15/10	20/10
365 000	2 213	110,65	221,30	331,95	663,90	1106,50	1327,80	1770,40	3319,50	4426,00
370 000	2 234	111,70	223,40	335,10	670,20	1117,00	1340,40	1787,20	3351,00	4468,00
375 000	2 255	112,75	225,50	338,25	676,50	1127,50	1353,00	1804,00	3382,50	4510,00
380 000	2 268	113,40	226,80	340,20	680,40	1134,00	1360,80	1814,40	3402,00	4536,00
385 000	2 295	114,75	229,50	344,25	688,50	1147,50	1377,00	1836,00	3442,50	4590,00
390 000	2 313	115,65	231,30	346,95	693,90	1156,50	1387,80	1850,40	3469,50	4626,00
395 000	2 332	116,60	233,20	349,80	699,60	1166,00	1399,20	1865,60	3498,00	4664,00
400 000	2 351	117,55	235,10	352,65	705,30	1175,50	1410,60	1880,80	3526,50	4702,00
410 000	2 388	119,40	238,80	358,20	716,40	1194,00	1432,80	1910,40	3582,00	4776,00
420 000	2 424	121,20	242,40	363,60	727,20	1212,00	1454,40	1939,20	3636,00	4848,00
430 000	2 461	123,05	246,10	369,15	738,30	1230,50	1476,60	1968,80	3691,50	4922,00
440 000	2 495	124,75	249,50	374,25	748,50	1247,50	1497,00	1996,00	3742,50	4990,00
450 000	2 530	126,50	253,00	379,50	759,00	1265,00	1518,00	2024,00	3795,00	5060,00
460 000	2 564	128,20	256,40	384,60	769,20	1282,00	1538,40	2051,20	3846,00	5128,00
470 000	2 596	129,80	259,60	389,40	778,80	1298,00	1557,60	2076,80	3894,00	5192,00
480 000	2 629	131,45	262,90	394,35	788,70	1314,50	1577,40	2103,20	3943,50	5258,00
490 000	2 658	132,90	265,80	398,70	797,40	1329,00	1594,80	2126,40	3987,00	5316,00
500 000	2 687	134,35	268,70	403,05	806,10	1343,50	1612,20	2149,60	4030,50	5374,00
vom Mehrbetrag über 500 000 Euro je angefangene 50 000 Euro	156	7,80	15,60	23,40	46,80	78,00	93,60	124,80	234,00	312,00

Tabelle E Rechtsbehelfstabelle

Gilt nur noch für „Altfälle" der §§ 21 Abs. 2, 40 StBVV a.F. mit Auftragserteilung vor dem 1.7.2020

Rechtsbehelfstabelle (ab 20.12.2012)[1] €

(**Anlage 5 der StBVV**, redaktionell ergänzt um Bruchteilsgebührenwerte)

Gegenstands-wert bis ... Euro	Volle Gebühr (10/10) Euro	Bruchteilsgebühr in € (* Mindestgebühr 10 €) 1/10	3/10	5/10	7,5/10	8/10	13/10	20/10	25/10
300	26	2,60*	7,80*	13,00	19,50	20,80	33,80	52,00	65,00
600	47	4,70*	14,10	23,50	35,25	37,60	61,10	94,00	117,50
900	68	6,80*	20,40	34,00	51,00	54,40	88,40	136,00	170,00
1 200	89	8,90*	26,70	44,50	66,75	71,20	115,70	178,00	222,50
1 500	110	11,00	33,00	55,00	82,50	88,00	143,00	220,00	275,00
2 000	140	14,00	42,00	70,00	105,00	112,00	182,00	280,00	350,00
2 500	169	16,90	50,70	84,50	126,75	135,20	219,70	338,00	422,50
3 000	198	19,80	59,40	99,00	148,50	158,40	257,40	396,00	495,00
3 500	228	22,80	68,40	114,00	171,00	182,40	296,40	456,00	570,00
4 000	257	25,70	77,10	128,50	192,75	205,60	334,10	514,00	642,50
4 500	287	28,70	86,10	143,50	215,25	229,60	373,10	574,00	717,50
5 000	316	31,60	94,80	158,00	237,00	252,80	410,80	632,00	790,00
6 000	355	35,50	106,50	177,50	266,25	284,00	461,50	710,00	887,50
7 000	394	39,40	118,20	197,00	295,50	315,20	512,20	788,00	985,00
8 000	433	43,30	129,90	216,50	324,75	346,40	562,90	866,00	1 082,50
9 000	471	47,10	141,30	235,50	353,25	376,80	612,30	942,00	1 177,50
10 000	510	51,00	153,00	255,00	382,50	408,00	663,00	1 020,00	1 275,00
13 000	552	55,20	165,60	276,00	414,00	441,60	717,60	1 104,00	1 380,00
16 000	594	59,40	178,20	297,00	445,50	475,20	772,20	1 188,00	1 485,00
19 000	636	63,60	190,80	318,00	477,00	508,80	826,80	1 272,00	1 590,00
22 000	678	67,80	203,40	339,00	508,50	542,40	881,40	1 356,00	1 695,00
25 000	720	72,00	216,00	360,00	540,00	576,00	936,00	1 440,00	1 800,00
30 000	796	79,60	238,80	398,00	597,00	636,80	1 034,80	1 592,00	1 990,00
35 000	872	87,20	261,60	436,00	654,00	697,60	1 133,60	1 744,00	2 180,00
40 000	947	94,70	284,10	473,50	710,25	757,60	1 231,10	1 894,00	2 367,50
45 000	1 023	102,30	306,90	511,50	767,25	818,40	1 329,90	2 046,00	2 557,50
50 000	1 098	109,80	329,40	549,00	823,50	878,40	1 427,40	2 196,00	2 745,00
65 000	1 179	117,90	353,70	589,50	884,25	943,20	1 532,70	2 358,00	2 947,50
80 000	1 260	126,00	378,00	630,00	945,00	1 008,00	1 638,00	2 520,00	3 150,00
95 000	1 341	134,10	402,30	670,50	1 005,75	1 072,80	1 743,30	2 682,00	3 352,50
110 000	1 422	142,20	426,60	711,00	1 066,50	1 137,60	1 848,60	2 844,00	3 555,00
125 000	1 503	150,30	450,90	751,50	1 127,25	1 202,40	1 953,90	3 006,00	3 757,50

1) Beachte auch die Übergangsregelungen nach § 47a StBVV.

Rechtsbehelfstabelle (ab 20.12.2012) €

(**Anlage 5 der StBVV**, redaktionell ergänzt um Bruchteilsgebührenwerte)

Gegenstands-wert bis ... Euro	Volle Gebühr	Bruchteilsgebühr in € (* Mindestgebühr 10 €)							
	(10/10) Euro	1/10	3/10	5/10	7,5/10	8/10	13/10	20/10	25/10
140 000	1 583	158,30	474,90	791,50	1 187,25	1 266,40	2 057,90	3 166,00	3 957,50
155 000	1 664	166,40	499,20	832,00	1 248,00	1 331,20	2 163,20	3 328,00	4 160,00
170 000	1 745	174,50	523,50	872,50	1 308,75	1 396,00	2 268,50	3 490,00	4 362,50
185 000	1 826	182,60	547,80	913,00	1 369,50	1 460,80	2 373,80	3 652,00	4 565,00
200 000	1 907	190,70	572,10	953,50	1 430,25	1 525,60	2 479,10	3 814,00	4 767,50
230 000	2 031	203,10	609,30	1 015,50	1 523,25	1 624,80	2 640,30	4 062,00	5 077,50
260 000	2 155	215,50	646,50	1 077,50	1 616,25	1 724,00	2 801,50	4 310,00	5 387,50
290 000	2 279	227,90	683,70	1 139,50	1 709,25	1 823,20	2 962,70	4 558,00	5 697,50
320 000	2 402	240,20	720,60	1 201,00	1 801,50	1 921,60	3 122,60	4 804,00	6 005,00
350 000	2 526	252,60	757,80	1 263,00	1 894,50	2 020,80	3 283,80	5 052,00	6 315,00
380 000	2 650	265,00	795,00	1 325,00	1 987,50	2 120,00	3 445,00	5 300,00	6 625,00
410 000	2 774	277,40	832,20	1 387,00	2 080,50	2 219,20	3 606,20	5 548,00	6 935,00
440 000	2 898	289,80	869,40	1 449,00	2 173,50	2 318,40	3 767,40	5 796,00	7 245,00
470 000	3 022	302,20	906,60	1 511,00	2 266,50	2 417,60	3 928,60	6 044,00	7 555,00
500 000	3 146	314,60	943,80	1 573,00	2 359,50	2 516,80	4 089,80	6 292,00	7 865,00
vom Mehrbetrag bis 500 000 Euro je angefangene 50 000 Euro	158	15,80	47,40	79,00	118,50	126,40	205,40	316,00	395,00

Tabelle F Rechtsanwaltsvergütungstabelle

BGB. I 2013, 2703

(Anlage 2 zu § 13 Absatz 1 Satz 3 RVG)

Gegenstandswert bis ... Euro	Gebühr ... Euro	Gegenstandswert bis ... Euro	Gebühr ... Euro
500	45,00	50 000	1 163,00
1 000	80,00	65 000	1 248,00
1 500	115,00	80 000	1 333,00
2 000	150,00	95 000	1 418,00
3 000	201,00	110 000	1 503,00
4 000	252,00	125 000	1 588,00
5 000	303,00	140 000	1 673,00
6 000	354,00	155 000	1 758,00
7 000	405,00	170 000	1 843,00
8 000	456,00	185 000	1 928,00
9 000	507,00	200 000	2 013,00
10 000	558,00	230 000	2 133,00
13 000	604,00	260 000	2 253,00
16 000	650,00	290 000	2 373,00
19 000	696,00	320 000	2 493,00
22 000	742,00	350 000	2 613,00
25 000	788,00	380 000	2 733,00
30 000	863,00	410 000	2 853,00
35 000	938,00	440 000	2 973,00
40 000	1 013,00	470 000	3 093,00
45 000	1 088,00	500 000	3 213,00

Stichwortverzeichnis

Die Ziffern des Stichwortverzeichnisses verweisen auf die Randziffern.

F

H

N